ČAJKOVSKIJ-STUDIEN

ČAJKOVSKIJ-STUDIEN

Im Auftrag der
Tschaikowsky-Gesellschaft
Tübingen

herausgegeben von
Thomas Kohlhase

Band 13/II

Mainz · London · Berlin · Madrid · New York · Paris · Prague · Tokyo · Toronto

ČAJKOVSKIJ-STUDIEN

Modest Tschaikowsky

Das Leben Peter Iljitsch Tschaikowskys

Aus dem Russischen übersetzt
von Paul Juon

In zwei Bänden
mit vielen Porträts, Abbildungen und Faksimiles

Neuausgabe des Erstdrucks
Moskau – Leipzig bei P. Jurgenson 1900-1903

Neuausgabe von
Alexander Erhard und Thomas Kohlhase

Band II: 1878-1893

Mainz · London · Berlin · Madrid · New York · Paris · Prague · Tokyo · Toronto

Die Editionsarbeiten und der Druck wurden gefördert durch
die Internationale Juon Gesellschaft, Liebefeld (Schweiz),
die Tschaikowsky-Gesellschaft e.V., Tübingen
und Frau Dr. Elisabeth Bender.

Bibliografische Information der Deutschen Nationalbibliothek:
Die Deutsche Nationalbibliothek verzeichnet diese Publikation in der
Deutschen Nationalbibliografie; detaillierte bibliografische Daten sind
im Internet über http://dnb.d-nb.de abrufbar.

Bestellnummer ED 21255
ISBN 978-3-7957-0778-1

© 2011 Schott Music GmbH & Co. KG, Mainz

www.schott-music.com
www.schott-buch.de

Alle Rechte vorbehalten
Nachdruck in jeder Form sowie die Wiedergabe durch Fernsehen, Rundfunk,
Film, Bild- und Tonträger oder Benutzung für Vorträge, auch auszugsweise,
nur mit Genehmigung des Verlags

Druck und Bindung: Strauss GmbH, Mörlenbach
Printed in Germany · BSS 54608

Inhaltsverzeichnis

ERSTER TEIL. 1878-1884

Kapitel I-IX.	1878-1879	37
Kapitel X-XVI.	1879-1880	75
Kapitel XVII-XXII.	1880-1881	119
Kapitel XXIII-XXIX.	1881-1882	145
Kapitel XXX-XXXIV.	1882-1883	175
Kapitel XXXV-XLIII.	1883-1884	200

ZWEITER TEIL. 1885-1887

Kapitel I[-II.]	1885	245
[Kapitel III]-V.	1885	249
Kapitel VI-XXI.	1885-1887	270

DRITTER TEIL. 1888-1893

Kapitel I-XIII.	1888-1889	341
Kapitel XIV-XIX.	1889-1890	423
Kapitel XX-XXIX.	1890-1891	464
Kapitel XXX-XXXV.	1891-1892	527
Kapitel XXXVI-XLV.	1892-1893	569

[Nachwort des Autors] 639
Nachwort des Übersetzers 639

VERZEICHNISSE UND REGISTER

Verzeichnis der Briefe
   1. Briefe Čajkovskijs 643
   2. Briefe an Čajkovskij 664

Verzeichnis der Abbildungen 665

Sachregister 667
Register der Werke Tschaikowskys 673
Namenregister 715

Abkürzungen, Ausgaben, Literatur 757

Detailliertes Inhaltsverzeichnis der Neuausgabe

ERSTER TEIL: 1878-1884 35

Kapitel I-IX: 1878-1879

Kapitel I 37
Werke Čajkovskijs bei den Russischen Konzerten während der Pariser
Weltausstellung. „Francesca da Rimini" in Berlin.

Kapitel II 38
Čajkovskij beendet seine Lehrtätigkeit am Moskauer Konservatorium.
Erlebt in Petersburg die Wiederaufnahme des „Kuznec Vakula" und ärgert
sich über „viele unverzeihliche Fehler" der Oper: überladen mit Details,
ohne Beachtung bühnenmäßiger und dekorativer Ansprüche.
Erträgt Petersburg nicht und beschließt, nach Florenz zu reisen.

Kapitel III 41
1878, November – Ende Dezember. Kamenka. Wien. Florenz.
Über Kamenka, wo er den Entwurf der 1. Orchestersuite beendet, und Wien
nach Florenz, wo N. F. fon Mekk eine Wohnung für ihn gemietet hat.
Arbeitspläne: Instrumentierung der 1. Orchestersuite, eine neue Oper:
„Die Jungfrau von Orleans" (nach Schiller). Über die zeitgenössische
französische Musik und ihr „Element der Frische".
Über Lalos Violinkonzert und Bizets „L'Arlésienne"-Suite.
4. Symphonie in Petersburg; Laroš's Rezension.
Über einige seiner mißlungenen Werke. Über Programmusik.

Kapitel IV 49
1878, Ende Dezember – 1879, Februar. Florenz, Paris, Dijon – und wieder
Clarens. Arbeit an der „Jungfrau von Orleans" – Szenarium, Libretto, Musik.
Mißerfolge in Wien. Über Massenet und Goldmark.
Dankbarkeit gegenüber Bülow.

Kapitel V 54
1879, Februar. Paris.
Abschluß der „Jungfrau von Orleans". 1. Orchestersuite. Besucht in Paris
Aufführungen von Webers „Freischütz" und Berlioz' „Faust".
Über Saint-Saëns' „Etienne Marcel". Menschenscheu. Zola.
Colonnes Aufführung des „Sturm", Čajkovskijs Selbstkritik.
Über Rousseaus „Confessions".

Kapitel VI 60
1879, März. Petersburg. Moskau.
Uraufführung des „Evgenij Onegin" in Moskau, Begeisterung
Nikolaj Rubinštejns und Taneevs, ablehnendes Schweigen Anton Rubinštejns.

Kapitel VII 61
1879, April-Juni. Kamenka. Brailov.
1. Orchestersuite. Über Wagner und den „Lohengrin". Instrumentierung der Oper „Die Jungfrau von Orleans"; Leichtigkeit dieser Arbeit. Jurgenson gewinnt im Streit um die Publikation von Čajkovskijs Liturgie op. 41 den Prozeß gegen die Hofsängerkapelle. Erfolgsmeldungen von Colonne, Fitzenhagen und Bülow.

Kapitel VIII 66
1879, Juli. Kamenka.
Kamenkas überdrüssig. Fortsetzung der Instrumentierung der „Jungfrau von Orleans". Erschöpfung.

Kapitel IX 67
1879, August. Simaki.
Čajkovskij beendet die Partitur des 3. Akts der „Jungfrau von Orleans". Arbeit an der Partitur des 4. Akts und an der 1. Orchestersuite. Eine ungewollte Begegnung mit N. F. fon Mekk. Verwirrung um die Korrekturen zu den Partitur-Erstausgaben der Sérénade mélancolique op. 26, der 1. Orchestersuite op. 43 und des Slavischen Marsches op. 31. Fünf oder sechs Suitensätze? – Die Schund-Miniatur. Abschluss der „Jungfrau von Orleans" nach neun Monaten. Begeisterung für die Natur Simakis. Über die Beziehung zu N. F. fon Mekk. Sorge um den vom Dienst verabschiedeten Bruder Anatolij.

Werke der Saison 1878/79 71

Kapitel X-XVI: 1879-1880

Kapitel X 75
1879, September-Oktober. Petersburg. Moskau, Grankino, Kamenka.
Im „verhaßten" Petersburg, um Anatolij beizustehen. Die Prozedur von der Annahme einer Oper bis zu ihrer Aufführung. Modernisierung des Moskauer Konservatoriums. Der Klavierauszug der 4. Symphonie erscheint. N. F. fon Mekk finanziert eine Aufführung der Symphonie durch Colonne in Paris. Beginn der Arbeit am 2. Klavierkonzert. Philosophisches. Erneute Selbstkritik am „Vakula". N. Rubinštejn spielt Čajkovskijs Grande Sonate op. 37.

Kapitel XI 80
1879, November-Dezember. Paris.
Über die Gemeinschaftskomposition von Borodin, Kjui, Ljadov und Rimskij-Korsakov. Über Liszt und Berlioz. 2. Klavierkonzert, Revision der 2. Symphonie, Plan der Revision anderer früherer Werke, Aufführung der 4. Symphonie in Paris (auf Kosten Frau fon Mekks). Über Kjui. Interesse der deutschen Verlage Bote & Bock und Fürstner an Čajkovskijs Werken.
Kritik an den vier ersten Opern – und über den Opernstil überhaupt.

Kapitel XII 86
*1879, Dezember. Über Turin nach Rom.
Revision der 2. Symphonie. Erfährt von N. G. Rubinštejns Kritik,
die 1. Orchestersuite sei zu schwierig.
Besuch von Museen und Kirchen in Rom. Michelangelo – Raffael.*

Kapitel XIII 94
*1880, Januar-April. Weiterhin in Rom. Paris. Berlin. Petersburg.
Neufassung der 2. Symphonie: Verlagsfrage (Bessel' oder Jurgenson?).
Tod des Vaters. Aufführung der 4. Symphonie unter der Leitung von
Edouard Colonne in Paris. Auch 3. Streichquartett und Sérénade
mélancolique werden in Paris gespielt. Weitere Auslandserfolge:
1. Orchestersuite in New York (Leopold Damrosch), 1. Klavierkonzert
dreimal in Berlin (Bülow, Friedenthal), in Pest (Breitner) und New York
(Rummel). Karneval in Rom. Komposition des „Capriccio italien".
Komposition der Musik zu einem lebenden Bild „Montenegro". In Tivoli.
Jurgenson bereitet den Druck der Partitur und des Klavierauszugs des
„Evgenij Onegin" vor. Instrumentierung des 2. Klavierkonzerts.
Über Brahms. Rückreise über Paris (besucht die Comédie-Française),
Berlin (besucht ein Konzert Bilses und sieht den „Fliegenden Holländer")
und St. Petersburg (korrigiert eine Partiturabschrift der „Jungfrau
von Orleans", wird vom Grossfürsten Konstantin Nikolaevič zum Essen
geladen und lernt dessen musikbegeisterten Sohn Konstantin
Konstantinovič kennen; Konzert mit Werken Čajkovskijs,
u.a. mit der 1. Orchestersuite) nach Moskau. Das mißglückte Incognito.*

Kapitel XIV 106
*1880, April.-Juni. Kamenka.
Über A. Rubinštejns Oper „Kalašnikov" und Delibes „Jeanne de Nivelle".
Über Napravniks Trio op. 24. Lehnt den Posten eines Direktors der Kiever
Abteilung der Russischen Musikgesellschaft ab. Abschluß der Partitur
des „Capriccio italien"; vierhändiger Klavierauszug. Sechs Duette op. 46.
Über die Dichter A. Tolstoj und Surikov. Entscheidung für die
Inszenierung der „Jungfrau von Orleans" in der Saison 1880/81.*

Kapitel XV 109
*1880, Juli. Brailow. Simaki.
Auf Frau fon Mekks Gut Brailov und in Simaki; genießt die Schönheit des
Ortes und der Natur sowie seine Freiheit. Frau fon Mekks kostbares Geschenk:
eine in Paris kunstvoll angefertigte Uhr (Jeanne d'Arc – Apollo mit Musen).
Kurzes, unbefriedigendes Resümee des bisherigen Schaffens,
Unzufriedenheit mit den Ausgaben, Plan korrigierter Neuausgaben.
Über Glinka. Ärgert sich über die Verwendung des Dominantseptakkords
in der russischen Kirchenmusik. Liest den Klavierauszug der „Jungfrau von
Orleans" korrektur. Begeisterung über Bizets „Carmen". Über Victor Hugo
und Emile Zola. Lernt Englisch, um englische Literatur im Original lesen zu können.*

Kapitel XVI 114
1880, August. Kamenka.
Briefwechsel mit Jurgenson anläßlich des Wunsches von Benjamin Bilse
(Berlin), unentgeltlich Aufführungsmaterial zu bekommen. Korrekturen der
bevorstehenden Ausgaben von „Capriccio italien" und 2. Klavierkonzert.
Kompositionsauftrag für die Eröffnung der Kunst- und Industrieausstellung
in Moskau 1881 bzw. die Einweihung der Erlöserkathedrale – zur Entstehungs-
geschichte der Ouvertüre „1812". Zwei neue Kompositionen gehen an
Jurgenson: Duette op. 46 und Romanzen op. 47. Plan, alle bisher bei
Jurgenson erschienenen Werke durchzusehen und zu korrigieren.
Zwiespältige Gedanken über den Ruhm: „Streben nach Ruhm und Furcht
vor seinen Folgen". 3. Fassung von „Romeo und Julia".

Werke der Saison 1879/80 118

Kapitel XVII-XXII: 1880-1881

Kapitel XVII 119
1880, September-Oktober. Kamenka.
Čajkovskijs Plan der Revision seiner früher erschienenen Werke.
Mozart-Begeisterung. Kritik am Vielschreiber A. Rubinštejn. Überlegung,
eine Musikgeschichte oder Musikermonographie zu schreiben (Glinka,
Dargomyžskij, Serov?) – stattdessen neue Kompositionspläne. Ouvertüre „1812"
und Serenade für Streichorchester. Ponchiellis „Gioconda".
Abneigung gegen die Klaviertrio-Besetzung.

Kapitel XVIII 124
1880, Dezember. Petersburg. Moskau.
Aufführung der Liturgie op. 41 und der Streicherserenade op. 48 im Moskauer
Konservatorium. Auch öffentlich wird die Liturgie in Moskau aufgeführt.
Uraufführung des „Capriccio italien". Vorbereitung der Inszenierung des
„Evgenij Onegin" im Moskauer Bol'šoj teatr und der „Jungfrau von Orleans"
im Petersburger Mariinskij teatr. Wiederaufnahme des „Opričnik" ebenda.
Aufführungen des 1. Streichquartetts, der Liturgie (unterschiedliche und
gegensätzliche Meinungen zu ihr), des „Capriccio italien"
(Kjuis vernichtende Kritik).

Kapitel XIX 128
1881, Januar. Moskau.
„Evgenij Onegin" zum ersten Mal im Bol'šoj teatr. Klage über die ungünstigen
Reaktionen der Presse auf „Onegin" und „Capriccio italien".

Kapitel XX 130
1881, Ende Januar – Mitte Februar. Petersburg.
Čajkovskij kümmert sich weiterhin um den labilen Leontij Tkačenko.
Fährt zu den Proben der „Jungfrau von Orleans" nach Petersburg. Erkrankung
N. G. Rubinštejns. Erstaufführung der 2. Sinfonie (2. Fassung) in Petersburg.
Nach der erfolgreichen Uraufführung der „Jungfrau von Orleans"
und vor Erscheinen negativer Presseartikel reist Čajkovskij nach Italien.

Kapitel XXI 134
1881, Ende Februar – März. Florenz. Rom. Neapel. Paris.
Über Wien nach Florenz (Čajkovskij schwelgt in Erinnerungen und geniesst
den Frühling), Rom (leidet unter gesellschaftlichen Verpflichtungen; erfährt
vom Tode des Zaren Aleksandr II.), Neapel (genießt das Touristendasein),
Nizza (erfährt vom Tode N. Rubinštejns in Paris) und Paris.
Glaubensfragen. Wähnt sich vor einer wichtigen Lebenswende.

Kapitel XXII 138
1881, April – August. Moskau. Kamenka.
Lehnt den Vorschlag der Musikgesellschaft ab, Nachfolger N. Rubinštejns als
Direktor des Konservatoriums zu werden. Zweifel an seiner Schaffenskraft.
Plant ein neues kirchenmusikalisches Werk als Versuch, die alten einstimmigen
liturgischen Melodien zu harmonisieren. Neue Kompositionspläne: Kinderlieder,
Oper „Mazepa". Plan einer Inszenierung der „Jungfrau von Orleans" in Prag.
Im Auftrag Jurgensons: Herausgabe sämtlicher Kirchenwerke Bortnjanskijs.
Widerwillen gegen das Komponieren, Ekel vor der Arbeit. Will nicht wieder,
wie Taneev vorschlägt, am Moskauer Konservatorium unterrichten.

Werke der Saison 1880/81 144

Kapitel XXIII-XXIX: 1881-1882

Kapitel XXIII 145
1881, Oktober. Moskau. Kiev. Kamenka.
November 1880 bis September 1881: Stillstand der schöpferischen Tätigkeit.
Die Bedeutung N. Rubinštejns als Interpret von Čajkovskijs Werken.
Die Situation am Konservatorium und in der Musikgesellschaft nach
N. Rubinštejns Tod und andere Gründe für Čajkovskijs Unruhe und Verstimmung.
Opernpläne: „Mazepa" oder „Romeo und Julia" oder „Van'ka der Hauswart"?
Widerwillige Arbeit an der Ausgabe von Bortnjanskijs Kirchenmusik.

Kapitel XXIV 148
1881, November – Dezember. Kiev. Venedig. Rom.
Über die kirchenmusikalische Praxis und die kirchlichen Widerstände gegen
seine Liturgie op. 41. Von Kiev nach Venedig. Opernplan „Van'ka der Hauswirt".
Aufführung der revidierten 2. Symphonie auch in Moskau. Aufenthalt in Rom.
Wohnt einer Papstmesse bei. Beginnt wieder zu komponieren: Szene Marija-
Mazepa (Oper „Mazepa"). Beginnt das Klaviertrio.
Uraufführung des Violinkonzerts in Wien – Brodskijs Brief, Hanslicks Verriß.
Enttäuschung über Kotek, der das Konzert nicht in Petersburg spielen will.

Kapitel XXV 156
1882, Januar – Februar. Weiterhin in Rom.
Enttäuschung über Mißerfolge. Abschluß des Trios und der Bortnjanskij-
Ausgabe. Ein verlockendes Angebot des Petersburger Verlegers Bernard
(„Nouvelliste"). Uraufführung der Streicherserenade.
Bittet um ein Probespielen des Trios in Moskau und die Revision der
Streicherbögen; widmet das Trio dem Andenken Nikolaj Rubinštejns.

Kapitel XXVI 162
1882, Februar-März. Neapel.
Rühmt die Schönheit der Natur in Neapel und schimpft auf seine „niederträchtigen Einwohner". Über die Ouvertüre „1812". Abschluss der „Vsenoščnaja".
Über Bellini – anlässlich einer Biographie – und andere Lektüre. Das Trio wird am Todestag N. G. Rubinštejns im Moskauer Konservatorium gespielt.

Kapitel XXVII 166
1882, März-April.
Aus Italien über Wien und Warschau zurück nach Russland. Moskau.

Kapitel XXVIII 167
1882, Mai-Juli. Kamenka. Grankino.
Gerührt von Charles Dickens'„Bleakhouse"; schlägt seinem Bruder Modest ein Sujet für eine Erzählung vor. Mühsame Arbeit an einzelnen Szenen von „Mazepa" und nur „langsame Fortschritte" bei der Oper. Uraufführung des 2. Klavierkonzerts – Taneevs Kritik an dessen Längen. Eine „Raubausgabe" ausgewählter Klavierwerke durch Fürstner in Berlin, hg. von Klindworth. Fleißige und regelmäßige Arbeit an „Mazepa". Achtungserfolg der „Jungfrau von Orleans" in Prag.

Kapitel XXIX 172
1882, August. Moskau, Kiev, Kamenka.
Konzert ausschließlich mit Werken Čajkovskijs. Ist des Hauptstadt- und Gesellschaftslebens überdrüssig. Sehnt sich nach einem stillen Winkel.
Tagesablauf und Arbeit in Kamenka: „Mazepa" und Klavierstücke op. 51.
Zunehmende Korrespondenz.

Werke der Saison 1881/82 174

Kapitel XXX-XXXIV: 1882-1883

Kapitel XXX 175
1882, September-November. Kamenka.
Die Komposition der Oper „Mazepa" fällt Čajkovskij schwer; Zweifel an seiner Schaffenskraft. Beendet die Konzeptschrift der Oper „Mazepa" und die Sechs Klavierstücke op. 51; beginnt mit der Instrumentierung der Oper; die Introduktion: Mazepa und das galoppierende Pferd. Sehnsucht nach dem Ausland. Umarbeitung der „Jungfrau von Orleans" für die Wiederaufnahme der Oper. Erfolgreiche Uraufführung des Klaviertrios, negative Kritiken, Taneevs Begeisterung. Langsame Arbeit an der Instrumentierung von „Mazepa". Erinnerung an die Opern „Voevoda" und „Opričnik" wie an ein „Kriminalverbrechen". Plan, mit Jurgenson zu einer weiteren Aufführung der „Jungfrau von Orleans" nach Prag zu fahren.

Kapitel XXXI 179
1882, November-Dezember. Kiev. Moskau.
Die Pragreise findet nicht statt. Unwohlsein. Max Erdmannsdörfer: Nachfolger von N. G. Rubinštejn als Dirigent der Symphoniekonzerte der Russischen Musikgesellschaft. Čajkovskij sitzt dem Maler Makovskij Modell – das Bild ist verschollen. Die Wiederaufnahme der „Jungfrau von Orleans" in der revidierten Fassung wird verschoben.

Kapitel XXXII 181
1883, Januar-März. Berlin. Paris.
Über Berlin (erlebt Wagners „Tristan und Isolde") nach Paris (besucht viermal „Figaros Hochzeit" in der Opéra comique und trifft den Großfürsten Konstantin Nikolaevič). Theaterbesuche (Sardou, Musset); rühmt Sarah Bernhardt. Über Mozart. Reaktion auf Napravniks Ratschläge für „Mazepa". Auftrag, Glinkas „Slavsja" für die Moskauer Krönungsfeierlichkeiten im Frühjahr 1883 für einen Massenchor zu bearbeiten. Weiterarbeit an der Instrumentierung des „Mazepa". Über französische Musik im Vergleich zur deutschen. Die Geschichte von der Bestellung einer Krönungskantate. „Slavsja", Festmarsch und Kantate für die Krönung Mitte Mai 1883 – unentgeltlich, denn Čajkovskij fühlt sich in der Schuld des Zaren nach einem früheren Geldgeschenk von 3000 Rubeln. Über Gounod anlässlich von dessen Oper „Roméo et Juliette".

Kapitel XXXIII 190
1883, April-Mai. Weiterhin in Paris.
Berichtet Jurgenson über seine Bemühungen im Rechtsstreit zwischen Jurgenson und Choudens über die Verlagsrechte an Gounods „Faust". Jurgenson ist enttäuscht, dass Čajkovskij die Sechs Stücke op. 21 (die der Widmungsträger Anton Rubinštejn erst jetzt gespielt hat) seinerzeit an den Verleger Bessel' gegeben hat. Anläßlich eines Artikels von Levenson: Hat Čajkovskij kein dramatisches Talent, und zielt er mit Effekten auf die Gunst des Publikums? 4. April 1883: „Evgenij Onegin" zum ersten Mal in Petersburg – ohne großen Erfolg.

Kapitel XXXIV 194
1883, Mai/Juni-August. Bei Anatolij in Poduškino.
Über Schicksal und Gottesglauben. Oper „Mazepa": Korrektur des Klavierauszugs; beide Theaterdirektionen, die in Moskau und die in Petersburg, bemühen sich um die Oper; Čajkovskij protestiert bei Jurgenson gegen das zu geringe Honorar; Vorbesprechung über die Inszenierung in der Moskauer Theaterdirektion; im August 1883 erscheint der Klavierauszug. Juni bis September 1883: Konzept der 2. Orchestersuite, September bis Oktober: Partitur.

Werke der Saison 1882/83 197

Kapitel XXXV-XLIII: 1883-1884

Kapitel XXXV 200
1883, September-November. Kiev, Verbovka. Kamenka.
Weist Frau fon Mekk auf einige Nummern von „Mazepa" hin. Schwierigkeiten bei der Besetzung der Rolle der Marija in Petersburg. Über Glazunovs 1. Streichquartett op. 1 – und Kjuis Oper „Der kaukasische Gefangene". Vorbereitung der Aufführungen der Kantate „Moskva" und des „Mazepa" in Petersburg. Weiterarbeit an der 2. Orchestersuite. Begeisterung für Bizets „Carmen", spielt auch mit Genuss Rimskij-Korsakovs „Mainacht" durch. Über die „bedingte Wahrheit" der Gattung Oper im allgemeinen – und über den „Evgenij Onegin". Über seinen hastigen Arbeitsstil und den Drang,

nach Beendigung eines Werks gleich ein neues zu beginnen; nur das Reisen
diene der Erholung. Komposition der „Kinderlieder" op. 54. Erstaufführung
der revidierten Fassung (1874) der 1. Symphonie (1866) in Moskau.

Kapitel XXXVI 205
1883, Ende Nov. – 1884, Febr. /März. Moskau, Petersburg, Moskau. Paris.
Die Vorbereitungen der Erstaufführungen des „Mazepa" in den beiden Hauptstädten ziehen sich hin. Will in Zukunft „für immer der Bühnenmusik entsagen".
Versucht, den der Untätigkeit und Hypochondrie verfallenen Laroš zur Arbeit
zu animieren. Ärger wegen der „Mazepa"-Tantiemen. Proben und Moskauer
Uraufführung des „Mazepa" (am 3. Februar 1884 in Anwesenheit des Komponisten), ohne nachhaltigen Erfolg. Nach den Aufregungen der letzten Zeit
fährt Čajkovskij am Abend der begeistert aufgenommenen Uraufführung
seiner 2. Orchestersuite am 4. Februar ins Ausland, ohne der Petersburger Erstaufführung des „Mazepa" am 6. Februar beizuwohnen. Wie in Moskau hatte
sie auch in Petersburg nur einen „kühlen Achtungserfolg". Erfährt in Paris
(hört dort Massenets „Manon Lescaut") die „Wahrheit" und wehrt sich gegen
Jurgensons Vorwurf, nicht zur Petersburger Erstaufführung des „Mazepa"
gekommen zu sein.
Über Zolas Roman (1884) „La joie de vivre". Sieht in der Comédie-Française
Komödien von Molière und Delpit (1883). Über die Wagnerbegeisterung
der Pariser. Napravnik berichtet ihm vom Wohlwollen und Interesse
des Zaren an seiner Musik und vom Wunsch, „Onegin" inszenieren zu lassen;
ausserdem rät er Čajkovskij, sich dem Zaren vorzustellen.

Kapitel XXXVII 213
1884, März. Petersburg, Moskau.
Verleihung des Vladimir-Ordens 4. Klasse. Wird in Gatčina der Zarin und dem
Zaren vorgestellt. Hat die Enttäuschung über den angeblichen Misserfolg des
„Mazepa" in Petersburg überwunden, wohl nicht zuletzt auch durch das Wohl-
wollen des Zaren. Über die (von der geistlichen Zensur verbotenen)
„Bekenntnisse" Lev Tolstojs. Drei nachträgliche Änderungen (und
Kürzungen) in „Mazepa"; die wichtigste: der gekürzte Schluß der Oper,
die jetzt mit Marijas Wiegenlied endet.

Kapitel XXXVIII 216
1884, April-Mai. Kamenka.
Čajkovskijs Tagebücher. Anfänge der Konzertfantasie op. 56 und der
3. Orchestersuite op. 55. Sehnsucht nach einem eigenen dörflichen Zuhause.
Suche nach einem geeigneten Landhaus; bittet Jurgenson, ihm kein Zimmer
in Moskau einzurichten, obwohl er das zunächst vorgeschlagen hatte. Kritische
Gedanken zu seinem 44. Geburtstag. Mühsame, aber erfolgreiche Arbeit an
op. 56 und 55. Ausgabe von Mozarts „Figaro" mit Čajkovskijs Rezitativen. Ausgabe ausgewählter Klavierstücke. Bessel' ist bereit, die Revision des „Opričnik"
zu honorieren und den Klavierauszug neu stechen zu lassen.

Kapitel XXXIX 221
1884, Juni-Juli. Grankino.
Stolz auf die 3. Orchestersuite. Taneev zu den Kinderliedern op. 54.
Instrumentiert die 3. Orchestersuite. Arbeitet an der Konzertfantasie op. 56;

*könnte sich d'Albert oder Taneev als deren Interpreten vorstellen.
Ein furchtbares Gewitter. Liest A. Daudets Roman „Sapho".*

Kapitel XL 223
*1884, Juli-August. Skabeevo (Skabeevka).
Über A. Daudets Roman „Sapho". Für den Monat in Skabeevo nimmt er sich
vor: Lektüre, ein wenig Arbeit (an der Konzertfantasie op. 56) und Laroche zur
Arbeit zu bringen, indem er sich von ihm Aufsätze diktieren lässt.
Kommentiert Modest Čajkovskijs Unzufriedenheit mit seinem neuen Drama.*

Kapitel XLI 225
*1884, September-Oktober. Pleščeevo.
Ein Monat „absoluter Einsamkeit" in Pleščeevo, einer Besitzung Frau
von Mecks; fühlt sich nicht heimisch. Sehnt sich nach Einsamkeit und
ländlichem Leben im eigenen Heim. Studiert Wagners „Parzifal" und
Musorgskijs „Chovanščina". Liest Goethes „Wilhelm Meister".
Kritisiert eingehend Taneevs 3. Symphonie. Freude an der Registerkombination eines Harmoniums. Berechnet Jurgenson 300 Rubel
für die 3. Orchestersuite und 200 Rubel für die Konzertfantasie op. 56.*

Kapitel XLII 230
*1884, Oktober. Petersburg.
Erfolgreiche Erstaufführung des „Evgenij Onegin" im Petersburger Bol'šoj teatr.
Kjuis vernichtende Kritik. „Onegin" wird schon bald zum grössten Bühnen-
erfolg einer russischen Oper seit Glinkas „Leben für den Zaren".
Die Folge: Ruhm und materieller Wohlstand.*

Kapitel XLIII 233
*1884, November-Dezember. Auslandsreise: Berlin, München, Davos,
Zürich, Paris.
Beginnt mit der Komposition der Neun liturgischen Chöre ohne op.; schreibt
die Streicherelegie für das Künstlerjubiläum von Ivan Samarin. Über Webers
„Oberon" (in Berlin); hört das Andante cantabile aus dem 1. Streichquartett
in einem Bilse-Konzert. Verpaßt in München zu seinem Bedauern Wagners
„Meistersinger". Besucht in Davos den todkranken befreundeten Geiger
Iosif Kotek. Stasov erbittet Čajkovskij-Autographe für die Öffentliche
Bibliothek in Petersburg. In Paris besucht Čajkovskij Theateraufführungen
und plant die Revision des „Kuznec Vakula". Des Auslands und des Aufenthalts in Paris überdrüssig; Sehnsucht und wiederholter Wunsch
nach einem eigenen Zuhause.*

Die drei Perioden der künstlerischen Tätigkeit Peter Il'ič's 239

    *1. Die Moskauer Periode 1866-1877
       (Band I, Teil IV und V)
    2. Kamenkaer Periode (und sein Leben als „wandernder Stern") 1878-1884
       (Band II, Teil I)
    3. Die Periode des Landlebens im Umkreis von Klin während der Jahre
       des internationalen Ruhms und des öffentlichen Wirkens 1885-1893
       (Band II, Teil II und III)*

Werke der Saison 1883/84 und bis zum 1. Januar 1885 240

ZWEITER TEIL: 1885-1887 243

Kapitel I-II: Ein neuer Lebensabschnitt

Kapitel I 245
*Ein neuer Lebensabschnitt (1885 ff.). Čajkovskij als öffentliche Person,
z. B. als für künstlerische Belange zuständiges Direktionsmitglied der
Russischen Musikgesellschaft. Zunehmende Korrespondenz. Kontakte zu
Verlegern, Agenten, Veranstaltern, Institutionen dienen der Verbreitung
seiner Werke auch im Ausland. Zahlreiche Reisen.
Doch später tritt ein Umschwung ein – Freudlosigkeit und Lebensmüdigkeit.
Bekannten- und Freundeskreis. Korrespondenzen.*

Kapitel II 246
Bekannten- und Freundeskreis. Korrespondenzen.

Kapitel III-V: 1885

Kapitel III 249
*1885, Januar bis Anfang Februar. Moskau.
Muß Koteks Eltern die Nachricht vom Tode ihres Sohnes übermitteln.
Liest selbst in Eile die Korrektur der 3. Orchestersuite vor der von Hans von
Bülow geleiteten und enthusiastisch aufgenommenen Petersburger Urauf-
führung am 12. Januar 1885. Über Bülow. Über Napravniks Oper „Niže-
gorodcy". Nach der 15. Aufführung des „Onegin" in Petersburg wird
Čajkovskij vom Kaiserpaar empfangen. Am 16. Januar Moskauer Erst-
aufführung der 3. Orchestersuite unter Max Erdmannsdörfer. Laroš's
Besprechung der Suite. Idee für eine neue Oper nach Ippolit V. Špažinskijs
„Čarodejka". Schwierige Suche nach einem eigenen Heim auf dem Lande:
Majdanovo (bei Klin, Gouvernement Moskau).*

Kapitel IV 253
*1885, Mitte Februar bis Juni. Majdanovo, Moskau, Majdanovo.
Čajkovskij beendet sein „Nomadenleben" und mietet eine Wohnung im Dorf
Majdanovo (bei der Stadt Klin, Gouvernement Moskau). Enttäuscht, und doch
glücklich; will höchstens ein Jahr dort bleiben. Eine Hymne zu Ehren der Slavenheiligen Kyrill und Methodius. Umarbeitung des „Kuznec Vakula": „Čerevički".
Erfolgreiche Uraufführung der Konzertfantasie für Klavier und Orchester (Solist:
S. I. Taneev), aber kein nachhaltiger Erfolg des Werkes. Träumt weiter vom
eigenen und nicht gemieteten Heim. Rühmt N. F. fon Mekk gegenüber die
Schönheit der russischen Landschaft. „Politisiert" über die politische Ordnung Rußlands. Eine Oper nach Puškins „Hauptmannstochter"? Konstatiert anläßlich eines Zeitungsartikels einen positiven Umschwung in den Artikeln über
seine Musik (ausser bei dem weiterhin feindseligen Kjui). Äussert sich Rimskij-
Korsakov gegenüber zu dessen 1884 erschienener Harmonielehre – und bittet
ihn (vergeblich), für den Direktorenposten am Moskauer Konservatorium zur
Verfügung zu stehen. Špažinskijs Änderungen im Libretto der „Čarodejka"
gegenüber seinem Drama; Čajkovskijs Verständnis der Figur der Nastas'ja
(Kuma), Vergleich mit Traviata und Carmen; über die Figur der Fürstin. Erwartet das Libretto zum ersten Akt. Setzt die Komposition der Neun liturgi-*

schen Chöre fort. Stöhnt über seine sich ausweitende Korrespondenz. Fühlt
sich durch die Sommergäste in Majdanovo gestört. Wohnt in seiner Eigenschaft als Direktionsmitglied der Musikgesellschaft den Prüfungen im Konservatorium bei. Inszenierung der „Čerevički" nicht in Moskau, sondern auf
Initiative Vsevoložskijs in Petersburg. 45. Geburtstag. Setzt die Wahl Taneevs
zum Direktor des Moskauer Konservatoriums durch und erbietet sich, ehrenamtlich die Klasse „Freie Komposition" zu übernehmen. Entschließt sich, wie
Balakirev versprochen, die Programmsymphonie „Manfred" zu schreiben.

Kapitel V 265
1885, Mitte Juni bis Ende August. Majdanovo.
Čajkovskij beginnt die Komposition der „Manfred"-Symphonie, angeregt durch
M. I. Balakirev – dessen Programm. Namenstagsdiner. „Čerevički"-Korrektur.
Über Napravniks Oper „Garol'd" (Harold). Arbeitet in düsterer Seelenverfassung
hastig und angestrengt an der Manfred-Symphonie. Ergänzt auf Wunsch
Vsevoložskijs eine Ecossaise im 3. Akt des „Evgenij Onegin". Will Mitte
September 1885 in ein ruhigeres, abgelegeneres Haus in Maidanovo ziehen.

Werke vom 1. Januar bis zum 12. September 1885 269

Kapitel VI-XIII: 1885-1886

Kapitel VI 270
Wichtige Perioden und ihnen vorausgehende Übergangszeiten.
Vom „Nomadenleben" zur Sesshaftigkeit und Einsiedelei im eigenen Heim.
Seine bescheidene Einrichtung. Lebensgewohnheiten und Zeiteinteilung.

Kapitel VII 273
Erfolge und Resonanz im Ausland – am Beispiel von Paris
und dem Verleger Mackar.

Kapitel VIII 274
1885, September-Oktober. Majdanovo.
Richtet die neue Wohnung in Majdanovo ein. Rät Arenskij zum vorsichtigen
Gebrauch des 5/4-Takts. Schließt die Partitur der „Manfred"-Symphonie ab
und will sich, nachdem ihm Špažinskijs Libretto zum ersten Akt vorliegt,
an die Komposition der Oper „Čarodejka" machen. Verteidigt gegenüber
Frau fon Mekk die „lügnerische" Gattung der Oper, mit der der Komponist
ein größeres Publikum als mit symphonischen Werken erreichen kann. Komponiert einen Chor zum 50-jährigen Bestehen der Petersburger Rechtsschule.
Liest, hingerissen, Zolas Roman „Germinal" und denkt an ihn wie an einen
schrecklichen Albdruck zurück. Drängt Jurgenson zur baldigen Publikation
der „Manfred"-Symphonie.

Kapitel IX 278
1885, November-Dezember. Majdanovo.
Hört in Moskau Konzerte. Erlebt Tanejew als kompetenten Direktor des Konservatoriums. Erwartet eine Verzögerung der Inszenierung von „Čerevički".
Setzt sich vergeblich für eine Aufführung des Schauspiels „Lizeveta Nikolaevna" seines Bruders Modest in Moskau ein. Dankt M. M. Ippolitov-Ivanov
für die Aufführung des „Mazepa" in Tiflis. Überlegt wegen der Erkrankung

des Kapellmeisters Al'tani, „Čerevički" selbst zu dirigieren. Liest die Korrektur der „Manfred"-Symphonie und hält das Werk für sein bestes. Ovationen nach der zweiten Moskauer Aufführung der 3. Orchestersuite. Schwärmt vom russischen Winter – und plant eine Reise nach Italien, Konstantinopel und Tiflis. Äussert sich über den „Opričnik", nach dem Ippolitov-Ivanov gefragt hatte; hält „Čerevički" für musikalisch wertvoller als „Die Jungfrau von Orleans". Verlangt kein Honorar für „Manfred" von Jurgenson und Mackar, weil das immens schwierige Werk voraussichtlich „nur einmal in zehn Jahren" aufgeführt werde.

Kapitel X 283
1886, Januar bis März. Petersburg. Majdanovo. Moskau.
Setzt sich für die Aufführung von Werken Rimskij-Korsakovs und Glazunovs in Moskau ein. Ist enttäuscht, daß seine Opern, insbesondere der erfolgreiche „Evgenij Onegin", nicht öfter gespielt werden. Regt beim Priester in Maidanovo die Gründung einer Dorfschule an und unterstützt diese finanziell. Plant wegen seines Magenkatarrhs auf Rat von Dr. Lev Bertenson eine Frühjahrskur in Vichy. Beeindruckt von Anton Rubinštejns Schumann-Abend (seiner „historischen Konzerte"). Dankt Frau fon Mekk für ihre materielle Unterstützung, die ihn unabhängig und frei macht. Spielt A. G. Rubinštejns „Nero" durch. Über Altes und Neues Testament. Aleksej-Tolstoj-Lektüre. Kühl aufgenommene Uraufführung der „Manfred"-Symphonie in Moskau unter Max Erdmannsdörfer.

Kapitel XI 288
1886, April. Tiflis.
Die Reise von Vladikavkaz durch den Kaukasus nach Tiflis. Seine Eindrücke von der Stadt. Musikleben und Musiker. Beliebtheit seiner Musik. Musikgesellschaft, M. M. Ippolitov-Ivanov. Verwirrung um die beiden Fassungen der 1. Symphonie. Jurgenson lässt versehentlich die 1. Fassung wiederherstellen. Sonderkonzert der Musikgesellschaft zu Ehren Čajkovskijs, ausschließlich mit seinen Werken. Erste öffentliche Ehrung dieser Art.

Kapitel XII 293
1886, Mai-Juni. Schiffsreise von Batum und Trapezunt nach Marseille. Paris.
Aufenthalte in Trapezunt und Konstantinopel. Freude an der Seereise. Sizilien und der rauchende Ätna. Geniesst Paris. Freut sich über die vielen Übersetzungen russischer Literatur in den Buchhandlungen. Aufgeregt anläßlich seines ersten Besuchs bei seinem Pariser Verleger Mackar. Nimmt die Unannehmlichkeit vieler Diners und Besuche in Kauf, um – der „Karriere" wegen – mit der Pariser Musikwelt bekannt zu werden. Blättert bei Pauline Viardot zwei Stunden lang in der Originalpartitur von Mozarts „Don Giovanni".

Kapitel XIII 298
1886, Juni-August. Majdanovo.
Froh, nach drei Monaten wieder zu Hause zu sein. Will den Entwurf der ‚Bezaubernden' bis zum Herbst abschliessen; es habe nichts zu bedeuten, tröstet er Modest, wenn man als Autor von einem Werk, an dem man gerade arbeite, nicht befriedigt sei. Gibt einige geplante Arbeiten auf. Anläßlich der Suche nach einem Brief für die Sammlung von La Mara: über den riesigen Umfang seiner

Korrespondenz. Arbeit an der „Bezaubernden". Über Massenets „Manon Lescaut" und Lefebvre. Schaffen im Bewusstsein der Kürze des Lebens. Beendet die Konzeptschrift der ‚Bezaubernden am 18. August.

Werke der Saison 1885/86 302

Kapitel XIV-XXI: September 1886 – Ende 1887

Kapitel XIV 303
1886, September-Oktober. Majdanovo.
Romanzen op. 60 „für die Kaiserin". Korrespondenz mit dem Großfürsten Konstantin Konstantinovič und Lyriker „K. R." (Konstantin Romanov). Opernkomponisten Fitingof-Šel', Solov'ev, A. Rubinštejn, Čajkovskij. „Die Bezaubernde" ist zu lang geworden – und muß gekürzt werden. Über Lev Tolstoj.
Über Beethoven und Mozart (und ihre „Vorläufer" Bach, Gluck und Haydn). Befürchtet Schwierigkeiten seitens des neuen Theaterdirektors in Moskau, die Inszenierung der „Čerevički" betreffend; fühlt sich aber immer wieder zum Theater hingezogen. Hat mit der Instrumentierung der „Čarodejka" begonnen. Rühmt Aksakovs „Familienchronik". Will Gedichte aus der Sammlung 1886 von K. R. vertonen. Furcht vor dem Dirigieren. Über Brahms. Verunsicherung: Das Arbeiten fällt ihm schwer. Über Massenets Oper „Le Cid". Rät von der Aufführung der 1. Symphonie in Petersburg ab; sie wird dennoch gespielt. Empfiehlt Rimskij-Korsakov den jungen Georgij (Egor) Catoire als Kompositionsschüler.

Kapitel XV 309
1886, Ende Oktober-November. Majdanovo.
Auftrag des Direktors der Kaiserlichen Bühnen in Petersburg Vsevoložskij für ein Ballett „Undina". Zunehmende Popularität in Petersburg. Beljaev-Preis. Ehrenmitgliedschaft der Kammermusikgesellschaft. Weiterarbeit an der Partitur der „Bezaubernden". Spielt Beethovens cis-Moll-Quartett. Spielt „Opričnik" – „scheußlich" – und will ihn gründlich ändern. Zweifel und Unzufriedenheit; Widerwille gegen Moskau – denkt oft an Petersburg. Will sich nach Abschluß der „Bezaubernden" zunächst erholen, bevor er an das „Undina"-Ballett geht – dieses kommt schließlich nicht zustande. Spendet 100 Mark für ein Raff-Denkmal. Ausführlich über die ihm gewidmete Orchesterfantasie op. 9 von Antonij St. Arenskij. V. V. Bessel's journalistische Fehde gegen Napravik und Čajkovskijs vergebliche Richtigstellung.

Kapitel XVI 314
1886, Dezember – 1887, Januar. Moskau. Majdanovo.
Arbeitet weiter an der Instrumentierung der Oper „Die Bezaubernde". Vorbereitung der Uraufführung der Oper „Čerevički". Über die Feiertage mit Modest und Laroš in Majdanovo. Anstrengung, aber auch Befriedigung bei der Probenarbeit. Erfolgreiche Uraufführung der „Čerevički" am 19. Januar 1887 im Moskauer Bol'šoj teatr. Tod der Nichte Tat'jana L. Davydova.

Kapitel XVII 318
1887, Ende Januar – Ende Februar. Majdanovo. Moskau.
Nimmt nach seinen drei „Čerevički"-Aufführungen „in fieberhafter Eile" die

Instrumentierung der „Bezaubernden" wieder auf. Blickt zurück auf seine Komponistenkarriere – und, ohne Selbstzweifel, in die Zukunft. Einladung zu einem Konzert der Petersburger Philharmonischen Gesellschaft. Eine von seinem Pariser Verleger veranstaltete Kammermusik-"Audition" in Paris. Großer Erfolg des Petersburger Konzerts – sein gelungenes Debüt als Konzertdirigent, und doch „eine Portion Teer im Honigfaß".

Kapitel XVIII 320
1887, März – Anfang Mai. Majdanovo.
Erhält zum Dank für die Widmung der Zwölf Romanzen op. 60 ein signiertes Portrait der Kaiserin. Besuch von M. M. Ippolitov-Ivanov (dessen Oper „Ruth" ihm gefällt) und seiner Frau. Schlafstörung durch übermäßige Arbeit. Ermutigt Modest zu einer neuen Komödie. Fragt sich, ob „die Poesie des Landlebens und des Alleinseins" ein Selbstbetrug ist. Das Instrumentieren kostet ihn mehr Zeit und Mühe als früher: er arbeitet strenger, vorsichtiger, wählerischer. Will vor der bevorstehenden Reise die Partitur der „Bezaubernden" abschliessen.

Kapitel XIX 323
1887, Ende Mai – Juni. Kaspisches Meer, Tiflis, Boržom.
Schiffsreise auf der Wolga: von Nižnij-Novgorod nach Astrachan' am Kaspischen Meer, und von dort weiter nach Baku; von Baku (Bohrtürme, Erdölgewinnung) mit der Bahn nach Tiflis. In Boržom bei seinem Bruder Anatolij und dessen Frau. Keine Lust zum Komponieren. Instrumentiert einige Stücke von Mozart – die spätere Mozartiana-Suite.

Kapitel XX 325
1887, Juli-August. Boržom. Batum. Odessa. Aachen.
Reist (über Wien und Köln) zu seinem todkranken Freund N. D. Kondrat'ev nach Aachen. Verdrängte Lebensfragen. Schickt die autographe Partitur der „Mozartiana" zum Druck nach Moskau. Korrespondiert mit der Sängerin Pavlovskaja über Einzelheiten der Partie der Kuma („Die Bezaubernde"). Rechnet Ende August mit der Benachrichtigung über den Probenbeginn zu dieser Oper.

Kapitel XXI 328
1887, September – Mitte Dezember. Majdanovo. Petersburg. Moskau.
Überlegt, ein Stück Land zu kaufen und ein Haus zu bauen. (Der Plan zerschlägt sich.) Begeistert von Schumanns „Paradies und die Peri". Erschöpft von den Änderungen und Kürzungen der in Petersburg zur Uraufführung vorbereiteten „Bezaubernden" (Briefwechsel mit der Darstellerin der Kuma, Pavlovskaja). Im Tagebuch: Über die letzten Dinge: „Gott, Leben und Tod". Uraufführung der „Bezaubernden" am 20. Oktober 1887 – ein Mißerfolg; Čajkovskij dirigiert auch die folgenden drei Aufführungen. Übereinstimmende negative Kritiken. Bittet Rimskij-Korsakov, statt der „Romeo"-Ouvertüre ein Werk von Arensky aufzuführen – und rühmt Rimskij-Korsakovs Capriccio espagnol. Dirigiert am 14. und 15. November zwei Konzerte mit eigenen Werken in Moskau (u. a. die Uraufführung der „Mozartiana"). Schämt sich vor seinem Verleger wegen des Mißerfolgs der „Bezaubernden" und wirft den Rezensenten vor, die Oper zu Fall gebracht zu haben.

Werke vom 1. September 1886 bis zum 1. Januar 1888 .... *335*

DRITTER TEIL: 1888-1893 339

Kapitel I-V: Mitte Dezember 1887 – August 1888

Kapitel I 341

Ein neuer Lebensabschnitt. Die erste grosse Europatournee als Dirigent eigener Kompositionen 1887/88. Ruhm – und Qualen. Die ersten drei Stationen nach der Ankunft in Berlin: Leipzig, Hamburg, Berlin.

Nach der Ankunft in Berlin Irritationen wegen des Agenten Friedrich. Hört das Requiem von Berlioz.

In Leipzig zusammen mit Ziloti, Brahms (dieser spielt sein Klaviertrio op. 101) und Grieg bei Brodsky. Über Brahms und Grieg. Hört Brahms' Doppelkonzert (von diesem dirigiert) im Gewandhaus; schwärmt vom Gewandhaus-Saal. Čajkovskijs erste Probe (in Brahms' Anwesenheit): 1. Orchestersuite d-Moll op. 43. Erfolgreiches Konzert und „Tschaikowsky-Feier" im Liszt-Verein. Neun Rezensionen des Leipziger Konzerts – zum Teil auch der „Tschaikowsky-Feier" (Klaviertrio op. 50 und 1. Streichquartett op. 11).

Von Leipzig nach Berlin (Besprechung des Konzerts, Treffen mit Hugo Bock).

Von Berlin zusammen mit Brodsky nach Hamburg, Bülow-Konzert (Wiedersehen mit Bülow). Das geplante Konzert in Kopenhagen kommt aus Termingründen nicht zustande. Ein paar ruhige Tage in Lübeck (besucht dort Aufführungen von Shakespeares „Othello" mit Ludwig Barnay und Meyerbeers „Afrikanerin").

Zum 1. Januar 1888 wird Čajkovskij eine staatliche Pension von 3000 Rubeln jährlich gewährt.

Das Konzert in Hamburg: Streicherserenade, 1. Klavierkonzert, Finale der 3. Orchestersuite. Rezensionen. Zieht sich anschließend nach Magdeburg zurück. Wieder in Leipzig, trifft erneut Brodskij, Ziloti, das Ehepaar Grieg, hört die von Mahler vollendete Oper „Die drei Pintos" von Weber, lernt Busoni kennen und hört dessen 1. Streichquartett, rühmt Grieg (dessen Violinsonate op. 45 er hört).

Berlin. Proben. Diners. Protegiert Sapel'nikov. Trifft seine frühere Verlobte Désirée Artôt wieder. Konzert: „Romeo und Julia", 1. Klavierkonzert (Solist: A. Ziloti), I. Satz der 1. Suite, Andante aus op. 11, vier Lieder (A. Friede), Ouvertüre „1812". Rezensionen.

Zurück in Leipzig, wo auf Bitten Čajkovskijs Wagners „Meistersinger" aufgeführt werden. Ein Ständchen unter seinem Hotelzimmer.

Kapitel II 366

Prag. Zahlreiche offizielle Empfänge und Ehrungen. Lernt Dvořák kennen. Zwei Konzerte: „Romeo und Julia", 1. Klavierkonzert (A. Ziloti), Violinkonzert (C. Halíř), Ouvertüre „1812" (zweimal), I. Satz und Finale der 1. Orchestersuite, Serenade für Streichorchester. Szenisch: II. Akt „Schwanensee" (Dirigent: A. Čech). „Ein Moment absoluten Glücks".

Kapitel III 369
Paris. Unterschiede des Verhältnisses der Böhmen bzw. der Franzosen zu Rußland – und beim Empfang Čajkovskijs in Prag und Paris. Eine musikalische Soiree am 16. / 28. Februar im Salon der Benardakis. Zahlreiche Einladungen, Bekanntschaften (Gounod, Massenet, Thomas u. a.), musikalische Soireen (u. a. bei Colonne), Galadiners (u. a. bei Pauline Viardot), eine Audition von Louis Diémer in der Salle Erard, ein Fest in der Redaktion des „Figaro", ein Konzert der Kammermusikgesellschaft „La Trompette" – und zwei Konzerte im „Châtelet": Streicherserenade, Finale der 3. Suite, „Francesca da Rimini", Violinkonzert, Konzertfantasie op. 56, Andante cantabile und Nocturne. Presse-Echo.

Ein gemeinsamer Plan Čajkovskij / Rimskij-Korsakov, zwei russische Konzerte in Paris zu veranstalten, kann nicht verwirklicht werden.

Am Ende der Konzerttournee: vier unspektakuläre, aber für Čajkovskijs späteren Ruhm bedeutsame Tage in London; Konzert: Streicherserenade und Finale der 3. Suite.

Kapitel IV 377
Taganrok (bei seinem Bruder Ippolit). Tiflis (bei seinem Bruder Anatolij). Frolovskoe bei Klin.
Kaum von der höchst anstrengenden Konzertreise zurückgekehrt, denkt Čajkovskij an eine Reise nach Amerika als Konzertdirigent. Mietet ein Haus in Frolovskoe bei Klin. Denkt vorerst nicht daran, eine neue Oper (auf Modests „frei gewordenes" Libretto nach Puškins „Pique Dame" zu schreiben – das Sujet rühre ihn im übrigen nicht; sondern plant eine neue Symphonie, klagt aber über mangelnde Schaffenslust. Jurgensons Plan einer russischen Ausgabe von Ulybyševs französischer Mozart-Biographie (1843) wird ohne Čajkovskijs zunächst geplante Mitwirkung verwirklicht.

Kapitel V 382
Frolovskoe. Kamenka.
Pflanzt und sät Blumen in seinem Garten in Frolovskoe. Nach mühsamen Anfängen: fühlt sich inspiriert zu einer neuen Symphonie (der Fünften). Korrespondenz mit dem Grossfürsten Konstantin Konstantinovič über poetologische Fragen. Rät M. M. Ippolitov-Ivanov (Tiflis) dringend davon ab, den „Opričnik" aufzuführen. Komponiert die 5. Symphonie und die „Hamlet"-Ouvertüre. Macht dem 19-jährigen Sohn Napravniks Mut, seine Menschenscheu zu überwinden, unter der auch er gelitten habe. Über die Unaufrichtigkeit von Briefen. Über russische Komponisten: Glinka, Dargomyžskij. Neue Agenten, neue Pläne für Konzertreisen: USA (möchte dort als Repräsentant der russischen Musik auch Werke anderer russischer Komponisten aufführen) und Skandinavien. Russische Musik bei der Pariser Weltausstellung 1889 (Briefe an N. F. fon Mekk und P. I. Jurgenson)? Freude an den von ihm gepflanzten Blumen. Will sich im Alter der Blumenzucht widmen. Erste Stationen einer weiteren europäischen Konzertreise sind im Gespräch: Dresden, Berlin, Prag.

Werke vom 1. Januar bis zum 1. September 1888 .... *391*

Kapitel VI-XIII: September 1888 – September 1889

Kapitel VI 392
Frolovskoe.
Instrumentierung der „Hamlet"-Ouvertüre. Korrekturen der 5. Symphonie.
Seine Nichte Vera und sein Freund Nikolaj Gubert (Hubert) sind todkrank.
Positive Reaktion der Moskauer Freunde auf die 5. Symphonie. Über Form
und Inhalt – Beethoven, Haydn und Mozart (Brahms als „Karikatur" Beetho-
vens), Längen und „Remplissagen", die eigene Unfähigkeit zur vollkommenen
Form und seine widerliche „Manfred"-Symphonie, von der er nur den ersten
Satz gelten läßt und zu einer Symphonischen Dichtung machen will, während
die drei übrigen Sätze vernichtet werden sollen (was letztlich nicht geschieht).
Über Wiederholungen und Längen bei Beethoven und Schubert;
über Mozarts Requiem und Brahms. Empfiehlt die Aufführung von
Schumanns „Das Paradies und die Peri".

Kapitel VII 396
Frolovskoe. Petersburg.
Petersburger Konzerte am 5. und 12. November 1888: 5. Symphonie und
„Hamlet" (Uraufführungen), 2. Klavierkonzert mit Vasilij L. Sapel'nikov,
Laroš's Fantasie-Ouvertüre (instrumentiert von Čajkovskij).

Kapitel VIII 398
Zweiter Pragbesuch, November / Dezember 1888. Frolovskoe. Moskau.
Petersburg.
In Prag dirigiert Čajkovskij den „Evgenij Onegin" (Dvořáks begeisterte
Reaktion) und ein Konzert. Konzerte in Moskau (5. Symphonie und 2. Klavier-
konzert) und Petersburg („Der Sturm"). Aufführung des „Opričnik" durch
Studierende des Petersburger Konservatoriums.

Kapitel IX 399
Frolovskoe. Dezember 1888 – Januar 1889.
Beginn der Arbeit an „Dornröschen". Selbstkritik an der 5. Symphonie.
Zweifel an seiner Schöpferkraft.
Jurgenson schenkt ihm die Mozart-Gesamtausgabe.

Kapitel X-XI: Ende Januar – April 1889
Zweite grosse Europatournee als Dirigent eigener Kompositionen

Kapitel X 401
Köln und Frankfurt am Main (3. Orchestersuite). Dresden (4. Symphonie
und 1. Klavierkonzert). Berlin (Streicherserenade und „Francesca da Rimini";
trifft Désirée Artôt, wohnt einer Musiksoiree mit seinen Kompositionen bei
Klindworth bei, „unzählige Einladungen zu Diners und Soupers").
Genf (Streicherserenade und 1. Orchestersuite; will anschließend zwei Wochen
in Vevey am 4. Akt „Dornröschen" arbeiten – wozu es nicht kommt).
Hamburg (5. Symphonie). Rezensionen. Hannover. Enttäuschung,
dass die russische Presse nicht über seine Auslandserfolge berichtet.

Kapitel XI 413
Hannover. Paris (protegiert und empfiehlt Sapel'nikov; Einladungen bei Viardot und Benardaki; Konzert: Berlioz, „Faust" – und Oper: Lalo, „Le Roi d'Ys"; Plan einer Oper „La Courtisane" für Paris; Treffen mit Musikern). Mag nicht ihn betreffende Zeitungsberichte sammeln und seinem Verleger schicken, aber ärgert sich über die Mißachtung seiner Auslandserfolge in der russischen Presse. London (1. Klavierkonzert mit V. L. Sapel'nikov und 1. Orchestersuite); Ende der zweiten Europatournee.

Kapitel XII 416
April und Mai 1889. Marseille – Konstantinopel – Batum. Tiflis (bei Anatolij und seiner Frau). Moskau. Petersburg. Frolovskoe. Auf der Schiffsreise befreundet er sich mit dem 14-jährigen Vladimir Sklifosovskij. In Moskau: Direktionssitzungen der Musikgesellschaft. Wechsel im Direktorat des Konservatoriums: von Taneev zu Safonov; Karl Al'brecht wird als Inspektor des Konservatoriums verabschiedet.

Kapitel XIII 418
*Juni-September 1889. Frolovskoe.
Instrumentierung des „Dornröschen"-Balletts. Korrespondiert als Direktionsmitglied der Moskauer Abteilung der Russischen Musikgesellschaft mit auswärtigen Dirigenten-Komponisten (wie Ippolitov-Ivanov und Napravnik) über Gastdirigate und Programme – und bittet die Betreffenden, keine seiner Werke aufzuführen. Mietet zusätzlich eine ruhige Stadtwohnung in Moskau, um sich an Winterabenden zerstreuen zu können.*

Werke der Saison 1888/89 422

Kapitel XIV-XIX: September 1889 – September 1890

Kapitel XIV 423
Vorbereitung der Symphoniekonzerte der Musikgesellschaft. Neuinszenierung des „Evgenij Onegin" am Moskauer Bol'šoj teatr (Čajkovskij dirigiert die Premiere am 18. September 1889). Nimmt in Petersburg an den Sitzungen zur Vorbereitung des 50-jährigen Künstlerjubiläums von Anton G. Rubinštejn teil – und übernimmt die Leitung zweier Konzerte mit Werken des Jubilars. Umzug in eine für den Winter gemietete Moskauer Stadtwohnung. Vorbereitung mehrerer Moskauer und Petersburger Konzerte. Weiß um seine Bedeutung für die Russische Musikgesellschaft; realisiert seine Idee, zu jedem Konzert der neuen Saison einen anderen Dirigenten zu verpflichten. Schlägt dem Großfürsten Konstantin Konstantinovič („K. R.") das Evangelium als Stoff für ein Poem vor. Bekanntschaft mit Čechov, der ihm seine „neuen Erzählungen" widmen will. Über Tolstoi. Über ein Gedicht von K. R. – Idee einer grandiosen Symphonie als Schlußstein seines gesamten Schaffens.

Kapitel XV 428
*Čajkovskijs Verhältnis zu Anton G. Rubinštejn und seinen Werken.
Die Festlichkeiten zum 50-jährigen Künstlerjubiläum Anton G. Rubinštejns.*

Kapitel XVI 431
Erschöpfungszustand nach den Petersburger Rubinstein-Konzerten und einem Moskauer Konzert mit Beethovens Neunter. Schwere Krankheit der Frau seines Dieners Aleksej. Proben zu „Dornröschen", einer der prächtigsten und aufwendigsten Produktion der Kaiserlichen Theater. Die Uraufführung wird auf den 3. Januar verschoben. Voraufführung für den Kaiserlichen Hof am 2. Januar. Wie bei „Eugen Onegin" kein unmittelbarer, sondern ein späterer kolossaler Erfolg. Čajkovskij sagt alle weiteren dirigentischen Verpflichtungen ab, um ins Ausland zu fahren und eine Oper auf Modest Čajkovskijs Libretto nach Puškins „Pikovaja dama" zu komponieren – wie „Dornröschen" sowie später „Nußknacker" und „Iolanta" im Auftrage des Direktors der Kaiserlichen Theater Ivan A. Vsevoložskij. Am 14. Januar 1890 reist Čajkovskij mit noch unbestimmtem Ziel ins Ausland.

Kapitel XVII 435
*Von Petersburg reist Čajkovskij über Berlin nach Florenz. Dort komponiert er vom 19. / 31. Januar bis zum 25. März / 7. April 1890 „Pikovaja dama" (Konzept und Klavierauszug). Lobt und kritisiert Modests Libretto. Ideale Arbeitsbedingungen: er ist bei der intensiven Arbeit ungestört, kann bequem spazierengehen und sich abends zerstreuen (Zirkus- und Opernbesuche). Und dennoch spricht er – bei „furchtbarer Lust" zum Komponieren – von Lebensüberdruß und wahnsinnigem Kummer. Spricht Glazunov kritischen Trost zu nach dem Mißerfolg von dessen „Orientalischer Rhapsodie". Ärger um Bessel's Rechte am „Opričnik": Čajkovskij will die Aufführung der Oper verhindern. Geniesst den Vorfrühling in den Florentiner „Cascine". Sagt die Leitung von sechs Konzerten der Musikgesellschaft in Moskau ab – und gibt wegen Divergenzen mit Safonov, dem Direktor des Konservatoriums, im Zusammenhang mit der Besetzung der Celloprofessur sein Amt im Direktorium der Musikgesellschaft ab. Die unzureichend vorbereitete Moskauer Erstaufführung der „Čarodejka". Drängt Modest, zügig am Libretto der „Pikovaja dama" weiterzuarbeiten; ändert das 4. Bild (mit Intermedium).
Tod der Frau von Čajkovskijs Diener Aleksej Sofronov.
Glücklicher Abschluß der Konzeptschrift der „Pikovaja dama" am 3. / 15. März 1890 in Florenz. Weint über das Schicksal Hermanns als eines „lebendigen und sogar sympathischen" Menschen. Schnelligkeit beim Komponieren: ein Charakterzug; hält „Pikovaja dama" für ein gutes und originelles Werk. Beginnt mit dem Klavierauszug der Oper.*

Kapitel XVIII 447
Rom. Findet dort vieles verändert seit seinem letzten Aufenthalt. Beginnt mit der Instrumentierung der Oper „Pikovaja dama"; kann auch in Rom ungestört arbeiten – bis er von Landsleuten besucht und eingeladen wird und Sgambati ihn zu einer Aufführung des 1. Streichquartetts einlädt. Sehnsucht nach Rußland und seiner ländlichen Einsamkeit in Frolovskoe.

Kapitel XIX 450
Zurück in Rußland. Findet in Frolovskoe zu seinem Schrecken den gesamten Wald abgeholzt. Fährt mit der Instrumentierung der Oper „Pikovaja dama" fort und liest den Klavierauszug korrektur. Plant ein Streichsextett zu komponieren

(„Souvenir de Florence" op. 70). Die schöpferische Arbeit: ein Handwerk nach
Art der Schuster. Rechtfertigt gegenüber Jurgenson seine Zusage an die
Direktion der Kaiserlichen Theater in Petersburg, auf deren Bitte der dortigen
Theaterbibliothek das Autograph der „Pikovaja dama" zu schenken.
Plant eine Reise Ural – Ekaterinburg – auf der Wolga zum Kaspischem Meer –
Tiflis. Macht einen Aufenthalt in Kamenka von der Fertigstellung des
zu komponierenden Streichsextetts abhängig. Würde – trotz des abgeholzten
Waldes – gern das (bisher gemietete) Haus in Frolovskoe kaufen.
Denkt mit Widerwillen an die bevorstehende Redaktion von Modests Über-
setzung von Ulybyševs Mozart-Buch. Müht sich bei der Komposition des
Streichsextetts: wegen des Mangels an Gedanken und der ungewohnten
Besetzung: mit sechs selbständigen und zugleich gleichartigen Instrumenten;
doch dann schreibt er mit „größter Begeisterung und ohne die leiseste
Anstrengung". Freude an den Rosensträuchern und der üppigen Blumen-
pracht seines sommerlichen Gartens. Rühmt Arenskijs Oper „Der Traum an
der Wolga". Geht mit Figner die Rolle des German („Pikovaja dama") durch.
Möchte nicht, daß seine Kantate „An die Freude" (Examenskomposition
1865) gedruckt wird. Lobt und honoriert die Arbeit von Jurgensons Notenstechern. Will keinesfalls sein 25-jähriges Künstlerjubiläum feiern.
Diskussion mit dem Großfürsten Konstantin Konstantinovič über
Textdeklamationen und Textwiederholungen in der Oper
(anlässlich der „Pikovaja dama").

Werke der Saison 1889/90 460

Kapitel XX-XXIX: September 1890 – August 1891

Kapitel XX 464
*Frau fon Mekk vor dem geschäftlichen Ruin? Ihre Nervenkrankheit.
Das Ende ihrer finanziellen Unterstützung – und ihrer Korrespondenz
mit Čajkovskij. Eine schmerzende Wunde bis zu seinem Tod.*

Kapitel XXI 468
*„Pique Dame" wird auch in Kiev inszeniert – Premiere zwölf Tage nach der
Petersburger Uraufführung. Komposition der Symphonischen Ballade
„Voevoda". Pläne, ein Gut zu erwerben, werden nicht realisiert. Jurgenson
schlägt eine Ausgabe von Čajkovskijs Romanzen und Liedern in je sechs
Sammelbänden vor, und zwar sowohl in den Originaltonarten als auch in drei
Stimmlagen; sie erscheint 1892. Lehnt Jurgenson gegenüber die Publikation
einer „Suite" aus „Dornröschen" ab. Wünscht keinen öffentlichen Verkauf des
Klavierauszugs der „Pikovaja dama" vor der Uraufführung. Dirigiert ein Symphoniekonzert in Tiflis: 1. Suite, Streicherserenade, Ouvertüre „1812"
mit triumphalem Erfolg.*

Kapitel XXII 472
*Ärger mit der Gesamtausgabe der Lieder nach Stimmlagen; Fehlerhaftigkeit der
Transpositionen. Will selbst nur die Gesamtausgabe der Lieder in den Original-
tonarten durchsehen. Jurgenson zahlt Čajkovskij ein Honorar in Höhe von 5000
Rubeln für „Pikovaja dama". Čajkovskij ist gegen die separate Aufführung der*

Chöre aus „Pikovaja dama" und wehrt sich erneut entschieden gegen die Feier seines 25-jährigen Künstlerjubiläums. Petersburger Uraufführung der „Pikovaja dama" – grosser Erfolg beim Publikum, Verriß durch die Presse.

Kapitel XXIII 475
*Čajkovskij reist von Petersburg nach Kiev – zur dortigen Aufführung der „Pikovaja dama". Hoffnung auf die Aufführung seiner Bühnenwerke in Deutschland und Österreich-Ungarn. Setzt sich in Petersburg für jüngere Kollegen ein: für Arenskij und seine Oper „Der Traum an der Wolga" sowie für Ippolitov-Ivanov und dessen Oper „Azra".
Erhält Ende 1890 den Auftrag der Direktion der Kaiserlichen Theater in Petersburg, eine einaktige Oper („Iolanta") und ein zweiaktiges Ballett („Ščelkunčik" – „Der Nußknacker") zu komponieren.*

Kapitel XXIV 478
*Komponiert lustlos die „Hamlet"-Bühnenmusik für Lucien Guitry. Sagt bei H. Wolff in Berlin auch wegen nervöser Armschmerzen eine geplante Konzertreise ab. Die jahrelange fruchtlose Diskussion mit den französischen Librettisten Détroyat und Gallet über eine französischsprachige Oper Čajkovskijs für Paris. Antwortet auf Taneevs Frage, wie er Opern komponiere – etwaige Einflüsse. Äußert sich sehr positiv über Arenskij und seine Oper „Der Traum an der Wolga". Will wegen des Kompositionsauftrags „Iolanta" / „Ščelkunčik" zunächst auch die Amerikareise absagen, kann aber letztlich der Verlockung nicht widerstehen. Erfolgreiche Uraufführung der Bühnenmusik zu „Hamlet"; entschließt sich, sie zu publizieren. Fühlt sich gekränkt, daß „Pique Dame" trotz ihres großen Erfolgs und der vielen vorbestellten Billetts vom Spielplan genommen wurde und stellt der Theaterdirektion gegenüber den Auftrag für „Iolanta" und „Ščelkunčik" (Nußknacker) infrage – Vsevoložskijs versöhnliche Antwort und Versicherung des höchsten Wohlwollens des Kaisers und des Hofes. Beginnt mit der Komposition des „Nußknacker"-Balletts.
Abreise über Petersburg und Berlin nach Paris.*

Kapitel XXV 486
*Besucht in Berlin den Verleger Bock und hört ein Konzert (Ouvertüre „1812" und Andante aus dem 1. Quartett). Heimweh. Vermißt den Neffen Bob Davydov. Anstrengender Aufenthalt in Paris, macht Besuche, sieht Freunde, dirigiert am 24. März / 5. April 1891 ein Colonne-Konzert – mit großem Erfolg. Fährt nach Rouen, um an „Iolanta" und „Ščelkunčik" zu arbeiten. Tod der Schwester Aleksandra Davydova nach langer Krankheit – Modest wagt nicht, ihm dies mitzuteilen. Čajkovskij entschließt sich in Rouen, die Fertigstellung von Oper und Ballett erst für die Saison 1892-93 zuzusagen.
Zurück in Paris, liest er zufällig in „Novoe vremja" vom Tode seiner Schwester, will zunächst die Amerikatournee absagen und nach Rußland zurückfahren, entschließt sich dann aber doch, nach Amerika zu reisen.*

Kapitel XXVI 490
Die Dampferfahrt Le Havre – New York. Čajkovskijs Tagebuch der Atlantiküberquerung in Form von Briefen an den Bruder Modest.

Kapitel XXVII 495
Der USA-Aufenthalt
Ankunft in New York. Empfang und Betreuung. Bekanntschaften. Einladungen. Diners. Beeindruckendes. Kurioses. Fremdes. Die Proben in der neuen Music Hall (Carnegie Hall). Die Festkonzerte. Empfänge. Eindrücke. Niagara-Fälle. Erneut New York. Anschließend: Baltimore, Washington, Philadelphia.

Kapitel XXVIII 513
Auf der „Fürst Bismarck" von New York nach Cuxhaven. Über Hamburg und Berlin nach Petersburg. Auf dem Atlantik: „Skizzen für die zukünftige Symphonie" (Tagebuch 11. / 23. Mai 1891.

Kapitel XXIX 516
Zieht nach seiner Rückkehr aus Amerika von Frolovskoe nach Majdanovo zurück. Trifft seine Neffen Bob Davydov und Saša Litke sowie seinen Bruder Modest, liest Korrekturen und nimmt seine Korrespondenz wieder auf. Komponiert den 2. Akt des „Nußknacker"-Balletts. Weitere Arbeitspläne: Komposition der Oper „Iolanta" („König Renés Tochter"), Instrumentierung der Symphonischen Ballade „Voevoda", Umarbeitung des Streichsextetts „Souvenir de Florence". Bittet Jurgenson, insgeheim aus Paris eine Celesta kommen zu lassen, die er im „Voevoda" und im „Nußknacker" besetzen will, ohne daß ihm in Rußland jemand zuvorkommen kann. Klagt dem Neffen Bob gegenüber über physische Altersbeschwerden, fürchtet aber auch das Nachlassen der kompositorischen Schöpferkraft; hält den „Nußknacker" musikalisch für „unendlich viel schlechter" als „Dornröschen"; will mit dem Komponieren aufhören, wenn ihm nur noch „Aufgewärmtes" gelingt. Überlegungen, aus der ländlichen Einsamkeit nach Petersburg zu ziehen – auch um Bob näher zu sein. „Iolanta" geht nur langsam voran – erneute Zweifel an seiner Schaffenskraft. Lobt Modests Libretto. Liest die Neuausgabe der „Eugen Onegin"-Partitur korrektur. Die wertvolle Pariser Jeanne-d'Arc-Uhr, Geschenk N. F. fon Mekks (1880), wird Čajkovskij gestohlen.

Werke der Saison 1890/91 525

Kapitel XXX-XXXV: September 1891 – August 1892

Kapitel XXX 527
*Majdanovo.
Beendet die Komposition der Oper „Iolanta", instrumentiert sie und die Symphonische Ballade „Voevoda". Der vermutliche Uhrendieb wird gefasst; der Fall bleibt aber ungeklärt und die Uhr verschwunden. Lehnt eine erneute Einladung nach Amerika wegen der schlechten Bedingungen ab. Schreibt sein Testament, vor allem, um über seine Urheberrechte zu verfügen. Geldnot, Freigebigkeit und Hilfsbereitschaft. Überlegt erneut, nach Petersburg zu ziehen – schreckt aber wegen der unvermeidbaren Masse „langweiligster und unerträglichster Beziehungen" davor zurück.*

Kapitel XXXI 531
Ende Oktober bis Mitte Dezember 1891. Moskau, Maidanovo, Petersburg, Reval, Maidanovo.

Ist bei den Proben zur Moskauer Erstaufführung der „Pikovaja dama" anwesend. Erzählt dem Großfürsten K. R. von seinem Besuch bei dem Dichter Afanasij A. Fet. Denkt daran, sich nach „Iolanta" und „Nußknacker" wieder der symphonischen Musik zuzuwenden. Gelungene Moskauer Aufführung von „Pikovaja dama". Presseberichte. Nach der von ihm dirigierten Uraufführung der Symphonischen Ballade „Voevoda" vernichtet Čajkovskij die Partitur; doch kann sie postum nach den Orchesterstimmen rekonstruiert werden. Findet Gefallen an dem von J. Block in Rußland eingeführten Phonographen. Dirigiert in einem Wohltätigkeitskonzert in Petersburg. Besucht Anatolij in Reval. Beendet in Majdanovo die Instrumentierung der Oper „Iolanta". Plant ein Haus in Klin zu kaufen und für die Wintermonate eine Wohnung in Petersburg zu mieten.

Kapitel XXXII 537
Mitte Dezember 1891 bis Ende Januar 1892. Konzerte in Kiev und Warschau. Schon in Kiev nimmt er sich vor, derartige strapaziöse Reisen in Zukunft zu vermeiden. Heimweh. Schätzt und unterstützt die von dem Sänger und Regisseur Prjanišnikov 1889 in Kiev initiierte Operngenossenschaft. Sieht in Warschau Mascagnis „Cavalleria rusticana" und wünscht sich ein ebenso attraktives Sujet. „Onegin" in Hamburg; Rezensionen. Paris; trifft das Ehepaar Ziloti; Theaterbesuche, Langeweile, Lektüre: Zolas „La bête humaine"; Umarbeitung des Streichsextetts „Souvenir de Florence op. 70. Sagt die Konzerte in den Niederlanden ab und reist nach Rußland zurück.

Kapitel XXXIII 545
Ende Januar bis Ende April 1892. Majdanovo. Instrumentierung des „Nußknacker"-Balletts – zunächst der Nummern der Suite. Erneute Absicht, die frühe Oper „Opričnik" umzuarbeiten. Mietet ein Haus in Klin. Erfährt, daß die Gouvernante und Lehrerin seiner Kindheit, Fanny Durbach, noch lebe – sie treten wieder in Briefwechsel miteinander. Dirigiert am 3. und 7. März in der Juristenschule und in einem Konzert der Musikgesellschaft in Petersburg. Antwortet auf Jurgensons Kritik und begründet, warum er der Direktion der Kaiserlichen Theater und der Musikgesellschaft Partiturautographe geschenkt hat. In Petersburg und Moskau. In Moskau leitet er drei Opernaufführungen von Prjanišnikovs Genossenschaft.

Kapitel XXXIV 549
Mai bis Anfang Juli 1892. Im neuen Heim in Klin. Liest die Korrekturen von neuen Ausgaben: Klavierauszug des „Nußknacker" sowie Partituren der Ouvertüre zur Oper „Voevoda" op. 3 und der Neufassung der Dänischen Ouvertüre op. 15. Sendet dem deutschen Musikkritiker Eugen Zabel auf dessen Wunsch seine Erinnerungen an A. Rubinštejn und spricht über das distanzierte Verhalten seines früheren, hochverehrten Lehrers. Im Mai 1892 konzipiert Čajkovskij zwei Sätze der Symphonie Es-Dur. Zusammen mit seinem Neffen Vladimir („Bob") Davydov reist er über Berlin nach Paris (Museen, Cafés chantants, Grand Opéra und Opéra comique); gemeinsame Kur in Vichy; Magenkatarrh und frühere Erkrankungen ähnlicher Art. Geldmangel – trotz höherer Einnahmen. Freut sich auf die Rückkehr nach Rußland; will die Symphonie Es-Dur beenden. Über Liszt;

*dieser habe kein Interesse an seiner Musik gehabt. Eine Ovation im
Petersburger „Aquarium" nach einer Aufführung der „Nußknacker"-Suite.*

Kapitel XXXV 559
*Mitte Juli bis Ende August 1892. Klin und Moskau.
Arbeitsreiche Vorbereitung neuer Ausgaben: mehrfaches Korrekturlesen der
Partituren und Klavierauszüge von „Iolanta" und „Nußknacker" sowie Anfertigen des vereinfachten Klavierauszugs des Balletts. Zunehmende Sorge um
die Qualität der Ausgaben und zunehmende Sorgfalt bei den Korrekturgängen.
Nimmt sich den Tod Sergej M. Tret'jakovs zu Herzen. Liest Flauberts „Correspondance" und Zolas „Débâcle". Quält sich weiter mit den Korrekturen.
Will die Einladung annehmen, im September 1892 ein Konzert im Rahmen
der Internationalen Ausstellung für Musik- und Theaterwesen in Wien zu
dirigieren. Selbstzweifel – werden sich „Iolanta" und „Nußknacker" als
„Mist" herausstellen? Reagiert anerkennend und dankbar auf die Übersendung von Gedichten des Kiever Studenten Ratgauz (Rathaus) und verspricht ihm, einige der Gedichte zu vertonen (dies geschieht 1893: op. 73).*

Werke der Saison 1891/92 565

Kapitel XXXVI-XLV:
September 1892 – 25. Oktober / 6. November 1893

Kapitel XXXVI 569
*Die Problematik der Konzertreisen seit den späten 1880er Jahren.
Ein geheimnisvolles Etwas, eine unergründlich düstere, unruhige,
hoffnungslose Stimmung, als stünde ein Umschwung bevor,
als könne es nicht so weitergehen.*

Kapitel XXXVII 571
*September 1892. Wien, Internationale Ausstellung für Musik- und Theaterwesen; Čajkovskij, enttäuscht von den unzumutbaren Bedingungen seines
geplanten Konzerts, reist schon nach den Proben ab. Genießt den Aufenthalt
bei Sophie Menter auf deren Schloß Itter / Tirol. Reist über Salzburg nach Prag.
Glänzender Erfolg der „Pique Dame" im dortigen Nationaltheater.*

Kapitel XXXVIII 576
*Oktober bis Anfang Dezember 1892. Klin. Moskau. Petersburg.
Einladung, ein Symphoniekonzert der Musikgesellschaft in Char'kov zu
dirigieren. Schreibt eine Einlage-Arie in „Iolanta" für Nikolaj Figner.
Arbeitet an der Es-Dur-Symphonie. Lädt Taneev ein, mit ihm zusammen
Mozarts „Don Giovanni", die „göttlichste aller Opern", zu hören.
Setzt sich in Petersburg für die Aufführung von Taneevs Oper „Oresteja" ein.
Uraufführung von „Iolanta" und „Nußknacker" am 6. Dezember 1892 im
Petersburger Mariinskij teatr. Probe am Vortage in Anwesenheit des
Kaisers; dessen „teilnahmsvolle Worte". Reaktionen der Presse und
Kommentare des Komponisten; sein Zustand der Apathie und Leere.
Abscheu vor seiner nächsten Auslandsreise.*

Kapitel XXXIX 582
11. Dezember 1892 – Anfang Februar 1893. Auslandsreise:
Über Berlin (prüft und verwirft „unwiderruflich" die Es-Dur-Symphonie, zweifelt an seiner Schaffenskraft) und Basel nach Montbéliard: Besuch bei Fanny Durbach, der Gouvernante und Lehrerin seiner Kinderjahre in Votkinsk (siehe ČSt 13/I). Paris (Theaterbesuche). Glänzendes Konzert in Brüssel. Stellt in einem Brief an die Pariser Zeitung „Paris" unzutreffende, vor allem die russische Wagner-Rezeption betreffende Informationen in einem Bericht des „Figaro" über die Konzertreise Lamoureux' nach Rußland richtig – und verteidigt Hans von Bülow gegen angebliche herabwürdigende Bemerkungen des Direktors des Moskauer Konservatoriums Safonov, von denen der „Figaro"-Artikel spricht; Lamoureux und Safonov weisen den Zeitungsbericht als unrichtig zurück. Vom 12. bis zum 25. Januar in Odessa: Konzerte, Aufführungen der „Pique Dame", Enthusiasmus und Ovationen. Kuznecov portraitiert Čajkovskij (das berühmte Gemälde in der Moskauer Tret'jakov-Galerie). Rückreise über Kamenka (Aufenthalt bis zum 30. Januar) und Char'kov nach Klin (Ankunft am 3. Februar). Bittet seinen Bruder Modest, über ein Opernlibretto nachzudenken („etwas Originelles und Rührendes"). Will um des Honorars willen Klavierstücke und Lieder komponieren. Plant noch eine Symphonie und eine Oper zu schreiben – und dann „möglicherweise Schluß zu machen". Wiedersehen mit dem todkranken Freund Vladimir St. Šilovskij.

Kapitel XL 595
10. Februar – 16. März 1893. Klin. Moskau. Char'kov.
Beginn der Arbeit an der 6. Symphonie – „das beste aller meiner Werke", mit einem Programm, „das für alle ein Rätsel bleiben soll". Dirigiert am 14. Februar ein Konzert in Moskau. Rühmt die Suite „Aus dem Kinderleben" op. 1 des jungen Komponisten Georgij Ė. Konjus. Empfiehlt dem kranken V. Šilovskij den jungen Cellisten Ju. Poplavskij als Musiker und Gesellschafter. Dirigiert in Napravniks Moskauer Konzert am 7. März seine „Nußknacker"-Suite. Wird anläßlich seines Besuchs in Char'kov und seines Konzerts am 14. März enthusiastisch gefeiert.

Kapitel XLI 600
19. März – 6. Mai 1893. Klin. Moskau. Petersburg.
Nach dem triumphalen Erfolg in Char'kov – Weiterarbeit am Konzept der Sechsten: Finale und Walzer. Besucht in Petersburg den todkranken Freund Aleksej N. Apuchtin. Empfiehlt die Suite „Aus dem Kinderleben" von Georgij Konjus Beljaev und Jurgenson zur Publikation. Wünscht sich von seinem Bruder Modest ein Opernlibretto à la Mascagnis „Cavalleria rusticana". Vor der Englandreise schreibt er auf Wunsch seines Verlegers Jurgenson nach beliebig vielen kleinen Stücken (und des Honorars wegen) vom 5. April bis zum 5. Mai die Achtzehn Klavierstücke op. 72 (er gebiert täglich „frühreife Kinder" bzw. backt „musikalische Pfannkuchen") und die Sechs Romanzen op. 73. Lobt Modests „Undina"-Libretto und begründet, warum er es nicht vertonen möchte; wünscht sich etwas in der Art von Bizets „Carmen" oder, erneut, Mascagnis „Cavalleria rusticana". Ereignisreiche Tage in Moskau. Besucht den todkranken Freund Karl Al'brecht; möchte ihm und seiner Familie auch materiell

helfen. Diskutiert mit Jurgenson über höhere Honorare für „kleine Sachen" (z. B. Klavierstücke) und erwähnt lukrative Angebote ausländischer Verleger.

Kapitel XLII 606
*Mitte Mai bis Mitte Juni 1893 – die letzte Auslandsreise:
Berlin. Paris. London. Cambridge. Itter / Tirol.
Tränen und Heimweh schon zu Beginn der Reise – und Reisepläne in Rußland
für die Zeit danach. Das Konzert am 20. Mai / 1. Juni in London (4. Symphonie). – Die Verleihung der Ehrendoktorwürde der Universität Cambridge
(an Boïto, Bruch, Čajkovskij, Grieg und Saint-Saëns) und das Konzert mit
Werken der Geehrten am 31. Mai / 12. Juni; Čajkovskij dirigiert „Francesca
da Rimini". Saint-Saëns' Äußerungen über „Francesca" und seine Erinnerungen
an den Festakt der Ehrenpromotion. Der lateinische Text der Urkunde. –
Über Paris nach Itter / Tirol (zu Sofie Menter) und nach Grankino.*

Kapitel XLIII 614
*Mitte Juni bis 9. Oktober 1893. Grankino. Ukolovo. Zurück in Klin. Letzter
Aufenthalt in Moskau.
Todesnachrichten: Konstantin und Vladimir Šilovskij, Karl Al'brecht,
Aleksej Apuchtin, Nikolaj Zverev. Mehr als die Naturschönheiten Europas
liebt er die russische Steppe. Instrumentiert die 6. Symphonie op. 74 und das
3. Klavierkonzert (ein Satz) op. 75. Plant weitere Konzerte für die nächste
Saison, vier in St. Petersburg und eines in London (mit der 6. Symphonie
und mit der Solistin Sofie Menter: Ungarische Zigeunerweisen und Konzertfantasie op. 56). Konzentriert sich in Klin auf die Arbeit, aber hat Sehnsucht
nach seiner „lieben 4. Suite". Schließt die Partitur der 6. Symphonie ab, aus
der so bald wie möglich die Stimmen für die Uraufführung am 16. Oktober in
Petersburg herausgeschrieben werden sollen. Ist zufrieden, stolz und glücklich,
„ein in der Tat gutes Stück geschrieben zu haben". Die kurze Reise nach
Hamburg zur Wiederaufnahme der „Jolanthe" am dortigen Stadttheater –
der einzig erhaltene Brief aus Hamburg ist ein Empfehlungsschreiben an
den Berliner Verleger Bock zugunsten des tschechischen Komponisten
Joseph Bohuslav Foerster. Hilft Modest und Bob bei der Einrichtung ihrer
gemeinsamen Petersburger Wohnung. Auf der Suche nach einem neuen
Opernsujet. Begeistert von der Schriftstellerin George Eliot. Besucht
seinen Bruder im „unbeschreiblich schönen" Michajlovskoe (Gouv. Nižnij-Novogorod). Antwortet dem Großfürsten Konstantin Konstantinovič
zurückhaltend auf dessen Vorschlag, A. N. Apuchtins Gedicht „Requiem"
zu vertonen – mit dem Hinweis auf seine neue Symphonie, deren Stimmung derjenigen von Apuchtins „Requiem" zu verwandt sei. „In diese
Symphonie habe ich meine ganze Seele gelegt." Grundsätzlich zu einem
„Requiem" – glaubt nicht an einen „Richter-Gott" – schwärmt von der
Vertonung von Christus-Worten. Aufführung des Vokalensembles „Die Nacht"
(nach Mozart) im Moskauer Konservatorium. Taneevs Kritik am 3. Klavierkonzert. Kaškin über Čajkovskijs letzten Aufenthalt in Moskau. Pollinis Plan
einer großen Konzertreise in Rußland mit einem deutschen Orchester unter
Leitung Čajkovskijs und Safonovs.*

Kapitel XLIV 627
Petersburg. 10.-20. Oktober 1893.
Die 6. Symphonie findet bei den Proben und bei der Uraufführung im Konzert
am 16. Oktober weder bei den Musikern noch beim Publikum besonderes
Interesse und Begeisterung. Presseberichte. Modests Legende von seiner
Erfindung des Untertitels „Pathétique". Čajkovskijs Absicht, die Opern
„Opričnik" und „Orleanskaja deva" (letztes Bild) umzuarbeiten.

Kapitel XLV 631
Petersburg. 21.-25. Oktober 1893. Erkrankung und Tod Čajkovskijs.

Werke der Saison 1892/93 und Werke aus dem Nachlaß 635

[Nachwort des Autors] 639
Nachwort des Übersetzers 639

VERZEICHNISSE UND REGISTER 641

Verzeichnis der Briefe
    1. Briefe Čajkovskijs 643
    2. Briefe an Čajkovskij 664

Verzeichnis der Abbildungen 665

Sachregister 667
Register der Werke Tschaikowskys 673
Namenregister 715

Abkürzungen, Ausgaben, Literatur 757

DAS LEBEN
PETER ILJITSCH TSCHAIKOWSKYS

Band II

1878-1893

ERSTER TEIL
1878-1884

[Der freie Künstler. Sein Nomadenleben als „wandernder Stern" im Ausland (Schweiz, Italien, Paris), bei der Familie seiner Schwester (Kamenka), auf verschiedenen Landgütern und in den russischen Hauptstädten

Werke:

1. Suite, „Die Jungfrau von Orleans", 2. Klavierkonzert, Revision der 2. Symphonie, „Capriccio italien", Duette und Romanzen op. 46 und 47, Ouvertüre „1812", Streicherserenade, Klaviertrio, Ganznächtliche Vigil, „Mazepa", Kompositionen für die Zarenkrönung, 2. Suite, Klavierstücke und Romanzen, Konzertfantasie, 3. Suite]

Kapitel I-IX: 1878-1879.

Kapitel I.
[Werke Čajkovskijs bei den Russischen Konzerten während der Pariser Weltausstellung.
„Francesca da Rimini" in Berlin.]

Nachdem Peter Iljitsch im Jahre 1877 das Delegiertenamt für die Pariser Weltausstellung abgelehnt hatte, wurde dasselbe Nikolai Gregorjewitsch Rubinstein übertragen, welcher im September des Jahres 1878 im Saal des Trocadéro vier grosse Konzerte gab, deren Programme ausschliesslich Werken russischer Komponisten gewidmet waren.

Peter Iljitsch präsentierte sich dem europäischen Publikum erstens mit seinem [1.] Klavierkonzert (B-Moll) [op. 23] und dem Chant sans paroles Op. 2 [Nr. 3] (gespielt von Nikolai Rubinstein), zweitens mit dem „Sturm" [op. 18] und drittens mit Sérénade [mélancolique op. 26] und Valse[-Scherzo op. 34] für Violine (gespielt von Barzewitsch).[1] Der Erfolg dieser Stücke, besonders aber des Klavierkonzerts – dank dem genialen Spiel N. Rubinsteins, war nach dem Urteil aller Freunde und Nichtfreunde unseres Komponisten ein dermassen grosser, dass sie zuletzt das hauptsächlichste Interesse aller vier Konzerte auf sich lenkten. Augenzeugen behaupten, dass sie noch nie in einem Konzertsaal einen derartigen Enthusiasmus erlebt haben, wie er am ersten Abend nach dem B-Moll-Konzert das Publikum ergriff. Am vierten Abend musste dieses Werk wiederholt werden und errang wieder stürmischen Beifall.

Die Pariser Presse begrüsste den ihr bis dahin noch ziemlich unbekannten Namen Tschaikowsky aufs wärmste, wobei die anerkennendsten Worte dem Klavierkonzert gespendet wurden. Auch der „Sturm" hat Beifall gehabt, während die Violinstücke weniger gelobt wurden.

Die Bedeutung dieses Erfolges der Werke Peter Iljitschs im Trocadéro wurde aber von ihm selbst sowie von allen seinen Freunden mit N. Rubinstein an der Spitze bedeutend überschätzt. Sie alle wussten nicht oder hatten vergessen, dass Paris ebenso leicht vergisst wie in Entzückung gerät. Und in der Tat war seither kaum ein halbes Jahr verflossen, als der „Sturm", dem das Pariser Publikum eben erst im Trocadéro lauten Beifall gezollt hatte, im Châtelet Befremden und Neugier erweckte wie ein unbekanntes Werk eines unbekannten Autors der kuriosen russischen Musik.

Zu derselben Zeit wurde in Berlin „Francesca da Rimini" durch Kapellmeister Bilse aufgeführt. Hier, wo die russische Musik in der Person Hans von Bülows den eifrigsten Verfechter hatte, war Tschaikowsky nicht ganz unbekannt; und obwohl sich einige seiner Kompositionen sogar einiger Popularität erfreuten (z. B. das Andante cantabile aus dem ersten Quartett), wurde der Komponist dennoch von den meisten deutschen Kritikern etwas verächtlich angeschaut und fast niemals erwähnt. Diesmal geschah es jedoch anders: zusammen mit „Francesca", d. h. an demselben Abend, dirigierte Bilse die zweite Symphonie von Brahms, welche damals neu war und das auserlesenste musikalische Publikum Berlins anlockte. Nur dank diesem Umstand wurde „Francesca" von der Kritik nicht ignoriert. I. Kotek behauptet, dass dieses Werk viel besprochen wurde und umstritten war. Die Kritik teilte sich in zwei Lager: die einen standen für Brahms und griffen Tschaikowsky an, die anderen umgekehrt. Das feindliche Lager war aber stärker. Richard Wuest nannte dieses Stück ein musikalisches Monstrum;[2] „wir kennen", fährt er fort, „einige Lieder, Klavier-

---
[[1] Zur Ablehnung des Delegiertenamts und zu den Programmen der Russischen Konzerte bei der Pariser Weltausstellung vgl. z. B. Mitteilungen 11 (2004), S. 19-34.]
[2] „Berliner Fremdenblatt" vom 17. September 1878.

stücke und eine Kosakenphantasie (?) dieses Komponisten; diese Stücke tragen zwar den Stempel eines eigenartigen Talents, sind aber im ganzen wenig angenehm; in der symphonischen Fantasie herrscht die letztere Eigenschaft, das Unangenehme, derart vor, dass man die Eigenart des Talents ganz vergisst. Das erste und letzte Allegro, welches den Höllensturm darstellt, hat gar kein Thema, gar keine Gedanken, sondern nur einen Wulst von Tönen; wir finden, dass diese Ohrenschinderei, vom künstlerischen Standpunkt aus betrachtet, selbst für eine Hölle zu stark ist. Der mittlere Teil, in welchem mein [sic], sowie Francescas und Paolos trauriges Schicksal geschildert wird, weist wenigstens, trotz seiner unendlichen Länge, eine Spur einer leicht zu behaltenden Melodie auf." – Ein anderer Kritiker, O. Zumprecht (Nationalzeitung vom 17. September 1878) nennt „Francesca" eine „Verrücktheit", „musikalische Grimasse" usw.

Im Freundeslager wurde „Francesca", namentlich von Moszkowski, auf Kosten der Symphonie von Brahms sehr gelobt. – Von privaten Urteilen wollen wir dasjenige Hans von Bülows erwähnen, welcher bald nach der Aufführung an Peter Iljitsch schrieb, er sei von „Francesca" noch viel mehr entzückt als von „Romeo". Kotek erzählt, dass Joachim das Stück gefallen haben soll, trotz seiner Voreingenommenheit für seinen Freund Brahms, während Max Bruch auf die Frage, wie ihm „Francesca" gefallen habe, geantwortet haben soll: „Ich bin viel zu dumm, um über diese Musik zu urteilen". Trotz dem Vorherrschen der ungünstigen Kritiken und trotz dem geringen Beifall im Publikum hatte Bilse den Mut, „Francesca da Rimini" noch im Laufe derselben Saison zu wiederholen.

Kapitel II.

[Čajkovskij beendet seine Lehrtätigkeit am Moskauer Konservatorium.
Erlebt in Petersburg die Wiederaufnahme des „Kuznec Vakula" und ärgert sich über „viele unverzeihliche Fehler" der Oper: überladen mit Details, ohne Beachtung bühnenmäßiger und dekorativer Ansprüche.
Erträgt Petersburg nicht und beschließt, nach Florenz zu reisen.]

Anfang September kam Peter Iljitsch nach Moskau, um seine Pflichten im Konservatorium wieder zu übernehmen. Die Wohnung war für ihn schon gemietet und eingerichtet. Nichtsdestoweniger bekennt Peter Iljitsch selbst schon gleich nach seiner Ankunft in der geliebten und einst für ihn so unentbehrlichen Stadt, er hätte den festen Entschluss gefasst, „von hier wieder abzureisen, und zwar je schneller je lieber".

Diesen merkwürdigen Widerspruch zwischen Handlung und Absicht, diese äussere Unterwerfung und diesen inneren Protest gegen die Gewalt der Lebensverhältnisse, welche Peter Iljitsch so überaus treffend charakterisieren, haben wir schon früher an ihm kennengelernt. Wie gesagt, er verstand nicht, sich den Lebensweg zum festgesetzten Ziel selbst zu durchbrechen, er konnte nur dringend wünschen und fügte sich geduldig dem Lauf der Dinge wie ein Weiser und wartete gleichsam auf den Moment, da die Hindernisse von selbst fallen würden und er den ersehnten Pfad betreten könnte.

Nach den seelischen Erschütterungen, die er überlebt hatte, und während des Stillstands seiner schöpferischen Tätigkeit im November und Dezember 1877 dachte er an die Rückkehr nach Moskau, zu der früheren Lebensweise, zwar mit Furcht und Zagen, hielt sie aber im übrigen für eine unabänderliche Notwendigkeit. Die grosse Entfernung zwischen ihm und Moskau schwächte die Konturen ab und vertuschte ein wenig die unangenehmen Seiten des Moskauer Lebens. Aus der schönen Ferne Italiens und der Schweiz sah er nicht das alltägliche Moskau, sondern die goldkuppelige weisse Zarenstadt, die sein patriotisches Herz so lieb hatte, er sah nicht das Konservatorium mit seinen langweiligen Klassen und seinen kleinlichen Tagesinteressen, sondern eine Handvoll treuer Freunde, nach denen er sich sehnte; und das übertönte seinen schon damals in der Tiefe seines Herzens keimenden Entschluss, nie wieder zu der früheren Lebensweise zurückzukehren. Dieser Abscheu vor der früheren Lebensweise schrieb er seinem krankhaften Zustand zu, und er nährte die Hoffnung, dass die idealen Lebensbedingungen seines Aufenthaltes im Ausland seine Nerven stärken und ihre Reizbarkeit abschwächen würden; er war überzeugt, dass er sich gut erholen und seine Professorentätigkeit frohen Mutes wieder ergreifen würde.

Es geschah aber ganz anders. Vom Januar [1878] an, als es ihm gelungen war, sein Leben nach Wunsch einzurichten, als er zu genesen begann und ihn als Folge davon ein grosser Schaffensdrang überkam, d. h. gerade dann, als die eigentliche Erholung erst begann, erschien ihm das Leben in Moskau immer fürchterlicher und unmöglicher, die Abhängigkeit vom Konservatorium und von der grossstädtischen Gesellschaft immer unerträglicher, während das freie, ungebundene Leben, in welchem seine schöpferische Tätigkeit durch nichts beeinträchtigt wurde, immer mehr an Reiz gewann. Noch nie war Peter Iljitsch so andauernd glücklich wie in der Zeit seit Januar 1878, noch nie zeigte sich ihm das „stille, friedliche Leben in Abgeschiedenheit von der grossen Welt" von so angenehmer Seite wie damals, noch nie war seine Phantasie beflügelter, vielseitiger wie in jenen letzten Monaten; infolgedessen war Peter Iljitsch gegenüber allem, was seine neue Lebensweise stören konnte, feindlicher gesinnt als in jener glücklichen Zeit.

Und nun, da die scharfe, unüberwindliche Sehnsucht nach Freiheit gereift war, fühlte Peter Iljitsch gleichzeitig, dass der Moment gekommen war und dass es keine Mühe mehr kosten würde, ein anderes Leben zu beginnen. Noch vor Jahresfrist hätte er um der Freiheit willen einen schweren Kampf bestehen und eine ganze Menge Hindernisse überwinden müssen. Jetzt lag die Sache anders. Mit Geldmitteln war er dank Nadeshda Filaretowna von Meck genügend versehen, und im Konservatorium hatte man sich im Laufe eines Jahres an seine Abwesenheit gewöhnt, so dass ein Stellvertreter nicht mehr so schwer zu finden sein durfte.

Es blieb nur noch, das schwache Band des gegebenen Versprechens, ins Konservatorium zurückzukehren, zu zerreissen.

In dem Augenblick, als Peter Iljitsch, aus dem Eisenbahnwagen steigend, seinen Fuss auf Moskauer Boden setzte, erfasste ihn „die Idee", Moskau so bald als möglich wieder zu verlassen; diese Idee wurde nach und nach zu einer idée fixe, unter deren Einfluss alles, was ihm einst lieb und teuer war, die treuen Freunde nicht ausgeschlossen, jetzt ein übertriebenes Gefühl des Ingrimms in ihm erweckte, und umgekehrt alles, was ihn an die Freiheit erinnerte, in phantastisch schönem Glanze erschien.

In seinen ersten Moskauer Briefen spricht er fast nur davon, wie ekelhaft ihm dort alles sei und mit welcher Wonne er an die geringsten Einzelheiten seines Aufenthalts in Italien, der Schweiz, in Kamenka und in Brailow denke.

Doch konnte er vorläufig in dieser Richtung nichts unternehmen und musste die Rückkehr Nikolai Gregorjewitschs von der Pariser Weltausstellung abwarten, welche erst Ende September erfolgte.

„Ich hatte ihn sehnsüchtig erwartet", schrieb Peter Iljitsch [am 24. September 1878] an Frau von Meck, „denn ich wollte ihn möglichst bald auf meinen bevorstehenden Abgang vom Konservatorium vorbereiten. Er wurde sehr festlich empfangen und durch ein Diner in der Ermitage,[3] dem auch ich beiwohnte, gefeiert. In Erwiderung des ersten Toasts, welcher zu seinen Ehren ausgebracht wurde, hielt er eine Rede, in welcher er ausführte, dass ihn namentlich der Erfolg meiner Kompositionen in seinen

[3 Bekanntes Moskauer Restaurant.]

Konzerten hoch erfreut habe, dass das Konservatorium stolz sein müsse, einen so berühmten Mann sein eigen nennen zu dürfen usw. in derselben Art. Die Rede endete mit einer Ovation für meine Person. Ich brauche Ihnen nicht erst zu sagen, wie ungelegen mir diese Rede und diese Ovation kamen.

Unter der Last der Dankbarkeit für die empfangene Ehrung konnte ich es nicht übers Herz bringen, Rubinstein meine Pläne sofort mitzuteilen. Unverrichteter Sache ging ich voller Verzweiflung nach Hause. Am anderen Tage aber geschah es, dass ich mich ganz mit ihm aussprach. Er bat mich nämlich um eine intime Unterredung, die ich ihm auch gewährte. Er fragte mich, warum ich so finster dreinschaue, ob ich mich wohl befinde und was ich tue. Selbstverständlich konnte ich ihn nicht belügen und hinters Licht führen. Ich vertraute ihm an, wie unerträglich mir das jetzige Leben wäre, und machte ihn darauf aufmerksam, dass ich jedenfalls nicht mehr lange in Moskau bleiben würde.

Stellen Sie sich mein Erstaunen vor. Ich hatte erwartet, dass Nikolai Gregorjewitsch in Entrüstung und Zorn ausbrechen und mir einzureden versuchen würde, dass es für mein Glück besser wäre, zu bleiben. Es kam aber ganz anders. Rubinstein hörte mich lächelnd an, wie man ein trotziges Kind anhört, und äusserte kein Bedauern. Er sagte nur, dass das Konservatorium durch den Verzicht auf meinen Namen einen *grossen Teil seines Rufs* einbüssen würde – er wollte damit wohl sagen, dass den Schülern kein grosser Nachteil durch meinen Abgang erwachsen würde. Eigentlich hat er ja recht, denn ich bin in der Tat ein schlechter, unverständiger Lehrer – und doch hätte ich einen grösseren Widerstand von seiner Seite erwartet." [VII, 922.]

Es wurde beschlossen, dass Peter Iljitsch noch einen Monat in Moskau verweilen müsse, um seinem Nachfolger Tanejew Zeit zu lassen, sich für den Unterricht vorzubereiten; als es sich aber erwies, dass nicht Tanejew, sondern Hubert an seine Stelle treten würde, „beschleunigte er den Lauf der Dinge" und erklärte Rubinstein, dass er schon in den ersten Tagen des Oktober Moskau den Rücken kehren wolle. Bereits am 10. Oktober 1878 schrieb er Frau von Meck aus Petersburg:

„Ich wohne mit meinem Bruder Tolja unter einem Dach, indem ich in demselben Haus eine kleine, sehr ruhige und bequeme Wohnung gemietet habe ... Ich hätte hier gern ein wenig gearbeitet, d. h. ich möchte die noch in Brailow begonnenen Entwürfe für eine Suite zu Ende führen und einen Text für meine nächste Oper wählen. Leider ist aber ein Ereignis eingetreten, welches mir einstweilen hinderlich im Wege steht: Einer meiner früheren Schulfreunde hat seinen Bruder durch den Tod verloren.[4] Diese Katastrophe hat auch auf mich einen grossen Eindruck gemacht und die Freude des Wiedersehens mit allen, an denen mein Herz hängt, getrübt. Das Schicksal bemüht sich stets, alle meine Freuden zu vergiften. Obwohl ich noch nirgends gewesen bin, habe ich auf der Strasse verschiedene Bekannte getroffen, die mich mit indiskreten Fragen und Einladungen überschütteten. Kurz, ich werde froh sein, irgendwo in weiter Ferne die Einsamkeit zu finden." [VII, 938.]

Diese Einsamkeit in weiter Ferne sollte Peter Iljitsch erst drei Wochen später finden. Petersburg erwies sich gleich Moskau als für die Stimmung Peter Iljitschs ganz unpassend.

Die vielen Einladungen, Diners, Soupers, Abendgesellschaften usw. haben ihn sehr ermüdet und verstimmt. Der schlechte Eindruck, den Petersburg diesmal bei ihm hinterlas-

---

[4 Am 8. Oktober 1878 war der Offizier Nikolaj N. Apuchtin, Bruder des mit Čajkovskij befreundeten Dichters Aleksej N. Apuchtin, gestorben.]

sen hat, verstärkte noch die Enttäuschung, die er mit seiner Lieblingsoper „Wakula", welche damals im Marientheater neuerdings gegeben wurde, erlebt hatte.

An Frau von Meck: „Petersburg, d. 30. Oktober 1878.
Ich reise morgen abend ab, bleibe einen Tag (incognito) in Moskau, eine Woche in Kamenka und will von dort ins liebe Florenz.

‚Schmied Wakula' ist wie bei der Uraufführung recht rein und glatt über die Bühne gegangen, aber auch sehr routinemässig und farblos. Über einen Mann musste ich mich die ganze Zeit über ärgern. Dieser Mann war – ich, Gott, wie viele unverzeihliche Fehler gibt es in dieser Oper, welche kein anderer gemacht hat als ich! Ich habe alles getan, um die gute Wirkung derjenigen Stellen zu paralysieren, die an sich wohl geeignet wären, zu gefallen; wenn ich doch die rein musikalische Inspiration besser im Zaum zu halten verstanden und mehr das *Bühnenmässige* und *Dekorative* im Auge gehabt hätte. Die ganze Oper leidet an zu vielen Details, an zu ermüdender Chromatik der Harmonien. C'est un menu surchargé de plats épicés. Es sind da zu viele Delikatessen und zu wenig einfache, gesunde Kost. Das nochmalige Anhören der Oper war eine gute Lehre für mich für die Zukunft. Ich glaube, dass ‚Eugen Onegin' einen Schritt vorwärts bedeutet." [VII, 956.]

Kapitel III.

[1878, November – Ende Dezember. Kamenka. Wien. Florenz.
Über Kamenka, wo er den Entwurf der 1. Orchestersuite beendet, und Wien nach Florenz,
wo N. F. fon Mekk eine Wohnung für ihn gemietet hat. Arbeitspläne: Instrumentierung der 1. Orchestersuite,
eine neue Oper: „Die Jungfrau von Orleans" (nach Schiller).
Über die zeitgenössische französische Musik und ihr „Element der Frische".
Über Lalos Violinkonzert und Bizets „L'Arlésienne"-Suite. 4. Symphonie in Petersburg; Laroš's Rezension.
Über einige seiner mißlungenen Werke. Über Programmusik.]

Anfang November erschien Peter Iljitsch in Kamenka [bei der Familie seiner Schwester, den Dawidows] und atmete erst hier erleichtert auf. „In Kamenka habe ich jenes Gefühl des Friedens und der Ruhe wiedergefunden", schrieb er mir im November, „welches ich schon lange nicht mehr genossen habe, indem ich in grossen Städten wohnte. Ich fühle mich hier sehr wohl". [6. November 1878; VII, 960.]

Sich „wohlfühlen" war für Peter Iljitsch gleichbedeutend damit, „die Möglichkeit zu haben, gut zu arbeiten"; und in der Tat, in Kamenka hat er in vierzehn Tagen mehr geschafft als im Laufe zweier Monate in Moskau und Petersburg. Am 13. November schrieb er mir: „die Inspiration hat mich erleuchtet, so dass die Suite [die 1. Orchestersuite op. 43] bereits im Entwurf fertig ist. Mich beunruhigt nur, dass ich das Manuskript der ersten drei Sätze in Petersburg liegengelassen habe, denn es könnte verlorengehen. Hier habe ich die letzten beiden Sätze geschrieben. Diese kurze und (wenn ich nicht irre) hübsche Suite besteht aus fünf Sätzen: 1) ‚Introduzzione e Fuga', 2) ‚Scherzo', 3) ‚Andante', 4) ‚Marche miniature', 5) ‚Tanz der Riesen'." [VII, 966.]

An M. Tschaikowsky: „Wien, d. 18. [/ 30.] November 1878.
Ich bin in Wien in demselben Hotel ‚Zum goldenen Lamm' abgestiegen, welches ganz mit Erinnerungen an Dich und Tolja durchtränkt ist. Vielleicht bin ich deshalb so sterbenstraurig, weil mich alles an Euch erinnert, selbst der Wirt und die Kellner erkundigten sich nach Euch – und Ihr seid nicht hier ... Mich erwarten Venedig, wo ich einen Tag bleiben will, und Florenz, wo Nadeshda Filaretowna eine Wohnung für mich gemietet hat; ich kann mir schon denken, wie schön die Einrichtung der Wohnung sein wird ..." [VII, 969.]

An A. Tschaikowsky: „Florenz, d. 21. November [/ 3. Dezember] 1878.

Mein Lieber, Teurer, Guter, gestern abend bin ich direkt aus Wien hier angekommen, ohne Venedig besucht zu haben. Ich wurde von Pachulski[5] empfangen (der Nachfolger Koteks bei Nadeshda Filaretowna) und in meine Behausung gebracht, welche geheizt und hell erleuchtet war und ihres staunenden Einwohners wartete.

Die Wohnung besteht aus einer ganzen Reihe prachtvoller Zimmer: Salon, Speisezimmer, Schlafzimmer, Ankleidezimmer und ein Zimmer für Alexei.[6]

Im Salon stehen ein prachtvoller Flügel, auf dem Schreibtisch zwei grosse Blumenbouquets und alle Schreibutensilien. Die Einrichtung ist grossartig. Ich bin ganz entzückt darüber, dass die Wohnung ausserhalb der Stadt liegt, und über die schöne Aussicht von meinen Fenstern aus! …

Unterwegs quälte mich ein wenig der Gedanke, dass Nadeshda Filaretowna in meiner unmittelbaren Nähe wohnen würde und dass ich ihr begegnen könnte; ich hegte sogar den Verdacht, dass sie mich einladen würde. Aber ein Brief von ihr, der gestern auf meinem Schreibtisch lag, beruhigte mich vollkommen in dieser Hinsicht. Sie wird schon in drei Wochen abreisen; und in dieser Zeit werden wir uns selbstverständlich nicht sehen." [VII, 971.]

An N. F. von Meck: „Florenz, d. 20. [recte: 21.] November [/ 3. Dezember] 1878.

Meine Zeiteinteilung wird folgende sein: gegen acht Uhr aufstehen und nach dem Kaffee bis zum Frühstück arbeiten. Nach dem Frühstück bis zwei oder drei Uhr spazierengehen, dann bis zum Mittagessen wieder arbeiten. Abends lesen, spielen, Briefe schreiben, Natur, Einsamkeit und Ruhe geniessen, manchmal ins Theater gehen.

Es ist sehr warm bei mir. In dieser Hinsicht bin ich Ihr Antipode. Ich fürchte überflüssige Wärme und sorge in Russland stets dafür, dass meine Zimmer weniger geheizt werden. Überhaupt lässt die ganze Einrichtung nichts zu wünschen übrig. Wenn Sie wüssten, welch eine Wohltat dieses ruhige, gleichmässige und einsame Leben für mich ist, dazu in einer so sympathischen Gegend! Ich werde mit Eifer die Instrumentierung der Suite beginnen, zumal mich ein neuer Operntext sehr verlockt, nämlich Schillers ‚Jungfrau von Orleans'. Ich glaube mich zu erinnern, dass bald nach der Eröffnung des neuen Pariser Opernhauses daselbst eine Oper ‚Jeanne d'Arc' von einem Komponisten Mermet gegeben wurde. Die Oper ist durchgefallen, aber ich glaube, dass das sehr geschickt gemachte Libretto damals gelobt wurde.

Auf der Rückreise nach Russland hoffe ich in Paris dieses Libretto zu finden. Ausserdem werde ich einige Bücher über das Leben Jeanne d'Arcs lesen müssen. Der Gedanke, diese Oper zu schreiben, kam mir in Kamenka beim Durchblättern Shukowskys.[7] Dieses Sujet bietet viel Material für die Musik und ist zudem noch nicht abgedroschen, obwohl auch Verdi es benutzt hat. Verdis ‚Giovanna d'Arco' habe ich in Wien gekauft.[8] Sie ist erstens nicht nach Schiller und zweitens – grenzenlos schlecht. Dennoch freue ich mich, sie gekauft zu haben. Es wird sehr nützlich sein, das Libretto mit dem französischen zu vergleichen …" [VII, 973.]

---

[5] W. A. Pachulski [Vladislav A. Pachuls'skij, gest. 1919] – ein Geiger, Schüler des Moskauer Konservatoriums. [Musiklehrer und Kammermusikpartner bei N. F. fon Mekk, auch ihr Sekretär; dilettierender Komponist; 1889 heiratete er ihre Tochter Julija. Auf Wunsch von N. F. fon Mekk sah Čajkovskij Pachul'skijs Kompositionen durch und gab ihm Ratschläge – hielt aber nicht viel von seiner schöpferischen Begabung.]

[6] Čajkovskijs Diener Alexej („Alëša") Sofronov.]

[7] Der Dichter Vasilij A. Žukovskij (1783-1852) hatte Schillers „Jungfrau von Orleans" ins Russische übersetzt.]

[8] Ein Exemplar des Klavierauszugs.]

An N. F. von Meck: „Florenz, d. 22. November [/ 4. Dezember] 1878.
… Welch ein herrliches Wetter war heute von ein bis fünf Uhr! Wie bezaubernd ist die Aussicht, welche sich an einigen Punkten des Viale dei Colli auftut! … Die historische Wahrheit erheischt, dass ich Ihnen, wenn auch nur kurz, mitteile, welche Aufregung mich heute erfasst hat, als Sie an mir vorübergingen. Das war so neu, so ungewöhnlich für mich. Ich habe mich so daran gewöhnt, Sie nur mit meinen geistigen Augen zu sehen, dass ich mir nur mit grosser Mühe einreden konnte, meine unsichtbare Fee, wenn auch nur für einen Augenblick, leibhaftig gesehen zu haben. Es war wie ein Zauber!

Ich habe mich bei Ihnen noch gar nicht für das schöne Instrument bedankt, meine gute Fee. Überhaupt mache ich mir oft Vorwürfe, nicht dankbar genug zu sein. Andererseits fürchte ich, Sie durch meine Dankbarkeitsversicherungen zu langweilen." [VII, 974.]

An P. I. Jurgenson: „Florenz, d. 24. November [/ 6. Dezember] 1878.
… Abends promeniere ich oft auf meinem Balkon und geniesse die Abwesenheit jeglicher Töne. Das kommt Dir merkwürdig vor: wie man wohl die Abwesenheit von Tönen, überhaupt etwas nicht Vorhandenes geniessen kann, wirst Du fragen. Wärest Du Musiker, dann hättest Du vielleicht die Gabe, in der Abwesenheit von Tönen, in der nächtlichen Stille dennoch einen Ton wahrzunehmen, als wenn die Erde im Fluge durch den Weltenraum einen tiefen Basston erzeugt. Unsinn!

Ich freue mich über das Erscheinen meiner Stücke.[9] Bitte schick mir je ein Exemplar von diesen Herrlichkeiten und tu das sofort, weil ich nicht weiss, wie lange ich noch hierbleiben werde … Wenn das Titelblatt für den Klavierauszug der [4.] Symphonie schon fertig ist, und zwar ohne Widmung, dann flehe ich Dich um Gottes willen an, ein neues anfertigen zu lassen. Ich würde Dir sagen, dass ich die Unkosten auf mich nehme, wenn ich nicht wüsste, dass Du auf solche Vorschläge nicht eingehen wirst.

Welch ein Scheusal ist Moskau, und wie freue ich mich, gegenwärtig nicht dort zu sein! Ich glaubte, dass die Ovationen seitens des Publikums Nikolai Gregorjewitsch die Nichtswürdigkeiten der Moskauer Presse vergessen lassen werden.

Ich würde mich sehr freuen, wenn er nach Amerika ginge, obwohl das mit dem Ruin der Moskauer Musik gleichbedeutend wäre." [VII, 978.]

An N. F. von Meck: „Florenz, d. 26. November [recte: 25. November / 7. Dezember] 1878.
Gestern abend habe ich mich viel mit Musik beschäftigt, d. h. ich habe die beiden Violinsuiten von Franz Ries und das Violinkonzert von Lalo (Op. 20) durchgesehen. Das letztere gefiel mir gar nicht, es kann sich nicht mit der ‚Symphonie espagnole' messen. Die Suiten sind sehr nett, wenn auch anspruchslos und zu wenig frisch. A propos Frische in der Musik empfehle ich Ihnen sehr die Orchestersuite ‚L'Arlésienne' des verstorbenen Bizet. Ich habe sie einmal in Petersburg gehört. Sie ist in ihrer Art ein Meisterstück. Wenn ich nicht irre, gibt es ein vierhändiges Arrangement. Haben Sie eine Ahnung vom ‚Roi de Lahore' von Massenet?" [VII, 980.]

An N. F. von Meck: „[Florenz,] d. 26. November [/ 8. Dezember] 1878.
Senden Sie mir bitte gelegentlich noch einmal das Konzert von Lalo. Aufmerksam durchgesehen habe ich nur den ersten Satz, welcher mir etwas wässerig vorgekommen ist. Nach dem, was Sie mir darüber geschrieben haben, möchte ich das Konzert gern noch einmal durchlesen.

---

[9] Sechs Lieder [op. 38], das Kinderalbum [op. 39] und die Cello-Pièce [„Rokoko-Variationen" op. 33].

Italienisch lese ich ziemlich gut, spreche aber schlecht. Seinerzeit hatte ich es gelernt und konnte recht fliessend sprechen. Das war zur Zeit Ristoris.[10]

Massenet stelle ich tiefer als Bizet, Delibes und sogar Saint-Saëns, aber selbst er hat wie alle zeitgenössischen Franzosen jenes Element der Frische, welches den Deutschen fehlt.

8 Uhr abends.

Schon lange habe ich mich nicht in einer so süssen und wonnigen Stimmung der Befriedigung befunden. Das Telegramm Modests war für mich eine sehr angenehme Überraschung.[11] Ich wusste gar nicht, dass die Symphonie jetzt aufgeführt werden sollte.[12] Seiner Mitteilung von dem Erfolg kann man vollen Glauben schenken. Erstens weiss Modest, dass ich es nicht gern sehe, wenn man mir übertriebene Nachrichten zukommen lässt; zweitens wurde das Scherzo wiederholt, und das ist ein unzweifelhaftes Merkmal eines Erfolgs. Aus diesem Grunde bin ich heute wie versunken in unsere Symphonie. Ich trällere sie den ganzen Tag und suche mich zu erinnern: wann, wo und unter welchen Eindrücken die eine oder andere Stelle geschrieben worden ist, ich versetze mich in Gedanken zwei Jahre zurück und lenke mit den freudigsten Gefühlen wieder in die Gegenwart ein! Welche Veränderungen! Was hat sich nicht alles ereignet in diesen zwei Jahren! Als ich die Symphonie zu arbeiten begonnen hatte, waren Sie mir nur wenig bekannt. Ich erinnere mich aber sehr genau, dass ich Ihnen meine Arbeit widmete ... Diesen meinen Sprössling liebe ich sehr. Er gehört zu denen, die mir niemals eine Enttäuschung eintragen werden." [VII, 982 und 985.]

Der Erfolg der Vierten Symphonie im Konzert der Russischen Musikgesellschaft am 25. November zu Petersburg war ein glänzender. Alle Zeitungsberichte konstatieren ihn diesmal einstimmig und weisen nur in der Beurteilung der Eigenschaften des Werkes und in der Charakteristik seiner einzelnen Teile einige Differenzen auf. So hört z. B. ein Kritiker im ersten Thema des Allegro „drückende Wehmut und tiefste Traurigkeit", während ein anderer den „humoristischen Charakter" an ihr lobt usw. G. A. Laroche berichtet über die Aufführung folgendermassen:

> „Diese nach ihrem Umfang ungeheure Symphonie ist nach ihrer Konzeption eine jener mutigen und einzigartigen Versuche, welche die Komponisten gern unternehmen, sobald sie die Lobesspende für ihre mehr oder weniger ‚normalen' Werke zu langweilen beginnen – ich wollte nicht sagen ‚schablonenmässigen'. Tschaikowsky hat niemals schablonenmässig geschrieben. In seinen ersten drei Symphonien wich er jedoch nicht so entschlossen von der Gepflogenheit ab wie in dieser; um so erfreulicher ist es, dass das Publikum die neuen Gedanken des Komponisten – trotzdem sie unter noch nicht dagewesenen Umständen erschienen – auch diesmal seine Teilnahme nicht versagte. Das Hauptsächlichste, das mich in dieser neuen Partitur in Erstaunen setzt, ist die Absicht des Autors, die Grenzen der gewöhnlichen Symphonie zu erweitern und, wenn man sich so ausdrücken darf, sich von dem offiziellen hohen Stil, welcher den symphonischen Komponisten anhaftet, frei zu machen, ferner den hochtragischen Akzent mit einem sorglosen Ballettrhythmus zu vereinigen, d. h. selbstverständlich nicht beides gleichzeitig zu bringen, sondern in verschiedenen Sätzen oder in verschiedenen Teilen eines Satzes. Am deutlichsten merkt man diese Absicht im ersten Satz. Der drohende Trompetenruf der Introduktion, welchen man mit dem

---

[[10] Die italienische Schauspielerin Adelaida Ristori (1821-1906) hatte 1861 in Petersburg gastiert.]
[11] Ich hatte ihm telegraphisch den grossen Erfolg der Vierten Symphonie in Petersburg mitgeteilt.
[[12] Auf die von Nikolaj G. Rubinštejn geleitete Uraufführung der 4. Symphonie am 10. Februar 1878 in Moskau folgte die Petersburger Erstaufführung am 25. November 1878, und zwar im 5. Symphoniekonzert der Russischen Musikgesellschaft unter der Leitung von Ėduard F. Napravnik.]

berühmten Beethovenschen ‚so pocht das Schicksal an die Tür' vergleichen kann, und die pathetische Klage des ersten Themas mit seiner etwas lockigen Durchführung (deren Charakter ‚Tristan und Isolde' etwas nahekommt) verbinden sich mit dem zweiten Thema nicht drohenden und nicht klagenden, sondern eher eines hüpfenden und springenden Charakters. Im zweiten Satz herrscht ein humoristischer Zug vor, namentlich bei den markiert schwerfälligen Akzenten der durch das Streicherquartett wiederholten Akkorde. Das Scherzo ist weich, phantastisch in der Hauptpartie (Pizzicato der Streicher), lustig und tänzelnd im ersten Trio (Holzbläser allein) und scherzend-festlich im zweiten Trio (Blechbläser allein), im ganzen trägt es den Charakter eines Spasses, welcher namentlich zum Schluss, in welchem alle drei Themen sich effektvoll miteinander verflechten, fein und geistreich wird. Das Finale gehört mit seinem fürchterlichen fortissimo-Gebrüll ganz in die Region des Ernsten, obwohl auch hier ein wenig Fröhlichkeit beigemischt ist (der Volkstanz). Dieses Finale weist grandiose Züge auf: die Energie des ersten Themas ist überaus glänzend …"

An N. F. von Meck: „Florenz, d. 27.[-28.] November [/ 9.-10. Dezember] 1878.
Gestatten Sie mir, meine liebe Freundin, Ihnen jetzt meine Kritik des Konzerts von Lalo vorzutragen, welches ich mehrere Male durchgespielt habe und nun recht gut zu kennen glaube. Lalo ist sehr talentvoll, darüber besteht kein Zweifel. Aber er ist entweder noch ein ganz junger Mensch,[13] denn alle seine Mängel sind auf eine gewisse Unreife des Stils zurückzuführen, welche jungen Männern eigen ist, oder aber – er wird nicht weit kommen, d. h. ich will damit sagen, dass diese Mängel bei einem reifen Mann organische, unheilbare Fehler bedeuten. Ich finde, dass das Konzert weniger wertvoll ist als die ‚Spanische Symphonie'.[14] Alles, was ich mir in dieser letzteren als absichtlich in die etwas wilde und etwas ungebunden-rhapsodische Musik eingefügt dachte, d. h. alle jene Merkwürdigkeiten, welche ich dem orientalisch-maurischen Stil der spanischen Musik zuschrieb, finden sich auch im Konzert, welches aber durchaus nicht spanisch ist. Analysieren wir einmal den ersten Satz. Er besteht nicht bloss aus zwei Themen, wie es üblich ist, sondern aus fünf:*

* [Die fehlerhaften Notenbeispiele des Originaldrucks werden durch Reproduktionen der Faksimiles in ČPSS VII, S. 486 f. ersetzt.]

[13 Ein „ganz junger Mann" war der 1823 geborene Edouard Lalo 1872 nicht mehr, als er sein 1. Violinkonzert F-Dur op. 20 komponierte, von dem hier die Rede ist.]
[14 Lalos „Symphonie espagnole" für Violine und Orchester op. 21 folgte ein Jahr nach dem 1. Violinkonzert.]

Erstens ist das zu viel. Eine jede musikalische Speise muss gut verdaulich sein und darf daher nicht aus einer zu grossen Zahl von Ingredienzien bestehen. Zweitens ist von diesen Themen nur das fünfte als gelungen zu bezeichnen, die übrigen sind sehr farblos oder sind, wie das zweite, aus nicht organisch miteinander verknüpften Stückchen zusammengesetzt und leiden an Prägnanzlosigkeit der Konturen. Drittens kommt in allen Themen (wieder mit Ausnahme des fünften) eine sehr einseitige Wendung vor, welche schon in der ‚Spanischen Symphonie' im Überfluss vorhanden ist, nämlich die Vermischung des dreiteiligen Rhythmus mit dem zweiteiligen. Wenn schon jemand nicht imstande ist, seine Inspiration um des Gleichgewichts der Form willen zu zügeln, so muss er sich wenigstens bemühen, die Themen rhythmisch vielseitiger zu gestalten, im Konzert aber sind die Themen gerade in rhythmischer Beziehung sehr einseitig. Von der Gemachtheit, welche bei der Aufeinanderfolge der einzelnen Episoden zu bemerken ist, will ich schon gar nicht reden: es würde zu weit führen. Jetzt von der Harmonie. Das Konzert strotzt von eigentümlichen wilden Harmonien. In einem bescheidenen Violinkonzert sind solche Gewürze nicht am Platz, aber davon abgesehen, kann ich nicht unerwähnt lassen, dass sie einen gewissen schülerhaften Charakter zeigen, weil sie nicht durch das Wesen des musikalischen Gedankens bedingt, sondern diesem gewaltsam aufgezwungen sind, wie eine Wichtigtuerei des Schülers vor seinem Lehrer. Andere Stellen wieder sind in dem Sinn schülerhaft, dass sie sozusagen etwas unreinlich sind. Wozu beispielsweise dieser zweimal vorkommende Schmutz à la Mussorgsky:

Wenn man diese scheussliche Kombination in Achteln spielt, so erhält man Folgendes:

Das ist widerlich und gar nicht nötig, weil durch nichts begründet; anfangs dachte ich, es wäre ein Druckfehler.

Glauben Sie nicht, liebe Freundin, dass aus mir der pedantische Theorielehrer spricht. Glücklich gewählte und gut motivierte dissonierende Kombinationen habe ich selbst sehr gern. Es gibt aber gewisse Grenzen, welche nicht überschritten werden dürfen. Um nicht zu ausführlich von technischen Dingen zu reden, will ich nur kurz sagen, dass eine Abweichung von dem harmonischen Gesetz, selbst wenn sie noch so scharf ist, nur dann schön klingt, wenn sie unter dem Druck des melodischen Elements gemacht wird. Mit anderen Worten: [eine Dissonanz] darf sich nur auf harmonischem oder melodischem Wege auflösen. Wenn keiner von beiden berücksichtigt wird, dann erscheinen eben Scheusslichkeiten à la Mussorgsky. In dem oben angeführten Beispiel könnte ich mich mit der die Ohren beleidigenden Dissonanz noch abfinden, wenn die Stimme im folgenden Takt melodisch fliessend weitergehen würde. Das ist bei Lalo aber nicht der Fall. Bei ihm tritt die Scheusslichkeit um ihrer selbst willen auf. Jetzt, nachdem ich mich ausgeschimpft habe, will ich auch etwas Gutes sagen. Die einzelnen Sätze sind recht warmblütig und enthalten eine Menge schöner harmonischer Details. Im ganzen liegt im Charakter dieser Musik eine gewisse, allen Franzosen eigene Pikantrie, obwohl sie hier lange nicht so elegant ist wie bei Bizet ..." [VII, 987.]

An Frau von Meck: „Florenz, d. 28. November [/ 10. Dezember] 1878.
... Die gestrige Vorstellung im Pergola[15] hat einen traurigen Eindruck auf mich gemacht. In welchem Verfall steht doch die Musik in Italien! Welch unglaublich schlechte Ausführung seitens des Orchesters und der Chöre! Auch die äussere Ausstattung war im höchsten Grade geringwertig. Diese Dekorationen in der Stadt, in welcher einst Raffael und Michelangelo gelebt haben, sind einfach unbegreiflich. Das Betragen des Publikums war einfach empörend ..." [VII, 988.]

An Frau von Meck: „Florenz, d. 4. [/ 16.] Dezember 1878.
In Florenz habe ich alles Sehenswerte geschaut, auch Bobboli, Bello Sguardo und Certosa. Mein touristisches Gewissen ist ruhig, und darum kann ich hier ungestört arbeiten. Das Konzert von Godard habe ich nicht ohne Vergnügen durchgespielt.[16] Er steht einige Rangklassen niedriger als Lalo, doch kann man bei seiner Jugend noch nichts Bestimmtes voraussagen. Die Physiognomie Massenets gefällt mir ebenso wie Ihnen sehr. Es liegt etwas Feines, Rassiges und Nervös-Artistisches in seinem Gesicht. Das Gesicht Lalos ist voller Bonhommie, aber ohne Reiz." [VII, 1003.]

An Frau von Meck: „Florenz, d. 5. [/ 17.] Dezember 1878.
... Sehr viele meiner Werke zähle ich zu den misslungenen. Manche von diesen (der kleinere Teil) sind gedruckt. Von den nicht gedruckten existieren viele gar nicht mehr, z. B. die Opern ‚Der Wojewode' und ‚Undine' (welche niemals gegeben worden ist), die Symphonische Fantasie ‚Fatum', eine ‚Festouvertüre über die dänische Hymne', eine Kantate. Diejenigen, welche noch vorhanden sind, sollen Sie gelegentlich zur Vervollständigung Ihrer Kollektion haben. Sie sind sehr schwach, obwohl ich einige Episoden, einige Details nur ungern zu den verschollenen zähle.

Laroche nennt mich nicht einen Feind der Programmusik, er findet aber, dass ich kein Talent für dieselbe habe und nennt mich darum einen Anti-Programm-Komponisten. Bei jeder Gelegenheit bedauert er, dass ich so oft Programmusik schreibe. Was ist eigentlich Programmusik? Da für uns beide, für mich und für Sie, eine blosse Tonspielerei noch lange keine Musik ist, so ist von unserem Standpunkt aus jede Musik Programmusik. Im engeren Sinne aber bedeutet dieses Wort eine solche symphonische oder überhaupt instrumentale Musik, welche ein bestimmtes, dem Publikum in einem Programm vorgelegtes Sujet illustriert und den Titel dieses Sujets trägt. Der Erfinder der Programmusik ist Beethoven, und zwar zum Teil schon in seiner Eroica, aber noch bestimmter in der Pastorale. Der eigentliche Begründer der Programmusik muss jedoch Berlioz genannt werden, der ein jedes seiner Werke nicht nur mit einer Überschrift, sondern auch mit einer ausführlichen Erläuterung versehen hat. Laroche ist überhaupt gegen das Programm. Er findet, dass die Komponisten es dem Hörer überlassen sollten, die Musik so oder anders zu deuten, dass das Programm seine Freiheit beeinträchtige, dass die Musik unfähig sei, die konkreten Erscheinungen der Physik und der geistigen Welt wiederzugeben usw. Nichtsdestoweniger stellt er Berlioz sehr hoch und behauptet, dass er ein aussergewöhnliches Talent gewesen sei und dass seine Musik mustergültig genannt werden könne, dass aber trotzdem die Programme

---
[15] Opern- und Ballett-Theater in Florenz.]
[16] Benjamin Godard (1849-1895), „Concerto romantique" für Violine und Orchester.]

überflüssig seien. Wenn Sie Lust haben, auch meine Meinung darüber kennenzulernen, so will ich sie Ihnen kurz mitteilen. Ich finde, dass die Inspiration eines symphonischen Komponisten eine zwiefache sein kann: eine subjektive und eine objektive. Im ersten Fall kommen in der Musik die persönlichen Gefühle der Freude oder des Leids zum Ausdruck, ähnlich wie bei dem lyrischen Dichter, welcher sozusagen seine Seele in Gedichten ausfliessen lässt. Hier ist das Programm nicht nur nicht nötig, sondern unmöglich. Eine andere Sache ist es, wenn der Musiker beim Lesen eines poetischen Werkes oder beim Anblick einer schönen Gegend von Begeisterung entflammt wird, den Gegenstand, welcher ihn so entzückt, musikalisch zu charakterisieren. In diesem Fall ist ein Programm unentbehrlich, und es ist schade, dass Beethoven denjenigen Sonaten, von denen Sie sprechen, kein Programm unterlegt hat. Jedenfalls haben, von meinem Standpunkt aus, beide Arten der Musik Existenzberechtigung, und ich begreife jene Leute nicht, welche nur eine von jenen beiden Arten gelten lassen wollen. Selbstverständlich passt nicht jedes Sujet für eine Symphonie, ebenso wie nicht jedes für eine Oper passt, – dennoch aber kann und muss es Programmusik geben: kann man doch auch von der Literatur nicht verlangen, dass sie das epische Element ignoriere und sich allein auf die Lyrik beschränke." [VII, 1005.]

An M. Tschaikowsky: „Florenz, d. 10. [/ 22.] Dezember 1878.

Modja, die letzten Tage verbrachte ich in einem sehr starken schöpferischen Fieber. Ich habe die „Jungfrau von Orleans' in Angriff genommen, und Du glaubst nicht, wie schwer es mir geworden ist. Das heisst, die Schwierigkeit lag nicht im Mangel an Inspiration, sondern im allzu kräftigen Ansturm derselben (ich hoffe, dass Du mich nicht des Eigenlobs beschuldigen wirst). Eine Art Tollwut hat mich erfasst; in einer Stunde wollte ich alles fertig haben, wie es manchmal im Traum geschieht. Im Resultat: zerbissene Nägel und verdorbener Magen. Beim Lesen des Buches über Johanna d'Arc,[17] welches mir N. F. [von Meck] geschenkt hat (eine prachtvolle Ausgabe, welche wenigstens 200 Francs wert ist) habe ich an der Stelle, wo die Hinrichtung beschrieben wird, sehr geweint (als man sie zur Richtstätte führte, hat sie sehr geschrien und flehentlich gebeten, man möchte sie lieber köpfen als verbrennen). Es wurde mir so unendlich wehe um die ganze Menschheit. Ich bildete mir plötzlich ein, dass Ihr alle gestorben seid. Und ich fühlte mich so *verlassen* …

Ich denke sehr viel über das Libretto [nach] und kann immer noch keinen bestimmten Plan fassen. Bei Schiller gefällt mir vieles sehr, ich muss aber gestehen, dass seine Verachtung der historischen Wahrheit mich einigermassen entmutigt …" [VII, 1013.]

An Frau von Meck: „Florenz, d. 13. [/ 25.] Dezember 1878.

… Jetzt über Pachulski. Aus meiner näheren Bekanntschaft mit ihm habe ich die Überzeugung gewonnen, dass dieser junge Mann eine unzweifelhafte musikalische Begabung hat, obwohl ich bis jetzt noch kein aussergewöhnlich starkes Talent in ihm entdeckt habe. Das ist keine Individualität, von welcher man sofort, im ersten Augenblick mit Bestimmtheit sagen kann, sie würde bei dem nötigen Fleiss enorme Resultate erzielen. Es ist allerdings wahr, dass eine mangelhafte Klaviertechnik und Unentschlossenheit einen bescheidenen jungen Musiker stets hindern, sein Talent im vollen Glanze zu zeigen. Andererseits aber hängt der Erfolg eines Komponisten nicht nur von der Kraft des Talents ab, sondern auch von seinem Charakter. Auf Schritt und Tritt begegnen wir der Tatsache, dass ein vielversprechender Jüngling misslingt, weil ihm Ausdauer und Glaube an sich selbst fehlen.

[17 Das grosse, reich illustrierte Werk „Jeanne d'Arc" des Historikers und Staatsmanns Henri Alexandre Wallon (1812-1904) war zuerst 1860, in zweiter Auflage 1875, aber auch noch später in weiteren Auflagen erschienen.]

Und umgekehrt kommt es nicht selten vor, dass die Kraft plötzlich da zum Ausbruch kommt, wo man sie gar nicht vermutet hat. Folglich kann ich weder voraussagen, dass Pachulski einst eine bedeutende musikalische Grösse werden wird, noch das Gegenteil behaupten. Lernen muss er aber unbedingt, denn nur das Studium wird ihm zeigen, was er kann und was er nicht kann. Seine ganze Zukunft hängt von ihm selbst ab, d. h. von seinem Charakter, und Sie brauchen sich durchaus keine Gewissensbisse zu machen, dass Sie ihn von seinem Wege ablenken. In dieser Beziehung knüpft N. G. Rubinstein seine Ansicht an Goethes Worte an ‚wer nie sein Brot mit Tränen ass' und meint, ein jeder Künstler müsse die Schule der Entbehrungen und Armut durchgemacht haben. Und Meyerbeer, Mendelssohn, Glinka, Puschkin, Lermontow usw.? – nein, nicht Hunger und Durst gebären die schaffenden Künstler, sondern einzig und allein der innere Drang zum Schaffen."
[VII, 1020.]

Kapitel IV.

[1878, Ende Dezember – 1879, Februar. Florenz, Paris, Dijon – und wieder Clarens.
Arbeit an der „Jungfrau von Orleans" – Szenarium, Libretto, Musik. Mißerfolge in Wien.
Über Massenet und Goldmark. Dankbarkeit gegenüber Bülow.]

Bald nach diesem Brief verliess Peter Iljitsch Florenz und reiste nach Paris. Dort blieb er jedoch nicht lange, denn schon am 28. Dezember begab er sich nach Clarens, um in der stillen Villa Richelieu an der „Jungfrau von Orleans" weiterzuarbeiten.

An Frau von Meck: „Dijon, d. 29. Dezember 1878 [/ 10. Januar 1879].
Sie werden sich wundern, dass ich aus Dijon schreibe. Gestern abend reiste ich von Paris ab. Ich sass mit meinem Diener Alexei allein im Coupé und schlummerte sehr bald ein. Als ich erwachte, war es schon Morgen, und der Zug stand an einer kleinen Station. Es war sehr kalt, so dass man durch die eisbedeckten Fenster nichts sehen konnte. Ich öffnete das Fenster und sah mit Erstaunen, dass Berge und Felder mit Schnee bedeckt waren. Es erwies sich, dass der Zug schon von 4 Uhr früh an stand, und das dauerte noch bis ein Uhr mittags. Von dem Zugpersonal war niemand zu sehen, so dass wir nicht erfahren konnten, was geschehen war. Dem Beispiel einiger anderer Fahrgäste folgend, stieg ich aus und ging auf eine in der Nähe der Station liegende kleine Stadt zu. In der ersten Kneipe fanden wir denn auch unseren Schaffner, Zugführer und Heizer, welche uns erzählten, dass infolge starker Schneestürme alle Züge liegenbleiben müssten. Wir frühstückten ein wenig und stapften, als das Glockensignal ertönte, durch tiefen Schnee schnell wieder zu unserem Zug zurück. Nach einer Stunde erreichten wir Dijon. Nach einiger Zeit setzte sich der Zug wieder in Bewegung und hielt nach einigem Manövrieren inmitten einer Menge anderer Wagen. Hier warteten wir noch drei Stunden. Es begann zu dämmern, und die Kälte wurde schier unerträglich. Ich verliess den Wagen, um etwas über unser ferneres Schicksal zu erfahren, und bemerkte mit Erstaunen, dass alle anderen Wagen leer waren. Es erwies sich, dass unser Wagen, welcher gewöhnlich in Dijon einem anderen Zug angehängt wird, dieses Mal einfach vergessen worden war. Bis an die Knie im Schnee versinkend, gelangte ich zur Station, wo mir der Stationsvorsteher erklärte, dass alle Verbindungen unterbrochen seien und dass es noch gar nicht abzusehen sei, wann sie wieder aufgenommen würden. Auf der Station herrschte eine beispiellose Unordnung. Es blieb nichts anderes übrig, als ins Hotel zu gehen und zu warten, was wir auch taten. Wenigstens bin ich satt und friere nicht."
[VII, 1041.]

An M. Tschaikowsky: „Dijon, d. 29. Dezember 1878 [/ 10. Januar 1879].

... Ich hätte nie geglaubt, dass mir in meinem Leben etwas Ähnliches begegnen würde: bei einem solch fürchterlichen Frost in Dijon zu sitzen. Die Strassen sind mit meterhohem Schnee bedeckt; neben den Trottoirs erheben sich hohe Schneewände. In den Zimmern herrscht eine Kälte, von welcher man sich keinen Begriff machen kann. Und das alles im Südosten Frankreichs! Ich bin gar nicht unzufrieden mit diesem Erlebnis. Im Gegenteil, es freut mich sogar, eine französische Provinzstadt kennenzulernen. Dijon ist ein niedliches kleines Städtchen. In den Strassen ist es still, die Häuser sind klein und schmal. Die Kleidung der Männer und Frauen kommt mir nach Paris etwas altertümlich vor. Und dennoch liegt ein ganzer Abgrund zwischen Dijon mit seinen 40.000 Einwohnern und beispielsweise Kursk, welches ebenso gross ist. Gestern bin ich im Theater gewesen: die Schauspieler waren zwar alle zweitrangig, haben aber dennoch sehr anständig gespielt. Heute habe ich das Museum besucht, welches einige Guido Renis, Carlo Dolcis und viele Bilder der neufranzösischen Schule besitzt. Ausserdem befindet sich hier die berühmte Gruft der Herzöge von Burgund ... Soeben ist vor meinem Fenster ein Schlitten vorbeigefahren und hat die ganze Bevölkerung in Erstaunen versetzt ... Auf dem Bahnhof scheint allmählich wieder Ordnung herrschen zu wollen, so dass ich heute nacht um 1 $^3/_4$ Uhr weiterreisen kann." [VII, 1043.]

An Frau von Meck: „Clarens, d. 30. Dezember 1878 [/ 11. Januar 1879].

Endlich bin ich wieder in Clarens, meine liebe Freundin. Gestern nacht um 2 bin ich aus Dijon abgereist und sass heute mittag um 12 bereits in der Villa Richelieu. Meine Wirtin hat sich über meine Ankunft sehr gefreut. Seit November ist kein einziger Gast bei ihr eingekehrt. Ihr Haus ist sehr komfortabel, fast luxuriös eingerichtet, das Essen ist ausgezeichnet, die Bedienung sehr gut, – und dennoch ist sie fast stets ohne Gäste ..." [VII, 1045.]

An Frau von Meck: „Clarens, d. 31. Dezember 1878 [/ 12. Januar 1879].

Heute habe ich zu arbeiten angefangen und den ersten Chor des ersten Akts [der ‚Jungfrau von Orleans'] geschrieben. Die Komposition dieser Oper wird mir dadurch sehr erschwert, dass ich kein fertiges Libretto besitze und mir noch nicht einmal über den Plan des Szenariums schlüssig geworden bin. Einstweilen ist nur das Programm für den ersten Akt fertig, und ich schreibe den Text, indem ich mich, soweit es geht, an [Schiller in der Übersetzung von] Shukowsky halte, aber auch aus anderen Quellen schöpfe, z. B. Barbier, dessen Tragödie sehr viel Vorzüge hat.[18] Das Versemachen fällt mir sehr schwer ..." [VII, 1049.]

An Frau von Meck: „Clarens, d. 8. [/ 20.] Januar 1879.

... Ich bin sehr zufrieden mit meiner musikalischen Arbeit. Was die literarische anbelangt, d. h. das Libretto, so glaube ich, dass sie mich einige Tage meines Lebens kosten wird. Ich kann Ihnen gar nicht wiedergeben, wie sehr sie mich erschöpft. Wie viele Federhalter werden zernagt, ehe ich einige Zeilen fertig bekomme. Wie oft springe ich voller Verzweiflung auf, weil ich keinen Reim finden kann oder weil das Versmass nicht gelingen will oder weil ich absolut nicht weiss, was die eine oder andere Person im gegebenen Augenblick zu sagen hat. Speziell hinsichtlich des Reims finde ich, dass es eine grosse Wohltat wäre, wenn jemand auf die Idee käme, ein Lexikon des Reims zu veröffentlichen. Wenn

---

[[18] Paul Jules Barbier (1825-1901), Dichter und Librettist (schrieb Textbücher u. a. für Gounod, Meyerbeer, Offenbach, Saint-Saëns und Ambroise Thomas). Zu seinem Versdrama in fünf Akten „Jeanne d'Arc" (1873) schrieb Gounod eine Bühnenmusik.]

ich nicht irre, besitzen die Deutschen schon ein solches Lexikon.[19] Vielleicht gibt es auch in Russland eines, ich kenne es aber nicht." [VIII, 1063.]

An M. Tschaikowsky: „Clarens, d. 11. [23.] Januar 1879.
... Das Duett ist fertig;[20] ich bin sehr zufrieden mit ihm, obwohl mich die zweite Hälfte einige Mühe gekostet hat. Dass ich den ersten Akt schon fertig habe, – wirst Du wohl wissen. Jetzt bleibt mir noch die erste, d. h. die kleinere Hälfte des zweiten Akts übrig, dessen andere Hälfte ich schon in Florenz gemacht hatte. Auf diese Weise werde ich in etwa drei Tagen zwei fertige Aufzüge haben. Und das ist gar nicht übel, denn ich war immer unzufrieden und hatte Respekt vor der Unendlichkeit der Arbeit. Im Grunde ist das Faulheit: man möchte so schnell wie möglich das Recht des Nichtstuns erobern. Nach Abschluss des zweiten Akts will ich einen Tagesausflug nach Genf unternehmen." [VIII, 1066.]

An A. Tschaikowsky: „Clarens, d. 14. [/ 26.] Januar 1879.
... Ich begehe eine grosse Dummheit, dass ich täglich russische Zeitungen lese. Jedes Mal ist etwas darin, was mich ärgert. Sobald ich zu lesen anfange, was alles in meinem lieben Vaterland vorgeht, angefangen vom erschreckenden Kurs und der Pest bis hin zu den Schimpfereien, welche die [Zeitung] „Nowoje Wremja" über N. G. Rubinstein ausschüttet, erwachen in mir Kummer und Zorn. Es wäre gut, manches Unangenehme und Gemeine von dem, was bei uns vorgeht, nicht zu wissen und nur im engen Kreise der Familieninteressen zu leben. Doch unabhängig davon erfreue ich mich einer blühenden Gesundheit und bin sehr zufrieden, dass ich den Schluss des zweiten Akts meiner Oper fast erreicht habe." [VIII, 1068.]

An P. I. Jurgenson: „Clarens, d. 14. [/ 26.] Januar 1879.
... Soeben hat sich etwas sehr Interessantes ereignet. Es existieren, wie Du weisst, drei bemerkenswerte Persönlichkeiten, welche Dir gut bekannt sind: erstens der schlechte Dichterling Herr N. N.,[21] welcher einige Texte für Deine Ausgabe russischer Lieder gemacht hat, zweitens B. L.,[22] der frühere Musikreferent der ‚Russischen Nachrichten', und drittens der Komponist und Ex-Professor Herr Tschaikowsky.

Vor einer Stunde hat Herr Tschaikowsky eine Einladung an die mit ihm wohnenden Herren N. N. und B. L. ergehen lassen, ihm an den Flügel zu folgen, und spielte ihnen den zweiten Akt seiner neuen Oper ‚Die Jungfrau von Orleans' vor. Herr Tschaikowsky, welcher mit den Herren N. N. und B. L. in den intimsten Verhältnissen steht, bemeisterte mühelos die ihm angeborene Schüchternheit und spielte sein neues Werk mit grosser Kunst und Begeisterung. Du hättest das Entzücken der beiden Herren sehen sollen. Man hätte glauben können, dass sie an der Komposition der Oper beteiligt wären, so stolzierten sie im Zimmer auf und ab und bewunderten die Schönheit der Musik. Zum Schluss geriet der Autor, welcher bis dahin die Rolle des Bescheidenen gespielt hatte, ebenfalls in Hazard, und alle drei begannen wie besessen auf dem Balkon hin und her zu rennen, um in der frischen Luft Beruhigung der erschütterten Nerven zu suchen und die Ungeduld, so schnell wie möglich auch den Rest der Oper zu hören, ein wenig zu dämpfen. Umsonst versuchten die Herren N. N. und B. L. Herrn Tschaikowsky klar zu machen, dass es nicht ginge, Opern wie Pfannkuchen zu backen, – Herr Tschaikowsky war in Verzweiflung über die Schwäche

---

[19] Bekannt war das „Allgemeine deutsche Reimlexikon" in zwei Bänden von Peregrinus Syntax (d. i. Ferdinand Hempel), Leipzig 1826. (Nach: Meyers Konversationslexikon, 4. Auflage, Leipzig und Wien 1885-1892. – Neuausgabe des genannten Reimlexikons in den 1990er Jahren im Insel-Verlag.)]
[20] Gemeint ist das Duett Dunois / König im zweiten Akt der „Jungfrau von Orleans".]
[21] Das Pseudonym Peter Iljitschs bei den Übersetzungen der deutschen Texte der Lieder A. Rubinsteins.
[22] Das Pseudonym Peter Iljitschs als Musikreferent der „Russischen Nachrichten" [Russkie vedomosti].

der menschlichen Natur und über die Unmöglichkeit, in einer Nacht all das zu Papier zu bringen, was sich schon lange in seinem Hirn angesammelt hatte. Endlich gelang es den guten Leutchen, den ausser sich geratenen Komponisten zu beruhigen, und dieser setzte sich hin und schrieb einen Brief an einen Moskauer Kaufmann[23] ..." [VIII, 1069.]

An Frau von Meck: „[Clarens,] d. 18. [/ 30.] Januar 1879.

Wie beneidete ich Sie, als ich von Ihren Wiener musikalischen Eindrücken (hervorgerufen durch das Becker-Quartett und das Orchester Hans Richters) las. Letzterer ist derselbe, welcher vor zwei Jahren meine Ouvertüre ‚Romeo und Julia' gespielt hatte und für diese Freiheit durch allgemeines Zischen bestraft worden war. Im vorigen Jahr wollte derselbe Richter meine dritte Symphonie aufführen, doch haben die Mitglieder der Philharmonischen Gesellschaft Protest dagegen erhoben. Warum – weiss ich nicht. Wie dem auch sei, dem bürgerlich-tapferen Kapellmeister, welcher gegen das europäische Vorurteil gegenüber allem, was aus dem verhassten Russland kommt, anzukämpfen versucht hatte, bin ich von Herzen dankbar.

Mein Ausflug nach Genf hat mich nicht im geringsten befriedigt. Das Konzert, welches ich gehört habe, hat auf mich bezüglich der Ausführung und überhaupt wegen seines Charakters den Eindruck des Komischen gemacht. Sehr drollig war der Kapellmeister, welcher sich stellenweise so ereiferte, dass sein ganzer Körper in Konvulsionen geriet. Das Orchester ist sehr schlecht. So sehr ich denjenigen Teil des Genfer Sees liebe, welcher zwischen Vevey und Villeneuve liegt, so wenig sympathisch ist mir das hübsche, aber langweilige Genf ..." [VIII, 1073.]

An Frau von Meck: „[Clarens,] d. 20. Januar [/ 1. Februar] 1879.

Von den Noten, die Sie mir geschickt haben, habe ich bis jetzt nur die Stücke von Grieg[24] und zwei Akte der Goldmarkschen Oper[25] durchgespielt. Ich weiss nicht mehr, ob ich Ihnen seinerzeit erzählte, dass ich in Paris die Oper ‚Le Roi de Lahore' [von Jules Massenet] gekauft habe. Auf diese Weise bin ich jetzt im Besitz von zwei Opern der neuesten Schule. Ich will Ihnen sagen, meine liebe Freundin, dass ich ‚Le Roi de Lahore' unbedingt den Vorzug gebe. Ich weiss, dass Sie Massenet nicht besonders gern haben, auch mir ist er bis jetzt nicht sehr sympathisch gewesen. Seine Oper hat mich jedoch durch eine aussergewöhnliche Formschönheit, durch die Einfachheit und Frische des Stils und der Gedanken sowie durch Melodiereichtum und harmonische Eleganz gefesselt. Die Oper von Goldmark gefällt mir nur wenig, d. h. gerade genug, um sie mit Interesse durchzuspielen: stammt sie doch von einem guten deutschen Meister. Aber alle gegenwärtigen deutschen Meister schreiben schwerfällig, mit Anspruch auf Tiefe, und bemühen sich, mit ihrem übermässig koloristischen Pinsel ihre erstaunliche Gedankenarmut zu übermalen. Z. B. das Liebesduett im zweiten Akt? Wie unsangbar! Wie wenig Freiheit für den Sänger! Welch farblose Melodien! Bei Massenet dagegen ist das Liebesduett viel einfacher, aber tausendmal frischer, schöner, melodischer ...

Bitte erwerben Sie diese Oper, meine liebe Freundin, und schreiben Sie mir Ihre Meinung.

Meine Arbeit [an der ‚Jungfrau von Orleans'] macht Fortschritte. Ich schreibe das erste Bild des dritten Akts." [VIII, 1076.]

---

[23] [Nämlich den Verleger P. I. Jurgenson.]
[24] Welche bis dahin erschienenen Klavierwerke Griegs – op. 1, 3, 6, 12 und 17 – das waren, ist unbekannt.]
[25] „Die Königin von Saba".

An M. Tschaikowsky: „Clarens, d. 24. Januar [/ 5. Februar] 1879.

Erstaune nicht, wenn mein heutiges Schreiben etwas unbotmässig wird. Ich bin von der heutigen Arbeit sehr erschöpft. Ich komponierte an dem Liebesduett des vierten Akts [der ‚Jungfrau von Orleans'], und zwar sehr angestrengt, so dass augenblicklich mein Gehirn nur mit Mühe funktioniert. Vom ersten Bild des dritten Akts bin ich direkt zum vierten hinübergesprungen, denn dieser ist schwerer, und ich möchte die ausserordentlich schwierige Szene zwischen Lionel und Johanna schneller von mir abwälzen. Im ganzen bin ich mit mir zufrieden, fühle mich nur etwas müde. In Paris will ich zur Erholung an meiner [1. Orchester-] Suite arbeiten und die zwei übriggebliebenen Bilder der Oper bis zu meiner Rückkehr nach Russland aufschieben. Meine Lebensgenüsse haben sich um einen vermehrt. In Genf hatte ich die Klavierauszüge verschiedener Quartette von Mozart und Beethoven gekauft und spiele allabendlich eines dieser Quartette durch. Du glaubst nicht, welch ein Genuss das ist und wie erfrischend es auf mich wirkt! Ich würde viel darum geben, wenn meine ‚Jungfrau von Orleans' nicht schlechter geraten würde als ‚Le Roi de Lahore' [von Massenet]." [VIII, 1081.]

An Frau von Meck: „[Clarens,] d. 25. Januar [/ 6. Februar] 1879.

Ich werde gern Ihren Rat befolgen und an Jurgenson schreiben, dass er ein Exemplar des ‚Onegin' an Bülow schickt. Im allgemeinen mag ich es nicht, meine Arbeiten den musikalischen Grössen aus eigener Initiative vorzulegen, doch ist Bülow eine Ausnahme, denn er interessiert sich in der Tat für die russische Musik und für mich. Er ist wohl der einzige deutsche Musiker, welcher die Möglichkeit zugibt, dass die Russen es in der Komposition mit den Deutschen aufnehmen können. In Betreff des Vorurteils der Deutschen gegenüber unseren Landsleuten habe ich Ihnen, wie ich glaube, noch nichts von dem Fiasco erzählt, welches meine ‚Francesca' in diesem Winter in Berlin erlebt hat. Bilse hat sie zweimal aufgeführt; die zweite Aufführung war seinerseits ein sehr gewagtes Unternehmen, denn nach der ersten Aufführung haben sämtliche Zeitungen meine unglückliche Fantasie einstimmig heruntergerissen …" [VIII, 1082.]

An M. Tschaikowsky: „[Clarens,] d. 27. Januar [/ 8. Februar] 1879.

Mein Lieber, welch herrliche Tage haben wir hier! Es ist etwas ganz Einzigartiges! Als ich heute von meinem üblichen Spaziergang heimgekehrt war, setzte ich mich auf dem Balkon hin, um die eingegangenen Briefe zu lesen. Nachdem ich mit der Lektüre fertig war und meine Augen das herrliche, von heissen Frühlingssonnenstrahlen durchglühte Bild erblickten, ergriff mich plötzlich ein so unvergleichliches Glücksgefühl, wie es nur die Natur zu erzeugen imstande ist, dass ich wie Stunden regungslos in Ekstase sitzen blieb. Das hat mir sehr wohl getan. In der letzten Zeit war ich gar zu sehr in meine Oper vertieft, um auf die Naturschönheiten zu achten, dafür habe ich sie heute voll ausgekostet. Weisst Du, dass ich nicht ohne Tränen an meine bevorstehende Abreise denken kann? Eigentlich bin ich selten so glücklich und ruhig, wie ich's hier gewesen bin … Wie süss war mir die beständige Zuversicht, dass nichts von aussen her störend in meine Arbeit eingreifen könne." [VIII, 1085.]

An Frau von Meck: „[Clarens,] d. 2. [recte: 3. / 15] Februar 1879.

Das Wetter hat sich verschlechtert. Es sieht wieder winterlich aus. Meine Arbeit geht ihren gewöhnlichen Gang. Der grosse Krönungsmarsch, welcher das zweite Bild des dritten Akts [der ‚Jungfrau von Orleans'] einführt, ist fertig. Ich habe beschlossen, diese Arbeit nicht zu unterbrechen und in Paris die ganze Oper zu beenden. Das dürfte mir nicht besonders schwerfallen, denn eigentlich ist nicht mehr viel übriggeblieben. Zuerst hatte ich die

Absicht, mich in Paris zu erholen und die [1. Orchester-]Suite zu instrumentieren, jetzt habe ich aber meine Pläne geändert ..." [VIII, 1092.]

Kapitel V.

[1879, Februar. Paris.
Abschluß der „Jungfrau von Orleans". 1. Orchestersuite. Besucht in Paris Aufführungen von Webers „Freischütz" und Berlioz' „Faust". Über Saint-Saëns' „Etienne Marcel". Menschenscheu. Zola. Colonnes Aufführung des „Sturm", Čajkovskijs Selbstkritik. Über Rousseaus „Confessions".]

An P. I. Jurgenson: „Paris, d. 6. [/ 18.] Februar 1879.

Du glaubst vielleicht, dass ich Dir jetzt meine Pariser Eindrücke auftischen werde? ‚Du irrst Dich, Freund', pflegt Kaschkin zu sagen ... Ich bin erst heute früh angekommen. Meine Abreise aus Clarens war sehr dramatisch. Die Wirtin weinte, der Wirt schüttelte mir leidenschaftlich die Hand, das Dienstmädchen (ein sehr liebes Geschöpf) weinte, so dass auch ich direkt weinte. Ich gebe Dir die Versicherung, dass ich mich im Ausland nirgends so wohl gefühlt habe wie dort. Wenn meine Verhältnisse es mir gestatten sollten und in meinem Leben keine schroffen Wendungen eintreten werden, möchte ich von nun an jeden Winter längere Zeit in Clarens verbringen ..." [VIII, 1098.]

An M. Tschaikowsky: „Paris, d. 10. [/ 22.] Februar 1879.

Gestern habe ich die Oper besucht. Es wurden der ‚Freischütz' und das neue Ballett ‚Yedda' gegeben.[26] Der ‚Freischütz' bot mir einen grossen Genuss. Die Wolfsschlucht war nicht so glänzend, wie ich sie erwartet hatte. Im dritten Akt bewunderte ich die Unverfrorenheit der Franzosen, mit welcher sie einerseits die ‚Invitation à la Valse'[27] nebst sehr dummen Tänzen eingeschaltet und andererseits die Rolle des Einsiedlers, welcher zum Schluss erscheint, gestrichen haben ..." [VIII, 1104.]

An Frau von Meck: „[Paris,] d. 10. [/ 22.] Februar 1879.

Augenblicklich arbeite ich am grossen Ensemble des dritten Akts (Septett mit Chor) [der ‚Jungfrau von Orleans'], welches viele technische Schwierigkeiten birgt. Der erste Teil dieses Septetts ist fertig und, wenn ich mich nicht irre, gut gelungen. Die Spaziergänge im glänzenden und geräuschvollen Paris haben ihre Vorzüge. Die Vielseitigkeit der Gegenstände und Eindrücke zerstreut mich und lenkt meine Gedanken von der musikalischen Arbeit ab. Vielleicht ist es dem zuzuschreiben, dass mir das Stück, von welchem ich viel grössere Ermüdung erwartete, verhältnismässig leicht geworden ist. Für die Noten und Bücher danke ich Ihnen eifrigst." [VIII, 1103.]

An P. I. Jurgenson: „Paris, d. 13. [/ 25.] Februar 1879.

Ich lebe hier wie ein richtiger Einsiedler und gehe nur zwei Mal am Tage aus, um die Bedürfnisse meines Magens zu befriedigen und mir ein wenig Bewegung zu machen. Ich wäre undankbar gegen Paris, wenn ich behaupten wollte, ich langweilte mich hier. Mein Zimmer ist sehr ruhig. Niemand stört mich, so dass ich nicht weniger arbeite als in der Schweiz. Hin und wieder besuche ich ein Theater, habe viele Bücher zum Lesen, mit einem

---

[26] Am 9. / 21. Februar 1879 wurden in der Grand Opéra C. M. von Webers „Freischütz" und das Ballett „Yedda" von Jules Louis Olivier Métra (1830-1889) gegeben, das erst im Januar dieses Jahres mit großem Erfolg uraufgeführt worden war. (Métra schrieb viele populäre Walzer, leitete 1872-1877 das Orchester der Folies Bergère, für die er mehrere Ballette komponierte, und schuf Arrangements von Operetten anderer Komponisten wie z. B. Offenbach.)]

[27] Offenbar die „Aufforderung zum Tanz" von C. M. von Weber in der Orchesterfassung von H. Berlioz.]

Wort, ich lebe sehr gut, und doch seufze ich im Geheimen nach der lieben Villa Richelieu [in Clarens].

Der vorige Sonntag brachte mir einen grossartigen musikalischen Genuss. Colonne führte eines meiner Lieblingsstücke auf: ‚La damnation de Faust' von Berlioz. Die Aufführung war eine sehr gute. Ich hatte so lange keine gute Musik gehört, dass ich in Wonne schwamm, welcher Umstand noch dadurch begünstigt wurde, dass ich allein war und keine bekannten Fratzen neben mir sassen. – Welch ein Werk!! Der arme Berlioz! Solange er lebte, wollte man nichts von ihm wissen. Jetzt nennen ihn die Zeitungen ‚Le grand Hector'. Nicht wenig Vergnügen bot mir auch die gestrige Vorstellung in der ‚Comédie-Française'. Heute wird hier der sogenannte Mardi Gras gefeiert; durch die Strassen bewegt sich eine grosse Menschenmenge, darunter viele Verkleidete. Am Vormittag hatte ich mich auch ein wenig in das Gedränge gemischt, kehrte aber bald heim und liess mir Tee geben. Augenblicklich sitze ich, mein Glas Tee schlürfend, und schreibe Briefe an liebe Bekannte. O Gott, wie glücklich bin ich doch! Habe ich mir jemals träumen lassen, dass ich das Leben so geniessen werde?? …" [VIII, 1108.]

An Frau von Meck: „Paris, d. 13. [/ 25.] Februar 1879.

Soeben habe ich ‚Etienne Marcel'[28] durchgespielt. Von dieser Oper kann ich sagen, dass sie ein ganz minderwertiges und talentloses Werk ist. Seicht, trocken, langweilig, stillos, charakterschwach. Es scheint mir, dass Saint-Saëns dem Publikum mit der beabsichtigten Einfachheit eine Konzession machen wollte. Aber es ist nicht alles gut, was einfach ist. Was kann einfacher sein als [Mozarts] ‚Don Juan' und [Glinkas] ‚Das Leben für den Zaren'? Diese Opern sind aber nicht bloss einfach, sondern auch erstaunlich schön, denn es liegt ihnen sehr viel Inspiration und geniales Schöpfertum zugrunde. Nichts von alledem bei Saint-Saëns! Dieser besitzt nur Geschick, Geschmack und Kenntnisse …"[29] [VIII, 1106.]

An M. Tschaikowsky: „Paris, d. 17. Februar [/ 1. März] 1879.

Modja, es war mir sehr angenehm zu erfahren, dass Dir mein Szenarium [zur Oper ‚Die Jungfrau von Orleans'] gefällt. Ich arbeite mit der üblichen Regelmässigkeit und hoffe, alles bis zu meiner Abreise fertig zu haben. Ich zweifle jetzt keinen Augenblick, dass Paris keinen Reiz mehr auf mich auszuüben imstande ist: Magazine, Asphalt, Restaurants, elektrische Beleuchtung, das ganze glänzende Leben und Treiben – das alles zieht mich nicht im geringsten an …" [VIII, 1112.]

An Frau von Meck: „Paris, d. 19. Februar [/ 3. März] 1879.

Mein ganzes Leben lang bin ich ein Märtyrer der unerlässlichen Beziehungen zu den Menschen gewesen. Meiner Natur nach bin ich ein Sohn der Wildnis. Jede neue Bekanntschaft, jede neue Begegnung mit einem unbekannten Menschen waren für mich stets eine Quelle der fürchterlichsten moralischen Leiden. Es ist schwer zu sagen, welcher Art diese Leiden gewesen sind. Möglicherweise ist es eine bis zur Manie gesteigerte Bescheidenheit, oder es ist das absolute Fehlen jeglichen Bedürfnisses nach Menschengesellschaft, oder es ist auch das Unvermögen, ohne Zwang etwas über sich selbst zu reden, was man nicht

---

[28 Camille Saint-Saëns' Oper „Etienne Marcel" in vier Akten auf ein Libretto von Louis Gallet (mit dem Čajkovskij Ende der 1880er / Anfang der 1890er Jahre über den Plan einer französischsprachigen Oper für Paris korrespondierte – siehe ČSt 3, S. 234-258) war am 8. Februar 1879 in Lyon uraufgeführt worden.]

[29 In diesem Brief spricht Čajkovskij auch über seine Theaterbesuche, bei denen er u. a. folgende Stücke sah: „Les Fourchambault" von Emile Augier, „Le gendre de M. Poirier" von Emile Augier und Jules Sandeau, „Le petit hôtel" von Henri Meilhac und Ludovic Halévy (die z. B. auch das Libretto zu Bizets „Carmen" geschrieben haben), „Le fils naturel" von Alexandre Dumas (Sohn) und „Le mariage forcé" von Molière.]

denkt (denn das ist bei keiner Bekanntschaft zu vermeiden) – kurz, ich weiß nicht, was es ist. Solange ich nicht in der Lage war, Begegnungen aus dem Wege zu gehen, verstellte ich mich stets in Gesellschaft, heuchelte Freude, spielte beständig irgendeine Rolle (denn es ist ganz und gar unmöglich, das zu vermeiden) – und litt die schrecklichsten Qualen. Darüber könnte ich viel erzählen ... Die Gegenwart eines Menschen ist nur dann angenehm, wenn man sich infolge langjähriger Beziehungen oder der Gemeinsamkeit der Interessen (namentlich der Familieninteressen) keinen Zwang aufzuerlegen braucht. Ist das nicht der Fall, ist jegliche Gesellschaft eine Last, welche zu tragen mein moralischer Organismus nicht genug Kraft hat.

Das ist der Grund, meine liebe Freundin, weshalb ich Turgenjew noch nicht besucht habe. Gar manchen könnte ich hier besuchen! Z. B. Saint-Saëns, welchem ich noch in Moskau das Versprechen gegeben hatte, ihn zu besuchen, sooft ich in Paris weilen würde. Jeder andere würde an meiner Stelle die Bekanntschaft der hiesigen Musiker machen. Es ist sehr schade, dass ich es nicht tue, denn ich verliere sehr viel infolge meiner Menschenscheu. Oh, wenn Sie wüssten, wie ich gegen diesen Fehler gekämpft und wie sehr ich in diesem Kampf mit meiner merkwürdigen Natur gelitten habe!

Jetzt habe ich mich beruhigt. Ich bin endgültig zu der Überzeugung gelangt, dass es nutzlos ist, in meinem Alter weiter an meiner Erziehung zu arbeiten. Ich kann Ihnen aber versichern, dass ich sehr glücklich bin, seitdem ich mich in mein Versteck zurückgezogen habe und seitdem Noten und Bücher meine beständige und fast ausschliessliche Gesellschaft bilden. Was die Bekanntschaft mit berühmten Leuten anbelangt, so weiss ich aus Erfahrung, dass ihre Noten und ihre Bücher wahrhaftig interessanter sind als sie selbst."
[VIII, 1115.]

An M. Tschaikowsky: „Paris, d. 22. Februar [/ 6. März] 1879.
Lieber Modja, gestern war für mich ein sehr bedeutungsvoller Tag. Ganz unerwarteterweise habe ich die Oper beendet. Wenn Du jemals das letzte Wort eines Romans geschrieben haben wirst, dann wirst Du begreifen können, welch einen Genuss ein solcher Fels, den man von sich abgewälzt hat, bietet. Im Laufe von 2 $^1/_2$ Monaten täglich zu einer bestimmten Zeit Musik aus seinem Kopf zu pressen – ist in der Tat sehr ermüdend. Jetzt will ich mich aber ausruhen!! Die Instrumentierung ist ja mehr eine Verstandesarbeit. Sie ist eine Ausnäherei auf Canevas nach einer fertigen Vorlage. Heute beschäftige ich mich damit, die zerstreut umherliegenden Papierfetzen zu ordnen und die [1. Orchester-]Suite zu beenden. Morgen will ich die Fuge dieser Suite ausarbeiten,[30] um von übermorgen an und bis zur Ankunft in Petersburg keinen Augenblick mehr zu arbeiten. Für einen Menschen, dessen Fleiss nichts anderes ist als ein Streben nach dem ersehnten *Recht aufs Nichtstun*, – ist das doch ein wahres Fest. Gestern abend schon spazierte ich als ein ganz anderer Mensch in Paris umher, ich *flanierte* eben, und vielleicht ist deshalb meine alte Liebe zu dieser Stadt wieder erwacht. Dazu hat übrigens auch die Tatsache beigetragen, dass für das nächste Samstagsprogramm Colonnes mein ‚Sturm' in Aussicht genommen ist. Indem ich an den [Plakat-]Säulen und in den Schaufenstern meinen Namen las, fühlte ich mich wie zu Hause. Übrigens will ich Dir sagen, dass, obwohl es mir einerseits angenehm ist, ich andererseits ein wenig unruhig bin. Ich weiss im voraus, dass man schlecht spielen und dass das Publikum zischen wird, was meinen Kompositionen im Ausland bis jetzt stets widerfahren ist, – darum wäre es besser, wenn die Aufführung nach meiner Abreise stattfinden würde. Es ist aber nicht zu ändern, Qualen werde ich am Sonntag schon ein bisschen zu erdulden haben; übrigens wirklich nur ein bisschen, denn ich bin in dieser Beziehung schon ein *ge-*

[30 Erster Satz der 1. Orchestersuite op. 43: Introduzzione e Fuga.]

hetzter Wolf und weiss sehr gut, dass meine Zeit noch kommen wird, obwohl ich sie nicht mehr erleben werde.

Wie dem auch sei, gestern und heute stolzierte ich wie ein *Hahn* durch die Strassen von Paris und ergötzte mich an dem Bewußtsein, nicht arbeiten zu müssen. Du hättest Deinen Bruder in neuem Paletot, Zylinder und eleganten Handschuhen gewiss nicht erkannt ..." [VIII, 1118.]

An Frau von Meck: „Paris, d. 24. Februar [/ 8. März] 1879.

Gestern sah ich mir ‚L'Assommoir' an.[31] Das Stück schaut man jedenfalls mit Interesse an, denn es ist doch ganz amüsant zu sehen, wie im zweiten Bild Waschweiber Wäsche waschen, wie sich im sechsten Bild alle handelnden Personen besaufen und wie im achten Bild ein Trunkenbold am Delirium tremens stirbt. Und doch bedeutet das Stück ‚L'Assommoir' eine zweifache Beleidigung des jedem Menschen innewohnenden Schönheitssinns. Erstens ist es einem Roman entlehnt, dessen Autor – obwohl ein talentvoller Mann – ein Zyniker ist und sich mit Vorliebe im Schmutz bewegt. Zweitens hat man, des grösseren Effektes halber und um dem Geschmack des Boulevardpublikums zu schmeicheln, bei der Umarbeitung des Romans in ein Theaterstück demselben ein melodramatisches Element beigemengt, welches nicht der Wirklichkeit entspricht. Auf diese Weise hat ‚L'Assommoir' auf dem Theater seinen ganzen Wert, d. h. die ausserordentlich naturgetreue Wiedergabe des menschlichen Lebens, verloren.

Wie gefällt Ihnen aber Monsieur Zola, dieser Priester des Realitätskultus, dieser strenge Kritiker, welcher keine andere Literatur anerkennt ausser der seinigen? Er hat es zugelassen, dass in sein Stück ganz unreale und unwahrscheinliche Episoden sowie unmögliche Persönlichkeiten hinzugefügt wurden, und zwar – wegen der Tantiemen ..." [VIII, 1119.]

An M. Tschaikowsky: „Paris, d. 26. Februar [/ 10. März] 1879.

Gestern war ein sehr aufregender Tag für mich. Am Vormittag fand das Châtelet-Konzert und die Aufführung des ‚Sturms' statt. Die Qualen, die ich zu erdulden hatte, sind der beste Beweis dafür, dass mir das Landleben zuträglicher ist. Sogar das, was mir früher ein Hochgenuss war, d. h. das Anhören meiner Kompositionen, – ist jetzt eine Leidensquelle für mich geworden. Schon am Vorabend hatten sich Durchfall und Übelkeit eingestellt. Meine Aufregung ging bis zu den ersten Akkorden immer crescendo; und während man spielte, hatte ich das Gefühl, sterben zu müssen, so schmerzte mein Herz. Ich war nicht aus Furcht vor einem Misserfolg aufgeregt, sondern weil ich seit einiger Zeit jedes Mal beim Anhören eines meiner Werke die grösste Enttäuschung über mich selbst erlebe. Vor dem ‚Sturm' wurde Mendelssohns Reformationssymphonie gespielt, und ich bewunderte die ganze Zeit dieses herrliche Meisterwerk. Ich habe noch keine Meisterschaft errungen. Ich schreibe bis jetzt wie ein nicht unbegabter Jüngling, von dem viel zu erwarten ist. Am meisten wundert mich, dass mein Orchester so schlecht klingt. Allerdings sagt mir mein Verstand, dass ich meine Fehler etwas übertreibe – das tröstet mich aber nur wenig. Gespielt wurde der ‚Sturm' nicht übel. Die Musiker gaben sich Mühe, zeigten aber kein Feuer der Begeisterung. Einer von ihnen (ein Cellist), den ich – weiss nicht warum – die ganze Zeit anstarrte, lächelte und winkte immer mit dem Kopf, als wenn er sagen wollte: ‚verzeihen Sie, dass wir Ihnen eine so merkwürdige Sache vorsetzen, doch sind nicht wir schuld: man befiehlt – und wir spielen'. Nachdem die letzten Akkorde verklungen waren, hörte man ein etwas schwindsüchtiges Händeklatschen, welches von drei oder vier durch-

---

[31 Dramatisierung von Emile Zolas 1877 erschienenem Roman „L'Assommoir" durch William Busnach und Gustave Gastineau (unter Mitarbeit von Zola). Premiere: Paris, 18. Januar 1879.]

dringenden Pfiffen unterbrochen wurde, worauf der ganze Saal in ein ‚Oh! …, Oh! …' ausbrach, welches die Bedeutung eines wohlwollenden Protestes gegen das Pfeifen haben sollte, und dann wurde es ruhig. Das alles habe ich ohne besondere Erbitterung über mich ergehen lassen, es betrübte mich nur der Gedanke, dass der ‚Sturm', welchen ich bisher zu meinen glänzendsten Werken zählte, im Grund so unbedeutend war. Ich verliess den Saal. Das Wetter war sehr schön, und ich machte einen zweistündigen Spaziergang.[32] Nach Hause zurückgekehrt, schrieb ich eine Karte an Colonne, in welcher ich ihm vorlog, dass ich nur einen Tag in Paris bleiben konnte und daher nicht persönlich gekommen bin, mich bei ihm zu bedanken.

Ich muss schnell wegreisen. Mit dem Misserfolg des ‚Sturms' habe ich mich heute schon versöhnt. Ich spreche von dem Misserfolg *bei mir*. Ich tröste mich damit, dass ich nach der Oper [‚Die Jungfrau von Orleans'] und der [1. Orchester-]Suite endlich ein vorbildliches symphonisches Werk schreiben werde. Und so werde ich wahrscheinlich bis zu meinem letzten Atemzug nach der Meisterschaft ringen und sie niemals erreichen. Etwas fehlt mir dazu, das fühle ich, – doch was tun? …" [VIII, 1124.]

„Paris-Journal" äussert sich über das Werk Peter Iljitschs wie folgt:

„Was Herrn Tschaikowsky, Professor des Moskauer Konservatoriums, anbelangt, hatte ich zum ersten Mal Gelegenheit, seine Musik zu hören. Ich weiss nicht, in welchem Stück es vorkommt, dass ein Maler seinem Freund eines seiner Bilder zeigt und ihn fragt, was es vorstelle. ‚Einen Fluss', antwortet der Freund. ‚O nein', antwortet der Maler, ‚das ist ein Weg.' – Herr Tschaikowsky scheint mir ein Musiker von derselben Richtung zu sein wie der Maler. Seine Symphonie[33] hat zwar die Absicht, die Wirkungen eines Sturms wiederzugeben, doch wenn ich kein Programm vor Augen gehabt hätte, würde ich ebenso leicht geglaubt haben, dass der Komponist uns das lärmende Treiben des Karnevals vorführen wollte, zumal er eine bemerkenswerte Schwäche für die tiefen Töne des Waldhorns zu haben scheint, was mich an das schreckliche ‚cornet à bouquins' gemahnte. Im übrigen lässt sich die Musik des Herrn Tschaikowsky gar nicht kritisieren. Sie ist nichts weiter als eine regelrechte Folge von Noten …"   Georg Lefèbvre.

Leider hatte Peter Iljitsch nur diese eine Besprechung gelesen und die anderen nicht kennengelernt. Während „Le Ménestrel" lakonisch einen Achtungserfolg des Werkes konstatiert, bringen zwei andere Zeitungen bedeutend schmeichelhaftere Referate. „L'art musicale" findet, dass das Werk trotz der unruhigen Harmonien, der Monotonie und der überflüssigen Ausgesuchtheit der Klangwirkungen den Stempel eines grossen Talents und grosser Gestaltungskraft trage. Die „Gazette musicale" veröffentlicht ausserdem den Brief Peter Iljitschs an Colonne:

„Sehr geehrter Herr, der Zufall fügte es, dass ich gerade an dem Tage nach Paris kam, als Sie die Güte hatten, meinen ‚Sturm' öffentlich vorzutragen. Ich bin im Châtelet gewesen und habe die Aufführung angehört. Ich beeile mich nun, geehrter Herr, Ihnen für die ehrenvolle Aufmerksamkeit, welche Sie meiner Musik erwiesen haben, sowie für die ausgezeichnete Wiedergabe des schweren und undankbaren Werkes zu

---

[[32] Der vorliegende Brief ist, wie viele andere, stark gekürzt, ohne daß diese Kürzungen markiert sind. Aber auch in ČPSS VIII, Nr. 1124, gibt es eine Auslassung. Čajkovskij berichtet dem Bruder von einem Wiedersehen mit dem jungen Louis, mit dem er nach dem Konzert einen beglückenden Abend verbringt. Den ungekürzten Brief findet man in: ČSt 3, S. 159-162, innerhalb des Artikels von Valerij Sokolov, Briefe Čajkovskijs ohne Kürzungen, S. 137-162.]
[[33] Čajkovskij nennt das Werk im Untertitel „Fantasie zum Drama von Shakespeare".]

danken. Auch danke ich von ganzem Herzen den Musikern Ihres prächtigen Orchesters für die Mühe, die sie sich gaben, jede Einzelheit der Partitur auf das Künstlerischste zu interpretieren.

Was die kläglichen und schwachen Beifallsäusserungen und die ziemlich energischen Pfiffe anbelangt, mit denen das Publikum meinen armen ‚Sturm' begrüsst hat, so haben sie mich zwar betrübt, aber nicht erstaunt. Ich hatte sie vorausgesehen: Wenn das an einer gewissen Voreingenommenheit gegen das Moskauer Barbarentum lag, so waren doch noch in viel höherem Masse die Mängel des Werkes selbst daran schuld. Die Form ist breitgetreten, lang und unebenmässig. Jedenfalls war die Aufführung, wie gesagt, eine ausgezeichnete und hat den Misserfolg nicht verschuldet.

Ich wäre gewiss selbst gekommen, um Ihnen die Hand zu schütteln und persönlich meine Dankbarkeit vorzutragen, wenn mir der Zustand meiner Gesundheit das erlaubt hätte. In Paris bin ich nur auf der Durchreise; so bin ich denn darauf angewiesen, meine Zuflucht zur Feder zu nehmen, um Ihnen, verehrter Herr, meine Dankbarkeit auszudrücken. Seien Sie versichert, dass diese Dankbarkeit nie aus meinem Herzen weichen wird.

Ihr ergebener P. Tschaikowsky" [Paris, 25. Februar / 9. März 1879; VIII, 1122.]

Diesem Brief schickt die „Gazette musicale" einige Zeilen voraus, welche „diesen überaus seltenen Beweis der vornehmen und aufrichtigen Bescheidenheit eines Autors" würdigen.

An P. I. Jurgenson: „Paris, d. 26. Februar [/ 10. März] 1879.

Die Nachricht, dass ‚Onegin' gegeben werden soll, hat mich um so mehr erfreut, als ich glaubte, die Vorstellung würde wegen des Ablebens des jugendlichen Fürsten abgesagt werden. Der Wunsch, ‚Onegin' zu hören, ist stärker als die Leidenschaft mich zu verstecken, und darum habe ich beschlossen, am 17. in Moskau zu sein, aber nur ganz incognito, d. h. so, dass mich beim Anhören des Werkes niemand sieht. Wie und wo man mich verstecken könnte – weiss ich nicht, und ich bitte Dich nur, dieses Albrecht und Rubinstein mitzuteilen …" [VIII, 1125.]

An Frau von Meck: „Paris, d. 27. Februar [/ 11. März] 1879.

… Zum ersten Mal in meinem Leben lese ich Rousseaus ‚Les Confessions'. Ich weiss nicht, ob ich Ihnen dieses Buch empfehlen darf, wenn Sie es noch nicht gelesen haben sollten, denn neben genialen Stellen finden sich viele sehr zynische Bekenntnisse, welche das Buch einer Frau fast unzugänglich machen. Ich kann aber nicht umhin, die erstaunliche Kraft und Schönheit des Stils sowie die Tiefe und Wahrhaftigkeit der Analyse der menschlichen Seele zu bewundern. Ausserdem ist es mir ein unbeschreiblicher Genuss, in seinen Bekenntnissen Züge meines eigenen Charakters zu finden, welchen ich bisher in keinem literarischen Werk begegnet bin und welche hier mit einer ausserordentlichen Feinheit beschrieben werden. Z. B. habe ich eben eine Erklärung bei ihm gelesen, warum er, als kluger Mensch, in Gesellschaft nie den Eindruck eines klugen Menschen zu machen vermocht hat. Dabei spricht er von seiner Menschenscheu und von der Unerträglichkeit, eine pflichtgemässe Unterhaltung zu führen, in welcher man, um das Gespräch nicht stocken zu lassen, leere Phrasen und Worte plappern müsse, die nicht das Resultat geistiger Arbeit oder seelischer Regungen ausdrücken. O Gott, wie fein und wie wahr spricht er von dieser Geissel des gesellschaftlichen Lebens! …" [VIII, 1127.]

Kapitel VI.

[1879, März. Petersburg. Moskau.
Uraufführung des „Evgenij Onegin" in Moskau,
Begeisterung Nikolaj Rubinštejns und Taneevs, ablehnendes Schweigen Anton Rubinštejns.]

In den ersten Tagen des März [1879] kehrte Peter Iljitsch nach Petersburg zurück. Wie immer, wenn er seine Einsamkeit unterbrach und eine Pause in seiner Arbeit eintrat, stellte sich auch dieses Mal bei ihm eine grosse Verstimmung und Unzufriedenheit mit seiner Umgebung ein, welche an sich nicht im geringsten daran schuld war.

An Frau von Meck: „[Petersburg,] d. 13.[-22.] März 1879.
Meine Petersburger Eindrücke will ich Ihnen nicht ausführlich beschreiben. Ich will Ihnen nur sagen, dass ich trotz des Wiedersehens mit meinem Vater und meinen Brüdern [Anatolij und Modest], welches mir eine grosse Freude war, der unglücklichste Mensch von der Welt bin, solange ich in dieser widerlichen Stadt wohne. Alles ist hier ekelerregend, angefangen beim Klima und bis zur dümmsten aller Lebensweisen …

Am Freitag reise ich mit meinen Brüdern nach Moskau, um der Vorstellung des ‚Onegin' beizuwohnen, und kehre dann nach Petersburg zurück, wo ich bis Ostern zu bleiben gedenke …" [VIII, 1136.]

An Frau von Meck: „[Petersburg,] d. 19. März 1879.
Soeben bin ich aus Moskau zurückgekehrt. Statt Freitag war ich schon am Mittwoch gereist, denn Jurgenson telegraphierte mir, dass meine Anwesenheit bei den letzten Proben [zu ‚Eugen Onegin'] sehr wünschenswert wäre. Ich war kurz vor Beginn der Probe in Moskau angekommen. Sie fand bei voller Beleuchtung der Bühne und in Kostümen statt, während der Saal dunkel blieb. Das gab mir die Möglichkeit, mich in eine dunkle Ecke zu setzen und meine ganze Oper ungestört anzuhören. Die Ausführung war im allgemeinen sehr befriedigend. Chor und Orchester machten ihre Sache ausgezeichnet. Die Solisten dagegen liessen viel zu wünschen übrig …

Diese in einer dunklen Ecke des Theaters verbrachten Stunden waren die einzig angenehmen meines Aufenthalts in Moskau. In den Pausen sah ich alle meine früheren Kollegen wieder. Mit grosser Freude bemerkte ich, dass sie alle die Musik des ‚Onegin' sehr lieb gewonnen haben. Nikolai Gregorjewitsch, der so karg mit Lobspenden ist, sagte mir, er wäre in diese Musik ‚verliebt'. Tanejew wollte mir nach dem ersten Akt seine Sympathie ausdrücken und brach stattdessen in Tränen aus. Ich kann Ihnen gar nicht sagen, wie mich das gerührt hat! … Am Sonnabend (dem Tag der Vorstellung) früh kamen meine Brüder [Anatol und Modest] und einige andere Petersburger an, darunter Anton Rubinstein.

Ich war den ganzen Tag sehr aufgeregt, besonders weil ich der dringenden Bitte Nikolai Gregorjewitschs nachgegeben und mich bereiterklärt habe, bei etwaigen Hervorrufen auf der Bühne zu erscheinen.

Während der Vorstellung erreichte meine Aufregung ihren Höhepunkt. Vor dem Beginn hatte mich Nikolai Gregorjewitsch auf die Bühne gebeten, wo ich zu meinem grössten Schrecken das ganze Konservatorium erblickte. An der Spitze der Professoren stand Nikolai Gregorjewitsch und überreichte mir einen Kranz, während alle Anwesenden laut Beifall klatschten. Auf Rubinsteins Ansprache musste ich selbstverständlich einige Worte antworten. – Was mich das gekostet hat – weiss Gott allein! In den Zwischenakten wurde ich viele Male gerufen. Übrigens hat sich im Publikum kein besonderes Entzücken geltend gemacht. Ich folgere das daraus, dass immer nur ich und nicht die Ausführenden hervorgerufen wurden.

Nach der Vorstellung gab es ein gemeinsames Abendessen im [Restaurant] Ermitage, dem auch Anton Rubinstein beiwohnte. Ich weiss absolut nicht, ob ihm mein ‚Onegin' gefallen oder nicht gefallen hatte. Wenigstens hat er mir nicht ein einziges Wort darüber gesagt. Erst gegen vier Uhr kam ich mit starken Kopfschmerzen nach Hause und verbrachte eine qualvolle Nacht. Auf der Rückreise nach Petersburg habe ich mich jedoch erholt und fühle mich heute wieder ganz frisch. Ich will versuchen, die nächsten zwei Wochen möglichst nicht auszugehen und mich ernsthaft mit der Instrumentierung der [1. Orchester-]Suite beschäftigen." [Ebenfalls VIII, 1136.]

Der Erzählung Peter Iljitschs von der ersten Vorstellung des ‚Eugen Onegin' kann ich aus meinen persönlichen Erinnerungen nur hinzufügen, dass der Erfolg der Oper in der Tat ein sehr schwacher war und dass die Ovationen, welche man dem Autor bei seinem Erscheinen auf der Bühne darbrachte, mehr den Charakter einer Ehrung für frühere Verdienste hatten, während der Vorstellung selbst nur mässiger Beifall zuteil wurde.

Diese kühle Aufnahme des Werkes, welches später eines der populärsten werden sollte, erklärt sich erstens durch die Interpretation. Diese war zwar sehr sorgfältig vorbereitet, lag aber nicht in den Händen gereifter Künstler, sondern unfertiger Konservatoriumsschüler, konnte somit die Oper nicht in ihrem vollen Glanze zeigen. Zweitens lenkte die zeitliche Nähe der Epoche, um die es sich im Stück handelt, die Aufmerksamkeit von der Musik ab und verursachte ein gewisses Unbehagen im Publikum, welches noch niemals Gutsbesitzer, Ammen, junge Damen aus der Provinz, Generäle und befrackte Herren auf der Bühne Arien und Duette singend gesehen hatte. Drittens erschien dem Publikum das Beginnen des Librettisten, die für alle Russen teure und fast heilige Gestalt Tatjanas vor die Rampe zu bringen, fast wie eine Lästerung, und die Anpassung des Textes an die Musik, die Kürzungen und – was noch schlimmer war – Ergänzungen des unvergleichlichen Textes Puschkins durch gewöhnliche Librettoverse hat im Publikum, noch ehe dasselbe die Musik zu hören bekam, Stimmung gegen die Oper gemacht. Viertens fehlten sowohl der Musik als auch dem Libretto jene grandiosen und effektvollen Szenen, welche das Publikum zum Enthusiasmus zu bringen pflegen; der Genuss, welchen das hochpoetische, aber intim friedliche Poem Puschkins und eine dazu passende Musik bieten, hat niemals und nirgends die Zuhörer zu brausenden Beifallsäusserungen aufgestachelt. Der kolossale, in den Annalen der russischen Musik noch nie dagewesene Erfolg dieser Oper bestand und besteht bis heute in einer langen Reihe ausverkaufter Vorstellungen.

Über das Verhältnis Anton Rubinsteins zu ‚Eugen Onegin' habe ich von der Witwe des grossen Klaviervirtuosen gehört, dass ihm das Werk bei der ersten Vorstellung gar nicht gefallen hätte. Nach Petersburg zurückgekehrt, soll er dasselbe in Grund und Boden kritisiert und hauptsächlich das Fehlen des grandiosen Opernstils gerügt haben. Einige Jahre später hat er aber seine Meinung geändert und eines Tages, als seine Frau ihm auch ihr Missfallen über die Oper äusserte, ausgerufen: „Was verstehst Du! Wer mit Zigeunerromanzen und italienischen Opern aufgewachsen ist, der darf über solche Werke nicht reden!"

Die Kritik – mit Ausnahme von Laroche – spendete der Musik des „Eugen Onegin" Lob, obwohl kein sehr enthusiastisches.

Kapitel VII.

[1879, April-Juni. Kamenka. Brailov.
1. Orchestersuite. Über Wagner und den „Lohengrin".
Instrumentierung der Oper „Die Jungfrau von Orleans"; Leichtigkeit dieser Arbeit.
Jurgenson gewinnt im Streit um die Publikation von Čajkovskijs Liturgie op. 41
den Prozeß gegen die Hofsängerkapelle. Erfolgsmeldungen von Colonne, Fitzenhagen und Bülow.]

Anfang April 1879 verliess Peter Iljitsch Petersburg und erschien in Kamenka.

An Frau von Meck: „Kamenka, d. 12. April 1879.

Obwohl ich manches Mal über Kamenka schelte, weil es so unansehnlich und doch nicht genügend dörflich ist, fühle ich mich hier wie neugeboren. Das Wetter ist herrlich. Der Frühling ist in voller Entfaltung. Die Veilchen verblühen schon, der Wald wird immer grüner, und die Nachtigallen sind schon da. Manchmal überkommt mich jene stille Ekstase, welche nur die Natur hervorzurufen vermag.

Man hat für mich eine kleine Wohnung eingerichtet, welche aus drei Zimmern besteht. Gestern sind alle meine Sachen angekommen, d. h. Bücher, Noten und Portraits, so dass in diesem Augenblick meine Wohnung schon ein recht gefälliges Aussehen hat. Schon am zweiten Tag nach meiner Ankunft habe ich zu arbeiten begonnen, und meine unglückliche [1. Orchester-]Suite[34] soll endlich fertig werden; da ich das vierhändige Klavierarrangement selbst machen will, werde ich voraussichtlich bis Ende April zu tun haben." [VIII, 1152.]

An Frau von Meck: „Kamenka, d. 14. April 1879.

Meine Oper [‚Die Jungfrau von Orleans'] ruht einstweilen in meiner Mappe. Ich arbeite an der [1. Orchester-]Suite. Die Partitur habe ich heute beendet, und morgen will ich das vierhändige Arrangement in Angriff nehmen. Ich habe beschlossen, es selbst zu machen, weil ich aus Erfahrung weiss, dass sich die Sache sehr in die Länge zieht, wenn jemand anders diese Arbeit übernimmt. Dasselbe will ich auch mit der Oper machen. Die Suite will Jurgenson im Laufe des Sommers drucken, und zwar: Partitur, Stimmen und das vierhändige Arrangement, so dass sie zur Zeit der [Ur-]Aufführung bereits im Verkauf sein wird. Das ist für mich, für Jurgenson und für das Publikum gleich angenehm. Wissen Sie, warum sich der Druck unserer Symphonie [= der Vierten] so verzögert hat? Zuerst mussten die Stimmen für die Moskauer Aufführung herausgeschrieben werden, dann kam die Partitur zu Tanejew, welcher sie zwecks [vierhändigen] Arrangements sehr lange bei sich behielt; gleich darauf musste sie auf Verlangen nach Petersburg geschickt werden, ferner hat sie sich in Paris bei Rubinstein aufgehalten, welcher sie spielen wollte, kurz, sie wanderte von Hand zu Hand, und so verging die Zeit. Unterdessen erhielt Jurgenson von allen Seiten ziemlich viele Bestellungen auf sie und konnte sie nicht befriedigen. Von nun an wird das nicht mehr vorkommen. Meine Werke sollen nicht eher aufgeführt werden, als bis sie im Druck erscheinen.[35]

An der Suite habe ich noch etwa zwei Wochen zu arbeiten. In Brailow möchte ich mich ganz meiner immer stärker werdenden Liebe zur Natur hingeben. Es gibt keinen anderen Ort in der ganzen Welt, der mir in dieser Beziehung so viel bieten könnte. In Ihrem Hause zu wohnen, mich allein und frei zu fühlen, die Möglichkeit zu haben, jeden Tag im Wald zu sein, den ganzen Tag zwischen Blumen zu wandeln, abends den Nachtigallen zu lauschen, dazu Ihre Bücher zu lesen, Ihr Instrument zu spielen und an Sie zu denken – das alles sind Genüsse, die ich nirgendwo anders finden kann …" [VIII, 1154.]

An P. I. Jurgenson: „Kamenka, d. 22. April 1879.

Ich beginne, auf meine Schöpfung stolz zu sein, denn ich sehe, welch ausserordentlichen Eindruck einige Teile derselben hier machen. Alle meine Mitbewohner sind nach dem

---

[34 „Unglücklich" nennt Čajkovskij die Suite offenbar, weil er die Arbeit an ihr (von Mitte August 1878 bis zum 24. April 1879 – den zweiten Satz ergänzte er dann erst im August 1879) verschiedene Male unterbrochen hatte, z. B. auch deshalb, weil ein Teil der Konzeptschrift nicht zur Hand war. Vgl. dazu die Hinweise in TchH 1, S. 162.]

[35 Später verfuhr Čajkovskij umgekehrt: Erst nach der ersten Aufführung eines Werkes sollte die Ausgabe erscheinen, damit er Gelegenheit hatte, falls ihn Einzelheiten der Partitur nicht befriedigten, die betreffenden Stellen zu ändern.]

Andante[36] ganz närrisch. Ein Mädchen ist sogar ohnmächtig geworden (faktisch!!!).[37] Das schöne Geschlecht ohnmächtig zu machen, – ist doch der höchste Triumph eines Autors!" [VIII, 1161.]

An Frau von Meck: „Brailow, d. 5. Mai 1879.

Gestern begann ich die ‚Lohengrin'-Partitur zu studieren. Ich weiss, dass Sie keine grosse Wagnerfreundin sind, auch ich bin bei weitem kein verzweifelter Wagnerianer. Das Wagnertum ist mir als Prinzip überhaupt wenig sympathisch. Die Person Wagners erregt jedenfalls Antipathie in mir, doch muss ich seinem enormen musikalischen Talent Gerechtigkeit widerfahren lassen. Dieses Talent ist am kräftigsten im ‚Lohengrin' zur Geltung gekommen, welche Oper die Krone aller Wagnerschen Schöpfungen bleiben wird. Nach ‚Lohengrin' begann der Niedergang seines Talents, welches durch den satanischen Stolz dieses Mannes erstickt worden ist. Er hat alles Mass verloren, begann über die Schnur zu schlagen, so dass alles, was er nach ‚Lohengrin' geschrieben, eine unverständliche, unmögliche Musik geworden ist, welche keine Zukunft hat. Im ‚Lohengrin' beschäftigt mich jetzt hauptsächlich die Instrumentation. Angesichts der mir bevorstehenden Arbeit wollte ich diese Partitur gründlich studieren und mir eventuell dieses und jenes aneignen. Er verfügt über eine ausserordentliche Meisterschaft, doch will ich aus verschiedenen Gründen nichts von ihm borgen. Das Orchester Wagners ist zu sehr symphonisch und zu schwer für Vokalmusik. Je älter ich werde, je fester wird in mir die Überzeugung, dass Symphonie und Oper zwei absolute Gegensätze sind. Somit wird mich die Bekanntschaft mit ‚Lohengrin' nicht veranlassen, meine Art und Weise zu verändern, in jedem Fall ist sie aber interessant und negativ nützlich." [VIII, 1171.]

An Frau von Meck: „Brailow, d. 7. [6.-13.] Mai 1879.

… Gestern hatte ich ein Gespräch mit Marcel[38] betreffs der Erlaubnis der Regierung, den Bau der katholischen Kirche zu Ende zu führen, welcher schon längst begonnen worden war, aber infolge des Verbots der Regierung nicht beendet werden konnte. Jetzt ist die Erlaubnis endlich da, und der Priester hat Mittel, den Bau fortzusetzen, doch sind jetzt andere Schwierigkeiten zu beseitigen. Dicht neben den Mauern der Kirche erheben sich einige Ihrer Verwaltungsgebäude, welche an eine andere Stelle gesetzt werden müssen. Im vorigen Jahr bin ich einmal in der Kapelle gewesen, in welcher der katholische Gottesdienst abgehalten wurde, und ich muss Ihnen sagen, dass mich der Beweis einer offenkundigen Katholikenverfolgung in gelindes Erstaunen versetzt hat. Man kann sich kaum etwas Kläglicheres vorstellen als jene winzige Kapelle, welche nicht einmal den zehnten Teil der ganzen Gemeinde zu fassen vermag. Ich bin von je her ein energischer Verteidiger der unumschränkten Gewissensfreiheit gewesen. Man darf niemanden hindern, nach seinem Ritual zu beten. Daher freue ich mich sehr, dass es dem Priester gelungen ist, die Erlaubnis zum Bau der Kirche zu erlangen. Marcel hat mir erzählt, dass der Priester es nicht wagt, Sie mit Bitten zu belästigen, darum ist der Wunsch in mir entflammt, ihm zu helfen, und ich nehme mir die Freiheit, Ihnen mitzuteilen, daß die Katholiken Brailows auf Ihre gütige Erlaubnis hoffen, die Verwaltungsbauten an eine andere Stelle zu setzen. Sollte es sich erweisen, dass dies unmöglich ist, so nehmen Sie mir meine möglicherweise sehr ungelegene Anwaltschaft zugunsten der Katholiken nicht übel." [VIII, 1174.]

[[36] Offenbar ist das Intermezzo (Andantino semplice) gemeint, ursprünglich der II. Satz, später, nach Einfügung des Divertimentos im August 1879, der III. Satz der 1. Orchestersuite.]
[[37] Das letzte Wort deutsch.]
[[38] Marcel' Karlovič: Angestellter und Vertrauter Frau fon Mekks in Brailov.]

An Frau von Meck: „Brailow, d. 9. [6.-13.] Mai 1879.

Soeben bin ich in der Klosterkirche gewesen. Sowohl in der Kirche als auch im Klosterhof hatte sich viel Volks angesammelt. Ich hörte den Leiergesang der Blinden. Er heißt so wegen des begleitenden Instruments, der *Leier*, welche übrigens mit der antiken Lyra nichts gemein hat. Es ist merkwürdig, dass in Kleinrussland alle blinden Sänger ein und dieselbe Melodie mit ein und demselben Refrain singen. Diesen Refrain habe ich zum Teil im ersten Satz meines Klavierkonzerts [op. 23] benutzt.

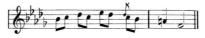

[Im Notenzitat des Originalbriefs zwei 16tel-Vorschlagnoten es"-des".]

Augenblicklich sitze ich auf dem Balkon und schreibe an Sie. Vor mir steht ein Strauss Maiglöckchen,[39] und ich kann mich nicht satt sehen an diesen berückenden Geschöpfen der Natur." [Ebenfalls VIII, 1174.]

An Frau von Meck: „Kamenka, d. 28. [recte: 22.-23.] Mai 1879.

Ich arbeite wieder sehr fleissig. Die Instrumentierung der Oper [,Die Jungfrau von Orleans'] ist eine sehr angenehme Beschäftigung, welche nicht viel Anstrengung erheischt. Sie würde mir sogar ein grosser Genuss sein, wenn ich nicht die Schwäche hätte, beständig zu eilen und ob der Beschränktheit der Zeit und meiner Fähigkeiten in Verzweiflung zu geraten.

Man möchte gern alles in einer Minute fix und fertig haben. Stattdessen sind einige Monate fleissigen Arbeitens nötig, um eine grosse Opernpartitur zu schreiben." [VIII, 1188.]

An Frau von Meck: „Kamenka, d. 29. Mai 1879.

Heute habe ich den ersten Akt der Oper [,Die Jungfrau von Orleans'] beendet. Es ist eine ziemlich umfangreiche Partitur geworden. Welch ein Genuss, eine fertig gewordene Partitur durchzublättern! Für einen Musiker ist eine Partitur nicht nur eine Kollektion der verschiedenartigsten Noten und Pausen, sondern ein ganzes Bild, in welchem sich die Hauptfiguren gegenüber den nebensächlichen und dem Hintergrund deutlich abheben.

Für mich ist jede Orchesterpartitur nicht nur ein Vorgeschmack eines bevorstehenden Ohrenschmauses, sondern auch ein unmittelbarer Genuss für die Sehorgane. Darum beobachte ich die peinlichste Reinlichkeit in meinen Partituren und leide keine Korrekturen, durchgestrichene Stellen und Tintenkleckse.[40] Gern würde ich mit meiner Notenreinschrift ein wenig vor Ihnen prahlen, meine liebe Freundin, und will Ihnen darum gelegentlich eine meiner Partituren zeigen." [VIII, 1193.]

An Frau von Meck: „Kamenka, d. [12.-]13. Juni 1879.

Heute früh fand ich auf meinem Tisch ein Telegramm von Jurgenson, in welchem er mir mitteilt, dass er den Prozess gegen den Direktor der Hofkapelle Bachmetew[41] gewonnen hat. Ich glaube, ich hatte Ihnen seinerzeit mitgeteilt, dass meine [Chrysostomus-]Liturgie [op. 41] im vorigen Frühjahr auf Anordnung Bachmetews bei Jurgenson konfisziert wurde.

[39 Čajkovskijs Lieblingsblumen, die er selbst gern im Wald suchte und die er in einem Gedicht besungen hat; vgl. Mitteilungen 11 (2004), S. 3-12.]

[40] In den letzten Jahren seines Lebens hat Peter Iljitsch diese Gepflogenheit aufgegeben, und seine Partituren sind bedeutend unsauberer geworden. [Oder anders: seine Arbeitsweise hat sich geändert, und er arbeitete, nach seinen eigenen Worten, skrupulöser an der Instrumentierung als zuvor.]

[41 Der Komponist und Geiger Nikolaj I. Bachmetev (1807-1891) war 1861-1883 Direktor der Petersburger Hofsängerkapelle.]

Es handelt sich darum, dass nur die Kapelle das Privileg besitzt, Kirchenmusik zu komponieren und die Vorteile, welche ihr daraus erwachsen und in dem Verkauf der ihr gehörenden Werke Bortnjanskis und Lwows[42] bestehen, sehr wohl zu wahren weiss.[43] Nur solche Kompositionen dürfen in Kirchen gesungen und öffentlich verkauft werden, welche von der Kapelle anerkannt sind. Das ist der Grund, weshalb bis heute keiner von den russischen Musikern für die Kirche geschrieben hat. Jurgenson fasste damals den Entschluss, meine Liturgie [op. 41] ohne die Erlaubnis der Kapelle zu drucken, in der Annahme, dass ein etwaiger Prozess die Unhaltbarkeit des Bachmetewschen Monopols klarlegen würde. So hat er denn nach der Konfiszierung meiner Liturgie Bachmetew auf Schadenersatz verklagt und ist Sieger geblieben. Das ist nicht nur für meine Liturgie, welche möglicherweise keine besonderen Vorzüge hat, von Wichtigkeit, sondern auch für das Prinzip der Freiheit des Komponierens geistlicher Werke. Ich freue mich sehr über diese Entscheidung des Gerichts.

Heute vor 25 Jahren starb meine Mutter. Das war der erste grosse Schmerz meines Lebens. Der Tod meiner Mutter wurde von grossem Einfluss auf mein und unserer ganzen Familie ferneres Schicksal. Sie ist ganz unerwartet in blühendem Alter von der Cholera dahingerafft worden. Jede Minute jenes schrecklichen Tages ist deutlich in meiner Erinnerung haften geblieben, als wenn es erst gestern geschehen wäre." [VIII, 1204.]

Die Angelegenheit des Verbotes von Tschaikowskys Liturgie [op. 41] hat sich folgendermassen abgespielt.

Der Direktor der Kaiserlichen [Hofsänger-]Kapelle, N. Bachmetew, hielt sich für berechtigt, die Liturgie Peter Iljitschs konfiszieren zu lassen, obwohl sie von der geistlichen Zensur genehmigt worden war, indem er sich auf den persönlichen Ukas des Kaisers Alexander I. stützte, in welchem es verboten wurde, solche Werke in Kirchen vorzutragen, welche nicht von dem Wirklichen Staatsrat Bortnjanski begutachtet worden wären. Dank dem Einspruch des Moskauer General-Gouverneurs Fürst Dolgoruky bei dem Minister des Innern, erkannte die Hauptverwaltung der Druckangelegenheiten Bachmetews Handlungsweise für ungesetzlich und überliess dem Verleger der Liturgie, P. Jurgenson, das Recht, gerichtlich gegen Bachmetew vorzugehen. P. Jurgenson zögerte nicht, dies zu tun, und gewann den Prozess.

Am 20. Juni schrieb Peter Iljitsch an Nadeshda Filaretowna, dass er drei sehr angenehme Briefe aus dem Ausland erhalten habe. In einem dieser Briefe teilte ihm Colonne in sehr liebenswürdiger Form seine Achtung mit und versicherte, dass er trotz der kühlen Aufnahme des „Sturms" auch fürderhin seine Programme mit Peter Iljitschs Namen schmücken wolle. Der andere Brief stammte von dem Cellisten Wilhelm Fitzenhagen (Professor am Moskauer Konservatorium). Dieser schrieb ihm, welchen Eindruck er auf dem Musikfest in Wiesbaden mit Peter Iljitschs Variationen über ein Rokokothema erzielt habe.[44] Franz Liszt soll bei dieser Gelegenheit über das Werk gesagt haben: „Das ist doch

---

[42 Fëdor P. L'vov war als Nachfolger Bortnjanskijs 1825-1836 Direktor der Hofsängerkapelle. Ihm folgten in dieser Funktion: sein Sohn Aleksej F. L'vov (1836-1861), der oben genannte Nikolaj I. Bachmetev (1861-1883) sowie Milij A. Balakirev (1883-1895).]

[43 Seit der Komponist Dmitrij St. Bortnjanskij 1796 zum Direktor der kaiserlichen Hofsängerkapelle berufen worden war, war mit diesem Amt zugleich die Funktion eines Zensors der Kirchenmusik und das Monopol der Publikation von Kirchenmusik verbunden. Vgl. dazu und zu Jurgensons Prozeß, den er im Zusammenhang mit Čajkovskijs Liturgie op. 41 gegen dieses Monopol angestrengt hat, sowie zur russischen Kirchenmusik und Čajkovskijs Kirchenmusik im besonderen: ČSt 2, S. 135-192.]

[44 Die Aufführung des Werkes (in der Fassung des Widmungsträgers Wilhelm Fitzenhagen) in Wiesbaden hatte am 8. / 20. Juni 1879 stattgefunden.]

endlich einmal wieder Musik." Auf demselben Musikfest spielte Hans von Bülow (der dritte Brief war von ihm) mit grossem Erfolg Tschaikowskys erstes Klavierkonzert,[45] welches er vorher mit noch größerem Erfolg in London zu Gehör gebracht hatte.

Ausserdem erlebte Peter Iljitsch fast an demselben Tage die Freude, dass seine Liturgie in der Universitätskirche zu Kiew aufgeführt wurde.

Kapitel VIII.

[1879, Juli. Kamenka.
Kamenkas überdrüssig. Fortsetzung der Instrumentierung der „Jungfrau von Orleans". Erschöpfung.]

An M. Tschaikowsky: „Kamenka, d. 15. Juli 1879.

In der letzten Zeit ist die Fröhlichkeit von hier geschwunden. Erstens bin ich Kamenkas überdrüssig geworden, zweitens langweilen mich die vielen Gäste, drittens ist das Wetter schlecht – Wind und Staub, viertens haben alle so ein merkwürdig melancholisches Aussehen. Mit meiner Arbeit bin ich jedoch zufrieden. In einer Woche habe ich das sehr schwere erste Bild des dritten Aufzugs [der ‚Jungfrau von Orleans'] instrumentiert und fange heute mit dem zweiten Bild an. Ich werde meine Arbeit zu Dir mitnehmen." [VIII, 1231.]

An Frau von Meck: „Kamenka, d. 17. Juli 1879.

Augenblicklich sitze ich an einer sehr schwierigen Stelle der Oper [‚Die Jungfrau von Orleans'], nämlich am zweiten Bild des dritten Akts. Das ist die Stelle, welche den tragischen Moment des Schicksals meiner Heldin behandelt, die Stelle vor der Kathedrale von Reims, wo sie plötzlich von der Höhe ihres Ruhms stürzt und Gegenstand der Verfolgung wird. Zahlreiche Personen kommen hier zusammen, grosse Chormassen und eine starke dramatische Bewegung. Jeden Augenblick stellen sich mir verschiedene Schwierigkeiten in den Weg, so dass ich alle meine Kräfte zusammennehmen muss. Im Resultat: allabendliche Erschöpfung. Zum Glück schlafe ich wieder gut (was ich der Abkühlung der Temperatur zuschreibe) und gehe morgens erfrischt und mit Lust wieder an die Arbeit. Ja, eine grosse, komplizierte Oper zu schreiben, ist keine Kleinigkeit, besonders wenn man an ihre Zukunft denkt. Wozu biete ich alle meine Kräfte auf, da ich doch unter den russischen Sängerinnen auch nicht eine kenne, welche meinem Ideal der Johanna einigermaßen entspräche? Solange es eine solche Sängerin noch nicht gibt – darf an eine Aufführung nicht gedacht werden. Wir wollen hoffen, dass sie sich finden wird. Ich erinnere mich, wie Serow – als er seine ‚Judith' komponierte – verzweifelt war, dass niemand diese Rolle zu spielen vermag. Zu seinem Glück erschien plötzlich eine Sängerin, welche für die Judith wie geschaffen war.[46] Vielleicht wird auch mir das Glück hold sein." [VIII, 1232.]

An Frau von Meck: „Kamenka, d. 30.[-31.] Juli 1879.

Ich fühle mich in der letzten Zeit sehr schlecht; ich bin wieder sehr nervös geworden und empfinde eine unbegreifliche permanente körperliche Müdigkeit, so dass ich manchmal nicht imstande bin, mich zu bewegen oder auch nur zu denken. Das alles macht eine Erholung in der Einsamkeit, in einer sympathischen Gegend und in Ihrer Nähe nicht nur

---

[45] Und zwar am 5. / 17. Juni 1879.]
[46] Die Titelpartie in Aleksandr N. Serovs Oper „Judif'" hatte bei der Petersburger Uraufführung am 16. / 28. Mai 1863 die dramatische Sopranistin Valentina L. Bianchi übernommen, die 1862-1865 zum Opernensemble der Petersburger Theater gehörte.]

wünschenswert, sondern unentbehrlich.[47] Darum denke ich mit dem größten Vergnügen an den bevorstehenden Besuch bei Ihnen. Ich werde wahrscheinlich am 11. [August] abends eintreffen." [VIII, 1239.]

Kapitel IX.

[1879, August. Simaki.
Čajkovskij beendet die Partitur des 3. Akts der „Jungfrau von Orleans". Arbeit an der Partitur des 4. Akts und an der 1. Orchestersuite. Eine ungewollte Begegnung mit N. F. fon Mekk. Verwirrung um die Korrekturen zu den Partitur-Erstausgaben der Sérénade mélancolique op. 26, der 1. Orchestersuite op. 43 und des Slavischen Marsches op. 31. Fünf oder sechs Suitensätze? – Die Schund-Miniatur. Abschluss der „Jungfrau von Orleans" nach neun Monaten. Begeisterung für die Natur Simakis. Über die Beziehung zu N. F. fon Mekk. Sorge um den vom Dienst verabschiedeten Bruder Anatolij.]

Am 7. August 1879 beendet Peter Iljitsch den 3. Akt der „Jungfrau von Orleans" und macht sich auf den Weg nach Simaki. Frau von Meck hielt sich damals in Brailow auf.

An Frau von Meck: „Simaki, d. 8.[-9.] August 1879.
 ... Ich bin ganz entzückt. Eine schönere Umgebung als die, in welcher ich mich jetzt befinde, lässt sich nicht denken. Der Garten, welchen ich mit Pachulski zusammen schon durchwandert bin, hat alle meine Erwartungen weit übertroffen. Das Haus ist ein wunderbarer, herrlicher Zufluchtsort! Wenn Sie wüssten, wie sehr ich augenblicklich all der Wohltaten bedarf, welche mir ein Leben bei Ihnen bietet! ...

Ich beabsichtige, hier den letzten Akt meiner Oper [‚Die Jungfrau von Orleans'] zu instrumentieren, und will schon morgen damit anfangen. Hier will ich diese grosse Last, welche mich sehr ermüdet hat, von meinen Schultern wälzen. Hier will ich erleichtert aufatmen und den unvergleichlichen Genuss des Bewusstseins auskosten, eine grosse Arbeit vollbracht zu haben." [VIII, 1244.]

An M. Tschaikowsky: „Simaki, d. 9. August 1879.
Ich beeile mich, Dir meine ersten hiesigen Eindrücke mitzuteilen. Sie sind sehr angenehm. Ein sehr, sehr altes Häuschen, ein schattiger Garten mit hundertjährigen Eichen und Linden; er ist sehr verwahrlost, aber gerade dadurch entzückend. Am Ende des Gartens ein Fluss. Vom Balkon eine prachtvolle Fernsicht auf das Dorf und den Wald. Absolute Ruhe und die sehr komfortabel eingerichteten Räume entsprechen mehr als nötig meinen Wünschen und Neigungen. Ferner sind stets zu meiner Verfügung: ein alter Lakai Leon, ein Koch, den ich niemals sehe, und ein Kutscher nebst Phaëton[48] und vier Pferden. Das Letztere würde ich gern entbehren, denn es verpflichtet mich gewissermassen zu fahren, während ich lieber gehe. Die Nähe N[adeshda] F[ilaretovna]s verwirrt mich ein wenig, obwohl ich weiss, dass meine Ruhe ungestört bleiben wird. Ich habe mich eben daran gewöhnt, N. F. als einen unsichtbaren Genius anzusehen, so dass seine Sichtbarkeit, d. h. das Bewusstsein, dass sie wie eine gewöhnliche Sterbliche ganz in meiner Nähe wohnt, mich ein wenig beunruhigt. Gestern traf ich Pachulski, und er verbrachte einen Teil des abends mit mir. Doch habe ich ihm unverhohlen gesagt, dass ich einige Tage ganz allein bleiben möchte." [VIII, 1246.]

---

[47] Frau von Meck hatte die Einladung an Peter Iljitsch ergehen lassen, einige Zeit in Simaki (einer in der Nähe Brailows gelegenen Ökonomie, zuzubringen.
[48 Kleinere, zweiachsige herrschaftliche Kutsche.]

An Frau von Meck: „Simaki, d. [9.-]11. August 1879.

Pachulski sagte mir, dass er bei seinem nächsten Besuch Milotschka mitbringen würde.[49] Ich liebe Milotschka sehr; es ist mir ein Genuss, die Photographie ihres bezaubernden Gesichtchens zu betrachten; ich weiss, dass sie ein süsses, liebes sympathisches Kind ist; Kinder habe ich überhaupt sehr gern, folglich müsste ich auf einen derartigen Vorschlag mit Ja antworten. So habe ich es denn auch getan, denn Pachulski konnte ich nicht das sagen, was ich Ihnen sagen kann.

Verzeihen Sie, liebe Freundin, und lachen Sie mich meinetwegen aus – doch will ich Milotschka nicht zu mir einladen. Meine Beziehungen zu Ihnen sind – so wie sie jetzt sind – das höchste Glück für mich und eine unentbehrliche Bedingung für mein Wohlergehen. Ich wünschte nicht, dass sie sich auch nur im geringsten änderten. Der ganze Reiz und die ganze Poesie unserer Freundschaft liegt für mich darin, dass ich Sie im gewöhnlichen Sinne des Wortes nicht kenne. Dieses Nichtkennen muss auch auf Ihre nächsten Anverwandten ausgedehnt werden. Ich will Milotschka lieb haben, so wie ich sie bisher lieb gehabt habe. Würde sie vor mir erscheinen – le charme serait rompu! Alle Mitglieder Ihrer Familie sind mir gleich lieb und teuer, – und Milotschka ganz besonders, doch lassen wir, um Gottes willen, alles beim alten. Was sollte ich auch Milotschka auf die Frage antworten, warum ich nicht zu ihrer Mutter käme? Ich müsste die Bekanntschaft mit einer *Lüge* anfangen. Und das würde mir sehr schwer fallen. Verzeihen Sie meine Offenheit, meine herrliche, meine liebe Freundin ...

Wenn Sie die Sonaten von Beethoven besitzen, seien Sie bitte so gut, sie mir zu schikken." [VIII, 1248.]

An P. I. Jurgenson: „[Simaki,] d. 12. August 1879.

Ist meine [1. Orchester-]Suite schon im Stich? Sollte [Satz] N° 4 [‚Marche miniature'] noch nicht angefangen sein, so würde mich das unendlich glücklich machen. Erst jetzt fällt mir ein, dass alle fünf Sätze der Suite in zweiteiliger Taktart stehen.[50] Das ist unmöglich. Da nun N° 4 [‚Marche miniature'] von zweifelhaftem Wert ist, habe ich mich beeilt, ein anderes, besseres Stück im Walzerrhythmus zu komponieren [2. Satz: Divertimento]. Sofort nach Abschluss der Oper (nach ungefähr einer Woche) werde ich diese neue Nummer instrumentieren und sie Dir mit allen übrigen im September [nach Moskau] mitbringen. Wäre das möglich? Ist es nicht schon zu spät? Um Gottes willen antworte mir schnell nach Kamenka. Sollte es schon zu spät sein, bitte ich dennoch, die neue Nummer einzufügen, denn es ist unmöglich, die ganze Suite in ein und derselben Taktart zu lassen. Vergib mir bitte meine Unordentlichkeit! Am besten wäre es die (sehr zweifelhafte) N° 4 herauszuschmeissen und statt ihrer eine neue, unzweifelhafte und in jeder Beziehung besser passende Nummer einzufügen.[51] Verzeihung!" [VIII, 1252.]

An A. Tschaikowsky: „Simaki, d. 15. August 1879.

Die Zeit vergeht unmerklich. Gestern ereignete sich etwas sehr Peinliches. Gegen 4 Uhr unternahm ich eine Spazierfahrt in den Wald, in der Gewissheit, N. F. nicht zu begegnen, da es gerade ihre Tischzeit war. Sie hatte sich aber zufällig verspätet, und wir trafen

---

[49] Die jüngste Tochter Frau von Mecks.
[50] Gemeint sind gerade Taktarten: Vierviertel- und Zweivierteltakt.]
[51] Tatsächlich erschien die 1. Orchestersuite zunächst ohne die „Marche miniature". Folge der Sätze: Introduzzione e Fuga, Divertimento (der im Brief genannte, neu komponierte Walzer), Intermezzo, Scherzo, Gavotte. Die „Marche miniature" wurde als Nr. 4a separat mit eigener Paginierung gedruckt und in die Partitur eingelegt. Aufgrund der Beliebtheit dieses Stücks wurde es später in die Partitur integriert, und zwar als vierter Satz zwischen Intermezzo und Scherzo.]

zusammen. Es war sehr peinlich. Direkt gegenüber befanden wir uns zwar nur einen kurzen Augenblick, doch war ich nichtsdestoweniger sehr verwirrt. Während ich den Hut lüftete, schien sie völlig den Kopf verloren zu haben und wusste nicht, was sie tun sollte. Sie sass mit Milotschka im Wagen, und ihr folgten noch zwei Equipagen mit der ganzen Familie …" [VIII, 1255.]

An P. I. Jurgenson: „Simaki, d. 15. [recte: 24.] August 1879.

Erstens: sowohl die Partitur der Serenade [Sérénade mélancolique op. 26][52] als auch die Partitur des ‚Onegin' mit der Einteilung in einzelne Nummern *kann gar nicht bei mir sein.*[53] Erstere hatte ich das letzte Mal in Händen, als ich in Deinem Arbeitszimmer die Bezeichnungen für Sarasate in den Klavierauszug eintrug. Seither habe ich nichts mehr von ihr gehört, bis Du mir an einem Julitag brieflich weiszumachen suchtest, dass sie mir geschickt worden wäre, was aber gar nicht der Fall gewesen sein konnte, denn ich verliere zwar oft Zigarrentaschen und Spazierstöcke, habe aber noch nie in meinem Leben Gegenstände meiner Arbeit verloren, und eine Korrektur ist doch eine Arbeit. Jegliche Arbeit liegt mir schwer auf den Schultern, bis ich sie mittels ‚Erledigung' von mir wälze, – nicht anders. Folglich habe ich die Korrektur gar nicht *vergessen können.* Was den Trotz anbelangt, mit welchem Du behauptest, jenes Exemplar des ‚Onegin' wäre bei mir, ist er mir einfach unbegreiflich! Die Bemerkungen[54] habe ich damals in Moskau, in *Deinem Arbeitszimmer* in das Exemplar eingetragen, welches speziell zu diesem Zweck von unten heraufgebracht worden war. Sage bitte: was, zum Teufel, hätte ich mit dem Exemplar anfangen können. Es ist bei Dir geblieben und *muss bei Dir sein.*

Zweitens schreibst Du: ‚Die [1. Orchester-]Suite ist in Partitur fertig, die Korrektur hast Du gesehen.' Was heisst das? Ich habe keine Korrektur gesehen. Ich schreibe zwar nicht aus Kamenka. Wenn sie dort ist, dann wird sie mich erreichen. Hast Du sie aber auch wirklich hingeschickt?

Drittens schreibst Du: ‚Die Partitur des Slavischen Marsches ist fertig zum Druck.' Wie kann sie zum Druck fertig sein, da die Korrektur bei mir liegt und noch nicht gemacht ist? Meinst Du vielleicht die Suite?

Viertens schreibst Du, Dich interessiere meine Meinung über die Korrektur des ‚Onegin'. Diese berühmte Korrektur, welche, der Teufel weiss aus welchem Grunde, verlorengegangen ist, habe ich nicht nur nicht gesehen, sondern ich verstehe nicht einmal, *was eigentlich geschehen ist, wozu, warum,* denn auf die Bitte, mir eine Erklärung zu geben, hast Du nicht geantwortet.

Fünftens mag doch M.[55] denken, dass ich selbst den Klavierauszug des dritten Akts [der ‚Jungfrau von Orleans'] gemacht habe, welcher, nebenbei gesagt, fertig und – entgegen Deiner leichtsinnigen Vermutung – ganz ausgezeichnet ausgefallen ist, und das aus dem einfachen Grunde, weil Kotek – obwohl von Beruf Geiger – ein ausgezeichneter Mu-

---

[52 Orchesterstimmen und Ausgabe für Violine und Klavier waren 1876 bei Jurgenson in Moskau erschienen; die gedruckte Partitur folgte 1879.]
[53 Die Erstausgabe des separaten Klavierauszugs von „Eugen Onegin" war im Herbst 1878 bei Jurgenson erschienen; die Erstausgabe der Partitur (mit integriertem Klavierauszug jeweils unten auf den dazugehörigen Seiten) folgte 1880.]
[54 Es könnten Korrektureintragungen gemeint sein.]
[55 Im Originalbrief ist der Name ausgeschrieben: „Messer". Jurij Messer unterrichtete am Moskauer Konservatorium und arbeitete als Korrektor für den Verlag P. Jurgenson. Er hat Lenskijs Arie und Arioso aus dem „Evgenij Onegin" für Violine und Klavier bearbeitet. Čajkovskij hatte ihn gebeten, den Klavierauszug der „Jungfrau von Orleans" zu schreiben, war aber sehr enttäuscht von der Qualität von Messers Arbeit (I. und II. Akt); so bat er den befreundeten Geiger Iosif Kotek, den III. Akt zu übernehmen und schrieb selbst den Klavierauszug des IV. Akts und der Introduktion.]

siker ist, was nicht auch von anderen Verehrern meiner Muse gesagt werden kann, selbst wenn sie sich anmassen, Klindworthe zu sein.[56] Leicht gesagt – Klindworth! Zwar ist er ein Wotan,[57] zwar ist er furchtbar, mitunter auch langweilig und unangenehm, versteht aber seine Sache aus dem ff.

Alles oben Gesagte hat jemand geschrieben, der etwas böse auf Dich ist und seinen Zorn in harte Wort voll giftiger Ironie gekleidet hat. Der Schluss des Briefes wird in einer anderen Tonart stehen, denn ihn schreibt ein *Schuldiger*, ein Hund mit eingekniffenem Schwanz. O mein lieber, wohltätiger Jurgenson! Vergib mir, dass ich den neuen Satz der unglückseligen Suite zu spät geschickt habe. Vergib mir, erfülle aber meine Bitte, denn ich werde der unglücklichste Mensch sein, wenn Du mir das abschlägst." [VIII, 1264.]

An P. I. Jurgenson: „Simaki, d. [25.] August 1879.

Ich danke Dir sehr für die Bereitwilligkeit, den neuen [zweiten] Satz [‚Divertimento' für die 1. Orchestersuite] anzunehmen. Du möchtest die ‚Marche miniature' beibehalten. Sieh einmal, mein Lieber, seit einiger Zeit scheint es mir, dass diese ‚Marche miniature' eine Schund-Miniatur ist. Offen gesagt, möchte ich diesen Schund aus der Suite heraushaben. Überdies sind sechs Sätze zu viel. Am besten wäre es, wenn Du nach meinem gestrigen Brief handeln wolltest. Dann würde die Suite folgende fünf Sätze haben: 1) Introduktion und Fuge, 2) Divertimento, 3) Andante [Intermezzo. Andante semplice], 4) Scherzo, 5) Gavotte.

Ich bin allerdings ein schlechter Richter meiner Werke, solange sie noch nicht gespielt worden sind. Ich glaube, Tanejew kennt die Suite genau. Seinem Schiedsspruch traue ich *vollkommen*. Frage ihn bitte um seine *offene* Meinung. Wenn er, die Hand auf dem Herzen, sagen sollte, dass es schade sei um die ‚Marche miniature', dann mag die Suite meinetwegen sechs Sätze haben. Wenn nicht, – so wirf sie hinaus.[58] Den Schaden will ich Dir ersetzen (bitte nicht grossmütig sein!), das ist nur gerecht. Falls Tanejew das Scheusälchen akzeptieren sollte, dann muss die Reihenfolge so sein: Introduktion [und Fuge], Divertimento, Scherzo, [Intermezzo], das Scheusälchen [die ‚Marche miniature'], Gavotte." [VIII, 1266.]

An Frau von Meck: „Simaki, d. 27.[-28.] August 1879.

Jetzt kann ich bald sagen: *fertig*. Somit habe ich an der ‚Jungfrau von Orleans' seit Ende November (Florenz) bis Ende August (Simaki) gearbeitet, das sind gerade neun Monate. Bemerkenswert ist, dass ich diese Oper als Gast meiner lieben, teuren Freundin angefangen und beendet habe." [VIII, 1273.]

An Frau von Meck: „[Simaki,] d. [29.-]31. August 1879.

Haben Sie solche grauen Tage wie heute gern? Ich mag sie sehr. Überhaupt kann der Beginn des Herbstes, was seine Schönheit anbelangt, nur mit dem Frühling verglichen werden. Es scheint mir, dass der September mit der zart-melancholischen Färbung der Natur vorzugsweise die Eigenschaft hat, meine Seele mit stillen, freudigen Empfindungen zu erfüllen. In der Umgebung von Simaki gibt es solche entzückenden Stellen, welche ich

---

[56 Der Name des Pianisten Carl Klindworth (1868-1881 Professor am Moskauer Konservatorium) fällt in diesem Zusammenhang, weil er Klavierauszüge u. a. von Čajkovskijs Orchester-Fantasie „Francesca da Rimini" angefertigt hatte (zu vier und zu zwei Händen, im Oktober und November 1877 bei Jurgenson erschienen).]

[57 Das war sein Spitzname unter den Moskauer Konservatoriumskollegen, wegen seines „germanischen" Aussehens – und weil er auf Wunsch des Komponisten Klavierauszüge von Richard Wagners „Der Ring des Nibelungen" angefertigt hatte.]

[58 Sie blieb.]

am liebsten abends, beim Sonnenuntergang, oder an trüben Tagen wie heute aufsuche. Wenn man z. B. hinter dem Garten nach rechts geht, am Brunnen und an den Gemüsegärten vorbei, und dann den unteren Weg (parallel zum Dorf) längs den schilfbedeckten Sümpfen verfolgt. Diese Gegend liebe ich sehr. Am Tage hindert die Sonne daran, das malerisch liegende Dorf zu betrachten.

Abends jedoch oder an einem solchen Tag wie heute ist es ein grosser Genuss, sich irgendwo an einer hochgelegenen Stelle hinzusetzen (z. B. neben dem winzigen Birkenwäldchen am Graben) und den Blick über die ungewöhnlich grossen alten Weiden und Pappeln über das Dorf mit seinem bescheidenen Kirchlein bis an den fernen Wald schweifen zu lassen. Soeben habe ich nahezu eine Stunde dort zugebracht …" [VIII, 1276.]

An M. Tschaikowsky: „[Simaki,] d. 31. August 1879.

Soeben erhielt ich ein Telegramm Anatols: ‚Habe infolge dienstlicher Unannehmlichkeiten meinen Abschied erhalten. Möchte Dich dringend sprechen.' Ich reise sofort nach Petersburg. Mich hat eine unbeschreibliche Furcht vor der Zukunft befallen. Trotz der tausend schönen Momente, die ich hier genossen, hat mich beständig eine unbestimmte Vorahnung verfolgt, dass etwas Unangenehmes geschehen würde, und zwar gerade mit Tolja …" [VIII, 1281.]

In die Liste der Arbeiten Peter Iljitschs in der Saison 1878-1879 sind aufzunehmen:

1) Op. 43. Erste Suite für grosses Orchester in sechs Sätzen.

Die ersten Skizzen sind in Werbowka zwischen dem 15. und 25. August 1878 gemacht worden. Ursprünglich sollte die Suite fünf Sätze erhalten: Introduktion und Fuge, Scherzo, Andante, Intermezzo (Echo du bal) und Rondo; davon sind drei Sätze fertig geworden, der vierte entworfen und der fünfte nur projektiert, als Peter Iljitsch diese Arbeit beiseite legte, um sie erst im November in Florenz fortzusetzen. Am 13. November ist die Suite ganz fertig geworden. Die zwei letzten Sätze haben aber andere Titel erhalten: „Marche miniature" (der vierte Satz) und „Tanz der Riesen" (fünfter Satz). Im August 1879 komponierte Peter Iljitsch noch einen Satz für diese Suite, das Divertimento. Seine erste Aufführung erlebte das Werk am 11. November 1879 zu Moskau unter der Leitung N. G. Rubinsteins.

Verlag Jurgenson.

2) „Die Jungfrau von Orleans", Oper in 4 Akten und 6 Bildern. E. F. Naprawnik gewidmet.

Das Textbuch für diese Oper hat Peter Iljitsch selbst gemacht. Dabei hat er sich hauptsächlich an Schillers „Jungfrau von Orleans" in der Übersetzung Shukowskys gehalten, manches jedoch dem Buch Wallons, dem Drama Barbiers und dem Textbuch der denselben Stoff behandelnden Oper Mermets entlehnt. Betrachtet man aber sein Libretto näher, so findet man, dass die Spuren der letzteren drei Quellen hinter der Menge des Schiller-Shukowsky Entnommenen fast vollständig verschwinden. Nur der Anfang des ersten Akts erinnert an Mermet, während der Schluss der Oper demjenigen des Dramas von Barbier ähnlich ist. Alles übrige deutet unverkennbar auf das Vorbild Schillers, und man kann nur bedauern, dass der Komponist nicht überhaupt alles aus dieser Quelle geschöpft und beispielsweise statt des uninteressanten und düsteren letzten Bildes nicht den ungleich dankbareren und für eine Oper effektvolleren (wenn auch etwas phantastischen) Abschluss Schillers genommen hat.

Kurz vor seinem Tode, einen Tag vor Erscheinen der verhängnisvollen Krankheit sprach Peter Iljitsch viel von seinem Wunsch, das letzte Bild abzuändern und nach Schiller wiederherzustellen. Zu diesem Zweck kaufte er Shukowskys gesammelte Schriften. Leider aber sollte er die Tragödie nicht einmal mehr durchlesen.

Hier ist das Szenarium der Oper, so wie es Peter Iljitsch selbst zusammengestellt und mir brieflich am 28. Januar 1878 mitgeteilt hat.

ERSTER AKT.

Dorfmädchen schmücken eine hohe Eiche mit Blumen und singen (Chor). Es erscheinen Thibaut (der Vater Johannas) und Raimond, ihr Freier. Thibaut sagt, es sei nicht Zeit zum Singen und Spielen, dem Vaterland drohe Gefahr. Am besten sei es für eine Frau, einen männlichen Verteidiger an ihrer Seite zu haben, und er wünsche daher, dass Johanna sich mit Raimond vermähle. Sie schweigt. Endlich sagt sie, dass ein anderes Schicksal für sie bestimmt sei. Thibaut gerät in Zorn. Er vermutet, sie stünde im Verkehr mit bösen Geistern, und überschüttet sie mit Vorwürfen. Man erblickt am Horizont einen Feuerschein und hört die Sturmglocke. Nach und nach kommen viele Bauern herangelaufen, welche die Engländer vertrieben und um ihr Hab und Gut gebracht haben. Sie suchen Zuflucht (Chor). Thibaut fragt, wo das Herr und der König geblieben seien. Der alte Bertrand spricht von der verzweifelten Lage des Landes. Alle sind starr vor Schreck: Orleans wird von dem unbezwingbaren Salisbury belagert. Plötzlich tritt Johanna hervor und tut begeistert kund, dass das Ende allen Ungemachs gekommen sei, und prophezeit den Triumph Frankreichs. Der Chor ist erstaunt und glaubt ihr nicht: „In unserer Zeit geschehen keine Wunder." – „Doch, das Wunder ist schon geschehen – Salisbury ist erschlagen", ruft Johanna aus. Niemand glaubt ihr. Thibaut ist überzeugt, dass sie mit dem Teufel im Bunde sei. Da kommt ein Soldat aus Orleans und bezeugt, Salisbury sei wirklich tot. Nun glauben alle an Johanna. Ensemble-Gebet. Darauf entfernen sich alle ausser Johanna. Sie sagt, die Stunde sei gekommen, um zu handeln. Der Schmerz der Trennung von der Heimat überwindet sie. Arie. Man hört das Läuten der Kirchenglocken. Ihr Heimweh bringt sie fast zur Verzweiflung, und sie wird unschlüssig. Plötzlich ertönt ein Chor der Engel und sagt, der Tag sei gekommen. Sie fleht, der Kelch möge an ihr vorübergehen, die Engel ermuntern sie, und sie fasst den Entschluss, während sie in Ekstase gerät und begeisterte Weissagungen singt.

ZWEITER AKT.

Im Schloss von Chinon. Der König sitzt mit Dunois und Agnes in tiefem Nachdenken und lauscht der Musik der Menestrels. Nachdem sie geendet, befiehlt er, sie zu bewirten und jedem von ihnen eine goldene Kette zu geben. Dunois bemerkt, die Ketten seien nicht mit Worten zu schmieden, denn die Reichskasse sei leer. Agnes sagt, in diesem Fall habe jeder Besitzende die Pflicht, alles für das Heer herzugeben. Sie entfernt sich, um ihre Preziosen zu holen. Der König sieht ihr nach und sagt, das Ungemach sei leicht zu ertragen, wenn man von einem solchen Weib geliebt werde. Dunois dringt in den König, an der Spitze seiner Heerscharen zu Frankreichs Verteidigung auszuziehen. Der König ist nicht abgeneigt, will sich aber nicht von Agnes trennen. Duett. Ein verwundeter Ritter erscheint in Begleitung einiger Krieger und bringt die Kunde, die Schlacht sei verloren, der König müsse entweder fliehen oder auf dem Felde der Ehre sterben. Er stirbt zu Füssen des Königs. Der König verliert den Mut und will fliehen. Dunois ist empört und verlässt den König. Der König bleibt in dumpfer Verzweiflung allein. Da kommt Agnes mit ihrem Schmuckkästchen. Der König erzählt ihr das Vorgefallene. Sie ist entsetzt, bemüht sich aber, dem König Trost zuzusprechen und singt ihm von ihrer Liebe. Kleines Liebesduett. Man hört Fanfaren. Die Bühne füllt sich allmählich. Dunois tritt ein und erklärt, ein Wunder sei geschehen. Der Sieg sei den Engländern entrissen worden. Der König glaubt es nicht. Da kommt der Erzbischof, bestätigt die Nachricht und erzählt, im kritischen Moment sei eine Jungfrau erschienen und habe die Engländer in die Flucht geschlagen. Man hört das Geschrei des Volks und das Geläute der Glocken. Johanna erscheint in Begleitung der Ritter. Vorher hat der König Dunois den königlichen Platz gewiesen und ist selbst im Gedränge der Höflinge verschwunden. Johanna lässt sich aber nicht täuschen und findet den König. Er ist erstaunt. Dann (nach Schiller) sagt sie ihm den Inhalt seiner drei Gebete. Da werden der König und alle Anwesenden gläubig. „Wer bist du?", fragt man sie. Sie erzählt ihre Lebensgeschichte. Alle sind gerührt und weinen. Es beginnt ein begeistertes und laut tönendes Ensemble. Zum Schluss stellt der König Johanna an die Spitze seines Heeres. Alle jubeln ihr zu.

DRITTER AKT.
Erstes Bild.
Ein Feld in der Nähe von Reims. Die Begegnung Johannas mit Lionel. Sie kämpfen. Sie besiegt ihn und schwingt ihr Schwert über ihm. In diesem Augenblick schaut sie aber sein Angesicht und verliebt sich in ihn. Auch er verliebt sich in sie. „Fliehe!", spricht sie, „denn sie kommen gleich." – „Ich werde dich nicht verlassen", entgegnet er. Sie beschwört ihn. Da kommt Dunois. Lionel teilt ihm mit, dass er ins französische Lager übergehen wolle. Dunois freut sich, dass Frankreich in ihm einen berühmten Feldherrn gewinnt und nimmt ihn in des Königs Namen auf. Johanna bricht ohnmächtig zusammen; sie ist verwundet. „Ihr Blut entfliesst!" – „Lasst es mit meinem Leben hinströmen!" (Nach Schiller.)
Zweites Bild.
Die Krönung (nach Schiller). Marche. Der König verkündet dem Volke, Johanna sei die Retterin Frankreichs. Der Greis Thibaut erscheint. Er sagt, Johanna habe nicht mit der Hilfe des Himmels, sondern im Bunde mit der Hölle gesiegt. Niemand glaubt ihm. Dunois und Lionel sind bereit, ihre Unschuld mit der Waffe zu beweisen. „Sie selbst mag antworten", spricht der Vater. Sie schweigt. Der Erzbischof befragt sie dreimal, ob sie „rein" sei. Sie hält sich für eine Sünderin und antwortet nicht. Es donnert. Ensemble. Alle entfernen sich. Sie bleibt. Lionel tritt an sie heran. „Alle haben dich verlassen, nur ich will bei dir bleiben." Sie entgegnet ihm hassentbrannt, er sei ihr „bösester Feind". Sie entflieht.

VIERTER AKT.
Erstes Bild.
Im Wald. Johanna wird von Lionel verfolgt. Zuerst droht und flucht sie ihm, doch plötzlich ergreift sie die Leidenschaft. Sie hat alles vergessen und gibt sich hin. Duett. Die Fanfaren der Engländer ertönen. „Wir müssen fliehen", sagt er. Sie kommt wieder zu sich, und von neuem flucht sie ihm und sich. Der Chor der Engel singt, der Himmel werde sie nicht verfluchen, obwohl sie die Bedingung nicht erfüllt, indem sie ihr Herz der irdischen Liebe geöffnet habe und das Werk nicht zuende führen könne. Sie möge sich nun ihrem unglücklichen Schicksal ohne Murren fügen, dies werde ihr mit ewiger Seligkeit gelohnt werden. Die Engländer kommen immer näher. Johanna will nicht fliehen. Lionel fleht sie an. Die Engländer erscheinen, nehmen sie gefangen und töten Lionel.
Zweites Bild.
Rouen. Man führt Johanna zum Scheiterhaufen. Der Chor ist gerührt und will die Hinrichtung verhindern. Johanna verliert für einen Augenblick den Mut. Der Chor der Engel singt ihr Trost zu. Sie wird hinaufgeführt. Ein Pater hält ihr ein hölzernes Kreuz entgegen. Der Holzstoss wird angezündet.

Peter Iljitsch hat diese Oper am 5. Dezember 1877 in Florenz begonnen und den Entwurf bereits am 22. Februar 1878 zu Paris fertiggestellt. Von Mitte Mai bis zum 27. August hat er an der Instrumentierung gearbeitet.[59]

[[59] Nach TchH 1, S. 46: 26. April bis 23. August 1879.]

Ursprünglich war die Partie der Johanna für dramatischen Sopran gedacht. Als aber die Oper in Petersburg in Szene gehen sollte, gab es daselbst keine passende Sängerin, so dass die Rolle einer Mezzosopranistin (Frau Kamenskaja) anvertraut werden musste. Im Hinblick darauf hat Peter Iljitsch im Laufe des November und Dezember 1880 die Partie der Johanna für die betreffende Sängerin umgearbeitet.[60] Doch nur für diese, denn alle anderen Interpretinnen der Rolle sangen die Partie in ihrer Originalfassung. Im Jahre 1882 verstand sich Peter Iljitsch auf dringende Bitte derselben Frau Kamenskaja und auf den Rat E. Naprawniks zu einigen weiteren Änderungen, über welche er, wie folgt, an E. Naprawnik schreibt:

> „a) Das Finale des ersten Akts habe ich so geändert: nach dem ersten Chor der Engel kommt im Orchester eine Modulation nach D-Dur; der zweite Chor der Engel ist in der früheren Tonart geblieben; zum Schluss singt der Chor zusammen mit Johanna dasselbe wie früher, nur in Des.
>
> Die Instrumentierung habe ich diskreter gemacht, damit der Chor besser zur Geltung kommt …
>
> b) Die Erzählung Johannas habe ich gekürzt, doch nichts verändert, in Partitur und Stimmen müssen vier Takte eingeschaltet werden.
>
> c) Im ersten Duett habe ich das Allegro moderato nach d-Moll transponiert; die folgende Baritonepisode
>
>
>
> [Im Notenzitat des Originalbriefs sind die (syllabisch textierten) 8tel einzeln gehalst.]
>
> ist geblieben, wie sie war; später wieder nach d-Moll.
>
> d) Das zweite Duett habe ich um einen Ganzton tiefer transponiert, doch singt der Chor der Engel in der früheren Tonart. Nach diesem Chor wird das ganze Allegro bis zum Chor der Britannier übersprungen, wobei die Trompeten, welche auf der Bühne blasen, eine Änderung im letzten Takt erhalten haben …" [XI, 2126.]

Diese Oper ist am 11. Februar 1881 im Marientheater zu Petersburg uraufgeführt worden.
Verlag Jurgenson.

---

[60] In ČPSS 5 (Partitur) und 37 (Klavierauszug von Čajkovskij, Jurij Messer und Iosif I. Kotek) sind beide Fassungen so im fortlaufenden Notentext wiedergegeben, daß man jeweils die nicht benutzte Fassung überschlägt.]

Kapitel X-XVI: 1879-1880.

Kapitel X.

[1879, September-Oktober. Petersburg. Moskau, Grankino, Kamenka.
Im „verhaßten" Petersburg, um Anatolij beizustehen. Die Prozedur von der Annahme einer Oper
bis zu ihrer Aufführung. Modernisierung des Moskauer Konservatoriums.
Der Klavierauszug der 4. Symphonie erscheint. N. F. fon Mekk finanziert eine Aufführung der Symphonie
durch Colonne in Paris. Beginn der Arbeit am 2. Klavierkonzert. Philosophisches. Erneute Selbstkritik
am „Vakula". N. Rubinštejn spielt Čajkovskijs Grande Sonate op. 37.]

An P. I. Jurgenson: „Petersburg, (Anfang September) [4. September 1879].

Du wirst wahrscheinlich sehr erstaunt sein, dass ich in Petersburg bin. Das kam so: Ich erhielt ein Telegramm von meinem Bruder Anatol, dass er infolge von Differenzen seinen Dienst quittieren müsse und mich dringend bitte, schleunigst nach Petersburg zu kommen. Ich habe mich sofort auf die Bahn begeben und bin gestern früh hier eingetroffen. Ich glaube, die Angelegenheit meines Bruders wird sich regeln lassen, so dass er im Dienst bleiben dürfte. Diese ganze Geschichte und der schnelle Wechsel von dem absoluten ländlichen Isoliertsein [in Simaki] in die Brandung des Petersburger Lebens haben mich derart betäubt, dass ich Dir nichts Vernünftiges zu sagen vermag und Dir nur mitteilen will, dass ich hier bin.

Am Tage meiner Abreise sandte ich Dir alle meine Arbeiten.[61] Zuerst müssen alle Klavierarrangements rein abgeschrieben werden. Ich weiss noch nicht, wie lange ich hierbleiben werde. Das hängt von der Entwicklung der Angelegenheit meines Bruders ab.

O verhasstes Petersburg!" [VIII, 1285.]

An Frau von Meck: „Petersburg, 13. September 1879.

Gestern erhielt ich Ihren Brief, meine liebe, teure Freundin. Ich habe Sie unsagbar beneidet, als ich von dem wunderschönen herbstlichen Wetter las, welches Sie geniessen! Hier ist das Wetter auch gut, doch was habe ich davon? …

Abends besuche ich oft die Oper, finde aber nur wenig Vergnügen daran. Die absolute Unmöglichkeit, den unzähligen Bekannten aus dem Wege zu gehen, bedrückt mich sehr. Ich mag mich verstecken, wo ich will, es finden sich stets diensteifrige Leute, welche mir durch ihre Liebenswürdigkeiten den Genuss an der Musik vergiften, indem sie mich durch langweilige Gespräche oder die üblichen Redensarten ‚wie geht es?', ‚was schreiben Sie jetzt?' usw. belästigen. Am unerträglichsten sind aber die Einladungen. Es gehört viel Mut dazu, dieselben von sich abzuwehren.

In einem Ihrer letzten Briefe fragten Sie mich, wie die ganze Prozedur von der Annahme bis zur Aufführung einer Oper vor sich gehe. Man muss Partitur und Klavierauszug nebst schriftlichem Gesuch um Aufführung an die Direktion der Kaiserlichen Theater einsenden. Darauf muss man alle Hebel in Bewegung setzen, um den Erfolg des Gesuchs zu erzielen. Und gerade das verstehe ich nicht. Meine ersten zwei Opern[62] waren infolge der

---

[61 In LebenTsch. ausgelassen: „und zwar 1) Akte III und IV {der ‚Jungfrau von Orleans'} in Partitur. 2) dieselben Akte im Klavierauszug. 3) Der Klavierauszug Messers {der Akte I und II} mit meinen Verbesserungen".]

[62 Gemeint sind die beiden früher in Petersburg aufgeführten Opern „Opričnik" (1870-1872) und „Kuznec Vakula" (Schmid Vakula; 1874), mit der Čajkovskij den Preis in einem Opernwettbewerb der Russischen Musikgesellschaft gewonnen hatte; die in Moskau aufgeführte erste Oper „Voevoda" (Der Wojewode; 1867-1868) und die in Petersburg eingereichte, aber abgelehnte und vom Komponisten vernichtete Oper „Undina" (1869) erwähnt und „zählt" er hier nicht.]

Bemühungen des Grossfürsten Konstantin Nikolajewitsch,[63] welcher meiner Musik hold ist, zur Aufführung gekommen. Wie es mir dieses Mal ergehen wird, weiss ich nicht. Ich werde Jurgenson beauftragen, alles Nötige zu unternehmen. Vor zwei Tagen sprach ich Naprawnik (eine der achtungswürdigsten Persönlichkeiten der Musikwelt),[64] welcher dem Schicksal meiner Oper [‚Die Jungfrau von Orleans'] viel Anteilnahme entgegenbringt. Er sagte mir, dass sie in dieser Saison noch nicht in Szene gehen könne, gab mir aber den Rat, möglichst bald die Partitur einzusenden." [VIII, 1293.]

An A. Tschaikowsky: „Moskau, d. 20. September 1879.
Verzeih, mein Lieber, dass ich erst heute dazu komme, Dir zu schreiben. Gestern war es mir nicht möglich. Ich hatte eine gute Reise. Hier angekommen, hatte ich die glückliche Idee, in dem einst so berühmten Kokorewschen Hotel abzusteigen, welches mir stets durch seine hohen sauberen Zimmer, durch die dort herrschende Ruhe und durch die Aussicht auf den Kreml imponiert hat. Ich erhielt für vier Rubel ein sehr schönes Zimmer. Bald erschienen Rubinstein und Jurgenson bei mir und zwangen mich, das eben erst begonnene Teetrinken abzubrechen und mit ihnen frühstücken zu gehen. O Moskau! Kaum angekommen, muss man sich auch schon betrinken. Um fünf Uhr war ich zu einem Mittagessen bei Jurgenson eingeladen; da wurde wieder und immer wieder getrunken. Ich kann Dir gar nicht sagen, wie unheimlich und widerlich es mir war, in dieses Moskauer Element der Sauferei einzutauchen. Selbstverständlich habe ich an diesem Tage mit Jurgenson nichts Geschäftliches besprechen können. Ich musste also noch einen Tag bleiben. Erst heute früh habe ich mit Peter Iwanowitsch eine geschäftliche Unterredung gehabt. Es erwies ich, dass ich 200 Rubel bei ihm nehmen konnte und er sich ausserdem bereiterklärte, Antonina Iwanowna[65] 500 Rubel auszuzahlen ..." [VIII, 1298.]

An Frau von Meck: „[Grankino, (17.-)25. September 1879.
Ich habe dem Konservatorium einen Besuch abgestattet. Es hat inzwischen ein sehr gefälliges Aussehen bekommen. Es hat eine Gasleitung erhalten, die Treppen und Klassen sind umgebaut und mit elektrischen Klingeln versehen worden. Der frühere Musiksaal hat sich in ein Theater mit bequemen Zuschauersitzen verwandelt. Kurz, das Konservatorium hat äusserlich einen grossen Fortschritt gemacht. Es wäre zu wünschen, dass es auch hinsichtlich der Schüler ein wenig aufblühe. Die Wahrheit zu sagen, hat das Konservatorium trotz der Energie Rubinsteins und des guten Lehrerkollegiums bis jetzt erstaunlich wenig talentvolle Musiker herangebildet. Woran liegt das? Ich verstehe nicht, warum Petersburg in dieser Beziehung unser Mütterchen Moskau weit überflügelt hat." [VIII, 1297.]

An Frau von Meck: „Grankino,[66] d. [17.-]25. September 1879.
Am Sonnabend, den 22., habe ich Moskau verlassen. Nachdem der Zug sich in Bewegung gesetzt hatte und ich mich ausserhalb der Stadt sah, fiel plötzlich der schwarze Vorhang nieder, welcher die ganze übrige Welt meinen Blicken entzieht, solange ich in unseren Residenzen[67] weile. Ich war wieder frei und glücklich.

[63 Vorsitzender des Staatsrats 1865-1881, von 1873 an Präsident der Russischen Musikgesellschaft.]
[64 1869-1916 erster Opernkapellmeister am Petersburger Mariinskij teatr, 1869-1881 außerdem Dirigent der Symphoniekonzerte der Petersburger Abteilung der Russischen Musikgesellschaft. Leitete die Uraufführungen folgender Werke Čajkovskijs: Opern „Opričnik", „Kuznec Vakula", „Orleanskaja deva", „Pikovaja dama" und „Iolanta", Kantate „Moskva", 2. und 3. Klavierkonzert.]
[65 Čajkovskijs Ehefrau.]
[66 Ein Gut N. G. Konradis im Gouvernement Poltava.
[67 Petersburg und Moskau.]

Hier erwarteten mich Ihre zwei Briefe. Ich kann Ihnen gar nicht sagen, wie froh ich war, Ihre lieben Zeilen vor mir zu sehen. Dass unsere Symphonie[68] im Druck erschienen ist, war für mich eine Überraschung, denn der zerstreute Jurgenson hat mir es mitzuteilen vergessen ...

Ihre Briefe habe ich mit dem Gefühl einer solch unendlichen Dankbarkeit und Liebe gelesen, für welche es gar keine Worte gibt ...

Heute ist ein herrlicher Tag. Es ist warm wie im Sommer, und ich atme mit Wonne die schöne Steppenluft ein und erfreue mich an der ländlichen Stille. Welch ein Genuss!" [Ebenfalls VIII, 1297.]

An A. Tschaikowsky: „Kamenka, d. 30. September 1879.

In Grankino bin ich bis Freitag geblieben. Wir sind nachmittags von dort weggefahren und nach einer unendlichen Fahrt durch die Steppe nach allerlei Abenteuern mitten in tief dunkler Nacht auf der Station Pereschtschipino gerade in dem Moment angelangt, als der Zug sich in Bewegung setzte. Wir mussten also auf der Station übernachten. Zum Glück hat sich der Stationsvorsteher als ein sehr liebenswürdiger Mann erwiesen, indem er uns ein Zimmer zur Verfügung stellte. Gestern abend bin ich hier angekommen. Alle sind gesund." [VIII, 1303.]

An Frau von Meck: „Kamenka, d. 5.[-7.] Oktober 1879.

Augenblicklich befinde ich mich – ich weiss nicht warum – in der Phase einer ganz besonders intensiven Italienschwärmerei. Es wird mir so wohl, so fröhlich zumute, sooft ich nur daran denke, daß auch ich, gleich Ihnen, bald dort sein werde. Neapel, Pompeji, Vesuv ... Entzückend, zauberhaft schön!

Ich hatte hier die Korrektur der [1. Orchester-]Suite vorgefunden. In drei Tagen habe ich sie erledigt und abgeschickt, so dass ich einstweilen ein Feiertagsleben führen darf, d. h. lesen, spazierengehen, spielen, schwärmen – nach Herzenslust. Wie lange – weiss ich noch nicht. Wenigstens will ich mich in Neapel (zumindest in den ersten Tagen) nicht zum Arbeiten verpflichtet fühlen. Finden Sie nicht auch, dass man in jener eigenartigen Stadt, der Heimat der Lazzaroni,[69] nicht umhin kann zu faulenzen?" [VIII, 1307.]

An A. Tschaikowsky: „Kamenka, d. 7. Oktober 1879.

Nichts Neues. Fühle mich ausgezeichnet, nur hin und wieder etwas misanthropisch. Z. B. heute: Gäste sind da ... Wenn keine Gäste da sind, fühle ich mich sehr wohl: wir sitzen alle zusammen und nähen.[70] Ich habe einige Handtücher gesäumt und markiert."[71] [VIII, 1308.]

An Frau von Meck: „Kamenka, d. 9. Oktober 1879.

Wie soll ich Ihnen für Ihre Bemühungen um unsere Symphonie danken? Ich freue mich sehr, dass Colonne sie spielen will. Es unterliegt aber keinem Zweifel, dass sie keinen Erfolg beim Publikum haben wird, obwohl sich vielleicht zehn, zwölf Menschen finden dürften, in deren Herzen sie einen Funken Anteilnahme hinterlassen wird, – und das wäre schon ein grosser Schritt vorwärts. Sobald ich aus Ihrem nächsten Brief wissen werde, wie

---

[68 Gemeint ist die Vierte, die Tschaikowsky „unsere Symphonie" nennt, weil sie Frau fon Mekk als „Meinem besten Freunde" gewidmet ist. Im September 1879 erschien zunächst der vierhändige Klavierauszug von Sergej Tanejev; die gedruckte Partitur folgte ein Jahr später, und die gedruckten Orchesterstimmen erschienen erst im Juni 1888.]
[69 „Lazzaroni": heimatlose Bettler auf den Strassen von Neapel.]
[70 Diese eigentümliche Beschäftigung hat Peter Iljitsch, ebenso wie die Jagd, nur sehr kurze Zeit interessiert.]
[71 Juon übersetzt „gemerkt"; im Originalbrief: „sdelal metki", also „machte Merkzeichen".]

Sie Colonnes Einverständnis erhalten haben, will ich mich mit ihm in Verbindung setzen, um ihn auf einige technische Schwierigkeiten bei der Ausführung der Symphonie aufmerksam zu machen und ihm Mittel und Wege zu nennen, diese Schwierigkeiten zu überwinden. Nur eines beunruhigt mich: Sollte Colonne für die Aufführung der Symphonie wirklich Geld nehmen wollen? Es würde mich sehr freuen zu erfahren, dass seine Bereitwilligkeit, die Symphonie zu spielen, nicht auf Geldgier basiert ..."[72] [VIII, 1309.]

An Frau von Meck: „Kamenka, d. 12. Oktober 1879.

In den letzten Tagen begann ich insgeheim, eine gewisse Unzufriedenheit mit mir selbst zu fühlen, welche nach und nach in Langeweile ausartete. Ich begriff, dass es mir an Arbeit fehlte, und fing allmählich an zu arbeiten. Sofort verliess mich die Langeweile, und ich fühlte eine grosse Erleichterung. Ich habe ein Klavierkonzert[73] in Angriff genommen und will ohne Übereilung, ohne mich zu überanstrengen daran arbeiten.

Haben Sie die philosophischen Artikel von W. Solowjew[74] gelesen, meine liebe Freundin? Sie sind ausgezeichnet geschrieben, d. h. sie sind sehr populär gehalten und dem Verständnis der Nichtspezialisten gut angepasst, dazu talentvoll und geistreich. Ich weiss noch nicht, zu welchem Ergebnis der Autor gelangen wird. Im letzten Heft bewies er sehr überzeugend und geistreich die Unhaltbarkeit des Positivismus, welcher die Metaphysik verneint, aber dennoch nicht die Macht besitzt, ohne Philosophie auszukommen. Solowjew spricht sehr treffend über den Wahn der Materialisten, die da glauben, dass sie – weil sie die Metaphysik verneinen – nur mit dem wirklich Seienden, d. h. mit der Materie zu tun haben, während die Materie keine objektive Existenz hat und nur eine Erscheinung ist, d. h. das Resultat der Tätigkeit unserer Sinne und unseres Verstandes. In Wirklichkeit existiert nur unsere Erkenntniskraft, d. h. unser Verstand.

Ich gebe seine Gedanken nur schlecht wieder. Sobald sie sich ganz erholt haben, meine liebe Freundin, rate ich Ihnen, diese Abhandlungen zu lesen, sofern Sie sie nicht schon gelesen haben. Ausserdem lese ich jetzt das Buch von Tschitschérin ‚Wissenschaft und Religion'.[75] Wie Sie sehen, habe ich mich auf die Philosophie verlegt. Mein Kopf ist gar nicht philosophisch geartet, so dass diese Art Lektüre mich einige Mühe kostet; doch philosophiere ich recht gern während solcher Zeitperioden, da ich keine schwere, die ganze Aufmerksamkeit erfordernde Arbeit unter den Fingern habe. Gestern erhielt ich einen Brief von Anatol. Er schreibt unter anderem über die Vorstellung des ‚Wakula', welche in der vorigen Woche stattfand. Das Theater war ganz voll, aber das Publikum kühl, wie früher. Anatol schiebt das auf die schlechte Ausführung. Ich selbst aber erkenne in dieser Reserviertheit des Publikums mit erstaunlicher Klarheit die Folgen meiner groben Fehler. Es ist mir angenehm zu wissen, dass die ‚Jungfrau von Orleans' von jenem meinem Pseudo-Opernstil frei ist, welcher darin bestand, dass ich den Zuhörer durch den Überfluss an Details ermüdete, die Harmonie zu kompliziert gestaltete und hinsichtlich der Orchestereffekte kein Mass zu halten wusste. Ausserdem gewährte ich dem Zuhörer keine Erholung.

[[72] Edouard Colonne führte die 4. Symphonie am 13. / 25. Januar 1880 im 15. Châtelet-Konzert auf – mit einem (offenbar nicht unerheblichen) Zuschuss von Frau fon Mekk.]
[[73] 2. Klavierkonzert G-Dur op. 44.]
[[74] Im Originalbrief genauer: „die philosophischen Aufsätze von Vlad. Solov'ev (Sohn des verstorbenen Rektors und Historikers {Sergej M. Solov'ev – Professor der Moskauer Universität} in {der Zeitschrift} ‚Russkij vestnik'." Vladimir S. Solov'evs (1853-1900) Abhandlung „Kritika otvlečennych načal" ist in der genannten Zeitschrift in zehn Nummern der Jahrgänge 1877 (11 f.), 1878 (1 und 10), 1879 (1, 6-8, 11) und 1880 (1) erschienen. Die genannte Abhandlung ist unter dem Titel „Kritik der abstrakten Prinzipien" in Band 1 (München 1978) der deutschen Solov'ev-Gesamtausgabe erschienen.]
[[75] Boris N. Čičerin (1828-1904), „Nauka i religija" („Religija i filosofija"), Moskau 1879.]

Ich setzte ihm zu viel würzige musikalische Kost vor. Der Opernstil muss breit, einfach und dekorativ sein. Dem ‚Wakula' fehlt der Opernstil, er ist vielmehr symphonische oder gar Kammermusik. Man muss sich nur wundern, dass diese Oper nicht nur nicht durchgefallen ist, sondern fortgesetzt viel Publikum anlockt. Es ist übrigens leicht möglich, dass das Publikum sie mit der Zeit sogar liebgewinnen wird. Ich selbst stelle den ‚Wakula', obwohl ich seine Mängel einsehe, in die erste Reihe meiner Werke. Mit Liebe und Genuss habe ich an ihm gearbeitet, ähnlich wie am ‚Onegin', an der 4. Symphonie und am 2. Quartett.

Welch ein herrliches Wetter hält sich hier! Warme, windstille (in Kamenka eine grosse Seltenheit), helle Tage! Wie schön ist der Wald mit seinen gelben, aber noch nicht abgefallenen Blättern! Im Garten blühen noch Reseda und Kapuzinerkäppchen, von denen ein prachtvoller Strauss meinen Tisch ziert." [VIII, 1311.]

An Frau von Meck: „Kamenka, d. 15. Oktober 1879.

Nur noch einen Monat bis Neapel! Ich erwarte diesen Tag, wie ein Kind seinen Namenstag und die dazugehörigen Geschenke erwartet. Einstweilen geht es mir aber auch hier ganz gut. Mein jüngstes musikalisches Kind beginnt zu wachsen und nach und nach bestimmte Charakterzüge anzunehmen.[76] Ich arbeite mit grosser Lust und suche, mich der üblichen fieberhaften Eile zu enthalten, welche stets von ungünstigem Einfluss auf meine Werke gewesen ist ..." [VIII, 1313.]

An P. I. Jurgenson: „Kamenka, d. 20. Oktober 1879.

In der nächsten Woche werde ich einen Tag (Freitag) in Moskau zubringen, wie gewöhnlich incognito. Ich bitte Dich, lieber Freund, alle Korrekturen und Manuskripte, die Du mir zu zeigen für nötig halten wirst, gegen 7 Uhr abends ins Hotel zu schicken. Solltest Du selbst mit ihnen kommen, wird mich das sehr freuen. Du wirst fragen, warum ich jetzt und nicht später zum Konzert reise. Das hängt mit Familienangelegenheiten zusammen. Da ich Geld brauchen werde, bitte ich Dich, mir 200 Rubel von dem Rest Deiner Schuld zu geben.

Ich habe den ersten Satz eines neuen Klavierkonzerts entworfen. Armer Jurgenson! Übrigens wird es nicht vor dem nächsten Frühjahr fertig werden." [VIII, 1318.]

Am 21. Oktober [1879] spielte Nikolai Rubinstein im Symphoniekonzert der Russischen Musikgesellschaft Peter Iljitschs [Grande] Sonate [G-Dur op. 37]. Der Erfolg war ein so grosser, dass der geniale Pianist die Sonate noch in derselben Saison in seinem eigenen Konzert zur Wiederholung brachte. Alle, die sein Spiel gehört hatten, sprachen von einem ganz ungewöhnlich hohen Genuss. Peter Iljitsch, dem Rubinstein die Sonate gelegentlich seines Aufenthalts in Moskau vorgespielt hatte, war ebenfalls ganz entzückt und schrieb einige Tage darauf [am 8. November 1879] an den grossen Virtuosen aus Petersburg folgende Worte:

„Noch einmal danke ich Dir für den *höchsten Genuss*, den mir Deine Ausführung der Sonate geboten hat. *Es war einer der schönsten Momente meines Lebens.*" [VIII, 1329.]

In Moskau verbrachte Peter Iljitsch nur einige Tage. Bei seiner Abreise nach Petersburg versprach er aber, zu der ersten Aufführung seiner [1. Orchester-]Suite (welche Mitte November stattfinden sollte),[77] wieder nach Moskau zu kommen. Doch hat ihn diesmal der

---

[76 Gemeint ist das 2. Klavierkonzert op. 44.]
[77 Tatsächlich fand die Uraufführung am 8. Dezember 1879 im 6. Symphoniekonzert der Russischen Musikgesellschaft unter der Leitung von Nikolai G. Rubinštejn in Moskau statt.]

Aufenthalt in den Grossstädten derart ermüdet, dass er am 8. November an N. G. Rubinstein folgende Zeilen schreiben musste:

„Lieber Freund, nach Moskau komme ich nicht und werde somit meine Suite nicht hören. Das ist sehr ärgerlich, aber die letzten Wochen haben mich so erschöpft, dass ich möglichst bald irgendwohin weit weg reisen muss. Morgen reise ich ins Ausland. Bitte sei mir nicht böse, dass ich nicht komme: bei Gott, ich kann nicht mehr." [Ebenfalls VIII, 1329.]

Am 11. November[78] hatte die erste Suite Peter Iljitsch's laut Zeitungsberichten einen entschiedenen Erfolg davongetragen. Den grössten Applaus erhielt jene kleine Nummer, welche Peter Iljitsch seinerzeit aus der Suite entfernen wollte. Diese Nummer [die „Marche miniature"] musste sogar wiederholt werden.

Kapitel XI.

[1879, November-Dezember. Paris.
Über die Gemeinschaftskomposition von Borodin, Kjui, Ljadov und Rimskij-Korsakov.
Über Liszt und Berlioz. 2. Klavierkonzert, Revision der 2. Symphonie, Plan der Revision anderer früherer Werke, Aufführung der 4. Symphonie in Paris (auf Kosten Frau fon Mekks). Über Kjui.
Interesse der deutschen Verlage Bote & Bock und Fürstner an Čajkovskijs Werken.
Kritik an den vier ersten Opern – und über den Opernstil überhaupt.]

An A. Tschaikowsky: „Berlin, d. 11. [/ 23.] November 1879.

Mein lieber Anatol, meine Reise war ideal schön. Heute früh bin ich in Berlin angekommen und in dem Dir bekannten Hotel St. Petersburg abgestiegen. Man hat mir ein schlechtes Zimmer zugewiesen. Nach dem Frühstück ging ich zu Kotek. Dieser gute Mann schien ganz verrückt vor Freude, mich wiederzusehen; auch ich war froh. Nachdem ich aber zwei Stunden lang allerlei musikalische Klatschereien angehört hatte, wurde ich sehr müde und war froh, als Kotek in die Probe eines Konzerts gehen musste ... Merkwürdig, je länger ich lebe, je unangenehmer wird mir die menschliche Gesellschaft. Es unterliegt keinem Zweifel, dass ich Kotek gern habe, seine Plauderei ermüdet mich aber ebenso wie die schwerste physische Arbeit." [VIII, 1332.]

An Frau von Meck: Paris, d. 18. [/ 30.] November 1879.

Die Variationen von Rimsky-Korsakow u. C° kenne ich wohl.[79] Dieses Werk ist in seiner Art originell und bekundet ein bedeutendes harmonisches Talent bei den Autoren, es ist mir dennoch unsympathisch. Für einen Scherz ist es zu schwerfällig, zu ausgedehnt und infolge der Aufdringlichkeit der unendlichen Wiederholungen des Themas – unverdaulich. Als künstlerisches Erzeugnis ist es eine Null. Es ist zu bewundern, dass einige talentvolle Männer sich spassesshalber die Aufgabe gestellt haben, eine spelunkenhaft gemeine Phrase mit allerlei Variationen zu versehen, – wunderlich genug ist es nur, dass solche dilettantischen Spässe veröffentlicht werden. Nur Dilettanten können glauben, dass jeder pikante Akkord eines Publikums würdig ist. Liszt, dieser alte Jesuit, spricht sich über jedes Werk, dass seiner erlauchtesten Durchsicht anempfohlen wird, in übertrieben begeisterten Komplimenten aus. Er ist im Grunde ein seelenguter Mann, einer der wenigen hervorragenden Künstler, welche keinen Neid kennen (Wagner und zum Teil A. Rubinstein verdanken ihm

---

[78 In den Werkverzeichnissen TchH 1 und ČS wird das Datum der Uraufführung wie in der vorangehenden Fußnote angegeben: 8. Dezember.]

[79] „Paraphrases sur un thème obligé" von Borodin, Cui, Ljadow und Rimsky-Korsakow.

ihre Erfolge; auch Berlioz hat er grosse Dienste erwiesen), – er ist aber zu sehr Jesuit, um offen und aufrichtig zu sein." [VIII, 1341.]

An Frau von Meck: Paris, d. 19.[-20. November [/ 1.-2. Dezember] 1879.
Gestern war ich in einem Konzert von Pasdeloup. Es wurden zwei Akte aus ‚La Prise de Troie' von Berlioz gegeben. Die Begeisterung des Publikums war unbeschreiblich. Jede Nummer wurde mit frenetischem Beifall aufgenommen. O diese Franzosen! Man mag ihnen jetzt vorsetzen, was man will: wenn nur der Name Berlioz auf dem Programm steht – dann wird alles mit gleicher Begeisterung aufgenommen. Dabei ist, die Wahrheit zu sagen, ‚La Prise de Troie' ein sehr schwaches, langweiliges Werk; in ihm haben sich alle hauptsächlichsten Mängel Berlioz' vereinigt, d. h. die Unschönheit und Armut der Melodie, die Unerquicklichkeit der Harmonisierung und das Missverhältnis zwischen seiner starken, üppigen Phantasie und seiner mangelhaften Erfindungskunst. Er hegte die prachtvollsten Absichten und sehr viel Stimmung, fand aber nicht genug Kraft, seine Pläne durchzuführen." [VIII, 1346.]

An P. Jurgenson: „Paris, d. 19. November [/ 1. Dezember] 1879.
Lieber Freund, gestern erhielt ich Deinen Brief, welcher mich sehr erfreut hat. Gott, welch ein Glück, fern vom Vaterlande zu weilen! Erst nach dem Passieren der Grenze atmete ich erleichtert auf und fühlte mich frei und glücklich. Unterwegs musste ich mich vor Joseph Wieniawsky[80] versteckt halten, welcher in demselben Zug sass; ich habe ihm sogar vorerzählt, dass ich nicht allein reise, sondern mit einer Dame, wobei er schlau mit den Augen zwinkerte, als wenn er sagen wollte ‚ei, ei, du Kanaille!'

Einstweilen will ich mein [2. Klavier-]Konzert langsam weiterkomponieren; später möchte ich meine alten Sachen alle noch einmal durchsehen und bitte Dich, sie mir zu schicken. Vor allem möchte ich meine 2. Symphonie gründlich umarbeiten. Dass Colonne auf Frau v. Mecks Bitten meine 4. Symphonie aufführen wird, dürfte Dir schon bekannt sein. Bitte behalte das aber für Dich, denn es braucht niemand zu wissen, dass diese Aufführung Geld kosten wird." [VIII, 1345.]

An Frau von Meck: Paris, d. [19.-]20. November [/ 1.-2. Dezember] 1879.
Ich lebe hier wie ein Sybarit,[81] d. h. ich arbeite einstweilen sehr wenig, schlendere den ganzen Tag durch die Strassen, betrachte die Läden, kehre manchmal in den Louvre oder das Palais de Justice ein (ich wohne ganz gern den Sitzungen des ‚Tribunal correctionel' bei, wo man täglich Gelegenheit hat, die unterhaltendsten Possen mit anzusehen) oder ich besuche ein Theater usw. Ein solches Leben ist manchmal ganz angenehm, es darf nur nicht zu lange dauern. Schon jetzt beginnt sich in mir der Wunsch zu regen, mein Zelt irgendwo in einem stillen, gemütlichen kleinen Ort aufzuschlagen, und ich würde – wenn es nach mir ginge – in einigen Tagen in meinem lieben Clarens erscheinen oder noch besser – im Viale dei Colli bei Bonciani [in Florenz], wo ich es im vorigen Jahre so gut gehabt habe. Überhaupt würde ich von allen italienischen Städten am liebsten Florenz wählen.

Meine [Grande] Sonate [op. 37] ist vielleicht nicht uninteressant, jedenfalls ist sie aber eines meiner weniger geliebten Kinder. Wie schade, dass sie sie nicht in der Ausführung [Nikolai] Rubinsteins gehört haben!" [Ebenfalls VIII, 1346.]

[80 Der polnische Pianist József Wieniawski (russisch: Iosif Venjavskij; 1837-1912) wirkte 1865-1869 als Professor am Moskauer Konservatorium.]
[81 Im Sinne von: jemand, der das Leben genießt.]

An Frau von Meck: Paris, d. 21. November [/ 3. Dezember] 1879.

Heute hat Alexei[82] (weil es Feiertag ist) den Gottesdienst besucht und mir erzählt, auch Grossfürst Nikolai Nikolajewitsch habe diesem beigewohnt, und zwar in Uniform und in Gegenwart des ganzen Botschaftspersonals ganz in Dienstkleidung. Ich konnte keine Erklärung dafür finden, bis mir beim Frühstücke der ‚Gaulois' unter die Augen kam, aus welchem ich erfuhr, dass in Moskau ein Attentat auf den Kaiser stattgefunden habe. Im ‚Globe' sind sogar die Einzelheiten angeführt, nämlich, dass eine Höllenmaschine unter die Schienen gelegt worden sei, welche beim Nahen des Zuges explodierte. Der Kaiser soll aber unverletzt geblieben sein. Soeben habe ich mir den ‚Temps' gekauft, wo Sie noch weitere Einzelheiten finden können, sofern sie Ihnen nicht schon bekannt sind.

Ich glaube nicht, meine liebe Freundin, dass uns in absehbarer Zeit ein Krieg mit Preussen droht. Dieser Krieg ist zwar unvermeidlich, aber – solange beide Kaiser am Leben sind – unmöglich. Wie sollte man an Krieg denken, wenn im Herzen Russlands solche schrecklichen Dinge geschehen. Die Zeitung ‚Temps' bemerkt sehr richtig, dass die Worte, welche der Kaiser in seiner Rede an alle Eltern richtete, nicht geeignet seien, das an den Kräften Russlands nagende Übel zu beseitigen. Es scheint mir, dass der Kaiser guttäte, Volksvertreter aus ganz Russland um sich zu versammeln, um mit ihnen gemeinsam Massnahmen zur Eindämmung dieser schrecklichen Erscheinungen eines sinnlosen Revolutionärtums zu beraten. Solange man uns alle, d. h. das russische Bürgertum, nicht zur Teilnahme an der Regierung beruft, solange gibt es keine Hoffnung auf eine bessere Zukunft." [VIII, 1347.]

An Frau von Meck: Paris, d. [22.-]23. November [/ 4.-5. Dezember] 1879.

... Heute habe ich sehr erfolgreich gearbeitet: das Finale [des 2. Klavierkonzerts im Konzept] nähert sich seinem Ende; dann will ich das Andante schreiben, welches ich schon im Kopf habe, und in Italien die Umarbeitung einiger älterer Werke in Angriff nehmen, vor allem die zweite Symphonie." [VIII, 1351.]

An Frau von Meck: Paris, d. 24.[-25.] November [/ 6.-7. Dezember] 1879.

... Sie fragen, liebe Freundin, ob ich ungedruckt gebliebene frühe Kompositionen besitze. Ja, ich besitze sogar sehr viele. Und wie segne ich das Schicksal, dass sich damals kein Verleger für dieses kindische Geplapper (welches ich übrigens damals für ernste Werke hielt) gefunden hatte. Wie würde ich jetzt jene Jugendsünden bereuen! Die meisten derjenigen Autoren, denen es geglückt war, von Anfang an gedruckt zu werden, bedauern später sehr, dass ihre unreifen Versuche der Öffentlichkeit preisgegeben wurden. Einige meiner ersten Schreibereien sind erhalten geblieben; die meisten jedoch habe ich dem Feuer übergeben, darunter zwei ganze Opern, ‚Der Woiwode' und ‚Undine'." [VIII, 1352.]

An Frau von Meck: Paris, d. 26.[-27.] November [/ 8.-9. Dezember] 1879.

Mit Ihrer Meinung über Cui bin ich nicht ganz einverstanden, meine liebe Freundin. Ich erkenne in ihm keine grosse schöpferische Kraft, er hat aber eine gewisse Eleganz, hübsche Harmonien und einen guten Geschmack, wodurch er sich von den anderen Vertretern der ‚Schar' [des ‚Mächtigen Häufleins'] unterscheidet, namentlich von Mussorgsky ... Cui neigt von Natur mehr zur leichten, pikant rhythmisierten französischen Musik; die Forderungen der ‚Schar', welcher er angehört, zwingen ihn aber, sein Talent zu vergewaltigen und sich selbst solche pseudo-originelle harmonische Kunststücke aufzubinden, welche ihn nicht fruchtbar erscheinen lassen. Cui ist jetzt 44 Jahre alt, hat aber nur zwei Opern und ca. zwei bis drei Dutzend Lieder komponiert. An seinem ‚Ratcliff' hat er zehn Jahre

---

[[82] Čajkovskijs Diener Aleksej Sofronov.]

lang gearbeitet. Offenbar ist die Oper stückweise komponiert worden, daher der Mangel an Einheitlichkeit des Stils.

Gestern war ich im Châtelet und war sehr überrascht über den gewaltigen Unterschied in der Qualität der Aufführung durch Pasdeloup und durch Colonne. Beim ersteren war sie mehr als mittelmässig; beim anderen – sehr gut. Das Werk selbst[83] hat mir – wie es bei näherer Bekanntschaft und besserer Ausführung gewöhnlich der Fall ist – bedeutend mehr gefallen, obwohl ich diese Oper dennoch für ein schwaches Erzeugnis halte, im Vergleich mit Berlioz' chef d'oeuvre ‚[La damnation de] Faust' sogar für ein sehr schwaches." [VIII, 1356.]

An P. Jurgenson: „Paris, d. 26. November [/ 8. Dezember] 1879.

Lieber Freund, gestern habe ich den beiliegenden Brief von Fürstner[84] erhalten. Ich sende Dir auch die Antwort, die ich ihm gegeben habe. Ist sie Dir so recht? Ich wusste nicht, was ich ihm antworten sollte; zuerst wollte ich Deinen Rat einholen, habe es aber aufgegeben, weil es zu lange dauern würde. Ich fürchte jetzt, dass es nicht nötig war, Fürstner gegenüber den Grossherzigen zu spielen. Ich glaube, dass ich mit Dir irgendeinen Vertrag abgeschlossen habe, welchen ich im vorigen Jahr bei einem Notar unterzeichnen musste, und einfach nicht das Recht hatte, Fürstner meine Sachen zu überlassen. Wie dem auch sei, ich muss gestehen, dass mich das Anerbieten Fürstners sehr gefreut hat. Im vorigen Jahr hat mir Bock[85] einen ähnlichen Vorschlag gemacht (aber heimlich vor Dir, wenn ich nicht irre; verrate mich also nicht). Das beweist doch nur, dass wir ernstlich Grund haben zu hoffen, die Grenzen Russlands zu überschreiten.

Ich bin gesund, munter, glücklich und wie gewöhnlich ins Ausland (besonders in Paris) verliebt. Der Winter ist hier in diesem Jahr ebenso schrecklich wie in Russland. Augenblicklich sieht Paris ganz wie Petersburg aus, mit dem Unterschied, dass man dort den Schnee wegzuräumen versteht, während hier ganze Schneepyramiden die Strassen versperren. Es fällt aber immer mehr Schnee. Die Pariser haben völlig den Kopf verloren." [VIII, 1355.]

An den Verleger Fürstner:[86] „Paris, d. 26. November [/ 8. Dezember] 1879.

Sehr geehrter Herr! Verzeihen Sie gütigst, dass ich französisch antworte: meine deutschen Sprachkenntnisse sind zu beschränkt, um für Briefe verwertet werden zu können. Ihr Anerbieten ist sehr schmeichelhaft; ich bin stolz darauf, die Aufmerksamkeit eines so berühmten Verlegers wie Ihnen verdient zu haben. Zu meinem grossen Bedauern muss ich jedoch Ihr schmeichelhaftes Anerbieten ablehnen. Seit langen Jahren überlasse ich das Recht der Veröffentlichung meiner Werke in Russland und im Ausland dem Moskauer Verleger P. Jurgenson. Da Jurgenson zugleich ein persönlicher Freund von mir ist, dem ich sehr viel verdanke und dessen Interesse ich sehr hoch schätze, muss ich auf das Vergnügen verzichten, meine Werke in Ihrem ausgezeichneten Verlage erscheinen zu sehen. Sie werden es verstehen, geehrter Herr, dass ich als ehrlicher Mensch die Pflicht habe, Herrn P. Jurgenson treu zu bleiben, zumal wenn ich Ihnen sage, dass er für die Herausgabe meiner Werke sehr viel Geld aufgewendet hat, und das zu einer Zeit, da ich noch ganz unbekannt

---

[83] [Berlioz,] „La prise de Troie".
[84] Der Eigentümer der Verlagsfirma Fürstner in Berlin.
[85] Der Vorsteher der Firma „Bote und Bock" in Berlin.
[86] Dieser Brief ist in französischer Sprache geschrieben. [Vgl. Mitteilungen 15 (2008), S. 12-19.] Es dürfte von Interesse sein, dass Herr Fürstner, nachdem er diese ablehnende, aber liebenswürdige Antwort P. I.s erhalten hat, sich das Recht nahm, auch ohne Einwilligung des Komponisten eine grosse Anzahl seiner Werke [vor allem solche für Klavier] nachzudrucken [und zwar mit dem Hinweis: revidiert von Carl Klindworth].

war, dass er noch gar keinen Gewinn von meinen Kompositionen gehabt hat und dass sich seine ganze Berechnung auf die Hoffnung stützt, meine Werke würden einst auch ausserhalb der Grenzen Russlands Verbreitung finden. Vielleicht täuscht er sich, jedenfalls aber ist jetzt, da mein Ruf etwas gewachsen ist, nicht die Zeit dazu, ihm sein Recht auf die Veröffentlichung meiner Werke im Ausland streitig zu machen. Genehmigen Sie …" [VIII, 1354.]

An Frau von Meck: „Paris, d. 27.[-28.] November [/ 9.-10. Dezember] 1879.
Jetzt will ich Ihre Fragen beantworten. ‚Der Woiwode' ist zweifellos eine sehr schlechte Oper. Ich spreche nicht von dem Wert der Musik allein, sondern überhaupt von der Summe aller Bedingungen, welche auf die Qualität einer Oper Einfluss haben. Erstens ist schon das Sujet ganz untauglich, d. h. es entbehrt des dramatischen Interesses und der Bewegung; zweitens ist die Oper zu flüchtig und zu leichtsinnig gearbeitet, infolgedessen haben die Formen keinen richtigen Operncharakter erhalten und werden den Forderungen der Bühne nicht gerecht; ich hatte einfach die Musik zu einem vorgegebenen Text geschrieben, ohne mich um die unendliche Verschiedenheit des Opernstils von dem symphonischen zu kümmern. Beim Komponieren einer Oper muss der Autor unausgesetzt an die Bühne denken, d. h. er darf nicht vergessen, dass für das Theater nicht nur Melodien und Harmonien notwendig sind, sondern auch Handlung, dass man die Aufmerksamkeit des Theaterbesuchers, welcher gekommen ist, zu hören *und zu sehen*, nicht missbrauchen darf, – endlich, dass der Stil der Theatermusik dem Stil der dekorativen Malerei entsprechen muss, folglich einfach, klar und koloristisch zu arbeiten ist. Wie ein Bild von Meissonier[87] seinen ganzen Reiz einbüssen würde, wenn man es auf einer Bühne ausstellen wollte, desgleichen würde auch eine an harmonischen Feinheiten reiche Musik im Theater sehr verlieren, denn da braucht der Zuhörer scharf gezeichnete Melodien auf einem durchsichtigen harmonischen Hintergrund. In meinem ‚Woiwoden' war ich aber hauptsächlich um jene Filigranarbeit besorgt und hatte die Bühne dabei ganz vergessen.

Die Bühne paralysiert oft die musikalische Inspiration des Autors, daher stehen die symphonische und Kammermusik weit über der Opernmusik. In einer Symphonie oder Sonate gibt es für mich keine Beschränkungen, dafür gewährt aber die Oper den Vorzug, der grossen Masse verständlich zu sein. Zugunsten der Oper spricht schon allein der Umstand, dass sie in einer Saison unter Umständen an die 40 mal gegeben werden kann, eine Symphonie dagegen erlebt in zehn Jahren vielleicht nur eine Aufführung. Ein voreingenommener Zuhörer kann schon bei mehrmaligem Anhören einer Oper Gefallen an ihr finden, wieviel Zeit vergeht aber, bis eine gute Symphonie von der grossen Masse des Publikums nach ihrem Wert schätzengelernt wird!? Und dennoch schreibe ich – ungeachtet aller verführerischen Operneigenschaften – mit unendlich grösserem Genuss eine Symphonie, Sonate oder ein Quartett.

Doch bin ich von der Kritik des ‚Woiwoden' abgewichen. Sein dritter Mangel liegt in dem allzu massiven Orchester, welches über die Solostimmen dominiert. Alles das sind Fehler, welche aus der Unerfahrenheit entspringen; man muss eine Reihe misslungener Versuche hinter sich haben, ehe man eine hohe Stufe der Vollkommenheit erreichen kann, daher schäme ich mich nicht meiner ersten Opern; sie haben mir nützliche Lehren und Beobachtungen eingebracht. Und Sie sehen, liebe Freundin, mit welcher Hartnäckigkeit ich mich gesträubt habe, meine Verirrungen einzusehen: denn auch die ‚Undine' (die verbrannte Oper) und der ‚Opritschnik' und sogar der ‚Wakula' – sind noch nicht so, wie sie sein

---

[87 Ernest Meissonier (1815-1891) war ein in der Mitte des 19. Jahrhunderts geschätzter französischer Genremaler.]

sollten. Diese Kunst fällt mir erstaunlich schwer! Ich glaube, dass die ‚Jungfrau von Orleans' endlich wirklich allen Anforderungen genügt, vielleicht täusche ich mich auch hierin. Wenn dem so ist, wenn es sich erweist, dass ich auch in der ‚Jungfrau' nicht den richtigen Opernstil getroffen habe, – dann wird mir klar werden, dass diejenigen recht haben, die da behaupten, ich sei meiner Natur nach ausschließlich Symphoniker, und brauche meine Hand nicht nach der Bühne auszustrecken. Dann will ich allen neuen Opernversuchen für immer entsagen ..." [VIII, 1358.]

An Frau von Meck: „Paris, d. [27.-]28. November [/ 9.-10. Dezember] 1879.
Soeben las ich in der Affiche einer Quartettvereinigung,[88] dass sie ihre zweite Séance ausschliesslich meinen Werken zu widmen beabsichtige." [Ebenfalls VIII, 1358.]

An P. Jurgenson: „Paris, d. 30. November [/ 12. Dezember] 1879.
Wenn Du glaubst, dass ich in einem weniger strengen Winter lebe als Du, dann irrst Du Dich sehr, mein Freund. In Paris hält solch ein Frost an, dass man hier unter seiner Herrschaft gewiss viel mehr leidet als in Moskau. Ich aber freue mich: ich habe die Kälte gern und verabscheue die dumpfen, überheizten Zimmer in Russland.

Am Tag nach Fürstners Brief erhielt ich wieder ein Angebot, von einem gewissen Erler (diesmal durch Kotek), welcher mich bat, *russische Tänze* für ihn zu schreiben. Siehst Du, wie man sich um mich reisst und welch ein wunderbarer Komponist ich bin: die Deutschen bestellen bei mir russische Tänze! Ich antwortete Kotek, dass ich nur das zu schreiben pflege, wozu ich selbst Lust habe und nicht jener Herr Erler.[89]

Der arme Wieniawski![90] Mein Herz wollte zerspringen, als ich die Nachricht las. In sechs Tagen reise ich nach Rom, wo mich mein Bruder Modest bereits erwartet." [VIII, 1363.]

An Frau von Meck: „Paris, d. 2. [/ 14.] Dezember 1879.
... Die Proklamation, die Sie erwähnen, habe ich gelesen.[91] Etwas Empörenderes und Zynischeres kann gar nicht erdacht werden. Wie derartige revolutionäre Unternehmungen die Reformen nur noch weiter hinausrücken, mit denen der Kaiser früher oder später seine Regierung bekränzt hätte! Welch eine starke Reaktion rufen sie hervor! Was die Sozialisten im Namen Russlands tun – ist dumm und frech, aber nicht weniger ekelhaft ist die Lüge von ihrer Bereitwilligkeit, den gemässigten Liberalen aller Schattierungen die Hand zu reichen und den Kaiser in Ruhe zu lassen, sobald er ein Parlament einberufen würde. Das ist es nicht, was sie erreichen wollen, denn sie wollen noch weiter gehen: bis zur sozialistischen Republik und sogar bis zur Anarchie. Aber niemand wird auf diesen Köder anbeissen; selbst wenn in Zukunft eine konstitutionelle Regierungsform eingeführt werden sollte, so dürfte den zukünftigen Volksvertretern in der Vernichtung jener Mörderbande, welche sich einbildet, an der Spitze Russlands zu stehen, eine der ersten Aufgaben erwachsen ..." [VIII, 1364.]

---

[88] Société de Ste.-Cécile. [In ihrem Konzert im Januar 1880 wurden das 3. Streichquartett op. 30 und die Sérénade mélancolique op. 26 für Violine und Klavier aufgeführt.]
[89] Hermann Erler (1844-1918) hatte 1872 einen Musikverlag in Berlin gegründet. Am 1. Juli 1881 ging das Unternehmen in dem Musikverlag Ries & Erler auf.]
[90] Der berühmte Geiger H[enryk] Wieniawski musste damals, trotzdem ihn eine schreckliche tödliche Krankheit ergriffen hatte, öffentlich auftreten, um sein Leben fristen zu können.
[91] In ihrem Brief vom 2. Dezember 1879 (ČM 2, S. 273) hatte Frau fon Mekk eine auch in der französischen Presse veröffentlichte Proklamation erwähnt, die in Petersburg am Tage der Rückkehr Aleksandrs II. aus Moskau verbreitet wurde. Dort war ein – von der seit August 1879 in Erscheinung getretenen geheimen Terrorganisation „Narodnaja volja" (Volkswille) organisierter – Anschlag auf ihn verübt worden.]

An Frau von Meck: „Paris, d. 3. [/ 15.] Dezember 1879.

... Mein [2. Klavier-]Konzert ist im Entwurf fertig, und ich bin sehr mit ihm zufrieden, besonders mit dem Andante. Jetzt will ich an die Umarbeitung meiner zweiten Symphonie gehen, in welcher höchstens der letzte Satz unangetastet bleiben dürfte. Diese Symphonie hatte ich im Jahre 1872 Bessel als Gegenleistung für seine Bemühungen um die Aufführung des ‚Opritschnik' gegeben. Auf das Honorar hatte ich unter der Bedingung verzichtet, dass er auch die Partitur im Druck erscheinen lassen würde. Sieben Jahre lang hat er mich an der Nase herumgeführt, indem er – ohne die Partitur zum Stich gegeben zu haben – mir gegenüber immer wieder behauptete, sie würde bald fertig werden. Ich zürnte ihm zwar, doch hat mir seine Gewissenlosigkeit einen grossen Dienst erwiesen! ... Wenn es mir gelingen sollte, in Rom ordentlich zu arbeiten, dann wird aus der unreifen und mittelmässigen Symphonie noch eine gute werden können." [VIII, 1366.]

Kapitel XII.

[1879, Dezember. Über Turin nach Rom. Revision der 2. Symphonie. Erfährt von N. G. Rubinštejns Kritik, die 1. Orchestersuite sei zu schwierig. Besuch von Museen und Kirchen in Rom. Michelangelo – Raffael.]

An A. Tschaikowsky: „Turin, d. 7. [/ 19.] November 1879.

... Ganz unerwartet bin ich für einen Tag nach Turin gekommen. Der Zug, der mich hierher brachte, hatte drei Stunden Verspätung, so dass ich hier übernachten musste, wenn ich mit dem nächsten direkten Zug fahren wollte. Zwar hatte ich vierzehn Tage vor der Abreise einen Platz im Schlafwagen gebucht, aber da der Schlafwagen am Tage meiner Abreise aus unbekannten Gründen nicht angehängt wurde, musste ich in einem gewöhnlichen Wagen Platz nehmen. Es war fürchterlich kalt; zweimal musste ich umsteigen und mich an der Grenze infolge der Verspätung in einen langsamen Personenzug setzen, welcher gedrängt voll war. In Turin angekommen, fühlte ich mich sehr erschöpft und war froh, in einem prachtvollen Hotel ausgezeichnet zu essen (ich hatte den ganzen Tag nichts zu mir genommen), mich gut auszuschlafen und heute die schöne und originelle Stadt anzusehen. Ihre Eigenart liegt darin, dass alle Strassen vom Zentrum der Stadt (dem Platz, auf welchem das Schloss, die Kathedrale und die besten Hotels liegen) wie Radien eines Kreises nach allen Seiten hin schnurgerade Linien bilden.

Nach Paris hat mich hauptsächlich überrascht, wie erstaunlich billig es in Italien ist. Ein ausgezeichnetes Frühstück (mit Dessert, Kaffee und Wein) kostet in dem besten Restaurant für zwei Personen nur 5 Frcs.

Heute abend um 7 Uhr reise ich weiter und habe bereits Plätze im Schlafwagen besorgt. Hoffentlich werde ich diesmal nicht betrogen." [VIII, 1369.]

An A. Tschaikowsky: „Rom, d. 9. [/ 21.] November 1879.

Lieber Anatol, in Rom bin ich gestern abend angekommen. Diesmal hat Rom einen sehr günstigen Eindruck auf mich gemacht. Das liegt am Wetter. Wie sonnig ist es, wie warm!

Das Hôtel de Russie ist sehr unbequem und teuer, darum haben wir heute früh ein anderweitiges Unterkommen gesucht und gefunden. Morgen ziehen wir um. Unsere Adresse ist: Via S. Nicolo di Tolentino, Hôtel Costanzi. Dieses Logis ist sehr bescheiden, aber Modest und Kolja haben ein grosses Zimmer auf der Sonnenseite, was sehr wichtig ist. Kolja ist entzückend: gesund, lustig, regsam, zärtlich und ganz verliebt in Rom. Modest gefällt es hier auch. Folglich werde ich, ohne viel zu überlegen, anderthalb bis zwei Monate mit ihnen hier bleiben." [VIII, 1372.]

An Frau von Meck: „Rom, d. 12. [/ 24.] Dezember 1879.

In unserer neuen Wohnung haben wir uns prächtig eingerichtet, obwohl etwas teuer. Aus den Fenstern haben wir eine prachtvolle Aussicht: ganz Rom liegt vor uns wie auf der Hand. Der Hauptvorzug unserer Zimmer liegt darin, dass sie gerade die Ecke eines Hauses einnehmen, so dass wir keine Nachbarn haben. Morgen oder übermorgen bekomme ich ein Instrument, auf dem ich spielen kann, so viel ich Lust habe, denn es wird mich niemand hören.

Die letzten Tage hatten wir viel mit der Einrichtung zu tun, so dass unser Leben noch nicht in einen geregelten Fluss gekommen ist. Doch habe ich bereits viele entzückende Spaziergänge gemacht. Das Wetter ist so wunderschön, dass man es nicht mit Worten beschreiben kann. Kein Wölkchen trübt den Himmel; die Sonne strahlt am blauen Firmament. Abends bewundern wir aus unseren Fenstern das mondbeleuchtete herrliche Panorama Roms.

Gestern unternahmen wir eine Fusswanderung nach S. Pietro in Montorio. Sie kennen wahrscheinlich diesen Ort, darum will ich Ihnen die Schönheit des auf der Terrasse unterhalb der Kirche sich eröffnenden Fernblicks nicht beschreiben. Heute besuchte ich S. Giovanni in Laterano und erhielt tiefe künstlerische Eindrücke; auch Santa Scala habe ich besichtigt. In der Kirche war gerade ein Kardinalsgottesdienst. Der Chor sang eine Messe a cappella und mit Orgel. Ganz moderne Musik, welche gar nicht in die Kirche passt, aber sie wurde prachtvoll aufgeführt. Welche Stimmen in Italien! Der Solotenor hat eine ganz opernartige schlechte Arie mit einer so herrlichen Stimme vorgetragen, dass ich ganz entzückt war. Der Gottesdienst selbst entbehrte jenes feierlich poetischen Hauches, von welchem der unsrige durchdrungen ist." [VIII, 1374.]

An Frau von Meck: „Rom, d. 13.[-15. / 25.-27.] Dezember 1879.

Heute ist hier Weihnacht. Frühmorgens waren wir in der Peterskirche und hörten die feierliche Messe an. Welch ein kolossaler Bau – diese Kathedrale! …" [VIII, 1377.]

An Frau von Meck: „Rom, d. [13.-]15. [/ 25.-27.] Dezember 1879.

… Gestern waren wir auf dem Monte Testaccio mit dem schönen Blick auf Rom und die Campagna di Roma. Von dort aus besuchten wir S. Paolo fuori le mura, eine Basilika von ungeheuren Dimensionen und enormem Reichtum. Heute besah ich zum ersten Mal ausführlich das Forum Romanum. Das hat für mich ein dreifaches Interesse, da ich augenblicklich Ampères Buch ‚Histoire romaine à Rome' lese, in welchem mit grösster Ausführlichkeit die Geschichte all dessen beschrieben wird, was vor Zeiten an diesem Ort geschehen ist.

Ich habe jetzt ein recht gutes Piano. Aus der Musikalienhandlung Ricordi habe ich einige Hefte Bach geholt und spiele sehr viel sowohl allein als auch vierhändig mit meinem Bruder Modest, aber die Arbeit will mir nicht in den Kopf. Rom und das römische Leben sind zu charakteristisch, als dass mich der Schreibtisch fesseln könnte. Übrigens hoffe ich, dass die Arbeit nach und nach in Fluss kommen wird. Gestern hörte ich ein reizendes Volkslied, welches ich bestimmt einmal benutzen werde."[92] [Ebenfalls VIII, 1377.]

An P. Jurgenson: „Rom, d. 16. [/ 28.] Dezember 1879.

… In Betreff der Vorschläge der deutschen Verleger will ich Dir die volle Wahrheit sagen; sie kitzeln ein wenig meinen Ehrgeiz, doch will ich nichts mit ihnen zu tun haben:

[92 Möglicherweise war dies eine der Melodien, die Čajkovskij bald darauf in seinem Capriccio italien op. 45 verwendete (das zunächst „Italienische Suite über Volksmelodien" hieß); die Konzeptschrift hat er in Rom um den 16. Januar 1880 begonnen und schon am 25. Januar beendet.]

erstens weil es mir angenehm ist, nur mit Dir zu tun zu haben; und zweitens, damit die Deutschen sich daran gewöhnen, auch einmal etwas aus Russland kommen zu lassen.

Du trauerst über das zunehmende Alter und über das Verschwinden jener Lustigkeit, welche uns einst vereinte. Es ist auch traurig! Würde ich in Moskau leben, müsste ich vor Gram vergehen. Mich halten das Wanderleben und der stete Wechsel der Umgebung aufrecht, indem sie mich von den traurigen Gedanken ablenken.

Warum ist die [1. Orchester-]Suite noch nicht gespielt worden? Oder ist sie gespielt worden und so unbemerkt vorübergegangen, dass Du mir nichts davon geschrieben hast?"[93] [VIII, 1380.]

An A. Tschaikowsky: „Rom, d. 18.[-19. / 30.-31.] Dezember 1879.

Lieber Tolja, Neues habe ich Dir nicht mitzuteilen. Unser Leben hat jetzt bestimmte Formen angenommen. Um 9 Uhr wird aufgestanden und Tee getrunken, dann arbeite ich und mache einen kleinen Spaziergang; um $^1/_2$ 1 gehen wir hinunter zum Frühstück; dann folgt wieder ein Spaziergang; um 4 Uhr setze ich mich ans Klavier oder schreibe Briefe; um 6 Uhr essen wir an der table d'hôte zu Mittag, wo ich hartnäckig jedem Gespräch aus dem Wege gehe und schweigend für drei esse; darauf gehe ich entweder wieder spazieren oder ich werfe mich in meinen Schlafrock und setze mich ans Lesen. Modest geht um 12 zu Bett, ich aber nie vor 2 Uhr. Theater besuche ich nicht." [VIII, 1382.]

An Frau von Meck: „Rom, d. 15.[- 18. / 27.-30.] Dezember 1879.

Heute habe ich mit der Umarbeitung der zweiten Symphonie begonnen, deren ersten Satz ich ganz neu machen will. Die Arbeit ging so gut vonstatten, dass ich noch vor dem Frühstück nahezu die Hälfte dieses Satzes fertig bekommen habe.

In Rom gibt es keine Musik. Daher müssen wir uns mit unserer eigenen Musik begnügen. Ich spiele ziemlich viel vierhändig mit meinem Bruder [Modest], welcher recht erträglich vom Blatt spielt. Gestern abend spielten wir mit grossem Eifer ein sehr gutes Arrangement des Beethovenschen Es-Dur-Quartetts, als man uns plötzlich mit der Bitte unterbrach, wir möchten aufhören, weil unter uns ein alter General nicht einschlafen könne. Das ist eine der unangenehmen Seiten des Hotellebens." [VIII, 1381.]

An P. Jurgenson: „Rom, d. 19. [/ 31.] Dezember 1879.

Lieber Freund, Deinen Brief habe ich heute erhalten. Er hat mich in grosse Verzweiflung versetzt. Die Ansicht N. Rubinsteins, meine [1. Orchester-]Suite sei so schwer, dass es alle Grenzen des Möglichen überschreite, wundert und ärgert mich sehr. Eins von beiden: entweder täuscht sich Rubinstein, oder ich muss das Komponieren aufgeben. Wie? Es ist meine grösste Sorge, einfacher und leichter zu schreiben, und je mehr ich dafür sorge, – desto schlechter gelingt es mir!! Das ist schrecklich!

Ich bat Tanejew mir zu schreiben, worin eigentlich jene fürchterlichen Schwierigkeiten bestehen. Ich fühle mich etwas beleidigt, dass keiner meiner Freunde nach der Aufführung telegraphiert hat: man hat mich vergessen. Im Grunde ist das einzige Interesse, welches mich noch ans Leben fesselt, – meine Kompositionstätigkeit. Jede erste Aufführung meiner Werke bedeutet für mich eine Epoche; kann niemand verstehen, dass es mir eine unendli-

---

[[93] Die 1. Orchestersuite d-Moll op 43 war acht Tage zuvor, am 8. / 20. Dezember 1879, unter der Leitung von Nikolaj G. Rubinštejn im 6. Symphoniekonzert der Russischen Musikgesellschaft in Moskau uraufgeführt worden. Vgl. unten den Brief vom 19. / 31. Dezember 1879 an P. Jurgenson (ČPSS VIII, Nr. 1384). Die Petersburger Erstaufführung unter der Leitung von Éduard F. Napravnik folgte am 12. / 24. Januar 1880 im 6. Symphoniekonzert der dortigen Abteilung der Russischen Musikgesellschaft.]

che Freude gewesen wäre, einige anerkennende Worte zu erhalten, aus denen ich ersehen hätte, dass mein neues Werk aufgeführt worden sei und meinen Freunden gefallen habe?

Ich verstehe auch nicht, was Du in Bezug auf die ‚Marche miniature' sagst. Wir haben sie doch nicht hinausgeschmissen. Bei unserer letzten Zusammenkunft wurde doch beschlossen, den Marsch beizubehalten; da er aber in die Stimmen nicht als N° 5 hineingebracht werden konnte, so musste er als letzte Nummer gedruckt werden, weswegen Du auf der ersten Seite eine Notiz machen wolltest, dass der Marsch als fünfte Nummer und nicht als letzte zu spielen sei. In der Partitur dagegen muss er an seinem richtigen Platz stehen, desgleichen im [vierhändigen Klavier-]Arrangement. Bitte erkläre, was das zu bedeuten hat.

Um Gottes willen antworte mir schneller. Dein Brief hat mich ganz nervös gemacht, und ich bin krank wie ein Hund." [VIII, 1384.]

An Frau von Meck: „Rom, d. 22.[- 24.] Dezember 1879 [/ 3.-5. Januar 1880].

Heute bin ich mit Modest auf dem Kapitol gewesen; in dem Saal, wo die Büsten der Imperatoren aufgestellt sind, haben wir anderthalb Stunden zugebracht. Diese Büsten sind höchst charaktervoll! Welch ein ekelhaftes, tierisches, sinnliches, stumpfes Gesicht hat Nero, wie sympathisch ist Marc Aurel! Wie schön die ältere Agrippina! Wie abstossend Caracalla! Einige Gesichter entsprechen gar nicht der Vorstellung, die man von ihnen hat. Zum Beispiel entbehrt das Gesicht Julius Caesars der Grösse und Kraft: er sieht fast so aus wie ein russischer Staatsrat; oder Trajan? Wer könnte beim Anblick dieser schmalen Stirn, des vorgeschobenen Kinns und des allgemeinen, unbedeutenden Ausdrucks glauben, dass das Original des Portraits ein grosser Mann gewesen ist? Wie immer nach der aufmerksamen Besichtigung eines Museums fühle ich mich augenblicklich sehr erschöpft. Merkwürdig! Ich kann stundenlang spazierengehen, ohne müde zu werden, – sobald ich aber nur ein Stündchen in einem Museum zugebracht habe, fühle ich mich grenzenlos erschöpft.

Die verbesserte und umgearbeitete Symphonie habe ich abzuschreiben begonnen." [VIII, 1387.]

An A. Tschaikowsky: „Rom, d. 23. Dezember 1879 [/ 4. Januar 1880].

Heute bin ich schlechter Laune, und zwar ganz ohne ernstlichen Grund. Ich bin des städtischen Lärms etwas überdrüssig geworden und habe heute einen Spaziergang nach ausserhalb gemacht. Es erwies sich aber, dass es draussen noch viel mehr Lärm, Equipagen und Bettler (dieser Seuche Roms) gab als in der Stadt. Das Wetter ist so schön, dass es mich stark aufs Land zieht. Ich seufze insgeheim nach Kamenka und Clarens.

Doch kann man sich über Rom nicht beklagen. Vorgestern zum Beispiel haben wir einen vorzüglichen Spaziergang unternommen: wir sind in die Kirche S. Maria Maggiore gegangen, besuchten dann noch eine andere Kirche (S. Pietro in Vincoli), in welcher sich die berühmte Statue ‚Moses' von Michelangelo befindet; darauf haben wir das Colosseum bestiegen und bewunderten von dort aus den Sonnenuntergang.

Morgen wollen wir den Weihnachtsbaum anzünden. Das wäre sehr angenehm, wenn wir nicht infolge einer Unvorsichtigkeit Modjas Massalitinow hätten einladen müssen, und wegen Massalitinow – Golyzin,[94] und wegen diesem – den Maler Giulio, welcher bei ihnen wohnt, und wegen diesem – einen Jüngling Amici,[95] welcher mich neulich durch den wundervollen Vortrag einiger Volkslieder sehr entzückt hat, und wegen dieses Amici – dessen Bruder, welcher ihn auf der Mandoline begleitet. Jeder von uns vieren (Kolja und Alexei

---

[94] Massalitinow [N. V. Masalitinov; bei Juon: „Massilitinoff"] und Fürst Golyzin [Aleksej V. Golicyn, 1832-1901, Staatsrat und Kammerjunker] – zwei Freunde P. I.s aus früherer Zeit.
[95] Amici ist gegenwärtig ein in Rom sehr bekannter Lehrer für Guitarrespiel.

nicht ausgenommen) macht den anderen dreien Weihnachtsgeschenke. Diese Geschenke werden natürlich sorgfältig versteckt, und Du kannst Dir daher denken, wie geheimnisvoll ein jeder von uns erscheint und verschwindet.

Heute bin ich von Golyzin, welcher von Neapel zurückgekehrt ist, zum Mittagessen eingeladen. Er ist ein netter und guter Mann, warum zieht er aber das neapolitanische Klima nicht dem römischen vor? Wenn dem so wäre, würde ich zu Hause Mittag essen ..." [VIII, 1389.]

An Frau von Meck: „Rom, d. 27.[- 29.] Dezember 1879 [/ 8.-10. Januar 1880].

Heute bin ich mit Modest im Vatikan gewesen; wir haben Pinakothek, Loggien, Stanzen und Sixtinische Kapelle besichtigt. Die Fresken von Michelangelo erscheinen mir jetzt weniger unverständlich, obwohl ich den Enthusiasmus, welchen Modest ihnen entgegenbringt, noch lange nicht teile. Die athletischen Muskeln der Figuren Michelangelos und die düstere Grösse seiner Malerei hören nach und nach auf, mir rätselhaft zu erscheinen: es interessiert und überwältigt mich jetzt, aber entzückt und rührt mich noch nicht. Mein Liebling bleibt einstweilen nach Raffael, dieser Mozart der Malerei. Sehr sympathisch sind mir die Bilder von Guercino: einige seiner Madonnen sind so engelhaft schön, dass sie meine Seele mit stillem Entzücken erfüllen. Übrigens muss ich gestehen, dass mir die Natur in Bezug auf plastische Künste kein Feingefühl verliehen hat, und nur sehr wenige Bilder und Statuen beeindrucken mich. In den Museen finde ich mehr Ermüdung als Genuss. Ich meine überhaupt, dass die Museen abstumpfend wirken, weil sie soviel Nahrung bieten, wie kein Mensch auf einmal verschlingen kann. Um gewissenhaft alle künstlerischen Schätze Roms kennenzulernen, reicht ein ganzes Leben nicht aus. Man müsste für jedes Bild wenigstens einen Tag verwenden. Heute habe ich wieder erfahren, wie wichtig es ist, ein Bild lange und aufmerksam zu betrachten. Ich sass vor der ‚Verklärung' von Raffael. Anfangs fand ich nichts Besonderes an dem Bild, aber nach und nach verstand ich den Gesichtsausdruck der Apostel und anderer Figuren; und je länger ich das Bild anschaute, je tiefer wurde ich von der Schönheit des Ganzen und der Details durchdrungen. Aber ach, kaum begann ich, das Kunstwerk wirklich zu geniessen, als Modest mir mitteilte, dass es bald 3 Uhr wäre und wir noch in die Sixtinische Kapelle müssten. Auf diese Weise habe ich nur einen Vorgeschmack von der Schönheit des Raffaelschen Kunstwerks gewonnen; wann werde ich es denn ganz würdigen lernen? Man kann doch nicht jeden Tag in den Vatikan gehen, denn es gibt noch so viele andere interessante Dinge. Auch muss ich täglich arbeiten, lesen, spazierengehen. Ich glaube, in Rom könnte ich nicht lange wohnen bleiben. Es bietet zuviel des Interessanten; es bleibt keine Zeit zum Nachdenken, zur Vertiefung in sich selbst. Als ständigen Wohnsitz würde ich Florenz vorziehen; da ist es stiller, ruhiger; Rom ist grossartiger, reicher." [VIII, 1392.]

An S. I. Tanejew: „Rom, d. 31. [recte: 19. / 31.] Dezember 1879.

Jurgenson schreibt mir, N. Rubinstein halte meine [1. Orchester-]Suite für so schwer, dass die Ausführung fast unmöglich sei. Das ist für mich eine sehr unangenehme Überraschung, denn ich bildete mir ein, dass (mit Ausnahme des Scherzos) die Suite gar nicht schwer wäre. Das erbittert und ärgert mich sehr. Je mehr ich mich bemühe, einfach und leicht zu schreiben, je weniger gelingt es mir. Bitte wollen Sie N. G. [Rubinstein] fragen, worin die Schwierigkeit der Suite eigentlich liege, und schreiben Sie mir dann darüber, was Sie höchstens ein Viertelstündchen kosten dürfte." [VIII, 1383.]

S. I. Tanejew an P. I. Tschaikowsky: „Moskau[, d. 28. Dezember 1879].
Soeben habe ich Ihren Brief erhalten, mein lieber Peter Iljitsch, und ich beeile mich, denselben zu beantworten. N. G. [Rubinstein] hat mir in der Partitur alles gezeigt, was er für unbequem hält. Man könnte das folgendermassen resümieren:

1) Jurgenson hat übertrieben, wenn er Ihnen geschrieben hat, dass die Suite *fast unausführbar* sei. N. G. findet nur, dass sie *schwer* sei. Unser Orchester hat sie nur mit Mühe bewältigen können. Solche Orchester, wie sie sich in kleineren Städten Deutschlands finden, dürften kaum mit ihr fertig werden.

2) Die Schwierigkeiten der Suite konzentrieren sich hauptsächlich in den Blasinstrumenten, besonders in den Holzbläsern, und bestehen in Folgendem:

a) Zu wenig Pausen; die Holzbläser müssen zu lange spielen, ohne Atem schöpfen zu können. An den Stellen, wo sie Streicherstimmen verdoppeln (zum Beispiel in der Fuge [I. Satz], ist das nicht weiter schlimm: sie können sich da eine kleine Pause gestatten, ohne dass es bemerkt wird. Anders verhält es sich mit den Stellen, wo sie ganz exponiert liegen. Z. B. gibt es in dem neu hinzugekommenen Satz eine Stelle für drei Flöten, welche 22 Takte lang ununterbrochen Triolen spielen.[96]

b) Schwere Passagen. Sehr oft haben die Holzbläser solche Passagen, zu deren Ausführung Virtuosen nötig sind. Z. B. ist im Andante der Übergang zum zweiten Thema überaus schwer (Oboe und Klarinette, zum zweiten Mal Flöte und Klarinette – Sechzehnteltriolen):[97] in allen Proben und auch im Konzert ist diese Stelle sehr schlecht gegangen, obwohl die Ausführenden ihre Stimmen zu Hause geübt hatten. Diese Stelle ist so schwer, dass nicht daran zu denken ist, sie mit den gewünschten Vortragszeichen spielen zu lassen, denn die Musiker haben schon allein ihre Not, die Töne rein hervorzubringen (besonders schwer sind die ♭♭ für die Klarinette).

c) Der [Ton-]Umfang jedes Holzblasinstruments ist zu gross. Das erste Fagott ist gewöhnt, im Tenorregister zu spielen, während die tieferen Töne dem zweiten Fagott zukommen. Nicht nur die Musiker selbst, sondern auch ihre Instrumente haben sich daran gewöhnt: beim ersten Fagott sind die tieferen Töne etwas unrein, weil nicht eingespielt; dasselbe gilt auch für die hohen Töne des zweiten Fagotts. Nichtsdestoweniger beginnt die Suite mit einem Unisono beider Fagotte, welche eine fast das Gesamtregister dieses Instruments umfassende Melodie zu spielen haben, d. h. von Cis bis b".[98] Im Marsch hat die Oboe [I] folgende Stelle:[99]

welche Z. so spielte:

Auf die Frage N. G.s warum er nicht die dastehenden Noten spiele, antwortete er, dass er sie wohl spielen könne, dass sie aber für seine Lippen verderblich, weil zu

---

[96 II. Satz, Divertimento (Allegro moderato), Takt 45-66 und 194-215.]
[97 III. Satz, Intermezzo (Andante semplice), Takt 26-38 und 122-134.]
[98 Im Original in Noten notiert.]
[99 IV. Satz, Marche miniature (Moderato con moto), Takt 4 f. und 6 f., 32 f. und 34 f, 88 f. und 90 f., 100 f. und 102 f.]

hoch seien, dass die französischen Oboisten diese hohen Töne besser hervorbringen können, weil sie andere und feinere Mundstücke hätten, dass aber durch solche Mundstücke die mittleren und tieferen Töne litten.

d) Schwere Rhythmen, welche die Ausführung unklar machen. Sehr oft fehlt das, was die Deutschen unter „Anhaltspunkten" verstehen, d. h. Noten auf guten Taktteilen, z. B. stehen in folgendem Rhythmus (Scherzo)[100]

die letzten Noten auf dem zweiten Viertel, während das dritte Viertel eine Pause ist. Infolgedessen ist es sehr schwer, diese Noten gleichmässig hervorzubringen: sie klingen immer überstürzt. Desgleichen die folgende Stelle:[101]

Überhaupt erfordert das ganze Scherzo eine enorme Virtuosität, welche den meisten Orchestern fehlt.

e) Einige Stellen klingen offenbar nicht so, wie Sie sich dieselben gedacht haben. Am Anfang des Scherzos z. B. (dort wo die Holzbläser einsetzen)[102] kommt eine Modulation nach B-Dur durch den Dominantakkord auf f.

Unter diesen Dominantakkord haben Sie ein Fortissimo gesetzt, indessen klingt dieser Akkord nicht recht, so dass die Modulation nicht genug ins Ohr fällt.

Im Trio des Scherzos gibt es einen Gang, welcher durch Fagotte und Kontrabässe zu Ende geführt wird.[103] Der Überfluss an chromatischen Akkorden sowie die Schwierigkeit der klaren Ausführung all dessen, was für die Blasinstrumente geschrieben ist, bewirken, dass diese Stelle ganz unverständlich klingt und wie eine Masse falscher Noten anmutet ...

Das ist im wesentlichen alles, was N. G. mir gesagt hat. Er hat mich auch gebeten Ihnen mitzuteilen, dass die Suite vom Publikum sehr gut aufgenommen worden ist, dass der Marsch zweimal wiederholt werden musste und dass nach unser aller Meinung der vollkommenste Satz – die Fuge sei." [ČT (1951), Nr. 40.]

An S. I. Tanejew: „Rom, d. 4. [/ 16.] Januar 1880.

Die Erklärungen von N. G. [Rubinstein] sind nichts weniger als befriedigend. Aus all dem ersehe ich, dass er wieder einmal bei schlechter Laune gewesen ist, welche er an der Suite ausgelassen hat. Niemand wird mir beweisen, dass die Stelle auf der Oboe oder Klarinette schwer ausführbar ist oder dass die Flöten keine 22 Takte Triolen in schnellem Tempo

---

[100] V. Satz, Scherzo (Allegro con moto). Eine solche Stelle gibt es nicht im Scherzo, wohl aber solche Stellen, wie im zweiten Takt notiert: z. B. Takt 4 und 28-31 im A-Teil und Parallelstellen im A'-Teil.]
[101] Scherzo, Takt 30-32 und Parallelstellen.]
[102] Ebenda, Takt 8 f. – Im folgenden Notenbeispiel ist h' jeweils als b' zu lesen.]
[103] Ebenda, Ende des Trios, Holzbläser Takt 154-157.]

[Ein falsches Notenbeispiel des Originaldrucks wird durch eine Reproduktion des Faksimiles in ČPSS IX, S. 14 ersetzt. III. Satz, Intermezzo, T. 34 ff., Ob. / Cl.]

spielen können. Derartige Passagen können sie mit Leichtigkeit 220 Takte lang spielen. Es wäre sehr naiv zu glauben, sie müssten es ohne einmal Atem zu holen tun. Atem holen können sie jederzeit, ich spiele selbst ein wenig Flöte und bin davon ganz überzeugt. Schwer ist ein relativer Begriff: für einen Schüler ist es nicht nur schwer, sondern unmöglich, aber für einen gewöhnlichen guten Orchestermusiker ist es nicht schwer. Übrigens bilde ich mir durchaus nicht ein, leicht zu schreiben; ich weiss, dass meine Instrumentierung fast immer ziemlich schwer ist. Sie müssen aber zugeben, dass die Suite im Vergleich mit meiner ‚Francesca' oder gar mit der 4. Symphonie – ein Kinderspiel ist. Überhaupt sind die Bemerkungen N. G.s derart, dass, wenn sie zutreffend wären – ich die Feder niederlegen müsste. Wie? Zehn Jahre lang habe ich im Konservatorium die Instrumentationskunst gelehrt (allerdings nicht sehr hervorragend, aber dennoch so, dass ich mich niemals kompromittierte) und zwei Jahre darauf macht man mir Bemerkungen, welche man nur einem schlechten Schüler machen könnte! Eines von beiden: entweder habe ich vom Orchester niemals etwas verstanden, oder – die Kritik meiner Suite ist ein Seitenstück zu jener Erklärung N. G.s, welche im Jahre 1875 mein [1. Klavier-]Konzert betraf, nämlich, dass es unspielbar wäre. Das, was im Jahre 1875 unmöglich war, hat sich im Jahre 1878 jedoch als möglich erwiesen.[104]

Ich erkläre mir die Sache so: der Oboist Herr Z.[105] war übler Laune, was manchmal bei ihm vorkommt, und das hat N. G. angesteckt. Es gefällt mir ausgezeichnet, dass die hohen Töne für die Lippen des Herrn Z. verderblich sind!!!! Es ist sehr schade, dass diese kostbaren Lippen, von denen Frau Z. so viele Küsse gepflückt hat, durch das dreigestrichene e nun für ewig geschädigt sind. Doch wird mich das nicht hindern, auch fernerhin (wenn ich es für nötig halte) diese heiligen Lippen durch hohe Töne zu schädigen, welche Töne ein jeder andere Oboist auch ohne französische Mundstücke ganz leicht spielen kann.

Doch genug von der unglückseligen Suite. Sie brauchen N. G. meine Antwort auf seine Bemerkungen nicht mitzuteilen. Da die Aufführung trotz allem eine gelungene war, so muss ich ihm dankbar sein. Es wird mich nicht im geringsten erstaunen, wenn er nach drei Jahren die Suite als ein Beispiel von Leichtigkeit hinstellen wird.

Jetzt will ich Ihnen von mir erzählen. Erstens habe ich heute Zahnschmerzen: vielleicht liegt darin der Grund, dass ich mich über die Kritik Rubinsteins so scharf ausgesprochen habe. Im übrigen fühle ich mich ganz gesund. Rom ist für mich kein geeigneter Aufenthaltsort. Es ist zu geräuschvoll, zu grossartig, zu reich an Denkmälern der Geschichte, hier kann man nicht unbemerkt in seinem Häuschen wohnen: jeden Augenblick wird man zum Ausgehen verführt. Auch mein Incognito konnte ich hier nicht wahren ... Ich möchte eine italienische Suite schreiben."[106] [IX, 1396.]

---

[104] Als Nikolaj G. Rubinštejn das Konzert im August / September 1878 in den Russischen Konzerten der Pariser Weltausstellung im Trocadéro spielte (Leitung: Edouard Colonne) und im November desselben Jahres in einem Symphoniekonzert der Russischen Musikgesellschaft (von ihm selbst vom Klavier aus geleitet).]
[105] Im Original des Briefes steht der Name: Herr „Meder". Éduard K. Meder, Oboist im Symphonieorchester der Russischen Musikgesellschaft und Oboenlehrer am Moskauer Konservatorium.]
[106] Am 16. / 28. Januar 1880 beginnt Čajkovskij mit der Komposition des „Capriccio italien".]

Kapitel XIII.

[1880, Januar-April. Weiterhin in Rom. Paris. Berlin. Petersburg.
Neufassung der 2. Symphonie: Verlagsfrage (Bessel' oder Jurgenson?). Tod des Vaters.
Aufführung der 4. Symphonie unter der Leitung von Edouard Colonne in Paris. Auch 3. Streichquartett und Sérénade mélancolique werden in Paris gespielt. Weitere Auslandserfolge: 1. Orchestersuite in New York (Leopold Damrosch), 1. Klavierkonzert dreimal in Berlin (Bülow, Friedenthal), in Pest (Breitner) und New York (Rummel). Karneval in Rom. Komposition des „Capriccio italien".
Komposition der Musik zu einem lebenden Bild „Montenegro". In Tivoli. Jurgenson bereitet den Druck der Partitur und des Klavierauszugs des „Evgenij Onegin" vor. Instrumentierung des 2. Klavierkonzerts. Über Brahms. Rückreise über Paris (besucht die Comédie-Française), Berlin (besucht ein Konzert Bilses und sieht den „Fliegenden Holländer") und St. Petersburg (korrigiert eine Partiturabschrift der „Jungfrau von Orleans", wird vom Grossfürsten Konstantin Nikolaevič zum Essen geladen und lernt dessen musikbegeisterten Sohn Konstantin Konstantinovič kennen; Konzert mit Werken Čajkovskijs, u.a. mit der 1. Orchestersuite) nach Moskau. Das mißglückte Incognito.]

An Frau von Meck:
„Rom, d. 2. Januar 1880 [31. Dezember 1879 - 3. Januar / 12.-15. Januar 1880].
Wenn ich auf das verflossene Jahr zurückblicke, muss ich dem Schicksal eine Dankeshymne anstimmen für die vielen schönen Tage, welche ich in Russland und im Ausland verlebt habe. Ich kann sagen, dass ich das ganze Jahr hindurch ein ungestört friedliches und wohlgemutes Dasein geführt habe und glücklich war, soweit ein Glück möglich ist ..." [VIII, 1394.]

An P. I. Jurgenson: „Rom, d. 4. [/ 16.] Januar 1880.
Heute habe ich gleichzeitig Deinen und Tanejews Brief erhalten. Beide haben mich sehr beruhigt. Unter uns sei es gesagt: nicht Du, sondern unser gemeinsamer Freund N. G. [Rubinstein] hat sich die Übertreibung zuschulden kommen lassen.[107]
Meine 2. Symphonie habe ich umgearbeitet. Jetzt kann ich, die Hand aufs Herz gelegt, sagen, die Symphonie ist eine gute Arbeit. Soll sie aber wieder Bessel bekommen?[108] Bessel, der sie niemals drucken wird, d. h. der mich wieder jahrelang an der Nase herumführen und mir erzählen wird, die Partitur werde im Ausland gestochen, während sie ruhig in einem Schrank liegen wird. Nein, das will ich um keinen Preis! Aber was tun? Einstweilen habe ich ihm einen ausführlichen Brief geschrieben, worin ich ihm klarlege, auf welche Weise er damals zu der Symphonie gekommen ist, in welchem Verhältnis ich zu Dir stehe und dass ich ihm in diesem Augenblick die Symphonie, die mich soviel Arbeit gekostet hat, nicht unentgeltlich überlassen könne, dass Du sie in kurzer Zeit in Partitur, Stimmen und Klavierauszug erscheinen lassen würdest usw. usw. Den Brief beschliesse ich mit der kategorischen Erklärung, dass ich ihm die Symphonie nur für ein sehr hohes Honorar überlassen könne." [IX, 1397.]

An P. I. Jurgenson: „Rom, d. 11. [/ 23.] Januar 1880.
... Mit meiner Gesundheit steht es schlecht, auch das moralische Befinden ist nicht gut. Aus Petersburg erhalte ich fortwährend traurige Nachrichten: meine Schwester ist krank, ihre Tochter ist auch krank, und gestern kam die Kunde vom Tode meines Vaters. Er war 85 Jahre alt, so dass diese Kunde mich nicht sehr überraschen konnte, – er war aber ein

---

[107 Bezieht sich offenbar auf N. G. Rubinštejn Kritik an den spieltechnischen Schwierigkeiten der 1. Orchestersuite, siehe oben, den Briefwechsel Taneev-Čajkovskij.]
[108 Bessel', Petersburg, hatte den vierhändigen Klavierauszug der ersten Fassung publiziert, den Druck der Partitur, zu dem er sich ebenfalls verpflichtet hatte, aber immer wieder hinausgezögert. Die zweite Fassung der Symphonie erschien ebenfalls bei Bessel', und zwar 1881, diesmal in Partitur und vierhändigem Klavierauszug.]

so seelenguter Greis, und ich hatte ihn so lieb, dass es mir bitter weh tut, ihn nie wieder sehen zu können." [IX, 1404.]

Unser Vater Ilja Petrowitsch erkrankte Anfang Januar an Typhus. Am 6. Januar war die Krise überstanden, doch verfiel der Kranke dem stillen Wahn, welcher – nach den Worten des Arztes – die Folge einer Gehirnerweichung war. Mit Ausnahme Peter Iljitschs und Modests waren alle Kinder um ihn versammelt. Am 9. Januar abends verschied er in den Armen seiner Frau und seiner Tochter ...

Beim Empfang der Nachricht brach Peter Iljitsch in bittere Tränen aus und ergab sich später einer stillen Resignation, doch vermochte das friedliche Ableben der 85-jährigen Greises in der Seele des ihn zärtlich liebenden Sohnes keine sehr tiefe Erschütterung hervorzurufen.

An Frau von Meck: „Rom, d. 12.[-13. / 24.-25.] Januar 1880.

Heute früh erhielt ich einen Brief von Colonne. Dieser Brief ist sehr liebenswürdig und nett und enthielt die Nachricht, dass morgen meine [4.] Symphonie im Châtelet zur Aufführung kommen würde.[109] Das hat mich überaus erbittert. Hätte er mir nur einen Tag früher geschrieben, so würde ich noch rechtzeitig nach Paris kommen können. Aber Colonne ist nicht schuld daran, denn ich hatte ihm – um mein Incognito wahren zu können – geschrieben, dass mir meine Gesundheit nicht gestattet, der Aufführung meiner Symphonie beizuwohnen, daher war Colonne auch nicht verpflichtet, mir rechtzeitig eine Nachricht zukommen zu lassen. Ich ärgere mich nur darüber, dass mir die einzige Gelegenheit entschlüpft ist, meine Symphonie zu hören. Ich hatte mich so darauf gefreut und mir einen so grossen Genuss davon versprochen, von niemandem erkannt und bemerkt, der Aufführung beizuwohnen! Ich nehme an, dass er auch Sie, meine liebe Freundin, zu spät benachrichtigt hat,[110] denn Sie hätten mir gewiss sofort Mitteilung gemacht. Nichts zu machen! Jedenfalls haben mich die anerkennenden Worte Colonnes und die Tatsache der Aufführung sehr erfreut. Wie soll ich Ihnen für diese Wohltat danken, liebe Freundin! Ich weiss, dass die Symphonie keinen Erfolg haben wird, sie wird aber doch manche interessieren, und das ist für die Verbreitung meiner Musik von grosser Wichtigkeit." [IX, 1406.]

An Frau von Meck: „Rom, d. 15. [recte: 12.-13. / 24.-25.] Januar 1880.

Soeben erhielt ich Ihren Brief [vom 7. Januar] und ein Telegramm von Colonne. Das letztere meldete Folgendes: ‚Symphonie très bien acceuillie, grand succès pour andante et surtout pour scherzo, suis heureux vous annoncer cette bonne nouvelle. Ecrirai demain.'"
[Ebenfalls IX, 1406.]

Obwohl E. Colonne in seinem Brief die angenehme Nachricht des Telegramms fast mit denselben Worten bestätigt, konstatiert er am Ende des Briefes in sehr höflicher Form einen eigentlichen Misserfolg der Symphonie, indem er seine Absicht kundtut, *nur* die beiden Mittelsätze – also ohne die Ecksätze, welche die wesentlichsten sind – in einem späteren Konzert zur Wiederholung zu bringen. Dasselbe geht auch aus den Zeitungsberichten her-

---

[109] Die Aufführung fand am 13. / 25. Januar 1880 im 15. Châtelet-Konzert statt. Auch die Uraufführung des Werkes (am 10. Februar 1878 in Moskau im 10. Symphoniekonzert der Russischen Musikgesellschaft unter der Leitung von N. G. Rubinštejn) und die Petersburger Erstaufführung (im 5. Symphonie der Russischen Musikgesellschaft unter der Leitung von Éduard F. Napravnik) hatte Čajkovskij nicht gehört. – Er selbst hat seine 4. Symphonie zweimal dirigiert: am 8. / 20. Februar 1889 in Dresden, während seiner zweiten großen Auslandstournee, und am 20. Mai / 1. Juni 1893 in London, bevor er zur Verleihung der Ehrendoktorwürde nach Cambridge reiste.]
[110] N. F. fon Mekk hatte Colonne um die Aufführung der ihr (als „Meinem besten Freunde") gewidmeten Symphonie gebeten und dafür eine größere Summe zur Verfügung gestellt.]

vor. „La Gazette musicale" sagt, dass der erste Satz und das Finale „eisig kühl" aufgenommen worden seien und dass das Publikum nur dem Scherzo und teilweise dem Andante einige Begeisterung entgegengebracht habe. Der Referent, der dieses mitteilt, erklärt sich damit einverstanden, indem er Andante und Scherzo lobt und die beiden anderen Sätze mit folgenden Worten abfertigt: „Der erste Satz beginnt mit einer schönen Phrase der Blechinstrumente, sie verliert sich aber später im Durchführungsteil in den fortwährend durch Synkopen unterbrochenen Rhythmen, welche ermüden, ohne zu interessieren. Das Finale überrascht bei einem Komponisten mit so fortgeschrittenen Tendenzen durch seinen italienischen Charakter.[111] Er ist lärmend, ohne glänzend zu sein, eher hochmütig als elegant, sein Überschäumen ist künstlich und nicht natürlich."

Peter Iljitsch hat die Wahrheit sofort erraten und beschrieb den Eindruck der Symphonie auf die Pariser, wie er ihn sich von Anfang an gedacht hatte, mit folgenden Worten:

An Frau von Meck: „Rom, d. 16.[-17. / 28.-29.] Januar 1880.

Meine liebe, gute Freundin, ich danke Ihnen für die Mitteilung des Colonneschen Telegramms; es ist, wie Sie es aus meinem Brief ersehen werden, die wörtliche Wiederholung desjenigen, welches er an mich adressierte. Ich brauche Ihnen nicht zu sagen, wie sehr es mich freut, dass die [4.] Symphonie gefallen hat. Es wäre mir sehr unangenehm gewesen, wenn Ihre Bemühungen um die Pariser Aufführung von einem Misserfolg gekrönt worden wären! Übrigens dürfen wir den Worten Colonnes nicht allzu sehr trauen; ich glaube, dass er den Erfolg aus Höflichkeit etwas aufgebauscht hat, d. h. ihn nicht so beschrieben hat, wie er wirklich war, sondern – wie er ihn gern gesehen hätte. Ich denke, dass wir aus dem folgenden Brief Colonnes den Umfang des Erfolgs besser ersehen werden. Sie werden fragen, warum ich die Nachricht von dem grossen Erfolg so pessimistisch aufnehme. Weil ich mir nicht denken kann, dass das französische Publikum, welches selbst seine eigenen Komponisten (z. B. Saint-Saëns) ungünstig beurteilt, wie überhaupt alles Neue, – mit meiner Symphonie zufrieden geblieben ist. Es scheint mir, dass der erste Satz die Franzosen in ein gelindes Entsetzen versetzt hat; das Andante ist vielleicht ohne Zeichen des Missfallens aufgenommen worden; das Finale musste ihnen flach und gemein erscheinen (diesen Eindruck machen auf sie alle diejenigen Kompositionen, welche auf russischen Volksliedern aufgebaut sind, z. B. auch die ‚Kamarinskaja' [von Glinka]), und nur das Scherzo konnte, dank dem effektvollen Klang des Orchesters, gefallen. Woran ich aber nicht im geringsten zweifle – ist, dass meine Symphonie in einigen auserwählten Seelen einen Funken Sympathie hinterlassen hat. Und das ist es, was ich brauche. Ich verstehe nicht, den Massen zu gefallen. Ich habe die Beobachtung gemacht, dass diejenigen meiner Werke, welche ich mit der grössten Liebe und Sorgfalt geschrieben habe, anfangs keinen Erfolg oder einen halben Erfolg haben und erst nach und nach durch die Vermittlung jener auserwählten Seelen dem Verständnis der Massen nähergerückt werden." [IX, 1408.]

Fast gleichzeitig mit der 4. Symphonie in Paris wurde durch die „Société de Ste. Cécile" Peter Iljitsch's 3. Quartett op. 30 und die Sérénade [mélancolique] für Violine und Klavier [op. 26] zur Ausführung gebracht. Auch diese Werke hatten einen grossen Erfolg. Alle Musikzeitungen haben ihn einstimmig konstatiert. Einer der Berichterstatter schreibt: „Tschaikowsky ist ein Komponist mit genialem Talent. Seine Musik zeigt uns eine vollkommene Technik und eine feurige, erfinderische Phantasie."

Leider gelangte die Nachricht von diesem grossen Erfolg niemals zu Peter Iljitsch; er wusste nur, dass seine Werke in der „Société de Ste. Cécile" gespielt werden sollten, alles Nähere blieb ihm aber unbekannt.

---

[111] Diesem Finale liegt bekanntlich ein russisches Volkslied zugrunde.

In diese Zeit fällt überhaupt der Beginn der Popularität Peter Iljitschs im Ausland. So bekam er beispielsweise von Leopold Damrosch aus New York die Nachricht von dem grossen Erfolg der ersten [Orchester-]Suite,[112] während ihn P. Jurgenson von den Triumphen des [1.] Klavierkonzerts in b-Moll benachrichtigte (gespielt in Berlin zweimal von Hans von Bülow und einmal von Friedenthal, in Pest von Breitner und in New York von Rummel).

An Frau von Meck: „Rom, d. 16.[-17. / 28.-29.] Januar 1880.
 … Welch ein grandioses Kunstwerk ist Michelangelos ‚Moses'! Ich habe es schon oft recht lange betrachtet und immer mehr Wohlgefallen an ihm gefunden. Es ist wirklich von einem Genie allerersten Ranges erdacht und vollbracht. Man sagt, das Werk habe einige Fehler. Das erinnert mich an den alten Fétis, welcher bemüht war, bei Beethoven Ungesetzmässigkeiten herauszufinden und einst triumphierend erklärte, er habe in der ‚Eroica' eine Akkordumkehrung entdeckt, welche dem bon goût widerspreche.
 Finden Sie nicht auch, dass Beethoven und Michelangelo verwandte Naturen sind?" [Ebenfalls IX, 1408.]

An Frau von Meck: „Rom, d. [16.-]17. [/ 28.-29.] Januar 1880.
 Soeben habe ich einen grossen Genuss gehabt. Ich bin in der Villa Ludovisi gewesen.[113] Ich kenne nichts Herrlicheres als diese Villa. Es gibt da, wenn Sie sich erinnern, einen schönen Pavillon mit Statuen, von denen viele sehr bemerkenswert sind; das Schönste an dieser Villa ist ein grosser, üppiger, malerischer und menschenleerer Garten, in dessen schattigen Alleen ich soeben zwei Stunden ganz einsam verbracht habe. Infolge der Aufregungen der letzten Tage war es mir ein grosses Bedürfnis, die Natur zu geniessen. Dieser Spaziergang hat denn auch eine sehr wohltuende Wirkung auf mich ausgeübt." [Ebenfalls IX, 1408.]

An Frau von Meck: „Rom, d. [24. Januar /] 5. Februar 1880.
 Augenblicklich leben wir hier im Zeichen des Karnevals. Ich hatte Ihnen schon geschrieben, dass mir diese Ausgelassenheit zuerst gar nicht behagt hat. Jetzt habe ich mich einigermassen damit versöhnt. Gewiss ist der Charakter des hiesigen Karnevalsfestes durch das Klima und die Überlieferung bedingt. Höchstwahrscheinlich würden einem zu uns versetzten Römer unsere Hanswurstbuden in der Butterwoche, die Eisrutschbahnen, die Schaukeln und das besoffene Volk noch wilder erscheinen! Wenn man das lustige Treiben auf dem Corso so recht betrachtet, kommt man zu der Überzeugung, dass die Lustigkeit des hiesigen Volkes eine aufrichtige und ungezwungene ist; sie bedarf nicht des Schnapses und des Weins; sie wird mit der warmen, schönen Luft eingeatmet … Ich befinde mich immer noch in der nervösen und gereizten Stimmung, von der ich Ihnen schon geschrieben hatte. Ich schlafe schlecht und bin überhaupt etwas aus dem Leim gegangen. Doch arbeite ich ziemlich erfolgreich, so dass ich den Entwurf zu einer italienischen Fantasie über Volkslieder bereits fertig habe.[114] Dank der schönen Melodien, die ich teils aus Sammlungen genommen, teils mit eigenen Ohren auf der Strasse gehört habe, wird diese Fantasie sehr effektvoll werden." [IX, 1412.]

An P. I. Jurgenson: „Rom, d. 24. [recte: 25.] Januar [/ 6. Februar] 1880.
 Lieber Freund, Bessel habe ich meine unwiderruflichen Forderungen mitgeteilt.[115] Ich verlange ein Honorar von 200 Rubeln, er muss sich aber verpflichten, Partitur, Stimmen

---

[112] Am 15. Januar 1880 in einem Konzert der Symphony Society in der Steinway Hall.]
[113] Diese Villa existiert nicht mehr.
[114] Die später „Capriccio italien" genannte Orchesterkomposition.]
[115] Bessel hatte sich bereiterklärt, Peter Iljitsch „mit Vergnügen 100 Rubel für die Umarbeitung der [2.] Symphonie" zu bezahlen.

und Klavierauszug nicht später als am 1. November herauszugeben. Ich habe lange überlegt, welche Summe ich nennen sollte, um ein Einverständnis seinerseits unmöglich zu machen, doch konnte ich nicht mehr als 200 Rubel verlangen, weil niemand anders als ich selbst daran Schuld hat; warum schenkte ich ihm die Symphonie? Endlich durfte ich nicht vergessen, dass infolge seiner Verzögerung aus einer schlechten Symphonie eine gute geworden ist. Mit einem Wort, ich wollte die Vorteile bei der Situation nicht missbrauchen und mich ihm gegenüber nicht als Erpresser benehmen.

Zittere, lieber Freund! Ausser einem ungeheuren Klavierkonzert habe ich eine Fantasie über italienische Volkslieder komponiert.[116] In kurzer Zeit wird das alles instrumentiert und an Jurgenson abgeliefert sein, welcher zum Verzeichnis seiner Zahlungen noch zwei Honorare wird hinzufügen müssen! Du vergiftest mir das Leben: wenn ich so recht begeistert an der Arbeit sitze und mir plötzlich die Idee kommt, dass das alles auf Dich gewälzt werden wird, – dann überläuft es mich kalt." [IX, 1415.]

K. Dawidow an P. I. Tschaikowsky: „St. Petersburg, Januar 1880.

Liebster Peter Iljitsch, ich schreibe Ihnen in einer sehr eiligen Angelegenheit: für das Jubiläum[117] am 19. Februar wird eine grosse Vorstellung im Grossen Theater geplant,[118] welche aus lebenden Bildern bestehen soll. Diese Bilder sollen die Hauptmomente der letzten fünfzehn Jahre darstellen und mit einem erläuternden Text (durch eine Personifizierung des Genius und der Geschichte Russlands) verbunden werden, welcher die Zuschauer auf das nächstfolgende Bild vorzubereiten hat.

Die Bilder müssen mit einer entsprechenden Musik versehen werden, welche die Herren A. Rubinstein, Rimsky-Korsakow, Cui, Solowjew, Napravnik, Borodin etc. bereits komponieren. Ihr Name ist unentbehrlich (später soll ein illustriertes Musikalbum herausgegeben werden). Jeder der genannten Autoren hat ein Bild in Musik zu setzen. Da die Zeit sehr kurz ist, können wir zwischen Rom und Petersburg nicht lange hin und her korrespondieren, darum sende ich Ihnen den Inhalt desjenigen Bildes, welches einer musikalischen Illustration aus Ihrer Feder harrt. Behalten Sie im Auge, dass die Musik keinesfalls länger als sieben Minuten dauern darf. Bei der Leichtigkeit, mit welcher Sie schreiben, hoffe ich, dass Ihre Partitur früher in Petersburg eintreffen wird als manche andere der hier wohnenden Komponisten.

Bild X. *Montenegro.* Der Moment des Eintreffens der Nachricht der Kriegserklärung Russlands an die Türkei (ein Ältester liest den Montenegrinern das Manifest vor.)

Lassen Sie mich bitte telegraphisch wissen, mein Lieber, ob wir auf Sie zählen dürfen. Die Partitur muss spätestens am 10. Februar hier sein."[119]

Wie Peter Iljitsch über diesen Auftrag dachte, ersehen wir aus einem Brief an Frau von Meck vom 17. [recte: 27.] Januar.

[*An Frau von Meck:* „Rom, 27. Januar / 8. Februar 1880.]

„Den Auftrag abzulehnen, ist nicht gut möglich, so telegraphierte ich an Dawidow, dass ich bereit bin mitzuwirken … Sie können sich denken, wie angenehm es ist, an die Komposition einer derartigen Musik zu schreiben! Selbstverständlich werde ich die Arbeit

---

[116] Die Rede ist vom 2. Klavierkonzert G-Dur op. 44 und dem „Capriccio italien" op. 45.
[117] Das 25-jährige Thronjubiläum von Zar Alexander II. (1818-1881, Kaiser seit 1855).]
[118] Diese Vorstellung hat nicht stattgefunden. [Sie wurde nach einem Attentatsversuch auf den Zaren abgesagt.]
[119] Čajkovskij begann die Komposition am 27. Januar / 8. Februar 1880 und beendete sie drei Tage später; sie ist nicht erhalten geblieben.]

tun, obwohl mit Zähneknirschen, und habe heute schon den ganzen Tag daran gesessen. Etwas Schönes kann das natürlich nicht werden. Ärgerlich und störend ist es nur, dass ich nicht weiss, wie und was die anderen schreiben. Ich vermute, dass ein jeder sich ein Bild nach seinem Geschmack gewählt, während man mir dasjenige geschickt hat, was keiner haben wollte." [IX, 1416.]

An Frau von Meck: „Rom, 4.[-6. / 16.-18.] Februar 1880.

Gestern nutzten wir das herrliche Wetter, um nach Tivoli zu fahren. Das ist der schönste Flecken, den ich je gesehen! Gleich nach der Ankunft begaben wir uns in den Albergo della Sibilla, um da zu frühstücken. Unser Tisch stand am Rande eines Abgrunds, wo tief unten ein Wasserfall rauschte; um uns herum ragten mit Olivenbäumen und Pinien bewachsene Felsen und Berge auf. Die Sonne brannte wie im Juni. Nach dem Frühstück machten wir einen grossen Spaziergang und besuchten die berühmte Villa d'Este, in welcher Liszt alljährlich drei Monate zubringt. Sie ist prachtvoll; aus dem Park hat man den grossartigsten Blick auf die römische Campagna.

Heute besuchte ich die Galerie des Palazzo Borghese, in welchem sich einige Meisterwerke befinden. Den grössten Eindruck machte auf mich das herrliche Bild ‚Danaë' von Correggio.

Müsste der Mensch bei dieser Lebensweise, bei den vielen schönen Eindrücken durch Natur und Kunst nicht eigentlich über und über glücklich sein? Und doch nagt ein geheimnisvoller Wurm an meinem Herzen. Ich schlafe schlecht und fühle mich nicht so frisch, wie es unter den obwaltenden Umständen zu erwarten wäre. Nur momentweise gelingt es mir, des schweren moralischen Drucks Herr zu werden. O Gott, welch' eine unergründliche und komplizierte Maschine ist der menschliche Organismus! Niemals wird man die Ursachen der verschiedenen Erscheinungen des geistigen und materiellen Lebens enträtseln. Und wie soll man die Grenze ziehen zwischen den geistigen und physiologischen Erscheinungen unseres Lebens? Manchmal scheint es mir, dass ich an einer geheimnisvollen Krankheit laboriere, welche meine Seelenstimmungen beeinflusst. In letzter Zeit dachte ich, dass mein Herz nicht in Ordnung sei, doch erinnerte ich mich wieder, dass der Arzt im vorigen Sommer mein Herz untersucht und absolut gesund befunden hatte. So muss ich denn das Übel den Nerven zuschreiben, aber was sind – Nerven? Warum funktionieren sie an ein und demselben Tage ohne ersichtlichen Grund einmal gut und normal, dann wieder erschlaffen sie plötzlich, verlieren ihre Zähigkeit, ihre Energie und machen den Menschen unfähig zu arbeiten oder künstlerische Eindrücke zu empfangen? All das sind Rätsel.

Vor mir steht ein wunderschöner Strauss von Veilchen. Es gibt deren viele hier. Der Frühling hält seinen Einzug." [IX, 1420.]

An P. I. Jurgenson: „Rom, d. 5. [/ 17.] Februar 1880.

… O Gott, welch eine dumme Idee, diese Partitur[120] stechen zu lassen!!! Das ist nicht nur nicht vorteilhaft, nicht nötig und entspricht nicht dem geringsten Bedürfnis, – es ist sogar lächerlich. Die Moral ist: wenn Du mir in Zukunft Überraschungen bereiten willst, so frage mich erst um Rat. Ich versichere Dir, dass ich trotz meiner allgemein anerkannten Naivität eine grosse Portion gesunden Menschenverstands besitze, welcher manchen klugen und guten, aber verblendeten Menschen fehlt (z. B. denen, welche Dir rieten, die Parti-

---

[120 Die Partitur des „Eugen Onegin" mit dem Klavierpart des Klavierauszugs jeweils unten auf den Seiten der Partitur, Moskau, Dezember 1880. Im Oktober 1880 war, ebenfalls im Verlag Jurgenson, der Klavierauszug erschienen; die zweite Ausgabe des Klavierauszugs von 1881 enthält die Änderungen, die Čajkovskij in der Schlußszene vorgenommen hat. Die zweite Ausgabe der Partitur (Dezember 1891) enthält alle späteren Änderungen; dieser Fassung entspricht die dritte Ausgabe des Klavierauszugs (ebenfalls vom Dezember 1891.]

tur stechen zu lassen). Übrigens hindert mich diese meine Ansicht nicht, Dir für Deine Freundschaft, welche ich ganz fürchterlich schätze, auch in diesem Falle dankbar zu sein.

Wäre es nicht Zeit, die Partitur der ‚Jungfrau [von Orleans]' der Direktion [der kaiserlichen Theater] vorzulegen? Wenn ich nicht irre, ist jetzt gerade die Zeit dazu. Ich hoffe, dass alle Abschriften jetzt fertig sind. Nun will ich Dir mitteilen, dass ich nicht mehr lange in Rom bleiben und in etwa drei Wochen nach Norden abreisen werde. Unterwegs möchte ich mich in München und Berlin aufhalten. Zuerst wollte ich nach Neapel, doch reicht das Geld nicht. Meine Verstimmung hält an …" [IX, 1422.]

An Frau von Meck: „Rom, [4.-]6. [/ 16.-18.] Februar 1880.

Je mehr ich Michelangelos Werke betrachte, um so bewunderungswürdiger erscheint er mir. Soeben sah ich mir lange Zeit seinen Moses an. Die Kirche war leer, nichts störte mich, mich in das Werk zu vertiefen. Ich versichere Ihnen, es wurde mir ganz bange. Wenn Sie sich erinnern, ist Moses sich aufrichtend dargestellt; seinen Kopf hat er zur Seite gewandt, wo Baal ein Opfer dargebracht wird. Das Gesicht ist zornig und drohend; die Figur – majestätisch und gebieterisch. Es scheint, er braucht nur aufzustehen und ein Wort zu reden, – und die irrende Menschheit wird vor ihm auf die Knie sinken. Man kann sich nichts Vollkommeneres vorstellen als diese grandiose Statue. Bei diesem genialen Künstler wird die Idee ganz durch die Form ausgedrückt, und zwar so zwanglos, ohne jedes Posieren, was zum Beispiel bei den Statuen Berninis, deren es in Rom leider so viele gibt, so unangenehm auffällt …

Mit dem Buch, welches mir in die Hände gefallen ist, bin ich sehr zufrieden und kann mich gar nicht von ihm trennen. Es ist nichts anderes als eine ausgezeichnete französische Übersetzung des Tacitus. Er ist ein grosser Künstler …

Mein Konzert macht Fortschritte;[121] die Unlust und Apathie, an welchen ich jetzt leide, ist mir ebenso unbegreiflich wie die Leichtigkeit, mit der ich dieses Werk in Kamenka und Paris komponierte. Damals bin ich eben moralisch gesund gewesen; jetzt nicht ganz." [Ebenfalls IX, 1420.]

An Frau von Meck: „Rom, 8.[-10. / 20.-22.] Februar 1880.

Die Geschichte mit dem ‚Opritschnik' ist sehr kurios; man hat ihn verboten, weil man fand, dass der Inhalt für die heutige Zeit zu revolutionär sei. Je n'ai qu'à m'en féliciter, denn ich freue mich über alles, was geeignet ist, eine Aufführung dieser misslungenen Oper zu vereiteln.

Doch die musikalischen und anderen Tagesinteressen verschwinden einfach vor der grandiosen Niedertracht, deren Schauplatz augenblicklich unser armes Vaterland ist. Ich wäre vor Wut fast wahnsinnig geworden, als ich die Nachricht von dem neuerlichen Attentat auf den Kaiser las.[122] Man weiss nicht, worüber man sich mehr wundern soll: über die Frechheit der gemeinen Mörderbande oder über die Machtlosigkeit der Polizei und aller, deren Pflicht es ist, das Leben des Kaisers zu schützen. Man fragt sich unwillkürlich: wie wird das alles enden? …" [IX, 1423.]

An Frau von Meck: „Rom, 16.[-18.] Februar [/ 28. Februar - 1. März] 1880.

Für den zweiten Satz meiner [1. Orchester-]Suite habe ich den Namen Divertimento gewählt, weil er der erste war, der mir einfiel. Ich schreibe diesem Satz keine grosse Bedeutung zu, denn er ist in die Suite nur deshalb eingefügt, um sie vor der Monotonie des

---

[121 Gemeint ist die Instrumentierung des 2. Klavierkonzerts.]
[122 Am 5. Februar 1880 war ein Attentat auf Zar Aleksandr II. fehlgeschlagen.]

Rhythmus zu retten.¹²³ Ich habe ihn wirklich in einem Zug geschrieben und bedeutend weniger daran überlegt und gefeilt als an den anderen Sätzen. Wie es sich erweist, hindert ihn das jedoch nicht, mehr zu gefallen als alles andere; dieser Meinung sind nicht nur Sie, sondern auch viele andere. Das beweist zum tausendsten Mal, dass der Autor seine Werke niemals richtig beurteilt.

Ich bin Ihnen überaus dankbar, dass Sie Colonne auf meine neuen Werke aufmerksam gemacht haben, nur muss ich Ihnen offen gestehen: es wird im höchsten Grade unangenehm sein, wenn Sie ihm für seine Aufmerksamkeit wiederum eine materielle Dankbarkeit zukommen lassen werden. Unter diesen Bedingungen ist die Aufführung meiner Werke, selbst wenn sie von einem so grossen Künstler unternommen wird, für mich nicht nur nicht schmeichelhaft, sondern auch nicht nützlich. Glauben Sie mir, dass Ihre Freigebigkeit, dank welcher meine [4.] Symphonie gespielt worden ist, nicht geheim bleiben kann, wenn jene heikle Vereinbarung mit Colonne sich oft wiederholen wird. Stellen Sie sich vor, welch ein dankbares Material das für die Feuilletonisten russischer Zeitungen und für Klatschbasen abgeben dürfte, wenn sich das Gerücht von dem nicht ganz einwandfreien Eifer, mit dem meine Symphonien in Paris gespielt werden, verbreiten sollte! Ich hoffe, dass Colonne Ihre Uneigennützigkeit und Ihre Vorliebe für meine Musik nicht missbrauchen wird, aber garantieren kann niemand dafür. Auf jeden Fall erlaube ich mir Sie zu bitten, ihm diesmal meine Sachen ohne materielle Bekräftigung zu empfehlen. Das erste Mal war es mir zwar sehr peinlich, dass Sie wegen meiner Symphonie eine bedeutende Geldsumme verausgabt haben, doch freute ich mich im Grunde, unsere Symphonie dank Ihrer treuen Freundschaft vor das Pariser Musikpublikum gestellt zu sehen, und war Ihnen für den erneuten Beweis Ihrer Sympathie unendlich dankbar. Jetzt würde es aber nur beschämend und beleidigend für mich sein, zu wissen, dass Colonne meine kompositorischen Vorzüge nur beim Glanze des Goldes zu würdigen versteht. Für die Empfehlung danke ich Ihnen aber sehr." [IX, 1427.]

An Frau von Meck: „Rom, [16.-]18. Februar [/ 28. Februar - 1. März] 1880.
Das Konzert¹²⁴ von Brahms gefällt mir ebensowenig wie alles andere von ihm Geschriebene. Er ist gewiss ein grosser Musiker und sogar ein Meister, die Meisterschaft ist bei ihm aber grösser als die Inspiration. So viele Vorbereitungen und Andeutungen von etwas, was sogleich kommen und bezaubern muss, – doch kommt nichts ausser Langeweile. Seine Musik ist von keinem echten Gefühl durchwärmt. Sie entbehrt der Poesie, erhebt aber dafür einen grossen Anspruch auf Tiefe. In dieser Tiefe liegt jedoch nichts: leerer Raum. Nehmen wir z. B. den Anfang des Konzerts. Er ist als Einleitung, als Vorbereitung auf etwas sehr schön: ein ausgezeichneter Sockel für eine Statue; die Statue selbst aber fehlt, denn dem Sockel folgt wieder ein Sockel. Ich weiss nicht, ob ich die Gedanken oder, besser gesagt, die Gefühle, welche mir die Brahmssche Musik einflösst, gut ausdrücke. Ich will sagen, dass er niemals etwas ausspricht, und wenn er etwas ausspricht, spricht er es nicht voll und ganz aus. Künstlich zusammengeklebte Teilchen eines unbestimmten Etwas bilden seine Musik. Die Zeichnung entbehrt der Prägnanz, des Kolorits und des Lebens.

Eigentlich müsste ich, unabhängig von irgendwelchen Beschuldigungen, einfach bekennen, dass mir Brahms als musikalische Persönlichkeit antipathisch ist: ich kann ihn nicht verdauen, er lässt mich kalt. Das ist eine rein instinktive Empfindung." [Ebenfalls IX, 1427.]

[¹²³ Mißverständlich formuliert und übersetzt. Gemeint ist die Monotonie der geraden Taktarten (Zweiviertel- bzw. Vierviertelakt) der fünf übrigen Sätze, die Čajkovskij veranlaßt hat, einen Satz im Dreivierteltakt zu ergänzen, eben das Divertimento.]
¹²⁴ Das Konzert für Violine [und Orchester] D-Dur op. 77.

An P. Jurgenson: „Rom, d. 20. Februar [/ 3. März] 1880.

Ich zittere bei dem Gedanken, dass N. Rubinstein, dem ich mein zweites [Klavier]-Konzert widme, dasselbe wieder in Grund und Boden kritisieren wird.[125] Das schadet aber nichts, wenn er es nur spielen wird, ebenso wie das erste Konzert.[126]

Nur wäre zu wünschen, dass diesmal die Pause zwischen der Kritik und der Ausführung eine kürzere werde. Ich bin zufrieden und bilde mir etwas ein auf dieses Konzert; was weiter kommt – weiss ich nicht …" [IX, 1430.]

An M. Tschaikowsky: „Rom, d. 26. Februar [/ 9. März] 1880.

Heute bin ich zu Fuss in den Vatikan gegangen und habe sehr lange in der Sixtinischen Kapelle gesessen. Da geschah ein Wunder: zum ersten Mal in meinem Leben liess ich mich durch die *Malerei* bis zu einer richtigen *künstlerischen Verzückung* hinreissen. Was bedeutet, dass ich mich allmählich mit der Malerei anfreunde. Es gab eine Zeit, als mir das alles lächerlich vorkam …" [IX, 1433.]

An M. Tschaikowsky: „Berlin, d. 4. [/ 16.] März 1880.

In Paris habe ich die ‚Comédie [française]' besucht und bin ganz in Racine oder Corneille (wer von ihnen ist der Autor des ‚Polyeucte'?)[127] verliebt. Diese Verse, diese Schönheit und Kraft – und noch mehr: diese höchste *künstlerische Wahrheit!* Dabei erscheint diese Tragödie beim ersten flüchtigen Anblick so unwahr, so unmöglich! Im letzten Akt, wo Félix unter der Last der Gewissensbisse plötzlich durch Christus erleuchtet wird und sich zum Christentum bekehren läßt, empfand ich eine tiefe Erschütterung …

Bis Köln reiste ich im Schlafwagen, von dort bis Berlin sass ich ganz allein in einem prachtvollen Coupé. Im Hotel erwartete mich schon der Brief Anatols; er ist kurz, aber fröhlich und machte auf mich einen guten Eindruck. Für heute ist der ‚Fliegende Holländer' [von Wagner] angekündigt, welchen ich schon lange hören möchte. Nach Italien kommt mir Berlin etwas nüchtern vor, und im Vergleich mit Paris – kläglich und kleinstädtisch, doch meine alte Schwäche für diese Stadt ist noch so stark, dass ich nicht abgeneigt bin, einen Tag länger hier zu bleiben. Nachdem ich Toljas Brief gelesen und mich umgekleidet hatte, ging ich zu Bilse.[128] Einen merkwürdigen Eindruck machte auf mich der grosse Saal, welcher ganz vom Geruch schlechter Zigarren und Speisen durchzogen war und in welchem Strümpfe strickende Damen und Bier trinkende Herren sassen. Nach Italien, wo wir uns fast ausschliesslich in der schönen reinen Luft bewegt hatten, war mir das recht widerlich. Dazu ein ausgezeichnetes Orchester, prachtvolle Akustik und ein gutes Programm. Ich hörte [Teile aus] Schumanns [Oper] ‚Genoveva', die ‚Mignon'-Ouvertüre,[129] ein recht geistreiches Potpourri, und war damit sehr zufrieden.

Wie freue ich mich auf den ‚Fliegenden Holländer' [von Wagner]!" [IX, 1440.]

[125 Wie es beim 1. Klavierkonzert geschehen war, so dass Čajkovskij das Konzert Hans von Bülow widmete und zur Uraufführung (am 13. / 25. Oktober 1875 in Boston, USA) überließ. Später hat Nikolaj Rubinštejn sein Urteil revidiert und das Konzert drei Jahre später zweimal in den Russischen Konzerten bei der Pariser Weltausstellung im August / September 1878 und am 3. November desselben Jahres in Moskau gespielt.]

[126 Nikolaj G. Rubinštejn starb am 11. / 23. März 1881 in Paris. Die russische Erstaufführung des 2. Klavierkonzerts fand am 21. Mai 1882 statt; Solist: Sergej Taneev, Dirigent: Anton Rubinštejn. Nach ČS war dies die Uraufführung. Nach TchH 1, Werk (60) hatte die Uraufführung bereits am 31. Oktober / 12. November 1881 in New York stattgefunden, Philharmonic Society Concert, Academy of Music; Solistin: Madeleine Schiller, Dirigent: Theodore Thomas.]

[127 Die Tragödie „Polyeucte" (1643) stammt von Pierre Corneille (1606-1684).]

[128 In eines der populären Konzerte mit dem von Benjamin Bilse gegründeten und geleiteten Orchester.]

[129 Die Ouvertüre zu A. Thomas' Oper „Mignon".]

An M. Tschaikowsky: „Berlin, d. 5. [/ 17.] März 1880.

Heute früh war ich im Aquarium, wo mich der Schimpanse ganz entzückt hat. Er lebt in grösster Freundschaft mit einem Hündchen. Die beiden spielten die ganze Zeit ganz allerliebst: er machte die possierlichsten Sprünge und lachte fürchterlich drollig, sobald er vor dem Hündchen an eine solche Stelle flüchtete, wo jenes ihn nicht erreichen konnte! Er ist ungemein klug. Mit seinem Wärter benimmt er sich wie ein kleines Kind. Das hat mir sehr viel Spass gemacht. Um 12 Uhr frühstückte ich mit Kaffee und Kuchen und ging dann ins Museum. Du würdest es gar nicht wiedererkennen. Weisst Du noch, wie unordentlich und unsystematisch früher alle Bilder gruppiert waren? Jetzt herrscht eine musterhafte Ordnung. Ich gewahre an mir selbst grosse Fortschritte im Verständnis der Malerei. An manchen Sachen fand ich grossen Genuss, besonders an der Flämischen Schule, dabei gefielen mir Teniers, Wouwerman, Ruisdael viel mehr als der gerühmte Rubens,[130] bei dem selbst Christus gesunde dicke Waden und ein unnatürliches Rot auf den Wangen hat. Ein Umstand liess mich sogar einen *grossen Kenner* in mir vermuten. Ich *erkannte* den Pinsel Correggios an seiner Manier, bevor ich den Namen im Katalog las!!! Übrigens hat Correggio wirklich seine Manier, denn alle seine männlichen Figuren und Gesichter sehen dem Christus im Vatikan ähnlich, und die weiblichen – der Danaë im Palazzo Borghese …

Den ‚Holländer' fand ich sehr lärmend und langweilig.[131] Die Sänger waren schlecht, die Primadonna (Mallinger [als Senta]) – ohne Stimme und überhaupt weniger als mittelmässig." [IX, 1441.]

An Frau von Meck: „St. Petersburg, d. 10. März 1880.

Die Wohltat, welche Sie dem armen, sterbenden Henryk Wieniawski erwiesen haben, rührt mich sehr.[132] Seine letzten Tage[133] werden auf diese Weise durch Ihre Sorge um ihn verschönt. Schade um ihn. Mit ihm verlieren wir einen in seiner Art unnachahmlichen Violinvirtuosen und einen sehr begabten Komponisten. In dieser letzteren Beziehung halte ich Wieniawski für sehr talentiert, so dass er – wenn ihm ein längeres Leben beschieden wäre – gewiss keine geringere Bedeutung für die Violine erreicht hätte als Vieuxtemps. Seine schöne ‚Legende'[134] und einige Teile des A-Moll-Konzerts[135] zeugen von einer ernsten schöpferischen Begabung." [IX, 1444.]

An Frau von Meck: „St. Petersburg, d. 16. März 1880.

Zu meinen verschiedenen Sorgen hat sich augenblicklich noch eine gesellt, welche eine sehr angestrengte Aufmerksamkeit erheischt. Jurgenson hatte den Klavierauszug meiner Oper [‚Die Jungfrau von Orleans'] an die Theaterdirektion [in Petersburg] geschickt. Die Abschrift ist aber so schlecht gemacht, dass sie von den abscheulichsten Fehlern geradezu wimmelt. Den ganzen Tag sass ich heute an dieser fürchterlich ermüdenden Arbeit. Bald soll sich entscheiden, ob die Oper im Laufe der nächsten Saison in Szene gehen soll oder nicht; auf diese Entscheidung warte ich mit Zittern und Zagen. Ich bin durchaus nicht sicher, dass die Entscheidung in einem für mich günstigen Sinne getroffen werden wird.

---

[130] David Teniers (1610-1689), Philips Wouwerman (1617-1668), Jacob van Ruisdael (um 1628/29-1682), Peter Paul Rubens (1577-1640).]
[131] Čajkovskij hatte die Aufführung von Wagners „Fliegendem Holländer" am 4. / 16. März 1880 besucht. Daland: Fricke, Senta: Mallinger, Erik: W. Müller, Holländer: Betz, u. a.]
[132] Frau von Meck hatte dem genialen Künstler die Mittel gegeben, die letzten Tage seines Lebens in guten Verhältnissen zu verbringen. Zehn Tage nach diesem Brief erfolgte sein Tod.
[133] Der polnische Violinvirtuose und Komponist Henryk Wieniawski (geb. 1835) war herzkrank und starb während einer Rußland-Tournee am 21. März 1880 in Moskau.]
[134] Legende für Violine und Orchester op. 17 (1859).]
[135] 3. Violinkonzert a-Moll op. 22 (1878).]

Wieviele schwere Momente stehen mir in dieser Angelegenheit noch bevor. Für nächsten Freitag bin ich zum Grossfürsten Konstantin Nikolajewitsch zur Tafel geladen, welcher von jeher meine Musik protegiert hat und dessen Einfluss mir sehr förderlich werden kann. Sie können sich denken, wie lästig mir, der ich mich von dem Verkehr mit Menschen ganz entwöhnt habe, eine derartige hohe Auszeichnung sein wird. Ausserdem muss ich bei verschiedenen, in Theaterkreisen einflussreichen Persönlichkeiten Besuche machen. Wieviele Opfer ich meiner Oper bringe – doch wer weiss, ob sie Früchte tragen werden! Es ist mit Worten gar nicht wiederzugeben, wie sehr ich mich von hier fortsehne!" [IX, 1451.]

An Frau von Meck: „St. Petersburg, d. 20.[-24.] März 1880.

Gestern habe ich sehr gelitten. Der Grossfürst Konstantin Nikolajewitsch besitzt einen Sohn Konstantin Konstantinowitsch. Dieser ist ein junger Mann von 22 Jahren, liebt die Musik leidenschaftlich und ist der meinigen sehr zugetan. Er hat den Wunsch geäussert, näher mit mir bekannt zu werden und bat eine Verwandte von mir, die Frau des Admirals Butakow, einen Abend zu veranstalten, um eine Zusammenkunft mit mir herbeizuführen.

Da er meine Menschenscheu kannte, wurde diesem Abend ein intimer Charakter gegeben (ohne Frack und weisse Binde). Ich konnte unmöglich absagen. Übrigens ist der Jüngling sehr sympathisch und hat eine gute musikalische Begabung. Wir verbrachten die Zeit von 9 Uhr abends bis 2 Uhr nachts in Gesprächen über Musik.[136] Er komponiert ganz nett, hat aber leider keine Zeit, sich ernsthaft damit zu befassen. Morgen ist das Diner bei seinem Vater." [IX, 1456.]

An M. Tschaikowsky: „St. Petersburg, d. 22. März 1880.

Gestern speiste ich bei dem Grossfürsten Konstantin Nikolajewitsch; er war liebenswürdig und nett. Heute habe ich bei Lukaschewitsch[137] Visite gemacht; er hat mich freundlich empfangen, doch empfiehlt mir Naprawnik, seinem Lächeln nicht sehr zu trauen. Am Dienstag veranstaltet Issakow[138] ein Konzert aus meinen Kompositionen. Im Publikum ist die Ansicht verbreitet, dass ich der Veranstalter dieses Konzerts sei; Du kannst Dir denken, wie unangenehm mir das ist ..." [IX, 1457.]

An Frau von Meck: „St. Petersburg, d. [20.-]24. März 1880.

Gleich werde ich in die Probe ‚meines' Konzerts gehen. Es ist sehr ärgerlich, dass dieses Konzert gerade in meiner Anwesenheit [in Petersburg] gegeben wird. Alle *glauben*, dass ich selbst es veranstalte, und sogar die Zeitungen machen *mir* Vorwürfe wegen der hohen Eintrittspreise ...

Nichtsdestoweniger freue ich mich, die [1. Orchester-]Suite zu hören.

Der arme, bedauernswerte Wieniawski!"[139] [Ebenfalls IX, 1456.]

[[136] Aus der Bekanntschaft zwischen Großfürst Konstantin Konstantinovič, der nicht nur dilettierender Komponist war, sondern auch als „K. R." (Konstantin Romanov) Gedichtbände veröffentlichte und aus dessen „Stichotvorenija" (Peterburg 1885) Čajkovskij 1887 sechs Gedichte in seinem Opus 63 vertonte, und dem Komponisten entstand 1886-1893 eine von gegenseitiger Achtung und Sympathie geprägte hochinteressante Korrespondenz, die musikalische, dichterische und allgemeine kunstästhetische Fragen berührte.]

[137] Lukaschewitsch war während der letzten Regierungsjahre Alexanders II. Direktor des Repertoires der Kaiserlichen Theater.

[[138] Vasilij N. Isakov (gest. 1912, dilettierender Sänger in Petersburg, Sohn des Generaladjutanten Nikolaj V. Isakov (1821-1891), oberster Dienstherr der militärischen Lehranstalten.]

[[139] Siehe oben, Brief an N. F. fon Mekk vom 10. März 1880 (ČPSS IX, Nr. 1444) mit Anmerkungen.]

Das Konzert, welches Peter Iljitsch erwähnt, ist auf Anregung des Herrn W. Issakow und der bekannten Sängerin Frau A. Panaew[140] zustandegekommen. Der erstere war ein den höchsten Gesellschaftskreisen angehörender junger Gesangsdilettant, welcher sich in den vornehmen Salons einer grossen Popularität erfreute und eine grosse Vorliebe für die Werke Tschaikowskys hatte. Frau Panaew war damals auch noch nicht mehr als eine Dilettantin und Salonsängerin, verdiente aber dank der guten Eigenschaften ihrer Stimme und ihres Vortrags wohl den Ruf einer Künstlerin.

Das Konzert fand am 25. März statt. Als Solisten traten in ihm ausschliesslich Dilettanten auf: Frau Panaew (Tatjanas Arie aus „Eugen Onegin" und einige Lieder), Herr Issakow (die Arie Lenskys und einige Lieder) und Herr Alferaki[141] (Andante für Violine [und Klavier] aus dem ersten Quartett). Die Orchesterwerke: die erste Suite und die Ouvertüre „Romeo und Julia" wurden vom Orchester der Russischen Oper unter Leitung Naprawniks gespielt.

Laut Zeitungsberichten bot der Saal einen sehr glänzenden Anblick dar. An der Spitze der Anwesenden befand sich die Prinzessin Maria Fedorowna,[142] umgeben von einem grossen Gefolge. Auch I. S. Turgenjew war zugegen. Der Erfolg war ein glänzender. Die Suite machte Furore, wobei der „Marche miniature" der grösste Beifall gespendet wurde.

An Frau von Meck: „Moskau, d. 2. April 1880.

... Ich bin mit der Absicht hierher gekommen, drei Tage incognito hier zu bleiben, um meine Arbeit zu beenden.[143] Ausserdem bedarf ich der Erholung. Stellen Sie sich vor, liebe Freundin, dass ich in den letzten Tagen Frack und weisse Binde fast gar nicht abgelegt und mit hohen und sogar allerhöchsten Persönlichkeiten verkehrt habe. Das alles ist sehr schmeichelhaft, manchmal auch rührend, dafür aber ermüdend bis in die letzte Potenz. Ich fühle mich in meinem Hotelzimmer so wohl und so glücklich, nicht ausgehen oder ausfahren zu brauchen!

Gleich will ich einen kleinen Spaziergang machen, Mittag essen und gegen 3 Uhr nach Hause zurückkehren, um bis zum späten Abend zu arbeiten. Sollte heute oder morgen die Schülervorstellung im Konservatorium stattfinden,[144] so werde ich sie nicht besuchen, denn meine Freude am Alleinsein ist gar zu gross." [IX, 1465.]

An Frau von Meck: „Moskau, d. 3 April 1880.

Mein Vorhaben, den gestrigen Tag allein zu sein, ist auf die merkwürdigste Weise durchkreuzt worden. Nachdem ich um 2 Uhr Mittag gegessen hatte, unternahm ich einen Spaziergang in der Hoffnung, von niemandem gesehen zu werden. Als ich den Quai entlang ging, begegnete mir plötzlich ein Wagen, welcher einen mich freundlich grüssenden Admiral zum Insassen hatte; ich erkannte sofort den Grossfürsten Konstantin Nikolajewitsch. Er war in der Konservatoriumsvorstellung gewesen[145] und machte gerade eine Spazierfahrt, als das Schicksal uns zusammenführte. Er winkte mir näherzutreten, äusserte sein

---

[140 Die Sängerin (Sopranistin) Aleksandra V. Panaeva (verh. Karcova; 1853-1942), Schülerin von Pauline Viardot, war entfernt verwandt mit Čajkovskij: sie heiratete Georgij A. Karcov, Sohn seiner Cousine Aleksandra P. Karcova, geb. Čajkovskaja (Tochter von Č.s Onkel Petr P. Č.). – Čajkovskij widmete ihr seine Sieben Romanzen op. 47 (1880).]
[141 Achilles N. Alferaki (1846-1919), Komponist und Geiger.]
[142 Die Gattin des Thronfolgers und späteren Kaisers Aleksandr III.]
[143 Nämlich die Instrumentierung des 2. Klavierkonzerts G-Dur op. 44.]
[144 Siehe den folgenden Brief mit Anmerkung.]
[145 Und zwar als Präsident der Russischen Musikgesellschaft (seit 1873), der Trägerin des Konservatoriums. – Am 2. April hatte die Generalprobe zur Aufführung von Beethovens „Fidelio" am 5. April stattgefunden. Leitung: Nikolaj G. Rubinštejn.]

Erstaunen, mich nicht im Konservatorium, sondern auf der Strasse getroffen zu haben, und sagte, er würde Rubinstein auf dem Diner beim Generalgouverneur von dieser merkwürdigen Begegnung Mitteilung machen. So wurde denn mein Incognito vernichtet, und ich begab mich schweren Herzens sofort zu Rubinstein, um einem Beleidigtsein seinerseits vorzubeugen und eine Erklärung abzugeben. Ich traf ihn aber nicht an, denn er war, wie man mir sagte, in das [Restaurant] Ermitage gegangen. Ich eilte ins Ermitage und fand dort statt seiner die ganze Gesellschaft der Konservatoriumslehrer. Sie waren alle sehr verwundert und überschütteten mich mit Fragen. Um 8 Uhr zwang man mich, den Grossfürsten auf die Bahn zu begleiten, wo ich von allen, darunter auch von Rubinstein, ob meines verunglückten Incognito gründlich ausgelacht wurde. Im Resultat: ein verlorener Tag und eine grosse Verstimmung. Heute früh musste ich einige Besucher empfangen, dann arbeitete ich ein wenig. Soeben bin ich von einem Spaziergang zurückgekehrt ...

Das Wetter ist herrlich! Wie schön ist es bei mir im Hotel! Ich trete oft auf meinen Balkon hinaus, um die prachtvolle Aussicht auf den Kreml zu bewundern." [IX, 1467.]

Kapitel XIV.

[1880, April.-Juni. Kamenka.
Über A. Rubinštejns Oper „Kalašnikov" und Delibes „Jeanne de Nivelle". Über Napravniks Trio op. 24.
Lehnt den Posten eines Direktors der Kiever Abteilung der Russischen Musikgesellschaft ab.
Abschluß der Partitur des „Capriccio italien"; vierhändiger Klavierauszug. Sechs Duette op. 46.
Über die Dichter A. Tolstoj und Surikov.
Entscheidung für die Inszenierung der „Jungfrau von Orleans" in der Saison 1880/81.]

An Frau von Meck: „Kamenka, d. 18. April 1880.

Heute weht ein kalter Nordwind. Überhaupt ist der Frühling noch nicht voll in seine Rechte getreten, und die Nachtigallen sind noch nicht zu hören. Im Walde ist es dennoch schön. Schade, dass der Wald so weit weg liegt! ...

In den letzten Tagen habe ich zwei Opern studiert: ‚Kalaschnikow' von A. Rubinstein und ‚Jeanne de Nivel' von Delibes. Die erstere ist überaus schwach. Rubinstein handelt genauso wie eine Sängerin, die ihre Stimme verloren hat, aber immer noch bezaubernd zu singen glaubt. Das ist ein Talent, welches schon längst jeden Reiz verloren hat. Eigentlich müsste er aufhören zu komponieren und sich mit seinen früheren Schöpfungen begnügen. Ich flehe zu Gott, dass er mich nicht in denselben Fehler verfallen lasse. Einen ganz anderen Eindruck macht die Oper von Delibes. Frisch, schön, talentvoll im höchsten Grade." [IX, 1479.]

An P. I. Jurgenson: „Kamenka, d. 19. April 1880.

Soeben erhielt ich einen Brief von Naprawnik, den ich Dir übersende. Vielleicht wirst Du Dich entschliessen, ihm in dieser Angelegenheit einen netten Brief zu schreiben? Du siehst, was für ein bescheidener Mensch er ist und wie gut es sein muss, mit einem solchen Komponisten zu tun zu haben. Vielleicht wirst Du in meinen Worten eine List vermuten, darum will ich Dir offen sagen, dass Naprawnik sehr hoch in meiner Meinung steht und dass ich es sehr bedaure, dass ein so ausgezeichnetes Stück wie sein Trio in d-Moll [recte: g-Moll op. 24] nicht Dir gehört.[146] Dieses Werk hat eine gute Zukunft. Mit einem Wort, Freund, ich würde sehr glücklich sein, wenn Du der Verleger Naprawniks werden wolltest." [IX, 1481.]

[[146] Dieses 1876 komponierte Werk ist noch im selben Jahr im Verlag F. E. C. Leuckart in Leipzig erschienen.]

An Frau von Meck: „Kamenka, d. [28.-]30. April 1880.

Vorgestern erhielt ich einen Brief von dem Direktor[147] der Kiewer Abteilung der Musikgesellschaft mit dem Angebot, mich an die Spitze dieser Gesellschaft und der dortigen [Musik-]Schule zu stellen. Ohne auch nur eine Minute zu überlegen, lehnte ich das Angebot ab, obwohl die Stadt Kiew sehr viel Anziehendes für mich hat. Nachdem ich von der süssen Frucht der Freiheit gekostet, habe ich ganz die Fähigkeit verloren, irgendein Joch zu tragen. Ich muss Ihnen aber gestehen, dass mein Gewissen mir einige Vorwürfe macht, weil ich mich egoistisch von jeder der heranwachsenden musikalischen Jugend nutzbringenden Tätigkeit fernhalte. Ich bin nun aber einmal von Natur aus kein begabter Pädagoge und kann nur unter der Voraussetzung ruhig und glücklich leben, keinen obligatorischen Wohnsitz zu haben und überhaupt frei von irgendwelchen Fesseln zu sein." [IX, 1485.]

An Frau von Meck: „Kamenka, d. 12.[-14.] Mai 1880.

Die Instrumentierung der ‚Italienischen Fantasie' [des ‚Capriccio italien'] habe ich beendet. Ich weiss nicht, welchen musikalischen Wert dieses Stück haben wird, bin aber im voraus überzeugt, dass es gut klingen wird: das Orchester ist effektvoll und glänzend. Jetzt will ich ein vierhändiges Arrangement davon machen und mich bemühen, es möglichst leicht zu setzen.[148]

In der letzten Zeit fühle ich mich nicht gut: schlafe schlecht, rege mich jeden Augenblick ohne Grund auf und fühle eine unbestimmte Furcht, kurz: wieder die Nerven. Ich lasse mich aber nicht gehen und bleibe auch im Kampf mit meiner Nervosität Sieger." [IX, 1493.]

An Frau von Meck: „Kamenka, d. 5. Juni 1880.

Ich will einige kleinere Gesangsstücke komponieren und habe gestern ein Duett (Text von A. Tolstoi) begonnen.[149] A. Tolstoi ist ein unerschöpflicher Quell von Liedertexten; er ist für mich einer der sympathischsten Dichter. Kennen Sie den Moskauer Poeten Surikow, welcher diesen Frühling an Schwindsucht gestorben ist? Er war Autodidakt; seine eigentliche Profession war, in einer kleinen Bude zu sitzen und Nägel und Hufeisen zu verkaufen. Er hatte aber ein schönes Talent, und seine Gedichte sind von unverfälschter Empfindung durchdrungen. Einige seiner Texte möchte ich gelegentlich zur Vertonung bringen." [IX, 1509.]

An Frau von Meck: „Kamenka, d. 16. [14.-28.] Juni 1880.

Heute erhielt ich einen Brief von Anatol mit einer für mich beunruhigenden Nachricht. Sie wissen, meine liebe Freundin, dass ich bis jetzt daran gezweifelt habe, dass meine Oper [‚Die Jungfrau von Orleans'] in der nächsten Saison in Petersburg in Szene gehen würde. Jetzt hat sich die Sache im *bejahenden* Sinne entschieden. Einige Künstler des Marientheaters waren zur Puschkinfeier nach Moskau gekommen und hatten Anatol mitgeteilt, dass die Rollen bereits verteilt wären und die Chorproben im Sommer beginnen dürften. Das freut mich sehr …" [IX, 1512.]

[147 Im Originalbrief: „von irgendeinem Direktionsmitglied".]
[148 Der vierhändige Klavierauszug des „Capriccio italien" erschien im September, die Partitur im November 1880, und zwar bei P. I. Jurgenson, Moskau.]
[149 Die Sechs Duette op. 46 entstanden von Juni bis August 1880. Die Texte zu Nr. 2 und 5 stammen von Graf Aleksej K. Tolstoj (1817-1875), diejenigen zu Nr. 1, 4 und 6 von Ivan Z. Surikov (geb. 1842), der am 24. April 1880 gestorben war. Von Surikov stammen auch die Texte zu den Romanzen op. 47, Nr. 7 und zum Kinderlied op. 54, Nr. 15.]

An P. I. Jurgenson: „Kamenka, d. 17. Juni 1880.

Naprawnik bittet, die Oper [‚Die Jungfrau von Orleans'] zum 1. August fertig zu machen, und ich wünsche das auch.[150] Nur möchte ich nicht, dass sie vor ihrer Aufführung zum Verkauf käme. Wie denkst Du darüber? Mögen die Kritiker schimpfen und schelten, sobald die erste Aufführung vorüber ist und der Klavierauszug nur als eine Photographie des auf der Bühne Gehörten erkannt werden wird. Ich fürchte, dass eine vorherige Schimpferei im Publikum Stimmung gegen die Oper machen könnte. Die Meinung, ich verstünde keine Opern zu schreiben, hat schon derart festen Fuss gefasst, dass man dieses Vorurteil nur durch eine Überraschung, d. h. durch einen vollen Bühnenerfolg (auf den ich sehr hoffe) vernichten kann; ein solcher Erfolg ist aber nur möglich, wenn das Publikum unbeeinflusst ins Theater kommt.

Sobald die Korrektur fertig sein wird, müssen nur einige Exemplare für die Direktion gedruckt werden. Die [Stich-]Platten können ja bis zum Winter liegen bleiben." [IX, 1514.]

An P. I. Jurgenson: „Kamenka, d. 23. Juni 1880.

Liebe Seele, ich glaube, Du bildest Dir ein, es sei das allerhöchste Glück, festliche Kompositionen gelegentlich der Ausstellung zu machen,[151] weshalb ich mich beeilen würde, meine Inspiration zu Papier zu bringen, ohne recht zu wissen: wo, wann, warum, wozu usw. Ich werde aber keinen Finger rühren, bevor ich keine positive Bestellung erhalte. Wenn man etwas Vokales von mir wünscht, so mag man mir einen beliebigen Text schikken (auf Bestellung bin ich bereit, sogar ein Inserat für Hühneraugentinktur in Musik zu setzen); wünscht man aber ein instrumentales Werk, so muss ich wissen, in welcher Form es gehalten werden müsste und was für einen Vorgang es illustrieren soll. Gleichzeitig mag man mir ein bestimmtes Honorar vorschlagen mit der bestimmten Angabe, wann und von wem ich es in Empfang zu nehmen hätte. Das alles verlange ich nicht aus Starrsinn, sondern weil ich nicht eher für derartige Festlichkeiten zu komponieren imstande bin, bis ich positive Anhaltspunkte dafür habe. Es gibt zwei Arten der Inspiration: die eine erscheint unmittelbar aus der Seele, aus freien Stücken; die andere – *auf Bestellung*. Letztere bedarf, um in Tätigkeit versetzt zu werden, verschiedener aufmunternder und anspornender Mittel in Gestalt von bestimmten Hinweisen, festgesetzten Terminen und recht vieler von Ferne winkender – Hundertrubelscheine. Du überlässt mir die Wahl des einen oder anderen festlichen Moments für die Vertonung, als wenn auch nur einer dieser Momente mir besonders imponieren könnte. Du behauptest, dass das eine geschäftliche Frage sei. Geschäftliche Fragen pflegen aber bestimmt und klar zu sein. Stell Dir vor, dass ich mich bereits inspiriert hätte und eine Festouvertüre für die Eröffnung der Ausstellung komponiert hätte. Was würde daraus werden? Es erweist sich nämlich, dass der grosse Anton [Rubinstein] seinerseits auch etwas ver(An)tont hat. Wo würde ich dann mit meiner Kleckserei bleiben? …

Die Korrektur des 4. Aktes werde ich heute beenden.[152] Die Oper [‚Die Jungfrau von Orleans'] ist lang geworden! Mein armer Verleger! Nun, wir wollen hoffen!" [IX, 1517.]

[[150] Die Erstausgabe des Klavierauszugs trägt das Datum 16. August 1880 der Freigabe durch die Zensurbehörde. Eine zweite, vom Komponisten revidierte Ausgabe erschien 1884, und zwar ebenfalls bei P. Jurgenson, Moskau.]
[[151] In einem Brief vom 29. Mai 1880 hatte Jurgenson von einem Auftrag für eine Komposition zur Eröffnung der Industrie- und Kunstausstellung in Moskau im Jahre 1881 gesprochen.]
[[152] Die Rede ist vom Klavierauszug der „Jungfrau von Orleans".]

Kapitel XV.

[1880, Juli. Brailow. Simaki.
Auf Frau fon Mekks Gut Brailov und in Simaki; genießt die Schönheit des Ortes und der Natur sowie seine Freiheit. Frau fon Mekks kostbares Geschenk: eine in Paris kunstvoll angefertigte Uhr (Jeanne d'Arc – Apollo mit Musen). Kurzes, unbefriedigendes Resümee des bisherigen Schaffens, Unzufriedenheit mit den Ausgaben, Plan korrigierter Neuausgaben. Über Glinka. Ärgert sich über die Verwendung des Dominantseptakkords in der russischen Kirchenmusik. Liest den Klavierauszug der „Jungfrau von Orleans" korrektur. Begeisterung über Bizets „Carmen". Über Victor Hugo und Emile Zola. Lernt Englisch, um englische Literatur im Original lesen zu können.]

An M. Tschaikowsky: „Brailow, d. 4. Juli 1880.

Heute ist bereits der dritte Tag, dass ich hier bin. Meine Reise zeichnete sich diesmal dadurch aus, dass ich jeden Augenblick Bekannte traf und sehr darunter litt. Es war aber auch nicht einer unter ihnen, der mir nicht die Frage vorgelegt hätte, ob ich der Welt bald etwas Neues schenken würde. Einer, ein gewisser S.,[153] welcher mir versicherte, ich hätte ihn in Moskau gut gekannt, erzählte mir sogar seine ganze Lebensgeschichte. Auf der Station Fastowo erblickte ich (zum Glück nur für kurze Zeit) drei Tenöre: Sjetow, Orlow und Barzal.[154] Letzterer sprach über den ‚Onegin' und bemängelte einige Stellen dieser Oper. Sjetow riet mir, Kapellmeister zu werden und Orlow befragte mich hochmütig über meine neue Oper. Während ich mich mit ihnen unterhielt, dachte ich in meinem Inneren: ‚dass euch die Motten frässen!!' Endlich fuhren sie weg. Bis Brailow litt ich sehr unter der Hitze. Ich war auch aufgeregt, ob ich N. F.s Pferde vorfinden oder ob sie mich fortschicken würde; in der letzten Zeit verfolgt mich nämlich der Gedanke, dass N. F. mir untreu geworden sei … Bei der Ankunft fragte ich, ob Briefe da wären. Ja. In meinem Zimmer fand ich zwei Briefe und ein versiegeltes Kästchen. Voller Aufregung mache ich es auf … eine Uhr und dazu die Bitte, sie als Geschenk anzunehmen. Sie soll schon im Winter in Paris bestellt worden sein und kostet gewiss einige tausend Francs. Auf der einen Seite Jeanne d'Arc zu Pferde, auf der anderen – Apollo und zwei Musen. Beides auf schwarzem Emaillehintergrund mit goldenen Sternchen. Überaus feine und schöne Arbeit … Ich habe hier meine sämtlichen Werke vorgefunden. O Gott, wieviel habe ich schon geschrieben, aber wie unvollkommen, ja wie schwach, wie wenig meisterhaft ist das alles gemacht!! Bei den meisten meiner Werke ist auch der Druck sehr schlecht! Ich habe beschlossen, eine Zeit lang gar nichts zu schreiben und mich nur mit Korrekturen oder Neuausgaben meiner früheren Sachen zu beschäftigen." [IX, 1526.]

An Frau von Meck: „Brailow, d. 5. [4.-7.] Juli 1880.

Gestern war das miserabelste Wetter; den ganzen Tag regnete es ununterbrochen, so dass man sich wundern musste, woher so viel Wasser kam. Trotzdem langweilte ich mich gar nicht: ich las, spielte und kramte in Ihrer Musikbibliothek. Unter anderem fand ich dort ein Buch mit Tänzen von Glinka. Fast all diese Walzer, Polkas und Polonaisen waren mir unbekannt und interessierten mich sehr. Glinka ist eine ganz aussergewöhnliche Erschei-

---

[[153] Im Originalbrief nennt Čajkovskij den vollständigen Familiennamen: „Sokolov" – der allerdings nicht weiter bekannt ist.]

[[154] Iosif Ja. Setov (Setrofer; 1826-1894), Opernsänger und Regisseur in Petersburg und Moskau, 1866-1868 Gesangslehrer am Moskauer Konservatorium, 1874-1883 Opernunternehmer in Kiev. – Dmitrij Orlov (1842-1919), von 1867 an Opernsänger am Moskauer Bol'šoj teatr, 1869-1890 in Petersburg, wirkte als Andrej in der ersten Produktion des „Opričnik" mit (Premiere: 12. April 1874); Widmungsträger von Čajkovskijs Romanze op. 25, Nr. 2. – Anton I. Barcal (1847-1927), 1872-1874 an der Oper in Kiev, 1878-1903 am Moskauer Bol'šoj teatr (ab 1882 als erster Regisseur); erster Interpret der Rolle des Triquet im „Evgenij Onegin" am Moskauer Bol'šoj teatr, und Regisseur der ersten dortigen Produktion des „Mazepa" (Premiere: 3. Februar 1884); 1889-1921 Professor am Moskauer Konservatorium.]

nung. Liest man seine Memoiren, welche ihren Verfasser als einen guten und netten, aber zugleich seichten und sogar gemeinen Menschen kennzeichnen, glaubt man kaum, dass derselbe Mensch der Autor jener erzgenialen ‚Slawsja' ist.[155] Und wieviel andere schöne Stellen weisen seine anderen Opern und Ouvertüren auf! Wie erstaunlich originell ist seine „Kamarinskaja", aus welcher alle späteren Komponisten (darunter auch ich) bis heute noch kontrapunktische und harmonische Kombinationen schöpfen, sobald sie ein russisches Tanzlied zu bearbeiten haben. Das geschieht natürlich unbewusst. Glinka hat es eben verstanden, in einem kurzen Stück alles das zu konzentrieren, was Dutzende von Talenten zweiten Ranges nur mit Anspannung aller ihrer Kräfte zu finden vermögen.

Und derselbe Glinka ist es, welcher bereits zur Zeit der höchsten Reife seines Talents solch eine gemeine, schändliche Banalität komponiert wie die Polonaise zur Krönung[156] (komponiert ein Jahr vor seinem Tode) oder die Kinderpolka, von welcher er in seinen Memoiren so selbstzufrieden und umfassend erzählt, als ob das ein Meisterwerk wäre![157] Mozart äussert ebenfalls Naivität in Briefen an seinen Vater und in seinem ganzen Leben, aber diese Naivität war ganz anderer Art. Mozart ist ein Genius voll kindlicher Unschuld, Sanftmut und mädchenhafter Bescheidenheit, als wäre er nicht von dieser Welt. Ihm fehlen Eigenlob und Selbstzufriedenheit; es scheint, dass er sich der Grösse seines Genius gar nicht bewusst ist. Glinka ist im Gegenteil von Selbstverherrlichung durchdrungen; über jede unwesentliche Angelegenheit seines Lebens oder das Erscheinen irgendeines seiner unbedeutenden Werke weiss er ausführlich zu berichten und ist überzeugt, dies sei von geschichtlicher Bedeutung. Glinka ist ein genialer russischer Junker[158] seiner Epoche und als solcher von kleinlicher Eigenliebe, dürftiger Bildung, intolerant, voller Ehrgeiz und Selbstüberhebung und bis ins Krankhafte empfindlich, sobald es sich um die Kritik an seinen Werken handelt. Alle diese Eigenschaften charakterisieren gewöhnlich einen Durchschnittsmenschen; wie um alle Welt konnten sie bei einem Menschen in Erscheinung treten, welcher sich doch, scheint es, seiner Kraft in Ruhe und stolzer Bescheidenheit bewusst sein sollte – das kann ich entschieden nicht begreifen! An einer Stelle seiner Memoiren erzählt Glinka, dass er ein Hündchen besass, das sich nicht zu benehmen wusste, und der Diener musste jeden Augenblick die Zimmer reinigen.

Kukolnik,[159] welchem Glinka seine Memoiren zur Durchsicht gab, machte am Rand die Bemerkung: ‚Wozu denn das?' Glinka vermerkte ebenda mit Bleistift: ‚Warum denn nicht?'

Nicht wahr, das ist sehr charakteristisch? Und dennoch vermochte er die ‚Slawsja' zu komponieren!" [IX, 1527.]

An N. F. von Meck: „Brailow, d. 6. [4.-7.] Juli 1880.

Heute war ich in der orthodoxen, der neuen katholischen und der Klosterkirche. Es liegt etwas im Gesang hiesiger Nonnen, wie übrigens überhaupt in allen russischen Kirchen, was mich grenzenlos ärgert. Das ist der Dominantseptakkord mit der Sept in der Oberstimme, mit welchem bei uns ein fürchterlicher Missbrauch getrieben wird. Nichts ist

---

[155] Der berühmte [Schluss-]Chor aus dem „Leben für den Zaren".
[156] Glinka hatte die Festliche Polonaise für Orchester zur Krönung Aleksandrs II. im Jahre 1855 komponiert.]
[157] Die Herausgeber des Briefbandes ČPSS IX weisen in Anmerkung 3 auf S. 178 auf ein Versehen Čajkovskijs hin: In seinen „Zapiski" (Aufzeichnungen bzw. Memoiren) erwähne Glinka eine „allererste Polka" für Klavier zu vier Händen, die er 1852 geschrieben habe, und nicht die seiner Nichte O. Šestakova gewidmete „Kinderpolka" B-Dur von 1854.]
[158] Im russischen Original: barič = Junker. Juons Übersetzung „Gebieter" trifft den Sinn nicht und ist hier mißverständlich.]
[159] [Nestor V. Kukol'nik (1809-1868).] Russischer Schriftsteller.

so unmusikalisch und so unpassend für die orthodoxe Kirche wie eben dieser gemeine Akkord, welcher im vorigen Jahrhundert von den Herren Galuppi, Sarti und Bortnjanski[160] eingeführt wurde und sich seitdem dermassen in unserem Kirchengesang eingebürgert hat, dass ohne ihn das ‚Gospodi pomilui'[161] überhaupt nicht mehr gesungen wird. Dieser Akkord erinnert an die Handharmonika, in welcher ausser ihm und der Tonika keine anderen Harmonien vorkommen. Er verzerrt die Natürlichkeit der Stimmführung, schwächt und verhunzt den Kirchengesang. Damit Ihnen ganz klar ist, was mir so missfällt, will ich ein Notenbeispiel anführen:

Stattdessen sollte so gesungen werden:

Die neue katholische Kirche macht einen angenehmen Eindruck. Wie viel lieber ist mir doch die orthodoxe Liturgie als die katholische Messe, besonders als die sogenannte ‚messe basse',[162] welche jeder Feierlichkeit entbehrt!" [Ebenfalls IX, 1527.]

An N. F. von Meck: „Brailow, d. 8. Juli 1880.
... Gestern unternahm ich eine Fahrt in den Wald, wo es früher wilde Ziegen gab, von denen jetzt aber nur eine übriggeblieben ist. Man erzählt, die Wölfe hätten sich im Winter an die übrigen gemacht und sie aufgefressen. Das ist sehr schade! Dafür entschädigten mich der herrliche Abend und die wundervolle Spazierfahrt. Bei Sonnenuntergang trank ich Tee, wanderte dann einsam am abschüssigen Ufer hinter dem Tiergarten und empfand dabei die ganze Tiefe des Genusses, welchen der Anblick des Waldes, der untergehenden Sonne und die Frische des anbrechenden Abends bieten; ich dachte, solche Augenblicke genügen, um ihretwegen die kleinen Unannehmlichkeiten, von denen es im Leben wimmelt, mit Geduld zu ertragen, sie genügen, um das Leben zu lieben. Man verspricht uns im Jenseits ewige Freuden; wir kennen diese aber nicht und sind nicht imstande, dieselben zu erfassen. Sind sie aber ewig, und sind wir ihrer wert, dann werden wir sie schon früh genug kennenlernen. Vorläufig möchte man aber leben, und mögen Stunden ähnlich denjenigen wiederkehren, wie ich sie gestern erlebt habe.

[160 Über den Einfluß der italienischen Musik und der als Hofkapellmeister in Petersburg wirkenden italienischen Komponisten wie Vincenzo Manfredini, Baldassare Galuppi, Giuseppe Sarti und Domenico Cimarosa und ihrer russischen Schüler wie z. B. Dmitrij St. Bortnjanskij (1751-1825, von 1796 an Direktor der Petersburger Hofsängerkapelle und Komponist von mehr als 120 geistlichen Chorwerken) auf die Entwicklung der Bühnen- und Kirchenmusik in Russland vgl. die allgemeinen Hinweise in ČSt 2, S. 146 f.]
161 Gott sei uns gnädig! [Wörtlich: „Herr, erbarme dich!"] (Kyrie eleison).
[162 Auch in seinem russischen Originalbrief benutzt Čajkovskij den französischen Begriff „messe basse"; damit wurde die einfache Form der katholischen Messe bezeichnet (im Deutschen gab es analog den Begriff der „Stillen Messe"), bei der der Priester die liturgischen Texte „still" oder nur leise sprach, eventuell von (Orgel-)Musik begleitet (Beispiel: Gabriel Fauré, Messe basse) – im Gegensatz zur festlichen Messe z. B. unter Mitwirkung eines Chors, der die Teile des Ordinarium Missae in mehrstimmigen Vortonungen vortrug.]

Heute gedenke ich, nach Simaki überzusiedeln;[163] soeben entfesselt sich aber ein fürchterliches Gewitter, und es wird wohl den ganzen Tag regnen; möglicherweise bleibe ich heute noch hier. Allzusehr zieht es mich nach Simaki, und doch fällt es mir auch schwer, Brailow zu verlassen! Liebe Freundin, heute habe ich in Ihrem Hause gewissermassen einen Einbruch verübt und will Ihnen meine Schuld gestehen. Im Bücherschrank, im Salon neben Ihrem Schlafgemach, erblickte ich einige neue Bücher, von denen mich viele sehr interessierten; doch war der Schlüssel von dem Schrank nicht vorhanden; auch Marcel[164] hatte ihn nicht, und so kam ich nun auf den Gedanken zu versuchen, den Schrank mit demjenigen Schlüssel zu öffnen, mit denen sich einer der Schränke im Salon neben meinem Zimmer öffnen lässt, und dieser Schlüssel war dazu wie geschaffen. Ich entnahm dem Schrank die Werke von Byron und ‚Moskau' von Martinow.[165] Seien Sie unbesorgt, all Ihre Bücher und Noten bleiben unversehrt. Um Marcels Gewissen zu beruhigen, gab ich ihm bei meiner Abfahrt nach Simaki ein Verzeichnis der Gegenstände, welche ich mitgenommen habe, und will bei meiner Rückkehr alle Noten und Bücher in seiner Anwesenheit an Ort und Stelle legen. Verzeihen Sie bitte mein eigenmächtiges Handeln." [IX, 1529.]

An M. Tschaikowsky: „Simaki, d. 8.[-10.] Juli 1880.
… Ich hatte mir viel von Simaki versprochen, die Wirklichkeit hat aber alle meine Erwartungen noch weit übertroffen. Wie herrlich ist doch der Ort, und elend kommt mir Brailow vor, seitdem ich mich hier befinde. Das Häuschen ist in demselben Zustand verblieben, wie es im vorigen Jahr gewesen war, nur ein wenig renoviert, d. h. es hat neue Möbel erhalten und ist neu tapeziert; die ganze Einrichtung ist ideal komfortabel! Die Gegend ist prächtig! Im Garten gibt es eine Unmenge Blumen. Ich schwelge in einem Ozean von glückseligen Empfindungen. Vor einer Stunde geriet ich inmitten des Weizenfelds, welches hinter dem Garten liegt, dermassen in Ekstase, dass ich niederkniete und Gott für die ganze Tiefe der Wonne dankte, die er mir zuteil werden liess. Ich befand mich auf einem Hügel, vor meinem Blick lag mein Häuschen, umrahmt von dichtem Grün; jenseits des Flusses lag das Dorf, von wo Kinderstimmen, das Blöken von Schafen und das Gebrüll des heimkehrenden Viehs zu mir herüber tönten. Im Westen ging prächtig die Sonne unter, während im auf der entgegengesetzten Seite schon der Vollmond zu sehen war. Allenthalben Schönheit und Freiheit! Ach, ach, ach, was für Momente gibt es doch im Leben! Ihnen zuliebe kann man alles vergessen." [IX, 1532.]

An N. F. von Meck: „Simaki, d. 9.[-11.] Juli 1880.
… Heute hatten wir eine herrliche Nacht! Um 2 Uhr nach Mitternacht verliess ich nur ungern meinen Platz am Fenster. Der Mond schien hell. Die nächtliche Stille, die Blumendüfte und jene wunderlichen, undefinierbaren Laute der Nacht – o Gott, wie ist das alles so schön! Meine liebe Freundin, es freut mich, dass Sie sich jetzt in Interlaken befinden, welches ich so gern habe[166] – und dennoch beneide ich Sie nicht. Es gibt wohl schwerlich einen Ort, wo die Lebensbedingungen meinem Ideal näher kämen als in Simaki. Heute fühle ich mich den ganzen Tag wie mitten in phantastisch schönen Traumbildern." [IX, 1533.]

[163 Simaki war das zum großen herrschaftlichen Gut Brailow und seinem palastartigen Haus gehörende Vorwerk mit einem bescheidenen kleinen Haus, das Frau fon Mekk für Čajkovskij hatte herrichten lassen.]
[164 Marsel' (französisch Marcel) Karlovič (Familienname unbekannt), Frau fon Mekks Angestellter und Faktotum in Brailow.]
[165 Aleksej A. Martynov (1820-1895), Altertumsforscher.]
[166 Im Jahre 1870 hatte Čajkovskij sich dort aufgehalten.]

An N. F. von Meck: „Simaki, d. 14. [12.-15.] Juli 1880.
... Eben spielte ich die ersten Aufzüge der ‚Jungfrau von Orleans' durch, die bereits druckfertig sind. Entweder irre ich mich, oder es war nicht vergebens, meine liebe Freundin, dass Sie auf der Uhr, die Sie mir geschenkt haben, die Heldin meines letzten Opernwerks darstellen liessen.[167] Ich glaube nicht, dass die ‚Jungfrau' mein schönstes und vom Gefühl am meisten durchwärmtes Werk ist, aber es scheint mir, dass es gerade diejenige Komposition ist, welche meinen Namen populär machen kann.

Ich fühle, dass der ‚Onegin' und einige meiner instrumentalen Werke meiner moralischen Individualität am nächsten stehen. Die ‚Jungfrau' habe ich in geringerer Selbstvergessenheit geschaffen als beispielsweise unsere Symphonie [d. h. die Vierte] und das zweite Quartett, aber mit grösserer Berechnung der szenischen und klanglichen Wirkungen; für eine Oper ist das aber das Wichtigste." [IX, 1534.]

An Frau von Meck: „Simaki, d. 18. [16.-19.] Juli 1880.
Gestern abend habe ich – um mich ein wenig von meinen eigenen Arbeiten zu erholen – Bizets ‚Carmen' von Anfang bis Ende durchgespielt. Das ist ein Meisterwerk im wahren Sinne des Wortes, d. h. eine jener wenigen Schöpfungen, welche die musikalischen Bestrebungen einer ganzen Epoche widerspiegeln. Es scheint mir, dass sich unsere gegenwärtige Epoche von den früheren durch ein charakteristisches Merkmal unterscheidet: die Komponisten *jagen nach hübschen und pikanten Effekten*, was weder Mozart noch Beethoven, Schubert und Schumann getan haben. Was ist die sogenannte neue russische Schule anderes als ein Kult verschiedener würziger Harmonisierungen, origineller Orchesterkombinationen und anderer Äusserlichkeiten? Früher komponierte man, man *schuf*, – jetzt sucht und erfindet man. Dieser Fortschritt des musikalischen Denkens ist natürlich ein rein verstandesmässiger, daher ist die gegenwärtige Musik zwar sehr geistreich, pikant und kurios, aber kalt und gefühllos. Und da kommt so ein Franzose, bei dem all diese Gewürze und Pikanterien nicht als Resultat des Suchens und Nachdenkens erscheinen, sondern wie ein Strom daherfliessen, dem Ohr schmeicheln, aber gleichzeitig das Herz erregen. Als wenn er uns zurufen würde: ‚Ihr wollt nichts *Grossartiges, Kraftvolles*, – ihr wollt etwas *Hübsches*, hier habt ihr eine *hübsche Oper*.' In der Tat kenne ich nichts, was mit mehr Recht *hübsch* (joli)[168] genannt werden könnte ... Bizet ist nicht nur ein zeitgemässer, sondern auch ein warm empfindender Künstler ... Ich bin überzeugt, dass ‚Carmen' in etwa zehn Jahren weltweit die populärste Oper sein wird. Aber ‚kein Prophet gilt im eigenen Vaterlande'. In Paris hatte ‚Carmen' keinen grossen Erfolg." [IX, 1539.]

An M. Tschaikowsky: „Simaki, d. 18.[-19.] Juli 1880.
Mein lieber Modja, ich bin der ‚Jungfrau von Orleans' furchtbar überdrüssig geworden und freue mich, sie endlich los zu sein![169] Jetzt fliegt sie schon nach Moskau, und ich brauche mich bis zur Aufführung nicht mehr um sie zu kümmern.

Gestern erhielt ich wieder einen Brief von Dir. Es ist sehr artig, dass Du mir so oft schreibst. Schönen Dank! Schönen Dank (im ironischen Sinn) auch für Deinen Vorschlag, ‚L'homme qui rit' zu lesen.[170] Kennst Du denn nicht die Geschichte meiner Beziehungen zu Victor Hugo? Ich will Dir erzählen, welches Ende sie einst genommen haben. Ich las ‚Les

---

[167] Siehe oben, Čajkovskijs Brief an Frau fon Mekk vom 4. Juli 1880 (ČPSS IX, Nr. 1526).]
[168] Im russischen Originalbrief verwendet Čajkovskij nur das französische Substantiv „le joli".]
[169] Nach dem Korrekturlesen des Klavierauszugs vor der Drucklegung.]
[170] Victor Hugos Roman „L'homme qui rit" war 1869 erschienen.]

travailleurs de la mer'[171] und ärgerte mich immerfort über seine Mätzchen und Firlefanzereien. Endlich, nach einer Reihe kurzer, sinnloser Phrasen mit allerlei Ausrufungszeichen, Antithesen und unausgesprochenen Gedanken, geriet ich in einen solchen Zorn, dass ich das Buch anzuspeien begann, es in Stücke riss, mit den Füssen stampfte und es endlich zum Fenster hinauswarf. Seit der Zeit kann ich den Namen Hugo nicht ausstehen! Glaube mir, Dein Zola ist im Grunde ein ebensolcher Hampelmann,[172] nur in modernerem Gewande. Er ist mir noch nicht ganz so widerlich wie Hugo, aber fast so ...

So gern ich die neuen Franzosen in der Musik habe, so scheusslich finde ich ihre Literatur.

Gestern schrieb ich Dir über Bizet, und heute kommt Massenet an die Reihe. Ich habe bei N. F. [von Meck] sein Oratorium ‚Marie-Magdeleine' gefunden.[173] Nachdem ich den Text durchgelesen hatte, in welchem nicht nur die Beziehungen Christi zu Magdalena und Judas, sondern auch Golgatha und die Auferstehung dargestellt werden, – erfasste mich ein Vorurteil gegen das Werk, denn es schien mir gar zu kühn zu sein. Als ich aber zu spielen begann, wusste ich sofort, dass ich es mit keiner mittelmässigen Komposition zu tun hatte. Das Duett zwischen Christus und Magdalena ist sogar ein chef d'oeuvre. Ich war durch die tiefempfundene Musik so gerührt, dass ich Ströme von Tränen vergoss ... In der Musik stehen die Franzosen jetzt wahrhaftig an der Spitze. Heute muss ich den ganzen Tag an jenes Duett denken und habe unter diesem Eindruck ein Lied komponiert,[174] in welchem die Melodie sehr an Massenet erinnert." [IX, 1541.]

An Frau von Meck: „Simaki, d. [21.-]24. Juli 1880.

Hatte ich Ihnen schon geschrieben, liebe Freundin, dass ich englische Sprachstudien treibe? Hier beschäftige ich mich sehr regelmässig und erfolgreich. Ich hoffe, dass ich nach sechs Monaten fliessend werde englisch lesen können. Das ist auch mein eigentliches Ziel; ich weiss, dass es in meinen Jahren nicht mehr möglich ist, gut sprechen zu lernen." [IX, 1546.]

Kapitel XVI.

[1880, August. Kamenka.
Briefwechsel mit Jurgenson anläßlich des Wunsches von Benjamin Bilse (Berlin), unentgeltlich Aufführungsmaterial zu bekommen. Korrekturen der bevorstehenden Ausgaben von „Capriccio italien" und 2. Klavierkonzert. Kompositionsauftrag für die Eröffnung der Kunst- und Industrieausstellung in Moskau 1881 bzw. die Einweihung der Erlöserkathedrale – zur Entstehungsgeschichte der Ouvertüre „1812". Zwei neue Kompositionen gehen an Jurgenson: Duette op. 46 und Romanzen op. 47.
Plan, alle bisher bei Jurgenson erschienenen Werke durchzusehen und zu korrigieren.
Zwiespältige Gedanken über den Ruhm: „Streben nach Ruhm und Furcht vor seinen Folgen".
3. Fassung von „Romeo und Julia".]

An M. Tschaikowsky: „Kamenka, d. 31. Juli [- 2. August] 1880.

Schon zwei Tage bin ich in Kamenka. Es ist schwer, meine Empfindungen wiederzugeben. Es freute mich, alle wiederzusehen, und doch bin ich nicht recht froh. Eine merk-

---

[171] Den 1866 erschienenen Roman „Les travailleurs de la mer" hatte Victor Hugo während seines Exils auf der Kanalinsel Guernsey geschrieben.]
[172] Im russischen Originalbrief: figljar (= Gaukler).]
[173] „Marie-Magdeleine", Drame sacré in drei Akten von Jules Massenet auf ein Libretto von Louis Gallet (nach Ernest Renans „La vie de Jésus", 1863) war am 11. April 1873 in Paris (Théâtre de l'Odéon) uraufgeführt worden.]
[174] Im russischen Originalbrief nennt Tschaikowsky die Romanze: „Gornimi ticho letela duša nebesami" ('Leise schwebte eine Seele') op. 47, Nr. 2 auf einen Text von A. K. Tolstoj.]

würdige Apathie ist in mir: Widerwillen gegen die Arbeit, gegen das Lesen und besonders gegen das Spazierengehen, obwohl ich pflichtgetreu täglich meine zwei Stunden ablaufe. Ausser den Menschen scheint mir hier alles scheusslich und gemein, sogar die Luft. Wenn ich an die berauschende Luft von Simaki zurückdenke, wenn ich die hiesigen mageren und staubigen Bäumchen betrachte, wenn ich, anstatt in den klaren, kühlen Fluss zu steigen, mein Sitzbad nehme, – dann überkommt mich ein Gefühl der Traurigkeit, ja, es wird mir geradezu übel! ..." [IX, 1553.]

An P. I. Jurgenson: „[Kamenka,] d. 3. August 1880.
In Brailow hatte ich einen Brief von Kotek erhalten, in welchem er mir mitteilt, dass Bilse[175] von mir wissen möchte, welche von meinen Kompositionen ich ihm zur Aufführung empfehlen würde. Ich nannte ihm die 4. Symphonie, die [1. Orchester-]Suite, den ‚Sturm' und das ‚Italienische Capriccio'. Jetzt schreibt Kotek, Bilse habe ihm angedeutet, dass er das Notenmaterial unentgeltlich zu erhalten wünscht und dass ich Dich bitten möchte, ihm Partituren und Stimmen zu übersenden. Obschon ich einerseits sehr wünsche, dass Bilse meine Sachen aufführt, denn er spielt das ganze Jahr über und hat die Eigenschaft, symphonische Werke populär zu machen, so möchte ich andererseits nicht, dass Du meine Sachen druckst, um sie zu verschenken. Jedenfalls müssen wir beide Bilse gegenüber unser Selbstbewusstsein wahren, darum bitte ich Dich nicht, Bilses Wunsch zu erfüllen, sondern teile ihn Dir lediglich mit. Wie denkst Du darüber? Ich würde Dir vorschlagen – wenn Du geneigt sein solltest, ihm die Sachen zu schicken –, dieses nicht in Deinem, sondern in meinem Namen zu tun und den Preis auf mein Konto zu setzen. Das wäre gerecht und einfach, denn der Autor, welcher das Honorar eingesteckt hat, darf sich in Unkosten stürzen, um seine Werke zu verbreiten. Ein Kaufmann jedoch, welcher schon viel Geld ausgegeben hat, darf seine Ware nicht verschenken. Es ist mir allerdings nicht sehr angenehm, einem berühmten Dirigenten meine Kompositionen zu *präsentieren*, ich werde aber bei Bilse gern eine Ausnahme machen, weil er meine ‚Francesca' schon zweimal gespielt hat und dabei ausgezischt und ausgepfiffen wurde."[176] [IX, 1556.]

An P. I. Jurgenson: „[Kamenka,] d. 12. August 1880.
Wenn ich dereinst berühmt werden sollte und man nach meinem Tode Material zu meiner Biographie sammeln sollte, so würde man aus Deinem heutigen Brief gewiss eine ganz falsche Vorstellung von mir gewinnen.[177] Man würde meinen, ich hätte die Gewohnheit gehabt, mich bei einflussreichen Menschen einzuschmeicheln und ihnen meine Kompositionen zur Aufführung aufzudrängen. Dem ist aber ganz und gar nicht so. Ich kann, die Hand aufs Herz gelegt, behaupten, dass ich nie in meinem Leben auch nur einen Finger gekrümmt habe, um mit der Aufmerksamkeit des einen oder anderen Bilse beglückt zu werden. Gerade das ist mein (‚passiver') Stolz. Eine andere Sache ist es, wenn die Initiative von der anderen Seite kommt. Dann bin ich immer sehr gerührt. So war es mit Bülow, so war es mit Colonne in Paris usw. Ich kann nicht vergessen, dass Bilse den Mut gehabt hat, wegen eines meiner Werke mehrmaliges Pfeifen und Zischen über sich ergehen zu lassen. Andererseits gefällt mir seine deutsche Sparsamkeit nicht, welche sich darin äußert, dass er die Noten umsonst haben will. Hättest Du meinen Brief an Kotek gelesen,[178] so würdest Du

---

[175] Der Kapellmeister Benjamin Bilse (1816-1902) veranstaltete seit 1867 mit seinem Orchester im „Berliner Concerthaus" mehr als dreitausend Konzerte („Bilse-Konzerte").]
[176] Diese Aufführungen hatten, kurz hintereinander, am 2. / 14. September und 7. / 19. Oktober 1878 stattgefunden.]
[177] Dieser Brief Jurgensons ist nicht bekannt.]
[178] Dieser Brief Čajkovskijs an Kotek ist ebenfalls nicht bekannt.]

gesehen haben, dass ich selbst Bilse energisch ausgeschimpft habe. An Bilse selbst will ich nicht schreiben ...

Die Korrekturen sind fertig und sollen morgen an Dich abgehen. Das ‚Italienische Capriccio' kann gedruckt werden.[179] Vom [2. Klavier-]Konzert möchte ich noch einen [Korrektur-]Abzug haben.[180] Als ich es im Frühling N. Rubinstein schickte, bat ich ihn, seine Bemerkungen Tanejew mitzuteilen und diesen zu bitten, im Klavierpart nötige Änderungen zu machen, jedoch ohne den musikalischen Sinn zu verändern, denn hierin will ich *auch nicht eine Zeile verändern.* Tanejew antwortete, dass nichts zu ändern wäre. Folglich entsprach dies der Meinung Rubinsteins. Es ist kaum anzunehmen, dass er das Konzert einstudieren wird." [IX, 1562.]

An P. I. Jurgenson: „Kamenka, [zwischen dem 17. und 24.] August 1880.

Sie haben keine grosse Beobachtungsgabe, mein lieber Freund Peter Iwanowitsch. Die kleine von Ihnen verfasste Szene, welche mich im Moment des Empfangs eines Briefes von Ihnen darstellen soll, entspricht ganz und gar nicht der Wirklichkeit. Wenn ich früh morgens unter den angekommenen Briefen ein Kuvert mit Ihrem Firmenaufdruck erblicke, so freue ich mich stets sehr, denn Ihre Briefe sind für mich interessant und wichtig, weil sie nicht nur geschäftliche Angelegenheiten enthalten, sondern mir jedesmal ein sehr lebendiges Bild all dessen entwerfen, was in meinem Moskauer Bekanntenkreis, dem ich über zehn Jahre angehört habe, vor sich geht.

Bitte Nikolai Gregorjewitsch [Rubinstein], mir betreffs des Stückes für die Ausstellung genauere Angaben zu machen.[181] Was wird Anton Gregorjewitsch [Rubinstein] schreiben? Ich möchte nicht, dass mein Stück in derselben Art wäre wie das seinige. Was soll eigentlich besungen werden? Alexander II., Russland überhaupt oder die Erlöserkirche usw.?[182]

Anatol wird Dir zwei neue Werke von mir mitbringen: 1) sechs Duette für Gesang [op. 46], 2) sieben Lieder und Romanzen [op. 47]. Ausserdem hoffe ich bis zur Abreise Anatols mit der Umarbeitung der Romeo-Ouvertüre fertig zu werden. Wie steht die Sache mit Bessel?[183] ...

Dieses Jahr will ich der Durchsicht und Korrektur aller meiner Werke widmen, die bei Dir erschienen sind, angefangen mit Opus 1 und bis zur 3. Symphonie [op. 29]." [IX, 1566.]

An Frau N. F. von Meck: „Kamenka, d. 13. [recte: 10. (9.-18.)] August [1880].

Sie fragen mich, ob ich Ihre Empfindungen bei dem Gedanken an die Möglichkeit eines Denkmals teile. *Ruhm!* Welch gegensätzliche Gefühle weckt er in mir! Einerseits wünsche und erstrebe ich ihn, andererseits – ist er mir verhasst. Wenn der ganze Sinn meines Lebens in meiner Autorenschaft liegt, so muss ich den Ruhm wünschen. Wenn ich es beständig für nötig halte, mich in Tönen auszusprechen, so will ich natürlich auch gehört sein; und je grösser, je verehrungsvoller der Kreis meiner Zuhörer ist, desto besser. Ich wünsche von ganzer Seele, dass meine Musik sich verbreite und dass die Zahl derjenigen,

---

[[179] Der vierhändige Klavierauszug des „Capriccio italien" erschien im September, die Partitur im November 1880 bei P. I. Jurgenson in Moskau.]
[[180] Die Ausgabe des 2. Klavierkonzerts für zwei Klaviere (I: Solopart; II: Klavierauszug des Orchesterparts), von dem hier offenbar die Rede ist, erschien im Oktober 1880, die Partitur im Februar 1881, ebenfalls bei Jurgenson.]
[[181] Vgl. oben den Brief an Jurgenson vom 23. Juni 1880 sowie die Briefe unten vom 28. [27.-30.] September und [8.-]10. Oktober 1880 an N. F. fon Mekk sowie vom 1. September 1880 an P. I. Jurgenson.]
[[182] Vgl. dazu die Briefe 1517, 1525, 1577, 1591, 1603, 1608 f. und 1617 samt Kommentaren in ČPSS IX.]
[[183] Vgl. dazu die Briefe IX, 1413, 1462 und 1470 samt Kommentaren in ČPSS IX.]

die sie lieben und in ihr Trost und Stütze finden, sich vergrössere. In diesem Sinne habe ich den *Ruhm* gern, ja, ist er das Ziel der ganzen ernsten Seite meiner Tätigkeit. Sobald ich aber daran denke, dass sich parallel dazu auch das Interesse an meiner Person im privaten Sinne steigern wird und dass sich im Publikum genug Neugierige finden werden, den Vorhang, hinter dem ich mein intimes Leben zu verbergen suche, beiseite schieben zu wollen, dann ergreift mich ein furchtbarer Kummer und Widerwille, so dass ich mitunter wünsche, für immer zu verstummen, um in Ruhe gelassen zu werden. Ich fürchte nicht die Welt, denn ich kann wohl sagen, dass mein Gewissen rein ist und ich mich nicht zu schämen brauche; doch der Gedanke daran, dass man dereinst in den Kreis meiner intimen Gefühle und Empfindungen, welche ich Zeit meines Lebens sorgsam vor der Aussenwelt verbergen möchte, wird eindringen wollen, – ist schrecklich und traurig. Wenn Sie so wollen, liegt in diesem Kampf zwischen dem Streben nach Ruhm und der Furcht vor seinen Folgen sogar ein tragisches Element. Ich fliege wie ein Schmetterling ins Feuer und verbrenne mir die Flügel. Manchmal lodert in mir der leidenschaftliche Wunsch auf, zu verschwinden, lebendig tot zu sein, damit die anderen mich vergessen. Doch wehe!, da kommt der Schaffensdrang ... ich fliege wieder ins Feuer und verbrenne mir die Flügel!

Wissen Sie, meine Flügel werden gelegentlich der Aufführung meiner Oper [,Die Jungfrau von Orléans'] schon genug zu leiden haben. Ich werde bis an den Hals in das Meer der Theater- und Beamtenschereien versinken müssen und bis zum Erbrechen die faule Atmosphäre kleinlicher Intrigen, mikroskopischer, aber giftiger Ambitionen, jeder Art Schiebereien und groben Eigensinns einzuatmen bekommen. Was tun? Entweder keine Opern schreiben oder auf alles gefasst sein! Ich glaube in der Tat, dass ich nie wieder eine Oper schreiben werde. Wenn ich an all das zurückdenke, was ich im letzten Frühling zu leiden hatte, als ich mich um die Aufführung der Oper bemühte, – vergeht mir wahrlich jede Lust, für das Theater zu schreiben!" [IX, 1561.]

An P. I. Jurgenson: „Kamenka, d. 29. August 1880.

Anatol wird Dir sowohl die Lieder [op. 47] und Duette [op. 46] als auch die verbesserte Partitur und das vierhändige Arrangement der ‚Romeo'-Ouvertüre[184] überbringen. Betreffs der letzteren habe ich folgende Bitte an Dich. Sei so gut und schicke sie an Bote und Bock nach Berlin mit der Bitte, eine neue Ausgabe der Ouvertüre zu machen. Ich könnte ihm ja auch selbst schreiben, doch ist mir unklar, wie weit die Rechte Bessels gehen; aus-serdem möchte ich, dass Du an Bock schreibst, die Ouvertüre habe infolge der Kürzung am Schluss sehr gewonnen und sei ein wirkliches *chef d'oeuvre* geworden (Eigenlob!); so etwas selbst zu schreiben, wäre unziemlich. Ich hoffe, dass Du nach der Auseinandersetzung mit Bessel einen Vertrag mit Bock abschliessen wirst, welcher Dir alle Rechte für Russland sichert. Wie dem auch sei, es ist mein sehnlicher Wunsch, dass die Ouvertüre in ihrer früheren Fassung verschwinde und an ihre Stelle die neue, vollkommenere Ouvertüre trete ..." [IX, 1573.]

[184 Die dritte Fassung mit geändertem Schluss. Kurze Übersicht über Fassungen, Ausgaben und Klavierauszüge des von Milij A. Balakirev angeregten und ihm gewidmeten Werkes: 1. Fassung (zu Lebzeiten nicht erschienen, sondern erst 1950 in ČPSS 23, zusammen mit der 3. Fassung und den von ihr abweichenden Teilen der 2. Fassung), komponiert 1869, Uraufführung am 4. März 1870 in Moskau unter der Leitung von Nikolaj G. Rubinštejn. – 2. Fassung: Sommer 1870, wesentlich: neue Einleitung und umgearbeitete Durchführung. Ausgabe der Partitur und eines Klavierauszugs zu zwei Händen von Karl Bial bei Bote & Bock, Berlin 1871 (Partitur) bzw. 1872 (Klavierauszug). Klavierauszüge zu vier Händen von Nadežda N. Purgol'd (verh. Rimskaja-Korsakova) und für zwei Klaviere zu vier Händen von Karl Klindworth bei V. Bessel', Petersburg 1872. – 3. Fassung (neuer Schluß): August 1880. Partitur und Klavierauszug zu vier Händen (N. N. Purgol'd) in entsprechend geänderter Form bei Bote & Bock, Berlin 1881.]

Die chronologische Reihenfolge der Werke Peter Iljitschs in der Saison 1879-1880 ist folgende:

1) Op. 44. Zweites Konzert für Klavier und Orchester in drei Sätzen, N. G. Rubinstein gewidmet. Zum ersten Mal öffentlich gespielt am 22. [recte: 21.] Mai 1882 ([Solist:] S. I. Tanejew [– Dirigent: Anton G. Rubinstein]). Verlag Jurgenson.[185]

2) Umarbeitung der 2. Symphonie. Verlag Bessel.

3) Op. 45. „Italienisches Capriccio" für grosses Orchester, K. Dawidow gewidmet. Die erste Fanfare dieses Werks ist ein Signal der italienischen Kavallerie, welches P. I. allabendlich hörte, als er im Hotel Costanzi wohnte, neben welchem sich eine Kaserne der Kgl. Kürassiere befand. Verlag P. Jurgenson.

4) Die Musik zum lebenden Bild „Montenegro im Moment des Empfanges der Nachricht von der Kriegserklärung Russlands an die Türkei. Ein Dorfältester liest den Montenegrinern das Manifest vor." Diese Partitur ist, ohne eine Aufführung erlebt zu haben (das geplante Jubiläumskonzert hat nicht stattgefunden), spurlos verschwunden.

5) Op. 46. Sechs Duette für Gesang mit Klavierbegleitung. Tatjana Dawidow gewidmet. I. Der Abend, II. Ballade, III. Tränen, IV. Im Garten, V. Leidenschaft, VI. Dämmerung. Verlag P. Jurgenson.

6) Op. 47. Sieben Lieder mit Klavierbegleitung. A. W. Panaew[186] gewidmet. I. Wenn ich das gewusst, II. Durch die Gefilde des Himmels, III. Der Dämmerung Schleier sank, IV. Schlaf ein, betrübtes Lieb, V. Gesegnet seid mir, Wald und Au, VI. Ob heller Tag, VII. War ich nicht ein Halm. Verlag P. Jurgenson.

Ausserdem hat Peter Iljitsch die „Romeo"-Ouvertüre endgültig umgearbeitet.

---

[185] Zu einer früheren Aufführung in den USA siehe oben, S. 102, Anmerkung 126.]
[186] Der Sängerin Aleksandra V. Panaeva, verh. Karcova.]

Kapitel XVII-XXII: 1880-1881.

Kapitel XVII.

[1880, September-Oktober. Kamenka.
Čajkovskijs Plan der Revision seiner früher erschienenen Werke. Mozart-Begeisterung.
Kritik am Vielschreiber A. Rubinštejn. Überlegung, eine Musikgeschichte oder Musikmonographie zu schreiben (Glinka, Dargomyžskij, Serov?) – stattdessen neue Kompositionspläne. Ouvertüre „1812" und Serenade für Streichorchester. Ponchiellis „Gioconda". Abneigung gegen die Klaviertrio-Besetzung.]

An P. I. Jurgenson: „[Kamenka,] 1. September 1880.

Jetzt will ich an die Korrektur aller meiner früheren Werke gehen. Da ich aber nicht alles allein bewältigen kann, bat ich Tanejew, Langer[187] und Kaschkin, gemeinschaftlich die erste und dritte Symphonie sowie den ‚Sturm' zu bearbeiten. Ich hoffe, dass sie mir die Bitte nicht abschlagen werden.

Jetzt noch eine Bitte. Gelegentlich des Puschkin-Jubiläums ist, glaube ich, in Moskau ein Buch erschienen: eine Sammlung von Gedichten, in welchen Moskau besungen wird. Das Buch heisst, wenn ich nicht irre: ‚Moskau in den Werken russischer Dichter'.[188] Dieses Buch brauche ich dringend, denn ich hoffe, in ihm Stoff für meine Ausstellungsmusik zu finden, welche ich bald – allerdings mit grosser Abscheu – in Angriff nehmen werde. Wie steht es mit meiner zweiten Symphonie? Wie weit ist überhaupt die Angelegenheit mit Bessel? Ich fürchte, er wird die Neuausgabe nicht machen. Das wäre furchtbar unangenehm für mich."[189] [IX, 1577.]

An Frau von Meck: „Kamenka, 4. [1.-6.] September 1880.

Ich tue jetzt absolut gar nichts und streife tagelang durch Wälder und Felder. Ich möchte mich ein wenig von meiner eigenen Musik erholen und will möglichst viel fremde Musik spielen. Daher habe ich Mozarts ‚Zauberflöte' zu studieren begonnen. Noch nie ist ein so sinnlos dummer Text in so herrliche Musik gesetzt worden. Wie dankbar bin ich meinem Schicksal, dass Mozarts Musik für mich auch nicht um eines Haares Breite ihren ungekünstelten bezaubernden Reiz verloren hat. Sie glauben nicht, liebe Freundin, welch wunderbare Empfindungen mich durchfluten, wenn ich mich in seine Musik versenke. Das ist etwas ganz anderes als jenes leidenschaftliche Entzücken, welches ein Beethoven, ein Schumann oder Chopin in mir hervorrufen … Meine Zeitgenossen sind schon in ihrer Kindheit vom Geiste der modernen Musik umfangen worden und haben Mozart erst später kennengelernt, nachdem sie beispielsweise schon mit Chopin bekanntgeworden waren, in welchem sich der Byronsche Geist der Verzweiflung und Enttäuschung so grell widerspiegelt. Mich hat das Schicksal zum Glück in einer wenig musikalischen Familie grossgezo-

---

[187 Éduard L. Langer (1835-1908), Klavierlehrer am Moskauer Konservatorium, hat etliche Klavierauszüge zu zwei oder vier Händen von Werken Čajkovskijs angefertigt (Opern, Balletten, Orchester- und Kammermusik).]
[188 Das Buch „Moskva v rodnoj poèzii", herausgegeben von S. I. Ponomarev, Petersburg 1880, ist in Čajkovskijs Bibliothek in Klin erhalten geblieben.]
[189 Die 2. Symphonie c-Moll op. 17 hatte Čajkovskij von Juni bis November 1872 komponiert (1. Fassung) und im Dezember 1879 / Januar 1880 überarbeitet (2. Fassung). Aus Dankbarkeit für dessen Bemühungen um die Aufführung der Oper „Opričnik" hatte Čajkovskij das Werk dem Petersburger Verleger Bessel' zugesagt, der die Partitur und den Klavierauszug zu vier Händen publizieren wollte; doch erschien 1873 nur der Klavierauszug (1. Fassung). Die zweite Fassung brachte V. Bessel 1881 heraus: Partitur, Stimmen und Klavierauszug zu vier Händen. Die Partitur der von der 2. Fassung abweichenden Partien der 1. Fassung erschien zum ersten Mal 1954 in ČPSS 15b; dieser Band enthält im Hauptteil auch die komplette 2. Fassung des Werkes.]

gen, so dass meine Kindheit von dem Gift der Nach-Beethovenschen Musik nichts wusste. Dasselbe Schicksal stiess mich im Jugendalter auf Mozart und enthüllte mir ungeahnte Horizonte. Diese Jugendeindrücke werden wohl nie verwischt werden. Wissen Sie, dass ich mich beim Spielen oder Lesen Mozarts jünger und frischer fühle? – Doch genug. Ich weiss, dass wir in der Bewertung Mozarts nicht einig sind und dass Sie meine Dithyramben nicht im geringsten interessieren." [IX, 1578.]

An Frau von Meck: „Kamenka, d. 9. [9.-12.] September 1880.

Meine Hoffnungen auf eine längere Erholungsfrist scheitern gewöhnlich sehr schnell. Kaum habe ich begonnen, eine Reihe freier Tage zu geniessen, als ich auch schon ein unbestimmtes Gefühl der Langeweile, des Unwohlseins zu spüren beginne. Heute beschäftige ich mich ein wenig mit dem Projekt einer neuen Symphonie,[190] und siehe da! – ich war wieder gesund. Es scheint, dass ich – ausser auf einer Reise – auch nicht zwei Tage untätig verbringen kann. Das hat allerdings auch seine gute Seite. Ich fürchte sehr, ein solcher Schreiber wie Anton Rubinstein zu werden, welcher es für seine Pflicht zu halten scheint, die Welt mit neuen Kompositionen zu beglücken. Dadurch hat er sein eminentes schöpferisches Talent zersplittert, gewissermassen in kleine Münze umgesetzt, so dass der grösste Teil seiner letzten Werke Kupfergeld ist und nicht jenes reine Gold, welches er geben könnte, wenn er sich ein wenig zügeln wollte. In den letzten Tagen suchte ich immer irgendeine Arbeit, welche mich von der Musik ablenken und dennoch genügend interessieren könnte, doch habe ich nichts finden können. In der russischen Literatur gibt es noch nicht einen einzigen Leitfaden der Musikgeschichte, es wäre daher gut, wenn ich mich mit der Abfassung eines solchen Buches beschäftigen würde; ich denke manchmal daran. Dann dürfte ich aber wenigstens zwei Jahre lang nicht ans Komponieren denken, – und das wäre zu viel. Eine Übersetzung zu beginnen, – ist nicht interessant genug. Eine Künstlermonographie schreiben? Doch ist über die westeuropäischen Musiker schon so viel geschrieben worden! Für Glinka, Dargomyshsky und Serow kann ich mich nicht recht begeistern, denn so hoch ich ihre Werke schätze, so wenig schätze ich sie als Menschen. Von Glinka habe ich Ihnen einst erzählt. Was Serow anbelangt, so war er allerdings ein sehr kluger und enzyklopädisch gebildeter Mann. Ich konnte ihn aber als moralische Persönlichkeit nicht gut leiden. Soweit ich ihn verstand, war er nicht gutherzig, – und das genügt, um die Lust in mir abzuschwächen, ihm meine Mussestunden zu widmen.

So bleibt mir als Beschäftigung nichts weiter übrig als – zu komponieren. Ich plane bereits eine Symphonie oder ein Streichquintett; ich weiss noch nicht, wofür ich mich entscheiden werde." [IX, 1585.]

An Frau von Meck: „Kamenka, d. 12. [9.-12.] September 1880.

Ich wage es, mit folgender Bitte an Sie heranzutreten. Einer der Kontorbeamten hier in Kamenka hat einen Sohn (etwa fünfzehn Jahre alt), welcher ein ausserordentliches Talent für die Malerei zu besitzen scheint. Da es meiner Ansicht nach hart gewesen wäre, ihm nicht die Mittel zum Studium zu geben, hatte ich ihn seinerzeit nach Moskau geschickt und Anatol gebeten, ihn in der Schule für Malerei und Bildhauerei unterzubringen. Nun erweist es sich aber, dass der Lebensunterhalt des Knaben weit mehr kostet, als ich glaubte. Darum kam mir der Gedanke, Sie um Folgendes zu bitten: Würde sich in Ihrem Hause vielleicht ein kleiner Raum finden, wo der betreffende Knabe wohnen könnte, selbstverständlich nicht ohne Überwachung. Es braucht nur ein ganz kleines Zimmer mit Bett, Schrank und Tisch zu sein, wo er schlafen und arbeiten könnte. Vielleicht könnte Ihr Diener ihn ein

---

[190 Das Projekt entwickelt sich schließlich zur Serenade für Streichorchester.]

wenig überwachen und in manchen Dingen beraten? Der Knabe ist von tadellosem Betragen: fleissig, gut, gehorsam, reinlich, kurz – ein Musterknabe. Für Essen und Trinken werde ich sorgen ..."[191]

Auch ein musikalisches Talent habe ich hier entdeckt, und zwar in der Person der Pfarrerstochter. Ich habe sie unter sehr günstigen Bedingungen im Konservatorium untergebracht: Sie ist unentgeltlich ins Heim für unbemittelte Schülerinnen aufgenommen worden." [Ebenfalls IX, 1585.]

An Frau von Meck: „Kamenka, d. 19. September 1880.

Gestern erhielt ich von der Direktion der Kaiserlichen Theater die offizielle Benachrichtigung, dass meine Oper [‚Die Jungfrau von Orleans'] angenommen ist und im Januar aufgeführt werden soll.[192] Das Textbuch ist von der Zensur genehmigt, aber mit einigen Beschränkungen: der *Erzbischof* muss Wanderer genannt werden, alle Gespräche über das Kreuz müssen beseitigt werden, auch dürfen auf der Bühne keine Kreuze zu sehen sein. Es wird nichts übrigbleiben als sich zu fügen." [IX, 1597.]

An Frau von Meck: „Kamenka, d. 28. [27.-30.] September 1880.

N. G. Rubinstein hatte sich mit der Bitte an mich gewandt, ein grosses Werk für Chor und Orchester zu schreiben, welches bei der Moskauer Ausstellung aufgeführt werden soll. Er schlägt mir drei musikalisch zu illustrierende Sujets vor: 1) die Eröffnung der Ausstellung, 2) die 25-Jahr-Feier der Krönung [des Zaren], 3) die Einweihung der Erlöserkirche. Es gibt nichts Unangenehmeres für mich, als zu irgendwelchen festlichen Gelegenheiten in Moskau Musik zu fabrizieren. Was könnte man z. B. für die Eröffnung der Ausstellung schreiben ausser Banalitäten oder lärmenden Gemeinplätzen? Doch habe ich nicht den Mut, die Sache abzulehnen, und werde wohl oder übel an die Arbeit gehen müssen. Über mein [2. Klavier-]Konzert sagt Nikolai Gregorjewitsch, dass der Klavierpart zu episodisch sei und gegenüber dem Orchester nicht genügend hervortrete. Ich glaube, er irrt sich. Übrigens hat er das Konzert nur flüchtig durchgesehen, und ich hoffe, dass er seine Meinung bei genauerem Studium ändern wird. Überhaupt ist Rubinstein bei der Beurteilung eines neuen Werkes sehr oft ungerecht. – Wenn er aber recht hat, dann ist es sehr ärgerlich, denn ich habe hauptsächlich dafür gesorgt, dass das Soloinstrument sich recht vorteilhaft von dem Orchesterhintergrund abhebt." [IX, 1603.]

[Der hier in der Originalausgabe unter dem Datum „Kamenka, d. 2. Oktober 1880" eingeordnete Brief an A. Tschaikowsky datiert tatsächlich vom 3. Oktober 1882 und ist daher an der betreffenden Stelle weiter unten eingefügt.]

An Frau von Meck: „Kamenka, d. [8.-]10. Oktober 1880.

Stellen Sie sich vor, liebe Freundin, in der letzten Zeit war mir meine Muse sehr hold, denn ich habe mit grosser Schnelligkeit zwei Sachen komponiert, und zwar: 1.) eine grosse Festouvertüre [„1812" op. 49] für die Ausstellung, 2.) eine Serenade für Streichorchester [op. 48] in vier Sätzen. Beide Stücke werden jetzt instrumentiert. Die Ouvertüre[193] wird sehr laut und lärmend sein. Ich habe sie ohne viel Liebe geschrieben, weshalb sie wahrscheinlich eines grossen künstlerischen Wertes entbehren wird. Die Serenade dagegen habe

---

[191] Aus diesem Knaben ist leider kein Künstler ersten Ranges geworden. Doch ist das Studium nicht nutzlos für ihn gewesen: Er ist gegenwärtig Zeichenlehrer in einer Realschule in Südrussland.
[192] Tatsächlich fand die Uraufführung im Petersburger Mariinskij teatr unter der Leitung von Éduard F. Napravnik am 13. Februar 1881 statt.]
[193] Es ist die Ouvertüre „Das Jahr 1812", op. 49.

ich aus innerem Drang komponiert. Sie ist vom Gefühl erwärmt und hoffentlich nicht ohne künstlerische Vorzüge ...

Ponchiellis ‚Gioconda' habe ich erhalten und nicht ohne Vergnügen durchgespielt. Wenn ich nicht irre, fehlt Ponchielli ein echtes schöpferisches Talent, er ist aber ein feinfühlender Musiker mit gutem Geschmack. Einige Stellen sind sehr schön und effektvoll, entbehren aber jeglicher Originalität.

Der Einfluss Verdis (der letzten Periode) und der französischen Opernschule ist unverkennbar ..." [IX, 1609.]

An Frau von Meck: „Kamenka, d. 14.[-16.] Oktober 1880.

... Wie froh bin ich, dass Ihnen meine Oper [‚Die Jungfrau von Orleans'] gefallen hat![194] Es ist mir höchst angenehm, dass Sie in derselben nichts ‚Russisches' gefunden haben, denn ich fürchtete das sehr und hatte mich bemüht, in dieser Oper möglichst objektiv zu sein." [IX, 1613.]

An Frau von Meck: „Kamenka, d. 24.[-27.] Oktober 1880.

Ich bin zwar kein Richter über meine eigenen Werke, doch kann ich guten Gewissens sagen, dass ich sie alle (mit wenigen Ausnahmen) *durchlebt* und *durchfühlt* habe. Es ist das schönste Glück für mich, dass es in der Welt eine mir verwandte Seele gibt, welche meine Musik versteht. Der Gedanke daran, dass Sie alles mitempfinden werden, was mich erfüllt, wenn ich das eine oder das andere Werk schreibe, begeistert und erwärmt mich stets. Solcher Seelen gibt es nicht viele; unter den Menschen, unter denen ich lebe, kann ich nur meine Brüder nennen; namentlich steht mir Modest geistig sehr nahe. Unter den Fachmusikern habe ich am allerwenigsten lebendiges Mitgefühl gefunden ...

Sie fragen, warum ich kein Trio komponiere. Verzeihen Sie, meine liebe Freundin. Ich würde Ihnen sehr gern diesen Gefallen tun, – doch geht das über meine Kräfte. Mein akustischer Apparat ist so eingerichtet, dass ich die Kombination des Klaviers mit einer Violine oder einem Cello nicht vertragen kann. Meiner Ansicht nach stossen sich diese Klangcharaktere voneinander ab, und ich versichere Ihnen, dass es für mich die grösste Pein ist, ein Trio oder eine Sonate für Klavier und Streichinstrumente anzuhören. Ich kann mir diese physiologische Tatsache nicht erklären, konstatiere sie nur. Eine ganz andere Sache ist die Besetzung Klavier mit Orchester: Hier gibt es auch keine klangliche Verschmelzung; das Klavier hat einen elastischen Ton, welcher von jeder anderen Klangmasse gleichsam abspringt; hier sind aber zwei ebenbürtige Gegner, das machtvolle und an Farben unerschöpflich reiche Orchester, welches von dem kleinen, unansehnlichen, aber geistig kraftvollen Klavier bekämpft und (bei talentvoller Ausführung) besiegt wird. In diesem Kampf liegt viel Poesie und für einen Komponisten eine Fülle verführerischer Momente. Wie unnatürlich ist dagegen die Vereinigung solcher drei Individualitäten wie Geige, Cello und Klavier. Hier gehen die Vorzüge eines jeden verloren. Der gesangreiche und von einem herrlichen Timbre durchglühte Ton der Violine oder des Cellos erscheint einseitig neben dem *König* der Instrumente, dem Klavier, während dieses letztere vergebens zu beweisen versucht, dass es zu singen vermag wie seine Gegner. Das Klavier hat nur in drei Fällen eine Daseinsberechtigung: 1.) als Soloinstrument, 2.) im Kampf mit dem Orchester und 3.) zur Begleitung, gewissermassen als Hintergrund für ein Bild; in einem Trio wird aber eine Gleichberechtigung und Verwandtschaft der Instrumente vorausgesetzt, welche es

---

[194 Die Erstausgabe des Klavierauszugs der Oper ist zwar erst im April 1881 bei Jurgenson erschienen (die Partitur folgte, postum, 1899). Doch waren einzelne Nummern des Klavierauszugs bereits im August 1880 herausgekommen.]

zwischen dem Klavier und den Streichinstrumenten nicht gibt. Daher liegt in den Klaviertrios stets etwas Unnatürliches, jedes der drei Instrumente spielt beständig nicht das, was seinem Charakter entspricht, sondern – was der Autor ihm aufgebunden hat, denn letzterer stösst bei der Verteilung der Stimmen und der Anordnung der Teile seiner musikalischen Gedanken beständig auf Schwierigkeiten. Der genialen Kunst eines Beethoven, Schumann und Mendelssohn, jene Schwierigkeiten zu bekämpfen, lasse ich volle Gerechtigkeit widerfahren; ich weiss, dass es viele Trios mit herrlicher Musik gibt, ich mag nur nicht das Trio als Form und bin nicht imstande, aus meinem Inneren heraus etwas für diese Klangkombination zu schaffen. Ich weiss, liebe Freundin, dass Sie mir in diesem Punkte nicht beistimmen, denn Sie lieben das Trio, – wir sind bei aller Verwandtschaft unserer musikalischen Naturen zwei verschiedene Personen, weshalb es gar nicht verwundert, dass wir in manchen Dingen auseinandergehen." [IX, 1617.]

An P. Jurgenson: „[Kamenka,] d. 27. Oktober 1880.

Lieber Freund, ich sende Dir Bessels Brief. Man könnte glauben, er habe mir nichts als Wohltaten erwiesen. Antworten werde ich ihm nicht.

Deiner harrt eine unangenehme Überraschung. Ich habe *aus Versehen* eine Serenade für Streichorchester in vier Sätzen komponiert und sende Dir übermorgen die Partitur und das Klavierarrangement zu vier Händen. Ich sehe Dich schon aufspringen und ‚danke schön, – das habe ich nicht erwartet!' ausrufen.

Ist sie nun wirklich sehr schön, oder gefällt sie mir nur deshalb so gut, weil sie mein jüngster Spross ist, kurz – ich habe sie furchtbar gern und möchte sie so schnell wie möglich veröffentlichen lassen. Es ist eine sehr angenehme Form, weil nur fünf Stimmen nötig sind. Ich wollte schon nach Leipzig reisen, sie dort eiligst stechen lassen, damit sie noch in dieser Saison fertig werde, und die Platten Dir übergeben.[195] Ich möchte so gern, dass sie noch in dieser Saison zur Aufführung komme, vielleicht im Konzert des Fonds,[196] weil dort das Orchester verstärkt ist."[197] [IX, 1619.]

An Frau von Meck: „Kamenka, d. [24.-]27. Oktober 1880.

Ich kann mich noch immer nicht von meiner Krankheit erholen und leide täglich an fürchterlichen, noch nie dagewesenen Kopfschmerzen. Es schmerzt immer ein und dieselbe Stelle im Inneren des Kopfes, wie wenn eine Nadel im Gehirn steckt. Bei der geringsten Gedankentätigkeit erscheint der Schmerz und ist durch keine Mittel zu vertreiben. Er verschwindet dann plötzlich von selbst und ganz unerwartet. Ich kann gar nicht arbeiten und nur mit Mühe Briefe schreiben. Dieses kleine Ungemach belästigt und beunruhigt mich sehr, weil die Instrumentierung der Ouvertüre [„1812"] für die Ausstellung eben erst begonnen worden ist. Nichtsdestoweniger werde ich wohl einige Tage untätig bleiben müssen." [Ebenfalls IX, 1617.]

[195 Die Partitur der Serenade erschien im Januar 1881 bei Jurgenson, der vierhändige Klavierauszug folgte im April desselben Jahres – beide Ausgaben waren bei Jurgenson auch gestochen worden.]
[196 „Fonds"-Konzerte hießen solche Sonderkonzerte der Russischen Musikgesellschaft, deren Einnahmen in den Fonds zur Unterstützung von Künstlern, bedürftigen Konservatoriumsschülern sowie Witwen und Waisen von Künstlern flossen.]
[197 Eine nichtöffentliche Aufführung, mit der man den Komponisten überraschen wollte, durch Studenten des Moskauer Konservatoriums fand am 21. November 1880 statt. Die öffentliche Erstaufführung fand am 18. Oktober 1881 unter der Leitung von Éduard F. Napravnik in St. Petersburg statt, die Moskauer Erstaufführung am 16. Januar 1882 unter der Leitung von Max Erdmannsdörfer.]

An Frau von Meck: „Kamenka, d. 7. November 1880.

Liebe Freundin, meine Gesundheit hat sich gebessert, denn jenes hartnäckige neuralgische Kopfweh ist verschwunden. Dennoch muss ich mich einstweilen jeglicher Arbeit und Gehirnanstrengung enthalten. Ich hoffe, dass ich mich wohler fühlen werde, sobald es mir gelingen wird, das Projekt einer Reise ins Ausland zu verwirklichen. Doch werde ich den endgültigen Entschluss erst in Moskau fassen können, wo ich Montag einzutreffen gedenke. Dort erwarten mich Korrekturen und andere Angelegenheiten." [IX, 1624.]

Kapitel XVIII.

[1880, Dezember. Petersburg. Moskau.
Aufführung der Liturgie op. 41 und der Streicherserenade op. 48 im Moskauer Konservatorium.
Auch öffentlich wird die Liturgie in Moskau aufgeführt. Uraufführung des „Capriccio italien".
Vorbereitung der Inszenierung des „Evgenij Onegin" im Moskauer Bol'šoj teatr und der
„Jungfrau von Orleans" im Petersburger Mariinskij teatr. Wiederaufnahme des „Opričnik" ebenda.
Aufführungen des 1. Streichquartetts, der Liturgie (unterschiedliche und gegensätzliche Meinungen zu ihr),
des „Capriccio italien" (Kjuis vernichtende Kritik).]

An Frau von Meck: „St. Petersburg, d. 27. November 1880.

… Die Moskauer Direktoren der Musikgesellschaft interessieren sich sehr für meine Liturgie. Einer von ihnen, Alexejew,[198] hat sie sogar von dem besten Chor einstudieren lassen, – natürlich für ein gutes Honorar. Das Resultat dieses Einstudierens war eine Aufführung der Liturgie im Saal des Moskauer Konservatoriums (vorigen Freitag).[199] Der Chor sang wunderschön, und ich erlebte eine der süssesten Stunden meiner Komponistenlaufbahn. Alle Anwesenden waren nicht weniger zufrieden als ich selbst, und es wurde beschlossen, die Liturgie in einem Sonderkonzert der Musikgesellschaft öffentlich zu Gehör zu bringen.[200] So wird denn die Liturgie trotz aller Verfolgungen endlich ihr Publikum finden. An jenem Abend wurde mir ausserdem, als eine Überraschung, meine Serenade für Streichinstrumente vorgespielt. Dieses Stück halte ich augenblicklich für mein bestes Stück; es wurde von den Professoren und den Schülern des Konservatoriums sehr befriedigend ausgeführt und machte mir sehr viel Freude.

Hatte ich Ihnen schon geschrieben, dass ‚Eugen Onegin' in prachtvoller Ausstattung im Grossen Theater in Szene gehen soll?[201] Ich freue mich sehr darauf, denn es handelt sich um die Entscheidung der wichtigen Frage, ob diese Oper ein Repertoirestück werden kann oder nicht, d. h. ob sie sich auf der Bühne behaupten wird. Da ich sie nicht für die [grosse] Bühne geschrieben habe, unternahm ich selbst nie etwas für die Aufführung in einem Theater.

Ich wohne hier im Hotel ‚Europäischer Hof', habe ein sehr stilles, isoliertes Zimmer und beabsichtige, fünf Tage in Petersburg zu bleiben. Am Donnerstag früh will ich wieder in Moskau sein, um der Probe für das Konzert beizuwohnen, in welchem das ‚Italienische Capriccio' zum ersten Mal aufgeführt werden soll."[202] [IX, 1632.]

---

[198] [Nikolaj A. Alekseev (1852-1893).] Der spätere Bürgermeister von Moskau [1885-1893].
[199] 21. November 1880.]
[200] 18. Dezember 1880, Čudovskij-Chor, Leitung: Petr Sacharov. Zum ersten Mal war die Liturgie im Juni 1879 in der Universitätskirche in Kiev aufgeführt worden.]
[201] Die Premiere dieser Produktion des Moskauer Bol'šoj teatr fand am 11. Januar 1881 statt.]
[202] Das 7. Symphoniekonzert der Russischen Musikgesellschaft fand am 6. Dezember 1880 unter der Leitung von Nikolaj G. Rubinštejn statt. Die Petersburger Erstaufführung folgte noch im selben Monat: am 26. Dezember 1880 in einem von Ėduard F. Napravnik geleiteten Konzert der Russischen Oper.]

An Frau von Meck: „St. Petersburg[, d. 2.-5. Dezember 1880].

Nur die ersten zwei Tage habe ich hier Ruhe gehabt. Gelegentlich eines Besuches bei Napravnik habe ich erfahren, dass die bevorstehende Aufführung der ‚Jungfrau von Orleans' in Theaterkreisen grosse Aufregung hervorgerufen hat. Im Frühling hatte ich bei der Rollenverteilung die Partie der Johanna mangels anderer Sängerinnen den Damen Raab[203] und Makarow[204] übertragen. Unterdessen ist aber eine neue Prätendentin auf diese Rolle erschienen, und zwar Frau Kamenskaja, welche zwar eine Mezzosopranstimme besitzt, aber von solch immensem Umfang, dass sie wohl imstande ist, die Partie der Johanna zu singen. Die Schönheit ihrer Stimme und ihre Figur machen sie für diese Rolle viel geeigneter als jene beiden Sängerinnen, so dass ich beschlossen habe, alles mögliche zu tun, damit sie diese Rolle erhält. Was ich alles in dieser Angelegenheit zu erdulden gehabt habe, wieviele Schwierigkeiten und Unannehmlichkeiten bekämpft werden mussten, das will ich Ihnen gar nicht erst erzählen. Zuletzt war ich genötigt, von meinem gesetzlichen Urheberrecht, die Rollen nach meinem Wunsch zu besetzen, Gebrauch zu machen, und erst dann wurde Frau Kamenskaja als Interpretin der Johanna zugelassen, allerdings unter der Bedingung, nicht in der Premiere aufzutreten.[205] Ein anderes Resultat meiner Petersburger Laufereien ist eine starke Erkältung, welche mich schon den dritten Tag an mein Zimmer fesselt, so dass ich die Reise nach Moskau aufschieben muss. Überhaupt habe ich mich schon lange nicht mehr so unglücklich gefühlt wie derzeit. Ich habe mir das Wort gegeben, nie wieder eine Oper für die Petersburger Bühne zu schreiben. Eine fürchterliche Stadt ist das. Schon allein der ewige Nebel und die Abwesenheit der Sonne! Während ich Ihnen schreibe (es ist 11 Uhr vormittags), brennen zwei Kerzen auf meinem Tisch ...

Meine Oper wird von allen sehr liebevoll behandelt, und Napravnik prophezeit einen grossen Erfolg ... Die Proben sollen in der nächsten Woche beginnen, und die Premiere soll Ende Januar oder Anfang Februar stattfinden."[206] [IX, 1636.]

An Frau von Meck: „Moskau, d. 9. Dezember 1880.

Kaum war ich gestern abend hier angekommen, als man mir auch schon einen ganzen Stoss Korrekturen brachte. Doch will ich zuerst einige Änderungen in der Partitur der ‚Jungfrau von Orleans' machen, welche Napravnik nachdrücklich wünscht. Es fällt mir sehr schwer, aber ich kann die Ratschläge eines so ehrlichen und von meiner Musik eingenommenen Menschen, wie Napravnik es ist, nicht unbeachtet lassen. Die letzten zwei Tage war ich an meinen Schreibtisch gefesselt. Wie müde mein armer Kopf ist, davon kann ich Ihnen nicht einmal einen annähernden Begriff geben. Ich bleibe bis zum 21. hier. Am Montag nächster Woche wird mein zweites Quartett aufgeführt,[207] am Donnerstag [18. Dezember] meine Liturgie in einem Sonderkonzert der Musikgesellschaft, und am Sonnabend findet das 8. Symphoniekonzert [der Musikgesellschaft] statt, in welchem N. Rubinstein

---

[203 Die Sopranistin Vil'gel'mina (Wilhelmine) I. Raab (1848-1917) gehörte seit 1872 dem Petersburger Opernensemble an und hatte 1884-1917 eine Professur am Petersburger Konservatorium inne; sie war die erste Interpretin folgender Rollen in Čajkovskijs Opern: Natal'ja („Opričnik"), Oksana („Kuznev Vakula") und Agnes (!) („Orleanskaja deva"). Čajkovskij widmete ihr seine Romanze op. 25, Nr. 4 („Kanarejka").]

[204 Die Sopranistin Marija A. Makarova (1851 - nach 1900) gehörte 1879-1882 zum Opernensemble der Petersburger Theater.]

[205 Marija D. Kamenskaja trat dennoch bei der Uraufführung der Oper am 13. Februar 1881 im Petersburger Mariinskij teatr in der Titelrolle auf.]

[206 Die Premiere fand am 13. Februar 1881 statt.]

[207 Am 15. Dezember 1880 wurde in einem Kammerkonzert der Russischen Musikgesellschaft nicht das zweite, sondern das erste Streichquartett aufgeführt. Die Ausführenden waren: Ivan V. Gržimali, Arno A. Gil'f, Karl O. Babuška und Wilhelm Fitzenhagen – sämtlich Professoren bzw. Lehrer am Moskauer Konservatorium.]

noch einmal mein ‚Italienisches Capriccio' aufführen will, welches am vorigen Sonnabend grossen Erfolg hatte ..." [IX, 1641.]

An Frau von Meck: „Moskau, d. 14.[-17.] Dezember 1880.

... Eine Zeitung verurteilt mich, meine Oper [‚Die Jungfrau von Orleans'] Naprawnik gewidmet zu haben, und deutet an, dass es meinerseits eine unfeine Art ist, Naprawniks Wohlwollen zu gewinnen; dabei wird auch Naprawnik (einer der unbedingt ehrlichen Künstler Petersburgs) sehr angegriffen. Man schimpft auch darüber, dass ich meine Oper nicht in den Verkauf gebe.[208]

Das alles beleidigt mich sehr wenig, aber es ist doch sehr bitter und lästig. In meinem Inneren schwöre ich, in Zukunft Moskau und Petersburg noch hartnäckiger zu meiden." [IX, 1648.]

An Frau von Meck: „Moskau, d. [14.-]17. Dezember 1880.

In den letzten Tagen war ich in grosser Aufregung. Vor Jahresfrist hatte ich einen Brief von einem mir unbekannten jungen Mann namens Tkatschenko[209] erhalten, mit dem sehr merkwürdigen Vorschlag, ihn als Diener zu mir zu nehmen, nur um ihm Musikunterricht zu geben. Der Brief war so klug und originell geschrieben und atmete eine solche Liebe zur Musik, dass er mich sehr sympathisch berührte. Es entspann sich eine Korrespondenz zwischen uns,[210] aus welcher ich ersah, dass er schon 23 Jahre alt war, aber noch gar keine musikalischen Kenntnisse besass. Ich schrieb ihm offen, dass es bei seinem vorgerückten Alter zwecklos sei, ein Musikstudium anzufangen. Darauf hatte ich neun Monate keine Nachricht von ihm. Endlich kam vorgestern wieder ein Brief von ihm, in welchem er mir alle meine Briefe zurücksendet, damit sie nach seinem Tode nicht in fremde Hände geraten, Abschied von mir nimmt und sagt, er habe beschlossen, sich das Leben zu nehmen ... Der Brief war offenbar in grosser Verzweiflung geschrieben und hat mich sehr erschüttert. Aus dem Poststempel ersah ich, dass er aus Woronesh kam, und ich entschloss mich, irgendeinen Einwohner dort telegraphisch zu bitten, Tkatschenko mithilfe der Polizei aufzufinden und ihm – wenn es nicht schon zu spät sei – zu sagen, er möchte einen Brief von mir erwarten. Zum Glück hat Anatol einen Bekannten in Woronesh, dem auch sofort telegraphiert wurde. Gestern nacht erhielt ich die Antwort, dass Tkatschenko *rechtzeitig* gefunden worden sei. Er war in einer schrecklichen Lage.

Ich habe ihm sofort Geld geschickt mit der Einladung, nach Moskau zu kommen. Wie das alles enden wird – weiss ich nicht, nur bin ich glücklich, ihn vor dem Schlimmsten bewahrt zu haben." [Ebenfalls IX, 1648.]

An A. [recte: M.] Čajkovskij: „Moskau, d. 18. [recte: 19.] Dezember 1880.

... Meine Erfolge: am Montag die dritte Aufführung des ‚Opritschnik' nebst grossem Enthusiasmus.[211] Am selben Abend Aufführung meines ersten Quartetts (das Andante wur-

---

[208 Jurgensons Ausgabe des Klavierauszugs der „Jungfrau von Orleans" lag zwar schon seit August 1880 vor, kam aber auf Wunsch Čajkovskijs erst nach der Uraufführung der Oper in den Verkauf.]
[209 Leontij G. Tkačenko (1857-1921). Čajkovskij versuchte ihm moralisch und materiell aus seiner schweren Depression zu helfen, die offenbar aus dem Missverhältnis zwischen seinem Streben nach Beschäftigung mit Literatur und Kunst und dem Mangel an der nötigen Begabung und Bildung resultierte. Durch Čajkovskijs Vermittlung wurde Tkačenko später Dorfschullehrer. Nach: ČPSS IX, Adressatenregister, S. 360. Vgl. im übrigen unten die Briefe an Frau fon Mekk vom 12. Januar 1881 (ČPSS X, Nr. 1665) und vom 27. Januar [- 1. Februar] 1881 (ČPSS X, Nr. 1671).]
[210 Es sind 26 Briefe Tkačenkos an Čajkovskij und 19 Briefe des Komponisten an den jungen Mann aus den Jahren 1879-1883 erhalten.]
[211 Die Premiere der Wiederaufnahme im Moskauer Bol'šoj teatr hatte am 21. November 1880 stattgefunden. Dirigent: Enrico Bevignani.]

de wiederholt). Heute (vor zwei Stunden) – das Sonderkonzert mit der Liturgie. Ein voller Saal und, trotz des Verbots zu applaudieren, eine grossartige, unerwartete Ovation mit Lorbeerkränzen. Die Direktion der Musikgesellschaft will mir ein hohes Honorar auszahlen, was mir sehr zustattenkommen wird. Heute früh hörte ich in der Probe das ‚Italienische Capriccio'. Es klingt prachtvoll. Im selben Konzert soll die zweite Symphonie von Borodin zur Aufführung kommen; er war auch in der Probe, und zwar in Generalsuniform mit Ordensband ..." [IX, 1651.]

An M. Čajkovskij: „Moskau, d. 21. Dezember 1880.
Gestern wurde das ‚Italienische Capriccio' aufgeführt und hatte grossen Erfolg. Vorgestern erlitt ich ganz unerwartet einen furchtbaren Nervenanfall, wie er schon lange nicht mehr vorgefallen ist. Die unmittelbare Ursache ist, glaube ich – Alexei, welchen ich an dem Tage besucht habe und der mir sehr, sehr leid tut ..."[212]

Jetzt fühle ich mich leicht und gut. Anatol war glücklicherweise nicht zugegen und weiss nichts davon. Bitte nicht weitererzählen. Reise gleich ab. Ich freue mich sehr auf die Einsamkeit, welche mir dringend nottut." [IX, 1652.]

Die erste Aufführung des „Italienischen Capriccio" fand unter N. Rubinsteins Leitung am 6. Dezember statt und hatte einen sehr grossen Erfolg. Alle Zeitungsberichterstatter konstatierten ihn, gingen aber in der Beurteilung des Werkes selbst sehr auseinander; einige lobten es, andere wieder behaupteten, es sei als ganzes „unbefriedigend und auf groben, billigen Effekt berechnet, welcher des Talentes des Autors unwürdig" sei. Am 26. Dezember wurde dieses Stück auch in Petersburg aufgeführt, und zwar unter E. Naprawniks Leitung. Hier hatte es gar keinen Erfolg und ist von der Kritik sehr arg mitgenommen worden. C. Cui spricht sehr herablassend von der Technik und Instrumentation, sagt aber im übrigen, dass das Capriccio nur diejenigen zu begeistern vermag, welche nicht imstande sind, unter dem Mantel schallender und schöntuender Phrasen die Bedeutungslosigkeit des Grundgedankens zu erkennen. Ferner sagt derselbe Kritiker, dass das Stück kein Kunstwerk genannt werden könne, dass es aber für Gartenkonzerte ein gutes Geschenk bedeute. Wie in allen seinen Kritiken über Tschaikowsky konstatiert Cui aus diesmal den Verfall der schöpferischen Tätigkeit unseres Komponisten. „Herr Tschaikowsky", sagt er, „hat seine Laufbahn mit ernsten Werken begonnen, ist dann auf das nette Genre herabgesunken und geht jetzt ins Triviale."

Am 18. Dezember wurden in einem Sonderkonzert der Russischen Musikgesellschaft durch den Chor des Herrn Sacharow[213] „Elf Stücke aus den liturgischen Gesängen von P. Tschaikowsky" (wie auf dem Programm zu lesen stand) ausgeführt.

Dank des Geredes, welche die Geschichte der Konfiszierung der ersten kirchlichen Komposition Peter Iljitschs hervorgerufen hatte, war das Konzert ausserordentlich stark besucht. Dabei unterschied sich das Publikum in seiner Zusammensetzung sehr von demjenigen der gewöhnlichen Symphoniekonzerte, denn man sah viele Vertreter des geistlichen Standes. Da es die Sitte verbot, in geistlichen Konzerten zu applaudieren, ist schwer festzustellen, welche von den „Gesängen" den grössten Eindruck auf die Zuhörer gemacht haben, doch bewiesen der stürmische Applaus am Schluss des Konzerts und mehrere Hervorrufe des Autors, dass das Publikum zufriedengestellt war. Nichtsdestoweniger meinten die Rezensenten, dass der Eindruck des Werks auf die grosse Masse ein sehr unbestimmter und

---

[212] Der Diener Peter Iljitschs absolvierte zu der Zeit seine Militärpflicht; die Trennung empfand P. I. sehr schwer.
[[213] Petr I. Sacharov (1848-1895) leitete den Moskauer Čudovskij-Chor.]

komplizierter gewesen sei. Manchen missfiel die „Unkirchlichkeit" der Musik im Sinne der Verschiedenheit von dem, was man gewöhnlich bei Gottesdiensten zu hören bekam, d. h. mit den Werken von Bortnjansky, Lwow usw., – anderen missfiel ebenfalls die „Unkirchlichkeit", aber im Sinne eines Mangels des alten Kirchenstils (d. h. gerade die Ähnlichkeit mit den Werken Bortnjanskys usw.). Andere wieder waren unzufrieden mit dem Fehlen pikanter und interessanter Kombinationen, – wieder andere fanden im Gegenteil selbst die wenigen kontrapunktischen Details überflüssig und verwiesen auf den strengen Satz Palestrinas. Die Vertreter der Geistlichkeit wieder waren ohne jede besondere Ursache unzufrieden, sie waren einfach entrüstet über den frechen Versuch eines „weltlichen" Komponisten, Kirchenmusik zu schreiben.

... Die Kritiken der Fachleute beeindruckten Peter Iljitsch nur wenig. Dagegen beleidigte ihn aber ein Brief des hochwürdigen Vikars von Moskau Ambrosius sehr, welcher in der Zeitung „Russ" veröffentlicht wurde.[214] In diesem Brief wird unter anderem angeführt, dass die liturgischen Gesänge das Heiligste sei, was das Volk besitze, und nur in die Kirche gehörten; dass Tschaikowsky den Text der Liturgie gewissermassen als *Libretto* benutzt habe, als Gelegenheit, Musik zu machen, dass darin eine Profanierung der religiösen Worte liege. Der Brief schliesst mit folgenden Worten: „Rechtgläubige! Es ist noch ein Glück, dass der liturgische Text diesmal in die Hände eines talentvollen Komponisten geraten ist, doch kann er auch von weniger Begabten in Musik gesetzt werden. Eines schönen Tages wird auch ein Rosental oder Rosenblum eine *Liturgie* komponieren, und dann werden eure heiligsten Worte ausgezischt und ausgepfiffen. Jetzt müsst ihr auch dazu bereit sein! – Ein alter Diener Gottes."

Erschöpft von den Aufregungen der letzten Woche, reiste Peter Iljitsch nach Kamenka, um die Weihnachtsfeiertage in ländlicher Stille zu verbringen.

Kapitel XIX.

[1881, Januar. Moskau.
„Evgenij Onegin" zum ersten Mal im Bol'šoj teatr.
Klage über die ungünstigen Reaktionen der Presse auf „Onegin" und „Capriccio italien".]

Die erste Aufführung des „Eugen Onegin" im Grossen Theater zu Moskau fand am 11. Januar [1881] statt. Die Rollenbesetzung war folgende: Larina: Fr. Junewitsch – Tatjana: Frl. Verni – Olga: Frl. Krutikowa – Njanja: Fr. Vinzi – Eugen Onegin: H. Chochlow – Lensky: H. Ussatow – Fürst Gremin: H. Abramow – Zarezky: H. Führer – Triquet: H. Barzal.[215]

[214 Der Moskauer Bischof Amvrosij veröffentlichte diesen mit „Ein alter Moskauer Geistlicher" unterzeichneten Artikel in der Ausgabe des „Rus'" Nr. 8 vom Januar 1881.]

[215 Die genannten Sängerinnen und Sänger mit ihren Namen und Vornamen in transliterierter Schreibweise: Marija P. Junevič, Sopran, 1878-1886 am Moskauer Bol'šoj teatr. – Elena (Avgusta) K. Verni, Sopran, 1879-1887 am Bol'šoj teatr. – Aleksandra P. Krutikova (1851-1919), Mezzosopran, 1872-1876 in Petersburg, 1880-1901 in Moskau; erste Interpretin der Morozova („Opričnik") und Ol'ga („Evgenij Onegin"). Čajkovskij widmete ihr die Romanzen op. 25, Nr. 1 und op. 57, Nr. 6. – Matil'da Vinči (Matilda Vinci), Mezzosopran, 1879-1881 am Bol'šoj teatr. – Pavel A. Chochlov (1854-1919), Bariton, 1879-1900 am Moskauer Bol'šoj teatr, dort erster Interpret des Onegin („Evgenij Onegin") und des Durchlauchtigsten („Čerevički"). – Dmitrij A. Usatov (1849-1913), Tenor, 1880-1889 am Moskauer Bol'šoj teatr; dort erster Interpret des Lenskij („Evgenij Onegin"), Andrej („Mazepa") und Vakula („Čerevički"). Čajkovskij widmete ihm die Romanze op. 57, Nr. 5 („Smert'"). – Abrum Abramov, Baß, 1877-1882 am Moskauer Bol'šoj teatr. – Otto R. Fjurer (Führer; 1839-1906), Baß, 1876-1889 am Bol'šoj teatr; dort erster Interpret des Zareckij („Evgenij Onegin") und Orlik („Mazepa"). – Anton I. Barcal (1847-1927), Tenor, 1878-1903 am Bol'šoj teatr (ab 1882 als dessen Chefregisseur).]

Die Dekorationen waren nicht neu und wiesen manche Mängel auf. So sah man im Garten der Larina einen Pavillon mit *Ziegeldach*. Dafür waren aber die Kostüme in der Geschichte der Kaiserlichen Theater epochemachend, denn sie entsprachen vollkommen der historischen Wahrheit. Die ganze Ausstattung war natürlich nicht so, wie Peter Iljitsch sie sich gedacht hat. Auch die Solisten waren, mit Ausnahme Frau Krutikows und Herrn Barzals, zum Teil unerfahren und ungeschickt oder interpretierten ihre Rollen zu schablonenhaft. In musikalischer Beziehung war die Aufführung eine gute und liess nicht viel zu wünschen übrig.

Trotz der stark erhöhten Preise war das Haus ausverkauft. Im ersten Bild erntete nur die Arie Lenskys „Ich liebe Sie" einigen Beifall. Ferner wurde nach der Briefszene applaudiert. Im dritten Bild gefiel der Frauenchor sehr, dagegen herrschte nach der Erklärung Onegins und Tatjanas lautlose Stille. Von diesem Zwischenakt an wurde der Autor hervorgerufen. Einen wahren Begeisterungssturm entfesselten in der Ballszene die Couplets des Franzosen Triquet. Das war der einzige Moment eines wirklich kolossalen Erfolgs, so dass später der Witz gemacht wurde, die Oper müsse nicht „Eugen Onegin", sondern „Monsieur Triquet" getauft werden. Übrigens wurde der ganzen zweiten Hälfte der Oper ein ungleich wärmerer Empfang zuteil, und der Komponist wurde zum Schluss vielfach hervorgerufen. In Summa ergab sich sehr viel Lärm. Doch war dieser Lärm für die ferneren Erfolge dieser Oper nicht massgebend, denn er galt mehr der sympathischen Persönlichkeit des Komponisten als seinem Werk. Die besten Momente der Oper sind unbemerkt und von der grossen Masse ungewürdigt vorübergegangen, sie haben aber in den Herzen derjenigen Minderheit einen Widerhall gefunden, welche ihre Sympathie nicht durch Schreien oder Händeklatschen zu erkennen gibt, sondern sie nach und nach dem Publikum einimpft und auf diese Weise immer und überall den wahren Erfolg eines dramatischen Werkes schafft.

In der Presse fand die Oper eine mehr oder weniger günstige Beurteilung. Die meisten Zeitungen lobten die Musik und konstatierten einen grossen Erfolg, obwohl sie an seiner Dauerhaftigkeit zweifelten.

An Frau von Meck: „Moskau, d. 12. Januar 1881.

Gestern fand die erste Vorstellung des ‚Eugen Onegin' statt. Ich habe einen starken Andrang der verschiedensten Emotionen ausgehalten, sowohl in allen voraufgegangenen Proben als auch an dem Abend selbst. Am Anfang war das Publikum sehr reserviert, nach und nach aber wurde der Beifall grösser, und es endete alles sehr gut ... Die Aufführung und die Ausstattung der Oper waren befriedigend. Besonders gut waren Chochlow als Onegin und Verni als Tatjana.

Tkatschenko (der junge Mann, der sich das Leben nehmen wollte),[216] ist angekommen. Ich habe ihn schon gesehen. Er ist im ganzen sympathisch. Sein Leiden entsprang aus dem Missverhältnis zwischen seinen idealen Bestrebungen und der rauhen Wirklichkeit. Er ist klug und entwickelt, musste aber um des täglichen Brotes willen den Dienst eines Eisenbahnschaffners versehen. Er möchte sich sehr gern der Musik widmen. Er ist nervös, ängstlich und krankhaft bescheiden und scheint überhaupt moralisch gebrochen zu sein. Armut und Einsamkeit haben ihn misanthropisch gemacht. Seine Anschauungen sind etwas merkwürdig, doch ist er, wie gesagt, nicht dumm. Er tut sich sehr leid, und ich habe beschlossen, für ihn zu sorgen. Vorerst soll er ins Konservatorium kommen, da wird es sich bald herausstellen, ob er einen musikalischen oder einen anderen Beruf erlernen soll ... Es wird mir

---

[216] Vgl. oben, Brief an Frau fon Mekk vom [14.-]17. Dezember 1880 (ČPSS IX, Nr. 1648, Teil II); und unten, Brief an dieselbe Adressatin vom 27. Januar [- 1. Februar] 1881 (ČPSS X, Nr. 1671).]

nicht schwer sein, aus ihm einen zufriedenen und nützlichen Menschen zu machen ..."
[X, 1665.]

An Frau von Meck: „Moskau, d. 19.[-21.] Januar 1881.

Liebe teure Freundin! Es ist so weit gekommen, dass ich die Feder mit Unlust zur Hand nehme, mit Ihnen zu plaudern, denn sofort wird der Wunsch in mir rege, den ganzen Gram und die ganze Bitterkeit, welche sich in mir angesammelt haben, vor Sie auszugiessen. Es wundert Sie wohl, dass ein Mensch, dem in seinem Beruf so viele Erfolge beschieden sind, über das Schicksal klagt und murrt. Aber meine Erfolge sind gar nicht so ernst, wie sie scheinen, und ausserdem entschädigen sie mich im geringsten für all jene unerträglichen Qualen, welche ich erdulde, wenn ich mich in der menschlichen Gesellschaft bewege, wenn ich immer vor ihr paradieren muss, wenn ich nicht die Möglichkeit finde, zu leben, wie ich will und wie ich es gewohnt bin, und wenn ich wie ein Ball im Getriebe des grossstädtischen Lebens hin und her springen muss ...

‚Eugen Onegin' geht [im Grossen Theater] nicht vom Fleck. Die Primadonna [Elena Verni als Tatjana] ist ernstlich erkrankt, so dass die Oper längere Zeit nicht mehr gegeben werden kann. Die Presse beurteilt die Oper sehr merkwürdig. Es wird viel mehr geschimpft als gelobt, aber selbst die, welche loben, sagen eigentlich beleidigende Dinge. Eine Zeitung behauptet, das Beste an der Oper seien die Couplets Triquets, und die Partie der Tatjana sei farblos und trocken. Eine andere Zeitung findet, ich hätte keine Inspiration, dafür aber sehr viel Gelehrtheit. Die Petersburger Zeitungen reissen im Chor mein ‚Italienisches Capriccio' herunter, indem sie behaupten, dasselbe sei eine unqualifizierbare Gemeinheit, und Herr Cui prophezeit, dass auch die ‚Jungfrau von Orleans' sich als eine grosse Banalität entpuppen würde ..." [X, 1667.]

An Frau von Meck: „Moskau, d. [19.-]21. Januar 1881.

Vorgestern klagte ich über die Ungunst der Zeitungen, und heute lese ich in den ‚Moskauer Nachrichten' ein in warmen Worten, aber mit wenig Verständnis geschriebenes Artikelchen.[217] Das ist doch ein Trost." [Ebenfalls X, 1667.]

Kapitel XX.

[1881, Ende Januar – Mitte Februar. Petersburg.
Čajkovskij kümmert sich weiterhin um den labilen Leontij Tkačenko.
Fährt zu den Proben der „Jungfrau von Orleans" nach Petersburg. Erkrankung N. G. Rubinštejns.
Erstaufführung der 2. Sinfonie (2. Fassung) in Petersburg. Nach der erfolgreichen Uraufführung
der „Jungfrau von Orleans" und vor Erscheinen negativer Presseartikel reist Čajkovskij nach Italien.]

An Frau von Meck: „Petersburg, d. 26. Januar 1881.

Die Reise hat mir wie gewöhnlich gutgetan. Ich schlief die ganze Zeit und fühle mich jetzt geistig und körperlich frisch ... Die Sache mit der Komödie Modests steht gut.[218] Zuerst hatte das Theater- und Literatur-Komitee dieselbe nicht angenommen, so dass mein armer Bruder über diesen Misserfolg sehr betrübt war, aber die Schauspielerin Sawina war energisch für das Stück eingetreten, und die Sache hat sich gemacht. Die Komödie soll

---

[217 Der Artikel „‚Evgenij Onegin'. Opera g. Čajkovskogo", gezeichnet von „Ignotus" (d. i. der Theater- und Musikkritiker Sergej Flerov) erschien in: Moskovskie vedomosti, Nr. 20 vom 20. Januar 1881.]
[218 Es handelt sich um Modest Čajkovskijs Komödie „Blagodetel'" (Der Wohltäter), die am 9. Februar 1881 uraufgeführt wurde (also vier Tage vor der Uraufführung von Čajkovskijs Oper „Die Jungfrau von Orleans" im Petersburger Mariinskij teatr), und zwar als Benefiz der Schauspielerin des Petersburger Aleksandrinskij teatr Marija G. Savina.]

gegen Mitte Februar, also fast zur selben Zeit wie meine Oper [‚Die Jungfrau von Orleans'] gegeben werden.

Was letztere anbelangt, so werden morgen die Orchesterproben beginnen; ich habe von Naprawnik schon eine Einladung erhalten. Das regt mich in angenehmer Weise auf, doch leider zweifle ich nicht, dass das Vergnügen, zum ersten Mal die reale Wiedergabe der erdachten Musik zu hören, mir durch etliche Theaterfreunde vergiftet werden wird." [X, 1670.]

An Frau von Meck: „Petersburg, d. 27. Januar [- 1. Februar] 1881.
Ich will Ihnen etwas über Tkatschenko erzählen.[219] Ein merkwürdiger Mensch! Ich hatte ihn in jeder Beziehung gut versorgt, und er begann das Studium mit grossem Eifer. Am Tage vor meiner Abreise [von Moskau nach Petersburg] erschien er bei mir in der Absicht, ‚eine ernste Sache mit mir zu besprechen'. Je länger ich ihm zuhörte, desto mehr kam ich zu der Überzeugung, dass er moralisch und geistig krank sei. Der Sinn seiner Rede war folgender: er hat sich in den Kopf gesetzt, dass ich ihm *nicht um seiner selbst willen* geholfen habe, sondern um mir den *Ruf eines Wohltäters zu verschaffen*. Er verglich mich mit gewissen Damen, welche sich mit der Wohltätigkeit beschäftigen, damit man von ihnen spreche. Dabei erklärte er mir, dass er nicht gewillt sei, das *Opfer* meiner Schwäche für die Popularität zu werden, dass er es kategorisch ablehne, mich als seinen Wohltäter anzusehen und dass ich nicht auf seine Dankbarkeit zu zählen hätte.

Ich antwortete ihm sehr kühl und riet ihm, sein Studium recht fleissig zu betreiben, ohne daran zu denken, was mich veranlasst hat, ihm behilflich zu sein. Hinsichtlich seiner Verdächtigung erklärte ich ihm, dass es mir vollständig gleichgültig sei, wie er von meinen Handlungen denke, dass ich weder Zeit noch Lust hätte, seine Meinung zu widerlegen, und dass ich ihn von allen Dankbarkeitsverpflichtungen gern entbände. Ferner sagte ich ihm, dass ich abreise und nicht mehr mit ihm zusammenkommen werde, und bat ihn, nicht an mich, sondern einzig und allein an sein Studium zu denken.

Die Aufsicht über ihn habe ich dem Inspektor des Konservatoriums, Albrecht, überlassen ...

Haben Sie von der Erkrankung N. Rubinsteins gehört? Sein Zustand ist ernst, trotzdem waltet er weiterhin seines Amtes. Die Ärzte raten ihm dringend, wegzureisen und sich einige Zeit der Erholung hinzugeben; er will aber nichts davon hören und behauptet, nicht ohne seine gewohnte Arbeit leben zu können ..." [X, 1671.]

Am 31. Januar wurde Peter Iljitschs 2. Symphonie in ihrer neuen Gestalt in der Musikgesellschaft zu Petersburg aufgeführt[220] und hatte laut Zeitungsberichten grossen Erfolg. Nicht ein einziger Musikreferent erwähnt die Umgestaltung der Symphonie und den ganz neuen ersten Satz.[221] C. Cui wiederholt fast wörtlich seinen Bericht vom Jahre 1872 [recte:

[219 Vgl. oben die Briefe an Frau fon Mekk vom [14.-]17. Dezember 1880 (ČPSS IX, Nr. 1648) und vom 12. Januar 1881 (ČPSS X, Nr. 1665).]
[220 Und zwar im 10. Symphoniekonzert der Russischen Musikgesellschaft unter der Leitung von Karl Zike. Čajkovskij hat die Aufführung nicht gehört.]
[221 Der erste Satz hat zwar gegenüber der Erstfassung die stärksten Änderungen erfahren, ist aber nicht als „ganz neu" zu bezeichnen. Die zweite Fassung des ersten Satzes ist 119 Takte kürzer als die erste, hat ein neues erstes Thema im Sonatenhauptsatz (Allegro vivo) sowie ein zweites Thema, das Elemente beider Themen des Satzes in seiner Erstfassung (Allegro commodo) vereint. Nur die Takte 1-52, 158-183 und 303-370 der Erstfassung dieses Satzes blieben in der zweiten Fassung erhalten (allerdings mit Änderungen in Instrumentierung, Phrasierung und Dynamik). Nach Brett Langston in TchH 1, S. 146. Partitur der zweiten Fassung und Abweichungen der ersten Fassung in: ČPSS 15b.]

1874][222] über dieselbe Symphonie, ohne zu ahnen, dass er ein vollständig neues Werk vor sich hat.[223]

An Frau von Meck: „Petersburg, d. [27. Januar -] 2. [recte: 1.] Februar 1881.
Ich besuche fast täglich die Proben meiner Oper [‚Die Jungfrau von Orleans'] und muss sagen, dass Naprawnik die Musik ausgezeichnet einstudiert hat; die Ausstattung dagegen ist furchtbar *dürftig*. Die Theaterdirektion, welche Zehntausende für ein neues Ballett ausgegeben hat, lehnt es ab, auch nur eine Kopeke für die Oper zu opfern ..."
[Ebenfalls X, 1671.]

An Frau von Meck: „Petersburg, d. 7. Februar 1881.
Die [Uraufführung der] Oper [‚Die Jungfrau von Orleans'] ist auf den 13. Februar verlegt. Gleich am nächsten Tag will ich abreisen. Der Plan meiner Reise ist: Wien, Venedig, Rom.
Die Proben werden fortgesetzt. Seitens der Mehrzahl der Künstler findet die Musik so viel Teilnahme, dass ich ordentlich stolz bin. Dafür tut aber die Obrigkeit (die Beamten) alles, um den Erfolg der Oper zu vereiteln. So setzt jetzt ein gewisser Lukaschewitsch[224] alle möglichen Intrigen in Szene, um der Sängerin Kamenskaja die Rolle der Johanna zu entreissen. Als er gestern in der Probe erfuhr, daß ich aus sängerischen und szenischen Gründen eine Melodie aus der Partie der Johanna in die Partie der Agnes übertragen hatte, erklärte er mir, *dass ich kein Recht hätte, etwas derartiges ohne Erlaubnis zu tun!* Wahrlich, manchmal möchte ich die Partitur zurückziehen und aus dem Theater fliehen!"
[X, 1676.]

Die Zeit der [Ur-]Aufführung der „Jungfrau von Orleans" im Marientheater zu Petersburg hat eine unangenehme Erinnerung bei Peter Iljitsch hinterlassen. Die Streitigkeiten und Intrigen zwischen den Primadonnen, das feindselige Verhalten der Theaterdirektion gegenüber seinem neuen Werk, die Unzufriedenheit mit einigen Ausführenden, – all das erbitterte Peter Iljitsch in höchstem Grade. Sein Autorenehrgeiz war sehr empfindlich, selbst wenn ihm seine besten Freunde die „Mutter-Wahrheit" sagten. Eduard Naprawnik hielt es zum Beispiel im Interesse des Erfolges für notwendig, dem Komponisten offen seine Unzufriedenheit mit einigen Details des Werks auszusprechen und ihn mit allerlei Änderungen, Sprüngen, Transpositionen usw. zu quälen. Peter Iljitsch schenkte der Erfahrung und dem Wohlwollen Naprawniks unbedingtes Vertrauen und erfüllte willig alle Forderungen desselben, obwohl es ihm bei den Petersburger Lebensverhältnissen und bei seinen ohnehin gereizten Nerven sehr schwer fiel. Dass Peter Iljitsch diese schwere Zeit verhältnismässig gut überstand, ist nur dem Umstand zu verdanken, dass sowohl er selbst als auch die ausführenden Künstler und diejenigen Unbeteiligten, welche bei den Proben anwesend waren, nicht an einem grossen Erfolg der Oper zweifelten. Die Erwartungen Peter Iljitschs und seiner Freunde erfüllten sich in vollem Masse, denn die „Jungfrau von Orleans" hatte gelegentlich ihrer Uraufführung am 13. Februar zum Benefiz Naprawniks in der Tat einen gewaltigen Erfolg.

[[222] Nach der Petersburger Erstaufführung der ersten Fassung am 23. Februar 1874. Nachweise der Rezensionen in: ČS, S. 294.]

[[223] Diese Einschätzung ist, zumindest was die Sätze II-IV betrifft, übertrieben. Lediglich der I. Satz wurde wesentlich umgestaltet – siehe Anmerkung 221. Satz II blieb bis auf die Tempoangaben unverändert. Im Scherzo wurde die Instrumentierung geändert. Im Finale wurde die Reprise des ersten Themas gestrichen (147 Takte nach Takt 508). Ebenfalls nach: TchH 1, S. 146.]

[[224] Nikolaj A. Lukeševič: Direktionsmitglied der Kaiserlichen Theater und 1879-1881 Chef ihrer Repertoireabteilung.]

Die Rollenverteilung war folgende: Johanna d'Arc: Fr. Kamenskaja – König: H. Wassiljew – Agnes Sorel: Fr. Raab – Dunois: H. Strawinsky[225] – Lionel: H. Prjanischnikow – Erzbischof: H. Maiboroda – Thibaut: H. Korjakin – Raimond: H. Sokolow.[226]

Mit besonders stürmischem Beifall wurde der erste Akt ausgezeichnet. Diese Stimmung hielt aber nicht bis zum Ende vor. Nach dem zweiten Akt will einer der Referenten sogar Zischen gehört haben, woran ich mich allerdings nicht entsinnen kann. Trotz des grossen Erfolgs im allgemeinen hat aber nicht eine einzige Nummer da capo gespielt werden müssen. Peter Iljitsch beschreibt den Tag folgendermassen:

[*An Frau von Meck:*   „Wien, 16. / 28. Februar 1881.]

Ein schwerer Tag war für mich der 13. Februar. Schon früh morgens war ich ganz aufgeregt und gegen Abend erdrückte mich fast das Gefühl der Angst. Schon nach dem ersten Akt war der Erfolg der Oper gesichert, und ich wurde achtmal gerufen. Der zweite Akt gefiel ebenfalls sehr, und auch das erste Bild des dritten Akts. Viel weniger Erfolg hatte das zweite Bild; der Marsch und überhaupt diese ganze Szene waren so traurig und schmutzig ausgestattet, dass man nichts anderes erwarten konnte. Dafür fand der vierte Akt wieder reichlichen Beifall. Im ganzen wurde ich 24 mal hervorgerufen. Fr. Kamenskaja war ausgezeichnet, sie spielte sogar gut, was sie sonst nicht tut. Von den übrigen war Prjanischnikow am besten." [X, 1681.]

Unter diesem günstigen Eindruck reiste Peter Iljitsch am nächsten Tag nach Italien und erfuhr erst in Wien aus einem Petersburger Telegramm an die „Neue Freie Presse", dass „trotz der Ovationen seitens des Publikums die ‚Jungfrau von Orleans' äusserst arm an Erfindung, langweilig und monoton" sei. Das war für ihn der Vorgeschmack all jener Angriffe der Presse auf die Oper, infolge deren dieselbe verhältnismässig schnell aus dem Repertoire des Maientheaters verschwand.

Hinsichtlich dieser Angriffe gebührt die Palme, wie gewöhnlich, Herrn C. Cui. Seinem Prinzip treu, das letzte Werk Peter Iljitschs für schwächer zu halten als das vorletzte, sagt der erbarmungslose Kritiker auch diesmal, die „Jungfrau von Orleans" sei schon allein in thematischer Beziehung das schwächste Werk Tschaikowskys, nicht zu reden von den nicht erfüllten höheren Aufgaben einer Oper, und fährt fort: „Man vermisst Themen. Die wenigen vorhandenen sind sehr farblos, banal, unpersönlich, und die besseren erinnern an ‚Aida' [von Verdi], ‚Faust' [von Gounod], ‚Wilhelm Tell' [von Rossini], ‚Hugenotten', ‚Prophet' [beide von Meyerbeer]. In Bezug auf die Harmonik bedeutet die ‚Jungfrau von Orleans' ebenfalls eine Verarmung der Phantasie des Komponisten. In der Opernform treten eine gewisse Unentschlossenheit und das Fehlen von festen Grundsätzen zutage: bald lehnt sich der Komponist an Mussorgsky an, bald bringt er ein echt italienisches Duett mit den üblichen zwei Teilen und banalen Ritornellen" usw.

---

[225] Der Bassist Fedor Stravinskij (1843-1902), der auch in anderen Opern Čajkovskijs mitwirkte: Vater des Komponisten Igor Stravinsky.]

[226] Die genannten Sängerinnen und Sänger mit ihren Namen und Vornamen in transliterierter Schreibweise: Marija D. Kamenskaja (1854-1925), Mezzosopran, 1874-1886 und 1894-1906 im Petersburger Opernensemble. – Vasilij M. Vasil'ev (1837-1891), Tenor, 1857-1891 im Petersburger Opernensemble. – Vil'gel'mina (Wilhelmine) I. Raab (1848-1917), Sopran, ab 1872 im Petersburger Opernensemble. – Fedor I. Stravinskij (1843-1902), Baß, 1876-1902 im Petersburger Opernensemble. – Ippolit P. Prjanišnikov (1847-1921), Bariton, 1878-1886 im Petersburger Opernensemble. – Vladimir Ja. Majboroda (1854-1917), Baß, 1880-1906 in Petersb. – Michail M. Korjakin (1850-1897), Baß, 1878-1897 in Petersb. – Fedor F. Sokolov (geb. 1849), Tenor, 1880-1883 in Petersb., später in Moskau.]

Auch die anderen Kritiker teilen mehr oder weniger die Ansicht Cuis.

Kapitel XXI.

[1881, Ende Februar – März. Florenz. Rom. Neapel. Paris.
Über Wien nach Florenz (Čajkovskij schwelgt in Erinnerungen und geniesst den Frühling),
Rom (leidet unter gesellschaftlichen Verpflichtungen; erfährt vom Tode des Zaren Aleksandr II.),
Neapel (genießt das Touristendasein), Nizza (erfährt vom Tode N. Rubinštejns in Paris) und Paris.
Glaubensfragen. Wähnt sich vor einer wichtigen Lebenswende.]

An Frau von Meck: „Florenz, d. 19. Februar [/ 3. März] 1881.

Anstatt [wie geplant] in Venedig halte ich mich in Florenz auf. Ich wollte möglichst schnell das eigentliche Italien schauen und mich am Frühlingssonnenschein erquicken. Am zweiten Tage meines Aufenthalts in Wien gab es einen furchtbaren Schneesturm und eine Kälte wie in Petersburg, so dass ich schleunigst abreiste. Über den Semmering ging es nur mit Mühe, und ich fürchtete sehr, irgendwo im düsteren Tirol steckenzubleiben. Zum Glück ging alles gut, und um 6 Uhr abends passierte ich die italienische Grenze. Sie können sich nicht denken, wie gross mein Entzücken war, als ich am nächsten Morgen – schon in der Nähe von Florenz – ein sonniges Frühlingsbild der herrlichen italienischen Natur erblickte. Gleich werde ich durch die Stadt schlendern, den Dom, S. Lorenzo und die Uffizien ansehen, nach dem Frühstück will ich zu Fuss über S. Miniato [al monte] zum Viale dei Colli[227] gehen und mittags zurückkehren.

Heute abend oder morgen früh geht es weiter nach Rom ...

Welches Licht! Welche Sonne! Welch ein Genuss, am offenen Fenster zu sitzen, vor sich einen Veilchenstrauss zu haben und die frische Luft einzuatmen! O herrliches, gesegnetes Land!

Ich schwelge in Gefühlen und Empfindungen. Ich fühle mich so wohl und bin doch traurig, ich weiss nicht, warum. Ich möchte weinen ... kurz, das kann nur Musik ausdrücken." [X, 1684.]

An M. Tschaikowsky: „Rom, d. 20. Februar [/ 4. März] 1881.

Heute um 6 Uhr bin ich hier angekommen und fühlte mich sofort wie zu Hause. Es war mir, als wenn ich Rom erst vor acht Tagen verlassen hätte. Heute wanderte ich durch die Strassen der Stadt: das war ein grosser Genuss. Du glaubst gar nicht, wie gern ich Rom habe und wie sehr ich mich hier zu Hause fühle!

Verzeih, dass ich Deinen Neid errege!" [X, 1689.]

An Frau von Meck: „Rom, d. 22. [21.-23.] Februar [/ 6. (5.-7.) März] 1881.

Soeben habe ich an einem Frühstück der Grossfürsten Sergei und Pawel Alexandrowitsch teilgenommen.[228] Die Einladung kam erst heute früh, und ich machte mich auf die Suche nach einem Frack. Das war gar nicht so einfach, denn alle Geschäfte waren wegen der Sonntagsruhe geschlossen. Nur mit Mühe konnte ich rechtzeitig in der Villa Sciarra erscheinen. Diese Villa liegt herrlich bei S. Pietro in Montorio. Der Grossfürst Konstantin Konstantinovič stellte mich seinen Vettern vor, welche mich sehr liebenswürdig und auf-

---

[227 Wo Čajkovskij früher, im November / Dezember 1878 gewohnt hatte, als er sich, wie Frau fon Mekk, in Florenz aufhielt; siehe oben die betreffenden Florentiner Briefe.]
[228 Söhne von Zar Aleksandr II. – Sergej (1857-1905): Offizier des traditionsreichen Preobraženskij-Regiments, Teilnehmer am Russisch-türkischen Krieg, später, seit 1891, Moskauer Generalgouverneur. – Pavel (1860-1919): Offizier, zuletzt General-Major, Ehrenvorsitzender der Russischen Gesellschaft zum Schutz der Volksgesundheit.]

merksam behandelten. Alle drei Grossfürsten sind sehr sympathisch; aber Sie können sich denken, wie schwer mir bei meiner Menschenscheu jedes derartige Zusammensein mit Fremden, besonders mit den Mächtigen dieser Welt ist ... Am Dienstag steht mir ein Galadiner beim Grafen Bobrinsky[229] bevor, ausserdem habe ich eine Einladung zu einer Soiree bei der Gräfin Sollogub.[230] Ich habe nicht erwartet, dass ich in Rom ein solches Leben führen werde. Ich werde wahrscheinlich bald fortreisen müssen, denn er harren meiner zweifellos noch andere Einladungen, die ich nicht ablehnen kann. Aus Furcht, man könnte mir etwas übelnehmen, bin ich schwach genug, immer ‚ja' zu sagen, und finde nicht den Mut, abzulehnen." [X, 1692.]

An M. Tschaikowsky: „Rom, d. 25. Februar [/ 9. März] 1881.
Ich verstehe nur zu gut all die Qualen, die Deine Verfasserseele zu erdulden hat, – die falsche Scham und die Reue, die Du empfindest! Du darfst nicht ausser acht lassen, dass diese Gefühle nichts anderes sind als Äusserungen einer krankhaften Ermüdung, einer Folge der seelischen Aufregungen. Sie sind mir der beste Beweis, dass Du noch mehr schreiben und Fortschritte machen wirst. Nur talentlose, eiserne Köpfe sind stets mit ihren Schöpfungen zufrieden. Sobald der ‚Wohltäter'[231] und alles, was du bei seinem Erscheinen durchlebt hast, in weitere Vergangenheit rücken werden, werden Dir von dieser ganzen Geschichte zwei unumstössliche Wahrheiten bleiben: 1.) dass Du ein grosses und unzweifelhaftes Talent besitzst und 2.) dass ein angehender Schriftsteller naturgemäss keine technischen Fehler vermeiden kann und dass die Aufführung des ‚Wohltäters' in dieser Beziehung eine sehr nützliche Lektion für Dich gewesen ist ..." [X, 1695.]

An M. Tschaikowsky: „Rom, d. 26.[-27.] Februar [/ 10.-11. März] 1881.
Ich kann mir denken, wie Du über meine Weltläufigkeit lachst! Ich begreife nicht, woher ich die Kräfte für diese verrückte Lebensweise nehme. Selbstverständlich bin ich arg verstimmt, und mein Aufenthalt in Rom ist vergiftet, – doch habe ich den Mut noch nicht ganz verloren und finde hin und wieder Gelegenheit, Rom zu geniessen. O société! Kann es etwas Schrecklicheres, Unerträglicheres und Dümmeres geben? Gestern war ich bei der Gräfin H.,[232] langweilte mich furchtbar, verbarg aber heroisch meine Gefühle, so dass die Dame des Hauses mir beim Abschied sagte: ‚Ich verstehe nicht, warum Sie nicht schon früher zu mir gekommen sind. Ich bin überzeugt, dass Sie nach dem heutigen Abend bereuen werden, mich nicht früher kennengelernt zu haben.' So ist es recht! Sie bedauert mich sogar! ... Dass sie alle der Teufel hole!" [X, 1697.]

An M. Tschaikowsky: „Neapel, d. 3. [/ 15.] März 1881.
Gestern war Fürst Schtscherbatow[233] bei mir und überbrachte mir die Nachricht vom Tode des Kaisers [Alexander II.], welche mich sehr erschüttert hat. In solchen Momenten

---

[229] Graf Lev A. Bobrinskij (1831-1915), Offizier, Großgrundbesitzer, entfernt verwandt mit Čajkovskijs Schwager Lev V. Davydov.]
[230] Gräfin Natalija M. Sollogub (1851-1916), Gattin des Grafen Fedor L. Sollogub (1848-1890), siehe unten, Anmerkung 232.]
[231] Schauspiel „Blagodetel" von Modest Čajkovskij; siehe oben, Brief an Frau fon Mekk vom 26. Januar 1881 (X, 1670) mit Anmerkung.]
[232] Ist das lateinische H. versehentlich nicht aus dem kyrillischen N („Н") transliteriert worden? – Im originalen Brief nennt Čajkovskij die schon oben erwähnte Dame: die „Gräfin [Natalija M.] Sollogub" (vgl. oben den Brief an Frau fon Mekk vom 22. Februar / 6. März 1881, ČPSS X, Nr. 1692) und fügt hinzu: „(Tochter von Bode, Frau von Fedor {Sollogub})". Die Gräfin Sollogub war eine geborene Baronesse Bode-Kolyčeva und mit dem Grafen Fedor L. Sollogub verheiratet, einem Beamten der Kaiserlichen Hofverwaltung in Moskau; er entwarf später die Kostüme zu Čajkovskijs Oper „Mazepa".]
[233] Fürst Ščerbatov, Marineoffizier.]

ist es unangenehm, im Ausland zu weilen, und ich sehnte mich sehr nach Russland, um näher bei der Quelle aller Nachrichten zu sein und an allen Kundgebungen für den neuen Kaiser [Alexander III.] teilzunehmen. Es berührte mich so merkwürdig, an der table d'hôte Gespräche über die Schönheiten Sorrentos anhören zu müssen.

Die Grossfürsten wollten mich nach Athen und Jerusalem mitnehmen, wohin sie in etwa fünf Tagen abzureisen gedacht hatten. Daraus wird jetzt aber nichts, denn alle drei sind bereits unterwegs nach Petersburg." [X, 1701.]

An Frau von Meck: „Neapel, d. 3. [/ 15.] März 1881.

Es war mir sehr angenehm, von Rom wegzufahren, wo mich das launische Schicksal eine so unpassende Rolle spielen liess. Dafür lebe ich hier wie ein rechter Tourist und sehe niemanden. Gestern war ich auf dem Gipfel des Vesuvs. Er ist augenblicklich nicht ganz ruhig, so dass der Anstieg infolge der vielen Schwefeldämpfe, welche das Atmen erschweren, ziemlich schwierig war; dafür ist aber der Anblick des Kraters teuflisch grossartig, und ich freue mich, ihn gesehen zu haben … Das Wetter ist nicht sehr günstig. Vom Meer her weht ein starker Wind, und die Luft ist voller Staub. Neapel ist aber trotzdem göttlich schön." [X, 1700.]

An Frau von Meck: „Nizza, d. 10. [/ 22.] März 1881.

Nach achttägigem Aufenthalt in Neapel bin ich hierher gereist. Nizza erscheint mir aber nach Neapel langweilig und uninteressant. Ich habe mir das Wort gegeben, im nächsten Jahr etwas länger in jener herrlichen Stadt zu bleiben. Von allem, was ich gesehen, hat Sorrento den grössten Eindruck auf mich gemacht. Wenn es auf Erden ein *Paradies* gibt, so liegt es gewiss dort.

Anatol schreibt, N. Rubinstein sei nach Nizza gereist. Hier weiss man aber nichts von ihm. Ich fürchte, dass er unterwegs irgendwo liegengeblieben ist. Sein Zustand soll sehr ernst sein." [X, 1704.]

An M. Tschaikowsky: „[Paris,] d. 13. [/ 25.] März 1881.

Lieber Modja, in Nizza hatte ich aus einem Telegramm Jurgensons erfahren, dass es um Nikolai Gregorjewitsch sehr schlecht stehe, dann erhielt ich aus dem Grand Hôtel die Nachrichten: 1.) man habe ihn aufgegeben, 2.) er sei bereits gestorben. Sofort verliess ich Nizza. Die Reise war in moralischer Beziehung eine wahre Höllenqual. Zu meiner Schande muss ich gestehen, dass ich nicht so sehr unter der Erkenntnis des furchtbaren, unersetzlichen Verlustes litt als unter der Furcht, in Paris und noch dazu im Grand Hôtel die Leiche des armen Rubinstein zu erblicken. Ich fürchtete, diese Erschütterung nicht ertragen zu können, trotz der Anstrengung aller Willenskräfte, die schändliche Furcht zu besiegen. Doch waren meine Befürchtungen unnötig. Heute früh um 6 Uhr war die Leiche schon in der russischen Kirche aufgebahrt. Im Grand Hôtel traf ich Frau E. Tretjakow,[234] welche während der sechs letzten Tage Nikolai Gregorjewitschs ununterbrochen bei ihm war und mir alle Einzelheiten erzählte." [X, 1709.]

Diese Einzelheiten fasste Peter Iljitsch in einem ausführlichen Brief zusammen, welchen er an den Redakteur der „Moskauer Nachrichten" adressierte mit der Bitte, ihn zu veröffentlichen.[235]

---

[234] [Elena A. Tret'jakova, geb. Matveeva.] Die Gemahlin des bekannten Mäzens S. Tretjakow, des späteren Oberbürgermeisters von Moskau.
[235] Dieser Brief wurde auch veröffentlicht. Wir übergehen ihn aber an dieser Stelle wegen Raummangels. Übrigens bietet er nichts, was den Charakter Peter Iljitschs beleuchten könnte, und erzählt nur in schlichten Worten die Geschichte der letzten Tage N. Rubinsteins. *Anm. d. Übersetzers.* [Čajkovskijs Brief an Michail

An Frau von Meck: „Paris, d. 16. [/ 28.] März 1881.

Sie bereuen, mir einen Brief geschrieben zu haben, in welchem Sie Ihrem Zorn auf diejenigen, die Ihnen das Leben vergiften, Ausdruck verleihen. Ich habe nie geglaubt, dass Sie *hassen* und *nicht vergeben* können. Man kann Christ sein im Leben und in seinen Taten, auch ohne sich streng an das Dogma zu halten; ich bin nur zu sehr überzeugt, dass unchristliche Gefühle nur vorübergehend in Ihnen aufflammen können, gleichsam wie ein unbewusster Protest gegen die menschliche Bosheit. Solchen gutherzigen Menschen wie Ihnen ist der *Hass* im Sinne eines aktiven Gefühls fremd. Was ist aber auch unfruchtbarer und zweckloser als der Hass? Nach den Worten Christi fügen uns unsere Feinde aus *Unwissenheit* und *nur* aus Unwissenheit Leid zu. Oh, wenn die Menschen doch nicht nur der Form, sondern auch dem Wesen nach Christen sein könnten! Wenn alle von den einfachen Wahrheiten der christlichen Moral durchdrungen werden könnten! Ach, das wird nie geschehen, denn sonst würde das ewige und *vollkommene* Glück auf Erden regieren, wir sind aber nach unserer ganzen Organisation *unvollkommene* Geschöpfe, welche das Glück, das Gute nur im Sinne eines Gegensatzes zum Bösen zu begreifen vermögen. Wir sind gleichsam nur zu dem Zweck geschaffen, Ideale zu suchen, nach ewiger Wahrheit zu streben und – nie das Ziel zu erreichen. Wollen wir wenigstens mit denjenigen nachsichtig sein, welche in ihrer Blindheit und aus angeborenem Instinkt das Böse vorziehen. Sie sind doch nicht schuld daran, dass sie nur dazu da sind, damit die Auserwählten sich von ihnen abheben. Haben wir das Recht dazu, Böses mit Bösem zu vergelten? Nein! Wir können nur mit Christus sagen: ‚Herr, vergib ihnen, denn sie wissen nicht, was sie tun!' Ich fühle, dass ich *unklare* Gedanken *unklar* ausdrücke, – Gedanken, welche mir im Kopf umherschwirren, nachdem ein guter und mir naher Mensch vom Antlitz der Erde verschwunden ist.[236] Aber wenn ich auch unklar denke und unklar rede, so fühle ich um so klarer.

Dunkel ist es in meinem Kopf, – es kann auch nicht anders sein angesichts der unlösbaren Rätsel: *Tod, Zweck und Sinn des Lebens,* Unendlichkeit oder Endlichkeit desselben, – dafür dringt aber in meine Seele immer mehr das Licht des *Glaubens.* Ja, liebe Freundin, ich fühle mich immer mehr angezogen von dieser einzigen Wehr und Waffe gegen alles Ungemach. Ich beginne Gott zu lieben, was ich früher nicht verstand. Hin und wieder stellen sich noch Zweifel ein; ich versuche noch manchmal, mit meinem schwachen Verstand das Unfassbare zu erfassen, doch die Stimme der göttlichen Wahrheit spricht immer lauter zu mir. Ich finde oft einen unbeschreiblichen Genuss darin, mich vor der unergründlichen Allweisheit Gottes zu beugen. Ich bete oft mit Tränen in den Augen zu Ihm (wo Er ist, wer Er ist – weiss ich nicht; ich weiss nur, dass Er ist) und bitte Ihn, mir Demut und Liebe zu verleihen, mir zu vergeben, mich zu erleuchten; mit besonderer Freude spreche ich zu Ihm: ‚Herr, Dein Wille geschehe', – denn ich weiss, Sein Wille ist *heilig.* Ich will Ihnen noch sagen, liebe Freundin, dass ich in meinem eigenen Leben deutlich den Finger Gottes sehe, welcher mir den Pfad weist und mich vor allem Unglück beschützt. Warum des Allmächtigen Wille gerade mich behütet, das weiss ich nicht. Ich will demütig genug sein, mich nicht zu den Auserwählten zu zählen, denn Gott liebt alle seine Geschöpfe gleich, ich weiss nur, dass Gott mich wirklich behütet, und vergiesse oft Tränen der Dankbarkeit angesichts seiner unendlichen Güte. Das ist aber nicht genug. Ich will mich an den Gedanken gewöhnen, dass auch alles Ungemach zum Guten führt; ich will Gott nicht nur dann lieben, wenn er mir Gutes beschert, sondern auch, wenn er mich prüft, denn irgendwo muss es doch das

---

N. Katkov, den Redakteur der Zeitung „Moskovskie vedomosti" ist publiziert in Žizn'Č 2, S. 485-487 (gekürzt) und in ČPSS X, Nr. 1710.]
[236 Gemeint ist Nikolaj G. Rubinštejn.]

Reich des ewigen Glücks geben, welches wir auf Erden vergeblich suchen. Es wird die Stunde kommen, da sich alle Fragen lösen werden und wir begreifen lernen, weshalb Gott uns Prüfungen auferlegt. Ich möchte glauben, dass es ein ewiges Leben gibt. Wenn ich meinen Willen durchsetze und die Wünsche Wirklichkeit werden, dann werde ich glücklich sein, soweit ein Glück auf Erden möglich ist.

Heute wohnte ich der Totenmesse [für N. G. Rubinstein] in der [russischen] Kirche bei; dann begleitete ich den Sarg zum Bahnhof und war Zeuge, wie der bleierne Sarg in eine Holzkiste gepackt und in einen Gepäckwagen gestellt wurde. Schmerzlich und schauerlich war der Gedanke, dass unser armer Nikolai Gregorjewitsch in einer Holzkiste und im Gepäckwagen nach Moskau zurückkehren würde. Ja, es war sehr *schmerzlich*. Aber zum Glück hat der Glaube in mir Wurzel geschlagen, und ich finde Trost in dem Gedanken, dass es Gottes *unergründlicher, heiliger* Wille war." [X, 1712.]

An M. Tschaikowsky: „[Paris,] d. 17. [/ 29.] März 1881.

Modja, wir werden uns bald wiedersehen, darum will ich Dir jetzt über die traurigen letzten Tage nichts erzählen. Überhaupt ist meine ganze gegenwärtige Reise eine sehr unglückliche und ganz dazu angetan, meine Liebe zum Ausland abzuschwächen. Ich stehe wieder vor einer Lebenswende, welche von weittragender Bedeutung für meine Zukunft sein wird: 1.) der Tod Nikolai Gregorjewitschs, 2.) der Umstand, dass Frau fon Mekk nahezu bankrott ist. Ich hatte schon in Moskau davon sprechen hören und bat sie, mir die Wahrheit zu sagen. Aus der erhaltenen Antwort ersehe ich, dass dem wirklich so ist. Sie schreibt mir, dass die Summe, die ich von ihr beziehe, sehr winzig sei im Verhältnis zu den verlorenen Millionen, und möchte sie darum auch fernerhin zahlen, bittet mich aber, nicht davon zu sprechen. Aber Du begreifst, dass mir diese Pension keine Sicherheit mehr bietet und ich daher früher oder später wieder ein Amt übernehmen muss. Das alles ist nichts weniger als lustig." [X, 1716.]

Kapitel XXII.

[1881, April – August. Moskau. Kamenka.
Lehnt den Vorschlag der Musikgesellschaft ab, Nachfolger N. Rubinštejn als Direktor des Konservatoriums zu werden. Zweifel an seiner Schaffenskraft. Plant ein neues kirchenmusikalisches Werk als Versuch, die alten einstimmigen liturgischen Melodien zu harmonisieren. Neue Kompositionspläne: Kinderlieder, Oper „Mazepa". Plan einer Inszenierung der „Jungfrau von Orleans" in Prag.
Im Auftrag Jurgensons: Herausgabe sämtlicher Kirchenwerke Bortnjanskijs.
Widerwillen gegen das Komponieren, Ekel vor der Arbeit. Will nicht wieder, wie Taneev vorschlägt, am Moskauer Konservatorium unterrichten.]

An Frau von Meck: „Kamenka, d. 29. April 1881.

Ich habe mich nur einen Tag in Moskau aufgehalten (wo ich genötigt war, meine ganze Energie zusammenzuraffen, um die Forderungen der Musikgesellschaft, das Amt des Konservatoriumsdirektors zu übernehmen, aufs Entschiedenste abzulehnen) und bin heute hier angekommen." [X, 1732.]

An P. Jurgenson: „Kamenka, d. 7. Mai 1881.

Da meine Schwester krank und ihr Mann abwesend ist, spiele ich hier gewissermassen die Rolle eines Familienoberhaupts und verbringe den grössten Teil meiner Zeit mit den Kindern. Das würde mir gewiss schwerfallen, wenn ich sie nicht lieb hätte, als wären es meine eigenen. Ich tue absolut nichts und greife nur zum Briefeschreiben nach der Feder. Ich habe auch keine Lust zum Komponieren. Ich bat Dich, etwas bei mir zu bestellen. Vielleicht brauchst Du wirklich etwas? Hast Du nicht irgendeine Idee, bei deren Ausführung ich Dir behilflich sein kann? Schreibe mir darüber. Ein Anstoss von aussen wird meinen erstarrten Fleiss vielleicht wieder anregen. Ist es möglich, dass ich alt werde und mein Lied abgesungen habe?" [X, 1743.]

An Frau von Meck: „Kamenka, d. 8. Mai 1881.

Ich glaube, ich habe jetzt eine passende Beschäftigung gefunden. Bei der religiösen Stimmung, in der ich mich befinde, wird es mir guttun, mich in die russische Kirchenmusik zu vertiefen. Ich studiere jetzt den Stamm unserer Kirchenmelodien[237] und möchte den Versuch machen, sie zu harmonisieren. Täglich bete ich zu Gott, dass er Sie erhalten möge, zum Wohl vieler Menschen." [X, 1744.]

An P. Jurgenson: „Kamenka, d. 9. Mai 1881.

Bitte mir Folgendes zu senden:

1.) Ich möchte gern eine Vesper[238] schreiben und brauche den vollständigen Text. Wenn es irgendein Buch im Handel gibt wie einen ‚Grundriss der Liturgie für Laien', so sende es mir bitte ...

2.) Ich habe Bräuche und Sitten der Kirche[239] zu studieren begonnen, um aber eine genaue Kenntnis darüber zu erlangen, benötige ich Rasumowskys Buch ‚Geschichte der Kirchenmusik'[240] und bitte Dich, mir dasselbe zu übersenden. Im voraus besten Dank für alles." [X, 1745.]

An Frau von Meck: „Kamenka, d. 17. Mai 1881.

Mein Leben ist grau, ohne Inspiration, ohne Freude, – aber körperlich bin ich gesund und habe sogar zu arbeiten begonnen. Ich setze die Gesänge der Vesper [des Vsenoščnoe bdenie] für Chor. Diese Arbeit ist recht interessant und schwer. Es ist wünschenswert, die alten Kirchenmelodien unberührt zu lassen, da ihnen aber ganz eigentümliche Tonleitern zugrundeliegen, so unterwerfen sie sich nur sehr schwer der modernen Harmonisierung. Wenn es mir gelingen wird, diese Schwierigkeiten zu besiegen, so werde ich stolz sein, als erster an der Wiederherstellung des ursprünglichen Charakters und Stils unserer Kirchenmusik gearbeitet zu haben. Einstweilen spüre ich nicht die geringste Lust, etwas Selbständiges zu komponieren. Manchmal scheint mir, dass mein Liedchen *abgesungen* und die Quelle der Inspiration versiegt ist. Aber ich erinnere mich, dass ich auch früher Perioden absoluter Abwesenheit jeglichen Schaffensdranges hatte." [X, 1754.]

---

[237] Im Original: den „Obichod [cerkovnogo penija]", das ist das wichtigste der liturgisch-musikalischen Bücher der Russisch-orthodoxen Kirche mit ihren alten einstimmigen Gesängen; ein Exemplar der Ausgabe des Obichod, St. Petersburg 1879, blieb in Čajkovskijs Bibliothek erhalten. Zum Obichod (zu deutsch etwa „Alltagsbedarf") und den anderen musikalisch-liturgischen Büchern vgl. den Beitrag über Čajkovskijs Kirchenmusik und insbesondere über die „Ganznächtliche Vigil" op. 52 von 1881/82 (veröffentlicht: Moskau: P. I. Jurgenson, 1883) in ČSt 2, S. 149 ff.]

[238] Der Begriff „Vesper" in Juons Übersetzung ist missverständlich. Vielmehr handelt es sich um den „Venoščnoe bdenie" (oder kurz: die „Vsenoščnaja"), am ehesten als „Ganznächtliche Vigil" zu übersetzen, eine Kombination dreier Gebetszeiten des Stundengebets (Vesper, Matutin und Prim), wie sie an Samstagen und Vorabenden grosser Feste gefeiert wurde. Vgl. dazu und zu Čajkovskijs op. 52 im einzelnen ČSt 2, S. 149-184.]

[239] Wieder steht hier im Original das Wort „Obichod", also der Titel des in Anmerkung 237 genannten liturgisch-musikalischen Buches.]

[240] Gemeint ist das grundlegende dreibändige Werk „Cerkovnoe penie v Rossii" („Kirchengesang in Russland" mit dem Untertitel „Versuch einer historisch-technischen Darstellung"), Moskau 1867-1869, seines früheren Kollegen am Moskauer Konservatorium, des Professors für die Geschichte des Kirchengesangs, Erzpriesters und Magisters der Theologie Dmitrij V. Razumovskij.]

An P. Jurgenson: „Kamenka, d. 4. Juni 1881.

Lieber Freund, schönen Dank für die Erledigung meiner verschiedenen Bestellungen. Einstweilen bin ich mit der Vesper [Ganznächtlichen Vigil] beschäftigt. Wenn ich damit fertig bin, möchte ich Kinderlieder machen,[241] und später, sofern Lust und Stimmung da sein werden, will ich an eine Oper gehen. Das ist die einzige Gattung, welche jetzt einige Begeisterung in mir wachzurufen imstande ist. Ich bin im Besitz eines recht guten Librettos [‚Mazepa'], welches mir K. Dawidow überlassen hat.[242] Dieses Libretto hat Burenin nach Puschkins ‚Poltawa' gemacht …" [X, 1776.]

An E. Naprawnik: „Kamenka, d. 17. Juni 1881.

Hochverehrter und lieber Freund, Ihr Brief hat mich ausserordentlich erfreut. Erstens war es mir sehr angenehm zu erfahren, dass Sie gesund sind; zweitens ist es sehr schmeichelhaft für mich, dass die Direktion des Nationaltheaters in Prag meine Oper [‚Die Jungfrau von Orleans'] aufzuführen gedenkt.[243] Ich hoffe, dass Ihr Name, welcher meine Oper schmückt, ihr in Ihrer Heimat Glück bringen wird.[244] Von ganzer Seele wünsche ich, dass das neue Prager Theater aus dem Kampf mit den feindlichen Elementen als Sieger hervorgehe …

Gestatten Sie mir die Bitte, lieber Freund, meine bereits gedruckte Streicherserenade in das Programm eines der zukünftigen Konzerte einzuschliessen.[245]

Im vorigen Winter habe ich auf Ersuchen N. Rubinsteins für die Ausstellungskonzerte eine Festouvertüre komponiert, welche den Titel ‚Das Jahr 1812' trägt. Könnten Sie es möglich machen, dieselbe ebenfalls aufzuführen? Wenn Sie wollen, werde ich Ihnen die Partitur zur Ansicht schicken lassen. Übrigens enthält sie, glaube ich, keine grossen Vorzüge, und ich werde nicht im geringsten erstaunt oder beleidigt sein, wenn Sie finden sollten, dass sich der Stil dieser Musik nicht für ein Symphoniekonzert eigne."[246] [X, 1786.]

An M. Tschaikowsky: „Kamenka, d. 21. Juni 1881.

Meine Vespermusik [Ganznächtliche Vigil] zwingt mich, mich in verschiedene gottesdienstliche Bücher mit und ohne Noten zu vertiefen. Wenn Du wüsstest, wie schwer es ist, das alles zu begreifen. In jedem Gottesdienst gibt es veränderliche und unveränderliche Gesänge. Letztere bieten keine Schwierigkeiten, die veränderlichen aber, z. B. die Kanons, sind eine Wissenschaft für sich, zu deren Studium ein ganzes Leben nicht ausreicht. Ich möchte wenigstens einen Kanon zustandebringen, z. B. den die Gottesmutter betreffenden. Stell Dir vor, dass ich trotz einer ganzen Menge von Hilfsmitteln weder den Text noch die

---

[241 Mit der Komposition der Kinderlieder op. 54 begann Čajkovskij allerdings erst im November 1883.]
[242 Der Violoncellist, Komponist und Dirigent Karl Ju. Davydov (1838-1889) war 1876-1886 Direktor des Petersburger Konservatoriums. Er überliess Čajkovskij 1881 das Libretto „Mazepa" von Viktor P. Burenin (1841-1926) nach Aleksandr S. Puškins dramatischem Gedicht „Poltava", weil er die von ihm 1875-1876 begonnene Oper „Mazepa" nicht mehr beenden wollte. (Das Manuskript der vier von Davydov komponierten Bilder der Oper wird im Petersburger Konservatorium aufbewahrt.) Čajkovskij komponierte seine Oper „Mazepa" von Juni 1881 bis April 1883 und revidierte sie im November / Dezember 1883 sowie im März und Oktober 1884.]
[243 Tatsächlich wurde Čajkovskijs „Jungfrau von Orleans" am 16. / 28. Juli 1882 in tschechischer Sprache in Prag aufgeführt, aber nicht im Nationaltheater, weil es dort einen Brand gegeben hatte, sondern im Sommertheater. (Das war die erste Oper Čajkovskijs, die auch außerhalb Russlands inszeniert wurde.)]
[244 Der gebürtige Tscheche Éduard Napravnik (1839-1916) war ab 1863 Dirigent und 1869-1916 erster Kapellmeister des Petersburger Mariinskij teatr.]
[245 Napravnik dirigierte die Streicherserenade op. 48 im 3. Symphoniekonzert der Russischen Musikgesellschaft am 18. Oktober 1881 (Petersburger Erstaufführung).]
[246 Napravnik nahm die Ouvertüre nicht in seine Programme auf. Ihre Petersburger Erstaufführung dirigierte am 26. März 1883 Anton G. Rubinštejn im 10. Symphoniekonzert der Russischen Musikgesellschaft.]

Melodien finden kann. Ich besuchte unseren Priester, um mich belehren zu lassen, – er gestand mir aber, dass er selbst nichts wisse und seinen Dienst routinemässig versehe, ohne sich an das Typikon zu halten. In diesem Meer von Irmen, Stichiren, Sedalenen, Katawasien, Muttergottesliedern, Dreieinigkeitsliedern, Troparien, Kondakien, Exapostilarien, Podobnien, Stepennien bin ich ganz untergegangen und nicht imstande, herauszufinden. Ich fragte unseren Priester, wie es sein Psalmensänger mache und woher er wisse, wann, wo und was er zu lesen oder zu singen habe (denn die Kirche schreibt mit unglaublicher Genauigkeit vor, an welchen Tagen, mit welcher Stimme [recte: mit welchem Kirchenton], wieviel mal, wie und was zu lesen ist). Er antwortete: ‚Ich weiss nicht! Er sucht sich vor jedem Gottesdienst etwas heraus.' Wenn die Berufenen das nicht wissen, was soll dann ich armer Sünder machen!?"[247] [X, 1790.]

An P. Jurgenson: „Kamenka, d. 21. Juni 1881.

Die Werke von Bortnjansky habe ich erhalten und durchgesehen.[248] Die Redaktion [Revision] derselben erweist sich als eine ziemlich mühselige und langweilige Arbeit, denn der grösste Teil seiner Sachen ist platt und wertlos. Warum willst Du eine Gesamtausgabe machen? Erlaube mir, Dir den Rat zu geben, diesen Plan zu verwerfen und nur eine Sammlung ‚Ausgewählter Werke Bortnjanskys' herauszugeben. Das wird für Deine Tasche viel vorteilhafter und in jeder Beziehung klüger sein. Vergiss nicht, dass fast $^7/_{10}$ der Gesamtausgabe die Konzerte ausmachen werden, d. h. eine Reihe von abgeschmackten und trivialen Gemeinplätzen, welche niemals in Kirchen aufgeführt werden und höchstens einmal im Jahr auf das Programm irgendeines geistlichen Konzerts gelangen ... *Gesamtausgabe?* Das ist ein imposantes Wort, im vorliegenden Fall aber nicht am Platz, weil es sich auf einen Mann von kleinem Talent bezieht, welcher eine Masse dummes Zeug geschrieben hat und nur etwa ein Dutzend anständige Sachen. Ich bin sogar unschlüssig, ob ich meinen Namen für eine solche Ausgabe hergeben soll. Ich arbeite jetzt an einem geistlichen Musikwerk [der Ganznächtlichen Vigil], welches dazu bestimmt ist, dem konzessionierten Bortnjansky und tutti quanti und ihrem schlechten Stil entgegenzutreten – und soll dem Publikum denselben Bortnjansky, den ich durch mein Werk verneine, gewissermassen anpreisen? Allerdings kann man die Sache auch von einem anderen Standpunkt aus betrachten: ich bin ein Musiker und lebe von meiner Arbeit, folglich liegt nichts Verdammenswertes darin, dass ich um des lieben Geldes willen die Redaktion einer derartigen Scheusslichkeit besorge. Mein Stolz leidet aber dennoch darunter. Überlege Dir's und antworte mir." [X, 1791.]

An M. Tschaikowsky: „Kamenka, d. 22. Juni 1881.

Ich erblicke keine gemeine Schmeichelei darin, dass Du Herrn K.[onradi][249] mit einem ‚wie schade' antwortetest, als er Dir mitteilte, er werde erst nach langer Zeit zurückkehren. Darin äussert sich wieder einmal jene ungeheure Lüge, auf welcher sich alle menschlichen Beziehungen aufbauen, – nichts weiter. Es ist wahr: die Sprache ist dem Menschen gegeben, um seine Gedanken zu verbergen. Du konntest doch Herrn K. nicht sagen: ‚Gott sei Dank, dass Du lange nicht zurückkehren wirst.' Schweigen konntest Du auch nicht. Die einfache Höflichkeit (die zum Prinzip erhobene und Gesetz gewordene Lüge) erheischte irgendeine Antwort ... Solange man unter Menschen lebt, ist es unmöglich, nicht zu lügen.

[247 Eine genauere Übersetzung der betreffenden Briefpassagen findet man in ČSt 2, S. 152 f.; ihr sind oben die Namen der Gesangsgattungen „Irmen, Stichiren" usw. entnommen.]
[248 Jurgenson hatte Čajkovskij mit einer revidierten Neuausgabe der Kirchenkompositionen von Dmitrij S. Bortnjanskijs (1751-1825) beauftragt. Vgl. dazu ČSt 2, S. 135 f.]
[249 Dem Vater von Modests taubstummem Zögling Kolja. Im Originalbrief ist der Name Konradi ausgeschrieben.]

Nur im Schlaf lügen wir nicht. Alle lügen, doch ist es nicht allen eine Last. Es gibt prächtige und in ihrer Art ehrlichen Menschen, denen das ewige Lügen sehr leicht fällt; anderen hinwiederum wird es schwer, zum Beispiel Dir und mir ..." [X, 1792.]

An S. I. Tanejew: „Kamenka, d. 2. Juli [recte: 27. Juni] 1881.
Lieber Sergei Iwanowitsch, Ihr Brief war mir ein grosses Vergnügen. In der letzten Zeit habe ich viel an Sie gedacht, und zwar aus folgendem Anlass: unweit von hier lebt ein gewisser Schestoperow;[250] dieser Schestoperow hat einen Sohn,[251] der neun Jahre alt ist und von dessen ausserordentlicher musikalischer Begabung ich schon längst sprechen hörte. Neulich habe ich ihn besucht und war nicht nur nicht enttäuscht, sondern ganz entzückt von dem Knaben. Er hat nur sehr oberflächliche Kenntnisse, spielte aber einige Ouvertüren und Symphonien (mit mir vierhändig) so, als wenn er schon vor seinem Erscheinen in der Welt irgendwo im Jenseits alles gehört und gespielt hätte. Er improvisiert prächtig, mit Modulationen, Veränderungen der Themen, Gängen und zeigt einigen Formensinn. Mit einem Wort: ein starkes und unzweifelhaftes Talent. Im August siedeln seine Eltern nach Moskau über und wollen ihn ins Lyceum geben, aber auch für Musikunterricht sorgen. Diesen Knaben möchte ich nun gerne Ihnen anvertrauen ... Jedenfalls werde ich den Jungen zu Ihnen schicken und bitte Sie sehr, Ihre Bestimmungen in Bezug auf seine musikalischen Beschäftigungen zu treffen ... Lieber Freund, schlagen Sie mir diese Bitte nicht ab und übernehmen Sie die Leitung seines Bildungsganges." [X, 1795.]

An Frau von Meck: „Kamenka, d. 3.[-4.] Juli 1881.
Ich freue mich sehr, meine Liebe, dass Ihnen meine Romanzen [op. 47] und Duette [op. 46] gefallen haben. Bei dieser Gelegenheit möchte ich Ihnen sagen, welche von diesen Vokalstücken mir selbst am stärksten ans Herz gewachsen sind, und Ihre Aufmerksamkeit auf sie lenken. – Von den Duetten liebe ich am meisten [Nr. 3:] ‚Tränen' und von den Liedern: 1.) das mit dem Text von [Alexei] Tolstoi [aus dessen Poem ‚Ioann Damaskin'; Nr. 5], 2.) das mit dem Text von Mickiewicz [Nr. 3] und 3.) ‚War ich nicht ein Halm' [Nr. 7]. Die ‚Schottische Ballade' [op. 46, Nr. 2] gehört auch zu meinen Lieblingen, doch bin ich leider überzeugt, dass sie niemals so gesungen werden wird, wie ich sie mir denke. Sie muss weniger gesungen als vielmehr deklamiert werden, aber mit dem leidenschaftlichsten Ausdruck." [X, 1804.]

An P. Jurgenson: „Kamenka, d. 31. Juli 1881.
Ich beschäftige mich jetzt sehr intensiv mit Bortnjansky,[252] um diese schreckliche Arbeit möglichst bald loszusein. Ich gerate sehr oft in Wut, schimpfe fürchterlich und möchte die ganze Geschichte beiseite werfen, weil der Inhalt der ordinären Werke Bortnjanskys mir äusserst unsympathisch ist, aber dann beruhige ich mich wieder und werde die Arbeit zuendeführen, wie ich alles zuendeführe, was ich beginne. Höchstens werde ich eines Tages vor Wut platzen ...

Gepressten Herzens denke ich an unser unglückliches Konservatorium. Warum sind die öffentlichen Bekanntmachungen über das bevorstehende Schuljahr bis jetzt noch nicht erschienen? Vielleicht könnte es von Nutzen sein, mich als Professor der Theorie anzuführen, aber unter der Bedingung, dass ich vom 1. September an auf unbestimmte Zeit beur-

---

[250 Jakov Šestopërov, Direktor der Zuckerfabrik des Grafen Bobrinski auf seinem Gut Smela im Čerkasskijschen Kreis, Gouvernement Kiev.]
[251 Vladimir Ja. Šestopërov (geb. 1872), wurde später Jurist und Beamter für besondere Aufgaben beim Tversker Gouverneur.]
[252 Vgl. oben den Brief an Jurgenson vom 21. Juni 1881 (ČPSS X, Nr. 1791).]

laubt werde? Das ist zwar ein kleiner Betrug, *doch kann mich keine Gewalt der Erde zwingen, in diesem Jahr einen Konservatoriumsdienst auf mich zu nehmen*, denn nur die äusserste Not kann mich an diese Art, das tägliche Brot zu verdienen, fesseln ... Dagegen bin ich gern bereit, *nominell* Professor zu sein, sofern es dem Konservatorium ein wenig Anziehungskraft verleihen kann."[253] [X, 1821.]

An Frau von Meck: „Kamenka, d. 24. August 1881.

Ich wünsche von ganzem Herzen, es möge sich Ihnen Gelegenheit bieten, meine [Streicher-]Serenade [op. 48] in richtiger Ausführung zu hören. Sie verliert auf dem Klavier sehr,[254] und ich glaube, dass die beiden Mittelsätze – von Violinen gespielt – Ihre Anerkennung finden dürften. Hinsichtlich des ersten Satzes und des Finales haben Sie jedoch recht. Das ist wirklich nur Tonspielerei, welche das Herz nicht berührt. Der I. Satz ist ein Tribut meiner Verehrung für Mozart; er ist eine beabsichtigte Nachahmung seiner Art, und ich würde mich glücklich schätzen, wenn man fände, dass ich meinem Vorbild ziemlich nahe gekommen bin. Lachen Sie nicht, meine Teure, dass ich so eifrig für mein Letztgeborenes Partei ergreife. Meine väterlichen Gefühle sind vielleicht gerade deshalb so glühend, weil es mein Jüngstes ist. Übrigens gebe ich mich der Hoffnung hin, dass die Serenade, oder wenigstens Teile derselben, einst Ihre Liebe gewinnen werden. Das ist mein sehnlichster Wunsch.

In Betreff der Lieder von Balakirew teile ich vollkommen Ihre Meinung. Sie sind in der Tat kleine Meisterwerke, von denen ich einige ausserordentlich liebe." [X, 1840.]

An S. I. Tanejew: „Kamenka, d. 23.[-25.] August 1881.

Ich bin fest überzeugt, dass meine Vesper [Ganznächtliche Vigil] Ihnen nicht gefallen wird. Ich erblicke in ihr rein gar nichts, was Ihr Lob verdienen könnte. Wissen Sie, Sergei Iwanowitsch, ich glaube, ich werde nie wieder etwas Gutes schreiben, ich bin überhaupt nicht mehr imstande zu komponieren. Welche Form ich auch nehmen mag, – keine ist nach meinem Sinn. Allenthalben dieselbe ‚Remplissage', allenthalben Routine und abgeschmackte Handgriffe, überall Bedingtheit, Falschheit. Wäre ich jung, könnte man diesen Widerwillen gegen das Komponieren dadurch erklären, dass ich Kräfte sammle und eines Tages einen neuen, eigenen Pfad entdecken werde. Doch leider geben sich die zunehmenden Jahre zu erkennen! Naiv schaffen, einem Singvogel gleich, kann ich nicht mehr, und Neues zu erfinden – mangelt es an Pulver! Ich sage Ihnen das nicht, um Sie zum Widerspruch zu reizen, sondern konstatiere nur eine Tatsache. Ich bedaure es gar nicht! Ich habe in meinem Leben recht unordentlich, aber viel gearbeitet und bin müde geworden. Es ist Zeit sich auszuruhen. Fast wollte ich eine neue Oper [‚Mazepa'] schreiben, denn ich habe ein recht gutes Libretto in Händen, ich habe sogar schon in meinen Mussestunden vier Nummern fertig gemacht. Doch ekelt mich die Arbeit und ich fühle, dass meine Willenskraft nur für vier Nummern ausgereicht hat ...

Doch genug von mir: reden wir jetzt von Ihnen. Wenn ich an Moskau und ans Konservatorium denke, so sind mein einziger Trost, mein einziger Hoffnungsstrahl – Sie. Bitte seien Sie nur nicht zu bescheiden, Sergei Iwanowitsch, seien Sie sich Ihrer Kräfte bewusst, und wenn diese letzteren derart sind, dass Sie nach und nach das Amt Nikolai Gregorjewitschs[255] übernehmen können, so müssen Sie selbstbewusst und geradeaus auf dieses Ziel

---

[253 Mit Belangen des Konservatoriums hat Jurgenson zu tun, weil er zum Direktorium der Moskauer Abteilung der Russischen Musikgesellschaft gehört, welche Trägerin des Konservatoriums ist.]
[254 Der von Čajkovskij selbst angefertigte Klavierauszug zu vier Händen war im April 1881 bei Jurgenson in Moskau erschienen.]
[255 Als Direktor des Moskauer Konservatoriums.]

lossteuern, um der verwaisten Sache willen. Rufen Sie um Gottes willen nur ja nicht aus: ‚Der ist gut! Hält mir eine Moralpredigt und sitzt selbst da, die Hände in den Schoss gelegt!!!' Einstweilen kann ich noch nicht tätig sein. Würde ich einige Stunden im Konservatorium übernehmen, hielte ich es gewiss nicht länger als einen Monat aus und würde entfliehen. Nicht, dass ich Moskau und sein Musikleben nicht mehr liebte, viel mehr im Gegenteil: ich habe es gar zu lieb und leide unendlich unter dem Bewusstsein, nicht helfen zu können. Nur zum Schein dazusein – widerstrebt mir; und tatsächlich Unterricht zu geben – wenn auch nur eine Stunde täglich, wie Sie vorschlagen – habe ich nie verstanden und werde es nie verstehen. Ich bin unfähig zu lehren, denn so etwas muss man mit Liebe tun, zumindest mit Geduld, und diese besitze ich nicht. Ich bin im höchsten Grade nervös. Abgesehen davon, überfallen mich, sobald ich mich in Moskau aufhalte, so viele quälende Empfindungen, von denen ich Ihnen nicht einmal einen annähernden Begriff geben kann. Es ist ein brennender Kummer darüber, dass die Vergangenheit niemals wiederkehrt, ein qualvolles Bereuen der sinnlos verlebten Jugend und noch vieles, vieles andere ... Anders als in der Kneipe sitzend und Schnaps trinkend, kann ich mir ein Leben in Moskau nicht denken.

Mit einem Wort, versuchen Sie nicht mich zu überreden, ins Konservatorium zu kommen: jetzt ist es unmöglich. Vielleicht in der Zukunft ... Sie dagegen sind wie geschaffen, das Werk Rubinsteins fortzusetzen ..." [X, 1839.]

Die chronologische Reihenfolge der Kompositionen Peter Iljitschs in der Saison 1880-1881:

1) Op. 48. Serenade für Streichorchester in vier Sätzen. K. K. Albrecht gewidmet. [Uraufführung am 21. November 1880 im Moskauer Konservatorium durch Professoren und Studierende. Erste öffentliche Aufführung am 18. Oktober 1881 in Petersburg unter der Leitung von Eduard Naprawnik.] Erste Aufführung am 16. Januar 1882 zu Moskau unter Max Erdmannsdörfer. Verlag Jurgenson.

2) Op. 49. „Das Jahr 1812" – Festouvertüre für grosses Orchester, gelegentlich der Einweihung der Erlöserkirche zu Moskau komponiert. [Erste Aufführung in Moskau am 8. August 1882 in einem Konzert mit Werken Tschaikowskys unter der Leitung von Ippolit Altani.] Verlag Jurgenson.

Ausserdem hat Peter Iljitsch den Versuch gemacht, gottesdienstliche Gesänge („Vespergottesdienst") zu harmonisieren [Vsenoščnoe bdenie (Ganznächtliche Vigil) op. 52] und die ersten Entwürfe der Oper „Mazepa" fertiggestellt.

Kapitel XXIII-XXIX: 1881-1882.

Kapitel XXIII.

[1881, Oktober. Moskau. Kiev. Kamenka.
November 1880 bis September 1881: Stillstand der schöpferischen Tätigkeit. Die Bedeutung N. Rubinštejns als Interpret von Čajkovskijs Werken. Die Situation am Konservatorium und in der Musikgesellschaft nach N. Rubinštejns Tod und andere Gründe für Čajkovskijs Unruhe und Verstimmung.
Opernpläne: „Mazepa" oder „Romeo und Julia" oder „Van'ka der Hauswart"?
Widerwillige Arbeit an der Ausgabe von Bortnjanskijs Kirchenmusik.]

In einem seiner Briefe aus dem Jahre 1877 schrieb Peter Iljitsch an Frau von Meck: „Ich komponiere nichts – ein sicheres Symptom einer aufgeregten Seelenstimmung."

Von November 1880 bis September 1881 dauerte der Stillstand in Peter Iljitschs schöpferischer Tätigkeit. Daraus folgt, dass seine Seele auch in dieser Periode aufgeregt war.

Dass er weder in Moskau noch in Petersburg (November bis Februar) eine Note geschrieben hat, dürfte den Leser nicht verwundern. Wir wissen, dass das Grossstadtleben, welches in diesem Falle infolge der Aufführung zweier Opern auf den Kaiserlichen Bühnen komplizierter war denn je, – jeglichen Schaffensdrang in ihm erstickte. Der Aufenthalt in Rom, welcher sich diesmal in eine Reihe gesellschaftlicher Erfolge in aristokratischen Salons verwandelt hatte, bot ebenfalls wenig Gelegenheit zum Komponieren.

Dass Peter Iljitsch aber auch nach seiner Rückkehr nach Kamenka untätig blieb, kann weder unvorteilhaften Lebensbedingungen noch Störungen rein äusserlichen Charakters zugeschrieben werden; es zeugt vielmehr in der Tat von einer Unruhe und Verstimmung des Gemüts.

Dafür gab es viele Gründe.

Erstens war er durch den Tod N. G. Rubinsteins bis in die Tiefe seines Herzens erschüttert. Trotz mancher Meinungsverschiedenheiten zwischen ihm und dem Dahingeschiedenen liebte er ihn von *ganzer* Seele und schätzte in ihm „einen der grössten Virtuosen seiner Zeit". Ausserdem hatte er sich daran gewöhnt, ihn als eine feste Stütze seines eigenen künstlerischen Daseins zu betrachten. N. Rubinstein war stets der erste und beste Interpret seiner Klavier- und Orchesterwerke gewesen. Wenn Peter Iljitsch ein symphonisches Stück schrieb, hörte er es in seinem Geiste bereits vom Podium des Moskauer Konzertsaals erklingen und wusste stets im voraus, dass es ihn in der Ausführung N. Rubinsteins nicht enttäuschen würde. Der grosse Virtuose hatte das Talent, in Peter Iljitschs Stücken Schönheiten herauszufinden, von denen der Autor selbst nichts ahnte. So war es zum Beispiel mit der Sonate, welche Peter Iljitsch „nicht erkannte", als er sie von N. Rubinstein gespielt hörte. Diese Überzeugung, diese Sicherheit, für jedes seiner Werke sofort den richtigen Interpreten zu haben, welche Peter Iljitschs Phantasie anregte und beflügelte, – war nun für ewig verschwunden.

Ausserdem hatte N. Rubinstein für Peter Iljitsch eine gewaltige Bedeutung als diejenige Persönlichkeit, mit welcher die Existenz des Moskauer Konservatoriums und der Musikgesellschaft aufs Innigste verknüpft war. Trotz seines Weggangs hörte Peter Iljitsch nicht auf, sich für das musikalische Moskau zu interessieren. Als daher nach dem Tode Rubinsteins die Frage auftauchte „was nun?", erwachte in Peter Iljitsch die Vermutung, das alle auf sein entscheidendes Wort warteten, dass er der Erbe von N. Rubinsteins Werk sei und sich an die Spitze stellen *müsse*. Die *Pflicht* zu erfüllen, hiess aber, das Komponieren aufzugeben. Von einem Seelenkampf konnte in dieser Beziehung keine Rede sein, denn er zweifelte keinen Augenblick daran, dass nichts in der Welt ihn veranlassen konnte, das Komponieren zu lassen. Die hilflose Lage des verwaisten Konservatoriums ging ihm aber dennoch so zu Herzen, dass er sich ob seiner Untätigkeit Vorwürfe machte und dadurch die zum Komponieren notwendige Ruhe verscheuchte.

Ein anderer Grund der Unruhe Peter Iljitschs, welche seinem Schaffen im Wege stand, war intimen Charakters. Nach langen Jahren wolkenlosen Glücks kam über die zahlreiche Familie Dawidow eine Zeit schwerer Prüfungen und Sorgen, welche auch Peter Iljitsch sehr mitempfand. Kamenka, der Ort, wo er früher vor allen Stürmen des Lebens Zuflucht fand, bot ihm diese Zuflucht immer weniger, denn seine immer wachsende Anhänglichkeit an die Mitglieder der Familie seiner Schwester machte ihn immer empfänglicher für die Freuden und Leiden derselben; die letzteren waren nun bei weitem im Übergewicht, seit Alexandra Iljinischna durch ein schweres und langjähriges Leiden, welches später zu ihrem Tode führte, an das Krankenlager gefesselt war.

Es gab noch eine dritte Ursache für die Verstimmung Peter Iljitschs, welche an und für sich und in den Augen der Mehrheit unbedeutend erscheinen mochte, für Peter Iljitsch jedoch, der das Leben durch ein Vergrößerungsglas betrachtete, eine grosse Rolle spielte und ihn derart verstimmte, dass sie nicht verschwiegen werden kann. Sein Diener Alexei Sofronow, den er seit dem Jahre 1873 stets bei sich hatte, war im November 1880 zum Militär eingezogen worden. Peter Iljitsch hatte sich nun – um ihn nicht zu beleidigen – entschlossen, bis zu seiner Rückkehr aus dem Dienst auf jede persönliche Bedienung zu verzichten, und litt natürlich sehr durch die Entbehrung verschiedener langjähriger Gewohnheiten und bedauerte gleichzeitig Alexei selbst.

Fast den ganzen Monat September 1881 verbrachte Peter Iljitsch in Moskau in Gesellschaft seines Bruders Anatol. Dieser Aufenthalt war für ihn verhältnismässig angenehm, weil die meisten Moskowiter von ihren Reisen noch nicht zurückgekehrt waren und er sich daher freier fühlte als sonst. Er wohnte in Kokorews Hotel und arbeitete ausschliesslich an der neuen Ausgabe der [kirchlichen] Werke Bortnjanskys.

Am 1. Oktober verliess er Moskau.

An A. Tschaikowsky: „Kiew, d. [2.-]3. Oktober [1881].

Ich fühle mich jetzt ruhig und frisch. Das zweifelhafte Schicksal der ‚Jungfrau von Orleans'[256] war für mich in den letzten Tagen meines Aufenthalts in Moskau, namentlich aber unterwegs, ein scharfes Messer. Man soll aber einen Keil mit einem anderen Keil herausschlagen, so habe ich denn unterwegs über ein neues Opernsujet nachgedacht (‚Mazepa' gefällt mir nicht, ich kann mich nicht dafür begeistern) und kam nach langem Überlegen zu der Überzeugung, dass meinen Fähigkeiten das alte und doch ewig neue Sujet ‚Romeo und Julia' am besten entsprechen würde; es ist also unwiderruflich beschlossen: ich schreibe ‚Romeo und Julia'. Doch sprich zu niemandem darüber."[257] [X, 1860.]

An P. Jurgenson: „Kamenka, d. 8. Oktober 1881.

Ich bewohne hier das grosse Haus, wo früher die Familie meiner Schwester gewohnt hatte und wo jetzt ausser mir und dem mich bedienenden Weibe keine Menschenseele zu sehen ist. Ich arbeite wie ein Ochse. Ich habe mir vorgenommen, in einem Monat die Ar-

---

[256] Der Sängerin Kamenskaja, welche die Rolle der Johanna so glänzend kreiert hatte, wurde es verboten, diese für ihre Stimme zu hoch liegende Partie zu singen; die neue „Johanna" [Marija Makarova] war aber so schwach, dass die Direktion es nicht riskieren wollte, sie in dieser kapitalen Rolle auftreten zu lassen. [Bis Januar 1882 wurde die Oper nur noch fünfmal aufgeführt und dann aus dem Repertoire genommen. Im September 1882 bat die Theaterdirektion den Komponisten, die Partie der Johanna für Mezzosopran umzuschreiben; in dieser Fassung wurde die Oper aber auch nur in einer Saison gespielt.]
[257] Schliesslich entschied sich Čajkovskij aber doch zur Vertonung von Burenins Libretto „Mazepa" nach Puškins „Poltava".]

rangements sämtlicher Werke für Doppelchor von Bortnjansky fertigzustellen.[258] Das wird ein Kunststück sein. Ich kann aber nicht eher Ruhe finden, bis ich den Stein von mir gewälzt habe. Herr Gott, wie ich Bortnjansky verabscheue, d. h. nicht ihn, den armen Kerl, sondern seine süss-saure, langweilige Musik! Gegenüber dem phantastisch veranlagten Verleger [P. I. Jurgenson] dieses Scheusals verhalte ich mich zwiespältig: manchmal verabscheue ich auch ihn, denn – gäbe es nicht dieses Unternehmen [der Ausgabe], so sässe ich in einer schrecklichen finanziellen Klemme. Wenn ich Dir verraten wollte, wieviel Geld ich in Moskau ausgegeben habe, ohne zu wissen wofür und wozu, würdest Du erschrecken und mich sogar tüchtig ausschelten ..." [X, 1863.]

An P. Jurgenson: "Kamenka, d. 11. Oktober 1881.

Lieber Freund, ich fühle, dass Du mich, nachdem Du diesen Brief gelesen hast, auslachen wirst, doch bitte ich Dich nichtsdestoweniger, ihn ernst zu nehmen und meinem Anliegen möglichst entgegenzukommen. Es gibt hier einen jungen Mann von 18 oder 19 Jahren, der sehr talentvoll und verständig ist, den aber sein gegenwärtiges Leben sehr bedrückt, erstens weil seine Familienverhältnisse ganz unpassend für ihn sind, und zweitens weil ihn überhaupt das grosse Leben und die Welt anlocken. Sein Traum ist, eine bescheidene Stelle in einer grossen Stadt zu finden ... Er geniesst hier den Ruf eines durchaus ehrlichen und fleissigen Menschen und soll auch etwas von der Buchhalterei verstehen ... Er bittet mich, ihm zu helfen (wie Du aus beiliegendem Brief ersehen wirst), und ich will den Versuch machen, seinem Wunsch entgegenzukommen. Vielleicht kannst Du in Deiner Druckerei oder gar im Laden[259] einen solchen Mann gebrauchen? Guter Freund, nimm ihn zu Dir! Was könnte ich sonst für ihn tun? Das ist wieder ‚ein Fatum': ich werde ihn in keinem Falle im Stich lassen, denn ich weiss, dass er hier untergehen wird.

Jetzt lache, aber dann hab Mitleid und antworte mir."[260] [X, 1867.]

An P. Jurgenson: "Kamenka, [d. 27. Oktober] 1881.

Ich habe ‚alles' durchgesehen und verbessert; ich habe ca. 40 Arrangements und eine ansehnliche Menge Korrekturen gemacht; ich habe mich bemüht, geduldig zu sein und ‚bis zum Ende auszuharren'. Wenn ich die Korrekturen alle selbst machen werde,[261] werde ich noch einige Monate mit Bortnjansky zu tun haben. Das ist mir aber unmöglich, davon bin ich jetzt überzeugt. Sollte ich noch länger unausgesetzt über dieser Arbeit hocken, werde ich stumpfsinnig, krank, wahnsinnig werden." [X, 1880.]

An P. Jurgenson: "Kiew, d. 31. Oktober 1881.

Lieber Freund, sei so gut, mir folgende Bitte zu erfüllen. Es gibt eine Novelle von Awerkiew ‚Eine Nacht im Rausch'; aus dieser Novelle hat Antropow ein Theaterstück

---

[258 Mit „Arrangements" ist hier das Anfertigen von Klavierauszügen gemeint. In Jurgensons Neuausgabe von Bortnjanskijs Kirchenwerken stehen solche Klavierauszüge jeweils unter den Akkoladen der Chorpartituren.]
[259 Jurgenson betrieb im selben Gebäude, in dem der Verlag residierte, auch eine Musikalienhandlung.]
[260] Diesen jungen Mann namens Klimenko hat P. Jurgenson zu sich in Dienst genommen, welchen er auch lange Zeit versah. Er war nervös, und sein Charakter wies viele Merkwürdigkeiten auf, ähnlich denen, die auch dem anderen Schützling Peter Iljitschs, Leontij Tkatschenko, zu eigen waren. [Zu Tkačenko siehe oben, S. 126 Čajkovskijs Brief an Frau fon Mekk vom (14.-)17. Dezember 1880 samt Anmerkung 209 mit Hinweisen auf weitere Fundstellen.] Er hat Peter Iljitsch viel Sorgen und Kummer bereitet.
[261 Gemeint ist das Korrekturlesen der von Jurgenson nach der von Čajkovskij vorbereiteten Druckvorlage herzustellenden Ausgabe.]

gemacht: ‚Wanjka, der Hauswart'.[262] Dieses Stück ist in Moskau und Petersburg gegeben worden. Ich weiss zwar nicht, ob es im Druck erschienen ist, jedenfalls wird es aber in Moskau aufzutreiben sein. Sobald das Buch in Deinen Händen sein wird, sende es mir nach Rom, damit ich sofort nach Ankunft daselbst mich endgültig für ‚Mazepa' oder ‚Wanjka, der Hauswart' (dieses Sujet ist mir sehr sympathisch) entscheiden kann …" [X, 1882.]

Kapitel XXIV.

[1881, November – Dezember. Kiev. Venedig. Rom.
Über die kirchenmusikalische Praxis und die kirchlichen Widerstände gegen seine Liturgie op. 41.
Von Kiev nach Venedig. Opernplan „Van'ka der Hauswirt". Aufführung der revidierten 2. Symphonie auch in Moskau. Aufenthalt in Rom. Wohnt einer Papstmesse bei. Beginnt wieder zu komponieren:
Szene Marija-Mazepa (Oper „Mazepa"). Beginnt das Klaviertrio.
Uraufführung des Violinkonzerts in Wien – Brodskijs Brief, Hanslicks Verriß. Enttäuschung über Kotek, der das Konzert nicht in Petersburg spielen will.]

An Frau von Meck: „Kiew, d. [8.-]9. November 1881.
Da ich mich sehr für Kirchengesang interessiere, besuchte ich fleissig die Kirchen, besonders die Lawra.[263] Im Michaelskloster und Brüderkloster werden sonntags erzbischöfliche Festgottesdienste gehalten. Der Gesang in diesen zwei Klöstern wird sehr gerühmt, ich habe ihn aber ganz miserabel gefunden, mit Prätention und einem Repertoire von schlechten, banalen Konzertstücken. Anders ist es in der Lawra: dort singt man nach eigener, alter Art und respektiert tausendjährige Traditionen, ohne Noten, folglich auch ohne Anspruch auf Konzertmässigkeit; dafür ist es aber ein überaus eigenartiger, origineller und mitunter grossartig schöner Gesang! Indessen hält das Publikum diese Musik für schlecht und findet an der Süsslichkeit der anderen Chorgesänge mehr Gefallen. Das beleidigt und ärgert mich in höchstem Grade. Es ist bitter, der Sache machtlos gegenüberzustehen. Meine Versuche, die russische Kirchenmusik zu fördern, haben Missbilligung gefunden. Meine Liturgie ist verboten. Als vor zwei Monaten die Totenmesse für Nikolai Gregorjewitsch [Rubinstein] gehalten werden sollte, wollten die Veranstalter meine Liturgie singen lassen. Doch musste ich auf das Vergnügen verzichten, mein Werk in der Kirche zu hören, denn die Moskauer Eparchialobrigkeit widersetzte sich dem auf das Entschiedenste. Der Erzbischof Ambrosius nannte meine Liturgie eine *katholische*. Er war es auch, der im vorigen Jahr in der Zeitung ‚Russ' einen Artikel über die Unanständigkeit einer öffentlichen Aufführung meiner Liturgie geschrieben hat.[264] So bin ich denn machtlos, diesen wilden und sinnlosen Verfolgungen entgegenzutreten. Die Machthaber sind starrköpfig genug, keinen Lichtstrahl in jene Sphäre der Unwissenheit und des Dünkels hineinzulassen.
Ich hoffe, morgen nach Rom abreisen zu können, wo mich mein Bruder Modest erwartet." [X, 1889.]

An A. Tschaikowsky: „Venedig, d. 16. [/ 28.] November 1881.
Anatol, ich melde Dir, dass ich glücklich in Venedig angekommen bin. Die Reise hat mich furchtbar ermüdet. Vielleicht war es mir infolge dieser Ermüdung so angenehm, in eine Gondel zu steigen und später in einem hellen Zimmer inmitten der venezianischen

---

[262 „Van'ka-ključnik". Dramatische Skizze in vier Akten von Luka N. Antropov (Publizist und Dramatiker; 1843-1884). Das Stück wurde in der Saison 1880/81 im Moskauer Malyj teatr gespielt. Sein Sujet stammt aus der gleichnamigen Volksfabel und der Erzählung von Dmitrij V. Averkiev (Schriftsteller, Dramatiker, Librettist; 1836-1905.]
263 So wird ein Kloster höchsten Ranges genannt, zum Unterschied von gewöhnlichen Klöstern.
[264 Siehe oben, S. 128, vorletzten Absatz von Kapitel XVIII.]

Totenstille zu sitzen; Venedig gefällt mir diesmal sehr. Heute früh öffnete ich das Fenster: der Tag war herrlich; die Luft so weich und kosend. Ich kleidete mich an, machte einen Spaziergang und frühstückte in jenem kleinen Restaurant, wo wir zusammen gewesen waren, schlenderte dann durch die lächerlich schmalen Gassen, war im Frari[265] und sass später auf dem Platz, den schönen Tag geniessend und die bunte Menge betrachtend, welche sich um die in der Mitte des Platzes postierte Militärkapelle angesammelt hatte. Ich fühle mich so wohl, dass ich noch einen Tag hier bleiben und erst morgen abend nach Florenz reisen werde." [X, 1895.]

An P. Jurgenson: „Venedig, d. 16. [/ 28.] November 1881.
Lieber Freund, in meinem Kopf hat sich die Idee festgesetzt, aus ‚Wanjka, der Hauswirt' eine Oper zu machen.[266] Ich fühle, dass ich für dieses anspruchslose Sujet eine warm empfundene Musik schreiben kann. Indessen glaube ich nicht, das Libretto selbst fertigbringen zu können, darum möchte ich Awerkiew[267] persönlich bitten, das Libretto für mich zu machen. Ich wollte ihm schon schreiben, weiss aber nicht, wo er sich befindet. Sei so gut, Lieber, bring bei Hubert[268] seine Adresse in Erfahrung und schreibe ihm in der Eigenschaft des zukünftigen Verlegers der Oper, ob er geneigt wäre, das Libretto für ein angemessenes Honorar zu machen. Ich würde ihm mit dem grössten Vergnügen die Hälfte meines Honorars überlassen, Du kannst ihm also 500 Rubel vorschlagen ..." [X, 1894.]

An Frau von Meck: „Rom, d. 23. November [/ 5. Dezember] 1881.
Ich habe es schon fertiggebracht, einige köstliche Spaziergänge zu unternehmen. Gestern waren wir auf der Via Appia, welche ich von den nächsten Umgebungen am liebsten habe. Und welch herrliches Wetter hatten wir gestern! – etwas kühl, aber klar und still, dazu Vollmond, bei dessen Schein Rom überhaupt, ganz besonders aber das Colosseum so wunderbar schön sind!
Gestern erhielt ich die telegraphische Nachricht, dass meine zweite Symphonie unter Kapellmeister Siecke[269] einen grossen Erfolg hatte. Der Gedanke ist todtraurig, dass anstelle Nikolai Gregorjewitschs andere Männer erschienen sind. Man schreibt mir, dass in Prag die ‚Jungfrau von Orleans' gegeben werden soll. Diese Nachricht ist erfreulich." [X, 1900.]

Bezüglich der Aufführung der umgearbeiteten zweiten Symphonie sei nur bemerkt, dass ihre neue Gestalt auch von den Moskauer Kritikern nicht bemerkt worden ist.

An Frau von Meck: „Rom, d. 26.[-27.] November [/ 8.(-9.) Dezember] 1881.
Vorgestern bin ich in dem Festkonzert zu Ehren des 70-jährigen Liszt gewesen. Das Programm war ausschließlich aus seinen Kompositionen zusammengestellt. Die Ausführung war schlechter als mittelmässig. Liszt war selbst anwesend. Es war rührend anzusehen, welch tiefen Eindruck die überschwenglichen Ovationen der begeisterten Italiener auf den genialen Greis machten, aber die Werke Liszts liessen mich dennoch kalt: in ihnen liegen mehr poetische Absichten als wirkliche schöpferische Kraft, mehr Farben als Zeich-

---

[265 Gemeint sind offenbar die Chiesa dei Frari (Basilica di Santa Maria gloriosa dei Frari {Frari: Kurzform für frari francescani – Franziskanerbrüder}) bzw. der nahe Campo dei Frari (Stadtviertel San Polo).]
[266 Vgl. oben den Brief an P. Jurgenson vom 31. Oktober 1881 (ČPSS X, 1882).]
[267 Ebenso.]
[268 Dem mit Čajkovskij befreundeten Professor für Musiktheorie am Moskauer Konservatorium Nikolaj A. Gubert (Hubert; 1844-1888), 1881-1883 Direktor des Konservatoriums.]
[269 Karl K. Zike (Siecke; 1850-1890), Musiktheoretiker und Dirigent, 1881-1882 Professor am Moskauer und 1882-1889 am Petersburger Konservatorium. Zike hat auch die erste öffentliche Petersburger Aufführung des „Evgenij Onegin" geleitet, und zwar am 4. April 1883 mit der Musikdramatischen Liebhabervereinigung im Kononov-Theater.]

nung, – mit einem Wort: sie entbehren trotz ihres effektvollen äusseren Gewandes des inneren Wertes. Es ist das gerade Gegenteil von Schumann, dessen enorme, ungeheure schöpferische Kraft nicht der gräulichen, farblosen Ausdrucksweise entsprach. In diesem Konzert spielte eine italienische Berühmtheit, Sgambati, ein sehr guter Pianist, aber im höchsten Grade kühl." [X, 1902.]

An Frau von Meck: „Rom, d. [26.-]27. November [/ (8.-)9. Dezember] 1881.

Ihren Rat, meine Opern mit einem französischen Titelblatt versehen herauszugeben, möchte ich nicht annehmen. Jegliche Courschneiderei gegenüber dem Ausland ist mir zuwider. Mögen sie zu uns kommen, und nicht wir zu ihnen. Wenn sie unsere Opern brauchen, so soll nicht nur das Titelblatt, sondern auch der ganze Text übersetzt werden, wie es infolge der Anfrage aus Prag mit der ‚Jungfrau [von Orleans]' geschehen ist. Solange eine Oper noch nicht über die Grenze Russlands getreten ist, ist es nicht nötig – meine ich –, sie in die Sprache derjenigen zu übersetzen, die sich nicht dafür interessieren." [Ebenfalls X, 1902.]

An Frau von Meck: „Rom, d. 1. [und 4. / 13. und 16.] Dezember 1881.

Liebe, gute Freundin, das Wetter ist sehr unerfreulich bei uns, bei Ihnen wahrscheinlich auch; ich unternehme jedoch trotz der Regengüsse täglich grosse Spaziergänge … Am Sonntag gelang es uns, der feierlichen Messe beizuwohnen, welche der Papst [Leo XIII.] selbst in St. Peter zelebrierte. Das war überaus interessant. Man kann sich nichts Grossartigeres denken als die päpstliche Prozession. Die Bischöfe, Kardinäle waren alle in mittelalterlichen Gewändern, – dazu Palestrinasche Gesänge a cappella. Der Moment der Ankunft des Baldachins, unter welchem der Papst thronte, war sehr feierlich. Der Gottesdienst selbst war dagegen nicht sonderlich interessant, dazu herrschte eine solche Hitze, dass ich nicht bis zum Ende bleiben konnte.

Wir haben uns jetzt nicht nur gut, sondern fast luxuriös eingerichtet. Mein Zimmer ist sehr bequem und komfortabel. Ich habe schon zu komponieren begonnen. Ich weiss noch nicht, was daraus werden wird, und schreibe einstweilen die Szene zwischen Maria und Mazepa (Puschkins ‚Poltawa'). Sollte ich in Schwung kommen, so werde ich vielleicht eine ganze Oper schreiben." [X, 1906.]

An Frau von Meck: „Rom, d. [1. und] 4. [/ (13. und) 16.] Dezember 1881.

Ich habe gestern eine Nachricht aus Kamenka erhalten, welche mich sehr traurig gestimmt hat. Dort gibt es in der Nähe ein Wäldchen, – das Ziel meiner üblichen Spaziergänge. Mitten in diesem Wäldchen lebt ein Förster mit seiner zahlreichen und sehr sympathischen Familie. Ich habe selten solch reizende Kinder gesehen. Ganz besonders lieb gehabt habe ich ein kleines, vierjähriges Mädchen, welches zuerst sehr scheu war, sich später aber mit mir befreundete und mir oft einen allerliebsten Unsinn vorschwatzte, was mir stets ein grosses Vergnügen war. Nun schreibt mir mein Schwager [Lew Dawidow], dass dieses Mädchen und eines seiner Geschwister an Diphtheritis gestorben sei. Die anderen Kinder sind auf Veranlassung meines Schwagers schleunigst ins Dorf gebracht worden, man befürchtet aber, dass es schon zu spät war. Unser armes Vaterland! Es ist da alles ohnehin schon so trostlos, dazu kommt noch diese schreckliche Geissel, welche die Kinder zu Tausenden dahinrafft …" [Ebenfalls X, 1906.]

An Frau von Meck: „Rom, d. 6.[-9. / 18.(-21.)] Dezember 1881.

Sie fragen, wie es mir in Rom geht. Im allgemeinen sehr gut. Täglich beim Erwachen danke ich dem Schicksal, dass ich hier bin. Die Temperatur des römischen Klimas ist gerade diejenige, welche mein Organismus braucht, nicht weil es hier warm ist, sondern im

Gegenteil – die beständige Kühle tut mir wohl. Ich hasse die stickige Luft überheizter Stuben, wie es sie in Russland gibt. Ich mag auch nicht den starken Frost, der mich hindert, aus voller Brust zu atmen. Dieser Gegensatz von Hitze und Kälte ist für mich sehr unangenehm. Hier kann man den ganzen Tag die Fenster offenhalten, so dass ich mich beständig in angenehmer Kühle befinde, was Kopf und Nerven sehr erfrischt. Andererseits muss ich gestehen, dass die hiesige Natur, die blendende Sonne mich manchmal zu sehr aufregen; es fällt mir oft schwer, solche Tageszeiten zu finden, während welcher ich imstande wäre, mich in meine Arbeit zu vertiefen. Man möchte immer draussen sein, immer etwas sehen oder ziellos umherschweifen, des morgens Sonne und des Nachmittags Schatten suchend. Ich glaube, dass ich trotz der zurückgekommenen Lust zum Komponieren und trotz einiger Stunden täglichen Arbeitens hier nicht viel zustandebringen werde. Übrigens wozu viel? Gut muss es sein, und ich hoffe – das wird es auch." [X, 1908.]

An Frau von Meck: „Rom, d. [6.-]9. [/ (18.-)21.] Dezember 1881.

Liebe Freundin, zwei Tage lang war ich recht krank. Heute geht es mir besser, und ich habe zusammen mit meinen Hausgenossen sogar schon einen prachtvollen Spaziergang unternommen. Die Ursache der Krankheit war eine leichte Erkältung. Ich hatte bis spät in die Nacht hinein bei offenem Fenster gelesen ...

Rom wird in der Tat eine Musikstadt. Neulich habe ich ein Symphoniekonzert besucht, dessen Programm Beethovens ‚Leonoren'-Ouvertüre, Mendelssohn ‚Italienische Symphonie', Berlioz' [Ouvertüre] ‚Carneval Romain' u. a. enthielt. Die Ausführung war gut. Es gibt hier auch Abonnementskonzerte, welche sehr gelobt werden, und einige Kammermusikvereinigungen ..." [Ebenfalls X, 1908.]

An P. I. Jurgenson: „Rom, d. 10. Dezember 1881 [recte: 29. Dezember 1881 / 10. Januar 1882].

Offen gesagt, möchte ich von der Oper gar nicht mehr reden. Das Komponieren derselben habe ich einstweilen auf die lange Bank geschoben,[270] wozu mir Naprawnik – von dem ich vor einigen Tagen einen Brief erhielt – den Rat gegeben hat. Als ich von seinem Austritt aus der Musikgesellschaft infolge von Unannehmlichkeiten Kunde erhielt, schrieb ich ihm einige warme Worte des Bedauerns,[271] worauf er mir die ganze Geschichte seines Rücktritts brieflich mitteilte.[272] Dieser ist für mich ein grosser Verlust, denn ich hatte Naprawnik als Kapellmeister stets grosses Vertrauen entgegengebracht. [Karl Ju.] Dawidow scheint mir ein zweifelhafter Dirigent zu sein, er besitzt überdies nicht für einen Groschen Erfahrung. Am Ende seines langen Briefes kommt Naprawnik auf meine Klage über die Schwäche der Inspiration, sagt, das sei nur ein temporärer Verfall der Schaffenskräfte, welche unzweifelhaft wiederkehren würden, – und rät mir, keine Oper zu beginnen. Diesen Rat will ich befolgen. Augenblicklich schreibe ich nichts Grösseres und nichts Geringeres als ein – Trio für Klavier, Violine und Violoncello. Was daraus werden wird, weiss ich noch nicht. Die Vesper [Ganznächtliche Vigil] habe ich [im Konzept] schon im Sommer beendet, finde aber bis jetzt keine Zeit, sie abzuschreiben.[273]

---

[270] Peter Iljitsch hat den Gedanken an die Komposition der Oper „Wanjka, der Hauswart" [vgl. die Briefe an P. I. Jurgenson vom 31. Okt. und 16. / 28. Nov. 1881 (ČPSS X, Nr. 1882 und 1894] für immer fallen lassen.
[271] Brief an Éduard F. Napravnik vom 26. Dezember 1881 / 7. Januar 1882, ČPSS X, Nr. 1918.]
[272] Napravnik, seit 1863 Dirigent, 1869-1916 erster Kapellmeister am Petersburger Mariinskij teatr, hat 1869-1881 auch die Symphoniekonzerte der Petersburger Abteilung der Russischen Musikgesellschaft dirigiert. Im November 1881 trat er nach Presseartikeln, die sich gegen seine Dirigententätigkeit gerichtet hatten, als Vorsitzender der Gesellschaft und als Dirigent ihrer Symphoniekonzerte zurück.]
[273] Also in ihre endgültige Fassung, die Druckvorlage, zu bringen.]

Eben war ich in einer Quartettmatinee von Sgambati. Der Jesuit Liszt sass umringt von einem Flor von Damen (meistenteils alten) und heuchelte Gefallen an dem Werk seines Schülers. Ich habe nie etwas Talentloseres gehört als dieses Quartett." [X, 1923.]

An Frau von Meck: „Rom, d. 14.[-15 / 26.(-27.)] Dezember 1881.
Liebe Freundin, soeben nach Hause zurückgekehrt, finde ich bei mir die Visitenkarte des Grafen S.[274] Wie soll ich von diesen Aristokraten loskommen, die nicht verstehen können, dass es nicht für jedermann das höchste Glück bedeutet, mit ihnen bekannt zu sein. Dieser Graf S. hatte mich durch meinen Freund Kondratjew, welcher augenblicklich hier ist, einladen lassen; ich antwortete, dass es mir nicht möglich wäre, Besuche zu machen, bei wem auch immer. Das hat ihn nicht abgeschreckt, mich mit seinem Besuch zu überfallen. Was soll ich nun tun? Den Besuch nicht zu erwidern – wäre unhöflich, ihn zu erwidern – hiesse, sich den Anschein zu geben, als suche man seine Bekanntschaft. Nein, es gibt kein Versteck vor diesen Herren! ..." [X, 1912.]

Das Violinkonzert Peter Iljitschs ist das einzige seiner Werke, welches seine erste Aufführung nicht in Russland erlebt, sondern in Wien.[275] Die Eigenart und die Schwierigkeiten dieses Stückes hinderten Leopold Auer, dem es ursprünglich gewidmet war, es nach Verdienst zu würdigen, so dass er die Aufführung desselben in Petersburg ablehnte.[276] Es vergingen zwei Jahre seit der Drucklegung des Werks,[277] und niemand wagte es, damit vor die Öffentlichkeit zu treten. Als erster Wagehals, welcher die Bedeutung dieses Konzerts für die neueste Violinliteratur richtig erkannt und – trotz des allgemein verbreiteten Vorurteils von seiner Unausführbarkeit – die technischen Schwierigkeiten besiegt hat, erschien Adolf Brodsky. Er war Schüler von Hellmesberger und bekleidete einige Jahre eine Lehrerstelle am Moskauer Konservatorium,[278] welche er jedoch in den siebziger Jahren aufgab, um in Europa zu konzertieren. In einem Brief an Peter Iljitsch beschreibt Brodsky sein Auftreten vor dem Wiener Publikum folgendermassen:

„Seit dem Moment, als ich das Konzert zum ersten Mal durchblätterte, entbrannte in mir der Wunsch, dasselbe öffentlich zu spielen. Das war vor zwei Jahren. Mehrmals nahm ich es mir vor, und mehrmals warf ich es wieder weg, weil die Faulheit stärker war als der Wunsch, das Ziel zu erreichen. Sie haben auch gar zu viele Schwierigkeiten hineingestopft. Im vorigen Jahr hatte ich es in Paris Laroche vorgespielt, aber so schlecht, dass er keine richtige Vorstellung von dem Konzert bekommen konnte;

---

[274] Im originalen Brief nennt Čajkovskijs den Namen: Stroganov. (Er war Stallmeister und Großgrundbesitzer in zwei Gouvernements.)]

[275] Nach Brown und TchH 1, S. 208, wurde auch das 2. Klavierkonzert zuerst im Ausland aufgeführt, und zwar am 31. Oktober / 12. November 1881 in New York. ČS dagegen nennt als Uraufführung diejenige am 21. Mai 1992 in Moskau. – Und was das Violinkonzert betrifft, könnte es schon zwei Jahre früher uraufgeführt worden sein, und zwar in der Besetzung mit Violine und Klavier, mit Leopold Damrosch in New York – siehe TchH 1, S. 206, mit näheren Hinweisen.]

[276] Viele Jahre später änderte Auer seine Meinung und trat als einer der glänzendsten Interpreten dieses Konzerts auf. [Einige postume Ausgaben des Konzerts enthalten Kürzungen und Änderungen der Solostimme, die auf Auer zurückgehen. Dem bekannten Virtuosen und Professor am Petersburger Konservatorium 1868-1917 hatte Čajkovskij übrigens 1875 seine Sérénade mélancolique op. 26 gewidmet.]

[277] Die Orchesterstimmen des Konzerts waren im August 1878 bei P. I. Jurgenson in Moskau erschienen, der Klavierauszug im Oktober desselben Jahres; die gedruckte Partitur folgte erst im Juni 1888.]

[278] Adol'f D. Brodskij (1851-1929) hatte 1875-1879 am Moskauer Konservatorium unterrichtet, wirkte 1882-1891 am Leipziger Konservatorium, wurde 1891-1894 Konzertmeister des New Yorker Symphonieorchesters, bevor er 1895 in dieser Funktion zum Hallé-Orchester nach England ging und Direktor des Music College in Manchester wurde.]

trotzdem gefiel es ihm. Jene Reise nach Paris, welche sehr unglücklich für mich auslief (ich hatte viele Grobheiten von Colonne und Pasdeloup zu hören bekommen), fachte meine Energie sehr an (Missgeschick wirkt immer so auf mich, aber im Glück werde ich schwach), so dass ich – nach Russland zurückgekehrt – mit Feuereifer Ihr Konzert ergriff. Es ist wunderschön! Man kann es ohne Ende spielen, und es wird nie langweilig. Das ist für die Bewältigung seiner Schwierigkeiten ein sehr wichtiger Umstand. Als ich mich sicher genug fühlte, entschloss ich mich, mein Glück in Wien zu versuchen. Hier komme ich zu dem Punkt, da ich Ihnen sagen muss, dass nicht Sie mir zu danken haben, sondern vielmehr ich Ihnen. Nur der Wunsch, das neue Konzert kennenzulernen, veranlasste Hans Richter und später das Orchester der Philharmonischen Konzerte, mein Spiel anzuhören und meine Mitwirkung in einem dieser Konzerte zu genehmigen. Allerdings hat Ihr Konzert gelegentlich dieser Novitäten-Probe nicht gefallen, trotzdem ich selbst auf seinen Schultern glücklich durchgekommen bin. Es wäre meinerseits sehr undankbar gewesen, hätte ich nicht alles darangesetzt, meinen Wohltäter hinter mir herzuziehen. So gelangten wir endlich zum philharmonischen Konzert. Ich musste mich mit einer Probe begnügen, dazu ging für die Korrektur der von Fehlern wimmelnden Noten sehr viel Zeit verloren. Die Herren Philharmoniker beschlossen, alles pianissimo zu begleiten, um nicht ‚umzuschmeissen'; natürlich hat das Werk, welches auch in der Begleitung sehr feine Nuancen erheischt, dadurch sehr verloren. Richter wollte einiges kürzen, ich ging aber nicht darauf ein."

Das Konzert fand am [22. November /] 4. Dezember [1881] statt. Das Werk Peter Iljitschs folgte gleich einem Divertimento von Mozart, dessen Nachbarschaft für unseren Komponisten bei seiner Verehrung für jenen Genius sehr schmeichelhaft war, gleichzeitig aber eine Gefahr in sich barg, weil sie die Originalität und Kühnheit des neuen Violinkonzerts ins hellste Licht stellte. Nach der Beschreibung der Rezensenten und Brodskys selbst entstand nach dem Vortrag ein unglaublicher Lärm im Saal, in welchem sich energischer Beifall mit ebenso energischem Protest vermischte. Der erstere war aber stärker, und Brodsky wurde dreimal gerufen. Aus dieser Tatsache erhellt, dass das Zischen dem Werk galt. Die Berichte der Presse waren auch wirklich sehr unfreundlich. Von zehn Kritiken haben nur zwei unbedeutende das Konzert wohlwollend besprochen, während es die übrigen, von den Federn der bekanntesten Musikreferenten stammenden, sehr tadelten. Eduard Hanslick, der Verfasser des bekannten Buches „Vom Musikalisch=Schönen", beurteilt das Konzert folgendermassen:

„Einen günstigeren Stand hätte Mozarts Jugendwerk gehabt, wäre es unmittelbar nach dem Tschaikowskyschen Violinkonzert gespielt worden, statt vor demselben: wem eben Branntwein eingegossen worden, der heisst einen Trunk klaren Wassers gewiss willkommen. Der Violin-Virtuose A. Brodsky war übel beraten, indem er sich mit dieser Komposition dem Wiener Publikum zuerst vorstellte. Der russische Komponist Tschaikowsky ist sicherlich kein gewöhnliches Talent, wohl aber ein forciertes, geniesüchtiges, wahl- und geschmacklos produzierendes. Was wir von ihm kennen gelernt, bot (etwa mit Ausnahme des leichtfliessenden pikanten D-Dur-Quartetts) ein seltsames Gemisch von Originalität und Roheit, von glücklichen Einfällen und trostlosem Raffinement. So auch sein neuestes, langes und anspruchsvolles Violinkonzert. Eine Weile bewegt es sich massvoll, musikalisch und nicht ohne Geist, bald aber gewinnt die Roheit Oberhand und behauptet sich bis ans Ende des ersten Satzes. Da wird nicht mehr Violine gespielt, sondern Violine gezaust, gerissen, gebläut. Ob es überhaupt möglich ist, diese haarsträubenden Schwierigkeiten rein herauszubringen, weiss ich nicht, wohl aber, dass Herr Brodsky, indem er es versuchte, uns nicht weniger gemartert hat als sich selbst. Das Adagio mit seiner weichen slavischen Schwermut ist wieder auf bestem Wege, uns zu versöhnen, zu gewinnen. Aber es bricht schnell ab, um einem Finale Platz zu machen, das uns in die brutale, traurige Lustigkeit eines russischen Kirchweihfestes versetzt. Wir sehen lauter wüste, gemeine Gesichter, hören rohe Flüche und riechen den Fusel. Friedrich Vischer behauptet einmal bei Besprechung lasciver Schildereien, es gebe Bilder, ‚die man stinken sieht'. Tschaikowskys Violinkonzert bringt uns zum erstenmal auf die schauerliche Idee, ob es nicht auch Musikstücke geben könnte, die man stinken hört."[279]

Ein anderer bedeutender Rezensent, Ludwig Speidel, hat in dem Violinkonzert ebenfalls nichts als „Erzeugungsgeräusch des Tones" gehört. Ein dritter, der Wagnerianer [Theodor] Helm sprach von „harmonischen Dissonanzen, verwickelten Steigerungen, aufgeputzten Trivialitäten" usw. Trotz dieser schlechten Kritiken hat das Konzert dennoch Erfolg gehabt, denn bald darauf erhielt Brodsky aus verschiedenen Städten Deutschlands Einladungen, gerade dieses Konzert zu spielen, und nach wenigen Jahren folgten dem Beispiel Brodskys auch andere berühmte Geiger Europas, so dass das Konzert Peter Iljitschs sehr bald populär wurde.

Die Kritik Hanslicks hat Peter Iljitsch sehr schmerzlich berührt. Sein ganzes Leben lang hat er sie nicht vergessen können und wusste sie sogar auswendig, ebenso wie eine Kritik Cuis aus dem Jahre 1866 [siehe Band I, S. 109]. Um so tiefer und intensiver war in ihm das Gefühl der Dankbarkeit gegenüber A. Brodsky. Diesem Gefühl hat er in einem Brief an ihn Ausdruck verliehen und setzte in der Widmung des Konzerts statt des Namens Auer den Namen des ersten Interpreten.

An P. Jurgenson: „Rom, d. 15. [/27.] Dezember 1881.

Mein Lieber, neulich fand ich in einem Café eine Nummer der ‚Neuen Freien Presse', in welcher Hanslick so kurios über mein Violinkonzert spricht, dass ich Dir empfehle, diese Nummer zu lesen. Er wirft Brodsky unter anderem vor, dieses Konzert gewählt zu haben. Wenn Dir die Adresse Brodskys bekannt ist, so schreibe ihm bitte, dass ich tief gerührt bin durch den Mut, den er gehabt hat, ein so schweres und undankbares Stück vor einem vorurteilsvollen Publikum zu spielen. Wenn Kotek, mein bester Freund, feige und kleinmütig genug war, seine Absicht, das Petersburger Publikum mit dem Konzert bekanntzumachen, zu ändern (obwohl es seine direkte Pflicht war, denn er ist für die Spielbarkeit der Solopartie verantwortlich);[280] wenn Auer, dem das Konzert gewidmet ist, gegen mich intrigiert,[281] – so bin ich dem lieben Brodsky doppelt dankbar, dass er meinetwegen die Schimpfereien der Wiener Zeitung über sich ergehen lassen muss." [X, 1914.]

An A. Tschaikowsky: „Rom, d. 18.[-19. / (30.-)31.] Dezember 1881.

Ich führe mit Kotek eine ganz kuriose Korrespondenz! Auf meinen Brief hatte er mir nicht geantwortet, sondern schrieb mir erst nach der Rückkehr aus Petersburg, dass er das Konzert nicht gespielt habe, weil Sauret es spielen wollte. Ich antwortete ihm, dass Sauret ebenfalls zu feige gewesen, es zu spielen, dass es sich nicht um Sauret und nicht um das

---

[279] Hanslicks verschiedene Čajkovskij-Kritiken sind – nach dem Wiederabdruck in „Tschaikowsky aus der Nähe" (S. 196-213) – auch in ČSt 10 enthalten (S. 57 f., 71 f., 166, 206 f., 210, 212-214 und 219-222.]
[280] Kotek hatte Čajkovskij, als dieser das Konzert im März 1878 in Clarens am Genfer See komponierte, bei der Komposition des Soloparts beraten – und das Konzert nach Abschluß der Konzeptschrift zu Čajkovskijs großer Freude und Befriedigung gespielt.]
[281] Es wurde Peter Iljitsch berichtet, dass Auer dem [französischen] Geiger [Emile] Sauret [1852-1920] abgeraten hätte, das Konzert in Petersburg zu spielen.

Konzert handle, sondern um ihn, Kotek, von dem ich etwas mehr Selbstaufopferung um meinetwillen und mehr Zivilcourage erwartet hätte. Diesen Brief hat er lange Zeit nicht beantwortet, bis ich endlich gestern ein dummes Schreiben von ihm erhielt. Er entschuldigt sich damit, dass er das Engagement nur einen Monat vor seinem Auftreten erhalten hätte, so dass ihm keine Zeit blieb, das Stück zu studieren (er hatte es aber schon früher monatelang gebüffelt). Weiter sagt er, dass es merkwürdig sei, von ihm zu verlangen, er solle in einer fremden Stadt ein ‚noch nicht gespieltes' Konzert spielen, noch dazu während der Anwesenheit Sarasates. Auf diesen dummen Brief habe ich ihm heute gebührend geantwortet."[282] [X, 1915.]

An Frau von Meck: „Rom, d. 14.[-15. / (26.-)27.] Dezember 1881.
Wissen Sie, was ich jetzt schreibe? Sie werden sich sehr wundern. Wissen Sie noch, wie Sie mir einstmals den Rat gegeben haben, ein Trio für Klavier, Violine und Cello zu schreiben, und erinnern Sie sich noch meiner Antwort, in welcher ich Ihnen offenherzig mitteilte, dass mir diese Instrumentenkombination unsympathisch sei?[283] Plötzlich habe ich mir ungeachtet dieser Antipathie vorgenommen, mich in dieser von mir noch unberührten Art der Musik zu versuchen. Der Anfang des Trios ist schon fertig. Ob ich es beenden werde, ob es gut gelingen wird – weiss ich nicht, nur möchte ich das einmal Begonnene glücklich zuendeführen. Ich hoffe, Sie werden mir glauben, wenn ich Ihnen sage, dass ich nur aus dem einzigen Grunde mit der mir unsympathischen Kombination des Klaviers mit Streichinstrumenten Frieden geschlossen habe, weil ich Ihnen mit diesem Trio ein Vergnügen bereiten werde. Ich will Ihnen nicht verschweigen, dass ich mir bei der Einkleidung meiner musikalischen Gedanken in eine neue, ungewohnte Form einigen Zwang auferlegen muss. Ich will aber alle Schwierigkeiten besiegen, und der Gedanke, dass Sie zufrieden sein werden, spornt mich an." [Ebenfalls X, 1912 – siehe oben.]

An Frau von Meck: „Rom, d. 22.[-23.] Dezember 1881 [/ 3.(-4.) Januar 1882].
Ich lasse es mir wohl ergehen im vollen Sinne des Wortes. Durch eine sehr schlaue Politik habe ich mir meine Freiheit wiedererobert, sehe niemanden ausser meinem intimen Kreis, arbeite erfolgreich und befinde mich bei bester Stimmung. Wäre in Russland alles gut und in Ordnung, so könnte man sich kein besseres Leben vorstellen. Leider ist dem aber nicht so. Unser liebes, aber bedauernswertes Vaterland macht eine sehr schwere Zeit durch. Allenthalben herrscht ein unbestimmtes Gefühl der Unruhe und der Unzufriedenheit, alle wandeln wie auf einem Vulkan, welcher in jedem Augenblick ausbrechen kann ...
Meiner Ansicht nach ist es gerade jetzt – angesichts des Mangels an hervorragenden Männern – Zeit, Rat und Stütze im Volk zu suchen; uns alle einzuberufen und gemeinsam mit uns Mittel und Wege zu beraten, welche unsere Macht stärken können. Ein Landtag tut uns not. Wir werden dem Zaren die Wahrheit sagen; wir werden ihm auch helfen, Russland stark und glücklich zu machen. Vielleicht bin ich ein schlechter Politiker; vielleicht ist alles, was ich sage, sehr naiv und unbegründet, so oft ich aber an all die Vorgänge denke, scheint mir kein anderer Ausweg möglich zu sein, und ich begreife einfach nicht, weshalb dieser Gedanke nicht denen kommt, in deren Händen unser Schicksal liegt. Katkow,[284] welcher alle Parlamente *Sprechlokale* nennt und die Worte *Volksvertretung, Konstitution*

---

[282] Dieser Brief Čajkovskijs an Kotek ist nicht bekannt.]
[283] Siehe oben, S. 122 f., Brief an Frau von Meck vom 24.[-27.] Oktober 1880 (ČPSS IX, Nr. 1617).]
[284] Der Publizist Michail N. Katkov (1818-1887) war Herausgeber der „Moskovskie vedomosti" (Moskauer Zeitung) und der Zeitschrift „Russkij vestnik" (Russischer Bote) sowie Gründer des Moskauer Lyzeums. Čajkovskij wurde mit Katkov durch G. A. Laroš bekannt, dessen Mutter die Gouvernante von Katkovs Kindern war.]

geradezu hasst, verwechselt, glaube ich, die Idee eines *Landtags* – welcher manchmal auch in früheren Zeiten einberufen wurde, wenn der Zar einen Rat brauchte – mit den in Europa üblichen Parlamenten. Ein *Landtag* würde vielleicht die Konstitution im europäischen Sinne direkt verneinen. Es handelt sich nicht darum, uns sofort einige verantwortliche Minister und die ganze Prozedur der englischen Einrichtungen zu geben, sondern vielmehr darum, die Wahrheit zu offenbaren, die Regierung mit dem Vertrauen des Volkes auszurüsten und ihr Weisungen zu geben, wie und wohin sie uns zu führen hat.

Es lag nicht in meiner Absicht, aus einem Brief an sie einen politischen Aufsatz zu machen, liebe Freundin – verzeihen Sie, wenn ich Sie damit gelangweilt habe –, ich wollte Ihnen nur sagen, dass die italienische Sonne zwar wunderschön ist und ich die herrlichen Gaben des Südens voll geniesse, aber dennoch das Leben meines Vaterlandes mitlebe und nicht vollkommen ruhig sein kann, solange dort nicht alles seine Richtigkeit hat. Die Familiennachrichten, welche ich aus Russland erhalte, sind auch nicht sehr erfreulich." [X, 1916.]

An Frau A. P. Merkling: „Rom, d. 27. Dezember 1881 [/ 8. Januar 1882].

Liebe Anna, gestern erhielt ich Deinen Brief und las ihn mit dem grössten Vergnügen. Es gefällt mir und ist rührend, dass Du, trotz der verhältnismässig kleinen Portion weltlicher Freuden und trotz der Lebensbedingungen, die ein anderes Weib wohl kaum befriedigt hätten, – es dennoch verstehst, zufrieden zu sein und Deinen Winkel sogar ein ‚Paradies auf Erden' nennst. Bei Gott, das ist eine seltene und erfreuliche Erscheinung. Eine andere würde es sich gewiss nicht versagen, in dem Brief an einen alten Freund all ihre traurigen Gefühle und ihre Unzufriedenheit mit dem stiefmütterlichen Schicksal auszudrücken; sie würde an Deiner Stelle gewiss viele Seiten mit endlosen Klagen vollschreiben … Du bist ein allerliebster kleiner Philosoph im Weiberrock, und zu meiner langjährigen Liebe zu Dir haben sich jetzt Erstaunen und Hochachtung gesellt. Beim Lesen Deines Briefes hatte ich die Empfindung, mich vor Dir verbeugen zu müssen wie vor einem Menschen, der klüger und stärker ist als ich. Ich habe mich sogar über mich selbst geärgert. In der Tat: Du lebst in einem miserablen, sumpfigen Nest, bist nicht ganz frei von Not und Sorgen, umgeben von Menschen, welche Dir viel Böses zugefügt haben und Dich mit ihrem Schlangenzischen verfolgen, – und verstehst es trotzdem, freudige Momente zu finden, ohne über das Schicksal zu klagen. Ich dagegen lebe in einem Land, welches ohne Übertreibung himmlisch genannt werden kann, bin absolut frei und sorgenlos, – und habe doch das Bedürfnis, hin und wieder zu weinen und zu klagen." [X, 1920.]

Kapitel XXV.

[1882, Januar – Februar. Weiterhin in Rom.
Enttäuschung über Mißerfolge. Abschluß des Trios und der Bortnjanskij-Ausgabe.
Ein verlockendes Angebot des Petersburger Verlegers Bernard („Nouvelliste"). Uraufführung der
Streicherserenade. Bittet um ein Probespielen des Trios in Moskau und die Revision der Streicherbögen;
widmet das Trio dem Andenken Nikolaj Rubinštejns.]

An P. Jurgenson: „Rom, d. 4. [/ 16.] Januar 1882.

Du schreibst, dass ‚Onegin' nicht mehr gegeben wird und dass ich eine diesbezügliche Bitte an die Theaterdirektion richten möchte.[285] Um keinen Preis! Eher kannst Du als Verleger etwas dafür tun …

[285 „Evgenij Onegin" wurde im Moskauer Bol'šoj teatr in der Saison 1881/82 erstmals am 10. Januar 1882 gegeben, und zwar als Benefiz für den Theaterregisseur (1877-1882) Aleksandr D. Dmitriev (1832-1899) und mit Marija N. Klimentova-Muromceva als Tat'jana. Insgesamt wurde die Oper in diesem Monat fünfmal gegeben.]

In dieser Saison habe ich überhaupt kein Glück: die ‚Jungfrau von Orleans' wird nicht mehr gegeben,[286] ‚Onegin' – dito, gegen das Violinkonzert intrigiert Auer,[287] das Klavierkonzert (das zweite) spielt auch kein Mensch, – mit einem Wort: es ist schlimm. Was mich aber furchtbar ärgert, schmerzt und kränkt, ist – dass die [Petersburger] Theaterdirektion, welche für die ‚Jungfrau von Orleans' nicht eine Kopeke hergegeben hatte, ganze dreissigtausend Rubel für die Inszenierung von Rimsky-Korsakows ‚Schneeflöckchen' bewilligt.[288] Ist es Dir nicht auch unangenehm, dass man uns dieses Sujet entrissen hat und dass Lelj[289] nun eine andere Musik mit den alten Worten singen wird,[290] dass man mir mit Gewalt gleichsam ein Stück von meinem Ich genommen hat und dasselbe dem Publikum in einem neuen Gewand vorsetzen wird? Das kränkt mich bis zu Tränen." [XI, 1926.]

An A. Tschaikowsky: „Rom, d. 9. [/ 21.] Januar 1882.

Lieber Anatol, nimm es mir um Gottes willen nicht übel, dass ich heute so flüchtig schreibe. Mir ist zumute, wie es mir stets zumute ist, wenn ich vor dem Abschluss einer neuen Komposition stehe. Mein Trio ist fast fertig, und ich möchte dasselbe bis zum morgigen Sonntag unbedingt ganz fertig haben, um einen grossen Erholungsausflug zu machen. Heute sass ich von 9 Uhr früh bis um 4 ohne aufzustehen und habe mit solchem Hazard gearbeitet, dass ich augenblicklich nicht imstande bin, zwei Gedanken zu verbinden. Diese krankhafte Eile beim Abschluss einer Komposition wirkt sich auf diese stets sehr unvorteilhaft aus, aber ich kann meine Natur nicht ändern … Sobald das Trio fertig ist, werde ich es nach Moskau schicken, und Du kannst dann Tanejew bitten, eine [Probe-] Aufführung desselben zu arrangieren." [XI, 1928.]

An P. Jurgenson: „Rom, d. 10. [/ 22.] Januar 1882.

Lieber Freund, heute erhielt ich Deinen Brief mit der Nachricht von dem furchtbaren Verlust.[291] Ich nehme nicht nur auf das Lebhafteste Anteil an Deinem grossen Unglück, sondern es ist für mich selbst ein grosses Unglück. Als ein Mensch, welcher ‚das Leben' ausserordentlich liebt (trotz all seines Ungemachs) und ebenso ausserordentlich ‚den Tod' hasst, – bin ich stets auf das Tiefste erschüttert, wenn ein mir bekanntes und liebes Wesen stirbt … Es gefällt mir gar nicht, dass Du Dich mit Bortnjansky so beeilst. Die letzten Korrekturen würde ich gern selbst lesen. Wenn es Dir nicht passt, verzichte ich meinethalben, übernehme aber auch keinerlei Verantwortung …" [XI, 1930.]

An Frau von Meck: „Rom, d. 13. [/ 25.] Januar 1882.

Das Trio habe ich beendet und bin jetzt eifrig beim Abschreiben desselben.[292] Jetzt kann ich mit ziemlicher Sicherheit sagen, dass das Stück nicht schlecht ist; ich fürchte nur, dass ich, der ich mein ganzes Leben lang nur für Orchester komponiert und mich erst spät dieser neuen Art Kammermusik zugewandt habe, hinsichtlich der Anpassung der Besetzung an die musikalischen Gedanken gefehlt habe. Mit einem Wort: ich fürchte, dass ich

---

[286] Zu den Gründen siehe oben, S. 146, den Brief an Anatolij Čajkovskij vom [2.-]3. Oktober 1881 mit Anmerkung 256 (ČPSS X, Nr. 1860).]
[287] Siehe oben, S. 154, Brief an P. I. Jurgenson vom 15. / 27. Dezember 1881 (ČPSS X, Nr. 1914).
[288] N. A. Rimskij-Korsakovs Oper „Sneguročka" nach Ostrovskijs gleichnamigem dramatischen Märchen wurde am 29. Januar 1882 im Petersburger Mariinskij teatr aufgeführt. Nach Žizn'Č 1, S. 406 schätzte Čajkovskij die Oper sehr, nachdem er die Partitur durchgesehen hatte.]
[289] Der Hirte Lel' ist eine der Figuren des Stücks.]
[290] Čajkovskij spricht von seiner Musik zu Ostrovskij „Sneguročka" op. 12 aus dem Jahre 1873.]
[291] P. Jurgenson hatte damals seinen 1877 geborenen Sohn Alexej durch den Tod verloren.
[292] D. h.: nach Abschluß der Konzeptschrift hat sich Čajkovskij gleich an dessen Ausarbeitung in einer „Umschrift" gemacht, die als Druckvorlage dienen wird.]

eine Musik symphonischen Charakters für Trio arrangiert und nicht direkt für drei Instrumente berechnet habe. Ich hatte es zwar sorgfältig zu vermeiden versucht, weiss aber nicht, ob es mir gelungen ist." [XI, 1932.]

An P. I. Jurgenson: „Rom, d. 14. [/ 26.] Januar 1882.

Lieber Freund, lies den Brief Bernards,[293] und rate mir, was ich zu tun habe. Ich möchte sehr gern auf dieses Anerbieten eingehen. Erstens spornt mich der Auftrag sehr an, zweitens möchte ich nicht auf die 600 Rubel [Honorar] verzichten, zumal ich sie sehr nötig habe und es mir ein Leichtes ist, dieselben zu verdienen. Ich fürchte, Du wirst mir vorschlagen, diese Stücke für Dich zu komponieren. Das befriedigt mich aber nicht im geringsten! Du brauchst die Stücke nicht, und der Gedanke, dass Du mir gewissermassen notgedrungen eine Arbeit abkaufst, für die Du keine Verwendung hast, würde mir unangenehm sein. Ausserdem möchte ich nicht immer wieder dieselbe Tasche ausbeuten. Deshalb würde es mir eine Freude sein, Bernard ein wenig zu rupfen.

Lies diesen Brief nicht als Freund, sondern als Geschäftsmann. Ich meine, Du hast es nicht nötig, so erpicht auf meine Kleinigkeiten zu sein, welche ich um des Geldes wegen schreibe. Und Bernard würde ich damit ein Vergnügen machen, und ich würde mit Wonne die 600 Rubel einstecken. Antworte so schnell wie möglich."[294] [XI, 1934.]

An Frau von Meck: „Rom, d. 16.[-20. / 28. Januar - 1. Februar] 1882.

Soeben habe ich die Broschüre,[295] welche Sie mir zusandten, mit Vergnügen gelesen, denn sie ist mit Wärme und voller Teilnahme für Russland und die Russen geschrieben. Ich muss jedoch bemerken, dass sie als Mittel gegen den Nihilismus ihren Zweck verfehlen wird. Der Autor führt den Nihilisten gegenüber eine Sprache, die sie nicht verstehen können, so wie ein Tiger durch blosse Vernunft und Moralpredigten nicht in ein Lamm verwandelt oder ein blutdürstiger Menschenfresser auf Neu-Seeland gezwungen werden kann, seinen Nächsten mit christlicher Liebe zu lieben. Ein jeder Nihilist wird dem Autor nach der Lektüre der Broschüre ungefähr Folgendes sagen: ‚Verehrtester, alles was Sie von der Fruchtlosigkeit unserer Morde, Dynamitexplosionen reden, wissen wir schon aus unzähligen Zeitungen, Broschüren und Büchern. Wir wissen auch, dass Ludwig XVI. ein guter König und dass Alexander II. ein guter Zar ist, der die Leibeigenschaft aufgehoben hat, – und dennoch werden wir Mörder und Dynamitattentäter bleiben, denn unser Beruf ist – morden und in die Luft sprengen zum Zwecke der Vernichtung der bestehenden Ordnung der Dinge.'

Haben Sie den letzten Band des Taineschen Werks über die Revolution gelesen?[296]

… Manches, was Taine über die Franzosen von 1793 sagt, von der Bedeutung jener nichtswürdigen Rotte von Anarchisten, welche die unerhörtesten Verbrechen vollführte, ohne von dem erstaunten Volk gehindert zu werden, – passt auch auf unsere Nihilisten … Was den Versuch anbelangt, die Nihilisten zu *überzeugen*, so ist er ganz verfehlt. Die Nihilisten müssen *ausgerottet* werden, ein anderes Mittel gegen dieses Übel gibt es nicht." [XI, 1936.]

---

[293] Das Petersburger Verlagshaus Bernard hat sich mit der Bitte an Peter Iljitsch gewandt, kleine Stücke für das Journal „Der Novellist" [Nouvelliste] zu schreiben.

[[294] Jurgenson antwortet, ihm dünke, Čajkovskij habe diesen Auftrag nicht nötig, denn er, Jurgenson, sei immer bereit, neue Kompositionen des Freundes zu kaufen. Vgl. ČJu 1, S. 230. In seinem Brief an Jurgenson vom 1. / 13. Februar 1882 kommt Čajkovskij auf die Sache zurück; siehe unten (ČPSS XI, Nr. 1954).]

[[295] Die anonym publizierte Broschüre „La vérité aux nihilistes".]

[[296] Das Hauptwerk „Les origines de la France contemporaine" aus den letzten Jahren des französischen Historikers und Philosophen Hippolyte Taine (1828-1893) erschien zuerst 1876-1894 in sechs Bänden. In Čajkovskijs Bibliothek sind die ersten drei Bände erhalten: Band 1, Teil 1 „L'ancien régime" (12. Auflage 1882), Teil 2 „La Révolution" (11. Auflage 1882) und Band 2 „La Révolution" (zwei Exemplare: 6. und 10. Auflage 1881 und 1884 – das zweite mit zahlreichen Anmerkungen Čajkovskijs).]

An A. Tschaikowsky: „Rom, d. 17. [recte: 16. / 28.] Januar 1882.

Ich bin jetzt sehr fleissig; das Trio ist fertig, und ich schreibe es mit der mir eigenen Hast ab. Ich möchte es schneller nach Russland senden und hören, was Tanejew, Albrecht und die anderen darüber sagen." [XI, 1937.]

Am Sonnabend, dem 16. Januar [1882] erlebte Peter Iljitschs Serenade für Streichorchester unter Max Erdmannsdörfers Leitung[297] ihre erste Aufführung und hatte, laut den Zeitungsberichten und den Briefen Jurgensons, einen sehr grossen Erfolg.

An L. Tkatschenko:[298] „Rom, d. 19. [/ 31.] Januar 1882.

Soeben erhielt ich Ihren Brief. Ihren Entschluss, das Konservatorium zu verlassen, kann ich nur gutheissen. Nach dem zu urteilen, was Sie mir auf meine – Ihre musikalische Organisation betreffenden – Fragen antworten und nach den unbestimmten Gutachten Ihrer Lehrer glaube ich annehmen zu können, dass es Ihnen nur unter ausserordentlichen Anstrengungen gelingen dürfte, jenes Ideal eines Musikers zu erreichen, welches Sie sich zum Ziel gesetzt haben. Besonders jetzt, da ich nach der Lektüre Ihres Manuskripts keinen Augenblick mehr an Ihrer literarischen Befähigung zweifle, – möchte ich Ihnen zu dem gefassten Entschluss sogar gratulieren. Bezüglich Ihrer Rückkehr ins Elternhaus wage ich nicht, Ihnen irgendeinen Rat zu geben. Wäre es nicht besser, wenn Sie sich bei Ihrer Schwester in Charkow niederliessen? ... Tun Sie im übrigen das, was Sie für richtig halten. Ich bitte Sie nur inständigst, solange Sie noch keine sichere Existenz haben, die bisherige Unterstützung auch fernerhin von mir zu beziehen (d. h. 40-50 Rubel monatlich).

Bitte schreiben Sie. Ich bin überzeugt, dass Sie viel Gutes schaffen können. Nur rate ich Ihnen, *über sich selbst* zu schreiben und nicht über die Grenzen dessen, was Sie selbst empfunden und an sich und anderen beobachtet haben ... Sie brauchen nicht zu fürchten, dass meine Hilfe ‚in den Wind' geflogen ist. An Ihnen interessierte mich nicht der zukünftige Musiker, sondern ein Mensch mit Herz und Verstand ..." [XI, 1940.]

An A. Tschaikowsky: „Rom, d. 22. Januar [/ 3. Februar] 1882.

In letzter Zeit fühle ich mich körperlich und geistig ausgezeichnet. Ich schreibe das dem Umstand zu, dass mir mein Trio sehr gut gefällt. Vielleicht werde ich ihm später untreu werden und es ebenso hassen wie die meisten meiner früheren Kompositionen, augenblicklich aber genügt es mir vollkommen, macht mich stolz und hebt mich in meiner eigenen Achtung. Ich hatte ja schon zu glauben begonnen, dass ich nie wieder etwas schreiben würde, und ein Leben ohne kompositorische Mühen hat für mich wenig Reiz. Ausserdem wird mein Wohlbefinden hier in Rom dadurch gefördert, dass ich es einzurichten wusste, von niemandem gestört zu werden, und mich infolgedessen ganz frei fühle. Übrigens habe ich neulich einen ganz seltsamen Besuch (den einzigen!) gehabt. Der Diener meldete mir, dass ein Baron Schweinfurth mich zu sprechen wünsche. Ich entgegnete, es sei wohl ein Fehler, der Baron käme wohl nicht zu mir. Der Diener entfernte sich, worauf sich ein lautes Gespräch hinter der Tür entspann. Ich trete aus dem Zimmer und erblicke einen Herrn mit einem sehr verdutzten Gesicht. ‚Sind Sie Herr Tschaikowsky?', fragte er mich auf französisch. – ‚Ja.' – „Sind Sie Philanthrop?' – Ich werde nervös und antworte: ‚Ja ... d. h. nein ... ich verehre die Philanthropie ...", kurz, stammle irgendein unklares

---

[297 Der deutsche Dirigent und Komponist Max Erdmannsdörfer (1848-1905) war 1882 als Dirigent der Symphoniekonzerte der Moskauer Abteilung der Russischen Musikgesellschaft verpflichtet worden und leitete sie bis 1889.]
[298 Zu Tkatschenko vgl. oben die Briefe an Frau fon Mekk: vom (14.-)17. Dezember 1880 (ČPSS IX, Nr. 1648), vom 12. Januar 1881 (ČPSS X, Nr. 1665) und vom 27. Januar (- 1. Februar) 1881 (ČPSS X, Nr. 1671).]

Zeug … ‚Aha, ich weiss schon, Sie sind nicht der berühmte Philanthrop, sondern der berühmte Musiker.' Ich erröte wieder und brumme etwas in den Bart hinein. ‚Gestatten Sie, dass ich eintrete?' – bittet er. Dann erzählte er, er hätte vieles über die zwei Brüder, den Philanthropen und den Musiker, gehört und wollte sie einmal sehen. Er hat auch Modest kennengelernt, sass ein Weilchen und ging, ohne eine besondere Liebenswürdigkeit oder Freude von uns empfangen zu haben; wahrscheinlich hat er jetzt eine recht schlechte Meinung von den russischen Philanthropen und Musikern.

Anatol, kannst Du nicht einmal Klimenko[299] sprechen? Er hat mir einen sehr rührenden Brief geschrieben. Es ist klar, dass er sehr unter der Enttäuschung zu leiden hat. Vielleicht lässt sich Jurgenson bewegen, ihn noch eine Weile bei sich zu behalten?" [XI, 1944.]

An P. I. Jurgenson: „Rom, d. 22. Januar [/ 3. Februar] 1882.
Lieber Freund, ich sende Dir den Brief Klimenkos.[300] Du wirst ihm entnehmen, dass er ein unglücklicher Mensch ist, mit unbestimmten Ansprüchen auf etwas Höheres als ihm zukommt, dazu misstrauisch." [XI, 1945.]

An P. I. Jurgenson: „Rom, d. 30. Januar [/ 11. Februar] 1882.
Soeben habe ich mein Trio an Dich abgeschickt. Bevor Du es stechen lässt, muss es von Tanejew, Hrimaly und Fitzenhagen durchgespielt werden; bitte sie in meinem Namen darum. Tanejew kann aus meinem Manuskript spielen, lass also nur die Streicherstimmen abschreiben. Es wäre sehr wünschenswert, dass Albrecht, Kaschkin und Hubert mit Frau dem Probespiel beiwohnten. Es ist unerlässlich, dass meine Bogenbezeichnungen von Albrecht oder einem anderen Kenner der Streichinstrumente genau geprüft und verbessert werden. Übrigens kann das an demselben Abend geschehen, an dem das Trio probiert wird. Mögen Hrimaly und Fitzenhagen die geänderten Bogenstriche gleich in die Stimmen eintragen, ich bitte sie sehr darum.

Das Trio ist N. G. Rubinstein gewidmet. Es hat ein etwas klagendes und funebres Kolorit. Da es dem Andenken Rubinsteins gilt, so müsste es in einer Prachtausgabe erscheinen. Ich bitte Tanejew, sich genau an die Metronomangaben zu halten. Auch wünsche ich, dass Sergei Iwanowitsch [Tanejew] der erste sei, der das Trio in der nächsten Saison in die Öffentlichkeit bringt …" [XI, 1952.]

An P. I. Jurgenson: „Rom, d. 1. [/ 13.] Februar 1882.
Kaum hatte ich meinen gestrigen Brief an Dich abgeschickt, als der Deinige ankam. Deinem Verbot will ich mich unterwerfen und den Vorschlag Bernards höflich ablehnen,[301] – denn ich finde, dass Du von Deinem Standpunkt aus auch recht hast; und dennoch ärgert mich das ein wenig. Es ist schwer zu erklären, weshalb, – mir wäre es aber ein Leichtes, Bernards Bestellung auszuführen, d. h. gerade für den ‚Novellisten' [Nouvelliste] sechs schlechte Stücke zu schreiben und dafür 1500 Frcs. zu erhalten, welche ich gegenwärtig dringend nötig habe. Die sechs Stücke für Dich zu schreiben, fehlt mir aus dem einfachen Grunde der gute Wille, weil Du diese Stücke nicht brauchst; auch bin ich gegenwärtig nicht bei Stimmung, für Klavier zu komponieren, und werde die Stücke nicht machen, zumal ich gewohnt bin, Dir nur solche Werke abzuliefern, welche ich aus eigenem Antrieb komponiere.[302]

---

[299] Der Protégé Peter Iljitschs, den Jurgenson in Dienst genommen hatte. [Siehe oben, S. 147 f., Brief an P. Jurgenson vom 11. Oktober 1881 (ČPSS X, Nr. 1867).]
[300] Vgl. den vorangehenden Brief.]
[301] Vgl. oben, S. 158, Brief an Jurgenson vom 14. / 26. Januar 1882 (ČPSS XI, Nr. 1934).]
[302] Erst später, von Ende August bis Anfang Oktober 1882, schrieb Čajkovskij auf Bitten Petr und Osip Jurgensons die Sechs Stücke für Klavier op. 51.]

Nichtsdestoweniger brauche ich Geld und möchte Dich daher um Folgendes bitten. Ich habe Dir das Trio [op. 50] geschickt, ausserdem erhältst Du bald die Vesper [Ganznächtliche Vigil op. 52], für [die] Bortnjansky[-Ausgabe] habe ich auch eine ganze Menge zu beanspruchen. Andererseits aber bin ich Dir sehr viel schuldig. Ein Teil meiner Schuld dürfte jedoch durch die [Opern-]Tantiemen gedeckt sein. Eine Kleinigkeit wird die unglückliche ‚Jungfrau von Orleans' doch einbringen? Berechne das alles, liebe Seele, und bemühe Dich, mir recht viel zu senden; wenigstens möchte ich jene 600 Rubel erhalten, um die Du mich gebracht hast,[303] Du Bösewicht. Ich schäme mich ein wenig, aber sage mir, was ist besser: Dich um eine grosse Summe anzupumpen (als Vorschuss für die zukünftigen, aus eigenem Antrieb geschaffenen Werke), oder – Dein Verbot als Erpressungsmittel benutzend, – nicht nur sechs, sondern, sagen wir, ganze 12 oder gar 24 Klavierstücke zu komponieren und ein Honorar von Dir zu verlangen, obwohl die Stücke handwerksmässig gemacht sein werden? Ich glaube, das erstere ist besser. Hier kommt aber noch eine Frage in Betracht. Tue ich gut, Dich zu einer Zeit um Geld zu bitten, da Du es infolge des Ankaufs eines Hauses selbst sehr brauchen wirst?" [XI, 1954.]

An Frau von Meck: „Rom, d. [1.-]3. [/ (13.-)15.] Februar 1882.

Hier ist ein Russe erschienen, dessen Bekanntschaft ich nicht ausweichen kann, um ihn nicht zu beleidigen.[304] Wir sehen uns öfter; er ist übrigens sehr delikat, und ich kann mich nicht über ihn beklagen ..." [XI, 1953.]

An P. I. Jurgenson: „Rom, d. 5. [/ 17.] Februar 1882.

Mein Lieber, Dein Brief nebst Anweisung ist heute angekommen und hat mir grosses Vergnügen bereitet. Deine Briefe sind mir stets Freude, Trost, Zerstreuung und Genuss. Bei Gott, ich lüge nicht. Du bist der einzige regelmässige Korrespondent, durch den ich alles Interessante über Moskau erfahre, und Moskau liebe ich immer noch mit einer ganz merkwürdigen, scharfen Liebe. Ich nenne sie eine merkwürdige, weil ich trotz dieser Liebe nicht in Moskau leben möchte. Gerade weil ich Moskau so liebe, möchte ich dort nicht leben. Es würde zu weit führen, dieses psychologische Rätsel zu ergründen.

Die Korrespondenz mit Dir ist mir in der Tat sehr angenehm, nur wird diese Annehmlichkeit dadurch vergiftet, dass ich nicht umhin kann, Geld bei Dir zu erbetteln. Einen Bucklingen macht nur das Grab gerade.[305] Schönsten Dank für die 500 Frcs. Doch wehe, aus Neapel werde ich wieder bitten.

Flörow [Flerov] scheint wirklich ein guter und lieber Mensch zu sein, – dennoch fliehe ich vor ihm nach Neapel. Gestern sass er von 5 bis 12 Uhr abends bei mir ... Es gab einen Moment, da ich ihn totschlagen wollte, und zwar, als er mich mit den Fragen quälte, ‚welche Gebilde und Gestalten in meiner Phantasie' geschwebt hätten, während ich das eine oder andere Stück komponierte. Oh, dass ihn ..." [XI, 1955.]

An A. Tschaikowsky: „Rom, d. 7. [recte: 8. / 20.] Februar 1882.

Tolja, mein Lieber, soeben erhielt ich Deinen Brief mit den Einzelheiten über die Verlobung. Ich freue mich sehr, dass Du Dich glücklich fühlst, und glaube, all das zu verstehen, was Du jetzt empfindest, obwohl ich es nie durchgemacht habe. Es gibt ein gewisses Verlangen nach Zärtlichkeit und Fürsorge, welches nur ein Weib stillen kann. Mich überkommt manchmal eine verrückte Sehnsucht, von einer Frauenhand liebkost zu werden.

---

[303] Durch die erbetene Absage von Bernards Angebot.]
[304] Dieser Russe war S. Flörow [Sergej V. Flerov], ein bekannter Mitarbeiter [Theater- und Musikkritiker] der „Moskauer Nachrichten" [bzw. „Moskauer Zeitung", russisch: „Moskovskie vedomosti"].
[305] So lautet ein bekanntes russisches Sprichwort.]

Manchmal sehe ich sympathische Frauengestalten, denen ich mein Haupt in den Schoss legen und deren Hände ich küssen möchte. Übrigens lässt sich das schwer in Worte fassen. Sobald Du Dich ganz beruhigt haben wirst, d. h. nach der Hochzeit, dann lies einmal ‚Anna Karenina'; ich habe dieses Buch[306] mit einem Entzücken gelesen, welches an Fanatismus (sic!) grenzte. Das, was Du jetzt empfindest, ist dort gelegentlich der Heirat Lewins wundervoll wiedergegeben." [XI, 1959.]

Kapitel XXVI.

[1882, Februar-März. Neapel.
Rühmt die Schönheit der Natur in Neapel und schimpft auf seine „niederträchtigen Einwohner".
Über die Ouvertüre „1812". Abschluss der „Vsenoščnaja". Über Bellini – anlässlich einer Biographie – und andere Lektüre. Das Trio wird am Todestag N. G. Rubinštejns im Moskauer Konservatorium gespielt.]

An M. Tschaikowsky: „Neapel, d. 10. [/ 22.] Februar 1882.

Modja, fast hätte ich es aufgegeben, auf dem Wege nach Baia eine Wohnung zu finden, als ich plötzlich lese: ‚Villa Postiglione, grands et petits appartements'. Ich trete ein und werde von dem überaus anständig aussehenden Wirt empfangen, welcher mir einige sehr schön möblierte Zimmer (eine ganze Etage) nebst einem grossen Salon mit Aussicht auf den ganzen Meerbusen zeigte, welche mich in volles Entzücken versetzten; namentlich war ich sehr durch die Reinlichkeit und Ordnung überrascht, nachdem ich überall so viel Schmutz gesehen hatte. Der Wirt zögerte anfangs, mir die ganze Etage zu vermieten, weil die Hälfte derselben bereits versprochen war, später aber fiel ihm ein, dass er die zu erwartenden Gäste anderweitig unterbringen könnte, und – ich bekam die Wohnung.

Ich habe mit ihm aufs Genaueste vereinbart, die Wohnung – falls sie uns aus irgendeinem Grunde dennoch unpassend erscheinen sollte – jederzeit verlassen zu dürfen, jedoch zwei Tage vorher zu kündigen. Das ist ein sehr wichtiger und günstiger Umstand.

Die Entfernung von der Stadt erschreckt mich nicht, denn erstens gibt es eine Tramway, welche aus dem Zentrum der Stadt bis in die Nähe der Wohnung fährt, und zweitens werde ich dreimal wöchentlich eine Equipage für den ganzen Tag bestellen ..." [XI, 1960.]

An Frau von Meck: „Neapel, d. 11. [/ 23.] Februar 1882.

Welch einen entsetzlichen Eindruck habe ich von dem letzten Karnevalstag [in Rom] auf dem Corso davongetragen. Der Sturz der Pferde und Menschen, über den Sie wahrscheinlich gelesen haben, ereignete sich vor unseren Augen. Es war schrecklich, und ich zittere bis jetzt vor Entrüstung über die Gleichgültigkeit der städtischen Behörden, welche keinerlei Massnahmen getroffen haben, um derartigen Fällen vorzubeugen."[307] [XI, 1961.]

An P. Jurgenson: „Neapel, d. 11. [/ 23.] Februar 1882.

Schämst Du Dich nicht, Dich ‚rechtfertigen' zu wollen wegen der gegen Dich gerichteten Beschuldigungen meines Schützlings Klimenko?[308] Ich weiss sehr gut, dass Du nie ungerecht sein kannst. Andererseits weiss ich auch, dass Klimenko ein verrückter Kerl und durch die Lektüre Nekrassows[309] sowie durch unbestimmte Gerüchte über den Nihilismus

---

[306] Den Roman (1873-1876) von Lev Tolstoi.]
[307] Es war das letzte Jahr der römischen Sitte, täglich während des Karnevals wilde Pferde (barberi) den ganzen Corso entlang galoppieren zu lassen. Das entsetzliche Unglück mit Menschenopfern, welches sich damals vor den Augen der Königin ereignete, gab die Veranlassung zur Abschaffung der Sitte.
[308] Vgl. oben die Briefe an Anatolij Čajkovskij und P. I. Jurgenson vom 22. Januar / 3. Februar 1882 (ČPSS XI, Nr. 1944 und 1945).]
[309] Gemeint ist der Dichter Nikolaj A. Nekrasov (1821-1877).]

in Aufregung versetzt ist. Der Ton seiner Briefe ist empörend und widerwärtig. Trotzdem ist er aber kein dummer und unbegabter Mensch, der einem leidtut. Ich habe das Gefühl, dass, wenn er sich jetzt in Moskau keine sichere Existenz gründet, es ihm nie und nirgends gelingen dürfte. Ich bitte Dich, nur noch ein Weilchen Geduld mit ihm zu haben, in der Hoffnung, dass er zu sich kommen und seine Interessen erkennen wird." [XI, 1965.]

An Frau von Meck: „Neapel, d. 13.[-14. / 25.-(26.)] Februar 1882.

Welch ein Glück, sich vor Besuchern sicher zu fühlen, fern vom Lärm grosser Hotels und vom Getriebe der Stadt zu sein! Welch ein unerschöpflicher Quell des reinsten Genusses, dieses unvergleichliche Bild zu bewundern, welches sich in seiner ganzen Pracht vor unseren Fenstern ausbreitet!! Ganz Neapel, der Vesuv, Castellammare, Sorrento – liegen vor uns. Gestern beim Sonnenuntergang war es so göttlich schön, dass ich vor dem Ansturm der Dankbarkeitsgefühle Gott gegenüber geweint habe, welcher mir dieses Glück zuteilwerden lässt. – Es ist wahr, dass der Aufenthalt in Neapel in vieler Hinsicht weniger angenehm ist als in Florenz und Rom, es ist auch wahr, dass das Volk hier unsympathischer ist, dass Bettler einen furchtbar belästigen, – jedoch für uns, die wir die Stadt meiden, spielt das keine Rolle. Wir sind den unangenehmen Seiten Neapels aus dem Wege gegangen und geniessen in vollen Zügen nur seine Schönheiten. Ich fühle, dass ich in Neapel nur wenig arbeiten werde. Es ist erklärlich, dass diese Stadt weder der Wissenschaft noch der Kunst irgendeinen Nutzen gebracht hat. Um ein Buch, ein Bild oder eine Oper zustandezubringen, – muss man die Möglichkeit haben, sich in sein Inneres zu versenken und die ganze Umgebung zu vergessen. Aber ist das möglich in Neapel? Ich kann mich nicht vom Fenster losreissen, sogar zum Lesen hat man keine Lust. Man sitzt und schaut und möchte schauen ... schauen ohne Ende.

Einmal bin ich im [Teatro] S. Carlo gewesen und habe dort den üblichen ‚Troubadour' [von Verdi] und ein Ballett ‚Excelsior' gesehen, welches zwar prachtvoll ausgestattet war, aber ein unglaublich dummes Sujet hat. Der Autor des Balletts hatte sich die Aufgabe gestellt, den Kampf zwischen dem Licht der Wissenschaft und dem Dunkel der Unwissenheit darzustellen. Dieser Kampf, welcher selbstverständlich mit dem Triumph der Wissenschaft endet, wird mittels Tänzen und Pas zum Ausdruck gebracht.

Selbst die Sonne hat Flecke, deshalb ist es nicht verwunderlich, dass unsere Wohnung, von der ich Ihnen vorgeschwärmt hatte, nach und nach verschiedene Mängel zeigt. Ich besitze die schandhafte Schwäche, eine grenzenlose Furcht vor Mäusen zu haben. Stellen Sie sich vor, liebe Freundin, dass in diesem Augenblick, da ich Ihnen schreibe, über meinem Kopf auf dem Boden wahrscheinlich eine ganze Armee von Mäusen tobt. Wenn auch nur eine sich in mein Zimmer verirren sollte, – bin ich zu einer qualvollen schlaflosen Nacht verurteilt. Das wolle Gott verhüten!" [XI, 1967.]

An P. Jurgenson: „Neapel, d. 21. [recte: 23.] Februar [/ 7. März] 1882.

Der Wirt der Villa Postiglione hat sich als ein frecher Räuber entpuppt. Wir sind ausgezogen, nachdem wir ihm doppelt so viel bezahlen mussten, als verabredet war. Jetzt wohnen wir in der Stadt. Hier ist es enger und lärmender, dafür wohnen wir aber in einem anständigen Hotel, wo man uns auf delikatere und bescheidenere Weise das Geld abnehmen wird. Neapel ist ebenso schön, wie seine Einwohner niederträchtig sind. Es ist eine einzige grosse Diebesbande, welche sich nicht schämt, die Ausländer auf die gemeinste Weise zu berauben." [XI, 1977.]

An P. I. Jurgenson: „Neapel, d. 22. [recte: 23.-24.] Februar [/ 7.-8. März] 1882.

Ich weiss absolut nicht, ob meine Ouvertüre („1812") gut oder schlecht ist, aber eher das erstere (verzeih die Unbescheidenheit!). A propos. Im Falle, dass Naprawnik an den

Ausstellungskonzerten teilnehmen wird, wünsche ich die Ouvertüre in seine Hände zu legen.[310] Bisher hast Du selbst die Honorare für meine Arbeiten festgesetzt, und sie schienen mir immer zu hoch bemessen zu sein, trotzdem hatte ich stets die sündhafte Schwäche, sie anzunehmen ... So muss ich Dir auch jetzt als Freund (nicht als Verkäufer meiner Ware) sagen, dass das von Dir für das Trio vorgeschlagene Honorar von 500 Rubeln übertrieben hoch ist. Nichtsdestoweniger freue ich mich, dass Du es hergibst, denn ich befinde mich in Verlegenheit und lechze nach Einnahmen. Vielleicht missbrauche ich Deine ‚Jurgensonsche Grossmut'? Wie dem auch sei, bestimme auch jetzt selbst. Bei Gott, ich werde nicht streiten, und wenn ich es werde, dann kann es nur im Sinne von ‚zu viel' sein, denn Du übertreibst immer." [XI, 1978.]

An Frau von Meck: „Neapel, d. 27.[-28.] Februar [/ 11.(-12.) März] 1882.
... Wir haben einige sehr interessante Spaziergänge gemacht, und zwar: nach Herculanum, nach Puzzola, Baia und Camaldoli. – Ich weiss nicht, ob Sie jemals die Fahrt nach diesem verlassenen Kloster gemacht haben, von wo aus man eine grandiose, herrliche Fernsicht über die ganze Bucht mit ihren Ufern und Inseln hat. Gar nicht zu reden von dieser Fernsicht, waren die Fahrt selbst und später der Fussweg, wo wir eine Masse Veilchen und anderer Frühlingsblumen fanden, – überaus angenehm. Ich weiss nicht genau, aufgrund welchen Rechts alle neapolitanischen Klöster säkularisiert sind, das ist mir aber ein grosser Verdruss. Seitdem die Klöster aufgehört haben, Zufluchtsorte der alten Kapuziner zu sein, haben sie ihren ganzen Reiz verloren. Als ich im Jahre 1874 zum ersten Mal in Camaldoli gewesen bin, lebten da noch drei Mönche, welche die Touristen empfingen. Im Kloster herrschte Ordnung, man sah Spuren von Arbeit und haushälterischer Tätigkeit. Jetzt ist keiner mehr übriggeblieben, und wir wurden von einem überaus unsympathischen, staatlich angestellten Wächter begrüsst. Das Kloster und der Garten sind verwahrlost. Unordnung, Schmutz und die Abwesenheit der Kapuzinerväter beeinträchtigten sehr den poetischen Eindruck. Als ein Ort, wo der Mensch Zuflucht vor dem weltlichen Getriebe sucht um einer in sich gekehrten, asketischen Lebensweise willen, – ist mir das Kloster sympathisch. Ich weiss, dass es unter den Mönchen Heuchler, Taugenichtse und Wüstlinge gibt. Daraus folgt aber nur, dass nichts vollkommen ist in dieser Welt. Ich kann nicht begreifen, mit welchem Recht man aus einem üppigen und blühenden jahrhundertealten Kloster, wie z. B. S. Martino hier, die Mönche anweisen kann, aus ihrem künstlerisch schönen und dem asketischen Leben angepassten Gebäude ein schlechtes Museum zu machen. Als ich in S. Martino in die herrliche Kapelle trat, wo im Laufe von Jahrhunderten Mönche ein- und ausgingen, und einen Wächter mit aufgestülpter Mütze am Altar schlafen sah, – empfand ich einen grossen Ekel. Auch in Camaldoli ärgerte ich mich über die weisen Herren der Regierung, welche in der unverfrorensten Weise die Mönche aus ihren eigenen Wohnungen heraustreiben." [XI, 1981.]

An Frau von Meck: „Neapel, d. 7. [/ 19.] März 1882.
Heute habe ich endlich meine Vespermusik [Ganznächtliche Vigil] beendet ... Es ist sehr schwer, in Neapel zu arbeiten. Abgesehen davon, dass einen die Schönheiten Neapels

---

[[310] Der Petersburger Dirigent Éduard F. Napravnik war nicht an den Konzerten bei der in Moskau stattfindenden Industrie- und Kunstausstellung beteiligt. – Die Festouvertüre „1812" wurde in Anwesenheit des Komponisten im sechsten dieser Konzerte am 8. August 1882 unter der Leitung von Ippolit K. Al'tani im Saal der Ausstellung uraufgeführt. Das Programm bestand ausschließlich aus Werken Čajkovskijs: Orchester-Fantasie „Der Sturm" op. 18; Lied des Lel' aus der „Sneguročka"-Musik op. 12 (Anna M. Ryndina, Alt); Violinkonzert op. 35 (Solist: Adol'f D. Brodskij) – sehr erfolgreiche russische Erstaufführung; Capriccio italien op. 45; Romanzen op. 47, Nr. 6 und op. 16, Nr. 5 (Dmitrij A. Usatov, Tenor); Ouvertüre „1812".]

von der Arbeit ablenken, gibt es hier noch einen Umstand, welcher mir sehr hinderlich war, – das sind die Drehorgeln, welche nicht eine Minute schweigen und mich manchmal zur Verzweiflung bringen. Es kommt vor, dass ihrer zwei und drei gleichzeitig spielen, dazu wird noch irgendwo gesungen, ausserdem trompeten in der Nähe Bersaglieri[311] ununterbrochen von 8 Uhr früh bis 12. Trotz alledem hatte ich solche Lust, die einmal angefangene Arbeit zu beenden, dass ich in den letzten Tagen sehr fleissig gewesen bin und mein Vorhaben wirklich zum Abschluss gebracht habe.

In meinen von Arbeit und Spaziergängen freien Stunden las ich das neulich erschienene sehr interessante Buch über Bellini. Das Buch rührt von seinem Freunde her, dem 80-jährigen Greis Florimo.[312] Ich habe von jeher eine grosse Sympathie für Bellini gehabt. Als Kind habe ich oft geweint vor der Macht der Empfindungen, welche seine schönen und von einer gewissen Melancholie durchdrungenen Melodien in mir wachriefen. Bis heute bin ich seiner Musik hold geblieben, trotz seiner vielen Mängel, z. B. der abgeschmackten Begleitungen, der banalen Schlüsse seiner Ensemblesätze, der Grobheit und Gemeinheit seiner Rezitative. Florimos Buch bietet ausser der Biographie Bellinis seinen ziemlich umfangreichen Briefwechsel. So habe ich denn mit grossem Vergnügen die Lebensbeschreibung desjenigen Komponisten zu lesen begonnen, welchen meine Phantasie seit langer Zeit in einen gewissen poetischen Glanz gehüllt hatte. Ich glaubte, Bellini müsste in seinem Leben ein ebenso kindlich naives Gemüt gewesen sein wie Mozart. Aber ach! es gab eine Enttäuschung. Es erweist sich, dass Bellini trotz seines Talents ein sehr gewöhnlicher Mensch gewesen ist. Er steckt ganz in Selbstvergötterung, ist von jedem Takt seiner Werke entzückt, leidet nicht die geringste Gegenmeinung, wittert überall Feinde, Intriganten und Neider, obwohl ihn der Erfolg auch nicht einen Tag verliess, vom Beginn seiner Karriere bis zum Schluss. Nach seinen Briefen zu urteilen, hat er niemanden geliebt, für niemanden gesorgt, überhaupt scheint für ihn nichts existiert zu haben ausser seinen persönlichen Interessen. Merkwürdig ist, dass der Verfasser des Buches offenbar nicht gemerkt hat, in welch ungünstiges Licht die Briefe Bellini stellen, sonst hätte er sie gewiss nicht veröffentlicht.

Ein anderes Buch, welches ich augenblicklich mit grossem Genuss lese, ist – ‚Auf den Bergen' von Melnikow.[313] Welch eine erstaunliche Kenntnis der russischen Sitten! Wie ruhig und objektiv der Autor die ungeheure Menge der dargestellten Personen beurteilt! Anhänger der verschiedensten Sekten, Kaufleute, Mushiks, Adlige, Mönche und Nonnen, – all diese Menschen stehen wie lebendig vor dem Leser; ein jeder spricht und tut nicht das, was der Autor ihm aufbindet, um seine eigene Ansicht zu unterstreichen, sondern das, was jene Menschen in Wirklichkeit tun und reden. In unserer Zeit ist ein so tendenzloses Werk eine grosse Seltenheit.

10 Uhr abends.

Indem ich Neapel immer besser kennenlerne, komme ich gleichzeitig immer mehr zu der Überzeugung, dass man nicht lange hier leben kann, und das nicht nur wegen des grossen Lärms, sondern auch, weil die Spaziergänge immer einige Stunden in Anspruch nehmen. Man kann hier nicht in der Stadt und ausserhalb schlendern wie in Rom. In dieser Woche haben wir nicht eine einzige grössere Ausfahrt gemacht, ja ich war sogar stets in Verlegenheit, wohin ich meine Schritte lenken soll, um mir ein wenig Bewegung zu ma-

---

[311] Infanterietruppe des italienischen Heers.]
[312] Francesco Florimo, Bellini. Memorie e lettere, Florenz 1882.]
[313] Pavel I. Mel'nikov (Pseudonym Andrej Pečerskij; 1819-1885). Sein Roman „Na gorach", 1875-1881 in der Zeitung „Russkie vedomosti" erschienen, wurde in Buchform zuerst 1881 im Verlag M. O. Vol'f, Moskau und Petersburg, veröffentlicht.]

chen. In der Stadt ist es zu unruhig, und ausserhalb der Stadt gibt es nichts (ausser Posilippo, welches mir aber nach der Geschichte im ‚Postiglione' unangenehm ist).[314]

Noch etwas verleidet mir hier alle Spaziergänge, – die Bettler, welche einen nicht nur anbetteln, sondern einem ihre Verkrüppelungen und Wunden zeigen, was einen überaus unangenehmen Eindruck auf mich macht. Aber bei sich zu Hause am Fenster zu sitzen, das Meer und den Vesuv anzuschauen – namentlich früh morgens oder vor Sonnenuntergang – ist ein so herrlicher Genuss, dass man alle Fehler Neapels verzeihen und vergessen kann …" [XI, 1987.]

An Frau von Meck: „Florenz, d. 17. [/ 29.] März 1882.

Liebe Freundin, nach dreitägigem Aufenthalt in Sorrento, wo ich vom schlechten Wetter verfolgt wurde, habe ich zwei Tage in Neapel zugebracht und bin gestern abend hier angekommen … Es war mir schwer, Sorrento zu verlassen. Trotz des beständigen Unwetters hat mich der herrliche Ort ganz bezaubert, namentlich durch die Ruhe und Stille, welche nach Neapel so wohl taten. Ich habe gelobt, wenn mir Gott Leben und Gesundheit schenkt, im nächsten Jahr einige Wochen dort zuzubringen, und zwar gerade um diese Jahreszeit, im Frühling, wenn die Orangen- und Zitronenbäume blühen, wenn allenthalben Frühlingsblumen duften und die Berge sich mit frischem Grün schmücken … Aus Moskau wird mir telegraphiert, dass am Todestage Nikolai Gregorjewitschs im Konservatorium mein Trio gespielt worden sei und allen sehr gefallen habe. Das freut mich sehr." [XI, 1990.]

Kapitel XXVII.

[1882, März-April.
Aus Italien über Wien und Warschau zurück nach Russland. Moskau.]

An M. Tschaikowsky: „Warschau, d. 24. März 1882.

Soeben bin ich in Warschau eingetroffen. Die Fahrt von Wien hierher ist nicht besonders lang und ermüdend, trotzdem bin ich sehr erschöpft (d. h. nicht körperlich, sondern infolge der Nervenanspannung). Es ist mir nie so widerlich gewesen, das Vaterland wiederzusehen, wie diesmal. Sollte das eine Vorahnung sein, nie mehr herauszukommen? Die russischen Gepäckträger kamen mir vor wie freche Kalmücken, die Gendarmen wie Bären und die stumpfnasigen Beamten, welche misstrauisch mein Gepäck durchsuchten und später im Restaurationsraum erschienen, um dort mit eleganter Nonchalance alles vom Buffet zu greifen, was ihnen unter die Finger kam, – erweckten in mir den Wunsch, sie irgendwie zu züchtigen. Vielleicht werde ich die Fähigkeit wiedererlangen, mich am grossrussischen Geist zu laben, – einstweilen jedoch ekelt er mich an …" [XI, 1995.]

An M. Tschaikowsky: „Moskau, d. 1. April 1882.

Ich stehe in Unterhandlung mit dem Unternehmer Lentowsky, welcher bei mir für das im Bau begriffene neue Theater eine Oper bestellen will …"[315] [XI, 2000.]

[[314] Siehe oben, Briefe an Modest I. Čajkovskij vom 10. / 22. Februar 1882 (ČPSS XI, Nr. 1960) und an Petr I. Jurgenson vom 23. Februar / 7. März 1882 (ČPSS XI, Nr. 1977).]

[[315] Vgl. dazu die ungekürzten Briefe in ČPSS XI, Nr. 1999 f. an M. V. Lentovskij und Modest Čajkovskijs samt Anmerkungen. Michail V. Lentovskij (1843-1906), Schauspieler, Regisseur und Autor von Vaudevilles, 1871-1883 am Moskauer Malyj teatr, eröffnete 1882 in Moskau ein Opern- und Operettentheater mit ca. 1.600 Plätzen.]

An A. Brodsky: „Moskau, d. 15. April 1882.
Wertester Adolf Dawidowitsch! Ihr Brief kam gestern abend an und hat mir eine unaussprechliche Freude gemacht.[316] Ich weiss nicht, wie ich danken soll für die väterliche Fürsorge, die Sie meinem Konzert angedeihen lassen. Gott gebe nur, dass dieses unglückliche Konzert, welches die Eigenschaft hat, alle gegen sich einzunehmen, Ihren Erfolgen nicht hinderlich sei ..." [XI, 2008.]

Kapitel XXVIII.

[1882, Mai-Juli. Kamenka. Grankino.
Gerührt von Charles Dickens' „Bleakhouse"; schlägt seinem Bruder Modest ein Sujet für eine Erzählung vor.
Mühsame Arbeit an einzelnen Szenen von „Mazepa" und nur „langsame Fortschritte" bei der Oper.
Uraufführung des 2. Klavierkonzerts – Taneevs Kritik an dessen Längen.
Eine „Raubausgabe" ausgewählter Klavierwerke durch Fürstner in Berlin, hg. von Klindworth.
Fleißige und regelmäßige Arbeit an „Mazepa". Achtungserfolg der „Jungfrau von Orleans" in Prag.]

An M. Tschaikowsky: „Kamenka, d. 19.[-21.] Mai 1882.
Modja, ich schreibe Dir diesen Brief, oder vielmehr den Anfang dieses Briefes nachts und mit Tränen in den Augen. Erschrick nicht – es ist nichts Schlimmes geschehen. Ich bin mit dem ‚Bleakhouse' [von Charles Dickens] durch und habe ein wenig geweint, erstens weil mir die Lady D. leidtut, zweitens weil ich mich nicht von all jenen Menschen trennen mochte, mit denen ich zwei Monate lang zusammengewesen bin (ich begann das Buch bei der Abreise aus Florenz), und drittens aus Rührung und Dankbarkeit gegenüber einem so grossen Schriftsteller wie Dickens ... Ich möchte Dir ein hübsches Sujet für eine Erzählung vorschlagen. Doch bin ich müde und will morgen darüber schreiben.

Das Sujet für die Erzählung.
„MISS EASTWOOD".[317]

Die Erzählung muss in Form eines Tagebuchs oder von Briefen an einen Freund in England verfasst werden. Miss I. kommt nach Russland. Alles erscheint ihr sonderbar und lächerlich. Die Familie, in welche sie geraten ist, gefällt ihr, namentlich die Kinder, – nur kann sie nicht begreifen, weshalb in dem ganzen Aufbau des Familienlebens jene Disziplin und jenes Gefühl der christlichen Pflicht und die Pflicht der Wohlerzogenheit fehlen, von denen die englische Familie durchdrungen ist. Sie achtet diese Familie, betrachtet sie aber als Menschen einer anderen Rasse, die Kluft, welche zwischen ihr und ihnen liegt, wird immer grösser. Sie zieht sich in ihren Winkel zurück und verlässt ihn nicht. Langeweile und Kummer überwältigen sie. Aber das Gefühl der Pflicht und der Notwendigkeit, um ihrer Vewandten willen zu arbeiten, schützen sie vor Verzweiflung. Sie ist religiös, aber auf

[[316] In seinem Brief vom 8. / 20. April 1882 berichtete Adol'f Brodskij über seine Absicht, Čajkovskijs Violinkonzert, das er am 22. November / 4. Dezember 1881 in Wien uraufgeführt hatte (siehe oben), in Leipzig, Karlsruhe und London zu spielen. Es kam aber nur eine Aufführung (die zweite des Werkes) in London zustande: und zwar am 26. April / 8. Mai 1882 in einem der „Richter-Concerts" in der St. James' Hall, unter der Leitung von Hans Richter, dem Dirigenten der Wiener Uraufführung. Die dritte und vierte Aufführung des Konzerts, wieder mit Brodskij, fanden dann endlich in Russland statt: am 8. August 1882 im 6. Konzert der Kunst- und Industrieausstellung (Dirigent: Ippolit Al'tani) in Moskau und am 31. Januar 1887 im 10. Symphoniekonzert der Russischen Musikgesellschaft (Dirigent: Anton Rubinštejn) in Petersburg. Von 1888 an gab es dann mehrere Aufführungen des Werkes, darunter eine mit Brodskij und Čajkovskij als Dirigenten: Moskau, 28. Oktober 1889.]
[[317] Der Titel fehlt in LebenTsch. 2, S. 200 (in ČPSS XI, S. 127 kyrillisch; transliteriert: „Miss Istvud") – vielleicht weil eine Miss (Martha) Eastwood (gest. nach 1909) die englische Gouvernante der jüngeren Davydov-Kinder in Kamenka gewesen war.]

englische Art, und die russische Kirche mit ihren Bräuchen erscheint ihr lächerlich und widerlich. Natürlich müssen einige Familienmitglieder und deren Beziehungen zu ihr ausführlicher charakterisiert werden.

Da erscheint ein neuer Lakai auf der Bildfläche. Zuerst bemerkt sie ihn gar nicht. Eines Tages aber wird sie gewahr, dass er sie einmal so eigentümlich angesehen hat, – und die Liebe schleicht sich in ihr Herz. Im Anfang erkennt sie sie nicht und versteht nicht, was in ihr vorgeht. Woher dieses Mitleid mit ihm, wenn er arbeitet, – andere arbeiten doch auch? Warum fühlt sie sich so unbehaglich, wenn er sie bedient? Der Lakai beginnt aber, die Waschfrau zu poussieren. Im Gefühl des Hasses auf die Waschfrau erkennt sie endlich die Eifersucht und entdeckt so ihre Liebe. Sie gibt ihm ihr ganzes Geld für die Reise zwecks einer Kur usw.

Sie beginnt alles Russische zu lieben ... Sie wechselt ihren Glauben. Wegen eines Vergehens gegen die Herrschaften verliert der Lakai seine Stelle. Sie kämpft – und folgt ihm. Eines schönen Tages sagt ihr aber der Lakai: ‚Geh zum Teufel, verfluchtes Scheusal! Was willst du von mir?' ... Das Ende weiss ich nicht! ..." [XI, 2026.]

An M. Tschaikowsky: „Kamenka, d. 21. Mai 1882.

Modja, ich schreibe ein bisschen an der Oper, d. h. einzelne Szenen aus ‚Mazepa', welche mir besonders gut gefallen. Ich schreibe mit Überwindung; offen gesagt, kann man hier nicht an einem so ernsten Werk wie einer Oper arbeiten: vor meinen Fenstern ist beständig Lärm ..." [Ebenfalls XI, 2026.]

An A. I. Schidlowsky: [318] „Kamenka, d. 26. Mai 1882.

Sehr geehrter Herr, Ihren Brief und die Kompositionen M.s[319] habe ich erhalten und sofort durchgesehen. Ich bedaure sehr, die Eigenschaften dieser Kompositionen nicht rühmen zu können. Sie stehen überhaupt unter aller Kritik. Es sind schülerhafte, unreife Versuche mit dem echt dilettantischen Anspruch, ernste Kunstwerke sein zu wollen, welche unter dem klangvollen Namen *Sonaten* im Druck zu sehen – einfach lächerlich ist ...

Was die Töchter des Herrn M. anbelangt, so will ich gern tun, was in meinen Kräften steht, damit sie ins Konservatorium aufgenommen werden ..." [XI, 2029]

An Frau von Meck: „Kamenka, d. 29. Mai [- 3. Juni] 1882.

In der Tat scheint einer meiner Briefe an Sie verlorengegangen zu sein. Sie fragen, warum ich gerade ‚Mazepa' gewählt habe. Vor Jahresfrist übersandte mir K. Dawidow[320] (der Direktor des Petersburger Konservatoriums) dieses Libretto. Damals hatte es mir nicht besonders gefallen, und obwohl ich versuchte, einige Szenen in Musik zu setzen, konnte ich mich für die Sache nicht recht erwärmen und legte sie beiseite. Ein ganzes Jahr suchte ich vergebens nach einem anderen Operntext, während die Lust, wieder eine Oper zu schreiben, sich immer steigerte. So nahm ich eines schönen Tages wieder das ‚Mazepa'-Libretto vor, las auch das Poem Puschkins, liess mich von einigen Szenen und Versen hinreissen, – und begann mit der Szene zwischen Maria und Mazepa, welche ohne Veränderungen dem Original entnommen war. Obwohl ich bis jetzt noch nicht ein einziges Mal einen so tiefen Genuss empfunden habe wie beispielsweise beim Komponieren des ‚Eugen

---

[318] Schidlowsky [Aleksandr I. Šidlovskij (geb. 1852)] war in jedem Sommer Hauslehrer in der Familie Dawidow.
[[319] Im Originalbrief nennt Čajkovskij den Namen: Miller. Konstantin Miller war ein dilettierender Komponist. Seine Töchter Viktorija und Sof'ja studierten Klavier am Moskauer Konservatorium, erstere 1888 mit einem Stipendium Cajkovskijs.]
[[320] Karl Ju. Davydov (1838-1889), Violoncellist, Komponist und Dirigent, Professor am Petersburger Konservatorium und 1876-1886 dessen Direktor.]

Onegin', obwohl die Arbeit überhaupt nur langsame Fortschritte macht und ich mich von den handelnden Personen nicht besonders angezogen fühle, – schreibe ich dennoch weiter, weil ichs einmal angefangen habe und weil ich glaube, dass mir einiges doch ganz gut gelungen ist. In Betreff Karls XII. muss ich Sie enttäuschen, teure Freundin. Er wird in der Oper nicht vorkommen, denn er steht mit dem eigentlichen Drama zwischen Maria, Mazepa und Kotschubei nur in sehr lockerer Beziehung." [XI, 2034.]

An L. Tkatschenko: „Kamenka, d. 4. Juni 1882.

... Ihr Lustspiel gefällt mir nur wenig.[321] Ich glaube, Sie haben sich da eine Aufgabe gestellt, welche der Art Ihrer Begabung nicht entspricht ... In Ihnen herrscht *Subjektivität* vor. In einer Komödie jedoch müssen die Helden durchaus objektiv behandelt werden; das ist die höchste Eigenschaft der starken schöpferischen Talente, welche Ihnen – wenn ich nicht irre – fehlt. In Ihrem Stück ist zu wenig Leben, auch verstehe ich die Idee nicht, die handelnden Personen rühren mich nicht; alles ist an den Haaren herbeigezogen: bald süsslich sentimental, bald langweilig.

Anders ist es mit Ihrer Novelle. Hier sind Sie in Ihrem Element. Ich habe sie mit grossem Vergnügen gelesen, und mein Vertrauen in Ihre Begabung wurde nicht im geringsten erschüttert. Trotzdem muss aber auch hier manches verändert, verbessert und gekürzt werden. Überhaupt ist das nur ein ausgezeichnetes Material für eine Sittennovelle, aber noch nicht die Novelle selbst, d. h. noch kein künstlerisch formvollendetes Werk ..." [XI, 2040.]

An Frau von Meck: „Grankino, d. [7.-]9. Juni 1882.

Hier gefallen mir überaus Stille und Freiheit.[322] Das ist echtes Landleben! Ich habe schon zu arbeiten begonnen und hoffe, dass die Sache gut und schnell vorwärts gehen wird. Die Spaziergänge sind sehr einförmig; ausser der unendlichen Steppe gibt es nichts. Der Garten ist gross und schön, aber noch sehr jung. Gegen Abend und am Abend ist die Steppe wunderbar und die Luft so köstlich rein, dass ich mich nicht beklagen kann. Die Post kommt einmal in der Woche, Zeitungen gibt es nicht, man lebt hier also völlig isoliert von der übrigen Welt, und das hat einen gewissen Reiz für mich. Manchmal empfinde ich – nur in viel geringerem Massstab – jene vollkommene Zufriedenheit, welche ich in Brailow und in Simaki[323] stets empfunden habe. O Gott, wie traurig ist es, dass jene Momente unaussprechlichen Wohlgefühls und Glücks nun niemals wiederkehren werden!!"[324] [XI, 2041.]

An S. I. Tanejew: „Grankino, d. 11. Juni [recte: Juli] 1882.

... Für die Aufführung des [2. Klavier-]Konzerts bin ich sehr dankbar.[325] Ich gebe gern zu, dass es an Längen leidet und bedaure, dass diejenigen Personen, denen ich vor zwei Jahren eine kritische Durchsicht des Werkes anvertraut hatte,[326] mich nicht rechtzeitig auf seine Mängel aufmerksam gemacht haben. Sie hätten mir damit einen grossen Dienst er-

---

[321] Čajkovskij hatte Tkatschenko am 19. / 31. Januar 1882 geschrieben (siehe oben: ČPSS XI, Nr. 1940), er begrüße seinen Entschluss, das Studium am Konservatorium aufzugeben, und ihm eine literarische Begabung attestiert.]
[322] Grankino war das Gut des Agronomen German K. Konradi (dem Vater von Kolja Konradi, Modest Čajkovskijs taubstummem Zögling) im Novomoskovskijschen Bezirk, Gouvernement Ekaterinoslav.]
[323] Also auf dem Gut Frau fon Mekks bzw. dessen Vorwerk, Gouvernement Kamenec-Podol'sk.]
[324] Brailow ist von Frau von Meck verkauft worden.
[325] Čajkovskij antwortet auf einen Brief Taneevs vom 18. Juni 1882 (ČT 1916, S. 81 f., bzw. ČT 1950, S. 80), in dem Taneev von der Uraufführung des Nikolaj Rubinštejn gewidmeten 2. Klavierkonzerts G-Dur op. 44 (1879/80) in einem Symphoniekonzert am 21. Mai 1882 im Rahmen der 1. Kunst- und Industrieausstellung in Moskau unter der Leitung von Anton G. Rubinštejn berichtet hatte. Solist: S. I. Taneev.]
[326] Nikolaj G. Rubinštejn und der Adressat: Sergej I. Taneev.]

wiesen, einen noch viel grösseren als die ausgezeichnete Wiedergabe des Konzerts in seiner gegenwärtigen Unvollkommenheit. Nichtsdestoweniger merci, merci, merci!

Ich brenne vor Ungeduld, die Partitur Ihrer Ouvertüre zu sehen."[327] [XI, 2059.]

An P. I. Jurgenson: „Grankino, d. 12. Juni 1882.

Liebe Seele, betreffs des Protests gegen die Edition Klindworths[328] will ich Dir Folgendes sagen. Man kann die Sache von zwei Seiten ansehen: Erstens vom Standpunkt der gefährdeten Interessen meines Freundes Jurgenson. Auf diesem Standpunkt stehend, bin ich entrüstet und ärgere mich zunächst über mich selbst, dass ich in früherer Zeit ein so leichtsinniger Korrektor gewesen bin, und dann über Klindworth, dass er an dem Nachdruck nicht aus Liebe zur Sache arbeitet, sondern um Dir ein Schnippchen zu schlagen. Zweitens vom Standpunkt des Wertes meiner zu korrigierenden Stücke. Hier kann ich nur mit Mühe meine egoistische Freude darüber dämpfen, dass ein so ausgezeichneter Kenner der Klaviermusik die Korrektur in die Hand genommen hat. Bemühe Dich einmal, Dich auf diesen meinen Standpunkt zu stellen und mir zu verzeihen, dass ich nicht imstande bin, jenes Gift aus meiner Seele zu pressen, mit welchem mein Protest laut Deinem Wunsch durchdrungen sein soll. Ich werde mich nicht nur nicht darüber grämen, sondern die hellste Freude daran haben, wenn Klindworth die B.[329] gehörenden Stücke durchsehen und Fürstner übergeben wird. Folglich liegt für mich die Sache so, dass ich ebenso B. hasse wie ich Dich liebe. Ich fürchte nicht im geringsten, mir die Person Wotans[330] zum Feind zu machen, ich würde das aber fürchten, wenn ich in derselben Stadt wohnte, denn mir würde die Begegnung mit ihm unangenehm sein. Da wir aber getrennt sind, so fürchte ich mich nicht vor dem Zorn, welcher in ihm aufflammen würde, wenn ich protestieren wollte. Ich schlage Dir also Folgendes vor: setze ein Schreiben auf, welches ich unterzeichnen werde, – ich selbst kann aber nichts Giftiges austüfteln ... Ich sehe ein, daß ich egoistisch bin, und bedaure sehr, dass ich in so hohem Masse an diesem Fehler laboriere.

Ich selbst kann die Durchsicht nicht machen, denn dazu bin ich nicht Pianist genug. Überdies kann ich alle meine Klavierstücke, mit Ausnahme der Sonate und der beiden Konzerte, nicht recht leiden; durchsehen und korrigieren muss man aber mit Liebe. Ich schlage Dir vor, Tanejew, Pabst oder Neitzel[331] zu diesem Zweck zu engagieren ... Aber

---

[327 Die Ouvertüre auf ein russisches Thema, welche die Musikabteilung der (in der vorangehenden Fußnote genannten) „allrussischen" Ausstellung bestellt hatte und die in ihrem 5. Konzert am 13. Juni 1882 unter Taneevs Leitung uraufgeführt wurde.]

328 Die Verlagsfirma Fürstner [in Berlin] unternahm, sich auf das Fehlen einer die Urheberrechte betreffenden Konvention zwischen Deutschland und Russland stützend, eine Herausgabe ausgewählter Klavierstücke P. Tschaikowskys unter der Redaktion des früheren Professors des Moskauer Konservatoriums, Ch. [Carl] Klindworth.

[329 Im Originalbrief nennt Čajkovskij den Namen des betreffenden Petersburger Verlegers: Bessel'. Bei diesem waren allerdings lediglich die Sechs Stücke über ein Thema op. 21 erschienen; die übrigen bis dahin komponierten Klavierwerke hatte Jurgenson herausgegeben (op. 1, 2, 4, 5, 7, 9, 10, 19, 37, 39 und 40). Die Jahreszeiten op. 37 (bis) waren zunächst bei Bernard in Petersburg erschienen und wurden 1886 von Jurgenson übernommen.]

[330 So nannte man im Moskauer Musikerkreis Klindworth aufgrund seiner beeindruckenden nordischen Erscheinung – und weil er die Klavierauszüge der vier Teile von Wagners „Ring des Nibelungen" angefertigt und die Moskauer Kollegen in das Werk eingeführt hatte.]

[331 Alle drei Pianisten wirkten am Konservatorium: die Professoren Sergej I. Taneev und Pavel A. Pabst sowie Otto Neitzel (1852-1920), der später auch als Komponist, Dirigent und Musikkritiker bzw. Musikschriftsteller bekanntgeworden ist. – Neitzel war 1881-1884 Klavierlehrer am Moskauer Konservatorium, bevor er von 1885 an in Köln wirkte: als Lehrer am Konservatorium und von 1887 an als Musikkritiker der Kölnischen Zeitung. In Köln traf er Anfang 1889 Čajkovskij wieder, anläßlich von dessen Konzert im Gürzenich (vgl. die Rezensionen in ČSt 10, S. 123-125). Auf Neitzels Wunsch hat Čajkovskij im Juni 1889 eine

vielleicht kannst Du auch Klindworth selbst gewinnen, wenn Du ihm dasselbe Honorar vorschlägst, welches er von Fürstner erhalten soll?" [XI, 2043.]

An Frau von Meck: „Grankino, d. 30. Juni 1882.
… Ich arbeite sehr fleissig und regelmässig. Auch wenn ich noch nicht völlig begeistert bin für mein Sujet [‚Mazepa'], so stellt sich doch nach und nach wenigstens ein wärmeres Mitempfinden mit den handelnden Personen bei mir ein. Wie eine Mutter, welche ihr Kind um so stärker liebt, je mehr Sorgen und Aufregungen es ihr verursacht hat, – empfinde auch ich bereits eine elterliche Zuneigung für meinen neuen musikalischen Spross, welcher mir gar oft schwere Momente der Enttäuschung und der Verzweiflung an mir selbst gebracht hat und welcher trotz alledem wächst und gedeiht." [XI, 2055.]

An Frau von Meck: „Grankino, d. 5. Juli 1882.
Die Nachricht vom Tode Skobolews erreichte uns erst eine Woche nach der zu beweinenden Katastrophe.[332] Schon lange hat mich keine Todesnachricht so tief erschüttert wie diese. Bei dem beklagenswerten Mangel an bedeutenden Männern, an welchem Russland leidet, ist es doppelt schmerzlich, eine Persönlichkeit zu verlieren, auf welche sich die Liebe eines ganzen Volkes und so viele Hoffnungen richteten.
In dieser Woche hoffe ich, zwei Akte der Oper [‚Mazepa'] zu beenden; dann bleibt noch ein ganz grosser dritter Akt in drei Bildern. Ich hoffe, bis zum Anfang des Herbstes mit dieser Arbeit fertig zu sein, um dann in irgendeinem friedlichen Winkel im Ausland, z. B. in Clarens, mit der Instrumentierung zu beginnen."[333] [XI, 2057.]

An L. Tkatschenko: „Kamenka, d. 26. Juli 1882.
Ich will Ihnen heute nichts über Ihr mir zugesandtes Fragment sagen, obwohl ich es bereits gelesen habe. Ich will erst gründlich überlegen, was ich Ihnen Wesentliches und für Sie Nützliches sagen kann …" [XI, 2068.]

An P. Jurgenson: „Kamenka, d. 26. Juli 1882.
Meine Schwester ist aus Karlsbad zurückgekehrt, nachdem sie einen Abstecher nach Prag gemacht hatte, um dort meine ‚Jungfrau von Orleans' – oder, wie sie dort genannt wird, ‚Panna Orleanska' – zu hören. Es erweist sich, dass die Oper in einem ‚schmierenähnlichen', aus Brettern gezimmerten Sommertheater gegeben wurde,[334] und die Aufführung und Ausstattung recht armselig waren …" [XI, 2069.]

Dieses erste Debut Peter Iljitschs als Opernkomponist auf einer westeuropäischen Bühne ist ziemlich unbemerkt vorübergegangen. Die Oper hat, wie man sagt, nur einen Achtungserfolg erzielt und ist bald aus dem Repertoire der Prager Oper verschwunden. Die Presse verhielt sich gegenüber dem Opernkomponisten Tschaikowsky angesichts der Verdienste des ihr wohlbekannten und geschätzten Symphonikers Tschaikowsky mit ausgesuchter Höflichkeit und sagte, dass der Musikdramatiker zwar Sympathie, Interesse und Achtung verdiene, aber nicht ‚von Gottes Gnaden' sei.

---

kurze Autobiographie geschrieben (siehe ČSt 10, S. 11-17), die Neitzel 1890 innerhalb seines anspruchsvollen und kundigen Artikels „Die russische Musik und ihr berufenster Vertreter" veröffentlicht hat (siehe ČSt 10, S. 139-147). Bei der deutschen Erstaufführung von Čajkovskijs Klaviertrio am 31. Januar / 12. Februar 1889 in Frankfurt a. M. hatte Neitzel den Klavierpart gespielt (vgl. die Rezensionen in: ČSt 10, S. 120-122).]
[332 Der General Michail D. Skobelev (geb. 1843), Held des russisch-türkischen Krieges 1877/78, war überraschend in der Nacht vom 25. auf den 26. Juni 1882 im Alter von 39 Jahren gestorben.]
[333 Die Konzeptschrift der Oper beendete Čajkovskij am 16. September 1882; instrumentiert hat er das Werk – mit Unterbrechungen – vom 20. September 1882 bis zum 16. April 1883.]
[334 Das Prager Nationaltheater wurde damals umgebaut.]

Kapitel XXIX.

[1882, August. Moskau, Kiev, Kamenka.
Konzert ausschließlich mit Werken Čajkovskijs.
Ist des Hauptstadt- und Gesellschaftslebens überdrüssig. Sehnt sich nach einem stillen Winkel.
Tagesablauf und Arbeit in Kamenka: „Mazepa" und Klavierstücke op. 51. Zunehmende Korrespondenz.]

Das Programm des 6. Symphoniekonzerts (8. August 1882) im Saal der Kunst- und Gewerbeausstellung war ausschliesslich den Werken Peter Iljitschs gewidmet und bestand aus folgenden Kompositionen: „Der Sturm", zwei Lieder aus „Schneeflöckchen", Violinkonzert mit A. Brodsky als Solisten, „Italienisches Capriccio", Lieder, Ouvertüre „1812". Die Ouvertüre „1812" erfuhr bei dieser Gelegenheit ihre erste Aufführung, während das Violinkonzert – nach Wien, London und New York – zum ersten Mal in Russland gespielt wurde. Beide Nummern ernteten viel Beifall, und Komponist, Solist und Dirigent [I. K. Altani] wurden mehrfach hervorgerufen. Dennoch war der Erfolg lange nicht so stark, wie er diesen beiden Stücken späterhin oft zuteil wurde. In der Presse erschien neben lobenden Besprechungen ein Bericht, in welchem Herr Kruglikow[335] sagt, dass die drei Sätze des Violinkonzerts „so einschläfernd und langweilig" seien, „dass man gar keine Lust verspürt, auf die Einzelheiten einzugehen." Die Ouvertüre „1812" erschien Herrn Kruglikow wie ein „Lärm um nichts". Zum Schluss sagt dieser Herr, er müsse leider die tieftraurige Tatsache konstatieren, dass es mit Tschaikowsky aus sei.

An M. Tschaikowsky: „Moskau, d. 15.[-16.] August 1882.
Lieber Modja, als ich vor einer Stunde nach Hause kam, fand ich Deinen Brief; gelesen habe ich ihn aber erst in diesem Augenblick, denn mein moralisches Ich war in einer so furchtbaren Verfassung, dass ich mich auf den Brief vorbereiten musste. Woher kommt diese schreckliche Verfassung? – Ich weiss es selbst nicht. Wenn ich gefragt werde, warum ich so unzufrieden und reizbar aussehe, suche ich nach Erklärungen und fühle stets, dass ich nicht das Richtige sage. Ich kann mich wahrhaftig über nichts beklagen. Niemand beleidigt mich, man behandelt mich sogar freundlich und ehrfurchtsvoll; auch kann ich nicht sagen, dass man mich behelligt. Allerdings habe ich heute schon drei Besucher empfangen, das alles ist aber nicht so schrecklich. Darauf bin ich bei Kondratjews[336] gewesen, die ich sehr liebe; dann – im Konzert Korsakows,[337] wo alle engelhaft gut und freundlich zu mir waren, dann ass ich bei Alexejews,[338] wo das Essen ganz famos war; Tolja war anwesend, und man spielte Karten; darauf ging ich zu Fuss nach Hause und trank unterwegs ein Glas Wein – mit einem Wort, alles ist dazu angetan, im Bewusstsein eines glücklich verbrachten Tages ruhig einzuschlummern, und dennoch leide ich so furchtbar und bin ich so tief unglücklich, dass jeder Bettler glücklicher ist als ich. Es liegt wohl daran, dass für mich ein Leben ausser auf dem Dorfe und im Ausland undenkbar ist; warum das so ist, verstehe ich bei Gott nicht, – ich könnte wahnsinnig werden.

Diese unbestimmte giftige, qualvolle, schreckliche Krankheit, welche darin besteht, dass ich nicht einen einzigen Tag, nicht eine einzige Stunde ohne Leiden in der russischen

---

[335] Der Musikkritiker Semen N. Kruglikov (1851-1910) war Redaktionsmitglied der Zeitschrift „Artist".]
[336] Bei der Familie seines Freundes Nikolaj D. Kondrat'ev.]
[337] Im 7. Symphoniekonzert der oben genannten Kunst- und Gewerbeausstellung in Moskau am 15. August 1882 dirigierte Nikolaj A. Rimskij-Korsakov seine 2. Symphonie („Antar"), Anton G. Rubinštejns 4. Klavierkonzert (Solist: Nikolaj S. Lavrov, Professor am Petersburger Konservatorium), Aleksandr P. Borodins „Steppenskizze aus Mittelasien" (Moskauer Erstaufführung) und Cezar' A. Kjuis Tarantella für Orchester (Uraufführung).]
[338] Bei der Familie von Nikolaj A. Alekseev (1852-1893), Direktionsmitglied der Moskauer Abteilung der Russischen Musikgesellschaft, 1885-1893 Moskauer Oberbürgermeister.]

Residenz[339] zubringen kann, wird mich noch einmal ins bessere Jenseits befördern ... Oft denke ich, meine ganze Unzufriedenheit rühre daher, dass ich sehr egoistisch und nicht imstande bin, für andere, selbst nahestehende und geliebte Menschen Opfer zu bringen. Soeben fällt mir aber ein, dass ich mich den moralischen Martern freiwillig gewiss nicht unterzogen hätte, wenn ich es nicht für eine Art von Pflicht halten würde, hin und wieder hier zu sein, um anderen damit ein Vergnügen zu machen. Übrigens weiss es der Teufel! Ich weiss nur eins: so wenig bezaubernd Kamenka auch ist, so hässlich es dort zuweilen auch sein mag, – ich träume von meinem dortigen Winkel wie von einem unaussprechlichen Glück. Übermorgen gedenke ich abzureisen." [XI, 2077.]

An Frau von Meck: „Kiew, d. 20. August 1882.
Ich schreibe Ihnen aus dem lieben Kiew, meine Teure. Einen Tag halte ich mich hier auf, um einige Einkäufe zu machen, für die ich in Moskau keine Zeit mehr hatte, und um mein Alleinsein etwas zu verlängern. Als ich in dem kleinen Coupé des Wagens, der mich hierher gebracht, Platz genommen hatte, fühlte ich sofort die grosse Erleichterung von all meinen Moskauer Martern; es ist schwer, mit Worten zu beschreiben, wie glücklich ich mich an diesen Reisetagen fühlte ..." [XI, 2079.]

An A. Tschaikowsky: „Kamenka, d. 22. August 1882.
... Soeben hab ich all meine Sachen in Ordnung gebracht; ich bin heute schon in der Kirche gewesen, habe einige Besuche gemacht, bin spazierengegangen und habe sogar schon [an ‚Mazepa'] gearbeitet ..." [XI, 2083.]

An Frau von Meck: „Kamenka, d. 23. [recte: 22.-25.] August 1882.
Teure, unvergleichliche Freundin, oh, wie schön ist es hier, wie frei kann ich atmen! Wie froh bin ich, mein liebes Zimmer wiederzusehen, an welches ich mich so gewöhnt habe! Welch ein Glück, wieder so leben zu dürfen, wie man möchte, und nicht wie andere wollen und bestimmen! Welch ein Genuss, ungestört arbeiten, lesen, spielen, spazierengehen zu können, ohne tausendmal am Tag seine Rolle wechseln zu müssen! Welch eine Lüge, wie widersinnig ist das Leben in der Gesellschaft ..." [XI, 2084.]

An M. Tschaikowsky: „Kamenka, d. 30. August 1882.
... Meine Lebensweise ist so regelmässig, dass ein Tag wie der andere ist. Früh morgens Tee und Unterhaltung mit Miss Eastwood;[340] dann ein Gang durch den scheusslichen grossen Garten; Arbeit bis zum Mittagessen. Dann wieder ein Gang durch den Garten und Briefe. Um 4 Uhr Tee. Von $^1/_2$ 5 bis 5 Durchspielen dessen, was am Morgen komponiert worden ist. Um 5 Uhr unternehme ich einen Spaziergang. Von 7 bis $^1/_2$ 9 Briefe und Lesen, leider öfter Briefe, denn meine Korrespondenz hat sich in letzter Zeit erweitert. Um $^1/_2$ 9 gibt es Abendessen und dann eine Kartenpartie bis 12. Diese Lebensweise ist sehr angenehm, nur schade, dass Kamenka so stinkt, besonders jetzt bei andauernder Dürre, Staub und Wind. Schade ist auch, dass ich mir vorgenommen habe, um des Geldes willen sechs Klavierstücke [op. 51] zu schreiben, welche mein Verleger Jurgenson bei mir bestellt hat; das dämpft ein wenig meine Begeisterung für die Oper [‚Mazepa']; ich presse aus meinem Kopf Musik für die Oper [‚Mazepa'] und für die Stücke, im Resultat – unruhiger Schlaf, im übrigen bin ich gesund wie gewöhnlich." [XI, 2090.]

[[339] Also in Moskau. Hauptstadt war Petersburg.]
[[340] Martha Eastwood war die englische Gouvernante der jüngeren Davydov-Kinder in Kamenka.]

Die chronologische Reihenfolge der in der Saison 1881-1882 von Peter Iljitsch komponierten Werke ist folgende:

1) Op. 50. Trio für Klavier, Violine und Violoncello in drei Sätzen.[341] Es ist „dem Andenken eines grossen Künstlers", d. h. N. G. Rubinsteins gewidmet. Das Variationenthema des zweiten Satzes ist eine Erinnerung an einen Ausflug, welchen Peter Iljitsch gemeinsam mit Rubinstein und seinen anderen Konservatoriumsfreunden bald nach der ersten Aufführung von „Schneeflöckchen" (im Frühling des Jahres 1873) unternommen hatte. Das Trio wurde am 18. Oktober 1882 von Tanejew, Hrimaly und Fitzenhagen zum ersten Mal öffentlich gespielt. Verlag P. Jurgenson.

2) Op. 52. [Ganznächtliche Vigil]. Versuch der Harmonisierung gottesdienstlicher Gesänge, für gemischten Chor gesetzt. Im ganzen 17 Nummern. Verlag P. Jurgenson.

Ausserdem war Peter Iljitsch vom 21. Juni bis zum 27. Oktober [1881] mit der Redaktion der [kirchenmusikalischen] Werke Bortnjanskys beschäftigt.

In derselben Saison setzte Peter Iljitsch die Arbeit an den Entwürfen der Oper „Mazepa" fort. Am 13. Juli waren zwei Akte derselben bereits fertig.

[341 Eigentlich sind es zwei Sätze: I. Pezzo elegiaco, II. Tema con variazioni. Allerdings hat Čajkovskij den zweiten Satz später in A und B unterteilt: A. Tema con variazioni [I-XI]. – B. Variazione finale e Coda.]

Kapitel XXX-XXXIV: 1882-1883.

Kapitel XXX.

[1882, September-November. Kamenka.
Die Komposition der Oper „Mazepa" fällt Čajkovskij schwer; Zweifel an seiner Schaffenskraft.
Beendet die Konzeptschrift der Oper „Mazepa" und die Sechs Klavierstücke op. 51; beginnt mit der Instrumentierung der Oper; die Introduktion: Mazepa und das galoppierende Pferd.
Sehnsucht nach dem Ausland. Umarbeitung der „Jungfrau von Orleans" für die Wiederaufnahme der Oper.
Erfolgreiche Uraufführung des Klaviertrios, negative Kritiken, Taneevs Begeisterung.
Langsame Arbeit an der Instrumentierung von „Mazepa".
Erinnerung an die Opern „Voevoda" und „Opričnik" wie an ein „Kriminalverbrechen".
Plan, mit Jurgenson zu einer weiteren Aufführung der „Jungfrau von Orleans" nach Prag zu fahren.]

An Frau von Meck: „Kamenka, d. 14. September 1882.
Noch nie ist mir ein grösseres Werk so schwer gefallen wie diese Oper [‚Mazepa']! Vielleicht ist es schon der Verfall meiner Kräfte, oder bin ich etwa mit mir selbst strenger geworden? Wenn ich daran denke, wie ich früher ohne die geringste Anstrengung arbeitete und mir selbst vorübergehende Momente der Unsicherheit und der Verzweiflung unbekannt waren, komme ich mir nun wie ein anderer Mensch vor. In früherer Zeit komponierte ich mit derselben Einfachheit und infolge desselben Naturgesetzes, welches den Fisch im Wasser zu leben veranlasst und den Vogel – in der Luft zu schweben. Jetzt ist es anders geworden. Jetzt gleiche ich einem Menschen, der eine teure und schwere Last zu tragen hat und diese Last – was es auch kostet – bis ans Ende tragen muss. Ich werde sie bis ans Ende tragen, nur fürchte ich, dass meine Kräfte bereits gebrochen sind und ich bald gezwungen werde, Halt zu machen." [XI, 2107.]

An M. Tschaikowsky: „Kamenka, d. 20. September 1882.
Ich schreibe Dir an einem richtigen Herbsttage. Ein feiner Regen geht schon seit heute früh wie Staub nieder, der Wind heult, das Grün ist in der vorigen Woche erfroren, – trotzdem verstimmt mich das nicht, sondern im Gegenteil: ich freue mich. Nur bei solch einem Wetter habe ich Kamenka gern; wenn es schön ist, möchte ich weiter fort sein.

Seitdem ich meine Oper [‚Mazepa'] beendet und die Klavierstücke [op. 51] von mir abgeschüttelt habe, fühle ich mich geistig und moralisch sehr wohl, was sich natürlich auch körperlich widerspiegelt ...

Ich habe mit der Instrumentierung der Oper begonnen. Die Introduktion (in welcher Mazepa und das galoppierende Pferd geschildert sind) wird sehr gut klingen!!!!

... Ich kann ohne Übertreibung behaupten, dass keine Viertelstunde vergeht, ohne dass ich ans Ausland denke. Wahrlich, ich weiss nicht, wie es um mich stehen würde, wenn die Sehnsucht nach dem ‚Ausland' nicht mehr wäre; ich würde mich furchtbar schlecht fühlen, bestünde nicht die Aussicht auf eine Reise ..." [XI, 2112.]

An E. Naprawnik: „Kamenka, d. 21. September 1882.
Sehr geehrter und lieber Eduard Franzewitsch! M. D. Kamenskaja teilt mir mit,[342] dass sie im Falle der Neueinstudierung der ‚Jungfrau von Orleans' die Rolle [der Johanna] wieder gern übernehmen würde, wenn ich die von Ihnen für nötig befundenen Kürzungen, Änderungen und Transpositionen machen wollte. Abgesehen davon, dass mir die Wiederaufführung der ‚Jungfrau von Orleans' sehr wünschenswert erscheint und ich für diesen Zweck zu jedem Opfer bereit bin, – genügt aber schon allein *Ihr Rat*, mich zu veranlassen, alles Erforderliche ohne Zögern zu machen. Leider habe ich hier weder Partitur noch Kla-

---
[342 In ihrem Brief vom 14. September 1882.]

vierauszug und weiss in diesem Augenblick noch nicht, wie weit meine persönliche Beteiligung daran notwendig, d. h. ob dies und jenes umzukomponieren oder umzuorchestrieren ist (obwohl Frau Kamenskaja mir genau angegeben hat, wo, wie und was zu kürzen und zu ändern ist). Wenn es sich nur darum handelt, einige Stellen zu überspringen oder in eine andere Tonart zu setzen, so glaube ich, dass dies auch ohne mich gemacht werden kann, wenn Sie, bester Freund, die Mühe auf sich nehmen wollen, die betreffenden Stellen in der Partitur anzumerken. Ist es aber unerlässlich, dass ich es selbst tue, so benachrichtigen Sie mich gütigst davon oder veranlassen Sie Frau Kamenskaja, mir zu schreiben, welche Veränderungen Sie von mir gemacht wissen wollen.

Ich möchte Ihnen offen sagen, dass es nichts Unangenehmeres gibt, als Modulationen zu verändern und Stücke zu transponieren, welche man sich in einer bestimmten Tonart vorzustellen gewöhnt hat, und ich würde *sehr* glücklich sein, wenn sich die Sache ohne meine persönliche Beteiligung erledigen liesse. Ich wiederhole aber, dass ich trotzdem alles tun will, wozu Sie mir raten."[343] [XI, 2114.]

An M. Tschaikowsky: „Kamenka, d. 1.[-4.] Oktober 1882.
… Ich hatte mich schon ganz dem Genuss der Ruhe hingegeben und die Instrumentierung der Oper [‚Mazepa'] begonnen, ich hatte mich schon so leicht gefühlt, da kam die unglückliche ‚Jungfrau von Orleans'! Heute erhielt ich einen Brief von Naprawnik, aus dem ich ersehe, dass ich sehr vieles werde uminstrumentieren und manches sogar hinzukomponieren müssen, mit einem Wort, es wird eine grosse und äusserst unangenehme Arbeit werden!! Alten Braten aufwärmen, welcher vom langen Stehen in der Kammer schon zu stinken begonnen hat, – wäre vergleichsweise dasselbe. Von der ‚Jungfrau' bin ich *ganz* enttäuscht, und ich hasse sie fast wie den ‚Opritschnik'.

Das Wetter ist fürchterlich; es bedarf meines Heldenmuts, um Spaziergänge zu unternehmen. Der Wind war heute so durchdringend, dass ich einen Moment vor Wut auf ihn geweint habe. Lange werde ich hier nicht bleiben können, möchte aber wenigstens einen Monat ausharren. Neulich habe ich einen grossmächtigen Brief abgeschickt, was meinst Du wohl – an wen? An den Bischof Michael, den Rektor der Kiewer Akademie.[344] Ich wollte es schon im vorigen Jahr tun, hatte aber nicht genug Energie dazu. Der Brief hat den Zweck, ihm auseinanderzusetzen, wie unschicklich die Sitte ist, anstelle des Abendmahlverses *irgendwelche widerlichen [Chor-]Konzerte zu singen*. Das letzte Mal war ich im Brüderkloster ebensosehr von der Schönheit des Gottesdienstes entzückt wie über den Gesang (besonders über jene Konzerte) empört." [XI, 2123.]

An A. Tschaikowsky: „Kamenka, d. 2. [recte: 3.] Oktober 1880 [recte: 1882].[345]
Liebster Anatol! Naprawnik verlangt von mir eine kapitale Umgestaltung der Rolle der ‚Johanna d'Arc'.[346] Viele Nummern müssen infolge der Transposition ganz neu instrumentiert werden. Das alles muss möglichst schnell gemacht werden, so dass ich von früh bis spät wie angenagelt sitze und kaum einige Worte schreiben kann: so erschöpft bin ich.

---

[343] Éduard F. Napravnik antwortete am 26. September 1882 (siehe: Napravnik, S. 121 f., versehentlich „November" statt „September" datiert), die „Jungfrau von Orleans" solle zur Bereicherung des Repertoires wieder aufgenommen werden; alle nötigen Änderungen sollten seiner Meinung nach unbedingt vom Komponisten selbst gemacht werden.]

[344] Dieser umfangreiche Brief vom 29. September 1882 an Bischof Michail von Uman', Ukraine (Matvej I. Luzin; 1830-1887) ist erhalten: ČPSS XI, Nr. 2121.]

[345] Dieser Brief ist in der Originalausgabe in Band II, Kapitel XVII, S. 132 f., unter dem entsprechenden Datum 1880 eingeordnet worden.]

[346] Für Mezzosopran statt Sopran. Čajkovskij revidierte die Oper vom 24. September bis zum 7. Oktober 1882. Verschiedene Nummern oder Teile von Nummern waren wegen der Transpositionen neu zu schreiben.]

Diese Arbeit ist furchtbar unangenehm und lästig, so dass ich sie, so schnell es geht, los werden möchte. Ich bin ganz gesund." [XI, 2124.]

An M. Tschaikowsky: „Kamenka, d. 18. Oktober 1882.
In der letzten Zeit muss ich – ich weiss selbst nicht, warum – beständig über etwas grollen, und zwar so intensiv, dass ich manchmal nicht schlafen kann. Der geringfügigste Umstand versetzt mich in Ärger, und nachher macht mich jedes Wort, jede Bewegung, von wem sie auch herrühren mögen, furchtbar, sinnlos wütend. Obwohl ich weiterhin uneingeschränkt gesund bin, glaube ich manchmal, dass meine Leber oder sonst etwas nicht in Ordnung sein müsse, eine andere Erklärung kann ich nicht finden. Ein ganzer Ozean von Wut kochte eine Woche lang wegen einer Lappalie in mir. Das ist sehr dumm, aber ich kann meinen törichten Charakter nicht bändigen. Ich sehe wohl ein, dass ich es hier gut habe und dankbar und froh sein müsste, dass es einen Ort gibt, wo ich auch innerhalb Russlands *leben* kann und mich nicht abzuquälen brauche wie in Moskau und Petersburg …

Ich hätte gern die Instrumentierung des ersten Aktes der Oper ‚Mazepa' beendet, doch wird mir das schwerlich gelingen: ich kann nicht mehr so arbeiten wie früher!" [XI, 2137.]

An P. Jurgenson: „Kamenka, d. 20. Oktober 1882.
Lieber Freund, ich möchte Dich bitten, mir 300 Rubel zu schicken. Eigentlich wollte ich bis Moskau warten, Dich auszusaugen, doch bin ich genötigt, auch schon von hier aus ein bisschen zu saugen. Ich möchte gern so viel wie möglich aus Dir herauspressen, d. h. alles, was mir laut Rechnung zukommt, und mache Dich im voraus darauf aufmerksam, dass ich in Moskau kein Mitleid mit Dir haben werde. So bereite Dich denn auf einen neuen Schlag des bösen Schicksals vor, welches Dich mir in den Weg geworfen und zum Ausgesaugtwerden bestimmt hat.

Das mir zugeschickte Exemplar des [Klavier-]Trios [op. 50] hat mir grosses Vergnügen bereitet. Noch kein einziges meiner Werke ist, glaube ich, so tadellos schön herausgegeben worden. Die Titelblätter haben mich durch ihre vornehme Einfachheit ganz gefangen genommen.[347]

Am Sonntag sollte das Trio aufgeführt werden, und – ich muss es gestehen – ich habe am Abend dieses Tages und am folgenden Tag auf ein Telegramm von Dir oder von wem es auch wäre gewartet. Leider vergebens. Ich folgere daraus, dass das Trio eine nicht sehr bemerkenswerte Erscheinung an Moskaus musikalischem Horizont gewesen ist. Das ist mir ein wenig unangenehm." [XI, 2141.]

Am 18. Oktober [1882] fand die Kammermusiksoiree der Russischen Musikgesellschaft zu Moskau statt, in welcher das Trio Peter Iljitschs, gespielt von Tanejew, Hrimaly und Fitzenhagen, zur ersten Aufführung gelangte. Nach dem Beifall zu urteilen, hat es dem Publikum sehr gefallen, weniger jedoch den Rezensenten, welche es später nur unter Vorbehalten lobten. In den verschiedenen Zeitungen fanden sich Ausdrücke wie folgt: 1.) Das zweite Seitenthema des ersten Satzes wäre „des begeistertsten Italomanen unwürdig, geschweige denn des Namens Tschaikowsky". 2.) „Das ganze Werk leidet an zu grossen Längen, am Mangel an Einheitlichkeit, an Effekthascherei" usw. 3.) bemerkt Herr Kruglikow,[348] welcher nach dem Violinkonzert und der Ouvertüre „1812" zur festen Über-

---

[347 Vor allem die Seite mit der Widmung „À la mémoire d'un grand artiste" (Nikolaj G. Rubinštejn) ist repräsentativ und kunstvoll gestaltet – der herausragenden Rolle N. G. Rubinštejns für das Musikleben Moskaus und das Konservatorium entsprechend. Nicht zuletzt wußte sich Jurgenson Rubinštejn für die Förderung seines Verlages verpflichtet.]
[348 Semen N. Kruglikov, Redaktionsmitglied der Zeitschrift „Artist".]

zeugung gelangt war, dass es mit Tschaikowsky „aus" sei,[349] es habe ihn angenehm überrascht, dass das Trio sich als ein Werk präsentierte, *welches den Namen des Komponisten nicht entwürdige*, obwohl es sehr viele Mängel aufweise, von denen hauptsächlich „die masslose Länge und der Missbrauch der Molltonarten" zu nennen seien.

Hier mag noch ein Auszug aus dem Brief Tanejews [an Tschaikowsky vom 24. Oktober 1882] folgen:

> „Ihr Trio habe ich 3 1/2 Wochen lang studiert und täglich sechs Stunden gespielt. Schon lange hatte ich die Absicht, Ihnen über Ihre herrliche Komposition zu schreiben: ich erinnere mich nicht, jemals einen grösseren Genuss beim Studium eines neuen Werkes gehabt zu haben als in jenen drei Wochen. Der grösste Teil der Musiker ist ganz entzückt vom Trio. Dem Publikum hat es auch gefallen. N. Hubert[350] hat eine Menge Briefe erhalten, in welchen gebeten wird, das Trio zu wiederholen."[351]

An S. I. Tanejew: „Kamenka, d. 29. Oktober 1882.

Schönsten Dank für Ihren Brief, lieber Sergei Iwanowitsch. Die Anerkennung, die Sie meinem Trio zollen, ist mir eine sehr, sehr grosse Freude. Sie sind in meinen Augen eine grosse Autorität, und meine Autoreneitelkeit ist durch Ihr Lob ebenso geschmeichelt wie unempfindlich gegenüber den Zeitungsberichten, denn die Erfahrung hat mich gelehrt, diese mit philosophischem Gleichmut zu betrachten ...

‚Mazepa' bewegt sich im Schneckentempo vorwärts, obwohl ich täglich mehrere Stunden daran arbeite. Ich kann mir nicht erklären, warum ich mich in dieser Beziehung so verändert habe. Anfangs dachte ich, es sei Altersschwäche, jetzt tröste ich mich damit, dass ich strenger mit mir selbst geworden bin und nicht mehr so selbstbewusst; vielleicht ist das der Grund, weshalb ich jetzt drei bis vier Tage für die Instrumentierung eines Stückes brauche, welches ich früher in einem Tage instrumentiert habe.

Das Libretto des ‚Woiwoden' besitze ich nicht, aber Jurgenson wird noch viele hundert Exemplare haben, welche irgendwo modern, so dass es sehr leicht ist, sich eins zu verschaffen. Ich muss aber Arensky darauf aufmerksam machen,[352] dass nicht alles in diesem Libretto von Ostrowsky herrührt. Dieser gute Mann (ich erröte, wenn ich an die Frechheit denke, mit welcher ich mich an ihn gewandt hatte, und an die Güte, mit welcher er ihr entgegenkam) hatte für mich den ersten Akt und das erste Bild des zweiten fertiggestellt. Ich begann die Komposition, verlor aber nach dem ersten Akt die Freude an dem Sujet und an der Musik und entschloss mich, die Arbeit aufzugeben und Ostrowsky nicht mehr zu belästigen. Da geschah es, dass die Sängerin Menschikow,[353] welche eine neue Oper für ihr Benefiz brauchte, mich überredete, die Oper zu beenden; ich setzte mich also hin und machte den Rest des Textbuches selbst. Ich erwähne das, damit Arensky beim Lesen des überaus schlechten und dummen zweiten Teils des Librettos nicht glaube, dass Ostrowsky

---

[349 Siehe oben, S. 172, den Absatz vor dem Brief vom 15.-16. August 1882 an Modest Čajkovskij.]
[350 In seiner damaligen Eigenschaft als Direktor des Moskauer Konservatoriums.]
[351 ČT (1951), S. 88.]
[352 Taneev hatte Čajkovskij am 24. Oktober 1882 im Auftrag Arenskijs um ein Exemplar des Librettos zu seinem Opernerstling „Voevoda" gebeten, weil Arenskij begonnen hatte, eine Oper über dieses Sujet nach dem gleichnamigen Drama von A. N. Ostrovskij zu schreiben.]
[353 Die Sopranistin Aleksandra G. Men'šikova (1846-1902) war 1861-1870 Mitglied des Opernensembles am Moskauer Bol'šoj teatr. In Čajkovskijs „Voevoda" hatte sie die Partie der Marija Vlas'evna übernommen. Nach der Uraufführung am 30. Januar 1869 (ihr Benefiz) und weiteren fünf Aufführungen bis Anfang März 1869 wurde die Oper aus dem Repertoire genommen; in den 1870er Jahren vernichtete Čajkovskij die Partitur; in den 1930er und 1940er Jahren wurde sie nach den Stimmen wiederhergestellt. Ausgabe: ČPSS 1.]

es geschrieben habe ... Die Erinnerung an diese Oper, so wie die an den ‚Opritschnik' [von 1870-1872], drückt mich, als wenn ich ein Kriminalverbrechen begangen hätte." [XI, 2148.]

An Frau von Meck: „Kamenka, d. [30. Oktober -] 3. November 1882.
Meine Arbeit geht langsam vorwärts; nach einigen Tagen hoffe ich die Partitur des ersten Akts (also ein Drittel der ganzen Oper) fertig zu bekommen. Ich glaube, dass ich – wenn Gott mir ein langes Leben schenkt – nie wieder eine Oper schreiben werde. Ich will nicht mit Ihnen und vielen anderen sagen, die Oper sei eine niedrige Art der musikalischen Kunst, im Gegenteil: ich finde, dass sie – indem sie viele verschiedene Elemente in sich vereinigt, welche demselben Zweck dienen – vielleicht gar die reichste musikalische Form ist. Ich fühle aber, dass ich persönlich mehr zur symphonischen Musik hin neige, wenigstens fühle ich mich unzweifelhaft freier und selbständiger, wenn ich mich nicht den Forderungen und Bedingungen der Bühne unterordne." [XI, 2149.]

An L. Tkatschenko: „Kamenka, d. 8. November 1882.
... Ich trage mich mit folgendem Gedanken. Da Sie Ihr literarisches Talent erst seit kurzer Zeit ernst nehmen und da noch viel Zeit verstreichen wird, ehe Sie Ihren Mangel an Schulbildung durch eigene Kraft beseitigt haben und ein reifer Schriftsteller geworden sein werden, – so werden Sie einige Jahre, ohne Ihr Ziel aus den Augen zu verlieren, eine unbestimmte Existenz führen müssen, d. h. Sie werden keine *Verpflichtungen* haben, welche unser Leben füllen und zieren. Sie brauchen eine Beschäftigung, welche Sie interessieren und Ihr Dasein für die Menschheit nützlich machen könnte, ohne Sie von Ihrem Hauptziel abzulenken. Wissen, welche Tätigkeit für Ihr Talent am besten passen würde? Diejenige eines *Schullehrers*. Ich meine, es gibt keinen geachteteren und *heiligeren* Beruf als denjenigen eines Dorfschullehrers. Kenntnisse besitzen Sie dazu mehr als genug; Sie haben ein liebendes Herz, ganz besonders für Kinder, und ich glaube, dass aus Ihnen ein guter Dorfschullehrer werden könnte ... Überlegen Sie sich diese Frage und geben Sie mir Antwort. Sollte es sich erweisen, dass Sie Neigung für jenen Beruf verspüren, so würden Sie sich vielleicht bequemen, eine solche Stelle zu suchen? Vielleicht wird es mir glücken, etwas Passendes für Sie zu finden." [XI, 2155.]

An Frau von Meck: „Kamenka, d. [9.-]10. November 1882.
Naprawnik lässt mir die Nachricht zu kommen, dass die ‚Jungfrau von Orleans' in Prag erneut aufgeführt werden soll. Jurgenson schreibt, er hätte Lust, mit mir hinzufahren; aber auch ich selbst würde meine Oper gern in der Fremde sehen. Es ist sehr leicht möglich, dass ich in der nächsten Woche mit Jurgenson direkt nach Prag reisen und mit ihm zusammen nach Moskau zurückkehren werde, wo ich meinen Bruder [Anatol] sehen muss." [XI, 2157.]

Kapitel XXXI.

[1882, November-Dezember. Kiev. Moskau.
Die Pragreise findet nicht statt. Unwohlsein. Max Erdmannsdörfer: Nachfolger von
N. G. Rubinštejn als Dirigent der Symphoniekonzerte der Russischen Musikgesellschaft.
Čajkovskij sitzt dem Maler Makovskij Modell – das Bild ist verschollen.
Die Wiederaufnahme der „Jungfrau von Orleans" in der revidierten Fassung wird verschoben.]

An Frau von Meck: „Kiew, d. 17. November 1882.
... Ich bin ganz krank. Aus Kamenka bin ich mit der Absicht abgereist, nach Prag zu gehen. Hier erhielt ich aber die Nachricht, dass es noch zu früh sei, dorthin zu reisen, und ich beschloss, mich sofort nach Moskau zu begeben. Doch plötzlich fühlte ich ein Unwohlsein, Fieber, Abneigung gegen Nahrung usw. Ich habe sofort alle nötigen Massregeln ergrif-

fen, und heute geht es mir besser, obwohl ich physisch und geistig noch unglaublich schwach bin. Diese Erkrankung kann ich nur dem Umstand zuschreiben, dass jede Abweichung von einer regelmässigen Lebensweise schlecht auf mich wirkt." [XI, 2162.]

An M. Tschaikowsky: „Moskau, d. 21. November 1882.
Gestern abend bin ich glücklich hier angekommen, doch hält das Unwohlsein noch an. Ich werde nicht weniger als 1 $^1/_2$ Wochen hierbleiben, denn 1.) kann ich nicht wegfahren, ohne den ersten Akt der Oper [‚Mazepa'] – welcher noch nicht ganz fertig ist – beendet zu haben, und 2.) möchte ich mit Tolja zusammensein. Erwarte mich also nicht eher als in der zweiten Hälfte der nächsten Woche. Selbstverständlich werde ich bei Dir wohnen, Du musst mir aber – wenn Du nicht willst, dass ich qualvolle Nächte verbringe – mein Lager in Eurer unmittelbaren Nähe aufschlagen, da ich mich sonst fürchten werde ... Ich habe zwar noch nie Geister gesehen, fürchte sie aber mehr als alles auf der Welt." [XI, 2164.]

An Frau von Meck: „Moskau, d. 23. [recte: 22.-26.] November 1882.
... Ich habe Erdmannsdörfer kennengelernt, welcher Nachfolger N. Rubinsteins in seiner Eigenschaft als Dirigent der Symphoniekonzerte [der Russischen Musikgesellschaft] ist. Ein sehr begabter Mann, welcher mit einem Schlage die Herzen der Musiker und des Publikums gewonnen hat. Das letztere ist so leichtsinnig, Erdmannsdörfer soviel Enthusiasmus entgegenzubringen, dass man meinen könnte, er werde viel mehr geschätzt als Nikolai Gregorjewitsch, der nie mit solcher Begeisterung begrüsst wurde. Überhaupt scheint Moskau den Verlust Rubinsteins bereits vergessen zu wollen.

Ich werde in üblicher Weise in Stücke gerissen, so dass ich mich bereits als Märtyrer fühle, der ich in Moskau und Petersburg gewöhnlich bin. Es ist soweit gekommen, dass ich heute ganz krank bin von diesem verrückten Leben und mich mit Fluchtgedanken trage." [XI, 2165.]

An Frau von Meck: „Moskau, d. 5. Dezember 1882.
Dem unterschiedlichen ermüdenden Zeitvertreib hat sich noch einer hinzugesellt: ich muss nämlich täglich einige Stunden dem Maler Makowsky[354] Modell sitzen. Der berühmter Bildersammler P. Tretjakow[355] hat bei ihm ein Portrait von mir bestellt, so dass ich nicht gut absagen konnte. Sie können sich denken, wie schwer es mir war, stundenlang stillzusitzen, da mir schon der Moment einer photographischen Aufnahme schrecklich ist. Dafür ist das Bild aber sehr gut gelungen.[356] Ich weiss nicht, ob ich Ihnen schon geschrieben hatte, dass meine [1. Orchester-]Suite im vorletzten Konzert[357] mit grossem Erfolg gegeben wurde. Erdmannsdörfer hat sich als ein guter Dirigent erwiesen, obwohl ich finde, dass das Moskauer Publikum und die Moskauer Presse seine Vorzüge weit überschätzen ... Meine

---

[354] Vladimir E. Makovskij (1846-1920), von 1872 an Mitglied der Genossenschaft der „Peredvižniki" („Wanderer") bzw. der 1870 gegründeten „Gesellschaft der künstlerischen Wanderausstellungen", zu denen sich vor allem Maler des Realismus in einer Gegenbewegung zur Petersburger Kunstakademie zusammengeschlossen hatten. 1882-1893 unterrichtete Makovskij an der Moskauer Schule für Malerei, Bildhauerei und Architektur und wirkte als Professor an der Kunsthochschule der Petersburger Kunstakademie.]
[355] Die Brüder Pavel und Sergej M. Tret'jakov, übrigens beide Direktionsmitglieder der Moskauer Abteilung der Russischen Musikgesellschaft, begründeten die berühmte Moskauer Tret'jakov-Galerie.]
[356] Dieses Bild Peter Iljitschs ist eines der misslungensten. Später [1893] erschien ein ungleich besseres von der Hand Kusnezows gemalt. [Vladimir E. Makovskijs Čajkovskij-Portrait hing eine Zeitlang in der Moskauer Tret'jakov-Galerie, wurde aber nach dem Erwerb von N. D. Kuznecovs Gemälde abgenommen. Über den Verbleib von Makovskijs Bild ist nichts bekannt, und es gibt auch keine Reproduktionen von ihm.]
[357] Im 4. Symphoniekonzert der Russischen Musikgesellschaft am 20. November 1882 unter der Leitung von Max Erdmannsdörfer.]

Arbeit ist immer noch nicht beendet,[358] so dass ich kaum vor der nächsten Woche werde abreisen können." [XI, 2170.]

An Frau von Meck: „St. Petersburg, d. 25. Dezember 1882.
… Meine ‚Jungfrau von Orleans' wird probiert und soll in diesen Tagen in Szene gehen, doch ist die Primadonna Kamenskaja krank, und die Aufführung ist bereits einige Male verschoben worden.[359] – Ich habe folgenden Plan gefasst: am Dienstag, dem 28., reise ich ab, und zwar über Berlin nach Paris, wo ich Modest erwarten werde, um mit ihm zusammen nach Italien zu gehen. Laroche empfiehlt mir ein sehr gutes und nicht teures Hotel in Paris, in welchem ich Wohnung nehmen werde. Adressieren Sie also Ihre Briefe: Rue Richepanse N° 14."[360] [XI, 2178.]

Kapitel XXXII.

[1883, Januar-März. Berlin. Paris.
Über Berlin (erlebt Wagners „Tristan und Isolde") nach Paris (besucht viermal „Figaros Hochzeit"
in der Opéra comique und trifft den Großfürsten Konstantin Nikolaevič).
Theaterbesuche (Sardou, Musset); rühmt Sarah Bernhardt. Über Mozart. Reaktion auf Napravniks
Ratschläge für „Mazepa". Auftrag, Glinkas „Slavsja" für die Moskauer Krönungsfeierlichkeiten
im Frühjahr 1883 für einen Massenchor zu bearbeiten. Weiterarbeit an der Instrumentierung des „Mazepa".
Über französische Musik im Vergleich zur deutschen. Die Geschichte von der Bestellung einer
Krönungskantate. „Slavsja", Festmarsch und Kantate für die Krönung Mitte Mai 1883 – unentgeltlich,
denn Čajkovskij fühlt sich in der Schuld des Zaren nach einem früheren Geldgeschenk von 3000 Rubeln.
Über Gounod anlässlich von dessen Oper „Roméo et Juliette".]

An M. Tschaikowsky: „Berlin, d. 30. Dezember 1882 [/ 11. Januar 1883].
Hier ist es sehr schön. Überhaupt habe ich Berlin furchtbar gern, wenn ich aus Russland komme, – und kann es nicht leiden, wenn ich zurückkehre. Heute gibt es in der Oper ‚Tristan und Isolde'. Endlich ist es mir geglückt! Selbstverständlich gehe ich hin. Gestern abend wurden in irgendeinem Konzert Teile meiner [1. Orchester-]Suite gespielt. Es ist sehr angenehm, in einer Stadt zu sein, in welcher man noch nicht so bekannt ist. Welch ein Genuss spazierenzugehen, ohne Bekannte zu treffen! …" [XI, 2183.]

An Frau von Meck: „Berlin, d. 31. Dezember 1882 [/ 12. Januar 1883].
… Die Reise hierher ging gut. Ich habe hier Halt gemacht, um mich zu erholen. Die gestrige Vorstellung im Opernhaus (es wurde ‚Tristan und Isolde' gegeben, was ich noch nie gesehen hatte) veranlasste mich, meinen Aufenthalt um einen Tag zu verlängern. Die Oper hat mir nicht im geringsten gefallen. Trotzdem bin ich froh, sie gehört zu haben, denn diese Vorstellung hat sehr dazu beigetragen, meine Meinung über Wagner zu befestigen. Solange ich noch nicht alle Opern von Wagner kannte, fürchtete ich, ein nicht ganz zutreffendes Urteil über ihn zu haben. Mein Urteil ist in kurzen Worten folgendes: trotz seiner ausserordentlichen schöpferischen Begabung, trotz seines scharfen Verstandes, trotz seines dichterischen Talents und seiner umfassenden Bildung – hat Wagner um die Kunst überhaupt und um die Oper im besonderen nur negative Verdienste. Er hat uns bewiesen, dass die früheren Formen der Opernmusik jedweder ästhetischen und logischen Daseinsberechtigung entbehren. Wenn man aber keine solchen Opern mehr schreiben darf wie früher, – muss man sie so schreiben wie Wagner? Ich antworte entschieden – *nein*. Jemanden zu

---

[358] Gemeint ist der Abschluss der Instrumentation des ersten Akts der Oper „Mazepa".]
[359] Die Wiederaufnahme der Oper fand erst am 12. Januar 1883 statt.]
[360] Im Hotel Richepanse des Ehepaars Bélard wird Čajkovskij auch bei späteren Parisaufenthalten wohnen.]

zwingen, vier Stunden lang eine unendliche und farbenprächtige Symphonie anzuhören, welche aber arm ist an einfachen und klaren Gedanken; die Sänger vier Stunden lang unselbständige Melodien singen zu lassen, d. h. einzelne an jene Symphonie angehängte Noten, welche mitunter trotz ihrer hohen Lage vom Donner des Orchesters übertönt werden, – das ist gewiss kein zu erstrebendes Ideal. Wagner hat den Schwerpunkt von der Bühne ins Orchester verlegt, das ist aber ein offenbarer Widersinn, darum ist seine berühmte Opernreform – abgesehen von dem erwähnen negativen Resultat – gleich null. Was das dramatische Interesse seiner Opern anbelangt, so ist es in meinen Augen sehr gering, manchmal sogar kindisch naiv; noch niemals aber habe ich mich so gelangweilt wie in ‚Tristan und Isolde'. Das ist eine endlose Leere, ohne Handlung, ohne Leben, welche nicht imstande ist, den Zuschauer zu fesseln und herzliche Teilnahme für die handelnden Personen zu erwecken. Man sah es auch, wie das Publikum (sogar das deutsche) sich langweilte, trotzdem gab es nach jedem Akt einen Beifallssturm. Wie ist das zu erklären? Vielleicht durch die patriotische Teilnahme für den Künstler, welcher in der Tat sein ganzes Leben der Verherrlichung des Deutschtums gewidmet hat." [XI, 2184.]

An P. Jurgenson: „Paris, d. 5. [/ 17.] Januar 1883.

Wie schön ist Paris, besonders bei diesem Prachtwetter, wie es hier seit zwei Tagen herrscht. Welch ein Treiben, welch ein Glanz, wie schön und bequem es sich leben lässt! Allein schon die Betten! Gestern war ich in der Opéra comique, wo ‚Figaros Hochzeit' von Mozart gegeben wurde, und zwar ganz ausgezeichnet. Im ersten Zwischenakt ruft plötzlich jemand hinter mir meinen Namen. Ich drehe mich um und sehe einen Herrn in Zivil, der sich durch nichts von jedem anderen unterscheidet. Wie gross aber war mein Erstaunen, als ich den Grossfürsten Konstantin Nikolajewitsch[361] erkannte. Er war wie gewöhnlich bezaubernd liebenswürdig und nett. Es ist schwer, angenehmer und freundlicher im Umgang zu sein, als er es war. In jeder Pause ging er mit mir rauchen und schwatzte ununterbrochen wie ein ganz gewöhnlicher Sterblicher. Er hat Paris furchtbar gern, weil man ihn hier nicht bemerkt und er tun und lassen kann, was er will.

Ich habe zu arbeiten begonnen, und zwar sehr eifrig.[362] Mit meiner Wohnung bin ich sehr zufrieden und befinde mich in ausgezeichneter Stimmung ... Brrr ... Wie wenig beneide ich Dich, seit ich von der barbarischen Kälte las! Nein, bei uns zivilisierten Europäern ist es so warm, dass man im blossen Rock gehen kann ...

Da der Grossfürst den Wunsch ausgesprochen hat, ihn öfter zu besuchen, habe ich ihm – aus Angst, tagelang im Frack stecken zu müssen, wie vor einem Jahr in Rom – vorgelogen, dass ich morgen abreise. Heute machte ich ihm eine Visite und will nicht wieder hingehen." [XII, 2190.]

An A. Merkling: „Paris, d. 10. [/ 22.] Januar 1883.

... Ich habe einige interessante Theatervorstellungen gesehen, u. a. Sardous ‚Fédora',[363] in welcher Sarah Bernardt *erzgenial* spielt und einen erschütternden Eindruck auf mich gemacht hätte, wenn in dem Stück – in welchem ein geschickter, aber kühler Franzose russische Sitten schildert – nicht so viel Lüge wäre. Ich bin jetzt endgültig zu der Überzeugung gekommen, dass Sarah in der Tat ein geniales Weib ist. Einen grossen Genuss fand

---

[361] General-Admiral, 1865-1881 Präsident des Staatsrats, seit 1873 Präsident der Russischen Musikgesellschaft und in letzterer Eigenschaft persönlich mit Čajkovskij bekannt.]
[362] Čajkovskij instrumentierte damals den dritten Akt seiner Oper „Mazepa".]
[363] Einige seiner späten Stücke hat Victorien Sardou (1831-1908) für Sarah Bernardt geschrieben, darunter auch „Fédora" (1882).]

ich auch an dem Stück ‚On ne badine pas avec l'amour' von Musset.[364] Nach dem Theater sitze ich gewöhnlich in einem Café und trinke Punsch (in Paris ist es sehr kalt) ..." [XII, 2194.]

An Frau von Meck: „Paris, d. 11. [/ 23.] Januar 1883.
Ich komme soeben aus der Opéra comique, wo ich zum zweiten Mal ‚Figaros Hochzeit' gehört habe; sollte sie wieder gegeben werden, gehe ich wieder hin und werde immer wieder und wieder hingehen. Ich weiss, dass meine Anbetung Mozarts Sie wundert, liebe Freundin. Ich wundere mich selbst darüber, dass ein gebrochener, geistig und moralisch nicht ganz gesunder Mensch, der ich bin, die Eigenschaft in sich zu erhalten gewusst hat, sich an Mozart zu erfreuen, dem weder die Tiefe und Kraft Beethovens noch die Inbrunst und Leidenschaftlichkeit Schumanns noch der Glanz Meyerbeers, Berlioz', Wagners usw. innewohnen. Mozart erdrückt und erschüttert mich nicht, sondern er bezaubert, erfreut und erwärmt mich. Wenn ich seiner Musik lausche, ist es mir, als täte ich ein gutes Werk. Es ist schwer zu sagen, worin seine günstige Wirkung eigentlich liegt, dass sie aber wohltuend ist, – unterliegt keinem Zweifel, und je länger ich lebe, je besser ich ihn kennenlerne, – desto mehr gewinne ich ihn lieb.

Sie fragen, warum ich nicht für Harfe schreibe. Die Harfe ist ein Instrument von sehr schönem Timbre und hat die Eigenschaft, den Klang des Orchesters äusserlich zu poetisieren. Sie ist aber kein selbständiges Instrument, weil sie der *melodischen* Eigenschaften vollständig entbehrt und nur für die Harmonie brauchbar ist." [XII, 2195.]

An E. Naprawnik: „Paris, d. 14. [/ 26.] November [recte: Januar] 1883.
Lieber Freund Eduard Franzewitsch! Schon vor einer Woche erhielt ich Ihren Brief[365] und war sehr froh, dass Sie der Text im allgemeinen zufriedengestellt hat und dass ich nach sechswöchentlichem Nichtstun wieder zu arbeiten beginnen konnte; vor Freude habe ich sogar vergessen, Ihnen zu danken. Meinen schönsten Dank also, gütigster Freund! Selbstverständlich sollen alle Ihre Ratschläge und Hinweise berücksichtigt werden, und ich hoffe, Sie werden mit mir zufrieden sein. Nur sind leider zwei Mängel, von denen Sie sprechen, 1.) der gekünstelte und uninteressante Anfang und 2.) die allzu düstere Färbung des ganzen Librettos – nicht zu ändern, denn, selbst wenn es möglich wäre, verstünde ich's nicht, überdies ist es schon zu spät.

Die Teilung des ersten Akts in Bilder werde ich vornehmen und werde mich überhaupt bemühen, die Fehler des Textbuchs durch musikalische Vorzüge wettzumachen. Jedenfalls werde ich mich nicht beeilen, denn bis zum Frühjahr kann die Oper doch nicht fertig werden." [XII, 2197.]

Vor der Abreise Peter Iljitschs aus Moskau hatte der Vorsitzende des Direktoriums der Russischen Musikgesellschaft, N. A. Alexejew,[366] mit ihm eines Tages eine Unterredung gehabt. Er beabsichtige nämlich, gelegentlich der im Frühjahr 1883 bevorstehenden Krönungsfeierlichkeiten[367] vor dem Kaiserpaare bei dessen Einzug in Moskau eine musikali-

---

[[364] Alfred de Musset (1810-1857), Schauspiel „On ne badine pas avec l'amour" (1834), seit 1861 im Repertoire der Comédie-Française.]

[365] In diesem Brief [vom 31. Dezember 1882, in: Napravnik, S. 125 f.] analysiert Naprawnik sehr ausführlich das Textbuch der Oper „Mazepa" und erteilt Peter Iljitsch diesbezüglich verschiedene Ratschläge. Auch hinsichtlich der zukünftigen Musik zu diesem Textbuch macht er Peter Iljitsch auf dies und jenes zu berücksichtigende Moment aufmerksam.

[366] Der berühmte Moskauer Oberbürgermeister [Nikolaj Aleksandrovič Alekseev, 1852-1893], welcher Opfer eines Attentats wurde.

[[367] Vgl. die ausführliche Beschreibung dieser Feierlichkeiten von Friedrich Meyer von Waldeck in ČSt 12, und zwar zu Beginn der II. Abteilung, S. 183-198.]

sche Demonstration zu veranstalten. Ein aus allen Moskauer Schülern zusammengestellter, 7500 Köpfe zählender Chor sollte den Kaiser mit der berühmten „Slawsja" [dem Schlusschor] aus dem „Leben für den Zaren" [von Glinka] empfangen. Der Chor sollte von einem Streichorchester begleitet werden. Es wurde auch beabsichtigt, unmittelbar an jenen Gesang die Nationalhymne anzuschliessen. Das dementsprechende Arrangement der Musik Glinkas wurde Peter Iljitsch übertragen. Als dieser Ende Januar den Klavierauszug vom „Leben für den Zaren" erhielt, machte er sich sofort an die Arbeit und schrieb darüber:

An P. Jurgenson: „Paris, d. 29. Januar [- 2. / 10.-14. Februar] 1883.

Gestern erhielt ich ‚Das Leben für den Zaren' und werde, obwohl es mir augenblicklich sehr hinderlich ist, alles besorgen. Sage Alexejew, dass es nicht angeht, alle unisono singen zu lassen. Die Melodie der ‚Slawsja' ist derart, dass die ganze Masse der Sänger, selbst wenn sie unisono singen müsste, unwillkürlich in die Harmonie fallen würde, ähnlich wie das Volk seine Lieder niemals wirklich unisono singt, sondern stets mit Nebenstimmen, welche einfache Akkordkombinationen ergeben. Ausserdem wird die Melodie schlecht, dünn, schwach klingen, wenn sie von den Bässen in der Tiefe mitgebrummt statt mitgesungen wird. Ein Chor muss wirklich Chor sein ... Ich werde die Chorstimmen so einrichten, dass die Nebenstimmen leicht einstudiert werden können. Schade, dass es mir nicht eingefallen war, die gedruckte Partitur von ‚Das Leben für den Zaren' kommen zu lassen; hätte ich sie jetzt vor mir, würde die ganze Arbeit viel leichter sein, während ich jetzt genötigt bin, selbst zu instrumentieren, mich aus dem Gedächtnis an die originale Instrumentation haltend."[368] [XII, 2213.]

An S. I. Tanejew: „Paris, d. 2. / 14. Februar 1883.

Lieber Freund Serjosha! Schönsten Dank für den schmeichelhaften Vorschlag,[369] ich muss ihn jedoch ablehnen. Dass ich Aufträge gern habe – ist wahr; dass ich jetzt mit grossem Vergnügen ein symphonisches oder Kammermusikwerk (ohne Klavier) zu arbeiten beginnen würde – ist ebenfalls wahr; wahr ist aber auch, dass ich ohne dringende Notwendigkeit nie etwas Neues beginne, solange das Alte noch nicht beendet ist. Augenblicklich liegt mir die Instrumentation der Oper ‚Mazepa' auf den Schultern, welche noch viel Zeit erfordern wird. Solange ich sie nicht bewältigt habe, – kann ich Ihrem Wunsch nicht nachkommen, zumal ich eine Klavier-Violin-Sonate für die schwerste und am wenigsten verführerische Gattung der musikalischen Kunst halte. Wenn ich mich einer absoluten Seelenruhe erfreuen würde, dann ginge es vielleicht noch; ich weile aber nicht aus eigenem Antrieb in Paris, sondern weil es nötig ist, denn in meiner Begleitung befindet sich eine Nichte von mir, welche sehr krank ist und eine Kur macht.[370]

---

[368] Čajkovskijs Arrangement von Glinkas „Slavsja" ist nicht erhalten geblieben.]
[369] [In Taneevs Brief vom 20. Januar 1883, ČT (1951), S. 90 f.] S. Tanejew und I. Hrimaly beabsichtigten, eine Serie russischer Kammermusikabende in Moskau zu veranstalten und baten Peter Iljitsch, eine Klavier-Violin-Sonate für sie zu komponieren, weil die russische Musik sehr arm an Werken dieser Art war.
[370 Gemeint ist offenbar Čajkovskijs Nichte Tat'jana Davydova (1861/62-1886/87), älteste Tochter seiner Schwester Aleksandra und Lev Davydovs; sie war schwanger und gebar am 26. April 1883 in Paris ihren unehelichen Sohn Georges-Léon (Vater: der Pianist Stanislav Blumenfel'd, der eine Musikschule in Kiev hatte). Georges-Léon wurde kurz nach seiner Geburt in die Pflege einer französischen Amme in der Nähe von Villeneuve gegeben, später in die französische Pflegefamilie Auclair in Bicêtre und 1886 von Čajkovskijs ältestem Bruder Nikolaj und seiner Frau adoptiert. Čajkovskij hat wesentlich und mit grossem Einsatz dazu beigetragen, dass diese für die Familien Davydov und Čajkovskij peinliche Geschichte, die Modest in seiner Biographie verständlicherweise übergeht (bzw. in Teil II, zu Beginn von Kapitel XII lediglich indirekt und allgemein eine „eine sehr wichtige Familienabgelegenheit" nennt), diskret und effektiv verlief.]

Die Instrumentierung von ‚Mazepa' bewegt sich kaum vom Fleck. In fünf Wochen habe ich nur ³/₅ eines Akts instrumentiert. Gebe Gott, dass ich bis zum Sommer fertig werde. Nach Italien werde ich diesmal wohl nicht fahren." [XII, 2216.]

An P. I. Jurgenson: „Paris, d. 4. [/ 16.] Februar 1883.

Das Arrangement der Slawsja habe ich heute an Dich abgeschickt. Die Arbeit war sehr einfach. Ich glaube, ich habe alles getan, was nötig ist, d. h. ich habe den Chor vereinfacht, ihn ‚gemeinzugänglich' instrumentiert und einen sehr einfachen Übergang zur Hymne gemacht. Der Ausdruck ‚gemeinzugänglich' ist nicht als Schimpfwort, sondern im buchstäblichen Sinn zu verstehen, d. h. ich habe es möglichst einfach und möglichst kraftvoll gemacht.

Eigenen ‚Ursprungs' sind an der ganzen Sache mehrere überleitende Takte und der dritte Vers des Textes, so dass ich der Stadt Moskau, welche – wie Du schreibst – mir ein Honorar bewilligt hat, – Folgendes in Rechnung stellen werde: Für die Vereinfachung der Chorstimmen und die Instrumentation von 16 Takten, welche dreimal wiederholt werden 3 Rubel. Für die Komposition von 8 überleitenden Takten 4 Rubel. Für vier Strophen des dritten Verses à 40 Kopeken 1 Rubel, 60 Kopeken. Summa 8 R., 60 Kop.

Diese 8 R., 60 Kop. schenke ich der Stadt Moskau. Nein, im Ernst, – es ist lächerlich, von der Honorierung einer derartigen Arbeit zu sprechen und für mich einfach unangenehm. Solche Sachen werden entweder unentgeltlich oder gar nicht gemacht." [XII, 2218.]

An Frau von Meck: „Paris, d. 5. / 17. Februar [31. Januar – 9. Februar / 12.-21. Februar] 1883.

‚L'Evangéliste' von A. Daudet habe ich nicht gelesen, obwohl ich das Buch besitze.[371] Ich kann in mir ein gewisses Vorurteil nicht bezwingen; der Autor kann natürlich nichts dafür, doch sind mir alle jene Sekten, ‚Armée de salut'[372] – und wie sie alle heissen, äusserst unsympathisch. Da ich weiss, dass Daudet (den ich ebenso gern habe wie Sie) in jenem Buch eine dieser Sekten schildert, so habe ich keine Lust, es zu lesen.

Betreffs der französischen Musik kann ich zu meiner Rechtfertigung Folgendes anführen. Ich schwärme weder für die ganze Masse der Werke, welche aus der neuen französischen Schule hervorgehen, noch für jeden Komponisten im besonderen – als vielmehr für den Einfluss der Neuheit und der Frische, welcher überhaupt in der jetzigen französischen Musik zu spüren ist. Mir gefällt das Streben nach Eklektik, jenes Massgefühl und die Bereitwilligkeit, sich von der hundertjährigen Routine abzuwenden, dabei aber in den Grenzen des Schönen zu bleiben. Dort findet sich nicht jene Widerlichkeit, der einige unserer Autoren huldigen, in der Meinung, die *Neuheit und Originalität* bestehe darin, alle bisherigen Gesetze der musikalischen Schönheit mit Füssen zu treten. Wenn wir die neue französische Schule mit dem vergleichen, was jetzt in Deutschland geleistet wird, so finden wir, dass die Musik der Deutschen in Verfall steht und dass sie ausser dem ewigen Hin- und Herpendeln zwischen Mendelssohn und Schumann einerseits und zwischen Liszt und Wagner andererseits – nichts vermögen. In Frankreich dagegen hört man Neues und mitunter sehr Interessantes, Frisches, Kraftvolles. Bizet ist natürlich einen Kopf grösser als alle anderen, immerhin sind aber auch Massenet, Delibes, Guiraud, Lalo, Godard, Saint-

---

[³⁷¹ Alphonse Daudet (1840-1897), „L'Evangéliste. Roman Parisien" (1883).]
[³⁷² Heilsarmee. 1865 in England von einem methodistischen Pfarrer als „Christian Revival Association" gegründet. Seit 1878 „Salvation Army".]

Saëns[373] und andere Männer von Talent und jedenfalls mit der trockenen Routinemanier der gegenwärtigen Deutschen nicht zu vergleichen." [XII, 2215.]

An P. Jurgenson: „Paris, d. 6. / 18. Februar 1883.

Lieber Freund, heute erhielt ich ein Telegramm von Barzal,[374] welcher anfragt, ob meine Krönungskantate fertig und für welche Solostimmen sie geschrieben sei. Ich antwortete, ich wisse nichts von einer Kantate. Es ist offenbar Unsinn und nicht ernst zu nehmen, doch bin ich im Grunde etwas beunruhigt. Die Sache verhält sich so: Anfang Dezember traf ich einen Bekannten, den ich schon seit langem als einen dummen und gemeinen Kerl kenne.[375] Dieser dumme Kerl wurde aber plötzlich Mitglied der Krönungskommission. Nach einem Mittagessen führte er mich beiseite und fragte (wir duzten uns merkwürdigerweise): ‚Ich hoffe, Du bist kein Nihilist?' – Ich machte ein erstauntes Gesicht und fragte, wozu er das wissen muss. – ‚Siehst du, es wäre sehr schön, anlässlich der Krönung irgendetwas zu komponieren ... so etwas ... Feierliches, weisst du ... etwas Patriotisches ... nun, mit einem Wort, schreibe doch etwas.' Ich antwortete, ich würde gern etwas komponieren, nur könnte ich selbst keinen guten Text machen, vielmehr müsste ein solcher bei Polonsky[376] oder Maikow[377] bestellt werden, die Musik würde ich dann bereitwilligst schreiben. Damit endete unsere Unterredung. Später aber hörte ich, dass dieser Mann in allen Petersburger Salons erzähle, er habe eine Kantate bei mir bestellt. Ich hatte die ganze Geschichte schon längst vergessen, da kam das heutige Telegramm. Ich fürchte, die Sache könnte sehr aufgebauscht werden und es könnte das Gerücht entstehen, ich hätte es abgelehnt, eine Kantate zu komponieren. Ich bevollmächtige Dich nun, mit allen Mitteln die Wahrheit wiederherzustellen und mich zu verteidigen." [XII, 2219.]

An Frau von Meck: „Paris, d. 16. [/ 28.] Februar [14. / 26. - 16. / 28. Februar] 1883.

Neulich erlebten wir eine kuriose Geschichte. Als wir eines Abends spät nach Hause gingen, erblickten wir plötzlich eine arm, aber reinlich gekleidete Frau, welche offenbar ohnmächtig auf dem Bürgersteig lag. Wir richteten sie auf, und sie erzählte uns, nachdem sie wieder zu sich gekommen war, sie wäre den ganzen Tag in Paris, Arbeit suchend, herumgelaufen, habe den ganzen Tag nichts gegessen und wäre schliesslich ohnmächtig zusammengebrochen. Wir gaben ihr ein wenig Geld, kauften ihr Brot und liessen sie von einem Fiaker nach Hause bringen. Am anderen Tag ging Modest, Erkundigungen über sie einzuholen, und hörte vom Portier des Hauses, in welchem sie wohnt, dass sie eine sehr unglückliche, aber gute Frau sei. Am anderen Tag kam sie zu uns, und wir gaben ihr abermals Geld. Dann wandte ich mich in dieser Angelegenheit an die Wirtin unseres Hotels (eine sehr sympathische Dame); diese behauptete aber, mir beweisen zu können, dass jene Frau eine geschickte Komödie mit uns gespielt hätte und dass derartige Betrügereien, auf

---

[373] Jules Massenet (1842-1912), Léo Delibes (1836-1891), Ernest Guiraud (1837-1892), Edouard Lalo (1823-1892), Benjamin Godard (1849-1895), Camille Saint-Saëns (1835-1921).]
[374] A. I. Barzal [Anton I. Barcal, 1847-1827], Oberregisseur der Kaiserlichen Oper in Moskau.
[375] Im Originalbrief nennt Čajkovskij den Namen: (Genarij O.) „Korganov" (1858-1890, einen armenischen Komponisten und Pianisten).]
[376] Jakov P. Polonskij (1819-1898). Auf sein Libretto schrieb Čajkovskij 1874 seine Oper „Kuznec Vakula". Dichtungen Polonskijs liegen auch der Kantate zum Gedächtnis des 200. Geburtstags Peters des Großen (1872), dem Chor „Gruß an A. G. Rubinštejn" (1889) und den Romanzen op. 60, Nr. 7, Nr. 9 und Nr. 10 (1886) zugrunde.]
[377] Tatsächlich wurde der Text für die Krönungskantate „Moskau" (1883) bei Apollon N. Majkov (1821-1897) in Auftrag gegeben. Auf Gedichte Majkovs hatte Čajkovskij 1872/73 seine Romanzen op. 16, Nr. 1 und Nr. 6 komponiert.]

welche Ausländer gewöhnlich hereinfallen, sehr oft vorkämen. Wir wollen sehen! Jedenfalls interessiert mich die Frage."[378] [XII, 2224.]

An Frau von Meck: „Paris, d. [21.-]24. Februar [/ 5.-8. März] 1883.

Neulich wurde in der Grand Opéra ‚Henri VIII' von Saint-Saëns gegeben. Ich bin aber nicht hingegangen. Laut Zeitungsberichten hatte die Oper einen richtigen Erfolg. Ich habe das nicht erwartet, denn ich kenne seine Opern ‚Samson et Dalila', ‚Etienne Marcel' und ‚Princesse Jaune', welche alle drei die Überzeugung in mir wachriefen, dass Saint-Saëns auf dem Gebiet der dramatischen Musik nichts Bedeutendes zu schaffen vermag. In der nächsten Woche will ich jedoch seine Oper anhören und Ihnen dann über die empfangenen Eindrücke berichten.

Wagner ist nach seinem Ableben[379] urplötzlich der Abgott des Pariser Publikums geworden. Alle drei Sonntagskonzerte (Pasdeloup, Colonne, Lamoureux)[380] widmen ihre Programme Wagner und ernten damit grossartige Erfolge. Kuriose Menschen! Man muss sterben, um ihre Aufmerksamkeit zu verdienen. – Nach dem Tode des Komponisten Flotow[381] ist in der hiesigen Académie des beaux arts eine Vakanz freigeworden. Unter den fünf Kandidaten hatte Gounod auch mich vorgeschlagen, doch bin ich dieser Ehre nicht teilhaftig geworden.[382] Mit der Mehrheit der Stimmen wurde der belgische Komponist Limnander gewählt."[383] [XII, 2227.]

An A. Tschaikowsky: „Paris, d. 25. Februar [/ 9. März] 1883.

‚Henri VIII' [von Saint-Saëns] habe ich bis jetzt noch nicht gesehen. Ganz Paris spricht davon. Saint-Saëns hat von seinem Verleger 60000 Francs bekommen. Ja, welch ein Glück, als Franzose geboren zu sein! Ich fühle und weiss, dass mein ‚Mazepa' viel besser ist als Saint-Saëns' Oper, indessen wird sie nie weiterkommen als bis zur armseligen Marienbühne,[384] und ich werde nur einige Kupfergroschen erhalten." [XII, 2228.]

An Frau von Meck: „Paris, d. 9. [/21.] März 1883.

Zwei unerwartete und sehr lästige Arbeiten sind mir zugefallen. Die Stadt Moskau hat bei mir einen Festmarsch bestellt, welcher gelegentlich einer Feier in Sokolniki[385] dem

---

[378] Leider hatte die Hotelwirtin recht.

[[379] Am 13. Februar 1883 im Palazzo Vendramin-Calergi in Venedig.]

[[380] Jules Pasdeloup (1819-1887) hatte 1861 mit einem eigenen Orchester die Reihe „Concerts populaires" begründet. – Edouard Colonne (1838-1910) hatte ebenfalls ein eigenes Orchester gegründet, die Association artistique des Concerts Colonne; diese „Concerts Colonne" fanden im Pariser Théâtre Châtelet statt; Colonnes Orchester hat später auch Čajkovskij dirigiert. – Charles Lamoureux (1834-1898) leitete 1881-1897 die Société des Nouveaux-Concerts und die „Concerts Lamoureux".]

[[381] Friedrich Freiherr von Flotow (geb. 1812), vor allem durch seine Opern „Alessandro Stradella" (1844) und „Martha oder Der Markt von Richmond" (1847) berühmt geworden, war am 24. Januar 1883 in Darmstadt gestorben.]

[[382] Čajkovskij wird neun Jahre später (1892) zum korrespondierenden Mitglied des Institut de France – Académie des Beaux Arts gewählt. Zuvor war er korrespondierendes Mitglied des Königlichen Musikinstituts in Florenz (1888) und der Gesellschaft zur Förderung der Tonkunst in Amsterdam (1891) geworden. Und in seinem letzten Lebensjahr (1893) erhielt er, zusammen mit Arrigo Boito, Max Bruch, Edvard Grieg und Camille Saint-Saëns, die Ehrendoktorwürde der Universität Cambridge.]

[[383] Armand Limnander de Nieuwenhove (1814-1892). Seine Opern „Les Monténégrins", „Le Château de la Barbe-Bleue" und „Yvonne" waren in den 1850er Jahren in Paris aufgeführt worden.]

[[384] Gemeint ist die Bühne des Petersburger Mariinskij teatr. – Aber nicht nur dort wurde „Mazepa" inszeniert, und es gab nicht nur sozusagen eine doppelte Uraufführung in den beiden russischen Hauptstädten, und zwar am 3. Februar 1884 im Moskauer Bol'šoj teatr und nur drei Tage später am Mariinskij teatr; sondern die Oper wurde 1885 auch in Tiflis inszeniert und fand noch zu Lebzeiten des Komponisten ihren Weg ins Ausland: im August 1888 wurde sie in Liverpool und Manchester gespielt. Vgl. TchH 1, S. 55.]

[[385] Sokol'niki: Datschengegend in der Nähe von Moskau.]

Kaiser vorgespielt werden soll.[386] Gleichzeitig hat mir die Krönungskommission den von Maikow verfassten Text einer grossen Kantate zukommen lassen, mit dem Ersuchen, die Musik spätestens bis zum 17. April fertigzustellen ... Im ersten Augenblick wollte ich absagen, ich überlegte mir aber die Sache und kam zu dem Entschluss, die beiden Arbeiten rechtzeitig abzuliefern. Mir ist aus zuverlässigen Quellen bekannt, dass der Kaiser mir, d. h. meiner Musik, sehr wohlgesinnt ist, so dass es mir sehr unangenehm wäre, käme es ihm zu Ohren, ich hätte den Auftrag *abgelehnt*. Beide Arbeiten müssen mit erschreckender Schnelligkeit erledigt werden ..."[387] [XII, 2236.]

An P. Jurgenson: „Paris, d. [7. /] 19. März 1883.[388]
... Den Marsch werde ich hoffentlich in zehn Tagen an Dich abschicken können. Es geht mir sehr gegen den Strich, denn ich bin überhaupt nicht zum Komponieren aufgelegt, weil ich dadurch von [der Instrumentierung] meiner nicht enden wollenden Oper [‚Mazepa'] abgelenkt werde. Geld kann ich nicht annehmen, – berichte ihnen[389] das: schreiben will ich gern, aber unentgeltlich. Auch von Dir will ich die 100 Rubel nicht haben, aus demselben Grunde. Diesen Grund will ich Dir ein für allemal mitteilen, wisse jedoch, dass ausser Dir, mir und noch zwei Personen kein Mensch etwas davon weiss; ich wünsche auch nicht, dass es bekannt wird. Als ich vor zwei Jahren derart in Schulden steckte, dass ich keinen Ausweg finden konnte, denn mein Budget war schon ein ganzes Jahr im voraus verausgabt und andere Einnahmen waren auch nicht vorhanden – mit Ausnahme des kaum am fernen Horizont aufgetauchten Sterns Bortnjansky –,[390] hatte ich einen Brief an den Kaiser geschrieben und ihn gebeten, mir 3000 Rubel aus der Staatskasse zahlen zu lassen, welche nach und nach durch meine Tantiemen getilgt werden sollten. Als ich am folgenden Tag erwachte, wollte ich den Brief natürlich zerreissen, doch war er vom Diener bereits zur Post gegeben worden. Ich schämte mich furchtbar. Nach etwa zehn Tagen erhielt ich von einem Minister ein Couvert mit 3000 Rubeln und einen Brief, in welchem er mir mitteilte, dass der Kaiser mir die 3000 Rubel als Geschenk übergebe. Ich war sehr froh, doch ist die Erinnerung an diese Geschichte wie eine Erinnerung an eine von mir begangene Gemeinheit. Gleichzeitig war ich durch das Wohlwollen des Kaisers gegenüber meiner frechen Bitte sehr gerührt und beschloss, jede Gelegenheit zu nutzen, um meine Schuld abzutragen. Eine solche Gelegenheit hat sich nun endlich geboten." [XII, 2235.]

An P. Jurgenson: „Paris, d. 12. [/ 24.] März 1883.
Ich schreibe gleichzeitig den Marsch und die Kantate, welche von sehr ansehnlichem Umfang werden dürfte, zumal ich mir nicht das Recht nehmen möchte, den vom Kaiser selbst genehmigten Text zu kürzen. Den Marsch werde ich wahrscheinlich nicht so schnell fertig machen können, wie ich versprochen habe, jedenfalls wird er aber – wenn mir Gott Leben und Gesundheit schenken wird – noch vor April in Moskau eintreffen. Ich habe mir

---

[386 Die mehrtätigen Feierlichkeiten anlässlich der Krönung des Zaren Aleksandr III. (15. Mai 1883) fanden in der „alten Hauptstadt" Moskau statt. Vgl. oben, S. 183 f., den Text vor Čajkovskijs Brief an Jurgenson vom 29. Januar 1883 (ČPSS XII, Nr. 2213) mit Anmerkung 367.]
[387 Den Krönungsmarsch (bei späteren Aufführungen und in späteren Ausgaben „Festmarsch" bzw. „Marche solennelle" genannt) hat Čajkovskij zwischen dem 20. und 26. März 1883 geschrieben (nach den Briefen ČPSS XII, Nr. 2242 und 2250), die Kantate „Moskva" laut Datierung der Konzeptschrift vom 5. bis zum 24. März 1883. Die Kantate ist nicht nur bei dem offiziellen Mahl nach der Krönung am 15. Mai im Facettenpalast des Kreml aufgeführt worden (Leitung: Ėduard F. Napravnik), sondern auch in einem Wohltätigkeitskonzert der Patriotischen Gesellschaft am 8. Januar 1884 in Petersburg (Leitung: Anton G. Rubinštejn).]
[388 In der Originalausgabe ist dieser Brief versehentlich nach dem folgenden Brief eingeordnet.]
[389 D. h. der Krönungskommission.]
[390 Im Auftrag von Jurgenson gab Čajkovskij Bortnjanskijs kirchlichen Chorwerke neu heraus; siehe oben.]

den Tag folgendermassen eingeteilt: morgens bis 12 Uhr arbeite ich am Marsch; nach dem Spaziergang schreibe ich von 2 bis 6 Uhr an der Kantate; abends kann ich nicht arbeiten, weil ich sonst den Schlaf entbehren muss. Sogar zum Briefeschreiben bleibt mir keine Zeit: wundere Dich daher nicht, wenn Du nur kurze geschäftliche Mitteilungen von mir erhalten wirst." [XII, 2239.]

An P. Jurgenson: „Paris, d. 19. [recte: 20.] März [/ 1. April] 1883.
... Mitte August, in Moskau, befand sich das Manuskript der ‚Vesper‘[391] mit den Korrekturen des Zensors in meinen Händen. Du batest mich damals, jene Korrekturen auszuführen. Einiges Unwesentliche hatte ich auch geändert. Betreffs der anderen Stellen hatte ich aber eine für den Zensor bestimmte Erklärung niedergeschrieben, welche ich Dir aushändigte ... Wo ist diese Erklärung geblieben? Entweder hast Du sie verloren, oder der Zensor ist so starrsinnig und dumm, dass man nichts mit ihm zu tun haben möchte. Die Musik zum Text habe ich nicht *komponiert*, sondern einem vom Sinod herausgegebenen Buch entnommen.[392] So wie die Melodien in diesem Buch notiert sind, so habe ich sie auch harmonisiert ... Mit einem Wort, ich habe alles verbessert, was zu verbessern war. Den Capricen jenes hirnlosen Pedanten entgegenkommen will ich jedoch nicht. Er ist für mich kein Lehrmeister; das Buch des Sinod ist wichtiger. Man müsste sich über ihn beschweren. So ein ...,[393] er hat mich für den ganzen Tag verstimmt! ..." [XII, 2242.]

An S. Tanejew: „Paris, d. [1.-]3. [/ 13.-15.] April 1883.
... Ich habe in Paris noch nichts gehört und bin in keinem einzigen Sonntagskonzert gewesen. All diese Konzerte finden gerade um die Zeit statt, wenn ich bei meiner Nichte sein muss,[394] die sehr weit weg wohnt (in Passy). ‚Henri VIII‘ von Saint-Saëns kenne ich auch noch nicht. Dafür habe ich viermal Mozarts ‚Figaro‘ in ausgezeichneter Wiedergabe [in der Opéra comique] gehört. O Gott, wie göttlich schön ist doch diese Musik in ihrer anspruchslosen Einfachheit! Ganz unerwarteterweise fand ich auch einen grossen Genuss an Gounods ‚Romeo und Julia‘. Ich kannte dieses Werk nach dem Klavierauszug und nach einer Vorstellung in Moskau und hatte keine sehr hohe Meinung von ihm, bis ich neulich bis zu Tränen gerührt ward[395] ... Übrigens muss man sagen, dass Gounod einer der wenigen ist, die in unserer Zeit aus einem inneren Gefühl heraus schreiben und nicht nach vorgefassten Theorien. Dabei ist er ein grosser Verehrer Mozarts, das beweist die Ganzheit und Unverdorbenheit seiner musikalischen Natur.

Sonst höre ich nichts, ausser den Drehorgeln, welche stundenlang eine Arie aus [Flotows] ‚Martha‘ und einen modernen Walzer leiern und mich oft fast wahnsinnig machen! ..." [XII, 2253.]

[391 Gemeint ist der „Vsenoščnoe bdenie" (die „Ganznächtliche Vigil" mit dem Untertitel „Versuch der Harmonisierung gottesdienstlicher Gesänge" op. 52).]
[392 Also einem vom Sinod und der Hofkapelle approbierten musikalisch-liturgischen Buch, dem Obichod. Siehe oben, S. 139, Anmerkung 237.]
[393 Im Originalbrief: „sukin syn" (Hundesohn). Einzelheiten über die Monita des Zensors enthält der Originalbrief, siehe ČPSS XII, Nr. 2242.]
[394 Bei der schwangeren Tat'jana L. Davydova – siehe oben, Anmerkung 370 zum Brief an Taneev vom 2. / 14. Februar 1883 (ČPSS XII, Nr. 2216).]
[395 Čajkovskij hörte Gounods 1867 uraufgeführte Oper „Roméo et Juliette" am 23. Februar / 7. März 1883 in der Pariser Opéra comique.]

Kapitel XXXIII.

[1883, April-Mai. Weiterhin in Paris.
Berichtet Jurgenson über seine Bemühungen im Rechtsstreit zwischen Jurgenson und Choudens über die Verlagsrechte an Gounods „Faust". Jurgenson ist enttäuscht, dass Čajkovskij die Sechs Stücke op. 21 (die der Widmungsträger Anton Rubinštejn erst jetzt gespielt hat) seinerzeit an den Verleger Bessel' gegeben hat. Anläßlich eines Artikels von Levenson:
Hat Čajkovskij kein dramatisches Talent, und zielt er mit Effekten auf die Gunst des Publikums?
4. April 1883: „Evgenij Onegin" zum ersten Mal in Petersburg – ohne großen Erfolg.]

An P. Jurgenson: „Paris, d. 6. [/ 18.] April 1883.

Lieber Freund, dass ich Deinen Auftrag nicht sehr gut ausgeführt habe, lag daran, dass auf einmal verschiedene besorgniserregende Umstände über mich herfielen und meinen Kopf in Verwirrung brachten.[396] Modest wollte abreisen, das Billett für den ‚sleeping car' war bereits gelöst, als er plötzlich erkrankte; andererseits verursachte uns unsere Nichte [Tat'jana Davydova] gestern und heute so viel Aufregung, dass ich ganz nervös geworden bin. Schon gestern, gleich nach Empfang Deines Briefes, wollte ich zu Choudens[397] gehen, war auch schon bis vor seine Tür gekommen, – kehrte aber um, weil ich fürchtete, in meiner Verfassung eine Dummheit zu begehen. Heute früh war ich bei ihm. Zuerst wurde ich zu Choudens jr.[398] geführt. Als ich ihm sagte, dass ich in einer Angelegenheit Jurgensons komme, veranlasste er mich höflich, mich an seinen Vater zu wenden. Ein Mann führte mich über den Hof nach oben. Ich gab ihm meine Karte und begann zu warten. Nach fünf Minuten erschien derselbe Mann wieder und sagte, indem er mir die Karte zurückgab, dass Herr Choudens sich entschuldige, da er Gäste habe, und ich möchte mich doch an seinen Sohn wenden. Ich stieg wieder hinunter; Choudens-Sohn liess mich ein wenig warten, da er gerade einen Kunden bediente;[399] unterdessen schaute ich mir die Noten an. Darauf führte er mich in eine kleine Kammer und bat mich, ihm mein Anliegen vorzutragen. Zuerst fragte ich, ob er eine entscheidende Stimme habe und ob es nicht besser wäre, ein anderes Mal zu kommen, um seinen Vater persönlich zu sprechen. Seine Antwort: ‚Seien Sie unbesorgt, – es ist einerlei, ob Sie mit mir reden oder mit meinem Vater.' Nachdem ich ihm bedeutet hatte, dass Du den ‚Faust' gern kaufen würdest, antwortete er, Du hättest darüber schon geschrieben und von ihnen eine abschlägige Antwort erhalten, da sie ihre Verlagswerke überhaupt niemandem verkaufen, sondern sich mit ausländischen Verlegern ins Einvernehmen setzen, welche jene Werke gewissermassen von sich aus verbreiten. Ich habe das nicht gut verstanden, glaube aber, das ist genau so, wie Du [Glinkas] ‚Das Leben für den Zaren' verkaufst oder Brandus[400] meine Werke in Paris, d. h. die Platten gehören Dir, Brandus macht nur das Titelblatt. Als ich bemerkte, dass es sehr schön wäre, die Angelegenheit auf friedlichem Wege zu lösen, da sich der Prozess wahrscheinlich sehr in die Länge ziehen würde, schien Choudens sehr erfreut zu sein und versicherte mir seine Hochachtung vor

---

[396] P. Jurgenson hatte Peter Iljitsch beauftragt, mit Gounods Verleger Choudens in der Angelegenheit eines von Jurgenson herausgegebenen Nachdrucks [des Klavierauszugs] der Oper „Faust" Rücksprache zu nehmen, gegen welchen der Bevollmächtigte aller französischen Komponisten und Verleger in Russland, Michelet, einen Prozess angestrengt hatte. [In ČPSS XII, S. 99, im Brief und in Anmerkung 2, S. 105: nicht „Michelet", sondern Michel (Mišel').]

[397] Antoine Choudens (gest. 1888) hatte seinen Musikverlag 1845 (oder 1848?) in Paris eröffnet.]

[398] Paul Choudens (gest. 1925), seit 1888 Eigentümer des Verlags.]

[399] Der Verlag war offenbar, wie es damals die Regel war und auch heute oft noch der Fall ist, mit einer Notenhandlung verbunden.]

[400] „Brandus & Cie.", Musikverlag in Paris. (1834 von Maurice Schlesinger begründet, 1846 übernommen von Louis Brandus; 1850 trat sein Bruder in die Firma ein, 1854 Sélim-François Dufour („Brandus, Dufour & Cie."). Nach Dufours Tod 1872 hieß die Firma wieder „Brandus & Cie."]

Dir und dass es sein sehnlichster Wunsch sei, in Frieden mit Dir zu leben. ‚Welche Friedensbedingungen stellen Sie?', fragte ich. ‚Vor allem muss uns ‚Monsieur Schürschangson'[401] (so nannte er Dich) alle Platten des ‚Faust' schicken, das ist die erste und wichtigste Bedingung.' Darauf fragte ich, was er ausserdem für notwendig halte. ‚Sie werden zugeben, dass wir zu recht auf einen Schadensersatz seitens M. Schürschangsons hoffen.'

Ich (setze die von Dir empfohlene erstaunte Miene auf). Wie hoch bemessen Sie die Entschädigungssumme?

Er. Das mag Herr Jurgenson selbst bestimmen, denn ich verlasse mich auf seine Gewissenhaftigkeit.

Ich. Ich möchte es dennoch gern wissen, denn möglicherweise wird die Summe nach den russischen Gesetzen nicht so hoch sein, wie Sie annehmen.

Er. Entschuldigen Sie, wir nehmen gar nichts an, denn wir wissen nicht, wieviel Herr Jurgenson bezahlen kann. Er mag uns etwas vorschlagen, dann wollen wir sehen, ob uns das genügt.

Ich. Wie denken Sie, den Streit zu beenden, falls Sie die Bedingungen Jurgensons akzeptieren?

Er. Wir werden sofort Herrn Michelet schreiben, dass er den Prozess unterdrücke, dann wollen wir mit H. Jurgenson – wenn er es wünschen sollte – einen Vertrag bezüglich des Verkaufs unserer Verlagswerke abschliessen …

… Choudens-Sohn hat mir sehr gefallen: er ist liebenswürdig, sympathisch und einfach. Da Du glaubst, dass meine Person in den Augen Choudens' Gewicht hat (worin Du Dich aber, scheint es, sehr irrst), wollte ich ihn der Gewissenhaftigkeit halber wissen lassen, wer ich sei, und wartete immer auf die übliche Frage ‚Mit wem habe ich die Ehre?' … Da es ihn aber nicht zu interessieren schien, und in dem Bestreben, Deinem Wunsch gemäss zu handeln, sagte ich ihm beim Abschied – schon in der Tür stehend – sehr verlegen: ‚Herr Jurgenson schreibt mir, Sie komponieren auch, und es … es ist mir sehr schmeichelhaft … d. h. ich … ich freue mich sehr, dass … ich bin nämlich ein Kollege von Ihnen.' Dabei schob ich ihm meine Visitenkarte in die Hand, dieselbe Karte, die schon oben bei seinem Vater gewesen war und die ich während der Unterhaltung in meinen Händen hin und her gedreht hatte. Er las sie und sagte, freundlich lächelnd: ‚Ihr Name ist mir bekannt.' Ich wurde noch verlegener, schüttelte seine Hand und wollte mit einer graziösen Bewegung davongehen, glitt jedoch auf einer auf dem Boden liegenden Apfelsinenschale aus und – wäre beinahe gefallen. Zum Glück behielt ich das Gleichgewicht, winkte noch einmal gekünstelt-graziös mit der Hand und entfernte mich eiligst. Nach einigen Schritten erblickte ich in der Spiegelscheibe eines Ladens mein Gesicht: es war preiselbeerenrot, und der Ausdruck der Augen unbändig dumm …" [XII, 2254.]

An P. Jurgenson: „Paris, d. 14. [/ 26.] April 1883.

Du wirfst mir vor, dass die Stücke, die Rubinstein gespielt hat, Bessel gehören.[402] Ich bedaure das sehr, möchte aber zu meiner Rechtfertigung Folgendes anführen: hätte ich damals, d. h. vor zwölf Jahren, auch nur geahnt, dass es eine grosse Entbehrung für Dich bedeuten würde, etwas von meinen Sachen nicht zu besitzen, so hätten mich keinerlei Erwägungen darauf gebracht, Dir untreu zu werden … Damals habe ich mir nicht denken

---

[401] Original in kyrillischen Buchstaben, transliteriert: Žjuržanson.]
[402] Die Čajkovskijs ehemaligem Lehrer am Petersburger Konservatorium Anton G. Rubinštejn gewidmeten Sechs Stücke für Klavier über ein Thema, op. 21, aus dem Jahre 1873 sind im selben Jahr bei V. V. Bessel' in St. Petersburg erschienen.]

können, dass Dein Ehrgeiz dadurch gekränkt werden könnte, dass ich zu Bessel ging. Ich würde jetzt viel darum geben, ihm die Stücke zu entreissen! Ein merkwürdiger Mensch, A. G. Rubinstein! Warum konnte er diesen Stücken nicht schon vor zehn Jahren seine Aufmerksamkeit schenken? Warum konnte er nicht schon damals auch nur eine Note von mir spielen? Das wäre wenigstens ein Verdienst gewesen! Ich bin zwar auch jetzt sehr dankbar, doch ist es ein grosser Unterschied …" [XII, 2263.]

An M. Tschaikowsky: „Paris, d. 14. [/ 26.] April 1883.
Lieber Modja, ich schreibe Dir aus einem Café in der Avenue Wagram. Nachmittags bekam ich plötzlich Lust, wenn auch nicht in unsere Kirche selbst, so doch in ihre Nähe zu gehen. Ich habe diesen Gottesdienst [am Gründonnerstag] so gern: die Wachskerze in der Hand zu halten, nach jedem Evangelium Kügelchen aus Wachs zu rollen, zuerst etwas ungeduldig das Ende des Gottesdienstes zu erwarten, um später zu bedauern, dass er zu Ende sei, usw.! Ich kam aber zu spät und sah die Leute herauskommen und hörte russische Gespräche …" [XII, 2262.]

An Frau von Meck: „Paris, d. 16. April [recte: 29. April / 11. Mai] 1883.
Morgen gibt Pasdeloup ein Konzert, dessen ganzer zweiter Teil der russischen Musik gewidmet ist. Von meinen Kompositionen steht das Andante aus dem 1. Quartett auf dem Programm.[403] Ich werde nicht hingehen können, weil ich gerade um diese Zeit bei meiner Nichte [Tatjana Dawidowa] sein muss …" [XII, 2281.]

An Frau von Meck: „Paris, d. 3. [/ 15.] Mai 1883.
… Der Artikel Loewensons mit dem schmeichelhaften Urteil über mich gefällt mir doch nicht besonders.[404] Ich habe es nicht gern, wenn die schon feststehende Meinung wiederholt wird, ich sei unbegabt für die *dramatische Musik* oder – ich wollte mich beim Publikum *einschmeicheln.* Was heisst dramatisches Talent haben?! Offenbar ist Herr Loewenson Wagnerianer und glaubt in Wagner einen Meister in dieser Beziehung gefunden haben. Ich behaupte aber das gerade Gegenteil. Wagner ist ein geniales Talent, versteht aber nicht für die Bühne zu schreiben, d. h. breit, einfach und ohne dass das Orchester dominiert und aus den Sängern sprechende *Puppen* gemacht werden. Hinsichtlich der Behauptung, dass ich es auf Effekte abgesehen und um die Gunst des grossen Publikums geworben hätte, kann ich ruhigen Gewissens sagen, dass ich darin unschuldig bin. Denn im Moment des Schreibens, wenn ich von Gefühl durchglüht bin, kommt es mir vor, dass auch alle, die meiner Musik lauschen, wenigstens einen Schimmer dessen empfinden werden, was ich empfinde. Dabei stelle ich mir oft die eine oder andere Person vor, deren Interesse mir wertvoll ist, zum Beispiel Sie, doch nie habe ich versucht, dem gemeinen Geschmack des grossen Publikums zu huldigen. Wenn die Opernmusik mich von Zeit zu Zeit lockt, so heisst das, dass ich dafür nicht minder begabt bin als für andere Formen. Wenn ich auf jenem Feld viel Missgeschick geerntet habe, so beweist das nur, dass ich weit von der Vollkommenheit entfernt bin und beim Komponieren von Opern ebenso Fehler mache wie in meinen symphonischen und Kammermusikwerken, unter denen sich auch manch verunglücktes Stück befindet. Wenn ich noch einige Jahre lang am Leben bleiben sollte, so werde ich vielleicht noch erleben, dass meine ‚Jungfrau von Orleans' eine passende Inter-

---

[403 Offenbar hatte Benjamin Bilse in Berlin als einer der ersten Dirigenten die Idee, den Satz in Streichorchester-Besetzung aufzuführen; andere folgten. Auch Čajkovskij selbst hat das „Andante cantabile" seit den späten 1880er Jahren, als er als Dirigent eigener Werke auftrat, in dieser Weise aufgeführt.]
[404 Osip Ja. Levenson (gest. 1892), Musikkritiker, 1878-1884 Mitarbeiter der Zeitung „Russkie vedomosti" (Russische Zeitung). Sein Artikel über Čajkovskij erschien im „Musikalischen Wochenblatt", Jahrgang 14, Nr. 14 vom 29. März 1883, S. 175 f. und 186 f.]

pretin [der Titelpartie] finden und mein ‚Mazepa' so einstudiert und gegeben wird, wie es sich gehört: Vielleicht wird man dann zu behaupten aufhören, dass ich keine gute Oper schreiben könne. Ich sehe aber wohl die Schwierigkeit ein, das Vorurteil gegen mich als Opernkomponisten zu besiegen. Dasselbe geht so weit, dass Herr Loewenson, welcher von meiner neuen Oper [‚Mazepa'] noch gar keine Ahnung hat, versichert, sie sei ein *vergebliches Opfer* an den Moloch Oper." [XII, 2285.]

An Frau von Meck: „Berlin, d. 12. [/ 24.] Mai 1883.

... Es ist so angenehm, in den Zeitungen über den glücklichen und glänzenden Einzug des Zaren in Moskau zu lesen![405] Ungeachtet der getroffenen Vorsichtsmassregeln hatte ich dennoch manchmal Angst, es könnten sich Wahnwitzige finden, einen Mordanschlag zu verüben. Ist es doch so leicht, aus einem Fenster einen Schuss abzugeben, und wer bürgt dafür, dass sich kein Bösewicht durch List in diese kolossale Menschenmenge mischen könnte? Aber, Gott sei Dank, alles ist glücklich verlaufen.

Durch viele Pariser Zeitungen wurde das Gerücht verbreitet, A. Rubinstein habe sich geweigert, eine Krönungskantate zu schreiben, weil ihm *der Urheber des Festes unsympathisch* wäre. Da nun die Kinder Rubinsteins in Russland erzogen werden und es ihm überhaupt schaden könnte – denn eine Verleumdung, selbst eine so grundlose, hinterlässt doch immer eine Spur –, so habe ich am Tag meiner Abreise ein kurzgefasstes Dementi jenes Gerüchts an die Zeitung ‚Gaulois' gesandt. Ob sie es veröffentlichen werden, weiss ich nicht.[406]

Heute wird [Wagners] ‚Lohengrin' gegeben, welchen ich für das beste Werk Wagners halte, und wahrscheinlich werde ich hingehen. Morgen reise ich nach Petersburg ab." [XII, 2292.]

Das „Dementi" Peter Iljitschs erschien am 23. Mai 1883 im „Gaulois". Dabei ist der ganze Brief Peter Iljitschs zum Andruck gekommen ...

Im April 1883 hat Petersburg zum ersten Mal „Eugen Onegin" zu hören bekommen und diese später[407] von ihm so überaus bevorzugte Oper sehr kühl aufgenommen. Sie wurde durch die „Musikalisch-dramatische Amateurgesellschaft" im Saal der Adelsversammlung aufgeführt.[408] Die Vorstellung war so unbemerkt vorübergegangen, dass in der Presse fast gar keine ausführlichen Berichte erschienen sind. Nur N. Solowjew hat einen ziemlich umfangreichen Artikel darüber geschrieben, in welchem er das Werk, allerdings unter manchen Vorbehalten, lobt. „Die Oper des Herrn Tschaikowsky", sagt er, „hat – wenn man *Text und Bühne weglässt* – viele rein musikalisch anziehende Seiten. Hätte Herr Tschaikowsky Puschkins Text mehr Beachtung geschenkt und alle seine Schönheiten mehr zur Geltung gebracht, hätte er die Einfachheit und Natürlichkeit der Puschkinschen Gestalten besser verstanden – dann wäre die Oper gewiss gut geworden.

... Da er aber all das nicht begriffen hat, darf man sich nicht wundern, dass das Publikum dieses Werk kühl aufgenommen hat."

[405 Anlässlich der Krönungsfeierlichkeiten Mitte Mai 1883. Die Krönung von Zar und Zarin selbst fand am 15. Mai statt.]
[406 Čajkovskijs Brief an Maurice Ordonneau, den Theater- und Musikkritiker des „Gaulois", erschien am (11./) 23. Mai 1883 in der genannten Zeitung. In ŽiznČ ist er wiedergegeben (Band II, S. 587), nicht aber in LebenTsch. – Im französischen Original und russischer Übersetzung ist er in ČPSS XII unter Nr. 2291 enthalten.]
[407 In der sehr erfolgreichen Inszenierung des Mariinskij teatr, die am 19. Oktober 1884 Premiere hatte.]
[408 Das war am 4. April 1883 unter der Leitung von Karl Zike (Siecke) – und offenbar nicht im Saal der Adelsgesellschaft, sondern im Kononov-Theater, vgl. TchH 1, S. 39; zu Zike (Siecke) vgl. oben, S. 149, Brief an Frau fon Mekk vom 23. November / 5. Dezember 1881 (ČPSS X, Nr. 1900) mit Anmerkung.]

Nichtsdestoweniger hat die Oper mehrere Vorstellungen erlebt. Den Misserfolg des Werks muss man – ausser den Eigenschaften der Musik selbst, welche nie und nirgends stürmische Begeisterung erweckte – auch der für Dilettanten zwar ausgezeichneten, in künstlerischer Beziehung aber immerhin recht mangelhaften Aufführung zuschreiben.

Kapitel XXXIV.

[1883, Mai/Juni-August. Bei Anatolij in Poduškino.
Über Schicksal und Gottesglauben. Oper „Mazepa": Korrektur des Klavierauszugs; beide Theaterdirektionen, die in Moskau und die in Petersburg, bemühen sich um die Oper; Čajkovskij protestiert bei Jurgenson gegen das zu geringe Honorar; Vorbesprechung über die Inszenierung in der Moskauer Theaterdirektion; im August 1883 erscheint der Klavierauszug.
Juni bis September 1883: Konzept der 2. Orchestersuite, September bis Oktober: Partitur.]

An Frau von Meck: „Petersburg, d. 24. Mai 1883.
... Man sagt, die Kantate [zur Krönung Alexanders III.] sei ausgezeichnet wiedergegeben worden und habe die Anerkennung des Kaisers gefunden." [XII, 2295.]

An Frau von Meck: „Poduschkino,[409] d. 15. Juni 1883.
... In meiner Jugend habe ich oft über die scheinbare Ungerechtigkeit gemurrt, mit welcher das Schicksal Glück und Unglück unter die Menschen verteilt. Nach und nach bin ich jedoch zu der Überzeugung gelangt, dass wir von unserem irdischen, beschränkten Standpunkt aus die Gründe und Ziele der Weisheit Gottes, welche uns auf unserem Lebenspfad begleitet, nicht zu begreifen vermögen. Die uns treffenden Schicksalsschläge sind keine sinnlosen Zufälligkeiten; sie sind notwendig für unser Heil, welches wir – so fern es auch liegen mag – einst erfahren und würdigen werden. Die Erfahrung hat mich gelehrt, dass sogar in diesem Leben das Resultat allen Ungemachs und aller Not gar oft unser Heil ist. Aber ausser diesem Leben gibt es, *vielleicht*, ein anderes und – obgleich mein Verstand es nicht fassen kann, in welcher Form es sein könnte – zwingen mich Herz, Instinkt und Widerwille gegen den Tod (im Sinne eines absoluten Aufhörens des Seins verstanden), daran zu glauben. Vielleicht werden wir erst dort verstehen und begreifen lernen, was uns hier als Ungerechtigkeit und Härte erscheint. Einstweilen können wir nur beten und Gott danken, wenn er uns Glück beschert, und uns fügen, wenn es uns oder unseren geliebten Mitmenschen schlecht geht. Ich danke Gott, welcher mir eine solche Auffassung gegeben hat. Hätte ich sie nicht, würde mir das Leben eine Last sein. Wüsste ich nicht, dass Sie, der beste aller Menschen und des Glückes würdigster, nicht infolge eines blinden Einfalls des unsinnigen Schicksals soviel Ungemach ertragen müssen, sondern aufgrund des von meinem beschränkten Verstand nicht zu fassenden göttlichen Willens, – bliebe mir nur hoffnungsvolle Verzweiflung und Ekel vor dem Leben. Ich habe gelernt, niemals über Gott zu murren, sondern für die mir nahestehenden und lieben Menschen zu ihm zu beten." [XII, 2302.]

An Frau von Meck: „Poduschkino, d. 27. Juni 1883.
... Ich bin mit meinem hiesigen Aufenthalt nach wie vor in vollem Masse zufrieden. Je näher ich die entzückende, waldreiche Gegend kennenlerne, desto schöner finde ich sie. Meine Beschäftigung besteht jetzt in der Korrektur [des Klavierauszugs] von ‚Mazepa', welcher mit grosser Eile gedruckt wird. Die Oper soll in der nächsten Saison in Moskau

---

[409] [Poduškino, ein Dorf im Kreis Podol'sk, Gouvernement Moskau.] Ein Ort in der Nähe Moskaus, wo Anatol eine Sommerwohnung gemietet und [wohin er] Peter Iljitsch als Logiergast zu sich eingeladen hatte.

und in Petersburg zur Aufführung kommen, und die Rollen sind schon verteilt. Auch schreibe ich an einer neuen [2. Orchester-]Suite, will mich aber nicht beeilen." [XII, 2305.]

An M. Tschaikowsky: „Poduschkino, d. 3. Juli 1883.

Mein Unverstand, die Zeit richtig einzuteilen, ist erstaunlich! Ich hatte geglaubt, in diesem Sommer für alles Zeit finden zu können: Lesen, Briefeschreiben, Spazierengehen, – es erweist sich jedoch, dass mich von früh bis spät der Gedanke quält, dass ich nicht alles tue, was nötig ist. Das ist gewiss auch der Grund dafür, weshalb ich keinen so grossen Genuss an Poduschkino finde, wie anzunehmen war. Zum Briefeschreiben zum Beispiel fehlt mir gänzlich die Zeit: ich habe noch nie so wenig Briefe geschrieben wie jetzt. Die Korrekturen reiben mich auf. Ausserdem habe ich, anstatt mich vom Komponieren zu erholen, die Idee gefasst, partout eine Suite zu schreiben. Die Inspiration fehlt; jeden Tag beginne ich etwas, verliere aber die Lust und fürchte immer wieder von neuem, dass es aus mit mir ist, anstatt abzuwarten, bis die Inspiration über mich kommt; im Resultat – ständige Unzufriedenheit mit mir selbst." [XII, 2308.]

An Frau von Meck: „Poduschkino, d. 8. Juli 1883.

... Ich weiss nicht, ob ich Ihnen schon geschrieben habe, dass ich mich diesmal nicht nur nicht um eine Aufführung der Oper [‚Mazepa'] beworben, sondern nicht einmal die Partitur eingesandt hatte. Die [Theater-]Direktion ergriff selbst die Initiative, und es geschah sogar, dass die Moskauer Direktion der Petersburger das Recht der Erstaufführung entreissen möchte. Ich ziehe es vor, diesmal mit Moskau zu beginnen, denn erstens ist der Stand der Moskauer Oper augenblicklich nicht schlechter als derjenige in Petersburg, und zweitens möchte ich die Notwendigkeit eines längeren Aufenthalts in Petersburg möglichst lange aufschieben." [XII, 2309.]

An P. Jurgenson: „Poduschkino, d. 28. Juli 1883.

... Erst wollte ich abwarten, bis mein Unwille und meine Aufregung sich gelegt haben würden, und Dir erst aus Kamenka schreiben, was ich Dir gleich sagen werde. Doch erweist sich meine Nervosität als so niederträchtig, dass ich nicht imstande bin, irgendetwas zu tun, solange wir uns nicht ausgesprochen haben. Es handelt sich um die ‚Abrechnung', welche Du mir bei unserem letzten Zusammensein übergeben hast. Du weisst, ich habe nie mit Dir über die Honorare, die Du festsetztest, gestritten; es war aber auch keine Veranlassung zum Streit, denn Du hattest mich nicht nur nie benachteiligt, sondern mir nach meinem Ermessen auch stets zu viel gezahlt. Jetzt hat sich aber gerade das Gegenteil ereignet; das Honorar, das Du mir für die Oper ‚Mazepa' anrechnest, ist zu wenig gerecht, als dass ich es ohne Protest lassen kann. Wenn ich nicht irre, habe ich sogar für die ‚Jungfrau von Orleans' mehr als 1000 Rubel von Dir erhalten. Nehmen wir aber an, dass es dieselben 1000 Rubel waren; seither sind doch vier Jahre verflossen! Wie kommt es, dass ich in dieser Zeit nicht um einen Groschen im Wert gestiegen bin? Ausserdem hatte ich damals den Klavierauszug nicht selbst gemacht, vielmehr wurde er von Kotek und Messer[410] (um 100 Rubel pro Akt) angefertigt; auch alle drei Korrekturen sind nicht von mir gemacht worden. Als Du die ‚Jungfrau' in Stich gabst, stand ihre Aufführung noch sehr infrage; ihr Schicksal war noch ungewiss. Jetzt, da beide Residenzen [Moskau und Petersburg] sich um Partitur, Klavierauszüge und Stimmen des ‚Mazepa' bewerben – gibst Du mir nur 1000 Rubel für eine Oper, der ich zwei Jahre und drei Monate angestrengtester Arbeit geopfert habe! Das ist ebenso übertrieben wenig, wie das Honorar für die Kantate [anlässlich der Krönung]

---

[410] Vgl. oben, S. 69 f., Brief an P. I. Jurgenson vom 15. [recte: 24.] August 1879 (ČPSS VIII, Nr. 1264), unter „Fünftens", „M.", mit Anmerkung.]

übertrieben gross und unnatürlich üppig ist. Für die letztere will ich von Dir keine Kopeke haben. Sie ist eine Gelegenheitskomposition, hat weniger als 20 Arbeitstage erfordert, sieht gar keiner Zukunft entgegen, und ihre Drucklegung ist mir durchaus nicht erwünscht. Eine andere Sache ist ‚Mazepa‘. Es ist allerdings möglich, dass diese Oper auf die beiden Hauptstadtbühnen beschränkt bleiben und nicht weitergehen wird; aber auch das Gegenteil ist möglich. Wer kann das wissen? Wie dem auch sei, es ist lächerlich und merkwürdig, dass Du eine Oper, für welche irgendein Büttner[411] oder Bernard[412] mit Freuden – schon allein, um Dir das Verlagsrecht zu entreissen – eine viel höhere Summe zahlen würden als die, die ich gleich nennen werde, ebenso bewertest wie zehn lumpige Lieder von mir. Ich meine, ‚Mazepa‘ enthält hunderte von Liedern, ausserdem ein ganzes symphonisches Poem[413] und noch ein anderes symphonisches Stück nicht ohne Zukunft,[414] so dass er – logisch gedacht – mir mindestens zehnmal soviel Mammon einbringen müsste wie zehn Lieder oder zehn Klavierstücke. Andererseits sind mir die Schwierigkeiten des Absatzes grosser Werke im Vergleich mit kleinen sehr wohl bekannt, darum glaube ich, die Gerechtigkeit nicht zu verletzen, wenn ich für ‚Mazepa‘ folgende Honoraransprüche stelle: für das Eigentumsrecht – 2000 Rubel, für den Klavierauszug (pro Akt 100 Rubel) – 300 Rubel, für die Korrektur – 100 Rubel; in Summa – 2400 Rubel. Für die Kantate will ich nichts haben. Ich hoffe, lieber Freund, dass Du meinem Protest in Ruhe begegnen und nach reiflicher Überlegung nichts Übertriebenes oder Habgieriges an ihm finden wirst. Angesichts der schwierigen finanziellen Lage, in der Du Dich augenblicklich befindest, will ich das Honorar nicht gleich haben. Die ‚Abrechnung‘ sende ich Dir zurück, auch die Korrektur [des Klavierauszugs]. Sie kann zum Druck gegeben werden, nur bitte ich eindringlichst, alle Fehler zu berichten. Ich sende Dir die offizielle Benachrichtigung von dem Geschenk, als Beweis dafür, dass der Ring mein rechtmässiges Eigentum ist.[415] Bitte nicht böse sein." [XII, 2318.]

An Frau von Meck: „Poduschkino, d. 10. August 1883.

… Gestern fand in der [Moskauer] Theaterdirektion eine Beratung hinsichtlich der Inszenierung des ‚Mazepa‘ statt, zu der auch ich eingeladen worden war. Es hatten sich alle versammelt: Dekorateure, Kapellmeister, Regisseure, Kostümbildner. Die Beratung dauerte zwei Stunden. Mich wundern sehr der Eifer und die Mühe, man möchte sogar sagen: der Enthusiasmus, mit welchem diese ganze Theaterwelt meine Oper behandelt. Welche Plackereien musste ich früher durchmachen, nur um die Annahme einer Oper zu erreichen. Jetzt dagegen reissen sich beide Theater – das Petersburger und das Moskauer – förmlich um meine Oper, ohne dass ich auch nur einen Finger gerührt habe. Gestern wurde mir sogar erzählt, dass die Petersburger Direktion den Dekorateur Botscharow[416] nach Kleinrussland[417] kommandiert habe, damit er die Effekte der Mondbeleuchtung für den letzten Akt

---

[411] Der Petersburger Verleger A. Bitner / Bjutner / Büttner veröffentlichte 1850-1870 Kompositionen des „Mächtigen Häufleins", Napravniks u. a.]

[412] Für den Petersburger Verleger Nikolaj M. Bernard und seine Zeitschrift „Nouvelliste" hatte Čajkovskij in den 1870er Jahren den Klavierzyklus „Die Jahreszeiten" und einzelne Romanzen geschrieben.]

[413] Čajkovskij meint die Zwischenaktmusik „Die Schlacht von Poltawa" vor dem III. Akt; Nr. 15.]

[414] Gemeint ist wahrscheinlich der Gopak (Hopak) aus Nr. 4 des I. Akts.]

[415] Als Belohnung für die Kantate „Moskau" [zu den Krönungsfeierlichkeiten] hatte Peter Iljitsch vom Ministerium des Kaiserlichen Hofs einen Brillantring zugeschickt bekommen, den er aber, nebenbei gesagt, bald darauf verlor.

[416] Der Landschaftsmaler Michail I. Bočarov (1832-1895) war seit 1864 Dekorationsmaler der Kaiserlichen Theater.]

[417] Die Ukraine, im Süden Rußlands, wurde damals oft „Kleinrußland" genannt – im Gegensatz zu „Großrußland" im Norden. Entsprechend wurden „Kleinrussen" von „Großrussen" unterschieden.]

von ‚Mazepa' an Ort und Stelle studiere. Ich begreife nicht, wo die Ursache einer solchen Zuvorkommenheit der Theatersphären mir gegenüber liegen kann, – denn irgendeine geheime Ursache muss es geben; ich kann mir die Sache nicht anders erklären, als dass der Kaiser selbst möglicherweise den Wunsch geäussert hat, meine Oper auf beiden Bühnen aufgeführt zu wissen.[418]

Die Korrektur [des Klavierauszugs zu ‚Mazepa'] ist fertig, und ich sende Ihnen das erste gedruckte Exemplar, liebe Freundin. Jetzt müsste ich mich eigentlich ein wenig der Erholung hingeben und eine Zeitlang faulenzen. Doch der Kompositionsteufel ist mit unglaublicher Gewalt in mich gefahren, so dass ich alle meine freien Stunden des Tages meinem neuen symphonischen Werk opfere, einer *Suite*. Ich hoffe, sie nach einigen Tagen zu beenden und in Kamenka an die Instrumentierung zu gehen.[419]

Meine Gesundheit ist jetzt wieder gut; ich habe einen so fürchterlichen Anfall nervöser Kopfschmerzen überstanden, dass ich glaubte – ich stürbe. Einer Ohnmacht nahe, schlief ich ein, ohne die Kraft gehabt zu haben, mich auszukleiden; und als ich wieder erwachte – war ich gesund. Ich glaube, dass mein ganzes Unwohlsein nichts anderes war als eine nervöse Erregung, hervorgerufen durch die Korrekturen und andere Unannehmlichkeiten." [XII, 2325.]

Die chronologische Reihenfolge der Arbeiten Peter Iljitschs in der Saison 1882-1883 ist folgende:

1) Op. 51. Sechs Klavierstücke: N° 1. Valse de Salon, N° 2. Polka peu dansante, N° 3. Menuetto scherzoso, N° 4. Natha-Valse, N° 5. Romance, N° 6. Valse sentimentale.

Diese Stücke sind auf Veranlassung der Brüder J.[420] und P. Jurgenson Ende August in Kamenka komponiert worden.

2) Verse zur „Slawsja" aus dem „Leben für den Zaren" von Glinka [und deren vereinfachende Bearbeitung], mit [einer Überleitung zu] der Nationalhymne für Chor und Orchester als Abschluss.

Dieser Chor wurde am 10. Mai 1883 gelegentlich des Einzugs des Kaisers in Moskau, und zwar im Moment seines Eintreffens vor den Toren des Kreml von 7500 Schülern der Moskauer Schulanstalten angestimmt. Laut den Erzählungen der Anwesenden hat die Aufführung nicht nur nicht den erwarteten Eindruck gemacht, sondern ist, übertönt von den begeisterten Rufen des Volkes, vollständig unbemerkt geblieben.

Manuskript. [Nicht erhalten.]

3) Feierlicher Krönungsmarsch für Orchester, auf Bestellung der Stadt Moskau komponiert. Erste Aufführung am 23. Mai in Sokolniki auf dem von der Stadt Moskau veranstalteten „Feste".

Verlag P. Jurgenson.

---

[418] Dieser erfreuliche Umschwung in der Behandlung der Autoren seitens der Theaterdirektion war dem Einfluss des kurz vorher zum Direktor der Kaiserlichen Theater ernannten I. Wsewoloshsky zu verdanken. [Zu Ivan A. Vsevoložskij, 1881-1899 Direktor der Kaiserlichen Theater, seinen Reformen und seinem Verhältnis zu Čajkovskij, den er später mit offiziellen Aufträgen auszeichnete (Ballette „Dornröschen" und „Nussknacker", Opern „Pique Dame" und „Jolanthe") siehe Lucinde Braun, ČSt 4.]

[419] Am Konzept der 2. Orchestersuite op. 53 arbeitete Čajkovskij von Juni bis August 1883, die Partitur schrieb er von August bis Oktober desselben Jahres.]

[420] Der ältere Bruder von Čajkovskijs Hauptverleger Petr Ivanovič Jurgenson (1836-1903) in Moskau, Iosip (Osip) I. Jurgenson (1829-1910), war Besitzer eines Notenladens in Petersburg und Kommissionär des Verlags P. Jurgenson.]

4) „Moskau", Kantate für Soli, Chor und Orchester, gelegentlich der Krönung Seiner Majestät des Kaisers Alexander III. komponiert. Die Kantate wurde unter Napravniks Leitung während des feierlichen Mahles, welche die Majestäten [nach dem Krönungsakt] in der „Granowitaja Palata" [dem Facettenpalast des Kreml] zu Moskau einnahmen, aufgeführt.

Verlag P. Jurgenson.

5) „Mazepa", Oper in drei Akten und sechs Bildern. Das Sujet ist dem Poem „Poltawa" von Puschkin entnommen. Der Text stammt von Puschkin, Burenin und dem Komponisten selbst. Das Szenarium der Oper ist folgendes:

Erster Akt.

Erstes Bild: Die Gärten Kotschubeis. Mädchen wollen ihre Zukunft raten und werfen Kränze aufs Wasser. Maria erscheint, Kotschubeis Tochter. Sie würde gern mit ihren Gespielinnen ausfahren, doch darf sie nicht: ein Gast ist da – Mazepa. Die Mädchen entfernen sich in einem Boot. Maria bleibt allein. Sie singt in einem kurzen Arioso von ihrer Liebe zu Mazepa. Da kommt der junge Kosak Andrei. Er weiss von Marias Geheimnis. Duett, in welchem Andrei von seiner Liebe zu Maria spricht. Aus dem Hause treten Kotschubei mit seiner Gemahlin, Mazepa, Iskra und andere Gäste. Gesang und Tänze. Während der letzteren führt Mazepa Kotschubei zur Seite und freit um Maria. Die Tänze enden gerade in dem Moment, als der Streit zwischen Kotschubei und Mazepa beginnt. Nach der Andeutung des letzteren, dass Maria bereits „nicht anders kann" als seine Frau zu werden, befiehlt ihm Kotschubei, sein Haus zu verlassen. Sextett. Mazepa will Maria nicht mit Gewalt entführen und macht ihr den Vorschlag, selbst zu bestimmen, wer ihr lieber ist: die Eltern oder er, Mazepa. Auf seine Frage: „Bist du mein?" – antwortet sie: „Dein!" Da entführt sie Mazepa unter dem Schutz seiner Kosaken und Diener.

Zweites Bild: Im Hause Kotschubeis. Die Gemahlin Kotschubeis beweint, von Frauen umgeben, den Verlust ihrer Tochter und drängt ihren Gemahl zur Rache. Da vertraut Kotschubei seinen Freunden Iskra und Andrei an, dass er dem Zaren eine gerechte Klage über Mazepa zu unterbreiten habe. Aber wer wird dem Zaren diese Klage zu Füssen legen? Andrei nimmt das auf sich.

Zweiter Akt.

Erstes Bild: Eine unterirdische Gefängniszelle in einem Turm des Belozerkowsky-Schlosses. Kotschubei ist gefangen. Die Szene zwischen ihm und Orlik genau nach Puschkin.

Zweites Bild: Ein Zimmer im Hause Mazepas. Mazepa allein. Arie. Orlik erscheint. Mazepa befiehlt ihm, Kotschubei am nächsten Morgen hinzurichten. Orlik entfernt sich, und Maria erscheint. Folgt die Liebesszene zwischen ihr und Mazepa, ebenfalls fast wörtlich nach Puschkin. – Maria bleibt allein. Ihr kurzes Arioso, in welchem sie ihre Vorahnung heraufziehenden Unglücks ausspricht. Da kommt ihre Mutter und fleht sie an, für den Vater einzutreten. Erst jetzt erfährt Maria das Schicksal ihres Vaters. Diese ganze Szene ist auch fast wörtlich nach Puschkin. Mutter und Tochter entfernen sich eilig, Kotschubei zu retten.

Drittes Bild: Der Richtplatz. Das Volk erwartet die Hinrichtung Kotschubeis und Iskras. Ein betrunkener Kosak erscheint. Im Gegensatz zur Stimmung des Volkes singt und tanzt er. Er wird entfernt. Die Prozession beginnt. Voran Mazepa, umgeben von einem glänzenden Gefolge. Mönche, Wachen. Kotschubei und Iskra singen ihr Todesgebet. Sie werden aufs Schafott geführt. In dem Augenblick, als das Beil des Scharfrichters über ihren Köpfen schwebt, kommen Maria und ihre Mutter hergestürzt. Beim Anblick der Hinrichtung bricht Maria ohnmächtig zusammen.

Dritter Akt.
[Zwischenaktmusik:] Symphonisches Bild „Die Schlacht von Poltawa".
Die verlassenen Gärten und Gemächer Kotschubeis. Schwedische Soldaten kommen dahergelaufen, verfolgt von Russen. Andrei erscheint. Er hatte im Kampf vergeblich nach Mazepa ausgeschaut, um ihn zu töten, und ist jetzt hierher gekommen, um zum letzten Mal in seinem Leben den lieben Ort zu schauen, wo er seine Kindheit mit Maria verlebt hat. Da kommen Mazepa und Orlik dahergeritten. Andrei tritt ihnen entgegen, beschuldigt Mazepa, Maria ins Verderben gezogen zu haben, und fordert ihn zum Zweikampf heraus. Sie kämpfen, Andrei fällt, tödlich verwundet. Da kommt die irrsinnig gewordene Maria. Die Szene zwischen ihr und Mazepa wörtlich nach Puschkin. Sie lehnt ab, dem Hetman (Mazepa) zu folgen, und er verlässt sie. Maria bleibt allein. Andrei kommt zu sich. Maria erblickt ihn, stürzt auf ihn zu, hält ihn aber in ihrem Wahn für ein Kind und singt ihm ein Wiegenlied. Duett. Andrei stirbt. Von dem Lärm des Zweikampfs zwischen Andrei und Mazepa angelockt, kommen Leute herbeigelaufen. Maria erinnert sich der Kränze im Wasser und stürzt sich, wahnsinnig lachend, in die Fluten des Flusses. Die herbeieilenden Leute bergen ihre Leiche, legen sie neben Andrei und beweinen sie.[421]

Diese Oper wurde am 3. Februar 1884 im Grossen Theater zu Moskau zum ersten Mal aufgeführt. [Die Petersburger Erstaufführung folgte drei Tage später, am 6. Februar.]

Verlag P. Jurgenson.

Ausserdem begann Peter Iljitsch im Sommer 1883 die Komposition seiner zweiten Suite für Orchester.

[[421] Nach den Erstaufführungen in Moskau und Petersburg ändert Čajkovskij die Nummern 6, 11 und 19 (Finale). Das Finale schloss nun mit Marijas Wiegenlied. Siehe im einzelnen TchH 1, S. 54.]

Kapitel XXXV-XLIII:[422] 1883-1884.

Kapitel XXXV.

[1883, September-November. Kiev, Verbovka. Kamenka.
Weist Frau fon Mekk auf einige Nummern von „Mazepa" hin.
Schwierigkeiten bei der Besetzung der Rolle der Marija in Petersburg.
Über Glazunovs 1. Streichquartett op. 1 – und Kjuis Oper „Der kaukasische Gefangene".
Vorbereitung der Aufführungen der Kantate „Moskva" und des „Mazepa" in Petersburg.
Weiterarbeit an der 2. Orchestersuite. Begeisterung für Bizets „Carmen", spielt auch mit Genuss
Rimskij-Korsakovs „Mainacht" durch. Über die „bedingte Wahrheit" der Gattung Oper im allgemeinen – und
über den „Evgenij Onegin". Über seinen hastigen Arbeitsstil und den Drang, nach Beendigung eines Werks
gleich ein neues zu beginnen; nur das Reisen diene der Erholung. Komposition der „Kinderlieder" op. 54.
Erstaufführung der revidierten Fassung (1874) der 1. Symphonie (1866) in Moskau.]

An A. Tschaikowsky: „Kiew, d. 4. September 1883.

Lieber Tolja, ich bin gut! Erst im Eisenbahncoupé fiel mir ein, dass ich mich weder bei Dir noch bei Deiner Frau dafür bedankt habe, drei Monate unter Euren Fittichen das Leben genossen zu haben. Habt also Dank, Dank, Dank!

Die Reise ging gut, nur habe ich natürlich getrauert, von Euch getrennt zu sein."
[XII, 2337.]

An M. Tschaikowsky: „Werbowka, d. 6. September [1883].

Lieber Modja, gestern abend kam ich in Kamenka an. O Gott, wie freudlos die Natur hier ist! Ich finde keine Worte, die den Eindruck wiedergeben könnten, den diese ausgetrockneten Felder, verdorrten Bäume und überhaupt der Anblick der ganzen Natur Kamenkas nach sieben Wochen langer Dürre auf mich gemacht hat …" [XII, 2341.]

An Frau von Meck: „Werbowka, d. [8.-]10. September [1883].

… Bezüglich meiner Oper [‚Mazepa'] will ich Ihnen sagen, dass Sie auf den ersten Blick diejenige Nummer herausgefunden haben, welche ich für die beste halte. Die Szene zwischen Mazepa und Maria wird dank der herrlichen Verse Puschkins, glaube ich, auch von der Bühne herab Eindruck machen. Leider werden Sie ‚Mazepa' auf dem Theater nicht ansehen können. Gestatten Sie mir, liebe Freundin, auch auf die anderen einzelnen Stellen der Oper hinzuweisen, welche man ebenfalls bequem aus dem Klavierauszug kennenlernen kann. Hierzu gehören: im ersten Akt: 1.) das Duett zwischen Maria und Andrei [in Nr. 2], 2.) das Arioso Mazepas [in Nr. 5]. Im zweiten Akt: 1.) die Gefängnisszene [Nr. 9], 2.) der Auftritt Marias mit der Mutter [Nr. 12]. Im dritten Akt: das letzte Duett [in Nr. 19]."
[XII, 2342.]

An M. Tschaikowsky: „Werbowka, d. 12. September 1883.

… Napravnik hat sich (unter uns gesagt) durch meinen Brief[423] sehr beleidigt gefühlt und mir eine Antwort mit manchen Sticheleien zukommen lassen. Er möchte mich überreden und fleht mich fast an, die Direktion nicht um einen Aufschub der Aufführung anzu-

---

[[422] Bei der Zählung der Kapitel ist in der Originalausgabe ein Fehler unterlaufen: Die Zählung springt von XXXV nach XXXVII. Deshalb hat der erste Teil in der Originalausgabe XLIV (44) und in der vorliegenden Neuausgabe nur XLIII (43) Kapitel.]

[423] Der Inhalt dieses – leider verlorengegangenen – Briefes war die Bitte, mangels einer für die Rolle der Maria passenden Künstlerin die Aufführung des „Mazepa" aufzuschieben – so stark war in Peter Iljitsch die Furcht vor einer Wiederkehr all jener Unannehmlichkeiten, wie sie gelegentlich der Aufführung der „Jungfrau von Orleans" [und zwar bei der Besetzung der Rolle der Johanna] eingetreten waren. [Das Original von Čajkovskijs Brief vom 31. August 1883 an Napravnik ist zwar nicht erhalten, wohl aber eine maschinenschriftliche Kopie, siehe ČPSS XII, Nr. 2335.]

gehen, verspricht für die Rolle der Maria eine ausgezeichnete Sängerin, die demnächst debütieren soll; die Rolle des Orlik wird er, meinem Wunsch gemäss, Stravinsky übertragen.[424] Ich habe ihm auf seine Bitte hin die Rollenbesetzung zugeschickt. Er schreibt, die Chöre wären schon einstudiert.

Ich habe in Kiew Glazunows Quartett gekauft und war angenehm überrascht.[425] Trotz der Nachahmung [Rimsky-]Korsakows, trotz der leidigen Manier, statt der Entwicklung eines Gedankens sich mit der Wiederholung desselben auf tausend verschiedene Arten zufriedenzugeben, trotz der Vernachlässigung der Melodie und der Jagd nach allerlei harmonischen Kuriositäten – ist ein bemerkenswertes Talent nicht zu verleugnen. Die Form ist so abgerundet, dass ich ganz erstaunt bin und vermute, dass hier der Lehrer [d. h. Rimsky-Korsakow] mitgeholfen hat. Ich empfehle Dir, dieses Quartett zu kaufen und mit jemandem vierhändig zu spielen. Auch Cuis Oper ‚Der Gefangene im Kaukasus' habe ich erworben. Dieselbe ist grenzenlos nichtssagend, schwach, kindisch naiv. Am merkwürdigsten ist, dass ein Kritiker, der sein Leben lang die Routine bekämpft hat, an seinem Lebensabend[426] eine bis zur Unverschämtheit routinemässige Oper schreibt." [XII, 2344.]

An M. Tschaikowsky: „Werbowka, d. 19. September 1883.

… Die Instrumentierung der [2. Orchester-]Suite macht mir sehr viel Spass; ich fühle, dass sie sehr nett klingen wird. Meine Spaziergänge sind sehr angenehm, besonders in der letzten Zeit: das Wetter ist anhaltend so wunderschön, dass ich es gar nicht beschreiben kann. Ich habe viel Lektüre. Abends lese und studiere ich die Geographie von Reclus;[427] zwei Teile habe ich schon bewältigt. Sie enthält sehr viel Interessantes.

Bei meiner Ankunft hier fand ich ein Paket von Tkatschenko[428] aus Poltawa vor. Es enthielt alle meine Briefe an ihn. Da er damals, als er sich das Leben nehmen wollte, mir ebenfalls zwei meiner Briefe an ihn zurückgeschickt hatte, verstand ich sofort, dass er mich auch diesmal auf einen bevorstehenden Selbstmordversuch aufmerksam machen wollte. Ich war aber nur im ersten Moment etwas aufgeregt: dann beruhigte mich der Gedanke, dass mein Tkatschenko wohl noch am Leben bleiben werde. In der Tat: heute erhielt ich ein Schreiben von ihm mit der Bitte um Geld, doch von den Briefen kein Wort. Das Schreiben ist wie gewöhnlich in einem höhnischen Ton gehalten. Ein bedauernswerter, aber wenig sympathischer Mensch."[429] [XII, 2348.]

An P. Jurgenson: „Werbowka, d. 25. September 1883.

Lieber Freund, die Grossfürstin Katharina Michailowna[430] möchte eine sehr glänzende Aufführung der [Krönungs-]Kantate [„Moskau"] zustandebringen, mit einem kolossalen Chor, mit der [Sängerin] Lawrowskaja usw. Natürlich möchte sie dieser Aufführung den Reiz der Neuheit nicht nehmen lassen. Ich selbst sympathisiere damit um so mehr, als die

---

[[424] Fedor I. Stravinskij (1843-1902, Vater des Komponisten Igor Stravinsky), Bass, 1876-1902 Mitglied des Petersburger Opernensembles, kreierte folgende Rollen von Čajkovskijs Opern: Der Durchlauchtigste („Kuznec Vakula"), Dunois („Die Jungfrau von Orleans"), Orlik („Mazepa") und Mamyrov („Čarodejka").]
[[425] Aleksandr K. Glazunovs 1. Streichquartett D-Dur op. 1 war 1882 erschienen.]
[[426] Cezar' A. Kjui (1835-1918) war damals etwa 48 Jahre alt. Es handelt sich um die zweite Fassung, 1882, seiner Oper „Kavkazkij plennik".]
[[427] Jean-Jacques Élisée Reclus (1830-1905), La Nouvelle Géographie universelle. La terre et les hommes, 19 Bände, Hachette: Paris, 1876-1894.]
[[428] Zu Tkatschenko vgl. oben den Brief an Frau fon Mekk vom 14.-17. Dezember 1880 (ČPSS IX, Nr. 1648) mit Anmerkung und die späteren Fundstellen.]
[429] Damit endeten für immer die Beziehungen Peter Iljitschs zu L. Tkatschenko, welcher nie wieder etwas von sich hat hören lassen. Was aus ihm geworden – ist unbekannt.
[[430] Grossfürstin Ekaterina Michajlovna (1827-1894), Tochter des Grossfürsten Michail Pavlovič.]

Aufführung bei ihr eine bessere werden dürfte als in der Musikgesellschaft, wo der Chor schlecht ist und nur wenig Proben gemacht werden. Ich wünsche daher, dass die Kantate in Petersburg nicht eher als bei der Grossfürstin aufgeführt werde und bitte Dich, darauf hinzuwirken.[431]

Bezüglich des ‚Mazepa' kannst Du ruhig sein; mein ganzer Eigensinn und meine Wut bestanden darin, dass ich R.[432] nicht haben wollte. Alle anderen Gründe sind nebensächlicher Natur. Napravnik antwortete auf meinen Brief, dass er für eine gute Ausführung der Rolle der Maria durch Fr. Sionitzky oder eine andere Debütantin garantiere.[433] Ich habe bereits eine offizielle Rollenbesetzung hingeschickt, und die Oper dürfte bald in Szene gehen." [XII, 2352.]

An M. Tschaikowsky: „Werbowka, d. 26. September 1883.

… Meine [2. Orchester-]Suite geht sehr langsam voran; doch scheint sie gut gelingen zu wollen. Ich bin fast überzeugt, dass das Scherzo (mit Harmonikas) und das Andante (‚Kinderträume') gefallen werden. Die Begeisterung für [A. N. Serows Oper] ‚Judith' hat einer Leidenschaft für [Bizets] ‚Carmen' Platz gemacht, welche Oper ich bereits den dritten Tag vollständig durchspiele. Nicht ohne Genuss habe ich auch die ‚Mainacht' von Rimsky-Korsakow durchgespielt." [XII, 2354.]

An Frau von Meck: „Werbowka, d. 28. September 1883.

… Ich will Ihnen offen sagen, liebe Freundin, dass mir – obwohl ich einige Opern gern höre und sogar selber welche schreibe – Ihre ein wenig paradoxe Ansicht von der Unhaltbarkeit der Theatermusik dennoch gefällt. Dasselbe sagt auch Leo Tolstoi über die Oper und hatte mir einst sehr dringend geraten, die Jagd nach Theatererfolgen aufzugeben. In ‚Krieg und Frieden' lässt er seine Heldin über die Falschheit und Bedingtheit einer Opernhandlung in Erstaunen und Missvergnügen geraten. Ein Mensch, welcher gleich Ihnen nicht in der Gesellschaft lebt und sich infolgedessen von jeder Bedingtheit befreit hat oder welcher gleich Tolstoi lange Jahre ununterbrochen auf dem Dorf gelebt und sich nur mit Familienangelegenheiten, Literatur und Schulfragen beschäftigt hat, muss naturgemäss etwas intensiver als jeder andere die ganze Falschheit der Opernform empfinden. Auch ich fühle mich, wenn ich eine Oper schreibe, bedrängt und nicht frei, so dass ich in der Tat glaube, dass ich nie wieder eine Oper schreiben werde. Nichtsdestoweniger muss man anerkennen, dass viele erstklassige musikalische Schönheiten in der musikdramatischen Gattung zu finden sind und dass ihre Autoren gerade durch dramatische Motive angeregt wurden. Gäbe es keine Oper, dann gäbe es auch nicht ‚Don Juan' und ‚Die Hochzeit des Figaro' [von Mozart], ‚Ruslan und Ludmila' [von Glinka][434] usw. Freilich ist es vom Standpunkt des gesunden Menschenverstandes aus sinnlos, die handelnden Personen auf

---

[[431] Die Petersburger Erstaufführung der Kantate „Moskva" fand am 8. Januar 1884 in einem Konzert zugunsten der 16. Schule „Petersburger Gesellschaft patriotischer Frauen" statt, und zwar mit den Solisten Elizaveta A. Lavrovskaja (Alt) und Ippolit P. Prjanišnikov (Bariton) sowie dem Chor und dem verstärkten Orchester der Kaiserlichen Russischen Oper, Dirigent: Anton G. Rubinštejn.]

[[432] Im Originalbrief nennt Čajkovskij den Namen: Raab. Die Sopranistin Vil'gel'mina (Wilhelmine) I. Raab (1848-1917), seit 1872 Mitglied des Petersburger Opernensembles, hatte folgende Rollen in Opern Čajkovskijs kreiert: Natal'ja („Opričnik"), Oksana („Kuznec Vakula"), Agnes Sorel („Orleanskaja deva"). Čajkovskij widmete ihr seine Romanze „Kanarejka" (Der Kanarienvogel) op. 25, Nr. 4.]

[[433] Nicht Marija A. Dejša-Sionickaja, sondern die Sopranistin A. B. Laterner übernahm die Rolle der Marija in der Petersburger Inszenierung von „Mazepa".]

[[434] Michail I. Glinka (1804-1857) hat zwei für die Entwicklung der russischen Musik epochemachenden Opern geschrieben: „Žizn' za carja" („Ivan Susanin"; „Das Leben für den Zaren"; 1836) und „Ruslan i Ljudmila" (1842).]

der Bühne – welche die Wirklichkeit widerspiegeln soll – *singen* anstatt *sprechen* zu lassen. Doch haben sich die Menschen an diese Absurdität gewöhnt, und beim Anhören des *Sextetts* aus dem ‚Don Juan' denke ich nicht daran, dass etwas vor sich geht, das die Forderung der künstlerischen Wahrheit umstösst, sondern geniesse einfach die Schönheiten der Musik und bewundere die erstaunliche Kunst Mozarts, der es verstanden hat, einer jeden der sechs Stimmen ihren eigenen und besonderen Charakter zu geben und eine jede der handelnden Personen scharf abzuschattieren, so dass ich – den Mangel an *absoluter Wahrheitstreue* ganz vergessend – über die Tiefe jener *bedingten Wahrheit* staune, und mein gesunder Menschenverstand schweigt dazu.

Sie sagen, liebe Freundin, in meinem ‚Eugen Onegin' wären die musikalischen Muster schöner als der Kanevas, auf welchem sie aufgenäht sind. Ich sage Ihnen aber, dass – wenn meine Musik zu ‚Eugen Onegin' den Vorzug der Wärme und Poesie hat – solches dadurch gekommen ist, dass mein Gefühl durch die Schönheit des Sujets erwärmt wurde. Überhaupt meine ich, es sei ungerecht, in Puschkins Text nur die Verse schön zu finden. Tatjana ist nicht nur ein kleinstädtisches Fräulein, das sich in einen grossstädtischen Dandy verliebt. Sie ist ein vom wirklichen Leben noch unberührt gebliebenes, jungfräuliches Wesen von reiner, echt weiblicher Schönheit; sie ist eine träumerische Natur, welche ein unbestimmtes Ideal sucht und es leidenschaftlich zu erhaschen strebt. Solange sie nichts findet, was dem Ideal ähnlich sieht, bleibt sie unbefriedigt, aber ruhig. Es brauchte nur eine Persönlichkeit zu erscheinen, welche äusserlich von der gemeinen kleinstädtischen Umgebung, in der sie lebte, abstach, – da bildet sie sich auch schon ein, das sei das Ideal, und wird bis zur Selbstvergessenheit von ihrer Leidenschaft ergriffen. Puschkin hat die Kraft dieser jungfräulichen Liebe mit einer Genialität geschildert, dass ich – schon von Kindheit an – stets bis in die tiefsten Tiefen gerührt werde. Wenn wirklich das Feuer der Inspiration in mir brannte, als ich die ‚Briefszene' komponierte, so hat Puschkin dieses Feuer angezündet, und ich will Ihnen offen, ohne jede falsche Bescheidenheit und bei vollem Bewusstsein sagen, dass ich zufrieden und stolz wäre, wenn in meiner Musik auch nur ein Zehntel der im Sujet selbst enthaltenen Schönheiten läge. In der Duellszene erblicke ich auch etwas weit Wichtigeres als das, wovon Sie schreiben. Ist es nicht hochdramatisch und rührend, dass ein überaus glänzend begabter Jüngling infolge einer verhängnisvollen Konstellation mit den Forderungen des Begriffs ‚Ehre' in den Tod gehen muss? Liegt denn darin kein dramatisches Moment, dass ein sich langweilender Grossstadtlöwe aus *Langeweile*, aus kleinlichem Ärger, unbeabsichtigt, nur infolge einer verhängnisvollen Verknüpfung verschiedener Umstände einem jungen Mann das Leben nimmt, den er im Grunde lieb hat? All das ist, wenn Sie wollen, sehr einfach, sogar alltäglich; doch die Einfachheit und Alltäglichkeit schliessen Poesie und Drama nicht aus." [XII, 2356.]

An M. Tschaikowsky: „Werbowka, d. 3. Oktober 1883.

... Ich bin mit meiner [2. Orchester-]Suite sehr zufrieden; sie wird Dir gewiss gefallen, besonders [der Satz] ‚Kinderträume'. *Sei stark, empfange niemanden.* Ich werde sehr traurig, wenn ich an Dich denke, Modja, denn ich fühle, dass meine Ratschläge fruchtlos bleiben werden: gerade *Charakterfestigkeit* fehlt uns beiden![435] [XII, 2357.]

An Frau von Meck: „Kamenka, d. 11.[-19.] Oktober 1883.

... Die schönen Tage, die jetzt anhalten, geniesse ich besonders intensiv. Der Grund liegt vielleicht darin, dass meine Arbeit [an der 2. Orchestersuite] nahezu fertig ist und ich

---

[435 Modest hatte in seinem Brief vom 19.-21. September 1883 darüber geklagt, daß er durch Visiten und Gäste von der Arbeit abgelenkt werde.]

folglich – solange ich noch keine neuen kompositorischen Absichten hege – die Möglichkeit habe, die herrlichen Herbsttage in Ruhe zu geniessen.

Meine Suite hat fünf Sätze, und zwar: 1) Jeu de sons, 2) Valse, 3) Scherzo burlesque, 4) Rêves d'enfant, 5) Danse baroque.

Die Instrumentierung habe ich beendet und mache jetzt das vierhändige Arrangement; einen Teil dieser Arbeit habe ich übrigens an Frau Hubert[436] übertragen, die schon verschiedene meiner Sachen arrangiert hat. Im grossen und ganzen bin ich mit diesem Werk sehr zufrieden. Übrigens ist es wieder die alte Geschichte: ich liebe jedes neue Opus sehr, solange es noch ganz mein eigen und niemandem bekannt ist; sobald es aber Eigentum des Publikums wird – kühlt sich meine Liebe ab." [XII, 2364.]

An A. I. Löwenson-Alexandrow:[437] „Kamenka, d. 25. [recte: 19.] Oktober 1883.

... Sie fragen, ob es nicht *anmassend* sei, dass Sie sich ein Urteil über ‚Mazepa' erlauben. Oh, wie schlecht kennen Sie unsereinen: wir Komponisten verzichten gern auf das tägliche Brot, wenn wir nur gelobt werden. Hätten Sie über ‚Mazepa' geschimpft, dann fände ich das allerdings anmassend; von Ihrer Anerkennung habe ich jedoch mit Freuden Notiz genommen." [XII, 2371.]

An Frau von Meck: „Kamenka, d. 25. Oktober 1883.

... In meinem letzten Brief, glaube ich, schrieb ich Ihnen schon, dass ich durch die Beendigung der [2. Orchester-]Suite ein Recht auf Erholung verdient hätte und dieses Recht ergiebig auszunutzen gedachte. Das sage ich jedesmal, wenn ich eine Arbeit erledigt habe und mit Wonne an ein zeitweiliges Nichtstun denke. Es bleibt aber jedesmal nur bei Worten: kaum beginnt die Erholung, fällt mir das Faulenzen auch schon zur Last, ich denke mir eine neue Arbeit aus, lasse mich von ihr hinreissen und beginne von neuem mit einer Hast, die niemand nötig hat, ans Ende der Arbeit zu streben. Es scheint mein Los zu sein, mich beständig zu beeilen, etwas zum Abschluss zu bringen; ich weiss, dass es meinen Nerven und meiner Arbeit selbst schädlich ist, doch kann ich mich nicht bezwingen. Nur während einer Reise erhole ich mich wirklich, daher haben Fahrten stets einen so wohltuenden Einfluss auf meine Gesundheit, daher werde ich auch wahrscheinlich nie sesshaft werden und bis zu meinem letzten Tage ein Nomadenleben führen." [XII, 2377.]

An Frau von Meck: „Kamenka, d. 1. November 1883.

... Ich fühlte mich hier ganz zufrieden und glücklich, – wenn nicht das krankhafte, unruhige Bedürfnis nach *eiliger Arbeit* wäre, welche mich ohne die geringste Notwendigkeit furchtbar ermüdet. Ich glaube, Ihnen schon geschrieben zu haben, dass ich eine Sammlung Kinderlieder [op. 54] begonnen habe. Das wäre für mich eine ganz gute Erholung, wenn ich nicht im Feuer meines Eifers so eine Menge Skizzen entworfen hätte, die ich eiligst ausführen möchte. Wozu diese Eile? Ich fühle, wie dumm das ist, und kann meine sinnlose Hast doch nicht bemeistern. Damit nicht genug: ich hatte den Einfall, das Studium der englischen Sprache wiederaufzunehmen. Auch das würde nichts schaden – wollte ich die mir selbst gestellten Lektionen ohne Übereilung in den Mussestunden durcharbeiten. Doch nein: in mir ist der Wunsch entbrannt, das Englische möglichst bald so weit zu beherrschen, um Dickens leicht lesen zu können, weshalb ich auch dieser Beschäftigung mehrere

---

[436] [Alexandra I. Gubert (Hubert), geb. Batalina, 1850-1937, Pianistin und 1874-1883 Lehrerin am Moskauer Konservatorium, 1889-1914 dessen Inspektorin.] Die Gemahlin von [Nikolai A. Gubert] Hubert, eine frühere Schülerin des Konservatoriums und eine gute Freundin Peter Iljitschs. [Sie fertigte Klavierauszüge einer Reihe von Čajkovskijs Kompositionen an.]

[437] [Anna Ja. Aleksandrova-Levenson.] Pianistin, Schülerin des Moskauer Konservatoriums, welche Peter Iljitsch in Nisy bei Kondratjews kennengelernt hatte.

Stunden täglich widme, so dass ich – mit Ausnahme von Frühstück, Mittagessen und obligatorischem Spaziergang – buchstäblich keinen Moment anders verbringe als in wahnsinniger Hast, etwas zu beenden. Das ist sicher eine krankhafte Erscheinung. Zum Glück wird diese fieberhafte Tätigkeit bald ein Ende haben, weil meine Abberufung nach Moskau zu den Opernproben [zu ‚Mazepa'] vor der Tür steht." [XII, 2380.]

An P. Jurgenson: „Kamenka, d. 1. November 1883.
... Wieso die [Orchester-]Suite № 1 unbezahlt geblieben ist, verstehe ich nicht; irrst Du Dich auch nicht? Sieh doch noch einmal ordentlich nach! Jedenfalls: was von der Fuhre gefallen – ist verfallen, daher will ich für sie auch nichts haben; dagegen wünsche ich für die zweite Suite 500 Rubel, einschließlich der 50 Rubel, welche Frau Hubert von Dir [für die Anfertigung des Klavierauszugs] erhalten hat. Dir droht aber neues Unheil: ich schreibe ein Sammlung Kinderlieder, nicht weniger als 15 an der Zahl,[438] welche sehr gut zu werden scheinen, darum will ich nicht bescheiden sein und Dich übers Ohr hauen, was das Zeug hält. Dafür werde ich danach lange Zeit nichts mehr schreiben." [XII, 2381.]

An P. Jurgenson: „Kamenka, d. 13. November 1883.
... Wenn Du die erste [Orchester-]Suite durchaus bezahlen willst, so kann ich nicht mehr als 200 Rubel dafür beanspruchen, denn ich bin noch im Zweifel, ob ich nicht doch schon ein Honorar für dieselbe erhalten habe. Für die Liedchen [Kinderlieder op. 54] könnte man, glaube ich, 25 Rubel pro Stück ansetzen." [XII, 2390.]

An Frau von Meck: „Kamenka, d. 15. November 1883.
... Es ist schade, mein gemütliches Zimmer und die lieben Verwandten zu verlassen, doch werde ich dringend gebeten, am Sonnabend in Moskau zu sein. An diesem Tag soll in der Musikgesellschaft meine erste Symphonie zu Wort kommen.[439] Ich weiss nicht, ob Ihnen dieses Werk bekannt ist. Obwohl in mancher Beziehung noch unreif, ist es im Grunde genommen doch inhaltsreicher als manche späteren und reiferen Kompositionen ..." [XII, 2392.]

Kapitel XXXVI.

[1883, Ende November – 1884, Februar/März. Moskau, Petersburg, Moskau. Paris.
Die Vorbereitungen der Erstaufführungen des „Mazepa" in den beiden Hauptstädten ziehen sich hin. Will in Zukunft „für immer der Bühnenmusik entsagen". Versucht, den der Untätigkeit und Hypochondrie verfallenen Laroš zur Arbeit zu animieren. Ärger wegen der „Mazepa"-Tantiemen. Proben und Moskauer Uraufführung des „Mazepa" (am 3. Februar 1884 in Anwesenheit des Komponisten), ohne nachhaltigen Erfolg. Nach den Aufregungen der letzten Zeit fährt Čajkovskij am Abend der begeistert aufgenommenen Uraufführung seiner 2. Orchestersuite am 4. Februar ins Ausland, ohne der Petersburger Erstaufführung des „Mazepa" am 6. Februar beizuwohnen. Wie in Moskau hatte sie auch in Petersburg nur einen „kühlen Achtungserfolg". Erfährt in Paris (hört dort Massenets „Manon Lescaut") die „Wahrheit" und wehrt sich gegen Jurgensons Vorwurf, nicht zur Petersburger Erstaufführung des „Mazepa" gekommen zu sein. Über Zolas Roman (1884) „La joie de vivre". Sieht in der Comédie-Française Komödien von Molière und Delpit (1883). Über die Wagnerbegeisterung der Pariser. Napravnik berichtet ihm vom Wohlwollen und Interesse des Zaren an seiner Musik und vom Wunsch, „Onegin" inszenieren zu lassen; ausserdem rät er Čajkovskij, sich dem Zaren vorzustellen.]

[[438] Das Opus 54 umfaßt sechzehn Lieder. Den 1883 komponierten Nummern 1-15 wurde bei der Publikation 1884 als Nr. 16 ein schon Ende 1880 geschriebenes und Anfang 1881 publiziertes „Kinderliedchen" („Detskaja pesenka") angefügt.]
[[439] Die 1. Symphonie – in ihrer revidierten Fassung von 1874 – wurde im fünften Symphoniekonzert der Russischen Musikgesellschaft am 19. November 1883 unter der Leitung von Max Erdmannsdörfer erstaufgeführt – in Anwesenheit des Komponisten.]

An Frau von Meck: „Moskau, d. 23. November 1883.

Liebe, gute, beste Freundin, – so bin ich denn in Moskau. Wundern Sie sich nicht und verzeihen Sie um Gottes willen, wenn ich Ihnen von heute an bis zum Schluss meines Aufenthalts hier und in Petersburg nicht oft und nicht viel schreiben sollte. Wie gewöhnlich befinde ich mich von früh bis spät in dem wahnsinnigen Trubel des Stadtlebens und finde keine Musse für eine Unterhaltung mit Ihnen. Ich will Ihnen nur kurze Mitteilungen über alles, was mir begegnet, zukommen lassen. Ich bin am Sonnabend voriger Woche hier angekommen und wohnte dem Konzert der Musikgesellschaft bei, in welchem meine hier seit 16 Jahren nicht mehr gespielte [1.] Symphonie aufgeführt wurde. Ich wurde mit Begeisterung herausgerufen, und das war für mich – wie immer – angenehm, schmeichelhaft und zugleich qualvoll lästig. Die [Vorbereitung der Ur-]Aufführung meiner Oper [‚Mazepa'] wird sich sehr in die Länge ziehen. So geht es immer in den Staatstheatern zu: man verspricht viel und hält wenig. Es finden nicht nur keine Proben statt, sondern selbst die Dekorationen werden noch nicht gemalt, so dass meine Oper allem Anschein nach nicht vor Ende Januar in Szene gehen wird.

Gestern spielte ich vor einer Versammlung der hiesigen allerersten Musiker meine neue [2. Orchester-]Suite und erregte grossen Beifall." [XII, 2394.]

An Frau von Meck: „Petersburg, d. 2. Dezember 1883.

Ich schreibe Ihnen aus Petersburg, liebe, teure Freundin; gestern abend bin ich ausschliesslich zum Zweck des Wiedersehens mit Modest hier angekommen. Meine Opernangelegenheiten haben sich sehr in die Länge gezogen, so dass beide Aufführungen [des ‚Mazepa'], sowohl die Petersburger als auch die Moskauer, bis zur zweiten Januarhälfte aufgeschoben worden sind. Ich habe also augenblicklich weder hier noch da etwas zu suchen und bedaure sehr, Kamenka so früh verlassen zu haben, wo ich ruhig bis Neujahr hätte bleiben können.

Ich kann Ihnen gar nicht wiedergeben, welch einen niederschmetternden Eindruck Petersburg auf meine Stimmung macht. Zu den mehr oder weniger wichtigen Gründen, welche mir den Aufenthalt in der Residenz des Beamtentums unerträglich machen, – kommt noch dieses entsetzliche Klima. In Moskau ist schon längst der herrliche russische Winter eingezogen, und hier – nicht ein einziges Schneeflöckchen, dabei ist es kalt, windig und des morgens so dunkel, dass man selbst in der Nähe des Fensters nicht schreiben kann.

Vielleicht wird mich der *Erfolg* des ‚Mazepa' (welcher übrigens noch sehr zweifelhaft ist) für alle Unannehmlichkeiten entschädigen, welche ich dieser Oper zuliebe über mich ergehen lassen muss. Ich habe geschworen, nie wieder eine Oper zu schreiben, um derentwillen ich mich freiwillig des Glückes beraube, in Freiheit zu leben." [XII, 2395.]

An Frau von Meck: „Moskau, d. 11. Dezember 1883.

… Wie konnten Sie nur glauben, teuerste, beste Freundin, dass ich imstande wäre, Ihnen irgendetwas *übelzunehmen*, zumal *das Aussprechen Ihrer Meinung über meine Musik?* Ich kann Ihre Meinung manchmal nicht teilen, aber Ihnen böse sein, weil Ihre Ansichten nicht immer die meinen sind, – kann ich nicht. Ganz im Gegenteil: ich bin stets ganz gerührt durch das warme Empfinden, mit welchem Sie von meiner Autorschaft sprechen, und die Originalität und Selbständigkeit Ihres Urteils hat mir von jeher gefallen. Zum Beispiel gefällt es mir trotz der sechs von mir geschriebenen Opern sehr, dass Sie die Oper im Vergleich mit der symphonischen und Kammermusik eine niedere Kunstgattung nennen. Im Grunde habe ich das auch selbst von jeher empfunden und werde wohl nunmehr für immer der Bühnenmusik entsagen, obwohl man zugeben muss, dass die Oper den Vorzug besitzt, auf das musikalische Gefühl der *Massen* zu wirken, während der Symphoniker es mit einem kleinen, aber gewählten Publikum zu tun hat.

Seien Sie also versichert, dass es mir nicht unangenehm sein konnte, was Sie in Betreff meiner zweiten Suite geschrieben haben, – nur habe ich zu meinem grössten Leidwesen jenen Brief, in welchem Sie von der Suite sprechen, *nicht erhalten*, warum – weiss ich nicht." [XII, 2397.]

An Frau von Meck: „Moskau, d. 21. Dezember 1883.

Liebe, teure, unvergleichliche Freundin, die Tage vergehen einer nach dem anderen in einer entsetzlich langweiligen Folge; es ist schon über einen Monat her, seit ich ohne jede Beschäftigung in Moskau lebe, ohne die Möglichkeit zu haben, auch nur etwas zu lesen, geschweige denn meine Korrespondenz zu unterhalten, welche ich, nolens volens, vernachlässigt habe, u. a. auch Ihnen so selten schreibe. Was soll ich tun? Von früh bis spät muss ich entweder Besucher empfangen, welche mich sprechen wollen, oder selbst Besuche machen. Mir fehlt die Charakterfestigkeit, um – selbst auf die Gefahr hin, den einen oder anderen zu beleidigen – den Einladungen energisch aus dem Weg zu gehen; im Resultat: eine Menge nutzlos und langweilig verbrauchter Zeit. Manchmal ermüdet mich das bis zum Stumpfsinn, bis zur völligen geistigen und moralischen Erschlaffung. Dabei ist das Ende noch gar nicht abzusehen, denn bis jetzt ist von einer Aufführung der Oper [‚Mazepa'] noch keine Rede. Nein – zum Städter tauge ich nicht!

Hier wohnt, im selben Hotel wie ich, Laroche. Das Engagement für den Posten eines Konservatoriumsprofessors hatte ihn anfangs etwas belebt, so dass im Herbst einige Artikel von ihm in den ‚Moskauer Nachrichten'[440] erschienen waren. Bald ist er aber wieder in die absolute Unfähigkeit zur Arbeit gefallen. Als ich nach Moskau kam, brachte er seine ganze Zeit im Bett liegend zu, tat nichts und gab sich der schwärzesten Hypochondrie hin. Um ihn zur Tätigkeit anzuregen, hatte ich ihm neulich vorgeschlagen, täglich für zwei Stunden zu ihm zu kommen und nach seinem Diktat einen Artikel für den „Russischen Boten"[441] niederzuschreiben. Er hat sich so geschmeichelt gefühlt und war so gerührt, dass die Hälfte eines grossen Artikels bereits fertig und in Druck gegeben ist. Mich interessiert überhaupt sehr die Frage von der geistigen Wiedergeburt dieses ungewöhnlich, phänomenal begabten Mannes; ich zweifle nur leider, ob er jemals imstande sein wird, auch ohne die Anregung seitens eines freundschaftlich gesinnten Menschen irgendetwas zu schaffen. Er braucht eine *Wärterin*. Diese Rolle habe ich übernommen, weil ich frei von jeder Beschäftigung bin. Nach meiner Abreise wird er gewiss wieder der Faulheit anheimfallen.

Vor einigen Tagen wurde ich sehr durch eine Ovation gerührt, welche mir das Mädchengymnasium Frl. Fischers[442] dargebracht hat. Die Vorsteherin dieses Instituts hatte mir schon früher öfter brieflich ihre warme Sympathie für meine Musik ausgedrückt. Diesmal hatte sie mich überredet, einem musikalischen Abend im Gymnasium beizuwohnen, der auch vor einigen Tagen stattfand. Ich wurde von Frl. Fischer, welche von allen Lehrerinnen und Schülerinnen umringt war, begrüsst. Darauf wurde vom Chor eine ganze Reihe meiner

---

[440 „Moskovskie vedomosti", seit 1756 erscheinende Tageszeitung, 1863-1887 herausgegeben von dem Publizisten Michail N. Katkov (1918-1987). 1883 sind in den „Moskovskie vedomosti" zwei Aufsätze German A. Laroš's über Glinka erschienen, und zwar in Nr. 261 und 270 vom 16. und 29. September.]

[441 Versehentlich ist in LebenTsch. 2, S. 255, von der liberalen Tageszeitung „Russische Nachrichten" („Russkij vedomosti") die Rede; im russischen Originalbrief in ČPSS XII, Nr. 2402, wird dagegen der „Russkij vestnik" („Russische Bote") genannt, eine monatlich erscheinende Zeitschrift für Politik und Literatur. In deren Januar-Ausgabe 1884 erschien Laroš's Beitrag „Russkoe Muzykal'noe obščestvo v Moskve" („Die Musikgesellschaft in Moskau").]

[442 Sofija N. Fišer (gest. 1913), Gründerin und Leiterin eines privaten Mädchengymnasiums in Moskau.]

Kompositionen gesungen. Die Mädchen sangen ganz vorzüglich, und ich war – obwohl ich mich als Gegenstand der allgemeinen Aufmerksamkeit etwas unbehaglich fühlte – ganz gerührt von den herzlichen Sympathiekundgebungen, die mir im Laufe des abends von allen Seiten zuteil wurden." [XII, 2402.]

An Frau von Meck: „Moskau, d. 14. Januar 1884.
... Gestern abend kam ich hier an und wollte Ihnen sofort meine Petersburger Eindrücke mitteilen, doch fand ich hier ein offizielles Schreiben der Theaterdirektion vor, welches mich so erregt und verstimmt hat, dass ich den ganzen Tag wie ein Verrückter herumgelaufen bin, die ganze Nacht nicht schlafen konnte und mich noch heute wie zerschlagen fühle. Es ist ja lächerlich und beschämend, sich durch Kleinigkeiten so aufregen zu lassen, wie soll man aber ruhig bleiben, wenn einem Gerechtigkeitsgefühl und Eigenliebe verletzt werden. Als ich (im November), der Einladung der Direktion Folge leistend, im Theaterbureau erschien, um die Bedingungen der Annahme des ‚Mazepa' zur Aufführung zu unterzeichnen, erfuhr ich, als man die Tantiemen niedriger angesetzt hatte, als üblich war, mit der Begründung, dass die Oper nur drei Akte *statt vier* enthalte. Als ich bemerkte, dass meine Oper trotz ihrer nur drei Akte einen ganzen Abend füllen würde, gerade so, als ob sie vier enthielte, dass es mir ein Leichtes wäre, sie – um einige Rubel mehr zu erzielen – nicht nur in vier, sondern in ganze zehn zu zerlegen, dass ich aber an der ursprünglichen Einteilung festhielte, um den künstlerischen Erfordernissen des Textes und der Musik zu genügen, – sagte man mir, ich möchte das alles schriftlich ausführen, und gab mir die Versicherung, dass mein Gesuch berücksichtigt würde. Das tat ich denn auch. Jetzt erhalte ich die offizielle Benachrichtigung – und zwar ohne Angabe von Gründen –, dass der Herr Minister des Kaiserlichen Hofes *meine Bitte abzulehnen zu befehlen geruht* habe, als wenn ich um eine kleine Gabe gebettelt hätte. Die Verweigerung selbst und die Form, in welche sie gekleidet war, haben mich tief verletzt und beleidigt.

Im ersten Moment wollte ich meine Partitur zurückverlangen und lief zu Jurgenson, um mich mit ihm zu beraten. Er erklärte mir aber, dass ich, juristisch gesehen, nicht das Recht hätte, das zu tun. Dann entwarf ich einige bis zur Frechheit scharfe Briefe, konnte mich aber zu keinem derselben entschliessen und habe mich erst heute ein wenig beruhigt. Ich habe nun an den Direktor der Theater einen Brief gerichtet, in welchem ich meinem Protest gegen eine derart beleidigende Handlungsweise Ausdruck verliehen habe.[443] Ach, liebe Freundin, bewahre einen Gott davor, jemals etwas mit Theatern zu tun zu haben! Gewiss gebe ich mich zum letzten Mal damit ab!" [XII, 2411.]

Hier muss gesagt werden, dass der Minister des Kaiserlichen Hofes nach einigen Tagen infolge des abermaligen Vortrags des Theaterdirektors die Forderung Peter Iljitschs respektiert und ein Honorar von 10% der Einnahme pro Vorstellung bewilligt hat.

An M. Tschaikowsky: „Moskau, d. 16. Januar 1884.
... Gestern haben die Proben zu ‚Mazepa' ihren Anfang genommen, so dass ich von 12 bis 4 Uhr im Theater stecke und die Sänger begleite, welche ihre Partien gut kennen und überhaupt recht viel Eifer zeigen. Nach der unbeschreiblichen Ermüdung, die ich hier spüre, glaube ich, dass ich nicht imstande sein werde, zweimal dieselbe Geschichte durchzumachen, und werde daher wohl kaum nach Petersburg kommen, – aber bitte kein Wort davon!" [XII, 2412.]

---

[443] Brief vom 14. Januar 1884 an den Direktor der Kaiserlichen Theater Ivan A. Vsevoložskij, ČPSS XII, Nr. 2410, S. 294-296.]

An Frau von Meck: „[Moskau, d. 20. Januar 1884.]

... Modest rät mir, nach der Moskauer Vorstellung des ‚Mazepa' nicht nach Petersburg zu fahren, sondern eine Erholungsreise anzutreten; das werde ich wahrscheinlich auch tun. Meine Nerven sind furchtbar herunter, so dass es mir in letzter Zeit oft scheint, die Saiten seien zu straff gespannt und könnten jeden Augenblick reissen; ein unbestimmtes Gefühl der Furcht vor dem Tode ist über mich gekommen. Das hat gewiss gar nichts zu bedeuten, und ich bin einfach müde, aber gesund. Man darf jedoch die Ermüdung nicht bis zur äussersten Grenze des Möglichen führen." [XII, 2413.]

An E. F. Napravnik: „Moskau, d. 22. Januar 1884.

Hochverehrter Freund Eduard Franzewitsch, soeben habe ich die Nachricht erhalten, dass die Proben zu ‚Mazepa' am 25. Januar beginnen und mein Erscheinen in Petersburg erwünscht sei ... Ich bitte Sie sehr, mit den Proben zu beginnen, ohne auf mich zu warten, wobei ich *alle meine Autorenrechte hinsichtlich der Einmischung in das Einstudieren der Oper unbeschränkt Ihnen übertrage.* Ich zweifle auch nicht einen Augenblick daran, dass die Oper auch ohne meine Anwesenheit erfolgreich aufgeführt werden wird. Ich setze *unbegrenztes Vertrauen* in Ihr freundschaftliches Wohlwollen gegenüber dem Schicksal meiner Oper und verzichte von vornherein auf die spätere Geltendmachung irgendwelcher Bemängelungen der Aufführung. Seien Sie versichert, dass es nicht übertrieben ist, wenn ich sage, dass ich Ihrer Kunst, Ihrer Erfahrung und Ihrer Freundschaft *unbedingt* vertraue.

Gleich nach dem Zustandekommen der ersten hiesigen Aufführung werde ich frei sein und nach Petersburg kommen können, bitte Sie jedoch eindringlichst, den Zeitpunkt der ersten Aufführung der Oper nicht von meiner Anwesenheit abhängig zu machen. Setzen Sie sie an, wann Sie es für nötig finden werden, und ich werde kommen, wenn es mir *möglich* sein sollte." [XII, 2415.]

An Frau von Meck: „Moskau, d. 3. Februar 1884.

Teure Freundin, verzeihen Sie mir um Gottes willen, dass ich so lange nicht geschrieben habe. Schon eine ganze Woche befinde ich mich in einer grenzenlos erregten und nervösen Stimmung; ich wundere mich, wie meine Gesundheit das alles aushalten kann. Bis vorgestern abend war ich nur bis zum letzten Grade ermüdet. Seit jenem Abend bin ich aber insgeheim tieftraurig. Die Generalprobe zu ‚Mazepa' hat stattgefunden, vor geladenem Publikum, welches das Theater von oben bis unten füllte. In musikalischer Hinsicht verlief die Probe glatt, in szenischer Hinsicht aber ging alles sehr schlecht: nichts klappte, die Pausen dauerten unendlich lang, und jeden Augenblick gab es Missverständnisse. War es deshalb, oder weil einige Künstler nur mit halber Stimme sangen, – ich weiss es nicht, nur war ich sehr erstaunt über die eisige Kälte des Publikums. Ich schliesse daraus, dass die Oper nicht den Keim eines sicheren und dauernden Erfolgs in sich trägt, und dieser Gedanke quält und frisst an mir mit unheimlicher Kraft. Heute findet die erste Vorstellung statt. Morgen wird in Erdmannsdörfers Konzert meine neue [2.] Suite gespielt, und am Montag, dem 6., geht ‚Mazepa' in Petersburg in Szene ... Ich schwanke, ob ich, der Einladung der Petersburger Künstlerschaft Folge leistend, hinreisen soll. Wenn die Oper meinen Intentionen nicht ganz entsprechen sollte, wenn in musikalischer Beziehung einige Unrichtigkeiten unterlaufen sind, so werde ich sie doch nicht mehr beseitigen können. Es bleibt also nur, nach Petersburg zu fahren: zum Erscheinen auf der Bühne im Falle von Hervorrufen bei einem eventuellen Erfolg – oder zu einer neuen tödlichen Erbitterung im Falle eines Misserfolgs. Ich neige mehr zu dem Entschluss, *nicht* hinzureisen. Das Resultat der heutigen Vorstellung werde ich Ihnen telegraphisch mitteilen. Es ist sehr gut möglich, dass ich am Sonnabend, d. h. morgen, ins Ausland reisen werde." [XII, 2419.]

Die Uraufführung der Oper „Mazepa" fand am 3. Februar im Grossen Theater in Moskau unter der Leitung von H. Altani[444] statt. Das Haus war, wie gewöhnlich bei Premieren, ausverkauft und glänzend. Die Stimmung des Publikums war dem Autor günstig und äusserte sich in einstimmigen Ovationen für ihn und die Ausführenden. Nichtsdestoweniger glaubte Peter Iljitsch nicht – wie wir später sehen werden – an die Echtheit und Ungekünsteltheit des Beifalls: sein Gefühl täuschte ihn nicht, dass dieser Beifall seiner Person und einigen „Lieblingen" unter den Ausführenden galt – aber nicht der Oper. Das weitere Schicksal von „Mazepa", welcher zwar noch einige Male volle Häuser machte, sich aber nicht länger als zwei Spielzeiten im Repertoire halten konnte, bestätigt das.

In welchem Masse der hinter Rosen versteckte Misserfolg des „Mazepa" durch die Mängel des Werks selbst begründet werden kann, entzieht sich meiner Beurteilung. Jedenfalls muss ein bedeutender Teil jenes Misserfolgs der Qualität der Aufführung zugeschrieben werden. Die Sänger und Sängerinnen waren teils „ohne Stimme", teils stimmbegabt, aber ohne die nötige musikalische und schauspielerische Bildung, so dass nicht eine einzige Nummer der Oper ins richtige Licht gestellt werden konnte. Tadellos waren allein die Chöre. Hinsichtlich der Dekorationen und Kostüme war die Oper so glänzend ausgestattet wie nie zuvor. Die Moskauer Kritik verhielt sich gegenüber dem Werk und seinem Autor ziemlich nachsichtig. Peter Iljitsch selbst schreibt in einem Brief an Frau von Meck über die Aufführung folgendermassen: „Die Oper hatte *in dem Sinne* Erfolg, dass mir und den Ausführenden Ovationen gemacht wurden ... Ich kann Ihnen nicht sagen, was ich an dem Tage alles durchgemacht habe: fast wäre ich vor Aufregung wahnsinnig geworden."[445]

An E. Pawlowskaja: [446] „Moskau, d. 4. Februar 1884.

Teure, herrliche Emilia Karlowna, die Aufregungen, die ich durchgemacht habe, haben mich in einen solchen Zustand versetzt, dass ich beschlossen habe, noch heute ins Ausland zu reisen, um dort Erholung zu suchen. Haben Sie Dank, unvergleichliche Maria, für die unbeschreiblich schöne Darstellung der Rolle!

Gott gebe Ihnen Glück und Erfolge! Nie werde ich den tiefen Eindruck vergessen, den Ihr herrliches Talent auf mich gemacht hat!" [XII, 2424.]

Nachdem Peter Iljitsch seinen Entschluss, abzureisen, noch einigen anderen mitgeteilt hatte, darunter auch Erdmannsdörfer, verliess er Moskau gerade in dem Moment, als das Publikum sich im Konzertsaal versammelte, um seine Suite zu hören.

Die Suite N° 2 hatte am 4. Februar in der ausgezeichneten Wiedergabe durch Erdmannsdörfer einen echten, unbestrittenen Erfolg. Sie musste im nächsten Symphoniekonzert (am 11. Februar) auf allgemeines Verlangen wiederholt werden. Die Rezensenten schrieben einstimmig begeisterte Berichte, und sogar der gestrenge Herr Kruglikow[447] liess sich zu einer Spende unbedingten Lobs erweichen.[448]

Am 7. Februar fand die Petersburger Erstaufführung der Oper „Mazepa" statt. Die Leitung lag in den Händen Napravniks. Die Abwesenheit des Komponisten hat den Grad des äusseren Erfolgs natürlich abgeschwächt, der Eindruck in Petersburg war aber im wesentlichen derselbe wie in Moskau: der Oper wurde ein kühler Achtungserfolg zuteil. In szeni-

---

[444 Ippolit K. Al'tani (1846-1919) war 1882-1906 erster Kapellmeister des Moskauer Bol'šoj teatr.]
[445 Berlin, 7. / 19. Februar 1884, ČPSS XII, Nr. 2426.]
[446 Eine sehr geschätzte Sängerin, die Interpretin der Rolle der Maria in der Moskauer Aufführung des „Mazepa".]
[447 Semen N. Kruglikov, Redaktionsmitglied der Zeitschrift „Artist".]
[448 Die Petersburger Erstaufführung der 2. Orchestersuite op. 53 fand erst etwa drei Jahre später statt: am 5. März 1887 unter Leitung des Komponisten in einem Konzert der Philharmonischen Gesellschaft.]

scher Beziehung war die Ausführung der Hauptrollen (Mazepa und Maria)[449] unvergleichlich weniger wirkungsvoll als in Moskau. Die Dekorationen und Kostüme übertrafen dagegen an historischer Wahrheitstreue und äusserem Glanz diejenigen der Moskauer Aufführung. Den Vergleich der beiden Hauptstädte in ihrem Verhältnis zu ‚Mazepa' fortsetzend, müssen wir der Petersburger Kritik hinsichtlich der Einigkeit, mit welcher sie das Werk „hinunterriss", unbedingt den Vorzug geben.

C. Cui, welcher schon über die „Jungfrau von Orleans" ein Urteil abgegeben hatte, nach welchem man annehmen konnte, dass es nicht möglich sei, eine noch schlechtere Oper zu schreiben, konstatiert zu seinem schlecht verhohlenen Vergnügen: „In Tschaikowsky findet seit zehn Jahren ein langsamer, aber ununterbrochener Verfall der schöpferischen Kräfte statt, wahrscheinlich infolge übermässiger Anstrengung derselben ... Herr Tschaikowsky hat es fertig gebracht, das schöne Libretto zu ‚Mazepa' durch seine Musik dermassen zu *verderben*, dass fast alle herrlichen Szenen keinen Eindruck hinterlassen ..." – und so geht es im selben Ton weiter.

An Frau von Meck: „Berlin, d. 7. [/ 19.] Februar 1884.

... Hier fand ich heute früh ein Telegramm von Modest, welcher mir mitteilt, dass die gestrige Vorstellung von ‚Mazepa' in Petersburg einen vollen Erfolg gehabt habe, dass der Kaiser bis zum Schluss dageblieben und sehr befriedigt gewesen sei.[450] Morgen reise ich nach Paris und von dort nach Italien, wo ich mit Kolja und Anna[451] zusammentreffen möchte, wenn ich ihr tête à tête nicht stören werde. Ich fürchte das Alleinsein ..." [XII, 2426.]

An M. Tschaikowsky: „Paris, d. 13. / 25. Februar 1884.

Ich bin dreimal im Theater gewesen: 1.) Im Palais Royal; es wurde ‚Ma camarade'[452] mit Daubray, Raymond und Réjane in den Hauptrollen gegeben. Ein ungemein lustiges Stück, ich war aber nicht bei Stimmung und blieb nicht bis zum Schluss. Daubray war wie immer etwas unsympathisch, aber gut; unser Raymond – über alles Lob erhaben, Réjane – so so. 2.) ‚Manon Lescaut' von Massenet.[453] Ich hatte mehr erwartet. Sehr elegant, sehr geschliffen, aber nicht ein Moment, welcher hinreissen, bezaubern könnte. Inszenierung und Aufführung waren so, wie sie nur in Paris möglich sind. Welch eine entzückende Stimme hat die Heilbron[454] (Manon)! Welch eine nicht gerade glänzende, aber verständige und geschmackvolle Inszenierung! Ich war ein wenig neidisch. Massenet selbst hat sich hier aber nicht ausgezeichnet. Er beginnt langweilig farblos zu werden, obwohl viel Mühe und überaus feine Arbeit darin steckt ... 3.) Mein dritter Theaterbesuch hat der Comédie [-Française] gegolten. Es wurden ‚Etourdi' (mit Coquelin) und ‚Le malade imaginaire'[455] mit der Zeremonie gegeben. Letztere (besonders das Defilieren der Truppe) hat mir viel Vergnügen gemacht." [XII, 2436.]

---

[449] Durch Ippolit P. Prjanišnikov, Bariton (1847-1921; 1878-1886 in Petersburg) und A. B. Laterner, Sopran.]
[450] Die nervöse Stimmung Peter Iljitschs berücksichtigend, hatte ich den Erfolg des „Mazepa" in Petersburg etwas übertrieben.
[451] Nikolaj und Anna von Meck, geborene Dawidow (eine Nichte Peter Iljitschs), machten damals ihre Hochzeitsreise.
[452] Das Stück „Ma camarade" von Henri Meilhac und Philippe Gille sah Čajkovskij am 10. / 22. Februar 1884 mi den Schauspielern Michel Daubray, Hippolyte Raymond und Gabrielle Réjane.]
[453] Die Oper „Manon Lescaut" von Jules Massenet (1842-1912) war am 7. / 19. Januar 1884 in der Opéra Comique in Paris aufgeführt worden.]
[454] Marie Heilbron (1849-1886), Sopran, ab 1880 an der Opéra Comique.]
[455] „Etourdi ou la Contre-temps" und „Le malade imaginaire": Komödien von Molière. Čajkovskij besuchte die Vorstellung in der Comédie-Française am 12. / 24. Februar 1884.]

An M. Tschaikowsky: „Paris, d. 18.[-19.] Februar [/1.-2. März] 1884.

Modja, ich kann mir denken, wie schwer es Dir gefallen ist, mir den ‚grand succès' des ‚Mazepa' in Petersburg vorzulügen! Du hast aber doch gut daran getan, zu lügen, denn die *Wahrheit* hätte mich wahrlich erschlagen können, wäre ich nicht durch verschiedene Anzeichen, z. B. durch Andeutungen in Briefen schon von anderen darauf vorbereitet gewesen. Erst gestern habe ich aus einem Brief Jurgensons die Wahrheit in ihrem vollen Umfang erfahren; er hatte die Unbarmherzigkeit, mir nicht nur unverblümt die ganze Wahrheit zu sagen, sondern mir auch noch vorzuwerfen, nicht [zur Aufführung] nach Petersburg gekommen zu sein. Dass ich den gestrigen Tag überleben konnte! Wie ein Donnerschlag traf es mich, und ich litt den ganzen Tag furchtbar, als wenn ein schreckliches Unglück geschehen wäre. Das ist gewiss, wie immer, übertrieben, doch in meinen Jahren, da es keine Hoffnung mehr auf die Zukunft gibt, gewinnt sogar ein kleiner Misserfolg die Dimensionen eines beschämenden Fiaskos. Wäre ich ein anderer Mensch, hätte ich es über mich gewinnen können, nach Petersburg zu fahren, – wäre ich gewiss lorbeerbekränzt zurückgekehrt. Heute bin ich schon viel ruhiger, kann aber noch nichts essen. Welch ein Bedürfnis nach Deiner Gegenwart hatte ich gestern (und habe es heute noch)! …

Zolas ‚La joie de vivre'[456] ist widerlich in seiner Tendenz und Mache, doch liegt etwas Geniales in der Darstellung Lazares. Stellenweise machte mich die Wahrheitstreue einiger Details erzittern, die man aus der Erfahrung kennt, über die aber wohl noch nie in Büchern geschrieben worden ist." [XII, 2440.]

An P. Jurgenson: „Paris, d. 18. Februar [/ 1. März] 1884.

… Es ist eine alte Wahrheit, dass niemand so tief verletzen kann wie ein guter Freund. Dein Vorwurf, dass ich nicht [zur ‚Mazepa'-Premiere] nach Petersburg gekommen bin, ist sehr bitter. Glaubst Du, ich wüsste selbst nicht besser als irgendwer, wieviel ich entbehren muss und wie sehr ich meine Erfolge dadurch paralysiere, dass ich einen so unglücklichen Charakter habe? Glaubst Du wirklich, dass ich die unzweifelhafte Notwendigkeit des ‚Warmhaltens' selbst des besten Weins nicht stärker und qualvoller erkenne als irgendwer? – Wie ein Falschspieler, der sein ganzes Leben lang Falschspielerei getrieben hat, mit dem Leuchter nach dem wirft, der ihn das fühlen lässt, so kann auch mich nichts so ärgern wie die Phrase ‚Du selbst bist schuld'. Gewiss ‚selbst', aber kann ich etwas dafür, dass ich so geschaffen bin? Der relative ‚Misserfolg' des ‚Mazepa' in Petersburg, über den ich erst gestern durch Deinen Brief unterrichtet worden bin, hat mich tief, sehr tief verletzt. Ich befinde mich in der schwärzesten Seelenstimmung." [XII, 2439.]

An M. Tschaikowsky: „Paris, d. 23. Februar [/ 6. März] 1884.

… Ich habe mich ganz beruhigt und verbringe den Rest der Pariser Tage ganz leidlich … Neulich war ich in der Comédie[-Française] und sah ‚Les Maucroix' und ‚L'Ecole des femmes'.[457] Das erstere Stück ist furchtbar *gemein*, und ich begreife nicht, wie es auf diese Bühne kommen konnte. Dafür hat mich das zweite Stück, mit Got[458] in der Hauptrolle, ganz entzückt." [XII, 2444.]

---

[456] 1884 in Paris erschienener Roman von Emile Zola.]
[457] Albert Delpits ‚Comédie en prose' „Les Maucroix" (1883) und „L'Ecole des femmes", Komödie von Molière.]
[458] Der Schauspieler (vor allem als Komiker gerühmt) François Jules Edmond Got (1822-1901) wirkte ab 1884 an der Comédie-Française.]

An P. Jurgenson: „Paris, d. 22. [recte: 26.] Februar [/ 9. März] 1884.

Lieber Freund, sende mir sofort mein Lied ‚War ich nicht ein Halm' nach Kamenka. Schon vor Jahresfrist hatte ich Frau Lawrowskaja versprochen, das Lied zu instrumentieren, habe mich aber bis jetzt nicht dazu aufraffen können. Gleich nach meiner Rückkehr will ichs tun.[459]

Ich habe keine Lust, aus eigener Initiative etwas zu schreiben. Hast Du nicht irgendeine ‚Bestellung' für mich? Ich würde jetzt gern etwas arbeiten, was wirklich gebraucht wird." [XII, 2447.]

An Frau von Meck: „Paris, d. 27. Februar [/ 10. März] 1884.

... Sie bemerken ganz richtig, dass die Franzosen Wagnerianer geworden seien. Doch liegt in ihrer Begeisterung für Wagner, welche so weit geht, dass sie selbst Berlioz (der noch vor wenigen Jahren der Abgott des Pariser Konzertpublikums war) vernachlässigen, – etwas Unechtes, Gemachtes, etwas einer ernsthaften Grundlage Entbehrendes. Nie werde ich glauben, dass ‚Tristan und Isolde', eine Oper, welche auf der Bühne so unerträglich langweilig wirkt ... das französische Publikum hinzureissen imstande sei ... Es wäre nicht verwunderlich, wenn sich so ausgezeichnete Opern wie ‚Lohengrin' oder ‚Tannhäuser' und ‚Der fliegende Holländer' im Repertoire halten sollten. Diese, von einem Meister ersten Ranges herrührenden Opern müssen früher oder später Allgemeingut werden. Die Opern der letzten Periode dagegen sind voller Lügen und prinzipiell falsch, sie entbehren der künstlerischen Einfachheit und Wahrhaftigkeit und können sich nur in Deutschland halten, wo der Name Wagner die Losung des deutschen Patriotismus geworden ist." [XII, 2448.]

An Frau von Meck: „Paris, d. 29. Februar [/ 12. März] 1884.

Liebe, gute Freundin, ich habe einen Brief von Napravnik erhalten, in welchem er mir erzählt, der Kaiser habe sich bei der ersten Aufführung des ‚Mazepa' sehr über meine Abwesenheit gewundert, ferner, dass er mir und meiner Musik grosses Wohlwollen und Interesse entgegenbringe; er habe auch befohlen, ‚Eugen Onegin' – seine Lieblingsoper – aufzuführen usw. usw. Napravnik meint, ich müsse unbedingt nach Petersburg kommen und mich dem Kaiser vorstellen. Ich fühle, dass mich – wenn ich es unterlasse – der Gedanke quälen wird, der Kaiser könnte mich für undankbar halten, und darum habe ich mich entschlossen, heute direkt nach Petersburg abzureisen. Das fällt mir sehr schwer, und ich muss mich unglaublich anstrengen, mich der Möglichkeit der Erholung auf dem Lande zu begeben und statt dessen neuen Aufregungen entgegenzugehen." [XII, 2449.]

Kapitel XXXVII.

[1884, März. Petersburg, Moskau.
Verleihung des Vladimir-Ordens 4. Klasse. Wird in Gatčina der Zarin und dem Zaren vorgestellt.
Hat die Enttäuschung über den angeblichen Misserfolg des „Mazepa" in Petersburg überwunden,
wohl nicht zuletzt auch durch das Wohlwollen des Zaren. Über die (von der geistlichen Zensur verbotenen)
„Bekenntnisse" Lev Tolstojs. Drei nachträgliche Änderungen (und Kürzungen) in „Mazepa"; die wichtigste:
der gekürzte Schluß der Oper, die jetzt mit Marijas Wiegenlied endet.]

Die offizielle Veranlassung für die Vorstellung Peter Iljitschs vor den Majestäten war der Umstand, dass ihm am 23. Februar 1884 der Orden des hl. Wladimir 4. Klasse verliehen

---

[[459] Romanze „Ja li v pole da ne travuška byla" op. 47, Nr. 7. – Nur von wenigen seiner Romanzen hat Čajkovskij die Klavierbegleitung instrumentiert. Neben op. 47, Nr. 7 sind nur noch zwei zu nennen: „Den' li carit" (Herrschet der Tag) op. 47, Nr. 6 (diese Fassung von 1880 ist nicht erhalten) und das Kinderlied „Legenda" op. 54, Nr. 5 (Orchesterfassung 1880).]

wurde. Die Vorstellung fand am 7. März in Gatschina statt.[460] Peter Iljitsch war vorher so aufgeregt, dass er starke Dosen Brom nehmen musste, um seine Selbstbeherrschung nicht zu verlieren. Die letzte Dosis nahm er, schon in der Tür zu den Gemächern der Kaiserin stehend, aus Furcht, in Ohnmacht zu fallen.

An A. Tschaikowsky: „Petersburg, d. 10. März 1884.
... Entschuldige mein langes Schweigen. Ich will Dir kurz erzählen, was geschah. Ich bin am vorigen Sonnabend mit starker Migräne angekommen. Gegen Morgen fühlte ich mich wieder gesund, war aber bis zum Empfang beim Kaiser und bei der Kaiserin furchtbar aufgeregt, – am Montag um 10 Uhr fuhr ich nach Gatschina. Ich hatte nur die Erlaubnis, vor dem Kaiser zu erscheinen, aber Fürst Wladimir Obolensky[461] hatte auch eine Audienz bei der Kaiserin durchgesetzt, welche schon öfter den Wunsch geäussert haben soll, mich zu sehen. Ich erschien zuerst vor der Kaiserin und später vor dem Kaiser. Beide waren überaus freundlich und nett. Ich glaube, wer nur ein einziges Mal im Leben Gelegenheit hatte, dem Kaiser in die Augen zu schauen, wird für immer sein leidenschaftlicher Verehrer bleiben, denn es ist nicht wiederzugeben, wie bezaubernd sympathisch die ganze Art und Weise seines Benehmens ist. Sie ist auch entzückend. Später musste ich auch beim Grossfürsten Konstantin Nikolajewitsch erscheinen, und gestern sass ich während der ganzen Probe zu einer Konservatoriumsaufführung[462] mit ihm in der Kaiserloge." [XII, 2453.]

An Frau von Meck: „Petersburg, d. 13. März 1884.
... Ich bin ein verrückter Mensch! Wie übertrieben stark jeder Schimmer von Missgeschick auf mich wirkt! Ich schäme mich jetzt der Verzweiflung, welche mich in Paris ergriffen hatte, weil ich aus Zeitungsberichten über die Petersburger Vorstellung von ‚Mazepa' ersah, dass der wirkliche Erfolg meine Erwartungen nicht erreicht hat! Jetzt sehe ich, dass die Oper trotz der dumpfen Missgunst sehr vieler hiesiger Musiker, trotz der schlechten Ausführung doch gefallen hat und von keiner Blamage die Rede ist (wie mir von ferne schien). Es unterliegt auch keinem Zweifel, dass die Kritik (welche meine arme Oper einmütig in den Schmutz getreten hat) nicht die allgemeine Meinung widerspiegelt und dass es auch hier viele gibt, welche mir wohlwollend gesonnen sind. Was mich im höchsten Grade angenehm berührt, ist der Umstand, dass an der Spitze jener Wohlwollenden der Kaiser selbst steht. Es erweist sich also, dass ich keinen Grund habe zu murren, sondern dass ich vielmehr Gott danken müsste, der mir so viel Gnade erweist.

Haben Sie Graf Leo Tolstois ‚Bekenntnisse' gelesen, welche schon vor einiger Zeit in ‚Russk[aja] m[ysl]' abgedruckt werden sollten, aber infolge der Anordnung der Zensur nicht Allgemeingut geworden sind?[463] Sie kursieren in Abschriften, und erst jetzt ist es mir

---

[460] Zarenresidenz von Aleksandr III., ca. 45 km südlich von Petersburg. (Den Ort hatte Katharina die Große 1762 ihrem Favoriten Graf Grigoij G. Orlov geschenkt, der hier ein Schloss im italienischen Stil errichten ließ. Bei ihrem Rückzug 1944 hat die deutsche Wehrmacht, die Gatčina zweieinhalb Jahre lang besetzt hatte, das Schloss zerstört und eingeäschert.)]

[461] Damaliger Hofmarschall, der Peter Iljitsch schon von früher her kannte. Der Fürst und seine Gemahlin haben Peter Iljitsch durch einen überaus freundlichen Empfang ein wenig aufgemuntert und ihm geholfen, seiner nervösen Aufregung, welche mit einem Anfall drohte, einigermassen Herr zu werden.

[462] Am 12. und 22. März 1884 wurden im Petersburger Bol'šoj teatr die Akte I und III-V von Gounods „Faust" mit Sängern der Gesangsklasse Camille Everardi aufgeführt. – Großfürst Konstantin Nikolaevič war in seiner Eigenschaft als Präsident der Russischen Musikgesellschaft (seit 1873) anwesend, der Trägerin der Konservatorien.]

[463] Tolstojs ‚Ispoved' (Vstuplenie k nenapečatannomu sočineniju)' (‚Beichte. Einleitung zu einem ungedruckten Werk') von 1879 sollte im Maiheft 1881 der Zeitschrift „Russkaja mysl'" (‚Russischer Gedanke' bzw. ‚Russische Meinung') erscheinen, wurde aber von der geistlichen Zensur verboten und fand auf nicht legalem Wege Verbreitung. Zum ersten Mal erschien es 1884 in Genf bei M. K. Élpidin. (Michail K. Élpidin, 1835-

gelungen, sie zu lesen. Sie haben einen um so stärkeren Eindruck auf mich gemacht, als die Qualen des Zweifels und der tragischen Ratlosigkeit, welche Tolstoi durchgemacht und so wundervoll in den ‚Bekenntnissen' beschrieben hat, auch mir bekannt sind. Über mich ist die *Erleuchtung* aber früher gekommen als über Tolstoi, wahrscheinlich, weil mein Kopf einfacher eingerichtet ist als seiner; auch dem beständigen Bedürfnis *zu arbeiten* verdanke ich es, dass ich weniger gelitten habe als Tolstoi. Jede Stunde, jede Minute danke ich Gott, dass Er mir den Glauben an Ihn gegeben hat. Was würde bei meinem Kleinmut und bei meiner Eigenschaft, beim geringsten Anlass den Mut sinken zu lassen und das *Nichtsein* zu wünschen, aus mir werden, wenn ich nicht an Gott glauben könnte und mich seinem Willen fügen wollte?" [XII, 2454.]

An M. Tschaikowsky: „Moskau, d. 26. [recte: 24./25.] März 1884.

Modja, wenn Du mir böse bist wegen meines langen Schweigens, so hast Du ganz recht. Ich konnte einfach keine Zeit finden, denn ich habe sofort nach meiner Ankunft die Umarbeitung des ‚Mazepa' in Angriff genommen und gehe bis 4 Uhr nachmittags nicht aus. Nach etwa zwei Tagen werde ich damit fertig sein …" [XII, 2457.]

An E. Napravnik: „Moskau, d. 26. März 1884.

Teurer Freund Eduard Franzewitsch, soeben habe ich drei Änderungen im ‚Mazepa' gemacht und sie Jurgenson eingehändigt, welcher sie abschreiben und Ihnen zusenden lassen wird. Diese Änderungen sind folgende:

1.) Gegen Schluss des ersten Bildes habe ich nach den Worten Mazepas ‚zu Pferde, ihr Leute' einen kurzen Schluss in E-Dur gemacht, um die Handlung nicht aufzuhalten, welche an einem Überfluss an Musik litt. Chor und Solisten werden nur eine kurze Phrase umstudieren müssen.

2.) Im zweiten Bild des zweiten Akts habe ich die Szene zwischen Mazepa und Maria sehr stark gekürzt. In die Partie Mazepas ist nicht nur der Sprung, sondern auch einiges Neue hineingekommen, so dass die ganze Szene neu einstudiert werden muss; auch Maria hat Neues erhalten, aber nur wenig.

3.) In der letzten Nummer des dritten Akts muss das Wiegenlied etwas verlängert werden; es soll die Oper beschliessen.[464]

Ich hoffe, teurer Freund, dass diese Änderungen Sie zufriedenstellen werden. Was den betrunkenen Kosaken betrifft,[465] so kann ich Ihnen versichern, dass diese Szene bei guter Ausführung durchaus nicht unpassend erscheinen dürfte. Jedenfalls möchte ich hier nichts ändern und finde, offen gesagt, diese ganze Nummer [13] so gelungen und abgerundet, dass bei Kürzungen oder Umgestaltungen nichts Gescheites herauskommen wird." [XII, 2458.]

1908, war 1863 wegen Verbreitung revolutionärer Flugschriften verhaftet worden und 1865 ins Ausland geflohen. In Genf gründete er eine Druckerei, 1873 einen Verlag und 1879 die Verlagsbuchhandlung Librairie russe M. Elpedine.)]
[464 Genauere Nachweise zu diesen sowie früheren und späteren Änderungen siehe in TchH 1, S. 54.]
[465 Im II. Akt, 3. Bild, Nr. 13 Volksszene. Napravnik hatte vorgeschlagen, auch diese Episode zu streichen.]

Kapitel XXXVIII.

[1884, April-Mai. Kamenka.
Čajkovskijs Tagebücher. Anfänge der Konzertfantasie op. 56 und der 3. Orchestersuite op. 55.
Sehnsucht nach einem eigenen dörflichen Zuhause. Suche nach einem geeigneten Landhaus; bittet Jurgenson, ihm kein Zimmer in Moskau einzurichten, obwohl er das zunächst vorgeschlagen hatte.
Kritische Gedanken zu seinem 44. Geburtstag. Mühsame, aber erfolgreiche Arbeit an op. 56 und 55.
Ausgabe von Mozarts „Figaro" mit Čajkovskijs Rezitativen. Ausgabe ausgewählter Klavierstücke.
Bessel' ist bereit, die Revision des „Opričnik" zu honorieren und den Klavierauszug neu stechen zu lassen.]

Vom Ende der siebziger Jahre an führte Peter Iljitsch ein Tagebuch. Ende der achtziger Jahre gab er die beständige Führung des Tagebuchs auf und machte nur während seiner Reisen ins Ausland oder bei irgendwelchen besonderen, nicht alltäglichen Ereignissen Aufzeichnungen im Notizbuch. Etwa zwei Jahre vor seinem Tode verbrannte Peter Iljitsch die meisten seiner Hefte, so dass nur wenige erhaltengeblieben sind. Nach dem Tagebuch seiner Reise 1873 fehlen alle Hefte bis zum 13. April 1884. Die Beschreibung dieses Tages will ich ungekürzt bringen, um dem Leser einen Begriff von dem Stil und dem System der Eintragungen Peter Iljitschs zu geben.

Tagebuch: „[Kamenka,] 13. April 1884."
Spät aufgestanden. Die Kälte hält an. Nach dem Tee ging ich zu Leo,[466] welcher bald darauf wegfuhr, während ich dablieb, um zu klimpern und etwas Neues *auszudenken*. Stiess auf die Idee eines Konzerts für Klavier,[467] ist aber gar zu kläglich und nicht neu. Ein Spaziergang durch den Garten ... Spielte Massenets ‚Herodias'.[468] Promenierte ein wenig auf der Strasse nach der Pokrowschen Ökonomie. Nahm den Tee zu Hause. Sass sehr lange im grossen Haus, zuerst im Speisezimmer beim Mittagessen, später bei Al. Iw.,[469] der ich mein Portrait gebracht habe. Kehrte mit Leo nach Hause zurück. Las im Otto Jahn.[470] Nach dem Abendtisch eine Kartenpartie mit Roman Ephimowitsch und Biesterfeld."[471] [ČD, S. 11 f.; Tagebücher, S. 11.]

Am 16. April [1884] ging Peter Iljitsch an die Komposition der Suite N° 3, eines neuen Werks, dessen Entstehung man nach dem Tagebuch Tag für Tag verfolgen kann.

Tagebuch: „[Kamenka,] 16. April 1884."
... Im Wald und zu Hause versuchte ich, den Grund zu einer neuen Symphonie zu legen – bin aber immer unzufrieden ... Promenierte im Garten und erfand das *Samenkorn* für eine zukünftige Suite (nicht Symphonie)." [ČD, S. 13; Tagebücher, S. 12.]

Tagebuch: „[Kamenka,] 17. April [1884]."
... Einige kleine Gedanken aufgeschrieben." [ČD, S. 13; Tagebücher, S. 12.]

An M. Tschaikowsky: „Kamenka, d. 18. April 1884.
Heute hatte ich ein wenig Sehnsucht nach Dir ... Trotz einiger derartiger Momente bin ich bisher mit meinem Aufenthalt in Kamenka sehr zufrieden und spüre eine seelische Ruhe und ein körperliches Wohlbefinden, wie sie besser nicht zu wünschen sind. Das Wetter ist die ganze Zeit über abscheulich, und dieser unausgesetzt wild heulende kalte Wind kann

---

[466] [Zum Schwager] L. W. Dawidow.
[467] Der Ursprung der [Konzert-]Fantasie für Klavier [und Orchester] op. 56.
[468] Jules Massenets Oper „Hérodiade", Uraufführung: Brüssel, 19. Dezember 1881.]
[469] Aleksandra Ivanovna Davydova (geb. Potapova; 1802-1895), Mutter von Čajkovskijs Schwager Lev (Leo) V. Davydov.]
[470] Otto Jahns Biographie von Mozart.
[471] Flegont K. Bisterfel'd, Hauslehrer der Davydov-Söhne.]

einen wirklich ärgern ... Ich habe noch nicht zu arbeiten angefangen, mir fehlt noch die rechte Inspiration; auf Spaziergängen trage ich hin und wieder einige Gedankensplitter in mein Notizbuch ein, sie sind aber etwas mager und unwichtig, und ich befinde mich in einer Periode des Zweifelns an meiner schöpferischen Kraft ... Mit Eifer treibe ich englische Sprachstudien ..." [XII, 2468.]

Tagebuch: „[Kamenka,] 19. April [1884]."
... Ärgerte mich über das Misslingen. Bin sehr unzufrieden mit mir selbst wegen der Gewöhnlichkeit all dessen, was mir einfällt. Bin ich wirklich verdunstet?" [ČD, S. 13; Tagebücher, S. 13.]

An W. P. [recte: P. W.] Tschaikowsky:[472] „Kamenka, d. 20. April 1884.
Wie geht es Dir, mein gutes Mädchen? Warum schreibt Ihr nicht, weder Du noch Tolja? Mir geht es, Gott sei Dank, sehr gut. Es gibt wohl kaum einen scheusslicheren Ort als Kamenka, es ist aber ein Dorf – und das genügt, damit ich mich wohlfühle. Ich erwähne das, damit Du siehst, dass ich in der Tat gut daran tun werde, mir ein eigenes Nestchen anzuschaffen. Ich denke jetzt mehr denn je daran. Also, wenn Ihr etwas hört, liebe Kinder, so lasst es mich wissen, oder seht es Euch an, wenn es in der Nähe liegt. Früh morgens pflege ich in den Wald zu gehen und sitze dort bis zum Mittag, pflücke Veilchen, beobachte die erwachenden Insekten und Vöglein und gebe mich ganz dem Genuss der Natur hin; dabei notiere ich verschiedene Einfälle für ein zukünftiges grosses symphonisches Werk[473] und kehre selbstzufrieden gegen Mittag nach Hause zurück." [XII, 2469.]

Tagebuch: „[Kamenka,] 20. April 1884."
... Den ganzen Morgen im Wald. Zu Hause habe ich gespielt und einiges ins Notizbuch eingetragen." [ČD, S. 13; Tagebücher, S. 13.]

Tagebuch: „[Kamenka,] 24. April [1884]."
Morgen werde ich 44 Jahre alt. Wie vieles ist erlebt und – wahrhaftig, ohne falsche Bescheidenheit – wie wenig vollbracht worden! Sogar in meinem eigentlichen Beruf habe ich, Hand aufs Herz, nichts *Vollkommenes*, nichts *Vorbildliches* geleistet. Immer noch suche, schwanke, wackle ich. Und in anderen Dingen? Ich lese nichts, ich weiss nichts ... Die Zeit des ruhigen, ungestörten, stillen Lebens ist vorbei. Viel Aufregungen, viel Widerstrebendes, vieles, was jemand wie ich nicht gleichgültig ertragen kann. Nein, es ist Zeit, *bei sich* und nach *seiner* Art zu leben!" [ČD, S. 14; Tagebücher, S. 14.]

Tagebuch: „[Kamenka,] 26. April [1884]."
Morgens arbeitete ich mit Anspannung aller Kräfte (Scherzo). Nach dem Tee schrieb ich noch ein wenig.[474] [ČD, S. 16; Tagebücher, S. 15.]

An A. P. Merkling: „Kamenka, d. 27. April 1884.
Schönsten Dank, liebe Anna, dass Du am 25. April[475] meiner gedachtest! Heute erhielt ich den Brief, während am Geburtstag ein Glückwunschtelegramm aus Petersburg mit der Unterschrift ‚Anton' angekommen war. Ich kenne keinen Anton, der mir nahe genug stünde, um Telegramme zu senden, darum glaube ich, dass es ein Versehen war. Vielleicht bist Du es? Ohne Bitterkeit empfange ich Glückwünsche in Bezug darauf, dass ich ein Jahr älter geworden bin. Sterben möchte ich noch lange nicht und will sogar ein hohes Alter

---

[472 Čajkovskijs Schwägerin Praskov'ja V. Čajkovskaja, Frau seines Bruders Anatolij.]
[473 Die 3. Orchestersuite G-Dur op. 55.]
[474 An der 3. Orchestersuite.]
[475 Čajkovskijs 44. Geburtstag.]

erreichen, ich würde mich aber nicht dazu verstehen, noch einmal jung zu werden und von neuem ein ganzes Leben zu durchleben. Eines ist genug! Gewiss ist es schade um die Vergangenheit, von welcher Du mit Bedauern sprichst, und niemand versenkt sich lieber in Erinnerungen als ich, niemand empfindet lebendiger die Nichtigkeit und Flüchtigkeit des Lebens als ich, – und dennoch wünsche ich die Jugend nicht zurück. Jedes Lebensalter hatte seine guten Seiten, und es kommt nicht darauf an, ewig jung zu sein, sondern – physisch und moralisch nicht zu leiden. Ich weiss nicht, wie ich als Greis denken werde, augenblicklich aber kann ich mich nicht der Erkenntnis verschliessen, dass die Summe alles Guten, derer ich mich jetzt erfreue, grösser ist als diejenige, welche mir in der Kindheit zuteil wurde, darum trauere ich nicht im geringsten über meine 44 Jahre. Meinethalben 70 oder 80, wenn man nur körperlich und geistig gesund bleibt! Ausserdem ist es notwendig, den Tod nicht zu fürchten. In dieser Beziehung kann ich allerdings nicht wichtigtun. Ich bin nicht genug von der Religion durchdrungen, um im Tode den Beginn eines neuen Lebens zu erblicken, bin andererseits aber auch nicht Philosoph genug, um durch jene Tiefen des *Nichtseins*, in welche man sinken wird, befriedigt zu sein. Niemanden beneide ich so sehr wie religiöse Menschen …" [XII, 2477.]

Tagebuch: [Kamenka, 2.-9. Mai 1884 (ČD, S. 17-19; Tagebücher, S. 17-20.]
„2. Mai.
… Der Walzer [der 3. Orchestersuite] kostete sehr viel Anstrengung. Nein, ich werde doch alt …"

„4. Mai.
… Nach der Lektüre der eingegangenen Post entschloss ich mich, Maiglöckchen suchen zu gehen. Unterwegs erblickte ich eine Wolke und kehrte eiligst um."[476]

„5. Mai.
… Früh morgens ein Spaziergang zum Bahnhof. Arbeitete. Nachmittags schlenderte ich mit Bob[477] herum und besichtigte seine Bauten. Ging ohne Lust und ohne Genuss spazieren, obwohl es im Wald schön war. Den Tee nahm ich bei mir. Bis 7 Uhr plagte ich mich mit einer Stelle des Andante ab. Müdigkeit. Die Vesper …"

„6. Mai, Sonntag.
Prachtvolles Wetter. Geldbrief aus Petersburg erhalten. War in der Kirche. War für religiöse Eindrücke sehr empfänglich, so dass mir die ganze Zeit Tränen in den Augen standen. Mich rührt die Äusserung der einfachen, gesunden Religiosität im einfachen Volk immer sehr tief. (Der kranke Greis, der vierjährige Knabe, der von selbst an den Kelch herantrat.) Das Manifest über Konstantin Konstantinowitsch wurde vorgelesen."

„7. Mai.
… Abends eine Kartenpartie. Solange ich Glück hatte, schämte ich mich und gab mir Mühe, zu verlieren; sobald das Glück mir untreu wurde – ärgerte ich mich."[478]

„8. Mai.
… Arbeitete den ganzen Morgen. Nicht ohne Anstrengung, doch macht mein Andante Fortschritte und scheint ganz nett werden zu wollen."

---

[476] Peter Iljitsch fürchtete Gewitter.
[477] Der Spitzname für Wladimir Lwowitsch Dawidow [Vladimir L. Davydov (1871-1906)], den Lieblingsneffen und späteren Erben aller Urheberrechte Peter Iljitschs.
[478] Diese Zeilen charakterisieren Peter Iljitsch als Kartenspieler aufs treffendste. Er liebte das „Wintspiel" sehr, doch reichten seine Geduld und Aufmerksamkeit gewöhnlich nur für kurze Zeit, Gewinn und Verlust nahm er sich stets sehr zu Herzen, aber nur bis zum Moment der Zahlung. Dann wurde er absolut gleichgültig gegenüber der Höhe der gewonnenen oder verlorenen Summe.

„9. Mai.

... Arbeitete und beendete das Andante. Bin sehr zufrieden."

An Frau von Meck: „Kamenka, d. 9. Mai 1884.

Sie meinen, Pachulski[479] würde mir gern bei der Suche nach einem kleinen Gut behilflich sein, und fragen, was für Wünsche ich habe. Erstens bitte ich Sie, ihm meinen Dank zu übermitteln, zweitens will ich Ihnen gleich ausführlich meine Wünsche darlegen. Land brauche ich nicht, d. h. ich wünsche nur ein Häuschen mit einem hübschen, *nicht zu jungen* Garten. Unbedingt wünschenswert ist ein *Fluss*. Die Nähe eines Waldes wäre sehr angenehm, ich meine natürlich einen Wald, der eines anderen Eigentum ist, denn ich will, wie gesagt, nur Haus und Garten besitzen. Das Häuschen muss frei stehen, d. h. nicht in einer Reihe mit anderen Landhäusern, aber das wichtigste ist – die Nähe einer Eisenbahnstation, so dass ich Moskau jederzeit bequem erreichen kann. Für das alles möchte ich nicht mehr als 2-3 tausend Rubel ausgeben. Die wesentlichste Bedingung ist – eine hübsche, sympathische Gegend. Wenn das Haus tief steht, so dass vor den Fenstern keine freie Aussicht liegt, so entspricht das nicht meinen Ansprüchen. Die Nähe einer Fabrik ist auch nicht wünschenswert. Das ist alles. Sie sehen, meine Teure, dass meine Ansprüche hinsichtlich des Wertes eines Landsitzes sehr bescheiden sind; ich fange an zu glauben, dass es überhaupt nicht schwerfallen dürfte, etwas Passendes zu finden.

Der Titel des ersten Satzes der zweiten Suite ist ‚Spiel der Klänge' [Jeu de sons] und nicht ‚Spiel der Töne' [Jeu de tons]. Ich bedaure den Druckfehler sehr, denn es sind zwei grundverschiedene Begriffe: ‚Spiel der Töne' würde viele Modulationen voraussetzen, welche gerade im vorliegenden Fall fehlen." [XII, 2488.]

Tagebuch: [Kamenka, 11.-23. Mai 1884 (ČD, S. 20-24; Tagebücher, S. 21-26.]
„11. Mai.

... Der erste Satz der Suite mit der Überschrift ‚Kontraste' und den Themen

ist mir so zuwider geworden, nachdem ich mich den ganzen Tag damit abgequält hatte, dass ich beschloss, es aufzugeben und etwas ganz anderes zu machen.[480] Nachmittags presste ich den missglückten Satz aus mir heraus. Was hat das zu bedeuten? Wie schwer fällt mir jetzt das Arbeiten! Sollte es wirklich schon das Alter sein?"

„12. Mai.

... Nach dem Tee hatte ich wieder die greulichen ‚Kontraste' vorgenommen, plötzlich blitzte in mir ein neuer Gedanke auf, und die Sache kam in Fluss."

[[479] Vladislav A. Pachul'skij, Geiger, N. F. fon Mekks Hausmusiker, Sekretär und späterer Schwiegersohn. Siehe Anmerkung 5 zum Brief an Modest Čajkovskij vom 21. November / 3. Dezember 1878 (ČPSS VII, Nr. 971), S. 42.]
[[480] Idee und Themen des Satzes „Kontraste" gingen in den zweiten Satz, „Contrastes", der Konzertfantasie für Klavier und Orchester G-Dur op. 56 (1884) ein. Im Notenbeispiel, das aus der Originalausgabe von LebenTsch. übernommen wurde, fehlen Augmentationspunkte jeweils nach der ersten Note der Zweitongruppe zu Beginn des Taktes (1. Beispiel) und an dessen Ende (2. Beispiel).]

„17. Mai.
... Spielte Mozart und genoss das sehr. Idee einer Suite aus Mozart.[481]

„18. Mai
... Ich arbeite zu angestrengt, als ob man mich antriebe. Diese Anstrengung ist ungesund und spiegelt sich wahrscheinlich auch in der armen Suite wider.

Ich arbeite sehr erfolgreich (die Variationen vor dem Finale).[482] Vor dem Abendbrot arbeitete ich wieder furchtbar eifrig, um morgen etwas Neues beginnen zu können."

„21. Mai.
Heute habe ich gut gearbeitet, denn vier Variationen sind fertig. Früh morgens ein Gang durch den Garten, dann Arbeit, und um $^1/_2$ 1 war es fertig."

An P. Jurgenson: „Kamenka, d. 21. Mai 1884.
Ich freue mich, dass Du für mich ein Zimmer baust, wenn es aber nur für mich ist, so bitte ich, das nicht zu tun. Im Grunde war es eine dumme Idee Dich zu bitten, etwas für mich zu bauen, das ich vielleicht benutzen könnte. Wie kann ich wissen, was ich tun und wo ich leben werde! Vielleicht wird es mich im nächsten Winter nach Italien ziehen, wo ich schon lange nicht mehr gewesen bin, – dann bliebe das Zimmer leer, während der Gedanke an sein Vorhandensein mir lästig wäre.

Ich schreibe meine dritte Suite, welche ich Erdmannsdörfer widmen möchte, um seinen Zorn über meine Flucht aus Moskau zu dämpfen.[483] Armer Jurgenson! Der Eifer der in Gestalt eines wahnsinnig schreiblustigen Autors über Dich gekommenen Geissel will sich nicht legen. Ich glaube aber, es wird bald ein Ende nehmen; – langweilig!" [XII, 2493.]

Tagebuch: [Kamenka,] „23. Mai [1884. ČD, S. 24; Tagebücher, S. 26.]
... Die [3. Orchester-]Suite ist [im Konzept] fertig."

An P. Jurgenson: „Kamenka, d. 31. Mai 1884.
Morgen sende ich Dir, liebe Seele, die Korrektur des ‚Figaro' und die ausgewählten [Klavier-]Stücke, von denen einige mit meinen Bemerkungen versehen sind.

‚Figaro' betreffend habe ich Folgendes zu sagen: schade, dass Du nicht das bei Breitkopf erschienene Arrangement gedruckt hast, denn es ist viel besser.[484] Meine Rezitative entsprechen aus dem Grunde nicht dem Original, weil ich die Übersetzung[485] damals [1875] zum Zwecke einer Aufführung im Konservatorium machte und daher alle sittlich anstössigen Stellen ausmerzen musste, z. B. ist im Original vielfach vom ‚Recht der ersten Nacht' die Rede; ausserdem habe ich, angesichts der Schwierigkeit dieser Art von Rezitativen für die russische Sprache, an manchen Stellen einige Ausführlichkeiten einfach gestrichen. Das Recitativo secco ist keine Musik, sondern nur ein begleitetes Sprechen, so dass es beliebig gekürzt werden darf, sofern nur die ursprünglichen Modulationsfolgen unverändert bleiben. Dafür habe ich mir in den eigentlichen Musiknummern nicht ein einziges

---

[481] Diese Idee griff Čajkovskij erst im Februar 1886 wieder auf, als er überlegte, welche Stücke für eine solche Suite geeignet sein könnten (ČD, 4., 6., 8. Februar 1886, S. 34 f.), und erst Mitte Juni bis Ende Juli 1887 instrumentierte er die vier Sätze der „Mozartiana" (4. Orchestersuite) op. 61.]
[482] Der vierte Satz der 3. Orchestersuite G-Dur op. 55, Tema con Variazioni, besteht aus Thema und elf Variationen sowie „Var. XII. Finale. Polacca".]
[483] Erschöpft von den Aufregungen bei der Vorbereitung seiner am 3. Februar 1884 in Moskau uraufgeführten Oper „Mazepa" hatte Čajkovskij nicht nur seine Anwesenheit bei der Petersburger Erstaufführung des „Mazepa" am 6. Februar abgesagt, sondern war auch schon unmittelbar vor der Uraufführung seiner 2. Orchestersuite durch Erdmannsdörfer am 4. Februar aus Moskau abgereist.]
[484] Es geht um eine Ausgabe des Klavierauszugs von Mozarts „Hochzeit des Figaro" mit Čajkovskijs russischen Rezitativen.]
[485] Auf Bitten Nikolaj G. Rubinštejns.]

Mal rhythmische Änderungen erlaubt, welche bei Übersetzungen zulässig sind, und bin überhaupt auf meine Übersetzungskunst sehr stolz (verzeih die Prahlerei) ...

Was die ‚Ausgewählten Werke' [für Klavier] betrifft, sage ich Dir, dass ich nur sehr wenigen Stücke die Ehre versagt habe, in die Auswahl aufgenommen zu werden. Vielleicht bin ich zu nachsichtig gewesen, ich bevollmächtige aber Pabst,[486] ohne Rücksicht all das herauszuschmeissen, was er für unwürdig befinden wird. Überhaupt bitte ich Pabst, hinsichtlich der Redaktion der Einzelheiten sehr frei und eigenmächtig zu verfahren, wenn nur das Wesentliche unverändert bleibt.

Ich habe folgende Stücke gewählt:

Aus op. 1: [N° 1:] Scherzo [à la russe], aus op. 2 [Souvenir de Hapsal]: alle drei, op. 4 [Valse caprice], op. 5 [Romance], op. 7 [Valse-Scherzo], aus op. 9: N° 1 [Rêverie] und 3 [Mazurka de salon], op. 10: beide [Nocturne, Humoresque], aus op. 19: N° 1 [Rêverie du soir], 3 [Feuillet d'album], 4 [Nocturne] und 6 [Thème original et variations]; op. 51: alle sechs [Valse de salon, Polka peu dansante, Menuetto scherzoso, Natha-Valse, Romance, Valse sentimentale]. Ausserdem von den zwölf Stücken mittlerer Schwierigkeit [op. 40] – drei: Walzer (fis-Moll) [N° 9], Etude [N° 1] und Rêverie interrompue [N° 12]. Zusammen 25 Stücke.

Sie müssen in irgendeiner systematischen Reihenfolge geordnet werden, d. h. zuerst die Etude, die Walzer alle zusammen (der schwerste von ihnen, op. 4, zuletzt); überhaupt muss die Sammlung progressiv von leichten Stücken zu schweren fortschreiten, weshalb das Scherzo aus op. 1 zu allerletzt kommen muss. (Vielleicht ist es besser, dieses Scherzo wegen seiner Schwierigkeit überhaupt fortzulassen? Wie Du willst.) Ich habe es nur deshalb gewählt, weil N. G. Rubinstein es gespielt hat. Mag Pabst das alles bestimmen. Ich bin vollkommen damit einverstanden, dass die Ausgabe seinen Namen tragen wird.

Bessel hat mich durch [N. A.] Hubert wissen lassen, er sei bereit, für den ‚Opritschnik' neue Platten stechen zu lassen, wenn ich die Änderungen machen werde, und will mir dafür sogar 1000 Rubel anbieten, jedoch nicht mehr. Ich bat Hubert, ihm zu sagen, es sei verfrüht, darüber zu sprechen, ich müsse zuerst die Änderungen machen. Ich werde sie im Grunde wahrscheinlich niemals machen, wünsche aber, dass alle ausser Dir ernstlich an meine Bereitwilligkeit glauben."[487] [XII, 2498.]

Kapitel XXXIX.

[1884, Juni-Juli. Grankino.
Stolz auf die 3. Orchestersuite. Taneev zu den Kinderliedern op. 54.
Instrumentiert die 3. Orchestersuite. Arbeitet an der Konzertfantasie op. 56; könnte sich d'Albert oder Taneev als deren Interpreten vorstellen. Ein furchtbares Gewitter. Liest A. Daudets Roman „Sapho".]

An P. Jurgenson: „Grankino,[488] d. 20. Juni 1884.

... Ich lebe hier sehr angenehm, still, ruhig, ganz ländlich, arbeite jedoch ziemlich eifrig. Ein ‚genialeres' Werk als die neue Suite hat es noch nie gegeben!!! Meine Meinung von den vor der Geburt stehenden Werken ist stets so hoffnungsvoll, weiss Gott, was ich

---

[[486] Der Pianist Pavel A. Pabst (1854-1897) war von 1878 an Professor am Moskauer Konservatorium und hat einige Werke Čajkovskijs in Transkriptionen oder Fantasien für Klavier bearbeitet; vgl. z. B. seine Transkription der Romanze Berceuse op. 16, Nr. 1 oder seine Fantasien über Themen aus „Onegin" und „Mazepa".]
[[487] Tatsächlich hat Čajkovskij die Überarbeitung der Oper, an die er immer wieder, zuletzt in seinem Todesjahr, gehen wollte, nicht in Angriff genommen.]
[[488] Grankino, Bezirk Novomoskva, Gouvernement Ekaterinoslav, Gut G. K. Konradis.]

nach einem Jahr sagen werde.[489] Jedenfalls ist viel Mühe aufgewendet worden." [XII, 2507.]

An S. Tanejew: „Grankino, d. 30. Juni 1884.

Lieber Sergei Iwanowitsch, Ihren Brief habe ich erhalten.[490] Obwohl es mich sehr interessiert hat, Ihre Meinung über meine Liedchen [die Kinderlieder op. 54] kennenzulernen, war ich Ihnen ein wenig böse, dass Sie nicht ein Wort über sich selbst, über Ihre Arbeiten, Pläne und Projekte erwähnt haben.

Alles, was Ihnen an den Liedern missfällt, d. h. Ihre Bemerkungen in Betreff des Schlusses der ‚Legende' [N⁰ 5] und des zu reichlich angewendeten Moll im ‚Lied vom Winter' [N⁰ 7, Winterabend] usw. sind sehr richtig. Ich habe mich, wie gewöhnlich, mit der Drucklegung beeilt; alles, was Sie sagen, fühlte ich auch instinktiv beim Abschreiben;[491] hätte ich Ihnen die Lieder vor der Drucklegung gezeigt, würden die von Ihnen angedeuteten Mängel leicht beseitigt worden sein. Nichts zu machen – jetzt muss man das bis zur zweiten Auflage aufschieben, wenn diese jemals zustandekommen sollte.[492] Ich würde Ihnen gern sagen, dass auch Ihre lobenden Äusserungen richtig seien, doch die Bescheidenheit verbietet es mir, Ihrem Urteil rechtzugeben. So sage ich denn nicht, Sie hätten recht, sondern freue mich nur über Ihr Lob. Ich höre es stets gern, wenn Sie mich loben …

Augenblicklich schreibe ich eine (dritte) Suite. Ich wollte eigentlich eine Symphonie machen, das gelang mir aber nicht. Übrigens tut es der Name nicht: jedenfalls schreibe ich ein grösseres symphonisches Werk in vier Sätzen, und zwar: 1) Andante [‚Elégie'. Andantino molto cantabile], 2) Noch ein Walzer [‚Valse mélancolique'], 3) Scherzo, 4) Thema mit zwölf Variationen. – Das alles wird wahrscheinlich gegen Ende des Sommers fertig werden, denn ich arbeite sehr regelmässig und eifrig. Ausserdem plane ich ein Konzertstück für Klavier in zwei Sätzen.[493] Ich weiss nur nicht, ob ich im Sommer noch etwas fertigbringen werde. Es wäre schön, wenn Sie das Ding in der bevorstehenden Saison spielen könnten!"[494] [XII, 2512.]

An Frau von Meck: „Grankino, d. 14.[-17.] Juli 1884.

Ich habe mir vorgenommen, die [3. Orchester-]Suite noch vor meiner Abreise nach Moskau ganz fertigzustellen, um mich dort in dem angenehmen Bewusstsein einer erledigten Arbeit der Erholung hinzugeben. Ich weiss nicht, inwieweit ich durch das väterliche Gefühl für mein Jüngstgeborenes verblendet bin, glaube aber, dass die neue Suite ihre Vorgängerinnen weit hinter sich zurücklässt und dass das Stück überhaupt gar nicht übel ist. Auch glaube ich, dass sie *Ihnen* gefallen dürfte. Leider werden Sie sie nur aus dem Klavierauszug kennenlernen,[495] in welcher Form alle meine Kompositionen sehr verlieren.

[489 Im Fall der 3. Orchestersuite hat sich Čajkovskijs positives Urteil nicht, wie es sonst oft geschah, getrübt; und er hat das Werk auf seinen späteren Konzertreisen gern auch selbst dirigiert, insbesondere das Variationenfinale.]

[490 Brief Taneevs vom 22. Juni 1884, ČT 1916, S. 112-114, bzw. ČT 1951, S. 105-107.]

[491 Dem Umschreiben bzw. Ausarbeiten des Konzepts in einem weiteren Autograph als Druckvorlage.]

[492 Die späteren Ausgaben erschienen allerdings ohne derartige Änderungen.]

[493 Die Konzertfantasie op. 56 entstand von April bis September 1884 und basiert teilweise (im zweiten Satz) auf Material, das zunächst für die 3. Orchestersuite gedacht war – siehe oben. Zwischen Juni und August wurde das Konzept beendet, im September die Partitur.]

[494 Tatsächlich spielte Taneev den Solopart bei der Uraufführung der Konzertfantasie G-Dur op. 56 am 22. Februar 1885 im 10. Symphoniekonzert der Russischen Musikgesellschaft in Moskau unter der Leitung von Max Erdmannsdörfer.]

[495 Der von Čajkovskij selbst angefertigte Klavierauszug zu vier Händen erschien im Februar 1885 bei P. Jurgenson in Moskau, einen Monat später als die Partitur.]

Das Klavierkonzert, von dem ich Ihnen schrieb,[496] will ich im Herbst oder gar erst im Winter in Angriff nehmen. Natürlich wird ein so idealer Interpret wie N. Rubinstein nicht wieder zu finden sein, es gibt aber einen Pianisten, an den ich gerade gedacht habe, als mir die Idee an ein Konzert kam.[497] Dieser Pianist ist ein gewisser [Eugen] d'Albert, ein junger Mann, der im vorigen Winter in Moskau war und den ich verschiedentlich in Konzerten und Privatgesellschaften gehört habe. Nach meiner Meinung ist er ein *genialer* Pianist, der rechte Nachfolger Rubinsteins. Tanejew (den ich als Musiker, Theoretiker und Lehrer sehr hoch schätze) könnte allenfalls auch ein für mich geeigneter Interpret sein, obwohl ihm jene gewisse virtuose *Ader* fehlt, welche das Geheimnis der magischen Wirkung aussergewöhnlicher Interpreten auf das Publikum ausmacht." [XII, 2518.]

An M. Tschaikowsky: „Skabejewka,[498] d. 27. [recte: 23.] Juli 1884.

... Wahrscheinlich hat Dir der Kutscher schon von unseren Abenteuern erzählt. Bis Kotschenowka ging die Fahrt[499] glatt vonstatten. Dort ass ich im Freien zu Abend, las beim Schein des Mondes und einer Laterne ‚Sapho'[500] und beobachtete ängstlich die von allen Seiten aufleuchtenden Blitze. Um $^1\!/_2$ 12 Uhr fuhren wir weiter. Nach und nach kamen die Blitze immer näher und waren endlich direkt über uns; der Mond verschwand, es wurde dunkel und mich gruselte. Obwohl das eine unendliche Reihe kleiner Gewitter war und der Regen uns nur einmal tüchtig durchnässte, – waren meine Qualen unbeschreiblich und die Nerven furchtbar angespannt. Je weiter wir kamen, desto mehr überzeugte ich mich, dass wir nicht rechtzeitig ankommen würden ... Die letzten sechs Werst jagten wir buchstäblich ventre à terre und erreichten den Bahnhof eine Viertelstunde zu spät. Zum Glück hatte der Zug ebenfalls Verspätung, und so kamen wir noch rechtzeitig. Hier entlud sich ein schreckliches Gewitter, und ich dankte Gott, dass es nicht unterwegs über uns gekommen war, – vor lauter Angst hätte ich den Verstand verloren. Der Anblick dieses Gewitters beim Aufgang der Sonne, welche hier und da die Wolken durchbrach, war so grossartig, dass ich – meine Furcht vergessend – an der Tür stand und schaute. Der übrige Teil der Reise war sehr bequem und glücklich. Ich schlief sehr viel und habe ‚Sapho' gelesen, welche mir gar nicht gefällt." [XII, 2521.]

Kapitel XL.

[1884, Juli-August. Skabeevo (Skabeevka).
Über A. Daudets Roman „Sapho". Für den Monat in Skabeevo nimmt er sich vor: Lektüre, ein wenig Arbeit (an der Konzertfantasie op. 56) und Laroche zur Arbeit zu bringen, indem er sich von ihm Aufsätze diktieren lässt. Kommentiert Modest Čajkovskijs Unzufriedenheit mit seinem neuen Drama.]

An M. Tschaikowsky: „Skabejewka, d. 28. [recte: 26] Juli 1884.

... Noch habe ich nicht zu arbeiten begonnen; ich muss erst nach Moskau fahren. Morgens, von $^1\!/_2$ 11 Uhr an, schreibe ich nach dem Diktat Laroches dessen Artikel über Mozart. Vielleicht irre ich, doch will es mir scheinen, dass Laroches Talent und Phantasie im Verlö-

---

[496 Gemeint ist die zweisätzige Konzertfantasie op. 56.]
[497 In der Originalausgabe von LebenTsch. heisst es „zweites Konzert"; im Originalbrief dagegen, wie in ČPSS XII, 2518, S. 402, wiedergegeben, „Konzert".]
[498 Das Dorf Skabeevo (Skabeevka) liegt im Kreis Podol'sk, Gouvernement Moskau.]
[499 Von Grankino aus.]
[500 Roman von Alphonse Daudet.]

schen begriffen seien. Alles, was er mir bis jetzt diktiert hat,[501] ist ein recht leerklingendes Geschwätz ... Laroche ist sehr nett und unterhaltsam." [XII, 2523.]

An Frau von Meck: „Skabejewka, d. 25. [recte: 23.] Juli 1884.

Liebe, gute Freundin, in Ihrem letzten Brief erkundigen Sie sich nach meiner Meinung über Daudets ‚Sapho'. Ich habe dieses Buch erst jetzt während der Reise gelesen und kann Ihnen sogleich mein Urteil mitteilen. Daudet hat, trotz seines unzweifelhaften und starken Talents, schon längst meine Gunst verloren. Hätte Daudet dieses Buch nicht seinen Söhnen gewidmet und dadurch zu verstehen gegeben, dass es belehrend und warnend wirken soll, – würde ich nach der Lektüre desselben einfach sagen, dass Daudet sehr einfach und bildgetreu, dazu mit grosser Anteilnahme und Sympathie für Held und Heldin deren Sinnlichkeit und Verdorbenheit geschildert habe. Jetzt aber, da ich die Widmung vor Augen habe, empören mich das Pharisäertum und die geheuchelte Tugendhaftigkeit des Autors. Im Grunde will er dem verderbten Geschmack seines Publikums entgegenkommen und beschreibt mit einer zynischen Offenherzigkeit den unsittlichen Handel und Wandel der Pariser, während er vorgibt, seinen Söhnen eine *Lektion* erteilen zu wollen, damit man glauben möge, dass er moralische Ziele verfolge und das edle Bestreben habe, die Jugend vor der Verderbnis zu bewahren. Sein einziger Zweck war: ein für das entsittlichte französische Publikum leckeres Buch zu schreiben und damit recht viel Geld zu verdienen. Und man muss gestehen – der Zweck ist erreicht. Das Buch wird einen gewaltigen Erfolg haben, ähnlich Zolas ‚Pot-Bouille',[502] den Romanen Guy de Maupassants und anderen derartigen Werken der neufranzösischen Schule. Vertieft man sich ordentlich ins Nachdenken über den vom Autor geschilderten Kreis von Menschen und ihre Lebensweise, so kommt man zu der Überzeugung, dass unter dem Deckmantel von äusserlicher Wahrheitstreue und Realismus eitel *Lüge* steckt. Sapho ist ein unmögliches Wesen, wenigstens bin ich einer derartigen Mischung von Ehrlichkeit und Niedrigkeit, von Edelmut und Gemeinheit noch nie begegnet. Immerhin sympathisiert aber der Autor mit seiner Heldin, und obwohl sie – nach der Widmung zu urteilen – in den Söhnen des Herrn Daudet Entsetzen erwecken soll, dürfte sie ihnen in Wirklichkeit sehr anziehend erscheinen. Dafür werden die *tugendhaften Personen des Romans* weder Daudets Söhnen noch sonst jemandem in der Welt sympathisch sein: die langweilige Divonne, die unmöglichen Schwestern des Helden, ihre Mutter usw. Diese Charaktere erscheinen so gemacht, so künstlich. Sapho ist der übertriebene Typus einer Pariser Kokotte, dennoch ist manches sehr naturgetreu wiedergegeben. In jenen Personen ist dagegen nichts Lebendiges. Am farblosesten erscheint Irène. Jeder junge Mann, der Daudets Roman lesen wird, dürfte am Schluss die Überzeugung gewinnen, dass es Sapho gelungen sei, aus Jeans Herzen dessen Braut zu verdrängen. Gerade hierin tritt Daudets Pharisäertum so klar zutage: während wir für Irène ebenso viel Sympathie haben sollten wie für Sapho Verachtung, neigen wir in Wirklichkeit unwillkürlich nach der Seite der sündhaften Sapho.

Im übrigen können in Daudets Buch Talent und grosse Meisterschaft nicht geleugnet werden. Es dürften sich gewiss drei Dutzend ausgezeichnet geschriebener Seiten finden." [XII, 2519.]

An Frau von Meck: „Skabejewka, d. 1. August 1884.

... Nach mehrmonatiger Abwesenheit macht es mir stets grosse Freude, Moskau wiederzusehen. Diesmal kam mir Moskau reinlicher und nicht so staubig vor, als es gewöhn-

---

[[501] Der Artikel ist offenbar nicht abgeschlossen und publiziert worden.]
[[502] Emile Zola (1840-1902), Roman „Pot-Bouille", veröffentlicht 1882.]

lich im Sommer der Fall ist. Ich bin mit einem Vorrat an Büchern und Notenpapier hierher zurückgekehrt, um den ganzen Monat im Dorf zu bleiben, zu lesen und ein wenig an dem Klavierkonzert zu arbeiten.[503] Ausserdem habe ich mir vorgenommen, im Laufe dieses Monats die Arbeiten von Laroche zu leiten, welcher hier zu Besuch ist. Um ihn zum Arbeiten zu zwingen, muss man zu bestimmten Stunden bei ihm erscheinen, ihn wecken (er schläft beständig) und verlangen, dass er unverzüglich mit dem Diktieren beginne (anders als diktierend kann er nicht arbeiten). Einen Aufsatz hat er mit meiner Hilfe schon im Winter zustandegebracht,[504] jetzt will ich ihn zwingen, noch einen zu verfassen, dazu über ein mir sehr sympathisches Thema, nämlich über Mozart. Wir haben ihn schon begonnen und werden ihn bestimmt zuendeführen.[505] Es ist freilich nicht lustig, bei einem eingefaulenzten, in sich zusammengefallenen vierzigjährigen Baby Kinderfrau zu spielen, aber man kann es trotzdem hin und wieder tun, denn Laroche schreibt immer noch besser über Musik als irgendjemand sonst in Russland." [XII, 2525.]

An M. Tschaikowsky: „Skabejewka, d. 6. August 1884.
Modja, Dein gestriger Brief hat mich sehr betrübt, oder besser gesagt – aufgestachelt, aus dem Gleichgewicht gebracht. Es drängte mich, sofort zu reden, zu schreiben, doch – 1000 Werst trennen uns, dazu ist bei Euch nicht alle Tage Posttag. Vor allem will ich Dir sagen, dass mich Deine Enttäuschung über Dein Stück[506] nicht im geringsten wundert. Dieses Gefühl ist mir *furchtbar bekannt*, und es gibt keinen Autor, der es nie empfunden hätte. Nur Mittelmässige und Talentlose verlieren nie den Glauben an sich selbst. Deine Enttäuschung ist nur eine vorübergehende … Was mich aber aufstachelt und aus dem Gleichgewicht bringt, ist – dass Du den vierten Akt vernichtet hast. Ich weiss nicht, was ich zu Deinem dritten Akt in der neuen Fassung zu sagen finden werde, augenblicklich scheint es mir, dass Du den Schluss zerquetscht hast und dass der frühere Schluss prächtiger und viel effektvoller gewesen ist …" [XII, 2527.]

Kapitel XLI.

[1884, September-Oktober. Pleščeevo.
Ein Monat „absoluter Einsamkeit" in Pleščeevo, einer Besitzung Frau von Mecks;
fühlt sich nicht heimisch. Sehnt sich nach Einsamkeit und ländlichem Leben im eigenen Heim.
Studiert Wagners „Parzifal" und Musorgskijs „Chovanščina". Liest Goethes „Wilhelm Meister".
Kritisiert eingehend Taneevs 3. Symphonie. Freude an der Registerkombination eines Harmoniums.
Berechnet Jurgenson 300 Rubel für die 3. Orchestersuite und 200 Rubel für die Konzertfantasie op. 56.]

An M. Tschaikowsky: „Pleschtschejewo,[507] d. 4. September 1884.
Lieber Modja, ich wurde in Podolsk von Pachulski empfangen und in einem mit drei prächtigen Schimmeln bespannten Landauer nach Pleschtschejewo gebracht. Den ganzen gestrigen Tag verbrachte ich in Gesellschaft Pachulskis; heute gebe ich mich der Besichtigung des Parks und des Wohnhauses hin, und morgen will ich regelmässig zu arbeiten beginnen. Das Haus ist gross, geräumig und luxuriös eingerichtet. Mein Schlafzimmer und Kabinett sind sehr gemütlich … Der Park ist entzückend schön und eigenartig, denn er ist

---

[503] Gemeint ist die zweisätzige Konzertfantasie für Klavier und Orchester G-Dur op. 56.]
[504] „Russkoe Muzykal'noe obščestvo v Moskve" („Die Russische Musikgesellschaft in Moskau"), veröffentlicht in der Januar-Nummer der Zeitschrift „Russkij vestnik" („Russischer Bote").]
[505] Das ist offenbar nicht geschehen.]
[506] Es handelt sich um mein Drama „Elisabeth Nikolaewna" [„Lizaveta Nikolaevna"].
[507] Eine Besitzung Frau von Mecks [im Kreis Podol'sk, Gouvernement Moskau], welche sie nach dem Verkauf von Brailow erworben hatte.

nichts anderes als das Ufer des Flusses Pachra. Eine Fülle von wunderschönen alten Bäumen ..." [XII, 2542.]

An M. Tschaikowsky: „Pleschtschejewo, d. 7.[- 11.] September 1884.
... Du schreibst, Pleschtschejewo müsse bei gutem Wetter ein wahres Paradies sein. Es könnte auch bei schlechtem Wetter ein Paradies für mich sein, denn ein gutes Heim hat bei schlechtem Wetter mehr Wert. Doch fühle ich mich trotz aller Zuvorkommenheit Nadeshda Filaretownas hier nicht heimisch. Nichtsdestoweniger freue ich mich, eine Zeitlang hier zu sein, denn ich bin zu der Überzeugung gekommen, dass Einsamkeit und ländliches Leben mich nie langweilen; folglich habe ich mich nicht geirrt, als ich diese Form des Lebens für die beste ansah, andererseits ist mir jetzt aber auch klar geworden, dass ich in keinem anderen Dorf leben müsste als in meinem eigenen." [XII, 2544.]

An M. Tschaikowsky: „Pleschtschejewo, d. [7.-]11. September 1884.
... Nadeshda Filaretowna sorgt weiterhin für mich. Gestern liess sie ein Harmonium bei mir aufstellen. Ich glaube, ich hatte Dir schon geschrieben, dass ich abends den ‚Parzifal' [von Wagner] studiere. O Gott, wie ermüdend das ist, und trotz der genialen Meisterschaft, welche Falschheit, welche Lüge, ein nonsense – dieses Ungetüm!

Von 7 bis 8 Uhr lese ich. Du wirst Dich vielleicht wundern, dass ich zum ersten Mal in meinem Leben [Goethes] ‚Wilhelm Meister' lese. Das war eine révélation für mich; ich hatte immer geglaubt, es sei furchtbar langweilig, – es ist aber ganz reizend, und ich danke dem Schicksal, welches mich mit diesem Buch zusammengeführt hat." [Ebenfalls XII, 2544.]

An Frau von Meck: „Pleschtschejewo, d. 8.[-10.] September 1884.
... Ich habe hier u. a. zwei Absichten verwirklicht, die ich schon seit langem hegte, ich habe nämlich zwei mir bisher unbekannte Werke kennengelernt: ‚Chowanschtschina' von Musorgsky[508] und ‚Parzifal' von Wagner. Im ersteren Werk fand ich gerade das, was ich erwartet hatte, d. h. einen sehr eigentümlich verstandenen und angewandten Realismus, dürftige Technik, Erfindungsarmut und stellenweise talentvolle Episoden in einem Meer harmonischer Ungereimtheit und Maniriertheit ... Einen ganz anderen Eindruck machte ‚Parzifal'; hier hat man es mit einem grossen Meister zu tun, mit einem genialen, wenn auch auf Abwege geratenen Künstler. Der Reichtum der Harmonie ist erstaunlich, enorm, überüppig, selbst für einen Fachmann am Ende zu ermüden; was muss dann ein gewöhnlicher Sterblicher fühlen, welcher drei Stunden lang mit diesem Strom komplizierster harmonischer Kombinationen traktiert wird? ... Wagner hat, meiner Meinung nach, seine ungeheure schöpferische Kraft durch *Theorien* getötet. Jede vorgefasste Theorie kühlt den unmittelbaren Schaffensdrang ab. Konnte sich Wagner diesem Gefühl ganz hingeben, wenn er mit seinem Verstand eine besondere Theorie des musikalischen Dramas und der musikalischen Wahrheit erfasst zu haben glaubte und sich um dieser Wahrheit willen von all dem losgesagt hat, was in der Musik seiner Vorfahren Kraft und Schönheit war? Wenn in einer Oper die Sänger nicht *singen*, sondern in den ohrenbetäubenden Lärm des Orchesters verschiedene angepasste und farblose Notenfolgen hineinsprechen, begleitet von einer prachtvollen, aber ungebundenen, formlosen Symphonie, – ist das etwa eine Oper?

Was mich aber endgültig verwundert, – ist der Ernst, mit welchem der philosophierende Deutsche die dümmsten Sujets musikalisch illustriert. Wen kann es rühren, wenn beispiels-

---

[[508] Modest P. Musorgskij (1839-1981), Musikalisches Volksdrama „Chovanščina", komponiert 1873-1881. Vollendet und instrumentiert von Nikolaj A. Rimskij-Korsakov. Eine lithographierte Partitur und ein gedruckter Klavierauszug erschienen 1883 im Verlag Bessel', Petersburg. Ein Exemplar des Klavierauszugs ist in Čajkovskijs Bibliothek erhalten geblieben.]

weise im ‚Parzifal' anstatt von Menschen mit ihren uns verständlichen Charakteren und Gefühlen märchenhafte Gestalten handeln, welche höchstens einem Ballett zur Zierde gereichen könnten, nicht aber einem musikalischen Drama? Ich begreife nicht, wie man ohne zu lachen, oder anders – ohne gelangweilt zu sein, jene unendlichen Monologe anhören kann, in welchen Kundry, Parzifal usw. über ihr Unglück klagen. Kann man denn *Mitleid* mit ihnen haben, kann man sie lieben oder hassen? Gewiss nicht; denn ihre Leiden, ihre Gefühle, ihre Triumphe, ihr Unglück sind uns vollkommen fremd. Das, was dem menschlichen Herzen fremd ist, kann aber keine Quelle musikalischer Inspiration sein." [XII, 2545.]

An Frau von Meck: „Pleschtschejewo, d. 28. [recte: (13.-)18.] September 1884.
... Von der Redaktion der Pariser Zeitung ‚Gaulois' habe ich die Aufforderung erhalten, an der Herausgabe eines Albums zum Besten armer Musiker teilzunehmen. Ich konnte nicht gut ablehnen und widme den ganzen heutigen Tag der Komposition eines Stückes für jenes Album."[509] [XII, 2549.]

An S. I. Tanejew: „Pleschtschejewo, d. 28. September 1884.
... Vielleicht irre ich mich, vielleicht werde ich nach Anhören der Symphonie[510] meine Meinung ändern (was mich sehr freuen würde), im Augenblick habe ich aber Folgendes über sie zu sagen:

Die Symphonie ist nicht für Orchester gedacht, sondern ist das Orchesterarrangement einer Musik, welche sozusagen abstrakt in Ihrem Kopf entstanden war; wenn Sie aber eine konkrete Vorstellung hatten, so war es – wie mir scheint – diejenige eines Klaviertrios. Nehmen wir das erste Thema. Es ist eine Melodie im ³/₄-Takt für Bratsche und Klarinetten. Die Bratsche spielt dabei auf jedem Viertel drei Achtel. Wozu diese Triolen? Ist denn diese Triole eine dem Thema eigene rhythmische Figur, die jedesmal, sobald das Thema erscheint, ebenfalls wiederkehrt? Nein, denn sie wird aus dem Thema bald in die Begleitung übertragen und verschwindet später gänzlich. Ich glaube, Sie haben sich einer Selbsttäuschung hingegeben, indem Sie dem Thema diese rhythmische Triolenfigur beigefügt haben, welche nicht nur unschön (wenigstens bin ich kein Freund von einer derartigen mandolinenhaften Art, ein gesangliches Thema zu behandeln), sondern auch dem Thema gewaltsam aufgezwungen ist. Ich glaube, man müsste heraushören, dass Ihnen hier eine Cellomelodie mit einer Triolenfiguration im Klavier vorgeschwebt ist:

Das zweite Thema ist ebenfalls eine Melodie mit Klavierbegleitung. Wäre es für Orchester gedacht, so hätten Sie es gewiss nicht gleichzeitig in zwei so überaus charakteristischen Klangfarben wie Cello und Waldhorn erscheinen lassen, welche einander stören und sich

---
[509] Impromptu-Caprice [G-Dur, ohne op.]. Verlag Jurgenson. [Erstausgabe in dem Album „À ses abonnés – le Gaulois", Paris 1885. Einzelausgabe bei Jurgenson, Moskau, August 1886.]
[510] Es ist von S. Tanejews d-Moll-Symphonie die Rede. [Sergej I. Taneevs 3. Symphonie (1884) wurde am 26. Januar 1885 in einem Symphoniekonzert der Russischen Musikgesellschaft unter der Leitung des Komponisten uraufgeführt.]

gegenseitig aufheben. In der Begleitung wieder eine gewisse Unentschlossenheit: bald surrt die Klarinette ein bisschen, bald beginnt die Geige eine Klavierfigur zu spielen; im Grunde klingt hier das Klavier durch, und zwar wieder mit Cello, weshalb zwischen den beiden Themen kein rechter Kontrast aufkommt.

Die Hauptgedanken sind also nicht orchestral. Dieses Missverhältnis zwischen Form und Inhalt macht sich von Anfang bis Ende ununterbrochen bemerkbar. Nur an wenigen Stellen stösst man auf einen echten Orchesterklang. Auf der Mehrzahl der Seiten jedoch will das Orchester (nach seiner Zusammensetzung zu urteilen) den Anspruch erheben, durchsichtig und hell zu sein, in Wirklichkeit ist es aber sehr massiv und schwerfällig. Die einzelnen Instrumentengruppen kontrastieren nicht genügend: sie wirken alle gleichzeitig im Thema und in der Begleitung mit; es ist auch nicht eine halbe Seite zu finden, wo das Quartett [der Streicherchor] allein spielt … An einer Stelle bleiben allerdings die Bläser allein, das kann aber kaum grosses Vergnügen machen, da sie ohnehin überall sehr aufdringlich in den Vordergrund treten. Hörner und Trompeten spielen auch zu viel. Dagegen ist da eine (in musikalischer Beziehung sehr schöne) Stelle, wo für das erweiterte Thema im Bass – Posaunen einfach unentbehrlich sind.

Ohne von Kleinigkeiten zu reden, möchte ich Ihnen nun noch sagen, dass trotz der genannten Mängel viele (sogar sehr viele) Stellen ganz vorzüglich klingen werden. Derartige Effekte finden sich wohl in Orchesterarrangements von Klavierstücken (z. B. „Invitation à la valse",[511] von Berlioz instrumentiert), und es ist daher nicht zu verwundern, dass ich trotz meiner abfälligen Kritik des Ganzen den sehr kunstvoll ausgeführten Einzelheiten volle Gerechtigkeit widerfahren lasse. Dennoch muss aber eine Symphonie – Symphonie sein und kein gut instrumentiertes Klavierstück …

Von den Stellen, welche mir in Bezug auf die Instrumentierung gut gefallen, will ich folgende nennen:

1) Das Unisono der Streicher mit der ausgehaltenen Oktave der Blechbläser:

2) Das Erscheinen des ersten Themas in den Trompeten vor dem Nebenthema, obwohl ich zweifle, dass die Figur in den Bratschen und Celli zu hören sein wird.

[511 Carl Maria von Webers „Aufforderung zum Tanz".]

und das darauffolgende Tutti:

4) Der Schluss, wo das Horn das erste Thema singt usw. bis zum Ende.

Ihr Orchester wird überhaupt sehr anständig klingen; die Arbeit ist sehr sorgfältig; doch einem strengen Kritiker wird der wesentlichste Fehler, – nämlich dass die Musik ihrer Erfindung nach nicht in den Bereich der Orchestermusik gehört, nicht entgehen,

Wenn ich etwas Ernsthaftes aufzuschreiben habe, erschrecke ich immer über meine schriftstellerische Talentlosigkeit. Ich fühle, dass ich das, was ich empfinde, nicht mit der nötigen Kraft und Klarheit ausspreche, so dass ich nicht weiss, ob Sie mich verstehen werden, d. h. ich wollte sagen, dass der erste Satz Ihrer Symphonie – obwohl Sie ein Meister in Ihrem Fach sind – nie ein mustergültiges Stück der symphonischen Musik werden wird. Sie haben den Fehler gemacht, den die Klassiker (Beethoven, Mozart, Haydn) niemals gemacht haben, in den Schubert aber oft genug fiel und den die Masse gegenwärtiger Komponisten – Ihr gehorsamer Diener nicht ausgeschlossen – begehen.

Zum Schluss will ich Ihnen sagen, dass die rein musikalische Seite Ihres Werkes mich nicht nur nicht befriedigt, sondern sogar sehr entzückt hat. Mir gefallen ungemein alle Ihre Kunststücke, besonders das Getümmel der Themen vor der Rückkehr der Hauptpartie. Das ist köstlich. Schon allein der Einsatz der Bässe in Dissonanz mit den Violinen und Hörnern

wirkt, je weiter [er fortschreitet], desto schöner. Auch der Beginn der Hauptpartie vor der Auflösung des Vorhalts ist wunderschön:

Die Themen leiden an einem Mangel an Gegensätzlichkeit, sind aber an sich sehr sympathisch. Von der Form gar nicht zu reden.

Schade, dass Sie mir die Partitur vor der Aufführung zur Durchsicht gegeben haben. Ich fürchte, ich spiele die Rolle eines Gläschens kalten Wassers auf Ihre Autorenbegeisterung über das soeben fertig gewordene Werk. Verzeihen Sie, mein Lieber!" [XII, 2560.]

An Frau von Meck: „Pleschtschejewo, d. 1.[-3.] Oktober 1884.

... Ich habe bei Ihnen etliche Bücher gelesen, namentlich habe ich viele alte russische Belletristen *erneut* gelesen und dabei die Beobachtung gemacht, dass meine Neigung zu L. Tolstoi im gleichen Masse zugenommen, wie diejenige zu Turgenjew abgenommen hat.

Warum – darüber kann ich mir keine Rechenschaft geben. Auch habe ich hier Goethes ‚Wilhelm Meister' gelesen, der mir bisher unbekannt war.

Die grösste Freude macht mir Ihr Harmonium. Ich habe nichts Besseres in dieser Art gesehen. Es kommt vor, dass ich mich von der Klangschönheit einiger Register oder Kombinationen derart bezaubern lasse, dass ich nicht die Kraft habe, mich von dem Instrument loszureissen, bis Alexei mich zu Tisch ruft." [XII, 2562.]

An Frau von Meck: „Pleschtschejewo, d. [1.-]3. Oktober 1884.

... Ich verbringe den letzten Abend in Pleschtschejewo und empfinde Kummer und zugleich Furcht. Nach einem Monat absoluter Einsamkeit ist es nicht leicht, im Strudel des Petersburger Lebens zu erscheinen. Heute habe ich alle Bücher- und Notenschränke in Ordnung gebracht, d. h. ich habe alles, was ich ihnen entnommen hatte, wieder an seinen Platz gestellt. Überhaupt habe ich ein ruhiges Gewissen bezüglich der Unversehrtheit aller Ihnen gehörenden Gegenstände. Nur einen Vorfall muss ich Ihnen beichten: eines Nachts wollte ich die grosse Uhr in meinem Schlafzimmer aufziehen (sie war stehengeblieben; ich habe aber das Ticken des Nachts so gern) und drehte den Schlüssel so eifrig, dass das Gewicht mit Gepolter zu Boden fiel und die Uhr einer gründlichen Reparatur bedarf.

Unvergleichliche, teure Freundin, ich lege Ihnen meinen innigsten Dank zu Füssen, dass Sie mir Gastfreundschaft in Pleschtschejewo gewährt haben, an welches ich die angenehmste Erinnerung bewahren werde. Wie oft werde ich mich in Petersburg in Gedanken in dieses stille, liebe Haus zurückversetzen! Wieder und immer wieder meinen schönsten Dank!" [Ebenfalls XII, 2562.]

An P. Jurgenson: „Pleschtschejewo, d. 3. Oktober 1884.

... Hast Du den zweiten Satz meiner [Konzert-]Fantasie erhalten,[512] den ich Dir zusammen mit der Korrektur des zweiten Satzes der [3. Orchester-]Suite gesandt hatte? Ich habe das Vertrauen zur russischen Post völlig verloren. Ich möchte mit Dir abrechnen, um meine Bilanz zu erfahren. Für die letzten beiden Werke möchte ich, wenn Du erlaubst, folgende Honorare festsetzen: Suite: 300 Rubel, Fantasie: 200 Rubel." [XII, 2563.]

Kapitel XLII.

[1884, Oktober. Petersburg.
Erfolgreiche Erstaufführung des „Evgenij Onegin" im Petersburger Bol'šoj teatr.
Kjuis vernichtende Kritik. „Onegin" wird schon bald zum grössten Bühnenerfolg einer russischen Oper seit Glinkas „Leben für den Zaren". Die Folge: Ruhm und materieller Wohlstand.]

An Frau von Meck: „Petersburg, d. 12. Oktober 1884.

Liebe Freundin, wenn ich in einer ganzen Woche keine Zeit finden konnte, Ihnen zu schreiben, so können Sie daraus schliessen, welch ein bewegtes Leben ich hier führe. Täglich von früh bis 5 Uhr bin ich in der Probe [zu ‚Eugen Onegin'], dann esse ich bei Verwandten zu Mittag, abends bin ich stets eingeladen, manchmal sogar an mehreren verschiedenen Orten, so dass ich immer ganz ermattet nach Hause komme, um am folgenden Tag erneut dasselbe durchzumachen.

Mit dem Eifer der in meiner Oper mitwirkenden Künstler bin ich zufrieden; überhaupt finde ich jetzt bedeutend mehr Anteilnahme in den Theaterkreisen als in früheren Zeiten, z. B. bei der Aufführung der ‚Jungfrau von Orleans'. Die Premiere des ‚Onegin' ist auf Freitag, den 19. Oktober festgesetzt worden." [XII, 2566.]

[512 Partitur und Ausgabe für zwei Klaviere (I: Solopart; II: Klavierauszug des Orchesterparts).]

Die Premiere des „Eugen Onegin" hat auch wirklich an dem festgesetzten Tage im Grossen Theater stattgefunden. Dirigiert hat E. Napravnik. Die Rollen waren folgendermassen besetzt: Eugen Onegin – Hr. Prjanischnikow; Lenski – Hr. Michailow; Gremin – Hr. Karjakin; Triquet – Hr. Muratow; Hauptmann – Hr. Sobolew; Zaretzky – Hr. Dementjew; Larina – Fr. Kontscha; Tatjana – Fr. Pawlowskaja; Olga – Fr. Slawina; Philippjewna – Fr. Bitschurina.[513]

Es war unzweifelhaft die beste aller Vorstellungen des „Eugen Onegin" im Vergleich zu den früher stattgehabten; und das nur dank E. Napravnik. Noch nie hatte die komplizierte Partitur dieser Oper eine so vollkommene Wiedergabe im einzelnen wie im ganzen erfahren, denn noch nie hatte an der Spitze der Aufführung ein Mann gestanden, der mehr Sachkenntnis, mehr Talent in den Dienst der Sache gestellt hätte und von grösserer Liebe für das Werk durchdrungen gewesen wäre ... Und doch kann diese Erstaufführung des „Eugen Onegin" im Grossen Theater zu Petersburg keine tadellose genannt werden. In späterer Zeit hat das Petersburger Publikum jedenfalls weit vollkommenere Tatjanas, Eugens usw. und weit prächtigere Ausstattungen dieser Oper zu sehen bekommen. Alle Solisten waren in höchstem Grade anständig, – nicht mehr. Der Komponist konnte ihnen dankbar sein für die sinn- und kunstgerechte Wiedergabe seiner Musik, keiner von ihnen aber hat seine Rolle – wie man zu sagen pflegt – „kreiert", d. h. ein Vorbild, eine Tradition für alle späteren Interpreten geschaffen ...

Dekorationen und Kostüme waren gut, dass sie aber besser hätten sein können, beweist die Tatsache, dass schon in der folgenden Saison verschiedene Änderungen und Verbesserungen in dieser Beziehung getroffen wurden.

Der Erfolg der Oper war gross, aber nicht ungewöhnlich. Das erste Bild ist ohne den geringsten Applaus vorübergegangen. Erst nach dem zweiten Bild [d. h. der Briefszene] begann man, Komponisten und Sänger zu rufen. Dem Komponisten wurde von Publikum und Künstlern nach der Ballszene eine Ovation mit Überreichung eines Kranzes bereitet. Von da an wurde er im Laufe der übrigen Teile der Vorstellung vielfach gerufen, doch nicht mehr und nicht stürmischer als bei früheren Aufführungen der anderen Opern.

Gezischt wurde zwar nicht, Unzufriedene gab es aber genug im Saal; in den Pausen hörte man neben anerkennenden und lobenden Äusserungen auch tadelnde und ironische Bemerkungen.

Diese letzteren kamen auch in der Presse zum Ausdruck:

> C. Cui glaubt schon allein in der Wahl des Librettos „Eugen Onegin" den Beweis zu sehen, dass „Herr Tschaikowsky kein feiner Künstler" sei, „keinen wählerischen Geschmack und nicht die Fähigkeit" besitze, „kritisch zu Werke zu gehen. Das charakte-

---

[[513] Die Namen der Mitwirkenden in transliterierter Form: Ippolit P. Prjanišnikov (1847-1921), Bariton, 1878-1886 in Petersburg, Gründer und Leiter einer Operngenossenschaft 1889-1892. – Michail I. Michajlov (1860-1929), Tenor, 1881-1882 in Kiev, 1884-1896 in Petersburg. – Michail M. Korjakin (sic; in LebenTsch. Karjakin – weil in Russischen wird unbetontes o wie kurzes a gesprochen) (1850-1897), Bass, 1878-1897, erster Darsteller des Thibaut d'Arc („Orleansjaja deva") und des Kičiga („Čarodejka"). – A. E. Muratov, Tenor. – Vladimir F. Sobolev (1837-1900), Bariton, 1863-1894 in Petersburg, erster Darsteller des Molčan Mit'kov („Opričnik"), des Potap („Čarodejka") und des Narumov („Pikovaja dama"). – Nikolaj I. Dement'ev (1854-1908), Bass, 1884-1886 in Petersburg, 1886-1894 in Kiev. – Ekaterina O. Konča (Gončarevskaja), Mezzosopran. – Ėmilija K. Pavlovskaja (1853-1935), Sopran, 1876-1883 in Kiev, Odessa, Tiflis und Char'kov, 1883-1884 und 1888-1889 in Moskau, 1884-1888 in Petersburg. – Marija A. Slavina (1858-1951), Sopran, 1879-1917 in Petersburg, erste Darstellerin der Fürstin („Čarodejka") und der Gräfin („Pikovaja dama"). – Anna A. Bičurina (1852-1888), Alt, ab 1875 in Petersburg, erste Darstellerin der Solocha („Kuznec Vakula").]

ristische Merkmal seiner Musik ist – langweilige Einförmigkeit. Es gibt Menschen, welche beständig über ihr Schicksal klagen und mit besonderer Vorliebe von ihren Schmerzen sprechen. In seiner Musik klagt Herr Tschaikowsky auch über sein Schicksal und spricht von seinen Schmerzen. Schon in den ersten Takten der Einleitung beginnt das Schluchzen und geht später auch in das zweistimmige Lied der beiden jungen Damen (hinter der Bühne gesungen) über. Das ganze erste Bild hinterlässt gar keinen Eindruck: es ist alles so kleinlich, einseitig, undankbar, unszenisch" usw. usw. Zum Schluss sagt Cui, „Eugen Onegin" trage nichts Neues in die musikalische Kunst hinein und sei als Oper – ein *totgeborenes, durchaus unhaltbares und schwaches Werk*. Auch die anderen Kritiker schliessen sich mit geringen Abweichungen diesem Urteil an.

Peter Iljitsch selbst war mit dem Erfolg und mit der Behandlung, die ihm seitens der Direktion und der ausführenden Künstler zuteilgeworden war, „zufrieden". Er selbst hat ebensowenig wie die Herren Rezensenten und das ganze Publikum den grössten Bühnenerfolg einer russischen Oper seit [Glinkas] „Leben für den Zaren" gemerkt, denn trotz der „schlechten Presse" war es nicht nur ein Erfolg, sondern ein richtiger Triumph, welcher sich nach und nach bemerkbar machte. Von der zweiten Vorstellung an machte „Eugen Onegin" lange Jahre hindurch stets volle Häuser und ist bis auf den heutigen Tag die Lieblingsoper des ganzen russischen Publikums geblieben.

Diese Aufführung bedeutete nicht nur ein wichtiges Ereignis in der Geschichte der russischen Oper, sondern wurde auch für Peter Iljitschs Person zum Beginn einer neuen Ära. Seit dem Tage wird sein Name, welcher bis dahin nur von Kunstkennern und einem allerdings grossen Kreis von Musikliebhabern geschätzt wurde, auch der grossen Masse bekannt, und er erreicht eine Popularität, wie sie noch nie von einem russischen Komponisten in den Grenzen seines Vaterlands erreicht worden ist. Hand in Hand mit dem Ruhm wuchs auch sein materieller Wohlstand. „Eugen Onegin" verwandelte Peter Iljitsch aus einem mitunter notleidenden Mann in einen wohlhabenden und gab ihm jene vollkommene Unabhängigkeit, welche die wichtigste Bedingung seines Schaffens war.

Es ist sehr lehrreich, an dieser Stelle zu bemerken, dass all dies durch ein Werk erzielt wird, welches am allerwenigsten für die Masse berechnet war und seine Entstehung einzig und allein der machtvollen Begeisterung für das Poem Puschkins verdankt, ohne jede Hoffnung, ja – nicht einmal mit dem Wunsch nach einer Aufführung auf einer grossen Bühne.

An Frau von Meck: „Petersburg, d. 22. Oktober 1884.
... ‚Eugen Onegin' ist mit Erfolg gegeben worden. Ich wurde vielfach hervorgerufen und erhielt einen Kranz. Selbstverständlich war mir das sehr angenehm, leider aber haben all die Aufregungen dazu geführt, dass ich im Theater einen furchtbaren Nervenanfall bekam, von dem ich mich nun schon den dritten Tag noch nicht erholen kann. Die Aufführung und das Verhalten der Theaterdirektion sowie der Künstler mir gegenüber haben mich sehr befriedigt. Am besten waren Pawlowskaja [als Tatjana] und Prjanischnikow [als Onegin]. Der Kaiser konnte wegen der Trauer nicht kommen. Er wird aber die zweite Vorstellung besuchen. Man sagt, ich müsse das abwarten,[514] das finde ich übrigens auch selbst. Indessen fühle ich, dass ich schleunigst eine Erholungsreise antreten müsste." [XII, 2574.]

[[514] Um bei der betreffenden Aufführung anwesend zu sein. Aleksandr III. wollte die vierte Aufführung besuchen, siehe unten, Brief vom 3. / 15. November 1884 (ČPSS XII, Nr. 2583) an die Schwägerin Praskov'ja V. Čajkovskaja, tat dies aber nicht.]

An P. Jurgenson: „Petersburg, d. 26. Oktober 1884.

... Du bist wohl erstaunt über diesen Brief. Ich reise von hier nicht nach Moskau, sondern ins Ausland. Ich habe erfahren, dass es um Kotek, dem ich einen Besuch versprochen hatte, sehr schlimm stehe, und er den sehnlichen Wunsch habe, mich zu sehen. Ich fühle, dass ich weder in Moskau noch in Kamenka werde ruhig leben und arbeiten können, bevor ich Kotek nicht gesehen und die Wahrheit über ihn erfahren habe. Ich werde nicht lange fortbleiben. Im Dezember muss ich wieder in Moskau sein, denn ich will die [Konzert-] Fantasie und die [3.] Suite hören.[515] Ich gedenke schon Ende November in Moskau einzutreffen. ‚Eugen Onegin' hat hier wenn auch keine Begeisterung, so doch grosses Interesse erweckt. Die zweite Vorstellung war bereits Montag um 1 Uhr mittag ausverkauft. Die Vorstellungen 3 und 4 sind angekündigt.

Ich bin unbeschreiblich matt und freue mich – trotz des traurigen Anlasses – eine Zeitlang schweigend im Eisenbahnwagen zu verbringen." [XII, 2577.]

Kapitel XLIII.

[1884, November-Dezember. Auslandsreise: Berlin, München, Davos, Zürich, Paris.
Beginnt mit der Komposition der Neun liturgischen Chöre ohne op.; schreibt die Streicherelegie für das Künstlerjubiläum von Ivan Samarin.
Über Webers „Oberon" (in Berlin); hört das Andante cantabile aus dem 1. Streichquartett in einem Bilse-Konzert. Verpaßt in München zu seinem Bedauern Wagners „Meistersinger".
Besucht in Davos den todkranken befreundeten Geiger Iosif Kotek.
Stasov erbittet Čajkovskij-Autographe für die Öffentliche Bibliothek in Petersburg.
In Paris besucht Čajkovskij Theateraufführungen und plant die Revision des „Kuznec Vakula".
Des Auslands und des Aufenthalts in Paris überdrüssig; Sehnsucht und wiederholter Wunsch nach einem eigenen Zuhause.]

An P. W. Tschaikowsky:[516] „Berlin, d. 3. / 15. November 1884.

Meine liebe Pani, der Trubel in Petersburg war so gross, dass ich nicht einmal Zeit gefunden habe, Dir und Tolja ein paar Abschiedsworte zu schreiben. Am 30. wollte ich abreisen; da wurde das Theater benachrichtigt, dass der Kaiser zur vierten Vorstellung, also am 31., kommen wolle. So musste ich denn noch zwei weitere Tage in Petersburg bleiben. Der Kaiser kam aber doch nicht. Niemand weiss, was das zu bedeuten hat. Es ist mir unangenehm, dass er nicht kam ... In Berlin will ich zwei Tage bleiben, um die für morgen angekündigte Vorstellung von Webers ‚Oberon' zu sehen, den ich noch nicht kenne ... Dann reise ich nach München und bleibe dort zwei Tage, so dass ich Kotek erst in fünf Tagen sehen werde." [XII, 2583.]

An M. Tschaikowsky: „Berlin, d. 3. / 15. November 1884.

... Ich fühle mich so leicht und geniesse das Alleinsein wie schon lange nicht mehr. Diese schöne Seelenstimmung hat ein Brief Koteks bewirkt, den ich hier vorfand. Er ist lang, frisch und lässt keine traurige Stimmung aufkommen. Seine Freude über mein Kommen ist so gross, dass er schon allein deswegen nicht bedauert, krank zu sein. Heute früh

---

[[515] Beide Werken wurden allerdings erst Anfang 1885 uraufgeführt: die 3. Orchestersuite G-Dur op. 55 unter Leitung Hans von Bülows am 12. Januar 1885 im 5. Symphoniekonzert der Russischen Musikgesellschaft in Petersburg (schon eine Woche später fand die Moskauer Erstaufführung unter Max Erdmannsdörfer statt); und die Konzertfantasie für Klavier und Orchester G-Dur op. 56 am 22. Februar 1885 im 10. Symphoniekonzert der Russischen Musikgesellschaft in Moskau, mit dem Solisten Sergej I. Taneev und unter der Leitung von Max Erdmannsdörfer.]
[516] Die Gemahlin Anatols [Praskov'ja Vladimirovna].

habe ich ein Schreiben an Obolensky⁵¹⁷ aufgesetzt, in welchem ich ihn ersuche, dem Kaiser die Gründe zu erklären, weshalb ich bis jetzt noch nicht mein Versprechen erfüllt habe, etwas für die Kirche zu komponieren."⁵¹⁸ [XII, 2584.]

An M. Tschaikowsky: „München, d. 7. [/ 19.] November 1884.
… Ich bin heute hier angekommen. Die Fahrt war wunderschön: ich war ganz allein im Schlafwagen, nur war es sehr kalt. Am letzten Tag in Berlin, unterwegs und auch hier ist es völlig winterlich: Frost und Schnee, welcher am Tage taut und einem furchtbaren Schmutz Platz macht. Ich bin deshalb so lange in Berlin geblieben, weil ich schnell noch einen Kirchengesang für den Kaiser komponieren wollte⁵¹⁹ und auch noch die Zwischenaktmusik für das Jubiläum von Samarin⁵²⁰ … Die Zeit in Berlin ist sehr angenehm vergangen: ich bin in der Oper gewesen und habe den ‚Oberon' [von C. M. von Weber] gesehen. Es wurde mit oft gesagt, diese Oper sei furchtbar langweilig, und ich hatte mich schon darauf vorbereitet, doch stattdessen erfuhr ich einen unerwarteten und hohen Genuss. Die Musik ist stellenweise entzückend, aber das Sujet ist sehr einfältig – in der Art der ‚Zauberflöte'. Trotzdem ist es lustig anzuschauen; an einer Stelle musste ich sogar wahnsinnig lachen, nämlich als das gesamte Corps de ballet durch die Wirkung des Zauberhorns zu Boden fällt und sich in Krämpfen windet. In musikalischer Hinsicht ist namentlich Oberon selbst sehr sympathisch; überall, wo er erscheint, ist die Musik voller Inspiration und Poesie. Was mir in Berlin gefällt, ist – dass das Theater um 7 Uhr beginnt, fast gar keine Pausen macht und schon um ½ 10 zu Ende ist. Eines Abends begegnete ich einem Bekannten (Barzewicz)⁵²¹ und bat ihn, meine Anwesenheit um Gottes willen weder Klindworth noch Anton Rubinstein (welcher dort etwas für ein Sonderkonzert vorbereitete) zu verraten. Ich bin auch bei Bilse gewesen und habe dort das Andante aus meinem [1.] Quartett⁵²² gehört. Was Sie an diesem Andante zu fressen gefunden haben! Von meinen anderen Sachen wollen sie nichts wissen. Am Tage meiner Abreise stand dieses Andante auch auf dem Programm eines anderen Konzerts. Ich habe alle Tage an der table d'hôte gegessen und war erstaunt, wieviel die Deutschen im Vergleich mit den Russen zusammenfressen können. Ich finde die ganze Prozedur des table-d'hôte-Essens sehr angenehm, denn man kann schweigen, und niemand macht den Versuch, eine Unterhaltung anzuknüpfen.

Hier werde ich, was das Theater anbelangt, stets vom Unglück verfolgt: Gestern wurde Glucks ‚Armide' gegeben, heute – [Bizets] ‚Carmen', morgen gibt es eine Posse mit Gesang und in einaktiges Ballett und übermorgen die ‚Meistersinger' [von Wagner]. Leider

---

[⁵¹⁷ Fürst Jurij A. Obolenskij (1825-1890), Leiter der Moskauer Hofbehörde.]
[⁵¹⁸ Die neun liturgischen Chöre ohne Opuszahl entstehen November-Dezember 1884 (Nr. 1-4) in Berlin und Davos und März-April 1885 in Majdanovo (Nr. 5-9).]
[⁵¹⁹ Vgl. den vorangehenden Brief mit Anmerkung.]
[⁵²⁰ Ivan V. Samarin (1817-1885), Schauspieler (am Malyj teatr in Moskau, 1837-1885), Dramaturg und Professor der dramatischen Klassen am Moskauer Konservatorium (1872-1885; 1879 hatte er die Konservatoriumsaufführung des „Eugen Onegin" inszeniert), feierte sein 50. Künstlerjubiläum. Seinen „Dankesgruß an I. Samarin" für Streichorchester (1890, nach Samarins Tod, als „Elegie zum Gedenken an I. Samarin" publiziert) schrieb Čajkovskij für die Jubiläumsveranstaltung am 16. Dezember 1884 im Moskauer Bol'šoj teatr.]
[⁵²¹ Dem polnischen Geiger Stanislaw Barcewicz (St. K. Barcevič; 1858-1929). Er hatte Čajkovskijs Valse Scherzo C-Dur op. 34 für Violine und Orchester uraufgeführt (am 8. / 20. September 1878 im dritten Russischen Konzert bei der Pariser Weltausstellung) und auch zum ersten Mal in Rußland gespielt (am 1. Dezember 1879 in Moskau, ebenfalls unter der Leitung von Nikolaj G. Rubinštejn). Auch war er der Solist des Violinkonzerts op. 35 bei Čajkovskijs Warschauer Konzert am 2. Januar 1892.]
[⁵²² In Besetzung für Streichorchester.]

kann ich sie nicht abwarten, denn ich habe bereits an Kotek telegraphiert, dass ich am Freitag [in Davos] ankomme." [XII, 2586.]

An M. Tschaikowsky: „Davos, d. 12. / 24. November 1884.
... Endlich bin ich gestern um 4 Uhr hier angekommen. Das war eine Reise! Nach München verbrachte ich eine Nacht in Lindau und eine weitere schon auf Schweizer Boden, wo die Eisenbahn ihren Endpunkt erreichte ... Von da fährt ein Omnibus in acht Stunden nach Davos. Ich habe es aber – um nicht mit Fremden in einem engen Wagen sitzen zu müssen – vorgezogen, einen besonderen Wagen für mich allein zu mieten. Vollständige Dunkelheit, alles mit Schnee bedeckt, und je höher wir kamen, desto strenger wurde der Winter und desto düsterer die Natur. Ich litt sehr unter der Kälte, besonders an den Füssen. Während der Reise nach Davos bildete ich mir ein, in eine Wüste zu kommen, wo es weder Zigaretten noch Zigarren gibt. Es erwies sich aber, dass auf dieser unglaublichen Höhe eine ganze Reihe prachtvoller Hotels steht und es viele Läden gibt, in denen alles zu haben ist, was man nur wünschen mag. Sogar eine Zeitung gibt es und ein Theater (welches ich gestern mit Kotek zusammen besucht habe), nicht zu reden von Zigarren und Zigaretten. All das macht auf mich einen ganz phantastischen Eindruck und kommt mir wie ein Traum vor.

... Vor der Begegnung war ich sehr aufgeregt, denn ich glaubte, ich würde nur den Schatten des früheren Kotek vorfinden. Meine Freude war daher grenzenlos, als ich seine ausgezeichnete Gesichtsfarbe und die stärker gewordene Figur erblickte; dem Aussehen nach scheint er ganz gesund zu sein. Aber nur dem Aussehen nach. Sobald er zu sprechen begann, merkte ich, dass seine Brust stark gelitten hat. Die Stimme ist furchtbar heiser, dazu ein erschütternder, schrecklicher Husten. Nichtsdestoweniger schwatzt er wie früher, d. h. ohne Unterlass, so dass ich ihn jeden Augenblick ermahnen muss, ein wenig einzuhalten und auszuruhen ...

Davos ist sehr bevölkert: alle Hotels sind überfüllt, so dass ich nur mit Mühe ein ziemlich schlechtes Zimmer (weit entfernt vom Kurhaus) habe finden können. Trotz 5° unter null sind alle Kranken draussen; sie kleiden sich sehr leicht, einige gehen ganz ohne Paletot ... Die Kur besteht hauptsächlich im Einatmen der frischen Luft, welche hier so rein und so dünn ist, dass die Kranken leicht atmen können. An der table d'hôte im Kurhaus sitzen 200 Personen; das Essen ist vorzüglich. Man sagt, dass gesunde Menschen den Aufenthalt hier nicht vertragen können, aber ich fühle mich bis jetzt sehr gut. Die Natur ist grossartig, sehr düster und – wie ich gestehen muss – bedrückt mich ein wenig. Das Herz presst sich krankhaft zusammen, und ich sehne mich nach einer baldigen Abreise. Übrigens dürfte das vorübergehen. Ich war taktvoll genug, Kotek sofort zu sagen, dass ich nur einige Tage bei ihm bleiben würde, so dass er ganz befriedigt sein wird, wenn ich meinen Aufenthalt bis zu einer Woche ausdehnen werde. Ich bedaure ihn sehr. Der Zweifel an der Möglichkeit, den nächsten Winter wieder in Berlin zu sein und zu arbeiten,[523] quält ihn furchtbar ..." [XII, 2592.]

An P. Jurgenson: „Davos, d. 17. / 29. November 1884.
Lieber Jurgenson, Du weisst, dass der Kaiser mich sehr anspornt, etwas für die Kirche zu schreiben. In Petersburg war mir zu Ohren gekommen, dass er sich sehr wundere,

---

[[523] Der mit Čajkovskij befreundete Geiger Iosif I. Kotek (1855-1885) war nach Abschluss seines Studiums am Moskauer Konservatorium (1876) nach Berlin gegangen, um sein Spiel bei Joseph Joachim zu vervollkommnen. Später unterrichtete er an der Berliner Musikhochschule. – Čajkovskij hatte ihm 1877 das Valse-Scherzo op. 34 gewidmet, dessen Fassung für Violine und Klavier wahrscheinlich von Kotek instrumentiert wurde. Und Kotek hatte Čajkovskij 1878 in Clarens bei der Gestaltung der Solostimme seines Violinkonzerts op. 35 beraten.]

warum ich noch nichts komponiert hätte. Deshalb habe ich jetzt drei Kirchengesänge gemacht und dieselben an Balakirew geschickt. Später werde ich noch einige Nummern hinzufügen, und dann können wir all das, wenn Du willst, herausgeben.[524] Lass einstweilen nur Abschriften anfertigen. Ich habe die Sachen aus dem Grunde direkt an die [Hofsänger-] Kapelle geschickt, weil es eilig war." [XII, 2596.]

An M. Tschaikowsky: „Zürich, d. 18. / 30. November 1884.

Mein lieber Modja, gestern abend bin ich in Zürich angekommen, um mich ein wenig zu erholen und heute nach Paris zu reisen. Ich habe beschlossen, Paris zu besuchen, weil ich zu zweifeln begann, ob es mir gelingen würde, im Frühjahr eine Auslandsreise zu machen. Wahrscheinlich werde ich dann direkt nach Kamenka oder anderswohin aufs Land fahren, um zu arbeiten und Geld zu sparen.

Aus Davos bin ich im Bewusstsein abgereist, ausgezeichnet gehandelt zu haben, Kotek zu besuchen. Du glaubst nicht, wie ihn das seelisch aufgerichtet und beglückt hat. Was seine Gesundheit anbelangt, so war der erste Eindruck allerdings täuschend; sein Zustand ist sehr ernst … Ich habe alles Mögliche für ihn getan: ich habe heimlich mit dem Arzt gesprochen und ihn gebeten, falls sich Davos für Kotek als unzuträglich erweisen sollte, ihn an die Riviera zu schicken. Ich habe Kotek einen Geldvorrat gegeben, ihm jedwede moralische und materielle Unterstützung angedeihen lassen und habe Davos im Bewusstsein erfüllter Freundespflicht verlassen.

Das Leben in Davos ist ein typischen Hotel- und table-d'hôte-Leben. Ich habe unwillkürlich viele Bekanntschaften gemacht und mit einigen Freunden Koteks Freundschaft geschlossen." [XII, 2599.]

An Frau von Meck: „Zürich, d. 18. [/ 30.] November 1884.

… Ich habe Nachricht, dass ‚Eugen Onegin' dem Publikum weiterhin gefällt, nicht jedoch der Presse. In Davos fiel mir ein Feuilleton der Zeitung ‚Novosti'[525] in die Hände, in welchem mich ein *nicht* musikalischer, sondern literarischer Feuilletonist total vernichtet. Von den zwei Übeln: *Missgunst des Publikums* und *Missgunst der Presse* ziehe ich natürlich das letztere vor, ich verstehe nur nicht, weshalb mich diese Herren so wenig leiden können und weshalb ich, seitdem Laroche nichts mehr schreibt,[526] keinen anerkennenden Urteilen der Presse über mich begegne." [XII, 2597.]

An P. Jurgenson: „Zürich, d. 18. / 30. November 1884.

… Ich habe einen Brief von Stassow erhalten.[527] Er bittet mich nachdrücklichst, der Petersburger Öffentlichen Bibliothek Manuskripte von mir zu überlassen, vornehmlich fol-

---

[524 Zu den Neun liturgischen Chören ohne Opuszahl siehe oben, Brief an Modest Čajkovskij vom 3. / 5. November aus Berlin (ČPSS XII, Nr. 2584). Die Chöre sind im August 1885 bei P. Jurgenson, Moskau, erschienen.]

[525 „Novosti" Nr. 312 vom 11. November 1884. Artikel des Journalisten und Schriftstellers Vladimir O. Michnevič (1841-1899; Pseudonym „Kolomenskij Kandid[at]", Kandidat aus Kolomna, einem Ort bei Petersburg).]

[526 G. A. Laroš (1845-1904) hatte, bevor er in den 1880er Jahren in Lethargie versank (siehe oben, Brief an Frau von Meck, 21. Dezember 1883, ČPSS XII, Nr. 2402), Ende der 1860er und in den 1870er Jahren etliche Artikel über Čajkovskijs Musik in folgenden Zeitungen geschrieben: Sovremennaja letopis', Russkie vedomosti, Moskovskie vedomosti, Golos. Deutschsprachige Auswahl in: Laroche.]

[527 Der Kunsthistoriker sowie Kunst- und Musikkritiker Vladimir V. Stasov (1824-1906), engagierter „Propagandist" des „Mächtigen Häufleins", war Leiter der Kunstabteilung der Öffentlichen Bibliothek in Petersburg.]

gende: 1) Romeo und Julia,[528] 2) Sturm, 3) Francesca, 4) Streichquartett N° 3. Er will jedoch auch mit jedem anderen Manuskript vorliebnehmen. Von diesen vier Werken sind die ersten beiden jedenfalls nicht in Deinem Besitz (,Der Sturm' ist längst verlorengegangen!).[529] Kannst Du Stassow die letzten beiden geben? Wenn nicht, welche würdest Du ihm dann vorschlagen? Bitte sei so gut, ihm selbst zu antworten, oder sende ihm einfach die Manuskripte, welche Du finden wirst und welche Dir entbehrlich sind.*

Du wirfst mir vor, ich sei daran schuld, dass Du Dich mit meinen Schreibereien stets beeilen müssest. Ich bin nur insoweit schuld, als ich zu viel schreibe, nicht aber, weil ich Dir die Sachen zu spät abliefere. Die [3. Orchester-]Suite hatte ich Dir am 24. Juli [1884] eingehändigt. Einen Monat später war ich bei Dir und sah sie gemächlich auf Deinem Schreibtisch ruhen. Natürlich bist Du ebensowenig schuld, denn – jedenfalls war es nicht möglich, sie früher zum Stich zu geben; aber ich bin auch unschuldig. Den ganzen Monat September hatte ich dem Aufenthalt in Pleschtschejewo gewidmet, um dort ungestört die Korrekturen machen zu können, doch musste ich dasitzen, die Hände in den Schoss gelegt, weil die Korrektoren anstatt nach Podolsk[530] – nach Serpuchow[531] geraten waren, so dass ich sie erst in Petersburg während der Proben erhielt und geradezu eine Heldenkraft einsetzen musste, um sie dennoch fertig zu machen. Beschuldige mich also nicht, wie auch ich Dich nicht beschuldige. Das ist Schicksal." [XII, 2600.]

An Frau von Meck: „Paris, d. 24. November [/ 6. Dezember] 1884.

Liebste, teuerste Freundin, schon seit einigen Tagen sitze ich in meinem lieben Hotel Richepanse. Ich sehe niemanden, gehe nur ins Theater und bin, offen gesagt, meiner Einsamkeit sehr froh, denn ich habe sie seit meiner Abreise von Pleschtschejewo[532] nicht mehr genossen. Des Morgens arbeite ich ein wenig, und zwar überlege ich mir die Änderungen, die ich im ‚Schmied Wakula' zu machen gedenke. Das ist einer meiner liebsten Sprösslinge, doch bin ich nicht so blind, nicht die kapitalen Mängel zu sehen, an denen das Werk leidet und welche verhindert haben, dass es im Repertoire bleibt. Der Beseitigung dieser Mängel möchte ich nun einige Monate widmen, damit die Oper in der nächsten Saison in Moskau gegeben werden kann.[533]

Fast täglich besuche ich das Theater. Die Grand Opéra kann sich nicht mit der Wiener Oper messen: ausser fünf bis sechs der abgedroschensten Opern wird nichts gegeben, so dass ich nur wenig Musik höre. Dafür fehlt es aber nicht an interessanten Schauspielvorstellungen. Das Wetter ist niederträchtig: Regen, Schmutz, Nebel." [XII, 2605.]

[* In einem Brief an Stasov vom 19. Dezember 1884 bittet Jurgenson um Verständnis für seine schon früher gefasste Entscheidung, vorerst keine einzelnen, sondern später einmal sämtliche Originalmanuskripte abzugeben. Zitiert in ČPSS XII, S. 495, Anmerkung 2.]

[528 Die autographe Partitur der ersten Fassung hat Čajkovskij in den 1870er Jahren vernichtet. Zur zweiten Fassung gibt es nur eine autographe Partitur zu den gegenüber der ersten Fassung erneuerten Teilen: Introduktion, Durchführung, Reprise und Coda (diese Teile sind erhalten). Für die dritte Fassung hat Čajkovskij nur den Schluss geändert; die autographe Partitur dazu ist nicht erhalten.]
[529 Die autographe Partitur des „Sturms" (1873) ist noch in den 1870er Jahren verlorengegangen. Übrigens hatte Stasov Čajkovskij zur Komposition dieser Orchesterfantasie angeregt und das Programm vorgegeben.]
[530 Podol'sk: Kreisstadt im Gouvernement Moskau. Pleščeevo gehörte zum Kreis Podol'sk.]
[531 Eine andere Kreisstadt des Gouvernements Moskau.]
[532 Siehe oben, September 1884, Kapitel XLI.]
[533 Zuerst erwähnt Čajkovskij seine Absicht, „Kuznec Vakula" zu revidieren, Ende April 1884. Im Dezember 1884 in Paris plant er die Revision im einzelnen; aber erst vom 16. Februar bis 22. März 1885 führt er den Plan aus; zu den Einzelheiten siehe TchH 1, S. 64. Die Oper bekommt nun auch, um sie von verschiedenen anderen Vertonungen von Jakov Polonskij Librettos zu unterscheiden, den Namen „Čerevički" (Die Pantöffelchen {der Zarin}).]

An M. Tschaikowsky: „Paris, d. 30. November [/ 12. Dezember]1884.
Lieber Modja, soeben habe ich nach langem Hin- und Her-Schwanken beschlossen, meine Fahrt nach Petersburg aufzugeben und direkt nach Moskau zu reisen. Ich habe einen Brief von Tanejew erhalten; er bittet mich, schon eine Woche vor der Aufführung des Konzerts [der Konzertfantasie op. 56] in Moskau einzutreffen, um einige Zweifel zu beseitigen; ausserdem muss noch eine Korrektur der [3. Orchester-]Suite gemacht werden ...

So habe ich mir denn vorgenommen, Petersburg von Moskau aus einen Besuch abzustatten, und zwar möglichst um die Zeit der Aufführung Deines Lustspiels.[534] Ich denke, recht so zu handeln, denn auf diese Weise spare ich Geld; überdies mangelt es mir aber auch wirklich an Zeit ...

Ich besuche keine Theater mehr (sie sind mir plötzlich ekelhaft geworden) und freue mich wie ein Kind, dem man etwas erlassen hat, nicht hingehen zu brauchen." [XII, 2610.]

An M. Tschaikowsky: „Paris, d. 3. [/ 15.] Dezember1884.
Ich kann Dir nicht wiedergeben, Modja, wie sehr ich mich in den letzten Tage langweile, – obwohl ich eigentlich nicht weiss, warum. Am ehesten ist es das Heimweh, der Wunsch zu Hause zu sein, welcher dadurch, dass ich morgen nach Russland reise, noch keine Befriedigung findet, denn *ein Heim habe ich deshalb noch nicht*. Das Ausland ist mir zuwider geworden. Paris hat aufgehört, mich zu entzücken, und ich begreife nicht, wie ich es fertigbringen konnte, vor zwei Jahren ganze fünf Monate hier zu verbringen. Dabei kann ich nicht sagen, dass ich mich wegen Müssiggangs langweile. Ich habe hier alle hauptsächlichsten Änderungen für ‚Schmied Vakula' projektiert, habe ausserdem drei Lieder[535] und einen Kirchengesang komponiert.[536] Ich ärgere mich sehr, dass ich Dir so unbestimmte Angaben betreffs meines Parisaufenthalts gemacht habe. Wäre ich darauf gekommen, Dich zu bitten, mir auf alle Fälle hierher zu schreiben, – dann wüsste ich jetzt, wie es Dir und den Unsrigen geht. Die Ungewissheit nährt meine Sehnsucht. Nein, Unsinn, das alles ist nur zeitweilig und wird vorübergehen. So oder anders, ich muss ein *Heim* haben. Sei's in Kamenka, sei's in Moskau, – jedenfalls kann ich nicht so weiterleben als wandernder Stern.

Gestern und vorgestern war ich mit dem jungen Ehepaar Shedrinsky[537] zusammen und (denk Dir!) habe mich sehr darüber gefreut. Gestern ass ich mit ihnen bei Bighon. In der letzten Zeit bin ich auch oft bei den Bélards[538] gewesen und verbrachte manche Stunde bei ihnen, um mich mit ihnen zu unterhalten. Das will sagen, dass bis zu einem gewissen Grade ein Bedürfnis nach Gesellschaft in mir vorhanden ist. Alles das macht mich stutzig. Wie denn, sollte das einsame Leben auf dem Lande also nicht für mich taugen? Wo werde ich denn mein Heim einrichten?" [XII, 2617.]

[534 Modest Čajkovskijs Schauspiel „Elizaveta Nikolaevna" wurde am 11. Dezember 1884 im Petersburger Aleksandrinskij teatr uraufgeführt.]
[535 Drei der Sechs Lieder op. 57: Nr. 4-6.]
[536 „Tebe poem", Nr. 4 der Neun liturgischen Chöre a cappella ohne Opuszahl.]
537 N. A. [recte: Aleksandr A.] Shedrinsky [Žedrinskij], gegenwärtig Sekretär der Grossfürstin Elisabeth Fedorowna, verbrachte damals mit seiner jungen Frau die Flitterwochen in Paris.
538 Inhaber des Hotel Richepanse.

[Die drei Perioden der künstlerischen Tätigkeit Petr Il'ič's

1. Moskauer Periode 1866-1877
(Band I, Teil IV und V).
2. Kamenkaer Periode (und sein „Leben als wandernder Stern") 1878-1884
(Band II, Teil I).
3. Die Periode des Landlebens im Umkreis von Klin während der
Jahre des internationalen Ruhms und des öffentlichen Wirkens 1885-1893
(Band II, Teil II und III.)]

Mit dem Jahr 1884 schliesst die zweite Periode der künstlerischen Tätigkeit Peter Iljitschs. Man kann sie zum Unterschied von der Moskauer, mit der Lehrtätigkeit am Konservatorium verbundenen Periode, die Kamenkaer Periode nennen. Und das nicht nur, weil seit 1878 und bis 1884 Kamenka der hauptsächlichste Wohnsitz Peter Iljitschs war, sondern vielmehr noch, weil dort die ganze Summe der Bedürfnisse Peter Iljitschs in jener Periode zum Ausdruck kommt, welche seine Seelenstimmung charakterisieren. Nach der furchtbaren Krankheit im Jahre 1877 fand er in Kamenka weit mehr als in San Remo, in Clarens, in Frankreich und später in Rom – alles Notwendige für seine Genesung; im Laufe der sieben Jahre hat er hauptsächlich in Kamenka Kräfte gesammelt für das seiner harrende vielseitige und bewegte Leben.

Diejenigen Menschen, welche schwere, mit dem Tode drohende Krankheiten durchgemacht haben, sprechen von der Zeit der Rückkehr zur Gesundheit als von der glücklichsten und frohesten Zeit ihres Lebens. Dasselbe könnte auch Peter Iljitsch von den ersten Jahren der Kamenkaer Periode sagen. In der Person eines solchen Freundes wie Frau N. F. von Meck und inmitten der von ihm grenzenlos geliebten und ihn liebenden Familie seiner Schwester hat er alles gefunden, was er brauchte, und eine schönere Zeit gab es nicht in seinem Leben.

Mit der allmählichen Wiederkehr zu einer normalen Seelenverfassung ändert sich in den achtziger Jahren das Verhältnis Peter Iljitschs zu seiner Umgebung. Kamenka wird ihm nach und nach zu eng, das gegen die Aussenwelt verschlossene Leben wird ihm lästig: das Bedürfnis nach „geselligem Verkehr mit Menschen" taucht in ihm auf, die beständige Stütze verwandtschaftlicher Anteilnahme wird ihm nach und nach entbehrlich, er beginnt die Abhängigkeit von den Bedingungen des Familienlebens als unangenehm zu empfinden und murrt oft darüber. Er ist bereits soweit erstarkt, dass das Streben nach Selbständigkeit und Freiheit in allen Details seines Lebens in ihm erwacht, er fürchtet weder die *absolute Einsamkeit* mehr, noch *die Gesellschaft derjenigen, welche die gleichen Interessen wie er verfolgen*. Unter „absoluter Einsamkeit" ist hier nicht jenes Alleinsein zu verstehen, welches Peter Iljitsch während seiner Besuche in Brailow und Simaki in vollen Zügen genoss, wo er zwar Herr seiner Zeit war, aber, wie in einem Märchen, von der unsichtbaren Hand des treuesten Freundes behütet und versorgt wurde, wo ihn alles daran erinnerte, wie sehr man ihn lieb hatte und wie hoch man ihn schätzte, wo ihn auf Schritt und Tritt seine gute Fee unsichtbar begleitete und wo er also im Grunde keinen Augenblick allein war. – Ich rede hier vielmehr von jener Einsamkeit, in welcher der Mensch in jeder Beziehung, in allen Dingen auf sich selbst angewiesen ist, in welche er nicht nur unbeschränkter Gebieter seiner Zeit ist, sondern sein Dasein in dessen kleinsten Details selbst einrichtet und leitet, in welcher er frei ist, zu tun und zu lassen, was ihm beliebt, und zugleich frei ist von der Gemeinschaft derjenigen, die für ihn sorgten und um die er sich sorgte. Kurz – die Einsamkeit des typischen Junggesellenlebens.

Im Jahre 1878 war die Furcht vor dieser Art Einsamkeit und vor der Gesellschaft ein Symptom des schrecklichen moralischen Leidens Peter Iljitschs. Jetzt wird das Verlangen nach jener Art Einsamkeit und nach Gesellschaft zum Symptom der wiedergewonnenen Gesundheit, und das heilbringende, wohltuende Kamenka wird ihm lästig. Daher das Anwachsen der Klagen darüber in Briefen und Tagebuch; daher endlich der Entschluss, Kamenka den Rücken zu kehren. Dieser Entschluss war – wie bei allen wichtigen Lebenswenden Peter Iljitschs – nicht das Resultat reiflichen Nachdenkens und Überlegens. Obwohl er ihn meist in sehr bestimmter Form ausspricht („eigenes Heim haben", „bei sich sein", „sich zu Hause fühlen"), weiss er noch nicht einmal, was er eigentlich braucht und wie sein Wunsch zu verwirklichen ist. Wie immer lässt er sich auch diesmal mehr von negativen Schlüssen leiten: „so kann ich nicht weiterleben". Diese eigenartige, charakteristische Passivität im Einrichten seines Lebens, diese merkwürdige Sorglosigkeit in Verbindung mit der Unantastbarkeit des einmal gefassten Entschlusses kommt im letzten Brief sehr grell zum Vorschein. Peter Iljitsch weiss sehr genau, dass er seine Lebensweise ändern muss und ändern wird, er weiss auch, was für eine Lebensweise ihm augenblicklich nottut, er weiss, dass er auf dem Lande leben wird, er konstatiert mit Erstaunen, dass ihm der Verkehr mit Menschen ein Bedürfnis geworden sei, wie er aber all diese Gegensätze ausgleichen soll – weiss er nicht, und er fragt am Vorabend eines neuen Lebensabschnittes: „wo wird mein Haus sein?"

Die Antwort auf diese Frage bildet den Inhalt der dritten Periode seiner künstlerischen Tätigkeit …

Ende Dezember erhielt Peter Iljitsch in Moskau die Nachricht, dass I. Kotek in Davos gestorben sei.[539]

Die chronologische Reihenfolge der Arbeiten Peter Iljitschs in der Saison 1883-1884 und bis zum Januar 1885 ist folgende:

1) Op. 53. Suite N° 2 in vier Sätzen für grosses Orchester. Frau P. W. Tschaikowsky [Praskov'ja V. Čajkovskaja] gewidmet. Zum ersten Mal aufgeführt in einem Sonderkonzert der Russischen Musikgesellschaft am 4. Februar 1884 zu Moskau unter Leitung Max Erdmannsdörfers. Verlag P. Jurgenson.

2) Op. 54. Sechzehn Kinderlieder für eine Singstimme mit Klavierbegleitung. Verlag P. Jurgenson.

3) Op. 55. Suite N° 3 in vier Sätzen für grosses Orchester. M. Erdmannsdörfer gewidmet. Uraufführung im Januar 1885[540] zu Petersburg unter Leitung Hans von Bülows. Verlag P. Jurgenson.

4) Op. 56. Konzert-Fantasie in zwei Sätzen für Klavier mit Begleitung des Orchesters. War ursprünglich A. Essipow gewidmet, später Frau Sophie Menter.[541] Zum ersten Mal gespielt von S. Tanejew am 22. Februar 1885 [alten Stils] in Moskau. Verlag P. Jurgenson.

[[539] Iosif I. Kotek starb am 23. Dezember 1884 / 4. Januar 1885.]
[[540] Am 12. Januar 1885 im 5. Symphoniekonzert der Russischen Musikgesellschaft.]
[[541] Die im Dezember 1884 erschienene Ausgabe für zwei Klaviere (I: Solopart; II: Klavierauszug der Orchesterbegleitung) trägt die Widmung „À M-me Annette Esipoff"; die Pianistin Anna N. Esipova (1851-1914), Professorin am Petersburger Konservatorium, hat die Konzert-Fantasie jedoch nie gespielt. Die Pianistin und Komponistin Sofie Menter (1946-1918) war 1883-1887 Professorin am Petersburger Konservatorium und lebte später auf ihrem Schloß Itter (Tirol). Čajkovskij war in späteren Jahren mit Sofie Menter befreundet, besuchte sie in Itter – und instrumentierte ihre „Ungarischen Zigeunerweisen". Sofie Menter spielte die Konzert-Fantasie op. 56 erst nach Čajkovskijs Tod: am 15. / 27. Mai 1894 in London, in einem Konzert der Philharmonischen Gesellschaft unter Leitung von Alexander Mackenzie.]

5) Impromptu-Caprice für Klavier. Frau S. Jurgenson gewidmet. War ursprünglich von der Pariser Zeitung „Gaulois" im Album „Aux abonnés – le Gaulois" veröffentlicht und ging später in den Verlag Jurgenson über.

6) Elegie für Streichorchester, zu Ehren des Schauspielers I. Samarin komponiert. Verlag P. Jurgenson.

7) Drei [von später insgesamt neun] Kirchengesängen [ohne Opuszahl]. Verlag Jurgenson.

8) Op. 57. Sechs Lieder für eine Singstimme mit Klavierbegleitung: 1. „O sprich, wovon die Nachtigall", 2. „Aufs bleiche Herbstgefild", 3. „O frage nicht", 4. „Schlaf ein", 5. „Der Tod", 6. „Nur du allein".[542] Verlag P. Jurgenson. [Erschienen im Frühjahr 1885.]

Ausserdem hat Peter Iljitsch im November 1884 an der Umgestaltung der Oper „Schmied Wakula" gearbeitet.

[[542] Die Romanzen sind – mit Ausnahme von Nr. 4 – folgenden Opernsängerinnen und -sängern gewidmet: Nr. 1: Fedor P. Komissarževskij (1838-1905), Tenor, 1863-1878 in Petersburg, erster Vakula („Kuznec Vakula"), 1883-1888 Professor am Moskauer Konservatorium. – Nr. 2: Bogomir B. Korsov (1845-1920), Bariton, 1869-1881 in Petersburg, 1882-1905 in Moskau, hier erster Vjazminskij („Opričnik"), Mazepa („Mazepa"), Teufel („Čerevički") und Tomskij („Pikovaja dama"). – Nr. 3: Ėmilija K. Pavlovskaja (siehe oben, Anmerkung 513). – Nr. 4: Vera V. Butakova, geb. Davydova (1848-1923), Schwester von Čajkovskijs Schwager Lev V. Davydov. – Nr. 5: Dmitrij A. Usatov (siehe oben, Anmerkung 215). – Nr. 6: A. P. Krutikova (siehe oben, ebenfalls Anmerkung 215).]

ZWEITER TEIL
1885-1887

[Das zurückgezogene Leben „auf dem Dorf" und die Verpflichtungen als öffentliche Person des russischen Musiklebens

Werke:

Revision des „Vakula: „Čerevički", „Die Bezaubernde", liturgische Chöre, Manfred-Symphonie, Romanzen op. 60, Mozartiana-Suite]

Kapitel I-II: Ein neuer Lebensabschnitt.

Kapitel I.

[Ein neuer Lebensabschnitt (1885 ff.). Čajkovskij als öffentliche Person,
z. B. als für künstlerische Belange zuständiges Direktionsmitglied der Russischen Musikgesellschaft.
Zunehmende Korrespondenz. Kontakte zu Verlegern, Agenten, Veranstaltern, Institutionen
dienen der Verbreitung seiner Werke auch im Ausland. Zahlreiche Reisen.
Doch später tritt ein Umschwung ein – Freudlosigkeit und Lebensmüdigkeit.
Bekannten- und Freundeskreis. Korrespondenzen.]

Neu gekräftigt, frisch und ohne Furcht vor Kampf und Anstrengung tritt Peter Iljitsch dem neuen Lebensabschnitt entgegen und ähnelt in nichts dem Peter Iljitsch des Jahres 1878.

Er bedarf jetzt keiner Stütze mehr. Selbständigkeit in allen Einzelheiten seines Lebens wird jetzt sein hauptsächlichstes Bedürfnis. Die Pflichten der öffentlichen Tätigkeit ausser dem Komponieren erschrecken ihn nicht, sondern locken ihn vielmehr, weil er die Kraft in sich fühlt, ihnen obzuliegen. Zugleich erwachen Interessen in ihm, welche in den bisherigen beschränkten Lebensbedingungen keine Befriedigung finden können. Seiner Umgebung nur „ein guter, geliebter Mensch" zu sein, genügt ihm nicht mehr. Der Ruhm seines Namens ist infolge des „Eugen Onegin" in alle Schichten der gebildeten Bevölkerung Russlands gedrungen und erlegt ihm gewisse Pflichten auf, welche zu erfüllen ihm nicht nur nicht schwer fällt, sondern in der ersten Zeit sogar angenehm ist. Es ist ihm angenehm, Aufmerksamkeiten zu erweisen, jedem behilflich zu sein, weil er auf diese Art dem Publikum seine Dankbarkeit für die begeisterte Aufnahme seiner Musik ausdrücken kann. Er flieht die Menschen nicht mehr, er sucht sie, denen er nicht nur als Mensch, sondern auch als öffentliche Persönlichkeit teuer ist. Solche Menschen sind vor allen anderen seine alten, treuen, bewährten Moskauer Freunde, mit denen er von nun an in einen überaus intimen Verkehr tritt. Jedes Wiedersehen mit Laroche, Kaschkin, Jurgenson, Albrecht, Hubert, Tanejew macht ihn glücklich, und seiner Freundschaft für den inzwischen verstorbenen N. Rubinstein verleiht er dadurch Ausdruck, dass er sich dessen verwaister Sache energisch annimmt. Am 10. Februar 1885 wird Peter Iljitsch einstimmig in das Direktorium der Russischen Musikgesellschaft gewählt und nimmt mit grossem Eifer die künstlerischen Angelegenheiten in die Hand. Die Sängerkapelle der Russischen Chorgesellschaft geht ihn um seinen Rat an, und er widmet ihr seine tatkräftige Teilnahme usw. usw.

Als populärster russischer Musiker geht er dem Verkehr mit „Kollegen" nicht mehr aus dem Wege. Jeder an ihn gerichteten Bitte um Rat, Hilfe, Anweisung kommt er bereitwilligst entgegen und hält es für seine Pflicht, keine Anfrage ohne Antwort zu lassen. Seine Korrespondenz mit „Kollegen" könnte ein ganzes Buch füllen.

Er erhält Briefe über Briefe von Fachmusikern ebenso wie von Dilettanten-Damen, Jungfern, Gymnasiasten, Offizieren und sogar Geistlichen. All diese Briefe beantwortet Peter Iljitsch mit erstaunlicher Gewissenhaftigkeit, sucht möglichst viele Bitten zu erfüllen, was oft zu rührenden oder drolligen Dankbarkeitsäusserungen seitens der Bittsteller führt.

Auch als Komponist versteckt sich Peter Iljitsch nicht mehr, seine Werke überlässt er nicht mehr dem Schicksal und hält ihre Verbreitung mittels Bekanntschaft mit einflussreichen Leuten nicht mehr für unwürdig. Vom Jahre 1885 an wächst seine geschäftliche Korrespondenz mit Verlegern, Unternehmern und Repräsentanten verschiedener musikalischer Institute Russlands und Europas bis zu einem kolossalen Umfang an. Die Zahl der Kilometer, welche er seit der Zeit während seiner Reisen nach Moskau, Petersburg, in den Kaukasus und nach verschiedenen Städten Deutschlands, Frankreichs, Englands, der Schweiz, Italiens und Amerikas zurückgelegt hat, geht in die Zehntausende.

Nach siebenjähriger Erholungszeit ergreift Peter Iljitsch das alles mit Lust und Mut. Nach und nach erlahmt aber wieder sein Mut, er ermüdet und muss wieder seine ganze Willenskraft einsetzen, um diese Lebensweise fortzusetzen. Die Begeisterung verfliegt, und übrig bleibt nur noch, wie er selbst schreibt, „eine Lebensmüdigkeit, zeitweise furchtbarer Kummer, so etwas Freudloses, Finales und sogar (wie immer in einem Finale) – Banales."

Kapitel II.

[Bekannten- und Freundeskreis. Korrespondenzen.]

Die neuen Lebensbedingungen spiegeln sich auch im biographischen Material wider, indem sie den Bekanntenkreis Peter Iljitsch sehr erweitern. Der „Menschenfeind" von 1878, den ein Stündchen Unterhaltung mit einem fremden Menschen zur Verzweiflung brachte, tritt jetzt in bekanntschaftliche, fast freundschaftliche Beziehungen mit so ungeheuer vielen Personen, dass auch nur eine kurze Charakteristik derselben ein ganzes Buch füllen würde. In jeder Stadt findet Peter Iljitsch neue Freunde, welche sich mit ganzer Seele an ihn hängen. Mit vielen von ihnen beginnt er einen lebhaften Briefwechsel. Mit manchen dauert der Briefwechsel bis ans Ende der Tage Peter Iljitschs, mit manchen versiegt er schon nach zwei, drei Jahren, um einem neuen Platz zu machen.

Die bedeutendsten und interessantesten dieser Korrespondenzen sind: 1) mit Julie Schpashinsky, der Gemahlin des bekannten Dramatikers (1885-1891).[1] 2) mit Emilie Pawlowskaja, der bekannten Sängerin, welche Peter Iljitsch 1884 bei den Proben zu „Mazepa" in Moskau kennengelernt und wegen ihres dramatisches Talent schätzengelernt hatte. Diese Korrespondenz dauerte bis 1888.[2] 3) Mit Seiner Kaiserlichen Hoheit dem Grossfürsten Konstantin Konstantinowitsch. Dieser überaus interessante Briefwechsel begann 1884 und dauerte bis zum Tode Peter Iljitschs.[3] 4) Mit dem Komponisten M. M. Ippolitow-Iwanow und seiner Gemahlin, der bekannten Sängerin Sarudnaja [Varvara M. Zarudnaja].[4] 5) Mit A. A. Gerke,[5] einer hervorragenden Persönlichkeit der Russischen Musikgesellschaft. 6) Mit Wladimir Naprawnik, dem Sohn des berühmten Kapellmeisters. 7) Mit dem Pianisten W. Sapelnikow [Vasilij L. Sapel'nikov]. 8) Mit dem Direktor der Kaiserlichen Theater I. Wsewoloshsky [Ivan A. Vsevoložskij]; übrigens kann man diese Korrespondenz eine geschäftliche nennen, desgleichen auch 9) die Briefe an I. Prjanischnikow [Ippolit P. Prjanišnikov], den bekannten Sänger und späteren Unternehmer von Opernvorstellungen in Kiew und Moskau. 10) Mit dem Pianisten A. Siloti [Aleksandr I. Ziloti]. 11) Mit dem Violinisten J. Conus [Julij È. Konjus]. 12) Mit Frau Emilie von Thal. 13) Mit dem Komponisten A. Glazunow. 14) Mit Désirée Artôt. 15) Mit seiner ersten Musiklehrerin M. Longinow.

[1 Aus den Jahren 1885-1891 sind je 82 Briefe von Čajkovskij und Julija P. Špažinskaja (gest. 1919) erhalten – und zwar sämtlich im Archiv des GDMČ in Klin.]

[2 Aus den Jahren 1884-1888 sind 40 Briefe Čajkovskijs und 32 von Ėmilija K. Pavlovskaja erhalten – und zwar ebenfalls im GDMČ sowie im Moskauer Bachrušin-Theatermuseum.]

[3 Wichtig sind vor allem die je ca. 30 Briefe aus den Jahren 1886-1893, aufbewahrt im Institut für russische Literatur in Petersburg, in der Bibliothek des Mariinskij teatr Petersburg sowie im GDMČ.]

[4 Ebenfalls etwa je 30 Briefe, meist im GDMČ, einzelne im „Glinka-Museum" in Moskau.]

[5 Avgust A. Gerke (1841-1902), Mitglied der Hauptdirektion der Russischen Musikgesellschaft, ehemaliger Mitschüler Čajkovskijs auf der Petersburger Rechtsschule.]

Ausserdem wächst der Briefwechsel mit seinen Freunden aus früherer Zeit sehr an: mit A. Brodsky, N. Hubert und dessen Frau, N. Konradi, B. Korsow, W. Pachulsky, mit seiner Cousine Anna Merkling u. a.

Jede einzelne dieser Korrespondenzen charakterisiert bis ins Kleinste irgendeine Seite des moralischen Wesens Peter Iljitschs und bildet ein sehr interessantes Ganzes. Hier erscheint er in der Rolle eines Trösters und weisen Ratgebers, dort als älterer Freund und Bruder in seinem Fach, bald sehen wir ihn als angenehmen und klugen Gesellschafter, bald plaudert er über Kunst und Literatur, dann wieder über sich selbst und über laufende Angelegenheiten. Grösstenteils tragen diese Briefe jedoch, trotz der Ungezwungenheit des Stils und der Offenheit und Wahrhaftigkeit ihres Schreibers, den Stempel einer gewissen Gewaltsamkeit, den Stempel einer gewissenhaft erledigten Pflicht und sind, sogar alle zusammengenommen, nicht entfernt so bedeutungsvoll wie die Briefe Peter Iljitschs an Frau von Meck, an seine Verwandten und alten Freunde der Moskauer Periode. Quantitativ ist das biographische Material ungeheuerlich angewachsen, qualitativ jedoch bietet es bedeutend weniger Interessantes.

Dasselbe kann von der Menge der bekanntschaftlichen Beziehungen der letzten Lebensperiode gesagt werden, welche keine schriftlichen Spuren hinterlassen haben. Diese sind so zahlreich, dass sie kaum aufgezählt, geschweige denn charakterisiert werden können. Nur einige seien genannt: A. Ljadow in Petersburg,[6] E. Karganow in Tiflis,[7] I. Slatin in Charkow,[8] I. Altani,[9] [der Komponist] Anton Simon, Gebrüder Conus[10] in Moskau, Edvard Grieg, [die Pianisten] Sophie Menter, [Emil] Sauer, Louis Diémer, [der Dirigent] Edouard Colonne, [der Geiger] Karel Halíř.

Dann folgt eine bunte Reihe von Bekannten der verschiedensten gesellschaftlichen Stellungen, vornehmer und nicht vornehmer, jeden Alters und mitunter der merkwürdigsten Professionen, z. B. dem Kammerdiener Kondratjews, A. Legoschin, den er am Sterbebett Kondratjews [in Aachen] kennen- und schätzengelernt hat. In einem Brief an mich bemerkt Peter Iljitsch: „Legoschin schätze ich immer mehr. Ich wünschte, ich könnte unter ‚Herrschaften' eine ebenso reine, makellose und lichte Persönlichkeit finden." Auch mit dem französischen Schauspieler Lucien Guitry befreundet sich Peter Iljitsch sowie mit dem berühmten russischen General Dragomirow, mit der Familie [Bélard] des Besitzers des Hotel Richepanse in Paris. Auf einer Seereise „von Frankreich nach Russland" lernt er [im Frühjahr 1889] einen phänomenal begabten, leider aber tödlich kranken Knaben kennen,[11] den Sohn Professor Sklifassowskys,[12] und befreundet sich sehr mit ihm. Die Freundschaft dauert aber nicht lange, denn kaum nach Jahresfrist stirbt der engelgleiche Jüngling. Sein

---

[6 Der Komponist Anatolij K. Ljadov (1855-1914), 1878-1914 Professor am Petersburger Konservatoriums.]
[7 Gemeint ist offenbar der armenische Komponist und Pianist Genarij O. Korganov (1858-1890).]
[8 Der Pianist und Dirigent Il'ja I. Slatin (1845-1931), ehemaliger Kommilitone Čajkovskijs am Petersburger Konservatorium, ständiger Dirigent der Symphoniekonzerte im ukrainischen Char'kov, wo er Werke Čajkovskijs aufführte. 1887 wurde er Ehrenmitglied der Petersburger Abteilung der Russischen Musikgesellschaft.]
[9 Ippolit K. Al'tani (1846-1919), 1867-1881 Dirigent der Oper in Kiev, 1882-1906 erster Kapellmeister am Moskauer Bol'šoj teatr. Der von Čajkovskij geschätzte Dirigent leitete die Uraufführungen der Ouvertüre „1812" und der Elegie für Streichorchester (für I. V. Samarin), die Kiever Erstaufführung des „Opričnik" und die ersten Moskauer Aufführungen der Opern „Mazepa", „Čarodejka", „Pikovaja dama" und „Iolanta" sowie die russische Erstaufführung des Violinkonzert (mit dem Solisten der Wiener Uraufführung Adol'f B. Brodskij). Vor der von Čajkovskijs geleiteten Uraufführung der Oper „Čereviči" im Januar 1887, gab ihm Al'tani im Dezember 1886 einige Dirigierstunden.]
[10 Der Komponist Georgij, der Geiger Julij und der Pianist Lev Ė. Konjus.]
[11 Vladimir N. Sklifosovskij, gest. 1890.]
[12 Der bekannte Chirurg Nikolaj V. Sklifosovskij (1836-1904).]

Tod macht den tiefsten Eindruck auf Peter Iljitsch. Dem Andenken dieses Knaben widmet Peter Iljitsch [1893] seinen „Chant élégiaque" op. 72, N⁰ 14.

Wie mit den Briefen der neuen Periode, so ist es auch mit den freundschaftlichen Beziehungen Peter Iljitschs: eine jede einzelne von ihnen ist interessant und zeichnet die erstaunliche Fähigkeit Peter Iljitschs, sich dem Gesichtskreis der allerverschiedensten Leute anzupassen. Daher könnte eine jede von ihnen eine hübsche und unterhaltende Studie abgeben; alle zusammen umgeben Peter Iljitsch mit jener Atmosphäre der Liebe und Anteilnahme, die ihm ein Bedürfnis war wie das tägliche Brot. Doch keine von ihnen war so tief und so dauerhaft wie die freundschaftlichen Bande der früheren Zeit, keine von ihnen ist mit dem innersten Wesen seines Daseins so eng verflochten und keine trägt etwas Neues in seine Seele hinein ...

Das ist der Grund, weshalb ich es für unnötig halte, eine Charakteristik der neuen Bekannten Peter Iljitschs zu geben. Im Vergleich zu dem, was er in ihr Leben hineinträgt, bieten sie ihm wenig.

Bevor ich an die Fortsetzung der Lebensbeschreibung Peter Iljitschs schreite, muss ich an dieser Stelle nur noch eines Umstandes gedenken, nämlich eines seiner herzlichsten Freundschaftsbündnisse. In der Familie seiner Schwester, Frau A. I. Dawidow, gab es drei Söhne.[13] Der zweite von ihnen, Wladimir, war von jeher der Liebling Peter Iljitschs, doch trug diese Neigung bis zu den achtziger Jahren keinen ernsten Charakter, höchstens wurde dieser Neffe von seinem Onkel mehr verwöhnt und liebkost als die anderen. Als aber aus dem Knaben ein Jüngling zu werden begann, wuchs auch die Sympathie des Onkels für ihn immer mehr, und Peter Iljitsch gewann ihn nach und nach so lieb, wie er nur seine Zwillingsbrüder in ihrer Kindheit liebgehabt hatte. Ungeachtet des Altersunterschieds ermüdete ihn das Zusammensein mit seinem Liebling nie, die Trennung von ihm ertrug er nur mit Kummer, er vertraute ihm stets seine geheimsten Gedanken an und machte ihn zuletzt zu seinem Universalerben, indem er ihm auch die Sorge um diejenigen anvertraute, deren Schicksal ihm nahelag.[14]

[[13] Dmitrij (1870-1929). – Vladimir („Bob"; geb. 1871; 1893 Absolvent der Petersburger Rechtsschule; Widmungsträger des Kinderalbums op. 39 und der 6. Symphonie; Haupterbe von Čajkovskijs Autorenrechten; zog 1898 nach Ableistung seines Militärdienstes nach Klin und eröffnete dort zusammen mit seinem Onkel Modest Čajkovskij das Haus-Museum P. I. Čajkovskij; 1906 nahm er sich das Leben). – Jurij (1876-1865); Agronom, 1945-1962 Hauptkustos des Čajkovskij-Haus-Museums in Klin.]

[[14] Modest Čajkovskij spricht nicht von der Unausgewogenheit und Problematik dieser Beziehung, denn Vladimir Davydov nahm offenbar nicht den Anteil am Leben und Schaffen des Onkels, welchen dieser sich gewünscht hätte.]

Kapitel III-V: 1885.

[Kapitel III.]

[1885, Januar bis Anfang Februar. Moskau.
Muß Koteks Eltern die Nachricht vom Tode ihres Sohnes übermitteln. Liest selbst in Eile die Korrektur der 3. Orchestersuite vor der von Hans von Bülow geleiteten und enthusiastisch aufgenommenen Petersburger Uraufführung am 12. Januar 1885. Über Bülow. Über Napravniks Oper „Nižegorodcy". Nach der 15. Aufführung des „Onegin" in Petersburg wird Čajkovskij vom Kaiserpaar empfangen. Am 16. Januar Moskauer Erstaufführung der 3. Orchestersuite unter Max Erdmannsdörfer. Laroš's Besprechung der Suite. Idee für eine neue Oper nach Ippolit V. Špažinskijs „Čarodejka". Schwierige Suche nach einem eigenen Heim auf dem Lande: Majdanovo (bei Klin, Gouvernement Moskau).]

An N. F. von Meck: „Moskau, d. 1. Januar 1885.

So lange habe ich Ihnen nicht mehr geschrieben, liebe teure Freundin! Zwei Ursachen hinderten mich an einer schriftlichen Unterhaltung mit Ihnen: gerade am Tage vor Weihnachten brachte mir ein Telegramm die Nachricht vom Tode Koteks. Abgesehen davon, dass mich diese Nachricht stark erschütterte, fiel mir noch die traurige Pflicht zu, den unglücklichen Eltern den Verlust ihres Lieblingssohnes zu melden, der übrigens auch in materieller Beziehung die Stütze seiner Familie war. Drei Tage lang zögerte ich, ihnen die schreckliche Mitteilung zu machen. Nach dem Antworttelegramm zu urteilen, sind sie in furchtbarer Verzweiflung. Das alles hätte auf mich sehr niederdrückend gewirkt, wenn ich nicht infolge eiliger Notwendigkeit und mangels guter Korrekturleser die sehr schwere Korrektur meiner neuen [3. Orchester-]Suite im Laufe einiger Tage selbst machen müsste. Hans von Bülow wird sie in den nächsten Tagen in Petersburg dirigieren, daher muss bis zum 5. alles fertig sein. Während meines Aufenthalts in Petersburg und im Ausland ist hier nichts getan worden, so musste ich mich denn selbst an die ermüdendste aller Arbeiten setzen. Ich war wütend und schimpfte über die Stecher und über Jurgenson, arbeitete bis zur Erschöpfung, dafür hatte ich aber keine Zeit, über den Tod des armen Kotek zu weinen." [XIII, 2635.]

An N. F. von Meck: „Moskau, d. 5. Januar 1885.

… All meine Gedanken sind augenblicklich darauf gerichtet, in irgendeinem Dorf in der Nähe von Moskau meinen ständigen Wohnsitz aufzuschlagen. Das Nomadenleben befriedigt mich nicht mehr; ich will irgendwo mein *eigenes Heim* haben. Da ich zu der Überzeugung gekommen bin, dass ich einstweilen noch kein anständiges Gut kaufen kann, habe ich mich entschlossen, wenigstens einen Landsitz zu mieten. Zu diesem Zweck habe ich eine Annonce im ‚Polizeiblatt' losgelassen und schon viele Angebote erhalten. Am Montag fahre ich ein Landhaus zu besichtigen, welches meinen Anforderungen entspricht, und werde es – wenn es mir gefallen sollte – schon bald nach meiner Rückkehr aus Petersburg beziehen." [XIII, 2638.]

An E. F. Napravik: „Moskau, d. 5. Januar 1885.

Teurer Freund Eduard Franzewitsch, als ich von Ihnen Abschied nahm, gab ich Ihnen das Versprechen, Ihnen bald nach meiner Ankunft in Moskau über die ‚Nishegorodcy' zu berichten.[15] Aber infolge verschiedener Umstände ist es mir erst gestern gelungen, Ihre Oper anzuhören. Übrigens war das ein Glück für mich, denn die gestrige Vorstellung soll nach allgemeiner Meinung eine besonders gelungene gewesen sein. Ich beginne mit meinem persönlichen Eindruck. Es wäre natürlich übertrieben, wenn ich behaupten wollte, die Musik der ‚Nishegorodcy' weise erstklassige künstlerische Schönheiten auf. Seit der Ent-

---

[15 „Nižegorodcy" op. 15, Oper von Ėduard F. Napravnik (1867/68), Libretto: Petr I. Kalašnikov (1828-1897), Uraufführung am 27. Dezember 1868 im Petersburger Mariinskij teatr; Premiere der Inszenierung im Moskauer Bol'šoj teatr am 30. November 1884.]

stehung dieser Oper sind Sie einen guten Schritt vorangekommen, so dass Sie nicht nur im Vergleich mit ‚Harold',[16] sondern auch mit dem schönen E-Dur-Quartett [op. 16], mit dem d-Moll-Trio[17] und mit den ‚Symphonischen Tänzen',[18] welche den ‚Nishegorodzy' auf dem Fusse folgten, – das Werk eines jugendlichen, noch nicht gereiften Talents ist. *Ich sage Ihnen aber vollkommen aufrichtig,* dass mir der gestrige Abend sehr angenehm gewesen ist. Die Oper bereitet dem Zuhörer vom Anfang bis zum Ende Freude, denn sie ist schön, einfach und vornehm geschrieben. Dank Ihrer ausgezeichneten Bühnenkenntnis ist der Eindruck stellenweise ein sehr starker und erschütternder. Am kräftigsten wirkt natürlich der dritte Akt. Die Chöre hier sind meisterhaft ... Auch in der Instrumentierung sind Sie ein grosser Meister: sie ist prächtig, glänzend, effektvoll. Ich sprach mit Orchestermusikern, die mir sagten, es sei alles bequem und angenehm zu spielen; auch die Sänger sind sehr befriedigt, dass das Orchester sie niemals störe.

So haben mir denn die ‚Nishegorodzy' ein grosses Vergnügen bereitet, welches nur durch ein kleines, aber ziemlich gemeines Gefühl des Neides auf Ihre Meisterschaft in Opernsachen getrübt worden ist." [XIII, 2639.]

Die erste Aufführung der Suite № 3, welche im 5. Symphoniekonzert der Russischen Musikgesellschaft in Petersburg am 12. Januar [1885] unter Leitung Hans von Bülows stattfand, gestaltete sich für Peter Iljitsch zu einem wahren Triumph. Noch nie wurde eines seiner Werke gleich beim ersten Mal so einmütig enthusiastisch aufgenommen. Freilich lag das zum Teil an der leichten Fasslichkeit und Zugänglichkeit der Schönheiten dieser Komposition für die Masse, aber noch weit mehr lag es an den ungewöhnlichen Eigenschaften der Ausführung.

Hans von Bülow war ein grosser Virtuose auf dem Klavier, doch hatte er auf diesem Gebiet Rivalen, die seinen Ruhm sogar überstrahlten. Auf dem Gebiet des Kapellmeistertums war er aber nach Richard Wagner nicht nur einer der ersten, sondern unbedingt der erste seiner Zeit. Trotz seiner Jahre war er begeisterungsfähig wie ein Jüngling, nervös, empfänglich und ein überaus feiner und vollkommener Musiker. Er verstand es, die Einzelheiten des zu studierenden Werkes bis ins Kleinste auszuarbeiten und dabei das ganze Orchester durch seine virtuose Inspiration zu beseelen. Unter seiner äusserlich manirierten und von merkwürdigen, unschönen Bewegungen strotzenden Leitung tat das Orchester Wunder, beleuchtete die abgedroschensten Stücke wie z. B. die „Freischütz"-Ouvertüre mit neuem Licht, fesselte die Aufmerksamkeit des Zuhörers von den ersten Akkorden an und hielt ihn bis zur letzten Note in Atem.

Lebendig, beweglich und stets von irgendeiner Begeisterung bestürmt, war er ebenso schonungslos und extrem in seinen Antipathien wie in den Sympathien sentimental und enthusiastisch. Er konnte nicht einfach „lieben" und „nicht lieben". Er konnte nur „vergöttern" oder „hassen".

Nachdem er mit gleicher Aufrichtigkeit und Leidenschaftlichkeit nacheinander Klassiker, Wagnerianer und Brahmsianer gewesen war, wurde er in den siebziger Jahren begeisterter Russophile in der Musik und schwärmte namentlich für das Talent Peter Iljitschs. Der Kultus der Werke des letzteren stand bei ihm damals gerade auf seinem Höhepunkt, darum hatte er in die Wiedergabe der 3. Suite nicht nur sein gewohntes Können hinein-

---

[[16] „Garol'd" op. 45, Oper von Éduard F. Napravnik (1884/85), Libretto: Petr I. Vejnberg (1831-1908) nach dem Drama „Harold" (1882) des deutschen Dramatikers Ernst von Wildenbruch (1845-1909), Uraufführung am 11. November 1886 im Petersburger Mariinskij teatr.]
[[17] Klaviertrio g-Moll op. 24.]
[[18] „Narodnye tancy" op. 20 und op. 23.]

gelegt, sondern auch das ganze Feuer seiner jeweiligen Begeisterung. Ich sage „jeweiligen", weil sich gegen Ende der achtziger Jahre sein Enthusiasmus für die Werke Peter Iljitschs ein wenig abkühlte und er für die Werke des damals in seine Laufbahn kaum erst eingetretenen Komponisten Richard Strauss zu schwärmen begann.

Der Suite Peter Iljitschs wurde auch in der gesamten Presse einstimmig Anerkennung gezollt. Nur C. Cui knüpfte einige „Aber" daran („die gedankenlose Aufdringlichkeit der Oktaven im Trio des Valse-Scherzo ist zwar nichtssagend, aber effektvoll", „die Polonaise [Schluss-Variation des vierten Satzes] entbehrt der Tiefe und ist nur hübsch und nett, was ein wenig übersättigend und verdriesslich wirkt" usw.).

An N. F. von Meck: „Moskau, d. 18. Januar 1885.

Liebe teure Freundin, verzeihen Sie um Gottes willen, dass ich so faul bin und so selten schreibe. Ich bin heute aus Petersburg zurückgekehrt, wo ich acht Tage in fieberhafter Regsamkeit zugebracht habe, obwohl ich mir täglich vornahm, Ihnen zu schreiben, hinderten mich verschiedene Umstände und eine an völlige Erschlaffung grenzende Müdigkeit daran. Die ersten Tage verbrachte ich in den Proben für das Konzert, in welchem meine neue Suite gespielt wurde, und mit Vorbereitungen für die bevorstehenden starken Aufregungen. Eine heimliche Vorahnung sagte mir, dass die Suite dem Publikum gefallen würde. Ich freute und fürchtete mich zugleich. Die Wirklichkeit hat aber meine Erwartungen bei weitem übertroffen. Einen ähnlichen Triumph habe ich noch nie erlebt; ich sah, dass die ganze Masse des Publikums gerührt und dankbar war. Solche Momente sind das Schönste im Leben eines Künstlers. Ihretwegen allein lohnt es sich zu leben und zu arbeiten, aber auch die Ermattung nachher ist eine starke. Ich war am Tag danach ganz krank. Später erlebte ich noch einige schöne Eindrücke, obwohl meine Qualen grösser waren als die Freude an meinem wachsenden Erfolg. Der Wunsch mich zu verstecken, der Durst nach Freiheit, Ruhe und Einsamkeit gewannen die Oberhand über das Gefühl des befriedigten Künstlerehrgeizes. Der letzte Tag in Petersburg war wiederum ein schwerer und zugleich angenehmer. Am Tage wohnte ich der Hochzeitsfeier eines meiner Verwandten bei[19] und fuhr gleich nach dem Hochzeitsmahl ins Grosse Theater, wo die 15. Vorstellung des ‚Onegin' in Gegenwart des Kaiserpaars und der anderen Mitglieder der Zarenfamilie stattfand. Der Kaiser wünschte mich zu sehen, unterhielt sich sehr lange und überaus freundlich mit mir, fragte mich mit grosser Anteilnahme über alle Einzelheiten meines Lebens und musikalischen Schaffens aus und führte mich dann zur Kaiserin, welche mir nun ihrerseits eine sehr rührende Aufmerksamkeit erwies. Am Abend des folgenden Tages reiste ich ab und befinde mich seit heute früh in Moskau." [XIII, 2646.]

Am 16. Januar wurde die Suite N° 3 auch in Moskau (unter Leitung Erdmannsdörfers) zum ersten Mal aufgeführt. Der Erfolg war ebenfalls ein sehr grosser, doch lange nicht derselbe wie in Petersburg. Der ausgezeichneten, überaus feinen Wiedergabe der Suite seitens Erdmannsdörfers fehlte nur die geniale Begeisterung, durch welche Hans von Bülow am 12. Januar sein Publikum elektrisiert hatte. Nichtsdestoweniger äusserte sich die Presse sehr enthusiastisch, und am enthusiastischsten Laroche im „R. W.":[20]

[19 Im Originalbrief: „der Hochzeit der Panaeva mit meinem Neffen [Georgij] Karcov". Die Sopranistin Aleksandra A. Panaeva war eine Schülerin der Viardot.]

[20 German A. Laroš, „Muzykal'noe obščestvo i g. Ėrdmansděrfer. Novinki koncertnogo sezona. G. Čajkovskij i ego novaja sjuita" (Die Musikgesellschaft und Herr Erdmannsdörfer. Neuheiten der Konzertsaison. Herr Čajkovskij und seine neue Suite), in: Russkij vestnik (Russischer Bote {monatlich in Moskau und Petersburg erscheinende politische und literarische Zeitschrift}) 1885, Nr. 1, S. 412-432 im Teil „Muzykal'noe obozrenie" (Musikalische Rundschau). Deutsch vollständig in: Laroche, S. 127-132.]

„In den letzten drei bis vier Jahren schenkte uns Tschaikowsky einige solche Werke, welche leicht glauben machen können, dass der Schwerpunkt der musikalischen Welt nicht in Deutschland und auch nicht in Frankreich, sondern bei uns liege, dass die wahre ‚Zukunftsmusik' – die Musik des Herrn Tschaikowsky sei (wenigstens solange keine neuen Talente erschienen sind, welche in diesem Augenblick vielleicht auf der Schulbank sitzen oder noch in den Windeln liegen). Als ein solches Werk kann man die chronologisch letzte seiner Partituren, die Suite N° 3 nennen. Die Verführung ist gross, nicht technisch gründlich, sondern poetisch bildlich über sie zu sprechen und der Phantasie freien Lauf zu lassen. Dazu müsste man aber ein zweiter Heine sein. Meines Unvermögens in dieser Hinsicht wohl bewusst, nehme ich es nicht auf mich, jene bezaubernden Momente, jene süssen phantastischen Träume zu beschreiben, durch welche uns dieses Tonpoem führt. Ich nehme es nicht auf mich, jene Stille und sinnende Grazie des ersten Satzes mit seinem wundervollen zweiten Thema wiederzugeben, in welchem sich tiefe Melancholie und ungetrübter Friede so schön verbinden. Ich nehme es nicht auf mich, jenen phantastischen, lustigen Humor im Trio des Scherzos zu reproduzieren, in welchem Tschaikowsky eine uns schon aus seinen anderen Werken bekannte Saite anschlägt, jene kleine Welt, die er selbst entdeckt: jenes scherzhaft kriegerische Soldatentum en miniature, wie wenn vor unseren Augen nicht grobe irdische Soldaten defilieren und manövrieren, sondern zarte, winzige und höfliche Elfen. Ich nehme es nicht auf mich, jenes Gefühl grabeskalter, drohender und steinerner Hoffnungslosigkeit [zu beschreiben], welche dem melancholischen Walzer entströmt und welche bei aller Schönheit den Zuhörer wie ein Alb bedrückt. Ich nehme es nicht auf mich, auch nur ein schwaches Bild jenes unendlichen und herrlichen Panoramas zu zeichnen, welches wie eine Wandeldekoration, wie die Ufer eines wunderschönen Flusses in Form von Schlussvariationen vor unserem geistigen Auge vorüberziehen und in eine glänzende Polonaise münden, wie wenn wir – um den Vergleich fortzusetzen – nach einer langen Reise, von vielen malerischen und unvergesslich schönen Landschaften in eine Millionenstadt kommen, direkt auf ein märchenhaft üppiges, von grandiosem Sonnenlicht übergossenes und von begeisterten Stimmen erschallendes Volksfest. Ich verzweifle um so mehr an meiner Unfähigkeit, das Werk zu charakterisieren, als ich nur zu gut weiss, wie willkürlich, wie unbegründet alle poetischen Illustrationen in Bezug auf rein instrumentale Musik sind. Alles, was wir uns beim Anhören eines Musikstücks *vorstellen*, ist unsere eigene Erfindung, für welche der Komponist nicht verantwortlich sein kann …"

Peter Iljitsch war damals auf der Suche nach einem Opernsujet. Ich war gerade in Moskau und erwähnte eines Tages ganz nebenbei, dass die Szene der Begegnung zwischen Kuma und dem Prinzen im Drama „Die Bezaubernde" [„Čarodejka", „Die Zauberin"] von Schpashinsky [Špažinskij] in einer Oper sehr effektvoll sein würde, ohne das Drama selbst für ein Libretto zu empfehlen. Sofort kaufte Peter Iljitsch ein lithographiertes Exemplar dieses Dramas und geriet in helles Entzücken über diese Szene. Das war ausschlaggebend. Am folgenden Tag wurde ein Brief an den Verfasser der „Bezaubernden" geschrieben, mit der Bitte, das Drama in ein Opernlibretto umzuarbeiten. Auf diesen Brief erhielt Peter Iljitsch folgende Antwort:

„21. Januar 1885.
Sehr geehrter Herr, es war mir überaus angenehm, Ihren Brief zu erhalten. Es war schon lange mein Wunsch, Sie kennenzulernen. Seien Sie versichert, dass es mir ein

besonderes Vergnügen sein wird, mit Ihnen zusammenzuarbeiten.
Mit dem Ausdruck [usw.] I. Schpashinsky".

An Frau von Meck: „Moskau, d. 3. Februar 1885.
... Bei meiner Suche nach einem Häuschen habe ich die grössten Enttäuschungen erlebt, so dass ich schon ins Ausland reisen wollte, doch plötzlich überfiel mich eine unerklärliche Furcht vor der bevorstehenden Reise, ein unbegreiflicher Kummer würgte mich dermassen, dass ich gestern einen heroischen Entschluss fasste und Alexei aussandte, ein Landhaus zu mieten, von dem ich gehört hatte, dass es in einer schönen Gegend liege und mit Möbeln, Geschirr und allem Nötigen versehen sei. Morgen reise ich nach Petersburg, und in acht Tagen werde ich meine neue Wohnung beziehen können, welche offenbar sehr bequem, aber vielleicht etwas zu gross für mich ist. Dieses Haus befindet sich im Dorf Maidanowo (zwei Werst nahe Klin). Das Haus hat sehr viele, ausgezeichnet möblierte Zimmer, von den Fenstern aus hat man eine schöne Aussicht; auch ein prachtvoller Park ist vorhanden. Überhaupt wird das Wohnen dort, wie es scheint, sehr angenehm sein; nur die grosse Menge von Zimmern macht mir Sorge, denn sie müssen den Winter hindurch geheizt werden. Überhaupt ist das Haus ein wenig zu luxuriös für mich. Wie dem auch sei, ein Jahr werde ich schon dableiben müssen. Sollte es sich erweisen, dass der Unterhalt meine Mittel übersteigt, so wird sich im Laufe des Jahres etwas Passenderes finden lassen." [XIII, 2652.]

Kapitel IV.

[1885, Mitte Februar bis Juni. Majdanovo, Moskau, Majdanovo.
Čajkovskij beendet sein „Nomadenleben" und mietet eine Wohnung im Dorf Majdanovo (bei der Stadt Klin, Gouvernement Moskau). Enttäuscht, und doch glücklich; will höchstens ein Jahr dort bleiben.
Eine Hymne zu Ehren der Slavenheiligen Kyrill und Methodius. Umarbeitung des „Kuznec Vakula": „Čereviční". Erfolgreiche Uraufführung der Konzertfantasie für Klavier und Orchester (Solist: S. I. Taneev), aber kein nachhaltiger Erfolg des Werkes.
Träumt weiter von einem eigenen und nicht gemieteten Heim. Rühmt N. F. fon Mekk gegenüber die Schönheit der russischen Landschaft. „Politisiert" über die politische Ordnung Rußlands.
Eine Oper nach Puškins „Hauptmannstochter"? Konstatiert anläßlich eines Zeitungsartikels einen positiven Umschwung in den Artikeln über seine Musik (ausser bei dem weiterhin feindseligen Kjui).
Äussert sich Rimskij-Korsakov gegenüber zu dessen 1884 erschienener Harmonielehre – und bittet ihn (vergeblich), für den Direktorenposten am Moskauer Konservatorium zur Verfügung zu stehen.
Špažinskijs Änderungen im Libretto der „Čarodejka" gegenüber seinem Drama; Čajkovskijs Verständnis der Figur der Nastas'ja (Kuma), Vergleich mit Traviata und Carmen; über die Figur der Fürstin.
Erwartet das Libretto zum ersten Akt. Setzt die Komposition der Neun liturgischen Chöre fort.
Stöhnt über seine sich ausweitende Korrespondenz. Fühlt sich durch die Sommergäste in Majdanovo gestört.
Wohnt in seiner Eigenschaft als Direktionsmitglied der Musikgesellschaft den Prüfungen im Konservatorium bei. Inszenierung der „Čereviční" nicht in Moskau, sondern auf Initiative Vsevoložskijs in Petersburg.
45. Geburtstag. Setzt die Wahl Taneevs zum Direktor des Moskauer Konservatoriums durch und erbietet sich, ehrenamtlich die Klasse „Freie Komposition" zu übernehmen.
Entschliesst sich, wie Balakirev versprochen, die Programmsymphonie „Manfred" zu schreiben.]

Das Dorf Maidanowo, welches von nun an der Wohnsitz Peter Iljitschs wird, liegt ganz in der Nähe der Stadt Klin. Das herrschaftliche Haus steht auf dem hohen Ufer des Flusses Sestra und ist von einem schönen grossen Park umgeben.[21] Es gehörte früher einem vornehmen russischen Adelsgeschlecht, ist aber nach und nach sehr verwahrlost. Trotzdem zeugt vieles von vergangener Pracht: im Park vor der Fassade Reste von Rosenkörben („corbeilles de roses"), Lauben; auch Seen, kleine Brücken, seltene Baumarten, Orangerien und

---

[21 Das hoch über der Sestra gelegene, nicht mehr erhaltene Haus ist abgebildet in: Album 1990, S. 102.]

eine Marmorvase an einem schattigen Plätzchen usw. befanden sich im Park. All das wurde im Jahre 1885 durch die Umwandlung aller Nebengebäude der Residenz reicher Gutsbesitzer in Sommerwohnungen, welche die einzige Einkommensquelle der derzeitigen Besitzerin, Frau Nowikow,[22] bildeten, sehr beschädigt. Die Umgebung Maidanowos bietet nichts besonders Anziehendes, aber Peter Iljitsch liebte die grossrussische Natur so sehr, dass ein Birken- oder Tannenwäldchen, eine sumpfige Wiese, der Turm einer Dorfkirche in der Ferne und der dunkle Streifen eines grossen Waldes am weiten Horizont ihn vollkommen befriedigten. Die Hauptursache, welche ihn bis ans Ende seiner Tage an diese Gegend fesselte, ist nicht in ihrer Schönheit zu suchen, sondern in ihrer Lage zwischen den beiden Hauptstädten. Klin liegt in der Nähe von Moskau und ist auch von Petersburg bequem zu erreichen, so dass es Peter Iljitsch stets leicht war, falls es notwendig war, dorthin zu reisen; gleichzeitig aber ist Klin weit genug von beiden Hauptstädten entfernt, um zufällige Besucher, die Peter Iljitsch sonst belästigen würden, fernzuhalten.

An M. Tschaikowsky: „Maidanowo, d. 14. Februar 1885.

Ich bin glücklich hier angekommen. Der erste Eindruck war enttäuschend. Das, was Alexei luxuriös und prachtvoll nannte, war in meinen Augen geschmacklos, bunt und unsauber. Es ist sofort klargeworden, dass Maidanowo nicht mein beständiger Aufenthaltsort bleiben kann. Ein Jahr jedoch oder bis zum Beginn des nächsten Winters wird es sich hier schon wohnen lassen, im Sommer sogar wunderschön. Wir haben uns einstweilen nur in vier Zimmern eingerichtet, von denen eines – das Gastzimmer – nicht einmal in Betracht kommt, weil es so kalt ist, dass es nicht erwärmt werden kann. Auch die übrigen sind ziemlich kalt, sie haben aber Kamine; übrigens ist das Ende des Winters auch nicht mehr fern. Diese übrigen Zimmer sind recht gemütlich, obwohl mir die billige Buntheit ihrer Einrichtung etwas missfällt. Das Haus ist gross, und im Sommer werden wir alle sehr gut Platz haben. Die Gegend ist wunderschön, und Du wirst sehr zufrieden sein. Das Klavier ist angekommen. Mit der unfeinen Einrichtung bin ich schon zufrieden, denn mein Aufenthalt hier wird doch nur ein zeitweiliger sein. Dafür sind der Blick aus den Fenstern, die Ruhe und das Bewusstsein, *daheim* zu sein, so angenehm, dass ich den ganzen Tag in der schönsten Stimmung verbracht habe. Der Koch ist sehr billig und sehr gut. Zu weiterer Bedienung habe ich einstweilen nur einen Mushik; morgen soll die Waschfrau kommen. Nachmittags habe ich einen sehr schönen Spaziergang am Ufer des Flusses bis nach Klin gemacht; um 4 Uhr nahm ich den Tee, schrieb dann einen langen Brief an Bülow, schreibe jetzt an Dich, werde auch noch an Tolja schreiben, dann werde ich zu Abend essen, etwas lesen, etwas spielen und zu Bett gehen. Alexei schläft im Nachbarzimmer, so dass ich gar keine Furcht habe. Es ist hier überhaupt recht belebt. Trotz der Enttäuschung bin ich glücklich, froh, zufrieden und ruhig. Du sollst ein wunderschönes Zimmer oben bekommen. Für N. Kondratjew gibt es hier auch eine passende Wohnung; ich werde ihm morgen schreiben."[23] [XIII, 2655.]

An M. Tschaikowsky: „Maidanowo, d. [17.-]19. Februar 1885.

... Ich erhalte jetzt Zeitungen und Zeitschriften, was mein Leben hier wesentlich angenehmer macht. Ich lese viel, treibe mit Genuss englische Sprachstudien und arbeite gut;[24] ich esse, gehe spazieren, schlafe, wann und wieviel ich will, kurz, ich lebe. Übrigens will

---

[[22] Nadežda V. Novikova.]
[23] Eines der Landhäuschen in der Nachbarschaft des grossen Hauses ist von Kondratjew für den Sommer gemietet worden. [Der befreundete Nikolaj D. Kondrat'ev lebte sonst mit seiner Familie auf seinem Gut Nizy im ukrainischen Gouvernement Char'kov.]
[[24] An der Neufassung der Oper „Kuznec Vakula": den späteren „Čerevički".]

ich Dir den Mund nicht länger wässrig machen. Den Roman ‚Theatersumpf' von A. Sokolow[25] lese ich mit *ausserordentlichem, überraschendem* Interesse. Lauter lebendige Menschen aus der Welt der Kulissen. Im Sommer sollst Du das Buch auch lesen." [XIII, 2658.]

An P. Jurgenson: „Maidanowo, d. 19. [recte: 18.] Februar 1885.
... Deine Zuschrift habe ich gestern erhalten. Was für einen Hymnus?[26] Wer braucht ihn? Was, zum Teufel? Ich bin schon von irgendeiner, wie ich glaube, Slavischen Gesellschaft angegangen worden,[27] etwas für ein Festkonzert zu komponieren und habe abgesagt. Jetzt kommst Du auch noch. Was kümmern Dich Ketzer die slavischen Heiligen??? Übrigens werde ich am Donnerstag in Moskau sein, dann können wir ja darüber reden."[28] [XIII, 2659.]

An E. Pawlowskaja: „Maidanowo, d. 20. Februar 1885.
Liebe Emilie Karlowna, ich sehne mich ein wenig nach Ihnen. Wo sind Sie jetzt? Ich habe mich in einem Dorf niedergelassen. Es stand schlimm um meine Gesundheit. In der Butterwoche[29] quälten mich furchtbare, ganz eigentümliche Kopfschmerzen neuralgischer Art. Um sie zu zerstreuen, war ich nach Petersburg gereist. Dort wurde es aber noch schlimmer, so dass ich nicht imstande war, zu lesen, zu arbeiten, zu sprechen. Da ich fühlte, dass es nur an meinen verdammten zerrütteten Nerven lag und ich nur der Ruhe bedurfte, eilte ich aufs Land. Ich kann Ihnen gar nicht wiedergeben, wie bezaubernd ein russisches Dorf, eine russische Landschaft und diese Ruhe auf mich wirken. Sofort ging es mir besser, und das Kopfweh stellt sich jetzt nur noch ein, wenn ich ein wenig zu lange an der Arbeit sitze. Mein ‚Schmied Wakula' wird noch eine recht anständige Oper werden, das können Sie glauben. Sie schweben mir immer als Oxana vor[30] und sind beständig meine Gesellschafterin, ohne es zu ahnen. Ich habe ganz neue Szenen geschrieben, alles, was schlecht war – hinausgeworfen, das Gute beibehalten, die Dicke und Schwerfälligkeit der Harmonie ‚gelichtet', kurz, ich habe alles Nötige getan, um die Oper der Vergessenheit, die sie wahrlich nicht verdient, zu entreissen.[31] In den nächsten Tagen werde ich alles instrumentieren und hoffe, bis Ostern fertig zu werden. Im Frühjahr will ich eine neue Oper anfangen [‚Čarodejka'] und werde also wieder meine ganze Zeit mit der ‚Wohltäterin' zubringen."[32] [XIII, 2661.]

Am 22. Februar 1885 wurde im 10. Symphoniekonzert der Russischen Musikgesellschaft in Moskau Peter Iljitschs Fantasie für Klavier [und Orchester op. 56] von S. Tanejew zum

---

[25] Aleksandr A. Sokolov, „Teatral'nye bolota. Roman-chronika v 3-ch častjach", 2. Ausgabe, St. Petersburg 1881. Čajkovskijs Exemplar mit vielen Anmerkungen von seiner Hand ist in seiner Bibliothek im GDMČ erhalten geblieben.]
[26] Jurgenson hatte bei Peter Iljitsch [in seinem Brief vom 16. Februar 1885] einen „Hymnus an die Heiligen Kyrill und Methodius" bestellt.
[27] Die Slavische Wohltätigkeitsgesellschaft hatte Čajkovskij in einem Brief vom 29. Dezember 1884 gebeten, etwas zum tausendsten Jahrestag des Todes des hl. Methodius zu schreiben.]
[28] Bei dem Treffen mit Jurgenson liess sich Čajkovskij offenbar überreden, eine Hymne zu Ehren der hl. Kyrill und Methodius (für gemischten Chor a cappella) zu schreiben. Er tat dies am 7. März 1885 unter Verwendung einer altslavischen Weise.]
[29] Russische Karnevalswoche.]
[30] Tatsächlich aber trat Ėmilija K. Pavlovskaja nie in dieser Rolle auf.]
[31] Čajkovskij hatte Jurgenson schon am 28. April 1884 von seinem Plan berichtet, den „Vakula" zu revidieren, realisierte den Plan aber erst vom 16. Februar bis zum 22. März 1885. Eine Übersicht über die Änderungen gibt TchH 1, S. 64.]
[32] So nannte Peter Iljitsch Frau Pawlowskaja wegen der ausgezeichneten Wiedergabe der Rolle der Maria in „Mazepa".

ersten Mal öffentlich gespielt [Dirigent: Max Erdmannsdörfer]. Der Erfolg war ein sehr grosser: der Autor wurde unzählige Male gerufen, doch muss ein bedeutender Teil des Beifalls und der Hervorrufe in diesem Fall der Sympathie des Publikums für den Interpreten, den Liebling Moskaus, zugeschrieben werden, denn die Fantasie wurde nachher in Moskau lange nicht mehr gespielt. Die Zeitungsberichte waren günstig, und wenn sich keiner der Virtuosen der Fantasie annahm, so ist das ein Zeichen dafür, dass das Stück trotz des Lärms und der Ovationen keinen rechten Erfolg hatte. Ein Jahr darauf spielte Tanejew die Fantasie in Petersburg[33] ebenfalls mit Erfolg und lobenden Presseäusserungen, aber auch dort schlug sie nicht ein und erschien nicht wieder auf dem Konzertprogramm.

An M. Tschaikowsky: „Maidanowo, d. 25. Februar 1885.
Ich bin soeben aus Moskau zurückgekehrt, wo ich vier nicht so angenehme Tage verbracht habe. Wohnte zwei Vorstandssitzungen der Musikgesellschaft in meiner Eigenschaft als Direktionsmitglied bei. Hörte meine Fantasie in der ausgezeichneten Wiedergabe Tanejews und des Orchesters und bin sehr zufrieden mit ihr ..." [XIII, 2662.]

An M. Tschaikowsky: „Maidanowo, d. 4. März 1885.
... Meine Arbeit geht nicht besonders schnell voran, befriedigt mich aber sehr! Mir ist der Gedanke angenehm, dass ‚Vakula' wieder aus dem Strom der Vergessenheit auftauchen wird! Lieber Modja, erfinde einen neuen Namen für diese Oper. Mir gefällt weder ‚Schmied Vakula' noch ‚Die Nacht vor Weihnachten'[34] noch ‚Die Pantöffelchen der Zarin';[35] ich brauche etwas anderes.[36] Wie geht es Dir? ..." [XIII, 2666.]

An Frau von Meck: „Maidanowo, d. 5. März 1885.
Liebe teure Freundin, Ihr letzter Brief hat mir zu ernsthaftem Nachdenken Veranlassung gegeben. Sie haben tausendmal recht: Eigentum haben ist mehr oder weniger lästig, und ich glaube Ihnen, dass nur derjenige wirklich frei ist, der nichts besitzt. Andererseits muss man aber doch sein *Heim* haben. Wäre ich fähig, beständig in Moskau zu wohnen, so würde ich eine Wohnung mieten und sie einrichten. Das wäre dann mein *Heim.* Auf dem Lande aber genügt das *Mieten* nicht, um sich ganz heimisch zu fühlen, z. B. ist es mir hier in Maidanowo schon unangenehm, dass die Wirtin in meiner Nähe wohnt.[37] Ausserdem darf ich weder Blumen pflanzen, die mir gefallen, noch eine Laube bauen, noch einen Baum fällen lassen, der mir die Aussicht verdeckt. Auch kann ich den Leuten nicht verbieten, im Park an meinen Fenstern vorbeizupromenieren, denn in diesem Park stehen noch andere Häuser, welche vermietet werden, kurz, ich kann über die paar Quadratklafter,[38] welche mir genügen würden, nicht frei verfügen. Das ist es, weshalb ich glaube, dass es für mich – bei der Ausschliesslichkeit meines Charakters und meiner Natur – doch am besten wäre, ein kleines Besitztum zu haben, d. h. ein Häuschen und ein Gärtchen, und – obwohl

---

[33] Im 10. Symphoniekonzert der Russischen Musikgesellschaft am 4. April 1886 unter der Leitung von Hans von Bülow. Čajkovskij dirigierte die Fantasie fünfmal: am 14. und 15. November 1887 in Moskau (Solist: Sergej I. Taneev), am 21. Februar / 4. März 1888 in Paris (Louis Diémer), am 10. Dezember 1889 in Petersburg (Pavla Bertenson-Voronec) und am 14. Februar 1893 in Moskau (wieder mit S. I. Taneev). Für Frühjahr 1894 war ein von Čajkovskij geleitetes Konzert in London, u. a. mit der 6. Symphonie und der Fantasie op. 56, gespielt von Sofie Menter, geplant; es fand am 15. / 27. Mai 1894 statt – Sofie Menter spielte die Fantasie unter der Leitung von Alexander Mackenzie.]
[34] So heißt die Vorlage zum Libretto: Nikolaj V. Gogol's Erzählung „Noč' pered Roždestvom".]
[35] „Carycyny bašmački" („Der Zarin kleine Schuhe").]
[36] Schliesslich erhielt die neugefasste Oper den Namen „Čerevički" (Die Pantöffelchen).]
[37] Die Hausbesitzerin Novikova.]
[38] Ein Sažen' (Klafter) = 2,134 m.]

mich Ihr Brief, wie gesagt, ein wenig aus der Fassung gebracht hat – gebe ich mich dennoch der Hoffnung hin, Besitzer eines kleinen Stückchen Landes zu werden.

Was die russische Einöde betrifft, welche Sie erwähnen, so erschreckt sie mich nicht. Man kann ja stets einen grossen Vorrat an Büchern und Papier aus der Stadt mitbringen, und hinsichtlich der Lebensmittel bin ich äusserst anspruchslos.

Mit Ihrer Äusserung, es sei *schlecht, dunkel, sumpfig* usw. bei uns, bin ich ganz und gar nicht einverstanden. Wie der Eskimo oder der Samojede[39] seinen eisigen Norden liebt, so liebe ich unsere russische Natur mehr denn eine andere, und eine russische Winterlandschaft hat für mich einen unvergleichlichen Reiz. Das hindert mich nicht im geringsten, auch die Schweiz und Italien gern zu haben, aber auf andere Weise. Heute fällt es mir ganz besonders schwer, Ihnen hinsichtlich der Unansehnlichkeit der russischen Natur beizustimmen: heute ist ein herrlicher, sonniger Tag, der Schnee glänzt wie Millionen von Diamanten. Von meinem Fenster aus habe ich eine weite Fernsicht ... nein! es ist schön bei uns, die Brust atmet so leicht unter diesem unabsehbaren Horizont.

Es scheint mir, meine Teure, dass Sie zu düster, zu verzweifelt über Russland denken. Unbestreitbar bleibt bei uns noch vieles zu wünschen übrig, es gibt noch genug Lüge und Unordnung von allerlei Art. Wo sind aber die Verhältnisse vollkommen gut? Können Sie mir auch nur ein Land in Europa nennen, wo alle zufrieden sind, und das in jeder Beziehung?

Es gab eine Zeit, da ich überzeugt war, dass für die Beseitigung von Willkür und die Einführung von Gesetz und Ordnung politische Institutionen in der Art von Parlamenten, Abgeordnetenhäusern usw. notwendig seien, dass man nur etwas derartiges einzurichten brauche – und alles würde schön bei uns werden und alle würden sich glücklich fühlen. Ich bin jetzt zwar noch nicht in das Lager der Ultrakonservativen gewechselt, zweifle aber doch sehr an der unbedingten Nützlichkeit jener Einrichtungen. Wenn ich all das genau betrachte, was in anderen Ländern vor sich geht, so sehe ich, dass es überall Unzufriedene gibt, sich überall die Parteien bekämpfen, überall in grösserem oder geringerem Grade Hass, dieselbe *Willkür* und die dieselbe *Unordnung* herrschen. Daraus folgere ich, dass es keine *ideale* Regierung gibt und dass die Menschen in dieser Beziehung bis ans Ende der Welt Enttäuschungen über sich ergehen lassen müssen. Von Zeit zu Zeit erscheinen grosse Männer, Wohltäter der Menschheit, welche gerecht regieren und mehr für das allgemeine Wohl sorgen als für ihr eigenes. Das sind aber seltene Ausnahmen. Jedenfalls habe ich die Überzeugung gewonnen, dass das Wohl grosser Staatsgebilde nicht von *Prinzipien* und *Theorien* abhängig ist, sondern von den zufällig, dank ihrer Abstammung oder infolge anderer Umstände an die Spitze der Regierung gelangenden Persönlichkeiten. Mit einem Wort, der Menschheit dient der Mensch, aber kein personifiziertes Prinzip. Jetzt fragt es sich: gibt es bei uns einen *Menschen*, auf den man seine Hoffnung setzen kann? Ich antworte: ja, und dieser Mensch ist der *Kaiser.* Er hat auf mich einen bezaubernden Eindruck gemacht – als Persönlichkeit, aber auch unabhängig von persönlichen Eindrücken bin ich geneigt, den Kaiser für gut zu halten. Mir gefällt die Vorsicht, mit welcher er Neues einführt und Altes beseitigt. Mir gefällt, dass er nicht die Popularität sucht. Mir gefällt auch sein makelloser Lebenswandel und dass er ein ehrlicher und guter Mensch ist.

Doch vielleicht zeigt sich in meinem ganzen Politisieren die Naivität eines Menschen, der dem prosaischen Leben fernsteht und nichts über sein Fach hinaus zu sehen vermag." [XIII, 2667.]

[39 Samojeden: sibirischer Volksstamm.]

An P. Jurgenson: „Maidanowo, d. 8. März 1885.
... Da ich am Sonnabend sehr spät angekommen und den ‚Hymnus'[40] nicht vor Sonntag werde abliefern können, sende ich ihn Dir per Post, damit Du ihn schon morgen in Druck geben kannst. Sechs Stunden habe ich mich mit der Dichterei abgequält; die Reime sind leidlich, doch allein – ohne Musik – sind sie bloss eine Reimerei." [XIII, 2669.]

An E. Pawlowskaja: „Maidanowo, d. 14. März 1885.
... Ich bringe jetzt die Partitur des verbesserten ‚Wakula' in Ordnung, instrumentiere die neuen Nummern und korrigiere die alten. Ich hoffe, in einigen Wochen damit fertig zu werden.[41] Die Oper wird ‚Tscherewitschki' heissen.[42] Ich ändere den Namen, weil es noch andere ‚Wakulas' gibt, z. B. von Solowjew,[43] Schtschurowsky[44] usw. In Moskau ist mir schon versprochen worden, die Oper zu geben, in Petersburg wird es kaum möglich sein, da schon zwei neue Opern angenommen sind.

Betreffs der ‚Tochter des Kapitäns'[45] will ich Ihnen sagen, dass ich – wenn es mir gelingen sollte, einen tüchtigen Librettisten zu finden, der imstande wäre, die schwere Aufgabe zu bewältigen – mit Freuden an die Arbeit gehen würde. Einstweilen habe ich ‚Die Bezaubernde' von Schpashinsky vorgemerkt. Letzterer arbeitet bereits am Libretto. Er wird vieles verändern und, wenn ich nicht irre, wird es ein ausgezeichneter Canevas für die Musik werden. Hier werden Sie Ihre passendste Rolle finden. Sollten ‚Oxanas Launen' gegeben werden, so werden Sie erneut die Rolle meiner ‚Wohltäterin' spielen, denn Sie geben mir da ungleich mehr als ich Ihnen. Aber in der ‚Bezaubernden', wenn ich sie mit Gottes Hilfe zustandebringen sollte, werde ich hoffentlich auch ein wenig Ihr Wohltäter sein. Hier sollen Sie Gelegenheit haben, Ihre Kunst voll zu entfalten."[46] [XIII, 2672.]

An Frau von Meck: „Maidanowo, d. 3.[-9.] April 1885.
Teure, unvergleichliche Freundin, nach anderthalb Wochen des Hin- und Herfahrens bin ich endlich wieder in meinem Maidanowo. Die ganze Woche vor Palmsonntag und die ganze Karwoche habe ich fast ohne Erholung durchgearbeitet, um noch vor den Feiertagen [mit der Revision des „Wakula"] fertigzuwerden. Am Sonnabend war alles erledigt, und ich kam (nicht ganz gesund) zum Frühgottesdienst in Moskau an. Die Feiertage habe ich nicht sehr angenehm verbracht und mich Ende der Osterwoche nach Petersburg begeben, wo ich Polonsky, den Textdichter des ‚Wakula', wegen der Drucklegung der Oper in ihrer neuen Gestalt [als ‚Tscherewitschki'] sprechen musste. In Petersburg blieb ich vier Tage und verbrachte sie mit meinen Verwandten und mit der üblichen, ebenso langweiligen wie ermüdenden Lauferei. Am Montag reiste ich nach Moskau, um bei dem Empfang des Grossfürsten Konstantin Nikolajewitsch anwesend zu sein, welcher gekommen war, um der

---

[40] „Hymnus an [die heiligen] Kyrill und Methodius". [– Siehe oben, Brief an Jurgenson vom 18. Februar 1885 (ČPSS XIII, Nr. 2659). Jurgenson hatte dem Komponisten eine aus dem Tschechischen übersetzte russische Textversion geschickt, die dieser kürzte und in Verse brachte. Die ursprüngliche Melodie wird mit ihrem Text in der Werkübersicht für 1885 am Ende von Kapitel V mitgeteilt: S. 269.]

[41 Von den 262 Blättern der „Čereviči"-Partitur sind 76 neu geschrieben; 186 wurden unverändert aus der Erstfassung „Kuznec Vakula" übernommen.]

[42] Bedeutet „Die Pantöffelchen", hat aber im Deutschen den Namen „Oxana's Launen" erhalten.

[43 Nikolaj F. Solov'ev (1846-1916), Komponist und Musikkritiker, 1874-1906 Professor am Petersburger Konservatorium, von 1905 an Leiter der Hofsängerkapelle.]

[44 Petr A. Ščurovskij (1850-1908), Dirigent und Komponist, Musikrezensent der Zeitung „Moskovskie vedomosti", 1880 Dirigent an den Kaiserlichen Theatern in Moskau, später Operndirigent in der Provinz.]

[45] Einer Erzählung von Puschkin. [– In Deutschland ist Aleksandr Puškins historischer Roman „Kapitanskaja dočka" von 1836 unter dem Titel „Die Hauptmannstochter" bekannt.]

[46 Wirklich sang Ėmilija K. Pavlovskaja die Partie der Kuma in der von Čajkovskij dirigierten Uraufführung der Oper am 20. Oktober 1887, während sie in „Čereviči" nicht mitwirkte.]

Opernvorstellung im Konservatorium beizuwohnen. Als Direktionsmitglied der Musikgesellschaft konnte ich die für mich so ermüdende und lästige offizielle Teilnahme an der Begrüssung des Grossfürsten nicht vermeiden. Den gestrigen Tag und heutigen Morgen musste ich fast ununterbrochen mit ihm zusammensein. Die Vorstellung gelang ganz gut, aber die Oper ‚Die Wasserträger' von Cherubini ist langweilig, und hervorragende Gesangstalente waren auch nicht zu verzeichnen ... Ich danke Ihnen von Herzen für die Zusendung des Artikels der ‚Nowoje Wremja'. Ich habe ihn schon früher gelesen und mich über seinen warmen Ton gefreut. Ich fühle mich niemals beleidigt, wenn ich öffentlich auf meine Fehler aufmerksam gemacht werde, denn ich kenne sie selbst sehr genau, mich erbittert nur der feindselige und kalte Ton, von welchem z. B. die Berichte der Herrn Cui über mich durchdrungen sind. Es ist gar nicht lange her, dass die russischen Zeitungen (namentlich die Petersburger) anfingen, mich wohlwollend zu beurteilen. Der Verfasser des Artikels der ‚Nowoje wremja', Herr Iwanow, war mir früher auch nicht gut gesonnen und schrieb erst vor kurzem hochmütig kühl und unfreundlich über mich, ungeachtet dessen, dass ich ihm einst in Moskau drei Jahre lang Theorieunterricht gegeben und seine Feindschaft, wie man meinen müsste, nicht im geringsten verdient habe. Ich werde nie vergessen, wie sehr mich vor zehn Jahren sein Bericht über ‚Schmied Wakula' verletzt hat."[47] [XIII, 2678.]

An N. A. Rimsky-Korsakow: „Maidanowo, d. 6. April 1885.

Sehr geehrter, gütigster Nikolai Andrejewitsch, seit ich Sie zuletzt gesehen, hatte ich viel eilige Arbeit und allerlei zu erledigen, so dass ich mich nicht der gründlichen Durchsicht Ihres Lehrbuchs hingeben konnte.[48] Hin und wieder warf ich aber einen Blick hinein und notierte meine Bemerkungen auf gesonderten Blättern. Nachdem ich heute die Durchsicht des ersten Kapitels beendet habe, wollte ich Ihnen besagte Blätter schicken und las meine Notizen noch einmal durch. Da wurde ich aber stutzig: schicken oder nicht schicken? Aus meiner Kritik Ihres Lehrbuchs klingt nämlich, ganz unbeabsichtigterweise, eine gewisse Gereiztheit, ein Groll, ja, fast Feindseligkeit heraus. Ich fürchtete, meine giftdurchtränkte Kritik könnte Sie erbittern. Woher das Gift kam – weiss ich selber nicht. Ich glaube, dass darin mein Hass auf den Harmonieunterricht zum Vorschein kommt; ein Hass, welcher einerseits aus dem Bewusstsein der Unhaltbarkeit der bestehenden Theorien und des Unvermögens entspringt, eine neue zu erfinden, und andererseits auch durch die Eigenschaften meines musikalischen Temperaments bedingt ist, dem die Grundlagen eines gewissenhaften Unterrichtens fehlen. Zehn Jahre lang habe ich Harmonieunterricht gegeben,[49] und diese zehn Jahre lang habe ich meine Klassen, meine Schüler, mein Lehrbuch[50] und mich selbst als Lehrer gehasst. Beim Lesen Ihres Leitfadens wurde dieser Hass wieder

---

[47 Der Musikkritiker und Komponist Michail M. Ivanov (1849-1927) hatte, nach Abschluß des Technologischen Instituts in Petersburg, 1869 am Moskauer Konservatorium bei Aleksandr I. Dubuque (Djubjuk) Klavierspiel und bei Čajkovskij Musiktheorie studiert und war seit 1876 Mitarbeiter der Tageszeitung „Novoe vremja" (Neue Zeit). In Nr. 272 der Zeitung vom 29. März 1876 hatte er den Artikel „Kuznec Vakula. Komičeskaja opera" veröffentlicht und in Nr. 3254 vom 11. März 1885 den Beitrag „Sočinenija Čajkovskogo" (Werke Čajkovskijs).]

[48 Die Rede ist von Rimskij-Korsakovs Harmonielehre („Učebnik garmonii"), deren erster Band 1884 in Petersburg erschienen war. Dieses Exemplar mit einer Widmung des Autors vom 14. Dezember 1884 und mit Anmerkungen Čajkovskijs ist in seiner Bibliothek erhalten geblieben.]

[49 Von 1866 an hatte Čajkovskij am Moskauer Konservatorium zunächst Elementare Musiklehre und Harmonielehre unterrichtet und 1871-1878 freie Komposition und Instrumentation.]

[50 1872 war bei P. Jurgenson in Moskau Čajkovskijs „Rukovodstvo k praktičeskomu izučeniju garmonii" (Leitfaden zum praktischen Studium der Harmonie) erschienen – die erste Harmonielehre eines russischen Autors. Publiziert in ČPSS IIIa; Nachdruck der deutschen Fassung (1899) von Paul Juon in: ČSt 6.]

lebendig in mir, und er war es, welcher meine ganze Bissigkeit und Giftigkeit auf Ihr Buch lenkte.

Nach langem Überlegen beschloss ich, meine Bemerkungen doch abzuschicken.[51] Sie werden natürlich sofort ihre Boshaftigkeit bemerken und – da Sie über dieselbe schon aufgeklärt sind – verzeihen. Hinsichtlich der Gewissenhaftigkeit, der Liebe zur Sache und dem Bestreben, dem Schüler in jeder Weise behilflich zu sein, ist Ihr Leitfaden sehr gut. In vielerlei Beziehung bin ich, wie Sie sehen werden, nicht mit Ihnen einverstanden; die Sprache finde ich etwas unordentlich; dem ernsten und bis ins Kleinste durchdachten Plan dagegen sowie Ihrer Bereitwilligkeit, jeden Zweifel des Schülers von vornherein unmöglich zu machen, muss ich volle Gerechtigkeit zollen. Nur scheint mir, dass Sie gar zu freigebig Regeln aufstellen und zu ausführlich, zu pedantisch von jeder Kleinigkeit sprechen. Wenn Sie in diesem Massstab fortfahren, wird Ihr Buch kolossale Dimensionen annehmen ...

So bitte ich Sie denn noch einmal, bester Nikolai Andrejewitsch, mir meine Nörgelei nicht übelzunehmen und überzeugt zu sein, dass ich keine Hintergedanken gehabt habe, am allerwenigsten den, dass ‚mein Leitfaden besser' sei. Ich halte mein Buch für sehr schlecht und sage es ganz offen und aufrichtig, ohne mich für eine Autorität in dieser Sache zu halten.

Wenn Sie mir nicht allzu böse sind, werde ich die Durchsicht fortsetzen und mich bemühen, meine Reizbarkeit etwas zu dämpfen.

Jetzt will ich Ihnen eine sehr ernsthafte Frage vorlegen, auf die Sie mir nicht sofort zu antworten brauchen, sondern erst nach reiflicher Überlegung und Rücksprache mit Ihrer Frau Gemahlin.

Darf man sich der Hoffnung hingeben, dass Sie die Stelle des Direktors des Moskauer Konservatoriums nicht abschlagen werden, falls man Ihnen dieselbe anbieten sollte? Ich will Ihnen schon gleich im voraus versprechen, es eventuell so einzurichten, dass Ihnen genügend Zeit zum Komponieren bleibt und dass man Sie von jeglicher schwarzen Arbeit (mit der N. Rubinstein so überhäuft war) verschont; Sie würden also nur die Oberaufsicht über die musikalischen Angelegenheiten haben.

In Ihrem geraden und ideal ehrlichen Charakter, in Ihren ausgezeichneten künstlerischen und pädagogischen Eigenschaften liegt meiner Ansicht nach die Bürgschaft für einen famosen Direktor. Ich würde mich glücklich schätzen, mich um die Verwirklichung dieser Idee bemühen zu dürfen[52] ...

Noch habe ich zu niemandem darüber gesprochen und bitte auch Sie, die Sache einstweilen geheimzuhalten.

Überlegen Sie es sich einmal, mein Lieber, und antworten Sie ..."[53] [XIII, 2679.]

An E. Pawlowskaja: „Maidanowo, d. 12. April 1885.

Teure Emilie Karlowna, Ihr äusserst abfälliges Urteil über die ‚Bezaubernde' hat mich nicht nur nicht entzürnt, sondern zu Dankbarkeit verpflichtet, denn ich wollte Ihre Meinung wissen und hatte schon selbst die Absicht Sie zu bitten, das Drama einmal im Theater anzusehen und mir Ihre Eindrücke mitzuteilen. Es ist mir allerdings unangenehm, dass Ihnen

---

[51 Sie sind nicht erhalten geblieben.]
[52 Als Direktionsmitglied der Russischen Musikgesellschaft als Trägerin des Konservatoriums hätte Čajkovskij vermutlich die Berufung Rimskij-Korsakovs leicht durchsetzen können.]
[53] In seinem Antwortschreiben lehnte Rimsky-Korsakow das Anerbieten Peter Iljitschs in höflicher, aber entschiedener Weise ab. [Als Nachfolger des verstorbenen Nikolaj G. Rubinštejn wurden 1881 Nikolaj A. Gubert (Hubert), 1883 Karl K. Al'brecht, 1885 Sergej I. Taneev und 1889-1905 Vasilij I. Safonov Direktoren des Moskauer Konservatoriums.]

die Rolle der Zauberin nicht gefällt.[54] Wissen Sie was? Sie hätten die ‚Bezaubernde' nicht auf der Bühne sehen, sondern lesen sollen. Obwohl Sie Frau Sawina[55] ein *Ideal an Grazie* nennen (womit ich, unter uns gesagt, nicht einverstanden bin), so glaube ich doch, dass sie die Rolle nicht so wiedergibt, wie sie gedacht ist. Vielleicht ist Schpashinsky selbst daran schuld, dass das Drama auf der Bühne keinen rechten Eindruck macht. Er gibt übrigens zu, dass ihm manches nicht so gelungen ist, wie er es haben wollte, und wird im Libretto die handelnden Personen etwas schärfer und wahrheitsgetreuer charakterisieren. Er wird sogar in der Handlung selbst vieles verändern und einen neuen, sehr effektvoll ausgedachten Schluss machen. Den Typus der Nastassja verstehe ich und denke ich mir ganz anders als Sie. Natürlich ist sie ein *lüsternes Weib*, aber ihre Reize liegen nicht nur darin, dass sie schön reden kann. Dieser Reiz würde genügen, die Leute in die Schenke zu locken. Er reicht aber nicht aus, um aus dem Prinzen, aus dem grimmen Feind, welcher sie zu töten gekommen ist, einen Verliebten zu machen. In der Tiefe der Seele dieses lüsternen Weibes steckt nämlich eine gewisse *moralische Kraft* und *Schönheit*, welche bis dahin keine Gelegenheit hatten, sich zu entfalten. *Diese Kraft ist die Liebe*. Sie ist eine starke weibliche Natur, welche nur einmal lieben kann und imstande ist, ihrer Liebe *alles* zu opfern. Solange ihre Liebe noch keimte, wechselte Nastassja ihre Kraft sozusagen in Kleingeld ein, d. h. sie machte sich einen Spass daraus, jeden, der ihr in den Weg lief, verliebt zu machen. So lange bleibt sie ein sympathisches, reizendes, obwohl verdorbenes Weib; sie weiss, dass sie *reizend* ist, begnügt sich damit und verfolgt – da sie weder vom Glauben erleuchtet ist noch, als Waisenkind, eine gute Erziehung genossen hat – den alleinigen Zweck, lustig zu leben. Da erscheint derjenige, dem vorbehalten blieb, die schlummernden besseren Saiten ihres Inneren zu berühren, und – sie ist wie verwandelt. Das Leben verliert seinen Wert für sie, solange sie ihr Ziel nicht erreicht; ihre Reize, welche bis dahin eine elementare, instinktive Anziehungskraft besassen, werden ihr jetzt zu einer starken Waffe, welche in einem Augenblick die feindliche Gewalt, d. h. den Hass des Prinzen zerbricht. Dann geben sich beide einer wahnsinnigen Liebesflut hin, welche zur unvermeidlichen Katastrophe – ihrem Tode – führt, und dieser Tod hinterlässt im Zuschauer ein befriedigendes und versöhnliches Gefühl. So wird es wenigstens in meinem Libretto sein;[56] im Drama ist es ja anders. Schpashinsky hat sehr gut verstanden, was ich brauche, und wird die handelnden Personen meinen Intentionen entsprechend charakterisieren. Er wird einige Schärfen in den manières d'être Nastassjas mildern und die verborgene Kraft ihrer *sittlichen* Schönheit mehr in den Vordergrund rücken. *Er und ich*, später auch *Sie* (wenn Sie mit dieser Rolle Frieden schliessen sollten) werden es schon so einzurichten wissen, dass im letzten Akt alle weinen müssen. Was Coiffure und Putz anbelangt, so braucht man sich deshalb keine Kopfschmerzen zu machen. Wir werden das so arrangieren, dass nichts Anstössiges vorkommt. Wenn Frau Sawina schlecht gekleidet war, so brauchen Sie es doch nicht nachzuahmen. Ich weiss nicht, ob Sie Ihre Meinung über die ‚Bezaubernde' ändern werden, sobald das Stück in ein Libretto verwandelt sein wird; so wie ich mir diese Rolle denke, so – glaube ich – *muss* sie Ihnen gefallen, und Sie müssen sich *ausgezeichnet* darin machen. Meine Schwärmerei für die ‚Bezaubernde' hat mich dem Grundbedürfnis meiner Seele, Goethes Worte ‚das ewig Weibliche zieht uns hinan'[57] musikalisch zu illustrieren, nicht

---

[54 Denn diese hatte Čajkovskij der Adressatin zugedacht.]
[55] Eine berühmte russische Schauspielerin. [Marija G. Savina (1854-1916) wirkte 1874-1916 am Petersburger Aleksandrinskij teatr.]
[56 Das Libretto zu Čajkovskijs Oper „Čarodejka" (Die Zauberin) in anonymer deutscher Übertragung ist publiziert in: Mitteilungen 17 (2010), S. 29-97.]
[57 Auch im russischsprachigen Originalbrief deutsch zitiert.]

untreu gemacht. Der Umstand, dass Gewalt und Schönheit des Weiblichen bei Nastassja sehr lange unter dem Mantel des Lasters verborgen bleiben, verstärkt noch das theatralische Interesse. Warum lieben Sie die Rolle der Traviata? Warum haben Sie Carmen so gern? Weil in diesen Gestalten, wenn auch in grober Form, Kraft und Schönheit hervorschauen. Ich versichere Ihnen, dass Sie auch die Bezaubernde liebgewinnen werden. Über die anderen handelnden Personen will ich nicht viel reden. Ich will Ihnen nur sagen, dass die Fürstin in ihrer Art bei mir auch eine starke Natur sein wird. Wenn Sie diesen Charakter nur als den Typus einer *eifersüchtigen und verliebten Alten* aufgefasst haben, so liegt das wahrscheinlich daran, dass die Rolle schlecht gegeben worden ist. Sie ist nicht in Bezug auf die Person des Fürsten eifersüchtig, sondern in Bezug auf ihre fürstliche Würde; sie ist eine rabiate Aristokratin, der die Wahrung der Ehre ihres Geschlechts alles und die imstande ist, ihr Leben um der Ehre willen hinzugeben und Verbrechen zu begehen.

Mit einem Wort, Sie werden die ‚Bezaubernde' nicht wiedererkennen. Wissen Sie, meine Liebe, dass ich Ihren Rat nicht befolgen möchte, die ‚Bezaubernde' im Kleinen Theater anzusehen. Auch Schpashinsky widerspricht dem und meint, dass die *gegenwärtige* ‚Bezaubernde' meinen Eifer für die *zukünftige* abschwächen könnte. Meine Beziehungen zu Schpashinsky sind ebenfalls schon so weit gediehen, dass es mir schwer fallen würde, das Libretto, an dem er jetzt sitzt und arbeitet, abzulehnen. Dieser Textdichter ist mir sehr *sympathisch*, und es wäre mir sehr unangenehm, ihn zu kränken." [XIII, 2685.]

An M. Tschaikowsky: „Maidanowo, d. 15. April 1885.
Lieber Modja, wie lange habe ich Dir nicht geschrieben. Weisst Du, dass der Umfang meiner Korrespondenz ins Ungeheure anwächst? Bald werde ich wohl meine ganze Zeit für Briefe hergeben müssen, dazu noch für langweilige Antworten an Fremde, während die Freunde fast leer ausgehen werden. Gestern habe ich sieben Briefe geschrieben!!! Heute schreibe ich schon den *fünften* (nein – den sechsten), dazu noch morgens, während der besten Arbeitszeit.

Ich arbeite jetzt verschiedene kirchliche Stücke[58] ... Am 22. wird mir Schpashinsky den ersten Akt der ‚Bezaubernden' einhändigen. Ich habe einen langen Brief von Frau Pawlowskaja erhalten, in dem Sie mich anfleht, diese Oper nicht zu schreiben. Ich weiss, dass auch Du dagegen bist. Ihr wisst eben beide nicht, wie *anders* [im Vergleich mit dem Drama] die Charaktere und Situationen im Libretto sein werden ... Gestern hatte ich den ganzen Tag Gäste, welche schon am Sonntag abend angekommen waren: Jurgenson, Kaschkin, Laroche. – Wieviel Wein sie getrunken haben – einfach unfasslich! Da ich vorher ziemlich lange Zeit in Einsamkeit und Arbeit verbracht hatte, war es mir angenehm, einen Tag der Bummelei und Sauferei zu opfern. Allen dreien hat Maidanowo sehr gefallen. Ich glaube, dass es auch Dir gefallen wird. Was mich aber zur Verzweiflung bringen kann – sind die Sommerwohnungen und Sommergäste. Eine Wohnung ist, glaube ich, schon vermietet (in meiner unmittelbaren Nähe).

Der Mai lockt mich gar nicht. Ich werde sämtlichen Konservatoriumsprüfungen beiwohnen und am 20. zur Enthüllung des Glinka-Denkmals nach Smolensk reisen müssen, Oh, wie ungern ich das tue!"[59] [XIII, 2688.]

[58 Unter anderen das Terzett mit Chor „Da ispravitsja" d-Moll der Neun liturgischen Chöre a cappella, das im August 1885 bei P. Jurgenson in Moskau erschien.]
[59 Das am 20. Mai 1885 in Smolensk in Anwesenheit aller bekannten russischen Komponisten enthüllte (von Glinkas Schwester Ljudmila I. Šestakova initiierte) Glinka-Denkmal stammt von dem Bildhauer Aleksandr R. Bok. Die im Zusammenhang mit der Feier veranstalteten Konzerte wurden von Milij A. Balakirev dirigiert.]

An M. Tschaikowsky: „Maidanowo, d. 26. April 1885.

Soeben bin ich aus Moskau zurückgekehrt, wo ich etwa eine Woche zugebracht habe; unterdessen haben sich viele zu beantwortende Briefe angesammelt, weshalb ich wieder nicht viel schreibe. Die Sache mit „Tscherewitschki" hat sich sehr gut entwickelt. Der liebe Wsewoloshsky[60] hat der Unentschlossenheit der hiesigen [Moskauer] Direktion dadurch ein Ende gemacht, dass er die Oper in der prachtvollsten Ausstattung zu geben befahl. Ich habe der Konferenz unter seinem Vorsitz, in welcher die Inszenierung besprochen wurde, beigewohnt. Den Dekorateur Walz[61] wird man nach Zarskoe-Selo[62] entsenden, damit er nachher einige Räume des Schlosses möglichst getreu darstellen kann. Ich bin sehr zufrieden.

Das war die ganze Zeit in Moskau eine fürchterliche Kneiperei. Das Geld verpuffte mit wahnsinniger Schnelligkeit. Gestern wurde mein 45. Geburtstag gefeiert. Bei Tolja gab es ein Diner, und abends wurde mir zu Ehren im Konservatorium ein Souper veranstaltet. Unterdessen richtete Alexei meine neue Wohnung (oben) her, in welcher ich im Augenblick sitze und Dir schreibe. Ganz hübsch; doch ist mir im grossen und ganzen Maidanowo nicht sehr sympathisch." [XIII, 2694.]

An P. Jurgenson: „Maidanowo, d. 26. April 1885.

... Die Lage meines Budgets ist ungefähr folgende: Ich besass (zusammen mit den noch nicht erhaltenen Moskauer Tantiemen) 6000 Rubel. Aus Petersburg und Moskau müssen noch ca. 800-1000 Rubel Theatergelder eingehen.[63] Das Honorar für die Kirchenstücke – 300 Rubel.[64] Das Honorar der Moskauer Musikgesellschaft – 300 Rubel. Summa: 6000 + 800 + 300 + 300 = 7500 [recte: 7400].

Bei Dir habe ich jedenfalls nicht mehr als 3000 Rubel genommen.

Folglich beträgt mein Kapitel, welches sich bei Dir ergibt, 4500-5000 Rubel. Das ist schon ganz nett!" [XIII, 2695.]

An Frau von Meck: „Maidanowo, d. 9. Mai 1885.

... Morgen reise ich nach Moskau und werde bis zum Schluss der Prüfungen jeden Tag im Konservatorium zubringen. Ich muss gestehen, dass mich nach langjähriger absoluter Freiheit selbst diese drei mich von der Arbeit abhaltenden Wochen sehr bedrücken. Aber was tun? Wenn mein Amt der Musikgesellschaft wirklich etwas nützt, so geschieht das nur im Sinne einer Oberaufsicht über den Gang des Unterrichts.

Haben Sie in den Zeitungen gelesen, dass ein Roman erschienen ist, welcher in Moskau, und zwar im Konservatorium spielt?[65] Nach den Bruchstücken zu urteilen, die ich zufällig zu Gesicht bekommen habe, ist das Ganze ein Pamphlet gegen N. Rubinstein und seine Anhänger. Was für ein Mensch muss das sein, der sich nicht schämt, vier Jahre nach

---

[60 Ivan A. Vsevoložskij (1835-1909), 1881-1886 Direktor der Kaiserlichen Theater in Moskau und Petersburg und 1886-1899 in Petersburg. Zu seinen Reformen der Kaiserlichen Bühnen vgl. Lucinde Braun, Studien zur russischen Oper im späten 19. Jahrhundert, Mainz etc. 1999 (= ČSt 4).]
[61 Karl F. Val'c (1846-1929), 1861-1926 Bühnenbildner und Bühnenmeister (Maschinist) des Moskauer Bol'šoj teatr.]
[62 Carskoe selo mit dem prunkvollen Katharinenpalast (Mitte des 18. Jahrhunderts), ca. 25 km südlich von Petersburg, gilt zusammen mit Peterhof als schönste Zarenresidenz, bevorzugt von Ekaterina I. und II. (der Grossen) sowie Aleksandr I.]
[63 In der Spielzeit 1884/85 wurden in Petersburg „Orleanskaja deva", „Mazepa" und „Evgenij Onegin" aufgeführt und in Moskau „Evgenij Onegin" und „Mazepa".]
[64 1885 brachte Jurgenson die Chorpartituren und Stimmen der Neun liturgischen Chöre a cappella heraus.]
[65 Offenbar ist der 1885 in Petersburg erschienene Roman von P. Knjažin „Po puti k skol'zkim podmostkam sceny" gemeint, in dem mit den Figuren des „P. I. Borovskij" Nikolaj G. Rubinštejn und des „A. K. Gustol'f" Karl K. Al'brecht gemeint sind.]

dem Dahinscheiden einer ihm unsympathischen Person mit Verleumdungen und schmutzigen Klatschereien nach ihr zu werfen?! Wenn die Person des hohen Postens, den sie bekleidete, unwürdig gewesen wäre, liesse sich vielleicht nichts dagegen sagen, aber um des Verdienstes willen, das sich Nikolai Gregorjewitsch um die Musik in Moskau erworben hat, könnte man, scheint mir, seine kleinen Schwächen vergessen." [XIII, 2707.]

An Frau von Meck: „Maidanowo, d. 18. Mai 1885.
... Ich besuche täglich die Konservatoriumsprüfungen. Obwohl es recht langweilig und ermüdend ist, freue ich mich doch, nach und nach einen Begriff von dem Unterrichtswesen im Konservatorium zu bekommen. Dabei bin ich schon zu einer angenehmen Überzeugung gekommen: trotz des unersetzlichen Verlustes Rubinsteins *existiert* das Konservatorium nicht nur, sondern entspricht sogar einem wirklichen *Bedürfnis*, was aus dem höheren Durchschnitt der Zahl der Talente hervorgeht ... Auch habe ich die Überzeugung gewonnen, dass Albrecht[66] es nicht verstanden hat, sich mit Professoren und Schülern gut zu stellen. Weshalb – ist mir unbegreiflich, denn ich kenne Albrecht als einen ehrlichen und seiner Sache überaus ergebenen Menschen. Wie dem auch sei, ein *tüchtiger* Direktor ist dringend notwendig. Doch woher nehmen? ... Tanejew ist zu jung und wünscht nicht an der Spitze eines Instituts zu stehen, welches eines geschickten Administrators bedarf, für den er sich nicht hält. Ich weiss nicht, wie das alles enden wird."[67] [XIII, 2709.]

An Frau von Meck: „Maidanowo, d. 26. Mai 1885.
... In Smolensk bin ich nur einen Tag geblieben, da ich dem Ansturm einer grossen Menge Bekannter aus dem Wege gehen wollte, welche mir nicht einen Moment Freiheit und Ruhe liessen.

Jetzt gehe ich ganz in den Angelegenheiten des Konservatoriums auf ... Ich habe beschlossen, die Berufung Tanejews als Direktor durchzusetzen ... Sollte mir das nicht gelingen, werde ich aus dem Direktorium ausscheiden. Zum Schluss will ich Ihnen noch sagen, was ich hier noch niemandem gesagt habe: mehr denn je verabscheue ich jede öffentliche Tätigkeit. O Gott, wieviele Enttäuschungen, wieviel bittere Wahrheiten habe ich erfahren!! Nein! Im nächsten Jahr muss ich wieder recht weit weg fliehen." [XIII, 2712.]

Es ist Peter Iljitsch in der Tat gelungen, S. Tanejew zum Direktor des Konservatoriums wählen zu lassen. Ausserdem hat er es zustande gebracht, dass Hubert, welcher dem Konservatorium längere Zeit ferngeblieben war, wieder als Lehrer angestellt wurde. Um die Autorität Tanejews zu stützen, entschloss sich Peter Iljitsch, von neuem in das Lehrerkollegium einzutreten, d. h. die Klasse *Freie Komposition* (unentgeltlich) zu übernehmen. Zu diesem Zweck brauchte er nicht mehr als einmal im Monat die Arbeiten der wenigen (zwei bis drei) Schüler dieser Klasse durchzusehen.

An S. Tanejew: „Maidanowo, d. 13. Juni 1885.
Lieber Sergei Iwanowitsch, Ihr Brief hat mich sehr erfreut. Es ist recht so, dass Sie sich wohl befinden und Kräfte für die bevorstehende Direktortätigkeit sammeln. Hinsichtlich

---

[66] [Nach dem Tod Nikolaj G. Rubinštejns 1881 hatte Nikolaj A. Gubert (Hubert) das Amt des Direktors am Moskauer Konservatorium übernommen.] Nach der Entfernung Huberts 1883 wurde K. K. Albrecht sein Amtsnachfolger. [Im übrigen war Karl K. Al'brecht 1866-1889 Inspektor des Moskauer Konservatoriums, bevor 1889 (bis 1914) Aleksandra I. Gubert (Hubert) das Amt übernahm.]
[67 Dennoch setzte sich Čajkovskij erfolgreich für die Berufung Sergei I. Taneevs als Direktor des Moskauer Konservatoriums ein (siehe den nächsten Brief), dieser bekleidete das Amt 1885-1889. Zuvor hatte Čajkovskij Nikolaj A. Rimskij-Korsakov gewinnen wollen – vgl. oben, S. 260, seinen Brief vom 6. April 1885 (ČPSS XIII, Nr. 2679).]

meiner Professur muss ich Sie leider enttäuschen. Alexejew,[68] welcher von Anatol darüber gehört hatte, teilt mir mit, es sei nach den Statuten nicht zulässig, gleichzeitig Lehrer und Direktionsmitglied zu sein. Selbstverständlich nehme ich mein Wort nicht zurück und überlasse es Ihnen zu entscheiden, was besser und nützlicher wäre: dass ich Direktionsmitglied bleibe oder das (etwas phantastische) Lehramt übernehme. Ich werde das tun, was Sie bestimmen. Ich glaube, es wäre besser, im Direktorium zu bleiben – aber wie Sie wollen. In jedem Fall werde ich meine Pflicht gewissenhaft erfüllen, mit der alleinigen Bedingung, nicht in meiner Freiheit beeinträchtigt zu werden und verreisen zu dürfen, wann ich will ...

... Also, mein lieber Vorgesetzter, mein Schicksal liegt in Ihrer Hand.

Nach einigem Zögern habe ich den Entschluss gefasst, ‚Manfred' zu schreiben, denn ich fühle, dass ich nicht eher Ruhe haben werde, als bis ich das Balakirew leichtsinnigerweise im Winter gegebene Wort einlöse. Ich weiss nicht, was dabei herauskommen wird, einstweilen bin ich unzufrieden mit mir selbst. Nein! Tausendmal angenehmer ist es, ohne Programm zu komponieren. Wenn ich eine Programmsymphonie schreibe, habe ich beständig das Gefühl, dass ich das Publikum betrüge und hinters Licht führe, dass ich nicht mit klingender Münze zahle, sondern mit wertlosen Papierfetzen." [XIII, 2722.]

Ausser der Berufung Tanejews als Direktor des Konservatoriums ist noch ein Ereignis, welches zwar an sich unbedeutend, aber folgenschwer war, auf Peter Iljitschs Wirken in Angelegenheiten der Moskauer Abteilung der Russischen Musikgesellschaft zurückzuführen. Auf Empfehlung Arenskys hatte Peter Iljitsch dem Konservatorium nämlich W. I. Safonow[69] als Professor des Klavierspiels vorgeschlagen. Daraufhin wandte sich die Direktion durch Vermittlung S. Tretjakows[70] mit einer diesbezüglichen Anfrage an A. Rubinstein, welcher aber antwortete, dass er Safonow „gar nicht kenne". Dies teilte Tretjakow Peter Iljitsch mit und wies auf einen anderen Kandidaten hin, I. Borowka,[71] einen Schüler Leschetizkys. Peter Iljitsch wandte sich dennoch an Safonow, und dieser wurde tatsächlich im Herbst 1885 engagiert.

Kapitel V.

[1885, Mitte Juni bis Ende August. Majdanovo.
Čajkovskij beginnt die Komposition der „Manfred"-Symphonie, angeregt durch M. I. Balakirev – dessen Programm. Namenstagsdiner. „Čerevički"-Korrektur. Über Napravniks Oper „Garol'd" (Harold). Arbeitet in düsterer Seelenverfassung hastig und angestrengt an der „Manfred"-Symphonie.
Ergänzt auf Wunsch Vsevoložskijs eine Ecossaise im 3. Akt des „Evgenij Onegin".
Will Mitte September 1885 in ein ruhigeres, abgelegeneres Haus in Maidanowo ziehen.]

Im Juni 1885 nahm Peter Iljitsch die Komposition des „Manfred" in Angriff.[72] Die Veranlassung zur Wahl dieses Themas für ein symphonisches Werk hatte ihm folgender, aus dem

---

[[68] Nikolaj A. Alekseev (1852-1893), ebenfalls Mitglied des Direktoriums der Russischen Musikgesellschaft (und 1885-1893 Moskauer Oberbürgermeister).]
[[69] Vasilij I. Safonov (1852-1918), Pianist und Dirigent, 1885-1905 Professor am Moskauer Konservatorium und 1889-1905 dessen Direktor sowie Dirigent der Symphoniekonzerte der Moskauer Abteilung der Russischen Musikgesellschaft. 1906-1909 Dirigent der Philharmonie und Direktor des Konservatoriums in New York.]
[[70] Die Brüder Pavel und Sergej M. Tret'jakov, Begründer der Moskauer Tret'jakov-Galerie, waren Direktionsmitglieder der Moskauer Abteilung der Russischen Musikgesellschaft.]
[[71] Der Pianist Iosif A. Borovka (1853-1920) hatte 1876 das Petersburger Konservatorium absolviert und wirkte dort 1878-1887 und 1903-1911 als Professor.]
[[72] Zu dieser und zu allen anderen Programmusiken Čajkovskijs, auch zu ihrer Entstehungsgeschichte, siehe Elisabeth Bender, Čajkovskijs Programmusik, Mainz etc. 2009 (= ČSt 11).]

Jahre 1882 stammender Brief Balakirews gegeben:

M. Balakirew an P. Tschaikowsky: „Petersburg, d. 28. Oktober 1882.
Lieber Peter Iljitsch, verzeihen Sie, dass sich meine Antwort auf Ihren Brief verzögert hat. Ich wollte Ihnen in Freiheit und Seelenruhe schreiben, wurde aber – wie zum Trotz – durch verschiedene Dinge daran gehindert. In dieser Beziehung sind Sie viel glücklicher als wir, weil Sie keine Stunden zu geben brauchen und Ihre ganze Zeit der Kunst widmen können. Das Sujet, von welchem ich Ihnen sprach, hatte ich zuerst Berlioz angeboten, welcher mein Angebot aber in Anbetracht seines Alters und seiner Kränklichkeit ausschlug. Ihre ‚Francesca' brachte mich auf den Gedanken, dass Sie imstande seien, dieses Sujet in glänzender Weise zu bearbeiten, vorausgesetzt, dass Sie sich die grösste Mühe geben, die strengste Kritik an Ihre Arbeit zu legen, Ihre Phantasie zu voller Reife kommen zu lassen und sich nicht übereilen werden. Für mich ist dieses ausgezeichnete Sujet unbrauchbar, weil es nicht mit meiner inneren Stimmung harmoniert. Das Sujet ist Byrons ‚Manfred'. Hier haben Sie das Programm: ‚Manfred. Symphonie d'après le poème dramatique de Lord Byron.

Erster Satz. Meinem Programm will ich nur vorausschicken, dass Ihre Symphonie – wie bei Berlioz – auch eine Idée fixe (das Manfredmotiv) haben muss, welche in allen Sätzen durchzuführen ist. Nun kommt das Programm:

Manfred irrt in den Alpen umher. Sein Leben ist zerschlagen, viele brennende Fragen bleiben unbeantwortet; nichts ist ihm geblieben ausser Erinnerungen. Die Gestalt der idealen Astarte schwebt ihm durch die Sinne; vergebens ruft er nach ihr: nur das Echo der Felsen wiederholt ihren Namen. Seine Gedanken und Erinnerungen brennen sein Hirn und nagen an ihm, er sucht und fleht um Vergessen, das ihm niemand geben kann (fis-Moll, das zweite Thema D-Dur und fis-Moll).

Zweiter Satz.[73] Eine dem ersten Satz ganz entgegengesetzte Stimmung. Programm: die Sitten der Alpenjäger, patriarchal und voller Einfachheit und Gutmütigkeit. Adagio pastorale (A-Dur). Diesen Sitten begegnet Manfred und bildet ihnen gegenüber einen scharfen Kontrast. Natürlich muss zuerst ein kleines Jägermotiv gebracht werden, nur ist hierbei *die grösste Vorsicht geboten, um nicht ins Triviale zu fallen*. Gott wolle Sie vor Gemeinplätzen in der Art deutscher Fanfaren und Jägermusiken bewahren!

Dritter Satz. Scherzo fantastique (D-Dur). Eine Alpenfee erscheint Manfred im Regenbogen eines Wasserfalls.

Vierter Satz. Finale (fis-Moll). Ein wildes Allegro, das die Höhlen Arimans bedeutet, wohin Manfred gekommen ist, um ein Wiedersehen mit Astarte zu suchen. Den Kontrast zu dieser Höllenorgie wird das *Erscheinen von Astartes Schatten* bilden (Des-Dur, dasselbe, was im ersten Satz D-Dur war; dort, als Erinnerung, verschwindet das Motiv nur sofort nach seinem Erscheinen in der Märtyrerstimmung Manfreds, hier dagegen kann es zu voller Entfaltung seiner Form gebracht werden). Die Musik muss leicht, durchsichtig und jungfräulich ideal sein. Weiter die Wiederholung des Pandämoniums, dann Sonnenuntergang und Manfreds Tod.

Ist das Programm nicht köstlich? Wenn Sie Ihre ganze Kraft aufbieten, wird das – davon bin ich überzeugt – Ihr chef d'oeuvre werden. Dabei bitte ich Sie um einige Einzelheiten: schreiben Sie die Flöten nicht auf zwei verschiedenen Systemen,[74] denn das liest sich furchtbar unbequem, es liegt dazu gar kein Grund vor, zwei Flöten nicht auf einem System zu schreiben wie die zwei Oboen und zwei Klarinetten. Hinsicht-

---

[[73] Čajkovskij stellt in seinem endgültigen Programm die Folge der beiden Mittelsätze um.]
[[74] Wie es Čajkovskij in seinen Partituren nicht selten tut.]

lich des Äusseren der Ausgabe dieser herrlichen Symphonie seien Sie bitte recht anspruchsvoll, *so*: für jedes der Schlaginstrumente lassen Sie nicht fünf, sondern nur *eine* Linie ziehen, was für den Verleger sogar vorteilhafter ist …

Das Sujet ist nicht nur sehr tief, sondern auch zeitgemäss, denn die Krankheit der modernen Menschheit ist, dass sie nicht versteht, ihre Ideale zu bewahren. Sie zerschlagen sich und hinterlassen in der Seele nichts als Bitterkeit. Daher das ganze Leiden unserer Zeit." [BČ, S. 75-77.]

An Frau von Meck: „Maidanowo, d. 13. Juni 1885.

Liebe Freundin, endlich kann man Ihnen zum guten Wetter gratulieren. Ich würde es doppelt geniessen, wenn Maidanowo mir sympathisch wäre. Doch ach! Der schöne Park und der hübsche Fernblick und das köstliche Bad [im Fluss] – alles ist durch die *Sommergäste* vergiftet. Im Park kann man kaum einen Schritt tun, ohne auf Nachbarn und Nachbarinnen zu stossen, so dass er für mich gar nicht existiert. Ich fühle mich nicht heimisch, nicht frei und werfe mir beständig vor, unbedacht und voreilig gehandelt zu haben, mich hier einzumieten. Im Winter ist es ja schön gewesen, ich hätte aber den Sommer und die Sommergäste voraussehen sollen.

Ich bin in die Komposition eines neuen grossen symphonischen Werkes [der ‚Manfred'-Symphonie] vertieft … Schpashinsky konnte mir nämlich den ersten Akt der ‚Bezaubernden' nicht zur verabredeten Zeit einhändigen, so habe ich denn, ohne Zeit zu verlieren, schon im April die Skizzen [den Entwurf] zu einer Programmsymphonie über Byrons ‚Manfred' gemacht. Jetzt habe ich mich in die Komposition dieses Werkes bereits dermassen vertieft, dass die Oper wahrscheinlich lange Zeit liegenbleiben wird. Die Symphonie erheischt ausserordentlich viel Mühe und Anstrengung und ist eine sehr komplizierte und ernste Aufgabe. Es gibt Momente, da es mir vorkommt, dass es mir nützlich wäre, einige Zeit nichts zu schreiben, ein wenig zu reisen und mich zu erholen. Aber eine unüberwindliche Lust zu arbeiten behält die Oberhand und schmiedet mich an Tisch und Klavier an." [XIII, 2721.]

An N. Konradi: „Maidanowo, d. 1. Juli 1885.

… Mein Namenstag[75] ist recht festlich gefeiert worden. Ich habe ein sehr teures und üppiges Diner in Szene gesetzt. Ich war selbst in die Stadt gefahren, um das Nötige einzukaufen, und habe beim Transport der lebenden Sterlets [Störe] in einem Korb mit Eis eine ganze Reihe tragikomischer Abenteuer erlebt. Das Eis war geschmolzen und in breiten Wasserströmen in den Wagen geflossen, was die Fahrgäste in gelindes Erstaunen versetzte, so dass ich fürchtete, der Schaffner könnte mein teures Essen zum Fenster hinauswerfen, doch ging es noch glücklich aus.

Ich habe wieder die Hände voll mit Korrekturen zu tun. Meine Oper Tscherewitschki wird gedruckt.[76] Auch schreibe ich eine grosse Symphonie (über Byrons ‚Manfred'). Ich will den ganzen Sommer hier bleiben." [XIII, 2729.]

An Frau Pawlowskaja: „Maidanowo, d. 20. Juli 1885.

… Ich habe Einiges aus ‚Harold'[77] durchgespielt. Ein sehr interessantes Stück; jedenfalls ein sehr kluges, wohl überlegtes und talentreiches. Aber wundert es Sie nicht, dass Naprawnik, der gegen Wagner ist, eine *echte* und *rechte* Wagnersche Oper geschrieben hat? Ich bin starr vor Staunen." [XIII, 2741.]

[75 29. Juni: Fest der Apostel Peter und Paul.]
[76 Die Erstausgabe des Klavierauszugs erschien im Juli 1885 bei Jurgenson. (Die Partitur erschien postum im Jahre 1898.)]
[77 „Garol'd" – Oper von Ėduard F. Napravnik aus dem Jahre 1885.]

An Frau von Meck: „Maidanowo, d. 3.[-10.] August 1885.

Schon einige Tage ist der ganze Horizont in rauchigen Dunst gehüllt, welcher – wie man sagt – von Waldbränden und glimmenden Torfmooren herrührt. Dieser Dunst wird immer dichter, und ich beginne zu fürchten, dass wir alle in ihm ersticken könnten. Das wirkt sehr niederdrückend auf die Stimmung. Überhaupt ist meine Seelenverfassung in letzter Zeit eine sehr düstere. Die Arbeit an der ‚Manfred'-Symphonie, einem Werk sehr tragischen Charakters, ist so schwer und kompliziert, dass ich selbst zeitweilig ein ‚Manfred' bin. Dabei will mir vor lauter Übereilung und Hast bei der Arbeit schier die Brust zerspringen. Es drängt mich masslos, sie möglichst bald zu beenden, und ich spanne alle meine Kräfte an; im Resultat – starke Ermüdung. Das ist jener ewige cercle vicieux, in dem ich mich drehe, ohne einen Ausweg zu finden. Habe ich keine Arbeit – gräme und langweile ich mich; gibt es welche – arbeite ich über meine Kräfte hinaus ..." [XIII, 2745.]

An P. Jurgenson: „Maidanowo, d. 21. August 1885.

... Ich hatte eine Zusammenkunft mit Wsewoloshsky, welcher mich bat, eine Tanznummer für den zweiten Ball im ‚Onegin' zu schreiben.[78] Da sie jetzt neue Dekorationen und Kostüme machen und sich überhaupt um die Dauerhaftigkeit des Erfolgs von ‚Onegin' bemühen, konnte ich – trotz meiner Unlust – nicht nein sagen. Wir haben lange die Frage erörtert, was für ein Tanz zu schreiben wäre, und wählten zuletzt die Ecossaise. Ich weiss aber absolut nicht, welche Form und welchen Rhythmus die Ecossaise hat. Ich glaube, Schubert hat Ecossaisen geschrieben. [In op. 18, 33, 49 und 67.] Wenn nicht, kannst Du mir vielleicht sagen, wo ich diesen Tanz als Muster bekommen könnte. Bitte lass doch einmal nachsehen, denn ich muss unbedingt eine Ecossaise haben. Gewiss wird sich eine bei Dir finden. Im äussersten Fall werden wir vielleicht einfach eine Contredanse machen müssen, obwohl ich das nicht gern täte, weil sie zu lang und für jene Zeit unpassend wäre. Auf jeden Fall bitte ich Dich, mir auch eine Quadrille zu schicken, vielleicht eine recht alte, wo jede Figur noch einen Namen trägt: Pantalon usw. ... Sende mir ausserdem die ‚Onegin'-Partitur."[79] [XIII, 2751.]

An Frau von Meck: „Maidanowo, d. 31. August 1885.

... Endlich ist mein Schicksal, d. h. die Frage nach meinem zukünftigen, mehr oder weniger beständigen Wohnsitz entschieden. Nach langem und erfolglosem Suchen bin ich auf den Vorschlag meiner Wirtin eingegangen, in Maidanowo zu bleiben. Wohnen werde ich aber nicht in dem klobigen und unsympathischen Hause, in welchem ich bisher gewohnt habe, sondern in demjenigen, welches von ihr selbst bewohnt war. Das Haus steht etwas abseits von den anderen, ein grosser Teil des Gartens soll umzäunt und mir zur freien Verfügung gestellt werden; das Haus selbst ist erst im vorigen Sommer renoviert worden. Obwohl die Gegend mir nicht sehr nach dem Herzen ist, habe ich angesichts der Nähe einer grösseren Stadt [Klin] mit Bahnhof, Läden, Post, Telegraph, Arzt und Apotheke, namentlich aber angesichts meiner grossen Unlust, von neuem zu suchen, beschlossen, besagtes Haus für zwei Jahre zu mieten. Es ist sehr sympathisch und gemütlich, so dass ich mich, wie es scheint, dort wohlfühlen werde. Jetzt besorge ich die Einrichtung und will am 15. September einziehen. Sollte ich mich im Laufe der zwei Jahre gut daran gewöhnen, werde ich auch nicht weiter auf Suche gehen, sondern bis zum Ende meiner Tage dort bleiben. Wahrlich, es ist Zeit, ein sesshafter Mann zu werden." [XIII, 2759.]

[78 Dritter Akt, erstes Bild.]
[79 In der Fassung mit Ecossaise im 3. Akt, Nr. 20 und 21 wurde „Evgenij Onegin" zum ersten Mal am 19. September 1885 im Petersburger Bol'šoj teatr aufgeführt. Komponiert und instrumentiert wurde die Ecossaise – nach einer Notiz in Modest Čajkovskijs Tagebuch – am 22. August 1885.]

Die chronologische Reihenfolge der Arbeiten Peter Iljitschs vom 1. Januar bis zum 12. September 1885 ist folgende:

1) Die Umgestaltung der Oper „Schmied Wakula" in die Oper „Oxanas Launen" [„Tscherewitschki"]. Ausser der Vereinfachung der Instrumentierung und der Harmonik und ausser den Kürzungen, die er vorgenommen hat, sind einige ganz neue Nummern hinzugekommen: a) das Duett Wakula – Oxana, desgleichen die Schluss-Szene des zweiten Bildes im ersten Akt, b) das Lied des Schullehrers, c) das Quintett im ersten Bild des zweiten Akts und d) die Couplets im dritten Akt.

Verlag Jurgenson.

2) Hymnus zu Ehren der Heiligen Kyrill und Methodius. Dieser Hymnus ist die Bearbeitung für Chor einer alten slavischen Melodie:

Verlag P. Jurgenson.

3) Fünf Kirchengesänge [der insgesamt Neun liturgischen Chöre a cappella]. Verlag Jurgenson.

4) „Ecossaise" für das sechste Bild der Oper „Eugen Onegin" [3. Akt, Nr. 20 und 21].

Dieses Stück hat Peter Iljitsch an einem Tage [22. August 1885] komponiert, orchestriert und nach Petersburg gesandt.

5) Op. 58. „Manfred", Symphonie in vier Bildern (nach dem dramatischen Poem von Lord Byron) für grosses Orchester. Mili Balakirew gewidmet. Die ersten Entwürfe zu diesem Werk entstanden im April 1885. Beendet worden ist es – laut Vermerk auf der Partitur – am 12. September 1885. Zum ersten Mal aufgeführt – am 11. März 1886 unter Leitung Max Erdmannsdörfers in Moskau.

Verlag Jurgenson.

Kapitel VI-XIII: 1885-1886.

Kapitel VI.

[Wichtige Perioden und ihnen vorausgehende Übergangszeiten.
Vom „Nomadenleben" zur Sesshaftigkeit und Einsiedelei im eigenen Heim.
Seine bescheidene Einrichtung. Lebensgewohnheiten und Zeiteinteilung.]

Alle wichtigen Perioden im Leben Peter Iljitschs ging eine Übergangszeit voraus, in welcher er gewissermassen prüfte, ob der geplante Umschwung auch möglich zu machen wäre. 1861-1862 war er halb Musiker und halb Beamter, bevor er Schüler des Konservatoriums wurde; 1866 war er acht Monate lang halb Petersburger, halb Moskowiter, bevor er Professor am Konservatorium und ganz Moskowiter wurde; das ganze Jahr 1877 war er halb Professor und halb Tourist, bevor er die Lehrtätigkeit ganz aufgab und sein – wie er sagte – „Nomadenleben" der letzten sieben Jahre begann; jetzt, von Februar bis September 1885 eher Sommergast als Dorfbewohner, hatte er in Maidanowo gewissermassen die Festigkeit seines Entschlusses auf die Probe gestellt und wurde erst Mitte September der wahre Einsiedler von Klin, der sich aber leider oft genötigt sah, seine Einsiedelei zu verlassen ... Nun, da er für lange Zeit hinaus sein Heim hatte, ging er mit Freuden daran, es recht gemütlich einzurichten ... Bei seiner mädchenhaften Naivität in allen praktischen Lebensfragen konnte Peter Iljitsch natürlich nicht selbst die Einrichtung seiner kleinen Wirtschaft besorgen und übertrug sie seinem Diener [Alexei] Sofronow. Er selbst mischte sich nur ein, um ganz unnötige Dinge zu kaufen (so hatte er sich z. B. zwei Pferde angeschafft, die er nur mit Mühe wieder loswerden konnte; auch eine alte, englische Uhr hatte er erworben, welche sich als untauglich erwies) oder seine Bibliothek mit Büchern und Noten zu versehen ... Er freute sich wie ein Kind und prahlte damit, einen „eigenen Koch", eine „eigene Waschfrau", „eigenes Silber", „eigene Tischtücher" und einen „eigenen Hund" zu haben, hielt all dies Eigene für ausschliesslich gut und lobte es in den Himmel. Ausser den Portraits und den Heiligenbildern nahm das ganze übrige bewegliche Gut Peter Iljitschs erst jetzt seinen Anfang.

Im Vergleich mit den prachtvollen Einrichtungen anderer Männer seines Ranges, d. h. Malern, Schriftstellern und Künstlern derselben Berühmtheit im Westen, war Peter Iljitschs Wohnung überaus bescheiden. Denn sie enthielt nur das Notwendigste. Schöne und luxuriöse Sachen besass Peter Iljitsch nicht, denn erstens waren seine Mittel bedeutend kleiner als diejenigen seiner Kollegen in Westeuropa, und zweitens hielt er nicht viel vom Aussehen der Dinge. Wenn Tische, Schränke und Gardinen einigermassen ihrem Zweck entsprachen, war er vollkommen zufrieden. Auch hinsichtlich der Arbeit und des Materials war er sehr anspruchslos, „Stil" verlangte er ebensowenig (auf Stilarten verstand er sich gar nicht); selbst wenn ein Tisch wackelte, ein Brett sich verzogen hatte oder eine Schranktür nicht richtig schloss – nahm er es ruhig hin. Luxus treiben konnte er schon allein aus dem Grunde nicht, weil sein Geld viel weniger ihm gehörte als anderen und weil ihm Launen und Prätentionen bei Ankäufen selbst dann noch fremd blieben, als er gegen Ende seines Lebens bis zu zwanzigtausend Rubel jährlich einnahm ...

Wie das Einkaufen so war auch das Aufstellen und Plazieren der Gegenstände Peter Iljitschs Sache nicht, und er vertraute sich auch in dieser Beziehung ganz der Willkür seines Dieners an, welcher – die Liebhabereien und Gewohnheiten seines Herrn kennend und berücksichtigend – ohne viel nach Schönheit und Geschmack zu fragen, alles so einrichtete, „wie sein Herr es gern hätte". Am liebsten hatte es Peter Iljitsch, wenn sich nichts in seiner Umgebung veränderte; sich an etwas Neues zu gewöhnen, war ihm unangenehm, und noch unangenehmer – sich Altem zu entwöhnen. Seit dieser Zeit fasst eine gewisse

Tradition hinsichtlich der Position der Gegenstände festen Fuss und wird bei jeder Wohnungsveränderung, wenn es irgend geht, berücksichtigt, so dass das Aussehen der Zimmer – wo Peter Iljitsch auch wohnen mochte – fast immer das gleiche blieb.

Auch die Zeiteinteilung seines Lebens in Klin blieb bis an seinen Tod dieselbe.

Peter Iljitsch stand zwischen 7 und 8 Uhr auf. Zwischen 8 und 9 trank er Tee (meistenteils ohne Brot) und las dann in der Bibel. Danach beschäftigte er sich mit dem Studium der englischen Sprache oder mit Lektüre, welche nicht nur Unterhaltung, sondern auch Arbeit war. So hat er Otto Jahns Buch über Mozart im Urtext gelesen und dabei alle ihm unbekannten Vokabeln abgeschrieben und im Wörterbuch nachgesehen, ferner philosophische Schriften von Spinoza, Schopenhauer u. a. Darauf unternahm er einen dreiviertel Stunden dauernden Spaziergang. Wenn er beim Morgentee sprach und den Spaziergang in Begleitung eines Gastes machte, so bedeutete das, dass Peter Iljitsch an diesem Tage nicht zu komponieren gedachte, sondern zu instrumentieren, Briefe zu schreiben oder korrekturzulesen. Wenn er an einem neuen Werk arbeitete, so litt er während des Lebens in Klin nicht nur des morgens keine Gesellschaft, sondern den ganzen Tag. Früher, in Moskau, im Ausland und in Kamenka musste er sich nur während der Stunden seines Schaffens mit der Einsamkeit seines Zimmers begnügen, wobei ihn die Anwesenheit seines Dieners Alexei weder ablenkte noch störte. Letzterer, der einzige Zeuge des Entstehungsprozesses der meisten Werke seines Herrn, hörte sie scheinbar gar nicht und hat nur ein einziges Mal im Leben ganz unerwartet seine Begeisterung für den Chor der Mädchen [Nr. 11] im dritten Bild des „Eugen Onegin" ausgedrückt, – zum grossen Erstaunen und Leidwesen unseres Komponisten. Zum „Leidwesen", weil er nun fürchten musste, beständig „gehört und kritisiert zu werden". Jener Vorfall blieb aber glücklicherweise der einzige Moment der Erleuchtung in der musikalischen Umnachtung Sofronows.

„Manfred" war das letzte Werk Peter Iljitschs, welches er noch nicht in voller Einsamkeit verfasst hat, worin vielleicht der Grund zu suchen wäre, weshalb es ihm so schwer gefallen ist und jene düstere Stimmung hervorgerufen hat. Der wesentliche Vorzug in der neuen Umgebung Peter Iljitschs war gerade das Alleinsein während der Schaffensperiode.

Hier muss erwähnt werden, dass sich in dieser Zeit die „kompositorische Verschwiegenheit" in ihm entwickelt hat. In den ersten Jahren seines musikalischen Lebens war Peter Iljitsch sehr mitteilsam; noch ehe seine Kompositionen fertig waren, vertraute er sie gern allen Mitmenschen an, erkundigte sich abends nach der Meinung seiner Mitbewohner über das, was er des morgens gearbeitet hatte, und spielte es stets bereitwillig vor. Mit der Zeit wurde der Kreis derjenigen, denen er die Früchte seiner Phantasie anvertraute, immer kleiner, und wenn er etwas von seinen Sachen vorspielte, bat er die Zuhörer, ihre Meinung für sich zu behalten. Seit 1885 hat er überhaupt aufgehört, seine Werke irgend jemandem zu zeigen. Der erste, der sie kennenlernte, war – der Stecher in der Druckerei Jurgensons.

Die Zeit von $^1/_2$ 10 bis ein Uhr verschenkte Peter Iljitsch nie, sondern er beschäftigte sich – wie gesagt – mit Komponieren, Orchestrieren, machte Korrekturen oder schrieb Briefe. Bevor er an eine angenehme Arbeit ging, beeilte er sich stets, die unangenehme zu erledigen. Wenn er von Reisen zurückkehrte, begann er daher stets damit, die Korrespondenz, die ihm nächst den Korrekturen das Unangenehmste war, zu beantworten, welche in den 90er Jahren einen so ausserordentlichen Umfang angenommen hat, dass Peter Iljitsch tagelang damit zu tun hatte und oft bis zu dreissig Briefe täglich erledigte.

Punkt ein Uhr ass Peter Iljitsch zu Mittag und fand dabei dank seines ausgezeichneten Appetits alles, was man ihm auch bieten mochte, überaus schmackhaft und liess dem Koch oder der Köchin durch Sofronow seinen Dank überbringen. Da er hinsichtlich der Mahlzeiten sehr bescheiden und anspruchslos war, so geschah es oft, dass seine Gäste der Köchin anstatt der Komplimente gerade das Gegenteil sagen wollten ... Nach dem Mittagsmahl ging Peter Iljitsch spazieren, gleichviel ob gutes oder schlechtes Wetter war. Er hatte einst in irgendeinem Buch gelesen, dass der Mensch täglich zwei Stunden gehen müsse, um gesund zu bleiben. Diese Regel beobachtete er mit einer Gewissenhaftigkeit und einem Aberglauben, als wenn weiss Gott was geschehen würde, käme er fünf Minuten früher zurück. Die Einsamkeit war ihm auf diesen Spaziergängen ebenso ein Bedürfnis wie beim Arbeiten. Nicht nur Menschen, – sogar ein Hund war ihm lästig.

Jeder Zeuge des Genusses, den ihm die Natur bot, kühlte seine Stimmung ab; jeder Augenblick des Entzückens vernichtete das Entzücken selbst, und in dem Moment, da er seinem Begleiter sagte: „wie schön ist es hier!" – war auch schon die ganze Schönheit hin ...

Während dieser Spaziergänge arbeitete er meistenteils. Er erfand die Keime der Hauptgedanken, überlegte den Aufbau des Werks und notierte die Hauptthemen. In Klin liegen viele Heftchen in Verwahrung, die er als Notizbücher benutzt hatte. Wenn Peter Iljitsch ein solches Heftchen in seiner Zerstreutheit zu Hause liegengelassen hatte, notierte er die ihm durch den Kopf schiessenden Gedanken auf verschiedenen Papierfetzen, auf Briefen oder Couverts, manchmal auf einer Rechnung, die er gerade bei sich hatte. Am nächsten Morgen stellte er seine Aufzeichnungen vor sich hin und bearbeitete sie am Klavier. Ausser zweier Bilder des „Eugen Onegin" und einiger Klavierstücke und Lieder hat er meines Wissens alle seine Skizzen[80] stets am Klavier ausgearbeitet, wobei er sich nicht auf sein schlechtes Gedächtnis verliess und stets alles genau aufschrieb und stellenweise die Instrumentation andeutete. In solchen Skizzen wurde das Werk gewöhnlich zum vollen Abschluss gebracht. Während des Orchestrierens schrieb er es gleichsam nur ins Reine ab, ohne die Skizzen wesentlich zu verändern.

Wenn er auf seinen Spaziergängen nicht komponierte, improvisierte er. Ich erinnere mich, wie er mir eines Tages in Grankino[81] – von einem Spaziergang zurückgekehrt – erzählte, er habe während des Gehens „ein wunderschönes Duett im italienischen Stil" improvisiert. Ich bat ihn, es mir vorzusingen, aber er sagte, das Duett sei „so italienisch, dass er sich schäme, es mir zu zeigen". Nach einigen Tagen sagte er mir: „Mein Duett habe ich aber nicht vergessen und es heute wieder gesungen. Was für Rezitative! Was für eine Stretta! Nur gibt es keine Sängerin, die es singen könnte." Diesmal spielte er mir etwas daraus vor. Ich teilte zwar nicht seine Begeisterung, suchte ihn aber zu bewegen, das Duett aufzuschreiben. Er sagte aber: „Nein, nein, es geht nicht."

Wenn er auf seinen Spaziergängen nicht mit Musik beschäftigt war, so deklamierte er und improvisierte laut dramatische Szenen (fast immer französisch). Manchmal stellte er Beobachtungen über Insekten an. In demselben Grankino gab es im Garten einen Ameisenhaufen, dessen Wohltäter er spielte, indem er ihn mit Insekten aus der Steppe versah.

In den ersten Jahren seines Lebens in Maidanowo hat sich Peter Iljitsch den Reiz der Spaziergänge selbst vergiftet. Wie jeder gutherzige Sommergast beschenkte er nämlich die Dorfkinder mit Kleingeld, und zwar sehr freigebig. Zuerst machte es ihm Vergnügen, artete aber später zu einer wahren Plage aus. Die Kinder warteten an jeder Ecke auf ihn und überraschten ihn – als sie merkten, dass er ihnen aus dem Wege zu gehen begann – an den unvermutetsten Stellen im Walde. Die Sucht nach seinen Groschen ging von den Kindern auch auf die Dorfjugend, ja, sogar auf erwachsene Weiber und Männer über, so dass er bald

---

[80 Das russische Wort Skizzen (im Plural) bezeichnet das, was man deutsch Entwurf bzw. Konzeptschrift oder, falls es sich um Orchesterwerke handelt, Particell nennt.]
[81 Das Gut der Konradis im Kreis Novomoskva, Gouvernement Ekaterinoslav.]

keinen Schritt gehen konnte, ohne angebettelt zu werden … Es blieb Peter Iljitsch nichts anderes übrig, als einige Zeit hindurch die Grenzen seines Parks nicht zu überschreiten.

Gegen 4 Uhr kehrte Peter Iljitsch nach Hause zurück und nahm Tee, las Zeitungen oder historische Zeitschriften (wenn er allein war), plauderte aber auch sehr gern (wenn er Besuch hatte). Um 5 Uhr zog er sich wieder zurück, um bis 7 zu arbeiten.

Vor dem Abendessen, welches um 8 Uhr serviert wurde, machte Peter Iljitsch im Sommer gewöhnlich noch einen Spaziergang, diesmal mit Vorliebe in Gesellschaft und meist ins freie Feld, um die untergehende Sonne zu betrachten; im Herbst oder im Winter spielte er zu seinem Vergnügen Klavier, und zwar entweder allein oder – wenn Laroche oder Kaschkin da waren – vierhändig. Nach dem Abendessen sass er mit den Gästen bis 11 Uhr und spielte gern eine Partie Karten, oder er liess sich vorlesen. Sein liebster Vorleser war Laroche, nicht weil dieser dabei eine besondere Kunst entwickelte, sondern weil sich auf dessen Gesicht bei jeder Phrase der Genuss widerspiegelte – namentlich wenn das Buch von Gogol oder Flaubert war. Wenn kein Besuch da war, las Peter Iljitsch grösstenteils historische Bücher, welche das Ende des 18. oder den Anfang der 19. Jahrhunderts zum Inhalt hatten, oder er legte Karten und – langweilte sich stets ein wenig. Um 11 Uhr zog er sich in sein Zimmer zurück, machte seine Eintragungen ins Tagebuch und las noch ziemlich lange. Seit dem Sommer 1866 komponierte er niemals des abends.[82]

Unerwartete Gäste behandelte er sehr unfreundlich. Für geladene dagegen war er die Gastfreundschaft selbst und verschaffte sich oft den Genuss, seine Moskauer Freunde Kaschkin, Hubert, Albrecht, Jurgenson und Tanejew bei sich zu versammeln. Am öftesten und längsten weilten Laroche, Kaschkin und ich bei ihm.

Kapitel VII.
[Erfolge und Resonanz im Ausland – am Beispiel von Paris und dem Verleger Mackar.]

Ohne jedes Zutun Peter Iljitschs und ohne dass er es wusste, verbreitete sich Anfang der 80er Jahre sein Ruhm in Europa und Amerika sehr. Immer öfter erhielt er Nachrichten von Erfolgen des einen oder anderen seiner Werke und Briefe von verschiedenen berühmten Virtuosen, welche seine Kompositionen gespielt hatten oder spielen wollten. Seit 1884 gelangten auch aus Paris Beweise seines wachsenden Ruhms zu ihm. So machten ihn die Komitees der Pariser Bach-Gesellschaft und der Gesellschaft der Edition nationale der Werke Cherubinis zu ihrem Ehrenmitglied. Nichtsdestoweniger war es für ihn eine grosse Überraschung zu erfahren, dass sich ein französischer Verleger (Félix Mackar) gefunden hatte, welcher P. Jurgenson den Vorschlag machte, ihm das Recht der Herausgabe seiner Werke[83] zu verkaufen. Die Summe, die Jurgenson dafür erhalten hat, war zwar nicht übermässig hoch (20 000 Francs), berechtigte aber trotzdem zu der Annahme, dass der Ruhm des Namens P. Tschaikowsky gereift und der Zeitpunkt gekommen war, materielle Vorteile zu ernten. – Hier sei erwähnt, dass P. Jurgenson – ohne juristisch dazu verpflichtet zu sein – die Hälfte des von F. Mackar erhaltenen Geldes Peter Iljitsch überwies, so dass letzterer plötzlich zum Kapitalisten wurde, um schon nach Jahresfrist keine Kopeke Ersparnisse mehr zu besitzen.

[82 Damals hatte er durch nächtliche Arbeit an der 1. Symphonie seine Nerven ruiniert.]
[83 Für die Länder Frankreich und Belgien.]

Nachdem F. Mackar der Vertreter der Interessen Peter Iljitschs in Paris geworden war, begann er sehr eifrig mit dem Vertrieb seiner Kompositionen.[84] Vor allen Dingen veranlasste er ihn, Mitglied der Gesellschaft der Komponisten und Verleger zu werden. Diese Gesellschaft hat den Zweck, für jede Konzertaufführung irgendeines Werkes eines seiner Mitglieder ein gewisses Honorar zu erheben. Die schmeichelhafte Antwort des Präsidenten jener Gesellschaft an Peter Iljitsch bewies von neuem, bis zu welchem Grade seine Werke den Franzosen schon bekannt waren. Die jährliche Summe, die Peter Iljitsch von nun an aus Frankreich zu beziehen begann, kann als zuverlässiger Gradmesser des Wachstums seiner Popularität in jenem Land angesehen werden. Nebenbei sei bemerkt, dass diese Summe sich bis 1893 von Jahr zu Jahr erhöhte, um nach dem Tode Peter Iljitschs urplötzlich und sehr stark zu sinken. Ich werde an anderer Stelle den Versuch machen, diese merkwürdige Tatsache zu erklären.

Ausserdem begann F. Mackar, sogenannte „Auditions" (mit freiem Eintritt) aus den Werken Peter Iljitschs zu geben. Derartige Auditions werden trotz des freien Eintritts von den musikübersättigten Parisern gewöhnlich nicht gern besucht. Doch die Auditions aus Werken Peter Iljitschs erfreuten sich von Anfang an eines sehr grossen Erfolgs. Die besten Künstler ([der Geiger Martin Pierre Joseph] Marsick, [der Pianist Louis] Diémer u. a.) wirkten bereitwilligst in den Auditions mit, und der Name Tschaikowsky kam seit jener Zeit immer öfter auf die Programme der Pariser Konzerte.

Kapitel VIII.

[1885, September-Oktober. Majdanovo.
Richtet die neue Wohnung in Majdanovo ein. Rät Arenskij zum vorsichtigen Gebrauch des 5/4-Takts. Schließt die Partitur der „Manfred"-Symphonie ab und will sich, nachdem ihm Špažinskijs Libretto zum ersten Akt vorliegt, an die Komposition der Oper „Čarodejka" machen. Verteidigt gegenüber Frau fon Mekk die „lügnerische" Gattung der Oper, mit der der Komponist ein größeres Publikum als mit symphonischen Werken erreichen kann.
Komponiert einen Chor zum 50-jährigen Bestehen der Petersburger Rechtsschule.
Liest, hingerissen, Zolas Roman „Germinal" und denkt an ihn wie an einen schrecklichen Albdruck zurück.
Drängt Jurgenson zur baldigen Publikation der „Manfred"-Symphonie.]

An Frau von Meck: „Maidanowo, d. 11. September 1885.
... Mit dem Beginn des echten, trüben und regnerischen Herbstes hat sich meine Gesundheit gebessert, und ich spüre jetzt – ausser der Ermüdung infolge der Arbeit – keinerlei Kränklichkeit. Nach meiner Überzeugung ist für meine Natur der *Sommer* die ungünstigste Jahreszeit, denn die *Hitze* ist meinem Organismus sehr unzuträglich. Ich habe in der Tat die Beobachtung gemacht, dass mein Befinden im Winter – sofern ich mich nur auf dem Lande oder im Ausland aufhalte – besser ist als im Sommer. Jedenfalls habe ich ein für allemal beschlossen, im Sommer die Arbeit zu meiden und zu reisen. Meine zukünftige Wohnung kommt nach und nach in Ordnung und wird wahrscheinlich sehr gemütlich sein. Mit dem Mangel an Schönheit der Gegend muss ich mich wohl oder übel zufriedengeben: ich bin so müde zu suchen und zu warten, dass ich gar keine Lust habe, im Winter wieder ein obdachloser Wanderer sein." [XIII, 2764.]

[84 Von nicht geringerer Bedeutung für die Verbreitung von Čajkovskijs Werken war der Vertrag, den Jurgenson mit dem Verleger D. Rahter, Hamburg, für die Länder Deutschland und Österreich-Ungarn abschloss. Vgl. dazu Mitteilungen 8 (2001), S. 47-122.]

An A. P. Merkling: „Maidanowo, d. 13. September 1885.
... Anja, vor allem will ich mich ein bisschen bei Dir einschmeicheln und folgendes erbitten. Nach vielem erfolglosen Suchen und Zweifeln habe ich hier in Maidanowo ein sehr schönes Haus gemietet ... Dieses Haus richte ich jetzt ein ... nun haben mir ... einige ... gute Menschen ... versprochen ... wenn ich nicht irre ... das heisst, wie soll ich mich ausdrücken? ... genähte ... wollene Portieren ... oder Gardinen ... das heisst, ich wünschte eigentlich ... doch ... vielleicht recht bald ... möchte gern wissen, wann sie fertig ... d. h., ich, mit einem Wort, ... ach Gott, ich schäme mich so! ... schreibe, bitte, wie und was ... nun, ich hoffe, ich bin verstanden ..."[85] [XIII, 2766.]

An M. Tschaikowsky: „Maidanowo, d. 20. September 1885.
Modja, gestern abend bin ich hier eingezogen. Das Wetter war ungewöhnlich schlecht (Schnee und Regen ohne Ende); um so angenehmer war es, in meinem lieben, gemütlichen, hell erleuchteten und warmen Häuschen zu sitzen. Alexei hat alles, oder fast alles, sehr gut gemacht; nur das Ankleidezimmer und das Schlafzimmer sind etwas ungemütlich, aber bei meinem Unverstand weiss ich noch gar nicht, wie der Mangel zu beseitigen wäre. Während des Abendessens wurde ich im Speisezimmer von einem *Mäuschen* begrüsst, welches fast unter meiner Nase vorbeilief. Aber auch für das Mäuschen hatte ich Nachsicht, so gut und angenehm fühle ich mich hier. Doch wozu schreibe ich das? Du Ärmster verstehst mich gewiss sehr gut und beneidest mich. Ich schäme mich sogar ein wenig, meine Einsamkeit in vollen Zügen zu geniessen, während Du in soviel Sorgen steckst." [XIII, 2771.]

An A. S. Arensky: „Maidanowo, d. 25. September 1885.
Sehr geehrter Herr Anton Stepanowitsch, verzeihen Sie, dass ich Ihnen meinen Rat aufdränge. Ich habe gehört, dass in Ihrer neuen Suite[86] zweimal der $^5/_4$-Takt vorkomme.[87] Es scheint mir, dass die Manie für fünfteilige Takte bei Ihnen zur Gewohnheit zu werden droht. Ich habe ihn sehr gern, wenn er durch das Wesen des musikalischen Gedankens bedingt ist, d. h., wenn die Taktbezeichnung und die rhythmischen Akzente sich gegenseitig nicht behindern, z. B. konnte Glinka den Chor im vierten Akt von ‚Das Leben für den Zaren'[88] augenscheinlich nicht anders als im $^5/_4$-Takt schreiben: hier ist wirklich ein fünfteiliger Rhythmus, d. h. ein beständiger und gleichmässiger Wechsel von $^2/_4$ und $^3/_4$ vorhanden.

Es wäre aber merkwürdig und hätte einen Beigeschmack von ‚originell sein wollen', ein Stück mit einfach zweiteiligem oder einfach dreiteiligem Rhythmus – im $^5/_4$-Takt zu schreiben. Sie müssen zugeben, dass es sehr dumm von Glinka gewesen wäre, hätte er seine Musik so geschrieben:

---

[85] Anna Petrowna hat ihr Versprechen gehalten und die Gardinen genäht, die bis heute das Speisezimmer des Hauses in Klin [und das heutige Tschaikowsky-Museum] schmücken.
[86] Antonij St. Arenskij, Suite Nr. 1 für zwei Klaviere zu vier Händen op. 15.]
[87] Und zwar im 2. Satz (Air de danse) und 4. Satz (Basso ostinato).]
[88] Gemeint ist der Chor der Mädchen im dritten Akt, „Razguljajsja, razlivajsja, voda vešnjaja".]

Für das Ohr wäre es gleich, ob $^2/_4$ oder $^3/_4$, einen mathematischen Fehler gäbe es nicht, aber einen sehr grossen musikalischen.

Einen solchen Fehler haben Sie in Ihrem, übrigens sehr schönen, Basso ostinato gemacht.[89] Gestern machte ich die Entdeckung, dass hier der $^5/_4$-Takt eigentlich gar nicht nötig wäre. Sie müssen zugeben, dass eine Folge von drei Takten mit je fünf Vierteln einer ebensolchen Folge mit je drei Vierteln[90] mathematisch gleich ist, in musikalischer Beziehung dagegen unterscheidet sich eines vom anderen ebenso scharf wie der $^3/_4$-Takt vom $^6/_8$-Takt. Nach meiner Ansicht müsste Ihr Basso ostinato im $^3/_4$- oder $^6/_4$-Takt stehen, – nur nicht im $^5/_4$-Takt.

Einen ausgeprägteren fünftaktigen dreiteiligen Rhythmus kann man sich gar nicht denken. Wie denken Sie darüber? ...

Am nächsten Sonnabend, d. h. den 5. Oktober, werden Tanejew und Laroche bei mir sein. Ich bitte Sie sehr, sich ihnen anzuschliessen und Ihre Suite mitzubringen, welche mich sehr interessiert." [XIII, 2775.]

An Frau von Meck: „Maidanowo, d. 27. September 1885.

... Meine Arbeit habe ich endlich ganz beendet und zum Druck gegeben.[91] Einstweilen erhole ich mich, überlege aber auch schon ein neues Werk. Der erste Akt der ‚Bezaubernden' liegt fertig vor mir,[92] und ich gebe mich nach und nach der Begeisterung für die bevorstehende Aufgabe hin.

Liebe Freundin, Ihr hochmütiges Herabsehen auf die Oper gefällt mir. Sie haben recht, dieser im Grunde lügnerischen Kunstgattung mit Missmut zu begegnen. Es liegt aber etwas für die Komponisten unüberwindlich Anziehendes in der Oper: sie allein nämlich bietet ihm die Möglichkeit, mit der grossen Masse des Publikums in Verbindung zu treten. Mein ‚Manfred' wird ein- oder zweimal gespielt werden und dann verschwinden; ausser einer Handvoll Menschen, welche die Symphoniekonzerte besucht, wird niemand ihn zu hören bekommen. Die Oper dagegen, und nur die Oper, bringt uns den Menschen näher, impft dem wahren Publikum unsere Musik ein und macht sie zum Besitz nicht nur weniger Kreise, sondern – unter günstigen Umständen – des ganzen Volkes. Ich meine, es liegt nichts zu Verurteilendes in diesem Bestreben, d. h. ich will sagen, dass Schumann und Beethoven, als sie, ersterer ‚Genoveva' und letzterer ‚Fidelio', schrieben, nicht vom Ehrgeiz geleitet wurden, sondern von dem natürlichen Bestreben, den Kreis ihrer Zuhörer zu erweitern und in möglichst viele Menschenherzen zu dringen. Man darf dabei nur nicht nach Effekten haschen, sondern nur künstlerisch wertvolle Sujets wählen, welche interessant und rührend sind.

[89 Gemeint ist Arenskijs Klavierstück „Basso ostinato" op. 5, Nr. 5.]
[90 Gemeint ist offenbar eine Folge von fünf Takten mit je drei Vierteln. (Bem. d. Übers.)]
[91 Die Rede ist von der Partitur der „Manfred"-Symphonie.]
[92 Gemeint ist Špažinskijs Libretto.]

Ich habe für das Schuljubiläum keine Kantate, sondern einen einfachen Chor komponiert, welcher beim Fest von den Schülern gesungen werden soll. Den Text für diesen Chor habe ich ebenfalls selbst verfassen müssen."[93] [XIII, 2778.]

An M. Tschaikowsky: „Maidanowo, d. 1. [recte: 6.] Oktober 1885.
... Dieser Schurke Zola!! In der vorigen Woche ist mir zufällig ‚Germinal'[94] in die Hände gefallen; ich begann zu lesen, liess mich hinreissen und habe das Ende erst spät in der Nacht erreicht. Ich war so aufgeregt, dass ich Herzklopfen bekam, welches den Schlaf vereitelte. Am nächsten Tag war ich ganz krank und denke jetzt an jenen Roman wie an einen schrecklichen Albdruck zurück." [XIII, 2784.]

An Frau Pawlowskaja: „Maidanowo, d. 9. September [recte: Oktober] 1885.
... ‚Manfred' ist beendet, und ich habe mich, ohne eine Stunde zu verlieren, an die Oper [‚Die Bezaubernde'] gesetzt ... Der erste Akt (einstweilen ist nur dieser in meinen Händen) ist famos:[95] Leben, Handlung in Hülle und Fülle. Wenn keine Hindernisse auftreten, werde ich das Konzept hoffentlich bis zum Frühjahr fertig haben und das nächste Jahr der Instrumentierung und Ausarbeitung widmen können,[96] so dass die Oper in der Saison 1887/88 ins Leben treten könnte.[97] Wenn ich mich beeilen wollte, könnte ich sie vielleicht schon für die nächste Spielzeit fertig machen, doch möchte ich mich nicht zu sehr anstrengen. Ich bitte Sie sehr, teure Emilia Karlowna, bei jeder nur irgend passenden Gelegenheit ein Wörtchen für die ‚Bezaubernde' fallen zu lassen. Demnächst reise ich ins Gouvernement Kiew, um der Silberhochzeit meiner Schwester beizuwohnen, werde aber am 10. November zurück sein. Dann werde ich in Maidanowo die Moskauer Aufführung der ‚Tscherewitschki' erwarten.[98] Ich möchte auch nach Petersburg fahren, wenn auch nur, um Sie zu sehen." [XIII, 2787.]

An M. Tschaikowsky: „Maidanowo, d. 9. Oktober 1885.
... Meine Oper [‚Čarodejka'] kommt voran. Wenigstens ist die Hälfte des ersten Akts bereits komponiert, ich fühle aber, dass ich mich zu sehr anstrenge. Heute hat mich eine schwere Stelle so ermüdet, dazu kam ein Brief, der mich verstört hat (A. Löwenson[99] schreibt, dass ihr Kind gestorben sei, indem es in ihrer Abwesenheit an dem Gummipfropfen der Milchflasche erstickte; das stimmte mich so traurig, und ich weinte sogar), dass ich Kopfschmerzen bekam, infolge derer ich – wie Du siehst – nicht einmal einen ordentlichen Satz zusammenstellen kann." [XIII, 2788.]

[[93] Das „Rechtsschullied" für vierstimmig gemischten Chor a cappella auf einen eigenen Text hat Čajkovskij im September 1885 anlässlich des 50-jährigen Bestehens der Petersburger Rechtsschule (die Čajkovskij selbst besucht hatte) komponiert.]
[[94] Emile Zolas berühmter, sozialkritischer Roman von 1885.]
[[95] Čajkovskij schreibt von Špažinskijs Libretto zum ersten Akt.]
[[96] Tatsächlich begann Čajkovskij am 9. September 1885 mit der Konzeptschrift der Oper und beendete sie am 18. August 1886; instrumentiert hat er sie vom 19. September 1886 bis zum 6. Mai 1887.]
[[97] Das tat sie, und zwar am 20. Oktober 1887 im Petersburger Mariinskij teatr, mit Ėmilija K. Pavlovskaja als Kuma und unter der Leitung des Komponisten, der auch noch die drei nächsten Aufführungen am 23. und 30. Oktober sowie am 2. November 1887 dirigierte.]
[[98] Die Uraufführung der „Čerevički" fand jedoch erst am 19. Januar 1887 im Bol'šoj teatr statt, mit Marija Klimentova als Oksana und Dmitrij Usatov als Vakula, unter der Leitung des Komponisten, der auch die nächsten beiden Aufführungen am 23. und 27. Januar dirigierte. Nach den weiteren zwei, von Ippolit Al'tani geleiteten Aufführungen wurde die Oper aus dem Repertoire genommen. In Petersburg kam sie erst nach Čajkovskijs Tod auf die Bühne des Mariinskij teatr, zuerst am 29. Dezember 1906, unter der Leitung von Ėduard F. Napravnik.]
[[99] Die Pianistin Anna Ja. Aleksandrova-Levenson (1856-1930), die bei Klindworth und Čajkovskij am Moskauer Konservatorium studiert hatte und der Čajkovskij freundschaftlich verbunden war.]

An P. Jurgenson: „Maidanowo, d. 9. Oktober 1885.

Lieber Freund, Huberts sagten mir, Du hieltest es für möglich, ‚Manfred' in dieser Saison zu drucken. Ist das wahr? Es handelt sich nämlich darum, dass ich zwei Gelegenheiten nicht ungenutzt lassen kann: 1.) dirigiert Bülow in Petersburg, 2.) dirigiert in Moskau – vielleicht seine letzte Saison – Erdmannsdörfer, welcher – trotz allem – dennoch einer der wenigen ist, auf die man sich verlassen kann. Andererseits: unglaublich viel Mühe auf ein Werk verwendet zu haben, welches man (unter seinen eigenen) für ein kapitales hält, und dann zu warten, bis es *erstmals* gespielt wird, – bin ich nicht imstande. Was mich anbelangt, so ist es mir ganz gleich, ob man nach geschriebenen oder nach gedruckten Noten spielt – wenn man nur spielt. Ich glaube, wenn man den Stich sofort beginnen würde und mich als alleinigen Korrektor beschäftigte, so könnte man bis Februar fertig werden. Wenn Du es aber wirklich für unmöglich hältst, so schlage ich Dir vor, auf ‚Manfred' ganz zu verzichten (das wird mich nicht im geringsten beleidigen, denn ich verstehe sehr wohl, dass Du wegen meiner Launen nicht mit dem Kopf durch die Wand rennen kannst), wisse nur, dass es mir in der Tat unmöglich ist, bis zur nächsten Saison zu warten, und dass ich – was es auch koste – ‚Manfred' aufgeführt sehen will. Nimm mir die Laune nicht übel (wenn es eine Laune ist) und antworte sofort."[100] [XIII, 2789.]

An Frau von Meck: „Maidanowo, d. 11. Oktober 1885.

... Über die höhere Bedeutung von symphonischer und Kammermusik im Vergleich zur Oper will ich noch Folgendes sagen: sich des Opernschreibens zu enthalten, ist eine Art Heldentum, und ein solcher Held ist in unserer Zeit – Brahms. Cui hat in einem seiner Artikel neulich sehr richtig bemerkt, dass Brahms als Mensch, als Künstler, der nur die höchsten Ziele verfolgt, – der Hochachtung und Bewunderung wert sei. Leider ist seine schöpferische Begabung arm und entspricht nicht der Grösse seiner Bestrebungen. Nichtsdestoweniger ist er ein Held. In mir steckt dieses Heldentum nicht, denn die Bühne und ihr ganzer Flitter ziehen mich an." [XIII, 2791.]

Kapitel IX.

[1885, November-Dezember. Majdanovo.
Hört in Moskau Konzerte. Erlebt Tanejew als kompetenten Direktor des Konservatoriums.
Erwartet eine Verzögerung der Inszenierung von „Čerevički". Setzt sich vergeblich für eine Aufführung des Schauspiels „Lizeveta Nikolaevna" seines Bruders Modest in Moskau ein.
Dankt M. M. Ippolitov-Ivanov für die Aufführung des „Mazepa" in Tiflis.
Überlegt wegen der Erkrankung des Kapellmeisters Al'tani, „Čerevički" selbst zu dirigieren.
Liest die Korrektur der „Manfred"-Symphonie und hält das Werk für sein bestes.
Ovationen nach der zweiten Moskauer Aufführung der 3. Orchestersuite.
Schwärmt vom russischen Winter – und plant eine Reise nach Italien, Konstantinopel und Tiflis.
Äussert sich über den „Opričnik", nach dem Ippolitov-Ivanov gefragt hatte; hält „Čerevički" für musikalisch wertvoller als „Die Jungfrau von Orléans". Verlangt kein Honorar für „Manfred" von Jurgenson und Mackar, weil das immens schwierige Werk voraussichtlich „nur einmal in zehn Jahren" aufgeführt werde.]

[[100] Jurgenson brachte Partitur und Orchesterstimmen der „Manfred"-Symphonie im Februar 1886 heraus, der Klavierauszug zu vier Händen, von Čajkovskij und Aleksandra I. Gubert (Hubert), folgte im April 1886. Die Uraufführung des Werkes am 11. März 1886 in Moskau im 11. Symphoniekonzert der Russischen Musikgesellschaft leitete Max Erdmannsdörfer. Hans von Bülow hat die Partitur der „Manfred"-Symphonie zwar gesehen, aber nicht dirigiert. Vor der Petersburger Erstaufführung am 27. Dezember 1886 im 5. Symphoniekonzert der Russischen Musikgesellschaft unter Leitung von Anton G. Rubinštejn, hatten Aufführungen in Pavlovsk (2. Mai 1886, Dirigent: Vojčech Glavač) und New York (21. November / 3. Dezember 1886, Philharmonic Society Concert im Metropolitan Opera House, Dirigent: Theodore Thomas) stattgefunden.]

An Frau von Meck: „Maidanowo, d. 19. November 1885.
... In Moskau habe ich fast eine Woche zugebracht und drei Konzerten beigewohnt. Das erste gab Siloti, welcher soeben aus dem Ausland zurückgekehrt ist, um seiner Militärpflicht zu genügen. Er hat grosse Fortschritte gemacht. Dann gab es ein Konzert der Musikgesellschaft und eine Quartett-Matinee, in denen der ausgezeichnete Pariser Geiger Marsick mitwirkte. Alle drei Konzerte haben mir um so mehr Vergnügen gemacht, als ich schon lange keine gute Musik mehr gehört hatte. Für einen Musiker, der so viel schreibt wie ich, ist es sehr notwendig, nützlich und erfrischend, von Zeit zu Zeit fremde Musik zu hören. Nichts regt mich so an als das Anhören eines ausgezeichneten fremden Werks: man möchte sofort versuchen, ein ebenso schönes Werk zu schreiben.

Auch im Konservatorium bin ich einige Male gewesen und habe zu meiner Freude die Überzeugung gewonnen, dass Tanejew gerade der Direktor ist, dessen man unter den obwaltenden Verhältnissen bedurft hatte. Sein Wirken verrät Standhaftigkeit, Festigkeit, Energie und zugleich die Fähigkeit, über den kleinlichen Intrigen, Klatschereien usw. zu stehen, – denn in den letzten Jahren haben sich die Herren Professoren hauptsächlich damit beschäftigt.

Von den ‚Čerevički' ist nichts zu hören, und ich beginne zu glauben, dass die Oper in dieser Saison nicht in Szene gehen wird."[101] [XIII, 2812.]

An M. Tschaikowsky: „Maidanowo, d. 21. November 1885.
Dein Brief an Frau Ermolow[102] gefällt mir gar nicht. Er ist zu ‚kniefällig', das kann ihr nicht gefallen, soweit ich sie vom Hörensagen kenne. In solchen Fällen muss man direkt bitten: *spielen Sie*, aber nicht vorgeben, dass der Brief nur eine Liebeserklärung bedeute.

Mit einem Wort, nimm es mir bitte nicht übel, aber ich habe einen anderen Brief geschrieben und schon abgeschickt, hier die Kopie.[103] Dein Brief ist so, dass er keine Antwort herausfordert, denn Du bittest auch gar nicht um eine solche, sondern teilst nur mit, dass Du sie wie ein Ideal schätzest. Ich dagegen bitte sie direkt um dies und jenes und um Antwort; sollte die Antwort auf sich warten lassen, schreibe ich noch einmal. Im Falle einer günstigen Antwort werde ich sie besuchen. Ich hoffe, mein Lieber, Du wirst meine Entschlossenheit entschuldigen: kommt Sie doch nur Dir zugute." [XIII, 2818.]

An Frau M. N. Ermolow: „Maidanowo[, d. 20. oder 21. November 1885].
Sehr geehrte Marie Nikolajewna, gestatten Sie, dass ich mich mit einer Bitte an Sie wende, welche meinen Bruder Modest betrifft und folgender vorläufiger Erklärung bedarf.

Im vorigen Jahr hat mein Bruder ein Schauspiel ‚Elizaweta Nikolajewna' verfasst, welches in Petersburg mit Erfolg gegeben worden ist. Er wünschte sehr, das Stück auch in Moskau aufgeführt zu wissen. Indem wir die Möglichkeit einer Aufführung in letzterer Stadt besprachen, schwankten wir (mein Bruder und ich), an welche der beiden ersten Schauspielerinnen wir uns mit der Bitte der Übernahme der Hauptrolle wenden sollten. Einige Gründe (von denen der wichtigste darin bestand, dass Frau Fedotow[104] damals gerade ein Stück für ihr Benefiz suchte) gaben die Veranlassung, uns an sie zu wenden. Die Vorzüge des Dramas anerkennend, hatte Frau Fedotow nahezu beschlossen, dasselbe für ihr

---

[101] Das tat sie wirklich nicht, sondern erst in der Saison 1886/87, und zwar am 19. Januar 1887 – siehe oben Anmerkung 98 zum Brief an Ė. K. Pavlovskaja vom 9. Oktober 1885 (ČPSS XIII, Nr. 2787).]
[102] Eine berühmte Schauspielerin, an die ich in Betreff der Aufführung meines Dramas „Elisaweta Nikolajewna" geschrieben hatte. [Marija N. Ermolova (1853-1928), 1870-1921 am Moskauer Malyj teatr, hatte 1873 in Ostrovskijs und Čajkovskijs „Sneguročka" in der Rolle des Frühlings mitgewirkt.]
[103] Siehe unten.]
[104] Glikerija N. Fedotova (1846-1926) wirkte 1862-1926 am Malyj teatr in Moskau.]

Benefiz zu wählen; nachdem sie aber der nicht ganz gelungene Schluss des Stückes enttäuscht hatte, änderte sie ihren Entschluss, weshalb ‚Elizaweta Nikolajewna' im vorigen Jahr in Moskau nicht gegeben wurde. Im Frühjahr besuchte mein Bruder Frau Fedotow, die ihm versprach, das Stück in dieser Saison zu spielen, wenn er *den Schluss ändern wollte*, wozu er sich auch bereiterklärte. Als er aber in der Folge an die Änderung ging und dabei die Überzeugung gewann, dass er es nicht besser machen könne, berichtete er mir das und bat mich, Frau Fedotow zu besuchen, ihr das mitzuteilen und sie zu fragen, ob sie das Stück in seiner ursprünglichen Gestalt nicht doch spielen wolle. Den Besuch habe ich neulich gemacht, auf meine Fragen aber antwortete sie mit einem kategorischen ‚nein'. Indessen ist mir wohl bekannt, wie heiss sich mein Bruder nach einer Aufführung seines Stücks in Moskau sehnt. Da nahm ich mir die Freiheit, mich direkt an Sie zu wenden, mit der sehr dringenden Bitte, dem beginnenden und – wie mir scheint – talentvollen Dramatiker Ihre Hilfe und Teilnahme zu gewähren. Nach dem, was vorgefallen ist, möchte ich nicht gern behaupten, dass die Hauptrolle für Ihren Charakter und Ihre Begabung passe und Ihnen Gelegenheit geben werde, die ganze Macht Ihres Zaubers zu entfalten. Auch weiss ich sehr wohl, dass man nicht jeder Künstlerin zumuten darf, eine Rolle zu übernehmen, auf welche eine andere Künstlerin bereits verzichtet hat. Doch muss ich gestehen, dass all das, was ich über Sie und Ihren Charakter gehört habe, mich ermutigt und hoffen lässt, dass meine Bitte von Ihnen in keinem für den Ehrgeiz einer Künstlerin beleidigenden Sinne verstanden wird."[105] [XIII, 2815.]

An M. M. Ippolitow-Iwanow:[106]   „[Maidanowo,] d. 6. Dezember 1885.

Ich bin sehr in Ihrer Schuld. Soviel Zeit ist vergangen, seit ich Ihren Brief erhielt, – und bis jetzt habe ich mich noch nicht für ihn bedankt. Ich war krank, als er ankam, später war ich einige Tage in Moskau, wo ich so viel zu tun hatte, dass ich die angenehme Pflicht des Antwortens bis zur Rückkehr aufs Land aufschob, welche erst gestern abend erfolgt ist. Zuerst will ich Ihnen sagen, dass es mir nicht behagen wollte, den Brief ohne Anrede zu lassen: zu einem Kollegen ‚sehr geehrter Herr zu sagen' – ist merkwürdig, und Ihren Vornamen und Vatersnamen hat mir in Moskau niemand sagen können.

Für ‚Mazepa' danke ich Ihnen herzlichst und wärmstens.[107] Niemand weiss besser als ich, wieviel Mühe es macht, mit beschränkten Mitteln eine auf Massenwirkung berechnete Oper einzustudieren und aufzuführen. Mein Bruder [Anatol] und seine Frau (welche in Tiflis leben)[108] schrieben mir, dass die Oper ausgezeichnet gegangen sei, – obwohl sie dieselbe von Moskau und Petersburg her kennen.[109]

Ich schwärme seit langem davon, ein nicht stark dramatisches Sujet für eine Oper zu finden, und ein Stück zu schreiben, welches den Mitteln der Provinzbühnen angepasst wäre. So mir Gott ein langes Leben schenkt, hoffe ich diesen Plan auszuführen und dadurch die unangenehme Erinnerung in Ihnen auszumerzen, welche die masslosen Mühen

---

[105] Frau Ermolow hat es abgelehnt, die Rolle zu übernehmen, denn das Stück missfiel ihr.
[106] Gegenwärtig Professor für Komposition am Moskauer Konservatorium und Dirigent der Privat-Oper zu Moskau. [Der Komponist und Dirigent Michail Michajlovič Ippolitov-Ivanov (1859-1935) leitete 1882-1893 die Tifliser Abteilung der Russischen Musikgesellschaft und deren Musikschule. Čajkovskij lernte ihn während seines Tiflis-Aufenthalts 1886 persönlich kennen und schätzen. 1893 wurde Ippolitov-Ivanov Professor am Moskauer Konservatorium und war 1906-1922 dessen Direktor. 1910-1930 war er Vorsitzender der Gesellschaft der Freunde des Čajkovskij-Haus-Museums in Klin.]
[107] Ippolitow-Iwanow machte Peter Iljitsch die Mitteilung von dem Erfolg dieser Oper in Tiflis. [Die Premiere von „Mazepa" in Tiflis unter Leitung von M. M. Ippolitov-Ivanov hatte am 19. November 1885 stattgefunden, mit Ippolitov-Ivanovs Frau Varvara M. Zarudnaja als Marija.]
[[108] Anatolij I. Čajkovskij war dort Staatsanwalt am Obergerichtshof und später Vizegouverneur.]
[[109] Wo sie am 3. bzw. 6. Februar 1884 zum ersten Mal aufgeführt worden war.]

des Einstudierens von ‚Mazepa' gewiss in Ihnen hinterlassen hat. Aber je schwerer es Ihnen gefallen ist, desto wärmer ist mein Dank ..." [XIII, 2828.]

An M. Tschaikowsky: „Maidanowo, d. 9. Dezember 1885.
... Am 15. Dezember reise ich nach Moskau, hauptsächlich um über das Schicksal der ‚Tscherewitschki' zu entscheiden. Altani ist krank und wird wahrscheinlich noch lange krank sein. ‚Cordelia'[110] wird noch nicht geprobt, und ich will ein heroisches Mittel anwenden, damit meine Oper zur Aufführung gelangt. Man rät mir, selbst zu dirigieren, und es ist möglich, dass ich mich dazu entschliesse. Die Feiertage werde ich jedenfalls in Petersburg verbringen ...

Diese ganze Zeit arbeite ich intensiv an der Korrektur der ‚Manfred'-Symphonie. Ich komme immer mehr zu der Überzeugung, dass dies mein bestes Stück ist. ‚Die Bezaubernde' ist einstweilen liegengeblieben, doch ist der erste Akt [im Konzept] ganz fertig. Das Libretto ist prachtvoll.

Hier habe ich's gut." [XIII, 2832.]

An Frau von Meck: „Maidanowo, d. 11. Dezember 1885.
... Im letzten Konzert ist meine dritte Suite gespielt worden.[111] Das Publikum hat mir eine begeisterte Ovation dargebracht.

... In den letzten Tagen haben wir Mondnächte bei stillem, windlosem Wetter. O Gott, wie schön sind sie! Überhaupt hat der russische Winter für mich einen besonderen Reiz, was mich jedoch nicht hindert, eine Frühlingsreise ins Ausland, d. h. nach Italien zu planen. Ich denke, von Neapel aus zur See nach Konstantinopel zu reisen, von da nach Batum und dann mit der Eisenbahn nach Tiflis zu meinem Bruder Anatol, wo ich schon jetzt sehnsüchtig erwartet werde." [XIII, 2833.]

An S. I. Tanejew: „Maidanowo, d. 11. Dezember 1885.
... Stellen Sie sich vor: ich jauchze bei dem Gedanken, die erste Symphonie von Beethoven hören zu sollen.[112] Ich ahnte es selber nicht, dass ich sie so gern habe. Das kommt vielleicht daher, dass sie meinem Gott Mozart so ähnlich sieht. Denken Sie daran, dass am 27. Oktober 1887 die Hundertjahrfeier des ‚Don Juan' zu begehen ist."[113] [XIII, 2834.]

An M. M. Ippolitow-Iwanow: „[Maidanowo,] d. 23. [recte: 22.] Dezember 1885.
Gütigster Michael Michailowitsch, Ihren lieben, herzlichen Brief habe ich gestern erhalten, und ich danke Ihnen sehr für das Interesse an meiner Musik. In Betreff des ‚Opritschnik' will ich Ihnen Folgendes sagen. Ungeachtet Ihrer schmeichelhaften Meinung halte ich diese Oper für in jeder Beziehung misslungen und rate Ihnen nicht, dieselbe aufzuführen. Ich werde sie später einmal auf Bitten Bessels (der das Eigentumsrecht besitzt) gründlich umarbeiten, und es wird mir angenehm sein, wenn Sie dieselbe dann aufführen. In ihrer gegenwärtigen Verfassung dürfte sie kaum jemals auf irgendeiner Bühne festen

---

[110] Eine Oper von Solowjew. [Der Komponist und Musikkritiker Nikolaj F. Solov'ev (1846-1916) war 1874-1906 Professor am Petersburger Konservatorium.]
[111] Am Schluß des 4. Symphoniekonzerts der Russischen Musikgesellschaft am 30. November 1885 in Moskau unter der Leitung von Max Erdmannsdörfer. Das Programm: Schubert, Zwischenaktmusiken aus „Rosamunde"; Saint-Saëns, Cellokonzert a-Moll op. 33; eine Arie aus Wagners „Fliegendem Holländer"; Čajkovskijs 3. Orchestersuite.]
[112] Zu Beginn des 5. Symphoniekonzerts der Russischen Musikgesellschaft am 14. Dezember 1885 in Moskau unter der Leitung von Max Erdmannsdörfer.]
[113] Vielleicht erinnert Čajkovskij Taneev an das Jubiläum, damit er als Direktor des Moskauer Konservatoriums rechtzeitig eine Aufführung plant.]

Fuss fassen. Wenn Sie durchaus etwas von meinen Sachen aufführen wollen, schlage ich Ihnen die ‚Tscherewitschki' vor; unter diesem Titel wird demnächst meine Oper ‚Schmied Wakula' in Moskau gegeben werden. Übrigens muss ich Sie darauf aufmerksam machen, dass ihre Ausstattung sehr teuer ist. Darum werden Sie vielleicht die ‚Jungfrau von Orleans' vorziehen, sofern Sie über eine Sängerin mit heroischem Temperament verfügen. ‚Tscherewitschki' stelle ich jedoch in musikalischer Beziehung höher.[114]

Als ich neulich in Safonows Album blätterte, stiess ich auf ein sehr sympathisches Frauenportrait und fragte, wer das wäre. Das war Ihre Gemahlin,[115] über die ich früher, namentlich in Kiew, stets die begeistertsten Urteile hörte. Auf diese Weise ist der erste Schritt zu meiner Bekanntschaft mit Ihrer Gemahlin (dank der Photographie) getan, den zweiten tue ich jetzt, indem ich Sie bitte, ihr den Ausdruck meiner Sympathie zu übermitteln, und den dritten Schritt werde ich im Frühjahr in Tiflis persönlich unternehmen." [XIII, 2838.]

An P. Jurgenson: „[Maidanowo,] d. 22. Dezember 1885.

... Erst jetzt war es mir möglich, die Sache mit ‚Manfred', Mackar und dem Honorar zu überlegen, ich habe mich hingesetzt, ihm [also Mackar] zu antworten[116] und entschied Folgendes: Selbst wenn ‚Manfred' das genialste Werk wäre, so bliebe er eine Symphonie, welche wegen ihrer ungewöhnlichen Kompliziertheit und Schwierigkeit nur einmal in zehn Jahren gespielt werden dürfte. Darum kann das Werk weder Dir noch Mackar irgendeinen Vorteil bringen. Andererseits halte ich es für sehr wertvoll. Wie soll man nun den Geldwert eines solchen Dinges berechnen? Vielleicht irre ich mich, doch scheint mir, dass es mein bestes Werk ist; ich habe soviel Arbeit und Mühe hineingesteckt, dass einige hundert Rubel mich durchaus nicht befriedigen können. Wärest Du sehr reich, würde ich anstandslos eine sehr hohe Summe bestimmen, auf Grund dessen, dass Du durch andere [meiner] Sachen Deine Auslagen zurückgewinnen könntest, – aber Du bist eben nicht reich. Was Mackar anbelangt, so bin ich – offen gesagt – durch seine Opferfreudigkeit sehr gerührt, zumal man mit Bestimmtheit sagen kann, dass er in Frankreich wenig an meinen Sachen verdient. Nachdem wir eben erst 20 000 Francs von ihm erhalten haben,[117] dürfen wir ihm gegenüber nicht allzu anspruchsvoll sein; besonders, da wir im voraus wissen, dass mit ‚Manfred' nicht viel zu holen ist.

Mit einem Wort, ich habe beschlossen, weder von Mackar noch von Dir etwas zu beanspruchen und ihn bereits davon in Kenntnis gesetzt. Auch Dir teile ich es mit, damit Du die versprochenen 1000 Francs nicht von ihm verlangst. Für die Herstellung seiner Exemplare[118] Geld von ihm zu verlangen – ist Deine Sache." [XIII, 2842.]

[[114] Ippolitov-Ivanov entschied sich für „Die Jungfrau von Orleans". Die Premiere in Tiflis fand am 10. Dezember 1886 unter seiner Leitung statt.]

[115] B. I. Sarudnaja, frühere Schülerin des Petersburger Konservatoriums, später eine in Provinzstädten sehr geschätzte Bühnensängerin und gegenwärtige Gesangslehrerin am Moskauer Konservatorium.

[[116] Brief an den Verleger Mackar in Paris vom selben Tag, 22. Dezember 1885 / 3. Januar 1886, ČPSS XIII, Nr. 2839.]

[[117] Zu Mackars Erwerb der Rechte an Čajkovskijs Kompositionen in Frankreich und Belgien; siehe oben, S. 273 f.]

[[118] Mackar hat in der Regel die von ihm in Frankreich und Belgien vertriebenen Werke Čajkovskijs nicht neu herstellen lassen, sondern sich die gewünschten Exemplare aus Moskau kommen lassen und sie mit Aufklebern seines Verlags oder neuen Titelblättern versehen.]

Kapitel X.

[1886, Januar bis März. Petersburg. Majdanovo. Moskau.
Setzt sich für die Aufführung von Werken Rimskij-Korsakovs und Glazunovs in Moskau ein.
Ist enttäuscht, daß seine Opern, insbesondere der erfolgreiche „Evgenij Onegin", nicht öfter gespielt werden.
Regt beim Priester in Maidanowo die Gründung einer Dorfschule an und unterstützt diese finanziell.
Plant wegen seines Magenkatarrhs auf Rat von Dr. Lev Bertenson eine Frühjahrskur in Vichy.
Beeindruckt von Anton Rubinštejns Schumann-Abend (seiner „historischen Konzerte").
Dankt Frau fon Meck für ihre materielle Unterstützung, die ihn unabhängig und frei macht.
Spielt A. G. Rubinštejns „Nero" durch. Über Altes und Neues Testament. Aleksej-Tolstoj-Lektüre.
Kühl aufgenommene Uraufführung der „Manfred"-Symphonie in Moskau unter Max Erdmannsdörfer.]

An P. Jurgenson: „Petersburg, d. 7. Januar 1886.

Lieber Freund, tu mir bitte den Gefallen, besuche Erdmannsdörfer und sage ihm Folgendes:

Ich habe Rimsky-Korsakow und Glazunow gesprochen. Beide fragten mich, ob ihre Werke, wie versprochen, zur Aufführung kommen würden. Glazunow hatte ich noch in Smolensk mitgeteilt, eines seiner Werke stünde auf dem Programm, und von Korsakow hat man sich die Sinfonietta kommen lassen. Wenn diese Werke nun nicht zur Aufführung gelangen, werden sich ihre Autoren sehr beleidigt fühlen, und ich – bleibe der Dumme, weil ich Versprechen gebe und nicht halte. Sage Erdmannsdörfer, ich ersuche ihn um den persönlichen Gefallen, anstatt meiner Serenade die Sinfonietta[119] Korsakows zu spielen und ein Stück Glazunows (am besten das Andante Des-Dur oder die symphonische Dichtung ‚Stenjka Rasin')[120] in irgendein anderes Konzert einzufügen. Gegenüber Glazunow hätte man vielleicht noch das Recht, hochmütig zu tun, Korsakow dagegen ist ein so hervorragender und jeder Hochachtung werter Mann, dass es durchaus unangemessen ist, ein Werk von ihm zu erbitten (wie es geschehen ist) und – nicht zu spielen …"[121] [XIII, 2849.]

An Frau von Meck: „Maidanowo, d. 13. Januar 1886.

Liebe teure Freundin, sehr, sehr lange habe ich Ihnen nicht mehr geschrieben. Der Aufenthalt in Petersburg[122] ist mir diesmal ganz besonders schwer gefallen. Erstens fiel ich zwei oder drei Tage nach meiner Ankunft in eine so starke Nervosität, dass ich einen ganzen Tag bewegungslos dalag und Modest so erschrak, dass er den berühmten Arzt Bertenson holte.[123] Zweitens haben mich die zahllosen Besuche und Besucher derart ermüdet, dass ich nicht imstande war, mit irgend jemandem eine schriftliche Unterhaltung zu führen – selbst mit Ihnen nicht. Endlich bin ich seit heute früh wieder bei mir und geniesse von neuem Ruhe und Freiheit.

Diesmal nahm ich keine angenehmen Eindrücke aus Petersburg mit. Meine Opern werden – ich weiß nicht warum – in der letzten Zeit nicht gegeben, und das empfinde ich um so bitterer, als der ungewöhnliche Erfolg des ‚Onegin' die Direktion doch anspornen müsste, ihn öfter und immer öfter zu geben. ‚Mazepa' ist in der ganzen Saison nicht ein einziges Mal gegeben worden … Die neue ‚Manfred'-Symphonie ignoriert man vollstän-

---

[119] N. A. Rimskij-Korsakov, Sinfonietta über russische Themen op. 31 (1884).]
[120] A. K. Glazunov, Andante sostenuto Des-Dur für Symphonieorchester (1883); Symphonische Dichtung „Sten'ka Razin" op. 13 (1885).]
[121] Trotz Čajkovskijs Bemühungen wurden in der Saison 1885/86 in Moskau keine Werke der beiden Petersburger Komponisten aufgeführt. Erst in der nächsten Saison folgte man Čajkovskijs Bitte: am 29. November 1886 spielte man, jeweils unter Leitung von Max Erdmannsdörfer, Rimskij-Korsakovs Fantasie über serbische Themen op. 6 und am 27. Februar 1887 Glazunovs 1. Orchesterserenade op. 7.]
[122] Vom 29. Dezember 1885 bis zum 13. Januar 1886.]
[123] Lev B. Bertenson (1850-1929); er behandelte Čajkovskij auch während seiner letzten Erkrankung 1893; siehe ČSt 3, Fundorte im Namenregister.]

dig, denn man macht keine Anstalten, sie aufzuführen.[124] Darin erblicke ich nicht eine Feindseligkeit mir gegenüber, denn ich habe im Grunde keine Feinde, sondern eine Art von Missachtung, welche für meinen künstlerischen Ehrgeiz allerdings ein wenig kränkend ist. Überhaupt ist diese Saison für mich ungünstig. In Moskau ist beschlossen worden, ‚Tscherewitschki' in dieser Saison nicht zu geben (und ich hatte so ungeduldig darauf gewartet).

Jetzt will ich etwa zwei Monate ordentlich an der Oper [‚Die Bezaubernde'] arbeiten und Maidanowo nach Möglichkeit nicht verlassen. Im März beabsichtige ich, zu meinem Bruder Anatol in den Kaukasus zu reisen, drei Monate dort zuzubringen und von da zu Schiff nach Italien und Florenz zu reisen. Doktor Bertenson sagte, es wäre unerlässlich für mich, in diesem Jahr eine Kur in Vichy zu machen, und das will ich tun, denn meine Gesundheit erheischt in der Tat, dass ich irgendwelche Massregeln gegen den ständig sich verschlimmernden Magenkatarrh ergreife. Anfang Juni hoffe ich nach Maidanowo zurückzukehren und den ganzen Sommer durchzuarbeiten … Ich will Ihnen eine Nachricht mitteilen, welche mich heute sehr erfreut hat. Ich hatte nämlich die Beobachtung gemacht, dass die Dorfkinder hier in Maidanowo beständig müssig und ohne Beschäftigung herumlaufen, und das bewog mich, mit dem hiesigen Priester wegen Gründung einer Schule in Verbindung zu treten. Das hat sich jetzt als möglich erwiesen, sofern ich bereit wäre, jährlich eine bestimmte Summe zu opfern. Ich habe meine Zustimmung gegeben, und der Priester begann vor etwa zwei Monaten, die nötigen Schritte zu tun. Jetzt ist ein *Ukas* mit der Genehmigung zur Eröffnung einer Schule eingetroffen, so dass der Unterricht schon in dieser Woche beginnen kann. Das ist mir sehr angenehm." [XIII, 2852.]

An Frau von Meck: „Maidanowo, d. 14. Januar 1886.
… Heute ist der Priester bei mir gewesen und hat mir die Einladung zu der am 19. stattfindenden Eröffnung der Schule gebracht. Ich bin stolz, dass die Initiative dieses wahrhaft guten Werkes von mir stammt. Hoffentlich kommt etwas Gutes dabei heraus!

Immer mehr sehe ich ein, dass mir dringend eine Frühjahrskur in Vichy nottut. Meine Gesundheit ist schlecht. Gestern und heute z. B. fühlte ich mich wegen des Magenleidens sehr schlecht. Am unangenehmsten ist, dass ich mich trotz der äussersten Vorsicht und Mässigkeit dennoch unwohl fühle. Es liegt übrigens nichts Ernstliches darin, und ich zweifle nicht daran, dass eine Kur in Vichy mich wieder vollständig gesund machen wird." [XIII, 2855.]

An M. Tschaikowsky: „Moskau, d. 22. [recte: 28.] Januar 1886.
Verzeih, mein Modja, dass ich lange nicht geschrieben habe. Seit einigen Tagen bin ich in Moskau und kann folglich nicht schreiben, wie es sich gehört. Morgen reise ich nach Maidanowo, jedoch nur für kurze Zeit, denn anständigerweise muss ich die Konzerte Rubinsteins[125] fleissiger besuchen … Sonnabend[126] war ich in der Musikgesellschaft und hörte Arenskys Suite,[127] ein sehr talentvolles Stück. Gestern dinierte ich mit A. Rubinstein bei

---

[124 Das Werk wird Ende des Jahres in Petersburg aufgeführt: im 5. Symphoniekonzert der Russischen Musikgesellschaft am 27. Dezember 1886 unter der Leitung von Anton G. Rubinštejn.]
[125] Die berühmten historischen Konzerte A. G. Rubinsteins. [Die Konzerte 4-7 in Moskau fanden am 18. Januar sowie am 4., 11. und 18. Februar 1886 statt. Anton G. Rubinštejn schreibt über sie in seinen Autobiographischen Erinnerungen 1829-1889, in der Zeitschrift „Russkaja starina" 1889, S. 62 f.; deutsch: 50 Jahre Künstlerleben, Leipzig 1893. Dort findet man auch eine Übersicht über die Programme der sieben Konzerte. Im 7. Konzert am 18. Februar spielte A. G. Rubinštejn u. a. auch einige Klavierstücke seines ehemaligen Schülers Čajkovskij: Chant sans paroles op. 2 Nr. 3, Valse-Scherzo op. 7, Romance op. 5 und Scherzo à la russe op. 1, Nr. 1.]
[126 25. Januar 1886.]
[127] Suite für Orchester op. 7.

Huberts. Ich werde ihn heute hören.[128] ‚Manfred' soll am 11. März, dem Todestag Nikolai Gregorjewitschs aufgeführt worden.[129] Du musst unbedingt kommen." [XIII, 2871.]

An M. Tschaikowsky: „Maidanowo, d. 30. Januar 1886.
Ich war in Rubinsteins Schumann-Konzert.[130] Noch nie gefiel er mir so wie diesmal. Da ich bemerkte, dass er durch meine Anwesenheit in seinem vierten Konzert sehr gerührt und überhaupt sehr nett und gut zu mir war, so halte ich es für meine Pflicht, auch seine übrigen Konzerte zu besuchen und dem ihm zu Ehren am 10. zu veranstaltenden Fest sowie vielen anderen Diners und Soupers beizuwohnen. Das wird sicher ein bewegtes Leben werden."[131] [XIII, 2874.]

An Frau von Meck: „Moskau, d. 4. Februar 1886.
Wie schwer fällt es mir, Ihnen nach Erhalt Ihres Geldes in einfachster Weise zu sagen: ‚Geld erhalten und danke schön.' Wenn Sie nur eine kleine Vorstellung von dem ganzen Umfang des Glücks hätten, das ich Ihnen verdanke, und die ganze Bedeutung jener ‚Selbständigkeit' und Freiheit erkennen würden, welche die Folge meiner unabhängigen Lage sind! Das Leben ist eine ununterbrochene Kette kleiner Unannehmlichkeiten, kleinlicher Kollisionen mit menschlichem Egoismus und Hoffart. Über diesen Dingen stehen kann nur einer, der selbständig und unabhängig ist. Wie oft muss ich mir selbst sagen: gut, dass es *so* ist, aber wie, wenn es *anders* wäre?

Erst neulich hatte ich einige unangenehme Reibereien,[132] welche nur deshalb zu keinem Streit wegen kleiner Berechnungen geführt haben und mich nur deshalb nicht tödlich verstört haben, weil ich *verzichten* und mich *über* den mir zugefügten Schaden stellen konnte. Ja, in den letzten Jahren meines Lebens gab es viele Fälle, da ich ganz besonders lebhaft die unendliche Dankbarkeit empfand, die ich Ihnen schulde. – Und doch *benachrichtige* ich Sie gewöhnlich von dem Empfang, als wenn es etwas Selbstverständliches wäre. – Meine Dankbarkeit hat keine Grenzen, meine Teure." [XIII, 2877.]

An Frau von Meck: „Maidanowo, d. 6. Februar 1886.
… Heute bin ich aus Moskau zurückgekehrt, wo ich jetzt gelegentlich der Konzerte Anton Rubinsteins jede Woche einmal bin. Wenn es sich nur darum handelte, jenem erstaunlichen Pianisten zu lauschen, so würden mir – ungeachtet der Unlust, meinen Wohnsitz zu verlassen – die Fahrten nicht schwerfallen. Doch muss ich jedes Mal alle möglichen Diners und Soupers, welche zu Ehren Anton Gregorjewitschs veranstaltet werden, mitmachen, was grösstenteils unerträglich langweilig ist und sehr schädigend auf meine Gesundheit wirkt. Im letzten Konzert spielte Rubinstein *virtuose* Stücke, d. h. Henselt, Thalberg, Liszt u. a.[133] Künstlerische Vorzüge gibt es da wenige, die Ausführung war aber in der Tat erstaunlich." [XIII, 2879.]

[128 Mit seinem Schumann-Programm am 28. Februar. Siehe den folgenden Brief.]
[129 Nikolaj G. Rubinštejn war 1881 in Paris gestorben.]
[130 In seinem vierten historischen Konzert am 28. Januar 1886 in Moskau spielte Anton G. Rubinštejn folgende Werke Robert Schumanns: Fantasie C-Dur op. 17, Kreisleriana op. 16, Symphonische Etüden op. 13, Sonate Nr. 1 fis-Moll op. 11, vier Fantasiestücke aus op. 12, Nr. 7 aus den Neun Waldszenen op. 82, Romanze d-Moll op. 32 Nr. 3 und Carnaval op. 9.]
[131 Zum Programm der Ehrungen A. G. Rubinštejn anlässlich seiner „historischen Konzerte" siehe Anmerkung 1 zu Brief Nr. 2872 in ČPSS XIII, S. 260.]
[132 Offenbar sind Missverständnisse zwischen Čajkovskij und seinem Verleger Jurgenson im Zusammenhang mit Honorarabrechnungen gemeint.]
[133 Ausserdem: Clementi, Field, Hummel, Moscheles. Siehe im einzelnen Anmerkung 3 zum Brief Nr. 2879, ČPSS XIII, S. 269.]

An Frau von Meck: „Maidanowo, d. 14. Februar 1886.
… Das Fest, welches die Stadt Moskau zu Ehren Rubinsteins veranstaltet hat, war sehr gelungen. Er war sichtlich gerührt von der in so energischer und leidenschaftlicher Weise zum Ausdruck gekommenen Liebe der Moskowiter. Man muss wirklich anerkennen, dass Rubinstein aller Ehrungen wert ist. Er ist nicht nur ein selten begabter Künstler, sondern auch als Mensch durchaus ehrlich und grossmütig …" [XIII, 2888.]

Tagebuch: „Maidanowo, d. 20. Februar 1886.
… Der Wind heult stärker als je; man glaubt gar nicht, dass der Frühling so nah ist. Starker Frost. Nach einer ausgezeichnet verbrachten Nacht fühlte ich mich heute etwas wohler und beschloss, wie beabsichtigt, zu fahren. Nach einem Spaziergang komponierte ich das Stück für Mackar.[134] Die ganze Zeit vor und nach dem Tee war ich sehr schlafsüchtig. Habe trotzdem sechs Briefe geschrieben und ein wenig gearbeitet. Nach dem Abendessen spielte ich ‚Nero'.[135] Die Rücksichtslosigkeit des Autors ist erstaunlich, aber nicht nachahmenswert." [ČD, S. 38 f.; Tagebücher, S. 40 f.]

Tagebuch: „Maidanowo, d. 22. Februar 1886.
Welch ein unendlich tiefer Abgrund liegt zwischen dem Alten und Neuen Testament! Ich lese die Psalmen Davids und verstehe erstens nicht, warum sie in künstlerischer Hinsicht so hoch gestellt werden, und zweitens, warum sie mit dem Evangelium in Zusammenhang stehen sollen. David ist ganz von *dieser* Welt. Er teilt das ganze Menschengeschlecht in zwei ungleiche Teile: Sünder (hierher gehört die ungeheure Mehrheit) und Gerechte, als deren Haupt er sich selbst ansieht. Auf die Sünder ruft er in jedem Psalm Gottes Strafe herab, und auf die Gerechten Gottes Lohn; doch Lohn und Strafe sind sehr irdisch. Die Sünder sollen vernichtet werden, die Gerechten – alle Herrlichkeiten des irdischen Lebens geniessen. Wie wenig das alles Christus ähnlich sieht, der für die Feinde betete und den Guten keine irdischen Güter, sondern das Himmelreich verhiess! Welche unendliche Poesie und bis zu Tränen rührende Liebe und Mitleid für die Menschen in den Worten liegen: ‚Kommet her zu mir alle, die ihr mühselig und beladen seid'!! Im Vergleich mit diesen einfachen Worten sind alle Psalmen Davids – nichts." [ČD, S. 209 f.; Tagebücher, S. 268.]

Tagebuch: „Maidanowo, d. 28. Februar 1886.
… Beim Tee fiel mir ein, Alexei Tolstois ‚Johannes Damascenus' und ‚Die Sünderin' zu lesen,[136] welche mir viele Tränen entlockten. In dieser rührseligen Stimmung, in welche ich nach jedem starken künstlerischen Genuss falle, plötzlich ein Telegramm aus dem Konservatorium: der Grossfürst kommt.[137] Also sämtliche Pläne zum Teufel. Verzweiflung, Stutzigkeit und wieder Furcht und Ekel vor der Fahrt. Ging, den hungernden Hund Frau Nowikows[138] zu füttern. In der Dämmerung überfiel mich ein wahnsinniger Kummer.

---

[134] „Dumka" op. 59. [Čajkovskijs Pariser Verleger Félix Mackar hatte Čajkovskij um die Komposition eines Klavierstücks eigens für seinen Verlag gebeten. Das im Februar 1886 komponierte virtuose Stück erschien aber (schon im Mai 1886) nicht nur bei Mackar in Paris, sondern gleichzeitig auch bei Jurgenson in Moskau.]
[135] Oper von A. G. Rubinstein [aus dem Jahre 1876].
[136] Aleksej Konstantinovič Tolstoj (1817-1875), Dramatiker und Lyriker.]
[137] Grossfürst Konstantin Nikolaevič (1827-1892), seit 1873 Präsident der Russischen Musikgesellschaft, besuchte in dieser Eigenschaft öfter das Moskauer Konservatorium, das von der Musikgesellschaft getragen wurde. Schätzte Čajkovskij. – Čajkovskij war offenbar in seiner Eigenschaft als Direktionsmitglied der Moskauer Abteilung der Musikgesellschaft gebeten worden, den Grossfürsten bei seinem Besuch im Konservatorium zu betreuen.]
[138] Nadežda V. Novikova, Besitzerin des Gutes Majdanovo.]

Spielte meine zweite Suite und freute mich, sie doch nicht so schlecht zu finden, wie ich mir einbildete." [ČD, S. 41; Tagebücher, S. 43.]

Tagebuch: „Maidanowo, d. 1. März 1886.
... Habe [A. Rubinsteins Oper] ‚Nero' durchgespielt, kann mich nicht genug über die dreiste Unverfrorenheit des Autors wundern. Bei Gott, man kann wütend werden beim Anblick dieser Partitur. Übrigens spiele ich diese Scheusslichkeit nur, weil das Bewusstsein der Überlegenheit, wenigstens im Sinne der Gewissenhaftigkeit, – die Energie unterstützt. Ich glaube immer, ich schriebe schlecht, – stosse ich aber auf ein solches Unding, welches aber allen Ernstes aufgeführt wurde, fühle ich eine gewisse Erleichterung. Ich schäme mich, über eine derartige Erscheinung so in Zorn geraten zu sein, – doch braucht man sich im Tagebuch nicht zu verstellen." [ČD, S. 41; Tagebücher, S. 44.]

An Frau von Meck: „Maidanowo, d. 13. März 1886.
Liebe Freundin, ich habe Ihnen lange nicht geschrieben, wegen eines zehntägigen Aufenthalts in Moskau. Ich musste unseren Grossfürsten im Konservatorium begrüssen und empfangen. Dabei habe ich mich so stark erkältet, dass ich eine ganze Woche, an Fieber und den Nerven leidend, das Zimmer hüten musste. Hierauf widmete ich zwei Tage den Proben zu ‚Manfred' und wohnte auch dem Konzert bei, in welchem er gespielt wurde.[139] Ich bin mit mir zufrieden; ich glaube, es ist mein bestes symphonisches Stück. Die Aufführung war eine ausgezeichnete, doch kam es mir so vor, als verhalte sich das Publikum verständnislos und kühl, obwohl mir zum Schluss eine Ovation dargebracht wurde ...

... Am Tage der Ankunft des Grossfürsten in Moskau fand im Konservatorium eine Schüleraufführung statt, welcher der Grossfürst beiwohnte. Diese Aufführung hat den erfreulichsten Eindruck hinterlassen und bewiesen, dass das Konservatorium in der Person Tanejews als Direktor eine überaus schätzenswerte Errungenschaft gemacht hat ... Ich bin stolz, dass das Konservatorium es mir verdankt, in so guten Händen zu sein. Aber die Gesundheit Tanejews beunruhigt mich; er ist erschöpft und bis zur Unkenntlichkeit abgemagert." [XIII, 2913.]

Die sehr kurzen und an Zahl armen Zeitungsberichte über „Manfred" fügen den Worten Peter Iljitschs im letztangeführten Brief nichts Wesentliches hinzu. Es kann nur konstatiert werden, dass die Symphonie eine ausgezeichnete Wiedergabe erfahren hat und dass die gute Meinung des Autors von seinem Stück nur den ersten beiden Sätzen gilt, denn die anderen zwei Sätze, „Pastorale" und „Das Reich Arimans und Manfreds Tod", sind seit jenem Tage in einer Reihe mit dem „Opritschnik" die am wenigsten geliebten Erzeugnisse Peter Iljitschs geworden.

Indem ich die chronologische Reihenfolge für kurze Zeit unterbreche, will ich nur die noch nie dagewesene Tatsache erwähnen, dass C. Cui diesem Werk Peter Iljitschs gelegentlich einer Aufführung in Petersburg (im Dezember 1886) begeistertes und rückhaltloses Lob spendete. Alles gefiel ihm, besonders das Scherzo, und er schliesst seinen Bericht mit den Worten: „wir können Herrn Tschaikowsky dankbar sein für die Bereicherung der Schatzkammer unserer vaterländischen symphonischen Musik."

[139 11. Symphoniekonzert der Russischen Musikgesellschaft (zum Gedächtnis Nikolaj G. Rubinštejns) am 11. März 1886 in Moskau mit der Uraufführung der „Manfred-Symphonie" unter der Leitung von Max Erdmannsdörfer.]

Kapitel XI.

[1886, April. Tiflis.
Die Reise von Vladikavkaz durch den Kaukasus nach Tiflis. Seine Eindrücke von der Stadt.
Musikleben und Musiker. Beliebtheit seiner Musik. Musikgesellschaft, M. M. Ippolitov-Ivanov.
Verwirrung um die beiden Fassungen der 1. Symphonie. Jurgenson lässt versehentlich die 1. Fassung
wiederherstellen. Sonderkonzert der Musikgesellschaft zu Ehren Čajkovskijs, ausschließlich
mit seinen Werken. Erste öffentliche Ehrung dieser Art.]

An M. Tschaikowsky: „Tiflis, d. 1. April 1886.
... Am 23. März habe ich Moskau verlassen und bin direkt nach Taganrog gereist, – zu Hyppolit, dessen Gast ich zwei Tage lang blieb, um am 28. in Wladikawkas einzutreffen.

Am Sonntag früh, d. 30., fuhr ein mit vier Pferden bespannter Wagen bei mir vor, in dem ich in Begleitung eines Schaffners davonfuhr, der die alleinige Pflicht hatte, für die Bedürfnisse und Bequemlichkeit des Reisenden zu sorgen. Die ganze vorhergegangene Nacht hatte ich wegen des unglaublichen Bettes und der Insekten nicht geschlafen (wenn ich an das *beste* Hotel in Wladikawkas zurückdenke, wird mir ganz übel) und glaubte daher, dass die Schönheiten der Grusiner Heerstrasse wenig Eindruck auf mich machen würden. Die Strasse ist aber so gewaltig, grossartig, erstaunlich schön, dass ich den ganzen Tag nicht an Schlaf denken konnte. Die Vielseitigkeit der Eindrücke lässt das Interesse nicht für einen Moment erlahmen. Zuerst nähert man sich den Bergen ziemlich lange, obwohl sie dicht vor einem zu liegen scheinen; und doch fährt und fährt man. Dann wird das Tal des Terek immer schmaler und man kommt in die furchtbare, düstere, wilde Darjal-Schlucht. Später steigt man nach und nach in die Schneeregionen hinauf. Kurz vor meiner Überfahrt war eine Schneelawine abgegangen, so dass hunderte von unheimlich aussehenden Eingeborenen noch damit beschäftigt waren, den Schnee vom Weg zu schaufeln. Zuletzt mussten wir zwischen hohen Schneewänden hindurch, immer höher und höher. Der Pelz musste herausgeholt werden. Um sechs Uhr ging es abwärts in das Aragwa-Tal, und wir übernachteten in Mlety. Mir wurden die *Kaiserlichen Zimmer* zur Verfügung gestellt. Nach dem Dreck des Wladikawkaser Hotels waren mir die schönen, reinlichen Zimmer, die guten Betten und der sauber gedeckte Tisch überaus angenehm. Ich speiste zu Mittag, promenierte ein wenig bei Mondschein in der Galerie und legte mich um 9 Uhr zu Bett. Am nächsten Morgen ging es weiter. Hier duftete es schon nach dem Süden. Auf den Bergabhängen wurde gepflügt; jeden Augenblick sah man malerische Aule[140] und Hütten. Die Fahrt abwärts geht mit einer furchteinflössenden Schnelligkeit, besonders bei den Krümmungen des Weges. Unweit der Station Duschet eröffnet sich plötzlich eine so wunderbare Fernsicht, dass man vor Entzücken weinen möchte. Je weiter man kommt, desto mehr kommt der Süden zur Geltung. Endlich erreichten wir Mzchet (mit den Ruinen des Schlosses und der berühmten Kathedrale) und waren gegen halb fünf Uhr bereits in Tiflis. Tolja und seine Frau waren nicht da: sie haben mich erst später erwartet und sind mir bis Mzchet entgegengefahren. Erst um acht Uhr kamen sie heim. Unterdessen hatte ich Zeit, mich zu waschen, anzukleiden und ein wenig die Stadt anzuschauen. Die Stadt ist entzückend malerisch. Noch nicht alle Bäume sind grün, dafür stehen die Obstbäume in voller Blüte, in den Gärten (in denen es wie in Rom nur immergrüne Pflanzen gibt) – eine Masse Blumen, es ist warm wie im Juni, mit einem Wort: der richtige Frühling. Gerade so wie damals vor vier Jahren, als wir Neapel verliessen.[141] Die Hauptstrassen sind sehr belebt: prachtvolle Läden

---

[140] Kaukasische Dörfer.

[[141] Damals, vom 10. / 22. Februar bis zum 11. / 23. März 1882, hatten sich die Brüder zusammen mit Modests taubstummem Zögling Kolja Konradi in Neapel aufgehalten.]

und ganz europäisches Flair. Als ich aber ins Eingeborenenviertel kam, sah ich mich plötzlich in einer für mich ganz neuen Umgebung. Die Strassen ungemein schmal wie in Venedig: auf beiden Seiten eine unendliche Reihe von kleinen Buden und allerlei Handwerksstuben, wo die Eingeborenen hocken und vor den Augen der Vorübergehenden arbeiten ..."
[XIII, 2921.]

An Frau von Meck: „Tiflis, d. 6. [1.-12.] April 1886.
... Ich habe Tiflis bereits gut kennengelernt und höchst Bemerkenswertes gesehen. Ich bin in den auf orientalische Art eingerichteten Bädern gewesen. Habe die sehenswertesten Kirchen besucht, darunter die armenische, in welcher mich nicht nur die Eigentümlichkeiten des Gottesdienstes überhaupt, sondern auch ganz besonders der Gesang interessierten; auch im Davidskloster auf der Höhe bin ich gewesen, wo Gribojedow[142] begraben liegt. Einen Abend habe ich in einem Konzert der Musikgesellschaft verbracht, in welchem ein sehr schlechtes und dünn besetztes Orchester Beethovens 3. Symphonie, Borodins Steppenskizze [aus Mittelasien] und meine Streicherserenade [op. 48] bei fast völliger Abwesenheit des Publikums spielte. In Tiflis leben mehrere gute, hervorragende Musiker, unter ihnen sind besonders hervorragend der talentvolle Komponist Ippolitow-Iwanow und der Pianist Eugen Korganow,[143] ein Armenier, früherer Schüler des Moskauer Konservatoriums. Sie erweisen mir jegliche Aufmerksamkeit, und ich bin – obwohl ich es vorzöge, incognito hier zu sein – durch die Beweise der Liebe und Anteilnahme seitens meiner Fachgenossen dennoch sehr gerührt. Überhaupt hätte ich nicht erwartet, dass meine Musik in Tiflis so verbreitet ist. Meine Opern werden hier öfter gespielt als irgendwo sonst, und namentlich erfreut sich ‚Mazepa' grosser Beliebtheit. All das ist mir sehr angenehm und besticht mich zugunsten von Tiflis, das mir ohnehin schon gut gefällt." [XIII, 2922.]

Tagebuch: „Tiflis, d. 10. April 1886.
Habe die Lieder Korganows durchgesehen (sehr schwach).

11. April.
... In Erwartung Korganows beschäftige ich mich mit der Durchsicht seiner Werke. Zuerst kam er, später auch Ippolitow-Iwanow. Der arme Armenier (ein sehr netter Mensch und guter Musiker) war sehr betrübt über meine Kritik. Darauf spielte Iwanow seine Sachen: viel Gutes." [ČD, S. 50; Tagebücher, S. 53.]

An P. Jurgenson: „Tiflis, d. 15. April 1886.
... Ich komme soeben von Ippolitow-Iwanow, bei dem ich meine erste Symphonie sah, die Du ihm geschickt hattest. Ich erinnere mich nicht, jemals so böse über Deine Zerstreutheit und über die in Deinen Sachen herrschende Unordnung gewesen zu sein wie heute. Es ist gut, dass ich noch lebe und jene unglaubliche Verwirrung, welche in meine Symphonie hineingekommen ist, klären kann. Wie, wenn ich – was Gott verhüten wolle – stürbe? ... In der Tat war ich heute so verbittert, dass ich vor Zorn und Aufregung fast gestorben wäre. Ich muss Dir nun die ganze Geschichte meiner vielgeprüften ersten Symphonie erzählen.

Sie ist im Jahre 1866 entstanden. Auf Anraten Nikolaj Gregorjewitsch [Rubinstein]s habe ich vor der Aufführung einige Änderungen in ihr vorgenommen, mit denen sie 1866

---
[142] Der berühmte russische Lustspieldichter [1795-1829].
[143] Im Originalbrief nennt Čajkovskij keinen Vornamen. Recte: Genarij O. Korganov (1858-1890).

auch gespielt wurde.[144] Gleich darauf habe ich beschlossen, sie von Grund auf umzuarbeiten, habe diesen Entschluss aber nicht eher als 1874 ausgeführt. 1875 hast Du mir als Geburtstagsüberraschung die gedruckte Partitur überreicht. Deine Aufmerksamkeit hat mich gerührt, doch blieb ich sehr unzufrieden mit den zahlreichen Druckfehlern, welche die Ausgabe verunzierten.[145] Doch lassen wir die Fehler sein, die Symphonie war wenigstens richtig gedruckt, d. h. mit denjenigen Veränderungen, welche ich 1875 gemacht hatte. Seither wurde sie bis 1883 nicht mehr gespielt. Vor der Aufführung sandte mir Albrecht die Partitur nach Kamenka. Ich verbesserte viele Fehler, und Erdmannsdörfer fand in den Proben noch viele weitere; es wurde aber alles richtig gespielt.[146] Damals kam mir der Gedanke, ein neues Klavierarrangement der Symphonie herauszugeben, und Du übertrugst Langer[147] die Aufgabe, alles, was schlecht darin war, zu verbessern. Das hat er auch, mit Hilfe Kaschkins, getan und mir zur Durchsicht gegeben (während der Proben zu ‚Mazepa', d. h. Ende 1883 und Anfang 1884).

Darauf verschwand all das: die Partitur mit meinen und Erdmannsdörfers Korrekturen, die in den Proben verbesserten Stimmen und das Klavierarrangement. Jetzt, etwa vor Monatsfrist, fragtest Du mich, wo die Änderungen geblieben wären, die ich in der ersten Symphonie gemacht hatte. Ich erklärte Dir, dass es keine Änderungen gäbe, da die Partitur im Jahre 1875 bereits mit allen Änderungen gedruckt worden sei, dass aber viele von mir und Erdmannsdörfer verbesserte Druckfehler darin wären. Und was sehe ich jetzt? Du sendest [Ippolitow-]Iwanow die erste Symphonie, in welche sämtliche Stellen hineingeklebt sind, welche ich im Jahre 1874 vernichtet hatte, d. h. Du stellst gewissenhaft den ganzen Schund wieder her, den ich hinausgeworfen hatte.[148] Wie kamst Du nur zu jenen hinausgeschmissenen Stellen? Wer hat mir diesen Streich gespielt? Was für Stimmen schickst Du! Sie passen ja gar nicht zu der Symphonie, weder zu ihrer früheren, noch zu ihrer jetzigen Gestalt ...

Das alles erbittert mich auch deshalb sehr, weil ich die Symphonie lieb habe und furchtbar bedaure, dass sie ein so tragisches Dasein fristet.

Verzeih, wenn ich mich scharf ausgedrückt habe ..." [XIII, 2931.]

An M. Tschaikowsky: „Tiflis, d. 23. April 1886.

Modja, nur noch wenige Tage bleibe ich in Tiflis. Wären nicht die Besuche und mein weltmännisches Leben, so könnte ich diesen Monat zu den glücklichsten meines Lebens zählen. Ich glaube, ich habe Dir noch nichts über die Ehrung geschrieben, die mir am 19.

[144 1866 war tatsächlich nur ein Satz aufgeführt worden: der dritte (Scherzo), und zwar im 5. Symphoniekonzert der Russischen Musikgesellschaft (RMG) am 10. Dezember in Moskau unter der Leitung von Nikolaj G. Rubinštejn. Am 11. Februar 1867 folgte eine Aufführung des zweiten und dritten Satzes im 9. Symphoniekonzert der RMG in Petersburg unter Anton G. Rubinštejn, Čajkovskijs ehemaligem Kompositionslehrer, der, ebenso wie der Theorielehrer des Petersburger Konservatoriums, Nikolaj Zaremba, das Werk 1866 kritisiert und abgelehnt hatten. Die erste Aufführung der kompletten Symphonie fand erst 1868 statt, und zwar am 3. Februar im 8. Symphoniekonzert der RMG in Moskau (N. G. Rubinštejn).]

[145 Eine korrigierte zweite Ausgabe der Partitur erschien zusammen mit gedruckten Orchesterstimmen erst im Juni 1888.]

[146 Erstaufführung dieser 2. Fassung: 19. November 1883 im 5. Symphoniekonzert der Russischen Musikgesellschaft unter der Leitung von Max Erdmannsdörfer.]

[147 [Éduard L.] Langer [1835-1908], [1866-1908 Klavier-]Lehrer am Moskauer Konservatorium. [Er hat von etlichen Werken Čajkovskijs Klavierauszüge angefertigt.]

[148 Heute sind wir froh über Jurgensons Versehen. Denn das von Čajkovskij genannte, von Jurgenson an Ippolitov-Ivanov nach Tiflis gesandte Exemplar der gedruckten Partitur der zweiten Fassung von 1875 mit den hineingelegten bzw. -geklebten Abweichungen der ersten Fassung blieb erhalten, wurde 1949 in der Bibliothek des Moskauer Konservatoriums, dessen Professor (ab 1893) und Direktor (1906-1922) Ippolitov-Ivanov war, wiederentdeckt und befindet sich heute im Archiv des Čajkovskij-Museums in Klin. Es erlaubt die Rekonstruktion der ersten Fassung der Symphonie.]

des Monats zuteilgeworden ist. Das war sehr festlich. Um 8 Uhr betrat ich in Begleitung Panjas[149] die mit Laub und Blumen geschmückte Direktorenloge. Das ganze Theaterpublikum erhob sich, und bei anhaltendem Händeklatschen wurden mir ein silberner und viele andere Kränze überreicht. Der Deputierte der Musikgesellschaft hielt eine Ansprache. Dann begann das Konzert aus meinen Werken.[150] Es gab unzählige Hervorrufe: ich habe noch nie etwas Derartiges erlebt. Nach dem Konzert ein Subskriptionsessen mit vielen Reden. Ein überaus ermüdender Abend, jedoch eine schöne Erinnerung." [XIII, 2938.]

Diese Ehrung Peter Iljitschs war die erste in seinem Leben und machte auf ihn den freudigsten Eindruck als Anerkennung seiner Verdienste durch das russische Volk.

Dass der Ruhm kommen würde und er seiner wer sei – war Peter Iljitsch im Grunde seiner Seele wohl bewusst. Aber er hielt nicht so sehr dasjenige des Ruhmes wert, was er bereits geschaffen hatte, sondern das, was er zukünftig noch schaffen wollte. Es war ihm wohl bekannt, dass die Popularität seines Namens in den letzten Jahren sehr gewachsen war, und doch blieb er noch weit hinter der Wirklichkeit zurück. Die Ehrung in Tiflis bedeutete für ihn daher die Offenbarung des wirklichen Verhältnisses des russischen Publikums zu ihm. Diese Offenbarung tat seinem künstlerischen Ehrgeiz so wohl, dass sie seine für ihn so überaus charakteristische Furcht, ja – seinen Abscheu vor jeder Pose vor dem Publikum für einen Augenblick besiegte. Am Abend des 19. April fühlte sich Peter Iljitsch so glücklich, dass ich es für interessant genug halte, diese erste öffentliche Ehrung Peter Iljitschs, die nicht einem einzelnen Werk, sondern seiner ganzen Tätigkeit galt, zu beschreiben. In der Zeitung „Kawkas" ist Folgendes darüber zu lesen:

> „Am Sonnabend d. 19. April fand im Theater das Sonderkonzert der Tifliser Abteilung der Kaiserlichen Russischen Musikgesellschaft statt, welches zu Ehren unseres teuren Gastes, des talentvollsten aller zeitgenössischen russischen Komponisten, Peter Iljitsch Tschaikowsky, veranstaltet wurde. In diesem Konzert kamen ausschliesslich Werke des zu Ehrenden zur Aufführung. Da der Beginn des Konzerts auf 8 Uhr abends angesetzt war, war um diese Stunde das Theater bereits ganz voll, und jeder erwartete mit Ungeduld, den Autor der Lieblingsopern des Tifliser Publikums, ‚Eugen Onegin' und ‚Mazepa', zu erblicken. Für Peter Iljitsch war die Direktorenloge reserviert, welche aus diesem Anlass mit Girlanden aus Lorbeer und einer Lyra mit dem Monogramm des teuren Gastes dekoriert war. Das Theater war vollständig besetzt und bot einen besonders festlichen und eleganten Anblick. Als der Vorhang in die Höhe ging, erschien Peter Iljitsch in der Loge; sein Erscheinen wurde durch einmütigen und nicht enden wollenden Applaus begrüsst. Die Bühne bot ein schönes Bild; sie war von Repräsentanten der Tifliser Künstlerwelt überfüllt. Als der Beifallssturm sich gelegt hatte, nahten sich der Loge Peter Iljitschs: die Direktion der Abteilung der Musikgesellschaft und eine Deputation von Solisten, Chor und Orchester des Tifliser Theaters. Einer der Direktoren der Musikgesellschaft, K. Alichanow, hielt folgende Ansprache:

---

[149] Der Gemahlin Anatols [Praskov'ja – genannt Panička, Panjuša, Panja oder Paraša].
[150 In diesem Sonderkonzert der Tifliser Abteilung der Russischen Musikgesellschaft zu Ehren Čajkovskijs am 19. April 1886 unter der Leitung von Michail M. Ippolitov-Ivanov wurden folgende Werke aufgeführt: Serenade für Streichorchester op. 48; Briefszene aus „Evgenij Onegin" (1. Akt, Nr. 9; Tat'jana: Varvara M. Zarudnaja); Sérénade mélancolique op. 26 (Soloviline: Konstantin K. Gorskij); zwei Romanzen (op. 6 Nr. 2, op. 25 Nr. 4; V. M. Zarudnaja); Chor aus „Mazepa" (1. Akt, Nr. 4); Arie des Lenskij aus „Evgenij Onegin" (2. Akt, Nr. 17; Petr A. Lodij); zwei Klavierstücke (op. 10 Nr. 1, Nocturne; op. 37bis, Nr. 8, August: Genarij O. Korganov); zwei Romanzen (op. 28 Nr. 6; op. 6 Nr. 5: P. A. Lodij); Fantasie-Ouvertüre „Romeo und Julia" (vermutlich 3. Fassung von 1880).]

‚Hochverehrter Peter Iljitsch, ich schätze mich glücklich, dass mir die Ehre zuteil wurde, Sie heute hier im Namen der Direktion der Tifliser Abteilung der Kaiserlichen Russischen Musikgesellschaft und der Lehrer der Musikschule zu begrüssen. Unsere kleine musikalische Familie ist, ähnlich dem ganzen musikalischen Russland, schon längst mit Ihrem ruhmreichen Namen bekannt und hält Sie gerechterweise für den Schöpfer der russischen nationalen Symphonie. Seit der Zeit, da Ihre Opern ‚Eugen Onegin‘ und ‚Mazepa‘ bei uns gegeben werden, steht die ganze Tifliser Gesellschaft im Bann Ihres gewaltigen schöpferischen Talents. Indem ich Ihnen, Peter Iljitsch, im Namen unserer Direktion und des Lehrerkollegiums diese bescheidene Gabe als Zeichen der hohen Verehrung und aufrichtigen Sympathie überreiche, bin ich überzeugt, auch die Gefühle der ganzen Tifliser Intelligenz zum Ausdruck zu bringen, welche die hochkünstlerische und erzieherische Bedeutung Ihrer herrlichen, entzückenden Schöpfungen wohl zu würdigen weiss.'

Diese kurze, aber warm empfundene Rede, welche von den Anwesenden stehend angehört wurde, machte auf alle einen starken Eindruck und entfesselte einen wahren Beifallssturm. Gleichzeitig wurde vom Direktor der Musikgesellschaft, M. Ippolitow-Iwanow, unserem Ehrengast sein eigenes Bildnis in einem silbernen Rahmen überreicht, welches einen Lorbeerkranz darstellte und auf dessen Rückseite die Unterschriften der Teilnehmer an der festlichen Ovation und am Konzert sowie das Programm des Konzerts selbst verzeichnet standen. Darauf intonierten Orchester und Chor ein Stück aus ‚Mazepa‘ (mit einem der Gelegenheit angepassten Text), welches auf Wunsch des Publikums mehrere Male wiederholt wurde.

Diese herzliche, ungeheuchelte Ovation hat Peter Iljitsch tief gerührt, und er verbeugte sich im Gefühl vollkommener Befriedigung und Dankbarkeit nach allen Seiten hin. Von den Künstlern wurden ihm noch viele Lorbeerkränze dargebracht, auf deren Bändern gedruckt stand, von welchen Vertretern der musikalischen Kunst sie gespendet worden waren. Darauf begann das Konzert unter Mitwirkung von W. Sarudnaja, P. Lody, G. Korganow, K. Gorsky und von Chor und Orchester unter Leitung Ippolitow-Iwanows. Die Ausführenden und der Autor wurden viele Male gerufen.

Das Konzert endete erst gegen Mitternacht und hinterliess dank der Kunst des Schöpfers der russischen Symphonie und dank der ihm dargebrachten Ovationen einen überaus schönen Eindruck."

Am 24. April wiederholten sich die Ovationen gelegentlich der Aufführung des ‚Mazepa‘ in Gegenwart des Autors. In seinem Tagebuch spricht er sich sehr befriedigt über diese Aufführung aus, besonders über die Ausführung der Rolle der Maria durch Frau Sarudnaja und der des Andrei durch Herrn Lody …

Kapitel XII.

[1886, Mai-Juni. Schiffsreise von Batum und Trapezunt nach Marseille. Paris. Aufenthalte in Trapezunt und Konstantinopel. Freude an der Seereise. Sizilien und der rauchende Ätna. Geniesst Paris. Freut sich über die vielen Übersetzungen russischer Literatur in den Buchhandlungen. Aufgeregt anläßlich seines ersten Besuchs bei seinem Pariser Verleger Mackar. Nimmt die Unannehmlichkeit vieler Diners und Besuche in Kauf, um – der „Karriere" wegen – mit der Pariser Musikwelt bekannt zu werden. Blättert bei Pauline Viardot zwei Stunden lang in der Originalpartitur von Mozarts „Don Giovanni".]

Eine sehr wichtige Familienangelegenheit, die ungenannt bleiben mag,[151] veranlasste Peter Iljitsch, nach Paris zu reisen; bei dieser Gelegenheit wollte er seinen Pariser Verleger Mackar persönlich kennenlernen. Um die ermüdende Fahrt im Eisenbahnwagen zu vermeiden, kam Peter Iljitsch auf die Idee, von Batum aus zu Schiff nach Italien und dann mit der Eisenbahn nach Frankreich zu reisen. Aber wegen der Cholera in Neapel liefen die französischen Schiffe der Linie Batum-Marseille damals die italienischen Häfen nicht an. Infolgedessen gab Peter Iljitsch den Besuch Italiens auf und nahm ein direktes Billett nach Marseille für ein Schiff der Gesellschaft „Paquet".[152]

An A. Tschaikowsky [recte: P. W. Tschaikowskaja]:
„Dampfer ,Armenia'. Hinter Trapezunt, d. 1.[-3.] Mai 1886.
... Ich weiss nicht, ob Ihr mich noch lange sehen konntet, nachdem wir uns getrennt hatten. Ich habe Eure weissen Tücher dank meines Feldstechers sehen können, bis es dunkel wurde. Ich war sehr traurig. An dem Abend habe ich mich um zehn Uhr zu Bett gelegt und ausgezeichnet geschlafen. Als ich am nächsten Morgen aufwachte und mich ankleidete, waren wir bereits in Trapezunt. Diese Stadt ist sehr gross und liegt überaus malerisch.

Nach dem Frühstück ging ich mit Alexei Trapezunt besichtigen. Sehr interessant, besonders der Bazar. Alles erinnerte mich an orientalische Märchen. Trank Kaffee in einem Kaffeehaus und rauchte Nargile.[153] Am Abend bestiegen wir den Berg mit dem Kloster. Eine kleine Kirche und ein winziges Häuschen, wo nur zwei griechische Mönche wohnen. Die Aussicht ist wundervoll. Dann stiegen wir wieder hinunter, assen auf dem Schiff zu Mittag und stachen nach einem herrlichen Sonnenuntergang wieder in See. Das Wetter ist prachtvoll." [XIII, 2942]

An A. Tschaikowsky: „Schiff ,Armenia', d. [1.-]3. Mai 1886.
... Heute habe ich weniger Anfälle von Heimweh und öfter Begeisterungsanfälle angesichts des Meers, der Berge und der Sonne ... dumm, dass man nur in der Kabine allein sein kann. Auf Deck vergeht kaum eine Viertelstunde, ohne dass jemand ein Gespräch mit einem anfängt. Ich bin bereits mit allen Passagieren bekannt, habe aber noch niemanden in mein Herz geschlossen. Der Kapitän spricht oft über Musik mit mir und ärgert mich, offen gestanden, fürchterlich durch seine dummen Ansichten. Ein Franzose, Arzt aus Trapezunt, entpuppte sich auch als Musikliebhaber und hält es für seine Pflicht – nachdem er erfahren, dass auch ich Musiker sei – mit mir über diese abscheuliche Kunst zu sprechen, welche die Eigenschaft hat, alle zu interessieren ... [Ebenfalls XIII, 2942.]

---

[151] Čajkovskij wollte den unehelichen, 1883 in Paris geborenen Sohn Georges-Léon seiner Nichte Tat'jana L. Davydova von dessen Pflegefamilie Auclair in Bicêtre bei Paris abholen, um ihn zu seinem ältesten Bruder Nikolaj und dessen Frau zu bringen, die ihn adoptieren wollten. Vgl. Teil I des vorliegenden Bandes, Fußnote zum Brief an S. I. Taneev vom 2. / 14. Februar 1883 aus Paris.]
[152] Kurz zur Geographie: Tiflis (Tbilisi), Hauptstadt des heutigen Georgien, liegt im Zentrum der Kaukasus-Landenge zwischen dem südlichen Schwarzen Meer und dem Kaspischen Meer. Batum (Batumi): georgische Hafenstadt am Schwarzen Meer. Trapezunt (Trabzon) ist, südwestlich von Batum eine nordöstliche türkische Hafenstadt.]
[153] Nargile bzw. Shisha: Wasserpfeife.]

An A. Tschaikowsky: „Archipelagus,[154] d. 6.[-11.] Mai 1886.

... Vorgestern gegen 12 Uhr mittags erreichten wir bei prachtvollem Wetter den Bosporus. Er ist wunderbar schön und je weiter man fährt, desto schöner ist er. Gegen 3 Uhr kamen wir in Konstantinopel[155] an. Die Bewegung bei der Einfahrt in den Hafen war überaus gross. Um 5 Uhr setzten wir uns in ein Boot und liessen uns in die Stadt bringen. Der Kapitän hatte beschlossen, 24 Stunden in Konstantinopel zu bleiben, weshalb ich auf die Idee kam, in einem Hotel zu übernachten. Doch waren die besten Hotels überfüllt, und ein griechischer Kommissionär hat nur mit Mühe ein schlecht möbliertes Zimmer für uns finden können. Wir assen im Restaurant in grosser Gesellschaft. Dann schlenderte ich durch die Stadt und besuchte abends ein klassisches Konzert, in welchem es gar kein Publikum gab. Am folgenden Tag beschaute ich die Sehenswürdigkeiten. Die Sophienkathedrale [Hagia Sophia][156] hat mich sehr entzückt und erstaunt. Im allgemeinen ist Konstantinopel unsympathisch, und die berühmten Konstantinopler Hunde erregten beständig Übelkeit in mir. Um 5 Uhr waren wir wieder an Bord und fuhren bald darauf ab. Neue Passagiere waren zugestiegen. Es war mir angenehm, in meine nette Kabine zurückzukehren; den ganzen Abend betrachtete ich das Meer, den Mondschein und genoss die ganze Poesie einer Seereise. Heute ist ziemlich starker Seegang. Viele sind krank, darunter auch Männer. Ich bin vollkommen gesund und empfinde sogar ein gewisses Vergnügen an diesem Schaukeln und am Beobachten der schäumenden blauen Wellen. Von Furcht keine Spur. An meine Umgebung habe ich mich ganz gewöhnt und mit allen Bekanntschaft geschlossen, darunter besonders mit einem nach Paris reisenden türkischen Offizier." [XIII, 2947.]

An M. Tschaikowsky: „,Armenia', d. 8. [6.-11.] Mai 1886.

... Heute ist das Meer spiegelglatt. Überhaupt ist uns das Glück bisher hold, und man kann sich nichts Schöneres denken als eine solche Reise. Selbstverständlich gibt es auch langweilige Momente, besonders wenn man mit mir über Musik zu sprechen beginnt. Hauptsächlich ist es ein Engländer, welcher mich beständig mit seinen Fragen belästigt, ob ich diese oder jene Romanze von Tosti, Denza[157] usw. gern habe. Auch ein Franzose (Arzt) aus Trapezunt ist da. Dieser hat ein neues Klavier erfunden, in welchem jedes Versetzungszeichen (♯, ♭, ×, ♭♭) seine besondere Taste hat. Er spricht unaufhörlich von seiner schrecklichen Erfindung und lässt mich ganze Traktate darüber lesen. Wir haben bereits Sizilien und den Absatz des italienischen Stiefels vor uns. Der Ätna raucht ein wenig, und links von ihm ist eine ungeheure Rauch- und Feuersäule zu sehen, welche uns alle intrigiert. Der Kapitän weiss absolut nicht, was das zu bedeuten hat und scheint etwas beunruhigt zu sein. Infolgedessen habe auch ich ein wenig Furcht ..." [XIII, 2948.]

An A. Tschaikowsky: „,Armenia', d. 9. Mai 1886.

... Die Rauch- und Feuersäule, von der ich gestern schrieb, erwies sich als ein furchtbarer Ausbruch des Ätna, aber nicht am Gipfel, sondern an der Seite. In einer Entfernung von 300 Werst war dieser Ausbruch schon deutlich zu sehen, und je näher wir kamen – desto interessanter wurde der Anblick. Um 2 Uhr nachts weckte mich Alexei, damit ich das

---

[154 Inselkette des Ägäischen Meers.]
[155 Seit 1930 „Istanbul". Zu beiden Seiten des Bosporus, der Meerenge zwischen Schwarzem Meer und Marmarameer gelegen, sowohl auf der europäischen als auch auf der kleinasiatischen Seite.]
[156 Die Kuppelbasilika aus dem 6. Jahrhundert war zunächst byzantinische Kirche, später Moschee und ist heute ein Museum.]
[157 Francesco Paolo Tosti (1846-1916), italienischer Sänger und Komponist; Luigi Denza (1846-1922), italienischer Komponist.]

einzigartige Schauspiel ansähe. Wir befanden uns in der Strasse von Messina;[158] das Meer, welches den ganzen Tag ruhig gewesen war, ging hier sehr hoch; es ist nicht wiederzugeben, wie schön sich der Mondschein mit dem Feuer des Ätna und dem wogenden Meer verband. Um 3 Uhr legte ich mich wieder hin, und um fünf liess mich der Kapitän durch einen Matrosen wecken, damit ich die Stadt Messina, den Sonnenaufgang und den Ätna von der anderen Seite anschaue. Leider war der Ausbruch weit zurückgeblieben. Später kamen wir zwischen dem Vulkan Stromboli und einem neuen, mitten im Meer rauchenden Inselchen hindurch, wenigstens hatte der Kapitän, welcher diese Stelle genau kennt, hier noch nie einen Vulkan vermutet und ist der Meinung, dass es ein ernster Ausbruch sei. Heute ist das Wetter herrlich und das Meer wieder ganz ruhig." [Ebenfalls XIII, 2947.]

An Frau von Meck: „Paris, d. 19. [/ 31.] Mai 1886.

... In Marseille war ich drei Tage, am 16. Mai bin ich glücklich in Paris angekommen und in demselben Hotel abgestiegen, in welchem ich vor drei Jahren fast den ganzen Winter verbracht hatte. Merkwürdig! In jenem Winter hatte sich doch nichts besonders Angenehmes ereignet,[159] und doch tut es mir wohl, in dem Zimmer zu wohnen, welches mich an jene Zeit erinnert; die Erkenntnis tut weh, dass jene Zeit in die Regionen der Vergangenheit gesunken ist, und man möchte sie gern wieder zurückhaben. Das Vergangene tut einem immer leid: wahrscheinlich deshalb, weil man lebhafter an die schönen Augenblicke denkt und alles Unangenehme vergisst ... oder wenigstens zu vergessen sucht.

Meinem Versprechen gemäss werde ich hier die Bekanntschaft meines Verlegers Mackar machen und durch ihn verschiedene Persönlichkeiten der Pariser Musikwelt kennenlernen müssen. Das geht mir ganz wider den Sinn, und ich möchte die unabwendbare Last der Besuche für einige Zeit aufschieben und einstweilen Paris geniessen (welches in dieser Jahreszeit besonders schön ist), wie ich es früher getan habe, d. h. allein und frei durch die entzückende Stadt streifen ...

Wie angenehm ist es, sich persönlich von dem Erfolg unserer Literatur in Frankreich zu überzeugen! In allen Buchhandlungen sieht man die Übersetzungen der Werke von [Lev N.] Tolstoi, Turgenjew, Dostojewsky u. a. ... In den Zeitungen liest man jeden Augenblick begeisterte Artikel über das eine oder andere Werk dieser Autoren. Hoffentlich kommt auch für die russische Musik eine solche Zeit! Ich arbeite nichts und denke, dass dies meinem müden Kopf gut tun wird." [XIII, 2955.]

Tagebuch: „Paris, d. 21. Mai [/ 2. Juni] 1886.

Habe mich entschlossen, zu Mackar zu gehen. Was ich durchlitten habe und wie aufgeregt ich war – ist gar nicht wiederzugeben. Zehnmal wollte ich eintreten und ging immer wieder, – sogar ein grosses Glas Absinth half nichts. Endlich trat ich ein. Er erwartete mich. Ich hatte ihn mir anders vorgestellt – kleiner von Wuchs. Der Blick sieht Bessel erstaunlich ähnlich. Wir plauderten (während meiner Anwesenheit erschien auch ein Käufer meiner Sachen), und dann ging ich. Natürlich fiel mir ein Stein vom Herzen." [ČD, S. 61; Tagebücher, S. 66 f.]

An W. [recte: M.] Tschaikowsky: „Paris, d. 25. Mai [/ 6. Juni] 1886.

... Über mein Leben in Paris kann ich mich nicht beklagen, obwohl es auch nichts besonders Angenehmes mit sich bringt ... Ich habe schon so viele Diners und allerlei Besuche versprochen, dass ich wohl so bald nicht werde fort können. Es handelt sich darum, dass es

---

[158 Meerenge zwischen Sizilien und dem italienischen Festland.]
[159 Vom 2. / 14. Januar bis zum 10. / 22. Mai 1883. Am 26. April 1883 gebar Čajkovskijs Nichte Tat'jana L. Davydova ihren unehelichen Sohn Georges-Léon. Siehe oben, S. 184, Anm. 370 und S. 293, Anm. 293.]

für meine musikalische Karriere sehr wichtig ist, viele Freunde und Anhänger in Paris zu haben, deshalb nehme ich die Unannehmlichkeit hin, mich viel unter Menschen zu bewegen, und will geduldig sein, solange Geduld und Geld reichen; dann – Vichy oder nach Hause. Ich bin jetzt so weit gesund, dass ich die Reise nach Vichy bis zum Herbst aufschieben kann. Hin und wieder kommen aber auch lustige Stunden. Zum Beispiel schleppte mich neulich Brandukow[160] in die Operette ‚Josephine, vendue par ses soeurs'.[161] Ich ging nur ungern hin, die Operette erwies sich aber als ein so entzückend lustiges und spassiges Stück, dass ich noch nie so viel gelacht habe wie an jenem Abend." [XIII, 2957.]

Tagebuch: „[Paris,] d. 28. Mai [/ 9. Juni] 1886.
... Grand Opéra. Die Oper ‚Henri VIII' [von Camille Saint-Saëns][162] ist schlechter als mittelmässig." [ČD, S. 63; Tagebücher, S. 69.]

An P. Tschaikowsky [P. W. Tschaikowskaja]: „Paris, d. 1. [/ 13.] Juni 1886.
... Gestern frühstückte ich bei der alten Viardot. Das ist eine so prächtige und interessante Frau, dass ich ganz bezaubert war. Trotz ihrer 70 Jahre hält sie sich wie eine Vierzigjährige, ist sehr lebhaft, liebenswürdig, lustig, umgänglich und hat es so einzurichten verstanden, dass ich mich vom ersten Moment an bei ihr wie zu Hause fühlte ..." [XIII, 2961.]

Über seine Bekanntschaft mit Frau Viardot schrieb Peter Iljitsch später [am 28. Juni 1886 aus Majdanovo] an Frau von Meck noch folgende Einzelheiten:

„... Die Viardot spricht oft über I. Turgenjew und erzählte mir ausführlich, wie er und sie gemeinsam ‚Das Lied von der triumphierenden Liebe' geschrieben haben. Hatte ich Ihnen schon geschrieben, dass ich bei ihr zwei Stunden lang in der *Originalpartitur* von Mozarts ‚Don Giovanni' geblättert habe, welche ihr Mann vor 30 Jahren zufällig und sehr billig erworben hatte? Ich kann Ihnen gar nicht sagen, von welchem Gefühl ich beim Anblick dieses musikalischen *Heiligtums* ergriffen wurde. Als wenn ich Mozarts Hand gedrückt und mit ihm gesprochen hätte!"[163] [XIII, 2988.]

An M. Tschaikowsky: „[Paris,] d. 11. / 23. Juni 1886.
... Gestern war ein ganz verrückter Tag, denn meine Beziehungen zu den neuen Bekannten haben sich derart kompliziert und vermehrt, dass ich einfach nicht wusste, ‚où donner de la tête'[164] ... Gestern besuchte ich auf Einladung von Ambroise Thomas das Konservatorium während der Prüfung der Klavierklasse. Er ist ein sehr freundlicher und netter Alter. Eine gewisse M-me Bohomeletz, eine reiche halbrussische Dame, veranstaltete mir zu Ehren ein Diner mit anschliessender Soirée, in welcher mein Quartett gespielt (Marsick, Brandukow)

---

[160] A[natolij] Brandukow [1856-1930], der berühmte Cellist und frühere Schüler des Moskauer Konservatoriums, hielt sich damals in Paris auf, wo er verdientermaßen viel von sich reden machte. Peter Iljitsch hatte ihn seit jeher sehr gern und interessierte sich sehr für sein Schicksal.
[161] Opéra-bouffe in drei Akten von Victor Roger (Libretto von Paul Ferrier und Fabrice Carré), uraufgeführt am 10. März 1886 in Paris (Bouffes-Parisiens). Roger (1853-1903) hat ca. 30 Operetten geschrieben.]
[162] Oper in vier Akten, Libretto von Léonce Détroyat und Armand Silvestre nach Shakespeare und Calderon, uraufgeführt am 5. März 1883 an der Grand Opéra in Paris.]
[163] Zu Čajkovskijs Mozart-Verehrung: „Daß ich mein Leben der Musik geweiht habe, verdanke ich Mozart." Dokumente zu Čajkovskijs Mozart-Rezeption, in: Mitteilungen 12 (2005), S. 85-122.]
[164] Französische Redewendung: „ne sachant où donner de la tête", etwa: nicht wissen, wohin oder an wen man sich zuerst wenden, was man zuerst tun soll, weil es so viel zu tun und so viel(e) zu beachten gibt.]

P. I. Tschaikowsky im Jahre 1888 [recte: am 9. Juni 1886].

(Nach einer Photographie von Reutlinger in Paris.)
[Vgl. Album 2005, Nr. 50, S. 86 und 194.]

und meine Lieder gesungen wurden.[165] Ich weiss nicht, ob ich schon geschrieben habe, dass der Schriftsteller und Librettist Détroyat mir ein Libretto mit russischem Sujet anzuhängen versucht![166] ... Léo Delibes hat mich als erster besucht, – das hat mich sehr gerührt. Überhaupt scheint es, dass ich in Paris gar nicht so unbekannt bin, wie ich glaubte ..." [XIII, 2971.]

Diesen kurzen und unzusammenhängenden Mitteilungen will ich noch hinzufügen, dass Peter Iljitsch von Professor Marmontel,[167] welcher ein warmer Verehrer seiner Werke war, sehr freundlich empfangen und von den Komponisten Lalo, Lefebvre, Fauré u. a. freundschaftlichst begrüsst worden war ... Die Begegnung mit Colonne und Lamoureux beschreibt Peter Iljitsch selbst in einem späteren Brief [aus Maidanowo vom 28. Juni 1886 an Frau von Meck] wie folgt:

> „Colonne sah ich mehrere Male. Er war mir gegenüber sehr liebenswürdig, äusserte u. a. den Wunsch, ein Konzert aus meinen Kompositionen zu veranstalten, und bat mich, ihm einige meiner neuen Partituren nach Aix-les-Bains[168] zu senden, damit er im Laufe des Sommers ein Programm zusammenstellen könne. Dabei klagte er beständig über seine *Armut* und die fürchterliche Konkurrenz (concurrence terrible) von Lamoureux.
>
> Was Lamoureux anbelangt, so ging er ganz in Liebenswürdigkeiten auf und hat mir tausend Dinge versprochen." [XIII, 2988.]

Ausserdem ist Peter Iljitsch vielen ausübenden Künstlern näher getreten, von denen manche, z. B. der bekannte Pianist Louis Diémer, ihm bis an sein Ende ergebene Freunde geblieben sind.

Kapitel XIII.

[1886, Juni-August. Majdanovo.
Froh, nach drei Monaten wieder zu Hause zu sein. Will den Entwurf der ‚Bezaubernden' bis zum Herbst abschliessen; es habe nichts zu bedeuten, tröstet er Modest, wenn man als Autor von einem Werk, an dem man gerade arbeite, nicht befriedigt sei. Gibt einige geplante Arbeiten auf.
Anläßlich der Suche nach einem Brief für die Sammlung von La Mara: über den riesigen Umfang seiner Korrespondenz. Arbeit an der „Bezaubernden". Über Massenets „Manon Lescaut" und Lefebvre.
Schaffen im Bewusstsein der Kürze des Lebens.
Beendet die Konzeptschrift der ‚Bezaubernden am 18. August.]

[165 Welches der drei Streichquartette Čajkovskijs bei dieser Soiree gespielt worden ist, ist unbekannt. Ausgeführt wurde es vom Streichquartett der Kammermusikgesellschaft „Trompette" mit dem Primarius Martin Pierre Joseph Marsick (1848-1924), mit dem Čajkovskij zwei Jahre später, während seiner ersten Europatournee, am 28. Februar / 11. März 1888 in Paris sein Violinkonzert aufgeführt hat. – Was der Cellist Brandukov gespielt haben könnte (eine Bearbeitung für Violoncello und Klavier?) und welche Romanzen vorgetragen worden sind, ist offenbar ebenfalls unbekannt.]

[166 Zu diesem und zu späteren Vorschlägen für eine französischsprachige Oper Čajkovskijs siehe: „Paris vaut bien une messe!". Bisher unbekannte Briefe, Notenautographe und andere Čajkovskij-Funde, in: ČSt 3, S. 234-258.]

[167 Der französische Pianist, Komponist und Musiktheoretiker Antoine François Marmontel (1816-1898) hatte seit 1848 eine Klavierprofessur am Pariser Konservatorium.]

[168 Bekannter Thermalkurort im Département Savoie, Region Rhône-Alpes, am östlichen Ufer des Lac du Bourget.]

An Frau von Meck: „Maidanowo, d. [17.-]18. Juni 1886.
... Wie froh bin ich, endlich wieder zu Hause zu sein! Wie lieb und sympathisch ist mir mein kleines Häuschen, welches in hohem Schnee lag, als ich es verliess, und welches jetzt von Laub und Blumen umgeben ist! Heute will ich alles in Ordnung bringen, um morgen ernsthaft wieder an die Arbeit gehen zu können. Die drei Monate, welche ich in der Ferne verbracht habe, sind verlorene Zeit für die Arbeit gewesen, aber ich fühle neue Kräfte in mir und kann meine ganze Zeit, ohne zu ermüden, der Arbeit widmen. Die Oper [‚Die Bezaubernde'] muss zum Herbst im Entwurf fertig sein, koste es, was es wolle, damit ich sie im nächsten Winter instrumentieren kann." [XIII, 2975.]

Tagebuch: „[Maidanowo, d.] 23. Juni 1886.
... Veränderliches Wetter, aber angenehm. Am Nachmittag brachte ich Briefe zur Bahn. Heute war Legoschin da.[169] Das häufige Erscheinen Legoschins macht mir viel Vergnügen; er ist ein prächtiger Mensch. Und doch gibt es Leute, welche über einen Lakaien die Nase rümpfen, nur weil er *Lakai* ist! Ich kenne niemanden, dessen Seele reiner und vornehmer wäre als diejenige Legoschins ..." [ČD, S. 72 f.; Tagebücher, S. 79.]

An M. Tschaikowsky: „Maidanowo, d. 25.[-26.] Juni 1886.
... Du sagst, dass Deine Komödie[170] nicht das Gefühl der vollkommenen Befriedigung oder des Entzückens in Dir herrufe. Dasselbe empfinde ich bezüglich meiner ‚Bezaubernden'. Ich schreibe, doch fehlt mir jener Trost, welcher manchmal das Herz des Autors durchdringt. Das hat aber nichts zu bedeuten. Ich weiss aus Erfahrung, dass nicht dasjenige immer gelingt, was leicht und unter dem Einfluss stürmischer Inspiration entsteht, sondern oft im Gegenteil – das Herausgequälte. Ich bin bei Schpashinsky gewesen und habe von ihm einen *wundervollen* 4. Akt [des Librettos der ‚Bezaubernden'] erhalten ..." [XIII, 2985.]

Tagebuch: „[Maidanowo,] d. 8. [recte: 9.] Juli 1886.
... Wieder schrecklich schlecht [an der ‚Bezaubernden'] gearbeitet. Und da sagt man, ich wäre genial??? Unsinn!" [ČD, S. 77; Tagebücher, S. 84.]

An S. Tanejew: „Maidanowo, d. 11. Juli 1886.
Lieber Sergei Iwanowitsch, es war sehr gewissenlos von mir, Ihnen weder aus dem Kaukasus noch aus dem Ausland zu schreiben ...
Ich bin schon einen Monat wieder in Maidanowo. Der Sommer ist niederträchtig schlecht. Ich schreibe den 4. Akt der ‚Bezaubernden', aber recht faul und, wie es scheint, nicht besonders glücklich. Ein Werk für zwei Klaviere habe ich weder in Arbeit noch beabsichtige ich ein solches zu schreiben. Die Mozart-Suite[171] ist noch nicht begonnen. Die Übersetzung des ‚Don Giovanni' [von Mozart] – dito. Desgleichen auch der Artikel über Mozart, den ich übrigens auch nie schreiben werde, weil ich überhaupt keine Artikel zu schreiben verstehe. Man nimmt sich allerlei vor, doch nichts wird ausgeführt. Wollte Gott, dass ich die Oper glücklich zu Ende führe, das wäre schon sehr gut. Ich meine – das Leben ist verteufelt kurz." [XIII, 3001.]

An P. Jurgenson: „Maidanowo, d. 19. Juli 1886.
Lieber Freund, die Schwierigkeit Deiner Lage begreife ich vollkommen. Man will von Dir einen meiner Briefe haben, um ihn zu veröffentlichen; Du besitzst deren mehrere hun-

---

[169] Der Kammerdiener N. Kondratjews.
[170] „U steny" (An der Wand).]
[171] Die spätere „Mozartiana", geplant seit Mai 1884, wurde schliesslich erst im Juni / Juli 1887 zusammengestellt und instrumentiert.]

dert, – und doch ist nicht einer darunter, der im gegebenen Fall passen würde. Sehr natürlich: unsere Korrespondenz war immer entweder zu geschäftlich oder zu intim. Wie kann ich helfen? Wegen des Vergnügens, in das Buch der Frau La Mara[172] zu kommen, kann ich doch nicht ein Falsifikat anfertigen, d. h. einen Brief eigens für ihre Sammlung schreiben und bei dieser bequemen Gelegenheit mich als Musiker, Denker und Menschen von der vorteilhaftesten Seite zeigen. Ein solches Opfer auf dem Altar des europäischen Ruhms widerstrebt mir, obwohl ich andererseits lügen würde, wollte ich behaupten, der Wunsch Frau La Maras, mich in die Zahl der hervorragenden Musiker unserer Zeit aufzunehmen, schmeichle mir nicht im geringsten. Im Gegenteil, ich bin sehr gerührt und geschmeichelt durch die Aufmerksamkeit der bekannten Schriftstellerin und bekenne offen, dass ich sehr froh wäre, in die Gesellschaft von Glinka, Dargomyshsky und Serow aufgenommen zu werden. Wenn es nicht so eilig wäre, könnte man sich an einen meiner musikalischen Freunde wenden, z. B. Laroche, bei dem sich unter meinen Briefen nicht wenige mit ausführlichen Ergüssen meiner musikalischen Begeisterungen und Unzufriedenheiten finden dürften, kurz, solche Briefe, in denen ich mich ganz aufrichtig als Musiker ausspreche. Doch wir haben keine Zeit, und Laroche ist weit weg. Ist es nicht interessant, dass es schwerfällt, einen Brief von jemandem zu finden, der die umfangreichste Korrespondenz geführt hat und noch führt, die sich nur gedacht werden kann bei einem Mann, welcher sich nicht mit industriellen Unternehmungen, sondern mit künstlerischer Arbeit befasst? Ich stehe in beständigem Briefwechsel mit vier Brüdern, einer Schwester, mehreren Cousinen und vielen Freunden und Freundinnen und habe ausserdem eine Menge zufälliger Korrespondenzen mit Leuten, die ich oft gar nicht kenne. Die Notenwendigkeit, dem Briefschreiben einen grossen Teil meiner Zeit zu opfern, ist mir nicht selten eine Last, so dass ich alle Posteinrichtungen der Welt von Herzen verfluche. Die Post verursacht mir oft schwere Momente, aber auch die größten Freuden bringt sie mir. Es gibt eine Person, welche in der Geschichte der zehn letzten Jahre meines Lebens die erste Rolle spielt; diese Person ist mein guter Genius, mein ganzes Wohlergehen, und die Möglichkeit, mich voll meiner liebsten Beschäftigung hinzugeben, verdanke ich ihr – und doch habe ich sie nie gesehen, nie ihre Stimme gehört, und meine Beziehungen zu ihr sind ausschliesslich postalische.[173] Überhaupt kann ich sagen, dass ich die ganze Welt mit meiner Korrespondenz überflute, trotzdem bin ich nicht imstande, Dir aus der Verlegenheit zu helfen.

Es bleibt nichts anderes übrig, als diesen gegenwärtigen Brief an Frau La Mara zu schicken. Wenn er mich als Musiker nicht im geringsten charakterisiert, so gewährt er wenigstens die Möglichkeit, den für mich schmeichelhaften Wunsch jener Schriftstellerin, meine Person unter die Hervorragenden einzureihen, zu erfüllen." [XIII, 3008.]

An Frau Pawlowskaja: „Maidanowo, d. 25. Juli 1886.
... Schpashinsky hat anstelle des 4. und 5. Akts seines Dramas einen einzigen grossen Akt für mich geschrieben, welcher mit dem Drama nichts gemein hat und überaus effektvoll (aber für mich sehr schwer) ist. Mit Gottes Hilfe werde ich im Herbst die Instrumentierung beginnen, damit die Oper in der Saison 87/88 gegeben werden kann. Übrigens, nur Gott weiss es! In Betreff der ‚Tscherewitschki' sagt niemand etwas. So Gott will, wird nach sechs Jahren vielleicht der Kaiser die Aufführung befehlen, wie es mit ‚Onegin' [in Petersburg] der Fall war. Vielleicht wird es auch der ‚Bezaubernden' so gehen. Jedenfalls rechne

---

[172] [Pseudonym von Marie Lipsius.] Die Verfasserin der bekannten Werke „Musikalische Studienköpfe" [4 Bände, Leipzig 1868-1883] und „Musikerbriefe aus fünf Jahrhunderten" [2 Bände, Leipzig 1886-1897]. Dieser Brief Peter Iljitschs ist im 2. Band des letztgenannten Bandes abgedruckt [S. 380-382].
[173] Gemeint ist N. F. fon Mekk.]

ich bei beiden Opern auf Sie[174] und fürchte sehr, dass jene Unannehmlichkeiten, von denen Sie schreiben, Sie veranlassen könnten, Petersburg zu verlassen. Gestatten Sie mir diesbezüglich einen kleinen Vorwurf. Sie geben zu viel auf die Berichte der *Presse* und auf sogenanne *Intrigen.*" [XIII, 3013.]

Tagebuch: „[Maidanowo,] d. 1. August 1886.
... Spielte zu Hause ‚Manon'.[175] Gefällt mir besser, als ich erwartet hatte. Es gab Momente der Sehnsucht und der Einsamkeit.

2. August.
Heute schien es mir nicht nur so, wie gestern, sondern ich habe tatsächlich mit Fieber geschlafen und mich den ganzen Tag unwohl gefühlt. Trotzdem habe ich nach einem Spaziergang bis zum Mittag gut gearbeitet. Spielte ‚Manon'. Heute kommt mir Massenet wieder bis zum Erbrechen süss vor.

4. August.
... Spielte zu Hause Massenet. Oh, wie ekelhaft ist er mir geworden!! Am ärgerlichsten ist, dass ich in dieser Ekelhaftigkeit eine gewisse Verwandtschaft mit mir selbst spüre." [ČD, S. 84 f.; Tagebücher, S. 93 f.]

An Frau von Meck: „Maidanowo, d. 4. August 1886.
... Am besten fühle ich mich, wenn ich allein bin und wenn mir Bäume, Blumen, Bücher usw. die menschliche Gesellschaft ersetzen. O Gott, wie kurz ist das Leben! Wieviel ich noch zu vollbringen habe, bevor ich haltmachen kann! Wieviele Pläne! Wenn ich ganz gesund bin, wie z. B. augenblicklich, ergreift mich ein fieberhafter Arbeitsdurst, aber der Gedanke an die Kürze des menschlichen Lebens lähmt meine Energie. Früher kannte ich das nicht. Früher glaubte ich, dass ich all meine Ideen ausführen kann und ausführen werde, weshalb die Momente der schöpferischen Arbeit anhaltender und fruchtbarer waren. Wie dem auch sei, ich hoffe, die Oper in einem Monat im Entwurf fertig zu haben und die Instrumentierung zu beginnen. Man spricht davon, dass ‚Tscherewitschki' nicht später als im November in Szene gehen soll ..."[176] [XIII, 3023.]

Tagebuch: „[Maidanowo,] d. 6. August 1886.
... Spielte den Schluss der widerlichen ‚Manon' und den Schund Lefebvres.[177]

15. August.
... Vor und nach dem Abendessen ein wenig gearbeitet; das Arioso der Kuma ist fertig.[178] Lese die ‚Pêcheurs d'Islande' von Loti.[179] Bin nicht sehr zufrieden. Der Ton der Beschreibungen erinnert an jenen ... Zola. Et ...

[174 Bei der Uraufführung der „Čarodejka" am 20. Oktober 1887 war Ėmilija Pavlovskaja tatsächlich die Darstellerin der Kuma. „Čereviki" wurde am 19. Januar 1887 am Moskauer Bol'šoj teatr uraufgeführt, kam aber in Petersburg erst nach Čajkovskijs Tod zur Aufführung (zuerst am 29. Dezember 1906). Die ersten Aufführungen beider Opern dirigierte der Komponist.]
[175 Am 19. Januar 1884 in der Pariser Opéra-Comique uraufgeführte Oper von Jules Massenet (1842-1912).]
[176 Tatsächlich fand die Uraufführung erst am 19. Januar 1887 statt.]
[177 Charles-Edouard Lefebvres (1843-1917). In Čajkovskijs Bibliothek sind sieben (meist bei Mackar in Paris erschienene) Werke Lefebvres erhalten, zwei davon mit Widmungen. Siehe im einzelnen Fußnote 16 in ČPSS XIII, S. 204. „Paris. 1886" ist der Klavierauszug von „Judith" (Drame lyrique en trois actes) erschienen. So liegt die Vermutung nahe, Čajkovskij spreche im Tagebuch von diesem Stück.]
[178 Im vierten Akt, Nr. 20: Szene und Arioso der Kuma. Danach blieben noch die drei letzten Nummern der Oper zu komponieren.]
[179 Der Roman „Pêcheur [sic] d'Islande" des französischen Schriftstellers Pierre Loti (1850-1923) war erst im selben Jahr 1886 erschienen.]

18. August.
Im Garten spaziert. Arbeitete und beendete *vollständig* die Skizzen [den Entwurf] der Oper [‚Die Bezaubernde']. Dankte Gott für diese Gnade." [ČD, S. 86 und 88; Tagebücher, S. 95 und 97 f.]

Das chronologische Register der Arbeiten Peter Iljitschs in der Saison 1885-1886:
1) Text und Musik des Chors zur Feier des 50-jährigen Bestehens der Kaiserlichen Juristenschule [in Petersburg]. Komponiert im September 1885 in Maidanowo.
Manuskript.
2) Juristenmarsch für grosses Orchester. Komponiert im Oktober [Ende Oktober / Anfang November] (in Kamenka).
Verlag Jurgenson.
3) Melodram der Szene des Domowoi [Hausgeists] für Ostrowskys Schauspiel „Der Woiwode". Komponiert im Januar 1886.
Manuskript.
4) Op. 59. „Doumka". Russische Dorfszene für Klavier. Dem Direktor des Pariser Konservatoriums A. Marmontel gewidmet.[180] Komponiert Ende Februar [1886] in Maidanowo.
[Verlag Félix Mackar und] Verlag Jurgenson.

Ausser diesen wenig bedeutenden Werken hat Peter Iljitsch im Laufe der ganzen Saison an der Oper „Die Bezaubernde" gearbeitet.

[[180] Recte: Professor am Pariser Konservatorium; dessen Direktor war Ambroise Thomas.]

Kapitel XIV-XXI: September 1886 – Ende 1887.

Kapitel XIV.

[1886, September-Oktober. Majdanovo.
Romanzen op. 60 „für die Kaiserin". Korrespondenz mit dem Großfürsten Konstantin Konstantinovič und Lyriker „K. R." (Konstantin Romanov). Opernkomponisten Fitingof-Šel', Solov'ev, A. Rubinštejn, Čajkovskij. „Die Bezaubernde" ist zu lang geworden – und muß gekürzt werden.
Über Lev Tolstoj. Über Beethoven und Mozart (und ihre „Vorläufer" Bach, Gluck und Haydn).
Befürchtet Schwierigkeiten seitens des neuen Theaterdirektors in Moskau, die Inszenierung der „Čerevički" betreffend; fühlt sich aber immer wieder zum Theater hingezogen.
Hat mit der Instrumentierung der „Čarodejka" begonnen. Rühmt Aksakovs „Familienchronik".
Will Gedichte aus der Sammlung 1886 von K. R. vertonen. Furcht vor dem Dirigieren. Über Brahms.
Verunsicherung: Das Arbeiten fällt ihm schwer. Über Massenets Oper „Le Cid".
Rät von der Aufführung der 1. Symphonie in Petersburg ab; sie wird dennoch gespielt.
Empfiehlt Rimskij-Korsakov den jungen Georgij (Egor) Katuar (Catoire) als Kompositionsschüler.]

Tagebuch: „Klin, d. 4. September 1886.

... Habe die Lieder [op. 60] abgeschrieben (für die Kaiserin).[181] Während des Spaziergangs unzählige Belästigungen durch allerlei Bettler. Wieder ein Lied. Gang durch den Garten; auch hier Bettler – Abgebrannte.

5. September.

... Nach dem Spaziergang am Vormittag zwei Lieder [des op. 60] abgeschrieben. Noch ein Lied. Kleiner Spaziergang. Nach der Heimkehr wieder gearbeitet. Einen Artikel über die Freimaurer gelesen ...

6. September.

... Nach dem Spaziergang angestrengt gearbeitet. Am Nachmittag promenierte ich im Garten und auf der Terrasse des grossen Hauses,[182] den Regen vermeidend, welcher beständig goss. Merkwürdige Versuche, in das leere Haus hineinzugelangen. Nach dem Tee – Fütterung der Hühner, Arbeit und Gang in die Kirche zu Fuss. Ich liebe die Vesper. Die Abschrift eines Liedes [aus op. 60] beendet. Vergeblich nach weiteren Texten gesucht.

7. September.

... Das letzte Lied ist abgeschrieben, ich habe aber beschlossen, noch zwei zu komponieren ...

8. September.

... Habe, nicht ohne Mühe, ein zwölftes Lied über einen herrlichen Text von Chomjakow komponiert.[183] Am Nachmittag bin ich ins leere grosse Haus gedrungen, indem ich mit einiger Anstrengung die Mitteltür aufschloss. Wandelte durch die verlassenen Zimmer. Das Lied beendet und abgeschrieben. Bis zum Abendessen gearbeitet." [ČD, S. 92 f.; Tagebücher, S. 103 f.]

---

[181] Die vom 19. August bis zum 8. September 1886 komponierten Zwölf Romanzen op. 60 sind der Zarin Maria Fedorovna gewidmet („À Sa Majesté l'Impératrice de Russie"). „Abschreiben" von der Konzeptschrift: die endgültige Fassung = Druckvorlage ausarbeiten.]
[182] Desselben, welches Peter Iljitsch im Sommer 1885 bewohnt hatte. Im Jahre 1886 wohnte N. Kondratjew mit seiner Familie darin.
[183] Die Textdichter der Zwölf Romanzen op. 60: Aleksej Chomjakov (Nr. 1 und 11), Afanasij Fet (Nr. 2), Aleksej Pleščeev (Nr. 3 und 12), Aleksandr Puškin (Nr. 4), N. N. [P. I. Čajkovskij] (Nr. 5), Aleksej Apuchtin (Nr. 6), Jakov Polonskij (Nr. 7, 9 und 10) und Nikolaj Nekrasov (Nr. 8).]

An Seine Kaiserliche Hoheit den Grossfürsten Konstantin Konstantinowitsch:
„Maidanowo, d. 9. September 1886.
Ew. Kaiserliche Hoheit!
Im Frühjahr dieses Jahres haben Sie bei Gelegenheit unserer Begegnung bei Frau Abasa[184] Ihre wohlwollende Protektion zu versprechen geruht, falls ich es wagte, die gnädige Erlaubnis Ihrer Majestät der Kaiserin einholen zu wollen, ihr eines meiner Werke zu widmen.

Gegenwärtig habe ich zwölf Lieder komponiert und würde höchst glücklich sein, wollte Ihre Majestät meine untertänigste Widmung annehmen.

Ich habe nun die Absicht, Ihr Versprechen zu nutzen und lasse eine reinschriftliche Kopie meines Manuskripts anfertigen, welche ich – sobald sie fertig ist – an die Adresse Ew. Hoheit senden werde, in der Hoffnung, dass Sie die in diesem Falle unumgängliche Allerhöchste Erlaubnis nachzusuchen geruhen werden.

Vor kurzem habe ich die Komposition meiner neuen Oper ‚Die Bezaubernde' beendet und werde sie im Laufe des bevorstehenden Winters instrumentieren. Wenn es Hoffnung gäbe, dass der Kaiser meinen heissesten Wunsch nicht für zu kühn hielte, ihm diese, wahrscheinlich meine letzte und meine beste Oper zu widmen, – möchte ich mich zu gegebener Zeit abermals an Ew. Hoheit wenden und Sie um Ihre Hilfe bitten. Bei der oben erwähnten Gelegenheit meiner Begegnung mit Ew. Hoheit hatten Sie mir ausserdem versprochen, mir ein Exemplar Ihres im Druck erschienenen Werkes zu senden,[185] wobei ich Sie gebeten hatte, die Sendung an das Moskauer Konservatorium zu adressieren, da ich damals vor einer grossen Reise stand. Doch ist das Werk bis jetzt nicht an jene Adresse gelangt, obwohl es mir sehr angenehm und schmeichelhaft wäre, dasselbe zu erhalten.

Diese Gelegenheit wahrnehmend, bringe ich Ew. Kaiserlichen Hoheit einen zwar verspäteten, aber herzlichen Glückwunsch zur Geburt Ihres Sohnes und bitte Sie, die Versicherung meiner ehrerbietigsten und tiefsten Hochachtung entgegenzunehmen, in der ich die Ehre habe, Ew. Kaiserlichen Hoheit ergebenster Diener zu verbleiben.
P. Tschaikowsky." [XIII, 3043.]

An M. Tschaikowsky:
„Maidanowo, d. 9. September 1886.
… Der runden Zahl wegen habe ich noch zwei Lieder geschrieben, so ist das Dutzend voll. Es ist bereits alles abgeschrieben und an Jurgenson geschickt. Für die letzten Lieder habe ich Chomjakowsche Texte gewählt. Das war ein Poet! Die von mir gewählten Texte sind wundervoll! So originell und schön, dass mir die Musik – ich fühle es – sehr gelungen ist, besser als in allen anderen.

---

[184] J. F. Abasa, geb. Stube [Julija Fedorovna Abaza, † 1915], war Ende der 50er Jahre eine beliebte Salonsängerin deutscher Lieder und später eine in Petersburg sehr bekannte Musikliebhaberin. Ihr Haus war das erste, in welchem [am 6. März 1879] Bruchstücke aus „Eugen Onegin" privatim aufgeführt wurden[, und zwar mit Klavierbegleitung].

[185] In Čajkovskijs Bibliothek sind drei Gedichtbände des Grossfürsten Konstantin Konstantinovič (1858-1915) erhalten: K. R., „Stichotvorenija", Petersburg 1886 (von dem offenbar im Brief die Rede ist); „Stichotvorenija", Petersburg 1889; „Novye stichi", Petersburg 1889 – zwei davon mit persönlicher Widmung des Autors. In Čajkovskijs Exemplar der Sammlung von 1886 befinden sich etliche musikalische Skizzen und Anmerkungen des Komponisten; die Texte seiner dem Grossfürsten gewidmeten Sechs Romanzen op. 63 (1887) sind dieser Sammlung entnommen. Auch der Text zu Čajkovskijs Chor „Blažen, kto ulybaetsja" (1887) stammt von K. R.]

... Die Oper von Vietinghoff-Scheel habe ich ganz durchgespielt.[186] Gott, ist das ein schwaches Stück! Er hat zwar etwas mehr Talent als Solowjew,[187] dafür beherrscht aber letzterer die Kompositionstechnik ein ganz klein bisschen; dagegen ist der Dilettantismus Vietinghoffs schrecklich. Das ist ein kleines Kind und kein reifer Künstler. Bei Gott, Schande genug, dass solche Opern von Kaiserlichen Theatern gegeben werden. Übrigens hat die Direktion dadurch Rubinstein einen grossen Dienst erwiesen! Jetzt erscheint mir dessen ‚Dämon'[188] als ein Meisterwerk im Vergleich mit Scheels Oper.

Die Wahrheit zu sagen, schreibt die besten Opern der Welt derzeit P. I. Tschaikowsky, und von seinen Opern ist ‚Die Bezaubernde' die schönste. Jede Seite eine Perle. Wenigstens kommt mir das in diesem Moment so vor. Wahrscheinlich kommt es aber Vietinghoff auch so vor, dass seine ‚Tamara' weit schöner ist, – und wer von beiden recht hat, weiss Gott allein! ...

Die Hühner verkriechen sich vor Kälte in die Scheune und kommen auf den Ruf ‚put-put-put' nur sehr faul herangelaufen. Das rotbraune, mein Liebling, lässt Dich grüssen. Sobald wieder trockenes Wetter kommt, will ich Nazars Drachen steigen lassen."[189] [XIII, 3044.]

An M. Tschaikowsky: „Maidanowo, d. 18. September 1886.

... Am Tage vor meiner Abreise aus Moskau habe ich ‚Die Bezaubernde' ganz durchgespielt. Zu meinem Entsetzen erweist es sich, dass jeder der vier Akte eine ganze Stunde dauert, der erste sogar mehr. Es ist klar, dass grosse Kürzungen notwendig sind, – sehr unangenehm. Schpashinsky ist augenblicklich nicht hier, und ohne ihn kann ich die Kürzungen nicht machen. Auf meinen Brief mit der Anmeldung der Lieder für die [Widmung an die] Kaiserin habe ich vom Grossfürsten K. K. [Konstantin Konstantinowitsch] eine überaus liebenswürdige Antwort nebst einem Bändchen seiner Gedichte erhalten.[190] Schade, dass ich diese nicht früher in Händen hatte! Es wäre so schön gewesen, seine Gedichte in Musik zu setzen und der Kaiserin zu widmen. Viele von ihnen sind sehr nett." [XIII, 3050.]

Tagebuch:[191] „d. 20. September 1886 [1886? und 1887?].

Von keinem einzigen Verkünder der Wahrheit (mit Ausnahme von Christus) spricht Tolstoi mit Liebe und Begeisterung, sondern mit Verachtung und Hass. Wir wissen nicht, wie er sich zu Sokrates, Shakespeare und Gogol verhält. Wir wissen nicht, ob er Michelangelo und Raffael, Turgenjew und George Sand, Dickens und Flaubert gern hat. Vielleicht sind seine Sympathien und Antipathien (im Reich der Philosophie und Kunst) den ihm Nahestehenden bekannt, öffentlich aber hat dieser geniale Schwätzer nicht ein Wort darüber verloren, welches sein Verhältnis zu den grossen und ihm ebenbürtigen Geistern klä-

---

[186 Baron Boris A. Fitingof-Šel' (1829-1901), „Tamara" (1860-1871), Oper in vier Akten nach Michael Ju. Lermontovs Poem „Demon", am 22. April 1886 im Petersburger Mariinskij teatr uraufgeführt, und zwar unter der Leitung von Karl A. Kučera, 1879-1894 zweiter Kapellmeister der Kaiserlichen Theater in Petersburg. Der Klavierauszug erschien 1886 im Verlag M. Bernard, Petersburg.]
[187 Nikolaj F. Solov'ev (1846-1916), Musikkritiker und Professor am Moskauer Konservatorium, schrieb 1885 die Oper „Kordelija".]
[188 Anton G. Rubinštejns Oper „Demon" stammt aus dem Jahre 1871.]
189 Nasar [Nazar Litrov] war mein Diener. Diese Ausführlichkeit erwähne ich deshalb, um zu zeigen, wieviel kindliche Naivität noch in dem 46-jährigen Peter Iljitsch steckte und bis zu seinem Tode stecken blieb. Über besagten Drachen freute er sich wie ein Knabe.
[190 Siehe oben, S. 304, Anmerkung 185.]
191 Diese Notizen hat Peter Iljitsch nicht in das Tagebuch eingetragen, welches er nur für sich selber führte, sondern in ein anderes, welches – wie aus den Notizen hervorgeht – auch von anderen gelesen werden durfte oder sollte.

ren könnte. Zu mir hatte er beispielsweise gesagt, Beethoven wäre talentlos (im Gegensatz zu Mozart), schriftlich hat er sich aber nie – weder über Musik, noch über irgendein anderes Fach – ausgesprochen. Ich denke, dieser Mann beugt sich im Grunde nur vor Gott, oder vor dem Volk, dem Agglomerat von Menschen. Es gibt keinen Menschen, vor dem er sich beugen würde. Sjutajew war in den Augen Tolstois eigentlich kein Individuum, sondern das Volks selbst, die personifizierte Volksweisheit. Es wäre aber interessant zu wissen, was dieser Gigant der Literatur liebt und was er nicht liebt.

Nach meinem Tode wird es wahrscheinlich nicht uninteressant sein, von meinen musikalischen Neigungen Kenntnis zu erhalten, um so mehr, da ich mich selten mündlich über sie geäussert habe.

Ich will allmählich damit beginnen und, sobald ich die Musiker erwähne, die zur selben Zeit wie ich gelebt haben, gleichzeitig von ihren Persönlichkeiten sprechen.[192]

Ich fange mit Beethoven an, den man unbedingt zu loben und wie einen Gott anzubeten pflegt. Also, was ist Beethoven für mich? Ich beuge mich vor der Grösse einiger seiner Schöpfungen, – aber ich liebe Beethoven nicht. Mein Verhältnis zu ihm erinnert mich an dasjenige, welches ich in meiner Kindheit gegenüber Gott Zebaoth empfand. Ich empfand (auch heute noch ist mein Gefühl dasselbe geblieben) Bewunderung für ihn, aber auch Furcht. Er Hat Himmel und Erde erschaffen, und doch – obwohl ich vor ihm niederfalle – liebe ich ihn nicht. Christus dagegen ruft ausschliesslich das Gefühl der *Liebe* hervor. Er ist Gott, aber zugleich auch Mensch. Er hat gelitten wie wir. Wir *bemitleiden* ihn und *lieben* in ihm die idealen menschlichen Seiten. Wenn Beethoven in meinem Herzen eine Gott Zebaoth analoge Stelle einnimmt, so liebe ich Mozart wie den musikalischen Christus. Hat er ja fast ebenso lange gelebt wie Christus. Ich denke, dieser Vergleich ist keine Gotteslästerung. Mozart war ein so engelhaft reines Wesen, und seine Musik ist voll der göttlichsten Schönheit!

Indem ich von Beethoven sprach, stiess ich auf Mozart. Nach meiner innersten Überzeugung ist Mozart der höchste Kulminationspunkt, den die Schönheit im Reich der Musik je erreicht hat. Nur er kann mich weinen und vor Entzücken erzittern machen im Bewusstsein dessen, was wir ideal nennen. Beethoven macht mich auch erzittern, aber eher vor Furcht und qualvoller Sehnsucht. Ich verstehe nicht über Musik zu sprechen und will nicht ausführlich werden … Doch will ich zwei Dinge ausführlich erwähnen: 1) Bei Beethoven liebe ich die mittlere Periode, manchmal die erste, und hasse im Grunde die *letzte*, namentlich die letzten Quartette. Da gibt es nur Blitze, nicht mehr. Das Übrige ist ein Chaos, über welchem, nebelumhüllt, der Geist dieses musikalischen Zebaoth schwebt. 2) Bei Mozart liebe ich alles, denn wir lieben alles an dem Menschen, den wir wirklich lieben. Am stärksten den ‚Don Giovanni', denn durch ihn habe ich wissen gelernt, was Musik ist. Bis dahin (bis zu meinem 17. Lebensjahr) habe ich nichts ausser der italienischen, übrigens sympathischen Halbmusik gekannt. Obwohl ich alles bei Mozart liebe, will ich nicht behaupten, dass ein jedes, selbst das unbedeutendste Stück von ihm ein Meisterwerk sei. Nein, ich weiss wohl, dass beispielsweise eine beliebige seiner Sonaten keine grosse Schöpfung ist, und dennoch liebe ich eine jede seiner Sonaten, weil sie von ihm ist, weil er seinen heiligen Odem in sie gehaucht hat.

Über die Vorläufer dieser beiden will ich sagen, dass ich Bach gern spiele, weil es *unterhaltend* ist, eine gute Fuge zu spielen, für ein grosses Genie halte ich ihn aber nicht (wie es manche tun). Händel hat für mich nur eine viertklassige Bedeutung; er ist für mich nicht

---

[192 Zu den zeitgenössischen Musikern hat Čajkovskij sich aber nicht mehr geäussert; über einige von ihnen, auch die Mitglieder des „Mächtigen Häufleins", hatte er allerdings schon früher z. B. in seinen Briefen an Frau fon Mekk gesprochen.]

einmal unterhaltend. Gluck ist mir, ungeachtet seiner verhältnismässig armseligen Schöpferkraft, sympathisch. Einiges habe ich auch bei Haydn gern. Diese vier Grössen sind von Mozart übertroffen worden. Sie sind Strahlen, in der Sonne Mozarts untergegangen." [ČD, S. 211-213; Tagebücher, S. 271-273.]

An Frau von Meck: „Maidanowo, d. 23. September 1886.
... In Moskau konnte ich absolut nichts darüber erfahren, wann meine Oper [„Tscherewitschki"] in Szene gehen kann. An der Spitze der Moskauer Theaterdirektion steht eine Persönlichkeit,[193] welche augenscheinlich den russischen Musikern überhaupt und (wie ich gehört habe) mir im besonderen nicht gewogen ist, und ich ahne, dass mir bei der Aufführung der Oper viele Unannehmlichkeiten erwachsen werden. In solchen Fällen denke ich immer an zwei Menschen, welche der Oper feindlich gegenüberstehen: an Sie und an Lev Tolstoi, – und gebe mir immer wieder das Wort, nie wieder Opern zu schreiben, doch die unüberwindliche Anziehungskraft des Theaters behält die Oberhand, und ich fühle, dass ich – solange mir die Feder nicht aus der Hand fällt – dennoch mehr Opern als Symphonien und Quartette schreiben werde. – Und wie schön, wie ruhig wäre es, nichts mit dem Theater und seinen Plackereien zu tun zu haben.

Die Instrumentierung der ‚Bezaubernden' habe ich in Angriff genommen. Jetzt werde ich hoffentlich zwei Wochen ununterbrochen im Dorf bleiben können." [XIII, 3056.]

Tagebuch: „Maidanowo, d. 25. September 1886.
... Beim Tee erfreute ich mich wieder an der ‚Familienchronik' Aksakows.[194] Was für ein herrliches, eigenartiges Werk, und wie gern habe ich solche Geschichten! Bis in die intimste Tiefe in ein fremdes Leben zu dringen, dazu in ferner Vergangenheit, – ist für mich ein ausserordentlicher Genuss." [ČD, S. 98; Tagebücher, S. 109.]

An den Grossfürsten Konstantin Konstantinowitsch:
„[Maidanowo, d. 18.] September 1886.

Ew. Kaiserliche Hoheit!

Gestatten Sie mir, Ihnen von ganzem Herzen für das teure Geschenk und die teilnahmsvollen Zeilen Ihres Briefes zu danken. Ich schätze die Aufmerksamkeit sehr, sehr hoch, deren Sie mich für wert halten.[195]

Ich bedaure sehr, Hoheit, dass ich während des Suchens nach Texten für die Ihrer Majestät [der Kaiserin] zu widmenden Lieder [op. 60] noch nicht das Vergnügen hatte, jenes sympathische Büchlein zu besitzen, welches jetzt dank Ihrer schmeichelhaften Aufmerksamkeit in meinen Händen liegt. Wäre es doch im vorliegenden Fall überaus angebracht gewesen, gerade Ihre Gedichte zu benutzen! Wie viele von ihnen sind von einem warmen, herzlichen Gefühl durchglüht, welches sich der Musik geradezu aufdrängt! Nachdem ich Ihre Gedichtsammlung gelesen habe, habe ich sofort beschlossen, sie sobald wie möglich für meine nächste Liederserie zu wählen und diese mit Ihrer gütigen Erlaubnis Ew. Hoheit

---

[193 Im Originalbrief nennt Čajkovskij ihren Namen: „ein gewisser Herr Majkov" (Apollon A. Majkov, 1826-1902, seit 1886 Direktor der Kaiserlichen Theater in Moskau). Der Čajkovskij wohlgesonnene Ivan Vsevoložskij war 1881-1886 Direktor der Kaiserlichen Theater sowohl in Moskau als auch in Petersburg gewesen, wirkte als solcher von 1886 an (bis 1899) nur noch in Petersburg.]
[194 Berühmter russischer Schriftsteller. [Sergej T. Aksakov, 1791-1859, „Semejnaja chronika", Moskau 1856; die „Familienchronik" gilt zusammen mit seinen Kindheitserinnerungen als Meisterwerk der russischen Literatur.]
[195 Ein Exemplar der Gedichtsammlung K. R., Stichotvorenija, Petersburg 1886 des Grossfürsten. Vgl. oben, S. 304, den Brief Čajkovskijs vom 9. September 1886, in dem er den Grossfürsten an sein Versprechen erinnert, ihm den Band zu schicken (ČPSS XIII, Nr. 3043, mit Anmerkung).]

zu widmen.[196] Es wird mir überaus angenehm sein, wenn Sie diese Widmung als den Ausdruck meiner aufrichtigen Ergebenheit anerkennen wollten.

Sobald ich nach Petersburg komme, wird es mir eine hohe Ehre und ein Vergnügen sein, Ihrer freundlichen Einladung Folge zu leisten ..." [XIII, 3048.]

Tagebuch: „[Maidanowo,] d. 3. Oktober 1886.

... Der zweite Akt des ‚Nero'[197] dauert länger als eine Stunde. Endlich habe ich längere Akte gefunden als meine!" [ČD, S. 100; Tagebücher, S. 112.]

An Frau von Meck: „Maidanowo, d. 5. Oktober 1886.

... Was Sie über *mein Dirigieren* sagen, ist eine wahre Salbe auf die Wunde meines Herzens. Stellen Sie sich vor, liebe Freundin, dass das Bewusstsein der Unfähigkeit zu dirigieren mir mein Leben lang eine Qual und ein Martyrium gewesen ist. Ich glaubte, es müsse verachtenswert und beschämend sein, so wenig Selbstbeherrschung zu haben, dass der blosse Gedanke an das Betreten des Podiums mit dem Dirigierstab in der Hand einen vor Furcht und Schrecken beben machen kann. Ich fühle, dass mir auch diesmal – obwohl ich bereits versprochen habe, selbst zu dirigieren –, wenn es soweit ist, der Mut sinken wird und ich absagen lasse ..."[198] [XIII, 3067.]

Tagebuch: „Maidanowo, d. 7. Oktober 1886.

... So angestrengt gearbeitet,[199] dass ich nachher wie ein Betrunkener wankte.

9. Oktober.

... Der erste Schnee. Arbeit ohne Anstrengung. Von $^1/_2$ 7 bis 8 Uhr diktierte mir Laroche den Nekrolog für Kross[200] (ein Jahr nach seinem Tod). Dann wurde Brahms gespielt. Es ärgert mich, dass diese selbstbewusste Mittelmässigkeit als *Genie* anerkannt wird. Im Vergleich mit ihm ist Raff ein Gigant, von Rubinstein gar nicht zu reden, welcher denn doch ein grosser und lebendiger Mann ist. Und Brahms – so etwas Chaotisches, Trockenes und ganz Inhaltloses!" [ČD, S. 100 und 101; Tagebücher, S. 112 und 113.]

An M. Tschaikowsky: „Maidanowo, d. 10. Oktober 1886.

... Die Arbeit fällt mir schwer. Ich werde jetzt immer so müde und bekomme Kopfschmerzen (Du weisst, der bewusste *Nagel* im Kopf)." [XIII, 3073.]

An N. A. Rimsky-Korsakow: „[Maidanowo,] d. 11. Oktober 1888 [recte: 1886].

Teurer Nikolai Andreewitsch, aus der Besselschen Zeitung habe ich erfahren, dass Dütsch[201] in einem der Russischen Konzerte meine erste Symphonie spielen wolle.[202] Das

---

[196 1887 wird Čajkovskij diese Sechs Romanzen op. 63 auf Gedichte von K. R. aus dessen Gedichtsammlung „Stichotvorenija" komponieren und dem Grossfürsten widmen.]
[197] Oper von A. Rubinstein [aus dem Jahre 1876].
[198 Čajkovskij hatte sich entschlossen, die ersten Aufführungen der „Čerevički" selbst zu dirigieren, weil sonst der Uraufführungstermin der Oper wegen der sich hinziehenden Erkrankung des Chefdirigenten am Bol'šoj teatr Ippolit K. Al'tani gefährdet gewesen wäre. Um sich sicherer zu fühlen, nahm er einige Dirigierstunden bei Al'tani, den er sehr schätzte.]
[199 Die Arbeit, von der hier und später die Rede ist: Instrumentierung der ‚Bezaubernden'.]
[200 Gustaf G. Kross (1831-1885), Pianist und Komponist, 1871-1884 Professor am Petersburger Konservatorium; dort ehemaliger Kommilitone Čajkovskijs; Solist der (offenbar unbefriedigenden) russischen Erstaufführung von Čajkovskijs 1. Klavierkonzert am 1. November 1875 in Petersburg (Dirigent: Ė. F. Napravnik).]
[201] Ein junger talentvoller Dirigent. [Georgij O. Djuš (1857-1891) hatte 1873-1875 bei N. A. Rimskij-Korsakov am Petersburger Konservatorium studiert und leitete 1889-1890 die Orchesterklassen des Konservatoriums.]

freut mich sehr, ich muss aber folgendes bemerken: Vor etwa 15 Jahren hat Jurgenson diese Symphonie herausgegeben, und zwar furchtbar schlecht.[203] Druckfehler ohne Zahl! Vor einigen Jahren wurde die Symphonie aber in Moskau aufgeführt, so dass es ein Exemplar gibt, in welchem die Druckfehler verbessert sind.[204] Für den Fall, dass Dütsch an der ersten Symphonie festhalten sollte (mir wäre etwas anderes lieber), sende ich ihm das erwähnte verbesserte Exemplar. Gedruckte Stimmen gibt es nicht,[205] sondern nur geschriebene, welche in Moskau benutzt worden sind. Diese muss er zu bekommen versuchen oder die Stimmen aus dem ihm zugehenden Exemplar der Partitur neu abschreiben lassen.

Da mir Dütschs Adresse nicht bekannt ist, adressiere ich die Symphonie an Sie, mit der Bitte, ihm dieselbe zustellen zu wollen.[206]

Ist ein gewisser Catoire mit meinem Empfehlungsschreiben bei Ihnen gewesen?[207] Er ist ein sehr begabter junger Mann und möchte bei Ihnen studieren. Ich kann Ihnen denselben sehr empfehlen. Er ist nicht nur talentvoll, sondern mir auch sehr sympathisch." [XIII, 3074.]

Tagebuch: „[Maidanowo,] d. 13. Oktober 1886.
... Sehr lange geschlafen und doch mit Spuren des *Nagels* erwacht.[208] War den ganzen Tag sehr vorsichtig, was Essen und Arbeiten anbelangt. Der Nagel wich aber nicht. Was ist denn das? Ich habe die Fähigkeit verloren, viel zu arbeiten. Das ist ja der Tod ... Das Wetter war windstill. Die Fähigkeit, die Natur zu geniessen, habe ich aber eingebüsst. Den ganzen Morgen durchgearbeitet. Nachher ‚Cid' gespielt.[209] – Nicht besonders: immer dasselbe ..." [ČD, S. 102; Tagebücher, S. 114 f.]

Kapitel XV.

[1886, Ende Oktober-November. Majdanovo.
Auftrag des Direktors der Kaiserlichen Bühnen in Petersburg Vsevoložskij für ein Ballett „Undina".
Zunehmende Popularität in Petersburg. Beljaev-Preis. Ehrenmitgliedschaft der Kammermusikgesellschaft.
Weiterarbeit an der Partitur der „Bezaubernden". Spielt Beethovens cis-Moll-Quartett.
Spielt „Opričnik" – „scheußlich" – und will ihn gründlich ändern.
Zweifel und Unzufriedenheit; Widerwille gegen Moskau – denkt oft an Petersburg.
Will sich nach Abschluß der „Bezaubernden" zunächst erholen, bevor er an das „Undina"-Ballett geht – dieses kommt schließlich nicht zustande. Spendet 100 Mark für ein Raff-Denkmal.
Ausführlich über die ihm gewidmete Orchesterfantasie op. 9 von Antonij St. Arenskij.
V. V. Bessel's journalistische Fehde gegen Napravnik und Čajkovskijs vergebliche Richtigstellung.]

[202 Aus einer Notiz in der von Vasilij V. Bessel' herausgegebenen Zeitschrift „Muzykal'noe obozrenie" (Musikalische Rundschau), 1886, Nr. 3, S. 21, unter der Rubrik „Russkie simfoničeskie koncerty" (Russische Symphoniekonzerte).]
[203 Tatsächlich war die Erstausgabe des Werkes (in der Fassung von 1874) im Januar 1875 erschienen.]
[204 Die zweite ‚vom Komponisten revidierte und korrigierte Ausgabe' erschien im Juni 1888, ebenfalls bei P. I. Jurgenson in Moskau.]
[205 Sie erschienen erst im Juni 1888, zusammen mit der zweiten Ausgabe der Partitur.]
[206 Djuč führte Čajkovskijs 1. Symphonie im 2. Russischen Konzert am 22. Oktober 1886 auf; das war die Petersburger Erstaufführung der gesamten Sinfonie (in der Fassung von 1884).]
[207 Georgij L. Katuar (1861-1926) hatte Čajkovskij im Herbst 1885 kennengelernt; er hielt ihn für begabt und förderte ihn. Vgl. den Beitrag „Der Briefwechsel zwischen P. I. Čajkovskij und Egor L. Catoire" von Anna Zassimova, in: Mitteilungen 15 (2008), S. 134-151. Das erwähnte Empfehlungsschreiben Čajkovskijs in deutscher Übersetzung ebenda, S. 151.]
[208 Nachwirkungen der oben erwähnten Kopfschmerzen.]
[209 Klavierauszug der am 30. November 1885 in Paris uraufgeführten Oper „Le Cid" von Jules Massenet (1842-1912).]

Ende Oktober war Peter Iljitsch für kurze Zeit nach Petersburg gefahren, hauptsächlich um der Erstaufführung von Naprawniks „Harold" beizuwohnen. Da aber die Aufführung aus verschiedenen Gründen immer wieder aufgeschoben wurde, musste Peter Iljitsch nach Maidanowo zurückkehren, ohne sie abgewartet zu haben. Trotzdem war die Reise nicht ohne Folgen geblieben, denn der Direktor der Kaiserlichen Theater Wsewoloshsky hat Peter Iljitsch zum ersten Mal den Vorschlag gemacht, ein Ballett für Petersburg zu schreiben. Als Sujet wurde Shukowskys „Undine" gewählt und das Arrangement des [Tanz-]Programms mir übertragen.

Ausserdem haben sich alle Einzelheiten des kurzen Aufenthalts in Petersburg so gefügt, dass Peter Iljitsch sich von dem hohen Grade seiner Popularität in dieser Stadt aus eigener Anschauung überzeugen konnte. Ihm wurde nicht nur von seiten der Komponisten (mit Rimsky-Korsakow an der Spitze) ein sehr freundschaftlicher Empfang zuteil, sondern er erhielt durch die Vermittlung Stassows von einem unbekannten „Wohlgesinnten" – einem Mäzen der Musik „russischer Richtung" – eine Prämie von 500 Rubeln, welche für die beste musikalische Novität der Saison verliehen zu werden pflegte, als welche im vorliegenden Fall „Manfred" anerkannt worden war.[210] Auch wurde er bei Gelegenheit seiner Ernennung zum Ehrenmitglied des St. Petersburger Kammermusikvereins (am 27. September 1886) seitens der Petersburger Liebhaber der klassischen Musik (in der Mehrzahl Deutsche) durch eine festliche Versammlung geehrt.[211]

Tagebuch: „Maidanowo, d. 10. November 1886.
Ankunft. Freude. Korrektur der Lieder. Allen möglichen Schund aus dem Verlag Bessel gespielt. Cui und ähnlich anspruchsvolles Zeug. Ärger. Stille. Bin ich glücklich im langersehnten Hafen? Eine Frage, die besser unbeantwortet bleibt." [ČD, S. 111; Tagebücher, S. 137.]

An P. Tschaikowsky [P. W. Tschaikowskaja]: „Maidanowo, d. 10. November 1886.
… Diesen Winter und den folgenden Sommer werde ich kräftig arbeiten müssen: meinem Versprechen gemäss muss ich die ‚Bezaubernde' der Direktion bis zur Fastenzeit abliefern,[212] bis zum Sommer mit der Instrumentierung fertigwerden und dann unverzüglich die Komposition der Musik für das Ballett ‚Undine' in Angriff nehmen. Das wird mir viel Geld eintragen, nicht weniger als 5000."[213] [XIII, 3092.]

Tagebuch: „Maidanowo, d. 12. November 1886.
Spielte das cis-Moll-Quartett (Beethoven) und den ersten Akt des ‚Opritschnik', den ich im Sommer umzuarbeiten gedenke.[214] Heute kamen oft Zweifel über mich, Unzufrie-

---

[210 Bei dem Mäzen handelte es sich um den wohlhabenden Holzhändler Mitrofan P. Beljaev (1846-1904), Gründer des Verlags M. P. Belaieff in Leipzig sowie der „Russischen Symphoniekonzerte" und der „Russischen Kammermusikabende" in Petersburg. – Schon 1885 hatte Čajkovskij von Beljaev einen Preis in Höhe von 500 Rubeln für die Symphonische Fantasie „Der Sturm" erhalten. – Und 1886, nach ČPSS XIII, S. 517, Anmerkung 2 zu Brief Nr. 3114, eine Prämie in gleicher Höhe für die Orchesterfantasie „Francesca da Rimini" – und nicht „Manfred", wie es LebenTsch. heisst.]
[211 Für die Ehrung bedankte sich Čajkovskij durch die Komposition seines der Kammermusikgesellschaft gewidmeten Streichsextetts „Souvenir de Florence" op. 70 (1890).]
[212 In Form des Klavierauszugs.]
[213 Die Komposition des Balletts wurde zunächst verschoben (siehe unten, Brief an Modest vom 14. November 1886, und schließlich nicht realisiert, offenbar vor allem auch deshalb, weil Modest Čajkovskijs Libretto weder die Zustimmung des Ballettmeisters Marius Petipa noch die des Komponisten fand. Vgl. die Hinweise und Nachweise in TchH 1, S. 408 f.]
[214 Dazu ist es weder 1887 noch, wie geplant, später gekommen.]

denheit mit der Gegenwart, mein Widerwille gegen Moskau wird immer stärker. Oft denke ich an Petersburg." [ČD, S. 111; Tagebücher, S. 137.]

An M. Tschaikowsky: „Maidanowo, d. 14. November 1886.
In Maidanowo werde ich dieses Jahr von Pech verfolgt! Ich hatte gehofft, hier Ruhe und vollkommene Zufriedenheit zu finden, doch erneuerte sich schon am ersten Tag der Arbeit jenes Kopfweh, welches mich vor Monatsfrist zur Flucht nach Petersburg veranlasst hatte. Ausserdem lag ich die ganze Nacht in Fieberphantasien – weiss absolut nicht, woher; Rizinusöl hat die Krankheit verscheucht, und heute fühle ich mich nur noch schwach. Der Kopf ist klar, und morgen will ich wieder an die Arbeit gehen, ohne mich dabei zu vergewaltigen. Natürlich sind das alles nur die Nerven und Lappalien; doch meinst Du nicht auch, dass ich mich nach [Beendigung] der ‚Bezaubernden' erholen müsste und das Ballett aufschieben sollte? Ich glaube, es wäre besser, das Ballett nach und nach für die Saison 1888/89 zu schreiben. Wie denkst Du darüber? Es scheint mir vernünftiger, sich im Sommer zu erholen und neue Kräfte zu sammeln. Das Szenarium für ‚Undine' kannst Du ja trotzdem zusammenstellen …" [XIII, 3103.]

An P. Jurgenson: „Maidanowo, d. 14. November 1886.
… Ich habe ein Schreiben der Baronin Senfft von Pilsach erhalten; sie bittet mich in ihrem eigenen und Bülows Namen um eine Spende für das Raff-Denkmal.[215] Das ist mir sympathisch, und ich bitte Dich, in meinem Namen hundert Mark zu senden …" [XIII, 3104.]

Tagebuch: „[Maidanowo,] d. 15. November 1886.
… Spielte den dritten Akt des ‚Opritschnik'. Scheusslich. Ändern – dann gründlich ändern." [ČD, S. 112; Tagebücher, S. 138.]

An M. Tschaikowsky: „Moskau, d. 19. November 1886.
… Seit heute früh bin ich in Moskau. Eine Probe ist schon gewesen. Nach meinem letzten Brief an Dich war ich wieder krank. Es war so weit gekommen, dass ich schon nach dem Arzt schicken wollte. Es schien mir, dass irgendeine ungeheuerliche Krankheit im Anzuge sei. Plötzlich wurde mir ein Telegramm gebracht, dass ich heute in der Probe [zu ‚Tscherewitschki'] sein müsste. Ich antwortete, dass an eine Probe gar nicht zu denken wäre und ich nicht fahren könne. Aber nach einer halben Stunde fühlte ich mich urplötzlich so wohl, dass ich – trotz furchtbarer Unlust – nach Moskau reiste. Das Kopfweh, welches mir zehn Tage lang so arg zugesetzt hatte, ist spurlos verschwunden. Ist das nicht ein merkwürdiger pathologischer Fall? So etwas kann nur mir passieren.
Jetzt wird es täglich Proben geben. Man sagt, die Oper würde am 15. Dezember in Szene gehen, – aber ich bin dessen noch lange nicht sicher.[216] Ich hoffe sehr, dass Du und Kolja [Nikolai Konradi] kommen werdet. Ich weiss noch nicht, ob ich selbst dirigieren werde. Einmal will ich, einmal nicht.
In Betreff der Krankheit, welche mich in Maidanowo unausgesetzt verfolgte, kamen mir tausend Gedanken: fliehen wollte ich, alles im Stich lassen usw.

[215 Der Brief der Baronesse vom 4. / 16. November 1886 ist veröffentlicht in: ČZM, S. 61. – Der Komponist Joseph Joachim Raff (1822-1882), seit 1878 Direktor des Hoch'schen Konservatoriums in Frankfurt a. M., war 1882 gestorben und auf dem Frankfurter Hauptfriedhof begraben worden. Mit dem „Raff-Denkmal" ist offenbar das Grabmal des Münchner Bildhauers Karl Ludwig Sand (1859-1947) auf dem genannten Friedhof gemeint, Nr. 95 in: Zum Gedenken. Grabmale in Frankfurt am Main. Fotografiert von Helga und Victor von Brauchitsch, Frankfurt a. M.: Kramer, 1988.]
[216 Die Uraufführung fand erst am 19. Januar 1887 statt.]

Jetzt bleibt natürlich alles beim alten. Ich werde ‚Tscherewitschki' aufführen und dann für die Feiertage zu Euch nach Piter[217] kommen." [XIII, 3108.]

An A. Arensky: „[Moskau,] d. 24. November 1886.
Teurer Freund Anton Stepanowitsch, erst gestern ist Ihr lieber Brief in meine Hände gelangt; dass Sie ‚Marguerite Gautier'[218] komponiert und mir gewidmet haben, wusste ich schon von Tanejew.

Für die Widmung danke ich Ihnen von ganzer Seele. Ihre Aufmerksamkeit und die Ehre, die Sie mir erweisen, haben mich sehr gerührt. ‚Marguerite' liegt jetzt bei mir auf dem Tisch, und ich werfe hin und wieder – in den freien Momenten, deren ich nicht viele habe – mit viel Interesse und Vergnügen einen Blick hinein. Nehmen Sie es mir aber um Gottes willen nicht übel, dass ich Ihnen nicht sofort über den gewonnenen Eindruck berichte. Beim ersten Anblick finde ich das Werk sehr interessant, besonders in der Beziehung, dass Sie mit einem Satz von Ihrem bisherigen Weg zur Seite gesprungen sind. ‚Margarete' hat so wenig Ähnlichkeit mit der Suite und der Symphonie,[219] dass man meinen könnte, sie stamme aus der Feder eines ganz anderen Menschen. Die Eleganz der Form, Harmonik und Instrumentation ist dieselbe geblieben, aber der Charakter der Themen und Wendungen ist ein ganz anderer geworden. Natürlich taucht da die Frage auf: ist das Stück besser als die Symphonie und Suite oder nicht? Darauf kann ich einstweilen noch keine Antwort geben." [XIII, 3110.]

Indem ich meiner Erzählung ein wenig vorgreife, möchte ich an dieser Stelle einen Auszug aus einem späteren Brief Peter Iljitschs wiedergeben, in welchem er Arensky seine Meinung über ‚Marguerite Gautier' mitteilt.

An A. Arensky: „Maidanowo, d. 2. April 1887.
Sehr geehrter Anton Stepanowitsch, im Herbst hatte ich Ihnen geschrieben, dass ich mein Urteil über ‚Marguerite Gautier' erst dann aussprechen würde, sobald ich das Stück gehört und genügend Musse gefunden hätte, die Partitur gründlich zu studieren. Es war um so mehr meine Pflicht, einen solchen Zeitpunkt abzuwarten, als mir Ihre Fantasie – obwohl ich Ihr ausserordentliches Talent sehr hoch schätze – *nicht* gefallen hat. Es ist leicht, einen Menschen, den man hochschätzt, zu loben. Aber ihm zu sagen: ‚unschön', ‚gefällt mir nicht', ohne sein Urteil durch eine ausführliche Erklärung zu begründen, – ist sehr schwer …

Aber eine ausführliche Kritik über ‚Marguerite' will ich Ihnen heute noch nicht senden, denn dazu müsste ich ganz frei sein, keinerlei Sorgen haben und mehrere Tage dem sorgfältigen Studium Ihrer Partitur opfern. Ich sitze aber ganze Tage lang über der Instrumentierung meiner Oper [‚Die Bezaubernde'], welche wahrscheinlich infolge meines Alters und meiner Mattigkeit nur im Schneckentempo vorwärtskommt. Doch will ich Ihnen meine Meinung in kurzen Worten sagen. Vor allem über die Wahl des Sujets. Für mich und für alle Ihre Freunde war es schmerzlich und verletzend zu erfahren, dass Sie als Thema für eine Programm-Fantasie ‚La dame aux camélias' gewählt haben. Wie kann ein gebildeter Musiker, Homer, Shakespeare, Gogol, Puschkin, Dante, Tolstoi, Lermontow u. a. umgehend, sich für ein Erzeugnis des Herrn Dumas fils erwärmen, welche die Abenteuer einer öffentlichen Dirne zum Inhalt hat und in welchem diese Abenteuer – wenn auch mit fran-

---

[217] Gebräuchliche Abkürzung des Wortes Petersburg.
[218] Fantasie für Orchester [op. 9 nach Alexandre Dumas' d. J. Roman, Paris 1848 bzw. Drama von 1852, „La dame aux camélias" („Die Kameliendame"), beendet Mitte Oktober 1886, uraufgeführt am 18. Januar 1887 in Moskau unter der Leitung von Max Erdmannsdörfer].
[[219] Suite für Symphonieorchester op. 7 (1885) und 1. Symphonie h-Moll op. 4 (1883).]

zösischer Geschicklichkeit und guter Mache – im Grunde doch lügenhaft, sentimental und nicht ohne Gemeinheit beschrieben werden? Eine solche Wahl ist bei einem Verdi verständlich,[220] welcher ein Sujet brauchte, das die Nerven der Menschen in der Epoche des Kunstverfalls erregen konnte. Sie ist aber unverständlich bei einem jungen, begabten russischen Musiker, der eine gute Erziehung genossen hat, bei einem Schüler Rimsky-Korsakows und Freund S. Tanejews.

Doch gehört das Sujet nicht in den Bereich meiner Kompetenz.

Jetzt aber die Musik: 1.) *Die Orgie*. Wenn man davon absieht, dass unter dieser Orgie ein Trinkgelage nebst Ball bei einer Prostituierten verstanden ist, an dem eine Menge anderer teilnehmen, Mayonnaise mit Trüffeln gegessen und später Cancan getanzt wird, – so entbehrt die Musik, welche diese Orgie illustriert, nicht der Lebendigkeit, des Feuers und Glanzes. Sie ist, übrigens wie die ganze Fantasie, mit Liszt durchtränkt; ihre Schönheit ist, wenn man sie genau ansieht, eine rein *äusserliche*, *bedingte* und enthält keine ergreifenden Momente. Eine solche Schönheit ist keine *absolute* Schönheit, sondern nur ein *Schöntun* (bedingte Schönheit), – und dieses Schöntun ist eher ein Fehler als ein Vorzug. *Schön* taten stets: Rossini, Donizetti, Bellini, Mendelssohn, Massenet, Liszt usw. Natürlich sind sie in ihrer Art auch Meister, ihr vorwiegender Charakterzug ist aber nicht das Ideal, welches wir erstreben sollen, denn weder Beethoven, noch Bach (der zwar langweilig, aber dennoch genial ist), noch Glinka, noch Mozart haben jemals die bedingte Schönheit gesucht, sondern die ideale, welche nicht selten in eine beim ersten Anblick sogar hässlich scheinende Form gehüllt ist.

2.) *Pastorale in Bougival.* O mein Gott! Wenn Sie wüssten, wie unpoetisch und unpastoral jenes Bougival[221] ist mit seinen Canotiers,[222] Cabarets, Cancans usw.! Dieser Satz ist schön, wie auch Ballettpastorales bedingt schön sein können, wenn sie nicht von einem ganz talentlosen Musiker stammen.

3.) Die Liebesmelodie

ist wiederum schön, erinnert an Liszt, d. h. an keine bestimmte Melodie von ihm, sondern an seine Manier, an die Art seiner halbitalienischen Melodien, die aber der Plastizität und Einfachheit der echt italienischen Volksmelodien entbehren. Übrigens enthält die Fortsetzung Ihres Themas

nicht nur Schönes, sondern Wunderschönes, welches Ohr und Herz erquickt …

[220 Dessen Oper „La Traviata" der Stoff zugrundeliegt.]
[221 Bougival: im 19. Jahrhundert beliebte kleine Stadt in der Nähe von Paris. (Pauline Viardot und Turgenev lebten dort – und Čajkovskij hatte bei P. Viardot in Bougival das Autograph von Mozarts „Don Giovanni" in Händen gehalten.) In der Belle Epoque als „Wiege des Impressionismus" bekanntgeworden. Monet, Renoir und Sisley malten in der Gegend.]
[222 Canotier: ovaler, flacher Strohhut, im späten 19. Jahrhundert beliebt bei Bootsfahrten (daher der Name). Vgl. Renoirs Gemälde „Das Frühstück".]

Hinsichtlich der Meisterschaft der Kompositionstechnik kann Ihnen niemand etwas vorwerfen, denn sie verdient unbedingtes Lob ...

Ich bitte Sie, mir wegen der Verzögerung der Antwort und des tadelnden Charakters derselben nicht zu zürnen." [XIV, 3215.]

In Nr. 11 der [Zeitschrift] „Musikaln. obosr."[223] vom 4. Dezember 1886 erschien ein „Zum fünfzigsten Jubiläum des ‚Lebens für den Zaren'" betitelter Artikel, welcher folgende Zeilen enthielt:

„Es ist sehr traurig, dass unser Kapellmeister Herr Naprawnik der Musik russischer Komponisten ungünstig gesinnt ist. Tatsache ist, dass Herr Naprawnik Herrn Tschaikowsky sehr nachdrücklich abgeraten hatte, ‚Eugen Onegin' aufzuführen. ‚Onegin' ist nämlich auf allerhöchsten Befehl gegeben worden; – und doch hat ‚Onegin' den Ruf Tschaikowskys begründet."

Über diese Zeilen geriet Peter Iljitsch in Zorn, und er sandte dem Redakteur W. Bessel eine jene Nachricht dementierenden Brief. Bessel hat diesen Brief aber nicht sofort veröffentlicht, sondern Peter Iljitsch zunächst vorgeschlagen, auf sein Dementi zu verzichten. Peter Iljitsch bestand jedoch auf seiner Forderung, und der Brief gelangte denn auch in Nr. 14 der „Musikaln. Obosr." zum Abdruck.

Wie alle in Zeitungen erscheinenden Berichtigungen hatte auch diese zur Folge, dass die alte Verleumdung aufrechterhalten und ihr eine neue Beleidigung hinzugefügt wurde, welche diesmal den „verehrten und talentvollen Peter Iljitsch" selbst betraf: dem Brief Peter Iljitschs folgte auf dem Fuß eine Erwiderung, in welcher die Redaktion aussprach, dass sie „die Gefühle der Freundschaft und Dankbarkeit, welche den Komponisten mit dem Kapellmeister verbinden", wohl achte, dass aber „die Wahrheit und die allgemeinen Interessen wichtiger wären als die privaten" und sie (die Redaktion) daher auf ihrer Beschuldigung beharre und nur den Ausdruck „nachdrücklich abgeraten" durch den Ausdruck „es nicht für möglich hielt" ersetze.

Teils auf Bitten E. Naprawniks selbst, hauptsächlich aber wegen seines Widerwillens gegen Zeitungsdebatten liess Peter Iljitsch diese neue Insinuation unbeantwortet, welche übrigens von allen, die dieses Buch gelesen haben und die Geschichte der Entstehung und des weiteren Schicksals des „Eugen Onegin" kennen, als grundlos erkannt werden wird.

Kapitel XVI.

[1886, Dezember – 1887, Januar. Moskau. Majdanovo.
Arbeitet weiter an der Instrumentierung der Oper „Die Bezaubernde". Vorbereitung der Uraufführung der Oper „Čerevički". Über die Feiertage mit Modest und Laroš in Majdanovo.
Anstrengung, aber auch Befriedigung bei der Probenarbeit. Erfolgreiche Uraufführung der „Čerevički" am 19. Januar 1887 im Moskauer Bol'šoj teatr. Tod der Nichte Tat'jana L. Davydova.]

An M. Tschaikowsky: „Moskau, d. 4. Dezember 1886.

Heute hat sich, mein lieber Modja, etwas für mich sehr bedeutsames ereignet. Ich habe die erste Orchesterprobe [zu „Tscherewitschki"] dirigiert, und zwar so, dass alle staunten (wenn es keine Schmeichelei war), denn sie hatten erwartet, ich würde mich blamieren ... Je näher der schreckliche Tag herankam, desto unerträglicher wurde meine Aufregung. Oft war ich nahe daran, auf das Dirigieren zu verzichten. Doch überwand ich mich zuletzt, kam, wurde von den Musikern begeistert begrüsst, hielt mutig eine kleine Ansprache und

---

[223 Die Musikzeitschrift „Muzykal'noe obozrenie", die 1885-1888 in Petersburg wöchentlich während der Konzertsaison erschien, wurde von dem Musikverleger V. V. Bessel' herausgegeben.]

schwang den Taktstock. Jetzt weiss ich, dass ich dirigieren kann, und werde bei der Vorstellung nicht aufgeregt sein. Die erste Vorstellung wird aber wahrscheinlich nicht eher als Mitte Januar stattfinden. Ich werde alle Proben mitmachen und für die Feiertage nach Maidanowo fahren (um Dich und Kolja dort zu erwarten) oder nach Petersburg kommen ... Während meiner ganzen freien Zeit arbeite ich an der ‚Bezaubernden' ..." [XIII, 3115.]

An Frau von Meck: „Maidanowo, d. 26. Dezember 1886.
... Mich freut die aufrichtige Teilnahme sehr, welche mir seitens der Sänger und Orchestermusiker entgegengebracht wird. Die Ausstattung der Oper [‚Tscherewitschki'] wird sehr gut sein. Die Dekorationen sind ausgezeichnet, die Kostüme ebenfalls. Das alles verdanke ich dem früheren Direktor,[224] welcher schon vor zwei Jahren eine prachtvolle Ausstattung der ‚Tscherewitschki' verfügt hatte. Die jetzige Moskauer Direktion ist mir ungünstig gesonnen." [XIII, 3131.]

An Frau von Meck: „Maidanowo, d. 5. Januar 1887.
... Die Feiertage habe ich bei mir verbracht, was mir ein grosser Genuss war: ich hatte die Erholung sehr nötig, und die in ländlicher Stille verbrachten zwölf Tage haben mich sehr erfrischt. Nichtsdestoweniger bin ich auch fleissig gewesen, d. h. ich habe die Arbeit an der ‚Bezaubernden' fortgesetzt, welche bereits nach Petersburg verlangt wird, damit während der grossen Fasten die Chorproben beginnen können.

Während der ganzen Zeit waren mein Bruder Modest und Laroche bei mir zu Besuch. Ich zwang Laroche, mir jeden Tag anderthalb Stunden lang einen Artikel über den ‚Steinernen Gast' von Dargomyshsky zu diktieren; das Resultat (einen sehr hübschen Artikel) können Sie in der nächsten Nummer des ‚Russk. Wed.'[225] lesen. Modest brachte seine Komödie[226] in Ordnung, so dass wir alle drei arbeiteten und nur abends zusammenkamen, um zu musizieren oder zu lesen. An diese ländliche Erholung werde ich eine sehr angenehme Erinnerung bewahren." [XIV, 3143.]

An Frau von Meck: „Moskau, d. 14. Januar 1887.
Meine liebe, teure, unvergleichliche Freundin, schon seit einer Woche geniesse ich Ihre Gastfreundschaft.[227] Ich lebe bei Ihnen wie an Christi Brust. Ihre Dienerschaft ist so um mein Wohl besorgt, dass ich sie nicht genug loben kann. Leider kann ich nur wenig zu Hause sein. Täglich sind Proben [zu ‚Tscherewitschki']. Jeden Morgen mache ich einen Spaziergang und sitze bereits um 11 Uhr am Dirigentenpult im Orchester. Die Probe ist immer erst gegen 4 Uhr zu Ende und ermüdet mich dermassen, dass ich, nach Hause zurückgekehrt, eine Weile ganz still liegen muss. Gegen Abend kehren die Kräfte wieder, und dann kann ich Nahrung zu mir nehmen.

Das Dirigieren macht mir viel Mühe und erfordert die Anspannung des ganzen Nervensystems. Doch muss ich gestehen, dass es mir auch eine grosse Genugtuung gewährt. Erstens ist mir das Bewusstsein sehr angenehm, meine angeborene, krankhafte Schüchternheit besiegt zu haben; zweitens tut es dem Autor einer neuen Oper sehr wohl, den Gang seines Werkes selbst zu leiten anstatt jeden Augenblick an den Dirigenten herantreten zu müssen, um ihn auf diesen und jenen Fehler aufmerksam zu machen; drittens wird mir seitens aller Mitwirkenden auf Schritt und Tritt soviel ungeheuchelte Anteilnahme entge-

---

[224] I. A. Wsewoloshsky. [Ivan A. Vsevoložskij war 1881-1886 Direktor der Kaiserlichen Theater beider Hauptstädte, Moskau und Petersburg, und 1886-1899 der Petersburger, die er grundlegend reformierte.]
[225] Recte: Russkij vestnik, Januar 1887, S. 381-395, unter dem Titel „Po povodu ‚Kamennogo gostja' v Moskve" („Anlässlich des ‚Steinernen Gastes' in Moskau").]
[226] „U steny" (An der Wand).]
[227] Peter Iljitsch war diesmal [in deren Abwesenheit] im Hause N. F. von Mecks abgestiegen.

gengebracht, dass ich ganz gerührt und selig bin. Wissen Sie, dass ich diesmal viel weniger aufgeregt bin als früher, als ich untätig in den Proben herumsass? Wenn alles gut gehen wird, wird sich, glaube ich, im Resultat nicht nur keine Zerrüttung meiner kranken Nerven einstellen, sondern vielmehr eine wohltuende Wirkung auf sie." [XIV, 3146.]

Die erste Vorstellung der „Tscherewitschki" im Grossen Theater zu Moskau fand am 19. Januar 1887 statt und war für das spätere Leben Peter Iljitschs von überaus weittragender Bedeutung, da er die Probe seines Dirigiertalents glücklich bestanden hat. Das ohnehin grosse Interesse an der Aufführung einer neuen Oper wurde dadurch verdoppelt, so dass schon lange vorher sämtliche Plätze vergriffen waren. Die Ausführenden der Hauptrollen waren: Wakula – H. Ussatow; Der Teufel – H. Korsow; Pan-Golowa – H. Strelezky; Der Schullehrer – H. Dodonow; Tschub – H. Matschinsky; Durchlaucht – H. Hochlow; Der Zeremonienmeister – H. Wassilewsky; Oxana – Fr. Klimentowa; Ssolocha – Fr. Swjatlowskaja.[228]

Alle diese Damen und Herren habe ihre Sache sehr gewissenhaft gemacht. Niemandem konnte man auch nur den geringsten Vorwurf machen, andererseits hat aber auch niemand eine richtige „Création" der Rolle gemacht. Die Dekorationen und Kostüme waren tadellos.

Das Publikum begrüsste den dirigierenden Komponisten mit grosser Begeisterung. Geschenke aller Art gaben wohl Zeugnis davon, dass der Komponist Tschaikowsky im allgemeinen und nicht der Autor der „Tscherewitschki" und der neue Kapellmeister geehrt wurden. Die Oper hatte Erfolg; vier Nummern wurden da capo verlangt.

Die Zeitungsberichte waren diesmal alle ausnahmslos günstig, sogar in der „Sowr. Isw.", in der Herr Kruglikow[229] – wie wir wissen – die Werke Peter Iljitschs gewöhnlich sehr streng beurteilt hat. Mit einem Wort, die Oper hatte einen veritablen, glänzenden Erfolg, einen viel grösseren als ‚Eugen Onegin' in Petersburg. Nichtsdestoweniger hielt sich die Oper nur zwei Jahre auf dem Spielplan.

Von dem, was uns am meisten interessiert, von dem Eindruck, den Peter Iljitsch als Dirigent gemacht hat, kann nur wenig gesagt werden. Meine nichtfachmännische Meinung ist nicht massgebend, die Zeitungen besprachen dieses Ereignis im Leben unseres Komponisten nur in ganz allgemeinen Worten, meist lobend, und das Publikum stand in jener Zeit der Kunst des Dirigierens fast ganz verständnislos gegenüber, so dass die meisten das Debüt Peter Iljitschs nicht einmal bemerkt haben. Der strengste Richter und Kritiker, Peter Iljitsch selbst, war mit sich zufrieden. Wir wissen, wie objektiv er den Erfolg seiner Werke beurteilen konnte und können ihm daher glauben, dass er seine Aufgabe gut gelöst hat.

[228 Die Namen und Vornamen der Ausführenden in Transliteration: Dmitrij A. Usatov (1847-1913), Tenor, 1880-1889 am Moskauer Bol'šoj teatr, dort auch 1881 erster Lenskij („Evgenij Onegin") und 1884 erster Andrej („Mazepa"), Widmungsträger der Romanze op. 57, Nr. 5 („Smert'"). – Bogomir B. Korsov (1845-1820), Bariton, 1869-1881 in Petersburg, 1882-1905 am Moskauer Bol'šoj teatr, dort 1884 auch erster Mazepa („Mazepa") und bei Moskauer Erstaufführungen Vjazminskij („Opričnik") und Tomskij („Pikovaja dama"), Widmungsträger der Romanzen op. 25, Nr. 5 und op. 57, Nr. 2. – Vladimir St. Streleckij (1844-1898), Baß, seit 1883 am Moskauer Bol'šoj teatr. – Aleksandr M. Dodonov (1837-1914), Tenor, 1869-1890 am Moskauer Bol'šoj teatr. – Ivan V. Matčinskij (geb. 1847), Bass, 1876-1880 in Petersburg, 1885-1893 in Moskau, hatte die Partie des Čub auch schon in der Erstfassung der Oper („Kuznec Vakula") gesungen. – Pavel A. Chochlow (1854-1919), Bariton, 1879-1900 am Moskauer Bol'šoj teatr, sang dort auch die Partie des Onegin („Evgenij Onegin"). – Marija N. Klimentova-Muromceva (1856-1946), Sopran, 1880-1888 am Moskauer Bol'šoj teatr, auch erste Tat'jana in der Konservatoriumsaufführung der Oper 1879. – Aleksandra V. Svjatlovskaja (geb. 1860), Alt, 1876-1887 am Moskauer Bol'šoj teatr.]

[229 „Sovremennye izvestija" (Nachrichten von heute), 1868-1887 in Moskau erscheinende Tageszeitung. – Der Musikkritiker Semen N. Kruglikov (1851-1910) war im übrigen Redaktionsmitglied der 1889-1895 in Moskau erscheinenden Theater-, Musik- und Kunstzeitschrift „Artist".]

Er selbst beschreibt den denkwürdigen Abend wie folgt:

An Frau Pawlowskaja: „Moskau, d. 20. Januar 1887.
... Ich glaubte, ich würde am Tage der Vorstellung nicht sehr aufgeregt sein, es erwies sich jedoch, dass ich mich schon frühmorgens beim Erwachen ganz krank fühlte und an das Bevorstehende wie an etwas ungeheuerlich Furchtbares und Schreckliches dachte. Ich kann Ihnen gar nicht wiedergeben, welche moralischen Leiden ich im Laufe des Tages durchgemacht habe. Dennoch erschien ich halbtot zur festgesetzten Stunde im Theater. Altani[230] geleitete mich ins Orchester. Gleich darauf wurde der Vorhang in die Höhe gezogen und mir wurden bei anhaltendem Beifallklatschen vom Chor, Orchester usw. viele Kränze überreicht. Während dieser Prozedur gewann ich wieder etwas Fassung, begann die Ouvertüre gut und fühlte mich schon gegen Ende derselben sicher. Nach der Ouvertüre wurde stark applaudiert. Der erste Akt verlief glücklich, obwohl längst nicht so gut wie in der Generalprobe. Nach dem ersten Akt wurden mir weitere Kränze überreicht, darunter auch der Ihrige (für den ich Ihnen ausserordentlich danke). Die Künstler und ich wurden vielfach gerufen. Ich war bereits ganz beruhigt und leitete den Rest der Oper mit meiner ganzen Umsicht. Im ersten Bild des zweiten Akts wurde sehr viel gelacht, ich musste oft aufstehen und danken. Der dritte Akt gefiel scheinbar weniger als der zweite, doch wurde Manches da capo verlangt und zum Schluss viel applaudiert. Es ist schwer zu sagen, ob die Oper sehr gefallen hat. Das Theater war wenigstens zur Hälfte mit meinen Freunden besetzt, und daher ist es nicht verwunderlich, dass mir viele Ovationen gemacht wurden. Die Zeit und das richtige Publikum der zukünftigen Vorstellungen werden zu bestimmen haben, ob der Beifall der Oper oder meiner Person (der früheren Verdienste wegen) galt ... Jetzt fragt es sich, wie ich mich als Dirigent machte. Doch geniere ich mich, darüber zu sprechen. Ich wurde allgemein gelobt; man sagte, man hätte es nicht *erwartet* und ich besässe sogar Talent zum Dirigieren. Ob das wahr ist? Ob es nicht nur Komplimente sind, was ich darüber zu hören bekomme? Ich werde [die Oper] noch zweimal dirigieren, und erst nach dem dritten Mal dürfte mir klar werden, wieviel Wahres daran ist. Die Subskription für die nächsten zwei Vorstellungen – immer noch mit erhöhten Preisen – ist eröffnet ... Nach der Vorstellung gab es ein grosses Souper mit den üblichen Reden und Toasten. Tschaew[231] hat mir zu Ehren ein schönes Gedicht gemacht und vorgetragen. Ich bin furchtbar müde, es ist aber eher eine angenehme Müdigkeit." [XIV, 3150.]

Selten habe ich Peter Iljitsch in so heller, fröhlicher Stimmung gesehen wie an jenem Abend. Wir kamen erst in der fünften Morgenstunde nach Hause, und er sank sofort in tiefen Schlaf. Nach so vielen Tagen der Sorge und Aufregung bedurfte er wahrlich der Erholung! Um so unerwarteter kam am nächsten Morgen eine tieftraurige Nachricht.

Gegen sieben Uhr wurde ich durch ein Telegramm geweckt, welches den Tod unserer Nichte Tatjana, der ältesten Tochter Frau A. Dawidowas meldete. Sie war ganz plötzlich auf einem Maskenball in Petersburg gestorben. Sie ist uns nicht nur eine Verwandte gewesen, sondern ein glänzend begabtes Mädchen von grosser Schönheit; schon allein deshalb musste ihr Dahinscheiden – das wusste ich – einen furchtbaren Eindruck auf Peter Iljitsch

---

[230] Ippolit K. Al'tani, erster Opernkapellmeister am Moskauer Bol'šoj teatr, wegen dessen Erkrankung die Uraufführung der „Čerevički" verschoben werden sollte; deshalb hatte sich Čajkovskij entschlossen, selbst zu dirigieren.]
[231] Ein russischer Dichter. [Das Gedicht „Gusljar" („Der Guslispieler") des Schriftstellers und Dramatikers Nikolaj A. Čaev (1824-1914), seit Herbst 1886 Leiter der Repertoireabteilung der Moskauer Kaiserlichen Theater, wurde in der Februarnummer 1887 der politischen und literarischen Monatszeitschrift „Russkij vestnik" (Russischer Bote) veröffentlicht (S. 909 f.) sowie in Žizn'Č 3, S. 155 f.]

machen. Der ohnehin argwöhnische und stets alles durch ein Vergrösserungsglas betrachtende Peter Iljitsch würde gewiss viel stärker um unsere Schwester und den unglücklichen Vater, die noch nichts von dem Verlust in ihrer Familie wussten, besorgt sein. Daher war mir der Entschluss sehr schwer gefallen, die betrübliche Neuigkeit zu erzählen, als er in der elften Stunde in glücklichster, zufriedenster Stimmung erwachte und noch ganz in der Erinnerung an den gestrigen Abend schwelgte.

Trotz des schweren Schicksalsschlages änderte Peter Iljitsch nicht seinen Entschluss, noch zweimal „Tscherewitschki" zu dirigieren; und das tat ihm nur gut, denn die rege Tätigkeit und die Sorge ganz anderer Art schwächten die Gewalt seines Schmerzes ab.

An M. Tschaikowsky: „[Moskau,] d. 26. Januar 1887.
Lieber Modja, die zweite Vorstellung der ‚Tscherewitschki' ging viel glatter und gleichmässiger vonstatten als die erste ... Das Publikum verhielt sich anfangs kühl, erwärmte sich aber nach und nach, so dass es am Ende genug Geschrei und Lärm gab. Das Dirigieren fiel mir bedeutend schwerer als das erste Mal: zeitweise wurde ich sogar von Furcht und Entsetzen gepackt und erwartete jeden Augenblick die Kraft zu verlieren, den Taktstock zu schwingen. Das hat aber kein Mensch gemerkt. Ich erkläre es mir damit, dass ich überhaupt sehr erschöpft bin von den vielen Eindrücken der letzten Tage. Es ist Zeit heimzufahren! Wahrlich, es ist höchste Zeit! Mein Herz stöhnt vor Freude, wenn ich daran denke, bald wieder allein und zu Hause zu sein. Ich hatte versucht, ein wenig an der „Bezaubernden" zu arbeiten, – es war aber unmöglich. Ich habe zweimal d'Albert gehört. Ein ausgezeichneter, genialer Pianist." [XIV, 3162.]

Kapitel XVII.

[1887, Ende Januar – Ende Februar. Majdanovo. Moskau.
Nimmt nach seinen drei „Čerevički"-Aufführungen „in fieberhafter Eile" die Instrumentierung der „Bezaubernden" wieder auf. Blickt zurück auf seine Komponistenkarriere – und, ohne Selbstzweifel, in die Zukunft. Einladung zu einem Konzert der Petersburger Philharmonischen Gesellschaft.
Eine von seinem Pariser Verleger veranstaltete Kammermusik-"Audition" in Paris.
Großer Erfolg des Petersburger Konzerts – sein gelungenes Debüt als Konzertdirigent, und doch „eine Portion Teer im Honigfaß".]

An M. Tschaikowsky: „Maidanowo, d. 29. Januar 1887.
Heute bin ich nach Maidanowo zurückgekehrt, und Du kannst Dir denken, wie gut ich mich nach all den Moskauer Erlebnissen hier fühle. Die dritte Vorstellung [der ‚Tscherewitschki'] ist ebenfalls gut gegangen. Ich hatte anfangs wieder wahnsinnige Furcht, beruhigte mich aber später und dirigierte, wie man sagt, noch sicherer als zuvor. Ich gebe mich durchaus keiner Täuschung darüber hin, dass die Oper einstweilen mehr interessiert als gefällt. Das Publikum ist zuerst immer verdutzt und verhält sich im Grunde kühl, – aber je weiter die Aufführung fortschreitet, desto mehr gibt es sich der Begeisterung hin, so dass der vierte Akt jedesmal sehr grossen Beifall hat. Ich glaube, die Oper wird – ähnlich wie ‚Onegin' – nie besonders lärmend verlaufen, man wird sie aber nach und nach lieb gewinnen. Die Liebe, die ich selbst zu ihr empfinde, lässt mich ahnen, dass auch das Publikum sie einst lieb gewinnen wird.

Ich bin von der Petersburger Philharmonischen Gesellschaft eingeladen worden, in der Fastenzeit ein Konzert aus meinen Kompositionen zu dirigieren. Stell Dir vor: ich werde die Einladung annehmen. Wenn ich mich in der Oper nicht blamiert habe, ist anzunehmen, dass ich mich auch im Konzert nicht blamieren werde." [XIV, 3168.]

An Frau von Meck: „Maidanowo, d. 2. Februar 1887.

... Es ist schon der fünfte Tag, dass ich hier bin, doch – ach! von Erholung ist keine Rede; im Gegenteil: ich arbeite mit fieberhafter Eile an der [Instrumentierung der] ‚Bezaubernden', was mich furchtbar, wahnsinnig ermüdet. Es ist wahr, ohne Arbeit kann ich nicht leben. Warum aber fügen sich die Verhältnisse so, dass ich stets eilen, alle meine Kräfte anspannen muss und mich niemals erholen kann? Ich stehe vor einer unendlichen Reihe geplanter und versprochener Arbeiten, so dass ich gar nicht in die Zukunft blicken mag. Wie kurz ist unser Leben! Jetzt, da ich wahrscheinlich den letzten Grad der meinen Fähigkeiten entsprechenden Vollkommenheit erreicht habe, blicke ich unwillkürlich zurück und frage mich angesichts der vielen dahingegangenen Jahre, indem ich schüchtern in die Zukunft blicke: ist es nicht schon zu spät? Lohnt es sich noch? Indessen bin ich erst jetzt imstande, ohne Selbstzweifel zu arbeiten und an mein Können zu glauben ..." [XIV, 3171.]

An Frau von Meck: „Maidanowo, d. 9. Februar 1887.

... Ich träume schon davon, mit der Zeit Konzerte im Ausland zu geben. Aber wovon träumt man nicht! Oh, wenn ich jetzt 20 Jahre jünger wäre!!!

Eines steht fest: meine Nerven sind erstaunlich gekräftigt, und das, woran früher nicht zu denken war, ist jetzt möglich geworden. Selbstverständlich verdanke ich das meinem freien und um die Sorge für das tägliche Brot unbekümmerten Leben. Wer anders ist der Urheber alles Guten, das mir das Schicksal beschert – als Sie, meine Teure?!

Das Konzert in Petersburg[232] wird am 5. März stattfinden."[233] [XIV, 3175.]

An Frau von Meck: „Moskau, d. 20. Februar 1887.

... Einige Tage vor Ihrer Ankunft in Paris fand dort das von meinem Pariser Verleger Mackar veranstaltete Konzert[234] mit meinen Kompositionen statt. Man schreibt mir, das Konzert wäre sehr gut gelungen. Ich bin mit der energischen Tätigkeit Mackars sehr zufrieden. Er tut sehr viel für die Verbreitung meiner Musik in Frankreich."[235] [XIV, 3189.]

Am 23. Februar [1887] kam Peter Iljitsch nach Petersburg, um die Proben für das Philharmonische Konzert abzuhalten, welches das Petersburger Publikum mit seiner Dirigierkunst bekanntmachen und eine ganze Reihe ähnlicher Konzerte in Russland, Europa und Amerika eröffnen sollte.

Am 28. Februar fand die erste Probe statt, und Peter Iljitsch schreibt in seiner lakonischen Weise ins Tagebuch: „Aufregung und Entsetzen." [ČD, S. 130; Tagebücher, S. 159.] Von nun an und bis ans Ende seines Lebens blieb nicht sowohl das Konzert selbst, sondern gerade die erste Probe stets dasjenige, was ihm besondere Furcht einflösste; aber schon in der zweiten Probe verschwand gewöhnlich diese Furcht. Besonders qualvoll war es für ihn im Ausland, zum ersten Mal vor den Augen ihm unbekannter Orchestermitglieder am Dirigentenpult zu erscheinen.

[232 Zu dem ihn die Philharmonische Gesellschaft in Petersburg am 24. Januar 1887 eingeladen hatte – siehe oben den Brief vom 29. Januar an Modest Čajkovskij (ČPSS XIV, Nr. 3168); vgl. Čajkovskijs Antwort vom 27. Januar 1887, ČPSS XIV, Nr. 3163.]
[233 Siehe unten.]
[234] Das war kein Konzert, sondern eine „Audition" vor geladenem Publikum in der Salle Erard. [Das Programm dieses Recitals am 11. / 23. Februar 1887: Romanzen, gesungen von Juliette Conneau, Klavierstücke, u. a. die Polonaise aus „Evgenij Onegin" in der Transkription von Franz Liszt, gespielt von Louis Diémer, Sérénade mélancolique für Violine (Martin Pierre Joseph Marsick) und Klavier, Andante cantabile aus dem 1. Streichquartett op. 11 in der Bearbeitung für Violincello (Anatolij A. Brandukov) und Klavier.]
[235 Mackar hatte von Čajkovskijs Hauptverleger Jurgenson die Rechte an Čajkovskijs Werken in Frankreich und Belgien erworben – siehe oben, Kapitel VII.]

Alle hervorragenden musikalischen Kreise Petersburgs verhielten sich überaus teilnahmsvoll gegenüber dem ersten Versuch Peter Iljitschs, in der Eigenschaft eines Kapellmeisters zu erscheinen. Die drei Proben versammelten eine Menge der besten Musiker, welche ihn durch warme Worte aufmunterten und anspornten. Günstigere Bedingungen konnte es für einen Debütanten kaum geben.

Das Konzert selbst (am 5. März im Saal der Adelsversammlung unter Mitwirkung des Pianisten Klimow[236] und der Sängerin Panaew-Karzew[237]) verlief glänzend. Das Programm enthielt: 1.) Orchestersuite Nr. 2 (Petersburger Erstaufführung), 2.) Arie [Arioso der Kuma] aus der Oper „Die Bezaubernde", 3.) Tanz der Gaukler aus derselben Oper, 4.) Andante [Elegie] und Walzer aus der Serenade für Streichorchester, 5.) Orchesterfantasie „Francesca da Rimini", 6.) Klavierstücke, 7.) Festouvertüre „1812".

Der Saal war überfüllt. Ovationen gab es ohne Ende. Die Zeitungsberichte sowohl über die im Programm enthaltenen Werke als auch über die Dirigenteneigenschaften Peter Iljitschs fielen zwar alle recht farblos und gewöhnlich, aber lobend aus. Selbst Cui fand Worte der Anerkennung für den Dirigenten Tschaikowsky, wohingegen er am Komponisten Tschaikowsky wieder einiges auszusetzen hatte.

In sein Tagebuch schreibt Peter Iljitsch über das Konzert am 5. März folgende kurze Worte: „Mein Konzert. Voller Erfolg. Grosser Genuss, – wozu aber jene Portion Teer in meinem Honigfass??" [ČD, S. 130 f.; Tagebücher, S. 160.]

In dieser Frage steckt der Keim jener Müdigkeit und jenes Grams, welche in der Seele Peter Iljitschs zusammen mit der Sucht nach Ruhm wuchsen und in den Momenten der grössten Triumphe des Komponisten ihre grösste Intensität erreichten.

Kapitel XVIII.

[1887, März – Anfang Mai. Majdanovo.
Erhält zum Dank für die Widmung der Zwölf Romanzen op. 60 ein signiertes Portrait der Kaiserin.
Besuch von M. M. Ippolitov-Ivanov (dessen Oper „Ruth" ihm gefällt) und seiner Frau.
Schlafstörung durch übermässige Arbeit. Ermutigt Modest zu einer neuen Komödie.
Fragt sich, ob „die Poesie des Landlebens und des Alleinseins" ein Selbstbetrug ist.
Das Instrumentieren kostet ihn mehr Zeit und Mühe als früher: er arbeitet strenger, vorsichtiger, wählerischer.
Will vor der bevorstehenden Reise die Partitur der „Bezaubernden" abschliessen.]

An Frau von Meck: „Maidanowo, d. 12. März 1887.
... Die Kaiserin hat mir ihr Bildnis in einem prachtvollen Rahmen und mit Unterschrift geschenkt.[238] Mich hat diese Aufmerksamkeit sehr gerührt, zumal in einer Zeit, da sie und der Kaiser wohl genug an andere Dinge zu denken haben." [XIV, 3198.]

Tagebuch: „[Maidanowo, d.] 14. März 1887.
Ippolitow-Iwanow und [seine Frau] Sarudnaja[239] sind erst spät angekommen, um 10 Uhr. Ich begegnete ihnen auf einem Spaziergang. Zuerst war ich über ihr Erscheinen unzufrieden und ärgerte mich namentlich über die Störung bei der Arbeit, später aber liessen mich diese lieben Menschen (sie besonders ist über alle Massen sympathisch) alles verges-

---

[236] [Dmitrij D. Klimov, geb. 1850:] Ein Schüler Leschetitskys, gegenwärtig Direktor der Abteilung der Kaiserlichen Musikgesellschaft in Odessa.
[237] Die Sopranistin Aleksandra V. Panaeva-Karcova war eine Schülerin von Pauline Viardot und mit einem Neffen Čajkovskijs, dem Gardeoffizier Georgij („Georges") P. Karcov, verheiratet.]
[238] [Als Dank] Für die Widmung der Zwölf Lieder [op. 60. Das signierte und gerahmte Portrait der Kaiserin Marija Fedorovna ist erhalten geblieben und wird im Čajkovskij-Haus-Museum aufbewahrt].
[239] Čajkovskij hatte das Ehepaar im Frühjahr 1886 in Tiflis getroffen. Siehe oben, Kapitel XI.]

sen, ausser – dass die Gesellschaft guter Menschen das höchste Glück ist. Habe gar nicht gearbeitet. Waren in Klin. Der Jahrmarkt. Lustiges Mittagessen. Dann wurde geplaudert. Iwanow spielte, und sie sang wunderschöne Stücke aus seiner Oper ‚Ruth'[240] (namentlich entzückte mich das Duett). Um 6 Uhr fuhren sie weg. Ich setzte mich unverzüglich an die Korrektur. Vor und nach dem Abendessen gearbeitet. Zeitungen gelesen. aber mich aufgeregt, übrigens in angenehmer Weise."

„15. März.

War in Klin zum Gottesdienst. Machte Korrekturen. Ging nachmittags in den Zimmern auf und ab, schlief dann, denn ich fühlte mich müde; müde bin ich, weil ich schlecht schlafe, und ich schlafe schlecht, weil ich zu viel arbeite. Nach dem Tee ein Spaziergang, später wieder Arbeit. Nach dem Abendessen ermüdete ich mich, wie gewöhnlich, durch Lesen" usw. [ČD, S. 132; Tagebücher, S. 161 f.]

An M. Tschaikowsky: „Maidanowo, d. 15. März 1887.

… „Ruth" gefällt mir immer mehr. Ich glaube, Ippolitow-Iwanow wird es schon allein aus dem Grunde weit bringen, weil er etwas ‚Eigenes' hat, dieses ‚Eigene' ist dazu sehr sympathisch.

Vor der Abreise wollte ich Dir immer sagen, – dass Du jetzt eine neue Komödie schreiben müsstest, und zwar eine recht einfache, ohne ein besonderes, ausschliessliches Motiv. Man muss ein wenig *nachgeben* und sich den bestehenden Anforderungen anzupassen suchen. Du brauchst einen grossen Erfolg als Stütze für Dein letztes Stück, welches ich unverändert als ein ausgezeichnetes ansehe.[241] Schreib mir, ob Du schon den Keim für ein neues Stück gefunden hast. Das Bild gibt Nasar.[242] Ich weiss nicht, ob Nara[243] mein Portrait schon besitzt. Wenn sie will – gebe ich ihr eins." [XIV, 3201.]

Tagebuch: „[Maidanowo, d.] 16. März 1887.

Ich will es nicht verheimlichen: die ganze Poesie des Landlebens und Alleinseins ist im Grunde – ich weiß nicht warum – hin. *Nirgends fühle ich mich so schlecht wie zu Hause.* Wenn ich nicht arbeite, gräme ich mich, habe Furcht vor der Zukunft usw. Ob es denn wirklich so ist, dass die Einsamkeit mir ein Bedürfnis ist? Wenn ich in der Stadt bin, scheint mir das Landleben ein Paradies; bin ich *hier*, spüre ich keinerlei Freuden. Übrigens bin ich heute überhaupt verstimmt.

19. März.

… Eben habe ich dieses Tagebuch der letzten zwei Jahre durchgelesen. Mein Gott, wie konnte mich damals meine Einbildung über die traurige Nacktheit Maidanowos so hinwegtäuschen? Wie mir damals alles gefiel! …

25. März.

… Spielte den 4. Akt der ‚Bezaubernden'. Eine ganze Stunde. Es ist fürchterlich.

26. März.

… Las ‚Schneeflöckchen' von [Rimsky-]Korsakow und war über seine Meisterschaft entzückt; ich beneidete ihn sogar (ich sollte mich dessen schämen).

30. März.

… Nach dem Abendessen las ich in der Partitur des ‚Leben für den Zaren' [von Glinka]. Welche Meisterschaft! Wie ist ihm das nur gelungen? Es ist unbegreiflich, dass aus

---

[240] Michail M. Ippolitov-Ivanovs Oper „Ruf" war 1883-1886 komponiert worden.]
[241] Gemeint ist Modest I. Čajkovskijs Komödie „U steny" (An der Wand).]
[242] Nazar F. Litrov: Modest Čajkovskijs Diener.]
[243] Nasar und Nara, Diener und Dienstmädchen bei mir und Konradi.

einem Dilettanten, einem (laut Selbstbiographie) ziemlich niederen und beschränkten, ein solcher Koloss entstehen konnte.

16. April.

... Spielte ‚Wraschja Ssila'.[244] Ein fast abstossendes musikalisches Ungetüm, und zugleich *Talent, Instinkt, Phantasie* ..." [ČD, S. 132-139; Tagebücher, S. 162-171.]

An Frau von Meck: „Maidanowo, d. 24. April 1887.

Meine liebe, teure Freundin, Sie wundern sich wohl, dass ich noch in Maidanowo stecke. Schon vor einem Monat hätte ich abreisen sollen, und bin immer noch hier. Meine Arbeit, d. h. die Instrumentierung der Oper [‚Die Bezaubernde'] hat mich zurückgehalten. Diese Arbeit ist im Grunde nicht schwer, aber sehr zeitraubend. Und merkwürdig: je älter ich werde, desto mehr Mühe macht mir die Arbeit: ich werde strenger mit mir selbst, vorsichtiger, wählerischer hinsichtlich der Farben und Schattierungen. Es hat sich die Notwendigkeit herausgestellt, wenigstens drei Viertel der ganzen Oper noch vor der Reise abzuliefern (andernfalls würde das Ausschreiben der Stimmen nicht rechtzeitig fertig), darum entschloss ich mich, so lange am Schreibtisch zu sitzen, bis das Erforderliche getan ist. Die Karwoche, die Osterwoche und weitere vierzehn Tage sind hin, aber ich sitze immer noch an der Arbeit. Für solche Fälle ist das Landleben eine wahre Wohltat. Nichts und niemand stört mich. Mit dem Beginn des Frühlings hat sich auch mein Gesundheitszustand gebessert ...

Saint-Saëns bat mich, nach Moskau zu kommen, um seinen beiden Konzerten beizuwohnen, was ich aber in höflicher Weise ablehnte. Der arme Saint-Saëns hat nämlich vor einem leeren Saal spielen müssen. Ich hatte im voraus gewusst, dass es so kommen würde und dass der arme Franzose es sich sehr zu Herzen nehmen würde, darum wollte ich nicht Zeuge seiner Enttäuschung sein. Aber ich möchte auch die Arbeit nicht unterbrechen." [XIV, 3239.]

An Frau von Meck: „Maidanowo, d. 13. [recte: 5.] Mai 1887.

Nachdem ich meinen letzten Brief an Sie abgeschickt, hatte ich die Instrumentierung desjenigen Akts bereits beendet, nach welchem ich meine Reise unternehmen wollte. Es war mir aber so unangenehm, mich auf den Weg zu machen, ohne die Oper vollends beendet zu haben, ausserdem war aus Petersburg die überzeugende Bitte an mich gelangt, möglichst bald die ganze Partitur einzusenden, dass ich mich entschlossen habe, noch länger in Maidanowo zu bleiben und alles fertig zu machen. Ich arbeite energischer denn je, fühle mich aber dank meines strengen Regimes und regelmässiger Bewegung sehr gut, obwohl sich manchmal eine starke Ermüdung und der Wunsch einstellen, möglichst schnell das Recht des Nichtstuns und der sorglosen Erholung zu erringen.

Mein Armer Freund N. Kondratjew wird immer schwächer und nähert sich stündlich einer tragischen Auflösung. Ich habe beschlossen, ihn in Petersburg zu besuchen, bevor ich die grosse Reise antrete. Er wünscht mich zu sehen, und ich möchte mich der Pflicht einer langjährigen Freundschaft nicht entziehen. Ich verlasse Maidanowo am Sonntag abend, d. 9. Mai ..." [XIV, 3249.]

---

[244] Oper von Serow. [Der Komponist und Musikkritiker Aleksandr N. Serov (1820-1871) hat insgesamt drei Opern geschrieben: „Judif" (Judith, 1861-1863), „Rogneda" (1863-1865) und „Vraž'ja sila" (Die feindliche Macht bzw. Der Teufel, 1867-1871).]

Kapitel XIX.

[1887, Ende Mai – Juni. Kaspisches Meer, Tiflis, Boržom.
Schiffsreise auf der Wolga: von Nižnij-Novgorod nach Astrachan' am Kaspischen Meer,
und von dort weiter nach Baku; von Baku (Bohrtürme, Erdölgewinnung) mit der Bahn nach Tiflis.
In Boržom bei seinem Bruder Anatolij und dessen Frau. Keine Lust zum Komponieren.
Instrumentiert einige Stücke von Mozart – die spätere Mozartiana-Suite.]

An Frau von Meck: „Kaspisches Meer, d. 28. Mai 1887.
... Am 20. bin ich von Moskau abgereist. In Nishny-Nowgorod habe ich nur mit Mühe eine Fahrkarte 2. Klasse für das Dampfschiff ‚Alexander II.' erlangen können. Dieses Schiff wird für das beste gehalten und ist darum stets überfüllt. Ich hatte es sehr eng und unbequem, bin aber trotzdem sehr zufrieden mit der Wolgareise. Der Strom führt gegenwärtig Hochwasser, stellenweise sind die Ufer so weit voneinander entfernt, dass man auf dem Meer zu sein scheint. Mütterchen Wolga ist tatsächlich grossartig poetisch. Das rechte Ufer ist bergig und bietet oft schöne Landschaften, doch kann sich die Wolga in dieser Beziehung nicht mit dem Rhein oder sogar mit der Donau und der Rhône messen. Ihre Schönheit besteht nicht in den Ufern, sondern in der unabsehbaren Breite, in der ausserordentlichen Masse der Wasser, welche langsam, ohne sich zu überstürzen zum Meer rollen. In den unterwegs liegenden Städten hielten wir uns lang genug auf, um uns einen Begriff von ihnen machen zu können. Am besten haben mir Ssamara und noch das kleine Städtchen Wolsk[245] gefallen, welches den schönsten Garten besitzt, den ich je gesehen habe. Am fünften Tage kamen wir in Astrachan an. Hier bestiegen wir einen kleinen Dampfer, welcher uns bis an die Stelle brachte, wo sich die Wolgamündung zum offenen Meer erweitert und wo wir auf einen Schoner eingeschifft wurden, auf dem wir uns nun schon den zweiten Tag befinden. Das Kaspische Meer hat sich als sehr tückisch erwiesen. In der Nacht war es so stürmisch, dass ich mich nicht der Furcht erwehren konnte. Jeden Moment schien es, als ob das zitternde Schiff unter der Gewalt der Wogen in Stücke gehen würde, so dass man die ganze Nacht kein Auge schliessen konnte. Trotzdem war ich nicht seekrank. Heute werden wir in Baku ankommen. Der Sturm hat sich gelegt. Erst morgen werde ich nach Tiflis weiterreisen können, denn den heutigen Zug werden wir nicht mehr erreichen."
[XIV, 3264.]

Auf der Wolgafahrt, zwischen Zaryzin und Astrachan, gab es noch ein drolliges Erlebnis für Peter Iljitsch. Er hatte es sehr geschickt einzurichten verstanden, dass niemand an Bord wusste, wer er war. Eines Tages wurde nun eine musikalische Unterhaltung improvisiert und Peter Iljitsch erbot sich, die Klavierbegleitung zu übernehmen. Dabei geschah es, dass eine Amateursängerin ihm eines seiner eigenen Lieder vorlegte und ihn über die Art und Weise belehrte, wie er zu begleiten habe. Auf seine schüchternen Einwendungen entgegnete die Sängerin, sie müsse es besser wissen, denn „Tschaikowsky selbst habe das betreffende Lied mit ihrer Lehrerin durchgenommen". An demselben Abend erzählte ein anderer Passagier, wie Tschaikowsky von dem Tenor Lody in der Rolle des Orlik in „Mazepa"[246] (sic!) so entzückt gewesen sei, dass er ihm eines Tages nach der Vorstellung „um den Hals fiel und Tränen der Rührung vergoss."

---

[245] Samara und Vol'sk (Kreisstadt im Gouvernement Saratov.]
[246] Die Partie des Orlik ist für Bass geschrieben, während Lody eine Tenorstimme besass. [Petr A. Lodij gehörte 1876-1879 und 1882-1884 dem Petersburger Opernensemble an, 1885 dem in Tiflis. Bei der dortigen Erstaufführung des „Mazepa" am 19. November 1885 hatte der die Rolle des Andrej übernommen.]

An Frau von Meck: „Tiflis, d. 30. Mai 1887.

... Baku hat sich unerwarteterweise als eine in jeder Beziehung schöne Stadt erwiesen: planmässig und schön gebaut, reinlich, dazu sehr charakteristisch: der orientalische Charakter (besonders der persische) ist der vorherrschende, so dass man glauben könnte, man befände sich jenseits des Kaspischen Meers. Eines ist schlimm: die überaus dürftige Flora ...

Am Tage nach meiner Ankunft habe ich die Gegend der Naphtaquellen angesehen, wo einige hundert Bohrtürme stehen und jede Minute hunderttausende Pud[247] Naphta[248] auswerfen. Das ist ein grandioses, aber düsteres Bild ...

Der Schienenweg zwischen Baku und Tiflis führt durch eine steinige, öde Gegend." [XIV, 3265.]

Diesmal dauerte der Aufenthalt Peter Iljitschs in Tiflis zehn angenehm verbrachte Tage. Das Ziel seiner Reise war Borshom, wo er in der Familie seines Bruders Anatol den ganzen Sommer zu verbringen gedachte. Am 11. Juni kam er dort an. Die zauberhaften Schönheiten der Gegend hat er erst nach und nach schätzen gelernt. Der durch hohe Berge verbarrikadierte Horizont, die düstere Flora, ihre Üppigkeit und der Überfluss an tiefen Schatten kamen ihm anfangs etwas unangenehm vor. Erst nachdem er die unerschöpfliche Fülle und Abwechslung der Spaziergänge kennengelernt hatte, befreundete er sich mehr und mehr mit der Gegend. Als ich nach zehn Tagen ebenfalls nach Borshom kam, war er bereits Feuer und Flamme und weihte mich freudig in die Schönheiten desselben ein. Trotzdem war die Stimmung Peter Iljitschs damals keine rosige, was schon aus seiner „Unlust zum Schaffen" hervorgeht. Die Gründe dafür waren: Familientrauer (der Tod des Grafen Lütke, des Gemahls der Freundin seiner Kindheit Amalie)[249] und starke Besorgnis um die Gesundheit seines Freundes N. Kondratjew, welcher in Aachen im Sterben lag.

An P. Jurgenson: „Borshom, d. 24. Juni 1887.

... Ist es das Mineralwasser,[250] oder ist es die Luft oder meine Lebensweise (ich gehe viel) – ich weiss nicht, kurz, ich spüre bis jetzt nicht die geringste Lust zum Komponieren und tue daher fast gar nichts. Ich sage ‚fast', weil ich täglich eine Stunde an der Instrumentierung Mozartscher Klavierstücke sitze, aus denen gegen Ende des Sommers eine ‚Suite' entstehen soll. Ich glaube, dass dieser Suite dank der gelungenen Auswahl der Stücke und dank der Neuheit des Genres (Altes in moderner Bearbeitung) eine schöne Zukunft bevorsteht, namentlich im Ausland. Darum lass es Dich nicht verdriessen, diese Suite bald herausgeben zu müssen. Ich weiss nur nicht, wie ich sie nennen soll. Man müsste ein neues Wort aus ‚Mozart' bilden, denn – sollte die Suite Erfolg haben – werde ich später noch eine zweite und gar eine dritte machen. ‚Mozartiana' gefällt mir nicht: erinnert so an ‚Kreisleriana'" usw. [XIV, 3275.]

[247 Ein Pud = ca. 16,38 kg.]
[248 Naphta ist eigentlich destilliertes Rohöl, also Rohbenzin. Hier ist aber offenbar Rohöl gemeint.]
[249 Amalija Šobert (1841-1912), Tochter von Čajkovskijs Tante Elizaveta Šobert, geb. Assier; Amalija Šobert hatte Graf Nikolaj F. Litke geheiratet, zwei ihrer fünf Söhne gehörten in Čajkovskijs letzten Lebensjahren zu seiner „vierten Suite" von jungen Leuten (darunter auch sein Lieblingsneffe Bob Davydov).]
[250 Boržom (Boržomi) im Südkaukasus war berühmt für seine Mineral- und Schwefelquellen.]

Kapitel XX.

[1887, Juli-August. Boržom. Batum. Odessa. Aachen.
Reist (über Wien und Köln) zu seinem todkranken Freund N. D. Kondrat'ev nach Aachen.
Verdrängte Lebensfragen. Schickt die autographe Partitur der „Mozartiana" zum Druck nach Moskau.
Korrespondiert mit der Sängerin Pavlovskaja über Einzelheiten der Partie der Kuma („Die Bezaubernde").
Rechnet Ende August mit der Benachrichtigung über den Probenbeginn zu dieser Oper.]

An P. Jurgenson: „Borshom, d. 1. Juli 1887.

Lieber Freund, ein Telegramm von Kondratjew aus Aachen veranlasst mich, mit dem nächsten Schiff von Batum nach Odessa und von dort nach Dresden und Aachen zu reisen. Der sterbende Kondratjew ist wunderbarerweise bis nach Aachen gebracht worden: man hofft, dass die dortigen Bäder sein Leben noch einige Monate verlängern können. Gestern telegraphierte er mir: ‚Supplie venir, ton arrivée peut me ressusciter.' Nicht fahren – kann ich nicht, ich breche meine Kur ab und fahre.

Gott weiss, wie lange ich in Aachen werde bleiben müssen. Unter günstigen Umständen (d. h. wenn mich jemand an seinem Krankenbett ablösen wird) oder im Falle seines Ablebens werde ich vielleicht schon im August wieder in Russland sein. Sonst nicht eher als im September.

Rahter[251] hat mir die Einladung der Philharmonischen Gesellschaft in Hamburg vermittelt, dort im Januar ein Werk von mir zu dirigieren. Ich habe sie angenommen …"[252] [XIV, 3281.]

An P. Tschaikowsky:[253] „Batum, d. 6. Juli 1887.

O mein Gott, ist es denn möglich, dass ich Borshom und Euch alle verlassen habe und nun zum Schwitzen und Braten in der Stadt Aachen verurteilt bin? Ich weiss nicht, wie das gekommen ist: in den letzten Tagen in Borshom war mir die ganze Bitterkeit der Veränderung gar nicht recht zu Bewusstsein gekommen. Erst gestern ist mir ein Licht aufgegangen. Eine furchtbare Sehnsucht ergriff mich, ein scharfes Gefühl des Heimwehs nach Borshom und Euch …" [XIV, 3284.]

An M. Tschaikowsky: „Aachen, d. 16. [/ 28.] Juli 1887.

… Von Odessa reiste ich in der allermiserabelsten Stimmung ab; schon lange habe ich kein so drückendes, schreckliches Heimweh gehabt. Ich hatte einen bequemen Platz, war aber auf der ganzen Fahrt keinen Moment allein und musste beständig sprechen, so dass ich nur des Nachts der ‚echte' Peter sein konnte, sonst immer – der ‚falsche'. An der Grenze hatte ich allerlei Pech: erstens wurden mir 100 Zigaretten konfisziert, dazu in sehr beleidigender Weise, zweitens zwang man mich, meinen Koffer als grosses Gepäck aufzugeben, drittens rief plötzlich ein Mitreisender, nachdem alle in dem Wagen Platz genommen hatten und der Zug sich endlich in Bewegung gesetzt hatte, – ‚Tschaikowsky, bist Du's wirklich? Kennst Du mich denn gar nicht mehr?' Das war derselbe W.,[254] mit dem Du mich einmal in Kamenka aufgeschreckt hattest. Du kannst Dir denken, wie angenehm es mir in der Seelenfassung war, in der ich mich befand, mit einem Menschen per ‚Du und Du' zu plaudern, den ich seit 1859 nicht gesehen und mit dem ich ausser der Zugehörigkeit zu den Juristen

---

[251] D. Rahter, Verlagsfirma in Leipzig (früher in Hamburg). [Zu Rahters Lizenzvertrag mit Jurgenson und seinem Briefwechsel mit Čajkovskij vgl. Mitteilungen 8 (2001), S. 47-122.]
[252] Daraus entwickelt sich die erste grosse Auslandsreise Čajkovskijs als Dirigent eigener Werke Ende 1887 / Anfang 1888. Siehe unten.]
[253] Die Schwägerin Praskov'ja V. Čajkovskaja, Frau seines Bruders Anatolij.]
[254] Im Originalbrief nennt Čajkovskij den Namen: „Vrangel'"; Baron Vasilij V. Vrangel' war im Departement des Justizministeriums angestellt; er hatte gleichzeitig mit Čajkovskij die Petersburger Rechtsschule besucht.]

nichts gemein habe. Auch in Wien wollte er mit mir zusammenbleiben, aber mein Durst, wenigstens ein paar Stunden allein zu sein, war so gross, dass ich ihn durch Angabe falscher Tatsachen einfach in Stich liess. In Wien blieb ich von 7 bis 4 Uhr. Im ‚Goldenen Lamm‘,[255] wo ich abgestiegen war, wurde ich von der Dienerschaft wiedererkannt. Es ist dort alles beim alten, obwohl der frühere Wirt schon gestorben ist. Um 4 Uhr reise ich mit einem überaus schnellen Zug ab (über Passau, Regensburg, Nürnberg, Mainz und Köln). In Köln traf ich schon am nächsten Morgen ein und blieb dort einige Stunden, um mich von der Reise und von einer Unterhaltung über Politik mit meinem Nachbarn, einem Ungarn, der mich mit seinem ununterbrochenen Geschwätz einfach zur Verzweiflung brachte, zu erholen und mittelst eines grossen Spaziergangs auf die bevorstehenden Aufregungen vorzubereiten. Ich bin sehr lange und zweimal im Kölner Dom gewesen, promenierte am Ufer des Rheins, ass in einem kleinen Restaurant sehr gut zu Mittag, reiste um 6 Uhr ab und war um 8 bereits in Aachen. Kondratjew erwartete mich laut meinem Telegramm erst heute früh. Im Neubad[256] angekommen, liess ich Legoschin[257] rufen; als er erschien, hörte ich hinter ihm die frohe Stimme N. D. [Kondratjew]s, welcher schon ahnte, dass ich da wäre, so dass ich – noch ehe Legoschin geantwortet hatte – im Nebenzimmer neben N. D. sass, welcher ausserordentlich erfreut schien, mich zu sehen. Er weinte und küsste mich ohne Ende; man merkte, dass ihm – obwohl er mit Legoschin zusammen war – ein naher Freund gefehlt hatte. Der Eindruck, den er beim ersten Anblick auf mich gemacht hat – war ein sehr trostreicher …[258]

… Aachen ist mir nicht widerlich – das ist alles, was ich einstweilen sagen kann. Wirklich schlecht ist hier – die Luft: durchtränkt mit Speisengerüchen, Zimt und anderen Gewürzen. Ich kann nicht ohne Schmerz an die Luft in Borshom denken; überhaupt bemühe ich mich, nicht an Borshom zu denken. Meine Seele fühlt sich hier leichter als unterwegs. Meine Ankunft hat Kondratjew und Legoschin viel Freude und Nutzen gebracht – das sehe ich wohl ein." [XIV, 3287.]

Tagebuch: „Aachen, d. 22. Juli [/ 3. August] 1887.
… Sitze zu Hause und empfinde eine gewisse Reue. Der Sinn dieser Reue ist: das Leben vergeht und naht seinem Ende, – doch habe ich noch nichts ergründet, ja ich vertreibe die verhängnisschweren Fragen, wenn sie an mich herantreten, und verkrieche mich vor ihnen. Lebe ich recht? Handle ich gut? Zum Beispiel: nun sitze ich hier, und alle bewundern mein *Opfer*. Von Opfer ist aber gar keine Rede. Ich führe ein Wohlleben, prasse an der Table d'hôte, tue nichts, gebe mein Geld für Luxus aus, während es anderen am Notwendigsten mangelt. Ist das nicht der waschechteste Egoismus?! Sogar für meine Nächsten bin ich nicht das, was ich sein sollte …" [ČD, S. 162 f.; Tagebücher, S. 208.]

An P. Jurgenson: „Aachen, d. 29. Juli [/ 10. August] 1887.
Lieber Freund, ich sende Dir heute als eingeschriebene Postsache meine Mozart-Suite. Da ich bei der Instrumentierung einige harmonische Details ergänzt und etwas verändert habe, halte ich es für angebracht, ein Arrangement à 4 mains herauszugeben. Diejenigen, die das Arrangement zu machen haben, müssen die Mozartschen Originale einsehen, um

---

[[255] Im Hotel „Goldenes Lamm" (Wien-Leopoldstadt) hatte Čajkovskij vom 21. November / 3. Dezember bis 1. / 13. Dezember 1877 gewohnt.]
[[256] Neubad (Neubadquellen) und Badehotel Neubad in Burtscheid (heute Stadtteil von Aachen); neben dem Aachener Thermalwasserzug gibt es den Burtscheider Thermalwasserzug).]
[[257] Nikolaj D. Kondrat'evs Diener Aleksandr A. Legošin, den Čajkovskij sehr schätzte.]
[[258] Ausführliche Dokumentation von Čajkovskijs Aachen-Aufenthalt: Wolfgang Glaab, Tschaikowsky: „… sechs Wochen in Aachen. Das war eine der schrecklichsten Zeiten meines Lebens", Aachen 2009.]

meine Ergänzungen verfolgen zu können. Wenn es Dir übrigens nicht passen sollte, dann lass es meinetwegen bleiben. Drei von den in die Suite aufgenommenen Stücken sind Klavierstücke (Nr. 1, 2, 4),[259] eines (Nr. 3) ist der Chor ‚Ave verum'.[260] Natürlich wäre es sehr schön, wenn die Suite in der nächsten Spielzeit gespielt werden könnte.[261] Das ist alles." [XIV, 3305.]

An Frau Pawlowskaja: „Aachen, d. 30. Juli [/ 11. August] 1887.
Teure Emilie Karlowna, ich brenne vor Ungeduld, mit Ihnen über die zu tiefe Lage des Duetts mit dem Prinzen [im 3. Akt der Oper ‚Die Bezaubernde'] zu plaudern, wenn auch nur schriftlich. Nachdem ich Ihren Brief gelesen hatte, begann ich, die betreffende Szene gründlich zu studieren, und – stellen Sie sich vor – ich begreife nicht, warum sie Ihnen zu tief erscheint, d. h., selbst wenn dies wirklich der Fall wäre, so trüge (glaube ich) nicht ich die Schuld, sondern die Szene selbst. Erst zum Schluss lodert die Leidenschaft ungebändigt auf; im Anfang sind alle Reden Nastassjas sehr ruhig, mit einem Anflug von Hohn, dann kommt die Liebe schüchtern und zart zum Vorschein – kurz, ihre Worte sind derart, dass kein Anlass für hohe Noten vorhanden ist. Sobald ihr Gefühl über die sie fesselnde Schüchternheit die Oberhand gewinnt, wird auch die Tessitur höher. Übrigens haben Sie von Ihrem Standpunkt aus recht, d. h., es hat sich herausgestellt, dass die Stelle unbequem und ermüdend zu singen ist, obwohl ich mich – weiss Gott – bemüht habe, es Ihnen recht zu machen ...[262]

... Ich werde hier *auf alle Fälle* nicht länger als bis gegen Ende August bleiben; am wahrscheinlichsten werde ich am 25. direkt nach Maidanowo reisen, wo ich die Benachrichtigung, [nach Petersburg] zu reisen, erwarten werde.[263] Vom 1. September an stehe ich ganz zu Ihrer Verfügung. Wenn Sie es wünschen sollten, werde ich gar nicht aufs Land fahren, obgleich ich für mein Leben gern einige Tage bei mir zu Hause verbracht hätte. Ich würde es vorziehen, die Korrekturproben Naprawniks Leitung zu überlassen, da ich bei meiner Unerfahrenheit die Fehler nicht gut herauszuhören vermag. Ohne ihn werde ich doch nicht auskommen. Übrigens wie Sie wollen und wie Naprawnik raten wird." [XIV, 3306.]

Die Freundschaftsheldentat Peter Iljitschs hat mehr als einen Monat Zeit verschlungen. Dem Edelmut und der Grossherzigkeit seines Beginnens volle Gerechtigkeit zollend, muss man aber andererseits auch zugeben, dass er das Verhältnis von Wollen und Können falsch bemessen hatte. Dem guten und von selbstverleugnendem Mitgefühl für die Leiden seines Nächsten erfüllten Peter Iljitsch fehlte – wie in allen anderen praktischen Lebensfragen – die nötige Geschicklichkeit, Selbstbeherrschung und Voraussicht. Abstrakt hatte er wohl mehr Anteilnahme an seinem Nächsten als nur irgend einer, in der Realität aber hat wohl

---

[[259] Erster Satz: Gigue, nach Mozarts „Eine kleine Gigue" KV 574; zweiter Satz: Menuett, nach Mozarts „Minuet" KV 355 / 567b; vierter Satz: Thema mit Variationen, nach Mozarts Variationen über „Unser dummer Pöbel meint" (aus Glucks Oper „La rencontre imprévue") KV 455.]
[[260] KV 618. Nach Liszts Klaviertranskription „A la Chapelle Sixtine", da Čajkovskij offenbar keine Ausgabe der Mozartschen Originalfassung für Chor, Streicher und Orgel zur Hand hatte.]
[[261] Das wurde sie tatsächlich, und zwar im 2. Symphoniekonzert der Russischen Musikgesellschaft in Moskau am 14. November 1887 unter der Leitung des Komponisten – und in einem Sonderkonzert der Musikgesellschaft am folgenden Tag gleich noch einmal. Die Petersburger Erstaufführung, ebenfalls unter Čajkovskijs Leitung, folgte am 12. Dezember desselben Jahres im 3. Symphoniekonzert der Gesellschaft. Die Erstausgabe der Partitur ist auch schon im November erschienen.]
[[262] Im folgenden schlägt Čajkovskij der Sängerin zwei Änderungen vor, nach seinem Autograph faksimiliert in ČPSS XIV, S. 174; vgl. dazu auch Anmerkung 3, ebenda, S. 175. Die betreffenden Varianten wurden publiziert in ČPSS 40b (dem Klavierauszug der Oper).]
[[263] Zu den bevorstehenden Proben der „Bezaubernden", deren Uraufführung im Petersburger Mariinskij teatr für den 20. Oktober 1887 vorgesehen ist. Čajkovskij wird die ersten vier Aufführungen dirigieren.]

kaum jemand weniger für seinen Nächsten tun können als er. Einer, den die Frage „wo Watte, Nägel, Bindfaden usw. gekauft werden" stutzig machen konnte, musste am Lager eines Sterbenden naturgemäss völlig den Kopf verlieren. Das Bewusstsein dieser seiner Hilflosigkeit, der absoluten Unfähigkeit, die Leiden seines Freundes irgendwie zu lindern, der Ratlosigkeit bei den geringsten Schwierigkeiten – machte den zwecklosen Aufenthalt Peter Iljitschs in Aachen nur noch qualvoller. Er litt für den Kranken und für sich selbst. Mit der ihm eigenen Neigung, alle Eindrücke in einem übertriebenen Massstab in sich aufzunehmen, sah er seine Unfähigkeit für die Rolle einer Krankenschwester als ein Zeichen seines Egoismus und seiner Hartherzigkeit an und gab sich gleicherweise wegen der tödlichen Qualen seines Freundes und der Schwärze seiner Seele einer furchtbaren Verzweiflung hin. Im Resultat hat er „zu viel" für die Freundschaft getan und „zu wenig" für den kranken Freund, wenigstens in Bezug auf das ausserordentliche Kräfteaufgebot, welches seine grossmütige Handlung erfordert hat. Als daher gegen Ende August der Neffe des Dahinscheidenden zur Ablösung erschien, floh Peter Iljitsch aus Aachen, tief betrübt durch den Abschied vom Freund „für immer", gebeugt von seiner eigenen moralischen Verfassung und voller Zorn über sein Unvermögen, „die Sache bis zum Ende durchzuführen". Erschöpft und ingrimmig kam er am 30. August in Maidanowo an, wo ihn etwa vierzehn Tage darauf die Nachricht vom Tode Kondratjews ereilte.

Kapitel XXI.

[1887, September – Mitte Dezember. Majdanovo. Petersburg. Moskau.
Überlegt, ein Stück Land zu kaufen und ein Haus zu bauen. (Der Plan zerschlägt sich.)
Begeistert von Schumanns „Paradies und die Peri". Erschöpft von den Änderungen und Kürzungen der in Petersburg zur Uraufführung vorbereiteten „Bezaubernden" (Briefwechsel mit der Darstellerin der Kuma, Pavlovskaja). Im Tagebuch: Über die letzten Dinge: „Gott, Leben und Tod".
Uraufführung der „Bezaubernden" am 20. Oktober 1887 – ein Mißerfolg; Čajkovskij dirigiert auch die folgenden drei Aufführungen. Übereinstimmende negative Kritiken.
Bittet Rimskij-Korsakov, statt der „Romeo"-Ouvertüre ein Werk von Arensky aufzuführen – und rühmt Rimskij-Korsakovs Capriccio espagnol. Dirigiert am 14. und 15. November zwei Konzerte mit eigenen Werken in Moskau (u. a. die Uraufführung der „Mozartiana").
Schämt sich vor seinem Verleger wegen des Mißerfolgs der „Bezaubernden" und wirft den Rezensenten vor, die Oper zu Fall gebracht zu haben.]

An A. Tschaikowsky: „Maidanowo, d. 3. September 1887.
Lieber Tolja, es bietet sich mir die Gelegenheit, bei Frau Nowikow[264] sehr vorteilhaft 50 Dessjatinen Wald zu kaufen,[265] wo in einigen Monaten auch ein Haus gebaut werden kann. Auf dieses Stück Land werde ich eine Hypothek bei der Bank bekommen, so dass ich augenblicklich nur 5000 Rubel für Anzahlung, Kaufkontrakt und Baubeginn brauche. Um mich nicht an andere zu wenden, beschloss ich, das Geld zuerst von Deiner Frau zu erbitten. Ich kann 10 Prozent [Zinsen] zahlen und die ganze Schuld in zwei bis drei Jahren tilgen. Ich glaube, dass Euch der Wechsel im Falle meines Todes schadlos halten wird. Solltest Du aber doch grössere Sicherheiten beanspruchen, werde ich selbstverständlich alles tun, was Du mir vorschreibst. Ich bin überzeugt, dass Pani[266] mir meine Bitte nicht

---

[264 Besitzerin von Majdanovo.]
[265 50 Desjatinen = ca. 54,5 Hektar.]
[266 Anatolijs Frau Praskov'ja wurde von Čajkovskij Pani, Panička, Panja oder Paraša genannt.]

abschlagen wird. Tu mir den Gefallen, mein Lieber, denn ich möchte in dieser Angelegenheit nicht mit Fremden zu tun haben. Antworte mir möglichst bald …"[267] [XIV, 3339.]

An M. Tschaikowsky: „Maidanowo, d. 3. September 1887.
… Soeben habe ich einen Brief von Frau Pawlowskaja erhalten. Ich werde nach Petersburg fahren müssen, um einige Missverständnisse aufzuklären. Bei dieser Gelegenheit werde ich auch schon dem Konservatoriumsjubiläum beiwohnen.[268] Nachher will ich aber nach Maidanowo zurückkehren, denn die Proben sollen erst am 20. beginnen. Also auf baldiges Wiedersehen. Ich komme am 7. früh." [XIV, 3340.]

Tagebuch: „[Maidanowo, d.] 10. September [1887].
… Nach dem Tee gab ich mich mit den Änderungen im 2. Akt [der ‚Bezaubernden'] ab. Gewitter. Spielte [das Oratorium] ‚Das Paradies und die Peri' von Schumann. Welch ein göttliches Werk!!!" [ČD, S. 178; Tagebücher, S. 227.]

An Frau E. Pawlowskaja: „[Maidanowo, d.] 21. September 1887.
Teure Emilie Karlowna, wenn Sie wüssten, wie bitter und schwer es mir ist nach der leidigen Arbeit unzähliger Kürzungen und Änderungen[269] – schon wieder dies und das umzuarbeiten. Ich bin so erschöpft von dem Austüfteln der Änderungen, dass ich, bei Gott, nicht weiss, was ich Ihnen auf Ihren Brief antworten soll.[270] Ich glaube, dass man die Sache mit dem Rezitativ einfach so machen könnte:[271]

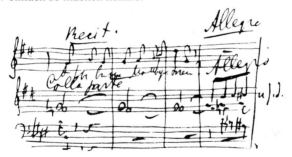

Was mit S. 78 [des Klavierauszugs] gemacht werden könnte – weiss ich, bei Gott, nicht. Es müsste ja alles neu komponiert werden, um das Rezitativ frei zu gestalten!!! Es scheint mir, dass Sie nichts hindern könnte, wenn man das Orchester colla parte spielen liesse. – Fragen Sie Naprawnik um Rat. Sie wissen: ich mag nicht streiten und werde mich in das Unvermeidliche fügen, wenn er Ihnen beistimmen sollte.[272] Warten Sie nur, bis ich nach Petersburg komme. Augenblicklich kann ich wirklich nicht. Ich stehe vor der Entscheidung einer

---

[267 Näheres über die Angelegenheit: in Čajkovskijs Brief an N. F. fon Mekk vom 21. September 1887, ČPSS XIV, Nr. 3360.]
[268 Das Petersburger Konservatorium war vor 25 Jahren, 1862, gegründet worden.]
[269 In der in Petersburg zur Uraufführung vorzubereitenden Oper „Die Bezaubernde".]
[270 In É. K. Pavlovskajas Brief vom 19. September 1887 (publiziert in: Čajkovskij na Moskovskoj scene. Pervye postanovki v gody ego žizni {Čajkovskij auf der Moskauer Bühne. Erstinszenierungen zu seinen Lebzeiten}, Moskau und Leningrad 1940, S. 407 f.) geht es um Änderungen in der Partie der Kuma in der Oper „Die Bezaubernde".]
[271 Da das Notenbeispiel in LebenTsch. 2, S. 420 unvollständig ist, wird im folgenden das Faksimile aus ČPSS XIV, S. 224 reproduziert. Text der Kuma: „A ty vina, Mamyrov, čočeš'?"]
[272 Das Rezitativ der Kuma „I ty svoj gnev smeni na milost'! Prosti na gluposti menja! Dozvol' k stolu sebja podvest'" wurde unverändert beibehalten.]

sehr wichtigen Frage meines Lebens; ich bin sehr verstimmt und enttäuscht.[273] Näheres darüber mündlich. Morgen reise ich nach Moskau und werde dort warten, bis man mich nach Piter [Petersburg] ruft. Natürlich werde ich Ihrem Ruf sofort folgen, hätte aber den Wunsch, möglichst lange in Moskau bleiben zu können." [XIV, 3361.]

Tagebuch: „[Maidanowo, d.] 21. September [1887].
Wie kurz ist das Leben! Wieviel ich noch zu tun, zu denken und zu sagen habe! Man schiebt es immer auf, indessen der Tod schon hinter der Ecke auf einen zu lauern beginnt. Es ist gerade ein Jahr her, dass ich dieses Heft nicht berührt habe, und so vieles hat sich seither verändert. Wie merkwürdig: noch vor 365 Tagen fürchtete ich mich einzugestehen, dass ich – trotz der Wärme der sympathischen Gefühle, welche Christus in mir erweckt – es wage, an seiner Göttlichkeit zu zweifeln. Seither hat meine *Religion* schärfere Umrisse erhalten: in dieser ganzen Zeit dachte ich viel über Gott, Leben und Tod nach; besonders beschäftigten mich in Aachen[274] die verhängnisvollen Fragen: wozu, wie, warum? Ich würde gern einmal meine *Religion* ausführlich niederlegen, schon allein um mir selbst ein für allemal über meinen Glauben klar zu werden und die Grenze zwischen ihm und dem Wissen zu bestimmen. Doch das Leben fliegt dahin, und ich weiss nicht, ob ich je dazu kommen werde, jenes Glaubensbekenntnis zu umschreiben, welches in der letzten Zeit in mir gewachsen ist. Es hat sehr bestimmte Formen, ich wende es aber nicht in meiner Gebetspraxis an. Ich bete auf dieselbe Art wie früher, d. h. wie ich zu beten gelehrt worden bin. Übrigens wird es Gott kaum nötig haben zu wissen, wie und warum gebetet wird. Gott braucht keine Gebete. *Wir aber brauchen sie.*" [ČD, S. 213; Tagebücher, S. 273.]

An P. Jurgenson: „[Maidanowo, d.] 25. September 1887.
... Du hast vollkommen recht. Es wäre einfach Wahnsinn, unter solchen Bedingungen ein Gut zu kaufen. So werde ich denn wohl für lange jeden Gedanken an Landbesitz aufgeben. Bestrafte Schwärmerei!" [XIV, 3369.]

An Frau von Meck: „Petersburg, d. 1. Oktober 1887.
... Gestern hatte ich die erste Orchesterprobe. Ich war natürlich sehr aufgeregt, doch ging alles glatt. Mit den Künstlern, namentlich aber mit der ausserordentlichen Sorgfalt, welche Naprawnik für die Einstudierung verwendet hat, bin ich sehr zufrieden. Bei mir macht sich schon Ermüdung fühlbar." [XIV, 3374.]

Am 20. Oktober erlebte „Die Bezaubernde" unter der Leitung des Komponisten ihre erste Aufführung, und zwar in einer überaus glänzenden und künstlerischen Ausstattung. Die Rollenbesetzung war folgende:

Fürst Kurljaschew – H. Melnikow. Die Fürstin – Fr. Slawina. Der Prinz – H. Wassiljew *III.* Mamyrow – H. Strawinsky. Nenila – Fr. Dolina. Kuma (Nastassja) – Fr. Pawlowskaja. Phoka [Foka] – H. Klimow *I.* Polja – Fr. Markowskaja. Kitschiga – H. Korjakin. Païssy – H. Wassiljew *II.* Kudjma – H. Pawlowsky. Potap – H. Sobolew. Lukasch – H. Ugrinowitsch.[275]

[273 Čajkovskij meint offenbar den geplanten Kauf einer Parzelle Landes in Majdanovo; siehe oben, ČPSS XIV, Nr. 3339.]
[274 Dort hatte Čajkovskij im Juli / August 1887 einige Wochen bei seinem todkranken Freund Nikolaj D. Kondrat'ev verbracht; siehe oben.]
[275 Die Namen der Ausführenden in transliterierter Form: Ivan A. Mel'nikov (1832-1906), Bariton, 1867-1892 Mitglied des Opernensembles der Petersburger Theater, auch erster Vjaz'minskij („Opričnik"), Teufel („Kuznec Vakula") und Tomskij („Pikovaja dama"), Widmungsträger der Romanze op. 25, Nr. 5. – Marija A. Slavina (1858-1951), Mezzosopran, 1879-1917 Mitglied des Opernensembles der Petersburger Theater, auch erste Gräfin („Pikovaja dama"). – Michail D. Vasil'ev (1850-1897), Tenor, 1880-1897 Mitglied des Opern-

Die besten von ihnen waren die Herren Melnikow, Strawinsky und Frau Slawina. Nur eine einzige Stelle (wo Mamyrow zu tanzen gezwungen wird) entfesselte einen wahren Beifallssturm im Publikum. Alles übrige wurde sehr kühl aufgenommen, am kühlsten – der wichtigste Moment der ganzen Oper: die Szene zwischen Kuma und dem Prinzen im 3. Akt. Dennoch gab es viele Hervorrufe, sogar mit Überreichung von Geschenken.

Den Misserfolg der Oper schien Peter Iljitsch gar nicht bemerkt zu haben, es schien ihm sogar, die Oper hätte gefallen. Erst nach der zweiten Vorstellung (am 23. Oktober), welche hinsichtlich der Aufführung besser gelang als die erste, das Schweigen des Publikums aber dennoch nicht zu brechen vermochte, begann er zu zweifeln. Die ablehnende Haltung des Publikums trat nach der dritten und vierten Vorstellung noch deutlicher zutage, denn selbst sein erstes Erscheinen am Dirigentenpult wurde nicht mehr beklatscht. Nun erst wurde es Peter Iljitsch klar, dass „Die Bezaubernde" „ehrenvoll durchgefallen" war. Die fünfte Vorstellung machte kein volles Haus.

Wie wir weiter unten sehen werden, schrieb Peter Iljitsch seinen Misserfolg der Ungunst der Rezensenten zu. Nachdem ich all ihre Referate gelesen, will es mir scheinen, dass Peter Iljitsch ihnen im vorliegenden Fall zu viel Ehre antat. In keinem der elf Berichte[276] fand ich jenen Ton der Verachtung und gierigen Schadenfreude, welche den anderen Opern Peter Iljitschs entgegengeklungen hatte: Niemand hat die „Bezaubernde" ein „totgeborenes Nichts" genannt wie C. Cui seinerzeit „Eugen Onegin"; niemand hat den Versuch gemacht, die „frechen Entlehnungen" in der „Bezaubernden" aufzuzählen, wie Herr Galler es seinerzeit mit „Mazepa" getan hatte; vielmehr haben alle diese Herren ihre Berichte – mit überraschender Übereinstimmung – durch Komplimente, Artigkeiten, ja – Lobhudeleien an die Adresse des Symphonikers Tschaikowsky eingeleitet, um später „mit Bedauern" (welches übrigens einer Freude viel ähnlicher sah – und das hatte am unangenehmsten auf Peter Iljitsch gewirkt) das „Misslingen des Versuchs Peter Iljitschs zu konstatieren, ein volkstümliches musikalisches Sittendrama zu schreiben". Ferner haben sie alle in dieser „bedauerlichen" (lies: erfreulichen) Tatsache die Bekräftigung ihrer schon früher ausgesprochenen Ansicht gefunden, dass der Symphoniker Tschaikowsky zu sehr Lyriker sei und keine gute Oper schreiben könne. Weiter nichts. Weiter gegangen ist keiner. Die Ursachen des Misserfolgs der „Bezaubernden" sind in anderen Dingen zu suchen: vielleicht zum Teil in der

---

ensembles der Petersburger Theater, auch erster König („Orleanskaja deva"). – Fedor I. Stravinskij (1843-1902), Baß, 1874-1876 an der Oper in Kiev, dort erster Vjaz'minskij („Opričnik"), 1876-1902 Mitglied des Opernensembles der Petersburger Theater, dort erster Dunois („Orleanskaja deva") und Orlik („Mazepa"). – Marija I. Dolina (1868-1919), Alt, 1886-1904 am Petersburger Mariinskij teatr, erste Polina („Pikovaja dama") und Laura („Iolanta"). – Ėmilija K. Pavlovskaja (1853-1935), Sopran, trat 1873-1874 im Ausland auf (in Italien und anderen Ländern), 1876-1883 auf Opernbühnen in Kiev, Odessa, Tiflis und Char'kov, 1884-1888 in Petersburg, von Čajkovskij hochgeschätzte erste Marija („Mazepa") und Kuma („Čarodejka"), Widmungsträgerin der Romanze op. 57, Nr. 3; der Briefwechsel Čajkovskij-Pavlovskaja ist veröffentlicht in: „Čajkovskij na Moskovskoj scene. Pervye postanovki v gody ego žizni" (Č. auf der Moskauer Bühne. Erstinszenierungen zu seinen Lebzeiten), Moskau-Leningrad 1940. – Nikolaj St. Klimov, Baß, von 1887 an Mitglied des Opernensembles der Petersburger Theater. – Elena P. Markovskaja, Sopran, 1887-1894 Mitglied des Opernensembles der Petersburger Theater. – Michail M. Korjakin (Karjakin; 1850-1897), Baß, 1878-1897 Mitglied des Opernensembles der Petersburger Theater, auch erster Thibaut d'Arc („Orleanskaja deva"). – Vasilij M. Vasil'ev (1837-1891), Tenor, 1857-1891 Mitglied des Opernensembles der Petersburger Theater, auch erster Basmanov („Opričnik"), Panas („Kuznec Vakula") und Čekalinskij („Pikovaja dama"). – Sergej E. Pavlovskij (1846-1915), Bariton, von 1885 an auch als Regisseur am Moskauer Bol'šoj teatr; Ehemann von Ė. K. Pavlovskaja. – Vladimir F. Sobolev (1837-1900), Bariton, 1863-1894 Mitglied des Opernensembles der Petersburger Theater, auch erster Molčan Mit'kov („Opričnik") und Narumov („Pikovaja dama"). – Grigorij P. Ugrinovič (geb. 1857), Tenor, 1885-1924 am Petersburger Mariinskij teatr, auch erster Almerik („Iolanta").]

[276 Nachweis der Rezensionen in: ČPSS XIV, S. 255 f., Anmerkung 3 zu Brief Nr. 3399.]

mangelhaften Interpretation der beiden Hauptrollen, am wahrscheinlichsten aber in den Eigenschaften der Musik dieser Oper selbst, welche einer gerechten Würdigung und ihres rechten Kritikers noch harrt.

An N. Rimsky-Korsakow: „[Petersburg,] d. 30. Oktober 1887.[277]

Teurer Nikolai Andreewitsch, ich habe eine Bitte an Sie, welche ich Ihnen schriftlich unterbreite, weil es mir morgen nicht möglich sein wird, Sie zu sehen.

Arensky ist wieder gesund, doch finde ich ihn noch etwas bedrückt und verstört. Ich habe ihn sehr gern und möchte, dass ihm diejenigen gelegentlich ihre Anteilnahme bezeugen, welche er in musikalischer Beziehung am meisten verehrt. Für das beste Mittel zu diesem Zweck halte ich die Aufführung eines Stückes von ihm in einem Ihrer nächsten Konzerte. Da, wo alle russischen Komponisten Aufnahme finden, muss auch für Arensky ein Plätzchen übrig sein, welcher jedenfalls nicht schlechter ist als x andere. Da Sie aber niemanden werden beleidigen wollen, schlage ich Ihnen vor ... anstatt meiner ‚Romeo'-Ouvertüre irgendein Werk von Arensky auf das Programm Ihres vierten Konzerts zu setzen. Es ist nötig, ihn in jeder Weise anzuspornen; ein Ansporn Ihrerseits wird für ihn ganz besonders wertvoll sein, weil er Sie grenzenlos liebt und achtet. Bitte denken Sie darüber nach und lassen Sie meine Bitte in Erfüllung gehen: Sie werden dadurch Ihren Ihnen tief ergebenen Schüler sehr beglücken.[278]

Zum Schluss möchte ich Ihnen sagen, dass Ihr ‚Spanisches Capriccio' ein *kolossales Meisterwerk der Instrumentation* ist und dass Sie sich für den grössten Meister der Gegenwart ansehen können."[279] [XIV, 3393.]

An Frau von Meck: „Moskau, d. 13. November 1887.

Liebe, teure Freundin, verzeihen Sie um Gottes willen, verzeihen Sie, dass ich so selten schreibe. Ich befinde mich in einer sehr bewegten Epoche meines Lebens und bin stets in grosser Aufregung, so dass es mir nicht möglich ist, nach Herzenswunsch mit Ihnen zu plaudern. Nachdem ich meine Oper [‚Die Bezaubernde'] viermal dirigiert habe, bin ich vor etwa fünf Tagen wieder hierher gekommen, und zwar in einer recht melancholischen Stimmung. Trotz der mir bei der ersten Vorstellung gemachten Ovationen hat meine Oper dem Publikum nicht gefallen und im Grunde keinen Erfolg gehabt. Seitens der Presse begegnete ich so viel Hass und Feindseligkeit, dass ich bis jetzt keine Erklärung dafür finden kann. Keine andere Oper habe ich mit soviel Mühe und Aufopferung gearbeitet wie diese, und bin doch nie so von der Presse verfolgt worden.

Hier habe ich täglich Proben für ein grosses Symphoniekonzert, welches ich morgen, d. 14., dirigieren soll. Ich bin furchtbar müde und fürchte manchmal, durch all die Aufregungen meine Gesundheit vollends zu untergraben. Die Reise nach Tiflis habe ich aufgegeben, werde aber dennoch kaum Zeit haben, mich in Maidanowo genügend zu erholen, denn am 2. November (neuen Stils) muss ich in Leipzig dirigieren, dann in Dresden, Hamburg, Kopenhagen, Berlin, Prag. Dann gebe ich im März in Paris mein eigenes Konzert, um von dort nach London zu gehen, wohin ich von der Philharmonischen Gesellschaft eingeladen

---

[[277] In LebenTsch. 2, S. 392 f., versehentlich auf 1886 statt 1887 datiert und entsprechend eingeordnet.]
[[278] In dem von ihm dirigierten 4. Russischen Symphoniekonzert am 21. November 1887 in Petersburg dirigierte Rimskij-Korsakov u. a. sowohl Čajkovskijs Fantasie-Ouvertüre „Romeo und Julia" als auch (als Uraufführung) eine Komposition Antonij St. Arenskijs: das Scherzo aus dessen Suite op. 7.]
[[279] Čajkovskij hatte das Capriccio espagnol, das Rimskij-Korsakov im 2. Russischen Symphoniekonzert am 31. Oktober 1887 in Petersburg uraufführte, in einer Probe gehört.]

worden bin.[280] Kurz, eine ganze Menge neuer und starker Eindrücke harrt meiner." [XIV, 3399.]

Als Konzertdirigent erschien Peter Iljitsch in Moskau zum ersten Mal am 14. November 1887. Das Programm des von ihm geleiteten [2.] Symphoniekonzertes der Russischen Musikgesellschaft enthielt nur Werke von ihm. Es gelangten zur Aufführung: „Mozartiana"-Suite (Uraufführung), „Francesca da Rimini", die Fantasie für Klavier [und Orchester] (mit Tanejew als Solisten) und das Arioso aus der „Bezaubernden" (Frau Skompskaja).[281] Am Tage darauf wurde dasselbe Programm in einem populären Konzert der Russischen Musikgesellschaft wiederholt. Die „Mozartiana" hat sehr gefallen („Ave verum" wurde da capo gespielt), und die Presse sprach – im Gegensatz zur Petersburger – mit grosser Wärme und Herzlichkeit sowohl vom Komponisten als auch vom Dirigenten.

An M. Tschaikowsky: „[Moskau, d.] 15. November 1887.
… Das gestrige Abendkonzert war für mich sehr angenehm, denn das Publikum schien sehr begeistert zu sein. Mir wurden einige wertvolle Geschenke und eine grosse Menge Kränze überreicht. Schlimm war, dass ich lange nicht den Genuss empfand wie [beim Konzert] am 5. März in Petersburg.[282] Ich hatte Herzklopfen und Atemnot, überhaupt war etwas nicht richtig mit mir. Im heutigen Mittagskonzert wird das gestrige Programm wiederholt. Ich bedaure, zugesagt zu haben, denn ich bin sehr erschöpft. Nach Tiflis fahre ich nicht. Übermorgen begebe ich mich für drei Wochen nach Maidanowo. Ich will Dir als Geheimnis mitteilen, dass ich am 26. nicht in Petersburg dirigieren werde, weil ich die Verpflichtung habe, gerade zu derselben Zeit im Leipziger Gewandhaus zu dirigieren. Das ist so wichtig, dass ich Petersburg opfern muss. Übrigens wollen wir sehen. Ich bin so müde, dass ich nicht ausführlich schreiben kann." [XIV, 3400.]

An A. [recte: M.] Tschaikowsky: „Maidanowo, d. 19. November 1887.
Modja, an dem Morgen, als ich Dir schrieb (am 15. Nov.), fühlte ich mich schrecklich und sah mich schon fast gezwungen, das Dirigieren des Konzerts abzusagen. Dennoch ging ich hin; dort bekam ich kurz vor Beginn des Konzerts einen hysterischen Anfall; ich überwand mich aber, trat aufs Podium und – dirigierte, wie mir schien, nie so gut wie gerade dieses Mal. Einen solchen Triumph und eine solche Begeisterung sah ich noch nie. Das billige Publikum[283] betrug sich sehr nett, hörte aufmerksam zu und machte keinen Lärm. Den folgenden Tag verbrachte ich [noch] in Moskau. In Maidanowo ist bei mir alles zerstört, denn Alexei hat angesichts der Tifliser Reise bereits alles eingepackt. Ich lebe wie in einem Biwak; ich fühle mich nichtsdestoweniger sehr froh und glücklich. Eine neue krankhafte Erscheinung hat sich bei mir eingestellt und tritt namentlich morgens sehr schwer auf: Atemnot. Ich denke, das hängt mit den Nerven zusammen, denn alle anderen Funktionen sind in Ordnung." [XIV, 3413.]

[280 Nicht alle der genannten Konzerttermine kamen zustande. Auf seiner ersten großen Auslandstournee Ende 1887 / Anfang 1888 als Dirigent eigener Werke trat Čajkovskij in folgenden Städten auf: Leipzig, Hamburg, Berlin, Prag, Paris und London. Siehe die Termine und Programme in: Mitteilungen 7 (2000), S. 73-75.]
[281 Inhalt und Reihenfolge des Programms genauer in ČPSS XIV, S. 257, Anmerkung 2 zu Brief Nr. 3400: „Francesca da Rimini" op. 32; Arioso aus „Čarodejka"; Orchesterfantasie op. 56, „Mozartiana" op. 61, Romanzen op. 16, Nr. 2 und 5 (Adelaida Ju. Skompskaja); Festouvertüre „1812".]
[282 Siehe oben, Ende von Kapitel XVII.]
[283 Des „populären" Mittagskonzerts.]

An P. Jurgenson: „[Maidanowo, d.] 24. November 1887.
... Ich lese heute zufällig in der Zeitung, dass die achte Vorstellung der ‚Bezaubernden' vor halbleerem Hause stattgefunden hat. Das ist ja das unzweideutigste Fiasko. In der Tiefe meiner Seele beleidigt mich dieser Misserfolg furchtbar, denn nichts habe ich mit soviel Eifer gearbeitet wie gerade die ‚Bezaubernde'. Ausserdem muss ich mich vor Dir schämen, denn Du erleidest dadurch einen schrecklichen Verlust. Ich weiss wohl, dass die Oper einst zu ihrem Recht kommen wird, aber wann? Einstweilen ist es aber sehr bitter. Bisher habe ich den Einfluss der Presse auf den Erfolg oder Misserfolg geleugnet, jetzt bin ich aber zu glauben geneigt, dass nur der gemeinsame Überfall aller dieser Hunde von Rezensenten meine Oper zu Fall gebracht hat. Dass sie der Teufel hole! Aber woher ihr Hass? Lies beispielsweise einmal in der heutigen Nummer der ‚Nowosti',[284] wie über unsere Musikgesellschaft und über mich wegen des populären Konzerts geschimpft wird. Einfach unbegreiflich!!" [XIV, 3416.]

Im 3. Symphoniekonzert der Russischen Musikgesellschaft (am 14. Dezember) in Petersburg dirigierte Peter Iljitsch seine „Mozartiana" mit sehr lautem Erfolg. „Ave verum" musste – ebenso wie in Moskau – wiederholt werden.

An den Grossfürsten Konstantin Konstantinowitsch:
„St. Petersburg, d. 15. Dezember 1887.
Ew. Kaiserliche Hoheit!
Die Verhältnisse haben sich so gefügt, dass mir nicht das Glück zuteilwerden kann, Sie zu sehen. Wenn ich mich morgen bei Ihnen vorstellen wollte, würden Sie mich doch nicht empfangen können – das weiss ich im voraus, weil Sie, wie ich gehört habe, bei der Trauerfeier für den Admiral Kasakewitsch[285] anwesend sein wollen. Zu meinem Bedauern war es mir weder gestern noch heute möglich, um die übliche Empfangsstunde bei Ihnen zu erscheinen. Indessen habe ich ein Anliegen an Sie, welches ich gern mündlich vorgetragen hätte; nun bin ich aber genötigt, es schriftlich zu tun. Ich habe vor kurzem sechs Lieder [op. 63] über Texte des sehr sympathischen und von poetischem Gefühl erfüllten Dichters K. R.[286] komponiert. Ich komponierte sie unter besonders schwierigen Umständen und fürchte, sie könnten Ihnen missfallen. Nichtsdestoweniger nehme ich mir die Freiheit, Sie um die Erlaubnis zu bitten, meinem Verleger eine offizielle Genehmigung der Widmung zukommen zu lassen.

Morgen trete ich eine längere geschäftliche Reise ins Ausland an[287] und werde daher erst in ziemlich ferner Zukunft die Möglichkeit haben, Ihnen mündlich meinen untertänigsten Dank für die Genehmigung der Widmung meines letzten Werkes an Sie auszusprechen." [XIV, 3435.]

---

[284] „Novosti i Birževaja gazeta" (Neuigkeiten und Börsenzeitung), 1887, Nr. 322 vom 23. November. (Die seit 1871 in Petersburg erscheinende Tageszeitung hieß zunächst einfach „Novosti" und erschien dann bis 1906 unter dem anfangs genannten Namen.)]
[285] Petr V. Kazakevič (1814-1887), Vizeadmiral, Generaladjutant und Mitglied des Admiralitätsrats.]
[286] Unter diesen Initialen veröffentlichte der Adressat, Großfürst Konstantin Konstantinovič, seine Gedichte; vgl. oben, S. 304, Anmerkung 185 zu Čajkovskijs Brief an den Großfürsten vom 9. September 1886 (ČPSS XIII, Nr. 3043).]
[287] Gemeint ist die Konzertreise nach Westeuropa.]

Die chronologische Reihenfolge der Arbeiten Peter Iljitschs vom 1. September 1886 bis zum 1. Januar 1888 ist folgende:

1) Op. 60. Zwölf Lieder für eine Singstimme mit Klavierbegleitung. Ihrer Majestät Kaiserin Maria Fedorowna gewidmet. N° 1. Die gestrige Nacht, N° 2. Verschwiegenheit, N° 3. O wüsstest du, N° 4. Die Nachtigall, N° 5. Schlichte Worte, N° 6. Schlaflose Nächte, N° 7. Lied der Zigeunerin, N° 8. Lebewohl, N° 9. Die Nacht, N° 10. Lockung, N° 11. Heldenmut, N° 12. Sternennacht.

Verlag P. Jurgenson.

2) „Die Bezaubernde", Oper in vier Akten. Das Textbuch ist von dem Verfasser des gleichnamigen Dramas, I. W. Schpashinsky, gemacht worden.[288]

Erster Akt. Das Oka-Ufer in der Nähe von Nishny-Nowgorod. Bei der Schenke der Kuma.[289] Volksszene mit sittencharakteristischen Episoden. Kuma Nastassja erscheint und wird von ihren „Gästen" freudig begrüsst. Ihre Arie. Auf der Oka schwimmen Boote heran: der Prinz (der Sohn des Statthalters von Nishny-Nowgorod) kehrt von der Jagd heim. Das Volk und Kuma jauchzen ihm zu. Er fährt vorüber und das Volks tollt weiter. Kuma wird nachdenklich: sie liebt den Prinzen. Plötzlich erscheint ganz unerwartet und unvermutet der Statthalter mit seinem Berater, Fürst Mamyrow. Letzterer ist der Vertreter des Anstandes und der guten Sitte und hasst Kuma. Er hat den Statthalter hergeführt, damit dieser sich persönlich von den Schrecken der Versumpfung und Verseuchung dieses schlimmen Nestes des Lasters überzeuge. Beim Herannahen des Fürsten bemächtigt sich des Volkes eine grosse Aufregung: Einige entfliehen, andere bleiben und wollen Kuma verteidigen, falls ihr Böses angetan werden sollte. Kuma allein bewahrt Ruhe. Sie legt schleunigst ihr schönstes Gewand an, kommt den unerwarteten Gästen entgegen und bezaubert mit einem Schlage den Fürsten durch ihre Schönheit und Zärtlichkeit. Ungeachtet der Entrüstung Mamyrows lässt sich der Statthalter von Kuma bewirten, nimmt auch den Trunk entgegen und wirft dann zum Zeichen seiner Dankbarkeit Kuma seinen Ring zu. Allgemeines Staunen. Morceau d'ensemble. Nachdem Kuma sich vom Gelingen ihres Versuchs, den Statthalter zu bestricken und über Mamyrow die Oberhand zu behalten, überzeugt hat, weiss sie auch noch im Statthalter den Wunsch aufzustacheln, Mamyrow zu verhöhnen und ihn an den Tänzen der Gaukler teilnehmen zu lassen. Mamyrow tanzt zum allgemeinen Gelächter der Anwesenden.

Zweiter Akt. Ein Garten in der Nähe des Statthalterhauses. Die Gemahlin des Statthalters sitzt in Nachdenken versunken. Bei ihr ist ihre Kammerzofe Nenila. Aus dem Hause ertönt der Gesang der Stickerinnen. Die Fürstin ist voller Eifersucht, weil der Fürst ganze Tage lang bei der Kuma steckt. Mamyrow facht ihre Eifersucht durch seine Berichte über die Vorgänge in Kumas Schenke immer mehr an. Die Fürstin schwört Rache. Der Prinz erscheint. Er weiss, dass etwas im Hause „nicht recht" ist und tröstet die Mutter. Duett. Die Fürstin zieht sich ins Haus zurück. Païssy, der Wanderer, kommt. Szene zwischen ihm und Mamyrow, der ihm befiehlt, alles zu melden, was er in Kumas Haus zu erspähen vermag. Beide gehen ab. Der Fürst tritt auf. Er ist voller Liebesschwärmerei für Kuma. Arioso. Er muss mit der Fürstin über die Brautwerbung des Prinzen sprechen. Die Fürstin erscheint. Schon bei den ersten Worten verrät sie ihre Eifersucht und überschüttet ihren Gemahl mit Vorwürfen und Hohn. Sehr bewegter, pathetischer Auftritt gegenseitiger Drohungen. In flammendem Zorn gehen beide Eheleute auseinander. Die Bühne bleibt eine Weile leer. Dann kommt ein Haufen Volks herbeigelaufen, welcher irgendeinen Mordgesellen verfolgt,

---

[288 Deutsche Fassung des Librettos in: Mitteilungen 17 (2010), S. 29-97.]
[289 „Kuma": „Gevatterin".]

der sich in den Gärten des Statthalters versteckt haben soll. Die lärmenden und schreienden Vagabunden zerbrechen die Umzäunung und dringen in den Garten ein. Der Prinz kommt herbei und beruhigt die Unzufriedenen, während Mamyrow die Rädelsführer fesseln lässt. Das Volk geht, den Prinzen segnend, auseinander. Dann erscheint die Fürstin mit Nenila, gefolgt von Païssy, welcher mitteilt, der Fürst sei wieder zu Kuma gegangen. Jetzt erst erfährt der Prinz die Ursache des Schmerzes seiner Mutter und des häuslichen Unfriedens. Er schwört, seine Mutter zu rächen und Kuma, die er noch nie gesehen, zu töten.

Dritter Akt. Das Wohnhaus der Kuma. Abend. Der Fürst und Kuma. Ersterer spricht immer von seiner Liebe, aber Kuma ist kühl und unfreundlich zu ihm. Duett. Der Fürst versucht, ihr Gewalt anzutun, sie aber droht, sich lieber das Leben nehmen zu wollen als nachzugeben. Zornentbrannt entfernt sich der Fürst. Eine Gefährtin Kumas und ihr Onkel, Phoka [Foka], warnen sie vor dem Prinzen, der geschworen habe, sie in dieser Nacht zu töten. Kuma will allein bleiben. Der Tod durch die Hand des Prinzen ist ihr lieber als das Leben mit dem Fürsten. Sie löscht das Licht, legt sich ins Bett und erwartet den Prinzen. Der Prinz kommt in Begleitung eines Leibjägers. Er schleicht ans Bett heran, reisst den Vorhang weg und – lässt den Dolch fallen, überrascht von ihrer Schönheit. Folgt ein langes Duett. Von Vorwürfen und Verwünschungen ausgehend, wird der Prinz immer verliebter und unterliegt zum Schluss ganz dem Zauber der Reize Kumas.

Vierter Akt. Ein dunkler, unheimlicher Wald am Ufer der Oka mit einer Höhle, in welcher der Zauberer Kudjma wohnt. Man hört Jagdhornklänge: Der Prinz ist auf der Jagd. Jägerchor. Der Prinz tritt vor und fragt, ob alles bereit sei für seine Flucht mit Kuma. Arioso des Prinzen. Dann entfernt er sich mit den Jägern. Es erscheint die als Bettlerin verkleidete Fürstin mit Païssy. Beim Nahen Kudjmas entflieht Païssy aus Furcht. Die Fürstin ist gekommen, Kudjma um Gift zu bitten, um das furchtbarste Gift für Kuma. Sie treten in die Höhle. Da landet ein Boot am Ufer, dem Kuma mit ihren Getreuen entsteigt. Sie bleibt allein. Ihr Arioso in Erwartung des Prinzen. Aus der Höhle tritt die Fürstin und erkennt Kuma auf den ersten Blick. Unter dem Vorwand, sie erfrischen und ihre Aufregung zu beruhigen, reicht sie ihr den vergifteten Labetrunk. Die Jäger kehren wieder. Der Prinz stürzt in heller Freude her, Kuma zu begrüssen. Alles ist zur Flucht bereit. – Aber das Gift hat gewirkt: Kuma stirbt. Die Fürstin tritt vor und bekennt sich als Mörderin Kumas. Der Prinz ist in Verzweiflung und verstösst seine Mutter. Die Leiche Kumas wird davongetragen. Viele Boote kommen herangeschwommen: Der Fürst ist mit seinen Leuten auf der Suche nach Kuma und seinem Sohn. Der Fürst sieht Kuma nicht und ist der Meinung, dass man sie vor ihm verbergen wolle. In einem Anfall wahnsinniger Eifersucht erschlägt er den Prinzen. Ein Gewitter naht. Die Fürstin verflucht den Kindesmörder. Die Leiche des Prinzen wird davongetragen. Der Fürst bleibt allein. Das Gewitter entfaltet seine ganze Gewalt. Der von Furcht und Gewissensbissen gepeinigte Fürst bricht ohnmächtig zusammen.

Die Oper erlebte am 20. Oktober 1887 ihre Uraufführung, und zwar im Marientheater in Petersburg und unter der Leitung des Komponisten.
Verlag P. Jurgenson.

3) Op. 61. „Mozartiana", Suite N° 4, in vier Sätzen. Sie ist aus Mozartschen Werken [drei Klavierstücken und dem „Ave verum corpus"][290] zusammengesetzt und für grosses Orchester instrumentiert. In seinem Vorwort zur Partitur erklärt Peter Iljitsch die Gründe, die ihn zu diesem Werk veranlassten, folgendermassen:

„Eine grosse Zahl der schönsten kleineren Stücke Mozarts ist aus unerklärlichen Gründen nicht nur dem Publikum wenig bekannt, sondern auch vielen Musikern. Der Verfasser

---

[290 Siehe oben, S. 327, Anmerkung 259 und 260.]

des Arrangements dieser Suite beabsichtigte, für die häufigere Aufführung jener in ihrer Form bescheidenen, aber von unerreichbarer Schönheit erfüllten Perlen der musikalischen Produktion neue Anregung zu geben."

Uraufführung am 14. November 1887 zu Moskau unter der Leitung des Komponisten.
Verlag P. Jurgenson.

4) Op. 62. „Pezzo capriccioso" für Violoncello mit Begleitung des Orchesters. [Komponiert vom 12. bis zum 14. August, instrumentiert zwischen dem 15. und 30. August.] A. Brandukow gewidmet. Von diesem zum ersten Mal gespielt [bei einer Konzertsoirée in Paris am 16. / 28. Februar 1888 vom Orchester Colonnes unter Leitung des Komponisten und] am 25. November 1889 [in einem Sonderkonzert der Russischen Musikgesellschaft] zu Moskau [ebenfalls unter der Leitung des Komponisten].
Verlag P. Jurgenson.

5) Op. 63. Sechs Lieder. [Auf Gedichte von „K. R.": Grossfürst Konstantin K. Romanow]. Dem Grossfürsten Konstantin Konstantinowitsch gewidmet. N$^{\underline{o}}$ 1. „Nicht sogleich", N$^{\underline{o}}$ 2. „Am offenen Fenster", N$^{\underline{o}}$ 3. „Fahrt hin, ihr Träume", N$^{\underline{o}}$ 4. Wiedersehen, N$^{\underline{o}}$ 5. „Kein Lichtlein glänzt", N$^{\underline{o}}$ 6. Serenade.
Verlag P. Jurgenson.

6) Ein Männerchor a cappella. [„Blažen kto ulybaetsja" („Glückselig ist, wer lächelt") auf ein Gedicht von „K. R." (siehe 5).] Dem Chor der Studierenden der Moskauer Universität gewidmet [und von diesem uraufgeführt].
Verlag P. Jurgenson.

DRITTER TEIL
1887/88-1893

[Konzertreisen ins Ausland als Dirigent eigener Werke und Auftritte in Rußland: Ruhm und Qualen. Auftragskompositionen für das Petersburger Mariinskij teatr

Werke:

5. Symphonie, „Hamlet", „Dornröschen", „Pique Dame", Streichsextett, „Nußknacker" und „Jolanthe", symphonische Ballade „Voevoda", Symphonie Es-Dur (verworfen) und 3. Klavierkonzert, Klavierstücke und Romanzen op. 72 und 73, 6. Symphonie]

[Kapitel I–V: Mitte Dezember 1887 – August 1888.]
Kapitel I.

[Ein neuer Lebensabschnitt. Die erste große Europatournee als Dirigent eigener Kompositionen 1887/88. Ruhm – und Qualen. Die ersten drei Stationen nach der Ankunft in Berlin: Leipzig, Hamburg, Berlin.
Nach der Ankunft in Berlin Irritationen wegen des Agenten Friedrich. Hört das Requiem von Berlioz.
In Leipzig zusammen mit Ziloti, Brahms (dieser spielt sein Klaviertrio op. 101) und Grieg bei Brodsky.
Über Brahms und Grieg. Hört Brahms' Doppelkonzert (von diesem dirigiert) im Gewandhaus;
schwärmt vom Gewandhaus-Konzertsaal. Čajkovskijs erste Probe (in Brahms' Anwesenheit):
1. Orchestersuite d-Moll op. 43. Erfolgreiches Konzert und „Tschaikowsky-Feier" im Liszt-Verein.
Neun Rezensionen des Leipziger Konzerts – zum Teil auch der „Tschaikowsky-Feier" (Klaviertrio op. 50
und 1. Streichquartett op. 11). Von Leipzig nach Berlin (Besprechung des Konzerts, Treffen mit Hugo Bock).
Von Berlin zusammen mit Brodsky nach Hamburg, Bülow-Konzert (Wiedersehen mit Bülow).
Das geplante Konzert in Kopenhagen kommt aus Termingründen nicht zustande.
Ein paar ruhige Tage in Lübeck (besucht dort Aufführungen von Shakespeares „Othello" mit Ludwig Barnay
und Meyerbeers „Afrikanerin").
Zum 1. Januar 1888 wird Čajkovskij eine staatliche Pension von 3000 Rubeln jährlich gewährt.
Das Konzert in Hamburg: Streicherserenade, 1. Klavierkonzert, Finale der 3. Orchestersuite. Rezensionen.
Zieht sich anschließend nach Magdeburg zurück. Wieder in Leipzig, trifft erneut Brodskij, Ziloti,
das Ehepaar Grieg, hört die von Mahler vollendete Oper „Die drei Pintos" von Weber, lernt Busoni kennen
und hört dessen 1. Streichquartett, rühmt Grieg (dessen Violinsonate op. 45 er hört).
Berlin. Proben. Diners. Protegiert Sapel'nikov. Trifft seine frühere Verlobte Désirée Artôt wieder.
Konzert: „Romeo und Julia", 1. Klavierkonzert (Solist: A. Ziloti), I. Satz der 1. Suite, Andante aus op. 11,
vier Lieder (A. Friede), Ouvertüre „1812". Rezensionen.
Zurück in Leipzig, wo auf Bitten Čajkovskijs Wagners „Meistersinger" aufgeführt werden.
Ein Ständchen unter seinem Hotelzimmer.]

Mit dem 15. Dezember 1887 beginnt eine neue (die letzte) Epoche des Lebens Peter Iljitschs. Im Laufe derselben verwirklichen sich seine kühnsten Träume vom Ruhm; äusserlich erreicht er einen materiellen Wohlstand und eine allgemeine Achtung, wie sie nicht vielen Künstlern bei Lebzeiten zuteilwerden. Argwöhnisch und bescheiden (vom Überfluss an Stolz) hört er nicht auf zu staunen und sich zu freuen, dass ihm in der Fremde und in Russland bedeutend mehr Anteilnahme erblüht, als er erwartet hatte. Nicht mehr oder weniger physisch gesund als zuvor, von denen grenzenlos und zärtlich geliebt, die er selbst zärtlich und grenzenlos liebte, erscheint er als das Muster eines auf Erden möglichen Glücks – und ist doch unglücklicher als je.

Das drohende Klopfen der fünften Symphonie Beethovens, welches dumpf und wie von Ferne am Tage des ersten Konzerts (am 5. März 1887) erklang, das unbegreifliche und ursachlose Gift – jene „Portion Teer [im Honigfass]", wie Peter Iljitsch sagt – in den Momenten des grössten Genusses, sich als Beherrscher des Orchesters zu fühlen, das Meer der Töne zu regieren, durch unmerkliche Bewegungen die Stürme der Harmonien zu entfesseln und wieder zu beruhigen, – hatte die Bedeutung eines Vorboten jener Qualen, welche die letzten Jahre seines Lebens verdüsterten. Die unbestimmte Warnung jenes düsteren Vorboten wurde damals von Peter Iljitsch nicht verstanden; als sie ihm später wieder zu Bewusstsein kam, erkannte er in ihr einen freundschaftlichen Rat: die Jagd nach Ruhm aufzugeben, die seiner Natur fremde Tätigkeit nicht zu beginnen, seine Kräfte nicht für Dinge zu verschwenden, welche viel sicherer von selbst erscheinen würden, und bei seinem Beruf zu bleiben, andernfalls ihn auf dem gewählten Pfad nur Enttäuschungen erwarten würden. Am 13. Februar [recte: 13. November 1877] schrieb Peter Iljitsch an Frau von Meck: „Es harrt meiner eine Menge neuer und starker Eindrücke. Mein Ruhm wird wahrscheinlich anwachsen, wäre es aber nicht besser, zu Hause zu bleiben und zu arbeiten? Gott weiss es! Ich sage nur Eines: ich bedaure, dass jene Zeiten vorbei sind, da man mich ruhig in ländlicher Einsamkeit leben liess." [XIV, 3399.] Und je weiter [er auf dem neuen Pfad voranschreitet], desto brennender wird dieses Bedauern, desto unerträglicher die Ermüdung; je mehr er auf der seiner Natur fremden Laufbahn erreichte, je berühmter er wurde, desto tiefer ging die Enttäuschung über das Erreichte; was aus der Ferne gesehen leuchtend und glänzend erschien, erwies sich in der Nähe als winzig und matt. Daher die masslose Verzweiflung, „der wahnsinnige Kummer, etwas Trostloses, Hoffnungsloses, Finales", welche den Hintergrund auf dem Bild seiner glänzenden Erfolge in Russland und im Ausland bildeten.

Tagebuch: „15. Dezember 1887.
Abgereist, begleitet von den Verwandten, Naprawnik und Pogoshew.[1] Auf dem Bahnhof Gottesdienst. Frühstück. Der kaiserliche Zug und der Kaiser, den ich an uns vorübereilen sah. Ein grosses Wagenabteil durch Protektion des Schaffners." [ČD, S. 185; Tagebücher, S. 236.]

An M. Tschaikowsky: „Berlin, d. 18. / 30. Dezember 1887.
… Die Fahrt war recht angenehm dank der Lektüre interessanter Bücher, nur abends unterlag ich der Sehnsucht. Aus diesem Grunde trank ich soviel Cognac, dass ich schon vor Berlin die leere Flasche hinauswarf, welche bei der Abreise voll gewesen war. Ich fürchtete sehr, dass Herr N.[2] mich bei der Ankunft in Berlin dennoch empfangen würde. Er war aber, Gott sei Dank, nicht da. Im Hotel liess ich mir Tee und das ‚Fremdenblatt' geben, in welchem von mir zu lesen war, ich wäre bereits in Berlin, und meine *Freunde und Anhänger* (???) veranstalteten mir zu Ehren am 30. um 1 Uhr mittags ein festliches Frühstück, wobei um pünktliches Erscheinen gebeten wird!!!! Für meinen Zorn und meinen Schrecken gibt es keine Worte; am liebsten hätte ich Herrn N. in diesem Moment erschlagen. Bis elf Uhr träumte ich vor mich hin. Dann ging ich in die Passage, ins Café, wo ich frühstückte, und später ins Museum, auf Schritt und Tritt fürchtend, Herrn N. oder irgendeinem *Freund und Anhänger* zu begegnen … Nachdem ich viele Bücher gekauft hatte, darunter ‚Trente ans à Paris'[3] von [Alphonse] Daudet, kehrte ich ins Hotel zurück. Hier begannen Kummer, Sehnsucht, Verzweiflung. Mehrere Male fasste ich den Entschluss, alles aufzugeben und nach Hause zu reisen. In der Tat, ein solches Leben passt mir gar nicht, zumal in meinen fortgeschrittenen Jahren. Ich schrieb N., er möchte am folgenden Tag um 10 Uhr erscheinen. Nachher weinte ich, wie gewöhnlich, und empfand Erleichterung; ich liess mir eine Lampe und Tee bringen und las mit nicht geringem Vergnügen; nur hin und wieder erschrak ich bei dem Gedanken an N., Berlin usw. Ich schlief sehr gut. Am nächsten Morgen war ich in Erwartung N.s unglaublich aufgeregt; mir schien, dieser Bösewicht würde ausschließlich zu dem Zweck erscheinen, mich zu martern. Er kam und war gar nicht unsympathisch. Ich habe ihm von vornherein erklärt, dass ich heute niemanden zu sehen wünschte und keine Besuche machen würde. Dann habe ich ihn in delikater Weise entfernt, frühstückte wieder in der Passage und las die „Nowoe wremja"[4] … Um sieben Uhr wird N. mich abholen, und wir werden zusammen ins Konzert gehen (Requiem von Berlioz), wo ich einige wichtige

---

[1] W. Pogoshew [Vladimir P. Pogožev, 1851-1935, 1882-1907] Vorsteher des Bureaus der Kaiserlichen Theater [in Petersburg].

[2] Der Konzertagent, welcher Peter Iljitsch für die Konzertreise durch Deutschland engagiert hatte. [Im Originalbrief nennt Čajkovskij den Namen des Konzertagenten in Berlin: (Dmitrij A.) Friedrich. Dessen Vorschlag, anlässlich von Čajkovskijs Ankunft in Berlin einen festlichen Empfang zu arrangieren, hatte der Komponist entschieden abgelehnt. Vgl. dazu auch Čajkovskijs autobiographischen Bericht über diese erste grosse Konzertreise in: Musikalische Essays, S. 381-419.]

[3 Erschienen 1887.]

[4 1868-1917 in Petersburg erscheinende Tageszeitung „Novoe vremja" („Neue Zeit").]

Leute sprechen muss. [Morgen um 3 Uhr fahre ich nach Leipzig.] Was weiter wird – weiss ich nicht; einstweilen ist es nicht lustig." [XIV, 3438.]

[Leipzig]

An M. Tschaikowsky: „Leipzig, d. 21. Dezember 1887 [/ 2. Januar 1888].

Modja, es ist sehr schwer, all das ausführlich zu beschreiben, was ich durchgemacht habe und in Zukunft durchmachen werde. Namentlich fehlt es mir an Zeit dazu. In Berlin bin ich in einem grossen Konzert gewesen, wo unter Leitung Scharwenkas[5] das Requiem von Berlioz aufgeführt wurde. Hier hätte Herr N.[6] beinahe Zwietracht zwischen mir und der Philharmonischen Gesellschaft gesät, indem er mich (ohne dass ich mir dessen bewusst war) zu einer Beleidigung des Vorsitzenden[7] veranlasste. Es ist eine lange Geschichte, welche ich nicht erzählen möchte.[8] Ich habe Scharwenka und eine Masse anderer Personen kennengelernt. Begegnete auch der Artôt.[9] Am nächsten Tag besuchte ich Bock[10] (alle sind erstaunt, mich mit N. zusammenzusehen, welcher mich wie ein Schatten verfolgt). Um 3 Uhr reiste ich nach Leipzig, zum Glück ohne N. Ich wurde von Brodsky,[11] Siloti[12] und zwei Verehrern von mir empfangen. Das Hotel ist prachtvoll. Ich ass bei Brodsky zu Abend. Es gab einen Weihnachtsbaum bei ihm. Seine Frau und deren Schwester sind entzückende, gute russische Weiber, und ich musste die ganze Zeit die Tränen zurückhalten. Am nächsten Morgen machte ich einen Spaziergang (es war ihr Neujahr) und ging zum Mittagessen mit Siloti zu Brodsky. Er probierte gerade ein neues Trio von Brahms.[13] Brahms selbst

---

[[5] Der Komponist, Dirigent und Pianist polnisch-tschechischer Herkunft Xaver Scharwenka, 1850-1924, seit 1865 in Berlin, hatte 1879 Abonnementskonzerte mit dem Schwerpunkt Kammermusik und 1886 eine Orchestermusikreihe in Berlin ins Leben gerufen.]

[[6] Siehe oben Anmerkung 2.]

[[7] Otto Schneider (1851-1890), ehemaliger Trompeter in der von Benjamin Bilse geleiteten „Bilse'schen Kapelle", die seit 1867 über dreitausend Konzerte im Berliner Concerthaus gespielt hat, war einer von 54 Musikern, die sich 1882 nach einem Streit von Bilse getrennt und das Philharmonische Orchester gegründet hatten, dessen Direktor Schneider bis zu seinem Tode war. Bilse gründete nach dem Bruch ein neues Orchester, als dessen Agent Friedrich auftrat.]

[[8] Otto Schneider und Čajkovskij hatten im Herbst 1887 miteinander korrespondiert; vgl. ČPSS XIV, Nr. 3390 mit Anmerkung. Am 27. Oktober / 8. November hatte Čajkovskij in seinem deutschsprachigen Brief an Schneider bestätigt: „Ihr werthes Schreiben beantwortend teile ich Ihnen mit, dass ich Herrn Friedrich entschieden abgesagt habe und ausschliesslich der Philharmonie den Vorzug gebe."]

[9] Das war seit 1869 die erste Begegnung. [Zu Čajkovskijs Verlobung mit der Sängerin Désirée Artôt (Ende 1868) und ihrer späteren Freundschaft vgl. ČSt 9, S. 11-35.]

[[10] Gustav Bock, seit 1880 Besitzer des Musikverlags Bote & Bock, Berlin, bei dem 1871 die zweite und 1881 die dritte Fassung von Čajkovskijs Fantasie-Ouvertüre „Romeo und Julia" erschienen waren.]

[[11] Der mit Čajkovskij befreundete Geiger Adol'f Brodskij (1851-1929) hatte 1875-1878 am Moskauer Konservatorium unterrichtet und war damals (1882-1891) Professor am Leipziger Konservatorium. Am 22. November / 4. Dezember 1881 hatte er Čajkovskijs Violinkonzert in Wien uraufgeführt (Dirigent: Hans Richter) und das Werk 1882 in London und Moskau und am 31. Januar 1887 in Petersburg (Dirigent: Anton Rubinštejn) gespielt.]

[[12] Der mit Čajkovskij befreundete Pianist und Dirigent Aleksandr Ziloti (1863-1945) hatte 1882 als Schüler Nikolaj Rubinštejns (und Čajkovskijs) das Moskauer Konservatorium absolviert; 1883-1886 war er in Weimar Schüler von Liszt und konzertierte erfolgreich in deutschen Städten. 1885 war auf seine Anregung in Leipzig die Liszt-Gesellschaft gegründet worden. 1888-1891 wirkte er als Professor am Moskauer Konservatorium.]

[[13] Das 1886 komponierte und im Dezember jenes Jahres in Budapest uraufgeführte Klaviertrio c-Moll op. 101.]

spielte den Klavierpart. Brahms,[14] ein schöner, nicht grosser, fülliger Mann, war sehr freundlich zu mir. Dann gingen wir zu Tisch. Einen guten Trunk hat Brahms gern. Auch der entzückend sympathische Grieg[15] war zugegen. Am Abend war ich im Gewandhaus, wo Joachim und Hausmann[16] das neue Konzert für beide Instrumente [Violine und Violoncello a-Moll op. 101] spielten und Brahms selbst dirigierte. Ich sass in der vornehmen Direktorloge und habe eine solche Menge verschiedener Leute kennengelernt, dass es mir nicht möglich ist, sie alle aufzuzählen. Die Direktoren teilten mir mit, dass meine Probe morgen angesetzt sei. Meine Qualen an diesem Abend und überhaupt in dieser ganzen Zeit sind einfach nicht wiederzugeben. Wären Brodsky und Siloti nicht da – ich hätte sterben mögen. Die Nacht war schrecklich. Die Probe[17] fand heute früh statt. Karl Reinecke[18] stellte mich feierlichst dem Orchester vor. Ich hielt eine kleine Ansprache (deutsch). Die Probe verlief am Ende gut. Mit Brahms (welcher auch in der Probe gewesen war), war ich gestern und heute sehr viel zusammen; wir genieren uns voreinander, weil wir uns gegenseitig nicht gern haben, übrigens bemüht er sich sehr, liebenswürdig zu sein. Grieg ist entzückend. Ich ass bei Siloti zu Mittag. Abends Quartett. Das neue Trio von Brahms.[19] Heimweh. Bin furchtbar müde.

Man kann sich keinen prächtigeren Saal denken als denjenigen des Gewandhauses. Es ist der herrlichste Konzertraum, den ich je in meinem Leben gesehen habe." [XIV, 3440.]

---

[14] In der Beschreibung seines Aufenthalts in Leipzig, welche später als Zeitungsfeuilleton veröffentlicht wurde [in deutscher Übersetzung, innerhalb der autobiographischen Erinnerungen an die Konzertreise 1887/88, in: Musikalische Feuilletons, S. 381-419], entwirft Peter Iljitsch folgendes Bild von Brahms: „Brahms ist ein Mann von mittlerem Wuchs, recht Achtung gebietender Fülle und einem überaus sympathischen Äusseren. Sein schöner, fast greiser Kopf erinnert an den Kopf eines gutmütigen, schönen und nicht mehr jungen russischen Priesters; charakteristische Züge eines schönen Germanen besitzt Brahms gar nicht, und ich begreife nicht, was einen gelehrten Ethnographen veranlassen konnte, seinen Kopf zum Zwecke der Reproduktion der charakteristischen Gesichtszüge eines Germanen auf dem Titelblatt seines Buchs oder Atlas' zu wählen (dieses hat mir nämlich Brahms selbst mitgeteilt, als ich mich über den Eindruck, den seine Erscheinung auf mich gemacht, aussprach). Eine gewisse Weichheit der Umrisse, eine sympathische Abgerundetheit der Linien, die ziemlich langen und undichten weissen Haare, die guten grauen Augen, der dichte und bereits stark ergraute Vollbart, – all das erinnert viel eher an den Typus eines rasseechten Grossrussen, welcher namentlich in unserer Geistlichkeit oft angetroffen wird. Brahms gibt sich sehr einfach, ohne jede Arroganz; sein Naturell ist lustig, so dass einige in seiner Gesellschaft verbrachte Stunden in mir eine überaus angenehme Erinnerung hinterlassen haben."

[15] Diesen charakterisiert Peter Iljitsch folgendermassen: „Ins Zimmer trat ein sehr kleiner Mann von mittleren Jahren und sehr magerer Körperkonstitution, mit Achseln sehr ungleicher Höhe. Seine weissen Locken waren hoch aufgeschlagen, und er trug ein sehr dünnes, fast jünglinghaftes Bärtchen nebst Schnurrbart. Die Gesichtszüge dieses Mannes, dessen Äusseres urplötzlich meine Sympathie eroberte, haben nichts besonders Hervorragendes an sich, denn sie sind weder schön noch unregelmässig; dafür besitzt er aber ungewöhnlich anziehende, mittelgrosse, blaue Augen von einer unwiderstehlich bezaubernden Art, ähnlich dem Blick eines unschuldigen, herrlichen Kindes. Ich war bis in die Tiefe meiner Seele erfreut, als es sich bei der gegenseitigen Vorstellung herausstellte, dass der Träger dieser für mich unergründlich sympathischen Menschengestalt ein Musiker sei, und zwar derjenige, dessen tiefempfundene Töne schon längst mein Herz erobert hatten. Es war Edvard Grieg."

[16] Der bedeutende, mit Brahms befreundete österreichisch-ungarische Geiger Joseph Joachim (1831-1907), 1869 Gründungsdirektor der Berliner Musikhochschule und Primarius des um 1880 gegründeten Joachim-Quartetts mit Carl Halíř, 2. Violine, Emanuel Wirth, Viola, und Robert Hausmann (1852-1909), Violoncello.]

[17] Der 1. Orchestersuite d-Moll op. 43, für das Konzert am 24. Dezember 1887 / 5. Januar 1888.]

[18] Der Komponist, Pianist und Dirigent Carl Reinecke (1824-1910) leitete 1860-1895 das Gewandhausorchester und wirkte bis 1902 als Klavier- und Kompositionsprofessor am Leipziger Konservatorium.]

[19] Das 1886 komponierte und im Dezember desselben Jahres in Budapest uraufgeführte Klaviertrio c-Moll op. 101.]

An P. Jurgenson: „Leipzig, d. 24.[-25.] Dezember 1887 [/ 5.-6. Januar 1888].
... Gestern war die öffentliche Generalprobe. Ich war unglaublich aufgeregt (schon am Vorabend). Der Erfolg war aber ein ungewöhnlich warmer und schmeichelhafter. Das Orchester, die Kritik und alle der Musik nahestehenden Leute behandeln mich überaus nett und teilnahmsvoll, so dass ich nach dem gestrigen Erfolg so etwas wie ein Triumphator geworden bin. Heute abend kann sich aber noch alles wenden, denn es ist nicht ausgeschlossen, dass ich mich furchtbar blamiere. Ich bin viel mit Brahms zusammengewesen. Er ist kein Trunkverächter, aber ein sehr netter Mensch und gar nicht so stolz, wie ich gedacht hatte. Ganz und gar bezaubert hat mich – Grieg. Das ist eine überaus sympathische Persönlichkeit, desgleichen auch seine Frau. Reinecke ist sehr liebenswürdig. Bei der ersten Probe stellte er mich dem Orchester vor, und ich wandte mich an dasselbe mit einigen Worten in deutscher Sprache: ‚Meine Herren, ich kann nicht deutsch reden, aber ich bin stolz, dass ich mit einem so ... so ... das heisst ... ich bin stolz ... ich kann nicht ...' Das war die Ansprache. Das Orchester ist ausgezeichnet; ich hatte bisher nicht geahnt, dass unsere Orchester, sogar die besten, so weit hinter den erstklassigen deutschen zurückstehen. Mit den Stimmen der Suite gab es eine ganze Geschichte. Ich hatte deren nur für sechs Pulte, hier gibt es aber zehn. Forberg[20] hatte noch welche, aber sie mussten noch korrigiert, bezeichnet usw. werden.

25. Dezember [1887 / 6. Januar 1888.]

Das Konzert ist geglückt. Nach der Fuge wurde stark applaudiert, nach dem zweiten Satz auch, nach dem dritten und der Marche miniature weniger;[21] am Schluss gab es zwei Hervorrufe. Überhaupt war die Aufnahme eine gute, aber gar nicht zu vergleichen mit derjenigen in der Probe, deren Publikum fast ausschliesslich aus Studierenden und Musikern zusammengesetzt war. Nach dem Konzert war ich auf dem von Reinecke mir zu Ehren veranstalteten Fest. Er erzählte viel Interessantes über Schumann, überhaupt fühlte ich mich bei ihm sehr angenehm. Nachher musste ich noch zu einer Studentenfeier der russischen Studierenden und kam erst sehr spät nach Hause. Gleich fahre ich zur Tschaikowsky-Feier im Liszt-Verein. Sie beginnt um 11 Uhr vormittags.

Morgen reise ich nach Berlin zwecks endgültiger Vereinbarungen mit Schneider, das Konzert am 8. Februar betreffend. Danach will ich mich vor Hamburg zwei bis drei Tage erholen und irgendein Versteck aufsuchen." [XIV, 3442.]

Angesichts der ausserordentlichen Bedeutung dieses Debüts Peter Iljitschs als Komponist und Dirigent in jenem mustergültigsten aller Konzertetablissements der Welt und um dem Leser sofort vor Augen zu führen, wie sich die deutsche Kritik der musikalischen Hauptstadt Europas – für welche Leipzig seit Mendelssohn Bartholdy zu recht gehalten wird – unserem Komponisten gegenüber verhielt, will ich an dieser Stelle alle mir vorliegenden Zeitungsberichte in ihrem ganzen Umfang anführen und beginne mit dem Urteil des strengsten aller Kritiker, Bernsdorf,[22] welcher im Laufe langer Jahre in den Spalten der „Signale" über die moderne Richtung der musikalischen Kunst wetterte.

---

[20] R. Forberg, Musikverlag in Leipzig, der auch einige Werke Čajkovskijs verlegt hat.]
[21] Die 1. Orchestersuite d-Moll op. 43 (1878/79) besteht aus sechs Sätzen: Introduzzione e Fuga, Divertimento, Intermezzo, Marche miniature, Scherzo und Gavotte. – Das Scherzo hat Čajkovskij aber offenbar weggelassen; siehe unten, gleich die erste Rezension in den „Signalen für die musikalische Welt".]
[22] Der Pianist Eduard Bernsdorf (gest. 1901) war Rezensent der seit 1843 bei Bartholf Senff, Leipzig und Berlin, erscheinenden Musikzeitschrift „Signale für die musikalische Welt".]

Signale für die musikalische Welt. N°. 4. Januar 1888.
„Von Peter Tschaikowsky, dem zur neo- oder jungrussischen Schule der Stürmer und Dränger gehörigen Komponisten, waren uns bisher nur etwa drei oder vier Hervorbringungen bekannt, und diese haben uns, offen gestanden, nur geringe Sympathien eingeflösst, nicht darum, weil wir bei ihrem Verfasser die Begabung und das Können vermissten, sondern weil uns die Art und Weise der Verwendung seines Talentes widerstand. Ebenso offen gestehen wir, dass wir nicht ohne einiges Grauen an die Bekanntschaft mit der in obigem Programm verzeichneten Suite gegangen sind, weil wir wiederum allerhand Monströses, Verzerrtes und Widerborstiges uns vorgesetzt zu sehen befürchteten. Aber die Sache ist anders gekommen: Tschaikowsky erschien uns in dem beregten [sic] Werke massvoller und abgeklärter geworden und sein Heil nicht mehr vorwiegend im Überwürzten, Extravaganten und Barockes für Interessantes Ausgebenden suchend. Wir sagen: nicht mehr vorwiegend: denn es kommen ja immer noch Einzelheiten vor, welche die frühere Manier noch nicht ganz abgestreift haben und noch stark nach blosser Caprice oder selbst Grimasse schmecken; aber alles in allem genommen, überwiegt in der Suite doch das Sinn- und Stilvolle, das Vernunftgemässe und das neben dem Pointierten und Raffinierten auch der reinen Schönheit nach Inhalt und Form Rechnung Tragende. Für das kontrapunktische Können des Komponisten legt die zu Anfang der Suite stehende Fuge mit Introduktion ein besonders ehrendes Zeugnis ab, und von den anderen Sätzen – Divertimento, Intermezzo, Marche miniature und Gavotte – können wir eben dem [sic] Marche am allerwenigsten das Wort reden, denn er ist doch nur eine stark an das Musikdosenhafte erinnernde Spielerei, die das Werk eher schändet als ziert.

Mit der Art, wie die Suite seitens des Orchesters exekutiert wurde, durfte der in Person dirigierende Komponist wohl zufrieden sein, nicht minder auch mit der Aufnahme, welche er und sein Stück beim Publikum fanden. Ja, in letzter Beziehung ereignete sich das für das Gewandhaus-Auditorium nicht eben Gewöhnliche und nur bei einigen besonders bevorzugten Tonsetzern der Jetztzeit Übliche, dass Herr Tschaikowsky mit einem *zweimaligen* Hervorruf (ausser starkem Applaus nach den einzelnen Sätzen) bedacht wurde. Er wird also wohl den Eindruck von hier mit hinwegnehmen, dass beim *musikalischen* Leipzig von etwaiger Russophobie nicht die Rede ist" usw.   E. Bernsdorf.

Musikalisches Wochenblatt. N°. 3. Jahrgang XIX. 12. Januar 1888.
„*Leipzig*. Die erste Woche des neuen Jahres war wirklich reich an interessanten musikalischen Erlebnissen. Erhielten die ersten beiden Tage des Konzertlebens ihre besondere Weihe durch die Anwesenheit und Anteilnahme des innig verehrten Meisters *Brahms*, so war es später der hervorragende russische Komponist *Peter Tschaikowsky*, welchem sich das lebhafteste Interesse des hiesigen musikalischen Publikums zuwendete. Hr. Tschaikowsky führte im 12. Abonnementkonzert des Neuen Gewandhauses persönlich seine Orchestersuite op. 43 vor und wohnte am folgenden Tage als Zuhörer der Matinée bei, welche zu Ehren seines Hierseins der Liszt-Verein im alten Gewandhaus mit Kompositionen de Gastes (A-Moll-Klaviertrio [op. 50], Streichquartett op. 11 und zwei Klavierstücke) veranstaltet hatte. Unstreitig war die Wahl der Suite nicht geeignet, den Komponisten in seiner vollen Talentkräftigkeit dem Gewandhauspublikum vorzustellen; sie fängt zwar sehr versprechend mit einer tüchtig gemachten und trefflich effektuierenden Fuge an, setzt sich auch ganz passabel mit einem Divertimento und einem Intermezzo, zwei Sätzen von nicht tiefem

Wesen, aber grossem klanglichen Reiz, fort, schlägt aber mit den beiden letzten Sätzen – einer Marche miniature und einer Gavotte – dann so entschieden in blosse Klangspielereien um, dass von einem wirklichen musikalischen Genuss kaum noch die Rede sein kann. Ihre Gattungsschwester, von welcher Herr Siloti in vor.[iger] Saison einige Sätze vorführte, ist weit bedeutender und origineller;[23] noch weniger ist dieses Op. 43 zu vergleichen mit den beiden im Liszt-Vereinskonzert vorgeführten Kammermusikwerken, dem gedankentiefen, den Manen Nic. Rubinsteins gewidmeten Trio und dem in jedem einzelnen Satze ganz prächtigen, in seinem Andante geradezu wundervollen Quartett, um deren Reproduktion sich, wie schon bei der früheren Darbietung seitens des Liszt-Vereins, die Herren *Siloti*, *Halir*[24] ([Violine im] Trio), *Petri* ([1. Violine im] Quartett), *Bolland* [2. Violine], *Unkenstein* [Viola] und *Schröder* [Violoncello][25] die höchsten Verdienste erwarben. Speziell das Quartett gehört zu den rühmenswertesten Leistungen des Petri-Quartetts, mit welchem dieses überall die wirksamste Propaganda für den russischen Meister zu machen imstande ist. Die beiden Klaviersoli (eine Barkarole[26] und die von P. Pabst transkribierte Phantasie über Themen aus der Oper „Onégin") erhielten durch Herrn Siloti eine superbe, durch den rauschendsten Beifall belohnte Ausführung, welcher vorher in gleichem Masse auch den übrigen Mitwirkenden und dem Komponisten zuteil geworden war. Herrn Tschaikowsky wurde ausserdem seitens des Liszt-Vereins ein prachtvoller Lorbeerkranz überreicht" usw.

Leipziger Zeitung. N$\underline{o}$ 5. 7. Januar 1888.

„Leipzig, 6. Januar. Die Besucher des gestrigen 12. Abonnementskonzertes im Neuen Gewandhause lernten in der Suite für Orchester Op. 43 des russischen Komponisten *P. Tschaikowsky* ein Werk kennen, das zum Teil einer warmen Aufnahme von Seiten eines Publikums sich rühmen durfte, das Novitäten gegenüber nur selten aus seiner vornehm-kühlen Reserve heraustritt. Die Suite, welche der Komponist selbst dirigierte, ist fünfsätzig[27] und beginnt mit einem Monolog des Fagotts, dessen Kadenz, von den Streichern übernommen, in einen Orgelpunkt überleitet: nach dieser Introduktion, in welcher die dem russischen Komponisten eigentümliche Vorliebe an blossen Klangphänomenen sich voll ersättigt [sic], beginnt eine durch ein eigenartiges, im zweiten Takte mit einem Aufjauchzen charakterisiertes Fugenthema, das in kontrapunktischer Weise durchgeführt wird und schliesslich, alternierend von den Hörnern und später von den Posaunen vorgetragen, in einem langatmigen Crescendo in seiner ganzen Form sich enthüllt. Den Satz beschliesst in frappanter Weise das Fugenthema, von einer Clarinette solo vorgetragen. Ist der Charakter dieser Einleitung echt national russisch, ein Abbild der weiten Steppe, mit der Poesie der Einsamkeit erfüllt, so führt das ‚Divertimento', der zweite Satz der vielversprechenden Suite, den Hörer aus der Kosakenschenke (Tanzmelodie von der Clarinette vorgetragen) mit einem

---

[23] Von dieser Aufführung einzelner Sätze aus der 2. oder 3. Orchestersuite Čajkovskijs ist in der Literatur offenbar bisher nichts bekannt. – Vgl. auch unten den Hinweis in der Rezension in den Leipziger Nachrichten vom 5. (recte: 7.) Januar 1888.]

[24 Mit Karel Halíř (Karl Halir) als Solisten führte Čajkovskij in seinem Prager Konzert einen Monat später, am 7. / 19. Februar 1888, sein Violinkonzert auf.]

[25 Die vier zuletzt genannten Musiker formierten das bekannte „Petri-Quartett".]

[26 Nr. 6 aus den zwölf Charakterstücken „Die Jahreszeiten" op. 37bis (1875/76).]

[27 Eigentlich sechssätzig – siehe oben; doch hat Čajkovskij den vorletzten Satz, das Scherzo, weggelassen. Vielleicht hätte er angesichts der konservativen Haltung von Publikum und Kritik in Leipzig eher auf die Marche miniature verzichten sollen ...]

ziemlich gewalttätigen Sprunge auf deutsche Erde. Der Ländler, den die Violoncelli im Verein mit den Geigen singen, ist echt deutsch! Er könnte in einer Volkmann'schen Serenade paradieren! Den Holzbläsern weiss der Komponist wieder tonmalerische Effekte abzulocken. Das Verhauchen der Flöten sei hier als besonders gelungen erwähnt. Bis hierher ist in dem Werke des russischen Tonsetzers Vieles interessant; schon der nächste Satz aber, ein Intermezzo, verliert sich in endlose Kantilenen ohne Bedeutung, ein [sic] Marche miniature leiht sich von Berlioz Instrumentierungs-Kunststückchen und prahlt mit dem Flitterstaate von Flageolettönen, antiken Zymbeln, pizzikierten Tonreihen usw. und die Schlussgavotte tanzt nahe an der Grenze des Trivialen vorbei: noch ein Satz, und das Werk wäre rettungslos verloren! Das Orchester spielte wundervoll; der Komponist wurde mehrmals gerufen" usw.

Neue Zeitschrift für Musik. N° 2. Leipzig, d. 11. Januar 1888.
„… Gleich nach dem Neujahrs-Konzert brachte auch das *zwölfte* im Gewandhaus am 5. d. M. eine grössere Orchesterneuheit: eine *Suite* von *Peter Tschaikowsky*. Der in Russland hochgeschätzte Komponist ist auch in Deutschland seit Jahren mit mehreren seiner kammermusikalischen Werke, Klavierstücken, Liedern usw. warm empfohlen und von den Mitgliedern der sog. *neurussischen Schule* bei uns der wohlgelittenste. Diese Orchester-Suite, von ihm dirigiert und in der Ausführung als vortrefflich gelungen zu bezeichnen, erfüllt freilich die auf *Tschaikowskys* Talent gesetzten Erwartungen nur teilweise; denn ausser der sehr gründlich gearbeiteten, von grosser kontrapunktischer Sicherheit zeugenden *Fuge* ist alles übrige von untergeordneter musikalischer Bedeutung; das fühlt man um so stärker, als der Komponist unpolitisch genug ist, seine Augenblickseinfälle unnötig aufzubauschen zu anspruchsvollen Tonsätzen von Viertelstundenbreite. Was *vor* der Fuge noch ein in der Introduktion auftretendes, an rhythmischer Monotonie krankendes Fugato für Sinn hat, das zu ergründen wird wohl ein Ding der Unmöglichkeit bleiben. In allen übrigen Sätzen macht sich der musikalische Gesellschaftston breit, der am liebsten in gefälligen Redensarten sich ergeht, sich versieht mit dem Parfüm eines Bizet, Delibes und Genossen und nicht verfehlt, gelegentlich Rückblicke auf Helden der grossen französischen Opern, beiläufig auch auf Wagnersche zu werfen. Natürlich kann aus solchem Verfahren nur ein tändelnder Eklektizismus leichten, wenig nachhaltigen Gewinn ziehen. Ausser der zwecklosen Länge – 45 Minuten! – stört uns an dieser Suite am meisten das Zugeständnis an den seichteren Tagesgeschmack. *Tschaikowsky* spielt hier viel zu sehr den Proteus und ist infolgedessen viel zu wenig das, was er wirklich *sein* kann.

Ein viel glücklicheres, sympathischeres Bild von *Tschaikowskys* Künstlerphysiognomie geben uns sein grosses, zwar gleichfalls ausserordentlich langes A-Moll-Trio (Op. 50, auf den Tod von *Nikolaus Rubinstein* komponiert und dem Andenken eines grossen Künstlers gewidmet) und das B-Dur [recte: D-Dur][28] Streichquartett Op. 11: diese Werke, vom *Liszt-Verein* gelegentlich der von ihm veranstalteten und von glänzendem Erfolg belohnten *Tschaikowsky-Feier* im Alten Gewandhaus aufs Programm gebracht, stehen allerdings auf viel höherer Rang- und Wertstufe; es ist Geist, Temperament, Phantasie in ihnen und nirgends steigt der Komponist zu Alltagssphären herab. Dem *Trio* ist namentlich im ‚Pezzo elegiaco' ein tiefer, in Trauer und Wehmut

---

[[28] Der zweite Satz, das *Andante cantabile*, steht allerdings in B-Dur.]

sich auflösender Ernst aufgedrückt; das *Quartett*, viel früher entstanden, räumt anmutiger Naivität den Vorrang ein: das *Andante* ist unser Liebling, wir möchten es mit einem schlummernden Maiglöckchen vergleichen. Um die Ausführung dieser Werke erwarben sich die grössten Verdienste Herr *Alex. Siloti*, der ausserdem eine Barkarole und [eine] Phantasie [von P. Pabst] über Themen aus der Oper ‚Onégin' glänzend und unter stürmischem Beifall vortrug, sowie Herr Hof-Konzertmeister *Halir* aus Weimar, die Herren Konzertmeister *Petri, Bolland, Unkenstein, Schröder*" usw.

Bernhard Vogel.

Fünfte Beilage zum Leipziger Tageblatt und Anzeiger. N° 8. Leipzig, 6. Januar 1888.
„Vorwiegendes Interesse erhielt das gestrige Programm durch die an den Anfang desselben gestellte Vorführung der Suite für Orchester (Op. 43) von *Peter Tschaikowsky*. Dieselbe erlebte hier ihre erste Wiedergabe, und zwar unter persönlicher Leitung des Komponisten, der gegenwärtig zu den ersten der russischen Nation gehört, und von dessen Werken mehrere hier bereits bekannt geworden sind und sich Freunde erworben haben. Die in Rede bestehende Suite besteht aus fünf Sätzen: Introduzione e Fuga; Divertimento; Intermezzo; Marche miniature und Gavotte, von denen wir vor allem dem ersten Satze bei weitem den Vorzug geben, namentlich was seinen zweiten Teil, die Fuge, angeht, deren Thema, energisch und fasslich, den Stoff zu einer weiten und interessanten Ausarbeitung gibt, an der sich nach und nach alle Instrumente beteiligen und unter stetiger Steigerung den Satz zu einem brillanten und effektvollen Abschluss bringen. Der Einleitung konnten wir weniger Geschmack abgewinnen, einmal ihrer grossen Ausgesponnenheit halber (schon hier erscheint ein Fugato über ein rhythmisch gleichgültiges Motiv), sodann auch ihres nur geringwertigen Inhaltes halber. Das ‚*Divertimento*' behandelt die Melodie eines Volksliedes, das als solches schon von Interesse ist und durch die verschiedenartige Instrumentation klanglich sehr angenehm wirkt. Letzteres ist auch bei dem ‚*Intermezzo*' der Fall, in dem die Violoncelli eine freilich wohlklingende, doch sonst keineswegs hervorstechende Melodie bringen. Auch dieser Satz leidet an zu grosser Länge. Der [sic] kleine ‚*Marche*', von Holzblasinstrumenten und Geigen ausgeführt, ist wieder national und verdankt seinen Effekt vorzüglich der Instrumentation; die künstlichen Flageolett-Töne der Geigen wirken hier besonders eigentümlich. Die den Schluss bildende ‚*Gavotte*' endlich kann in Betreff der Erfindung und Originalität bedeutendere Ansprüche nicht befriedigen, wirkt vielmehr auch nur äusserlich. Der Beifall des Publikums war nach allen Seiten ein reichlicher, wohl mehr der Person des Komponisten als seinem Werke geltender" usw. G. Schlemüller.

Generalanzeiger für Leipzig und Umgebung. N° 8. 8. Januar 1888.
„Zwölftes Gewandhauskonzert.

B. S. Zum ersten Male kam am Donnerstag eine Suite für Orchester (Op. 43) von Peter Tschaikowsky, dem hervorragendsten russischen Komponisten der Gegenwart, hier zur Aufführung und wurde vom Komponisten selbst dirigiert. Die Tschaikowskysche ‚Suite' besteht aus fünf verschiedenartigen Sätzen, deren Zusammengehörigkeit ziemlich unklar erscheint. Etwas dämmerhaft, fast düster, beginnt die Einleitung. Vielleicht soll darin eine Wanderung am frühesten Morgen gezeichnet sein. Auch einzelne flüchtige Figuren der Holzbläser, die wie das Aufflattern des Nachtgeflügels gemahnen, könnten darauf gedeutet werden. Späterhin dringt mehr Licht hervor, die Melodik ist bedeutsamer und eindringlicher. Ein Glanzstück des

Ganzen ist die kunstreich aufgebaute, sehr interessante Fuge nach Mustern von Bach. Beim 2. Satze (Divertimento) fühlt man sich in heitere Stimmung versetzt. Bukolische Klänge, anmutige Volksmelodien, feine und reizende Variationen schmeicheln sich ein. Auch der 3. Satz (Intermezzo) bietet viel Anziehendes. In breitem Strom fliesst die Melodie dahin. In der Rhythmik fällt die Einförmigkeit hier wie in einigen anderen Sätzen auf. Weshalb der Tondichter Reminiscenzen aus dem Eroica-Trauermarsch einmischte, ist uns undeutbar geblieben. Sehr drollig und niedlich ist der [sic] Marche miniature, vermutlich ein Aufzug von Zwergen.[29] Weniger wirkt die abschliessende Gavotte. Offenbar hat der reichbegabte Tonkünstler die deutsche und die moderne französische Musik gründlich studiert, ohne deshalb seine Originalität zu beeinträchtigen, und ist ein Meister in reizvoller Instrumentation und in der Tonmalerei. Für Tieferes, Empfindsames und Pathetisches scheint er nicht beanlagt zu sein; das Gemüt geht wenigstens in dieser Suite leer aus, während Komik und Grazie vielfach anreizen" usw.

Leipziger Nachrichten.

„Zwölftes Gewandhauskonzert am 5. Januar 1888.

Den 1. Teil des vorgestrigen Konzertes füllte aus eine neue, zum 1. Male im Neuen Gewandhaus zur Aufführung gelangende Orchesterkomposition: erste Suite mit grosser Fuge von *Peter Tschaikowsky*. Dank der tatkräftigen Propaganda, die für seinen Lehrer und Landsmann Herr Alexander Siloti seit Jahren in Leipzigs Mauern betrieben, ist *Tschaikowsky* wie mit mehreren anderen kammermusikalischen Werken schon seit längerer Zeit auch mit einer anderen Suite,[30] die einst im Alten Gewandhaus von der Jahrowschen Kapelle[31] unter *Silotis* Leitung zu Gehör gebracht wurde, bei uns eingeführt, und zwar ungleich glücklicher und ausschlaggebender ist früher sein Debüt ausgefallen als vorgestern mit diesem langen, dreiviertelstunde währenden und im Gesamtergebnis doch ziemlich untergeordneten Werk. Die Introduktion beginnt vielversprechend mit einer melancholischen Fagottkantilene, in die sich Violinsordinengeflüster mischt. In voller Notentreue kehrt dieselbe nun in den Violinen wieder, und ist diese erste überflüssige Breite nur der Vorbote von einer beängstigenden Längenfolge: es stellen sich die gedehntesten Abschlüsse auf abgedroschenen Redensarten ein, deren Ausnutzung man mit dem grossen *Arnim* unseligen Angedenkens als ‚pronihilo', für nichts und wieder nichts sich vollziehen sieht. Auf ein langes, rhythmisch zu gleichförmiges Fugato folgt eine glücklicherweise thematisch wie rhythmisch belebtere Fuge, bei deren Ausarbeitung der Komponist mit grosser Liebe und Gründlichkeit verweilt und eine sehr bedeutende kontrapunktische Fertigkeit bekundet: wozu aber Fugato und Fuge unmittelbar aufeinander pfropfen? Eines von beiden muss fallen; es büsst dabei die kontrapunktische Ehre des Komponisten nichts ein.

Der zweite Satz, betitelt *Divertimento*, beginnt mit einer hübschen, national angehauchten, der Clarinette überwiesenen Tanzweise; die Varsovienne hört sich in den

[29 Tatsächlich hatte Čajkovskij diesen Satz zunächst „Tanz der Liliputaner" nennen wollen (und die Gavotte „Tanz der Riesen"). Vgl. ČPSS VII, Nr. 964.]
[30 Wie schon oben in einer anderen Rezension erwähnt: S. 347 mit Anmerkung 23. Doch bleibt auch hier unklar, ob das die 2. oder 3. Orchestersuite war – man möchte vermuten, daß es die äußerlich prachtvollere und mehr dem Genre der Symphonie zuneigende 3. Suite op. 55 war.]
[31 Felix Weingartner erwähnt in seinen Erinnerungen „Herrn Jahrow" als Leiter einer Militärkapelle in seiner Leipziger Zeit als Konservatoriumsstudent.]

ersten vierzig Takten sehr freundlich an, legt sich aber weiterhin zu sehr auf orchestrale Gewürzkrämerei, und solcher Handel mit derartigen Essenzen hat unserem Geschmack nie zugesagt. Das ‚*Intermezzo*' arbeitet mit sehr billigem Themenmaterial, dessen Wurzeln teils in der Meyerbeerschen ‚Afrikanerin'-Sphäre, teils im Wagnerschen ‚Tannhäuser' (gegen Schluss die bekannte Wandlung) leicht nachweisbar sind. Gelegentlich den Violoncellen eine wirksame Kantilene zuzuweisen, ist für einen so gewandten Musiker wie *Tschaikowsky* kein Kunststück und ihm gewiss nicht besonders anzurechnen. Der ‚*kleine Marsch*' ist ungefähr ähnlich instrumentiert wie der Aufzug der Wache in Bizets ‚Carmen', wirkt aber viel matter, weil die Erfindung zu schwach; die ‚*Gavotte*' scheint uns in einem Orchesterwerk die am wenigstens für ein Finale geeignete Form; selbst dann würden wir ihre Qualifikation bezweifeln, wenn *Tschaikowsky* es sich hier nicht allzu leicht gemacht hätte. Alles in allem tritt in dieser Suite die bloss unterhaltende Tendenz zu sehr in den Vordergrund; wer die Geister des Orchesters 45 Minuten lang beschwört und dabei weiter nichts als pikante, den Salonlöwen angenehme Wendungen zutage fördert, der hat von der Würde, dem Zwecke der orchestralen Kunst augenscheinlich einen merkwürdigen Begriff. Die Suite, so glitzernd sie instrumentiert ist, liess unser Interesse ermatten; kennen wir doch den klassischen ‚Neurussen' aus manchem anderen Werke von viel vorteilhafterer Seite. Das Publikum nahm das Werk freundlich auf. Bernhard Vogel.

Leipziger Nachrichten.
„Viertes Lisztvereinskonzert im Alten Gewandhaus. 6. Januar 1888
Die Anwesenheit *Peter Tschaikowskys*, des angesehensten Vertreters der ‚Neurussischen Komponistenschule', gab dem 4. Konzert des Lisztvereins die Form einer Tschaikowsky-Feier: das Programm enthielt denn ausschliesslich Kompositionen des geehrten Gastes, der, in der Mitte des Konzertpodiums in der Nähe der ausführenden Künstler sitzend, mit letzteren sich in die überaus zahlreichen Huldigungsspenden der offenbar stark enthusiasmierten Hörerschaft zu teilen hatte.

Eröffnet wurde die Matinee mit dem *A-Moll-Trio* Op. 50 (‚gewidmet dem Andenken eines grossen Künstlers' und komponiert auf den Tod von Nicolas Rubinstein); die Ausführung desselben gestaltete sich unter den Händen der Herren: Hofkonzertmeister *Halir* aus Weimar, Kammervirtuos *Alwin Schröder* und *Alexander Siloti* zu einer so genussreichen, dass man kaum einen der zahlreichen, schönen und interessanten Züge des Werkes sich entgehen lassen mochte.

Das bei uns nicht mehr neue, weil schon einige Male berücksichtigte und ausführlich besprochene Trio bewegt sich freilich in ausserordentlichen Dimensionen; der erste Satz, ein ‚Pezzo elegiaco', beansprucht nicht weniger als 30 Minuten, der zweite, ein Thema mit elf Variationen, tut es nicht unter 20 und das Finale mit einer grossen Schlussvariation nebst *Coda* nicht unter 7 Minuten, so dass das ganze Trio, indem es fast eine volle Stunde für sich fordert, als eines der längsten in der uns bekannten Literatur zu betrachten ist. Aber trotz so mancher ermüdenden, zudem bequem auszumerzenden Breitspurigkeit zieht es uns andauernd in seinen Stimmungskreis; es ist nicht so sehr das Russisch-Nationale, das uns in ihm so sympathisch berührt, als die überall zutage tretende warme Empfindung, die nirgends sich vergreift im musikalischen Ausdruck und kaum sich genug tun kann, dem ‚Andenken des grossen Künstlers' würdigsten Erinnerungszoll zu weihen.

Gedrängtere Fassung leiht dem *B-Dur-Quartett* Op. 11[32] einen willkommenen Schmuck; zudem zeichnet sich jeder der Sätze durch zündenden thematischen Gehalt aus. Naiv hebt das erste Allegro an; schade, dass im Durchführungsteil sein kindlicher Charakter einigermassen durch allzu lang anhaltende, rhythmisch sehr bewegte Umspielungen Einbusse erleidet. Überaus zart, herzgewinnend gibt sich das *Andante cantabile* (con sordini); nichts stört oder unterbricht seinen melodischen Fluss; man lauscht ihm wie einem sinnigen Märchen. Plastische Abrundung muss dem Scherzo in seinem Hauptteil, sehr anziehende Rhythmik in dem Trio nachgerühmt werden; frischer Zug, Fluss und Guss kennzeichnen das Finale.

Die Herren Konzertmeister *Petri, Bolland, Unkenstein, Schröder* hatten sich vollständig eingelebt in den Geist dieses liebenswerten Quartetts, und so erwirkten sie dem Ganzen, indem sie jeden der Einzelsätze musterhaft interpretierten, die günstigste Beleuchtung, sich wie dem Komponisten den glänzendsten, wohlverdientesten Erfolg. Gleiches gilt von den ausgezeichneten Klaviervorträgen des Herrn *Alexander Siloti*: die ‚Barkarole' wie Phantasie [von P. Pabst] über Themen aus der Oper ‚Onégin' nahm das Publikum sehr beifällig auf.

In allen diesen Werken spiegelt sich das Talent des fruchtbaren Neurussen viel reicher und erquicklicher ab als in der gestern besprochenen unterwüchsigen Suite (Op. 43). *Tschaikowskys A-Moll-Trio und B-Dur-Streichquartett* werden der Kammermusikliteratur immer zur Zierde gereichen und dem Hörer Quellen eines edleren Musikgenusses eröffnen.   Bernhard Vogel.

Fünfte Beilage zum Leipziger Tageblatt und Anzeiger. N°. 8. Leipzig.

„Leipzig, 6. Januar. Das vierte Konzert des Liszt-Vereins, das heute im Saale des Alten Gewandhauses in Form einer Matinee stattfand, war eine vornehme, künstlerische Huldigung für Herrn *Tschaikowsky*, den gefeierten russischen Komponisten, der, nachdem das letzte Gewandhauskonzert seiner Orchester-Suite manche Ehren eingetragen hatte, hier vor dem musikalisch so feingebildeten und hochintelligenten Publikum der Liszt-Vereins-Konzerte mit seinen Kompositionen den schmeichelhaftesten Beifall und einen unbestritten grossen Erfolg sich errang. Den russisch-nationalen Komponisten Borodin, Rimsky-Korsakow, Balakirew, Cui und wie sie sonst heissen mögen, hat Tschaikowsky durch die unbestrittene Originalität seiner Begabung, zu der sich eine überaus gründliche musikalische Durchbildung, eine grosse Meisterschaft in der Behandlung des Tonmaterials und eine Reife seines Talentes bekundende Abgeklärtheit gesellt, in der Anerkennung der nichtrussischen Zeitgenossen jedenfalls den Rang abgelaufen. Zwar finden wir auch bei ihm die charakteristischen Elemente einer jungen Kunst – und die russische Kunstmusik ist noch sehr jung –, die naive Freude am blossen Rhythmus, das Wohlgefallen an physischen Klangphänomenen, aber diese Faktoren beherrscht hier der Tonsetzer, während sie bei den meisten der nationalrussischen Komponisten den Komponisten beherrschen. Verleiten auf der einen Seite Klang und Rhythmus, diese elementaren Bestandteile jeder Musik, unseren Tonsetzer zu einem gewissen Schwelgen und Sichgehenlassen im sinnlichen Klangwesen, so verfügt er auf der anderen Seite über eine Gestaltungskraft, welche seinen Gedanken eine konzise, scharfe Prägung verleiht und bald aphoristisch kurz, bald wieder, tief Atem holend, in ein Melos voll Leidenschaft und echtester Empfindung ausbricht. Auch Tschaikowsky steht mit seiner grossen Bega-

---

[32 Wie schon zuvor wird die Tonart mit B- statt D-Dur angegeben; in B-Dur steht der langsame Satz, *Andante cantabile*.]

bung auf dem Boden des Volkstümlichen: er begnügt sich aber nicht mit dem blossen Zitate, er deklamiert nicht den derben Bauerndialekt im Salon, bei ihm ist das Volkstümliche durchgeistigt, verklärt, in seiner wahren Wesenheit strahlt es aus seinen Werken zurück, ein Zug, den Tschaikowsky mit anderen grossen Tondichtern gemeinsam hat.

Das heutige Konzert, das sich auf eine Phalanx vortrefflicher Künstler stützte, brachte uns ein *Trio* (Op. 50), ein Quartett in A-Dur [recte: D-Dur Op. 11] und zwei Klaviersachen. Das Trio wurde von den Herren: Hofkonzertmeister *C. Halir* aus Weimar, Kammervirtuos *Schröder* und *A. Siloti* in grossartiger Weise gespielt: Herr Siloti liess sich in seiner Begeisterung zu gewaltigen Kraftäusserungen fortreissen, die durchaus begreiflich sind bei dem pathetischen Schwunge des wundervollen, auf den Tod N. Rubinsteins komponierten Werkes, Geige und Cello aber hatten dabei einen schweren Stand. Das Trio ist ein Meisterwerk, das von Schönheiten überfliesst: dem ersten Satze, der, mit einer düsteren A-Moll-Melodie zum leidenschaftlichen Aufschwung emporschwellend, in einem wundervollen Seitensatz seine Wogen glättet, ist ein liebenswürdiges Dur-Thema mit Variationen entgegengestellt; hier ist manches originell, alles geistreich, hören wir nun das Thema kapriziös aus einem Elfentanz oder aus einem Fugato herausklingen; zweifelsohne haben hier auf Tschaikowsky abendländische Meister eingewirkt; es muss auch betont werden, dass der schon angedeutete mutwillige, funkensprühende Übermut, mit dem Tschaikowsky sein Thema vermummt und ihm die Schellenkappe aufsetzt, mit dem Ernste und dem Anlasse, aus welchem das Trio geschrieben wurde, nicht immer in Einklang zu bringen ist. Die letzte Variation, wo Geige und Cello ein ergreifendes Zwiegespräch führen und das Klavier seine grossartige Monotonie mit starrer Konsequenz verfolgt, ist wie ein Wunder, mystisch, voll eigenartiger Poesie, die zu Tränen rühren kann. Der Beifall, der dem herrlichen Werke folgte, war stürmisch, jubelnd. Herrn Tschaikowsky wurde ein Lorbeerkranz überreicht. Das Quartett in B-Dur [recte: D-Dur] ist schon im Vorjahre im Liszt-Verein zur Auffführung gebracht worden. Es könnte das Motto tragen: ‚Im Anfang war der Rhythmus.' Das geistreiche, liebenswürdige Werk wurde von den Herren: Konzertmeister *Petri, Bolland, Unkenstein* und *Schröder* in vollendeter Weise ausgeführt, dem ausgezeichneten Primarius und seinen Genossen gebührt wärmstes Lob, ebenso Herrn *Siloti*, welcher die weniger bedeutenden Klavierstücke: eine Barkarole und eine Phantasie [von P. Pabst] über ziemlich unglücklich gewählte Themen aus der Oper ‚Onégin' mit hoher Meisterschaft und warmer Hingebung auf einem herrlichen Blüthner-Flügel zu Gehör brachte. Das Publikum ehrte die Künstler wie den Komponisten mit grossem Beifall." F. Pfohl.[33]

An P. Jurgenson: „Berlin, d. 23. [recte: 28.] Dezember 1887 [/ 9. Januar 1888.]
… An dem Tage, als ich Dir meinen letzten Brief abschickte, war die Tschaikowsky-Feier im Liszt-Verein. Es wurden mein [1.] Quartett [op. 11], mein [Klavier-]Trio [op. 50] und kleine Stücke gespielt. Das Publikum war sehr begeistert; mir wurde ein mächtiger Kranz mit einer sehr schmeichelhaften Inschrift überreicht.[34] Darauf wurde in sehr grosser

---

[[33] Der Musikschriftsteller und Komponist Ferdinand Pfohl (1862-1949) schrieb während seiner Leipziger Jahre (bis 1892) u. a. für das Leipziger Tageblatt. Die oben zitierte Rezension scheint uns die bei weitem kompetenteste und sensibelste der Leipziger Besprechungen zu sein.]

[[34] Die Kranzschleife hat Čajkovskij nach Russland mitgenommen; sie ist im Tschaikowsky-Haus-Museum erhalten; ihr Text: „Dem genialen Tondichter, Peter Tschaikowsky, in grösster Verehrung, der Vorstand des Liszt-Vereins".]

Gesellschaft geprasst. Am folgenden Tage reiste ich ab, begleitet von meinen alten und neuen Freunden. Am Tage der Abreise ass ich zusammen mit Griegs bei Brodskys zu Mittag. Mit jenem allerliebsten kleinen Mann [Grieg] und seiner Frau habe ich mich sehr befreundet. In Berlin kam mir Adolf Brodsky entgegen: er hat schon am Abend vorher im Bülowschen Konzert gespielt (mit grossem Erfolg). Gestern waren wir den ganzen Tag zusammen. Ich hatte mit den Direktoren der Philharmonie eine Unterredung über mein Konzert. Es soll am [27. Januar /] 8. Februar in sehr festlicher Weise veranstaltet werden. Auch mit [dem Verleger] Hugo Bock hatte ich eine grosse Unterredung; er ist ein sehr geschickter und kluger Kerl, ganz ausnehmend gut und nett und sehr sympathisch. Heute fahre ich mit Brodsky zusammen nach Hamburg. Morgen ist dort das Bülowsche Konzert, in welchem Brodsky mitwirkt.[35] Meine erste Probe ist am 5. / 17. Januar. Vom 10. bis zum 17. bin ich frei und möchte mich in Lübeck versteckt halten. Meine Ermüdung von der Fülle an Eindrücken und Aufregungen hat den höchsten Grad erreicht, so dass mir etwas Einsamkeit sehr nottut. Nach Kopenhagen fahre ich nicht, denn die angebotenen Tage passen mir nicht." [XIV, 3448.]

[Hamburg]

An M. Tschaikowsky:
„Lübeck [und Hamburg],[36] d. 30. Dezember 1887 [-6. Januar / 11.-18. Januar 1888.]
... O Gott, welches Glück! Es tut mir so wohl, in einer fremden Stadt, in einem wunderschönen Hotel zu sitzen und fünf volle Tage Ruhe vor mir zu haben! Vorgestern reiste ich von Berlin ab und kam um 6 Uhr früh in Hamburg an. Ich reiste zusammen mit Brodsky. Die Probe des Bülowschen Konzertes, in welchem Brodsky mitwirkte, begann um 10 Uhr. Bülow freute sich sehr, mich zu sehen. Er hat sich sehr verändert, ist gealtert und etwas ruhiger, gleichmässiger und weicher geworden. Nach der Probe frühstückte ich mit Brodsky in einem der berühmtesten Hamburger Keller. Dann habe ich geschäftliche Besuche gemacht und das Programm meines Konzerts, Proben usw. festgesetzt. Abends war ich im Konzert. Bülow dirigierte sehr genial, besonders die ‚Eroica' [von Beethoven]. Bin heute hier angekommen. Fühle mich ausgezeichnet. Welch eine Wohltat, zu schweigen! Welch ein Genuss, zu wissen, dass niemand kommen wird und ich nirgendwohin zu gehen brauche!!" [XIV, 3453.]

An M. Tschaikowsky: „Lübeck [und Hamburg], d. [30. Dezember 1887 - 6. Januar / 11.-18. Januar] 1. / 13. Januar 1888.
... Endlich ist unser Januar da. Wenigstens kann ich jetzt rechnen, dass gerade vier Monate bis zu meiner Rückkehr nach Russland geblieben sind. Gestern war ich im [Lübecker] Theater. Barnay[37] trat als Gast in [Shakespeares] ‚Othello' auf. Er ist stellenweise bewundernswert, sogar genial, doch welch ein qualvolles Stück! Jago ist gar zu niederträchtig – solche Menschen gibt es nicht ..." [Ebenfalls XIV, 3453.]

[35 Bei Bülows Hamburger Konzert am 29. Dezember 1887 / 10. Januar 1888 mit Beethovens 3. Symphonie sowie Werken von Méhul, Raff und Saint-Saëns, in dem Brodskij als Solist mitwirkte, war Čajkovskij anwesend.]

[36 Zu Čajkovskijs Hamburg-Aufenthalten vgl. die Dokumentation „Tschaikowsky in Hamburg" von Peter Feddersen in ČSt 8, Mainz etc. 2006.]

[37 Ludwig Barnay (eigentlich: Ludwig Weiß), 1842-1924, war ein bekannter Schauspieler und Theaterleiter seiner Zeit, z. B. wirkte er in den 1870er und 1880er Jahren am Hoftheater in Meiningen (dessen Ehrenmitglied er seit 1874 war) und gründete 1888 das Berliner Theater, das er bis 1894 leitete.]

Am 1. Januar 1888 wurde Peter Iljitsch ein grosses Glück zuteil: infolge der Bemühungen des Direktors der Kaiserlichen Theater Wsewoloshsky hat seine Kaiserliche Majestät der Kaiser [Alexander III.] Peter Iljitsch eine lebenslange Pension von 3000 Rubeln jährlich zu bewilligen geruht.[38]

An M. Tschaikowsky: „Lübeck [und Hamburg], d. [30. Dezember 1887 - 6. Januar / 11.-18. Januar] 2. / 14. Januar 1888.

... Gestern abend stiess mir eine Unannehmlichkeit zu, welche mir das ganze Vergnügen meines Aufenthalts in Lübeck verleidete. Ich war in die Oper gegangen, wo ‚Die Afrikanerin' [von Meyerbeer] gegeben wurde. Trotz des kleinen Orchesters und kleinen Chors ging alles ganz leidlich. Natürlich gab es manch komisch Provinzielles, doch ging es im grossen und ganzen recht glatt und rein. In der Pause tritt plötzlich ein Herr an mich heran: ‚Gestatten Sie, dass ich mich vorstelle: Ogarew, Jurist und Komponist, meine Oper ist in Schwerin gegeben worden.[39] Darf ich Sie bekannt machen, Herr So-und-So, und hier Herr Musikdirektor X ..." – und so ging es weiter! ... Ich musste mitgehen, Bier trinken, wurde einer ganzen Masse deutscher Herren vorgestellt, sollte nachher noch in einen Klub mitkommen, – und Ogarew schwatzte immer nur von seiner Oper ... Das war einfach schrecklich! Ich wurde nach Hause gebracht, ich versicherte allen, ich wäre krank und wollte morgen früh abreisen. Es hat sich herausgestellt, dass der Sohn des Hotelwirtes ein grosser Musikliebhaber ist; darum hat er auch an der Table d'hôte auf mich hingewiesen. Er war also der Verräter. Heute bat ich den Portier, allen zu sagen, dass ich abgereist wäre, und blieb den ganzen Tag in meinem Zimmer. Nur ganz heimlich wagte ich einen Spaziergang. Heute erhielt ich die Nachricht von der Pension. Natürlich ist das ein grosses Glück, welches ich aber erst morgen voll zu begreifen imstande sein werde, denn heute quälte ich mich damit ab, Dankbriefe zu verfassen." [Ebenfalls XIV, 3453.]

An M. Tschaikowsky: „[Lübeck und] Hamburg, d. [30. Dezember 1887 -] 6. Januar [/ 11.-18. Januar] 1888.

... Gestern und heute waren Proben. Über meine Furcht und Aufregung will ich kein Wort verlieren. Die Musiker bringen mir viel Sympathie entgegen. Mein Heimweh ist vorbei, und doch dreht sich mir nur ein Gedanke im Kopf herum: wann wird das enden" ... [Ebenfalls XIV, 3453.]

An M. Tschaikowsky: „Hamburg, d. 10. [/ 22.] Januar 1888.

... Das Konzert[40] ist sehr glücklich verlaufen. Bei meinem Erscheinen wurde ich vom Orchester begeistert empfangen; es wurde auch vom Publikum unterstützt, was in Leipzig nicht der Fall gewesen war. Dirigiert habe ich ruhig, bin aber gegen Schluss so müde geworden, dass ich fürchtete – nicht durchhalten zu können. Es wurde eifrig applaudiert. Sapelnikow[41] hat ausgezeichnet gespielt. Nach dem Konzert gab es einen grossen ‚Rout'[42]

---

[38] Čajkovskij bedankt sich am 2. / 14. Januar 1888 bei Ivan A. Vsevoložskij mit einem (französischsprachigen) Telegramm und einem (russischen) Brief. Das Telegramm lautet: „Reconnaissance éternelle et sans bornes, complètement heureux."]
[39] Der dilettierende Komponist M. N. Ogarev hat die Oper „Lanco" (transliteriert) bzw. (transkribiert) „Lanzo" geschrieben.]
[40] Das 6. Philharmonische Konzert am 8. / 20. Januar 1888, in dem Čajkovskij folgende Werke dirigierte: Serenade für Streichorchester op. 48, Finale (Thema und Variationen) der 3. Orchestersuite op. 55 und 1. Klavierkonzert b-Moll op. 23 mit dem Solisten Vasilij L. Sapel'nikov.]
[41] W. Sapelnikow [Vasilij L. Sapel'nikov, 1868-1941], Schüler Brassins und Sophie Menters am Petersburger Konservatorium. Später sehr intimer Freund Peter Iljitschs. [Auf Čajkovskijs zweiter grosser Europatournee spielte Sapel'nikov den Solopart des 1. Klavierkonzerts am 30. März / 11. April 1889 in London. Čajkovskijs 2. Klavierkonzert spielte er fünfmal unter der Leitung des Komponisten: 1888 in Petersburg (5. Nov.), Prag

bei dem Direktor der Philharmonischen Gesellschaft Bernuth. Es waren ungefähr 100 Personen anwesend, alle in Frack und Balltoilette. Nach einer langen Rede Bernuths hielt ich auch eine, bereits vorher zusammengestellte deutsche Rede, welche Furore machte. Dann ging es zum Schmaus. Gestern war ein schrecklicher Tag: es ist nicht wiederzugeben, wie sehr ich in Stücke gerissen wurde und wie erschöpft ich war. Abends fand ein Fest zu meinen Ehren [beim Tonkünstlerverein] statt, bei welchem ausschliesslich Kompositionen von mir gespielt wurden.[43] Die Presse war sehr wohlwollend. Ich sende Dir zwei Kritiken: lass sie Dir übersetzen.

Nach dem Abend gab es eine furchtbare Kneiperei in Gesellschaft vieler netter und mir wohlgesinnter Musiker, Kritiker und Liebhaber. Ich bin wie benebelt. Fahre heute nach Berlin. Bülow ist sehr liebenswürdig." [XIV, 3468.]

Das Hamburger Philharmonische Konzert [am 8. / 20. Januar 1888], in welchem Peter Iljitsch als Komponist und Dirigent auftrat, hatte folgendes Programm: 1) Haydn, Oxford-Symphonie,[44] 2) Tschaikowsky, Serenade für Streichinstrumente, Klavierkonzert b-Moll (Sapelnikow), Thema und Variationen aus der Suite Nr. 3.

Hier einige Auszüge der Zeitungsberichte:

Hamburger Correspondent. 6. Philharmonisches Konzert, Hamburg, d. 20. Jan. 1888.

„Auf dem Programm des gestrigen stattgefundenen Konzerts lagen Österreich und Russland sich friedlich in den Armen. Der Begründer der modernen Instrumentalformen, der geistvolle Schöpfer so vieler Werke, welche noch heute, nach hundert Jahren, den morgenfrischen Tau der Jugend nicht abgestreift haben, der alte J. Haydn, und der Vertreter der jung-russischen Schule, P. Tschaikowsky, erprobten gegenseitig ihre Kräfte. Als Sieger aus dem Wettkampfe ging der Deutsche hervor, obwohl dessen Gegner mit der ganzen ihm verfügbaren, streitbaren Macht ausgezogen war, aber gegenüber dem ihm geistig überlegenen Kämpen musste er seine Lanze senken ... Weder Originalität, noch Temperament, noch kühner Flug der Phantasie können ihm aberkannt werden, aber zuweilen setzt er doch über alle Hecken und Gräben, wenn der Geist seines Stammes über ihn kommt. Dann wird alle Logik preisgegeben und ein Hexensabbat von Tönen aufgeführt, dass uns Sehen und Hören, besonders aber Letzteres vergeht. Geniale Lichtblitze wechseln ab mit musikalischen Banalitäten, feine, geistvolle Züge mit oft unschönen Effekten. In seinem Schaffen ist etwas Unvermitteltes, Sprunghaftes, Unstätes. Und trotz aller Originalität seines Schaffens und der ungebundenen Leidenschaftlichkeit seines Empfindens ist Tschaikowsky doch wieder zu sehr Eklektiker, um Ansprüche auf schöpferische Selbständigkeit im höchsten Sinne des Wortes erheben zu können. Die Originalität eines Künstlers besteht nicht darin, dass er uns Fremdes und Ungewohntes bringt. Was die äusseren

---

(18. / 30. Nov.) und Moskau (10. und 11. Dez.) sowie am 24. März / 5. April 1891 in Paris. Anlässlich des Hamburger Konzerts 1888 äußert sich Čajkovskij über den Pianisten in seinem autobiographischen Reisebericht 1888, siehe: Musikalische Essays, S. 409 f.]
[42 Englisch: „(große) Abendgesellschaft".]
[43 An diesem 9. / 21. Januar 1888 spielte Vasilij L. Sapel'nikov die Variationen op. 19, Nr. 6, die Romance op. 5 und das Scherzo à la Russe op. 1, Nr. 2. Und Johanna Nathan sang, begleitet von Sapel'nikov, die Romanzen op. 47, Nr. 2; op. 28, Nr. 3 und 4; sowie op. 27, Nr. 5. Am folgenden Tag überreichte Čajkovskij der jungen Sängerin eine Portraitphotographie mit Widmung; vgl. dazu den Beitrag von Mary Adler (einer Enkelin J. Nathans) und Elisabeth Staehelin in: Mitteilungen 13 (2006), S. 4-8 – mit Abbildung des Photos.]
[44 Geleitet von Julius Bernuth (1830-1902), 1868-1895 Dirigent und Direktor der Philharmonischen Gesellschaft in Hamburg.]

Sinne täuscht, befriedigt noch lange nicht den Geist. Tschaikowsky ist ein hochbegabter, feingebildeter und interessanter Künstler. Er ist ein Künstler, welcher uns durch seine Ideen anzuregen weiss, eine schöpferische Potenz in der hohen Bedeutung des Wortes ihn zu nennen, vermögen wir jedoch nicht. Dagegen wurzelt sein Schaffen zu sehr in einer einseitigen nationalen Richtung, verlässt er aber diesen Boden, so tritt der Eklektiker zum Vorschein, welcher freilich die ihm gewordenen Einflüsse in durchaus eigenartiger Weise verwertet. Aber nicht, was Tschaikowsky sagt, ist neu, sondern wie er es sagt. Wir bemerkten bereits, dass er die jähen, unvermittelten Sprünge liebt, sich von Augenblicksstimmungen hinreissen lässt und dieselben möglichst breit ausspinnt, pathetisch aufbauscht und den Mangel an wirklich grossen, bedeutenden Gedanken durch blendendes Kolorit, ungewohnte harmonische Kombinationen und lebhafte, exotische Rhythmen zu überkleiden weiss. In diesen Faktoren sowie in der Leidenschaftlichkeit seiner Sprache beruht die Hauptmacht Tschaikowskys als Orchester-Komponist, während seine Kammermusikwerke sich uns als viel abgeklärtere und reifere Produkte seiner künstlerischen Phantasie darstellen" usw.

[Joseph] Sittard.

Fremdenblatt. 6. Philharmonisches Konzert, Hamburg, d. 20. Jan. 1888.
„... Tschaikowsky ist unbestritten der Hervorragendste der neu-russischen Richtung, unter dem Namen Jungrussentum; denn es steht ihm eine reiche Erfindungsgabe und aussergewöhnliche Kenntnis nach jeder Richtung zu Gebote. Seine ausserordentliche Produktionstätigkeit erstreckt sich auf viele Zweige der Tonkunst, vornehmlich auf die der Oper, der er sein reiches, dem dramatischen Individuell entsprechendes Talent erfolgreich zugewandt hat. Nähere Details über seine Werke bringen die Lexika von Mendel-Reismann, Riemann etc. Die Serenade [für Streichorchester op. 48] ist ungefähr 1883 [recte: 1880] der Öffentlichkeit zugeführt worden. Ihr erster und dritter Satz sind die bedeutendsten, doch fällt das Hauptgewicht auf den ersten, der in strengster Bedeutung des Wortes den besten Werken unserer neuesten deutschen Tonsetzer an die Seite zu stellen ist. Derselbe hat, genau betrachtet, eine formale Ähnlichkeit mit der älteren französischen Ouvertüre, was aus seiner Dreiteiligkeit mit der im langsamen Zeitmass gehaltenen Einleitung hervorleuchtet. Der zweite, im Dominant stehende Satz, ein Walzer-Tempo, passt ebensowenig wie das im Gedankeninhalt nicht immer edel bleibende Finale zu der durch den Anfang des Werkes klar gewordenen Grundstimmung. Man würde der Elegie (Satz III) entschieden den höchsten Grad der Anerkennung zollen, wenn auch ihr eine dem ersten Satz entsprechende Einheit nachzurühmen wäre. Diese ist jedoch trotz der vorzüglichen Stimmführung nicht vorhanden, auch die Tonart D-Dur, also die zweite Dominantfolge nach C, ist nicht danach angetan, auf einen Zusammenhang zum Ganzen hin zu lenken. Vom speziell instrumentalen Gesichtspunkt aus ist das ganze Werk vortrefflich gearbeitet und reiht sich in seiner Behandlung der gewählten Mittel, den vielen heute von fachkundiger Hand abgefassten ähnlichen Serenaden für Streich-Orchester würdig an.

Wurden dann auch, wie oben angedeutet, in der Serenade manche Grundprinzipien der als richtig befundenen Form zum Teil umgestossen, so steht doch dies Verfahren, welches auf ein Ringen nach Neuheit schliessen könnte, in keinem annähernd ähnlichen Verhältnis zu dem Inhalt des Klavierkonzertes [op. 23], einer Komposition, an welcher der deutsche Musiker schwerlich in ihrer Totalität Gefallen finden kann. Diese Musik hat ein so spezifisch russisches Gepräge, das man sich erst ganz auf den Standpunkt der Nationalität stellen muss, um ihr interessevoll begegnen zu können.

Das dreisätzige, sehr ausgedehnte Konzert bringt eine unaufhörliche Phrasenkette, in der eine Weise die andere ablöst, ohne irgendeine andere Verarbeitung der Themen als die rein äusserlichen zu bieten. Jede Phrase ist um ihrer selbst wegen da und löst die nächste ab. An lärmenden Kraftstellen, an denen der Klavierspieler sich enorm anstrengen muss, fehlt es nicht, aber nichts von allem ist aus motivisch dringender Notwendigkeit entstanden. Dass es dem Werke trotzdem nicht an geistvollen Zügen fehlt, ist wahr, wie bedauerlich aber, dass solch eminentes Talent hier auf die bedeutendsten Irrtümer und Abwege geraten ist ... Den Schluss der Tschaikowsky-Vorträge bildeten die G-Dur-Variationen aus der 3. Orchestersuite [op. 55]. Was der Komponist hier gegeben, ist, namentlich die erste Hälfte, geistvoll und geschickt, doch währt die Freude an den empfangenen soliden Tongebilden nicht länger als bis ungefähr zu dem H-Moll-Violin-Solo. Von da an verbleibt die Arbeit in Äusserlichkeiten, welche in einem banalen Polacca-Tempo gipfeln. Ist dies nun wirklich russisch-national und als solches berechtigt, so mag die Musik Tschaikowskys ihren spezifischen Wert für Russlands Tonkünstler behalten. Die deutschen Künstler werden schwerlich erfreuliche Resultate für die Weiterentwicklung der Musik aus ihm ziehen" usw.

Emil Krause.[45]

Hamburger Nachrichten. 6-tes Philharmonisches Konzert, d. 20. Jan. 1888.
„Der grösste Hauptteil des 6. Philharmonischen Konzertes war Herrn P. Tschaikowsky überlassen, einem der meist genannten Komponisten der modernen russischen Schule, der eine Reihe älterer und neuerer, hier sämtlich zum ersten Male gehörten eigenen Werke dirigierte. Tschaikowskys Musik führt in thematischer Erfindung und orchestraler Ausgestaltung manches russisches Nationalgut mit sich, dem die engeren deutschen Traditionen der vornehmen Symphonie-Konzerte nicht gerne Raum geben, und doch ist gerade die musikalische Kunst ein Tempel, wo der Geist allen verständlich auch in fremden Sprachen reden mag, und Geist, Originalität und ein genialer Zug ist dem russischen Tonmeister nicht abzusprechen. In seinen künstlerischen Überzeugungen den Ansichten der neu-deutschen Schule huldigend, steht er mit seinem elementaren Schaffen mitten auf volkstümlich nationalem Boden, und vor allem dieser letzteren Beziehung wegen sind uns seine Tonschöpfungen von Interesse, im gewissen Sinne von Wert und Bedeutung. Auf jeden Fall ist vielen seiner Musikthemen originale Erfindung nicht abzusprechen, und seinen Rhythmen nicht die packende Kraft, während in seiner musikalischen Arbeit so oft geistvolle harmonische Modulationen erfreuen, und so oft glänzende Einzeleffekte, wenn auch die letzteren zuweilen mehr mit äusserer Absichtlichkeit über die Tonwerke ausgesät sind, als dass sie organisch aus der kräftig treibenden Formenentwicklung erwüchsen.

Zur Aufführung gelangten gestern Serenade Op. 48, Konzert Op. 23 für Pianoforte und Orchester, Thema und Variationen aus [der 3. Suite] Op. 55. In allen diesen Werken begegnet jenes oben angedeutete halb volkstümliche, halb triviale Element in der melodiösen Erfindung und dessen wiederholte Betonung und Nachweis für die einzelnen Sätze füglich unterbleiben darf, damit, was vom Standpunkt des deutschen Hörers aus vielleicht als Notwendigkeit erschienen, nicht zum Unrecht gegen den Künstler wäre. Von der logischen Entwicklung und Abrundung seiner Kunstform vermag den Hörer am schwersten das Klavierkonzert zu überzeugen. Zumal der erste Satz desselben verbirgt die einfachste Formel seines Aufbaues unter einer erdrücken-

---

[45] Emil Krause (1840-1916), Pianist (Professor am Hamburger Konservatorium) und Musikkritiker.]

den Fülle harmonischer Ausschreitungen, bunt schillernder Passagen, vielgestaltigen Motivenspiels und farbenreicher Instrumentaleffekte … Übersichtlicher in der Anlage und weit klarer im Einzelausdruck gibt sich die Serenade, in ihrer Klangwirkung von gesättigter Fülle und farbenreicher Mannigfaltigkeit, welche durch Teilung der Geigenchöre, durch geschickte Verwendung der Bratschen und Celli, durch wohlberechneten Wechsel der Stricharten in Verbindung mit dem Pizzicato der einzelnen Stimmen und durch mancherlei tonmalerische Effekte erzielt wird. Scharf abreissende Schlussfälle und nicht seltene Änderungen im Zeitmass durchbrechen zuweilen den Fluss des Ganzen, der Totaleindruck ist aber ein frisch lebendiger, gefällig anziehender. Mancherlei Pikantes in seinen Themen enthält das flüssig gearbeitete erste Allegro, der zweite Satz ist ein langsamer Walzer, weit vornehmer wirkt im dritten Teil zumal das erste Thema in seiner altertümelnden Färbung, die auch der Einführung in das Finale eigen ist, welches im übrigen echte russische Volksweisen verarbeitet, die bei der ersten Aufstellung in C-Dur und Es-Dur erklingen … Einen überzeugenden Beweis seines musikalischen Könnens und der Fruchtbarkeit seiner Phantasie gibt der Komponist in dem gestern gespielten Variationensatz aus der 3. Orchester-Suite. Das Thema darf sich nur bescheidenen musikalischen Wertes rühmen, aber in seinem Fortgang wächst der Satz in erfreulichem Masse an musikalischer Bedeutung, an Tiefe und Mannigfaltigkeit der Stimmungen, in seinem Finale freilich in einer, vor der mit grosser Aufdringlichkeit ausgestatteten Apotheose der elementaren Kraft des blossen Rhythmus auslaufend, die von einem nicht unbeträchtlichen Teile des Publikums mit mehr Rücksichtnahme auf die Sicherheit des eigenen Gehörs als auf die gestörte Aufmerksamkeit der nervenstärkeren Zurückbleibenden als Kehraus angesehen wurde …" usw.

Zwischen dem Hamburger und Berliner Konzert wollte Peter Iljitsch wieder ein wenig Erholung suchen und wählte dieses Mal zu diesem Zweck Magdeburg.

An M. Tschaikowsky: „Magdeburg, d. 12. [/ 24.] Jan. [– Leipzig, 15. / 27. Jan.] 1888.
Mein lieber Modja, ich bin sehr zufrieden, wieder etwas aufatmen und meine Gedanken sammeln zu können. Die letzten Tage in Hamburg und der eine Tag in Berlin waren fürchterlich. In Berlin hörte ich ein Werk des neuen deutschen Genies Richard Strauss.[46] Bülow trägt sich mit ihm herum, wie einst mit Brahms und anderen. Aber meiner Ansicht nach gab es noch nie eine empörendere und dabei anspruchsvollere Talentlosigkeit. Den ganzen gestrigen Tag lief ich wie ein Besessener umher. So ärgerlich! – Von allen Seiten fliegen mir jetzt die schmeichelhaftesten Einladungen zu, meine Werke in wichtigen musikalischen Zentren zu dirigieren, – und ich kann sie nicht annehmen. Hatte ich Dir schon geschrieben, dass meine Sache in Paris in befriedigendster Weise zustandegekommen ist? Ein eigenes Konzert gebe ich nicht, denn Colonne hat mich für den 11. und 18. März zur Mitwirkung in seinen Châtelet-Konzerten engagiert, d. h. er überlässt mir in jedem der beiden Konzerte die zweite Hälfte des Programms.[47]
Magdeburg ist eine schöne, ja prachtvolle Stadt. Das Hotel ist, wie überall, ausgezeichnet. Heute gehe ich in die Oper.[48]

[46 Am 11. / 23. Januar 1888 wohnte Čajkovskij in Berlin einer Probe zum 5., von Bülow geleiteten Symphoniekonzert bei, in der die Symphonische Dichtung „Aus Italien" (1886) von Richard Strauss probiert wurde.]
[47 Die beiden Konzerte, in denen Čajkovskij mitwirkte, fanden schliesslich jeweils eine Woche früher statt, also am 21. Februar / 4. März und 28. Februar / 11. März 1888.]
[48 Richard Wagner, „Tannhäuser".]

Das Programm des Berliner Konzerts habe ich auf Anraten Bülows, Wolfs[49] und vieler anderer geändert. Sie dringen darauf, dass ich ‚Francesca' nicht spiele und haben wahrscheinlich recht. Ich habe in dieser Zeit viel gelernt und Vieles begriffen, was ich früher nicht begreifen konnte. Es würde zu weit führen, darüber zu schreiben. Die Ansprüche des deutschen Symphoniepublikums sind eben ganz andere als bei uns. Ich habe auch begriffen, warum man Brahms vergöttert, obwohl sich meine Meinung deshalb nicht verändert hat. Wäre mir früher ein Verständnis dafür aufgegangen, würde ich vielleicht ganz anders schreiben gelernt haben. Erinnere mich, Dir später über meine Bekanntschaft mit dem alten Avé-Lallemant, welcher mich tief gerührt hat, zu erzählen.[50]

Sapelnikow hat in Hamburg eine wahre Sensation erregt. Ich hatte ihn mit nach Berlin genommen und jetzt nach Dresden geschickt. Später treffe ich ihn wieder in Berlin, wo er bei zwei grossen Diners, bei Wolf und bei Bock, spielen soll. Vielleicht wird es gute Folgen für ihn haben. Er ist in der Tat ein grosses Talent. In der Seele – ein herzensguter junger Mann." [XIV, 3472.]

An W. Naprawnik:[51] „Magdeburg, d. 12. / 24. Januar 1888.

… Die Zeitungen bringen grosse Artikel über mich: sie schimpfen viel, bringen mir aber viel mehr Aufmerksamkeit, Achtung und Interesse entgegen als bei uns. Manchmal sind ihre Ansichten sehr drollig. Über die Variationen [im Finale] der 3. Suite schrieb ein Kritiker, dass eine von ihnen eine Sitzung des hl. Sinod darstelle, und eine andere – eine Dynamitexplosion." [XIV, 3471.]

An P. Jurgenson: „Magdeburg, d. 13. [/ 25.] Januar 1888.

Lieber Freund, ich bin wieder geflohen, und zwar nach Magdeburg, wo ich seit zwei Tagen bin. Heute abend fahre ich für einige Tage nach Leipzig. Ich habe mich einen Tag in Berlin aufgehalten, einen sehr bewegten Tag, und hatte lange Unterredungen mit Wolf über verschiedene Sachen, sah Bülow und eine Masse anderer Leute. N.[52] setzt mir wieder zu. Stell Dir vor, nachdem dieser Verrückte drei Wochen lang nichts hatte von sich hören lassen, telegraphiert er mir plötzlich, ich *müsste* am 24. zur Probe des Dresdner Konzerts kommen, ich *müsste* sofort nach dem Berliner Konzert auch in Dresden mein *eigenes* Konzert geben, kurz, er verfügt über meine Zeit, als wenn sie sein Eigentum wäre. Ich antwortete mit einer energischen Absage und erhielt darauf ein Telegramm nach dem anderen, ich hätte ihn betrogen, ruiniert usw. Dieser Mann vergiftet mir mein Dasein.

Ich habe durch Wolf zwei Engagements bekommen: 1.) in einem Konzert der Weimarer Hofkapelle zu dirigieren und 2.) in der Dresdner Philharmonie. Sehr schade, dass ich ablehnen musste,[53] denn an den betreffenden Tagen bin ich in Berlin und Prag beschäftigt.

… Bülow und alle Berliner raten mir auf das entschiedenste ab, meine ‚Francesca' zu spielen. Stattdessen – ‚1812'. Sie behaupten, dass das letztere Stück hier sehr gern gehört wird." [XIV, 3473.]

[49 Gemeint ist der bekannte Berliner Konzertagent (seit 1881) Hermann Wolff (1845-1902).]
[50 Über seine Begegnung mit Theodor Avé-Lallemant, einem Vorstandsmitglied der Hamburgischen Philharmonischen Gesellschaft schreibt Čajkovskij in seinen autobiographischen Aufzeichnungen von der Tournee 1887/88; siehe in: Musikalische Feuilletons, S. 412.]
[51 Vladimir É. Napravnik (1869-1948), Sohn des Petersburger Dirigenten Éduard F. Napravnik; Jurist; wurde später Sekretär der Hauptdirektion der Russischen Musikgesellschaft.]
[52 Der schon oben genannte Konzertagent D. A. Friedrich.]
[53 In Dresden dirigierte Čajkovskij ein Jahr später, am 8. / 20. Februar 1889, während seiner zweiten Europatournee, und zwar seine 4. Symphonie.]

An M. Tschaikowsky: „Leipzig, d. 20. Januar [/ 1. Februar] 1888.
... Wie soll ich denn alles beschreiben, was ich erlebe? Beständiger Wechsel von Heimweh, kaum zu ertragenden Stunden und sehr angenehmen Momenten. Ich hatte die Absicht, hier einige recht stille Tage zu verbringen, führe aber stattdessen ein sehr flottes Leben: Diners, Visiten, Konzert- und Theaterbesuche, Soupers in grosser Gesellschaft usw. Mein ganzer Trost sind Siloti, Brodsky (in dessen Frau und Schwägerin [O. L. Pikar] ich ganz verliebt bin) und Grieg mit Frau (reizende Leute). Aber auch ausser diesen finden sich täglich neue, sympathische Bekanntschaften. Sapelnikow führe ich überall mit mir herum. Ich habe ihn mit vielen Leuten aus der Musikwelt bekanntgemacht. Überall, wo er spielt, erregt er Sensation. Ein grossartiges Talent, diese Überzeugung wird immer stärker in mir ... Hier habe ich eine neue Oper Webers gehört, d. h., eine Oper, welche sich nur in Form von Skizzen in seinem Nachlass gefunden hat; jetzt hat man sie beendet, arrangiert und instrumentiert.[54] Die Musik ist sehr nett, das Sujet aber – dumm (es heisst ‚Die drei Pintos'). Ich bin auch in einem Quartett-Abend gewesen, in welchem das Streichquartett eines überaus begabten Italieners, Busoni, gespielt wurde.[55] Ich habe mich sehr schnell mit ihm befreundet. Bei Brodsky gab es einen Musikabend, bei welchem mich eine neue Sonate von Grieg entzückt hat.[56] Grieg und seine Frau sind so drollig, sympathisch, interessant und originell, dass es in einem Brief gar nicht wiederzugeben ist. Ich halte Grieg für überaus talentvoll. Heute bin ich auf einem Diner bei Brodsky. Am Abend findet ein Sonderkonzert zugunsten des Fonds des Mendelssohn-Denkmals statt und morgen die öffentliche Probe des Gewandhaus-Konzerts, auf dessen Programm Rubinsteins Symphonie steht.[57] Nachher gebe ich meinen Freunden ein Diner in einem berühmten hiesigen Restaurant [Keil] und reise um 5 Uhr nach Berlin ab. Herr Gott, wie müde bin ich!" [XIV, 3478.]

[Berlin]

An P. Jurgenson: „Berlin, d. 22. [recte: 20.-24.] Januar [/ 1.-5. Februar] 1888.
... Das Abschiedsdiner bei Keil ist sehr angenehm und lustig ausgefallen (es waren Fritzsch,[58] Krause,[59] Siloti, drei deutsche Verehrer, Grieg, Brodsky, Blüthner[60] [anwesend]), hat aber furchtbar viel gekostet: 250 Mark!!! Überhaupt schmilzt das Geld dahin. Vorgestern bin ich mit Sapelnikow hierher gekommen. Gestern war die erste Probe.[61] Die Musiker empfingen mich sehr gut, spielten ausgezeichnet und applaudierten stark nach jedem Stück. Gestern um sechs war bei Wolf ein Diner. Heute – bei Bock. Ich soll neben der Artôt sitzen ...

---

[54] Gustav Mahler hat Webers Oper vollendet und am 29. Januar 1888 in Leipzig uraufgeführt.]
[55] Ferruccio Busoni (1866-1924), 1. Streichquartett C-Dur op. 19 (1880/81).]
[56] Edvard Grieg, Sonate für Violine und Klavier c-Moll op. 45 (1886/87), von Adol'f Brodskij und Grieg am 10. Dezember 1887 in Leipzig uraufgeführt.]
[57] Anton Rubinštejn, 5. Symphonie op. 107.]
[58] Ernst Wilhelm Fritzsch (1840-1902), Geiger und Musikkritiker, Herausgeber der Zeitschrift „Musikalisches Wochenblatt".]
[59] Martin Krause (1853-1918), Pianist, ab 1882 Lehrer am Leipziger Konservatorium, 1886 einer der Initiatoren des Leipziger Liszt-Vereins, Korrespondent der Zeitung „Leipziger Tageblatt".]
[60] Julius Blüthner (1822-1910), Gründer (1853) der Leipziger Klavierfabrik Blüthner.]
[61] Zu Čajkovskijs Konzert am 27. Januar / 8. Februar 1888 mit folgendem Programm: Fantasie-Ouvertüre „Romeo und Julia"; 1. Klavierkonzert op. 23 (Solist: Aleksandr Ziloti); vier Lieder: op. 6, Nr. 1 und 6; op. 38, Nr. 2; op. 60, Nr. 1 (Alina Friede, Mezzosopran, am Klavier begleitet von Vasilij Sapel'nikov); erster Satz (Introduktion und Fuge) der 1. Orchestersuite op. 43, Andante cantabile (aus dem 1. Streichquartett op. 11) in Streichorchester-Besetzung und Festouvertüre „1812" op. 49.]

23. Januar [/ 4. Februar]

... Heute bin ich N.[62] losgeworden. Wir trennten uns friedlich, doch mein Beutel ist um 500 Mark leichter geworden. Sie tun mir nicht im geringsten leid, ich hätte gern noch mehr gegeben, um diesen Herrn nie wieder zu sehen." [XIV, 3480.]

An M. Tschaikowsky: „Berlin, d. 23. Januar [/ 4. Februar] 1888.

... Ich mache grosse Fortschritte im Dirigieren ... Am selben Tage gab es bei Wolf ein grosses Diner (in Frack und Balltoilette). Dieses Diner ist auf meinen Wunsch gegeben worden, damit allerlei Grössen Sapelnikow hören. Auch die ganze Kritik war da. Sapelnikow machte Furore. Wir sind schon seit drei Wochen unzertrennlich. Ich habe ihn so gern gewonnen, er ist mir so lieb und wert geworden wie ein ganz naher Verwandter. Seit den Zeiten Koteks habe ich noch nie jemanden so gern gehabt wie ihn. Eine sympathischere, weichere, nettere, delikatere, vornehmere Persönlichkeit kann man sich gar nicht denken. Ich bitte Dich, ihn bei seiner Ankunft nicht nur freundlich zu empfangen, sondern ihn auch mit allen unseren Verwandten bekanntzumachen. Ich sehe in ihm (übrigens nicht nur ich allein) ein zukünftiges Klaviergenie. Gestern gab es bei Bock ein festliches Essen. Auch die Artôt war da. Ich war unaussprechlich froh, sie zu sehen. Wir befreundeten uns unverzüglich, ohne ein Wort über die Vergangenheit zu reden.[63] Ihr Mann, Padilla, erdrückte mich schier in seiner Umarmung. Übermorgen gibt sie ein grosses Diner. Die Alte [Artôt] ist ebenso bezaubernd wie vor zwanzig Jahren." [XIV, 3484.]

Tagebuch: „[Berlin,] d. 26. Januar [/ 7. Februar 1888].

Probe. Bülow erschien und war liebenswürdig. Silotis Konzert. Frühstück mit Sascha Siloti und Wassja [Sapelnikow].[64] Gang durch die Strassen und auf den Bahnhof, um mich am Anblick der Stelle zu laben, von wo aus man nach Russland zu reisen pflegt. Zu Hause. Griegs sind angekommen. Mit ihnen der Abend bei Artôt. Gesang. War sehr angenehm. Festliches Souper.

27. Januar [/ 8. Februar].

Mit Griegs und Wassja [Sapelnikow] zur letzten Probe. Nachher alle zusammen zum Frühstück bei Dressel. Auch Brodsky bei uns. Spaziergang. Etwas aufgeregt geschlafen. Konzert. Erfolg. Ein mir bei Dressel gegebenes Souper. Mit Wassja ins Café Bauer. Ich bin im siebenten Himmel.

28. Januar [/ 9. Februar].

Ein Eimer kalten Wassers (au figuré)." [ČD, S. 195; Tagebücher, S. 246 f.]

An Frau von Meck: „Leipzig, d. 30. Januar [/ 11. Februar] 1888.

Meine liebe teure Freundin! Mein Konzert in Berlin war sehr gelungen. Ich hatte es mit einem ausgezeichneten Orchester zu tun, mit Musikern, welche mir von der ersten Probe an die grösste Anteilnahme entgegenbrachten. Das Programm war folgendes: 1.) Ouvertüre „Romeo und Julia". 2.) [1.] Klavierkonzert, gespielt von Siloti. 3.) Introduktion und Fuge aus der ersten Suite. 4.) Andante aus dem ersten Quartett. 5.) Lieder, gesungen von Frl. Friede. 6.) Ouvertüre ‚1812'. Das Publikum empfing mich begeistert. Es versteht sich von selbst, dass mir dies alles sehr angenehm ist, ich fühle mich aber so müde, dass ich nicht weiss, wie ich das Bevorstehende ertragen soll. Der Aufenthalt in Berlin war einfach ein Martyrium; nicht einen Moment konnte ich allein sein. Von früh bis spät musste ich Gäste empfangen oder selbst Besuche machen. Erkennen Sie in diesem durch ganz

---

[62 Den Konzertagenten Friedrich; siehe oben.]
[63 Gemeint ist die Verlobung Ende 1868; siehe ČSt. 9, S. 1 ff.]
[64 [Sascha und Wassja:] Abkürzungen für Alexander und Wassily.

Europa reisenden russischen Musiker noch jenen Mann, welcher erst vor wenigen Jahren das grosse Leben und die Gesellschaft floh, um im Ausland oder im Dorf in Einsamkeit zu verharren?? ...

In Prag erwartet mich ein ganzer Triumph. Für jeden der acht Tage, die ich dort zubringen werde, ist das Programm schon fertig und mir zugegangen. Es enthält unzählige Ovationen und festliche Empfänge. Man will dem Konzert den Charakter einer patriotischen und antideutschen Demonstration geben. Das bringt mich einigermassen in Verlegenheit, weil ich Deutschland auf das freundlichste empfangen worden bin." [XIV, 3487.]

Hier seien folgende Auszüge aus Kritiken über das Berliner Konzert angeführt:

Vossische Zeitung. N<u>o</u> 68. [28. Januar /] 9. Februar 1888.

„Herr Peter Tschaikowsky trat gestern hier zum ersten Male auf, in einem Konzert des Philharmonischen Orchesters, eine Anzahl eigner Arbeiten persönlich vorführend. Nicht allein unter den neueren Komponisten seiner Nationalität, sondern unter den Tonsetzern der Gegenwart überhaupt ist Tschaikowsky einer der begabtesten. Er besitzt Geist, Eigenart der Erfindung und beherrscht die alten wie modernen Formen. Im Vergleich zu seinem Landsmann Rubinstein, durch dessen Natur ein grösserer und wärmerer Zug geht, hat Tschaikowsky mehr Sinnigkeit und Anmut. Gemeinsam ist ihnen beiden – und sie findet sich fast bei allen russischen Komponisten, die wir kennengelernt haben – die Neigung zu Übertreibungen in Ausdruck und Gestaltung; immerhin aber erscheint Tschaikowsky unter seinen Genossen als der künstlerisch geläutertste. Durch Feinheit der Empfindung und Schönheit der Form z. B. tun sich seine Lieder, die gestern Frl. Friede sang, sowie das Andante für Streichorchester hervor. Die Ouvertüre zu ‚Romeo und Julie', womit der Abend begann, und das darauf folgende, von Herrn Siloti gespielte Klavierkonzert sind voll charakteristischer Lebendigkeit und Eigentümlichkeit im Rhythmischen, Harmonischen und in der Instrumentierung. Aber auch die angeführten Mängel in der Natur dieses Komponisten machen sich fühlbar. So ermüdet in der Ouvertüre stellenweise ein zu langes Ausspinnen desselben Gedankens, so empfinden wir bei unserer Auffassung des Dramas, zu welchem jenes Tonstück geschrieben ist, die Mitwirkung der grossen Trommel als einen rohen Effekt. Und im ersten Satz des Klavierkonzerts können wir uns mit dessen derben, zugleich banalen Hauptthema nicht befreunden, wie ferner die häufige und gewaltsame Unterbrechung des musikalischen Flusses störend einwirkt. Das Andante des Werkes dagegen, in welchem Poesie und Humor auf das Reizvollste sich verbinden, wie das sprudelnde russisch-national gehaltene Finale gewähren einen frischen und ungetrübten Genuss. Von der Meisterschaft, mit welcher der Komponist die polyphonen Formen zu behandeln weiss, gibt die nicht nur technisch vorzüglich gearbeitete, sondern auch geistig belebte Fuge einer Suite Zeugnis. Ein zahlreiches Publikum wohnte dem Konzert bei, bereitete dem Gast und seinen Werken eine glänzende Aufnahme. Für ihre vorzüglichen Leistungen wurde aber auch Frl. Friede und Herrn Siloti lebhafter Beifall zuteil. –n."

National-Zeitung. N<u>o</u> 89. [29. Januar /] 10. Februar 1888.

„Peter Tschaikowsky leitete am Mittwoch, d. 8. Februar, in der Philharmonie ein ausschliesslich seinen eigenen Kompositionen gewidmetes Konzert. Der volle Saal, die gespannte Aufmerksamkeit und der lebhafte Beifall bewiesen, dass es dem Schaffen des russischen Meisters auch bei uns nicht an aufrichtigen Freunden fehlt. Erworben hat er diese zuerst durch seine unter Chopin'schen Einfluss stehenden kleinen Klavierkompositionen. Wenn sich in Chopin drei Elemente bekunden: die slavische Heimat, die französische Herkunft und das Studium der deutschen Meister, so hat in Tschaikowsky das Letztere über das angeborene slavische Naturell den Sieg davongetragen. Für die junge slavische Kunst wurde es verhängnisvoll, dass sie sich mit dem in jahrhundertelanger Geistes- und Gemütsarbeit vollendeten Organismus der deutschen Musik verbinden musste. Durch die unendliche Überlegenheit desselben erlitt sie notwendigerweise Einbusse an ihrer Eigenart: es gibt in den höheren Kunstformen keine slavische, sondern nur eine slavisch-deutsche Musik. Unter den lebenden Vertretern derselben streitet Tschaikowsky mit Rubinstein um die Palme. Seine Herrschaft über den Orchestersatz bewährt sich in den verschiedenartigsten Aufgaben. Unbeschränkter Reichtum an Klangfarben steht ihm zu Gebot, und dass er nicht leicht ermüdet und uninteressant wird, bewies das Verhalten des Publikums. Die Auswahl der Kompositionen war sehr geschickt getroffen, und die Ausführung sorgte dafür, dass die Extravaganzen der Massenwirkung, die Tschaikowsky mit den meisten Komponisten gemein hat, sich nicht allzu verletztend geltend machten. Herr Alexander Siloti spielte das Klavierkonzert B-Dur. Sein Vortrag hat an geistiger Frische und Bedeutsamkeit gewonnen. Der mannigfaltig entwickelte Anschlag ist besonders in der Pianopassage von seltsamem Reiz. Die Komposition führt sich nicht gerade vorteilhaft ein. Das erste Thema und die vollgriffigen Akkorde des Klaviers scheinen einem nicht eben wählerischen Geschmack zu entspringen. Bald aber lenkt der Komponist in andere Bahnen, und eine Fülle freundlicher und anziehender Motive macht den ungünstigen Eindruck des Anfanges vergessen. Der Virtuose und der Komponist wurden hiernach unzählige Male hervorgerufen, und Letzterer schien durch diesen Erfolg ebenso überrascht wie erfreut zu sein. Fräulein Aline Friede sang mit ihrem schönen Mezzo-Sopran und innig beseeltem Vortrag vier Lieder: Goethes „Nur wer die Sehnsucht kennt" [op. 6, N° 6], auf dem Programm seltsamerweise H. Heine zugeschrieben – und drei vermutlich aus dem Russischen übersetzte Dichtungen.[65] Obwohl sich Tschaikowsky in diesen nicht so vorteilhaft zeigt wie in den Instrumentalwerken, musste das letzte Lied wiederholt werden. Herr Sapelnikow aus Moskau hatte die Klavierbegleitung übernommen. Das hier längst bekannte Andante für Streichquartett op. 11 musste ebenfalls wiederholt werden. Die Bedeutung des Komponisten und seine oben charakterisierten Eigenschaften traten am deutlichsten hervor in den reinen Orchesterwerken, den Ouvertüren ‚1812' und zu ‚Romeo und Julia' und in der ‚Einleitung und Fuge aus der Suite Op. 43'. Von diesen war wohl nur die letztere hier neu. Sie stellt sich durch planmässigen Aufbau und gediegene Ausarbeitung der aus der berühmten Lachner'schen ebenbürtig zur Seite. Das Philharmonische Orchester ehrte seinen Gast durch liebevolles Eingehen auf seine Intentionen und alles Lobes würdige Ausführung seiner Werke.   L. B."

Berliner Börsen-Courir. N° 73. [28. Januar /] 9. Februar 1888.
„Das mit Spannung erwartete Konzert, in welchem Herr Peter Tschaikowsky, der hervorragendste Vertreter der modernen russischen Kompositionsschule, eine Reihe seiner Werke zu dirigieren versprochen hatte, fand gestern abend in der Philharmonie statt. Der berühmte Gast wird mit der Aufnahme, die ihm das hiesige Publikum bereitet hat, zufrieden gewesen sein; und in der Tat waren die Kompositionen nicht nur vortrefflich ausgewählt und vorzüglich zur Ausführung gebracht, sondern die ausser-

---

[65 Die Romanzen op. 6, Nr. 1; op. 38, Nr. 2; op. 60, Nr. 1.]

ordentlich sympathische Persönlichkeit des Künstlers verfehlt auch ihrerseits nicht der günstigen Wirkung. Zu bedauern blieb nur, dass der Saal nicht durchaus so besetzt war, wie es erwünscht und der Bedeutung der Sache gegenüber angemessen gewesen wäre, vielleicht kann aber das ungewöhnlich schlechte Wetter zur Erklärung für das Ausbleiben so mancher dienen. An Orchesterwerken kamen die Ouvertüre solennelle mit dem bezeichnenden Titel ‚1812' zur Aufführung. Die Romeo-Ouvertüre ist hier bekannt, sie ist eigentlich eine sinfonische Dichtung voll ergreifender Stimmungsbilder, die allerdings mehr oder weniger nur das tragische Geschick der beiden Liebenden schildern. Die Einleitung und Fuge [aus der 1. Orchestersuite] zeugen jene von tiefer Empfindung, diese von grosser kontrapunktischer Kunstfertigkeit (in der die heutigen russischen Musiker überhaupt Erstaunliches leisten) und dabei von Kraft der Gedanken. Das Andante op. 11 ist ein reizendes Kabinettstück von zartester Durchführung, zum Herzen sprechend und von grosser Klangschönheit; es gehört übrigens zu den beliebtesten Repertoirestücken der Philharmonischen Kapelle und musste, wie gewöhnlich, wiederholt werden, obgleich es dazu in seiner sich stets gleich bleibenden Stimmung eigentlich zu lang ist. Die Ouvertüre mit der Zahl ‚1812' ist ein charakteristisches Tongemälde des Kampfes und Sieges, von denen lobenswerterweise besonders ersterer mehr ideell als materiell aufgefasst wird. Dass trotzdem russische und französische Weisen (die Marseillaise) sich äusserlich geltend machen, versteht sich ebenso von selbst, wie dass schliesslich eine russische Hymne den Sieg davonträgt. Den bedeutsamsten und nachhaltigsten Eindruck rief aber das Klavierkonzert hervor, das Herr Alexander Siloti auf einem schön und voll klingenden Blüthner vorzüglich, mit Geschmack und glänzender Virtuosität spielte. Es ist eine der hervorragendsten Schöpfungen Tschaikowskys, frisch in der Erfindung, von warmer Leidenschaftlichkeit, mit schönen Themen und hochbedeutsam in der Durchführung. Ihm wurde der lebhafteste Beifall gezollt; ein Teil davon ward später auch Frl. Friede übertragen, die mit schöner Stimme und mit Empfindung vier Lieder, darunter das bekannte ‚Nur wer die Sehnsucht kennt' sang und das letzte derselben, ‚Es war zur ersten Frühlingszeit', wiederholen musste. O. E."

Ungeachtet des Beifalls seitens des Publikums und der schmeichelhaften Berichte der Berliner Presse erwecken die kurzen, hastigen und farblosen Worte des Lobes doch den Anschein, dass Peter Iljitsch in Berlin einen weniger bedeutenden Eindruck hinterliess als in Leipzig und Hamburg. Während seine Konzerte in diesen beiden Städten Tagesereignisse bedeuteten, ist das Debüt eines russischen Komponisten in der grossen Weltstadt in tausend anderen Interessen untergangen. Die kurze Tagebuchnotiz vom 28. Januar [/ 9. Februar 1888] („ein Eimer kalten Wassers") zeugt ausserdem von einer gewissen Enttäuschung über die vorangegangenen Ovationen. Ich will nicht behaupten, doch scheint mir, dass Peter Iljitsch von der Künstlichkeit jener Ovationen, von den „ergriffenen Massregeln zur Erlangung eines Erfolges", d. h. von den in den grossen Städten Europas leider sehr verbreiteten sogenannten „Wattenkonzerten"[66] Wind bekommen hatte.

Jedenfalls hat diesmal nicht Berlin, sondern Leipzig das richtige Interesse für Peter Iljitsch an den Tag gelegt, und unser Komponist kehrte mit Vergnügen für einige Tage dahin zurück.

---

[66] D. h. solchen Konzerten, für welche Freikarten in Massen verteilt werden und das Publikum künstlich zur Begeisterung getrieben wird.

An P. Tschaikowsky:[67] „Leipzig, d. 30. Januar [/ 11. Februar] 1888.
... Ich bin hierher gekommen, da ich versprochen hatte, bei einem Konzert anwesend zu sein, welches der Lisztverein mir zu Ehren veranstalten wollte. Das Konzert wird aber nicht stattfinden. Dafür wurde gestern auf meine Bitte im Theater eine Oper Wagners gegeben, und zwar ‚Die Meistersinger',[68] die ich noch nie gesehen hatte. Heute früh weckte mich ein Orchester mit den Klängen der russischen Hymne. Es wurde mir ein Ständchen gebracht. Sie spielten fast eine Stunde unter meinem Fenster, und das ganze Hotel eilte herbei, um zu sehen und zu hören." [XIV, 3488.]

Der schöne Eindruck der bezaubernden Wiedergabe der „Meistersinger" durch Nikisch[69] und die rührende Ovation in Form eines Ständchens beschlossen die erste Konzertreise Peter Iljitschs durch Deutschland. In Böhmen und in Frankreich harrten seiner noch viel glänzendere Erfolge, die aber einen ganz anderen Charakter trugen.

Kapitel II.

[Prag. Zahlreiche offizielle Empfänge und Ehrungen. Lernt Dvořák kennen. Zwei Konzerte:
„Romeo und Julia", 1. Klavierkonzert (A. Ziloti), Violinkonzert (C. Halíř), Ouvertüre „1812" (zweimal),
I. Satz und Finale der 1. Orchestersuite, Serenade für Streichorchester.
Szenisch: II. Akt „Schwanensee" (Dirigent: Adolf Čech). „Ein Moment absoluten Glücks".]

Am [31. Januar /] 12. Februar [1888] kam Peter Iljitsch in Begleitung Silotis an die Grenze Böhmens. Schon hier gab sich die Festlichkeit des bevorstehenden Empfanges dadurch zu erkennen, dass ihm seitens der Eisenbahnverwaltung jede mögliche Aufmerksamkeit erwiesen wurde. Auf einer der letzten Stationen vor Prag (Kronun) erwarteten ihn Deputationen verschiedener Vereine. Auf dem Prager Bahnhof wurde er durch den Vorsitzenden des „Russky Kruschok",[70] welcher eigens zu diesem Zweck aus Wien nach Prag gekommen war, feierlichst begrüßt. Er wandte sich mit einer russischen Ansprache an Peter Iljitsch. Der Vorsitzende des Künstlerklubs,[71] Dr. [Karel] Strakaty, hielt dagegen seine Begrüssungsrede in tschechischer Sprache, was volle zehn Minuten dauerte. Peter Iljitsch hörte sie unbedeckten Hauptes an und erwiderte sie mit einigen Dankesworten. Hierauf wurden ihm durch Kinder Blumen überreicht, während eine ungeheure Menge „Slava"[72] rief. Auf dem Wege vom Bahnhof zum Hôtel de Saxe bildete die Prager Bevölkerung Spalier und jauchzte dem willkommenen Gast ihr „Slava" zu. Die Equipage sowie die Hotelräume wurden ihm vom Künstlerklub unentgeltlich zur Verfügung gestellt.

Abends war Peter Iljitsch zu einer Vorstellung von Verdis „Otello" ins Theater eingeladen, wo eine Loge für ihn reserviert war. Rieger, „der Führer des Tschechenvolks",[73] kam

---

[67 Die Schwägerin Praskov'ja V. Čajkovskaja, Ehefrau seines Bruders Anatolij.]
[68] Unter Leitung Arthur Nikischs.
[69 Der später auch durch seine Čajkovskij-Aufführungen berühmt gewordene Arthur Nikisch (1855-1922) war 1878 als 2. Kapellmeister an die Leipziger Oper gekommen und avancierte dort 1882 zum 1. Kapellmeister. Später wirkte er beim Boston Symphony Orchestra und 1893-1895 an der Budapester Oper, bevor er 1895 als Nachfolger Carl Reineckes Dirigent des Leipziger Gewandhausorchesters wurde und, im selben Jahr, gleichzeitig Leiter des Berliner Philharmonischen Orchesters.]
[70] Ein russischer Verein.
[71] „Umelecká Beseda".
[72] [„Slava" (russisch und tschechisch):] „Heil".
[73 Der tschechische Publizist und Politiker František Ladislav Rieger (1818-1903) war der Wortführer der slavischen Partei und der 1860 entstandenen „Tschechischen Nationalpartei"; er propagierte die Wiederherstellung des selbständigen Königreichs Böhmen unter der „Wenzelskrone".]

als erster, den Gast zu begrüssen und sich ihm vorzustellen, wobei er selbst und seine Tochter russisch sprachen, ihm folgte in gleicher Absicht eine ganze Reihe hervorragender Männer Böhmens. Nach der Vorstellung fand im Hôtel de Saxe unter sehr grosser Beteiligung ein Souper statt.

Am nächsten Morgen erhielt Peter Iljitsch den Besuch Dvořáks, und beide Komponisten wurden sofort Freunde. Am Tage besichtigte Peter Iljitsch in Begleitung des Museumsdirektors und des Priesters der russischen Kirche in Prag die Sehenswürdigkeiten der Stadt. Am Abend gab der bekannte böhmische Verleger und Buchhändler Waleczek zu Ehren Peter Iljitschs ein Paradesouper, nach welchem unser Komponist einen Kostümball besuchen musste, wo er in einer Loge vor aller Augen Platz nahm und die Tänze anschaute.

Am 2. [/ 14.] Februar wohnte Peter Iljitsch dem Gottesdienst in der russischen Kirche bei, besuchte – auch diesmal in Begleitung des Museumsdirektors – wiederum Sehenswürdigkeiten in Prag, speiste bei Dvořák und begab sich am Abend in den Künstlerklub „Umelecká Beseda", wo ihm zu Ehren eine musikalische Soirée veranstaltet wurde.

Am 3. [/ 15.] Februar fand die erste Probe statt. Im übrigen war dieser Tag der Erholung von den offiziellen Festlichkeiten geweiht.

Am 4. [/ 16.] Februar setzte Peter Iljitsch am Tage in Begleitung der ihm zukommandierten Cicerones die Besichtigung der Sehenswürdigkeiten fort und besuchte u. a. auch das Rathaus. Als er in den Saal trat, in welchem gerade Sitzung war, erhoben sich alle von ihren Sitzen und begrüssten ihn. Am Abend wurde er im „Russky Kruschok" durch einen Teeabend geehrt. Im Moment seiner Ankunft stimmte ein Chor ein Begrüssungslied an, dem ein kurzes Konzert folgte. Zum Schluss wurde ein lustiges Theaterstück durch Liebhaber aufgeführt.

Am Abend des 5. [/ 17.] Februar veranstaltete der Gesangverein „Hlahol" eine Serenade nebst Fackelzug. Peter Iljitsch hörte den Gesang auf dem Balkon stehend an, kam dann herunter und wandte sich an den Chor mit einer Rede, in welcher er für die ihm erwiesene Ehre dankte und versprach, etwas für den Verein zu komponieren.[74] Mit begeisterten Hurra- und Slavarufen nahm das Fest sein Ende.

Am 6. [/ 18.] Februar früh war Peter Iljitsch in den Verein der Studierenden eingeladen, wo sich ihm die Studenten vorstellten. In seinem Tagebuch erwähnt er diesen Empfang als einen „sehr feierlichen und tief rührenden". [ČD, S. 197; Tagebücher, S. 249.] Auf die Ansprache eines der Studierenden hielt Peter Iljitsch eine Erwiderungsrede. Geleitet von den Rufen „Slava" und „Na sdrava"[75] begab er sich in die Generalprobe des Konzerts. Abends gab es im Städtischen Klub (Meschtschanska Beseda) eine glänzende Soirée mit Ovationen ohne Ende.

Am 7. [/ 19.] Februar fand im Rudolfinum[76] das [erste] Konzert statt: Das Programm enthielt: 1.) „Romeo und Julia", 2.) 1. Klavierkonzert b-Moll [op. 23.] (Alexander Siloti), 3.) Elegie [I. Satz] aus der 3. Orchestersuite [G-Dur op. 55], 4.) Violinkonzert [D-Dur op. 35] (Carl Halíř) und 5.) Ouvertüre „1812" [op. 49]. Von diesen Werken erntete den meisten Beifall das zuletzt gespielte. Peter Iljitsch beschreibt den Eindruck des Konzerts folgendermassen: „Gewiss war das einer der bedeutungsvollsten Tage meines Lebens. Ich habe diese guten Böhmen sehr lieb gewonnen ... wohlverdientermassen! O Gott, wieviel Begeisterung gab es! Nicht mir galt sie, sondern Mütterchen Russland."

[[74] Dies ist offenbar nicht geschehen.]
[[75] Gemeint ist wohl tschechisch „na zdraví!" („Gesundheit!, „hurra!"), dem russischen „na zdorov'e" („zum Wohl") entsprechend.]
[[76] 1876-1884 erbautes berühmtes Konzert- und Galeriegebäude (im Neorenaissance-Stil) in der Prager Altstadt (am rechten Moldau-Ufer).]

An demselben Tage nahm Peter Iljitsch an einem Festbankett im Hôtel de Saxe teil und las bei dieser Gelegenheit eine von ihm in tschechischer Sprache zusammengestellte Rede vor. Sie war für ihn mit russischen Buchstaben nebst Angabe der Betonungen aufgeschrieben worden, so dass sie von allen Anwesenden verstanden werden konnte und einen starken Eindruck machte.

Am 8. [/ 20.] Februar besichtigte Peter Iljitsch das Privatmuseum und besuchte, einer Einladung folgend, den Damenklub, wo er durch Reden, Überreichung von Blumen und eines prachtvollen Albums geehrt wurde.

Am 9. [/ 21.] Februar fand das zweite Konzert in den Räumen des Operntheaters statt. Sein Programm bestand aus: 1.) Serenade für Streichorchester [C-Dur op. 48], 2.) Variationen [Finale] aus der 3. Orchestersuite [G-Dur op. 55], 3.) Solostücke für Klavier (A. Siloti) und 4.) Ouvertüre „1812". Zum Schluss wurde ein Akt [der II.] aus dem Ballett „Der Schwanensee" aufgeführt.[77] Die Ovationen waren noch feuriger, noch herzlicher und die Geschenke noch reicher als nach dem ersten Konzert. In seinem Tagebuch bemerkt Peter Iljitsch hierzu: „Gewaltiger Erfolg. Ein Moment absoluten Glücks. Aber nur ein Moment!" [ČD, S. 198; Tagebücher, S. 250.]

Nach dem Konzert fand ein Festessen statt, an welchem fast ausschliesslich Musiker teilnahmen.

Am Abend des 10. [/ 22.] Februar verliess Peter Iljitsch, mit Geleitworten und Blumen überschüttet, das gastliche Prag.

In der Beschreibung dieser festlichsten und glänzendsten zehn Tage des Lebens Peter Iljitschs habe ich mich mit der blossen Aufzählung der Tatsachen begnügt, ohne die ihm geltenden Reden und Schriften ausführlich wiederzugeben, denn bei aller Schönheit, bei allem Talent erreicht die Herzlichkeit einer Ehrung oder Lobpreisung im Moment der Begeisterung keine höhere und dauerndere Bedeutung als diejenige der Blumen, welche dem Triumphator auf den Weg gestreut werden. Von duftender Aufrichtigkeit und im gegebenen Moment wohl angebracht, würden alle jene Peter Iljitsch rühmenden Worte dem vorurteilsfreien Leser als trockene, inhaltsleere und einseitige Phrasen vorkommen. Dazu wurde die rein künstlerische Bedeutung derselben, welche uns hauptsächlich interessieren könnte, durch diejenige der nationalen Sympathien in den Hintergrund gedrängt, was Peter Iljitsch selbst sehr richtig empfand.

Obwohl der Hauptzweck der Reise Peter Iljitschs ins Ausland darin lag, Europa mit seinen Werken bekanntzumachen und zu ihrer Verbreitung jenseits der Grenze seines Vaterlands beizutragen, verband er damit – wenn auch in einem sehr viel geringeren Masse – den Wunsch, aus eigener Anschauung den Grad seines Ruhmes kennenzulernen und die Früchte desselben einzuheimsen. Misstrauisch und bescheiden, wie er war, hatte er in dieser Beziehung keine grossen Ansprüche, daher übertraf schon das, was er in Deutschland vorfand, bei weitem seine Erwartungen. Die Ehrungen in Prag liessen seine phantasiereichsten Vorstellungen weit hinter sich zurück. Jene zehn Tage bilden den Kulminationspunkt des irdischen Ruhms, den Peter Iljitsch bei Lebzeiten erreicht hat. Mögen $^9/_{10}$ der gespendeten Ovationen nicht ihm persönlich, sondern Russland im allgemeinen gegolten haben, so genügte doch schon allein die Tatsache, dass er und kein anderer berufen war, die Sympathien auf sich zu vereinen, welche die Tschechen den Russen entgegenbringen, um seinem Ehrgeiz zu schmeicheln und zu beweisen, wie bekannt sein Schaffen schon sei. Sein Ehrgeiz wurde auch noch dadurch geschmeichelt, dass ihn ein Volk ehrte, welches hinsichtlich seiner Liebe, dem Bildungsdurchschnitt der Masse und der Kunst der Interpre-

---

[77 Dirigiert von Adolf Čech.]

tation das musikalischste der Welt genannt werden kann, hauptsächlich aber dadurch, dass Prag – die erste Stadt, welche seinerzeit die geniale Bedeutung Mozarts anerkannte und ihn schon bei Lebzeiten gebührend belohnte – das Schicksal Peter Iljitschs in diesem Punkt demjenigen des deutschen Genius an die Seite stellte. Es war Peter Iljitsch eine grosse Genugtuung, in denjenigen, welche ihm „einen Moment absoluten Glücks" verschafft hatten, die Nachkommen der Menschen, die seinem Liebling, Lehrer und Vorbild, als Mensch und als Künstler, vor Zeiten ein Stückchen irdischen Ruhms zu kosten gegeben hatten. Und dieser unerwartete Zufall war für Peter Iljitsch vielleicht das Schmeichelhafteste, was er je im Leben Angenehmes empfunden, – die höchste Belohnung, auf die er je zu hoffen gewagt.

Gleichzeitig mit dem Moment des höchsten Ruhmes wurde Peter Iljitsch auch eine der bittersten Kränkungen zuteil. Die russische Presse hat die Triumphe eines russischen Komponisten in Prag auch nicht mit einem einzigen Worte erwähnt. Das erschien ihm als dumpfe Missgunst und erstaunte und erbitterte ihn um so mehr, als jene wichtigsten Tage seines Lebens auch für die Tschechen selbst ein Ereignis bedeuteten. Viele Leute, die lange in Prag ansässig waren, versicherten ihm, noch nie eine ähnliche Ehrung eines Ausländers erlebt zu haben. Das Bewusstsein, dass Russland, dem ein grosser Teil der Ehrungen eigentlich galt, nichts von diesen Ehrungen wisse, und dass wegen des Verhältnisses der Presse zu seiner Person die heissen und aufrichtigen Sympathien der Tschechen für die Russen unbeantwortet blieben, – war ihm sehr schmerzlich.

Kapitel III.

[Paris. Unterschiede des Verhältnisses der Böhmen bzw. der Franzosen zu Rußland – und beim Empfang Čajkovskijs in Prag und Paris. Eine musikalische Soiree am 16. / 28. Februar im Salon der Benardakis. Zahlreiche Einladungen, Bekanntschaften (Gounod, Massenet, Thomas u. a.), musikalische Soireen (u. a. bei Colonne), Galadiners (u. a. bei Pauline Viardot), eine Audition von Louis Diémer in der Salle Erard, ein Fest in der Redaktion des „Figaro", ein Konzert der Kammermusikgesellschaft „La Trompette" – und zwei Konzerte im „Châtelet": Streicherserenade, Finale der 3. Suite, „Francesca da Rimini", Violinkonzert, Konzertfantasie op. 56, Andante cantabile und Nocturne. Presse-Echo.
Ein gemeinsamer Plan Čajkovskij / Rimskij-Korsakov, zwei russische Konzerte in Paris zu veranstalten, kann nicht verwirklicht werden.
Am Ende der Konzerttournee: vier unspektakuläre, aber für Čajkovskijs späteren Ruhm bedeutsame Tage in London; Konzert: Streicherserenade und Finale der 3. Suite.]

Eine ganz andere Art von Ovationen erwarteten Peter Iljitsch in Paris.

Auch hier übertraf der Erfolg die kühnsten Erwartungen. Auch hier war Peter Iljitsch von früh bis spät – nur während eines dreimal längeren Zeitraums – der Gegenstand schmeichelhaftester Anteilnahme. Der Charakter dieser Anteilnahme unterschied sich aber ebenso sehr von den tschechischen, wie der Franzose in seinem Verhältnis zur Musik und zum russischen Volk sich von einem Böhmen unterscheidet. Der Böhme liebt das eine wie das andere ungleich innerlicher, das eine wie das andere spielt in seinem Leben eine ungleich bedeutendere Rolle. Es gibt kein Land, wo die musikalische Kunst mehr geschätzt und weiter verbreitet wäre. Es gibt auch kein Volk, welches allem Russischen grösseres Verständnis entgegenbrächte – und das nicht kraft zeitlicher Strömungen, sondern kraft der Blutsverwandtschaft mit uns. Daher fand Peter Iljitsch als Russe und als Musiker dort eine Herzlichkeit und unmittelbare Sympathie, wie sie bei den Franzosen nicht vorausgesetzt werden konnte. Es ist wahr, eine kleine Dose Politik war auch den Pariser Festlichkeiten beigemischt: es war gerade die Zeit der franko-russischen Annäherung, so dass alles Russische in Paris bereits Mode war. Viele der musikalischen Kunst fernstehende Franzosen hielten es für ihre Pflicht, Peter Iljitsch ihre Anteilnahme auszusprechen, weil er Russe war, – doch all das sowie auch die französischen Sympathien selbst stützten sich nicht auf das feste Fundament nationaler Verwandtschaft, sondern auf eine ephemere politische Kombination zweier Grossmächte zwecks Erreichung verschiedener Vorteile. Die stürmische, leidenschaftliche, aber undauerhafte Begeisterung der Franzosen für alles Russische konnte viel eher noch in Hüten „à la Kronstadt", Halsbinden „franco-russes", in Ovationen für den Clown Durow, im Absingen der russischen Nationalhymne gleich nach der Marseillaise und vielleicht – in einem Interesse „von oben herab" für unsere Literatur und Kunst als eine Art Kuriosität ihren Ausdruck finden als in der freudigen Begegnung zweier Nationalitäten auf dem Felde gleichartiger verwandtschaftlicher Sympathien und Bestrebungen. Als Resultat der Feste von Kronstadt, Toulon, Paris und wie sie alle heissen mögen – konnte natürlich kein Verständnis für Puschkin, Gogol, Ostrowsky, Glinka, Dargomyshsky und Serow erblühen, sondern höchstens eine vorübergehende Mode, dank welcher L. Tolstoi und Dostojewsky eine Art von Würdigung fanden, aber noch lange nicht in ihrer ganzen Grösse verstanden wurden. Modern war auch Peter Iljitsch, und das verlieh seinem Empfang seitens der Pariser einen grossen Glanz; hier fand er nicht jenen Widerhall in den Herzen seiner Zuhörer, welcher den Prager Ovationen das Gepräge der Wärme und Aufrichtigkeit gegeben hatte. Dazu konnte die Ehrung eines Komponisten in einer von hunderten von Interessen durchfluteten Millionenstadt naturgemäss nicht so in den Vordergrund treten wie in der Hauptstadt eines kleinen Landes. Man kann ohne Übertreibung sagen: ganz Prag jubelte Peter Iljitsch zu; in Paris – nur die Musiker, Musikdilettanten, einige für das franko-russische Bündnis eingenommene Zeitungen und jene bunte Menge, welche sich für Zeitungsneuigkeiten und Reklamen interessiert.

Um den Vergleich zwischen den Prager und den Pariser Festen zu Ehren Peter Iljitschs fortzusetzen, will ich noch auf die Folgen derselben hinweisen. Es sind fünfzehn Jahre vergangen, und in Prag halten sich die Opern Peter Iljitschs immer noch im Repertoire, und seine symphonische Musik ist dort ebenso berühmt und beliebt wie in Russland. In Paris dagegen wird er nicht nur fast gar nicht mehr gespielt (weder im Theater noch in Konzerten), sondern man hält sogar seinen Namen, welcher in dem ganzen übrigen Europa zu immer grösserer Achtung kommt, bis heute noch nicht für würdig genug, in die Reihe derjenigen aufgenommen zu werden, welche die Programme der Pariser Konservatoriumskonzerte zieren. Indessen stehen an der Spitze dieser Institutionen Leute, die Peter Iljitsch im Jahre 1888 huldigten. Ist das nicht ein Zeichen jener dumpfen Abneigung, welche die Franzosen im Grunde für den russischen Geist fühlen und welche Peter Iljitsch mit seinen grossen Vorgängern in der Kunst und überhaupt mit den Vertretern alles Hohen und Schönen, was uns Russland gegeben, teilt?

Peter Iljitsch kam am 12. [/ 24.] Februar 1888 in Paris an und wurde sofort in die Brandung der fast ununterbrochenen Fühlung mit Menschen hineingerissen. Kaum angekommen, man möchte sagen: direkt vom Bahnhof musste er in die Probe seiner Streicherserenade, welche Colonne für den Paradeabend im Hause Benardacky mit seinem Orchester studierte und welche der Komponist selbst an dem betreffenden Abend dirigieren sollte.

N. Benardacky, dessen Frau [Marie] eine geborene Leibrock und eine Schwester der drei in Russland sehr bekannten Opernsängerinnen war,[78] besass in Paris ein prachtvolles Hôtel, in welchem er die Elite der Pariser Kunst- und Musikwelt versammelte. Als Mäzen und Landsmann Peter Iljitschs gab er das erste Signal für die Ehrung unseres Komponisten,

---

[78 Eine der Schwestern der genannten Marija P. Benardaki (geb. Lejbrok) war Ol'ga P. Lejbrok (Lebrok; verheiratete Skrydlova).]

indem er bei sich [am 16. / 28. Februar] eine musikalische Soiree unter Mitwirkung des Orchesters von Colonne, seiner Gemahlin [Marie] und seiner Schwägerin [Olga Leibrock], die den Ruf guter Salonsängerinnen genossen, ferner der berühmten Künstler: Gebrüder Reszke,[79] Lasalle,[80] Diémer,[81] Taffanel[82] und Brandukow[83] veranstaltete. Ausser [einzelnen Sätzen] der Streicherserenade dirigierte Peter Iljitsch an diesem Abend sein Andante cantabile aus dem ersten Quartett [in seiner Bearbeitung für Violoncello und Streichorchester] und besorgte die Klavierbegleitung.[84] Die Vorbereitungen zu diesem Abend, Orchester- und Solistenproben verschlangen die ersten Tage seines Aufenthalts in Paris. Ausserdem wurde er von seinem Verleger Mackar – welcher in den Abenteuern unseres Komponisten die Rolle Vergils spielte – genötigt, den hervorragenden französischen Musikern sowie den Redaktionen der populärsten Zeitungen Besuche zu machen, um sich für ihre Bereitwilligkeit zu bedanken, Reklame für ihn zu machen.

Der glänzende Musikabend hatte mehr als 300 Eingeladene in Benardackys Salons versammelt. Alle Vertreter jenes „tout Paris" waren anwesend, denen die Künstler und die Verehrer Frankreichs zu Füssen liegen. Ihre gnädige Aufmerksamkeit, ja – schon allein die Tatsache ihrer Anwesenheit oder ein beifälliges Geflüster in der Reihe jener im Grunde übersättigter und gegenüber allem Schönen gleichgültiger Menschen – ist die höchste Belohnung, von welcher die Künstler aller Länder träumen, ein Patent für die Anerkennung nicht nur seitens Paris, sondern der ganzen privilegierten Welt.

Peter Iljitsch war den guten Gastgebern für die unerwartete und bei den Pariser Lebensverhältnissen durchaus notwendige Reklame, die sie ihm schenkten, aufrichtig dankbar. Um diese Reklame wirkungsvoller zu machen und sich dadurch zugleich für den ihm erwiesenen Dienst erkenntlich zu zeigen, hielt Peter Iljitsch es für seine Pflicht, von Probe zu Probe, von Künstler zu Künstler zu laufen. Vor dieser Versammlung oberflächlicher und, beiläufig gesagt, eher von Eitelkeit als von Kunstenthusiasmus erfüllter Dilettanten als Dirigent zu erscheinen, um ihre träge Anerkennung zu erlangen, schien Peter Iljitsch

---

[[79] Die Brüder Edouard de Reszke (Baß, 1855-1917, 1885-1898 an der Pariser Grand Opéra) und Jean de Reszke.]

[[80] Der Sänger Jean Louis Lassalle, Bariton (1847-1909), 1872-1909 an der Pariser Grand Opéra.]

[[81] Der Pianist Louis Diémer (1843-1919), Professor am Pariser Konservatorium, spielte an diesem Abend: Chant sans paroles (op. 1, Nr. 2?), Humoresque (op. 10, Nr. 2) und die Polonaise aus „Evgenij Onegin" (in der Transkription von Franz Liszt?).]

[[82] Der Flötist Paul Claude Taffanel (1844-1908), 1890-1903 Professor und Dirigent der Konzerte des Pariser Konservatoriums, spielte offenbar an diesem Abend das Arioso des Onegin aus „Evgenij Onegin" in einer (seiner?) Bearbeitung.]

[[83] Der mit Čajkovskij befreundete, damals in Paris lebende Violoncellist Anatolij A. Brandukov spielte in der Soiree das (ihm gewidmete) Pezzo capriccioso für Violoncello und Klavier op. 62 (oder in der Fassung für Cello und Orchester?) sowie zwei Bearbeitungen für Violoncello und kleines Orchester, die Čajkovskij offenbar eigens und kurzfristig für diesen Abend angefertigt hat: das Andante cantabile aus dem 1. Streichquartett op. 11 und das Nocturne nach dem Klavierstück op. 19, Nr. 4.]

[[84] Das umfangreiche Programm des abends sah im einzelnen folgendermassen aus: Ein Satz aus der Serenade für Streichorchester op. 48; Romanzen op. 38, Nr. 2 und op. 6, Nr. 3 (Marija P. Benardaki); Nocturne für Violoncello und Orchester (Čajkovskijs eigene Bearbeitung des Klavierstücks op. 19, Nr. 4) und Pezzo capriccioso op. 62 (Solist: Anatolij A. Brandukov); Romanze op. 28, Nr. 6 (Jean Lassalle, Bariton), Arioso aus „Evgenij Onegin" (bearbeitet für Flöte und Klavier; Solist: Paul Taffanel), Romanzen op. 16, Nr. 1 und op. 28, Nr. 3 (Ol'ga P. Lejbrok); Elegie und Walzer aus der Serenade für Streichorchester; Romanze op. 38, Nr. 1 (Edouard de Reszke), Chant sans paroles, Humoresque op. 10 , Nr. 2 und Polonaise aus „Evgenij Onegin" (Louis Diémer); Romanze op. 47, Nr. 6 (in Čajkovskijs Bearbeitung des Klavierparts für Orchester; Marija P. Benardaki); Romanze op. 6, Nr. 5 (Jean de Reszke); Andante cantabile aus dem 1. Streichquartett (in Čajkovskijs Bearbeitung für Violoncello und Streichorchester (Anatolij A. Brandukov); Romanze op. 6, Nr. 6 (Jean Lassalle).]

schmeichelhaft und bedeutsam zu sein. Wenn man aber bedenkt, wieviel mehr Sorge und Ermüdung ihn das gekostet hat als das Debüt vor dem echten und in der Tat zuständigen Gericht des Leipziger Gewandhauspublikums, so bedauert man unwillkürlich die zwecklos verschwendeten Kräfte und ist für den künstlerischen Wert unseres Komponisten gekränkt. Wenn man ihn, den Verstimmten, Erschöpften und – laut seinem Tagebuch – sehr Unglücklichen in parfümierten Salons, inmitten einer fremden Menge, von Brillanten und glänzenden Toiletten strotzenden Damen und tadellos befrackten Herren sieht, welche morgen in gleicher Zusammensetzung den Erfolg einer neuen Chansonettensängerin oder die Tänze einer Loïe Fuller[85] zu „konsekrieren" haben werden, murrt man unwillkürlich über das Schicksal, dass es ihn aus seiner ländlichen Stille, aus seiner intimen und geliebten Umgebung, in welcher er, physisch und moralisch gesund und frisch, in Ruhe den Plan für ein neues Werk überdachte, hinausgelockt hat. Gott sei noch gedankt, dass Peter Iljitsch sich mit dem Gedanken tröstete, es sei nötig, sich gutwillig jener Marter zu unterwerfen, und die Zeit nicht erlebt hat, in der es klar geworden, dass es gar nicht nötig gewesen, denn nirgends hat er durch grössere Opfer für die Popularität seiner Werke geringere Resultate erzielt als in Paris.

Der Glanz seines Debüts hat die Zahl der Bekanntschaften, Einladungen und Visiten verzehnfacht. Diejenigen der Pariser musikalischen Grössen, welche im Sommer 1886 Paris fern gewesen waren, machten jetzt die Bekanntschaft Peter Iljitschs. Sie alle, angefangen mit Gounod, Massenet, Thomas usw. behandelten ihn auf das zuvorkommendste und teilnahmsvollste. Nur einer blieb kühl und reserviert, der Komponist der Opern „Sigurd" und „Salambo", Reyer,[86] was übrigens Peter Iljitsch durchaus nicht schmerzte, denn er hielt seinerseits die Begabung jenes Herrn für sehr gering, seine Tendenz für lächerlich und seinen (nebenbei gesagt, nicht über die Grenzen Frankreichs reichenden) Erfolg für unbegreiflich. Von den Virtuosen, die er in jener Zeit kennengelernt hat, machte Paderewsky[87] den grössten Eindruck auf ihn ...

Die Popularität von Tschaikowskys Musik war in Paris so weit gediehen, dass gerade während des Aufenthalts Peter Iljitschs daselbst ein Roman erschien,[88] in welchem eines seiner Lieder, „Nur wer die Sehnsucht kennt" [op. 6, Nr. 6], eine grosse Rolle spielt. Peter Iljitsch war dadurch sehr geschmeichelt, weit mehr als durch die begeistertsten Musikkritiken.

Fast jeden Tag im Laufe dreier Wochen wurde unser Komponist durch ein Diner, ein Frühstück oder eine musikalische Soiree geehrt. Als die bedeutendste dieser privaten Ehrungen muss der prachtvolle Abend bei [dem Dirigenten Edouard] Colonne angesehen werden, an welchem das ganze musikalische Paris teilnahm und auch einige Kompositionen Peter Iljitschs aufgeführt wurden; ferner der Abend bei der aristokratischen Dilettantin Baronin Tresderne, die dadurch bekanntgeworden war, dass in ihren luxuriösen Salons an der Place Vendôme die ganze Wagnersche Trilogie [„Der Ring des Nibelungen"] aufgeführt wurde. Über diesen Abend spricht sich Peter Iljitsch in seinem Tagebuch sehr lakonisch aus: „Marquisen, Duchessen, – Langeweile." Die russische Gesandtschaft hat zu Ehren ihres Landsmanns ein Galadiner gegeben; Pauline Viardot desgleichen. Der Pianist Diémer veranstaltete in der Salle Erard eine „Audition", in welcher die Schüler des geachteten

---

[85] Die amerikanische Tänzerin Loïe (Marie Louise) Fuller (1862-1928) machte in Europa Furore mit ihren modernen, stilistisch freien Tänzen mit Show-Charakter unter der Verwendung von stofflich aufwendigen Kostümdraperien und neuer Effekte (auch mithilfe von Chemikalien) bei der Bühnenbeleuchtung.]
[86] Ernest Reyer (1823-1909), komponierte u. a. die Opern „Sigurd" (1883/84) und „Salambô" (1889/90).]
[87] Der polnische Pianist Ignacy Jan Paderewski (1860-1941) hatte seine große Karriere gerade erst begonnen.]
[88] „Le Froc" par Emile Goudeau [1849-1906].

Virtuosen ausschliesslich Werke von Peter Iljitsch („ungefähr 40 an der Zahl", bemerkt dieser in seinem Tagebuch) zum Vortrag brachten. Einen halb öffentlichen und halb privaten Charakter trug das Fest, welches die Redaktion des „Figaro" in ihren Räumen arrangiert hatte. Die franko-russischen Sympathien sind dabei darin zum Ausdruck gekommen, dass ausser den musikalischen Vorträgen der Gebrüder Reszke, Marsicks, Taffanels und Brandukows[89] die Vorstellung des dritten Aktes von Tolstois „Die Macht der Finsternis"[90] und zum Schluss ein Duett aus „La fille de M-me Angôt"[91] in der unnachahmlichen, einzigartigen Wiedergabe seitens M-me Judic[92] und Mr Granier auf dem Programm standen.

Ausser den Châtelet-Konzerten, von denen weiter unten die Rede sein soll, kamen Werke von Peter Iljitsch in dem von der Gesellschaft „Trompette" veranstalteten Kammermusikabend zur öffentlichen Aufführung. Hier wurden das erste Quartett [op. 11], die Fantasie für Klavier [op. 56][93] und viele Solonummern exekutiert.

Vor dem grossen, echten Publikum ist Peter Iljitsch als Komponist und Dirigent zweimal aufgetreten, und zwar in den Châtelet-Konzerten. Im ersten dieser Konzerte [dem 16. Châtelet-Konzert am 21. Februar / 4. März 1888] enthielt nur die erste Hälfte des Programms seine Werke. Hinsichtlich der Anzahl der Werke hätte aber diese Hälfte in Russland oder Deutschland ein ganzes Symphoniekonzert aufwiegen können. Sie enthielt: 1.) die Serenade für Streichorchester [op. 48], 2.) die Fantasie für Klavier [und Orchester op. 56], 3.) Lieder (Fr. Conneau),[94] 4) Stücke für Violoncello [und Orchester: Andante cantabile aus op. 11 und Nocturne op. 19, Nr. 4][95] (Brandukow), 5) Thema und Variationen [Finale] aus der 3. Suite [op. 55].

Bei seinem Erscheinen auf dem Podium wurde Peter Iljitsch mit einem wahren Beifallssturm begrüsst, welcher aber mehr seiner Nationalität als seiner Persönlichkeit galt, denn den meisten war er ja ein Fremder. Wenigstens vertraten diese Meinung Peter Iljitsch selbst und einige Journalisten in ihren Berichten über das Konzert. Wie dem auch war, die Wärme des Empfangs blieb nicht ohne Einfluss auf die Güte der Aufführung, indem sie der Aufregung des Dirigenten mit einem Schlage ein Ende machte und ihm Selbstbewusstsein und Umsicht einflösste. Von den Orchesterstücken hatte der Walzer aus der Serenade den grössten Erfolg; er musste auf Verlangen des Publikums wiederholt werden. Am wenigsten gefiel – wie zu erwarten war – die Fantasie für Klavier. Nach den Variationen und dem Finale[96] der 3. Suite gab es einstimmigen und begeisterten Applaus, welcher diesmal – wie

---

[89 Edouard de Reszke, Bass; Jean de Reszke, Tenor. – Der Geiger Martin Pierre Joseph Marsick. – Der Flötist Paul Claude Taffanel. – Der Violoncellist Anatolij A. Brandukow.]
[90 Drama in fünf Akten aus dem Jahre 1886 von Lev Tolstoj.]
[91 1872 in Brüssel uraufgeführte und ein Jahr später auch in Paris herausgekommene Opéra-comique in drei Akten von Charles Lecocq (1832-1918), Libretto von Clairville, Paul Siraudin und Victor Koning.]
[92 Die Schauspielerin und Sängerin Anna Judic (1850-1911) wurde 1872 an die Folies Bergère engagiert und später von Jacques Offenbach an das Gaité-Theater und die Bouffes-Parisiens geholt. Sie war auch in London und St. Petersburg erfolgreich.]
[93 In dem Konzert am 4. / 16. März 1888 spielten Louis Diémer und Čajkovskij die Konzertfantasie in der Fassung für zwei Klaviere (I: Solopart, II: Klavierauszug des Orchesterparts). Im Châtelet-Konzert am 21. Februar / 4. März 1888 hatte Diémer die Fantasie, begleitet vom Orchester Colonne unter Čajkovskijs Leitung gespielt.]
[94 Die Mezzosopranistin Juliette Conneau trat als Solistin in Edouard Colonnes Konzertreihe „Concert national" auf.]
[95 Zwei Bearbeitungen, die Čajkovskij für den befreundeten Cellisten Anatolij Brandukow eigens für die Pariser Veranstaltungen geschrieben hatte: die Soiree bei den Benardakis am 16. / 28. Februar 1888 (siehe oben) und die genannten beiden Châtelet-Konzerte.]
[96 Der vierte (und letzte) Satz der 3. Orchestersuite besteht aus Thema und zwölf Variationen, deren letzte, eine prächtige Polonaise, „Var. XII. Finale. Polacca" überschrieben ist.]

es schien – mehr den Werken des Komponisten als seiner Nationalität galt. Im grossen und ganzen war der Erfolg ein starker und aufrichtiger.

Das zweite Konzert (nach acht Tagen)[97] war schon fast ausschliesslich den Werken Peter Iljitschs gewidmet, denn nur am Anfang spielte Colonne eine Ouvertüre von Berlioz. Das Programm enthielt die Wiederholung der Variationen der 3. Suite, der Elegie und des Walzers aus der Streicherserenade, der Cellostücke in der Ausführung Brandukows und ausserdem: das Violinkonzert [op. 35] ([Martin Pierre Joseph] Marsick), „Francesca da Rimini" [op. 32], Lieder ([Alfred] Giraudet)[98] und Klaviersoli (L[ouis] Diémer).[99]

Der Erfolg war auch diesmal ein sehr stürmischer und glänzender. Verhältnismässig wenig hat nur „Francesca" gefallen.

Ungeachtet des grossen Eindrucks im Saal, d. h. der Aufrichtigkeit und Unmittelbarkeit der Beifallsbezeugungen seitens des Publikums trat in der Presse eine gewisse Enttäuschung zutage.

Solange es sich um Aufführungen in den Salons Benardacky, Colonne, der Redaktion des „Figaro", der Frau von Tresderne handelte, schäumten die Journalisten vor Begeisterung für unseren Komponisten, für seine Nationalität, für seine Werke und übertrafen sich mit gleichem Eifer in ihren Komplimenten, mit welchen sie „la délicieuse toilette en satin et tulle blanc" oder „la grâce de *grande dame*" der Frau Benardacky oder „une coquette jupe pompadour de Mlle. de Leibrock" oder die Blumendekoration des „grand hall de ‚Figaro'" (ohne die Nennung der Firma des Lieferanten zu vergessen) beschrieben oder die vornehmen Gäste aufzählten (der Hochgenuss jedes Pariser Chronisten).

Nach den öffentlichen Konzerten änderten aber die Rezensenten plötzlich ihren Ton, und ihre Begeisterung verschwand. Es erwies sich, dass sie fast alle das Buch von Cui „La musique en Russie"[100] gut studiert hatten, denn sie fanden, ohne die Quelle zu zitieren, dass Herr Tschaikowsky „n'est pas un compositeur aussi russe qu'on voudrait le croire", „qu'il ne denote ni une grande hardiesse ni une puissante originalité", welche den Hauptreiz der Werke „des grands slaves: des Borodines, des Cuis, des Rimskys, des Liadows" bildeten.

Der Europäismus der Musik Peter Iljitschs wurde ihm zum Vorwurf gemacht. „L'allemand dans son oeuvre domine le slave et l'absorbe", bemerkt einer von ihnen, der augenscheinlich erwartet hatte, „impressions exotiques" im Châtelet zu hören zu bekommen, d. h. etwas in der Art der Musik Dahomeys,[101] welche gerade im Jardin d'Acclimatation[102] Furore machte …

Der andere, kleinere Teil der Presse, der Cuis Buch nicht gelesen hatte, blieb mit den grossen Längen der Musik Peter Iljitschs unzufrieden und stellte ihm Saint-Saëns und andere moderne Franzosen als Muster hin …

[97 Das 17. Konzert im Théâtre du Châtelet am 28. Februar / 11. März 1888.]
[98 Alfred Giraudet, Bariton, war Mitglied des Ensembles der Pariser Grand Opéra.]
[99 Im einzelnen und in dieser Reihenfolge: Finale der 3. Suite; Violinkonzert; Romanzen op. 6, Nr. 4 und op. 38, Nr. 1; Francesca da Rimini; Nocturne op. 19 Nr. 4 (in der Bearbeitung für Violoncello und Orchester); Chant sans paroles (aus op. 2 oder op. 40?), Humoresque op. 10, Nr. 2, Polonaise aus „Evgenij Onegin" (in Liszts Klavierfassung); Elegie und Walzer aus der Streicherserenade.]
[100 1880 in Paris erschienen, aber schon zwischen Ende 1876 und Frühjahr 1879 geschrieben, denn Kjui spricht zwar u. a. über Čajkovskijs Opern „Opričnik" (im April 1874 in Petersburg uraufgeführt) und „Kuznec Vakula" (im November 1876 in Petersburg uraufgeführt), aber nicht über „Evgenij Onegin" (im März 1879 in Moskau uraufgeführt). Ein allgemeiner Abschnitt aus Cuis Buch über Čajkovskij wird zitiert in: ČSt 10, S. 66 f.]
[101 Dahomey bzw. Dahomé: westafrikanisches Königreich (heute: Bénin).]
[102 Der 1860 eröffnete riesige Pariser Jardin d'Acclimatation im Bois de Boulogne, später: Jardin Zoologique d'Acclimatation Anthropologique, in dem auch Ausstellungen zur Kultur und Lebensweise afrikanischer Völker stattfanden.]

So sprach Paris über Peter Iljitsch. Nun wollen wir sehen, was er in einem seiner wenigen interessanten Briefe von dort über die Hauptstadt der Welt erzählte.

An P. Jurgenson: „Paris, d. 1. [/ 13.] März 1888.
Lieber Freund! Endlich komme ich zum Schreiben, und auch nur deshalb, weil ich mich unwohl fühle und zu Hause sitzen muss. Ich bin bis an die Grenze des Möglichen erschöpft und verfluche diese entsetzliche Lebensweise. Du kannst Dir nicht vorstellen, wie ich hier gemartert werde. Nicht eine einzige Stunde vergeht, ohne dass ich Besuche mache oder Besuche empfange. Ich stecke fast ununterbrochen im Frack. Ich werde furchtbar von einigen Herren belästigt, welche die gegenwärtige Begeisterung der Franzosen für alles Russische ausnutzen wollen und mir mit allerlei Konzerten zusetzen. Mein Ruhm ist ausserordentlich gewachsen, aber ich habe kein Geld erhalten und werde auch nicht eine Kopeke erhalten, im Gegenteil: ich gebe mehr aus als jemals. Zum letzten Mal reise ich allein. In Zukunft werde ich einen Sekretär mitnehmen, der meine materiellen Interessen zu wahren haben wird. Ich habe in der letzten Zeit furchtbar viel Geld ausgegeben, und noch mehr Gesundheit und Kraft verschwendet, – dafür ist ein Stückchen Ruhm erreicht; doch jeden Augenblick frage ich mich: Wozu? Lohnt es sich auch? – und komme zu der Überzeugung, dass es viel besser ist, ruhig und ohne Ruhm zu leben." [XIV, 3512.]

„Die Überfahrt von Paris nach London", schreibt Peter Iljitsch [am 11. / 23. März 1888] an Frau von Meck, „war fürchterlich. Infolge eines Schneesturms musste unser Zug mitten im Felde halten; wir froren sehr. Auf dem Schiff war es geradezu schrecklich und beängstigend, denn es gab einen richtigen Sturm, so dass man jeden Augenblick an eine Katastrophe glaubte." [XIV, 3519.]

In London verbrachte er nur vier Tage. Niemand begrüsste ihn, niemand ehrte ihn, niemand quälte ihn mit Einladungen. Ausser einem Gala-Essen bei dem Direktor der Philharmonischen Gesellschaft, Berger,[103] blieb er die ganze übrige Zeit allein oder in Gesellschaft des berühmten Violinvirtuosen [František] Ondříček und dessen Gattin. In künstlerischer Beziehung hat aber – entgegen dem Anschein – der Besuch in London die glänzendsten Folgen für seinen Ruhm gehabt. Gegenwärtig ist er nach Russland und Amerika kaum anderswo so populär wie dort.[104]

Er hat hier die Streicherserenade [op. 48] und die Variationen aus der 3. Suite [op. 55] aufgeführt.[105] „Der Erfolg war ein sehr grosser", schreibt er in demselben Brief [vom 11. / 23. März 1888], „besonders gut hat die Serenade gefallen, sie rief laute Beifallsbezeugungen hervor; auch wurde ich dreimal gerufen, was für das zurückhaltende Londoner Publikum viel bedeutet. Weniger gefielen die Variationen, obwohl auch sie einstimmigen Applaus ernteten." [Ebenfalls XIV, 3519.]

Der hervorragende Erfolg Peter Iljitschs wurde von der gesamten Londoner Presse anerkannt.

---

[103] Der Pianist und Komponist Francesco Berger (1834-1919) leitete 27 Jahre lang als Sekretär die Philharmonische Gesellschaft in London und schrieb gegen Ende seine Lebens Musikkritiken. Er schätzte Čajkovskijs Musik und organisierte seine Londoner Konzerte am 10. / 22. März 1888 (Serenade für Streichorchester, Finale der 3. Orchestersuite), 30. März / 11. April 1889 (1. Klavierkonzert und 1. Orchestersuite) und 31. Mai / 12. Juni 1893 (4. Symphonie). Geplant für Mai 1894 wurde ein Konzert Čajkovskijs u. a. mit der 6. Symphonie.]

[104] Vgl. dazu unter „1894-1902 / 1980" in ČSt 10, S. 199-206, nach: Gerald Norris, „Stanford, the Cambridge Jubilee [1893] and Tchaikovsky", Newton Abbot, London, North Pomfret (Vt) 1980.]

[105] Am 10. / 22. März 1888 im 2. Konzert der Philharmonischen Gesellschaft, St. James' Hall. In diesem Konzert hat auch der oben erwähnte Geiger František Ondříček als Solist in Mendelssohns Violinkonzert mitgewirkt (Dirigent: Frederic H. Cowen).]

„So endeten", schliesst Peter Iljitsch jenen Brief [vom 11. / 23. März 1888], „die Qualen, Schrecken, Aufregungen und – die Wahrheit zu sagen – auch Freuden meiner ersten ausländischen Konzertreise."

An A. N. Rimsky-Korsakow: „London, d. 8. [/ 20.] März 1888.
Teurer Freund Nikolai Andreewitsch! Das russische Konzert, von welchem wir beide geschwärmt und schon das Programm zusammengestellt hatten, – kann nicht stattfinden. Sie erinnern sich, dass ich die Absicht hatte, mit Hilfe meines Verlegers Félix Mackar ein Konzert zu geben und dann die bei mir vorrätigen *1000 Rubel* zu riskieren und noch ein zweites Konzert mit dem Programm, das wir beide zusammengestellt hatten, zu veranstalten. Das alles schien, von weitem betrachtet, sehr leicht zu sein, ist aber in Wirklichkeit ganz anders. Als Mackar begann, Schritte für das erste Konzert zu unternehmen, stiess er auf eine Menge Hindernisse. Vor allem hätte er 10 000 Francs ausgeben müssen, um alles nach Wunsch zu regeln, – die hatte er aber nicht; zweitens stellte es sich als unmöglich heraus, Orchester und Saal zu bekommen: der Trocadéro käme nur im Frühjahr und Sommer in Betracht, einen anderen Saal aber gibt es nicht, und die Theater sind alle besetzt. Colonne, an den sich Mackar wegen des Orchesters gewandt hatte, machte ihm den Vorschlag, mich für zwei Châtelet-Konzerte zu engagieren, wobei er sich bereiterklärte, die vorläufigen Proben, Annoncen, Reklamen usw. auf sich zu nehmen, mir dafür aber kein Honorar zu zahlen. Mackar schrieb mir einen ausführlichen Brief, in welchem er erklärte, dass wir durch die Annahme von Colonnes Vorschlag zwar die Hoffnung auf einen Gewinn verlieren, dafür aber nichts riskieren und ausserdem nicht nur ein ausgezeichnetes Orchester, dessen Stammpublikum und die ganze Konzertorganisation, sondern hauptsächlich die noch nie dagewesene Bereitwilligkeit Colonnes erhalten, mir seinen Taktstock zu überlassen, welcher Umstand in den Augen der Pariser ein ausserordentliches Prestige hätte. Darauf knüpfte Colonne schriftliche Unterhandlungen mit mir an, und die Sache kam zustande. Als ich nach Paris reiste, hielt ich dennoch an meinem Vorhaben fest, ein russisches Konzert zu geben ... Ich stiess jedoch auf dieselben Schwierigkeiten: kein Saal, kein Orchester; aber selbst wenn sie zu haben wären, müsste man nicht weniger als 10 000 Francs besitzen, um die Sache gut zu arrangieren, d. h. ohne fürchten zu müssen, das Geld zu verlieren. Indessen war mein Geld (1000 Francs) bereits längst ausgegeben, und ich befand mich in Paris in recht misslichen Geldverhältnissen. Was mich aber hauptsächlich daran hinderte, das geplante Konzertunternehmen erfolgreich auszuführen, war der Umstand, dass ich nach und nach einen so hohen Grad von physischer und moralischer Ermüdung erreicht hatte, dass ich gewiss nicht nach London gekommen wäre, wenn ich das hier zu erhaltende Honorar nicht dringend gebraucht hätte ...

Lieber Nikolai Andreewitsch, seien Sie mir nicht böse. Ich hatte eine sehr kindische Naivität an den Tag gelegt, indem ich das Arrangement des Konzerts ganz im Ernst für leicht ausführbar hielt. Mein Ernst hat Sie in eine Täuschung hineingeführt. Es ist mir überhaupt so peinlich, dass ich – der ich vor Ihnen die Rolle eines uneigennützigen Propagandisten *nicht meiner*, sondern der russischen Musik überhaupt gespielt hatte – in Paris zweimal ausschliesslich meine Werke aufführte und mich gleich darauf aus dem Staube machte. Das brachten aber die Verhältnisse mit sich, und ich bitte Sie, an die Aufrichtigkeit meines Wunsches zu glauben, die Pariser mit den Werken derjenigen Komponisten bekanntzumachen, die ich liebe und achte." [XIV, 3515.]

Kapitel IV.[106]

[Taganrok (bei seinem Bruder Ippolit). Tiflis (bei seinem Bruder Anatolij). Frolovskoe bei Klin. Kaum von der höchst anstrengenden Konzertreise zurückgekehrt, denkt Čajkovskij an eine Reise nach Amerika als Konzertdirigent. Mietet ein Haus in Frolovskoe bei Klin. Denkt vorerst nicht daran, eine neue Oper (auf Modests „frei gewordenes" Libretto nach Puškins „Pique Dame" zu schreiben – das Sujet rühre ihn im übrigen nicht; sondern plant eine neue Symphonie, klagt aber über mangelnde Schaffenslust. Jurgensons Plan einer russischen Ausgabe von Ulybyševs französischer Mozart-Biographie (1843) wird ohne Čajkovskijs zunächst geplante Mitwirkung verwirklicht.]

An Frau von Meck: „Taganrok, d. 22. März 1888.

… Nach einer unendlich langen Reise bin ich schliesslich in Taganrok angekommen. Sechs Nächte habe ich im Eisenbahnwagen zugebracht, Sie können sich also denken, wie gross meine Erschöpfung ist. Wie zum Trotz war das Wetter die ganze Zeit herrlich, und ich bedauerte sehr, nicht den Mut gehabt zu haben, die Reise zur See zu machen. Eine Seereise ziehe ich überhaupt der Eisenbahnfahrt weit vor! Ich liebe die See immer mehr! Sogar die Erinnerung an die Überfahrt Dover-Calais ist mir ein Genuss, obwohl das Wetter schlecht war. Ich schwärme von irgendeiner recht weiten Seereise und werde mich nach einem oder zwei Jahren um eine Reise als Konzertdirigent nach Amerika bewerben. Ist es nicht merkwürdig, dass ich, kaum zurückgekehrt von einer länger als drei Monate dauernden und überaus ermüdenden Reise durch die Fremde bereits von neuem an eine Reise denke? Aber so ist der Mensch …

Hier bin ich Gast meines Bruder Hyppolit, den ich – ebenso wie seine Frau – zwei Jahre nicht gesehen habe." [XIV, 3533.]

An M. Tschaikowsky: „Tiflis, d. 28. März 1888.

… Ganz sonnenverbrannt bin ich vorgestern hier angekommen, denn die Hitze war von Duschet[107] an eine unbeschreibliche. Auch hier ist es schon längst heiss. Alles ist grün, die Obstbäume sind fast abgeblüht. Ich fühle mich sehr wohl in Tiflis, will aber nicht lange hier bleiben, weil es mich mächtig nach Hause zieht. Das Landgut Frolowskoe, welches Alexei gemietet hat, kenne ich sehr gut. Es ist ein überaus malerischer Ort, und Du hast ihn hundertmal von fern gesehen, sooft Du von Klin nach Moskau fuhrst; es liegt gleich links hinter Klin auf einem waldigen Hügel.

[…] Ich selbst werde wohl kaum nach Petersburg kommen, denn ich fürchte mich davor, obwohl ich Dich, Bob[108] und Kolja [Konradi] gern gesehen hätte. Wahrscheinlich werde ich Euch im Mai besuchen … Es ist sehr schade, dass Du so viel Zeit mit dem Libretto von Klenowsky[109] verloren hast. Nimm mir's nicht übel, Modja, ich bedaure aber gar nicht,

---

[106] In der Originalausgabe springt die Numerierung der Kapitel hier von III. nach V. ff.; und die Kapitelzahl XLIV kommt zweimal vor. In der vorliegenden Neuausgabe wird das berichtigt.]
[107] Dušet: Kreisstadt (im Jahre 1879: 2525 Einwohner) im Gouvernement Tiflis, in einer fruchtbaren Gegend innerhalb der Vorterrassen des Kaukasus. Nördlich der Darielpass. „Die Russen haben auf diesem Weg eine großartige Heerstraße angelegt und 1873 Terrainuntersuchungen zum Behuf einer Gebirgsbahn von Tiflis nach Wladikawkas angestellt, die sich an die Rostow-Wladikawkasbahn anschließen soll." (Nach: Meyers Konversationslexikon, Ausgabe 1888.)]
[108] Der Lieblingsneffe Peter Iljitschs, Wladimir Dawidow.
[109] [Der Dirigent und Komponist Nikolaj S. Klenovskij (1857-1916) hatte u. a. bei Čajkovskij studiert und das Moskauer Konservatorium 1879 absolviert. 1883-1893 war er einer der Dirigenten des Moskauer Bol'šoj teatr und leitete 1889-1893 das Studentenorchester der Moskauer Universität.] Der talentvolle Komponist einiger Ballette und gegenwärtiger Direktor der Abteilung Tiflis der Russischen Musikgesellschaft hatte sich auf Empfehlung Wsewoloshskys [des Direktors der Kaiserlichen Theater in Petersburg] mit der Bitte an mich gewandt, ihm aus der Puschkinschen Novelle „Pique Dame" ein Opernlibretto zu machen. Nachdem ich die zwei ersten Bilder dieses Librettos für Klenowsky fertig hatte, sprach ich Peter Iljitsch gelegentlich mein

‚Pique Dame' nicht zu schreiben. Nach der verunglückten ‚Bezaubernden' wollte ich mich revanchieren und war bereit, mich auf jedes beliebige Sujet zu stürzen, darum war ich neidisch, nicht selbst diese Oper zu schreiben. Jetzt ist das alles vorbei, und ich werde *unabänderlich* eine Symphonie beginnen;[110] eine Oper werde ich nur schreiben, wenn ich ein Sujet finden sollte, welches imstande wäre mich zu erwärmen. Ein Sujet wie ‚Pique Dame' rührt mich nicht, und ich könnte nichts Gescheites daraus machen ...

Oh, wie erschöpft ich bin und wie gern ich wieder an die Arbeit gehen möchte, denn nur die Arbeit und das Bewusstsein, etwas rechtes zu tun, können mich wieder in das gewohnte Gleis bringen." [XIV, 3539.]

An P. Jurgenson: „Tiflis, d. 28. März 1888.
Lieber Freund! Nach einer zwei Wochen langen Reise kam ich vorgestern hier an und fühle mich endlich (wie auch Du) zu Hause, welches Gefühl sehr angenehm ist. Hier fand ich Deine beiden Briefe vor und will sie sogleich beantworten.

Natürlich ist es schade um das viele Geld, welches ich auf der Reise ausgegeben habe; man soll aber entweder gar nicht reisen oder gründlich seine Taschen leeren. Es soll aber in Zukunft nicht wieder vorkommen. Und denke Dir, – kaum hatte ich mich entschlossen, auf alles zu spucken und nach Hause zu entfliehen, als mir allerlei Engagements mit Geldangeboten zugeflogen kamen: aus Angers ein Honorar von eintausend Francs, aus Genf dergleichen, aus London (Crystal Palace) eine unbestimmte Summe, jedoch verzichtete ich auf alles. Du hast Dich in den Resultaten meiner Reise verrechnet: in London erhielt ich nicht 20, sondern 25 Pfund (dank dem grossen Erfolg geruhten die Herren Direktoren [der Philharmonischen Gesellschaft], mir 5 Pfund Trinkgeld zu geben), auch die 500 Mark in Hamburg hast Du nicht mitgezählt. Immerhin ist die Reise in finanzieller Hinsicht beschämend ausgefallen, – obwohl ich sie nicht des Geldes wegen unternommen habe." [XIV, 3540.]

Nachdem Peter Iljitsch ungefähr drei Wochen in Tiflis verbracht hatte, wo er mit der Familie seines Bruders [Anatol] und mit seinen kaukasischen Freunden innigen Verkehr pflog, kehrte er gegen Ende April in sein Nest zurück.

Während seiner Abwesenheit ist das Landgut Frolowskoe für ihn gemietet und eingerichtet worden.[111]

In einer Entfernung von sechs Werst von Klin lag es in waldiger Umgebung und war Peter Iljitsch schon von früher her bekannt. Schon im Jahre 1885, als er das zu „sommerfrischenähnliche" Maidanowo verlassen wollte, hatte er sich Frolowskoe angesehen. Damals war es noch mehr von Wald umgeben als jetzt, nachdem viele Abholzungen vorgenommen worden sind, und hatte Peter Iljitsch überaus gefallen; weshalb er es nicht schon damals gemietet hatte – entzieht sich meinem Wissen. Es war viel einfacher und weniger effektvoll als Maidanowo: ohne Park mit Lindenalleen und ohne Marmorvasen musste es gerade in seiner verhältnismässigen Dürftigkeit nach Peter Iljitschs Herzen sein. Hier konnte er allein sein, weil es keine Sommerfrischler gab, der kleine Garten (mit einem winzigen See und einem Inselchen darin) grenzte direkt an den Wald, hinter dem Garten eröffnete

---

Bedauern darüber aus, dass ich es nicht für ihn mache. Wir werden später sehen, auf welche Weise aus diesem Libretto anstatt einer Oper Klenowskys die Oper Tschaikowskys entstand.
[110 Die Fünfte.]
[111 Ein zum Landgut Frolovskoe gehörendes Haus. Es ist nicht erhalten geblieben, aber in einer Photographie von 1890, mit Čajkovskij vor dem Haus stehend, festgehalten. Siehe die nach LebenTsch. 2 (nach S. 482) reproduzierte Abbildung auf Seite 380 sowie Album 1990, S. 123. Ausserdem, samt Photo mit dem Komponisten im Garten sitzend und zwei im Haus aufgenommenen Portraitphotographien: Album 2005, S. 125-129 (Abbildungen 87-90; Katalogteil S. 215 f.).]

sich ein Blick in die Ferne, in jene einfache, anspruchslose Ferne der mittleren Zone Russlands, welche Peter Iljitsch lieber war als alle Schönheiten der Schweiz, des Kaukasus und Italiens. Wäre der Wald mit der Zeit nicht erbarmungslos ausgerottet worden, so hätte Peter Iljitsch Frolowskoe wohl bis an sein Ende nicht verlassen, denn er hat diesen seinen Wohnsitz – obwohl er nur drei Jahre dort zugebracht – sehr lieb gewonnen. Als er, einen Monat vor seinem Tode, von Klin nach Moskau fuhr, soll er beim Anblick der Kirche von Frolowskoe gesagt haben: „Hier möchte ich begraben werden."

An Frau von Meck: „Frolowskoe, d. 24. April 1888.
… Alles, was die Zeitungen über meine neuen Arbeiten schreiben – sind *Lügen*. Allerdings hatte ich einst die Oper ‚Die Hauptmannstochter' [nach Puschkin] geplant (und plane sie noch); auch hatte ich einst die Absicht, die mir von der Theaterdirektion angebotene Komposition des Balletts ‚Undine' in Angriff zu nehmen. Das sind aber alles nur *Möglichkeiten* und keine Tatsachen … Vielmehr habe ich die Absicht, eher als alles andere – eine *Symphonie* zu beginnen,[112] und das Weitere – walte Gott!" [XIV, 3553.]

An M. Tschaikowsky: „Klin, d. 15. Mai 1888.
… In Frolowskoe bin ich ganz verliebt. Nach Maidanowo kommt mir diese ganze Gegend wie ein himmlisches Paradies vor. Es ist in der Tat so schön, dass, wenn ich des morgens für ein halbes Stündchen ausgehe – ich mich oft hinreissen lasse, meinen Spaziergang bis zu zwei Stunden auszudehnen. Lauter Wald, stellenweise sogar ein echter, geheimnisvoll herrlicher Urwald. Doch ach! – man beginnt schon mit dem Abholzen! Des abends, bei Sonnenuntergang spaziere ich gewöhnlich auf dem freien Felde, dabei habe ich eine herrliche Fernsicht. Mit einem Wort, es wäre alles sehr schön, wenn es nicht eine fürchterliche Kälte und Regen gäbe. Heute Nacht goss es wie aus Eimern. Zu arbeiten habe ich einstweilen noch nicht angefangen: ich hatte verschiedene Korrekturen zu erledigen. Offen gesagt, spüre ich aber auch noch gar keine Schaffenslust. Was mag das bedeuten? Sollte ich mich ausgeschrieben haben? Keine Gedanken, keine Stimmungen. Doch hoffe ich, dass sich nach und nach Material für eine Symphonie ansammeln wird.[113]
Heute sollten wir vor dem Hause Blumen säen und pflanzen. Ich hatte mich schon so darauf gefreut, aber der Regen verhinderte es. Bis zu Eurer Ankunft wird jedoch alles gesät sein." [XIV, 3568.]

An den Grossfürsten Konstantin Konstantinowitsch: „Frolowskoe, d. 30. Mai 1888.
Ew. Kaiserliche Hoheit!
… Ich freue mich sehr, dass Sie meine Bemerkungen[114] nicht übelgenommen haben, und danke Ihnen herzlichst für Ihre diesbezüglichen Erklärungen. Sie sind aber zu nachsichtig, wenn Sie mich für einen Kenner halten. Nein, in Sachen der Versifikation bin ich nur ein Dilettant, hege aber schon seit langem den Wunsch, sie gründlich kennenzulernen. Bis jetzt bin ich nicht dazu gekommen, bei Autoritäten anzufragen, wie ich meinen Wunsch am besten ausführen könnte, d. h. ob es ein klassisches Werk darüber gibt. Viele Fragen interessieren mich, die mir aber noch niemand klar und bestimmt beantwortet hat. Wenn ich z. B. die ‚Odyssee' in der Übersetzung Shukowskys oder dessen ‚Undine' [nach de la Motte-Fouqué] oder die ‚Ilias' (in der Übersetzung von Gneditsch)[115] lese, ärgert mich

---
[112 Die 5. Symphonie. Entwurf: Mitte Mai bis 17. Juni. Partitur: Ende Juni bis 14. August.]
[113 Mit dem Entwurf der 5. Symphonie beginnt Čajkovskij wenige Tage später.]
[114 In seinem vorangegangenen Brief hatte Peter Iljitsch einige Bedenken betreffs des Versmasses der neuen Dichtung des Grossfürsten, „Der Märtyrer Sebastian" [„Sv. Sevast'jan-mučenik", 1888], geäussert.
[115 Nikolaj I. Gnedič (1784-1833), Dichter und Übersetzer.]

[Das Haus in Frolovskoe (bei Klin) mit dem Komponisten davor. Aufnahme vom 24. Juli 1890. Vgl. Album 2005, Nr. 87, S. 125 und 215.]

die unerträgliche Eintönigkeit des russischen Hexameters, im Vergleich mit dem der lateinische (die griechische Sprache kenne ich nicht) im Gegenteil voller Abwechslung, Kraft und Schönheit ist. Ich weiss sogar, dass jener Mangel darauf beruht, dass uns der Spondäus fehlt, ich kann aber durchaus nicht begreifen, weshalb dies der Fall ist, und bin der Ansicht, dass er uns nicht fehlt. Auch beschäftigt mich sehr die Frage, weshalb der deutsche Vers im Vergleich mit dem russischen sich nicht so starr an die Gleichmässigkeit des Rhythmus der Fussfolgen hält. Liest man Goethe, so erstaunt man über seinen Wagemut hinsichtlich der Versfüsse, Zäsuren usw., welcher so weit geht, dass einem wenig geübten Ohr mancher Vers gar nicht als ein Vers erscheint. Indessen ist das Gehör nur erstaunt und nicht verletzt. Passiert dem russischen Dichter etwas derartiges, so spürt man ein gewisses Unbehagen. Warum? Ist es das Resultat besonderer Eigenschaften der Sprache oder einfach der Traditionen, welche den Deutschen allerlei Freiheiten gestattet und uns nicht? Ich weiss nicht, ob ich mich richtig ausdrücke; ich möchte nur die Tatsache konstatieren, dass von dem russischen Dichter unendlich viel mehr Regelmässigkeit, Abgeschliffenheit und musikalischer Wohlklang verlangt wird als von dem deutschen. Ich würde gern einmal eine Erklärung dafür finden …" [XIV, 3578.]

An P. I. Jurgenson: „Frolowskoe, d. 31. Mai [recte: 1. Juni] 1888.
… Jetzt über die Mozart-Biographie von Ulybyschew.[116] Gestern habe ich zwei Abendstunden an der Übersetzung gesessen und nur vier Seiten fertigbekommen. Da das Buch aber über eintausend Seiten hat und ich nicht jeden Tag werde Zeit finden können für die Übersetzung, habe ich berechnet, dass drei Jahre vergehen werden, ehe alles fertig ist, wobei ich noch Zeit von meinen Arbeitsstunden wegnehmen müsste, – und dazu habe ich nicht die geringste Lust. Aus diesem Grunde habe ich Modest, der gestern hier gewesen und jetzt in den Kaukasus gereist ist, vorgeschlagen, die Übersetzung auf sich zu nehmen und ihr seine ganze Zeit zu widmen, denn das Buch ist in der Tat bemerkenswert. Modest hat die Arbeit mit Vergnügen übernommen, und was speziell den musikalischen Teil betrifft, so will ich ihn meiner Redaktion unterwerfen, dann kannst Du aufs Titelblatt setzen: ‚Übersetzt von M. und P. Tschaikowsky'. Ausserdem will ich ein Vorwort schreiben. Bist Du damit einverstanden? Wenn ja, teile das brieflich Modest mit. Natürlich musst Du ihn (oder uns) honorieren. Das Werk ist sehr umfangreich; die Kosten der Übersetzung und der Herausgabe werden sehr hoch sein. Überlege das alles, und Du wirst vielleicht von der Herausgabe Abstand nehmen. In diesem Falle schreibe ebenfalls Modest. Das Buch Ulybyschews ist ausgezeichnet, ob Du aber auf Deine Kosten kommen wirst und auf einen grossen Absatz rechnen kannst?"[117] [XIV, 3583.]

[116 P. I. Jurgenson hatte Čajkovskij vorgeschlagen, die französischsprachige „Nouvelle biographie de Mozart", Moskau 1843, des russischen Diplomaten und Musikschriftstellers Aleksandr D. Ulybyšev (1794-1858) ins Russische zu übersetzen.]
[117 Jurgenson blieb bei seiner Absicht. Čajkovskij verzichtete aber ganz auf seine Mitarbeit und überliess die Übersetzung seinem Bruder Modest. German Laroš (Herman Laroche) ergänzte Anmerkungen und einen Beitrag „Über das Leben und Arbeiten Ulybyšev". Jurgenson behielt die Dreiteiligkeit der ursprünglichen französischen Ausgabe bei und veröffentlichte die russische Ausgabe ebenfalls in drei Bänden: „Novaja biografija Mocarta A. D. Ulybyševa. Perevod M. Čajkovskogo s primečanijami G. Laroša i stat'eju ego že ‚O žizni i trudach Ulybyševa'", 3 Bände, Moskau 1890-1892.]

Kapitel V.

[Frolovskoe. Kamenka.
Pflanzt und sät Blumen in seinem Garten in Frolovskoe. Nach mühsamen Anfängen: fühlt sich inspiriert zu einer neuen Symphonie (der Fünften). Korrespondenz mit dem Grossfürsten Konstantin Konstantinovič über poetologische Fragen. Rät M. M. Ippolitov-Ivanov (Tiflis) dringend davon ab, den „Opričnik" aufzuführen. Komponiert die 5. Symphonie und die „Hamlet"-Ouvertüre.
Macht dem 19-jährigen Sohn Napravniks Mut, seine Menschenscheu zu überwinden, unter der auch er gelitten habe.
Über die Unaufrichtigkeit von Briefen. Über russische Komponisten: Glinka, Dargomyžskij.
Neue Agenten, neue Pläne für Konzertreisen: USA (möchte dort als Repräsentant der russischen Musik auch Werke anderer russischer Komponisten aufführen) und Skandinavien.
Russische Musik bei der Pariser Weltausstellung 1889 (Briefe an N. F. fon Mekk und P. I. Jurgenson)?
Freude an den von ihm gepflanzten Blumen. Will sich im Alter der Blumenzucht widmen.
Erste Stationen einer weiteren europäischen Konzertreise sind im Gespräch: Dresden, Berlin, Prag.]

An Frau von Meck: „Frolowskoe, d. 1. Juni 1888.
... Augenblicklich beschäftigen mich sehr viele Fragen in Betreff von Blumen und Blumenzucht; ich hätte gern möglichst viele Blumen in meinem Garten, besitze jedoch weder Kenntnisse noch Erfahrung. Aber es fehlt mir nicht an Eifer, und ich habe mich gerade beim Herumwirtschaften in der nassen Erde erkältet. Jetzt ist es, Gott sei Dank, warm geworden; ich freue mich für Sie, für mich und für meine lieben Blumen, deren ich eine ungeheure Menge gesät habe und um die ich wegen der kalten Nächte besorgt war. Hoffentlich ist nichts umgekommen ..." [XIV, 3582.]

An Frau von Meck: „Frolowskoe, d. 10. Juni 1888.
... Jetzt werde ich angestrengt arbeiten; ich habe furchtbare Lust, nicht nur anderen, sondern auch mir selbst zu beweisen, dass ich noch nicht *ausgesungen* bin ... Ich weiss nicht, ob ich Ihnen schon meinen Entschluss mitgeteilt habe, eine Symphonie zu schreiben.[118] Anfangs ging es sehr schwer; jetzt aber scheint mich die Inspiration überkommen zu haben. Wir wollen sehen! Die letzten Tage befand ich mich in einem Stadium der Rekonvaleszenz; hoffentlich ist jetzt meine Gesundheit wieder ganz hergestellt. Überhaupt ist meine Gesundheit im Sommer stets schlechter als im Winter.
Ein Teil meiner Blumen ist umgekommen, und zwar alle Reseden und alle Levkojen. Warum – weiss ich nicht; wahrscheinlich an zu viel Nässe." [XIV, 3588.]

An den Grossfürsten Konstantin Konstantinowitsch: „Frolowskoe, d. 11. Juni 1888.
Ew. Kaiserliche Hoheit!
... Ich freue mich um so mehr über Ihre wohlwollende Beurteilung meiner Lieder,[119] als ich gefürchtet hatte, dass Sie sie für schwach halten würden. Ich hatte sie nach der Aufführung der ‚Bezaubernden' komponiert, deren Misserfolg mir sehr zu Herzen gegangen war; dazu stand ich vor einer grossen Auslandsreise,[120] welche mir grosse Furcht einflösste; kurz, meine Seelenverfassung entsprach nicht im geringsten einer gelingen sollenden Arbeit. Die Komposition Ihrer Texte aufschieben mochte ich aber auch nicht, denn ich hatte Ihnen schon lange vorher gemeldet, dass ich sie beginnen wollte. Im Resultat konnten das keine sehr geglückten Lieder werden, obwohl ich mich sehr bemüht habe, sie gut zu machen. Nun erweist es sich, dass sie doch nicht so schwach seien, wie ich befürchtet hatte. Ich freue mich sehr darüber, möchte aber trotzdem in Aussicht nehmen, in mehr oder weni-

---

[[118] Die 5. Symphonie hat Čajkovskij zwischen dem 15. und 19. Mai zu komponieren begonnen; vgl. ČPSS XIV, Nr. 3573.]
[[119] Sechs Romanzen op. 63 (1887) auf Texte des Grossfürsten („K. R.") und ihm gewidmet.]
[[120] Gemeint ist die Europatournee Ende 1887 / Anfang 1888 als Dirigent eigener Werke.]

ger absehbarer Zeit eine zweite Serie Lieder mit Ihren Texten zu machen,[121] und werde dann für ein besseres Verhältnis zwischen ihnen und den Gefühlen der aufrichtigsten und lebendigsten Sympathie sorgen, welche ich für den Autor der Texte hege; diesmal ist das Verhältnis nur mangelhaft zum Ausdruck gekommen ...

Ich wundere mich gar nicht, dass Ew. Hoheit wunderschöne Gedichte gemacht haben, ohne mit der Wissenschaft der Versifikation vertraut zu sein. Dasselbe hatten mir schon viele unserer Dichter gesagt, z. B. Pleschtschejew. Indessen glaube ich, dass die russische Poesie viel gewinnen würde, wenn unsere talentvollen Poeten für die Technik ihrer Kunst einiges Interesse hätten. Nach meiner Ansicht leiden die russischen Verse an einer gewissen Eintönigkeit. ‚Des vierfüssigen Jambus bin ich überdrüssig', hat Puschkin gesagt, und ich füge hinzu, dass auch die Leser seiner ein wenig überdrüssig geworden sein dürften. Neue Versmasse erfinden, ungewöhnliche rhythmische Kombinationen ausdenken – muss doch sehr interessant sein. Hätte ich auch nur ein Fünkchen dichterisches Talent, so würde ich mich bestimmt damit befassen und zuerst den Versuch machen, in gemischten Rhythmen zu schreiben wie die Deutschen.

Nehmen wir z. B. folgenden Vers Heines:[122]

Sie ha/ben mich/ gequae/let
Geaergert/ bis Blau/ und Blass/
Die eine mit ihrer Liebe
Die andre mit Ihrem Hass...

In der ersten Zeile dieser Verse sehen wir einen dreifüssigen Jambus, während der erste Fuss der zweiten Zeile kein Jambus, sondern ein Amphibrachys ist. In einen zweiteiligen musikalischen Rhythmus gebracht, würde das so aussehen:[123]

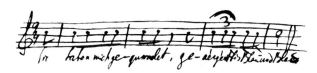

Oder bei Goethe:[124]

Und sehe/, dass wir/ nichts wis/sen kön/nen!
Das will/ mir schier/ das Herz/ verbrennen!

In der ersten Zeile ist der erste Versfuss ein Amphibrachys, der zweite – ein Jambus.

Warum gibt bei uns nichts derartiges? Vielleicht wird Herr Brodowsky meine Zweifel klären.[125] – Ich finde keine Worte, Ew. Hoheit auszudrücken, wie sehr mich die Zusendung

---

[121 Dies ist nicht geschehen.]
[122 Aus: Heinrich Heine, Buch der Lieder. Lyrisches Intermezzo (1827). Zeile 2, „bis", nicht bei Heine, insofern ist Čajkovskijs Kommentar zu relativieren.]
[123 Hier nach dem Faksimile des Autographs in ČPSS XIV, S. 454 reproduziert.]
[124 Aus: Johann Wolfgang Goethe, Faust. Erster Teil. Nacht. Fausts Monolog. – Der Textausschnitt oben wurde ebenfalls nach ČPSS XIV, S. 454 reproduziert.]
[125 Das Buch „Leitfaden der Dichtkunst" von M. Brodowsky hatte der Grossfürst Peter Iljitsch geschenkt. [Dieses Exemplar des Buches „Rukovodstvo k stichosloženiju" (Petersburg 1887) des Literaten Mark M. Brodowskij (1861-1919) ist in Čajkovskijs Bibliothek im Museum in Klin erhalten geblieben.]

dieses Büchleins gerührt hat; ich lege Ihnen meinen verbindlichsten Dank zu Füssen. Ich will es lesen und studieren.

Indem ich Ew. Hoheit jegliches Wohlergehen wünsche (u. a. auch Inspiration) gestatte ich mir den Ausdruck wärmster Ergebenheit." [XIV, 3589.]

An [V. M. Zarudnaja und] M. M. Ippolitow-Iwanow: „Frolowskoe, d. 17. Juni 1888.

... Hinsichtlich der Mitwirkung im Symphoniekonzert in Moskau können Sie ganz ruhig sein. Ich freue mich, dass Sie ‚Asra' schreiben,[126] ein sehr poetisches und für Ihr Talent passendes Sujet.

Ich bitte Sie auf das entschiedenste und dringendste, den ‚Opritschnik' nicht aufzuführen. Ich bin unbedingt dagegen, und Sie würden mich unaussprechlich kränken, wenn Sie es trotzdem täten ..."[127] [XIV, 3595.]

An Frau von Meck: „Frolowskoe, d. 22. Juni 1888.

... Die ganze letzte Zeit stand ich in lebhaftem Briefwechsel mit dem Grossfürsten Konstantin Konstantinowitsch, welcher mir seine Dichtung ‚Der heilige Sebastian' mit der Bitte zugeschickt hatte, ihm meine Meinung darüber zu sagen. Im allgemeinen habe ich sie gelobt, einige Einzelheiten jedoch aufrichtig kritisiert. Das hat ihm sehr gefallen, doch verteidigte er sich, und so entstand ein ganzer Briefwechsel, der diesen Mann von einer sehr sympathischen Seite zeigt. Er ist nicht nur talentiert und klug, sondern auch erstaunlich bescheiden, voll hingebender Liebe für die Kunst und vornehmen Ehrgeizes, sich nicht im *Dienst* hervorzutun (was sehr leicht wäre), sondern in der Kunst. Er ist ein ausgezeichneter Musiker, – überhaupt eine selten sympathische Natur.[128]

Es ist sehr angenehm, dass der politische Horizont heller und reiner geworden ist, und wenn es sich bewahrheiten sollte, dass der deutsche Kaiser[129] nach Russland kommen will, so wird man mit Bestimmtheit sagen können, dass der abscheuliche Krieg noch lange nicht ausbrechen wird ..." [XIV, 3600.]

An W[ladimir] Naprawnik:[130] „Frolowskoe, d. 27. Juni 1888.

Lieber Wolodja! Dein Brief hat mich sehr erfreut; es war spassig zu lesen, dass Du ‚gallig' geworden seist. In Deiner sympathischen Physiognomie kann ich mir gar keine ‚Galle' denken. Wenn Du wieder einmal einen Anfall erbitterten, boshaften Hohns und der ‚Galle' bekommen solltest, schau in den Spiegel und zeichne mir bitte Dein Portrait auf. Anders werde ich nie imstande sein, an Deine Boshaftigkeit und Giftigkeit zu denken. Weisst Du, ich bedaure sehr, dass Du keine Bekanntschaften gemacht hast. Obwohl auch ich nur schwer für neue Bekanntschaften zu haben bin, muss ich doch anerkennen, dass die völlige Abgeschiedenheit von Menschen (mit denen die Umstände uns zusammenbringen) eine gewisse Öde und Sehnsucht und das, was Du ‚Galle' nennst, erzeugt. Es taucht der unüberwindliche Wunsch in einem auf, in seinen Mitmenschen nur die unvorteilhaften, lä-

---

[126] Seine Oper in drei Akten „Azra" (auf ein eigenes Libretto nach einer maurischen Sage) komponierte Michail M. Ippolitov-Ivanov in den Jahren 1887-1890. Uraufgeführt hat sie der Komponist am 16. November 1890 in Tiflis.]
[127] Čajkovskij hielt seine bei Bessel' in Petersburg erschienene Oper „Opričnik" für revisionsbedürftig und hat verschiedene Male die Absicht geäussert (zuletzt in seinem Todesjahr), sie grundlegend umzuarbeiten. Dazu ist es nicht gekommen. – Zu Lebzeiten Čajkovskijs wurde die Oper tatsächlich nicht in Tiflis aufgeführt.]
[128] Der Briefwechsel zwischen dem Grossfürsten und Čajkovskij 1886-1893 berührt viele Themen der Dichtung und Musik und ist auch von grossem Interesse im Hinblick auf Čajkovskijs Äusserungen über seine Werke und deren Entstehungsprozess.]
[129] Wilhelm II., nach dem Tode Friedrichs III. am 3. / 15. Juni 1888.]
[130] [1869 geborener] Sohn des Dirigenten Eduard Naprawnik.

cherlichen Seiten zu sehen, sich selbst auf eine unerreichbare Höhe zu stellen und alle anderen von oben herab anzuschauen. Selbst im Herzen des menschenscheuesten Menschen nistet im Grunde das Bedürfnis nach dem Verkehr mit Menschen. Ich bürge Dir dafür, dass Deine ganze ‚Galle' und Dein ganzer ‚Hohn' spurlos verschwinden werden, sobald Du Dich jemandem aus vollem Herzen anschliessen wirst. Es sind doch wohl nicht alle Menschen, denen Du begegnest, Taugenichtse; das erscheint Dir nur so, weil Du Deine ‚Menschenscheu' noch nicht besiegt hast. Ich spreche deshalb so ausführlich darüber, weil ich selbst lange Zeit und sehr qualvoll an ‚Menschenscheu' gelitten habe und aus Erfahrung weiss, welche Wohltat es ist, sie besiegen zu können.

Diese ganze Zeit ist das Wetter fürchterlich, so dass ich schon mehrfach erkältet war. Trotzdem habe ich gearbeitet und die Skizzen der [5.] Symphonie und der ‚Hamlet-Ouvertüre' fertig gemacht.[131] Jetzt will ich mich an die Instrumentierung machen ..."[132] [XIV, 3604.]

Tagebuch: „d. 27. Juni 1888.

Es scheint mir, dass Briefe nie ganz aufrichtig sind, wenigstens wenn ich nach mir urteile. An wen und zu welchem Zweck ich auch schreiben mag, – stets bin ich um den Eindruck besorgt, welchen mein Brief auf den Adressaten oder auf irgendeinen zufälligen Leser machen wird. Folglich – heuchle ich. Manchmal bemühe ich mich, den Ton des Briefes einfach und aufrichtig zu machen, d. h. damit er so *scheine*. Aber ausser den Briefen, welche ich im Moment des Affekts schreibe, bin ich in keinem Brief ich selbst. Dafür ist diese letztere Art von Briefen für mich stets eine Quelle der Reue und des – oft qualvollsten – Bedauerns. Wenn ich Briefe berühmter Männer lese, welche nach ihrem Tode veröffentlicht werden, stört mich stets ein unbestimmtes Gefühl der Falschheit und Lügenhaftigkeit.

Ich setze die frühere Beschreibung meiner musikalischen Sympathien fort. Welche Empfindungen erregen in mir die russischen Komponisten?

Glinka.

Eine noch nie dagewesene erstaunenswerte Erscheinung der Kunstsphäre. Ein Dilettant, der ein wenig Violine und ein wenig Klavier spielen kann, der farblose Quadrillen, Fantasien über moderne italienische Melodien komponiert, der sich auch in ernsteren Formen (Quartett, Sextett) und Liedern versucht, der aber ausser Banalitäten im Geschmack der dreissiger Jahre nichts zustande bringt, – schafft plötzlich in seinem 34. Lebensjahre eine Oper [‚Das Leben für den Zaren'], welche in ihrer Genialität, Eigenart, tadellosen Technik und in ihrem grossen Wurf dem Grössten und Tiefsten der gesamten Kunst an die Seite gestellt werden kann! Das Erstaunen wird aber grösser, wenn man bedenkt, dass [er] der Schöpfer der zwanzig Jahre später entstandenen *Memoiren* ist. Letzterer macht den Eindruck eines guten und netten, aber leeren Menschen. Wie ein Albdruck beunruhigt mich die Frage, auf welche Weise eine so kolossale künstlerische Kraft sich mit einem solchen Nichts verbinden konnte und wie es möglich gewesen ist, dass ein gewöhnlicher Dilettant plötzlich, mit einem Satz Mozart, Beethoven und wem auch immer an die Seite (ja, an die Seite!) springen konnte. Solches kann man wohl ohne Übertreibung von einem behaupten, der die ‚Slawsja' komponiert hat[133] ... Doch mögen das andere Leute entscheiden, die besser als

---

[131] Das Konzept der 5. Symphonie schrieb Čajkovskij von Mitte Mai bis zum 17. Juni 1888, das der ‚Hamlet'-Ouvertüre offenbar ebenfalls noch im Juni 1888.]
[132] Die Instrumentierung der 5. Symphonie beendete Čajkovskij am 14. August, diejenige der ‚Hamlet'-Ouvertüre am 7. Oktober 1888.]
[133] Das Chorfinale der 1834-1836 entstandenen Oper „Žizn' za carja" („Das Leben für den Zaren").]

ich vermögen, die Geheimnisse des schaffenden Geistes zu beleuchten, welcher seine Tempel in so zerbrechlichen und augenscheinlich unpassenden Gefässen sucht! Ich will nur sagen, dass es kaum jemanden gibt, der Glinka mehr liebt und schätzt als ich. Ich bin kein unbedingter ‚Ruslan'-Schwärmer und bin sogar eher geneigt, das „Leben für den Zaren" vorzuziehen, obwohl ‚Ruslan'[134] vielleicht in der Tat der musikalischen Schätze mehr enthält. Dafür kommt die elementare Kraft in der ersteren Oper mehr zur Geltung; die ‚Slawsja' ist etwas Gewaltiges, Erdrückendes. Dabei hatte er gar keine Vorbilder. Weder bei Mozart noch bei Gluck findet sich etwas Ähnliches. Erstaunlich, unbegreiflich! Kein geringeres Werk einer ungewöhnlichen Genialität ist auch die ‚Kamarinskaja'.[135] *So, nebenher*, ohne auch nur die Absicht gehabt zu haben, mehr als eine einfache, scherzhafte Bagatelle zu machen, – schenkt uns dieser Mann ein kleines Werk, in welchem jeder Takt das Produkt einer enormen (aus nichts) schaffenden Kraft ist. Seither sind nahezu fünfzig Jahre verflossen; viele russische symphonische Werke sind entstanden, man kann sogar von einer symphonischen Schule sprechen. Indessen steckt sie ganz in der ‚Kamarinskaja' wie eine Eiche in der Eichel. Und noch lange werden die russischen Komponisten aus dieser Quelle schöpfen, denn viel Zeit und viel Kraft müsste man haben, um ihren Reichtum zu erschöpfen. Ja! Glinka war ein echtes schöpferisches Genie!" [ČD, S. 213-215; Tagebücher, S. 273-275.]

An Frau von Meck: „Frolowskoe, d. 17. [recte: 1.] Juli 1888.
... Mein Namenstag[136] hat meiner Arbeit viel Zeit weggenommen, denn schon am Vorabend waren die Gäste angekommen und sind erst gestern abend wieder abgereist. Meine Gäste waren: Laroche mit Frau, Jurgenson, Albrecht, Siloti und der ganz unerwartet aus Petersburg erschienene Zet. Dieser Herr Zet[137] (welcher mir von allen Seiten aufs wärmste empfohlen wird) ist schon seit Mai mein Konzertagent, d. h. er vertritt meine Interessen bei Konzert-Engagements, stellt die Bedingungen auf, schliesst Kontrakte ab usw. Zet ist ein grosser Verehrer meiner Werke und tut alles nicht um des materiellen Vorteils willen, sondern nur aus dem Bestreben, meinen Ruhm in Europa und sogar in Amerika zu fördern. Diesmal war er gekommen, um wegen eines Engagements seitens eines amerikanischen Unternehmers, welcher mir eine drei Monate lange Konzertreise durch Amerika vorschlägt, Rücksprache mit mir zu nehmen. Die Geldentschädigung, die er mir anbietet, kommt mir etwas phantastisch vor: 25 000 Dollar. Entweder übertreibt Herr Zet, oder der Amerikaner irrt sich in seiner Berechnung, denn es ist kaum glaublich, dass eine derartige Summe herausgeschlagen werden könnte. Sollte es aber zustandekommen, würde ich sehr froh sein, denn dank der Amerikareise wird endlich und ohne jede Schwierigkeit mein lang gehegter Wunsch in Erfüllung gehen, Landbesitzer zu werden. Die Bedingung ist derart, dass ich

---

[[134] Michail Glinkas (1804-1857) zweite, 1837-1842 komponierte Oper „Ruslan i Ljudmila".]
[[135] Eine 1848 komponierte Ouvertüre über zwei russische Volkslieder, dessen zweites das schnelle, kurze Tanzlied „Kamárinskaja" ist, das in immer neuen Variationen erscheint – eine Idee, die Čajkovskij im Finale seiner 2. Symphonie in eigener Weise aufgreift: mit den Variationen über das kurze Thema des „Kranich"-Liedes.]
[[136] Nach dem westlichen wie östlichen Heiligenkalender ist der 29. Juni der Namenstag der Apostel Peter und Paul.]
[137] Julius Zet [Julij I. Cet, Pianist, Konzertagent, Besitzer eines Depots von Musikinstrumenten] war einige Jahre der Sekretär Sophie Menters; daher seine Bekanntschaft mit Peter Iljitsch. 1888 wurde er der Vertreter Peter Iljitschs gegenüber den Konzertagenturen in Europa. – Er war Peter Iljitsch sehr sympathisch, und die freundschaftlichen Beziehungen zwischen ihnen dauerten bis an den Tod, die geschäftlichen dagegen nahmen ein sehr schnelles Ende. Nicht berechnend genug, zu begeisterungsfähig, vertrauensselig und viel eher ein Schwärmer als ein Geschäftsmann, war er in vielen Dingen sehr unakkurat und unpraktisch. Jedenfalls hat ihm Peter Iljitsch im Resultat nur wenig zu verdanken gehabt.

eine Woche vor der Abreise einige tausend Dollar, gewissermassen als Handgeld, ausgezahlt bekomme, so dass ich nichts riskiere, und darum habe ich Zet erklärt, dass ich das Engagement bereitwillig annehme. Doch wird die Sache endgültig erst nach zwei Monaten zur Entscheidung kommen. Ausserdem habe ich – ebenfalls durch Zets Vermittlung – einen Kontrakt mit Hermann[138] unterschrieben, welcher mir eine Konzerttournee durch Schweden und Norwegen arrangiert, und zwar ebenfalls unter sehr vorteilhaften Bedingungen, von denen die wichtigste darin besteht, dass mir ein Drittel des Honorars acht Tage vor der Abreise gezahlt wird und gewissermassen eine Bürgschaft für die Ernsthaftigkeit des Unternehmens ist. Über all das freue ich mich sehr, aber gleichzeitig presst sich mein Herz bei dem Gedanken an die unzähligen moralischen Martern krampfhaft zusammen.

Meine beiden neuen Werke [5. Symphonie und Fantasie-Ouvertüre ‚Hamlet'] werden natürlich in Moskau aufgeführt werden,[139] doch leider werden Sie zu der Zeit schon im Ausland sein …

Während meines Aufenthalts in Paris wurde vielfach der Wunsch geäussert, eine russische Musiksektion für die Ausstellung zu arrangieren, da Russland aber offiziell nicht an der Ausstellung teilnehmen wird, wüsste ich nicht, wie das zu arrangieren wäre.[140] Ein Herr, Beamter in Uniform, hatte mich in Paris besucht und gefragt, ob ich der Repräsentant der russischen Musiksektion sein wolle. Ich antwortete, dass ich dies möglicherweise nicht ablehnen würde, aber nur, falls sich dies so einrichten liesse, dass ich mir nicht des Kaisers Unwillen zuzöge. Er beruhigte mich und sagte, dass die Regierung selbst mich inoffiziell als Delegierten der russischen Musik bevollmächtigen würde. Ich weiss noch nicht, was aus all dem wird, ich weiss nur, dass es mir unermesslich angenehmer wäre, im Sommer zu Hause zu bleiben (ich denke an den Kaukasus) und zu arbeiten, anstatt in Paris zu stecken und dort vier Monate lang[141] inmitten eines unbeschreiblichen Rummels zu residieren." [XIV, 3605.]

[Dargomyžskij.]

Tagebuch: „d. 13. Juli 1888.

Dargomyshsky? Ja wohl, das war ein Talent. Aber nie ist der Typus eines musikalischen Dilettanten schärfer zutage getreten als in ihm. Auch Glinka war ein Dilettant, aber seine kolossale Genialität war ihm ein Schild gegen den Dilettantismus. Wären nicht seine fatalen Memoiren, würde uns sein Dilettantismus nichts angehen! Anders verhält es sich mit Dargomyshsky: Bei ihm steckt der Dilettantismus im Schaffen selbst und in seinen Formen. Ein mittelmässiges Talent zu sein, dazu ungewappnet in der Technik, und sich

---

[138] Hermann war der Vermittler zwischen der Direktion der Kaiserlichen Theater und Herrn Neumann, welcher im Jahre 1889 das Unternehmen der Wagnervorstellungen im Marien-Theater zu Petersburg leitete.
[139] Allerdings fanden die Uraufführungen beider Werke, und zwar unter Čajkovskijs Leitung, in Petersburg statt: die der 5. Symphonie e-Moll op. 64 in einem Konzert der Philharmonischen Gesellschaft am 5. November 1888; schon sieben Tage später, am 12. November, dirigierte der Komponist das Werk im 3. Symphoniekonzert der Russischen Musikgesellschaft in Petersburg und am 18. / 30. November 1888 in Prag; die Moskauer Erstaufführung folgte, ebenfalls unter Čajkovskijs Leitung, im 5. Symphoniekonzert der Russischen Musikgesellschaft am 10. Dezember 1888. – Die „Hamlet"-Ouvertüre erklang zum ersten Mal in dem schon genannten Petersburger Konzert am 12. November 1888. Die Moskauer Erstaufführung dirigierte Čajkovskij in einem Sonderkonzert der Russischen Musikgesellschaft am 14. Februar 1893.]
[140] In ihrem Brief vom 29. Juni 1888 hatte Frau fon Mekk Čajkovskij nach Konzerten bei der [1889!] bevorstehenden Weltausstellung in Paris gefragt.]
[141] Die 10. Weltausstellung fand vom 6. Mai bis zum 31. Oktober 1889 in Paris statt, und zwar aus Anlass des 100-jährigen Jubiläums der Französischen Revolution, und war daher politisch umstritten – von den grossen Industriestaaten nahmen nur die USA und die Schweiz teil. Auf einer Fläche von 96 Hektar waren Marsfeld und alter Trocadéro der Kunst und Industrie, die Esplanade des Invalides dagegen den Kolonien und dem Militär gewidmet. (Aus Anlass der Ausstellung 1889 wurde der Eiffelturm errichtet.)]

dennoch einen *Neuerer* zu wähnen, – das ist der reinste Dilettantismus. Als Dargomyshsky am Ende seines Lebens den ‚Steinernen Gast' [nach Puschkin] schrieb,[142] glaubte er im Ernst, die alten Stützen zu brechen und auf ihren Ruinen etwas Neues, Kolossales zu bauen. Traurige Verirrung! Ich sah ihn in dieser letzten Periode seines Lebens, aber angesichts seines Leidens (er war herzkrank) war ein Streit nicht angebracht. Ich kenne keinen unsympathischeren, lügenhafteren und unglücklicheren Versuch, die *Wahrheit* in eine Sphäre der Kunst hineinzutragen, wo alles auf Lüge basiert und wo man die ‚Wahrheit' im alltäglichen Sinne des Wortes gar nicht braucht. Meisterschaft besitzt Dargomyshsky überhaupt nicht (nicht einmal den zehnten Teil derjenigen Glinkas). Er verfügt nur über eine gewisse Originalität und Pikanterie. *Kuriositäten* gelangen ihm am besten.[143] Aber nicht in solchen liegt das Wesen der künstlerischen Schönheit, wie viele von uns annehmen.

Ich müsste einiges über die Person Dargomyshskys erzählen (ich habe ihn in der Zeit seiner Erfolge oft in Moskau gesehen), doch will ich es lieber bleiben lassen. Er war sehr scharf und ungerecht in seinem Urteil (z. B. wenn er über die Brüder Rubinstein schimpfte), von sich selbst sprach er aber sehr gern und stets in lobendem Ton. Während seiner tödlichen Krankheit war er viel gutmütiger geworden, äusserte sogar recht viel Herzlichkeit gegenüber seinen jüngeren Fachgenossen. Ich will nur das im Gedächtnis behalten. Mir gegenüber zeigte er (in Betreff der Oper ‚Der Wojewode') unerwarteterweise sogar Anteilnahme.[144] Er glaubte offenbar nicht dem Klatsch, ich hätte bei der ersten Aufführung seiner [Oper] ‚Esmeralda' in Moskau *gezischt* (!!!) …" [ČD, S. 215; Tagebücher, S. 275 f.]

An A. N. Alphéraky [Alferaki]: [145] „Frolowskoe, d. 20. Juli 1888.

Sehr geehrter Achilles Nikolajewitsch, da Sie den Wunsch geäussert haben, meine aufrichtige Meinung über Ihr Chorwerk zu hören, muss ich Sie darauf aufmerksam machen, dass es Ihnen höchst unangenehm sein wird, diesen Brief zu lesen. Schade, dass Sie – bevor Sie an die Arbeit gingen – nicht den Rat irgendeines Musikers gesucht haben, ob Sie sich eine so schwere Aufgabe zumuten könnten. Jeder hätte Ihnen davon abgeraten, und Sie hätten sich das bittere Gefühl erspart, welcher dieser Brief unvermeidlich hervorrufen muss. Sie haben sich vorgenommen, einen für die musikalische Illustration sehr dankbaren Text für Chor, Solo und Orchester zu komponieren, was die souveräne Beherrschung der grössten Kompositionstechnik voraussetzt. Eine solche Technik besitzen Sie leider nicht …[146] [XIV, 3623.]

[[142] Die in einem vorwiegend rezitativischen Stil geschriebene, aber mit Leitmotiven arbeitende Oper von Aleksandr S. Dargomyžskij (1813-1869), in der Puškins Kammerdrama über das Don-Juan-Thema sozusagen Wort für Wort (und ohne Textwiederholungen) vertont wird, entstand in den Jahren 1866-1869 und wurde von Cezar' A. Kjui und Nikolaj A. Rimskij-Korsakov vollendet und instrumentiert; uraufgeführt wurde das Werk am 28. Februar / 12. März 1872 im Petersburger Mariinskij teatr.]

[[143] Hier mag Čajkovskij an einige von Dargomyžskijs einsätzigen, 1862-1867 entstandenen Orchesterkompositionen gedacht haben wie „Baga-jaga", „Kazačok" oder „Čuchonskaja fantazija" (Finnische Fantasie), in denen sich, trotz aller Unvollkommenheit und Unausgewogenheit der Faktur, überraschende und moderne Züge geistvoll-grotesken Humors und deftiger Grobheit finden. Čajkovskij hat im Finale (dem 5. Satz) seiner 2. Orchestersuite auf sie angespielt; er nennt den Satz „Danse baroque. Style Dargomijsky".]

[144] Leider wird es ewig unbekannt bleiben, welcher Weise diese Anteilnahme war.

[145] A. N. Alphéraky [Achilles N. Alferaki; 1846-1919] war ein recht talentvoller Musikdilettant [Pianist und Komponist – als solcher erbat er Čajkovskijs Rat] und glänzender Repräsentant der russischen Administration. [Er wirkte als Beamter in verschiedenen Abteilungen des Innenministeriums.]

[146] Hier folgt eine ausführliche Aufzählung und Begründung aller Mängel der Komposition Alphérakys, was wohl füglich übersprungen werden kann, da es für die Allgemeinheit zu wenig Interesse haben dürfte. [Der Brief ist vollständig (und samt Notenbeispiel) wiedergegeben in ČPSS XIV, S. 488-491.]

An Frau von Meck: „Frolowskoe, d. 25. Juli 1888.

... Das schöne, echte Sommerwetter hatte nicht lange gedauert, mir aber so viel Genuss gewährt! Meine Blumen, von denen ich schon viele aufgegeben hatte, haben sich fast alle erholt, manche sind sogar üppig aufgeblüht. Ich kann Ihnen gar nicht sagen, was für ein Vergnügen es für mich war, ihr Wachstum zu beobachten und täglich, ja stündlich neue und immer neue Blüten zu erblicken. Jetzt besitze ich deren genug. Wenn ich ganz alt werden sollte und nicht mehr schreiben kann, werde ich mich der Blumenzucht widmen.

Ich habe jetzt sehr erfolgreich gearbeitet und mehr als die Hälfte der [5.] Symphonie instrumentiert. Meine Jahre – obwohl noch nicht sehr vorgeschritten – machen sich bemerkbar. Ich ermüde jetzt sehr stark und bin nicht mehr imstande, abends zu lesen oder [Klavier] zu spielen wie früher; seit einiger Zeit bedaure ich, nicht mehr die Möglichkeit zu haben, allabendlich eine Partie *Wint*[147] zu spielen;[148] das ist der Zeitvertreib, der mir Zerstreuung und Erholung geben würde.

In Betreff der Reise nach Amerika habe ich mich im Prinzip bereiterklärt, jedoch vorgeschlagen, nicht nur als Autor, sondern überhaupt als Repräsentant der russischen Musik in Amerika zu erscheinen, d. h. ich will die Programme der Konzerte nicht nur aus meinen Kompositionen, sondern aus den Werken aller russischen Komponisten zusammenstellen. Ausserdem bat ich, mir genau anzugeben, in welchen Städten und mit welchen Orchestern ich zu tun haben werde. Mein Sekretär Zet hat darüber nach Amerika geschrieben und wartet auf Antwort. Ich will Ihnen aber aufrichtig sagen, dass ich sehr an dem Zustandekommen der Sache zweifle. Ich glaube, Herr Zet ist im Feuer der Begeisterung zu weit gegangen, und ich erwecke beim amerikanischen Publikum noch lange kein grosses Interesse." [XIV, 3624.]

An P. Jurgenson: „[Frolowskoe,] d. 11. August 1888.

... Ich beantworte nun die Fragen bezüglich der geplanten Teilnahme an der Pariser [Welt-]Ausstellung [1889].

1.) Was den Gewinnanteil Zets anbelangt, so denke ich, dass man ihm ein Viertel oder sogar ein Drittel vorschlagen müsste. Er ist übrigens, wie ich gehört habe und soweit ich ihn selbst kenne, nicht habgierig.

2.) Ich bin wohl bereit, unentgeltlich zu arbeiten, d. h. wenn ein Gewinn erzielt werden sollte, so werdet Ihr (Du und Zet) gewiss meiner gedenken. Gibt es aber keinen Gewinn, so wird es mir nicht einfallen, von Dir oder sogar von Zet Geld nehmen zu wollen. Somit bleibt es bis zum Schluss eine offene Frage.

3.) Die Solisten sind Zets Sache; man muss sich bemühen, sie unentgeltlich heranzuziehen: es werden sich Bereitwillige finden. Sie müssen ausschliesslich Russen sein. Die Wahl derselben sowie die Vollmacht Zets, diesen oder jenen zu engagieren, müssen von mir abhängen.

4.) Es ist noch zu früh, das Programm zusammenzustellen. Es kommen Glinka, Dargomyshsky, Serow, Rubinstein, Balakirew, Rimsky-Korsakow, Borodin usw. in Betracht. Wie kann man aber ausführlich darüber nachdenken, solange es noch nicht feststeht, ob und wieviele Konzerte stattfinden werden.

5.) Das Orchester muss 80 Mann stark sein. Noch besser wäre es, *das ganze Orchester Colonnes zu engagieren*.

6.) Ein Kirchenchor wäre sehr wünschenswert.

7.) Selbstverständlich musst Du der Delegierte sein und Zet Dein Vertreter.

---

[147] Ein in Russland sehr beliebtes Kartenspiel, ähnlich dem Skat.
[148] Wie z. B. früher bei seinen Aufenthalten in Kamenka.

8.) Zet hat mir schon oft vorgeschlagen, ihn – wenn nötig – kommen zu lassen. Ich finde, wir drei müssten jetzt in Moskau zusammenkommen und die Sache ausführlich besprechen. Briefe genügen nicht, man muss mündlich darüber sprechen." [XIV, 3641.]

An P. Jurgenson: „Frolowskoe, d. 14. August 1888.
... Am 21. August werden ich und Zet bei Dir erscheinen, um über Paris zu sprechen.

Habe Dank für Dein Geldangebot; ich werde in Moskau 250 Rubel bei Dir nehmen (meine Pension für September; die Augustpension habe ich bereits bei Ossip Iwanowitsch[149] in Petersburg genommen). Meine finanzielle Lage ist eine *niederträchtige*; um wieder auf die Beine zu kommen, brauche ich sehr viel Geld und werde mich wahrscheinlich bald an N. F. von Meck mit der Bitte wenden, mir eine grössere Summe vorzuschiessen." [XIV, 3646.]

An Frau von Meck: „Frolowskoe, d. 14. August 1888.
Ich muss schon wieder ü Unwohlsein klagen. Die letzte Nacht habe ich wegen Fieber und schrecklichster Zahnschmerzen nicht geschlafen. Das liegt am schlechten Sommer: wäre er warm und sonnig gewesen, würde nichts von all dem passiert sein. Das Haus, welches jahrelang nicht geheizt worden war, konnte naturgemäss nicht so schnell genügend erwärmt werden, um Erkältungen der darin Wohnenden zu verhüten, zumal die Sonne den ganzen Sommer über nicht zum Vorschein kam. Übrigens sind das alles Lappalien. Ich bin so zufrieden, die [5.] Symphonie glücklich beendet zu haben, dass ich über kleine körperliche Schmerzen gern hinwegsehe.

Irgendwelche bestimmten Pläne für den Winter habe ich noch nicht gefasst. Es liegen, wie ich Ihnen schon geschrieben hatte, Engagements zu Konzertreisen durch Skandinavien und sogar Amerika vor. Doch ist für die erstere noch kein Termin festgesetzt, während die zweite mir so phantastisch erscheint, dass ich noch nicht ernstlich an sie denken kann. Ausserdem habe ich versprochen, in einigen ausländischen Städten zu dirigieren, z. B. Dresden, Berlin, Prag, doch habe ich noch nichts weiter darüber gehört ... Am 5. November dirigiere ich in Petersburg (in der Philharmonie) eine ganze Reihe meiner Werke, darunter auch die neue Symphonie.[150] Man ruft mich auch nach Tiflis, doch weiss ich nicht, ob es gelingen wird." [XIV, 3644.]

An den Grossfürsten Konstantin Konstantinowitsch: „Kamenka, d. 26. August 1888.
... Ew. Hoheit haben sehr richtig bemerkt, dass im deutschen Vers die Aneinanderreihung verschiedener Füsse das Ohr beleidige.[151] Dasselbe empfinde auch ich und erkläre es mir dadurch, dass die metrischen und Betonungsgesetze der deutschen Sprache eben andere sind als diejenigen der russischen und dass infolgedessen ein russisches Ohr dort unangenehm berührt wird, wo der Deutsche keinerlei Rauheit empfindet. Nichtsdestoweniger gefällt mir seit einiger Zeit gerade diese Rauheit, und ich bilde mir ein, dass unser russischer Vers sich gar zu absolut an die Gleichmässigkeit bei der Wiederholung eines rhythmischen Motivs hält und zu weich, zu symmetrisch und zu gleichförmig ist. Vielleicht ist das nichts anderes als die Blasiertheit eines alternden Dilettanten. Ähnlich mag es einem Fein-

---

[149] Der Bruder P. I. Jurgensons [und sein Kommissionär. – Die staatliche Pension in Höhe von 3000 Rubeln jährlich, die Čajkovskij zum 1. Januar 1888 gewährt worden war (siehe oben, S. 355) wurde offenbar über seinen Verleger Jurgenson in Monatsraten von 250 Rubeln ausgezahlt.]
[150 Das Konzertprogramm des 5. November 1888: 5. Symphonie op. 64 (Uraufführung), 2. Klavierkonzert op. 44 (Solist: Vasilij L. Sapel'nikov), Klavierwerke (Sapel'nikov), Arie der Johanna aus der Oper „Orleanskaja deva" (Marija D. Kamenskaja), German A. Laroš: Fantasie-Ouvertüre (instrumentiert von P. I. Čajkovskij).]
[151 Vgl. oben, S. 383, Čajkovskijs Brief an den Grossfürsten vom 11. Juni 1888 (ČPSS XIV, Nr. 3589).]

schmecker gehen, welcher am Ende seines genussreichen Daseins seiner verfeinerten Küche abtrünnig wird und einfache Soldatensuppe oder in Fett gebratene Knödel lieber isst als Majonnaisen usw. Dennoch möchte ich bemerken, dass ich den Wunsch hätte, öfter solche Abweichungen von den gewöhnlichen dichterischen Wendungen zu sehen wie diejenige, auf welche Sie bei Fet hinweisen. Die russische Sprache ist – wie Turgenjew in einem seiner Gedichte in Prosa sehr richtig bemerkt – so unendlich reich, mächtig und gross, dass ich weit von der Annahme entfernt bin, der tonische Vers wäre für sie der einzig mögliche wie im Deutschen. Beispielsweise gefallen mir sehr die syllabischen Verse Kantemirs.[152] Und das Versmass der alten russischen Heldenlieder und Sagen? … Könnte nicht der Fall eintreten, dass nicht tonische und syllabische, sondern auch altrussische Verse bei uns eingeführt würden?

Übrigens fürchte ich, Ew. Hoheit durch mein zudringliches Geschwätz über ein und denselben Gegenstand zu langweilen …

Meine [5.] Symphonie habe ich beendet, und sie befindet sich gegenwärtig im Druck. Ausserdem habe ich eine Ouvertüre zur Tragödie ‚Hamlet' geschrieben und bin augenblicklich damit beschäftigt, eine Ouvertüre[153] von Laroche zu instrumentieren. Das ist Ihr alter Bekannter, der die wärmste Sympathie für Ew. Hoheit und die angenehmste Erinnerung an Ihre Studien bei ihm bewahrt hat. Er hat die Ouvertüre, welche sehr originell und talentvoll zu sein scheint, schon vor langer Zeit komponiert. Leider ist er so träge geworden, dass er es trotz meiner Bitten und Überredungskünste abgelehnt hat, die Ouvertüre selbst zu instrumentieren. Da nahm ich das auf mich und hoffe, dass Sie die Ouvertüre im Laufe der nächsten Saison zu hören bekommen werden." [XIV, 3651.]

Die chronologische Reihenfolge der zwischen dem 1. Januar und 1. September 1888 beendeten Arbeiten Peter Iljitschs ist folgende:

1) Opus 64. Symphonie N° 5 (e-Moll) in vier Sätzen für grosses Orchester. Herrn Theodor Avé-Lallemant in Hamburg gewidmet. Erste Aufführung in Petersburg am 5. November 1888 unter der Leitung des Komponisten.
Verlag P. Jurgenson.

2) Opus 65. Six Mélodies für Gesang und Klavier über französische Texte. Désirée Artôt gewidmet: 1) „Où vas-tu, souffle d'aurore?", 2) „Déception", 3) „Sérénade", 4) „Qu'importe que l'hiver", 5) „Les larmes", 6) „Rondel". Im Laufe des Sommers 1888 komponiert.
Verlag P. Jurgenson.

3) „Die Nachtigall", a-cappella-Chor. Dem Chor des Petersburger Kaiserlichen Opernhauses gewidmet. Entstehungszeit unbekannt.[154]
Verlag P. Jurgenson.

Ausserdem hat Peter Iljitsch die Skizzen [= den Entwurf] für die Fantasie-Ouvertüre „Hamlet" fertiggestellt.

---

[152] [Antioch Dmitrievič Kantemir, 1708-1744.] Berühmter russischer Dichter [Satiriker] der Epoche Katharinas II.
[153 Fantasie-Ouvertüre D-Dur.]
[154 Tatsächlich wurde der Chor nicht 1888, sondern erst zwischen dem 8. und 12. Januar 1889 komponiert.]

[Kapitel VI-XIII: September 1888 – September 1889.]
Kapitel VI.

[Frolovskoe.
Instrumentierung der „Hamlet"-Ouvertüre. Korrekturen der 5. Symphonie. Seine Nichte Vera und sein Freund Nikolaj Gubert (Hubert) sind todkrank. Positive Reaktion der Moskauer Freunde auf die 5. Symphonie. Über Form und Inhalt – Beethoven, Haydn und Mozart (Brahms als „Karikatur" Beethovens), Längen und „Remplissagen", die eigene Unfähigkeit zur vollkommenen Form und seine widerliche „Manfred"-Symphonie, von der er nur den ersten Satz gelten läßt und zu einer Symphonischen Dichtung machen will, während die drei übrigen Sätze vernichtet werden sollen (was letztlich nicht geschieht). Über Wiederholungen und Längen bei Beethoven und Schubert; über Mozarts Requiem und Brahms. Empfiehlt die Aufführung von Schumanns „Das Paradies und die Peri".]

An Frau von Meck: „Frolowskoe, d. 14. September 1888.

... Bereits seit zehn Tagen lebe ich wieder bei mir auf dem Lande. In meiner Abwesenheit ist das Haus einer Verbesserung unterworfen worden, d. h. es sind neue Fensterrahmen eingesetzt und in meinem Kabinett ein Kamin eingebaut worden. Infolgedessen leide ich nicht mehr unter der Kälte und würde mich überhaupt ausgezeichnet fühlen, wenn ich nicht – wie gewöhnlich – gar zu angestrengt arbeiten wollte ... Die [Instrumentierung der Fantasie-] Ouvertüre [D-Dur] von Laroche hat mir sehr viel Mühe gemacht. Kaum hatte ich sie beendet, als ich auch schon die Partitur meiner eigenen Fantasie-Ouvertüre ‚Hamlet' in Angriff nahm. Ausserdem besorge ich in fieberhafter Eile die Korrektur der 5. Symphonie. Die Ermüdung ist schrecklich; ich arbeite wie ein Sträfling, mit einem Eifer, welcher davon herrührt, dass mir scheint, ich müsse mich beeilen, weil die Zeit vergeht. Aber Gott sei Dank! ist die Arbeit für mich ein unvergleichliches Glück. Gäbe es sie nicht, würden mich Kummer und Gram furchtbar bedrücken. Grund dazu wäre wohl vorhanden: meine arme Nichte Vera[155] liegt im Sterben, auch meines alten Freundes [Nikolai] Hubert[156] Tage sind gezählt. Haben Sie etwas von seiner Krankheit gehört? Es ist eine schreckliche Krankheit: schon seit anderthalb Monaten Fieber, vollständiger Verlust des Gedächtnisses, während das Bewusstsein der gegenwärtigen Vorgänge geblieben ist. Es ist sehr traurig, ihn in dieser Situation zu sehen! Man sagt, es sei ein bösartiges, wiederkehrendes hitziges Fieber. Es steht nahezu hoffnungslos um ihn ...

Liebe Freundin, alle meine Moskauer Freunde sind von meiner neuen Symphonie entzückt, besonders Tanejew,[157] dessen Meinung ich sehr hoch schätze. Das ist mir sehr angenehm, denn ich hatte mir – ich weiss nicht warum – eingebildet, die Symphonie sei mir missglückt." [XIV, 3669.]

An den Grossfürsten Konstantin Konstantinowitsch: „Frolowskoe, d. 21. September 1888.

... Fet hat sehr recht, wenn er – wie Sie schreiben – behauptet, dass ‚all das, was dem Hauptgedanken nichts hinzufügt, weggeworfen werden soll, selbst wenn es noch so schön und klangvoll ist.' Hieraus folgt aber noch lange nicht, dass nur das Kurze hochkünstlerisch sein könne. Daher ist – meiner Ansicht nach – Fets Forderung, das Muster eines lyrischen Gedichts dürfe ein bestimmtes Maximum nicht überschreiten, unzutreffend. Alles hängt erstens davon ab, welcher Art der Hauptgedanke und wer der Künstler ist, der ihn

---
[155] Die zweitälteste Tochter [Vera, 1863-1889] unserer Schwester A. Dawidowa.
[[156] 1840-1888. Ehemaliger Kommilitone Čajkovskijs am Petersburger Konservatorium, 1860-1870 Lehrer für Chorgesang und Musiktheorie an der Musikschule der Kiever Abteilung der Russischen Musikgesellschaft, seit 1870 Professor für Musiktheorie am Moskauer Konservatorium und 1881-1883 dessen Direktor.]
[[157] Der, wie schon bei der 4. Symphonie, den vierhändigen Klavierauszug der 5. Symphonie angefertigt hatte. Den zweiten und dritten Satz wird er zusammen mit Aleksandr Ziloti am 25. Oktober 1888 im Klub der Adelsgesellschaft spielen.]

ausspricht. Von zwei gleich idealen Poeten oder Musikern wird der eine, seiner ganzen künstlerischen Organisation nach, mehr in die Breite gehen, Reichhaltigkeit der Mittel bei der Verarbeitung des Hauptgedankens und Neigung zu einer üppigen und vielseitigen Entwicklung desselben an den Tag legen, während der andere – im Gegenteil – sich kurz und knapp ausdrücken wird. Dasjenige, was zwar gut, aber überflüssig ist, nennt man ‚Remplissage'.[158] Kann man behaupten, dass sich bei Beethoven ‚Remplissages' fänden? Ich meine entschieden: nein. Im Gegenteil, es ist bewundernswert, wie gleichwertig, wie bedeutungsvoll und kraftstrotzend bei diesem Giganten unter den Musikern alles ist und wie gut er gleichzeitig verstanden hat, den unglaublichen Drang seiner kolossalen Inspiration zu zügeln und nie das Gleichgewicht und die Abgeschlossenheit der Form aus dem Auge zu verlieren. Sogar in seinen letzten Quartetten, welche lange Zeit als Erzeugnisse eines geistesgestörten und dazu gänzlich tauben Mannes verschrien wurden, erschient vieles als ‚Remplissage', solange man das Werk noch nicht gründlich studiert hat. Man frage aber jemanden, der mit diesen Quartetten besonders gut vertraut ist, z. B. ein Mitglied irgendeiner sehr oft spielenden Quartettvereinigung, ob er im cis-Moll-Quartett etwas Überflüssiges finde? Er wird – sofern es nicht ein alter, von Haydn Geprägter ist – von Entsetzen gepackt werden, falls man ihm eine Kürzung oder einen Sprung vorschlüge. Übrigens meine ich, indem ich von Beethoven spreche, nicht seine allerletzte Periode. Man zeige mir aber einen, der an der ‚Eroica', welche überaus lang ist, auch nur einen überflüssigen Takt zu nennen imstande wäre, eine Stelle, die man als ‚Remplissage' fortlassen könnte. Es ist also nicht alles zu lang, was lang ist; viele Worte sind nicht immer leere Worte, und Kürze ist nicht – wie Fet behauptet – die unerlässliche Bedingung der Formschönheit. Derselbe Beethoven, welcher im ersten Satz seiner ‚Eroica' mit einer unendlichen Reihe vielseitiger, neuer und immer wieder neuer erstaunlicher architektonischer Schönheiten einen grandiosen Tempel baut, und das auf der Grundlage eines so einfachen und beim ersten Anblick armseligen Motivs, derselbe Beethoven versteht es auch, den Zuhörer manchmal durch Kürze und Knappheit der Form zu überraschen. Erinnern Sie sich vielleicht an das Andante des B-Dur-Klavierkonzerts? Ich kenne nichts Genialeres als diesen kurzen Satz. Sooft ich ihn höre, überläuft es mich heiss und kalt.

Es versteht sich von selbst, dass die klassische Schönheit von Beethovens Vorläufern und ihre Kunst, sich zu beschränken, einen ungeheuren Wert haben. Man muss aber auch zugeben, dass Haydn nichts zu beschränken hatte, denn er verfügte nicht über ein Gott weiss wie reichhaltiges Material. Was Mozart anbelangt, so würde er – wenn er einige zwanzig Jahre länger gelebt und den Anfang unseres Jahrhunderts erreicht hätte – für seine verschwenderische Inspiration gewiss auch weniger klassische Formen gesucht haben als diejenigen, mit denen er sich begnügt hat.

Wenn ich Beethoven gegen die Beschuldigung der Langatmigkeit verteidige, so gebe ich andererseits zu, dass die nachbeethovensche Musik viele Beispiele von Längen aufweist, welche oft in ‚Remplissagen' ausarten. Jener geniale Musiker, welcher sich gern breit, kräftig und sogar scharf ausdrückte, hat viel Ähnlichkeit mit Michelangelo. Wie Abbate Bernini Rom mit seinen Statuen überflutete, in welchen er die Manier Michelangelos nachzuahmen versuchte, ohne dessen Genie zu besitzen, und im Grunde dasjenige zu einer Karikatur herabwürdigte, was bei seinem Vorbild Kraft und Macht war, – so kopierte und kopiert man noch oft in der Musik die Manier Beethovens bis zum Überdruss. Ist Brahms im Grunde nicht eine Karikatur Beethovens? Ist nicht der Anspruch auf Tiefe, Kraft und Macht widerlich, da doch der in die Beethovensche Form gegossene Inhalt nichts taugt?

[158 Dieses französische Wort verwendet Čajkovskij auch im russischen Originalbrief.]

Sogar bei (dem übrigens unzweifelhaft genialen) Wagner sind die Stellen, wo er über seine Grenze hinausgeht, im Grunde Ausgeburten des Beethovenschen Geistes.

Was Ihren gehorsamen Diener anbetrifft, so hat ihn das ganze Leben lang das Bewusstsein seiner Unfähigkeit für die Form im allgemeinen gequält. Ich habe viel gegen diesen organischen Fehler angekämpft und – ich kann es mit einigem Stolz sagen – bedeutende Resultate erzielt; und doch werde ich ins Grab sinken, ohne etwas Vollkommenes in Bezug auf die Form geschrieben zu haben, ‚Remplissagen' gibt es bei mir in Fülle; ein geübtes Auge wird überall die Naht entdecken, und ich kann es nicht hindern. Was ‚Manfred' anbelangt, so sage ich Ihnen – ohne Bescheidenheit vorspiegeln zu wollen –, dass dieses Werk ein widerliches ist und ich es tief verabscheue (mit Ausnahme des ersten Satzes). Übrigens möchte ich Ew. Hoheit mitteilen, dass ich die drei anderen Sätze, deren Musik überaus schwach ist (namentlich ist das Finale mörderisch), mit Zustimmung meines Verlegers ganz vernichten und aus der grossen, fürchterlich in die Länge gezogenen Symphonie eine Symphonische Dichtung[159] machen werde. Ich bin überzeugt, dass mein ‚Manfred' dann gefallen wird. Es kann auch nicht anders sein: den ersten Satz schrieb ich mit Genuss, während die anderen drei das Resultat grosser Anstrengung sind, infolge deren ich mich – soweit ich mich erinnere – einige Zeit sehr schlecht fühlte. Ich denke nicht daran, Ew. Hoheit wegen der Bemerkung über ‚Manfred' böse zu sein: Sie haben völlig recht und sind nur zu nachsichtig." [XIV, 3675.]

An den Grossfürsten Konstantin Konstantinowitsch: „Frolowskoe, d. 2. Oktober 1888.
Ew. Kaiserliche Hoheit!

Aus Moskau zurückgekehrt, wo ich meinen armen Freund [Nikolai] Hubert zu Grabe getragen habe, und noch ganz im Bann der traurigen Eindrücke, beeile ich mich, Ihren teuren Brief vom 30. September zu beantworten ... Ew. Hoheit erinnern daran, dass eine jede Kunst, in tief innerer Verwandtschaft mit allen anderen stehend, gleichzeitig auch ihre besonderen Eigentümlichkeiten habe. Als solche sind die ‚wörtlichen Wiederholungen' anzusehen, welche in der Literatur nur bis zu einem gewissen Grade Anwendung finden, in der Musik aber eine Notwendigkeit sind. Beethoven hat nie ohne besondere Veranlassung ganze Teile seiner Werke wiederholt und die Wiederholungen nur selten ohne Hinzufügung neuer Gedanken gelassen; aber auch er nahm Zuflucht zu dieser für die Instrumentalmusik charakteristischen Gepflogenheit, – wohl wissend, dass sein Gedanke erst nach mehrmaliger Wiederholung ganz verstanden würde; und ich muss Ew. Hoheit gestehen, dass es mir absolut unklar ist, warum die vielen Wiederholungen des Scherzo-Themas der neunten Symphonie Sie unangenehm berühren. Ich dagegen habe stets das Verlangen, es wieder und immer wieder zu hören. Ist es doch so göttlich schön, kraftvoll, originell und voller Bedeutung! Anders verhält es sich mit den Längen und Wiederholungen – z. B. bei Schubert, welcher bei all seinem Genie in der Tat zu oft zum Hauptgedanken zurückkommt (beispielsweise im Andante der C-Dur-Symphonie). Das ist eine ganz andere Sache. Beethoven entwickelt erst seinen Gedanken voll und ganz, ehe er ihn wiederholt, Schubert aber ist scheinbar zu träge, den Gedanken zu entwickeln und beeilt sich – vielleicht infolge des ungewöhnlichen Gedankenreichtums – das Begonnene notdürftig zu formen, um zu etwas anderem zu springen. Als hätte ihn der Ansturm der blühendsten, der unerschöpflichsten Inspiration daran gehindert, sich liebevoll der feinen und tief durchdachten Verarbeitung der Themen hinzugeben.

[[159] Diesen deutschen Terminus verwendet Čajkovskij auch im russischen Originalbrief.]

Walte Gott, dass ich zur Aufführung des Mozartschen Requiems im Marmorpalast[160] in Petersburg sein könnte. Ich hoffe, dass Ew. Hoheit mir gestatten werden, dem Konzert beizuwohnen. Dieses Requiem ist eines der göttlichsten Kunstwerke, und die Leute sind zu bedauern, welche es nicht verstehen und würdigen.

In puncto Brahms gehen unsere Meinungen ganz auseinander. In der Musik dieses Meisters (seine Meisterschaft ist nicht zu leugnen) liegt etwas Trockenes, Kaltes, das mein Herz abstösst. Melodische Erfindung hat er sehr wenig; nie spricht er einen musikalischen Gedanken ganz aus: kaum erscheint eine Anspielung auf eine geniessbare melodische Form, wenn sie auch schon im Strudel unbedeutender harmonischer Gänge und Modulationen untergeht, als ob der Komponist sich zum Ziel gesetzt hätte, unverständlich zu sein; er neckt gleichsam und reizt das musikalische Gefühl, ist aber nicht gewillt, es zu befriedigen, und schämt sich gewissermassen, eine Sprache zu sprechen, die zu Herzen geht. Seine Tiefe ist nicht echt; elle est voulu; er hat sich ein für alle Mal die Aufgabe gestellt, tiefsinnig zu sein, erreichte aber nur einen Schein der Tiefsinnigkeit; seine Gründe sind leer. Man kann nicht sagen, Brahms' Musik sei schwach und unbedeutend. Sein Stil ist stets vornehm; er hascht nie nach äusserlichen Effekten und wird nie banal; alles ist ernst bei ihm, edel, aber die Hauptsache fehlt – die Schönheit. Brahms gebietet Achtung; man kann nicht umhin, sich vor der jungfräulichen Reinheit seiner Bestrebungen zu verbeugen, man muss seine Festigkeit und seinen stolzen Verzicht auf die geringste Neigung zur Seite des triumphierenden Wagnertums bewundern, aber lieben kann man ihn nicht. Ich wenigstens habe es trotz meiner Bemühungen nicht fertiggebracht. Übrigens will ich zugeben, dass mir einige Werke der früheren Periode von Brahms (hierher gehört auch das B-Dur-[Streich-]Sextett) unendlich viel besser gefallen als die späteren, besonders die Symphonien, welche ich für unbeschreiblich langweilig und farblos halte. Sollte es Ew. Hoheit unangenehm sein, dass ich meine Antipathie gegen Brahms' Musik so scharf ausgedrückt habe, so bitte ich um Verzeihung. Viele Brahmsianer (darunter auch Bülow) weissagten mir, ich würde einst sehend werden und die mir im Augenblick unzugänglichen Schönheiten würdigen lernen, und das ist nicht unmöglich, denn solche Fälle hat es schon gegeben. ‚Das deutsche Requiem' von Brahms kenne ich nur schlecht. Ich will es mir kommen lassen und studieren, wer weiss, vielleicht wird in meiner Meinung über Brahms tatsächlich eine scharfe Wende eintreten?

Wenn die Aufführung des Requiems von Mozart sich nicht realisieren liesse, möchte ich mir erlauben, Ew. Hoheit Schumanns [Oratorium] ‚Das Paradies und die Peri' zu empfehlen – ein kapitales Stück." [XIV, 3685.]

An M. M. Ippolitow-Iwanow: „[Frolowskoe,] d. 27. Oktober 1888.

... Es ist mir noch nicht möglich, Ihnen etwas Positives über meine Reise nach Tiflis mitzuteilen. Erst in zwei oder drei Wochen werde ich erfahren, wann ich ins Ausland zu reisen haben werde. Selbstverständlich muss mein Tifliser Konzert vor dem Ende der Opernsaison zustandekommen oder – es wird überhaupt nicht zustandekommen. So oder

---

[160 Der 1768-1785 vom italienischen Architekten Antonio Rinaldi im Auftrag Katharinas der Großen am Neva-Ufer erbaute klassizistische Marmorpalast in Petersburg (ein Geschenk an ihren Günstling Graf Grigorij Orlov), ganz in Marmor (32 verschiedene, farblich aufeinander abgestimmte Arten) und Granit gekleidet, wurde im 19. Jahrhundert umgebaut; nur die Marmorhalle und die Haupttreppe blieben dabei erhalten. Im baumbestandenen Palasthof steht ein Denkmal des Zaren Aleksandr III. – Heute ist der Palast eine Zweigstelle des Russischen Museums.]

anders, ich weiss nur eins: *ich möchte für mein Leben gern nach Tiflis.*[161] Über das Honorar wollen wir noch nicht reden. Ehe ich Ihnen ‚etwas' abknöpfe, muss dieses ‚etwas' auch vorhanden sein. Wir werden ja sehen, ob das Konzert eine gute Einnahme haben wird, und danach bestimmen, wieviel *Trinkgeld* Sie mir zu geben haben werden. Sollte keine gute Einnahme erzielt werden, will ich natürlich nichts haben ..." [XIV, 3710.]

Kapitel VII.

[Frolovskoe. Petersburg.
Petersburger Konzerte am 5. und 12. November 1888: 5. Symphonie und „Hamlet" (Uraufführungen),
2. Klavierkonzert mit Vasilij L. Sapel'nikov, Laroš's Fantasie-Ouvertüre (instrumentiert von Čajkovskij).]

An Frau von Meck: „Frolowskoe, d. 27. Oktober 1888.

... Starken Frost und Schnee haben wir jetzt, schöne sonnige Tage; mit Kummer denke ich daran, dass ich mein stilles Haus, das gleichmässige Leben, meine täglichen Spaziergänge bald werde verlassen müssen. In drei Tagen fahre ich nach Petersburg, wo am 5. November mein Konzert stattfinden soll.[162] Am 12. wirke ich in dem Konzert der Musikgesellschaft mit[163] und reise am folgenden Tag nach Prag zu den Proben von ‚Eugen Onegin'.[164] Ich habe in der letzten Zeit sehr viel gearbeitet. Ich habe die Instrumentierung der ‚Hamlet'-Ouvertüre beendet, zahllose Korrekturen der [Druckfahnen der 5.] Symphonie gemacht und bereite mich jetzt auf das Dirigieren all dessen vor, was in den bevorstehenden Konzerten zur Aufführung kommen soll.

In Moskau ist die Saison der Symphoniekonzerte eröffnet worden. Die Zahl der Mitglieder [der Musikgesellschaft] ist wieder zurückgegangen – eine sehr traurige Erscheinung; sie geht von Jahr zu Jahr zurück, so dass die finanzielle Lage des Konservatoriums,[165] welches hauptsächlich aus den Einnahmen der Konzerte unterhalten wird, immer kritischer wird. Es ist unbegreiflich, warum das Moskauer Publikum sich von der Musikgesellschaft abwendet ...

Den Dezember hoffe ich hier zu verbringen, d. h. ich möchte von Prag aus direkt nach Moskau reisen, um in einem der Konzerte der Musikgesellschaft meine neue [5.] Symphonie zu dirigieren und dann meinen Zufluchtsort [Frolovskoe] aufzusuchen." [XIV, 3711.]

Das Programm des Petersburger Philharmonischen Konzerts am 5. November 1888 bestand – mit Ausnahme der Ouvertüre von Laroche – aus Werken Peter Iljitschs. In Betreff der Ouvertüre muss eine nicht sehr feine Handlung unseres Komponisten erwähnt werden, welche ihn mit seinem ältesten und besten Freund und Kollegen Laroche fast entzweit hätte.

Peter Iljitsch kannte und schätzte die Ouvertüre schon lange und hat Hermann Augustowitsch oft gebeten und gedrängt, sie zu instrumentieren und in einem Symphoniekonzert aufführen zu lassen. Die krankhafte Trägheit Laroches wich aber nicht den freund-

---

[161 Nach Tiflis kam Čajkovskij nach seiner zweiten grossen Europatournee (Januar / Februar bis März / April 1889) am 12. April 1889 und blieb dort bis zum 2. Mai, ohne als Dirigent aufzutreten. Doch fand dort am 30. April ein Kammerkonzert mit seinen Werken statt.]
[162 Konzert der Philharmonischen Gesellschaft unter Čajkovskijs Leitung; Programm siehe oben, S. 390, Anmerkung 150.]
[163 Čajkovskij dirigierte im zweiten Teil des Konzerts seine „Hamlet"-Ouvertüre (Uraufführung) und die 5. Symphonie.]
[164 Aufführung unter Čajkovskij Leitung am 24. November / 6. Dezember 1888 im Prager Nationaltheater; in tschechischer Sprache, mit Bertha Foerster-Lauterer als Tat'jana. Sechs Tage vorher dirigierte Čajkovskij in einem Konzert die 5. Symphonie und das 2. Klavierkonzert (wieder mit V. L. Sapel'nikov).]
[165 Dessen Trägerin war die Russische Musikgesellschaft.]

schaftlichen Überredungskünsten. Um den Freund anzuregen und seine Energie durch einen öffentlichen Erfolg zu erneuter Tätigkeit aufzustacheln, entschloss sich Peter Iljitsch, die Instrumentierung und Aufführung der Ouvertüre selbst in die Hand zu nehmen. Er war überzeugt, dass ihre frische, funkensprühende, etwas lärmende und tollende Stimmung einen grossartigen Erfolg erzielen würde. Aber in der ersten Probe merkte er zu seinem Verdruss, dass das Stück auf die wenigen Anwesenden einen befremdenden Eindruck machte, dass sie zwar nicht gerade nicht gefiel, aber die Zuhörer durch die Einseitigkeit ihres jauchzenden Charakters langweilte. Um nun diesem Vorwurf vorzubeugen und das Publikum auf etwas Lustiges und Frohsinnsprühendes vorzubereiten, erdachte Peter Iljitsch sofort nach der Probe, während des Frühstücks und ohne den Komponisten um Erlaubnis gefragt zu haben, ein kurzes Programm, eher eine Vorbemerkung folgenden Inhalts: „G. A. Laroche hat die Ouvertüre im Jahre 1878 komponiert und die Absicht gehabt, eine ganze Oper zu schreiben, deren Handlung in das vorige Jahrhundert fiel und inmitten der Karnevalsorgien in Venedig spielte." Daran war ausser der Jahreszahl kein wahres Wort. Dazu hat diese *Unwahrheit* der Ouvertüre nicht nur nicht genutzt, sondern den Herren Rezensenten Stoff geliefert, ihren Geistesreichtum voll zu entfalten. Den Misserfolg der Ouvertüre schrieb Peter Iljitsch übrigens seiner allzu lärmenden und schwerfälligen Instrumentation zu und blieb trotz Publikum und Presse bei seiner Meinung, dass das Stück eine der talentvollsten Erscheinungen der neurussischen Musik bedeute.

Das Konzert am 5. November war von ebensovielen Ovationen seitens des Publikums begleitet wie dasjenige am 5. März 1887. [Siehe oben, S. 320.] Nach der Symphonie wurden Peter Iljitsch unter andauerndem Applaus und dreimaligem Tusch des Orchesters Blumenspenden überreicht sowie eine auf künstlerisch geschmücktem Pergament geschriebene Adresse der Philharmonischen Gesellschaft, welche ihn zu ihrem Ehrenmitglied ernannte.

Im Gegensatz zum grossen Erfolg beim Publikum fand die Symphonie in der Presse viele Unzufriedene. Muss gesagt werden, wer an der Spitze der letzteren stand?!

Das zweite Klavierkonzert, welches am 7. November ebenfalls in Petersburg seine erste Aufführung erlebte,[166] fand in der Presse eine bedeutend mildere Beurteilung. Es wurde von allen gelobt, sogar von Cui, welcher aber trotzdem die Bemerkung nicht unterlassen konnte, dass das „frühere" [1.] Konzert besser sei und dass sich zwischen schönen Details manches „Vulgäre und Gewöhnliche" befände.

Am 12. November 1888 dirigierte Peter Iljitsch seine 5. Symphonie in der Russischen Musikgesellschaft und erzielte gleichfalls einen glänzenden Erfolg. Ausserdem kam an diesem Abend auch die Fantasie-Ouvertüre „Hamlet" zur Aufführung, nach welcher das Publikum viel applaudierte und den Autor hervorrief. In der Beurteilung dieses Stückes teilte sich die Kritik: der kleinere Teil war mit ihm zufrieden und stellte es den besten Schöpfungen des Komponisten zur Seite, während der grössere Teil sowohl die Wahl des Sujets und das Fehlen eines Programms als auch die Schwerfälligkeit der Instrumentierung, den Verfall der melodischen Begabung Peter Iljitschs, die uncharakteristischen Themen usw. verurteilte. C. Cui konstatierte unter anderem (wie immer) „den beklagenswerten Umschwung, welcher in der Missachtung der Gedanken und in der besonderen Sorgfalt der Orchesterfarben" zum Vorschein komme. „Der Kolorist" – sagt er – „hat über den Denker die Oberhand gewonnen."

An Frau von Meck: „Petersburg, d. 13. November 1888.

Liebe teure Freundin, ich schreibe Ihnen diese wenigen Zeilen eine Stunde vor meiner Abreise nach Prag ... Überhaupt muss ich anerkennen, dass man meine Musik in Peters-

---

[166 Die Aufführungen der 5. Symphonie und der „Hamlet"-Ouvertüre waren Uraufführungen, die des 2. Klavierkonzerts die Petersburger Erstaufführung.]

burg so gern hat wie nirgendwo sonst (Moskau nicht ausgeschlossen) und dass ich überall warmer und aufrichtiger Anteilnahme begegne. In der vorigen Woche erkrankte ich nach dem ersten Konzert und musste zwei Tage lang das Bett hüten; die Ursache lag wahrscheinlich in meiner grenzenlosen Ermüdung. Jetzt wäre es schön, nach Hause zu reisen und der Erholung zu pflegen.

Doch ach! Ich muss meine Schritte nach Prag lenken und dort neue qualvolle Aufregungen durchmachen. In Prag bleibe ich nicht lange, denn am 6. Dezember muss ich wieder in Moskau sein." [XIV, 3725.]

Kapitel VIII.

[Zweiter Pragbesuch, November / Dezember 1888. Frolovskoe. Moskau. Petersburg.
In Prag dirigiert Čajkovskij den „Evgenij Onegin" (Dvořáks begeisterte Reaktion) und ein Konzert.
Konzerte in Moskau (5. Symphonie und 2. Klavierkonzert) und Petersburg („Der Sturm").
Aufführung des „Opričnik" durch Studierende des Petersburger Konservatoriums.]

Prag empfing Peter Iljitsch diesmal weniger gastfreundlich als das erste Mal.

An Frau von Meck: „Prag, d. 26. November / 8. Dezember 1888.
... die Konzertprobe fand schon am Tage meiner Ankunft statt. Im vorigen Jahr hatte ich, wie erinnerlich, zwei grosse patriotische Konzerte unentgeltlich dirigiert. Aus Dankbarkeit dafür, dass ich zur Aufführung der Oper [‚Eugen Onegin'] hierher gekommen bin, veranstaltete die Direktion des Prager Theaters jetzt ein Konzert[167] und überliess mir die Hälfte der Einnahme. Es ist aber ein so schlechter Tag für dieses Konzert gewählt und überhaupt alles so unzeitig und ungeschickt arrangiert worden, dass es nur 300 Gulden Gewinn gab. Nachdem ich im vorigen Jahr wie ein mächtiger Fürst empfangen worden war, wobei der Enthusiasmus fast an Tollwut grenzte, fühlte ich mich durch diese dürftige Gabe des Prager Publikums ein wenig gekränkt. Daher nahm ich das Geld nicht an, sondern überwies es dem Pensionsfond der Musiker. Das wurde sehr schnell bekannt, und die Theaterdirektion wurde mit Vorwürfen überschüttet, die ganze Presse empörte sich gegen sie, dank welchem Umstand die vorgestrige, von mir geleitete Vorstellung des ‚Onegin' zu einer langen Reihe der begeistertsten Ovationen wurde. Die Ausführung war eine sehr gute, namentlich gefiel mir Berta Förster-Lauterer [als Tatjana] sehr. Gestern verliess ich Prag lorbeerbekränzt, aber auch nur lorbeerbekränzt. Ich verstehe nicht, meine materiellen Interessen wahrzunehmen." [XIV, 3731.]

Der Erfolg des „Eugen Onegin" in Prag war ein ausserordentlicher, denn bis heute hält sich das Werk auf dem Spielplan der Nationaloper.

Im Chor der Lobeshymnen des Publikums und der Presse war Peter Iljitsch eine Stimme ganz besonders wert: diejenige seines berühmten Fachgenossen A. Dvořák.

A. Dvořák an P. Tschaikowsky:[168]   „Prag, 2. / 14. Januar 1889.
Teurer Freund! Als Sie letzthin bei uns in Prag waren, versprach ich, Ihnen über Ihre Oper ‚Onegin' zu schreiben. Jetzt gibt mir nicht nur Ihre Bitte die Veranlassung dazu, sondern mein eigener innerer Drang, Ihnen alles das auszusprechen, was ich beim Anhören Ihres Werkes empfunden habe. Mit Freuden bekenne ich, dass Ihre Oper einen sehr tiefen Eindruck auf mich gemacht hat, – einen solchen, den ich bei einem echten Kunstwerk stets

---

[167] [Konzert am 18. / 30. November 1888.] In dessen Programm die fünfte Symphonie und das zweite Klavierkonzert (Sapelnikow) aufgenommen war.
[168] Der Brief ist original in deutscher Sprache geschrieben.]

voraussetze, und ich zögere nicht, Ihnen zu sagen, dass bisher nicht eine einzige Ihrer Kompositionen mir so gut gefallen hat wie ‚Onegin'.

Es ist ein herrliches Werk, voll warmer Empfindung und Poesie, dazu durchgearbeitet bis ins Kleinste; kurz gesagt, diese Musik lockt uns und dringt so tief in die Seele, dass man sie nicht vergessen kann. Sooft ich ins Theater gehe, fühle ich mich in eine andere Welt versetzt.

Ich gratuliere Ihnen und uns zu diesem Werk, und walte Gott, dass Sie der Welt noch viele ähnliche Kompositionen schenken.

Es küsst Sie herzlich Ihr ergebener Anton Dvořák".

Auf der Rückreise von Prag nach Wien ereilte Peter Iljitsch die Nachricht vom Tode seiner Nichte Wera Rimsky-Korsakow, geb. Dawidow.[169] „Obwohl ich schon längst die Hoffnung auf ihre Genesung verloren hatte", schreibt er, „erschütterte mich diese Nachricht sehr. Die ganze Nacht und den ganzen Tag fühlte ich mich sehr krank."[170]

Aus Prag kehrte Peter Iljitsch nach Frolowskoe zurück, aber nur für kurze Zeit. Am 10. Dezember dirigierte er im Symphoniekonzert der Russischen Musikgesellschaft zu Moskau seine neuen Werke, darunter die neue [5.] Symphonie und das 2. Klavierkonzert in der Ausführung Sapelnikows, und zwar mit sehr grossem Erfolg.

Am 17. Dezember war er bereits in Petersburg, wo er im vierten der von Belajew veranstalteten Russischen Symphoniekonzerte seinen ‚Sturm' dirigierte und am folgenden Tag einer Opernaufführung der Schüler des Petersburger Konservatoriums beiwohnte. Es wurde „Opritschnik" gegeben. Peter Iljitsch war mit grossem Interesse hingegangen, um seinen Eindruck zu prüfen und sich mit der „verhassten" Oper wenigstens einigermassen wieder zu befreunden. Das geschah aber nicht: ungeachtet der recht netten Aufführung wurde ihm das Werk scheinbar noch mehr verleidet.

Kapitel IX.

[Frolovskoe. Dezember 1888 – Januar 1889.
Beginn der Arbeit an „Dornröschen". Selbstkritik an der 5. Symphonie. Zweifel an seiner Schöpferkraft.
Jurgenson schenkt ihm die Mozart-Gesamtausgabe.]

Das von mir zusammengestellte Programm für das Ballett „Undine" ist weder vom Ballettmeister Petipa noch vom Komponisten genehmigt worden. Indessen bestand die Direktion der Kaiserlichen Theater auf dem Wunsch nach einem Ballett mit der Musik Peter Iljitschs. Mangels eines passenden Librettos entschloss sich daher Direktor Wsewoloshsky, selbst in der Eigenschaft eines Librettisten hervorzutreten, und schrieb ein wunderhübsches Szenarium, dessen Sujet er dem Märchen „Dornröschen"[171] entlehnte. Peter Iljitsch war sowohl von dem Thema als auch von dem Szenarium ganz entzückt, bat aber – bevor er an die Komposition der Musik ging – den Ballettmeister Petipa um genaueste Angabe der Tänze, der Zahl der Takte, des Charakters der Musik und der Dauer jeder Nummer. Das Libretto erhielt er am 20. Juli 1888, jedoch – wenn ich nicht irre – ohne die gewünschten

---

[[169] Vera L. Rimskaja-Korsakova, geb. Davydova (1863-1888), war mit dem Flotten-Offizier (und Adjutanten des Großfürsten Konstantin Nikolaevič) Nikolaj Aleksandrovič Rimskij-Korsakov (1852 bis 1908 oder 1909) verheiratet; dieser vermählte später eine Schwester seiner ersten Frau: Čajkovskijs Nichte Natalija L. Davydova (1868-1956).]
[[170] Brief aus Wien an N. F. fon Mekk vom 26. November / 8. Dezember 1888, ČPSS XIV, Nr. 3731.]
[[171] „La belle au bois dormant" aus der Sammlung „Histoires et contes du temps passé, avec des moralités: contes de ma mère l'Oye" (1697) von Charles Perrault.]

Angaben Petipas; da er aber zu der Zeit durch die Komposition der 5. Symphonie und der „Hamlet"-Ouvertüre in Anspruch genommen war, musste der das Ballett einstweilen aufschieben. Er nahm es erst jetzt, nach der Rückkehr aus Prag, d. h. Anfang Dezember 1888 in Angriff und zog sich zu diesem Zweck am 20. Dezember nach Frolowskoe zurück, wo er bis Mitte Januar 1889 verblieb.

An Frau von Meck: „Frolowskoe, d. 2. Dezember 1888.
... Meine Seelenverfassung ist, unabhängig von der Familientrauer, auch noch aus einem anderen Grunde sehr düster. Nachdem ich meine neue [5.] Symphonie zweimal in Petersburg und einmal in Prag gespielt habe, bin ich zu der Überzeugung gekommen, dass sie mir missglückt ist. Es steckt in ihr etwas Abstossendes; eine Buntheit und Unaufrichtigkeit und Gemachtheit, welche das Publikum instinktiv erkennt. Es war mir sehr klar, dass die Ovationen, deren Gegenstand ich gewesen, eher meiner früheren Tätigkeit galten und dass die Symphonie nicht zu gefallen vermag. Dieses Bewusstsein verursacht mir den scharfen, brennenden Schmerz, die Unzufriedenheit mit mir selbst. Sollte ich wirklich schon abgetan sein und nur meine frühere Manier wiederholen und nachahmen können? Gestern abend sah ich die vierte, *unsere* Symphonie durch. Welch ein Unterschied, wie unendlich viel höher sie zu stellen ist! Das ist sehr, sehr traurig." [XIV, 3738.]

Solche Anfälle von Zweifel an seinen schöpferischen Kräften waren bei Peter Iljitsch, wie wir gesehen haben, oft die Vorboten eines neuen Ansturms der Inspiration. Nach „Eugen Onegin" hat er nichts mit so viel Begeisterung und Leichtigkeit gearbeitet wie die ersten vier Bilder von „Dornröschen", dessen Skizzen bereits am 18. Januar fertig waren.[172]

Das einförmige Leben jener sechs Arbeitswochen wurde, ausser durch den erwähnten Erfolg der 5. Symphonie in Moskau, noch durch zwei freudige Episoden beleuchtet.

P. Jurgenson veranlasste [Tschaikowskys Diener] Alexei, Peter Iljitsch am Weihnachtsabend ein Bäumchen anzuzünden und ihm als Überraschung eine prachtvolle und sehr wertvolle Gesamtausgabe der Werke Mozarts zu überreichen.[173]

An P. Jurgenson: „[Frolowskoe,] d. 4. Januar 1889.
Lieber Freund, so viel habe ich Dir zu sagen, dass es sich nicht zu Papier bringen lässt; darum begnüge ich mich nur damit, Dir meine begeistertste Dankbarkeit für das beste, teuerste, herrlichste Geschenk auszudrücken, das ich jemals zu erhalten gehofft hatte. Alexei hat alles so gemacht, wie Du ihm befohlen, d. h. er hat einen Baum hingestellt und daneben lag mein Abgott, vertreten durch seine göttlichen Werke. Ich freute mich wie ein Kind. Habe Dank, Dank, Dank!!!" [XVa, 3754.]

Die andere angenehme Episode war das Wiedersehen Peter Iljitschs mit einem seiner liebsten Freunde, – Iwan Alexandrowitsch Klimenko, den er seit Anfang der 70-er Jahre nicht mehr gesehen hatte.

Aber auch ein trauriges Ereignis muss an dieser Stelle erwähnt werden, nämlich der Tod D. Rasumowskys, Professors der Geschichte des Kirchengesangs am Moskauer Konservatorium, der für Peter Iljitsch ein grosser Freund gewesen war.[174]

[172 Die Daten zur Entstehungsgeschichte des Balletts sind zusammengefasst in: TchH 1, S. 111. Die Konzeptschrift begann Čajkovskij im Oktober 1888, als er zehn Tage an ihr arbeitete; am 5. Januar 1889 sind Prolog und erster Akt fertig; Ende Januar bis April absolviert er seine zweite Europatournee; am 26. Mai ist das Konzept der Ballettmusik abgeschlossen; instrumentiert wird sie von Ende Mai bis Mitte August 1889.]
[173] Wolfgang Amadeus Mozart's Werke. Kritisch durchgesehene Gesammtausgabe. Leipzig. Breitkopf und Härtel.
[174 Und der am 6. Juli 1877 in Moskau Čajkovskij und Antonina I. Miljukova getraut hatte.]

[Kapitel X-XI: Ende Januar – April 1889.
Zweite grosse Europatournee als Dirigent eigener Kompositionen.]
Kapitel X.

[Köln und Frankfurt am Main (3. Orchestersuite). Dresden (4. Symphonie und 1. Klavierkonzert). Berlin (Streicherserenade und „Francesca da Rimini"; trifft Désirée Artôt, wohnt einer Musiksoiree mit seinen Kompositionen bei Klindworth bei, „unzählige Einladungen zu Diners und Soupers"). Genf (Streicherserenade und 1. Orchestersuite; will anschließend zwei Wochen in Vevey am 4. Akt „Dornröschen" arbeiten – wozu es nicht kommt). Hamburg (5. Symphonie). Rezensionen. Hannover. Enttäuschung, dass die russische Presse nicht über seine Auslandserfolge berichtet.]

Nachdem Peter Iljitsch am 19. [/ 31.] Januar 1889 Frolowskoe verlassen und einige Tage in Petersburg zugebracht hatte, trat er am 24. Januar [/ 5. Februar] seine zweite ausländische Konzertreise an. Schon gleich nach der Abreise empfand er „das gewohnte Heimweh" und dachte an die Freuden der Rückkehr. In Berlin blieb er drei Tage und traf am 29. Januar [/ 10. Februar] in Köln ein, wo er in einem der Gürzenich-Konzerte als Komponist und Dirigent seiner dritten Suite auftreten sollte.

An M. Tschaikowsky: „Köln, d. 30. Januar / 11. Februar 1889.
… Der 30. Januar! Es ist schrecklich! Noch ganze zwei Monate!!! Von früh bis spät denke ich nur daran, dass die Zeit schneller verstreichen und der 8. April neuen Stils recht bald herankommen möge. Ich langweile mich schrecklich, bis zur Verzweiflung, bis zum Wahnsinn. Vielleicht vergeht das bald. Heute war die erste Probe. Es ging alles gut, das Orchester ist ausgezeichnet, so dass die dort zugebrachten drei Stunden sehr angenehm waren, mit Ausnahme der anfänglichen Aufregung. Kaum aber war ich nach Hause gekommen, als auch schon das Heimweh und das starre Streben, zum 8. April hinüberzufliegen, einsetzten …" [XVa, 3778.]

Vor dem Kölner Publikum erschien Peter Iljitsch am 31. Januar [/ 12. Februar]. Seine Eindrücke beschreibt er wie folgt in einem Brief:

An A. Glazunow: „[Berlin, d. 15. / 27. Februar 1889.]
Ich bin kurz vor der ersten der drei Proben in Köln angekommen. Man hätte es nicht glauben sollen, dass es in einer Stadt zweiten Ranges ein erstklassiges Orchester gibt. Ich war überzeugt, dort nur ein leidliches vorzufinden. Der dortige Dirigent Wüllner[175] aber hatte es mit Einsatz von viel Energie und Mühe verstanden, ein grosses und prächtiges Orchester zu organisieren, welches mich schon gleich bei den ersten Takten der dritten Suite, die ich dort spielte, in Staunen und Begeisterung versetzte. Zwanzig erste Geigen – und was für Geigen!!! Die Bläser sind bewundernswert. Das überaus schwierige Scherzo haben sie prima vista heruntergeblasen, als wenn sie es schon zehnmal gespielt hätten. Mit einem solchen Orchester und solchen Proben war es nicht schwer, eine ausgezeichnete Wiedergabe zu erzielen. Der [‚Gürzenich'-]Saal ist auch ausgezeichnet; ebenfalls das Publikum, welches nicht so starr konservativ ist wie in vielen anderen deutschen Städten. Der Erfolg war ein sehr grosser; die Musiker spielten mir einen Tusch." [XVa, 3794.]

Dieser Erfolg wird von allen Zeitungen konstatiert:

[175 Der Komponist und Dirigent Franz Wüllner (1832-1902) leitete (nachdem er in Aachen, München, Dresden und Berlin gewirkt hatte) zwei Jahrzehnte lang das Kölner Gürzenich-Orchester.]

Kölnische Zeitung Nº 45, d. [2. /] 14. Februar 1889. Achtes Gürzenich-Konzert.
Die dritte Suite von Peter Tschaikowsky hat auf alle Zuhörer jedenfalls einen ungewöhnlich fesselnden Eindruck ausgeübt. Wenn auch für manche musikalische Vorkommnisse in diesem Tonwerke dem deutschen Publikum naturgemäss der Schlüssel fehlt, weil eben die Kenntnis des russischen Landes und Volkes unter uns zu wenig verbreitet ist und da, wo sie es ist, nicht immer auf der richtigen Beobachtung beruht, so ist in ihm doch soviel unbedingt Geniales, Meisterhaftes, Eigenartiges enthalten, dass seine Wirkung auf jede einigermassen fortgeschrittene Zuhörerschaft eine eindringende und nachhaltige sein muss ...

Es fragt sich nun, ob Tschaikowsky nicht wohl daran getan hätte, den allgemeinen Überschriften der Suitensätze: *Elégie, Valse mélancolique, Scherzo, Thema con Variazioni* nähere Erläuterungen in Form eines Programms beizugeben. So sehr dies auch für den nichtrussischen Hörer stellenweise erwünscht gewesen wäre, so ist es doch die Frage, ob der anmutend bewegliche Charakter dieses Werkes, den wir am ehesten mit dem Begriff Stimmungsspielerei bezeichnen möchten, durch eine feste Begrenzung in Vorbildern nichts eingebüsst hätte. Ein Programm tut hier sogar um so weniger not, als alle Teile in ihrer Form vollkommen nach rein musikalischen Gesichtspunkten gebildet sind, als sich die Tonmalerei doch nur gelegentlich hineindrängt und als jeder Zuhörer die schätzbare Möglichkeit hat, unter dem Eindruck der Töne, soweit es ihm Bedürfnis ist, seinen persönlichen Gemütsstimmungen nachzuhängen.

Diese Musik ist nämlich gerade eine solche, die bei allem Reichtum der Farben, bei aller Sonderart der Tonverhältnisse, die in einer Variation [des Finales] den phrygischen Kirchenton zu Ehren bringt, bei aller Kunst der Arbeit, die eine ungewöhnliche Gewandtheit in der Stimmführung bekundet, doch vorzugsweise das Gemüt anregt. Mag auch einmal eine geistreiche thematische Verwicklung, eine ungewohnte instrumentale Wirkung die Oberhand gewinnen, im ganzen ertönt die Sprache des Herzens, die auch dem schwirrenden, flimmernden Scherzo den Grundton verleiht. Der Komponist erreicht diesen höchsten aller Vorzüge durch den Reichtum und den Reiz seiner Melodik, durch die grosse Einfachheit seiner Tonsprache und durch seine frische Erfindungsgabe. Es ist immer ein schlimmes Zeichen, wenn man in einem Werke vergeblich nach einer fesselnden Melodie suchen muss, wenn sie, statt sich sangfreudig zu dehnen und sich wechselvoll zu ergehen, kurzatmig abbricht, oder wenn sie erst aus einer interessanten harmonischen Grundlage ihr Leben zieht, oder wenn sie unter Ornamenten und Kontrapunkten so sehr versteckt ist, dass sie sich nicht jedem Hörer als die Seele, als die Quintessenz des Tonwerks aufdrängt. Tschaikowsky besitzt nicht allein melodiöse Erfindungskraft, er hält die Melodie auch in hohen Ehren und heisst die anderen tonlichen Elemente den Atem anhalten, wenn sie das Wort führt. Eine der bestrickendsten Melodien ist das zweite Thema im ersten Satz; auch das Variationenthema ist von gefälligem Reiz. Die Schlichtheit aber ist neuerdings, wie früher, das Kennzeichen jeder tiefen Wahrheit, jeder genialen Eingebung. Dass diese Eigenschaft bei Tschaikowsky nicht zur Seichtheit wird, dafür bürgt seine schöpferische Kraft usw. [Otto Neitzel (?)]

Kölnische Volkszeitung Nº 44, d. [2. /] 14. Februar 1889.
„... Zu den geachtetsten Persönlichkeiten des musikalischen Jungrusslands gehört unstreitig *Peter Tschaikowsky*, der heute gekommen war, um uns eine neue Suite persönlich vorzuführen ... Dieselbe hat vier Sätze und dürfte, wäre der erste Satz anstatt

einer Elegie ein Allegro, den Titel einer Symphonie beanspruchen. Diese Elegie (g-Moll [recte: G-Dur]) und der folgende Satz ‚Valse mélancolique' tragen einen entschieden nationalen Charakter; wir hören hier die wehmütigen Klänge, welche den russischen Volksweisen eigen sind. Der melancholische Eindruck, den namentlich der Walzer hervorbringt, wird noch verstärkt durch die Wahl der Instrumente, insbesondere des Englischen Horns. Jedoch weiss der Komponist diese ernsten Tonbilder durch Sonnenblitze freundlich zu erhellen, welche er durch gleissende Läufe und Passagen hervorzubringen versteht. Das Scherzo ist reizend; der Rhythmus erinnert zuweilen an die ‚Neunte' [von Beethoven], aber nicht störend. Das Tonstück fängt unscheinbar an, entwickelt sich dann in reizvoller Steigerung, immer auf dem G-Dur Dominantakkord fussend und bei Abweichungen beständig hierauf zurückkehrend. Die Farben für die Orchestrierung dieses Scherzos sind der Palette Berlioz' entnommen. Das Thema des letzten Satzes ist sehr hübsch und dabei eigentümlich in der Art eines Volksliedes erfunden. Bei den Variationen hat der Komponist in der Weise, wie man es von Schumann und Brahms gewohnt ist, sich volle Freiheit gestattet und dadurch den Vorteil reicher Abwechslung sich gesichert. Das Thema erscheint in diesen zahlreichen Veränderungen bald weich, bald wild, bald bittend, bald drohend, bald demütig bescheiden, bald prunkhaft glänzend" usw.

Am 3. Februar 1889 dirigierte Peter Iljitsch dieselbe Suite in Frankfurt [am Main].[176] Hier hatte sie am Abend denselben einmütigen und glänzenden Erfolg wie in Köln, aber die Presse fand – wie wir sehen werden – nicht soviel Anteilnahme für das Werk wie dort, obwohl sie ihm auch hier in freundlicher und höflicher Weise die gebührende Achtung zollte.

Den oben angeführten Brief an Glazunow setzt Peter Iljitsch folgendermassen fort:

An A. Glazunow: „[Berlin, d. 15. / 27. Februar 1889.]
Am 1. [/ 13.] Februar früh war ich bereits unterwegs nach Frankfurt, wo zwei Tage darauf das Konzert stattfand. Ich spielte wieder die dritte Suite. Hier ist das Orchester ebenfalls gross und ausgezeichnet, nur die Geiger schienen mir weniger gut zu sein als in Köln, obwohl es – wie mir mitgeteilt wurde – fast lauter Konzertmeister aus den in der Nähe liegenden Städten sind, welche zu den grossen Konzerten hierher kommen. Zwölf Cellisten! Und einer von ihnen ist Cossmann, der berühmte Virtuose, der einst Professor in Moskau gewesen ist.[177] Hier (d. h. in Frankfurt) stand meine Ouvertüre ‚1812' auf dem Programm. In der ersten Probe erschraken aber die Veranstalter des Programms ob des grossen Schlussradaus und machten mir schüchtern den Vorschlag, lieber ein anderes Stück zu wählen. Da aber kein anderes Stück bei der Hand war, beschränkte man sich auf die Suite. Der Erfolg war hier ebenso gross wie unerwartet, denn das Frankfurter Publikum ist sehr klassisch, und ich werde in Deutschland allgemein für einen notorischen Revolutionär gehalten." [Ebenfalls XVa, 3794.]

Frankfurter Zeitung, d. [4. /] 16. Februar 1889.
„**Peter Tschaikowsky**, einer der hervorragendsten russischen Komponisten der Gegenwart, stellte sich gestern zum ersten Male dem hiesigen Publikum in Person vor … Diesmal war es eine Suite N° 3, in G-Dur, Op. 55, die *Tschaikowsky* mitbrachte

---

[176 Zu Tschaikowskys Frankfurt-Aufenthalt 1889 siehe im einzelnen: Wolfgang Glaab, Begegnungen mit Peter Tschaikowsky: Frankfurt am Main 1889, Frankfurt a. M. 2004.]
[177 Der bedeutende Violoncellovirtuose Bernhard Cossmann (1822-1910) war 1866-1870 Professor am Moskauer und von 1878 an am Hoch'schen Konservatorium in Frankfurt am Main.]

und selbst dirigierte und mit der er alle die Ehren fand, die einem Tonsetzer von so originellem und bedeutendem Talente gebühren. *Tschaikowsky* gehört, abgesehen von seiner in dem nationalen Elemente der russischen Musik wurzelnden spezifischen Eigenart, als Komponist der neudeutschen Schule an, denen er neben den wirklichen Errungenschaften, wie der Erweiterung der Orchestertechnik und der instrumentalen Hilfsmittel, auch die grössere Freiheit der Form und des rhythmischen Elementes entlehnt hat. Was die in Rede stehende Novität anbelangt, so enthält sie des Interessanten viel und des Bizarren genug, aber man muss es dem Komponisten nachsagen, dass er mit kühner, geübter Hand zeichnet, selbst da, wo er ein weniger erfreuliches Bild entwirft, wie beispielsweise in den rhythmisch merkwürdigen Scherzo oder in dem [sic] ungeniessbaren ‚Valse mélancolique'" usw.

General-Anzeiger, d. [4. /] 16. Februar 1889.

„… An der Spitze stand eine Novität: Suite N⁰ 3, in G-Dur, Op. 55, von Peter Tschaikowsky, wie man gewöhnlich sagt, dem Haupt der jungen russischen Komponistenschule. Tschaikowsky hat in voriger Saison eine Reise durch Deutschland gemacht und in verschiedenen grösseren Städten, wie in Berlin und Leipzig, grössere Werke von sich aufgeführt, und zwar zumeist mit ganz ausserordentlichem Erfolg. Mit dem Erfolg, den der sein Werk selbst dirigierende Komponist gestern abend hier erntete, dürfte er wohl zufrieden sein; als der letzte Ton der Suite verklungen war, erhob sich ein Beifall, so intensiv und anhaltend, wie er in den letzten Jahren im Museum bei der Vorführung einer Novität kaum wieder vorgekommen ist, vielleicht nur noch, als Richard Strauss seine erste Symphonie zu Gehör brachte. Der Komponist musste ein- bis zweimal auf dem Podium erscheinen, um die ihm zuteil werdenden Ehren zu danken, und durfte also wohl den Glauben gewinnen, dass sein Werk auf die Zuhörer einen tiefen Eindruck gemacht habe. Tief war nun dieser Eindruck wohl weniger als glänzend, und streng genommen, ist die erzielte bedeutende Wirkung nicht so sehr dem Ganzen als vielmehr der frisch erfundenen, lebendigen und glänzend instrumentierten Schluss-Polonaise zuzuschreiben. Der zweite und dritte Satz, ‚Valse mélancolique' und ‚Scherzo', fand nur mässiges Gefallen: ihnen scheint ganz besonders ein nationaler, sarmatischer[178] Charakter aufgeprägt zu sein, so eigentümlich düster – beide Sätze stehen auch in a-Moll [recte: e-Moll] – geben sie sich; auf den [sic] ‚Valse mélancolique' mit seinem diesem Titel ganz entsprechenden Inhalt würde besser ein wirkliches Scherzo folgen, ein Scherzo im Sinne der symphonischen Grossmeister, nicht ein Stück dieser Art, dass wohl reich an Raffinement namentlich in rhythmischer Hinsicht, aber desto ärmer an wirklicher Heiterkeit ist, die der Titel ‚Scherzo' doch erwarten lässt. In diesem sogenannten Scherzo hatte die Kombination von ⁶/₈- und ²/₄-Takt in der Ausführung eine fast peinliche Wirkung zur Folge, da die Blasinstrumente stets um etwas hinten nachkamen. Die Variationen sind meist sehr interessant und einzelne auch unmittelbar zum Herzen sprechend; die Fuge darunter ist sehr geschickt gearbeitet und kräftig-wirkungsvoll."

Aug. Glück, Musikdirektor.

Von denjenigen, deren Gesellschaft Peter Iljitsch in Frankfurt ein Trost war, gedenkt er in seinem Tagebuch ausser Cossmanns auch noch der Familie des berühmten Musikschrift-

---

[178] Das Adjektiv „sarmatisch" ist abgeleitet von „Sarmaten", dem Namen von mit den Skythen verwandten antiken Reiter-Volksstämmen, die zwischen dem 6. Jh. vor und 4. Jh. nach Chr. im südrussischen und ukrainischen Steppengebiet (dem von den Griechen und Römern so genannten „Sarmatien") siedelten.]

stellers, Pianisten und Komponisten Otto Neitzel[179] sowie Iwan Knorrs,[180] Professor des Frankfurter Konservatoriums.

Am 4. [/ 16.] Februar war Peter Iljitsch bereits in Dresden. Hier erwartete ihn eine Enttäuschung: das Orchester[181] erwies sich – wie er sagt – als „drittrangig", während er ein Werk einzustudieren hatte, welches bedeutend mehr Virtuosität erforderte als die dritte Suite, nämlich sein Lieblingsstück – die vierte Symphonie. Dass Peter Iljitschs Meinung über das Orchester begründet war, ersieht man auch aus dem Bericht des Referenten der „Dresdner Zeitung", welcher von einer „infolge mangelhafter Vorbereitung an vielen Stellen recht elenden Ausführung" spricht. Das Konzert fand am 8. [/ 20.] Februar statt. Ausser der Symphonie N⁰ 4 stand auch noch das erste Klavierkonzert (mit Emil Sauer als Solist) auf dem Programm. Nach den Worten Peter Iljitschs hat „der erste Satz der Symphonie wenig gefallen, das Andante mehr, das Scherzo noch mehr, während das Finale einen richtigen Erfolg erzielte. Die Musiker bliesen Tusch. Sauer spielte unvergleichlich."

Es ist merkwürdig, dass Peter Iljitsch ungeachtet der weniger guten Ausführung als in den vorangegangenen Städten und des weniger intensiven Erfolgs nirgends so gut als Dirigent gefallen hat wie gerade hier, was auch von der Kritik bestätigt wird:

Dresdner Zeitung, N⁰ 45, d. [10. /] 22. Februar 1889.

„… Bei uns fand *Peter Tschaikowsky* bei weitem nicht das warme Entgegenkommen wie in der Nachbarstadt [Leipzig, 1888], obzwar er eines seiner packendsten Werke persönlich vorführte. Seine vierte Symphonie in f-Moll ist eine gross angelegte und mit bedeutendem technischen Geschick durchgearbeitete Komposition. Sie macht aber keinen tieferen Eindruck, weil sie, weniger auf Herz und Gemüt wirkend als auf den Verstand, zum grösseren Teil aus geistreichen, blendenden, durch eine geschickte Mache verbundenen Phrasen besteht; dennoch erlahmt das Interesse keinen Augenblick, weil der Komponist durch immer neue und doch nirgends aufdringliche Einfälle und Erfindungen die Aufmerksamkeit wachzuhalten versteht … Der Abend brachte noch ein zweites grosses Werk Tschaikowskys, sein erstes Klavierkonzert in b-Moll op. 23, von Emil Sauer sehr virtuos und effektvoll vorgetragen" usw.   W. M.

Dresdner Nachrichten, d. [10. /] 22. Februar 1889.

„Die Absage der Königl. Preuss. Hofopernsängerin Frl. Leisinger hatte wohl anfangs das Auditorium gründlich verstimmt, aber gleich die erste Nummer, mit welcher Tschaikowsky mit seiner 4. Symphonie (f-Moll) debütierte, hob die über den Saal ge-

---

[179 Auf Wunsch des Pianisten (1881-1885 unterrichtete er am Moskauer Konservatorium), Musikschriftstellers und Kapellmeisters Otto Neitzel (1852-1920) hat Čajkovskij im Juni 1889 eine kurze Autobiographie geschrieben. (Nachgedruckt zu Beginn von ČSt 10.) Neitzel hatte am 13. / 25. Januar 1889 in Frankfurt a. M. den Klavierpart von Čajkovskijs Klaviertrio op. 50 bei der deutschen Erstaufführung des Werkes gespielt, bevor er den Komponisten gut zwei Wochen später am 31. Januar / 12. Februar 1889 im Zusammenhang mit dessen Auftritt im Gürzenich wiedersah. (Vgl. Tagebücher, S. 282 f.)]
[180 Der Komponist und Kompositionslehrer Iwan Knorr (1853-1916) war 1874-1878 Musiklehrer am Kaiserlichen Dameninstitut in Charkov' (Ukraine) und außerdem 1878-1883 Leiter des Theorieunterrichts in der Musikschule der dortigen Abteilung der Russischen Musikgesellschaft; damals hat er Čajkovskij persönlich kennengelernt. Im Jahre 1900 veröffentlichte er in Berlin eine biographisch sorgfältig recherchierte und musikalisch kompetente und auch heute noch lesenswerte Monographie „Peter Iljitsch Tschaikowsky". Auszüge daraus findet man in ČSt 10, S. 227-229.]
[181 Die „Gewerbehauskapelle" (aus der später das Orchester der Dresdner Philharmonie hervorging) spielte in dem ca. 2.000 Personen fassenden Saal des 1870 eröffneten Gewerbehauses. Dort fand am 8. / 20. Februar 1889 das 5. Philharmonische Konzert statt, in dem Čajkovskij seine 4. Symphonie und das 1. Klavierkonzert (mit dem Solisten Emil Sauer) dirigierte.]

lagerte Unbehaglichkeit wie mit einem Zauberstabe auf. Der russische Meister, und unstreitig ist er gegenwärtig der erste seiner Nation, macht nicht nur in seiner äusseren Erscheinung den Eindruck einer Individualität, er zeigt sich als solche auch wieder in seiner hier zum ersten Male zur Aufführung gelangenden f-Moll-Symphonie. Gross und kühn ist das Werk erfunden und ebenso ausgeführt. Die Gedanken erscheinen in scharfer und konziser Prägung, die Melodiebildungen sind originell, die harmonischen Wendungen eigenartig, dabei aber immer von treffender Charakteristik. Manchmal, wie im ersten und letzten Satze, feiert der Komponist mit Anwendung aller modernen Ausdrucksmittel zwar förmliche Orgien und führt hierbei als genialer Orchestervirtuose die pikantesten und eigentümlichsten Klangwirkungen ins Treffen, immer aber bleibt er Meister der Situation, der, allen Phrasen und allem landläufigen Effekte fremd, genauso viel und nicht mehr sagt, als er zu sagen hat. Was er aber zum Ausdruck bringt, ist geistreich und voller ursprünglicher Kraft und Wucht. Bei alledem versteht Tschaikowsky in vorzüglicher Weise auch zarte Saiten anzuschlagen. Der dritte Satz seiner Symphonie, das ‚pizzicato ostinato' im Scherzo, ist ein Meisterwerk der Erfindung, das in der musikalischen Literatur bis jetzt wohl einzig dasteht. Sehr schön steht dem Werke der volkstümliche Zug, von dem es vom Anfang bis zum Ende durchweht ist. Melancholisch und schwermütig klingt es, wie ernste, klagende Volkslieder hie und da heraus, aber in so durchgeistigter, fertiger Fassung und Form, dass Geist und Herz in gleicher Weise Befriedigung finden. Einen ähnlichen grossen und schönen Eindruck machte sein erstes Konzert (c-Moll [recte: b-Moll], op. 23) für Pianoforte mit Begleitung des Orchesters. Hätte man die Symphonie nicht vorher gehört, so würde dieser Eindruck vielleicht ein noch bedeutenderer gewesen sein, so aber wurde das Bessere der Feind des Guten. Das Konzert ist durchgängig sinfonisch angelegt, und vorwiegend ist die Klavierpartie mit den orchestralen Klangwirkungen auf das innigste verschmolzen. Grosse Gestaltungskraft, geniales Denken und Fühlen lässt sich auch hier keinen Moment verkennen; sie traten aber nicht mit solcher unmittelbaren Kraft und Wucht an den Hörer heran wie in der f-Moll-Symphonie. Aufgenommen wurden beide Werke mit lebhaftem und nachhaltigem Beifall, den das Gewerbehaus-Orchester, das seine grosse und schwierige Aufgabe vorzüglich löste, mit einem Orchestertusch unterstützte. Herr Tschaikowsky, der seine beiden Werke, Symphonie und Klavierkonzert, mit grosser Ruhe und Sicherheit selbst leitete, wird aus den zahlreichen und herzlichen Ovationen wohl empfunden haben, wie lebhaft und warm seiner Meisterschaft deutsche Herzen entgegenschlagen" usw. Hermann Starcke.

Dresdner Anzeiger, d. [10. /] 22. Februar 1889.

„... Herr *Peter Tschaikowsky*, der nächst [Anton] Rubinstein bedeutendste Komponist russischer Nation, beherrschte diese Aufführung als Dirigent und in der Hauptsache auch als schaffender Künstler. Einen sehr vorteilhaften Eindruck machte seine Art und Weise der Leitung des Orchesters. Mit künstlerischer Ruhe, grosser Umsicht und Sicherheit führte er den Stab. Da war nichts von jenen, gegenwärtig oft beliebten, quecksilberartigen, grotesken Bewegungen und Stellungen zu gewahren, die wohl zuweilen ihren Grund in unbeherrschter Erregtheit und nervöser Überreiztheit haben mögen, nicht selten aber auch – um einen recht zutreffenden sächsischen Provinzialismus zu gebrauchen – weiter nichts sind als ein komödienhaftes ‚Getue', mit dem die Kunst des Dirigierens nichts zu schaffen hat. Die Wiedergabe der beiden umfangreichen Werke Tschaikowskys fehlte bei dessen Leitung, trotz der zu überwindenden grossen technischen Schwierigkeiten, ein gutes Gelingen nicht, ebensowenig gebrach es auch an feurig pulsierendem Leben, und solches ist unabweisliche Notwendigkeit, um diese Werke zu voller Geltung zu bringen. Tschaikowsky ist den grösseren musikalischen Kreisen ausserhalb Russlands durch seine reizenden Klavierkompositionen längst vorteilhaft bekannt, auch einige seiner Werke für Kammermusik fanden in Deutschland gerechte Würdigung, während ein Orchesterwerk von ihm, das die Königl. Kapelle vor einigen Jahren in einem ihrer Konzerte brachte [,Francesca da Rimini'], nur wenig Anklang fand. Eines vollen Erfolgs hatte sich jedoch seine vierte Symphonie (f-Moll) zu erfreuen, mit der das fünfte Philharmonische Konzert eröffnet wurde. Zunächst ist anzuerkennen, dass diese Symphonie in tadellos symmetrischer Form auftritt. Es ist das ein eigentlich selbstverständlicher und doch bei einer derartigen Erscheinung der Neuzeit nicht zu unterschätzender Vorzug. Es fehlt diesem eigenartigen Werke durchaus nicht an anregendem, der grossen Form entsprechendem Inhalt, wenn dieser auch seiner scharf ausgeprägten nationalen Färbung wegen anfänglich befremdend wirkte. Diese im Geiste des russischen Volksliedes und Volkstanzes erfundenen melodischen, harmonischen und rhythmischen Motive sind jedoch, im Gegensatz zu anderen Versuchen dieser Art, bedeutend genug zu symphonischer Verwendung ... Noch mehr, als gut und künstlerisch gerechtfertigt ist, tut er das in seinem Klavierkonzert in b-Moll, das übrigens auch mit seinem Inhalt mehr auf neudeutschem Boden steht. Dieses Konzert ist in seiner Art ein Riesenwerk, das zu bewältigen und zur Geltung zu bringen, es neben höchst vollendeter technischer Fertigkeit auch einer gigantischen physischen Kraft bedarf" usw.

Ferdinand Gleich.[182]

Dresdner Journal, N<u>o</u> 4. 1889.

„Konzert. Mittwoch, d. 20. Februar, fand im Gewerbehaussaale das *5. philharmonische Konzert* statt. Dirigent desselben war Herr *Peter Tschaikowsky*, dessen Direktion sich durch äusserste Bestimmtheit, verbunden mit musterhafter Ruhe und Sicherheit auszeichnete. Seine Symphonie N<u>o</u> 4, f-Moll, eröffnete das Programm. Tschaikowskys Musik hat ganz vorwaltend einen nationalen, slavischen Charakter, so auch diese Symphonie. Sie vermag nicht durch ihren Inhalt an Gedanken, Gestaltung und instrumentaler Ausdrucksweise uns einen nachhaltigen tiefen Eindruck zu hinterlassen, uns Geist und Gemüt zu bewegen und zu erheben, aber sie erscheint uns dennoch als das Werk eines grossen Talentes von Geist und starker Individualität, reich an Erfindung und Originalität ...

Im Klavierkonzert (mit Orchester) vom Dirigenten, gespielt von Herrn *Emil Sauer*, ist dagegen der erste Satz in Erfindung und geistvoll gearbeiteter Durchführung der bei weitem bedeutendste auch in der symphonischen Behandlung des Orchesters" usw.

C. B.

An P. Jurgenson: „Dresden, d. 5. [/ 17.] Februar 1889.

Lieber Freund, ich hatte vergessen, Dir in Betreff von Paris zu antworten. Behalte bitte im Auge, dass es unmöglich ist, dort ein Konzert zu geben, wenn die Franzosen uns keinerlei Unterstützung oder Garantie leisten. Ich habe für mich beschlossen, auf keinen Fall

---

[[182] Der Schriftsteller, Komponist und Musiklehrer Ferdinand Gleich (1816-1898) wirkte von 1866 an in Dresden. Er war Redakteur der „Geraischen Zeitung" und der „Dresdner Theaterzeitung" und schrieb als Musikreferent für den „Dresdner Anzeiger".]

hinzureisen. Es wurde mir mitgeteilt, dass Slawjansky,[183] Bessel[184] usw. sich hindrängen wollen. Ich habe nicht die geringste Lust, mit ihnen zu konkurrieren. Ich will überhaupt nicht Delegierter sein.[185] In Deinen offiziellen Antworten brauchst Du meine Person gar nicht zu erwähnen, Du kannst einfach sagen, dass wir ohne Garantie nicht in der Lage seien.[186] O Gott, wie müde bin ich und wie mich alles langweilt!

... Von Klindworth und Dvořák werde ich bald positive Nachrichten haben.[187] Von Massenet habe ich einen Brief. Er sagt mit Begeisterung zu, bittet aber, die Frage des Termins einstweilen offenzulassen, denn sie hängt vom Schicksal seiner neuen Oper ab."[188] [XVa, 3787 und 3786.]

An M. Tschaikowsky: „Dresden, d. 8. [/ 20.] Februar 1889.

Habe Dank für die Briefe, lieber Modja. Du glaubst gar nicht, wie angenehm mir Briefe sind, denn ich habe nach wie vor schreckliches Heimweh. Ich habe mir heute die Madonna angesehen. Sie hat auf mich (ebenso wie die ganze Galerie) einen viel stärkeren Eindruck gemacht als früher.[189]

Oft kommt mir der Gedanke, alles aufzugeben und nach Hause zu reisen. Ich hätte es auch gewiss getan, doch fürchte ich, Sapelnikow würde nicht allein nach London reisen wollen. Morgen fahre ich nach Berlin." [XVa, 3790.]

An Frau von Meck: „Berlin, d. 11. [/ 23.] Februar 1889.

Liebe, teure Freundin, nach einer überaus anstrengenden Reise bin ich gestern für einige Tage nach Berlin gekommen. Innerhalb von acht Tagen hatte ich drei Konzerte und neun Proben. Es ist mir absolut unbegreiflich, woher ich die Kraft für all dies nehme. Eins von beiden: entweder wird diese für mich neue Art der Anstrengung einen sehr schädigenden Einfluss auf mich ausüben, oder diese wahnsinnig brodelnde Tätigkeit wird mir ein Gegengift gegen meine kompositorischen Bemühungen sein, welche mit beständigem Sitzen verknüpft sind. Etwas Mittleres gibt es nicht, d. h. mit anderen Worten: ich muss ‚*entweder mit dem Schild oder auf dem Schild'* nach Russland zurückkehren. Ich bin eher zu der An-

---

[183] Der Sänger und Chorleiter Dmitrij A. Agrenev-Slavjanskij (1834-1908) hatte einen Russischen Chor gegründet, mit dem er (von Čajkovskij scharf kritisierte) volkstümliche Konzerte gab, und sammelte Volkslieder.]

[184] Der Petersburger Verleger Vasilij V. Bessel', bei dem in den 1870er Jahren Čajkovskijs „Opričnik", 2. Sinfonie, Sechs Klavierstücke über ein Thema op. 21 sowie die je Sechs Romanzen op. 16 und op. 25 erschienen waren.]

[185] Leiter der Musikdelegation bei der Pariser Weltausstellung 1889. Vgl. oben Čajkovskijs Briefe an Frau fon Mekk vom 17. (recte: 1.) Juli 1888 (ČPSS XIV, Nr. 3605) mit Anmerkungen, S. 387 und an P. I. Jurgenson vom 11. August 1888 (ČPSS XIV, Nr. 3641), S. 389 f.]

[186] Damit endeten die Pläne, Peter Iljitsch als musikalischen Vertreter Russlands zur Weltausstellung [1889] nach Paris zu entsenden. [Auch bei der Pariser Weltausstellung 1878 sollte Čajkovskij, auf Vorschlag der Direktoren des Moskauer und Petersburger Konservatoriums, die russische Musikdelegation leiten; doch widerrief er seine Zusage. Vgl. Band 1 (S. 295 f., 315-317 usw.) und Mitteilungen 11 (2004), S. 19-34.]

[187] Infolge des Abgangs Erdmannsdörfers [als Dirigent der Konzerte der Moskauer Abteilung der Russischen Musikgesellschaft und als Professor des dortigen Konservatoriums] ist Peter Iljitsch [wie Jurgenson war in Direktionsmitglied der Musikgesellschaft] auf die Idee gekommen, für die Konzertsaison 1889-1890 der Moskauer Abteilung der Russischen Musikgesellschaft verschiedene hervorragende Komponisten und Dirigenten aus Russland und Europa zur Leitung der Symphoniekonzerte zu engagieren, darunter auch die oben genannten.

[188] Massenets Oper „Esclarmonde" wurde am 14. Mai 1889 in der Pariser Opéra comique uraufgeführt. – Entgegen seiner grundsätzlichen Zusage kam Massenet nicht nach Moskau.]

[189] Offenbar meint Čajkovskij die berühmte „Sixtinische Madonna" Raffaels in der Dresdner Gemäldegalerie. Zum ersten Mal hatte sich Čajkovskij, ebenfalls etwa für fünf Tage, 1873 in Dresden aufgehalten, sozusagen als Tourist auf einer längeren Auslandsreise, die ihn über Breslau, Dresden, Köln, Zürich, Luzern, Bern, Vevey, Turin, Mailand und Como nach Paris führte – zum Teil mit dem Ehepaar Jurgenson.]

nahme geneigt, dass mir das alles, trotz schwerer Momente und trotz beständigen Kampfes mit mir selbst, guttut." [XVa, 3792.]

An M. Tschaikowsky: „Berlin, d. 5. [recte: 15. / 27.] Februar 1889.

Lieber Modja, gestern fand das Berliner Konzert statt. Ich dirigierte nur zwei Stücke: die Streicherserenade und ‚Francesca'. Der Saal war überfüllt, der Erfolg – ein grosser, obwohl ‚Francesca' eigentlich nicht die Wirkung ausübte, die ich erwartet hätte; das Orchester spielte nämlich so herrlich, dass mir schien, das Publikum müsse schon allein deswegen in Begeisterung geraten. Sehr deutlich hörte ich zwei oder drei Pfiffe. Am besten hat der Walzer der Serenade gefallen ... In Berlin führe ich ein ganz ähnliches Leben wie in Petersburg, d. h. ich mache den ganzen Tag Besuche, und das ist für mich das Schrecklichste. Mein einziger Trost ist – die Artôt, die ich überall treffe und die ich furchtbar gern habe. Gleich gehe ich zum Frühstück bei dem Gesandten. Am Abend muss ich zu Klindworth, der mir zu Ehren eine Musiksoiree mit meinen Kompositionen veranstaltet. Morgen reise ich nach Leipzig, um mit Brodskys zusammenzusein. Von da direkt nach Genf. Nach dem Genfer Konzert möchte ich vierzehn Tage lang in Vevey der Einsamkeit huldigen und am 4. Akt des Balletts [‚Dornröschen'] arbeiten." [XVa, 3795.]

Die Berliner Presse beurteilte Peter Iljitsch diesmal strenger als diejenige der anderen deutschen Städte:

Tägliche Rundschau, d. [17. Februar /] 1. März 1889.

„*Philharmonie.* In dem am [14. /] 26. stattgehabten Konzerte leitete der berühmte russische Komponist *Peter Tschaikowsky* zwei seiner Werke, von welchen eine Suite [Serenade] für Streichorchester überaus gefiel, so dass ein Walzer wiederholt werden musste, während die Symphonische Dichtung ‚Francesca da Rimini', wie schon bei einer früheren Aufführung, durch die harmonischen Absonderlichkeiten nur geringe Teilnahme fand" usw.

Vossische Zeitung, N° 98, d. [15. /] 27. Februar 1889.

„Das gestrige volkstümliche Konzert des Philharmonischen Orchesters bot ein erhöhtes Interesse durch die Mitwirkung des Herrn Tschaikowsky, der zwei eigene Kompositionen vorführte, eine Serenade für Streichinstrumente und die symphonische Dichtung ‚Francesca da Rimini'. Ein Stück wohlgemuter Musik ist die Serenade, fliessend, gefällig und nicht ohne Anflug von Humor geschrieben. Durch Eigentümlichkeit der Erfindung tritt sie weniger hervor, umsomehr durch eine geschickte, oft auch kunstreiche Ausgestaltung der Themen, wie sie namentlich der letzte Satz des Werks zu erkennen gibt. Besonders reizvoll im Klange und durch die graziöse Umrankung seiner Melodien ist der walzerartige Teil, der in dem Masse gefiel, dass er wiederholt wurde. Die symphonische Dichtung kannten wir bereits aus den Bilseschen Konzerten. Auch dieses Mal ist ihr Eindruck auf uns kein günstiger gewesen. Teils wehrt sie ab mit ihren Gewaltsamkeiten im Ausdruck und in der klanglichen Darstellung, teils ermüdet sie durch die endlose Wiederholung unbedeutender Motive. Ein paar geistreiche Einfälle und einzelne Momente, in denen die Grenzen der Schönheit gewahrt bleiben, vermögen die Gesamtwirkung der Komposition nicht erfreulicher zu machen" usw.

Berliner Tageblatt, d. [15. /] 27. Februar 1889.

„Herr *Peter Tschaikowsky*, der rühmlich bekannte russische Komponist, hat am Dienstag in einem Konzert des Philharmonischen Orchesters zwei seiner Kompositionen geleitet: eine Suite [Serenade] für Streichorchester und die Symphonische Dichtung ‚Francesca da Rimini'. Die erstere ist eine Folge kleiner, liebenswürdiger Stücklein, aus deren Motiven hier und da ein bekanntes Operettengesichtchen hervorguckt; aber die Toilette dieser Reminiszenzen ist so reizend, dass man sie doch mit Vergnügen begrüsst. So entzückte der Walzer das zahlreiche Publikum und musste wiederholt werden. Der musikalisch bei weitem bedeutendste Teil ist der Endsatz, in welchem der Komponist ein russisches Thema durch eine Menge geistreicher Veränderungen führt. Die Symphonische Dichtung ‚Francesca da Rimini' ist schon vor einigen Jahren hier von Bilse vorgeführt worden.[190] Sie bietet eine Masse interessanter, aber grellster Tonfärbungen; was Dante in zehn Zeilen andeutet, wird hier durch eine lange, lange Reihe Takte versuchsweise in Tönen dargestellt; es ist ein endloses Wühlen in schärfsten Dissonanzen, und diese martern zuletzt den aufmerksamen Hörer fast ebenso wie Dantes Wirbelwinde die armen Sünder. Tschaikowsky ist ein genialer Tondichter, dem schon öfters von dieser Stelle volle Anerkennung gezollt ward; aber diese Symphonische Dichtung überschreitet die Grenze des Annehmbaren zu weit. Warum führte er nicht die ganze Suite vor, aus welcher das Präludium und Fuge,[191] die er im verflossenen Winter dirigierte – allgemeine, wärmste Aufnahme fanden?" Usw.

An A. Glazunow: „Berlin, d. 15. [/ 27.] Februar 1889.
... Würde meine ganze Reise nur aus Proben und Konzerten bestehen, so wäre sie sogar angenehm. Leider aber wachsen mir unzählige Einladungen zu Diners und Soupers über den Kopf ... Ich bedaure sehr, dass die russischen Zeitungen nichts über die von mir erkämpften Siege schreiben. Was kann ich tun? Ich habe keine Freunde in der russischen Presse. Aber selbst wenn ich sie hätte, brächte ich es nicht fertig, ihnen Nachrichten über mich zukommen zu lassen. Die Zeitungsartikel über mich sind sehr kurios: manche schimpfen sehr, andere – schmeicheln; alle aber zeugen davon, dass die Deutschen nur sehr wenig Kenntnis von der russischen Musik haben. Übrigens gibt es auch Ausnahmen. In Köln, aber auch in anderen Städten traf ich Leute, die sich ernstlich für die russische Musik interessieren und sie gut kennen. Am meisten wird wohl die Es-Dur-Symphonie von Borodin hervorgehoben. Überhaupt scheint Borodin von den Deutschen sehr goutiert zu werden (obwohl sie eigentlich nur diese Symphonie lieben). Sehr viele Leute erkundigten sich auch nach Ihnen. Sie wissen, dass Sie noch sehr jung sind, und sind immer ganz erstaunt, wenn ich erzähle, dass Sie fünfzehn Jahre alt gewesen seien, als Sie Ihre Es-Dur-Symphonie schrieben, welche seit der Aufführung auf dem Fest sehr bekannt geworden ist.[192] Klindworth beabsichtigt, in einem seiner Berliner Konzerte etwas Russisches aufzuführen. Ich empfehle ihm das ‚Spanische Capriccio'[193] von Rimsky-Korsakow und Ihren ‚Stenjka Rasin'.[194] Er will sich die Stücke kommen lassen und eines von ihnen machen. Gehört habe ich hier sehr wenig, denn alle meine Abende sind versagt. Ich habe ein Symphoniekonzert des hiesigen Opernorchesters gehört.[195] Die Ausstattung war glänzend, die Wiedergabe jedoch sehr mittelmässig. Es wurde die neunte Symphonie [von Beethoven] gespielt, und zwar gar nicht hervorragend. Von hier will ich nach Leipzig fahren, um meine

---

[190] Von Benjamin Bilse und seinem Orchester am 2. / 14. September 1878 im Berliner Konzerthaus.]
[191] Gemeint ist der erste Satz (Introduzione e Fuga) der 1. Orchestersuite op. 43.]
[192] Glazunovs 1. Symphonie in E-Dur (nicht Es-Dur) von 1881/82, am 17. März 1882 unter der Leitung Milij Balakirevs in Petersburg uraufgeführt, wurde auf Veranlassung Liszts während des Weimarer Treffens des Allgemeinen Deutschen Musikvereins 1884 (am 17. / 29. Mai) aufgeführt.]
[193] Capriccio espagnol op. 34 (1887).]
[194] Die symphonische Dichtung „Sten'ka Razin" op. 13 (1885).]
[195] Am 10. / 22. Februar 1889.]

dortigen Freunde wiederzusehen, dann nach Genf, dann nach London, dann nach Hause …" [XVa, 3794.]

An P. Jurgenson: „Leipzig, d. 17. Februar [/ 1. März] 1889.
… Klindworth sagt, ich sei ein ‚ausgezeichneter Dirigent'.[196] Fein, was?
Klindworth ist bereit, in der nächsten Saison für ein beliebiges unserer Konzerte in Moskau zu erscheinen.[197] Er freut sich sehr über diese Einladung. Er will ein Wagner-Programm machen. Von Dvořák habe ich die Zusicherung, ein ganzes Konzert zu dirigieren. Er kann aber nicht allein reisen und bringt seine Frau mit, so dass man ihm ein höheres Honorar geben muss. Das schadet aber nichts. Es ist gut, dass wir schon im Frühjahr eine Anzeige mit solchen Namen wie Massenet, Dvořák und Klindworth machen können. Ich möchte versuchen, Brahms einzuladen. Das wäre schön!!
… In Berlin trösteten mich die Artôt und der liebe Hugo Bock.[198] Er ist ein guter, netter Kerl! Heute hat mich die Nachricht vom Tode Ch. Dawidows[199] ganz niedergeschmettert.
Es erweist sich, dass meine vierte Symphonie in Dresden Sensation erregt hat."[200] [XVa, 3804.]

An Frau von Meck: „Genf, d. 21. Februar [/ 5. März] 1889.
… Aus Berlin bin ich direkt hierher gekommen. Ich bin engagiert, in dem hiesigen prachtvollen neuen Theater ein ganzes Konzert aus meinen Kompositionen zu dirigieren. Es wird am Sonnabend, d. 9. März (25. Februar) stattfinden. Gestern war die erste Probe. Das Genfer Orchester ist sehr klein und besteht aus drittrangigen Musikern. Hätte ich das gewusst, wäre ich um keinen Preis gekommen, aber der Theaterdirektor, welcher mich eingeladen hatte (er ist kein Musiker), glaubt wahrscheinlich, dass für einen anreisenden Komponisten die Qualität des Orchesters und die Anzahl seiner Musiker Nebensache seien. Wie ich mit diesem kleinstädtischen Orchester fertigwerden soll, weiss ich noch nicht. Übrigens muss ich sagen, dass sie in der gestrigen Probe viel Eifer an den Tag gelegt haben …" [XVa, 3807.]

Das Genfer Konzert ist nach den Worten Peter Iljitschs sehr erfolgreich verlaufen. Der Saal war überfüllt, und die russische Kolonie überreichte unserem Komponisten einen vergoldeten Lorbeerkranz. Drei Nummern wurden wiederholt: der Walzer aus der Streicherserenade, die Marche miniature aus der ersten Suite und die „Serenade des Don Juan" [op. 38, Nr. 1], gesungen von Herrn Dauphine.
Am 27. Februar [/ 11. März] kam Peter Iljitsch nach Hamburg. In dem Hotel, in welchem er abstieg, wohnte im Zimmer neben ihm – Brahms. Peter Iljitsch war sehr geschmeichelt, dass der grosse deutsche Komponist ausschliesslich wegen der Probe der fünften Symphonie einen Tag länger in Hamburg geblieben war. Am nächsten Tage wurde un-

---

[196 In seinem russischen Brief zitiert Čajkovskij die beiden Worte deutsch.]
[197 Vgl. oben, S. 406 f., Čajkovskijs Brief an Jurgenson vom 5. / 17. Februar 1889 (ČPSS XVa, Nr. 3786) mit Anmerkungen.]
[198 Beim Berliner Verlag Bote & Bock waren 1871 bzw. 1881 die zweite und dritte Fassung von Čajkovskijs Fantasie-Ouvertüre „Romeo und Julia" erschienen.]
[199] Des berühmten Violoncellovirtuosen. [Der Cellist, Komponist und Dirigent Karl Ju. Davydov (geb. 1838), 1862-1887 Professor am Petersburger Konservatorium und ab 1876 dessen Direktor, war am 14. Februar 1889 in Moskau gestorben. Čajkovskij hatte ihm sein Capriccio italien gewidmet.]
[200] Peter Iljitsch schreibt dies nach der Lektüre der begeisterten Artikel Ludwig Hartmanns über jenes Werk. Leider sind alle meine Bemühungen, in den Besitz jener Artikel zu kommen, erfolglos geblieben. Ludwig Hartmann selbst schrieb mir, er wäre „einer der ersten Verehrer Peter Iljitschs" und hätte in der „Dresdner Zeitung" über die vierte Symphonie geschrieben. Die Redaktion dieser Zeitung stellt dem entgegen, dass L. Hartmann erst im Jahre 1890 ihr Mitarbeiter geworden wäre.

ser Komponist vom Orchester sehr teilnahmsvoll empfangen. Brahms blieb bis zum Ende in der Probe und sprach nachher beim Frühstück „sehr offen und sehr einfach" seine Meinung aus: alles hatte ihm gefallen mit Ausnahme des Finales. Dadurch wurde natürlich dieser Teil der Symphonie auch dem Autor „sehr verleidet", aber zum Glück nicht für immer, wie wir später sehen werden. Peter Iljitsch benutzte die Gelegenheit der Begegnung mit Brahms, um ihn einzuladen, ein Symphoniekonzert in Moskau zu dirigieren, doch wurde diese Einladung abgelehnt. Ungeachtet dessen gefiel Peter Iljitsch die Persönlichkeit des Schöpfers des „Deutschen Requiems" noch mehr als bei der ersten Begegnung [1888 in Leipzig], was aber sein Verhältnis zu dessen Werken nicht veränderte.

In dem Gegensatz zwischen Brahms und Wagner, welcher das ganze musikalische Deutschland in zwei feindliche Lager spaltete, gehörte Peter Iljitsch bis ans Ende seiner Tage keiner der beiden Parteien an. Die Fahne, die Tendenz, die Persönlichkeit von Brahms als Mensch und als Künstler waren ihm in der Reinheit und Vornehmheit ihrer Bestrebungen ebenso sympathisch wie diejenigen Richard Wagners unsympathisch; während aber die Genialität der Musik des letzteren einen Widerhall in seinem Herzen fand, liess ihn alles, was Brahms geschaffen, kühl.

Ausser der ersten gab es noch drei Proben. In der zweiten ging es bereits „ausgezeichnet", und in der dritten bemerkte Peter Iljitsch freudig, dass die Symphonie den Musikern immer mehr gefiel. In der öffentlichen Generalprobe „gab es einen richtigen Enthusiasmus". Weniger lärmend, aber ebenso erfolgreich verlief auch das Konzert selbst am 3. [/15.] März.

Der angenehme Eindruck dieses Abends wurde dadurch etwas getrübt, dass [Theodor] Avé-Lallemant,[201] dem die Symphonie gewidmet ist, wegen Krankheit nicht im Konzert erscheinen konnte; und doch wäre Peter Iljitsch seine Anwesenheit sehr wert gewesen, und er hätte gern seinen Eindruck kennengelernt! Vor dem Konzert erhielt er von dem Greise einen Brief mit seinem Segen und Glückwunsch.

Die Kritik konstatiert den Erfolg der Symphonie, ist aber nicht in gleichem Masse mit dem Werk selbst zufrieden: während Sittard, dessen Meinung Peter Iljitsch hochschätzte, im Hamburger Korrespondenten das neue Werk zu den „bedeutendsten musikalischen Erscheinungen der letzten Jahre" zählt – dem auch der Referent der „Hamburger Nachrichten", allerdings unter Vorbehalten, beistimmt –, hält Emil Krause[202] („Fremdenblatt") die neue Symphonie für eine Reihe von Klangeffekten auf dem „Hintergrund nicht sehr bedeutender Erfindung" und findet sie „extravagant und maniriert".

An W. Dawidow: „Hannover, d. 5. [/ 17.] März 1889.

Bob, Du wirst Dich wahrscheinlich wundern, dass ich aus Hannover schreibe. Die Sache ist aber sehr einfach, ich musste etwa 20 Briefe schreiben und wollte überhaupt etwas allein sein, was nur in einer Stadt wie Hannover möglich ist, wo mich kein Hund kennt. Nach meinem letzten Brief hat das Hamburger Konzert stattgefunden, und ich kann wieder mit einem grossen Erfolg prahlen. Die fünfte Symphonie ist ausgezeichnet gespielt worden, und ich habe sie wieder liebgewonnen, nachdem ich einige Zeit übertrieben schlechter Meinung von ihr gewesen bin. Leider werde ich von der russischen Presse fortgesetzt ignoriert. Ausser den mir Nahestehenden will niemand etwas von meinen Erfolgen wissen. In den hiesigen Zeitungen liest man täglich lange Telegramme über die Wagner-Vorstel-

---

[201] Das betagte Vorstandsmitglied der Philharmonischen Gesellschaft, das Čajkovskij bei seinem vorjährigen Hamburg-Aufenthalt kennen- und schätzengelernt hatte. Vgl. seinen autobiographischen Bericht von der ersten Konzerttournee, in: Musikalische Essays, S. 412.]
[202] Siehe oben, S. 385, Anmerkung 45.]

lungen in Russland. Freilich bin ich kein Wagner, trotzdem wäre es wünschenswert, dass man in Russland etwas davon erführe, wie die Deutschen mich empfangen und behandeln ..." [XVa, 3814.]

An M. Tschaikowsky: „[Hannover, d. 5. (/ 17.) März 1889.]
... Die fünfte Symphonie hat aufgehört mir schlecht zu scheinen, und ich habe sie von neuem liebgewonnen. Zwei Tage vor Schluss war ich zum Benefiz von [Julius] Laube gegangen (demselben, der in Pawlowsk spielt).[203] Nach dem zweiten Satz der Serenade machte mir der ganze grosse Saal eine Ovation, und die Musiker bliesen Tusch. Das ist alles sehr schön und unterhaltend für den gegebenen Moment, sobald es aber weder Proben noch Konzerte gibt, falle ich unverzüglich in die übliche Stimmung der Unzufriedenheit und Langeweile. Als ich gestern früh erwachte, war ich schier verzweifelt. Nur ein Konzert ist noch übriggeblieben, in London, aber erst in einem Monat. Was soll ich bis dahin anfangen? Wie soll ich die Zeit totschlagen? In die Schweiz reisen – ist zu weit, es hat auch keinen Zweck, sich nur für kurze Zeit an einem schönen Ort niederzulassen. Nach Paris? Ich fürchte mich vor jenem Leben, welches ich im vorigen Jahr dort geführt habe, und möchte nicht lange dableiben. Nach Nizza? Wiederum zu weit, ich habe auch keine Lust dahin. So habe ich denn beschlossen, um mich wieder in eine mehr oder weniger normale Verfassung zu bringen, für zwei bis drei Tage nach Hannover zu reisen. Vielleicht werde ich unterwegs in Aachen Halt machen. Es lockt mich, den Ort wiederzusehen, wo ich so unglücklich gewesen bin, und Kondratjew einige Tränen nachzuweinen.[204] Vielleicht aber werde ich direkt nach Paris gehen. Das Getriebe dort wird die Langeweile am ehesten töten. Wieviel Zeit geht unnütz verloren!!" [XVa, 3818.]

Kapitel XI.

[Hannover. Paris (protegiert und empfiehlt Sapel'nikov; Einladungen bei Viardot und Benardaki; Konzert: Berlioz, „Faust" – und Oper: Lalo, „Le Roi d'Ys"; Plan einer Oper „La Courtisane" für Paris; Treffen mit Musikern). Mag nicht ihn betreffende Zeitungsberichte sammeln und seinem Verleger schicken, aber ärgert sich über die Missachtung seiner Auslandserfolge in der russischen Presse.
London (1. Klavierkonzert mit V. L. Sapel'nikov und 1. Orchestersuite); Ende der zweiten Europatournee.]

Der dreitägige Aufenthalt in Hannover unterschied sich von dem Aufenthalt Peter Iljitschs in den anderen Städten diesmal nur dadurch, dass ihm hier das einzige fehlte, was imstande war, sein beständiges Heimweh zu übertönen – Proben und Konzerte.

„Merkwürdige Sache", schreibt er in seinem Tagebuch, „ich erstrebe die Einsamkeit, und wenn sie da ist – leide ich." In diesem Zauberring pendelten zwischen „schlimm" und „noch schlimmer" die Tage Peter Iljitschs seit seiner Abreise aus Russland. „Am schlimmsten" erging es ihm aber in Hannover, wo er „den höchsten Grad der Einsamkeit erreicht" hat. Die Versuche, am Ballett [„Dornröschen"] zu arbeiten, missglückten – „es kam alles so schlecht und trocken heraus"; die Lektüre reichte nicht für den ganzen Tag, die Spaziergänge auch nicht, so dass Peter Iljitsch mehr als sonst einem künstlichen Betäubungsmittel zusprach, – dem Wein, dem er übrigens auch in den anderen Städten im Übermass huldigte. Zu alledem zog er sich eine Erkältung zu und verliess Deutschland als kranker und seelisch verstimmter Mann.

---

[203] Zu Laube siehe ČSt 3, S. 217-222.]
[204] Im Juli / August 1887 hatte Čajkovskij seinen sterbenskranken Freund Nikolaj D. Kondrat'ev (1832-1887) in Aachen besucht. Vgl. dazu Wolfgang Glaab, „Tschaikowsky: ‚... sechs Wochen in Aachen. Das war eine der schrecklichsten Zeiten meines Lebens'", Aachen 2009.]

Am 8. [/ 20.] März kam er in Paris an und blieb daselbst bis zum 30. [März / 11. April].

Nachdem er die ganze Bitterkeit des Alleinseins in fremder Umgebung, welcher die gewohnten Bedingungen eines ruhigen Arbeitens fehlten, ausgekostet hatte, versuchte er es in Paris nicht wieder, „die Einsamkeit zu erstreben", in der richtigen Voraussetzung, dass das bewegte Pariser Leben seine „Langeweile töten" würde. Vom ersten bis zum letzten Tage ist er nie allein gewesen und notierte schon am 10. [/ 22.] März in seinem Tagebuch: „Das krankhafte Heimweh und der Widerwille gegen die Fremde sind verschwunden."

Da sein diesmaliger Aufenthalt in Paris kein öffentliches Auftreten zum Zweck hatte, verlief er einerseits nicht so glänzend, andererseits aber auch nicht so aufregend wie der vorjährige. Dennoch war Peter Iljitsch mit vielen Leuten zusammen, besuchte viele Gesellschaften und erhielt noch mehr Einladungen. Am 19. [/ 31.] März war er bei der Aufführung einzelner Sätze [recte: des Finales] seiner dritten Suite in einem Colonne-Konzert anwesend.

In seinem tatenlosen Feiertagsleben war Peter Iljitsch nur um zwei Dinge besorgt: erstens wollte er Massenet [als Dirigenten] für ein Moskauer Symphoniekonzert gewinnen, und zweitens bemühte er sich, seinen Einfluss und seine Verbindungen zugunsten Sapelnikows geltend zu machen, dessen virtuoses Talent er sehr hochschätzte.

An P. Jurgenson: „Paris, d. 21. März [/ 2. April] 1889.

... Massenet sah ich mehrmals; er ist sehr geschmeichelt und bereit, zu kommen; eine bestimmte Zeit festsetzen kann er noch nicht; im Frühjahr würde es ihm am besten passen. Ich habe Paderewsky engagiert, der in Paris kolossale Erfolge feiert. Er steht d'Albert nicht nach und ist jedenfalls einer der allerersten Pianisten unserer Zeit ...[205]

Vorgestern hatte die 3. Suite in Colonnes Konzert einen grossartigen Erfolg.[206]

... Ich habe nie mich betreffende Zeitungsnotizen ausgeschnitten, auch habe ich mich nie um solche gekümmert. Die Ausschnitte, welche ich Dir und Modest schickte, erhielt ich von meinen Gönnern oder von den Verfassern selbst. Es widerstrebt mir, mich mit einer Schere zu bewaffnen oder ganze Zeitungen an meine Freunde zu versenden. Genfer Zeitungen besitze ich nicht. Der dortige Dirigent hatte mir zwar einen ganzen Stoss derselben zugesandt (lauter lobende), ich habe sie aber irgendwo liegenlassen. Schmerzlich ist, dass unsere Herren Kritiker-Komponisten gegenseitig für sich Reklame machen, aber von einem Künstler, der bestrebt ist, die russische Kunst in der Fremde zu Ehren zu bringen, nichts wissen wollen, da sie sich nicht die Mühe machen, Nachrichten über ihn zu sammeln. Das wäre nicht einmal schwer, wenn sie nur den guten Willen hätten, denn die bedeutendsten Zeitungen liegen in allen Redaktionen auf. Hol sie der Teufel! Aus London werde ich nichts senden, weil ich schon am folgenden Tag [nach dem Konzert] abreise. Die ‚Times' gibt es in jeder Redaktion, auch andere englische Zeitungen." [XVa, 3826.]

An M. Tschaikowsky: „Paris, d. [21. März /] 2. April 1889.

Lieber Modja, es wird Dich wahrscheinlich interessieren, etwas über Sapelnikow zu erfahren. Er ist ganz verliebt in Paris. Ich habe beschlossen, ihn aus London wieder nach Paris zurückkehren zu lassen, damit er noch drei oder vier Wochen unter Brandukows Aufsicht dort bleibe. Es wird ihm zwar kaum noch gelingen, in irgendeinem grossen Konzert

---

[205 Wieder geht es um die Verpflichtung ausländischer Künstler für die Konzerte der Russischen Musikgesellschaft in Moskau, um die sich Čajkovskij, Direktionsmitglied der Gesellschaft, wegen seiner guten Kontakte kümmert. Vgl. oben, S. 406 f., seinen Brief an Jurgenson (ebenfalls Direktionsmitglied der Musikgesellschaft) vom 5. / 17. Februar 1889 (ČPSS XVa, 3786) mit Anmerkungen.]
[206 In einem Châtelet-Konzert führte Edouard Colonne am 19. / 31. März 1889 das Finale von Čajkovskijs 3. Orchestersuite G-Dur op. 55 auf.]

aufzutreten, er kann aber viele nützliche Bekanntschaften machen. Gestern dinierten wir bei M-me Benardacky,[207] die ganz entzückt von ihm ist. Sie will einen grossen Abend für ihn arrangieren. Da sie mit vielen bedeutenden Journalisten sehr intim ist, kann ihm das sehr nützen. Brandukow wird ihn auch mit vielen bekanntmachen. Ich habe es so eingerichtet, dass er jeden Tag bei Erard[208] üben kann …" [XVa, 3825.]

An M. Tschaikowsky: „Paris, d. [25. März /] 6. April 1889.
  Modja, gestern abend spielte Wassja[209] bei Colonne. Nach der Chopinschen Polonaise war Colonne voller Staunen und sagte mir, er würde Wassja im nächsten Jahr engagieren und ‚les choses en grand' machen. Auch ein Kritiker des ‚Figaro' war da, Charles Darcours, und ist ganz begeistert. Überhaupt ist der Furore, den Wassja gemacht hat, kolossal …" [XVa, 3829.]

An W. Dawidow: „London[, d. 30. (recte: 29.) März / 10. April] 1889.
  … Den Abend vor der Abreise [aus Paris][210] war ich bei der Viardot. Da wurde eine Oper aufgeführt, welche sie selbst vor 20 Jahren über einen Text von Turgenjew komponiert hatte.[211] Die Ausführenden waren ihre zwei Töchter und ihre Schülerinnen, von denen eine Russin zum grossen Vergnügen aller Zuschauer einen russischen Tanz aufführte. Ich habe den Eiffelturm[212] ganz aus der Nähe gesehen. Ein grandioses Ding … Mit grossem Genuss habe ich das schönste Werk von Berlioz gehört, ‚La damnation de Faust'.[213] Ich habe diese Komposition sehr gern und wünsche sehr, dass Du es einmal kennenlernst. Auch Lalos Oper ‚Le Roi d'Ys' hat mir sehr gefallen.[214] Sage Modja, er möchte sich bemühen, sie zu erwerben: er wird viel Genuss daran finden. Es ist beschlossene Sache, dass ich eine französische Oper ‚La Courtisane' schreiben werde.[215] Ich habe eine ganze Menge französischer Komponisten kennengelernt:[216] sie sind alle die verbissensten Wagnerianer. Dabei steht den Franzosen das Wagnertum so schlecht! Es hat bei ihnen den Charakter einer Kinderei, welche ernst genommen werden möchte." [XVa, 3830.]

An W. Dawidow: „London, d. 30. [recte: 29.] März [/ 10. April] 1889.
  … Vor allen Dingen muss ich Dir mitteilen, dass ich endlich den Londoner Nebel kennengelernt habe. Schon im vorigen Jahr hatte ich mich jeden Tag über den Nebel gefreut, – aber einen solchen wie heute hätte ich mir nie träumen lassen. Als ich morgens zur Probe ging, war es neblig, wie es auch in Petersburg zu sein pflegt. Als ich aber mit Sapelnikow um 12 Uhr mittags aus der St. James' Hall[217] auf die Strasse trat, war es ganz und gar

---

[207 Bei den Benardakis hatte am 16. / 28. Februar 1888 ein musikalischer „Paradeabend" zu Beginn von Čajkovskijs Parisaufenthalt während seiner ersten grossen Europatournee stattgefunden, siehe oben, S. 370 f.]
[208 Erard: die berühmte Klavierfabrik in Paris.]
209 Abkürzung von Wassily (Sapelnikow).
[210 27. März / 8. April 1889.]
211 Der Titel dieser Oper[ette] ist „Le dernier sorcier". [Uraufgeführt worden war sie 1869 in Weimar.]
[212 Der anläßlich der Weltausstellung Mai-Oktober 1889 errichtet worden war; siehe oben, S. 387, Anmerkung 141.]
[213 Am 26. März / 7. April 1889 unter der Leitung von Edouard Colonne im Pariser Châtelet.]
[214 Bei einer Aufführung am 10. / 22. März 1889 in der Pariser Opéra comique. Dort war sie am 7. Mai 1888 uraufgeführt worden.]
215 Diese Oper, deren Textdichter Gallé [recte: Gallet] und Détroyat waren, ist nie begonnen worden. [Vgl. dazu „Eine französischsprachige Oper Čajkovskijs für Paris?", in: ČSt 3, S. 234-258.]
216 In seinem Tagebuch nennt Peter Iljitsch nur Vincent d'Indy und [Cécile] Chaminade.
[217 Dort fand am 30. März / 11. März 1889 das 3. Konzert der Philharmonischen Gesellschaft statt, in dem Čajkovskij sein 1. Klavierkonzert op. 23 (mit V. L. Sapel'nikov als Solisten) und die 1. Orchestersuite op. 43 dirigierte.]

Nacht, so wie an einem späten, mondlosen Herbstabend in Petersburg. Das hat auf uns beide einen starken Eindruck gemacht. Ich habe die Empfindung, als ob ich in einem unterirdischen Gefängnis sitze. Jetzt ist es 4 Uhr nachmittags, es ist etwas heller geworden, aber immer noch dunkel. Merkwürdigerweise hat sich das Mitte April ereignet. Sogar die Londoner selbst sind erstaunt und empört …

Ach Bob, wie glücklich werde ich sein, wieder nach Frolowskoe zurückzukehren! Ich glaube, ich werde es nun nimmer mehr verlassen.

Die heutige Probe ist gut verlaufen: das Orchester ist ausgezeichnet. Sapelnikow hat noch nicht gespielt. Morgen wird er wahrscheinlich Sensation unter den Musikern erregen …" [Ebenfalls XVa, 3830.]

Im Philharmonischen Konzert dirigierte Peter Iljitsch sein erstes Klavierkonzert (mit Sapelnikow als Solisten) und die Suite N° 1. Beide Werke hatten einen glänzenden Erfolg. Auch die Zeitungen konstatierten ihn, obwohl sie den Löwenanteil desselben W. Sapelnikow zuschrieben.

Kapitel XII.

[April und Mai 1889. Marseille – Konstantinopel – Batum. Tiflis (bei Anatolij und seiner Ehefrau). Moskau. Petersburg. Frolovskoe.
Auf der Schiffsreise befreundet er sich mit dem 14-jährigen Vladimir Sklifosovskij.
In Moskau: Direktionssitzungen der Musikgesellschaft. Wechsel im Direktorat des Konservatoriums: von Taneev zu Safonov; Karl Al'brecht wird als Inspektor des Konservatoriums verabschiedet.]

Am 31. März [/ 12. April 1889] verliess Peter Iljitsch in aller Frühe London und befand sich bereits am 1. [/ 13.] April in Marseille an Bord eines Schiffes der „Messagerie Maritime", welches nach Batum in See gehen sollte.

An M. Tschaikowsky: „Konstantinopel, d. 8. [/ 20.] April 1889.
… Ich bin mit unglaublicher Schnelligkeit von London nach Marseille gefahren. In Marseille blieb ich nur einige Stunden. Gerade vor acht Tagen sind wir in Marseille abgefahren. Das Schiff ist gut, die Verpflegung – ausgezeichnet. Stellenweise gab es hohen Seegang, zwischen Syra und Smyrna[218] sogar einen richtigen Sturm, an den ich nicht ohne Entsetzen zurückdenken kann. Man sagt, dass es in dieser Gegend sehr oft so wäre. Syra und Smyrna haben mir beide sehr gefallen. Zwei Russen habe ich auf dem Schiff kennengelernt: einen 14-jährigen Knaben Sklifassowsky[219] (Sohn des berühmten Chirurgen)[220] und einen mit ihm reisenden Studenten der Moskauer Universität, Hermanowitsch, – beide sehr nette Subjekte, mit denen ich grosse Freundschaft geschlossen habe: sie reisen nach Odessa, ich – nach Batum. Den ganzen Abend haben wir drei zusammen in der Stadt verbracht und an Bord übernachtet. Ich werde grosse Sehnsucht nach ihnen haben …

Gleich will ich mit meinen Freunden wieder in die Stadt." [XVa, 3835.]

In der Stadt assen die Freunde zusammen zu Mittag und trennten sich.

Nachdem Peter Iljitsch von ihnen Abschied genommen, kehrte er in seine Kabine zurück und „weinte bitterlich", – als wenn er ahnte, dass er den überaus sympathischen,

---

[218] Syra: die griechische Kykladeninsel Syros in der Ägäis; Smyrna: die heutige Stadt Izmir an der türkischen Ägäisküste.]
[219] Vladimir (Volodja) N. Sklifosovskij. Seinem Andenken widmete Čajkovskij vier Jahre später, 1893, eines der 18 Klavierstücke op. 72, und zwar Nr. 14, Chant élégiaque: „À la mémoire de W. Skliffassowsky".]
[220] Nikolaj V. Sklifosovskij (1836-1904).]

reichbegabten Wolodja Sklifassowsky auf Erden nie wiedersehen würde (der Knabe starb am 25. Januar 1890).

Am 12. April kam Peter Iljitsch in Tiflis an.

An Frau von Meck: „Tiflis, d. 20. April 1889.

… Eine herrliche Gegend, der Kaukasus! Wie unbeschreiblich herrlich ist zum Beispiel das Tal des Rion[221] mit seiner üppigen Flora, von welchem die Bahn von Batum hierher fährt. Stellen Sie sich ein breites Tal vor, meine Teure, welches zu beiden Seiten von bizarren Felsen und Bergzacken eingefasst ist; dazu die vielen Frühlingsblumen, das helle, frische Grün der Bäume und der wasserreiche, schäumende, in vielen Windungen dahinströmende Rion … Nach dem Londoner Nebel, welcher einen albdrucksschweren Eindruck in mir hinterlassen hat, ist das alles so wunderschön, dass ich keine Worte finden kann.

Nichtsdestoweniger kann ich nicht behaupten, mich hier sehr wohl zu fühlen. Eine Müdigkeit, Apathie und eine unbestimmte Sehnsucht überfallen mich so oft. Zum Arbeiten spüre ich nicht die geringste Lust, sogar lesen mag ich nicht. Ich denke, das ist das Resultat der drei Monate langen Anspannung aller Kräfte, und hoffe, dass alles spurlos verschwinden wird, sobald ich wieder zu Hause bin und ein ruhiges, regelmässiges Dorfleben beginne." [XVa, 3842.]

Am 7. Mai war Peter Iljitsch bereits in Moskau.

An A. Tschaikowsky: „Moskau, d. 12. Mai 1889.

… Fast direkt vom Bahnhof erschien ich zur Konservatoriumsaufführung im Kleinen Theater.[222] Alle waren erfreut, mich zu sehen. Seither nehme ich täglich an den Direktionssitzungen der Musikgesellschaft teil. Es sind viele Angelegenheiten zu erledigen. Im Konservatorium hat sich ein ‚coup d'état' ereignet: Tanejew hat sein Amt niedergelegt, Safonow ist bereit, Direktor zu sein, aber nur unter der Bedingung, dass Karl Albrecht des Inspektorenpostens enthoben werde. Lange und energisch verfocht ich Karls Sache und erklärte zuletzt, ich würde aus dem Direktorium [der Musikgesellschaft] ausscheiden, wenn Albrecht ohne Dekorum für langjährige Dienste entlassen werden sollte …"[223] [XVa, 3855.]

Von Moskau ist Peter Iljitsch für einige Tage nach Petersburg gereist, um seine Verwandten und Freunde wiederzusehen, und traf am 19. Mai nach viermonatiger Abwesenheit in Frolowskoe ein.

---

[221] Fluss im Kaukasus.]
[222] Im Malyj teatr führten Studierende des Moskauer Konservatoriums am 5., 7. und 9. Mai 1889 unter der Leitung von Sergej I. Taneev die (1846 in Wien uraufgeführte) Oper „Der Waffenschmied" (russisch: „Oružejnik") von Albert Lortzing (1801-1851) auf.]
[223] Der mit Čajkovskij eng befreundete Violoncellist Karl K. Al'brecht (1836-1893) war seit 1866 Inspektor des Moskauer Konservatoriums. Seine Nachfolgerin wurde Aleksandra I. Gubert (Hubert; geb. Batalina), die Frau des ebenfalls mit Čajkovskij befreundeten Nikolaj A. Gubert.]

Kapitel XIII.

[Juni-September 1889. Frolovskoe.
Instrumentierung des „Dornröschen"-Balletts. Korrespondiert als Direktionsmitglied der Moskauer Abteilung der Russischen Musikgesellschaft mit auswärtigen Dirigenten-Komponisten (wie Ippolitov-Ivanov und Napravnik) über Gastdirigate und Programme – und bittet die Betreffenden, keine seiner Werke aufzuführen. Mietet zusätzlich eine ruhige Stadtwohnung in Moskau, um sich an Winterabenden zerstreuen zu können.]

Der Sommer 1889 verlief friedlich und einförmig. Peter Iljitsch komponierte und instrumentierte das Ballett „Dornröschen".[224] Während der vier Monate ereignete sich nicht eine einzige Episode, welche geeignet gewesen wäre, die zum Arbeiten erforderliche ruhige und gleichmässige Stimmung zu unterbrechen. Die einzige für Peter Iljitsch unangenehme Seite des einsamen Dorflebens – die abendliche Langeweile – wurde durch die Gesellschaft Laroches behoben, welcher uns (ich war in jenem Sommer ebenfalls Peter Iljitschs Gast) nach dem Abendessen vorlas; oder es kam – wenn der stets willkommene N. Kaschkin gerade da war – eine kleine Kartenpartie zustande. Erwähnt man noch die kleinen Feste, die Peter Iljitsch hin und wieder gab, wozu er seine Freunde Peter Jurgenson, Frau Alexandra Hubert und Alexander Siloti einlud, – sind damit alle „Ereignisse" jener Periode erschöpft. Diese kurze und farblose Beschreibung des Sommers 1889 wäre unvollständig, wollte ich ein allerliebstes dreijähriges Kind,[225] die Tochter Legoschins,[226] übergehen, welches durch seine Schönheit, durch sein hellklingendes Stimmchen, seine reizenden Einfälle und sein überaus kluges Köpfchen Peter Iljitsch oft entzückte und erfreute. Stundenlang konnte er mit dem Mädchen herumtollen, seinem Geplapper zuhören und mitunter sogar – Wärterin sein.

Die Korrespondenz Peter Iljitschs war in jener Zeit quantitativ nicht weniger umfangreich als sonst; viele Briefe geschäftlichen Inhalts besitze ich nicht, während die anderen, nicht-geschäftlichen, in der Mehrzahl kurz und uninteressant sind.

An P. Jurgenson: „Frolowskoe, d. 7. Juni 1889.
... Ich sitze fast ununterbrochen im Dorf und arbeite energisch an der Instrumentierung des [‚Dornröschen'-]Balletts. Nur einmal war ich für zwei Tage nach Moskau gefahren, um einer Direktionssitzung [der Musikgesellschaft] beizuwohnen.

Weisst Du schon, dass wir [im Konservatorium] einen neuen Inspektor haben, dessen charakteristisches Merkmal darin besteht, dass er anstatt Hosen – einen Rock trägt und Alexander Iwanowitsch Hubert-Batalin heisst?[227] Im Ernst: nach langem ‚sich bitten und drängen lassen' hat Frau Alexandra Iwanowna Hubert endlich eingewilligt, Inspektor zu sein ..." [XVa, 3873.]

An M. Ippolitow-Iwanow: „Frolowskoe, d. 12. Juni 1889.
... Das Programm darfst Du ganz nach Deinem Belieben zusammenstellen, beachte nur folgende zwei Umstände: 1.) Wagners ‚Faust'-Ouvertüre hat Siloti bereits gewählt, dessen Programm die Direktion [der Musikgesellschaft] auch schon genehmigt hat. Du

---

[224 Am 26. Mai 1889 war das Konzept beendet; etwas am 30. Mai begann Čajkovskij die Partitur.]
[225 Die kleine Kleopatra (genannt „Klera" oder „Kleročka"), nach ČPSS XVa, S. 263, geb. „1884?".]
[226 Aleksandr A. Legošin, von Čajkovskij geschätzter Diener seines verstorbenen Freundes Nikolaj D. Kondrat'ev. Legošin arbeitete später als Eisenbahnangestellter im Kaukasus.]
[227 Die mit Čajkovskij befreundete Pianistin Alexandra Ivanovna Gubert (Hubert; geb. Batalina; 1850-1937) hatte 1874-1883 am Moskauer Konservatorium unterrichtet und wirkte 1889-1914 als dessen Inspektorin; sie hat von einigen Werken Čajkovskijs Klavierauszüge angefertigt.]

musst also eine andere Ouvertüre nehmen. Wie wäre es mit Rubinsteins ‚Iwan Grosny'?[228] Ein prachtvolles Stück. 2.) Vergiss nicht, dass Safonow in Deinem Konzert spielt.[229] Die Hauptsache aber ist, dass Du unbedingt etwas von Deinen eigenen Werken bringen musst. Ich würde Stücke aus ‚Ruth'[230] vorschlagen; das ist aber zu wenig, Du musst ausserdem etwas Symphonisches spielen. Es versteht sich von selbst, dass die Direktion sich glücklich schätzen wird, dem Moskauer Publikum gelegentlich Deines Konzerts die Bekanntschaft der sympathischen und talentvollen Sängerin Sarudnaja vermitteln zu dürfen.[231] Habe Dank für die Wahl meiner [4.] Symphonie, ich würde aber vorziehen, nichts von meinen Sachen von Dir aufführen zu lassen. Ich möchte den Anschein vermeiden, ich hätte Dich nur deshalb engagiert, weil Du meine Kompositionen spielst. Bei Gott, ich würde etwas Anderes vorziehen ..."[232] [XVa, 3875.]

An Frau von Meck: „Frolowskoe, d. 26. Juni 1889.
... Ich arbeite wie gewöhnlich sehr eifrig und angestrengt,[233] denn ich bin an einen bestimmten Termin gebunden und muss meine ganze Kraft zusammennehmen, um die Partitur rechtzeitig abzuliefern. Dank dem kühlen Wetter, welches den ganzen Juni anhält, und dank dem sympathischen Sujet ermüdet mich die Arbeit nicht sehr; überhaupt fühle ich mich in der ganzen letzten Zeit sehr wohl." [XVa, 3886.]

An E. Napravnik: „Frolowskoe, d. 9. Juli 1889.
... Sie haben Ihr der Direktion der Moskauer Musikgesellschaft gegebenes Versprechen, eines unserer Konzerte zu dirigieren, doch nicht vergessen, teurer Freund? ...
Jetzt über das Programm. Es liegt ganz in Ihrer Hand, sowohl hinsichtlich der Wahl der Stücke als auch hinsichtlich des Solisten ... Wir bitten Sie sehr, Ihre Bescheidenheit zu vergessen und wenigstens zwei grosse Werke Ihrer Komposition zu spielen. Und ich bitte Sie auf das *Nachdrücklichste*, nichts von *meinen* Sachen aufzuführen. Es wäre mir als dem Veranstalter dieser Konzerte überaus unangenehm, wenn die von mir zu engagierenden Kapellmeister meine Kompositionen spielen wollten. Ich will um keinen Preis den Anschein erwecken, als hätte ich für mich selbst gesorgt. Man wird das aber bestimmt annehmen, sobald einer der Gastdirigenten meine Sachen spielt. Dvořák wird, glaube ich, ausschliesslich seine Werke zu Gehör bringen, darum möchte Sie als einen böhmischen Russen bitten, etwas von Smetana zu bringen, vielleicht die ‚Moldau' oder sonst etwas. Übrigens wiederhole ich: ganz wie Sie wünschen. Nun wollen wir noch die kitzlige Frage in Betreff des Honorars erledigen. Da Sie ein sehr grosser Mann sind, gebührt Ihnen auch ein sehr grosses Honorar. Wir befinden uns aber in einer schrecklichen finanziellen Krise und flehen Sie an, uns nicht übelzunehmen, dass wir nicht imstande sind, Sie so zu honorieren, wie es sich gehört, und ich bitte Sie, falls Ihnen die Summe, die wir Ihnen vorzu-

[228] Anton Rubinštejns Musikalisches Charakterbild „Ivan Groznyj" (Ivan der Schreckliche) op. 79 für Orchester. (Von diesem Werk hatte Čajkovskij im Herbst 1869 einen vierhändigen Klavierauszug im Auftrage des Petersburger Verlegers Bessel' angefertigt.)
[229] Tatsächlich war Sergej I. Taneev der Solist des Konzerts am 11. März 1890 – siehe unten.]
[230] „Ruf": 1883-1886 komponierte Oper Michail M. Ippolitov-Ivanovs.]
[231] Die Sopranistin Varvara M. Zarudnaja (1857-1937), 1882-1883 an der Oper in Kiev, 1883-1893 an der Oper in Tiflis, ab 1893 – wie ihr Gatte M. M. Ippolitov-Ivanov – Professor am Moskauer Konservatorium.]
[232] Das Programm des von Ippolitov-Ivanov dirigierten 10. Symphoniekonzerts der Russischen Musikgesellschaft in Moskau am 11. März 1890 enthielt folgende Werke: Beethoven, 7. Symphonie A-Dur op. 92; Ippolitov-Ivanov, Stücke aus der Oper „Ruf"; Beethoven, 5. Klavierkonzert (Solist: Sergej I. Taneev); Ippolitov-Ivanov, Vorspiel zur Oper „Azra"; Čajkovskij, Arioso aus der Oper „Čarodejka", ausgeführt von V. M. Zarudnaja, die ausserdem Romanzen von N. A. Rimskij-Korsakov, Čajkovskij und K. Ju. Davydov sang.]
[233] Čajkovskij spricht hier von der Instrumentierung des „Dornröschen"-Balletts.]

schlagen gedenken (400 Rubel), gar zu klein erscheinen sollte, darob nicht der Direktion zu zürnen, sondern *mir persönlich*. Als über die Honorarfrage beraten wurde, erklärte ich, dass Sie aus *persönlicher Freundschaft für mich* auf ein Honorar verzichten und jene winzige Summe lediglich als eine Vergütung der Reisekosten betrachten würden." [XVa, 3899.]

An Frau von Meck: „Frolowskoe, d. 12. Juli 1889.
… Ich setze mein stilles, arbeitsreiches ländliches Leben fort. Das [‚Dornröschen'-] Ballett kommt allmählich voran, jedoch sehr allmählich: ich kann jetzt nicht mehr mit der gleichen Schnelligkeit arbeiten wie früher. Es ist schon gut, dass ich mit meinem neuen Werk zufrieden bin und ich mich hinsichtlich des früher oder später eintretenden Verfalls der schöpferischen Kräfte einstweilen noch nicht zu beunruhigen brauche. Ich fühle, dass jene Periode des Verfalls noch lange nicht kommen wird, und dieses Bewusstsein, noch nicht invalide zu sein, freut mich sehr. Ich weiss wohl, dass ich das Alter der Abstumpfung noch nicht erreicht habe, aber da ich in meiner Jugend viel gearbeitet und mich zu oft überanstrengt habe, ist wohl zu befürchten, dass die Erschlaffung vorzeitig eintreten könnte.

Ich bin in Moskau gewesen, um die Wohnung anzusehen, die man für mich in Aussicht genommen hatte, und habe sie gemietet.[234] Sie liegt in einer stillen Quergasse und gefällt mir sehr, namentlich weil sie ein besonderes, abseits stehendes Häuschen einnimmt, wo ich durch kein Klavierspiel gestört werden kann und wo ich überhaupt Ruhe haben werde, soweit Ruhe in einer Stadt überhaupt möglich ist. Ich hatte schon geschrieben, dass ich wider Willen den Versuch machen will, in der Stadt zu wohnen, weil mich in der letzten Zeit allabendlich Kopfschmerzen quälen, wenn ich nicht die Möglichkeit habe, mich nach getaner Arbeit etwas zu zerstreuen. Im Winter gibt es auf dem Dorf keine andere Zerstreuung als zu lesen. Nun ist aber auch das Lesen Geistesarbeit und verursacht mir die grässlichsten Kopfschmerzen. Im Augenblick sind Modest und Laroche bei mir zu Gast, so dass ich die Abende sehr angenehm verbringe." [XVa, 3903.]

An Frau von Meck: „Frolowskoe, d. 25. Juli 1889.
… Mein Ballett [‚Dornröschen'] wird im November oder Dezember im Druck erscheinen. Den Klavierauszug macht Siloti.[235] Es scheint mir, liebe Freundin, dass die Musik zu diesem Ballett eines meiner besten Werke sein wird. Das Sujet ist so poetisch, so dankbar für eine Vertonung, dass ich sehr begeistert und mit viel Lust und warmer Hingabe gearbeitet habe, was stets die Vorzüge einer Komposition bedingt. Die Instrumentierung macht mir bedeutend mehr Mühe als in früheren Zeiten, so dass sie nur langsam vom Fleck kommt; vielleicht ist das aber nur gut. Viele meiner früheren Werke zeugen von Übereiltheit und sind ungenügend durchdacht." [XVa, 3909.]

[234 Die Wohnung hat Čajkovskij für den Winter 1889/90 gemietet; ihre Adresse: Troickij pereulok (heute Pomerancevyj pereulok) Nr. 6.]
[235 Aleksandr Zilotis Klavierauszug zu zwei Händen erschien im Dezember 1891. Im Februar 1890 gab Jurgenson einen vereinfachten Klavierauszug zu zwei Händen von Ėduard L. Langer heraus; und im Oktober 1891 folgte ein Klavierauszug zu vier Händen des jungen Sergej Rachmaninov, dessen Qualität Čajkovskij allerdings nicht schätzte. – Die sehr umfangreiche Partitur des gesamten Werkes wurde zu Čajkovskijs Lebzeiten nicht gestochen; nach einer Kopistenabschrift liess der Hamburger Verleger D. Rahter – der mit Jurgenson einen Vertrag über den Vertrieb von Čajkovskijs Werken in Deutschland und Österreich-Ungarn abgeschlossen hatte – in der Hoffnung, das Ballett an deutschen Bühnen lancieren zu können, 1890 einige lithographierte Exemplare herstellen. Im März 1891 brachte Jurgenson die Partituren des Walzers (I. Akt, Nr. 6) und der Polonaise (III. Akt, Nr. 22) heraus. Postum, 1899, erschien bei Jurgenson in Partitur eine offenbar von Ziloti zusammengestellte, fünf bzw. sechs Nummern umfassende „Suite" aus dem Ballett: Introduktion unter Einschluss des Endes von Nr. 4 des Prologs, Adagio (I. Akt, Nr. 8a), Pas de caractère (III. Akt, Nr. 24), Panorama (II. Akt, Nr. 17) und Walzer (I. Akt, Nr. 6).]

An M. Ippolitow-Iwanow: „Frolowskoe, d. 9. August 1889.
... Die Frage der Wahl der Symphonie halte ich für erledigt, d. h. Du wirst die Siebte [von Beethoven] dirigieren.[236] Barbara Michailowna[237] bin ich ein bisschen böse. Die entzückendste Eigenschaft Deiner Frau ist – ihre Aufrichtigkeit, Ehrlichkeit, Geradheit. Und nun stellt sich heraus, dass dieses sympathische Wesen, welches ich sehr lieb habe, imstande ist, sich – wie die meisten Menschenkinder weiblichen Geschlechts – (ich kann es nicht aussprechen) nötigen zu lassen, *sich zu zieren* ... Übrigens hoffe ich, dass unser liebes *Zierpüppchen* doch so gnädig sein wird, Moskau mit seinem Gesang zu bezaubern.

Das Ballett [,Dornröschen'] eilt seinem Ende entgegen. Es ist sehr umfangreich geworden und hat viel Mühe gekostet. Manchmal überfiel mich eine furchtbare Ermüdung. Ich glaube, die Musik ist mir recht gut gelungen. Ich interessiere mich sehr für ‚Asra', besonders für die Ouvertüre. Sende sie mir bitte ..." [XVa, 3919.]

An Frau Sarudnaja-Iwanow: „[Frolowskoe, d. 8. September 1889.
Liebe B. M.,[238] zwischen meinem Wunsch, den durch mich engagierten Kapellmeistern die Aufführung meiner Werke auszureden, und Ihrer *Ziererei* – gibt es nicht die geringste Ähnlichkeit. Ich werde in der bevorstehenden Saison in der Musikgesellschaft gewissermassen der ‚Wirt'[239] sein und kann daher nicht zugeben, dass meine Gäste für meine Gastfreundschaft bezahlen. Das ziemt sich nicht. Es gibt aber nichts natürlicheres und einfacheres als die Mitwirkung der Sängerin Sarudnaja in dem von Ippolitow-Iwanow dirigierten Konzert. Ich kann Ihre Skrupel nicht verstehen. Es hat noch nie jemand darüber gelacht, dass Sarah Bernhardt mit Damala auftritt,[240] dass Amalie Joachim in den Konzerten ihres Gatten singt,[241] dass die Patti mit Nicolini reist,[242] dass Fiegner und Medea Mei[243] zusammen konzertieren usw. Eine andere Sache sind Ihre Ängste. Kein Künstler kann Lampenfieber vermeiden; es wäre traurig, wenn Sie keine Bedenken hätten, vor einem fremden Publikum zu erscheinen. Nur Freche und Talentlose fürchten sich nicht. Ihre Furcht ist aber ebenfalls kein Hindernis ..." [XVa, 3929.]

[[236] Es geht um das Programm des Moskauer Konzerts, das Michail M. Ippolitov-Ivanov dirigieren soll; siehe oben, S. 418 f., Čajkovskijs Brief vom 7. Juni 1889, ČPSS XVa, Nr. 3875, mit Anmerkungen.]

[237] [Varvara Michajlovna] Sarudnaja [Zarudnaja], die Gemahlin Ippolitow-Iwanows.

[238] Selbstverständlich kürzt Čajkovskij in seinen Briefen Vornamen in der Anrede nicht ab. Die Anrede lautet im Original: „Golubuška Varvara Michajlovna!" (Golubka: Täubchen; golubuška in der Anrede: liebe, beste.)]

[[239] Im Sinne von ‚Gastgeber'.]

[[240] Vielleicht wußte Čajkovskij nicht, wie problematisch dieses Beispiel einer Künstlerehe war – sonst hätte er es V. M. Zarudnaja gegenüber sicher nicht erwähnt. Denn der junge Attaché der griechischen Botschaft in Paris Jacques Damala, den die „göttliche" Sarah Bernhardt 1882 geheiratet hatte, wurde allerdings als Schauspieler, der zusammen mit seiner Frau zusammen auftrat, nicht nur wegen seines griechischen Akzents wenig geschätzt; der spielsüchtige Damala starb übrigens schon 1889, 34-jährig, an den Folgen seiner Morphinsucht.]

[[241] Der Violinvirtuose, Dirigent und Komponist Joseph Joachim (1831-1907) hatte 1863 die österreichische Altistin Amalie Schneeweiss (1839-1899; Künstlername Amalie Weiss) geheiratet; sie gab ihre Bühnenkarriere auf, hatte sechs Kinder mit ihrem Mann und sang nur noch in Oratorienaufführungen oder gab Liederabende.]

[[242] Die weltberühmte Diva Adelina Patti (1843-1919) hatte 1886, nachdem sie mit ihm zusammen in Gounods „Faust" an der Pariser Grand Opéra aufgetreten war und sich von ihrem ersten Mann getrennt hatte, den französischen Opernteror Ernesto Nicolini (1834-1898) geheiratet.]

[243] Ein in Russland sehr beliebtes Sängerehepaar. [Nikolaj N. Figner (1857-1918) und Medeja Figner (geb. Mej; 1859-1952) sangen ab 1887 am Petersburger Mariinskij teatr. Medeja Figner wirkte als Liza und als Iolanta in den Uraufführungen von Čajkovskijs letzten beiden Opern „Pikovaja dama" und „Iolanta" mit, Nikolaj Figner als Hermann und als Vaudemont in denselben Opern. Letzterem widmete Čajkovskij 1893 seine Sechs Romanzen op. 73.]

Das chronologische Register der Arbeiten Peter Iljitschs in der Saison 1888-1889:
1) Instrumentation des [Fantasie-]Ouvertüre [D-Dur] von Laroche. Manuskript.
2) Op. 67. „Hamlet", Fantasie-Ouvertüre für grosses Orchester. Edvard Grieg gewidmet. Verlag P. Jurgenson.
3) „Valse-Scherzo" [A-Dur] für Klavier. Verlag P. Jurgenson.
4) Op. 66. „Dornröschen", Ballett in drei Akten mit einem Prolog. I. A. Wsewoloshsky gewidmet. Das Sujet ist dem gleichnamigen Märchen von Perrault entnommen.

Prolog. Die Taufe der jungen Prinzessin Aurora. Alle guten Feen kommen herbeigeströmt und überschütten das Taufkind mit Geschenken. Nur die böse Fee, Carabosse, ist nicht eingeladen worden. Sie erscheint trotzdem und rächt sich, indem sie das Kind verflucht, in der Blüte seiner Schönheit durch ein Spinnrad zu sterben. Die gute Fee des Flieders mildert den Fluch durch die Weissagung, die Prinzessin werde nicht sterben, sondern für hundert Jahre schlafen, um durch den Kuss des Geliebten von neuem zum Leben erweckt zu werden.

Erster Akt. Aurora ist bereits eine schöne Jungfrau. Sie wird von allen Seiten umworben. Aber der Fluch der Fee Carabosse geht in Erfüllung, und sie stirbt, als sie sich am Spinnrocken sticht, welchen sie eines Tages bei einer armen alten Frau (der Fee Carabosse selbst) zu sehen bekommt. Vater und Mutter der Prinzessin sind verzweifelt. Da erscheint die gute Fee des Flieders, verwandelt den Tod Auroras in Schlaf und lässt auch die ganze Umgebung der Prinzessin in tiefen Schlaf sinken. Das ganze Schloss wird von Dornen überwuchert.

Zweiter Akt. Nach hundert Jahren. Prinz Désiré ist mit seinem Gefolge auf der Jagd. Die Fee des Flieders erscheint und zeigt ihm das Bild Auroras. Der Prinz verliebt sich. Die Fee führt ihn in das Reich des Schlummers. Désiré erweckt Aurora durch einen Kuss. Mit ihr erwacht die ganze Umgebung.

Dritter Akt. Das Hochzeitsfest Auroras und Désirés. Alle in den Märchen Perraults vorkommenden Personen erscheinen als Hochzeitsgäste.

Dieser einfache Inhalt ist durch so viel herrliche, hochkünstlerische Details illuminiert, dass aus ihm eine wahre Perle aller Ballettprogramme geworden ist.

Seine erste Aufführung erlebte das Ballett [in einer höchst prachtvollen und üppig ausgestatteten Inszenierung] am 3. Januar 1890 auf der Bühne des Marientheaters zu Petersburg.

Verlag P. Jurgenson.

[Kapitel XIV-XIX: September 1889 – September 1890.]
Kapitel XIV.

[Vorbereitung der Symphoniekonzerte der Musikgesellschaft. Neuinszenierung des „Evgenij Onegin"
am Moskauer Bol'šoj teatr (Čajkovskij dirigiert die Premiere am 18. September 1889).
Nimmt in Petersburg an den Sitzungen zur Vorbereitung des 50-jährigen Künstlerjubiläums von
Anton G. Rubinštejn teil – und übernimmt die Leitung zweier Konzerte mit Werken des Jubilars.
Umzug in eine für den Winter gemietete Moskauer Stadtwohnung. Vorbereitung mehrerer Moskauer
und Petersburger Konzerte. Weiß um seine Bedeutung für die Russische Musikgesellschaft;
realisiert seine Idee, zu jedem Konzert der neuen Saison einen anderen Dirigenten zu verpflichten.
Schlägt dem Großfürsten Konstantin Konstantinovič („K. R.") das Evangelium als Stoff für ein Poem vor.
Bekanntschaft mit Čechov, der ihm seine „neuen Erzählungen" widmen will. Über Tolstoi.
Über ein Gedicht von K. R. – Idee einer grandiosen Symphonie als Schlußstein seines gesamten Schaffens.]

Aus Kiew ist Peter Iljitsch direkt nach Moskau gereist, wo ihn die sehr komplizierte Tätigkeit in Sachen der Russischen Musikgesellschaft erwartete: ein jedes der in der bevorstehenden Saison zu veranstaltenden Symphoniekonzerte sollte von einem anderen Dirigenten geleitet werden. Ausserdem musste Peter Iljitsch den Proben zu „Eugen Onegin" beiwohnen. Diese Oper wurde in neuer, sehr glänzender Ausstattung am 18. September 1889 unter der Leitung des Komponisten [im Grossen Theater] gegeben. Am nächsten Tage reiste Peter Iljitsch für zehn Tage nach Petersburg und ist dort „sehr ermattet". Er wohnte einigen Sitzungen des Komitees bei, welches die Jubiläumsfeierlichkeiten für A. Rubinstein zu arrangieren hatte.[244] Ausserdem musste Peter Iljitsch „für diese Festlichkeiten [zum 50-jährigen Künstlerjubiläum A. Rubinsteins] zwei Stücke komponieren".[245]

Während Peter Iljitsch in Petersburg weilte, führte sein Diener Alexei alle Habseligkeiten in die Moskauer Wohnung über, welche für den ganzen Winter gemietet worden war.

Das Fehlen abendlicher Unterhaltungen auf dem Lande und die ihm bevorstehende, wie er annahm: rege Tätigkeit, welche er in Sachen der Musikgesellschaft entfalten musste, waren die einzigen Gründe der Übersiedlung Peter Iljitsch aus der Gegend von Klin nach Moskau.

Im Laufe des Sommers war ihm der Gedanke, von neuem Grossstädter zu werden, sehr angenehm, und er sprach mit Begeisterung von seiner zukünftigen Wohnung und deren Einrichtung. Als aber der Tag des Umzugs nahte, verlor er immer mehr die Lust, seinen Landsitz zu verlassen.

Schon bevor er noch die neue Wohnung bezogen hatte, bereute Peter Iljitsch seinen Entschluss und schrieb mir am 13. September aus Moskau: „... Oh, ich glaube, ich habe eine Dummheit gemacht, nach Moskau gezogen zu sein; ich gräme mich hier; und alles ärgert mich, angefangen mit den unzähligen Bettlern, welche einem alle Spaziergänge vergiften, bis zu den Miasmen, von denen die Moskauer Luft wimmelt!"[246] Und an Anatol

---

[244 Bei den zwei Festkonzerten zu Ehren A. G. Rubinštejns am 19. und 20. November 1889 dirigierte Čajkovskij folgende Werke des Jubilars (und seines ehemaligen Kompositionslehrers am Petersburger Konservatorium); am 19. November: 5. Symphonie, Konzertstück für Klavier und Orchester (mit dem Jubilar als Solisten), Musikalisches Bild „Rossija" (Russland); und am 20. November: Ouvertüre „Dmitrij Donskoj", Russisches Lied „Die Wassernymphe" mit Chor (Solo: Elizaveta A. Lavrovskaja), Tänze aus der Oper „Feramors", Oratorium „Der Turm von Babel".]

[245 Einen Chor: „Privet A. G. Rubinštejnu" (Gruss an A. G. Rubinštejn) auf einen Text von Jakov P. Polonskij (komponiert im September 1889 in Petersburg); und ein Klavierstück: Impromptu As-Dur ČS 184 für ein A. G. Rubinštejn gewidmetes Album (ebenfalls im September 1889 in Petersburg komponiert.]

[246 ČPSS XVa, Nr. 3937. – Bis weit ins 19. Jahrhundert hinein glaubten auch Mediziner, Krankheiten und Seuchen (wie z. B. Cholera, Malaria und Gelbfieber) könnten durch „Miasmen" in Form giftiger Ausdünstungen des Bodens oder andere durch die Luft verbreitete Verunreinigungen hervorgerufen werden.]

schrieb er am 1. Oktober: „Das Wetter ist wunderschön, ganz sommerlich, und mein Herz erzittert bei dem Gedanken, dass ich nicht mehr auf dem Lande lebe."[247]

Zwei Umstände trugen viel zu dem unangenehmen Eindruck der ersten Moskauer Tage bei. Erstens fehlte Peter Iljitsch sehr die Gesellschaft Laroches, welcher nach Petersburg übergesiedelt war; zweitens lag einer seiner Freunde, der Violoncellist [Wilhelm] Fitzenhagen im Sterben.[248]

An Frau von Meck: „Moskau, d. 2. Oktober 1889.

... Meine Wohnung ist klein, sogar sehr klein im Vergleich zum Landhaus, sie ist aber gemütlich. Jetzt muss ich mich auf das Dirigieren zweier Moskauer und dreier Petersburger Konzerte vorbereiten.[249] Besondere Furcht habe ich vor den zwei Jubiläumskonzerten mit Rubinsteins Musik. Das Programm wird sehr kompliziert und schwer sein,[250] und ich bin angesichts der Bedeutung des Festes schon jetzt ganz aufgeregt. Sie müssen bedenken, dass ich erst vor zweieinhalb Jahren meine eigenen Werke zu dirigieren begonnen habe; fremde Kompositionen habe ich überhaupt noch nicht dirigiert. Daher wird meine Aufgabe eine ganz besonders schwierige sein. Überhaupt ängstigt mich der bevorstehende Winter sehr, und man bedarf wahrlich eines grossen Vorrats an Gesundheit, um heil und unversehrt aus all diesen Herausforderungen hervorzugeben." [XVa, Nr. 3947.]

An Frau von Meck: „Moskau, d. 12. Oktober 1889.

... Ich freue mich, dass Sie bei sich zu Hause sind und beneide Sie. Meine Natur neigt *sehr, sehr, sehr* zu einer Lebensweise wie der Ihren, d. h. ich wünschte sehr, in beständiger Abgeschiedenheit von der menschlichen Gesellschaft zu leben, wie Sie es tun, doch fügt es sich in den letzten Jahren so, dass ich nicht so leben kann, wie ich gern möchte. Ich halte es nämlich für meine Pflicht, solange ich die Kraft habe, gegen mein Schicksal anzukämpfen und mich den Menschen zu zeigen, solange sie mich haben wollen. Zum Beispiel ist mir wohl bewusst, dass ich der Musikgesellschaft sehr nütze, wenn ich weiter Mitglied des Direktoriums bleibe und regen Anteil an ihrer Tätigkeit nehme. Gott weiss, wann die Zeit kommen wird, da ich ohne Schaden für die mir so liebe Institution werde abtreten können.

Jetzt werden bei uns sehr eifrig die Konzerte vorbereitet. Wir stehen vor einer sehr interessanten Krise. Das Moskauer Publikum ist gegenüber der Musikgesellschaft etwas lau geworden, und die Zahl der Mitglieder geht von Jahr zu Jahr zurück. Die Konzerte müssen das Interesse zurückgewinnen, das hoffen wir auch zu erreichen, was mich dann sehr stolz machen wird, denn ich habe die Idee dazu gegeben und habe sie auch durch persönliche und schriftliche Beziehungen verwirklicht, nämlich dass für jedes Konzert ein anderer Diri-

---

[247 ČPSS XVa, Nr. 3945.]
[248 Seit 1870 war er Professor am Moskauer Konservatorium. Von ihm stammt die bis heute gespielte umstrittene Bearbeitung der ihm gewidmeten und von ihm uraufgeführten Variationen über ein Rokoko-Thema op. 33.]
[249 In Moskau: 2. Symphoniekonzert der Russischen Musikgesellschaft am 28. Oktober 1889: W. A. Mozart, Symphonie D-Dur (KV ?); Čajkovskij, Violinkonzert D-Dur op. 35 (Solist: Adol'f D. Brodskij); Mozart, Tänze aus „Idomeneo"; Sergej I. Taneev, Uraufführung der Ouvertüre zur Oper „Orestejа"; Solostücke von Spohr und Sarasate (A. D. Brodskij); Michail Glinka, „Jota aragonesa". – 3. Symphoniekonzert der Russischen Musikgesellschaft am 11. November 1889: 1. Klavierkonzert op. 23 (Solist: Aleksandr I. Ziloti).]
[250 Siehe S. 423, Anmerkung 244. – Das dritte Petersburger Konzert: erster Teil des 4. Russischen Symphoniekonzerts am 10. Dezember 1889: Fantasie-Ouvertüre „Hamlet" op. 67, Konzertfantasie für Klavier und Orchester G-Dur op. 56 (Solistin: Pavla G. B. Bertenson-Voronec).]

gent engagiert worden ist.²⁵¹ Das wird den Konzerten ein exklusives, besonderes Interesse verleihen.

Aber, o Gott, wieviel ich diesen Winter zu tun haben werde! Der Gedanke an all das, was mir hier und in Petersburg bevorsteht, ist erschreckend. Dafür werde ich sogleich nach Saisonschluss eine Erholungsreise nach Italien machen, welches ich seit 1882 nicht mehr gesehen habe." [XVa, Nr. 3957.]

An den Grossfürsten Konstantin Konstantinowitsch: „Moskau, d. 15. Oktober 1889.
   Ew. Kaiserliche Hoheit!

Ich sende Ihnen meinen herzlichen Dank für die Bücher und für Ihren teuren Brief. Die ‚Neuen Gedichte'²⁵² hatte ich schon früher käuflich erworben und mit Vergnügen gelesen (einige waren mir aus verschiedenen Zeitschriften bekannt), doch freut und rührt es mich sehr tief, das überaus sympathische Büchlein direkt aus Ihren Händen zu erhalten, und für die Widmung auf dem Titelblatt ist mein Dank grenzenlos. Ew. Hoheit Aufmerksamkeit schätze ich sehr hoch, denn (verzeihen Sie den dreisten Ausdruck) ich habe Sie sehr lieb. Es freut mich, dass die Inspiration Sie jetzt öfter aufsucht, und ich wünsche von ganzer Seele, dass im Anschluss an die ‚Sirene' aus Ihrer Feder weitere Gedichte mit neuen rhythmischen Kombinationen folgen mögen. Ich werde sehr stolz sein, wenn die russische Poesie infolge meiner vielleicht etwas gar zu selbstbewussten Plaudereien über Versmasse und Versfüsse durch neue dichterische Formen bereichert würde.

In den ‚Neuen Gedichten' sind viele für die Vertonung ausgezeichnete Texte und ich werde sie mit Ihrer gütigen Erlaubnis gelegentlich komponieren.

Ew. Hoheit meinen, keine Hoffnung zu haben, jemals ein grösseres Werk zu verfassen. Ich aber bin in Anbetracht Ihrer Jugend ganz überzeugt, dass Sie deren mehrere schreiben werden. Da Sie das Glück haben, über ein lebendiges, warmes religiöses Gefühl zu verfügen (das spiegelt sich in verschiedenen Ihrer Dichtungen wider), würden Sie vielleicht gut daran tun, für Ihr erstes grösseres Werk ein Thema aus dem Evangelium zu wählen? Wie wäre es zum Beispiel, wenn Sie das ganze Leben Jesu in Versen erzählten? Ein kolossaleres, aber auch dankbareres Thema für ein Epos kann man sich nicht denken. Wenn Ihnen aber diese grandiose Aufgabe Furcht einflösst, könnte man sich auch mit einer Episode aus dem Leben Christi begnügen, vielleicht mit der Passionszeit. Ich glaube, dass, wenn man jene ergreifende Geschichte, den Text mit biblischer Einfachheit fast wörtlich wiedergebend (z. B. aus dem Matthäus-Evangelium), in Verse brächte, der Eindruck ein gewaltiger werden müsste.

Verzeihen Sie gütigst, dass ich mich erdreiste, Ew. Hoheit Ratschläge zu erteilen, die noch dazu möglicherweise unausführbar sind. Ich muss gestehen, dass ich selbst schon versucht habe, einige Texte aus dem Evangelium in Verse zu bringen. Einmal wollte ich die Worte Christi ‚Kommet her zu mir alle, die ihr mühselig und beladen seid'²⁵³ in Musik setzen, habe ich mich aber im Laufe mehrerer Tage vergebens bemüht, acht Verse zu finden, die geeignet wären, jene herrlichen Worte in angemessener Weise wiederzugeben ...

Mein Ballett [‚Dornröschen'] war schon Ende August ganz fertig, und ich habe in Petersburg bereits zwei Orchesterproben beigewohnt. Ich weiss nicht, wie es später sein wird

---

²⁵¹ Nach der Absage von Massenet und Brahms wurden folgende Dirigenten gewonnen: Rimsky-Korsakow, Tschaikowsky, Siloti, Arensky, Klindworth, A. Rubinstein, I. Slatin, A. Dvořák, Altani, Ippolitow-Iwanow, Naprawnik, Colonne.
[²⁵² Novye stichotvorenija K. R., 1886-1888, Petersburg 1889.]
[²⁵³ Matth. 11, 28.]

(denn die Erfahrung lehrt, dass die Autoren selbst ihre Werke falsch beurteilen), einstweilen jedoch scheint mir, dass mir diese Musik gut gelungen ist ...

Ich bitte Sie untertänigst, den Grossfürstinnen: Ihrer Frau Mutter und Ihrer Frau Gemahlin meine ergebensten Grüsse bestellen zu wollen ..." [XVa, 3959.]

An M. Tschaikowsky: „Moskau, d. 16. Oktober 1889.
... Denk Dir: Tschechow hat mir geschrieben. Er will mir seine neuen Erzählungen widmen. Ich war bei ihm und habe ihm gedankt. Ich bin sehr stolz und freue mich.[254] Ich habe ungeheuer viel zu tun. Einstweilen kann ich mich nicht über zudringliche Besucher beklagen, ich hüte meine Freiheit sehr gut. In vierzehn Tagen werde ich in Petersburg sein. Unsere Konzertsaison scheint sehr glänzend werden zu wollen. Der Billettverkauf geht gut. Morgen kommt Rimsky-Korsakow an. Mit Wohnung und Koch bin ich zufrieden." [XVa, 3961.]

Die Werke A. Tschechows hat Peter Iljitsch schon im April 1887 kennengelernt. Sie haben ihn in helle Begeisterung versetzt und veranlasst, dem Autor einen Brief zu schreiben, in welchem er seiner Freude Ausdruck gab, ein so eigenartiges und frisches Talent gefunden zu haben. Die persönliche Begegnung zwischen Peter Iljitsch und dessen neuem literarischen Liebling fand, wenn ich nicht irre, im Herbst 1887 bei mir in Petersburg statt. Jedenfalls war diese Bekanntschaft im Jahre 1889 nicht mehr neu.

An den Grossfürsten Konstantin Konstantinowitsch: „Moskau, d. 29. Oktober 1889.
Ew. Kaiserliche Hoheit!

Ich empfinde einen gewissen Stolz, dass Ihr ausgezeichnetes Gedicht[255] zum Teil infolge meiner vorjährigen Briefe[256] an Sie entstanden ist. Ich weiss nicht, warum Sie annehmen, dass mir die Idee Ihres Gedichts missfallen könnte; im Gegenteil: sie gefällt mir sehr. Ich kann nicht behaupten, ich hätte Liebe und Nachsicht genug, die ‚schlagende Hand' zu lieben: sehr oft musste ich die Schläge parieren und meinerseits das zürnende Kind spielen, – dennoch kann ich mich der Bewunderung für jene grossen Männer nicht erwehren, welche – wie Spinoza und Graf L. Tolstoi – gute Menschen nicht von bösen unterscheiden und sich gegenüber jeder Äusserung des menschlichen Zorns gerade so verhalten, wie es in Ihrem Gedicht zum Ausdruck gekommen ist. Spinoza habe ich nicht gelesen und rede über ihn vom Hörensagen; was Tolstoi anbelangt, so habe ich ihn wieder und wieder gelesen und halte ihn für den grössten Schriftsteller der Vergangenheit und Gegenwart. Dieses Lesen ruft in mir – von dem gewaltigen künstlerischen Eindruck gar nicht zu reden – stets ein ganz besonderes, ausschliessliches Gefühl der Rührung hervor. Diese Rührung empfinde ich nicht nur, wenn etwas wirklich Rührendes beschrieben wird, wie z. B. Tod, Leiden, Trennung u. a., sondern sogar bei ganz prosaischen, gewöhnlichen Episoden. Ich erinnere mich beispielsweise, wie ich beim Lesen jenes Kapitels,[257] wo Dolochow mit Rostow Karten spielt und gewinnt, in Tränen ausbrach und mich lange nicht beruhigen konnte. Wie konnte ein Vorgang, in welchem beide handelnden Personen etwas Tadelnswertes tun, Tränen hervorrufen? Die Ursache ist sehr einfach. Tolstoi sieht auf die von ihm geschilderten

---

[254 Zum Thema Čechov und Čajkovskij siehe die bibliographischen und anderen Hinweise in den Anmerkungen zum Brief Čajkovskijs an Čechov vom 14. Oktober 1889 in: ČPSS XVa, Nr. 3958, S. 198. Čajkovskij und der zwanzig Jahre jüngere Anton P. Čehov (1860-1904) haben in den Jahren 1889 und 1891 nur wenige kurze Briefe gewechselt – je drei sind erhalten.]

[255 Das Gedicht des Grossfürsten, publiziert in: Tretij sbornik stichotvorenij K. R., 1889-1899, Petersburg 1900, S. 50, ist in Anmerkung 1 zum Brief Nr. 3966 in ČPSS XVa, S. 206, wiedergegeben.]

[256 ČPSS XIV, Nr. 3651 und 3675.]

[257 Lev Tolstoj, „Vojna i mir" („Krieg und Frieden"), Band 2, Kap. XIII und XIV.]

Menschen von einer Höhe herab, und sie erscheinen ihm als armselige, winzige, traurige Pygmäen, welche einander in ihrer Verblendung ziellos und fruchtlos grollen, – und er bedauert sie. Bei Tolstoi gibt es keine Bösewichte; alle seine Personen sind ihm gleich lieb, und ihre Handlungen sind das Resultat ihrer allgemeinen Beschränktheit, ihres naiven Egoismus, ihrer Unbeholfenheit und Kleinlichkeit. Darum straft er seine Helden niemals für ihre bösen Taten, wie es Dickens tut (den ich übrigens gleichfalls sehr gern habe), er schildert auch niemals absolute Bösewichte, sondern nur mit Blindheit geschlagene Menschen. Seine Humanität ist unendlich viel höher als die sentimentale Humanität von Dickens, sie reicht fast bis zu jener Anschauungsweise des menschlichen Zorns heran, die in den Worten Christi zum Ausdruck gekommen ist: ‚Sie wissen nicht, was sie tun.'[258]

Ist das Gedicht Ew. Hoheit nicht auch der Abglanz jenes hohen Humanitätsgefühls, welches mich bei Tolstoi so sehr entzückt, und wie sollte ich die in Ihrem Gedicht zugrundeliegende Idee verurteilen?

Was die Form anbelangt, so ist sie Ihnen vorzüglich gelungen. Diese sich abwechselnden dreiteiligen Rhythmen haben mich vollkommen bezaubert. Sie haben bewiesen, dass die russische Sprache viel biegsamer ist, als unsere Dichter bisher angenommen hatten, und dass es durchaus nicht notwendig ist, sich krampfhaft an die absolute Gleichheit und Regelmässigkeit der rhythmischen Folgen zu halten. Und wie reizend macht sich der Jambus, welcher in die Gesellschaft der dreiteiligen Rhythmen geraten ist!

Ich bin stolz, ich triumphiere, ich freue mich über die mutige Initiative Ew. Hoheit und flehe Sie an, ihre Versuche in dieser Richtung fortzusetzen. Wenn Sie gestatten, werde ich eine kleine Bemerkung machen: mir missfällt ein wenig die allzu nahe Nachbarschaft der beiden ‚und' [in Zeile 7 und 9]; vielleicht kann eines derselben in ‚doch'[259] geändert werden?

Die Nachricht, dass der Kaiser[260] geruht hat, sich nach mir zu erkundigen, freut mich sehr. Wie soll ich die Frage Seiner Majestät betreffs der kleinen Stücke verstehen? Wenn das eine indirekte Anregung zum Komponieren solcher Stücke sein soll, will ich mich bei erster Gelegenheit damit befassen. Ich habe überaus grosse Lust, eine grandiose Symphonie zu schreiben, welche gewissermassen den Schlussstein meines ganzen Schaffens bilden soll, und diese Symphonie dem Kaiser zu widmen. Der unbestimmte Plan für eine solche Symphonie schwebt mir schon lange vor, es müssen aber viele günstige Umstände zusammenkommen, um die Verwirklichung meiner Idee möglich zu machen. Ich hoffe, ich werde nicht sterben, ohne meine Absicht verwirklicht zu haben. Einstweilen gehe ich ganz in den hiesigen Konzerten und in den Vorbereitungen für Rubinsteins Jubiläum auf. Gestern habe ich erfolgreich das 2. Konzert der Musikgesellschaft dirigiert."[261] [XVa, 3966.]

---

[258] Lukas 23, 34. Kreuzigung. „Vater, vergib ihnen, sie wissen nicht, was sie tun!"]
[259] Russisch „no".]
[260] Aleksandr III.]
[261] Am 28. Oktober 1889, Programm: siehe oben, S. 424, die betreffende Anmerkung 249 zum Brief vom 2. Oktober 1889 an Frau fon Mekk, ČPSS XVa, Nr. 3947.]

Kapitel XV.

[Čajkovskijs Verhältnis zu Anton G. Rubinštejn und seinen Werken.
Die Festlichkeiten zum 50-jährigen Künstlerjubiläum Anton G. Rubinštejns.]

In dem Jahr, als Peter Iljitsch sein Studium bei Zaremba begann, also 1861 (vielleicht aber auch schon ein Jahr früher – ich kann mich dessen nicht mehr genau entsinnen) geschah es, dass im Hause des Fürsten Belosselsky[262] eine von Amateuren arrangierte Theatervorstellung zu einem wohltätigen Zweck stattfand. Peter Iljitsch hat jene Vorstellung mit uns Zwillingsbrüdern besucht. Auch Anton Rubinstein, der damals schon auf dem Gipfel seines Ruhms stand, war unter den Zuschauern. Peter Iljitsch zeigte ihn mir zum ersten Mal, und ich erinnere mich noch lebhaft an die Aufregung, an das Entzücken und an die Verehrung, mit welcher der zukünftige Schüler zu seinem zukünftigen Lehrer aufschaute. Er hatte die ganze Vorstellung vergessen und verfolgte seinen „Abgott" mit den Augen, wie nur ein verliebter Jüngling die unerreichbare Schöne unausgesetzt von Ferne zu betrachten pflegt. In den Pausen schlich er hinter ihm her, suchte seine Stimme zu hören und beneidete die Glücklichen, die ihm die Hand reichen durften.

Im Grunde hat Peter Iljitsch jenes Gefühl (ich würde sagen „der Verliebtheit", wenn es nicht auf eine vollkommen bewusste Würdigung der künstlerischen und menschlichen Vorzüge Anton Rubinsteins gestützt gewesen wäre) bis zu seinem Tode nicht verlassen. Äusserlich war er wirklich „verliebt", es kamen sogar – wie es immer bei Verliebten zu geschehen pflegt – Perioden der Abkühlung, der Eifersucht und des Schmollens, welche aber immer wieder vom Ansturm desselben Gefühls verdrängt wurden, welches mich im Saal des Fürsten Belosselsky in Verwunderung versetzt hatte. In Gegenwart Anton Rubinsteins liess Peter Iljitsch stets den Mut sinken, geriet ganz aus der Fassung, wie es sich für einen Anbeter gehört, und sah auf ihn wie auf ein höheres Wesen. – Als bei einem Souper während der Jubiläumsfestlichkeiten jemand sehr undelikater- und unpassenderweise Anton Rubinstein und Peter Iljitsch aufforderte, Bruderschaft miteinander zu trinken, wurde Peter Iljitsch nicht nur sehr verlegen, sondern wies diese Zumutung in einer Ansprache mit Entrüstung zurück und sagte, seine Zunge würde sich nicht bewegen wollen, Anton Gregorjewitsch mit „Du" anzureden, er würde wohl glücklich sein, wenn Anton Gregorjewitsch „Du" zu ihm sagen wollte, er selbst würde aber niemals das „Sie" aufgeben, welches sein Gefühl der Verehrung und die Entfernung des Schülers vom Lehrer, des Menschen von der Verkörperung seines Ideals zum Ausdruck bringe. Und das war keine blosse Phrase. In der Tat war Anton Rubinstein der erste gewesen, welcher dem beginnenden Komponisten das Beispiel eines uneigennützig und grenzenlos den Interessen seiner Kunst ergebenen Künstlers gab. In diesem Sinne ist Peter Iljitsch noch viel mehr sein Schüler gewesen als in den Unterrichtsstunden der Komposition und Instrumentation. Bei seinem (Peter Iljitschs) angeborenen Talent und bei seinem Wissensdurst hätte ihm jeder andere Professor dasselbe geboten wie Anton Rubinstein, dessen Einfluss auf die Werke Peter Iljitschs sich gar nicht nachweisen lässt. Als energischer, makellos reiner und genialer Künstler, als Mensch, der mit seinem Gewissen keine Kompromisse einging, der Zeit seines Lebens jede Charlatanerie und triumphierende Gemeinheit verachtete und unermüdlich im Arbeiten war, hat er in der künstlerischen Tätigkeit Peter Iljitschs tiefe Spuren hinterlassen. Peter Iljitsch schreibt in diesem Sinne an den bekannten deutschen Journalisten Eugen

---

[262 Die alte russische Adelsfamilie der Fürsten Belosel'skij-Belozerskij, Besitzer der bei Petersburg zwischen verschiedenen Nebenflüssen der Neva gelegenen Insel Krestovskij ostrov mit ihrer Sommerresidenz, residierten bis ca. 1890 in einem Palast am Petersburger Nevskij prospekt (Nähe Fontanka-Kanal und Aničkov-Brücke.]

Zabel: „Die Persönlichkeit Rubinsteins leuchtete mir vor wie ein heller Leitstern am Himmel".[263]

Wie der Himmel sich oft bewölkt, so gab es auch im Leben Peter Iljitschs oft Perioden, in denen sein „Leitstern" vom Horizont verschwand. Das geniale Kompositionstalent Anton Rubinsteins voll anerkennend, schätzte Peter Iljitsch einige seiner Werke, z. B. die Ozeansymphonie, das Oratorium „Der Turmbau zu Babel", die Klavierkonzerte, „Johann der Grausame", „Don Quichote", manche Nummer des „Dämon", „Feramors", viele Klavierstücke und die Cellosonate sehr hoch;[264] und doch ärgerte und empörte ihn die ungleich grössere Zahl der minderwertigen, gehaltlosen Werke des Virtuosen. Auch als Mensch weckte Anton Gregorjewitsch umso öfter und umso stärkere Entrüstung in Peter Iljitsch, je größere Erwartungen dieser an ihn hatte. Oft äusserte er sich scharf über seinen „Leitstern" – so scharf, dass ich mich veranlasst sah, diese seine Äusserungen aus seinen Briefen auszumerzen, um sein wahres Verhältnis zu Anton Gregorjewitsch nicht in ein falsches Licht zu rücken; er vergab und vergass aber auch sehr schnell die Momente der Verfinsterung seines Sterns und kehrte immer wieder zu seiner früheren Verehrung zurück. – Den tiefsten, den intensivsten und schmerzlichsten Eindruck (denn hier spielte der künstlerische Ehrgeiz eine Rolle) machte auf ihn die Antipathie Anton Gregorjewitschs ihm gegenüber als Komponisten, die jener bis an seinen Tod in sich trug. Er liebte den Komponisten Tschaikowsky nicht. Viele Persönlichkeiten, die ihm nahestanden, mit seiner Gemahlin Vera Alexandrowna an der Spitze, behaupten das Gegenteil. In diesem Fall aber war es die Liebe Wotans zu den Wälsungen. Sich der Erfolge Siegmund-Tschaikowskys freuend, in der Tiefe seiner Seele mit Siegfried-Tschaikowsky sympathisierend, hat Wotan-Rubinstein nie etwas zugunsten der Kompositionen Peter Iljitschs getan, ihm nie eine hilfreiche Hand entgegengestreckt; wenn er andererseits aber auch – dem König der Götter Walhallas ähnlich – ihm nie einen Hunding entgegengesandt und auch nie versucht hat, ihn – wie der einäugige Wanderer [Wotan] – im Zweikampf mit seinem Speer zu durchbohren, so verwundete er ihn doch oft durch verächtliches Schweigen oder missgünstigen Blick.

Von der ersten Konservatoriumsaufgabe an bis zur Pathetischen Symphonie einschliesslich hat er nicht ein einziges Werk von ihm gelobt und nur selten eines getadelt: alle ohne Ausnahme wurden von ihm schweigend verachtet – wie die ganze Nach-Schumannsche Musik. – „In meiner Jugend" – schreibt Peter Iljitsch in dem oben erwähnten Brief an Eugen Zabel – „brannte in mir der Wunsch, mich hervorzutun, mir einen Namen zu erkämpfen, mich in die Reihe der Komponisten von Fach zu stellen, und ich hoffte, dass Anton Rubinstein, welcher schon damals einen bedeutenden Rang in der Musikwelt einnahm,

---

[[263] Der deutsche Musikjournalist („National-Zeitung") und Rubinstein-Biograph (Anton Rubinstein. Ein Künstlerleben, Leipzig 1892) Eugen Zabel hatte Čajkovskij am 18. / 30. Mai 1892 geschrieben (ČZM, S. 72 f.) und um seine Erinnerungen an A. Rubinštejn gebeten. Čajkovskij antwortete am 24. Mai / 5. Juni 1892 mit einem ersten deutschen Absatz und ergänzt dann seine eigentlichen Erinnerungen in Französisch. Siehe ČPSS XVIb, Nr. 4696, S. 100-106, in der Originalsprache und mit russischer Übersetzung und Anmerkungen.]

[[264] Die genannten Werke Anton Rubinštejns und ihre Entstehungsjahre: 2. Symphonie C-Dur „Der Ozean" (drei Fassungen 1851, 1863, 1880); Oratorium bzw. Geistliche Oper „Der Turmbau zu Babel" („Vavilonskoe stolpotvorenie") op. 80 (1868/69, Uraufführung 1870 in Königsberg); z. B. Klavierkonzerte Nr. 4 d-Moll op. 70 (1864) und Nr. 5 Es-Dur op. 94 (1874); „Ivan Groznyj" („Ivan der Schreckliche"), Musikalisches Charakterbild für Orchester op. 79 (1869) – 1869 hat Čajkovskij im Auftrag des Petersburger Verlegers Bessel' einen vierhändigen Klavierauszug des Werks angefertigt (St. Petersburg 1869; ČPSS 69); „Don Kichot" („Don Quixote"), Musikalisch-humoristisches Bild für Orchester op. 87 – von diesem Werk hat Čajkovskij, ebenfalls für Bessel', Anfang 1871 einen Klavierauszug für vier Hände geschrieben (Petersburg 1871, ČPSS 60); Oper „Demon" („Der Dämon", 1871, Uraufführung 1875 in Petersburg); Oper „Feramors" („Lalla-Ruk"; 1862, Uraufführung 1863 in Dresden); 2. Cellosonate G-Dur op. 39 (1857).]

mich auf dem schweren Weg zum Ruhm unterstützen würde. Zu meinem Kummer geschah das aber nicht. Selbstverständlich schadete er mir auch niemals: er war zu edel und zu grossmütig, um einem Kameraden[265] Steine in den Weg zu legen. Doch kam er in Bezug auf meine Kompositionen nie aus seiner kühlen Zurückhaltung und vollkommenen Gleichgültigkeit heraus. Das quälte mich von jeher. Die wahrscheinlichste Ursache eines solchen Verhaltens war die einfache Tatsache, dass ihm meine Musik nicht gefiel und meine Individualität unbewusst unsympathisch war."[266]

So ist es gewiss auch gewesen. Die Legende vom Neid Anton Gregorjewitschs, welche durch keine einzige Tatsache begründet werden kann, ärgerte und empörte Peter Iljitsch stets. Selbst wenn sie in Bezug auf die achtziger Jahre, da Peter Iljitsch bereits anerkannt und berühmt war, zugegeben werden könnte, so erklärt sie doch nichts in dem Verhältnis des Lehrers zum Schüler, der zwar begabt war, aber noch vor einer sehr problematischen Zukunft stand und dessen Aufgaben und allererste Kompositionsversuche vom Schöpfer des „Ozean"[267] ebenso verächtlich angesehen wurden wie auch „Eugen Onegin" und die 5. Symphonie. Neid kann doch nur zwischen zwei Ebenbürtigen möglich sein und ist bei einem Koloss, der Anton Rubinstein schon in den sechziger Jahren war, gegenüber einem winzigen Wicht, wie Peter Iljitsch in damaliger Zeit, doch wohl ausgeschlossen.

Das war einfach jene Empfindung, die Peter Iljitsch für die Werke von Chopin und Brahms in sich trug, die Empfindung einer instinktiven und unüberwindlichen Antipathie. Diese Empfindung brachte A. Rubinstein nicht nur Tschaikowsky entgegen, sondern auch der ganzen musikalischen Produktion nach Schumann und Chopin.

Wie dem auch sei, das wahre Verhältnis Peter Iljitschs zu Rubinstein gipfelte in einer begeisterten Verehrung für seinen Lehrer. Als der Vorsitzende der Kommission für das Arrangement der Jubiläumsfestlichkeiten zu Ehren Rubinsteins, Herzog Georg von Mecklenburg-Strelitz, sich mit der Bitte an Peter Iljitsch wandte, am Fest teilzunehmen, stellte sich Peter Iljitsch der Kommission daher mit der grössten Freude und Bereitwilligkeit zur Verfügung. Es wurde beschlossen, ihm die Leitung der Jubiläumskonzerte und die Komposition eines A-cappella-Chors über einen Text von Polonsky zu übertragen. Dieser Chor sollte gelegentlich des Festakts im Saal der Adelsversammlung am 18. November 1889 gesungen werden. Ausserdem musste Peter Iljitsch für das Album ehemaliger Schüler des Petersburger Konservatoriums, welches dem Jubilar am selben Tage überreicht werden sollte, ein Stück komponieren.

Mit dem letzteren Teil der Aufgabe, d. h. mit den Kompositionen, fertig zu werden, wurde Peter Iljitsch nicht schwer. In wenigen Tagen sind beide Kompositionen geschrieben worden: der Chor [Gruss an A. G. Rubinstein ČS 72] sowie das Stück für das Album (ein Impromptu [As-Dur] für Klavier [ČS 184]); anders stand es um das Dirigieren der Jubiläumskonzerte. Die Arbeit, welche geleistet, und die Schwierigkeiten, die überwunden werden mussten, brachten in angemessener Weise seine Liebe und Achtung vor dem „Lehrer" zum Ausdruck.

Das Programm des ersten der beiden Konzerte bestand ausschliesslich aus symphonischen Werken: 1.) Symphonie № 5 (op. 107), 2.) Konzertstück (op. 113) mit dem Jubilar selbst am Klavier und 3.) das musikalische Bild „Rossija". Das zweite Konzert enthielt: 1.) die Ouvertüre „Dmitry Donskoi", 2.) die Lieder „Russalka" für Altstimme und Frauenchor, 3.) Tänze aus „Feramors" und 4.) die geistliche Oper „Der Turmbau zu Babel".

---

[265] Im französischen Original „confrère", deutsch also eher „einem Kollegen".]
[266] Nachweis siehe oben, S. 429, Anmerkung 263.]
[267] Gemeint ist natürlich die schon oben genannte 2. Symphonie „Der Ozean".]

Dieses Programm würde selbst für einen erfahrenen Dirigenten eine sehr schwere Aufgabe sein, wieviel mehr noch für einen, der erst vor Monatsfrist zum ersten Mal fremde Werke dirigiert hatte. Wenn man bedenkt, dass dieser Dirigent, der noch dazu nervös und empfindlich war und dank seinem angeborenen Feingefühl nicht die Fähigkeit besass, den Massen zu imponieren, sich an die Spitze von einem 800-köpfigen Personal gestellt sah, von dem er widerspruchslosen Gehorsam zu verlangen hatte; wenn man ferner bedenkt, dass er – auch diesmal sich selbst treu – seine Bescheidenheit, seine Nachgiebigkeit besiegt und, nachdem er die Herrschaft über die Massen gewonnen, seine Aufgabe tadellos vollbracht hat, so kann man wohl begreifen, dass ihm seine furchtbare Erschöpfung und Ermattung mitunter tödlich schien.

„Es gab Momente," – schreibt er an Frau von Meck [am 22. November 1889 aus Moskau] – „da ich einen derartigen Kräfteverfall spürte, dass ich für mein Leben fürchtete. Besonders schwer fiel mir die Einstudierung des ‚Turmbaus zu Babel' mit einem 700 Personen starken Chor. Am Abend des 10. November wurde mir nach dem ersten Teil des Konzerts so schlecht, dass ich einen Nervenanfall bekam und man befürchtete, ich würde nicht imstande sein, auf dem Podium zu erscheinen. Doch konnte ich mich – vielleicht gerade wegen dieser Krise – noch rechtzeitig aufraffen, so dass alles glücklich zuende geführt wurde. Alles Nähere über die Festlichkeiten werden Sie wahrscheinlich schon aus den Zeitungen erfahren haben. Ich will Ihnen nur sagen, dass ich vom 1. bis zum 19. November ein richtiger Märtyrer gewesen bin und mich jetzt wundere, das alles überlebt zu haben." [XVa, 3975.]

Kapitel XVI.

[Erschöpfungszustand nach den Petersburger Rubinstein-Konzerten und einem Moskauer Konzert mit Beethovens Neunter. Schwere Krankheit der Frau seines Dieners Aleksej. Proben zu „Dornröschen", einer der prächtigsten und aufwendigsten Produktion der Kaiserlichen Theater. Die Uraufführung wird auf den 3. Januar verschoben. Voraufführung für den Kaiserlichen Hof am 2. Januar. Wie bei „Eugen Onegin" kein unmittelbarer, sondern ein späterer kolossaler Erfolg. Čajkovskij sagt alle weiteren dirigentischen Verpflichtungen ab, um ins Ausland zu fahren und eine Oper auf Modest Čajkovskijs Libretto nach Puškins „Pikovaja dama' zu komponieren – wie „Dornröschen" sowie später „Nußknacker" und „Iolanta" im Auftrage des Direktors der Kaiserlichen Theater Ivan A. Vsevoložskij. Am 14. Januar 1890 reist Čajkovskij mit noch unbestimmtem Ziel ins Ausland.]

Aus der Zeit vom 29. Oktober 1889 bis zum 14. Januar 1890 stammen nur zwölf Briefe Peter Iljitschs,[268] von denen nur zwei biographisches Interesse haben. Die anderen sind nichts als Notizen von sehr alltäglicher, vorübergehender Bedeutung. Eine derartige Abnahme der Korrespondenz ist das Symptom einer starken nervösen Zerrüttung und einer gewissen Zerstreutheit, in welcher sich Peter Iljitsch zu jener Zeit befand. Briefeschreiben war für ihn schon seit langem keine angenehme Pflicht mehr wie Ende der siebziger Jahre, immerhin aber noch eine „Pflicht", welche er nur unter ganz aussergewöhnlichen Umständen, an denen der Beginn dieser Saison so überreich war, vernachlässigen konnte. Er war aus dem Geleis gesprungen und richtete alle seine Kräfte nur darauf, seine Pflichten als Hauptakteur der Festlichkeiten zu Ehren Rubinsteins und als Organisator und Dirigent der Konzerte der Musikgesellschaft zu Moskau gewissenhaft zu erfüllen. Alles Übrige, auch sein Schaffen, welches mehr als irgendetwas anderes eine ruhige Seelenverfassung erforderte,

---

[268 In der Gesamtausgabe der Briefe ČPSS V-XVII sind immerhin 39 Briefe aus diesem Zeitraum publiziert; unter ihnen gibt es allerdings auch sehr kurze.]

vernachlässigte er, und die Selbstvorwürfe wegen seines Nichtstuns vermehrten noch seine Qualen und vergrösserten seine Nervosität.

Kaum hatte er die Jubiläumskonzerte hinter sich, als er auch schon in Moskau erschien, um nach drei Tagen [am 25. November 1889] als Dirigent der 9. Symphonie von Beethoven in einem Sonderkonzert zugunsten des Fonds für Witwen und Waisen von Musikern aufzutreten. Was den Umfang und die Zahl der Ausführenden anbelangt, an deren Spitze Peter Iljitsch zu stehen hatte, ist der „Turmbau zu Babel" natürlich grösser als die 9. Symphonie; aber hinsichtlich der Verantwortlichkeit für die Nuancen, hinsichtlich der Kompliziertheit der Partitur und der Bedeutung eines jeden Taktes und endlich hinsichtlich der Rivalität mit so erfahrenen, begabten und vom Moskauer Publikum geschätzten Interpreten dieses Werkes überragte die kolossale Beethovensche Symphonie selbstverständlich bei weitem das Oratorium Rubinsteins. Trotzdem war für das Einstudieren derselben eine bedeutend geringere Anzahl von Proben vorgemerkt, d. h. die üblichen traditionellen drei. Als aber diese Zahl infolge verschiedener Missverständnisse auch noch auf zwei herabgedrückt wurde, steigerte sich die Aufregung Peter Iljitschs natürlich bis ins Ungeheure.

In Klin liegen nur zwei gedruckte Berichte über dieses Konzert in Verwahrung. Beide stammen von treuen Anhängern Peter Iljitschs: Nikolai Kaschkin und Georg Conus, weshalb sie bei all ihrer Wahrhaftigkeit im Lob wahrscheinlich doch sehr parteiisch sind.

In jenem Symphoniekonzert wurde auch Peter Iljitschs „Pezzo capriccioso" für Cello und Orchester von Brandukow zum ersten Mal [in Russland], und zwar mit glänzendem Erfolg gespielt.[269]

Schlimm war es, dass Peter Iljitsch nach all den Aufregungen, Sorgen und Mühen nicht mehr seine alte Zufluchtsstätte im Dorf aufsuchen konnte, wo er in Ruhe und Einsamkeit seine Kräfte stets sehr bald wiedergewann. Die Wohnung in Moskau wurde trotz aller möglichen Gegenmassregeln sehr von Besuchern überlaufen; sie war überdies so klein, dass ihr Bewohner jeden Augenblick nach der Geräumigkeit seines Hauses in Frolowskoe seufzte. Zu all dem gesellte sich noch der Umstand, dass die Frau seines Dieners Alexei, an bösester Schwindsucht leidend, im Sterben lag. Wir kennen Peter Iljitschs Verhältnis zur Dienerschaft: er betrachtete sie nicht als blosse Untergebene und Vollzieher seiner Befehle, sondern als Freunde, an deren Glück und Unglück er mit ganzer Seele teilnahm. Daher bereitete ihm die Krankheit des jungen Weibes grossen Kummer, zumal er keine Möglichkeit ihrer Rettung sah. Die Zwecklosigkeit seiner Anwesenheit einsehend, ja Störung der Pflege und Ruhe der Kranken in ihr erblickend, denn Alexei war der einzige Pfleger der Ärmsten, bemühte sich Peter Iljitsch, seinen Diener möglichst wenig für sich zu beschäftigen und ihn von jeder nur einigermassen entbehrlichen Arbeit zu entlasten.

Aus diesem Grunde hat er seinen Aufenthalt in Moskau bis zu einem Minimum abgekürzt und erschien schon Ende November in Petersburg, wo die Proben zu „Dornröschen" bereits in vollem Gange waren.

An Frau von Meck: „Petersburg, d. 17. Dezember 1889.

Meine liebe, teure, unvergleichliche Freundin! Wo sind Sie jetzt? Ich weiss es nicht. Indessen empfinde ich ein so unüberwindliches Verlangen, ein wenig mit Ihnen zu plaudern, dass ich diesen Brief mit der Absicht beginne, ihn in Moskau, sobald ich Ihre Adresse

---

[269] Nach ČPSS XVa, S. 187 f., Anmerkung 1 zum Brief Nr. 3944 an N. A. Rimskij-Korsakov, enthielt das Programm des Konzerts am 25. November 1889 insgesamt folgende Werke: P. I. Čajkovskij, Finale der 3. Orchestersuite op. 55 (Thema und Variationen); Karl Ju. Davydov, 1. Violoncellokonzert op. 5 (Solist Anatolij A. Brandukov); Arie aus der „Hochzeit des Figaro" von W. A. Mozart (Solistin: Adelaida Ju. Skompskaja); Čajkovskij, Pezzo capriccioso op. 62 (A. A. Brandukov); L. van Beethoven, 9. Symphonie.]

erfahren haben werde, zur Post zu geben. Es sind bereits drei Wochen, dass ich in Petersburg *nichts tue*. Ich sage ‚nichts tue', denn meine eigentliche und rechte Beschäftigung ist das Komponieren, während ich auf all mein Dirigieren, in den Ballettproben Stecken usw. wie auf etwas Zufälliges, Zweckloses und mein Leben nur Verkürzendes sehe, denn es bedarf der enormsten Anstrengung meiner Willenskraft, um der Lebensweise, welcher ich mich in Petersburg hinzugeben habe, standhalten zu können. Das Schrecklichste ist, dass ich nie allein bin und mich stets in einer unnormalen, aufgeregten Verfassung befinde. Das wird sich zweifellos früher oder später auf meine Gesundheit auswirken. In diesen drei Wochen musste ich beständig in den Ballettproben sein; ausserdem habe ich in einem Russischen Symphoniekonzert zu dirigieren gehabt.[270] Das Ballett, dem zuliebe ich so lange hier geblieben bin, wird von Tag zu Tag aufgeschoben, weil die Dekorationen noch nicht fertig sind. Jetzt heisst es, dass es am 3. Januar gegeben werden soll.[271] Indessen harren meiner in Moskau verschiedene Geschäfte, so dass ich beschlossen habe, morgen dorthin zu reisen, um zur ersten Vorstellung des Balletts wieder hierher zu kommen. Am 6. Januar werde ich schon wieder in Moskau sein, wo ich im Konzert der Musikgesellschaft, in welchem A. Rubinstein seine neue Komposition spielen wird, dirigieren muss,[272] und am 14. Januar dirigiere ich in Petersburg ein populäres Konzert.[273] Und dann – ist es wohl aus mit meiner Kraft. Ich habe beschlossen, alle hiesigen und ausländischen Engagements rückgängig zu machen und für etwa vier Monate vielleicht nach Italien zu reisen, um mich zu erholen und an meiner zukünftigen *Oper* zu arbeiten. Ich habe Puschkins ‚Pique Dame' als Sujet gewählt. Das kam so: mein Bruder Modest hat vor drei Jahren auf Bitten eines gewissen Klenowsky[274] ein Textbuch über dieses Sujet zu arbeiten begonnen und nach und nach ein sehr gelungenes Libretto zustandegebracht." [XVa, 3985 (erster Teil).]

Moskau, d. 26. Dezember 1889.
„Ich setze meinen Brief fort. Das Textbuch von ‚Pique Dame' ist also von meinem Bruder Modest für Herrn Klenowsky gemacht worden. Letzterer verzichtete aber aus irgendeinem Grunde auf die Komposition der Oper. Da entbrannte in Wsewoloshsky, dem Direktor der Kaiserlichen Theater, der Wunsch, dass ich diese Oper schreibe, und zwar schon für die nächste Spielzeit. Er teilte mir seinen Wunsch mit, und da sich die Sache mit meinem Entschluss, aus Russland zu fliehen und mich wieder dem Komponieren hinzugeben, sehr gut vereinen liess – sagte ich ‚ja'. Es wurde eine Sitzung einer ganzen improvisierten Kommission abgehalten, in welcher mein Bruder sein Textbuch vorlas, wobei alle szenischen Vorzüge und Mängel seines Werkes ausführlich erörtert, die Dekorationen projektiert und sogar die Rollen verteilt wurden. Auf diese Weise wird in der Theaterdirektion schon jetzt viel von der Aufführung einer Oper gesprochen, von der noch nicht eine Note geschrieben

---

[270] Am 10. Dezember hat Peter Iljitsch seine Fantasie-Ouvertüre „Hamlet" [op. 67] und die [Konzert-] Fantasie für Klavier mit Orchester [op. 56] (mit Frau [Paula] Bertenson-Woronez als Solistin) dirigiert.
[271] Die Uraufführung fand tatsächlich an diesem Tage statt: dem 3. Januar 1890 im Mariinskij teatr.]
[272] In dem 6. Symphoniekonzert der Russischen Musikgesellschaft in Moskau trat Anton G. Rubinštejn als Dirigent und als Pianist auf. Er spielte den Solopart seines Konzertstücks As-Dur op. 113 für Klavier und Orchester, dessen Leitung Čajkovskij übernommen hatte. Ausser Vokalstücken von Glinka, Arenskij, Kjui und Massenet erklangen in dem Konzert folgende von A. G. Rubinštejn dirigierte Orchesterwerke: zu Beginn Beethovens „Leoneren"-Ouvertüre Nr. 3 und am Ende Schumanns 2. Symphonie C-Dur op. 61.]
[273] Tatsächlich war Čajkovskij an diesem Tage bereits in Florenz.]
[274] Gegenwärtig [als Nachfolger von M. M. Ippolitov-Ivanov] Direktor der Kaiserlichen Musikgesellschaft in Tiflis. [Der Dirigent, Komponist und Musikethnograph Nikolaj S. Klenovskij (1857-1915) hatte bei Čajkovskij und später bei Nikolaj A. Gubert (Hubert) am Moskauer Konservatorium studiert und sein Studium 1879 abgeschlossen. 1883-1893 wirkte er als einer der Dirigenten am Moskauer Bol'šoj teatr und leitete 1889-1893 das Studentenorchester der Moskauer Universität.]

ist. Ich habe sehr grosse Lust zum Arbeiten. Wenn es mir nur gelingen würde, mich hübsch und gemütlich in irgendeinem ausländischen Winkel einzurichten, so könnte ich meine Aufgabe wohl bewältigen und der Direktion den Klavierauszug schon im Mai zur Verfügung stellen; im Laufe des Sommers würde dann auch die Instrumentierung fertig werden ..."[275] [Ebenfalls XVa, 3985 (zweiter Teil).]

Am 1. Januar 1890 war Peter Iljitsch wieder in Petersburg, und am 2. Januar fand eine festliche Probe zu „Dornröschen" in Gegenwart des Allerhöchsten Kaiserlichen Hofes statt.[276]

Im Grunde war es die Premiere selbst, denn ausser dem Parterre, welches für die Allerhöchsten Herrschaften reserviert war, waren die Logen der ersten Ränge mit Damen und Herren der höchsten Aristokratie überfüllt. Der Unterschied lag nur darin, dass in den Zwischenakten [Pausen] keine Hervorrufe stattfanden; dafür geschah aber etwas für die drei Autoren Iwan Wsewoloshsky [Libretto], Marius Petipa [Tanzprogramm und Choreographie] und P. Tschaikowsky etwas unendlich viel Wichtigeres, nämlich – die Meinungsäusserung des Kaisers. Diese Äusserung war wohlwollend: die Majestäten applaudierten oft, unterhielten sich in den Zwischenpausen sehr freundlich mit den Autoren, waren aber doch nicht überschwänglich begeistert, denn sie gewannen die Musik dieses Balletts erst nach und nach sehr lieb. „Sehr nett" – das ist alles, was Peter Iljitsch vom Kaiser zu hören bekommen hat. Dieses kurze, reservierte Lob hat ihn, wie aus seinem Tagebuch hervorgeht, sehr verstimmt. [„Seine Majestät behandelte mich sehr von oben herab." (Tageb., S. 317.)]

Es ist interessant, dass am folgenden Tag, in der ersten öffentlichen Vorstellung des Balletts, das Publikum genau dasselbe Urteil zu haben schien wie der Kaiser, und mit seinem keineswegs überschwänglichen Beifall dasselbe „ganz nett" ausdrückte. Auch das stimmte Peter Iljitsch sehr traurig und erbitterte ihn.

„Erbitterte", denn Peter Iljitsch hatte während der Proben die Wunder der Schönheit, Pracht und Originalität der Dekorationen und Kostüme sowie die unerschöpfliche Grazie und Vielseitigkeit der Phantasie M. Petipas nach und nach, Bild für Bild kennen und die Frische der ganzen Idee, die Menge an Talent und feinstem Geschmack, welche in die kleinsten Details des Balletts hineingelegt wurden, schätzen gelernt und erwartete, dass das alles im Verein mit seiner Musik, die er nächst „Eugen Onegin" am meisten liebte, im Publikum einen Sturm der Begeisterung entfachen würde.

Das geschah aber nicht. Die Schönheiten des Werkes zogen zu schnell an den Augen und Ohren des Zuhörers vorüber. Durch die Pracht und durch den Glanz des Programms und einer jeden Einzelheit desselben überrascht und geblendet, konnte das Publikum das Ballett beim ersten Mal nicht so würdigen, wie es später von ihm geliebt und gewürdigt wurde und wie es diejenigen lieben und würdigen gelernt haben, die Schritt für Schritt seine Einstudierung verfolgten. Nichtsdestoweniger war der Erfolg ein kolossaler; er kam aber – ebenso wie bei „Eugen Onegin" – nicht in stürmischen Beifallskundgebungen wäh-

---

[275] Die Entstehungsgeschichte der Oper „Pikovaja dama" ist in Čajkovskijs Tagebuch und Briefen gut belegt, vgl. dazu auch ČMN, S. 87-100. – Den Entwurf der „Pikovaja dama" schrieb Čajkovskij vom 19. Januar bis zum 3. März 1890, mit der Instrumentierung begann er am 29. März und beendete die Partitur am 8. Juni 1890. Den Klavierauszug schrieb er vor der Partitur, und zwar vom 4. bis zum 24. März; seine Erstausgabe erschien schon im August 1890 bei Jurgenson in Moskau. Die Partitur brachte Jurgenson ein Jahr später heraus: im August 1891.]
[276] Besetzung der Hauptrollen: Carlotta Brianza (Prinzessin Aurora), Pavel Gerdt (Prinz Désiré), Enrico Cecchetti (Fee Carabosse), Marie Petipa (Fliederfee). Dirigent: der Ballettkomponist und -dirigent der Kaiserlichen Theater Riccardo Drigo (1846-1930; ab 1879 Dirigent der Italienischen Oper in Petersburg, 1886-1920 erster Ballettkapellmeister des Mariinskij teatr).]

rend der Vorstellungen zum Vorschein, sondern in einer unendlichen Reihe ausverkaufter Häuser.

Der äusserlich frostige Empfang, welcher dem Ballett zuteil geworden ist, hat den Zeitungen, namentlich der sogenannten „kleinen Presse" Veranlassung gegeben, von einem „Fiasko" zu reden, sich über den Misserfolg von „Dornröschen" zu freuen und Programm, Inszenierung und Musik zu verspotten. Das Sujet wurde „wenig poetisch", „banal" und „die Petersburger Bühne entwürdigend" gefunden, der Inszenierung „zwecklose Geldverschwendung" und der Musik „Langweiligkeit", „Unverständlichkeit" vorgeworfen ... Nur ein Rezensent (M. Iwanow in „Nowoe vremja")[277] hat das Ballett mit Begeisterung und in richtiger Erkenntnis des kommenden Erfolgs besprochen.

Am 4. Januar reiste Peter Iljitsch nach Moskau, wo er am 6. dirigierte. Sich endgültig von der Unmöglichkeit überzeugt habend, in Moskau Ruhe zu finden, entschloss er sich, ins Ausland zu reisen und sich ganz der Komposition von „Pique Dame" hinzugeben. Am 11. Januar kam er noch einmal nach Petersburg und reiste am 14. in Begleitung meines Dieners Nasar – denn Alexei musste am Sterbebett seiner Frau bleiben – von Petersburg ab, ohne zu wissen, wo er sich niederlassen würde.

Kapitel XVII.

[Von Petersburg reist Čajkovskij über Berlin nach Florenz. Dort komponiert er vom 19. / 31. Januar bis zum 25. März / 7. April 1890 „Pikovaja dama" (Konzept und Klavierauszug).
Lobt und kritisiert Modests Libretto. Ideale Arbeitsbedingungen: er ist bei der intensiven Arbeit ungestört, kann bequem spazierengehen und sich abends zerstreuen (Zirkus- und Opernbesuche). Und dennoch spricht er – bei „furchtbarer Lust" zum Komponieren – von Lebensüberdruß und wahnsinnigem Kummer.
Spricht Glazunow kritischen Trost zu nach dem Mißerfolg von dessen „Orientalischer Rhapsodie".
Ärger am Bessel's Rechte am „Opričnik": Čajkovskij will die Aufführung der Oper verhindern.
Geniesst den Vorfrühling in den Florentiner „Cascine". Sagt die Leitung von sechs Konzerten der Musikgesellschaft in Moskau ab – und gibt wegen Divergenzen mit Safonov, dem Direktor des Konservatoriums, im Zusammenhang mit der Besetzung der Celloprofessur sein Amt im Direktorium der Musikgesellschaft ab.
Die unzureichend vorbereitete Moskauer Erstaufführung der „Čarodejka". Drängt Modest, zügig am Libretto der „Pikovaja dama" weiterzuarbeiten; ändert das 4. Bild (mit Intermedium).
Tod der Frau von Čajkovskijs Diener Aleksej Sofronov.
Glücklicher Abschluß der Konzeptschrift der „Pikovaja dama" am 3. / 15. März 1890 in Florenz.
Weint über das Schicksal Hermanns als eines „lebendigen und sogar sympathischen" Menschen.
Schnelligkeit beim Komponieren: ein Charakterzug; hält „Pikovaja dama" für ein gutes und originelles Werk.
Beginnt mit dem Klavierauszug der Oper.]

An M. Tschaikowsky: „Berlin, d. 16. / 28. Januar 1890.
Lieber Modja, ich konnte den ganzen Weg keinen Entschluss fassen: wohin? Endlich habe ich mich heute für Florenz entschieden und schon die Fahrkarten besorgt, um dem Schwanken ein Ende zu machen ..." [XVb, 4005.]

An M. Tschaikowsky: „Florenz, d. 18. / 30. Januar 1890.
Heute früh sind wir angekommen. Wir sind sehr bequem gefahren: waren ganz allein im Coupé, ich habe mich aber sehr gelangweilt. Italien, Florenz interessieren mich einstweilen nicht im geringsten. Ausser dem Wunsch zu fliehen empfinde ich nichts. Ich habe

---

[277 Der Pianist, Komponist und Musikkritiker Michail M. Ivanov (1849-1927) hatte, nach Abschluß des Technologischen Instituts in Petersburg 1868, 1869 am Moskauer Konservatorium Klavierspiel bei Aleksandr I. Djubjuk (Alexandre Dubuque) und Musiktheorie bei Čajkovskij studiert; seit 1876 war er Mitarbeiter und 1890-1917 Leiter des Musikfeuilletons der 1868-1917 in Petersburg erscheinenden Tageszeitung „Novoe vremja" (Neue Zeit).]

mich sehr bequem im Hotel eingerichtet: eine ganze Wohnung steht mir zur Verfügung. Essen werde ich an einem besonderen Tisch. Auch Nasar hat ein recht gutes Zimmer. Für all das zahle ich 26 $^1/_2$ Francs pro Tag (incl. Licht). Das ist wohl nicht teuer. Die Wohnung besteht aus seinem sehr geschmacklos und banal möblierten Salon, einem Schlafzimmer und noch einer dunklen Kammer. Die Fenster gehen nach dem Lungarno hinaus.[278] Bei gutem Wetter wird es lustig sein, die nach den Cascine[279] Hinausfahrenden zu beobachten; bei wärmerem Wetter dürfte es aber unerträglich heiss werden … Nasar ist für mich ein grosser Trost, aber auch eine Quelle der Sorge: schon jetzt verheimlicht er heroisch sein Heimweh, was wird denn weiter werden? Ich will einmal sehen, wie es mit der Arbeit gehen wird. Vielleicht werde ich sogar – nach Russland zurückkehren. Ausserhalb Russlands kann ich nicht leben." [XVb, 4009.]

Tagebuch: „[Florenz, d.] 19. [/ 31.] Januar 1890.
… Die Oper ist begonnen, und zwar gar nicht übel (der Anfang ist bei Naprawnik gestohlen)."[280] [ČD, S. 251; Tagebücher, S. 319.]

An P. Jurgenson: „Florenz, d. 22. [recte: 28.] Januar [/ 9. Februar] 1890.
… Aus einer Periode der Verstimmung bin ich dank der Arbeit, welche recht gut vorwärtsgeht, herausgekommen, obwohl ich nicht behaupten kann, mich glücklich zu fühlen. Es ist gut, dass ich hier *ungestört* arbeiten kann, denn ich will ein unglaubliches Kunststück vollbringen: die Oper [‚Pique Dame'] bis zur nächsten Saison fertig zu bekommen! Das ist der Wunsch der mir sehr wohl gesinnten Direktion,[281] und ich habe keinen Grund, dieses Wohlwollen zu missachten. Ausserdem beeile ich mich gern beim Arbeiten – ich muss es gestehen – und freue mich, wenn man mich anspornt und auf mich wartet. Das beeinträchtigt nicht im geringsten die Vorzüge meiner Werke: ‚Dornröschen' ist vielleicht die beste meiner Kompositionen, obwohl ich sie unglaublich schnell gemacht habe. Ist Fitzenhagen noch am Leben? Man sollte sich schämen, von einem Nachfolger[282] zu sprechen, solange er noch am Leben ist. Sollte sein Platz frei werden, so könnte – meine ich – kein anderer als Brandukow[283] engagiert werden. Ist Safonow[284] nicht einverstanden, dann … bleibe ich doch meiner Meinung."[285] [XVb, 4017.]

An M. Tschaikowsky: „Florenz, d. 23. Januar [/ 4. Februar] 1890.
… Ich bin zweimal im Zirkus und einmal im Pagliano gewesen.[286] Es wurde [Verdis] „Aida" gegeben. Die Ausstattung war sehr armselig, die Chöre waren abscheulich, das Orchester spielte nur so drauflos, aber die Sängerinnen, besonders Amneris (die dicke Sin-

[278 Berühmtes Hotel am Fluss Arno in der Nähe des Ponte Vecchio. – Gemeint ist aber offenbar: Lungarni (Singular: Lungarno); so heissen die „entlang des Arno" verlaufenden Straßen in Florenz.]
[279 Der „Parco delle Cascine" (oder einfach „Le Cascine" genannt) ist der am rechten Arno-Ufer gelegene größte Park (und Botanische Garten) der Stadt.]
[280 Naprawnik weiss absolut nicht, aus welchem seiner Werke der Anfang „gestohlen" sein könnte.]
[281 Die Direktion der Kaiserlichen Theater in Petersburg in Person des Direktors Ivan A. Vsevoložskij.]
[282 Als Professor der Violoncelloklasse am Moskauer Konservatorium.]
[283 Der mit Čajkovskij befreundete Cellist Anatolij A. Brandukow hatte 1877 das Moskauer Konservatorium in der Klasse von Fitzenhagen absolviert.]
[284 Der Pianist und Dirigent Vasilij I. Safonov (1852-1918), 1885-1905 Professor am Moskauer Konservatorium, war seit 1889 dessen Direktor (als Nachfolger Sergej I. Taneevs).]
[285 Čajkovskij bespricht diese Konservatoriumsangelegenheit mit Jurgenson, weil auch dieser dem Direktorium der Moskauer Abteilung der Russischen Musikgesellschaft angehört – diese ist Trägerin des Konservatoriums und daher auch im Zusammenwirken mit dem Direktor und dem Lehrerkollegium des Konservatoriums für die Berufung von dessen Professoren zuständig.]
[286 Teatro Pagliano (seit 1901 „Teatro Verdi"), Florenz, Via Ghibellina.]

ger; erinnerst Du Dich – unsere Nachbarin im Hotel Costanzi?) waren sehr gut. Im grossen und ganzen eine echte Provinzoper, ungeachtet der kolossalen Dimensionen des Theaters …

Jetzt will ich Dir über meine Arbeit [an der Oper ‚Pique Dame'] berichten. Ich habe mit grossem Eifer angefangen und habe schon verhältnismässig viel geschafft. Wenn es so weitergeht, werde ich Dich bald um die folgenden Akte bitten müssen; das Libretto hast Du sehr gut gemacht, nur gibt es einen Mangel: Weitschweifigkeit. Bitte sei möglichst lakonisch. Manches kürze ich. Die Verse sind stellenweise sehr gut, hin und wieder aber etwas hart …" [XVb, 4012.]

An M. Tschaikowsky: „Florenz, d. 25. Januar [/ 6. Februar] 1890.

Lieber Modja … schönen Dank, dass Du Dir meine Klagen über das Heimweh so zu Herzen genommen hast. Jetzt fühle ich mich ganz anders, denn der krankhafte Kummer ist inzwischen vorüber, obwohl ich auch noch keinen besonderen Genuss an meinem Aufenthalt in Florenz spüre. Meine Arbeit geht gut voran, und das hat meine Stimmung ganz verändert. Bis zum Frühjahr muss die Oper auf alle Fälle fertig werden. Es fragt sich, ob meine derzeitige Umgebung und Lebensweise die Bedingungen erfolgreichen Arbeitens in sich bergen. Ich antworte: *vollkommen*. Nichts und niemand stört mich, des abends habe ich stets Gelegenheit, mich zu zerstreuen, die Spaziergänge sind bequem, kurz – es ist alles vorhanden, um die Kräfte ohne Nachteil für die Gesundheit anzustrengen … Selbstverständlich würde ich sehr froh sein, all diesem noch die Anwesenheit eines nahen Menschen hinzuzufügen, das ist aber derzeit nicht dringend notwendig. Hätte ich viel überflüssiges Geld, würde ich mein Alleinsein einfach als Vorwand benützen, Dir die Gelegenheit zu einer Reise nach Italien zu bieten. Aber mit Geld steht es einstweilen schlecht. Ich habe an Gerke[287] geschrieben, er möchte mir eine Unterstützung aus der Musikerkasse erwirken, selbstverständlich leihweise.

In meiner Arbeit [an ‚Pique Dame'] bin ich jetzt bis zur Ballade gekommen.[288] Das ist für sieben Tage recht viel. Es scheint ganz hübsch zu werden. Sieh zu, Modja, dass Du Dich mit der weiteren Sendung[289] nicht verspätest. Ich hoffe, den ganzen ersten Akt bis Mitte Februar zu beenden. Mich beunruhigt das Fehlen von Nachrichten von Alexei. Wahrscheinlich ist seine Frau gestorben." [XVb, 4013.]

An A. K. Glazunow: „[Florenz, d.] 30. Januar [/ 11. Februar] 1890.

Lieber, guter Alexander Konstantinowitsch, Ihr netter und herzlicher Brief[290] hat mich sehr gerührt. Ich bedarf jetzt sehr der freundschaftlichen Anteilnahme und des Verkehrs mit nahestehenden Menschen. Ich befinde mich in einem sehr rätselhaften Stadium auf dem Wege zum Grabe. Es geht etwas Merkwürdiges, Unbegreifliches in mir vor. Etwas wie Lebensüberdruss hat mich ergriffen; zeitweise wahnsinniger Kummer, aber nicht jener Kummer, in welchem ein neuer Aufschwung der Liebe zum Leben keimt, sondern etwas Hoffnungsloses, Finales und – wie immer in einem Finale – Banales. Zugleich aber eine furchtbare Lust zum Schreiben. Weiss der Teufel, was das ist! Einerseits fühle ich, dass mein Liedchen abgesungen ist, andererseits – ein unüberwindlicher Drang, dasselbe Leben fortzusetzen oder ein neues Liedchen zu beginnen … Übrigens weiß ich – wie gesagt – selber nicht, was mit mir vorgeht. Zum Beispiel habe ich früher Italien und Florenz so

---

[287] Der Jurist Avgust A. Gerke (1841-1902), ehemaliger Mitschüler Čajkovskijs an der Petersburger Rechtsschule, war Mitglied der Hauptdirektion der Russischen Musikgesellschaft.]
[288] Gemeint ist Tomskijs Ballade im I. Akt, Nr. 5.]
[289] Der übrigen Teile des Librettos.]
[290] Brief vom 25. Januar 1890, publiziert in: A. K. Glazunov, Pis'ma, stat'i, vospominanija. Izbrannoe (Briefe, Artikel, Erinnerungen. Auswahl), Moskau 1958, S. 143 f.]

geliebt. Jetzt muss ich mir grossen Zwang antun, um meine Bude zu verlassen. Und wenn ich einmal draussen bin, fühle ich nicht die geringste Freude: weder am blauen italienischen Himmel, noch an der diesen Himmel überstrahlenden Sonne, noch an den auf Schritt und Tritt vorhandenen architektonischen Schönheiten, noch an dem schäumenden Strassenleben. Früher hat mich all das so entzückt und meine Phantasie angeregt! Vielleicht besteht meine ganze Krankheit in den fünfzig Jahren, die ich in zwei Monaten überschreiten werde und im Versagen der Phantasie, die Umgebung in helle Farben zu tauchen?

Doch genug davon! Ich arbeite recht viel. Ob es aber gut ist, was ich arbeite? Das ist eine übrigens verfrühte Frage.

Für Ihre Qualen wegen des – wie Sie sagen – Misslingens Ihrer ‚Orientalischen Rhapsodie'[291] habe ich sehr viel Anteilnahme. Es gibt nichts Schmerzlicheres. Doch: alles Böse hat auch sein Gutes. Sie sagen, Ihre Freunde hätten das Stück missbilligt und ihr Urteil nicht zur rechten Zeit geäussert, und Sie seien in jenem Augenblick anderer Meinung gewesen. Es war unrecht von jenen, gegen die noch nicht abgekühlte Begeisterung des Autors für sein neuestes Werk so schonungslos vorzugehen. Dass sie aber den Mut hatten, ihre Meinung ganz aufrichtig auszusprechen, ist immerhin besser als die unbestimmte und unvermeidliche Lobhudelei, welche von manchen Freunden so überaus freigebig verabreicht wird und der man Gehör und Glauben schenkt, weil man nur zu gern glauben möchte … Auch ich hätte Lust, lieber Alexander Konstantinowitsch, eines Tages aufrichtig über Ihre kompositorische Tätigkeit zu sprechen. Ich bin ein grosser Verehrer Ihres Talents. Den Ernst Ihrer Bestrebungen und Ihre sozusagen künstlerische Ehrlichkeit schätze ich sehr. Und dennoch mache ich mir oft Gedanken über Sie. Ich fühle, dass ich Sie als älterer und liebevoller Freund vor etwas, vor gewissen Neigungen und vor einer gewissen Einseitigkeit warnen müsste. Ich weiss aber noch nicht, was ich Ihnen zu sagen habe. Sie sind für mich in mancher Beziehung ein Rätsel. Sie besitzen Genialität, aber irgendetwas hindert Sie, in die Breite und in die Tiefe zu gehen …

Mit einem Wort, seien Sie im Laufe dieses Winters auf einen längeren Brief von mir gefasst, in welchem ich mit Ihnen in überlegter Weise reden werde.[292] Wenn ich trotzdem nichts Belangreiches sagen werde, kann das als Zeichen meines Unvermögens gelten und nicht dem Mangel an Liebe und Anteilnahme für Sie zugeschrieben werden." [XVb, 4018.]

An P. Jurgenson: „Florenz, d. 30. Januar [/ 11. Februar] 1890.

… Was Bessel betrifft, bitte ich Dich zu protestieren, soweit Du das kannst.[293] Ich dagegen werde ‚Nowoe wremja' nichts einsenden und auch nicht zum Konsul gehen, denn

---

[291 Glazunovs „Vostočnaja rapsodija" für grosses Orchester op. 29 war am 20. Januar 1890 in Petersburg uraufgeführt worden.]

[292 Ein solcher Brief ist nicht überliefert.]

293 In Betreff seines Rechts, die Aufführung der Oper „Opritschnik" zu verbieten. Diese Oper war von Peter Iljitsch seinerzeit nebst allen seinen Urheberrechten (sogar in Betreff der Tantiemen) an W. Bessel veräussert worden. Letzterer war also der absolute Eigentümer derselben und bemühte sich als solcher natürlich um ihre Aufführung. Peter Iljitsch dagegen, der den „Opritschnik" bekanntlich verabscheute, tat alles, um Aufführungen zu verhindern, die er als eine Schmach für sich ansah. Das gelang ihm auch viele Jahre lang: aus persönlicher Liebenswürdigkeit Peter Iljitsch gegenüber wurde die Oper weder von der Direktion der Kaiserlichen Theater noch von verschiedenen Privatunternehmern zur Aufführung angenommen. Im Jahre 1890 jedoch begannen einige Privatbühnen in Petersburg und in der Provinz, den „Opritschnik" zu geben. Da tauchte die juristische Frage auf, ob Peter Iljitsch das Recht habe, unter den obwaltenden Umständen Aufführungen zu verbieten oder nicht. P. Jurgenson gab Peter Iljitsch den Rat, die Vollmacht – falls eine solche jemals von ihm an Bessel gegeben worden war – mittels einer Bekanntmachung in [der Petersburger Zeitung] „Nowoe wremja" zu widerrufen oder ihm, Jurgenson, eine durch den russischen Konsul in Florenz bescheinigte Vollmacht zum Verbot von Aufführungen zu senden. Trotz Peter Iljitschs Wunsch ist die Frage ohne gerichtliche

ich befinde mich in einem Anfall von Misanthropie und fürchte am meisten meine Landsleute. Bessel besitzt keinerlei Vollmacht, sondern nur eine Vereinbarung, in welcher ich meine Urheberrechte [an der Oper ‚Opritschnik'] und die Tantiemen auf ihn übertrage. Ich glaube aber nicht, ob es von ihm abhängig wäre, zu bestimmen, ob die Oper gegeben werden darf oder nicht.

Ich bin krank heute, kann nichts Vernünftiges schreiben.

Oh, verflucht …!" [XVb, 4020.]

An M. Tschaikowsky: „Florenz, d. 2. / 14. Februar 1890.

… Die Todesszene der Pique Dame hast Du ausgezeichnet und sehr musikalisch zusammengestellt.[294] Überhaupt bin ich mit Dir als Textdichter sehr zufrieden, behalte nur die Kürze im Auge und vermeide Weitschweifigkeit … Über die Szene am Quai[295] habe ich sehr viel nachgedacht. Du und Laroche, Ihr seid gegen dieselbe, – und ich fürchte trotz meines Wunsches, möglichst wenig Bilder zu haben und mich *kurz* zu fassen, dass bei einem Verzicht auf jenes Bild der ganze dritte Akt ohne Frauen bleiben wird – und das wäre langweilig. Ausserdem muss der Zuschauer wissen, was aus Lisa geworden ist. Ihre Rolle kann nicht mit dem vierten Bild abgeschlossen werden. Ich möchte Dich übrigens sehr bitten, darüber mit Wsewoloshsky zu sprechen und endgültig zu entscheiden: ‚ja' oder ‚nein'. Ich stehe schon im Begriff, das zweite Bild zu beenden[296] … Wenn die Arbeit so weitergeht wie bisher, kann ich wohl hoffen, rechtzeitig fertig zu werden. Ob es mir gut oder schlecht gelingt – weiss ich nicht. Manchmal bin ich sehr zufrieden, manchmal nicht, – ich kann es nicht beurteilen …" [XVb, 4022.]

An M. Tschaikowsky: „Florenz, d. 6. / 18. Februar 1890.

… Heute habe ich meinen Aufenthalt in Italien zum ersten Mal genossen. Bisher hatte ich mich gleichgültig, ja sogar mit einem Anflug von Feindseligkeit verhalten. Heute aber war das Wetter so göttlich, und ich war so erfreut, in den Cascine[297] einige Veilchen zu finden, dass mein Herz auftaute und ich dem herrlichen Land Lob für sein Klima spendete. Freilich war dieser Genuss lange nicht so stark, wie er durch unseren nordischen Frühling hervorgerufen wird. Es kommt, scheint es, alles nicht zur rechten Zeit und nicht so, wie es sein sollte, – doch war es mir angenehm. Ich habe eine Art und Weise entdeckt, in den Cascine in voller Einsamkeit zu promenieren. Ich weiss nicht, ob der Frühling schon in vollem Umfang da ist; nach der grossen Menge an Feldblumen zu urteilen – ja. Ich habe in den Cascine u. a. dasselbe blaue Blümchen gefunden, welches in Kamenka im April zu erscheinen pflegt, – kennst Du es noch? Das war eine grosse Freude für mich.

Nun wollen wir von ‚Pique Dame' sprechen. Was kann man tun, damit die Rolle [des Hermann] für den armen Fiegner[298] nicht dessen Kräfte übersteige? Sieben Bilder, und er

---

Entscheidung geblieben, und Peter Iljitsch gelang es in der Folge nur dadurch, Aufführungen des „Opritschnik" zu hintertreiben, dass er den betreffenden Theaterdirektoren androhte, die Aufführung des „Eugen Onegin" zu gestatten, falls der „Opritschnik" gegeben werden sollte. Da nun „Eugen Onegin" eine bedeutend einträglichere Oper war, wurde der Zweck in der Regel erreicht.

[294 II. Akt, 4. Bild: Nr. 16 Szene (Liza, Gräfin, Maša, Stubenmädchen, Chor) und Nr. 17 Schlußszene (German, Liza).]

[295 III. Akt, 6. Bild: Nr. 20 Szene und Arioso der Liza und Nr. 21 Szene und Duett (Liza, German).]

[296 I. Akt, 2. Bild: Nr. 7 Duett (Liza, Polina), Nr. 8 Szene (Liza, Polina, Freundinnen), Polinas Romanze und Russisches Lied mit Chor, Nr. 9 Szene (dieselben) und Arioso der Gouvernante, Nr. 10 Schlußszene (Szene, Arie der Liza, Germans Arioso, Szene).]

[297 Siehe oben, S. 435 f. Brief an Modest vom 18. / 30. Januar 1890, ČPSS XVb, Nr. 4009, mit Anmerkung.]

[298 Der Tenor Nikolaj N. Figner (1857-1918) wirkte wie seine Ehefrau, die Sopranistin Medeja Figner (geb. Mej; 1859-1952), seit 1887 am Petersburger Mariinskij teatr.]

muss die ganze Zeit spielen! Überlege einmal. Sprich mit Wsewoloshsky. Schon allein deswegen wäre ich nicht abgeneigt, auf die Szene am Quai zu verzichten. Entsetzen erfasst mich, wenn ich bedenke, wieviel ich schon für ihn geschrieben habe und wieviel noch zu schreiben bleibt. Ich fürchte, die Kräfte des Ärmsten werden einfach versagen. Aber nicht nur Fiegner, – einem jeden Künstler wird angst und bange werden bei dem Gedanken, fast ununterbrochen auf der Bühne stehen und singen zu müssen. Sollte er auch in der Ballszene[299] viel zu singen bekommen?

Die Ballszene erwarte ich mit Ungeduld. Um Gottes willen verliere keine Zeit, Modja, sonst werde ich am Ende eines Tages ohne Text dasitzen, denn ich erlaube mir zu hoffen, in acht Tagen mit dem 4. Bild fertig zu sein. Manchmal schreibt es sich leicht, manchmal nicht ohne Zwang. Das schadet aber nichts. Der Zwang ist vielleicht nichts anderes als der Wunsch, die Sache recht gut zu machen und sich nicht mit dem ersten besten Gedanken zufriedenzugeben." [XVb, 4027.]

An A. P. Merkling: „Florenz, d. 7. / 19. Februar 1890.
... Heute komponierte ich die Szene, wo Hermann zur Alten [der Gräfin] kommt.[300] Es war so gruselig, dass ich noch jetzt unter dem Eindruck des Entsetzens stehe." [XVb, 4028.]

An M. Tschaikowsky: „Florenz, d. 12. [recte: 13.] / 25. Februar 1890.
... Das 3. Bild habe ich erhalten, was ich Dir schon durch Kolja sagen liess.[301] Es war gerade recht gekommen, das 4. Bild hatte ich bereits fertig. Ich fing direkt mit dem Intermedium an, denn es bot mir die meisten Schwierigkeiten. Ich habe mich zu dem Pastorale entschlossen.[302] Dein heutiger Brief enthält Laroches Rat, aber er kommt zu spät, denn das Zwischenspiel ist bereits komponiert. Ich glaube, es ist mir sehr gut gelungen: kurz, interessant und ganz im Stil der damaligen Zeit. Während der Arbeit schien es mir zeitweise, dass ich im 18. Jahrhundert lebe und dass über Mozart hinaus noch nichts dagewesen wäre.[303] Am Schluss ist ein Chorsatz unerlässlich. Den Text dazu habe ich schon selbst gemacht, Du darfst ihn selbstverständlich ändern, wenn Du willst, nur der Rhythmus muss bleiben. Dem Wunsch Wsewoloshskys entsprechend sollen Amor und Hymen ihre Kränze aufsetzen, während ihr Gefolge tanzt. Darauf folgt nicht der Marsch, sondern der Chorsatz, den ich oben erwähnte und der bezüglich seiner Musik die Wiederholung des ersten Chors ist. Wenn der Chor einmal da ist, wäre es merkwürdig, ihn am Schluss nicht singen zu lassen, – darum habe ich es so gemacht. ... Sobald ich an der Stelle angelangt sein werde, wo der Fürst sich Lisa erklärt,[304] werde ich möglicherweise etwas hinzufügen, um die Rolle des Fürsten mehr in den Vordergrund zu rücken. Ich werde dann wieder selbst den Text

---

[299 II. Akt, 3. Bild (in dem German wenig zu singen hat): Nr. 11 Entr'acte und Chor, Nr. 12 Szene (Liza, Čekalinskij, Zeremonienmeister, Fürst Eleckij, Tomskij, Surin) und Arie des Fürsten Eleckij, Nr. 13 Szene (German, Čekalinskij, Surin, Zeremonienmeister), Nr. 14 Intermedium (Intermezzo) „Die Aufrichtigkeit der Schäferin": a) Chor der Schäfer und Schäferinnen, b) Tanz der Schäfer und Schäferinnen (Sarabande), c) Duett Prilepa und Milovzor, d) Finale (Prilepa, Milovzor, Zlatogor, Schäfer und Schäferinnen), Nr. 15 Schlußszene (Liza, German, Zeremonienmeister, Surin, Chor).]
[300 II. Akt, 4. Bild, Nr. 16.]
[301 ČPSS XVb, Brief Nr. 4031.]
[302 [II. Akt, Nr. 14.] Für das Intermedium hatte ich Peter Iljitsch zwei Sachen vorgeschlagen: 1.) Vorstellung am Geburtstagsfest des Fürsten Wjasemsky (von Deršawin) und 2) ein Pastorale Karabanows, „Die aufrichtige Schäferin". [Die beiden genannten Dichter sind Gavriil R. Deržavin (1743-1816) und Petr M. Karabanov (1764-1829). – Zum Intermedium der „Pikovaja dama" siehe Lucinde Braun in ČSt 4, S. 356 f.]
[303 Vgl. eine ganz ähnliche Formulierung in: Tagebücher, S. 323, unter dem 12. / 24. Februar 1890.]
[304 Innerhalb von Nr. 12, Szene (II. Akt, 3. Bild).]

machen, welcher ebenfalls Deine Redaktion passieren kann. Das Zwischenspiel habe ich heute beendet (jetzt ist es $^1/_2$ 12 Uhr), und gegen 3 Uhr will ich die Komposition des dritten Bildes beginnen. Ich glaube nicht, dass ich dafür mehr als fünf bis sechs Tage brauchen werde. Wenn bis dahin nichts von Dir ankommen sollte, werde ich vielleicht für ein paar Tage verreisen, um mich zu zerstreuen …

Nun, wenn ich mit Gottes Hilfe die Oper zustandebringen sollte, wird sie ‚chic' werden. Das vierte Bild[305] wird, glaube ich, von überwältigendem Eindruck sein …" [XVb, 4034.]

An P. Jurgenson: „Florenz, d. 17. Februar [/ 1. März] 1890.

Lieber Freund, soeben habe ich ein offizielles Schreiben an die Direktion der Musikgesellschaft abgeschickt des Inhalts: 1.) dass ich auf das Dirigieren von sechs Konzerten im Frühjahr verzichte und 2.) dass ich aus der Direktion ausscheide.[306] Alles, was ich in diesem Schreiben sage, ist die aufrichtige Aufzählung der Gründe, welche mich zu dieser Handlungsweise zwingen …

Alles was Du in der Angelegenheit des ‚Opritschnik' unternehmen wirst, heisse ich im voraus gut. Je energischer Du auftreten wirst, – desto besser. Die Tantiemen sind eine Nebensache für mich; dagegen ist das Prinzip der Aufrechterhaltung des Urheberrechts, Aufführungen zu gestatten oder zu verbieten, von sehr grosser Bedeutung."[307] [XVb, 4040.]

An P. Jurgenson: „Florenz, d. 19. Februar [/ 3. März] 1890.

… Nachdem ich meinen Verzicht auf die Mitgliedschaft [in] der Direktion [der Musikgesellschaft] abgeschickt hatte, erhielt ich einen Brief von Safonow,[308] der als eine Grobheit verstanden werden könnte. Er teilt mir mit, dass Fitzenhagen gestorben sei und dass die Professorenstelle mit einem Cellisten der Dawidow-Schule besetzt werden müsse, d. h. durch Glehn[309] oder Bsuhl.[310] Von Brandukow[311] kein Wort, obwohl ihm bekannt sein dürfte, dass ich für Brandukow stehe. Augenscheinlich bildet sich Safonow ein, dass ich von der Musikgesellschaft gewissermassen als sein Adjutant engagiert bin und von seinen Entscheidungen nur Notiz zu nehmen hätte. Dies erhellt schon allein daraus, dass er mich bei dem Diner zu Ehren Rubinsteins weiter zurück gesetzt und mir *befohlen* hatte, einen unbedeutenderen Toast auszubringen, während er selber sich den wichtigsten vorbehielt. Es ist merkwürdig, dass niemand von Euch diese Taktlosigkeit bemerkt hat, so schnell hat er in den Augen aller die Rechte eines Generals erobert. Ich bin aber nicht im geringsten geneigt, ein Adjutant Safonows zu sein. Indessen hat er als Direktor so viele ausgezeichnete Eigen-

---

[305] Das zweite Bild des II. Akts mit dem Tod der Gräfin. Nr. 16 und 17.]
[306] Die Veranlassung zu diesem Schritt gab der energische Protest des neuen Direktors des Konservatoriums, W. I. Safonow, gegen die von Peter Iljitsch unterstützte Kandidatur des berühmten Cellisten Brandukow [einem Schüler von Wilhelm Fitzenhagen] für die Professur am Konservatorium. [Vgl. oben, S. 436, Čajkovskijs Brief an P. I. Jurgenson vom 28. Januar / 9. Februar 1890, ČPSS XVb, Nr. 4017.] Peter Iljitsch gab nach, hielt aber sein weiteres Verweilen in der Direktion für unmöglich.
[307] Vgl. oben, S. 438 f., Čajkovskijs Brief an Jurgenson vom 30. Januar / 11. Januar 1890, ČPSS XVb, Nr. 4020, mit Anmerkung 293.]
[308] Seit 1889 Direktor des Moskauer Konservatoriums – siehe oben.]
[309] Al'fred (Konstantin) È. fon Glen (1858-1927), hatte 1881 sein Studium am Petersburger Konservatorium in der Klasse von Karl Ju. Davydov (1838-1889) abgeschlossen und 1884-1890 an der Musikschule in Char'kov unterrichtet. Er erhielt 1890 als Nachfolger Fitzenhagens die Violoncelloprofessur am Moskauer Konservatorium und unterrichtete dort bis 1921.]
[310] Dmitrij St. Bzul' (1867-1894), Violoncelloprofessor am Petersburger Konservatorium.]
[311] Anatolij A. Brandukow (1856-1930) lebte und trat weiterhin im Ausland auf, bis er 1906 Professor und Direktor der Musikdramatischen Schule der Moskauer Philharmonischen Gesellschaft und 1921 Professor des Moskauer Konservatoriums wurde.]

schaften offenbart, dass man alles aufbieten sollte, ihn zu behalten. Was Brandukow betrifft, verhält er [Safonow] sich ungerecht und dumm. Es geht eben nicht ohne Fehler. Es ist gut, dass er Ehrgeiz und Energie besitzt, dass er seine Moskauer Stellung schätzt und dass er aus der Haut fahren möchte, während wir alle nur in den Wald schauen.

Meine Seelenstimmung ist eigentlich schlecht, doch arbeite ich einstweilen gut.[312]

Kannst Du mir nicht ausführlicher über die ‚Bezaubernde' berichten?[313] Ich weiss ja noch nichts ausser – dass sie nur eine Aufführung erlebt hat. Wie diese war, ist mir unbekannt. Fürchte nicht, mir die Wahrheit zu sagen, wenn es einen Misserfolg oder einen Skandal gegeben hat. Das ist ja keine neue Oper, ausserdem werde ich ja doch einmal erfahren, wie es gewesen ist. Ich hatte so sehr gebeten, ‚Die Bezaubernde' in diesem Jahr nicht zu geben ..." [XVb, 4043.]

„Die Bezaubernde" hatte am 2. Februar in Moskau ihre Erstaufführung erlebt.[314] N. D. Kaschkin bespricht sie in den „Russkie wedomosti" folgendermassen:

> „Die Oper ist offenbar sehr flüchtig studiert worden, was bei der ersten, überaus unbefriedigenden Aufführung sehr zum Vorschein kam. Ich will keineswegs die Künstler beschuldigen, denn sie haben getan, was sie tun konnten, einige von ihnen waren sogar sehr gut, z. B. Korssow,[315] Michailow[316] u. a.; das Ensemble war aber infolge mangelhafter Proben sehr schlecht; es ging alles mehr oder weniger auseinander. Das Orchester begleitete grob, ohne Schattierungen, die Blechbläser spielten durchweg fortissimo und deckten alles gleichermassen zu. Die Interpretin der Hauptrolle [Kuma], Frau Korowina,[317] war krank und hätte nicht singen dürfen. Aus dem in den Zeitungen veröffentlichten Spielplan ist zu ersehen, dass die ‚Bezaubernde' vor den [Grossen] Fasten nicht mehr gegeben wird: Gott sei Dank! Die Wiederholung einer ähnlichen Aufführung ist in der Tat nicht wünschenswert: eine Oper muss erst einstudiert und erst dann gegeben werden."

Auch nach den [Grossen] Fasten ist die Oper nicht mehr gegeben worden, ein beredtes Zeugnis dafür, dass auch das Publikum unzufrieden geblieben war.

An M. Tschaikowsky: „Florenz, d. 20. Februar [/ 4. März] 1890.

Lieber Modja, ich weiss nicht, was Du dazu sagen wirst: ich habe das Ende des vierten Bildes [der ‚Pique Dame'] ganz verändert,[318] denn so, wie es bei Dir war – fand ich es zu wenig effektvoll und als Abschluss ungenügend. Ausserdem kann man mit einer Polonaise nicht gut schliessen, sondern eher beginnen. Ich finde es auch nicht gut, wenn die Gäste die Bühne zweimal verlassen sollen. Sie kehren gerade in dem Moment in den Saal zurück, wenn Hermann von Tschekalinsky und Surin bestürmt wird. Vor dem Zwischenspiel lasse ich den Festmarschall die Worte sagen: ‚Die teuren Gäste werden gebeten, ein Pastorale mit dem Titel ‚Die aufrichtige Schäferin' anzuhören. Sie nehmen Platz, einige promenieren

---

[312 An der Oper „Pikovaja dama".]
[313 Čajkovskijs Oper „Čarodejka", am 20. Oktober 1887 unter seiner Leitung im Petersburger Mariinskij teatr uraufgeführt, erlebte ihre Moskauer Erstaufführung am 2. Februar 1890 im Bol'šoj teatr – siehe unten.]
[314 Unter der Leitung des ersten Opernkapellmeisters des Bol'šoj teatr Ippolit K. Al'tani.]
[315 Der von Čajkovskij geschätzte Bariton Bogomir B. Korsov (1845-1920) wirkte 1882-1905 am Bol'šoj teatr. Er war der erste Mazepa (in „Mazepa") und Teufel (in „Čerevički") und, bei den Moskauer Erstaufführungen, der erste Vjaz'minskij (in „Opričnik"), Fürst (in Čarodejka") und Tomskij (in „Pikovaja dama").]
[316 Als Paisij.]
[317 Die Sopranistin Marija P. Korovina (geb. 1869) hatte 1883 das Moskauer Konservatorium in der Klasse Galvani absolviert und wirkte 1884-1890 am Moskauer Bol'šoj teatr.]
[318 Offenbar ist nicht das 4., sondern das 3. Bild gemeint, und zwar dessen Schlußszene, Nr. 15.]

hin und her, und das Intermedium beginnt [Nr. 14]. Die Begegnung zwischen Hermann und der Gräfin sowie das Gespräch mit Lisa finden im Vordergrund statt [Nr. 15]. Nach den Worten Hermanns ‚das Schicksal selbst' usw. stürzt wieder der Festmarschall in den Saal und berichtet atemlos, die Kaiserin wolle sofort erscheinen. Chor der Gäste (in freudiger Bewegung): ‚Oh, welch Entzücken! Majestät, die Zarin selbst will kommen!' usw. Der Festmarschall (zu den Sängern): ‚Stimmt sofort das *Slavsja* an!' (Der Festmarschall gibt dem Sängerchor das Zeichen zum Beginn. Unterdessen haben sich die Gäste so aufgestellt, dass zwischen ihnen ein freier Durchgang für die Zarin bleibt.) Chor und Gäste singen ihr ‚Vivat', paarweise kommen Pagen herein, die Damen machen einen tiefen Knicks, die Herren eine höfische Verbeugung, und gerade in dem Moment, da die Kaiserin eintreten soll – fällt der Vorhang.

Freilich geht es mir nicht um die Worte, sondern um die Szene. Teile mir Deine Meinung mit. Ich habe es bereits so komponiert und würde es nicht gern ändern. Ich glaube, das wird ein wirkungsvoller Abschluss sein. Ich teile Dir den Text der Arie des Fürsten mit [in Nr. 12] ... Meine Verse scheinen ganz anständig zu sein, nur fürchte ich, dass der Sinn unklar ist. Hat das z. B. Sinn: ‚ich weine Ihre Tränen'? Ich glaube nicht. Das Wörtchen ‚doch' kommt zweimal vor, aber das, was der Fürst eigentlich sagen will – nämlich dass seine Liebe voller Selbstverleugnung und er zu jedem Opfer bereit sei – bleibt trotzdem unklar. Ändere das, damit Sinn hineinkommt, aber Anzahl und Form der Verse müssen dieselben bleiben, denn die Musik ist schon fertig.

Gestern abend habe ich das vierte Bild[319] beendet und war im Zweifel: was soll ich heute beginnen? Dein Brief mit dem fünften Bild[320] kam aber gerade zur rechten Zeit. Ich habe mich sofort an die Arbeit gesetzt. Um Gottes willen, halte mich nicht auf, denn je eher das Werk fertig wird, je eher ich den Klavierauszug einsenden kann – desto besser.

Wie denkst Du? Hat es etwas zu sagen, dass Lisa im April von ‚dunklen Nächten' spricht? Gibt es denn in Petersburg[321] dunkle Nächte?" [XVb, 4044.]

Tagebuch: „[Florenz, d.] 21. Februar [/ 5. März] 1890.

... Heute früh erhielt ich einen Brief von Alexei. Alexei schreibt, dass Thekluscha[322] zu Gott bete, er möge sie zu sich nehmen. Armes, armes Wesen! Habe das fünfte Bild [der ‚Pique Dame'] zu schreiben begonnen und in Gedanken schon gestern beendet, in Wirklichkeit aber erst heute früh." [ČD, S. 256; Tagebücher, S. 324 f.]

An M. Tschaikowsky: „Florenz, d. 21. Februar [/ 5. März] 1890.

... Ich habe das fünfte Bild von der Stelle des Klopfens ans Fenster zu schreiben begonnen und – habe es schon fertig. Du schreibst im Libretto: hinter den Kulissen Trauergesang – schickst aber keinen Text dazu. Es muss doch einen Text geben? ... Werde selbst etwas machen müssen." [XVb, 4045.]

---

[319] II. Akt, 4. Bild: Nr. 16 Szene (Liza, Gräfin, Maša, German, Stubenmädchen) und Chor sowie Nr. 17 Schlußszene (German, Liza).]
[320] III. Akt, 5. Bild. In der Kaserne. Nr. 18 Entr'acte und Szene (German, Chor hinter Bühne) sowie Nr. 19 Szene (German, Geist der Gräfin).]
[321] Wo die Oper spielt – und wo es in den Sommermonaten die berühmten „weißen Nächte" gibt.]
[322] Fekla [Thekla] („Fekluša") G. Sofronova (gest. 1890), Aleksejs Ehefrau.]

Tagebuch: „[Florenz, d.] 24. Februar [/ 7. März] 1890.
... Habe von Alexei die Nachricht erhalten, dass Thekluscha gestorben sei. Geweint. Überhaupt ein trauriger Morgen. Abends ein Akt der ‚Puritaner'.[323] Er ist doch köstlich, dieser Bellini, bei all seiner Widerlichkeit." [ČD, S. 257; Tagebücher, S. 325.]

An M. Tschaikowsky: „Florenz, d. 26. [recte: 25.] Februar [/ 9. März] 1890.
... Sofort nach Beendigung der Entwürfe will ich den vollständigen Klavierauszug der Oper machen. Für diese Arbeit, welche sehr langweilig, aber leicht sein wird, will ich in eine andere Stadt reisen. Heimkehren werde ich, sobald der Klavierauszug fertig ist. Wohin ich jetzt gehen werde – weiss ich noch nicht. X.,[324] die ich nicht vermeiden kann, machen mir Rom unangenehm. X. sind gute, aber entsetzliche Leute. Sie quälten mich, Ihnen die ‚Pique Dame' vorzuspielen. Wahrscheinlich werde ich weiter nach Süden reisen, am wahrscheinlichsten – nach Neapel. Heute war ich in unglaublicher Verlegenheit. Ein Brief von Artôt teilte mir mit, Capoul[325] habe ein wunderschönes Libretto aus dem russischen Leben (???) gemacht, hege den Wunsch, dass ich die Musik dazu schriebe, ob er zu diesem Zweck hierher reisen solle!!?? Sofort flog ein mächtiges Telegramm dorthin, dass ich die Oper nicht schreiben könne und am heutigen Abend nach Russland reisen würde. Danach musste ich ihr noch einen langen Brief aufsetzen.[326] Ich habe das sechste Bild[327] beendet und die Komposition der Introduktion bzw. Ouvertüre begonnen. Wenn das siebte Bild[328] morgen noch nicht da sein sollte, werde ich sehr traurig sein. Ich kann es nicht leiden, gerade die Entwürfe zu unterbrechen ..." [XVb, 4051.]

An M. Tschaikowsky: „Florenz, d. 27. Februar [/ 11. März] 1890.
... Ich habe das siebte Bild erhalten. Es ist ausgezeichnet gemacht. Das Brindisi[329] bedarf noch eines Verses. Ich werde versuchen, ihn zu schreiben ...

Schönen Dank, Modja, Du hast meine grösste Dankbarkeit verdient – nicht nur für die Vorzüge des Textbuchs, sondern auch für die seltene Pünktlichkeit. Es ist merkwürdig: Gestern abend habe ich das sechste Bild beendet, und heute ist das siebte bereits in meinen Händen." [XVb, 4053.]

Tagebuch: „[Florenz, d.] 3. [/ 15.] März 1890.
Heute vormittag ist alles fertig geworden. Gelobt sei Gott, dass er mich die Oper [‚Pique Dame'] glücklich zuende führen liess." [ČD, S. 258; Tagebücher, S. 327.]

---

[323] „I Puritani" ist Vincenzo Bellinis letzte, am 25. Januar 1835 im Pariser Théâtre Italien uraufgeführte Oper.]
[324] Im Originalbrief nennt Čajkovskij die „Paleny", also die Familie des Staatsratsmitglieds Graf Konstantin I. von der Palen, dessen Tochter Marija Hofdame der Kaiserin Marija Fedorovna war.]
[325] Victor Amédée Joseph Capoul (1839-1923), Sänger (Tenor) und Librettist.]
[326] Désirée Artôts Brief an Čajkovskij vom 24. Februar / 8. März 1890 und Čajkovskijs Antwort vom 25. Februar / 9. März sind im französischen Original und deutscher Übersetzung publiziert in: ČSt 9, S. 33-35.]
[327] III. Akt, 6. Bild: Nr. 20 Szene und Arioso der Liza und Nr. 21 Szene und Duett (Liza, German).]
[328] III. Akt, 7. (und letztes) Bild: Chor und Szene (Čekalinskij, Čaplickij, Tomskij, Fürst Eleckij, Namurov, Surin und Gäste), Nr. 23 Tomskijs Lied und Chor der Spieler (Čekalinskij, Čaplickij, Tomskij, Namurov, Surin und Spieler) und Nr. 24 Schlußszene: Szene, Arie des German und Szene (German, Čekalinskij, Čaplickij, Tomskij, Fürst Eleckij, Surin, Namurov und Gäste).]
[329] Gemeint ist Germans Arie im III. Akt, 7. Bild, Nr. 24, Takt 77 ff. in H-Dur, das auf Wunsch Nikolaj Figners (er war der erste German in „Pikovaja dama") später tiefer transponiert wurde (vgl. Mitteilungen 9, 2002, S. 94 f.), zunächst nach A-, dann nach B-Dur. (Als „Brindisi" wird in der Oper gewöhnlich eine Gesangsnummer bezeichnet, in der eine Person mit einem Toast bzw. der Aufforderung zum Trinken beginnt, in deren Refrain später das vollständige Ensemble bzw. der Chor einfällt.)]

An M. Tschaikowsky: „Florenz, d. 3. [/ 15.] März 1890.
... Vor drei Stunden habe ich die [Konzeptschrift der] Oper [‚Pique Dame'] abgeschlossen und Nasar sofort mit einem Telegramm an Dich losgeschickt.

Deinen eigentlichen Schluss der Oper habe ich gestern vormittag komponiert. Als ich bei Hermanns Tod und beim Schlusschor anlangte, überkam mich plötzlich ein solches Mitleid mit Hermann, dass ich sehr zu weinen begann. Dieses Weinen verwandelte sich allmählich in eine sehr angenehme Hysterie, d. h. es war so süss, zu weinen. Nachher fand ich den Grund (denn ein derartiges Beweinen meines Helden war mir noch nie vorgekommen, und ich bemühte mich, die Lust am Weinen zu erklären). Es erwies sich, dass Hermann nicht nur ein Vorwand für mich gewesen ist, diese oder jene Musik zu schreiben, sondern ein richtiger, lebendiger und sogar sympathischer Mensch. Weil Fiegner mir sympathisch ist und weil ich mir Hermann immer in der Gestalt Figners vorgestellt habe, – empfand ich eine so innige Anteilnahme an seinem Schicksal. Jetzt glaube ich, dass mein warmes, lebendiges Gefühl für den Helden der Oper sich auch in der Musik günstig widerspiegelt. Überhaupt scheint mir, dass ‚Pique Dame' eine feine Oper ist. Wollen wir sehen, was weiter wird!

Nach Rom reise ich am Dienstag, in zwei Tagen. Ich habe bei verschiedenen Hotels in Rom angefragt, ob ich unter den und den Bedingungen Aufnahme finden könnte. Sobald ich die Antworten bekomme, werde ich mich für eines der Hotels entscheiden und sofort abreisen. Solange der Klavierauszug nicht fertig ist, will ich an die Rückkehr nach Russland gar nicht denken, obwohl es mich mächtig dahin zieht, besonders nach Frolowskoe.

Laroche schrieb mir, er und Naprawnik brummten darüber, dass ich die Oper so schnell gemacht habe. Sie wollen nicht verstehen, dass Schnelligkeit beim Arbeiten der wesentlichste Zug meines Charakters ist! Ich kann nicht anders arbeiten als schnell. Die Schnelligkeit ist noch kein Grund zur Annahme, dass die Oper oberflächlich gearbeitet ist. Andere Werke, z. B. die ‚Bezaubernde', die 5. Symphonie, habe ich langsam gearbeitet, und sie sind doch misslungen; das Ballett [‚Dornröschen'] dagegen ist in drei Wochen und ‚Eugen Onegin' unglaublich schnell fertig geworden. Die Hauptsache ist – mit Liebe zu schreiben. ‚Pique Dame' habe ich in der Tat mit Liebe geschrieben. O Gott, wie habe ich gestern beim Grabgesang für meinen armen Hermann geweint! Ich glaube einstweilen fest daran, dass ‚Pique Dame' ein gutes und namentlich ein originelles Werk ist (nicht nur in musikalischer Hinsicht, sondern überhaupt)." [XVb, 4058.]

Tagebuch: „[Florenz, d.] 4. [/ 16.] März 1890.
Habe den Klavierauszug [der ‚Pique Dame'] angefangen." [ČD, S. 258; Tagebücher, S. 327.]

An M. Tschaikowsky: „Florenz, d. 5. [/ 17.] März 1890.
... Die Hotels in Rom, an die ich mich gewendet hatte, teilen mir mit, dass ich keine besonderen Räumlichkeiten bekommen könne, weil alles überfüllt sei. Daraus habe ich den Schluss gezogen, dass es mir schwerfallen dürfte, mich so bequem einzurichten wie hier, und beschlossen – um die Arbeit nicht zu unterbrechen und keine Zeit mit Suchen zu verlieren – hier zu bleiben. Hier ist es sehr langweilig und eintönig; zum Arbeiten aber kann man kaum passendere Bedingungen finden. So bleibe ich denn hier, bis der Klavierauszug fertig ist. Ich fürchte, Nasar würde traurig sein, aber – er ist es nicht im geringsten. Er ist überhaupt sehr umgänglich. Ich schreibe mit Volldampf den Klavierauszug." [XVb, 4060.]

An Frau A. Merkling: „Florenz, d. 5. [/ 17.] März 1890.
... O Gott, wie reizend sind Kinder! Schöner sind höchstens kleine Hündchen. Diese sind einfach die Perlen aller Geschöpfe! ... Hier gibt es eine Rasse, die bei uns fast gar nicht bekannt ist, ‚Lupetto'. Auf dem Lungarno[330] werden oft Junge dieser Rasse verkauft. Wenn mein Alexei nicht Hunde hasste (wenn der Diener sie nicht mag, dann haben sie ein schlechtes Leben), würde ich es mir nicht versagen, einen zu kaufen." [XVb, 4059.]

An M. Tschaikowsky: „Florenz, d. 14. [/ 26.] März 1890.
... Ich war einige Tage sehr unwohl. Es war eine ähnliche Krankheit wie damals in Rom: Fieber, ein Pressen in der Milz, Schläfrigkeit, Schwäche, Appetitmangel usw. Jetzt spüre ich endlich eine merkliche Besserung, bin aber noch sehr schwach. Die Arbeit hat keine Unterbrechung erlitten, obwohl ich nur schlecht arbeiten konnte. Welch ein Glück, dass diese Krankheit nicht während der Komposition der Oper kam! Den [Klavierauszug des] ersten Akt[s] habe ich schon zum Stechen nach Moskau gesandt ..." [XVb, 4070.]

An M. Tschaikowsky: „Florenz, d. 19. [/ 31.] März 1890.
... Genau vor zwei Monaten habe ich die Komposition der Oper [‚Pique Dame'] begonnen. Heute ist der Klavierauszug des zweiten Akts nahezu fertig geworden. Ein Akt bleibt noch. Das ist für mich die fürchterlichste, nervenzerrüttendste Arbeit. Ich komponierte die Oper mit Genuss und Selbstvergessenheit; instrumentieren werde ich sie mit Vergnügen. Aber ein Arrangement machen!! Das ist für mich etwas Schreckliches! Man muss ja unausgesetzt das verstümmeln, was für Orchester gedacht ist. Ich glaube, meine Krankheit ist nur die Folge dieser gottverdammten Arbeit. Volle zwei Wochen bin ich krank gewesen, ass nichts und empfand eine unglaubliche Schwäche; Nasar sagt, ich hätte mich im Gesicht sehr verändert und wäre bei furchtbarer Stimmung gewesen. Sei es, dass das Wetter wieder sehr schön geworden, sei es, dass das Schwierigste und Langweiligste bereits überwunden ist, kurz: seit gestern fühle ich mich wieder ganz gesund ... Noch etwa eine Woche lang will ich beim dritten Akt ausharren. Dann will ich für drei Wochen an irgendeinen anderen Ort reisen und den Versuch machen, wenn auch nicht den ganzen ersten Akt, so doch das erste Bild zu instrumentieren. Ich möchte nicht gern nach Russland zurückkehren, ohne ein kleines Stückchen Partitur mitzubringen. Erst wenn es einen Teil derselben geben wird, werde ich das Bewusstsein haben, dass die ganze Oper da ist. Modja, entweder täusche ich mich schrecklich, oder ‚Pique Dame' ist ein Meisterwerk. An einigen Stellen, z. B. im vierten Bild,[331] welches ich heute arrangierte, wird mir so gruselig – Furcht und Entsetzen fassen mich, dass es nicht mit rechten Dingen zugehen müsste, wenn die Zuhörer nicht, und sei es auch nur einen Teil derselben Empfindungen haben sollten.

Wisse, dass ich meinen 50. Geburtstag bestimmt in Petersburg feiern werde. Ausser Dir, Anatolij und Jurgenson werde ich niemandem schreiben. Spätestens am 20. werde ich in Petersburg eintreffen ..." [XVb, 4072.]

An M. Tschaikowsky: „Florenz, d. 26. März [/ 7. April] 1890.
Endlich verlasse ich Florenz, mein lieber Modja. Gestern habe ich den dritten Akt beendet (den Klavierauszug) und nach Moskau geschickt. Ich schwankte, wohin ich reisen sollte. Endlich beschloss ich, doch zu riskieren, nach Rom zu reisen. Ich tue das hauptsächlich für Nasar: ich wünsche sehr, dass er sich Rom ansieht. Nach Russland werde ich noch nicht sogleich reisen, denn erstens möchte ich ein Stückchen Partitur mitbringen, zweitens

---

[330 Vgl. oben, S. 436 die Anmerkung 278 zum Brief an Modest vom 18. / 30. Januar 1890, ČPSS XVb, Nr. 4009.]
[331 Mit der Todesszene der Gräfin.]

soll, glaube ich, die durchgefallene ‚Bezaubernde' erneut gegeben werden, und ich fürchte, man wird mich heranziehen wollen. Übrigens will ich erst sehen: sollte ich von Rom denselben Eindruck gewinnen wie von Florenz, so halte ich es nicht aus und komme nach Russland. Frolowskoe schwebt mir wie ein Paradies vor Augen.

Zum ersten Mal nach neun Wochen Arbeit habe ich heute nichts getan. Ich brachte den ganzen Morgen in den Uffizien zu und gab mich dem Genuss hin, den die ganze übrige Menschheit nicht zu kennen scheint. Ich muss gestehen, dass ich im Grunde trotz meines Bemühens kein Verständnis für die Malerei (besonders die alte) habe, denn sie lässt mich vollständig kalt. Ich gebe zu, dass sie andern wirklich gefallen kann, d. h. ihnen lebhafte Freude macht, – für mich aber haben all jene Meisterwerke sehr wenig Wert. Dafür habe ich aber in dem Durchgang zum Palazzo Pitti eine meinem Geschmack entsprechende Quelle des Genusses entdeckt. Einst hatte ich mich noch während meiner Krankheit dahin geschleppt, konnte aber wegen meines Unwohlseins damals nicht lange dort verweilen. Heute aber brachte ich volle zwei Stunden in Betrachtung der Portraits verschiedener Prinzen, Könige und historischer Persönlichkeiten zu. Wie es scheint, werden sie nie von jemandem angeschaut und sind doch so überaus interessant! Manche stehen, manche sitzen wie lebend da, in der entsprechenden Umgebung. Ich habe dort ein ausgezeichnetes Portrait gefunden: ‚Iwan Principe Czomodanoff (Čemodanov) ambascitore Moskovita'.[332] Er lebt geradezu! Auch gibt es dort ein sehr gut erhaltenes Portrait von Katharina I.; und noch viele andere …" [XV, 4079.]

Kapitel XVIII.

[Rom. Findet dort vieles verändert seit seinem letzten Aufenthalt. Beginnt mit der Instrumentierung der Oper „Pikovaja dama"; kann auch in Rom ungestört arbeiten – bis er von Landsleuten besucht und eingeladen wird und Sgambati ihn zu einer Aufführung des 1. Streichquartetts einlädt.
Sehnsucht nach Rußland und seiner ländlichen Einsamkeit in Frolovskoe.]

An M. Tschaikowsky: „Rom, d. 27. März [/ 8. April] 1890.[333]

… Gestern abend um 11 Uhr sind wir [von Florenz] abgereist. In der Nacht war es kalt, und ich schlief schlecht. Ich habe ein Hotel gewählt, welches mir vom Wirt des „Hotels Washington" empfohlen worden ist; kleine Hotels sind mir stets sympathischer als grosse. Zuerst wurde uns ein grosses, prätentiös möbliertes Zimmer angewiesen, welches außerdem sehr unbequem war. Jetzt ist aber in der oberen Etage eine reizende kleine Wohnung frei geworden, die wir denn auch sofort in Besitz nahmen … Nach dem frohen Gefühl, welches mich ergriff, als ich heute auf die Strasse trat, die mir wohl bekannte römische Luft einatmete und all die alten Plätze sah, wurde mir sofort klar, dass ich eine grosse Dummheit begangen hatte, mich nicht von Anfang an hier niedergelassen zu haben. Übrigens will ich das arme, unschuldige Florenz nicht schelten, welches mir – ich weiss nicht warum – so verhasst geworden ist und dem ich doch dankbar sein müsste, weil ich dort ohne behindert zu werden ‚Pique Dame' komponieren konnte.

Rom hat sich sehr verändert. Vieles ist nicht wiederzuerkennen: zum Beispiel die zweite Hälfte der Via del Tritone. Sie ist breit und schön geworden und führt nicht mehr wie früher zum Trevi[-Brunnen], sondern direkt in den Corso. Ungeachtet all der Veränderungen, ist es mir doch ein nie dagewesener Genuss, wieder in dieser lieben Stadt zu sein.

[[332] Der bei Juon unvollständige Titel wurde hier aus dem Originalbrief ČPSS XVb, S. 112, zitiert: auch dort steht er in lateinischer Schrift; der Name in runden Klammern: aus kyrillischen Buchstaben transliteriert.]
[[333] Nach Ort und Datum ergänzt Čajkovskij im Originalbrief: „Hôtel Molaro, via Gregoriana".]

Zu diesem Gefühl gesellt sich noch das Bewusstsein der in die Ewigkeit gesunkenen Jahre, die Erinnerung an den verewigten N. D. Kondratjew und den eben dahingegangenen M. Kondratjew.[334] Jeden Moment denke ich an sie: es ist zum Weinen traurig und zugleich angenehm. Natürlich bin ich auch in der Via Nicolo Tolentino gewesen. Vergeblich habe ich nach dem Alterchen ausgespäht, welcher – erinnerst Du Dich? – immer am Fenster stand … Nasar ist ganz entzückt von Rom. Ich sehe Dich und Kolja auf Schritt und Tritt … Morgen will ich mit der Arbeit beginnen.[335] […] Geliebtes Rom! …" [XVb, 4082.]

An P. Jurgenson: „Rom, d. 28. März [/ 9. April] 1890.
… Alles was ich über Safonow[336] erfahre, wundert mich nicht. Wie dem auch sei, man muss zugeben, dass er der Sache im gegenwärtigen kritischen Moment nützen kann. Ein kindlich gutmütiger und des Ehrgeizes barer Mensch wie Tanejew[337] kann das Ansehen des Konservatoriums nicht heben. Ein Safonow tut not, wenn es keinen [Nikolai] Rubinstein gibt. Solche Männer wie N. Rubinstein, die über eine wahnsinnige Energie verfügen und um der geliebten Sache sich selbst vergessen, – sind eine grosse Seltenheit.

Den [Klavierauszug zum] dritten Akt hast Du wahrscheinlich schon erhalten, ebenso wie den zweiten. Es ist wünschenswert, dass A. Siloti die erste Korrektur besorgt, wenn er nicht zu sehr beschäftigt ist. Die zweite kann ich selbst machen. Sollte Siloti die Korrektur übernehmen können, will ich ihm das Recht einräumen, beliebige Änderungen zu machen, wo er den Klaviersatz unbequem finden wird, – doch nur ihm allein oder Tanejew, wenn er die Korrektur zu lesen bekäme."[338] [XVb, 4085.]

An M. Tschaikowsky: „Rom, d. 3. [/ 15.] April 1890.
… Eine Woche ist vergangen, seit ich hier bin. Ich habe mich bereits vollständig in meine neue Umgebung eingelebt, bin sehr zufrieden mit der Bedienung, mit der Wohnung und mit der Verpflegung und bedaure jeden Augenblick, nicht gleich hierher gekommen zu sein. Ich arbeite ebenso wie in Florenz, niemand stört mich. Kurz, es ist mir unbegreiflich, warum ich mir den Aufenthalt in Italien dadurch verekelte, dass ich das bis zu homerischen Dimensionen langweilige Florenz wählte. Wie kann man es denn mit Rom vergleichen?! Ich mache wie gewöhnlich täglich Spaziergänge. Am Sonntag bin ich mit dem Wagen zur Via Appia gefahren und habe solch einen Genuss am Spazierengehen gehabt, dass ich mich verleiten liess, anderthalb Stunden zu spät zur Arbeit zurückzukehren. Bis jetzt noch bin ich erstaunt über die ungeheuren Veränderungen, die in Rom vor sich gegangen sind, seit wir hier waren. Ähnlich den ältesten Bewohnern, die uns damals sagten, Rom hätte seit dem Papsttum[339] viel an Reiz eingebüsst, bin auch ich mit den Veränderungen nicht zufrieden. Rom verliert immer mehr den Charakter der Gemütlichkeit und Einfachheit, der sein

---

[334 Statt „M. Kondrat'ev" (offenbar ein Versehen) nennt Čajkovskij im Originalbrief den Freund N. V. „Mas[s]alitinov" aus Petersburger Zeiten.]
[335 Mit der Instrumentierung des ersten Akts der Oper „Pikovaja dama" begann Čajkovskij am 29. März / 10. April 1890. Die Partitur des ersten Bildes ist am Schluss „Rom, 2. / 14. April 1890" datiert. Am 3. / 15. April begann er mit der Instrumentierung des zweiten Bildes, das am Schluss „Rom, 7. / 19. April 1890" datiert ist.]
[336 Den Pianisten und Dirigenten Vasilij I. Safonov (1852-1918), seit 1885 Professor und 1889-1905 Direktor des Moskauer Konservatoriums sowie Dirigent der Symphoniekonzerte der Moskauer Abteilung der Russischen Musikgesellschaft.]
[337 Sergej I. Taneev war Safonovs Vorgänger als Direktor des Moskauer Konservatoriums gewesen.]
[338 Aleksandr I. Ziloti war zum Korrekturlesen bereit und besorgte die Korrekturen aller drei Ausgaben (August 1890; Oktober 1890; März 1891) des Klavierauszugs der Oper „Pikovaja dama".]
[339 Gemeint ist offenbar: seit dem (nach einer Volksabstimmung erfolgten) Anschluß des alten Kirchenstaats an das Königreich Italien im Oktober 1870. (Erst durch die Lateranverträge 1929 erhielt die Vatikanstadt in Rom als Sitz des Papstes staatliche Souveränität.)]

größter Vorzug war. Dennoch gibt es genug des Schönen und Interessanten. Das Forum ist sehr erweitert und ausgegraben worden, doch sind die neuen Ausgrabungen nicht sehr interessant. Am erstaunlichsten ist jedoch die Verwandlung der Piazza Colonna infolge der Verbreiterung der Via del Tritone ... Meine Stimmung hat sich hier gebessert; ich will Dir aber offen sagen, dass ich nur von dem Vorgeschmack des höchsten Glücks der Rückkehr nach Hause lebe ... Noch zwei Wochen der freiwilligen Verbannung! Ich wage noch gar nicht, ernstlich daran zu denken." [XVb, 4089.]

An Frau von Meck: „Rom, d. 7. [/ 19.] April 1890.
... Ich bin genötigt, aus Rom zu fliehen, liebe Freundin. Ich konnte mein Incognito nicht aufrecht erhalten. Einige Russen haben mich bereits besucht, um mich zu Diners, Soireen usw. einzuladen. Ich habe sämtliche Einladungen strikt abgelehnt, doch ist meine Freiheit vergiftet und das Vergnügen des Aufenthalts im sympathischen Rom ist vorbei. Der erste hiesige Musiker, Sgambati,[340] hatte von den Russen erfahren, dass ich hier wäre, setzte mein 1. Streichquartett auf das Programm seiner Kammermusikmatinee und erschien mit der Bitte bei mir, der Matinee beizuwohnen. Ich konnte unmöglich undankbar sein und musste also einige Arbeitsstunden opfern, um in einem dumpfen Saal zu sitzen, die mittelmässige Ausführung meines Quartetts anzuhören und der Gegenstand der allgemeinen Aufmerksamkeit und Neugier des Publikums zu sein, welches durch Sgambati von meiner Anwesenheit unterrichtet worden war und für die äussere Erscheinung eines russischen Musikers offenbar sehr viel Interesse zu haben schien. Das war höchst lästig. Es ist klar, dass sich derartige Unannehmlichkeiten wiederholen würden, wenn ich hier bliebe. Ich habe beschlossen, sobald ich die Instrumentierung des ersten Akts [der ‚Pique Dame'] beendet haben werde (also in etwa drei Tagen) über Venedig und Wien nach Russland zu reisen. Auf diese Weise verlebe ich die letzten Tage in Rom. Ich habe hier den ganzen ersten Akt instrumentiert und werde wahrscheinlich noch einen Teil des zweiten fertig bekommen.

Sie können sich nicht vorstellen, liebe Freundin, wie sehr ich mich nach Russland sehne und mit welcher Freude ich an meine ländliche Einsamkeit denke. Indessen geht etwas Unrechtes in Russland vor. Nichts hindert mich aber, mein Vaterland leidenschaftlich zu lieben. Ich begreife nicht, wie ich früher so lange Perioden im Ausland zubringen und sogar ein gewisses Vergnügen daran finden konnte." [XVb, 4092.]

An M. Tschaikowsky: „Rom, d. 7. [/ 19.] April 1890.
... Das [1.] Quartett hatte enormen Erfolg [in Sgambatis Kammermusikmatinee]: die Zeitungen priesen es kolossal. Übrigens preisen die hiesigen Zeitungen alles. Nach Hause, nur schnell nach Hause!" [XVb, 4095.]

[340 Den Pianisten, Komponisten und Dirigenten Giovanni Sgambati (1843-1914) kannte Čajkovskij seit 1882.]

Kapitel XIX.

[Zurück in Rußland. Findet in Frolovskoe zu seinem Schrecken den gesamten Wald abgeholzt.
Fährt mit der Instrumentierung der Oper „Pikovaja dama" fort und liest den Klavierauszug korrektur.
Plant ein Streichsextett zu komponieren („Souvenir de Florence" op. 70).
Die schöpferische Arbeit: ein Handwerk nach Art der Schuster.
Rechtfertigt gegenüber Jurgenson seine Zusage an die Direktion der Kaiserlichen Theater in Petersburg,
auf deren Bitte der dortigen Theaterbibliothek das Autograph der „Pikovaja dama" zu schenken.
Plant eine Reise Ural – Ekaterinburg – auf der Wolga zum Kaspischen Meer – Tiflis.
Macht einen Aufenthalt in Kamenka von der Fertigstellung des zu komponierenden Streichsextetts abhängig.
Würde – trotz des abgeholzten Waldes – gern das (bisher gemietete) Haus in Frolovskoe kaufen.
Denkt mit Widerwillen an die bevorstehende Redaktion von Modests Übersetzung von Ulybyšev
Mozart-Buch. Müht sich bei der Komposition des Streichsextetts: wegen des Mangels an Gedanken
und der ungewohnten Besetzung: mit sechs selbständigen und zugleich gleichartigen Instrumenten;
doch dann schreibt er mit „größter Begeisterung und ohne die leiseste Anstrengung".
Freude an den Rosensträuchern und der üppigen Blumenpracht seines sommerlichen Gartens.
Rühmt Arenskijs Oper „Der Traum an der Wolga".
Geht mit Figner die Rolle des German („Pikovaja dama") durch.
Möchte nicht, daß seine Kantate „An die Freude" (Examenskomposition 1865) gedruckt wird.
Lobt und honoriert die Arbeit von Jurgensons Notenstechern.
Will keinesfalls sein 25-jähriges Künstlerjubiläum feiern.
Diskussion mit dem Großfürsten Konstantin Konstantinovič über Textdeklamationen und
Textwiederholungen in der Oper (anlässlich der „Pikovaja dama").]

An M. Tschaikowsky: „Frolowskoe, d. 5. Mai 1890.
... Schon seit vier Tagen bin ich hier. Das Haus ist nicht wiederzuerkennen; der Saal (zugleich Speisezimmer) ist ein ungewöhnlich schönes Zimmer geworden – durch die Ergänzung mit meinen und Silotis Möbeln.[341]

Aber auch die anderen Zimmer sind durch Moskauer Sachen verschönt worden: es ist alles reichhaltiger geworden. Aber ausserhalb des Hauses – o Schrecken! *Der ganze, buchstäblich der ganze Wald ist abgeholzt!* Die wenigen Reste werden jetzt gefällt. Nur der kleine Hain hinter der Kirche ist geblieben; wo soll man spazierengehen? ... Herr Gott, wie das Verschwinden eines Waldes den Charakter der Gegend ganz und gar verändert, und wie schade es ist! All jene lieben, schattigen Plätzchen, die es im vorigen Jahr noch gab, sind jetzt – eine nackte Glatze! Jetzt säen wir Blumen. Ich arbeite doppelt, d. h. ausser den Arbeitsstunden[342] lese ich korrektur[343] ..." [XVb, 4110.]

An M. Ippolitow-Iwanow: „Frolowskoe, d. 5. Mai 1890.
Lieber Freund Mischa, vorgestern zurückgekehrt, erhielt ich gestern Deinen Brief, für den ich sehr danke. Schade, dass Du mir nichts aus Moskau geschrieben hattest: ich erwartete sehnsüchtig Nachrichten über das Debüt der ‚Zierpuppe'[344] und über Dein

---

[341] A. Siloti hatte eine neue, kleinere Wohnung bezogen und überliess Peter Iljitsch einen Teil seiner Möbel, ihm dadurch einen Gefallen erweisen wollend, denn damals fehlten der Einrichtung Peter Iljitschs manche Bequemlichkeiten. Nach dem Ableben Peter Iljitschs hat Siloti seine Rechte nicht geltend gemacht, er kaufte die Möbel zusammen mit der ganzen übrigen Einrichtung von meines Bruders Diener Alexei Sofronow, dem Peter Iljitsch testamentarisch sein bewegliches Eigentum vermacht hatte. – Selbstverständlich hätte ich Siloti sein Besitztum jederzeit zurückerstattet, doch hat er bisher darauf verzichtet, um die Wohnung Peter Iljitschs nicht anzutasten, so dass die Möbel bis heute die Hauptzierde des Haus in Klin geblieben sind.
[342 Für die Instrumentierung der Oper „Pikovaja dama".]
[343 Den im Verlag P. Jurgenson in Herstellung befindlichen Klavierauszug der Oper.]
[344 Gemeint ist Michail M. Ippolitov-Ivanovs Frau, die Sängerin Varvara M. Zarudnaja, die Čajkovskij schon früher als „Zierpüppchen" bezeichnet hatte, weil sie zunächst nicht beim Konzert ihres Mannes in Moskau mitwirken wollte; vgl. oben, S. 421, seinen Brief an Ippolitov-Ivanov vom 9. August 1889, ČPSS XVa, Nr. 3919.]

Konzert.[345] Hier erst erfuhr ich, dass alles aufs beste geglückt ist. Darüber freue ich mich sehr. In Petersburg verlautet, dass Altani sich mit Rücktrittsgedanken trägt[346] ... Sollte sich das bestätigen, so werde ich mich selbstverständlich um Dein Engagement bemühen ...

Der Tod Korganows[347] hat mich sehr, sehr betrübt. Jenes stumpfnasige Scheusal ist überhaupt empörend widerlich, wenn es aber einen Menschen in der Blüte seiner Jahre niedermäht, dann hasse ich es ganz besonders.

Mein Aufenthalt im Ausland hat gute Früchte getragen. Ich habe eine Oper geschrieben, ‚Pique Dame', und glaube, dass sie mir gut gelungen ist, darum rede ich auch von ‚guten Früchten' ... Meine Pläne für die Zukunft sind folgende: die Instrumentierung der Oper zu beenden, die Skizzen für ein Streichsextett[348] zu machen und Ende des Sommers zuerst zu meiner Schwester nach Kamenka und dann für den ganzen Herbst zu Euch nach Tiflis zu reisen ... Ist ‚Asra'[349] fertig? In Moskau habe ich niemanden aus der Musikwelt gesehen und weiss nichts. Aus der Direktion [der Musikgesellschaft] bin ich ausgeschieden. Safonow ist ein tatkräftiger Direktor [des Konservatoriums], aber ... Übrigens wollen wir bei unserem Wiedersehen davon sprechen." [XVb, 4107.]

An M. Tschaikowsky: „Frolowskoe, d. 14. Mai 1890.

... In Betreff Ulybyschews[350] bitte ich Dich, alles noch einmal durchzulesen und allerlei stilistische und Flüchtigkeitsfehler zu verbessern. Die Stellen, an denen Du hinsichtlich der musikalischen Technik Zweifeln begegnest, kannst Du mit einem Kreuz kennzeichnen. Ich werde diese Stellen durchsehen, verbessern, was zu verbessern ist, und dann zum Druck geben ... Meine Arbeit geht nicht sehr schnell voran, weil das, was ich jetzt instrumentiere (Bild 4 und 5 [von ‚Pique Dame']), ausserordentlich viel Mühe und Umsicht erfordert." [XVb, 4112.]

An den Grossfürsten Konstantin Konstantinowitsch: „Frolowskoe, d. 18. Mai 1890.
Ew. Kaiserliche Hoheit!

Ihren teuren Brief habe ich erhalten und mich – wie immer – sehr über ihn gefreut. Sie glauben nicht, wie wert mir Ihre wohlwollende Aufmerksamkeit ist. Ich danke Ihnen von Herzen für den Wunsch eines glücklichen Schicksals meines jüngsten musikalischen Sprosses. Augenblicklich werden die letzten Korrekturen des Klavierauszugs von ‚Pique Dame' gemacht. Sobald sie fertig sind, werde ich Jurgenson bitten, ein Exemplar auszudrucken und es Ihnen zu schicken. ‚Pique Dame' soll nicht eher in den Verkauf kommen, als bis die [erste] Aufführung stattgefunden hat. In Frankreich werden neue Opern nie vor

---

[345] Zu dem von Michail M. Ippolitov-Ivanov dirigierten Konzert am 11. März 1890 (in dem auch seine Ehefrau mitwirkte) siehe oben, S. 418 f., Čajkovskijs Brief an Ippolitov-Ivanov vom 12. Juni 1889 (ČPSS XVa, Nr. 3875) mit der betreffenden Anmerkung 232.]

[346] Offenbar hatte es Gerüchte über einen möglichen Rücktritt Ippolit K. Al'tanis (1846-1919) vom Posten des 1. Opernkapellmeisters des Moskauer Bol'šoj teatr gegeben; wären sie zutreffend gewesen, hätte das eine Chance für Ippolitov-Ivanov sein können, sich von Tiflis aus, wo er 1882-1893 die Musikgesellschaft und deren Konzerte sowie die Aufführungen der Oper leitete, nach Moskau zu bewerben. Doch wurde Al'tanis Stelle erst 1906 vakant. Ippolitov-Ivanov erhielt 1893 eine Professur am Moskauer Konservatorium, dessen Direktor er 1906-1922 war. – Daß die Gerüchte um Al'tani falsch waren und Čajkovskij und Ippolitov-Ivanov über die Möglichkeit einer Professur des letzteren am Moskauer Konservatorium nachdachten, geht aus dem unten, S. 453 f., mitgeteilten Brief vom 4. Juni 1890 (ČPSS XVb, Nr. 4135) hervor.]

[347] Der Pianist und Komponist Genarij O. Korganov (geb. 1858) war am 23. Februar 1890 gestorben.]

[348] „Souvenir de Florence" op. 70.]

[349] Oper von Ippolitow-Iwanow [1889/90].

[350] Die Biographie W. A. Mozarts von Ulybischew in der Übersetzung Modest Tschaikowskys. Verlag Jurgenson. [Vgl. dazu oben, S. 381, Čajkovskijs Brief vom 31. Mai (recte: 1. Juni) 1888 an P. I. Jurgenson, ČPSS XIV, Nr. 3583, mit Anmerkungen 116 und 117.]

der Erstaufführung öffentlich verkauft, und das hat seinen guten Grund, denn ein Klavierauszug – er mag noch so schön gemacht sein – kann nie einen Begriff von den Vorzügen und Mängeln einer Oper geben. Auch Ew. Kaiserliche Hoheit möchte ich ersuchen, beim Durchspielen von ‚Pique Dame' in den Mussestunden des Lagerlebens stets eingedenk zu sein, dass der Klavierauszug gleichsam nur (eine ziemlich ungenaue) Photographie vom Bilde ist, und nicht das Bild selbst. Ich bitte um Verzeihung, dass Ihnen das Exemplar ohne Titelblatt zugeschickt werden wird, welches in absehbarer Zeit kaum fertig werden dürfte.

Ich werde mich sehr freuen, bei Ihnen mit Maikow über das handwerksmässige Verhältnis zur Sache im Reich der Künste zu sprechen. Seit der Zeit, da ich zu schreiben begann, habe ich es mir zur Aufgabe gemacht, dasselbe in meinem Fach zu sein, was die grössten Meister der Musik gewesen sind: Mozart, Beethoven, Schubert usw. – d. h. nicht ebenso gross zu sein wie sie, sondern nach Art der Schuster zu arbeiten, wie sie es getan, und nicht nach herrschaftlicher Art wie z. B. unser Glinka, dessen Genie ich übrigens durchaus nicht verneine. – Mozart, Beethoven, Schubert, Mendelssohn, Schumann haben ihre unsterblichen Werke gerade so geschaffen, wie ein Schuster Stiefel zu machen pflegt, d. h. tagtäglich arbeitend und grösstenteils auf Bestellung. Im Resultat ergab sich Kolossales. Wäre Glinka kein Herr, sondern ein Schuster gewesen, so hätte er anstatt zweier (allerdings wunderschöner) Opern[351] ihrer fünfzehn geschrieben, und dazu zehn herrliche Symphonien. Ich könnte weinen vor Ärger, wenn ich mir vorstelle, was Glinka uns gegeben hätte, wäre er nicht in einer herrschaftlichen Familie der Vor-Emanzipationszeit geboren worden. Er hat uns nur gezeigt, was er zu leisten vermag, aber noch nicht einmal den zwanzigsten Teil dessen wirklich geleistet. Zum Beispiel hat er auf dem Gebiet der Symphonik (in seiner ‚Kamarinskaja' und den beiden spanischen Ouvertüren)[352] nur dilettantenmässig gescherzt – und doch erstaunt man über die Kraft und Eigenart seiner schöpferischen Begabung. Was hätte er erreicht, wenn er nach dem Beispiel der obengenannten Koryphäen der westeuropäischen Musik gearbeitet hätte? …

Indem ich überzeugt bin, dass ein Musiker, sofern er nur den Willen hat, die Höhe zu erreichen, die er – seiner Begabung entsprechend – erreichen kann, den Handwerker in sich erziehen muss, – will ich durchaus nicht behaupten, dass es auch im Reich der anderen Künste so wäre. Zum Beispiel ist es in dem von Ihnen gewählten Kunstzweig, glaube ich, nicht möglich, sich zum Schaffen zu zwingen. Für ein lyrisches Gedicht bedarf man nicht nur der Stimmung, sondern auch der Gedanken. Die Gedanken aber werden durch Gelegenheiten und Erscheinungen angeregt. Auf Gelegenheit und Erscheinung hat der Wille keinen Einfluss. In der Musik genügt es, sich in eine gewisse allgemeine Stimmung zu versetzen; so kann ich mich beispielsweise für eine Elegie melancholisch stimmen. Bei einem Dichter muss aber die Melancholie sozusagen konkret zum Ausdruck kommen, daher ist in diesem Fall irgendein äusserer Anlass oder Impuls unentbehrlich. Übrigens spielt in dieser Sache der Unterschied der schöpferischen Organisation eine grosse Rolle, und was dem einen recht – ist dem anderen noch lange nicht billig." [XVb, 4114.]

---

[351] „Žizn' za carja"(„Das Leben für den Zaren", 1836) und „Ruslan i Ljudmila" (1842).]
[352] Orchesterfantasie „Kamarinskaja" (1848); zwei spanische Ouvertüren: „Jota aragonesa" (1845) und „Souvenir d'une nuit d'été à Madrid" (1848-1851).]

An P. Jurgenson: „Frolowskoe, d. 4. Juni 1890.
... Vor meiner Abreise ins Ausland hatten mich Wsewoloshsky[353] und Pogoshew[354] gebeten, gelegentlich des Umbaus der Theaterbibliothek dieser das Manuskript meiner ‚Pique Dame' zu überlassen.[355] Wie konnte ich diese Bitte abschlagen? Mein ganzes Wohlergehen verdanke ich dem Petersburger Theater.[356] Es versorgt mich nicht nur mit fünf- bis sechstausend Rubeln jährlich, ihm verdanke ich nicht nur eine Pension von dreitausend Rubeln,[357] sondern auch meinen ganzen Ruhm als Komponist. Mein Manuskript halte ich für durchaus wertlos, und es ist mir, wenn ich es der Theaterbibliothek überlasse, so leicht, einigermassen den Dank auszudrücken, den ich dem Theater und namentlich auch Wsewoloshsky persönlich schulde. Darum bin ich durchaus nicht in der Lage, mein Wort zurückzunehmen, ihnen das Manuskript von ‚Pique Dame' zu schenken. Wenn Dir das unangenehm ist, tut es mir sehr leid – ich bitte Dich aber, mich nicht bewegen zu wollen, das gegebene Versprechen nicht zu halten. Wenn ich nach dem Gesetz nicht das Recht haben sollte (darüber weiss ich nichts), ohne Erlaubnis des Verlegers über meine Manuskripte frei zu verfügen, so bitte ich Dich als Freund, mir diesmal Dein Recht abzutreten. Ich würde Dir vorschlagen, das Honorar beliebig zu verringern, wenn ich nicht im voraus wüsste, dass Du darauf nicht eingehen wirst. Solltest Du mir, Dich auf Dein Recht stützend, die Erlaubnis verweigern, das Manuskript dem Theater zu übergeben, so wird mir nichts anderes übrigbleiben, als die Partitur eigenhändig noch einmal abzuschreiben, was etwa drei Monate erfordern würde. Das würde ich tun, so schwer es mir auch fiele." [XVb, 4138.]

An M. Ippolitow-Iwanow: „Frolowskoe, d. 4. Juni 1890.
Lieber Mischa, Dein Brief hat mich sehr erfreut. Man hatte mir versichert, dass Tiflis in der bevorstehenden Saison keine Oper haben würde, – darüber hätte ich weinen mögen. Jetzt sehe ich, dass nicht nur eine Oper da sein wird, sondern dass ich sogar einer Aufführung von [Deiner Oper] ‚Asra' beiwohnen werde. Das freut mich unbändig, denn es verdoppelt das Interesse und Vergnügen meines Aufenthalts in Tiflis. Um Gottes willen, erst im Oktober! ... Das Gerücht vom Rücktritt Altanis[358] war falsch und ist von Altanis Feinden in die Welt gesetzt worden. Wer diese Feinde sind – weiss ich nicht. Diese Nachricht wird Dich vielleicht betrüben, ich aber bin jetzt – da sich die Sache geklärt hat – Deinetwegen sehr froh ... Du kannst Dir nicht vorstellen, wieviele Qualen und Unannehmlichkeiten Du hättest ertragen müssen. Eine für Dich passendere Stellung wäre diejenige eines Lehrers

---

[353 Ivan A. Vsevoložskij (1835-1909), Direktor der Kaiserlichen Theater, beauftragte Čajkovskij mit der Komposition der Opern „Pikovaja dama" op. 68 (1890 komponiert) und „Iolanta" op. 69 (1891) sowie der Ballette „Dornröschen" op. 66 (1888/89) und „Der Nußknacker" op. 71 (1891/92) für das Mariinskij teatr in Petersburg.]

[354 Vladimir P. Pogožev (1851-1935), Beamter der Direktion der Kaiserlichen Theater, 1882-1907 Büroleiter der Petersburger Theater.]

[355 Čajkovskij antwortet auf einen Brief Jurgensons vom 2. Juni 1890. Auf Čajkovskijs Brief vom 4. Juni reagiert Jurgenson am 6. Juni 1890. Nachweis der Briefe und Zitate daraus in: ČPSS XVb, S. 173, Anmerkung 2.]

[356 Im Petersburger Mariinskij teatr waren die Opern „Opričnik" (1874), „Kuznec Vakula" (1876), „Orleanskaja deva" (1881) und „Čarodejka" (1887) uraufgeführt worden. Und hier wurde der „Evgenij Onegin" (zuerst 1884 inszeniert) zu einer der erfolgreichsten Opern des Repertoires.]

[357 Auf Initiative Vsevoložskijs bekam Čajkovskijs seit Anfang 1888 eine vom Zaren bewilligte jährliche staatliche Pension in Höhe von 3000 Rubeln.]

[358 Ippolit K. Al'tani (1846-1919), 1882-1906 1. Opernkapellmeister am Moskauer Bol'šoj teatr, dirigierte die Erstaufführungen folgender Opern Čajkovskijs: „Opričnik" in Kiev sowie „Mazepa" (Uraufführung), „Čarodejka", „Pikovaja dama" und „Iolanta" in Moskau.]

am Konservatorium, von der Tanejew geschwärmt hatte.³⁵⁹ Safonow³⁶⁰ aber macht, scheint es, keinerlei Vorschläge. Schreibe mir: ja oder nein. Übrigens wollen wir über all das in Tiflis plaudern. Es ist schwer wiederzugeben, wie sehr sich mein Herz nach Tiflis sehnt. Es ist mir unbegreiflich, wo der Grund meiner so ausschliesslichen Sympathie für diese Stadt liegt.

In Betreff des ‚Traums an der Wolga'³⁶¹ bin ich nicht mit Dir einverstanden. Vieles gefällt mir sehr, besonders gefällt mir jetzt der Anfang, nachdem ich die Oper zweimal durchgespielt und näher kennengelernt habe." [XVb, 4135.]

An W. Dawidow: „Frolowskoe, d. 5. Juni 1890.
... Der Tag Deiner Abreise war sehr traurig für mich ... Vor dem Frühstück sind einige unangenehme Briefe angekommen: 1.) von Jurgenson, welcher mein Recht bestreitet, das Manuskript meiner Oper [‚Pique Dame'] der [Petersburger] Theaterbibliothek zu überlassen;³⁶² 2.) von einer Frau X.,³⁶³ einer sehr zudringlichen und unsympathischen Dame, mit der Bitte, bei der Taufe ihres Sohnes Pate zu stehen, und der Drohung, im Falle einer Absage vor Kummer zu erkranken; 3.) von Benckendorff,³⁶⁴ welcher mich im Auftrage des Grossfürsten W. A.³⁶⁵ bittet, den Tanz des ‚blauen Vogels' aus meinem Ballett [‚Dornröschen'] für *2 Cornets-à-pistons mit Begleitung eines Militärorchesters* zu arrangieren!!!! Auf all diese Briefe musste ich unangenehme Antworten schreiben, was mich sehr verstimmt hat. Nur einen Trost hatte ich: ich entdeckte in einer Ecke des Gartens zwei Rosensträucher mit ein paar Dutzend echter, wundervoll duftender Rosen, zwar nicht von erstklassiger Schönheit, aber darum nicht minder entzückend. Jetzt habe ich in alle Vasen, die nur irgend aufzutreiben waren, Rosensträusse gesteckt, und ihr herrlicher Duft durchflutet alle Zimmer ..." [XVb, 4139.]

An A. Tschaikowsky: „Frolowskoe, d. 12. Juni 1890.
... Jetzt plane und schwärme ich für eine Reise in den Ural, ich möchte dort Jekaterinburg ansehen, dann auf der Wolga und über den Kaspisee³⁶⁶ zu Euch. Meine Reise nach Kamenka hängt davon ab, wie mein neues Werk, ein [Streich-]Sextett, vorankommen sollte, welches ich morgen beginnen will. Wenn es gut gehen wird, werde ich vielleicht im Juni Kamenka besuchen, dann zurückkehren, zur Messe nach Nishny-Nowgorod und von da weiter reisen ... Frolowskoe ist trotz des abgeholzten Waldes wunderbar schön, und die Einsamkeit ist mir oft so unentbehrlich und süss, dass ich es wahrscheinlich behalten werde. Oh, wenn ich jetzt 25 Tausend hätte: man könnte es so gut kaufen! Ich will in diesem

---

[³⁵⁹ Erst 1893 erhielt der Komponist und Dirigent Michail M. Ippolitov-Ivanov eine Professur am Moskauer Konservatorium, als dessen Direktor er 1906-1922 wirkte.]
[³⁶⁰ Vasilij I. Safonov (1852-1918), Pianist und Dirigent, 1885-1905 Professor am Moskauer Konservatorium und ab 1889 dessen Direktor sowie Dirigent der Symphoniekonzerte der Moskauer Abteilung der Russischen Musikgesellschaft.]
³⁶¹ [Hier ist nicht etwa Čajkovskijs Opernerstling „Voevoda" nach dem Drama „Voevoda. (Son na Volge)" von A. N. Ostrovskij gemeint (1867/68), sondern die 1888 komponierte Oper] „[Der]Traum an der Wolga" oder „Der Wojewode" von A. Arensky. [Die Oper wurde am 25. Dezember 1890 im Moskauer Bol'šoj teatr uraufgeführt.]
[³⁶² Vgl. oben, S. 453, Čajkovskijs Brief an Jurgenson vom 4. Juni 1890, ČPSS XVb, Nr. 4138.]
[³⁶³ Im Originalbrief nennt Čajkovskij ihren Namen: Levenson-Aleksandrova. Die Pianistin Anna Ja. Aleksandrova-Levenson (1856-1930), eine Schülerin von Klindworth am Moskauer Konservatorium, das sie 1878 absolviert hatte, hatte ihm am 25. Mai 1890 geschrieben.]
³⁶⁴ D. A. Benckendorff, [ein dem Hofe des Grossfürsten Vladimir Aleksandrovič nahestehender] bekannter Aquarellist. [Dmitrij A. Benkendorf hatte Čajkovskij am 2. Juni 1890 geschrieben.]
[³⁶⁵ Im Originalbrief: Vlad(imir) Aleks(androvič).]
[³⁶⁶ Das Kaspische Meer.]

Winter ernstlich zu sparen anfangen, um wenigstens als Greis noch Gutsbesitzer zu werden." [XVb, 4144.]

An M. Tschaikowsky: „Frolowskoe, d. 15. Juni 1890.
... Bitte zwinge Dich nicht, ein Vorwort zu schreiben,[367] wenn Du keine Lust hast. Ich brauche das Vorwort nicht, sondern Du, um etwaigen Angriffen zuvorzukommen. Es ist wahr: es ist schon schwer, den richtigen Ton zu treffen, d. h. einfach, klar und, ohne die instinktive Suche zu glänzen, das zu sagen, was zu sagen ist. Ich schreibe in solchen Fällen immer Dummheiten und kann nicht ohne Schamröte an meine Vorworte zu Gevaerts ‚Instrumentationslehre' und den ‚Leitfaden [zum Studium] der Harmonie' denken.[368] Wenn Du fertig bist, zeige es mir: ich bin in dieser Hinsicht sehr feinfühlig und werde Dir sagen, ob der Ton richtig getroffen ist. Solltest Du aber nach reiflicher Überlegung überhaupt auf ein Vorwort verzichten, – so habe ich nichts dagegen.

Mit Widerwillen denke ich an Ulybyschew,[369] kann mir aber nicht helfen. Ich hoffe, Du hast die Stellen gekennzeichnet, die meine Durchsicht erfordern, denn ich habe furchtbar wenig Lust, alles durchzulesen.

Wir stehen im Zeichen des Regens und einer unglaublichen Schwüle. Ich bin infolgedessen so schläfrig und matt, dass ich kaum die Hand auf dem Papier führen kann. Vielleicht liegt das aber auch am Sextett. Ich habe es vorgestern angefangen und schreibe mit furchtbarer Anstrengung; mir macht nicht nur der Mangel an Gedanken, sondern auch die ungewohnte Form zu schaffen: sechs selbständige und auch gleichartige Instrumente. Das ist grausam schwer. Haydn hat diese Schwierigkeiten nie überwinden können und ausser Streichquartetten keine Kammermusik geschrieben.[370] Es ist sehr gut möglich, dass ich müde bin. Sollte es ebenso schlecht weitergehen, werde ich die Arbeit für einige Zeit unterbrechen..." [XVb, 4149.]

An Frau von Meck: „Frolowskoe, d. 30. Juni 1890.
... Ich gewinne immer mehr Freude an der Blumenzucht und tröste mich mit dem Gedanken, mich ihr ganz zu widmen, sobald meine musikalischen Zeugungsorgane altersschwach werden. Einstweilen kann ich mich aber nicht beklagen. Kaum war die Oper [‚Pique Dame'] fertig geworden, als ich auch schon ein neues Werk in Angriff nahm, welches im Entwurf ebenfalls bereits fertig ist. Ich gebe mich der Hoffnung hin, dass Sie zufrieden sein werden, dass ich ein Sextett für Streichinstrumente komponiert habe. Ich kenne Ihre Vorliebe für die Kammermusik und freue mich, dass Sie mein Sextett zu hören bekommen werden, denn dazu brauchen Sie in kein Konzert zu gehen, sondern können leicht bei sich eine gute häusliche Aufführung des Sextetts arrangieren. Auch hoffe ich, dass Ihnen das Stück gefallen wird: ich habe es mit grösster Begeisterung und ohne die leiseste Anstrengung gearbeitet." [XVb, 4158.]

---

[367] Zum Textbuch der „Pique Dame".
[368] Die Übersetzung von F.-A. Gevaerts „Traité général d'instrumentation" hatte Čajkovskij im Sommer 1865 im Auftrag von P. I. Jurgenson angefertigt; sie ist 1866 in Moskau erschienen. Neuausgabe: ČPSS IIIb. – Seinen Leitfaden zum praktischen Studium der Harmonie („Rukovodstvo k praktičeskomu izučeniju garmonii") schrieb er im Juli / August 1871 sozusagen als Lehrbuch für seinen Unterricht am Moskauer Konservatorium; er erschien 1872 bei Jurgenson in Moskau. und wurde zu seinen Lebzeiten viermal nachgedruckt: 1876, 1881, 1885 und 1891. Neuausgabe: ČPSS IIIa; Neuausgabe der deutschen Fassung von Paul Juon in: ČSt 6.]
[369] D. h. nicht an das Buch selbst, sondern an das Redigieren der Übersetzung [von Modest; vgl. oben die Briefe an Modest vom 31. Mai bzw. recte 1. Juni 1888 und 14. Mai 1890, jeweils mit Anmerkungen].
[370] Das ist natürlich nicht richtig, auch wenn Streichquartette in Haydns Kammermusikschaffen bei weitem dominieren.]

An M. Tschaikowsky: „Frolowskoe, d. 30. Juni 1890.

Lieber Modja, das Vorwort zum Textbuch [der ‚Pique Dame'] habe ich erhalten. Es ist meiner Ansicht nach zu wortreich. Ausserdem hättest Du es nicht in der ersten Person (‚ich') schreiben sollen, sondern in der dritten: der Verfasser. ‚Ich' klingt so nach einem Zeitungsreporter. Ich habe also das Vorwort (nach Beratung mit Kaschkin, der gegenwärtig mein Gast ist) ein wenig gekürzt und die Fürwörter gestrichen. Ausserdem habe ich den Grund angeführt, weshalb Lisa zur Fürstin befördert worden ist. Mit einem Wort, es ist jetzt besser geworden.

Gestern habe ich meinen Namenstag gefeiert.[371] Beim Diner waren wir elf Personen.[372] Es wurde im Garten gespeist. Die Bauern erschienen wieder nach Geld, mit Kringeln usw.

Der Sommer ist in diesem Jahr wunderschön. Meine Blumen wachsen in nie dagewesener Fülle. Überfluss an allem. Gestern vormittag war ich kaum aus dem Haus getreten, als ich auch schon zwei prachtvolle Steinpilze fand." [XVb, 4159.]

An Frau von Meck: „Frolowskoe, d. 2. Juli 1890.

Liebe, gute Freundin, zugleich mit Ihrem Boten erschien gestern der Komponist Arensky bei mir, und dieser Umstand hinderte mich daran, Ihnen sofort zu antworten. Ich fürchte, meine Dankbarkeit nicht genügend zum Ausdruck gebracht zu haben. Übrigens gibt es keine Worte, welche zeigen könnten, wie unendlich dankbar ich Ihnen bin und wie sehr mich Ihre Sorge um mich und Ihre Aufmerksamkeit gerührt haben. Auf Ihren Rat hin brachte ich zwei Drittel der Summe auf laufende Rechnung zur Bank. Ich habe fest beschlossen, in diesem Jahr mit dem Zurücklegen zu beginnen, um mit der Zeit irgendein Stückchen unbeweglichen Eigentums zu kaufen, – vielleicht sogar Frolowskoe selbst, welches mir trotz der Abholzungen sehr gefällt.

Arensky war in folgender Angelegenheit bei mir erschienen. Er hatte eine Oper [‚Der Traum an der Wolga'][373] geschrieben, die bei Jurgenson erschienen ist. Diese Oper hatte ich aufmerksam durchgespielt (sie hatte mir auch sehr gefallen), und ich empfand das Bedürfnis, Arensky meine Meinung über das wahrhaft herrliche Werk auszusprechen. Mein Brief hat ihn so gerührt, dass er sofort hereiste, sich persönlich zu bedanken. Arensky ist ein Mann von ausserordentlichem Talent, aber krankhaft nervös, schwankend und ein merkwürdiger Mensch." [XVb, 4161.]

An P. Jurgenson: „[Frolowskoe, d.] 2. Juli 1890.

Lieber Freund, das Manuskript der Kantate liegt im Petersburger Konservatorium. Ich möchte nicht, dass sie gedruckt wird, denn sie ist ein Jugendwerk ohne Zukunft; sie ist dazu auf Schillers Worte ‚An die Freude' komponiert.[374] Es ziemt sich nicht, mit Beethoven zu rivalisieren.

---

[371] 29. Juni: Fest der Apostel Petrus und Paulus – sowohl im orthodoxen als auch im westlichen Heiligenkalender.]

[372] Diese werden in dem sehr viel längeren und ausführlicheren Absatz des Originalbriefes im einzelnen genannt.]

[373] Vgl. oben, S. 454, Čajkovskijs Brief an Michail M. Ippolitov-Ivanov vom 4. Juni 1890, ČPSS XVb, Nr. 4135, mit Anmerkung 361.]

[374] Die im November / Dezember 1865 komponierte, sechs Sätze umfassende Kantate über Schillers „Ode an die Freude" (die Aufgabe war von A. G. Rubinštejn bzw. der Prüfungskommission gestellt worden) war Čajkovskijs Examenskomposition für den Abschluss seines Studiums am Petersburger Konservatorium Ende 1865. – In seinem Brief vom 30. Juni 1890 hatte Jurgenson angefragt, wo das Manuskript der Kantate liege und ob es sich lohnen würde, sie zu publizieren – ebenso wie die nicht in der Oper „Čerevički" beibehaltenen Nummern aus der Erstfassung „Kuznec Vakula". Vgl. ČJu 2, S. 170.]

... An die Zukunft der ‚Pantöffelchen'[375] glaube ich unerschütterlich und halte sie, was die Musik anbelangt, fast für meine beste Oper.

Gestern war Arensky bei mir und zeigte mir sein Aufgabenbuch. Es ist ausgezeichnet zusammengestellt und passt vollkommen zu meinem Leitfaden [für das Studium der Harmonie]. Ich empfehle es Dir sehr zum Ankauf."[376] [XVb, 4163.]

An M. Tschaikowsky: „Frolowskoe, d. 4. Juli 1890.

Modja, Dein Ulybyschew-Manuskript ist angekommen.[377] Ich werde mich mit ihm befassen, sobald die Skizzen [= der Entwurf] des [Streich-]Sextetts ganz fertig sein werden. Ich erwärme mich immer mehr für dasselbe und bin meiner ‚Pique Dame' bereits stark untreu geworden. Heute Reise ich nach Moskau, morgen diniere ich bei Jurgenson (der Namenstag hat)[378] und übermorgen will ich aufs Land zu Fiegner.[379] Der Ärmste hat sich bei einem Sturz vom Pferd die Schulter gebrochen (die Sache ist übrigens nicht ernst) und bittet mich, ihn um Himmels willen zu besuchen, um seine Rolle [des Hermann in ‚Pique Dame'] mit ihm durchzunehmen, für die er ganz begeistert ist. Von Fiegner kehre ich nach Hause zurück, und was weiter wird – das weiss ich, bei Gott, noch nicht. Ich möchte Frolowskoe nicht verlassen, andererseits möchte ich aber auch nach Paris, um mein Verhältnis zu den Herren Détroyat und Gallet[380] zu regeln, denn sie erwarten schon jetzt eine Oper von mir, das Eden-Theater hat sogar schon die Auffführung zugesagt. Ich will ihnen dagegen vorschlagen, die ‚Pique Dame' ins Französische zu übersetzen und der französischen Bühne anzupassen, und überlasse ihnen für diesen Dienst Deine Urheberrechte bezüglich des Textbuchs und die meinigen bezüglich der Musik, d. h. die ganze Urhebereinnahme. Die Sache ist von Wichtigkeit ... Ach, Modja, das [Streich-]Sextett ist wirklich gelungen! Die Fuge zum Schluss – einfach reizend! Ich bin furchtbar zufrieden mit mir!" [XVb, 4166.]

An P. Jurgenson: „[Frolowskoe, d.] 10. Juli 1890.

Liebe Seele, am 6. Juli hatte ich auf dem Bahnhof vergebens mit dem Frühstück auf Dich gewartet. Solltest Du es ganz vergessen haben, dass Du mit mir frühstücken wolltest?

Ich habe Fiegner besucht. Er ist von seiner Rolle [als Hermann in ‚Pique Dame'] ganz entzückt ...

---

[375] „Čereviĉki" (1885): Zweitfassung der Oper „Kuznec Vakula" (1874).]
[376] Antonij St. Arenskijs 1000 Aufgaben zu Čajkovskijs Harmonielehre hat Jurgenson erst 1897 veröffentlicht.]
[377] Modests Übersetzung der zweibändigen Mozart-Biographie von Ulybyšev – siehe oben, Briefe vom 31. Mai (recte: 1. Juni) 1888 (ČPSS XIV, Nr. 3583), 14. Mai 1890 (ČPSS XVb, Nr. 4112) und 15. Juni 1890 (ČPSS XVb, Nr. 4149) jeweils mit Anmerkungen.]
[378] Petr I. Jurgenson hatte am 5. Juli Geburtstag (nicht Namenstag).]
[379] Während Čajkovskijs Aufenthalts bei dem Ehepaar Nikolaj N. Figner und Medeja I. Figner (geb. Mej) – den ersten Interpreten von Hermann und Liza in „Pikovaja dama" – auf deren Landsitz Lobynskoe (Kreis Tula, Gouvernement Tula) sind am 7. Juli 1890 zwei ähnliche Photographien gemacht worden (Čajkovskij mit Hut und Kneifer), auf denen neben dem Ehepaar Figner auch Nikolaj Kaškin zu sehen ist. Vgl. den Katalog der Čajkovskij-Photographien in TchH 1, S. 505, Nr. 84 f., sowie Album 2005, S. 122-124 (Abbildungen 84-86; Katalogteil S. 214.]
[380] Louis Gallet, Verfasser der Textbücher vieler moderner französischer Opern („Henry VIII", „Ascanio" von Saint-Saëns, „Le Cid" von Massenet u.a.)". [Zu Čajkovskijs Briefwechsel mit Détroyat und Gallet, dem – nicht realisierten – Plan einer französischsprachigen Oper Čajkovskijs für Paris und möglichen Sujets siehe ČSt 3, S. 234-258.]

,Hamlet' habe ich abgeschickt.³⁸¹ Solltest Du Stimmen drucken lassen wollen,³⁸² müssen sie vorher genau mit der Partitur verglichen werden, denn diese enthält jenen gegenüber viele Änderungen. Ein Exemplar der Partitur muss, sobald sie fertig ist, an Grieg geschickt werden.³⁸³ Da ich seine Adresse nicht kenne, adressiere die Sendung an Dr. Abraham ([Verlag] Peters) zur Übermittlung an Grieg.

Die Stecher habe ich sehr mässig belohnt: ich tue das sehr selten (seit der ,Bezaubernden' kein Mal) und finde nichts Schlechtes daran, eine gute Arbeit gerecht zu belohnen (10 Kopeken pro [Stich-]Platte); nimm es mir nicht übel, aber ich werde es auch in Zukunft so machen.³⁸⁴ Warum glaubst Du, dass die Stecher durch ein paar Rubel, welche sie [von mir] einmal in zehn Jahren für eine gute Arbeit erhalten, verdorben werden könnten? Sie haben die ,Pique Dame' ganz erstaunlich schnell und gut gestochen. Sehr schade, dass in ,Hamlet' das Schlagzeug auf Systemen steht.³⁸⁵

Ein *Jubiläum* wird es nicht geben.³⁸⁶ Ich würde mich lieber erschiessen, als der Gegenstand der bis zum Ekel abgeschmackten Jubiläumsfestlichkeiten und Ovationen zu sein. Wegen des Jubiläums wurde schon mehr als einmal bei mir angefragt. Sollte man mich noch ferner damit belästigen, werde ich in den Zeitungen veröffentlichen, dass ich nichts davon wissen will ..." [XVb, 4170.]

An M. Tschaikowsky: „[Frolowskoe, d.] 10. Juli 1890.

Lieber Modja, vorgestern bin ich von Fiegner heimgekehrt. Er ist ganz entzückt und spricht von seiner Rolle [als Hermann in ,Pique Dame'] mit Tränen in den Augen, – welch ein gutes Zeichen! – er kennt sie schon zum Teil; ich habe mich überzeugt, wie klug und verständig er ist. Nur eins ist bitter: das Brindisi³⁸⁷ muss um einen ganzen Ton [tiefer] transponiert werden, denn er sagt, er könne das in der Tat in dieser Höhe schwere Stück am Schluss der Oper nicht singen, ohne fürchten zu müssen, plötzlich zu quaken.³⁸⁸ Nichts zu machen! Medea³⁸⁹ kennt ihre Rolle auch schon und ist ebenfalls entzückt ..." [XVb, 4169.]

An A. Tschaikowsky: „Frolowskoe, d. 13. Juli 1890.

Mein lieber Tolja, Dein Brief, in welchem Du von dem Ankauf von Frolowskoe sprichst und mir Geld anbietest, ist angekommen. Um keinen Preis werde ich Geld von Euch nehmen. Vor allem zahle ich jetzt nur [jährlich] 400 Rubel Miete für das Haus. Für das dazugehörige Land (welches den hauptsächlichen Wert des Gutes repräsentiert) zahle ich nichts, weil ich es nicht benutze. Es hätte daher für mich keinen Sinn, 2000 Rubel Zin-

---

[³⁸¹ Die Rede ist von der Korrektur zur Partitur der Fantasie-Ouvertüre „Hamlet" op. 67, die noch im Juli 1890 bei P. I. Jurgenson in Moskau erschienen ist.]

[³⁸² Die gedruckten Stimmen wurden nicht nach der Partitur gestochen, sondern nach handschriftlichen Stimmen, die für die ersten Aufführungen angefertigt worden waren – das ist der Grund für Čajkovskijs Hinweis, die handschriftlichen Stimmen zunächst nach seiner für den Druck revidierten Partitur durchzusehen.]

[³⁸³ Das Werk ist Edvard Grieg gewidmet.]

[³⁸⁴ Offenbar geht es um einen besonderen Obulus, den Čajkovskij den – natürlich sonst regelrecht von Jurgenson entlohnten – Notenstechern zukommen läßt.]

[³⁸⁵ In vollständigen Notensystemen (zu fünf Linien) – und nicht auf einzelnen Linien. Die Bemerkung bezieht sich auf die Schlaginstrumente mit Ausnahme der Pauken, die selbstverständlich in Notensystemen stehen müssen.]

[³⁸⁶ In seinem Brief vom 7. Juli 1890 hatte Jurgenson Čajkovskij gefragt, wann und wie er sein 25-jähriges Künstlerjubiläum begehen wolle.]

[³⁸⁷ III. Akt, Germans Arie in Nr. 24.]

[³⁸⁸ Čajkovskij transponierte das Brindisi von H- nach A-Dur. Da Figner auch mit dieser Fassung nicht glücklich war, richtete Napravnik eine Fassung in B-Dur ein; Čajkovskij billigte sie und übernahm sie in die gedruckte Partitur der Oper.]

³⁸⁹ Medea Mei, die Gemahlin Figners, beliebte Sängerin.

sen zu zahlen und ausserdem eine grosse Schuldenlast zu tragen, solange ich in demselben Frolowskoe für 400 Rubel wohnen kann ..." [XVb, 4172.]

An den Grossfürsten Konstantin Konstantinowitsch:
„Frolowskoe, d. 3. [recte: 5.] August 1890.
Ew. Kaiserliche Hoheit!

Ihren teuren, lieben, bezaubernden Brief habe ich wenige Stunden vor dem Antritt einer grossen Reise erhalten, darum verzeihen Sie um Gottes willen, dass ich nicht so ausführlich antworte, wie ich sollte. Indessen hätte ich vieles in Betreff Ihrer Bemerkungen über ‚Pique Dame' zu sagen ... Ihre Hinweise auf die Fehler in der Deklamation sind zu nachsichtig. In dieser Beziehung bin ich unverbesserlich. Ich glaube, dass ich in den Rezitativen und Dialogen viele Missgriffe dieser Art begangen habe; und in lyrischen Stellen, da, wo ich mich von der Wahrheitstreue der Wiedergabe allgemeiner Stimmungen habe hinreissen lassen, – bemerke ich solche Fehler, wie Sie sie anführen, einfach nicht, sie müssten mir denn von jemandem genau bezeichnet werden.

Was die Wiederholung von Worten und ganzer Phrasen anbelangt, so muss ich Ew. Hoheit sagen, dass meine Meinung der Ihren diametral entgegengesetzt ist. Es gibt Fälle, in denen solche Wiederholungen ganz natürlich sind und durchaus der Wirklichkeit entsprechen. Im Affekt wiederholt der Mensch sehr oft eine Phrase oder einen Ausruf. Ich finde nichts Unnatürliches dabei, dass eine alte Gouvernante, die nicht weit her ist, bei jeder Gelegenheit – bei Ermahnungen und Strafpredigten – ihren ewigen Refrain vom Anstand wiederholt. Aber selbst wenn im wirklichen Leben nie etwas Ähnliches vorkäme, würde ich mich keinen Augenblick besinnen, von der realen Wahrheit zugunsten der künstlerischen abzuweichen. Diese zwei Wahrheiten sind grundverschieden, und bei der Jagd nach der ersteren die zweite vergessen – das will und kann ich nicht, denn – wollte man in der Oper die Realität bis zum Äußersten treiben, so müsste man schliesslich unvermeidlich die Oper selbst verneinen. Menschen, welche singen anstatt zu sprechen – das ist doch, im gemeinen Verständnis, der Gipfel der Unwahrheit. Gewiss bin ich ein Kind meiner Zeit und durchaus nicht gewillt, zu den überwundenen Opernsitten zurückzukehren, andererseits habe ich aber auch keine Neigung, mich den despotischen Anforderungen der Theorie des Realismus unterzuordnen. Nichtsdestoweniger war mir der Gedanke, dass Ihnen eine Stelle in der ‚Pique Dame' widerlich sei, unerträglich – denn es liegt mir viel daran, dass gerade Sie Gefallen an der Oper finden – und ich habe in der Szene, in der die Gouvernante die Mädchen schilt, sofort den Text geändert, so dass jetzt die Wiederholungen durchaus motiviert erscheinen ...

Ew. Hoheit, ich werde Ihnen in einiger Zeit noch sehr vieles auf Ihren Brief erwidern. Heute reise ich nach Tiflis und werde mich unterwegs bei meinem Bruder Modest und bei meiner Schwester in Kamenka aufhalten. Ich werde mir das Vergnügen nicht versagen, Ihnen von dort aus zu schreiben ..." [XVb, 4195.]

An E. Naprawnik: „Frolowskoe, d. 5. August 1890.
Teurer Eduard Franzewitsch, vor meiner Abreise in den Kaukasus habe ich Ihnen Verschiedenes über ‚Pique Dame' zu sagen.

Derzeit mache ich eine genaue Durchsicht des Klavierauszugs für die zweite Auflage, welche im Herbst erscheinen soll (die erste Auflage bestand nur aus sehr wenigen Exemplaren fast ausschliesslich für Theater), und versehe ihn mit *Metronom*angaben. Dabei hat es sich erwiesen, dass ich die *Tempi* in der ersten Auflage ganz falsch angegeben habe. Alle Änderungen und Metronomangaben habe ich in ein besonderes Exemplar eingetragen und dasselbe der Bibliothek der Kaiserlichen Theater zugehen lassen, damit sie auch in die

Partitur eingetragen werden können. Sie werden also eine Partitur mit neuen, richtigen Tempo- und Metronomangaben erhalten.

Ich weiss noch nicht, ob es mir möglich sein wird, in Petersburg zu sein, wenn Sie die Korrekturproben abhalten werden; wenn nicht, bitte ich im voraus um Verzeihung, falls sich gar zu viele Fehler bei den Schlüsseln, Kreuz- und b-Vorzeichen usw. finden sollten. Erstens bin ich in dieser Hinsicht unverbesserlich, zweitens hatte ich mich bei der Instrumentierung sehr übereilt. Bitte seien Sie nicht böse, mein Freund, haben Sie Geduld mit mir und seien Sie versichert, dass ich meine Schuld reuevoll eingestehe, und jedes Schuldgeständnis ist bis zu einem gewissen Grade Sühne ..." [XVb, 4194.]

An E. Naprawnik: „Kamenka, d. 25. August 1890.

Teurer Eduard Franzewitsch, Ihren liebenswürdigen Brief habe ich erhalten und danke Ihnen sehr dafür ... Ihren Rat, den Klavierauszug leichter zu machen, werde ich gewiss befolgen, – doch kann das erst in der dritten Auflage geschehen, da die zweite bereits gedruckt wird. Sie soll nur in einer kleinen Zahl herausgegeben werden, so dass die *dritte*, veränderte Auflage hoffentlich schon im Winter unternommen werden kann.[390]

Sofort nach meinem Eintreffen in Petersburg werde ich die Partitur einer genauen Prüfung unterwerfen. Überhaupt will ich alles tun, was Sie für nötig halten, um die *Korrekturproben* zu erleichtern, deren Schwierigkeit und Lästigkeit für Sie und für das Orchester ich sehr wohl einsehe.

Es war mir sehr, sehr unangenehm, die Transposition [des Brindisi] für Fiegner zu machen, es musste aber geschehen ... Ich hoffe, dass die *Instrumentation* in der Gewitterszene den Sänger nicht übertönen wird, wenigstens glaube ich, dafür Sorge getragen haben. Anderenfalls werde ich in den Proben die nötigen Änderungen veranlassen." [XVb, 4206.]

In Kamenka blieb Peter Iljitsch bis zum 1. September und reiste dann in Begleitung [Kolja] Konradis nach Tiflis.

In der Saison 1889-1890 hat Peter Iljitsch folgende Arbeiten beendet:
1) Impromptu As-Dur für Klavier. A. Rubinstein gewidmet. Verlag P. Jurgenson.[391]
2) „Gruss an A. G. Rubinstein" für Chor a cappella. Verlag P. Jurgenson.[392]
3) „Pique Dame", Oper in drei Akten und sieben Bildern. Text von M. Tschaikowsky. Das Sujet ist der gleichnamigen Novelle von A. Puschkin entlehnt. Szenarium:
Erster Akt.
Erstes Bild.
[Petersburger] Sommergarten. Frühling. Kinderspiele und Chor der Wärterinnen, Bonnen und Gouvernanten. Zur Abwechslung der Minderjährigen erscheinen später Erwachsene, Vertreter der goldenen Jugend Petersburgs, welche von der merkwürdigen Leidenschaft eines gewissen Hermann für das Kartenspiel erzählen, welcher ganze Nächte in Spielhöllen zubringen und das Spiel beobachten soll, ohne selbst zu spielen, weil er zu arm dazu sei. Da erscheinen Hermann und Tomsky. Der erstere spricht von seiner Liebe zu einem vornehmen Fräulein, deren Name ihm unbekannt ist, die er aber oft auf der Strasse in Begleitung einer alten und unheimlichen Frau getroffen hat. Dann kommt der Fürst Jeletzky und erklärt sich als Bräutigam. Auf die Frage, wer seine Braut sei, zeigt er auf eine

---

[390] Sie erschien im März 1891.]
[391] Anlässlich von A. G. Rubinštejns 50-jährigem Künstlerjubiläum. Ursprünglich für ein Album, das dem Jubilar überreicht wurde.]
[392] Ebenfalls zu diesem Jubiläum.]

nahende junge Dame, gerade jene Unbekannte, für die sich Hermann interessiert. Dieser ist von traurigen Gefühlen erfüllt, dass ihn seine Armut ewig von der Geliebten trennen und das Glück, sie zu besitzen, unerreichbar bleiben wird. Während der Anblick Lisas ein Wohlgefühl für ihn ist, erregt die rätselhafte Gestalt ihrer alten Begleiterin eine merkwürdige Furcht in ihm. Als Tomsky nach dem Abgang der Frauen die Legende erzählt, dass die alte Gräfin drei Karten wisse, mit deren Hilfe man gewinnen könne, sieht sich Hermann in seiner verstörten Phantasie als denjenigen, der vom Fatum auserkoren ist, der alten Frau um den Preis ihres Lebens das Geheimnis zu entreissen, plötzlich reich zu werden und die Bekanntschaft mit dem Gegenstand seiner Liebe zu ermöglichen. Das heraufziehende Gewitter verwirrt vollends den Verstand Hermanns, und es ergreift ihn die Furcht, eines Mordes fähig zu sein. – Er entschliesst sich, seinem Leben ein Ende zu machen, aber vorher um jeden Preis Lisa, wenn auch nur ein einziges Mal, seine Liebe zu gestehen.

Zweites Bild.
Lisa und ihre Freundinnen unterhalten sich damit, zuerst ein sentimentales Duett, dann eine Romanze und zuletzt ein lustiges russisches Tanzlied zu singen. Das Erscheinen der steifen Gouvernante unterbricht den Frohsinn der Mädchen. Es ist Zeit auseinanderzugehen. Lisa bleibt allein. Sie liebt ihren Bräutigam nicht. Ihre Phantasie und ihr Herz sind vom Bild jenes geheimnisvollen und finsteren Unbekannten erfüllt, dem sie oft auf der Strasse begegnet war und den sie noch heute im Sommergarten gesehen hat. Plötzlich steht Hermann vor ihr. Sie erschrickt. Er beruhigt sie und fleht sie an, ihn anzuhören, indem er droht, vor ihren Augen Selbstmord zu begehen, falls sie ihn von sich weisen würde, ohne ihn angehört zu haben. Erschrocken und glücklich zugleich, den Geliebten zu sehen, kann sie in ihrer Verwirrung der Versuchung nicht widerstehen, seinen leidenschaftlichen Worten zu lauschen. In dem Moment, da sie – sich beherrschend – den Mut fasst, ihn zu verjagen, tritt unerwartet die alte Gräfin ein, welche auf das Geräusch in den Gemächern ihrer Enkelin hin herbeigeeilt war. Lisa versteckt Hermann, anstatt ihn zu verjagen. Das Erscheinen der fatalen Alten bringt ihn wieder auf seine „idée fixe" von den drei Karten. Lisa beruhigt die Grossmutter und geleitet sie aus dem Zimmer, dann kehrt sie zurück und befiehlt Hermann mit einer gebieterischen Geste, sich zu entfernen. Er aber kennt bereits die Macht seiner Liebe. – Lisa wird schwach, gesteht ihm ihre Liebe und sinkt in seine Umarmung.

Zweiter Akt.
Drittes Bild.
Kostümball bei einem Würdenträger der Epoche Katharinas [der Grossen]. Tänze. Lisa und Fürst Jeletzky erscheinen. Der Fürst spricht ihr von seiner Liebe, doch Lisa bleibt kalt. Unter den Verkleideten befindet sich auch Hermann; seine Kameraden, denen seine fixe Idee von den drei Karten bekannt ist, necken ihn damit und tuscheln geheimnisvoll darüber. Er sieht das für eine Halluzination an. Beim Anblick der Gräfin, welche ebenfalls anwesend ist, ergreifen ihn eine wahnsinnige Sucht und der unerschütterliche Entschluss, die drei Karten herauszubekommen. Jetzt, da er Lisas Herz gewonnen, ist es ihm nicht mehr schwer, Einlass ins Haus zu erlangen. Die Gastgeber haben, der Sitte jener Zeit entsprechend, ein Zwischenspiel zur Unterhaltung ihrer Gäste vorbereiten lassen.

Das Zwischenspiel [„Die aufrichtige Schäferin"].

Der Moment der Inanspruchnahme der allgemeinen Aufmerksamkeit durch das Zwischenspiel wahrnehmend, verlangt Hermann von Lisa ein Tête-à-tête in ihrem Zimmer noch in derselben Nacht. Lisa, welche Hermann schon als ihren Gemahl und Gebieter ansieht, belehrt ihn, wie er in ihr Zimmer gelangen kann. Hermann entfernt sich, um das Schlafgemach der alten Gräfin aufzusuchen. Der Festmarschall macht zur grossen Freude der Gäste die Mitteilung, dass die Kaiserin ihr sofortiges Erscheinen angesagt habe. Allge-

meine freudige Bewegung. In dem Moment, da die Kaiserin eintreten soll, setzt der Chor ein, und der Vorhang fällt.
Viertes Bild.
Das Schlafgemach der Gräfin. Hermann erscheint durch eine geheime Tür. Sein Monolog. Als er Schritte nahen hört, versteckt er sich hinter der geheimen Tür. Die alte Gräfin kehrt vom Ball heim. Sie wird von Kammerzofen durch das Zimmer in ihr Boudoir geleitet, wo sie ihre Nachttoilette macht. Auch Lisa kommt durch das Schlafgemach und vertraut ihrem Dienstmädchen an, dass sie in der Nacht Hermann erwarte. Die Gräfin betritt im Nachtgewand und in Begleitung eines Gefolges von Zofen wieder ihr Schlafzimmer. Sie ist müde, ärgerlich und unzufrieden mit dem Fest; sie sagt, in ihrer Jugend sei alles besser gewesen, und singt eine Opernmelodie aus der guten alten Zeit. Dann weist sie die Zofen hinaus, bleibt allein und schlummert – jene Melodie summend – ein. Hermann weckt sie. Diese ganze Szene ist genau nach Puschkin, auch die Prosa ist beibehalten (und nur an wenigen Stellen um der Musik willen unwesentlich verändert). Die Alte wird stumm vor Schreck beim Anblick Hermanns und stirbt, ohne ihr Geheimnis verraten zu haben. Lisa wird vom Lärm herbeigelockt. Der infolge des Vorfalls bereits ganz wahnsinnig gewordene Hermann verrät seinen Versuch, die drei Karten zu erfahren. Lisa ist voller Entsetzen über das Geschehene und kann sich nicht des schrecklichen Verdachts erwehren, dass Hermann ihre Liebe nur zwecks Ausführung seines wahnwitzigen Vorhabens zu gewinnen strebte.
Dritter Akt.
Fünftes Bild.
Abend. Eine Kaserne. Hermann allein. Er wird von Wahnvorstellungen über die Beerdigung der Gräfin verfolgt. Er kann sich nicht losmachen von der Einbildung, die Klänge eines Grabgesanges zu hören. Es scheint ihm, er hätte an dem Sarg der Gräfin gestanden und sie hätte ihm zugewinkt. In der nächtlichen Stille und im Dunkel der Kaserne ergreift ihn eine unüberwindliche Furcht, er will fliehen, doch – auf der Schwelle erscheint der Geist der Gräfin und nennt ihm drei Karten.
Sechstes Bild.
Der Quai am Winterkanal. Lisa erwartet Hermann, mit dem sie ein Stelldichein verabredet hat. Sie will noch nicht glauben, dass er nur um der drei Karten willen um ihre Liebe geworben hatte. Wenn er bis Mitternacht nicht kommen sollte, würde ihr klar werden, dass ihr Verdacht richtig gewesen und sie das Opfer eines Betrugs geworden sei. Es schlägt Mitternacht, Hermann ist nicht da. Lisa ist in Verzweiflung und will Hand an sich legen, als plötzlich Hermann erscheint. Bei seinem Anblick vergibt sie ihm alles, auch er vergisst alles und gibt sich ganz dem Gefühl der Liebe hin. Aber bald verfällt er wieder seinem Wahn, redet von den drei Karten, von den Spielhäusern, erkennt Lisa nicht mehr und eilt davon. In ihrer Verzweiflung stürzt sich Lisa in die Newa.
Siebentes Bild.
Ein Spielsaal. – Das Spiel ist in vollem Gange. Tomsky singt Couplets über einen Text von Dershawin. Das Lied vom Spiel, welches der Puschkinschen Novelle als Motto dient. Unter den Spielenden sieht man auch Fürst Jeletzky. Hermann erscheint und setzt eine Karte nach der anderen von denen, die ihm der Geist [der Gräfin] angegeben hat. Er gewinnt. Bei der dritten Karte, durch die er ein grosses Vermögen gewinnen kann, wollen die anderen das Spiel nicht fortsetzen; nur Jeletzky tritt ihm entgegen. Anstatt des erwarteten Asses, setzt Hermann aus Versehen die Pique Dame und verliert alles, was er vorher gewonnen. Der Geist der Gräfin erscheint wieder. Hermann ist in wahnsinniger Verzweiflung und ersticht sich.

Die erste Vorstellung der Oper fand am 7. Dezember 1890 im Marientheater zu Petersburg statt.

Verlag P. Jurgenson.

Ausserdem hat Peter Iljitsch am 13. Juni ein Streichsextett zu komponieren begonnen, dessen Skizzen [Entwurf] bereits am 30. Juni fertig waren.

[Kapitel XX–XXIX: September 1890 – August 1891.]

Kapitel XX.

[Frau fon Mekk vor dem geschäftlichen Ruin? Ihre Nervenkrankheit.
Das Ende ihrer finanziellen Unterstützung – und ihrer Korrespondenz mit Čajkovskij.
Eine schmerzende Wunde bis zu seinem Tod.]

Am 13. September 1890 erhielt Peter Iljitsch einen Brief von Frau von Meck, in welchem sie ihm mitteilte, dass die überaus komplizierte Verwicklung ihrer Geschäfte sie an den Rand des Ruins gebracht hätten und sie daher nicht mehr in der Lage wäre, ihn in bisheriger Weise zu unterstützen.

Im Laufe des dreizehnjährigen Briefwechsels der beiden Freunde geschah es mehr als einmal, dass Nadeshda Filaretowna von dem Wanken ihrer geschäftlichen Unternehmungen sprach und einen Bankrott befürchtete. Jedesmal aber fügte sie hinzu, dass es die Subvention Peter Iljitschs in keiner Weise berühren könne, da sie ihm dieselbe für sein ganzes Leben sichergestellt hätte, und dass sie eine derartige Abnahme ihrer Mittel nie zugeben und ihr einige 6000 Rubel jährlich nie eine Entbehrung bedeuten würden. Im November 1889 äusserte Frau von Meck wieder einmal ihre Bedenken über die Lage ihrer Geschäfte, aber erwähnte – wie gewöhnlich – nichts von der Unterstützung, die Peter Iljitsch von ihr bezog, im Gegenteil: sie hatte im Sommer 1890 Gelegenheit, Peter Iljitsch von neuem ihre Hilfsbereitschaft und Opferfreudigkeit zu beweisen, indem sie ihm einen bedeutenden Vorschuss gewährte.

Daher traf diese Mitteilung unseren Komponisten wie ein Blitz aus heiterem Himmel und veranlasste ihn zu folgender Antwort.

An Frau von Meck: „Tiflis, d. 22. September 1890.

Liebe teure Freundin, die Nachricht, die Sie mir in Ihrem letzten Brief zukommen lassen, hat mir grossen Kummer gemacht, aber nicht meinetwegen, sondern Ihretwegen. Das ist keine leere Phrase. Ich würde freilich lügen, wollte ich behaupten, dass eine so radikale Verkürzung meines Budgets ohne Einfluss auf meine materielle Lage wäre. Dieser Einfluss dürfte aber doch kein so bedeutender werden, wie Sie vielleicht annehmen. In den letzten Jahren hat sich mein Einkommen sehr stark vergrössert, und es besteht Aussicht, dass es sich auch fernerhin rapide vergrössern wird. Wenn also ein Teilchen der unendlichen Reihe der Sie bedrückenden Sorgen und Befürchtungen auch mir gilt, so bitte ich Sie um Gottes willen, überzeugt zu sein, dass mir der Gedanke an die mich betreffende materielle Entbehrende nicht im geringsten bitter ist. Glauben Sie mir: das ist die lauterste Wahrheit, denn ich bin kein Meister, Phrasen zu machen und zu heucheln. Dass ich meine Ausgaben ein wenig werde einschränken müssen, ist noch nicht schlimm. Schlimm aber ist, dass Sie bei Ihren Gewohnheiten und bei dem grossen Massstab Ihrer Lebensweise Entbehrungen entgegensehen. Das ist sehr bitter und ärgerlich. Ich habe das Verlangen, irgendjemandem die Schuld an dem Unglück in die Schuhe zu schieben (Sie selbst haben es doch gewiss nicht verschuldet!), weiss aber nicht, wer der Übeltäter ist. Übrigens ist mein Zorn ganz nutz- und zwecklos, auch habe ich nicht das Recht zu versuchen, in die Sphäre Ihrer Familienangelegenheiten einzudringen. Ich werde lieber Wladislaus Albertowitsch Pachulski[393] bitten,

---

[393] Der Geiger und dilettierende Komponist Vladislav Al'bertovič Pachul'skij (gest. 1919) hatte 1880 das Moskauer Konservatorium als externer Kandidat absolviert (er war Schüler von Ivan V. Gržimali). Seit 1878 arbeitete er als persönlicher Sekretär N. F. fon Mekks und heiratete 1889 deren Tochter Julija Karlovna (1853-1915). 1878/79 und 1890 beriet Čajkovskijs ihn auf Bitten N. F. fon Mekks bei seinen Kompositionsversuchen. (Vgl. zum Beispiel die betreffenden Briefe Čajkovskijs aus dem Jahre 1890 in ČPSS XVb, Nr.

mir gelegentlich mitzuteilen, was Sie zu tun gedenken, wo Sie leben werden und in wieweit Sie sich Entbehrungen unterwerfen müssen. Anders als reich kann ich Sie mir gar nicht vorstellen. Die letzten Worte Ihres Briefes[394] haben mich ein wenig gekränkt, doch glaube ich, dass das nicht Ihr Ernst war. Halten Sie mich wirklich für fähig, nur so lange an Sie zu denken, wie ich Geld von Ihnen erhielt? Wie sollte ich auch nur einen Augenblick vergessen, was Sie für mich getan haben und was alles ich Ihnen verdanke? Ich kann ohne Übertreibung sagen, dass Sie mich gerettet haben, dass ich gewiss wahnsinnig geworden und untergegangen wäre, hätten Sie mich nicht durch Freundschaft und Anteilnahme sowie durch materielle Unterstützung (damals war sie allerdings mein Rettungsanker) meine Energie und meine Lust, auf dem einmal gewählten Lebenspfad voranzuschreiten, von neuem angefacht.[395] Nein, liebe Freundin, bis zu meinem letzten Atemzug werde ich daran denken und Sie segnen. Ich bin froh, gerade jetzt, da Sie Ihre Mittel nicht mehr mit mir teilen werden, Ihnen meine grenzenlose, heisse und durch keinerlei Worte wiederzugebende Dankbarkeit auszudrücken. Sie ahnen wahrscheinlich selbst nicht die ganze Unermesslichkeit Ihrer Wohltat. Sonst würde es Ihnen nicht eingefallen sein mir zuzutrauen, ich würde nunmehr – da Sie arm geworden – höchstens *zuweilen* an Sie denken … Ohne jede Übertreibung kann ich sagen, dass ich Sie nie vergessen habe und nie vergessen werde, denn sooft ich an mich selbst denke, begegnen meine Gedanken unvermeidlich auch Ihnen.

Inbrünstig küsse ich Ihre Hände und bitte Sie, ein für allemal zu wissen, dass niemand grösseres Mitgefühl für alle Ihre Sorgen hat als ich.

Von mir und von allem, was ich tue, will ich Ihnen ein andermal schreiben. Verzeihen Sie um Gottes willen meine eilige und schlechte Schrift: ich bin zu aufgeregt, um schöner schreiben zu können." [XVb, 4221.]

Diesen Worten Peter Iljitschs kann noch hinzugefügt werden, dass er die Folgen dieser Verkürzung seines Einkommens in seinem Misstrauen doch für schlimmer angesehen hatte, als sie in Wirklichkeit ausfielen. Am 28. September 1890 schrieb er [aus Tiflis] an P. I. Jurgenson:

„Jetzt werde ich ein ganz anderes Leben anfangen müssen, d. h. es nach einem anderen Massstab einrichten. Wahrscheinlich werde ich sogar gezwungen sein, irgendeine Beschäftigung in Petersburg zu suchen, welche mit einem guten Gehalt verbunden ist. Das ist sehr, sehr bitter, ja – bitter!" [XVb, 4224.]

Diese „Bitterkeit" löste sich aber bald wieder auf: sein materieller Wohlstand nahm gerade in jener Zeit einen starken Aufschwung, und der Erfolg der „Pique Dame" deckte mit grossem Überschuss den Fortfall der Subvention.

Sehr bald beruhigte er sich auch über das Schicksal Nadeshda Filaretownas, indem er erfuhr, dass ihre Furcht vor dem Ruin eine vorübergehende gewesen war und sie nach wie vor reich blieb. – Diese letztere „Beruhigung" war aber – wie merkwürdig, wie widersinnig das auch klingen mag – eine jener Kränkungen, jener Wunden, welche Peter Iljitsch mit ins Grab nahm. Nachdem er die Überzeugung gewonnen hatte, dass Frau von Meck um keine Kopeke ärmer geworden war, sah er in ihrem letzten Brief nichts anderes als den Wunsch,

---

4052, 4069 und 4164.) Nachdem N. F. fon Mekk die Korrespondenz mit Čajkovskij abgebrochen hatte, war Pachul'skij von Oktober 1890 bis Juni 1891 der Übermittler von Informationen über Frau von Mekk und ihre Familie. Vgl. dazu u. a. Wiley 2009, S. 359 f.]
[394] „Vergessen Sie nicht und denken Sie zuweilen an Ihre" usw.
[395] Čajkovskij meint hier vor allem die Jahre 1877/78 nach seiner unglückseligen Heirat, seiner Genesung im Ausland und seiner Entscheidung, das Professorenamt am Moskauer Konservatorium aufzugeben und sich ganz seinem kompositorischen Schaffen zu widmen.]

ihn unter dem erstbesten Vorwand loszuwerden, und begriff, dass er sich sehr getäuscht hatte, indem er das Verhältnis zu seinem „besten Freunde" idealisierte; er begriff, dass die Subvention schon längst den Charakter eines Anfalls von Grossmut verloren hatte, dass man ihm für die bereitwillige Annahme des Geldes schon lange nicht mehr so dankbar war wie er für die Hergabe.

„Meine Beziehungen zu N. F. waren derart, dass mich ihre reichen Gaben nie bedrückten," schrieb er an Jurgenson, „jetzt aber bedrücken sie mich nachträglich. Mein Ehrgeiz ist gekränkt, mein Vertrauen in ihre stete Bereitwilligkeit, mich materiell zu unterstützen und jedes Opfer für mich zu bringen, ist betrogen." [Ebenfalls XVb, 4224.]

Die Qualen des beleidigten Stolzes brachten Peter Iljitsch so weit, dass er den vollständigen Ruin Frau von Mecks wünschte, „um ihr ebenso helfen zu können, wie sie ihm geholfen hat". Zu diesen schmerzlichen Empfindungen kam noch die Bitterkeit der Trennung von dem Ideal seiner Beziehungen zu Frau von Meck. Er war wie aus einem herrlichen Traum gerissen und erblickte, wie er in dem Brief an Jurgenson sagt, „einen banalen, dummen Scherz, vor dem er erröten möchte" ...

Die schwerste Beleidigung aber harrte seiner noch. Bald nach dem Brief Frau von Mecks stellte es sich, wie gesagt, heraus, dass Peter Iljitschs Einkünfte in einem so überaus hohen Masse angewachsen waren, dass es ihm nun ein leichtes gewesen wäre, so lange er lebte, die 6000 Rubel jährlich an Nadeshda Filaretowna zurückzuerstatten. Er wusste aber, dass dies eine Beleidigung für sie wäre, und er konnte es nicht übers Herz bringen, diejenige zu beleidigen und zu kränken, welche im wahren Sinne des Wortes seine Retterin aus der schwersten Lebensperiode war. Als einziger Ausweg aus dieser peinlichen Lage erschien Peter Iljitsch die Fortsetzung seiner Korrespondenz mit Frau von Meck, – so, als wenn nichts vorgefallen wäre. Seine Versuche stiessen aber auf dumpfen Widerstand seitens Nadeshda Filaretownas, und das war für ihn die tödlichste Kränkung. Ihre Gleichgültigkeit, das Verschwinden jeglichen Interesses für ihn, für sein Schicksal, für seine Werke sagten ihm gleichsam, dass alles Gewesene nicht das war, was es zu sein schien, und jene ideale, hochherzige Freundschaft kam ihm jetzt wie die vorübergehende Laune einer reichen Dame vor – nichts mehr, wie das gemeine Finale eines Zaubermärchens, und ihr letzter Brief wie ein Fleck auf der Schönheit ihres gegenseitigen Verhältnisses. Weder der grossartige Erfolg der „Pique Dame", noch die tiefe Trauer über den Tod der geliebten Schwester (im April 1891), noch der Triumphzug durch Amerika vermochten den Schmerz der ihm beigebrachten Wunde zu lindern.

An W. A. Pachulski: [Moskau,] 6. Juni [1891].

„Sehr geehrter Ladislaus [Wladislaw] Albertowitsch, Ihren Brief habe ich soeben erhalten. Sehr richtig: Nadeshda Filaretowna ist krank, schwach, nervös erregt und nicht mehr imstande, mir wie früher zu schreiben. Ich würde es auch um nichts in der Welt zugeben, dass sie sich meinetwegen Qualen auferlege. Mich kränkt, verwirrt und – ich will es offen sagen – beleidigt nur der Umstand, dass sie überhaupt aufgehört hat, sich für mich zu interessieren. Wenn es ihr Wunsch gewesen wäre, meine Briefe auch fernerhin zu erhalten, so könnte sie es sehr leicht einrichten, denn Julie Karlowna[396] und Sie könnten die beständigen Vermittler zwischen uns sein. Doch hat sie bisher weder Julie Karlowna noch Sie darum gebeten, mich zu irgendeiner Mitteilung über mich, über mein Leben usw. zu veranlassen ... Sie wissen, dass Nadeshda Filaretowna im September vorigen Jahres mir ihre

---

[[396] Julija Karlowna Pachul'skaja: N. F. fon Mekks Tochter und V. A. Pachul'skijs Ehefrau.]

materielle Unterstützung aufgekündigt hatte. Auch meine Antwort darauf dürfte Ihnen bekannt sein. Ich *wünschte*, ich *hoffte*, dass unsere Beziehungen sich dadurch nicht verändern würden. Leider hat sich das infolge der augenscheinlichen Abneigung Nadeshda Filaretownas mir gegenüber als unmöglich herausgestellt. Das Resultat davon war, dass ich jeden Verkehr mit ihr abbrach, *nachdem ich kein Geld mehr von ihr beziehen konnte*. Diese Situation erniedrigt mich in meinen eigenen Augen, macht mir die Erinnerung daran unerträglich, dass ich Geldgaben von ihr empfangen habe, quält und bedrückt mich über die Massen. Im Herbst habe ich bei mir auf dem Lande alle ihre Briefe wieder gelesen. Keine Krankheit, kein Ungemach, keine finanziellen Sorgen hätten, scheint es, die Gefühle abschwächen können, welche jene Briefe atmen. Und doch haben sie sich verändert. Vielleicht habe ich N. F. für das *Ideal* eines Menschen gehalten, weil ich sie nie *persönlich* kennengelernt habe. Bei einer solchen Halbgöttin konnte ich mir kaum einen Wandel vorstellen; ich glaubte, viel eher würde die Erdkugel in Stücke gehen als N. F. ihr Verhalten zu mir ändern. Und doch ist das Unmögliche geschehen, und das stellt alle meine Ansichten über die Menschen, meinen Glauben an die besten derselben auf den Kopf; das verwirrt meine Ruhe und vergiftet jenen Anteil von Glück, welchen das Schicksal mir gewährt.

Natürlich hat N. F. mir unbewusst und unbeabsichtigt so wehgetan. Noch nie fühlte ich mich so erniedrigt, so in meinem Stolz verletzt wie in diesem Fall. Am schlimmsten ist, dass ich angesichts N. F.s zerrütteter Gesundheit nicht einmal wagen darf, ihr mein Herz auszuschütten, um sie nicht aufzuregen und zu betrüben.

Ich kann mich nicht aussprechen, was allein eine Erleichterung für mich wäre. Genug davon. Vielleicht werde ich es einst bereuen, alles Obige geschrieben zu haben, – ich gehorchte nur dem Drang, meiner Bitterkeit ein wenig Luft zu machen. Natürlich kein Wort darüber zu N. F.!

Wenn sie sich erkundigen sollte, wie es mir geht, sagen Sie, ich sei glücklich aus Amerika zurückgekehrt und hätte mich in Maidanowo niedergelassen, um zu arbeiten. Ich bin gesund.

Antworten Sie mir nicht auf diesen Brief." [XVIa, 4398.]

Auch dieser Brief fand bei Nadeshda Filaretowna keinen Widerhall. Pachulski versicherte Peter Iljitsch, dass ihre äusserliche Gleichgültigkeit die Folge schwerer nervöser Leiden wäre, dass sie aber im Innersten ihrer Seele P. I. immer noch lieb hätte. Obigen Brief gab er an P. I. zurück, weil er ihn der Kranken nicht zu zeigen wagte und sich auch nicht für berechtigt hielt, ihn zu behalten.

Das war der letzte Versuch Peter Iljitschs, den früheren „besten Freund" zurückzugewinnen. Dass aber die „Wunde" unverheilt blieb, ihn ununterbrochen schmerzte und die letzten Jahre seines Lebens verdüsterte, davon zeugt die Tatsache, dass er an seinem letzten Tage, auf dem Sterbelager liegend, beständig den Namen Nadeshda Filaretownas wiederholte und dass dieser Name inmitten der unartikulierten Fieberphantasien das einzige Wort war, das wir deutlich vernehmen konnten.

Indem ich mich hier von diesem in der Lebensgeschichte meines Bruders so hell leuchtenden Namen trenne, will ich zur Rechtfertigung jene unverdient harten Behandlung Peter Iljitschs anführen, dass das Leben N. F. von Mecks seit 1890 in der Tat ein langsames Dahinsiechen infolge eines furchtbaren Nervenleidens war, welches ihre Beziehungen nicht allein zu Peter Iljitsch verändert hat. Die Nachricht von seinem Ende traf sie ebenfalls auf dem Sterbelager, auf dem sie zwei Monate später ihren Tod fand. Sie starb am 13. Januar 1894.

Kapitel XXI.

[„Pique Dame" wird auch in Kiev inszeniert – Premiere zwölf Tage nach der Petersburger Uraufführung.
Komposition der Symphonischen Ballade „Voevoda". Pläne, ein Gut zu erwerben, werden nicht realisiert.
Jurgenson schlägt eine Ausgabe von Čajkovskijs Romanzen und Liedern in je sechs Sammelbänden vor,
und zwar sowohl in den Originaltonarten als auch in drei Stimmlagen; sie erscheint 1892.
Lehnt Jurgenson gegenüber die Publikation einer „Suite" aus „Dornröschen" ab.
Wünscht keinen öffentlichen Verkauf des Klavierauszugs der „Pikovaja dama" vor der Uraufführung.
Dirigiert ein Symphoniekonzert in Tiflis: 1. Suite, Streicherserenade, Ouvertüre „1812"
mit triumphalem Erfolg.]

An P. Jurgenson: „Kiew, d. 2. September 1890.
Lieber Freund, Prjanischnikow[397] will hier in Kiew die ‚Pique Dame' aufführen.[398] Ich freue mich sehr darüber. Berechne ihm das Notenmaterial bitte nicht zu teuer. Vergiss nicht, dass dies nicht Sache eines Privatunternehmers, sondern einer ganzen Künstlergesellschaft ist. Sie möchten die Oper furchtbar gern aufführen, verfügen aber nicht über grosse Mittel." [XVb, 4209.]

An P. Jurgenson: „Tiflis, d. 14. September 1890.
... Rukawischnikow[399] hofft vergebens, dass ich ein ewig abwesender Direktor[400] bleiben werde. Ich protestiere auf das entschiedenste gegen die neue Unaufmerksamkeit der Direktion mir gegenüber. Sie fährt fort, mich als Direktor [Direktionsmitglied] auszuspielen, während ich von der gegenwärtigen Direktion nichts wissen will. Sei so gut und erkläre offiziell,[401] dass ich aus der Liste der Direktoren gestrichen zu werden wünsche und die Herren ersuche, mich hinfort nicht mehr durch die Zusendung der Konferenzeinladungen zu verhöhnen, andernfalls ich an die Redaktion sämtlicher Zeitungen Briefe schreiben werde, welche die Öffentlichkeit über mein wahres Verhältnis zur Musikgesellschaft aufklären sollen. Ich bitte Dich, ist das etwa kein Hohn, dass ich gestern die Einladung zu einer Sitzung der Direktion erhielt? Dass sie der Teufel hole!

Sobald die neue Auflage [des Klavierauszugs] der ‚Pique Dame' fertig ist, sende mir bitte ein Exemplar." [XVb, 4216.]

An W. Naprawnik: „Tiflis, d. 20. September 1890.
... Ich freue mich, dass Dir die ‚Pique Dame' gefällt und wünsche, dass alle Deine Gefühle für mein Jüngstgeborenes teilen mögen. Ich geniesse jetzt den Müssiggang und den herrlichen Tifliser ‚Altweibersommer' in vollen Zügen. Ich besuche oft die Oper, welche hinsichtlich des Ensembles in dieser Saison sehr schlecht ist. Teile Deinem Papa mit, dass

---

[397] [Ippolit P. Prjanišnikov (1847-1921).] Beliebter Sänger [Bariton] und Theaterunternehmer. [1878-1886 am Petersburger Mariinskij teatr, später bei verschiedenen privaten Ensembles. Gründete und leitete die erste russische Operngenossenschaft 1889-1892 (Kiev), die auch in Moskau gastierte. Um sie zu fördern, dirigierte Čajkovskij am 20., 22. und 26. April 1882 drei Aufführungen der Genossenschaft in Moskau: Gounod, „Faust", Anton Rubinštejn, „Demon", Čajkovskij, „Evgenij Onegin".]
[398] Das geschah tatsächlich, und zwar am 19. Dezember 1890 (also nur zwölf Tage nach der Petersburger Uraufführung). Inszenierung: Ippolit P. Prjanišnikov. Dirigent: Iosif V. Pribik. Auf die Produktionen in Petersburg und Kiew folgten zu Lebzeiten des Komponisten noch Inszenierungen in Moskau (4. November 1891 unter der Leitung von Ippolit Al'tani), Char'kov (16. Dezember 1891), Hamburg (7. / 19. Januar 1892 unter der Leitung von Gustav Mahler), Prag (30. September / 12. Oktober 1892 unter der Leitung von Adolf Čech), Saratov (23. November 1892), Odessa (19. Januar 1893).]
[399] [Konstantin V. Rukavišnikov (1843-1915).] Einer der Direktoren der Russischen Musikgesellschaft in Moskau [ab 1888]. [Ab 1893 Oberbürgermeister von Moskau.]
[400] Direktionsmitglied der Moskauer Abteilung der Russischen Musikgesellschaft – ein Amt, das Čajkovskij im Zorn über den neuen Direktor des Moskauer Konservatoriums Safonow niedergelegt hatte; siehe S. 441.]
[401] Als Direktionsmitglied der Moskauer Abteilung der Russischen Musikgesellschaft.]

es hier einen Tenor gibt, den Petersburg nicht unbeachtet lassen sollte, – Koschitz.[402] Er besitzt eine grosse schöne Stimme und ein sehr vorteilhaftes Äussere ..." [XVb, 4220.]

An P. Jurgenson: „Tiflis, d. 28. September 1890.
... Ich komponiere hier eine symphonische Dichtung.[403] Vergiesse einige Tränen." [XVb, 4224.]

An P. Jurgenson: „[Tiflis, d.] 3. Oktober 1890.
Lieber Freund, ich sende Dir den Brief Alexeis mit Beilage des Inserats in Betreff des zu verkaufenden Guts, welches für meine geringen Mittel sehr zu passen scheint. Könnte ich nicht irgendwo, vielleicht bei X.,[404] 8000 Rubel bekommen mit vierjähriger Verpflichtung? Trotz der Verkürzung meiner Einnahmen infolge des Bankrotts von N. F. f[on] M[ekk] könnte ich die 8000 Rubel in vier Jahren abzahlen. Natürlich würde mir eine Bürgschaft Deinerseits sehr nützen. Ach Gott, wird sich denn in Moskau kein Geldmann finden, der mir 8000 Rubel geben wollte??? Man könnte ja auch Zinsen zusagen. Wenn das eine Dummheit ist, so vergiss meine Bitte, doch scheint mir, dass gerade X.[405] eher als jeder andere Geld hergeben würde. Sollte er das ablehnen, wäre es doch keine Beleidigung. Die Schuld kann bis zu ihrer vollen Tilgung durch das Gut selbst garantiert werden.

Verzeih, dass ich Dir neue Mühen aufbürde, ich möchte aber die Gelegenheit nicht entwischen lassen."[406] [XVb, 4226.]

An P. Jurgenson: „Tiflis, d. 14. Oktober 1890.
... Ich freue mich sehr über Deine Idee, meine Lieder in Sammelbänden herauszugeben,[407] bitte Dich aber, mich die letzte Korrektur selbst machen zu lassen.

Es interessiert mich sehr zu erfahren, wie Du über meinen letzten Brief denkst, in welchem ich Dich bat, bei X. [Rukawischnikow] Geld zu borgen. Er ist in der ersten Übereilung geschrieben. Wenn sich meine Phantasie nicht realisieren lassen sollte, so werde ich nicht murren. Gescheiter ist es natürlich, den Kauf nicht zu tätigen und sich mit dem Mieten zu begnügen. Gewiss wäre es angenehmer, Eigentümer zu sein, aber die Schulden, die man sich deswegen aufhalsen müsste, würde das ganze Vergnügen vergiften.

Das Engagement von Patti ist eine Schande und ein sehr grober Fehler.[408] Die Patti hat bei der Musikgesellschaft nichts zu schaffen, und Einladungen derartiger Nachtigallen sind Sache Schostakowskys[409] und nicht einer ernsthaften symphonischen Musikeinrichtung. Lieber untergehen im Kampf gegen die Gleichgültigkeit des Publikums, als die Würde der

---

[402] Pavel A. Košic (1864-1904). Schüler von Fedor P. Komissarževskij am Moskauer Konservatorium, trat bei verschiedenen Opernunternehmen auf und wirkte 1893-1903 am Moskauer Bol'šoj teatr.]
[403] [Die Symphonische Ballade „Voevoda" op. post. 78.] Nach Puschkins [Ballade] „Der Wojewode" [nach Mickiewicz]. [Komponiert vom 28. September bis zum 4. Oktober 1890; instrumentiert erst ein Jahr später, im September 1891.]
[404] Im Originalbrief nennt Čajkovskij den oben erwähnten K. V. „Rukavišnikov".]
[405] Im Originalbrief: „K. V. Rukavišnikov".]
[406] Der Kauf des Gutes kam nicht zustande.]
[407] Čajkovskijs Romanzen (mit Ausnahme des erst 1893 entstandenen op. 73) erschienen 1892 (Monat der Zensurfreigabe: August 1892) in je sechs Sammelheften, und zwar einmal in den Originaltonarten und zum anderen in den drei Stimmlagen hoch, mittel und tief.]
[408] Jurgenson, Direktionsmitglied der Moskauer Musikgesellschaft, hatte Čajkovskij berichtet, die Gesellschaft habe Adelina Patti zur Teilnahme an Konzerten eingeladen, um das Interesse an diesen zu steigern; doch erwies sich das später als wenig effektiv. Vgl. Jurgensons Briefe in ČJu 2, S. 182 und 184 (gekürzt).]
[409] [Petr A. Šostakovskij (1851-1917), Pianist und Dirigent; eröffnete 1883 in Moskau eine Musikschule, die 1886 zur Musikalisch-dramatischen Schule der Moskauer Philharmonischen Gesellschaft wurde:] Direktor eines privaten Musikunternehmens in Moskau.

Russischen Musikgesellschaft kompromittieren. Nach meiner Ansicht ist es besser, die 8000 Rubel einem Joachim, d'Albert, Colonne oder sonst einem Dirigenten oder Virtuosen ersten Ranges zu geben, der weniger geeignet wäre, das Publikum anzulocken, dafür aber die Musikgesellschaft durch seine Mitwirkung zu Ehren brächte, als tausende von Rubeln auf dem Wege der Selbsterniedrigung und der Nachahmung Schostakowskys zu verdienen.

Siloti hatte hier einen grossartigen Erfolg, aber nicht in materieller Hinsicht. Übrigens wird er es Dir selbst erzählen. Ich reise am 22. Oktober von hier ab, werde mich unterwegs in Taganrog aufhalten und am 28. oder 29. in Moskau eintreffen. Nach alter Gewohnheit werde ich im ‚Moskauer Gasthof' absteigen. Nimm es mir nicht übel, dass ich Deinen liebenswürdigen Vorschlag ablehne, bei Dir zu wohnen, aber Moskau ist für mich nicht mehr Moskau, wenn ich keine Hotelluft einzuatmen bekomme. Es wäre wünschenswert, am Tage meiner Ankunft mit Batalina,[410] Kaschkin und Siloti bei Dir Mittag zu essen. Wenn Du auch noch Swerew[411] einladen wolltest, würde mich das sehr freuen. Ich dirigiere hier am 20. ein Symphoniekonzert."[412] [XVb, 4232.]

An P. Jurgenson: „Tiflis, d. 15. Oktober 1890.

… Hinsichtlich des Balletts kann ich, bei Gott, keinen bestimmten Entschluss fassen. Überhaupt ist es schwer, aus seinen eigenen Werken ‚das Schönste' herauszusuchen. Für mich ist alles gleich gut oder gleich schlecht, je nachdem, ob mir das ganze Werk gefällt oder nicht. Im vorliegenden Fall z. B. gefällt mir ‚Dornröschen' vom Anfang bis zum Schluss. Die einfachste Lösung der Frage wäre die Drucklegung der ganzen Partitur.[413] Das ist aber zu teuer. Es bleibt nichts anderes übrig, als sie nach und nach, eine Nummer nach der anderen zu drucken und dabei mit denjenigen anzufangen, welche dem Publikum am besten gefallen. Zuerst käme also der Walzer [II. Akt, Nr. 6] dran, dann das Panorama [II. Akt, Nr. 17], dann die Stücke aus dem Prolog hintereinander: Marsch [Nr. 1], Tanz der Feen [Nr. 2], Schlussszene [Nr. 4]. Aus dem ersten Akt: Pas d'action [Nr. 8a], die Variation der Schönen [Nr. 8c] usw. usw.

Jedenfalls lehne ich es ab, eine ‚Suite' aus dem Ballett zusammenzustellen. Das, was Engel[414] gemacht hat, ist ein Potpourri; das will ich nicht. Fünf bis sechs Stücke heraussuchen, welche ein selbständiges symphonisches Werk bilden könnten, – ist unmöglich, wenigstens für mich. Wenn Du durchaus eine Suite haben willst, so musst Du Dich wiederum an Siloti wenden.[415] Er hat im vorigen Jahr Material für zwei Suiten gesammelt, ich habe

---

[[410] Aleksandra I. Gubert (Hubert), geb. Batalina; Batalina oder Bataša genannt.]

[[411] Der Pianist Nikolaj S. Zverev 1832-1893 war Lehrer (seit 1883 Professor) am Moskauer Konservatorium.]

[[412] Das Programm dieses Symphoniekonzerts der Tifliser Abteilung der Russischen Musikgesellschaft am 20. Oktober 1890: 1. Orchestersuite op. 43; erster Satz der Klaviersonate G-Dur op. 37 (Isaak M. Matkovskij); Arie des Lenskij aus „Evgenij Onegin" und Romanze op. 6, Nr. 3 (Pavel A. Košic); Serenade für Streichorchester op. 48; Fantasie von Pavel A. Pabst über Themen aus „Evgenij Onegin" und Romance für Klavier op. 5 (I. M. Matkovskij); Romanzen op. 47, Nr. 5 und op. 6, Nr. 6 (Il'ja Ja. Sokolov); Festouvertüre „1812" op. 49. Zum Erfolg des Konzertes vgl. S. 471 f.]

[[413] Die Erstausgabe der „Dornröschen"-Partitur erschien 1890 bei D. Rahter in Hamburg, und zwar in nur wenigen nach einer Partiturabschrift lithographierten Exemplaren. – Bei Jurgenson erschienen im März 1891 lediglich die Partituren von Walzer (I. Akt, Nr. 6) und Polonaise (III. Akt, Nr. 22).]

[[414] Reinhold Engel (Rejngol'd F. Engel'), Geiger in Petersburger Opern- und Ballettorchestern, Dirigent der Sommerkonzerte im Garten des Petersburger „Aquarium".]

[[415] Die „Dornröschen"-Suite, die Jurgenson postum, 1899, als „op. 66a" (in Analogie zur von Čajkovskij selbst zusammengestellten „Nussknacker"-Suite „op. 71a") publizierte, wurde wahrscheinlich von Ziloti kompiliert und enthält fünf Nummern: 1. Introduktion (kombiniert aus Introduktion und Nr. 4 des Balletts), 2. Adagio (I. Akt, Nr. 8a), 3. Pas de caractère (III. Akt, Nr. 24), 4. Panorama (II. Akt, Nr. 17), 5. Walzer (I. Akt, Nr. 6). – Übrigens sind auch die verschiedenen „Schwanensee"-Suiten nicht authentisch.]

aber seinen Zettel verloren. Ich bin entschieden gegen eine Suite und mehr für eine Herausgabe der ganzen Folge. Das vierte Bild[416] (das beste von allen) müsste ungekürzt gedruckt werden." [XVb, 4234.]

An P. Jurgenson: „[Tiflis, d.] 16. Oktober 1890.
… Ich glaube, Du irrst Dich hinsichtlich der Annahme, dass ich laut gedruckten Bedingungen der Kaiserlichen Theater nicht das Recht hätte, eine Aufführung der Oper [‚Pique Dame'] in Kiew zu gestatten. Jenes Verbot bezieht sich nur auf die Petersburger Privatbühnen. Übrigens habe ich es Prjanischnikow mitgeteilt und ihn gebeten, sich zu erkundigen. Ungünstige Urteile fürchte ich nicht in Kiew, bin vielmehr überzeugt, dass die Oper gefallen wird (natürlich kann ich mich sehr täuschen). Vor etwa sechs Wochen bin ich in der Kiewer Oper gewesen und kann Dir sagen, dass sie dank der Energie Prjanischnikows – was das Ensemble, die Qualität der Künstler und die ganze Inszenierung anbelangt – sogar die Moskauer übertrifft. Ausserdem ist P. von der ‚Pique Dame' ganz entzückt und wird nicht sparen, um sie gut aufzuführen.

Ich habe noch nicht auf die Frage des Verkaufs der Exemplare[417] der ‚Pique Dame' geantwortet. Ich glaube, dass man sie Künstlern nicht abzuschlagen braucht. Auch den Kritikern kann man sie geben, mit der Bitte, vor der ersten Aufführung nichts darüber zu schreischreiben. Überhaupt darf der Verkauf nicht im Laden vor sich gehen, hingegen darfst Du Exemplare privatim ganz nach Deinem Belieben abgeben. Wenn Du aber, um Belästigungen zu entgehen, schon jetzt den öffentlichen Verkauf der Oper anordnen solltest, werde ich damit nicht einverstanden sein. Die erste Aufführung wird ja nicht mehr lange auf sich warten lassen.

Schönen Dank für Deine Bemühungen um den Landsitz. Sollte die Erwerbung eines solchen keine besonderen Opfer erfordern und auf keine Schwierigkeiten stossen, werde ich sehr glücklich sein. Sind aber die Bedingungen einer Anleihe schwierige, dann – Gott mit ihm!" [XVb, 4237.]

An E. F. Naprawnik: „Tiflis, d. 19. Oktober 1890.
Haben Sie Dank, lieber Freund, für die Mühen und Sorgen um ‚Pique Dame'. Ich freue mich sehr, dass Fiegner das Brindisi in B-Dur singen wird.[418] Ich bitte Sie, die schweren Tessituren in der Partie des Hermann sowie der anderen Partien nach Belieben zu ändern. Ich gebe Ihnen im voraus mein Einverständnis für alle Änderungen, die Sie für nötig halten werden. Auch in der Todesszene überlasse ich alles Ihrem Ermessen, falls es sich nur um eine kleine Kürzung handelt, obwohl ich – offen gesagt – darüber nicht sehr erbaut bin …" [XVb, 4238.]

Am 20. Oktober 1890 dirigierte Peter Iljitsch ein Konzert in der Tifliser Abteilung der Russischen Musikgesellschaft, auf dessen Programm 1.) Suite N° 1, 2.) Klaviersonate, I. Satz (Matkowsky), 3.) Lenskys Arie aus „Eugen Onegin" (Koschitz), 4.) Serenade für Streichorchester, 5.) Paraphrase über „Eugen Onegin" von Pabst (Matkowsky), 6.) Lieder (Sokolow) und 7.) Ouvertüre „1812" standen.[419] Der ganze Abend war eine Reihe unendlicher Ovationen für den Komponisten-Dirigenten. Er wurde mit Kränzen und Geschenken (darunter ein Taktstock) empfangen und nach Schluss des Konzerts – laut Zeitungsberichten – „förmlich

---

[416 Das 4. Bild von „Dornröschen" (das zweite des II. Akts): Nr. 19 Entr'acte symphonique (Le sommeil) et scène (Ankunft des Prinzen, Erweckung Auroras); Nr. 20 Final (Erwachen des Hofes).]
[417 Des bei Jurgenson erschienenen Klavierauszugs.]
[418 Vgl. dazu oben, S. 458, den Brief an Modest vom 10. Juli 1890 (ČPSS XVb, Nr. 4169).]
[419 Genauer oben, S. 470, in der letzten Anmerkung (412) zum Brief an Jurgenson vom 14. Oktober 1890 (ČPSS XVb, Nr. 4232.)]

mit Blumen überschüttet". Ausserdem wurden ihm ein Ehrenmitgliedsdiplom des Tifliser Musikvereins und ein Kranz von dem damals in Tiflis Gastspiele absolvierenden französischen Opernensembles, mit dem berühmten Bariton [Jean-Louis] Lasalle an der Spitze, überreicht.

Nach dem Konzert gab es im „Tifliser Künstlerverein" ein Festessen mit einer nicht enden wollenden Reihe von Toasten und Reden, unter denen ein Gedicht von Opotschinin[420] den schönsten Eindruck machte.

Am 22. Oktober verliess Peter Iljitsch Tiflis, begleitet von einer grossen Menschenmenge (Verwandten, Freunden und Verehrern).

Tiflis war die erste Stadt, welche Peter Iljitsch mit aufrichtiger Begeisterung und Enthusiasmus aufnahm; sie sollte auch die erste werden, welche so überaus warm und freundlich – für ewig Abschied von ihm nahm.

Kapitel XXII.

[Ärger mit der Gesamtausgabe der Lieder nach Stimmlagen; Fehlerhaftigkeit der Transpositionen.
Will selbst nur die Gesamtausgabe der Lieder in den Originaltonarten durchsehen.
Jurgenson zahlt Čajkovskij ein Honorar in Höhe von 5000 Rubeln für „Pikovaja dama".
Čajkovskij ist gegen die separate Aufführung der Chöre aus „Pikovaja dama"
und wehrt sich erneut entschieden gegen die Feier seines 25-jährigen Künstlerjubiläums.
Petersburger Uraufführung der „Pikovaja dama" – grosser Erfolg beim Publikum, Verriß durch die Presse.]

An P. Jurgenson: „Frolowskoe, d. 3. November 1890.

Lieber Freund, ich habe angefangen, die Lieder, so wie sie zusammengestellt sind, d. h. nach Stimmlagen, durchzusehen. Gleich in der ersten Serie stiess ich auf Transpositionen, z. B. des Liedes ‚Nur wer die Sehnsucht kennt' [op. 6, Nr. 6] u. a. Diese Transpositionen reizen und ärgern mich so, dass ich nicht imstande bin, sie alle durchzusehen. Dazu kann ich mich nicht auf mein Gedächtnis verlassen, d. h. ich weiss nicht immer, welches die Originaltonart eines Liedes ist. Op. 27 und 28 besitze ich, und ich werde die Korrektur in meinen Exemplaren machen. Die anderen Lieder besitze ich aber nicht. Doch möchte ich keine Zeit verlieren und bitte Dich daher, meinem Boten alle meine Lieder in der Fassung auszuhändigen, in welcher sie veröffentlicht wurden. Ich verstehe dennoch nicht, welcher Art die geplante Ausgabe sein wird.[421] Wenn nach Stimmlagen, – wie soll man dann wissen, welches die Originaltonart des Liedes war? Nach meiner Ansicht müsste eine Gesamtausgabe nicht nach Stimmlagen, sondern nach ‚Originalen' geordnet werden, d. h. jedes Lied muss in der Tonart gedruckt werden, in welcher ich es geschrieben habe. Danach kannst Du bei jedem Lied angeben, dass es in diese oder jene Tonart transponiert werden kann. Nur wenn Du eine Gesamtausgabe der *Originale* machst, gebe ich die Erlaubnis für den Aufdruck ‚Neue, vom Komponisten durchgesehene Ausgabe'. Alle Transpositionen durchzusehen, fehlt mir die Geduld, – schon heute nacht habe ich vor Wut nicht schlafen können, denn die Transpositionen der Lieder sind so schlecht gemacht und strotzen von den schrecklichsten, gröbsten Fehlern, dass man krank werden, ja – den Verstand verlieren könnte vor lauter Wut. Sogar das meistverbreitete Lied ‚Nur wer die Sehnsucht kennt' ist von ganz unglaublichen Fehlern und Unsinnigkeiten entstellt.

[[420] Petr A. Opočinin, vereidigter Rechtsanwalt des Tifliser Bezirksgericht, Literat und Librettist, Gründungsmitglied des Tifliser Künstlervereins.]
[[421] Vgl. oben, S. 469, den Brief an Jurgenson vom 14. Oktober 1890 (ČPSS XVb, Nr. 4232) mit der betreffenden Anmerkung.]

Ich freue mich sehr über die Gesamtausgabe und werde mit Vergnügen die Durchsicht besorgen, aber nur unter der Bedingung, dass sie aus Originalen besteht."[422] [XVb, 4249.]

An P. Jurgenson: „[Frolowskoe, d.] 5. November 1890.
... Donnerwetter – 5000![423] Übrigens, herzlichen Dank. Ich bin sehr froh und hoffe, dass die ‚Pique Dame' sich nicht blamieren wird, d. h. dass Du Deine unnötige Freigebigkeit nie bereuen wirst. Noch einmal: schönsten Dank!" [XVb, 4251.]

An P. Jurgenson: „Petersburg, d. 12. November 1890.
Lieber Freund, ich bin entschieden gegen die Aufführung der Chornummern aus ‚Pique Dame', da sie zum Teil nicht [in sich] abgeschlossen sind und nicht einzeln gesungen werden können sowie zum Teil (wie die Chöre im dritten Bild)[424] sklavische Nachahmungen des Stils des vorigen Jahrhunderts darstellen, also eigentlich Entlehnungen genannt werden müssen.[425] Überhaupt sind die Chöre dieser Oper nicht gerade hervorragend, und ich wünsche nicht, dass die Oper nach diesen sie schlecht empfehlenden Bruchstücken beurteilt werde. Was die Frage des Konzerts anbelangt, so kann ich natürlich niemandem die Aufführung meiner Werke verbieten: immerzu, mögen sie meinethalben ganze zehn Konzerte mit meinen Kompositionen veranstalten, ich protestiere aber auf das entschiedenste gegen ein *Jubiläum*, gegen jede ausserordentliche 25-Jahrfeier, die ich nicht anerkenne, denn ich komponiere entweder schon länger, oder – je nach dem, wie man es nimmt – noch keine 25 Jahre.

Die Proben zu [‚Pique Dame'] haben begonnen, die Sache geht voran und wird, wie es scheint, gut werden."[426] [XVb, 4252.]

Zur Aufführung der „Pique Dame" nach Petersburg gekommen, nahm Peter Iljitsch diesmal nicht bei mir Wohnung, sondern im Hotel „Rossija". Seine Räume waren gross genug, dass er seine Freunde bei sich versammeln konnte. So arrangierte er denn einmal[427] „une audition" seines vor kurzem komponierten [Streich-]Sextetts [d-Moll „Souvenir de Florence op. 70]. Die Ausführenden waren: Albrecht, Hildebrandt, Wierzbilowicz, Hille, Kusnetzow und Heine;[428] die Zuhörer: Glazunow, Ljadow, Laroche, einige seiner Freunde und Verwandten. Nicht alle Sätze gefielen den Zuhörern und dem Autor selbst, so dass der betrübte Peter

---

[422 Jurgenson antwortet postwendend am 4. November 1890 (ČJu 2, S. 188 f.), Čajkovskij habe offenbar vergessen, daß insgesamt je vier Ausgaben geplant seien, eine davon die Gesamtausgabe der Lieder in ihren Originaltonarten.]
[423 Jurgensons Abrechnung für September / Oktober 1890, die auch das Honorar für „Pikovaja dama" in Höhe von 5000 Rubel ausweist.]
[424 Diese originale Ergänzung in Klammern fehlt in LebenTsch. 2, S. 610.]
[425 Jurgenson hatte Čajkovskij gefragt, ob er nicht Vasilij I. Safonov (dem Direktor des Konservatoriums und Dirigenten der Symphoniekonzerte der Moskauer Abteilung der Russischen Musikgesellschaft) einen der Chöre aus „Pikovaja dama" für das volkstümliche Konzert am 9. Dezember 1890 anlässlich der Feier von Čajkovskijs 25-jährigem kompositorischen Schaffen geben dürfe.]
[426 Im Laufe des Oktober 1890 studierten die Solisten ihre Partien ein, am 4. November begannen die Korrekturproben mit dem Orchester. Auf den 13. November wurde die erste Gesangsprobe der gesamten Oper festgesetzt und zwei Tage später begannen die Bühnenproben.]
[427 Und zwar am 25. November 1890.]
[428 Die Geiger Evgenij K. Al'brecht und Franc N. Gil'debrandt (Franz Hildebrandt), die Bratschisten Oskar F. Gille und Bruno K. Gejne (Heine) sowie die Violoncellisten Aleksandr V. Veržbilovič und Aleksandr V. Kuznecov. Sie waren auch die Musiker der ersten öffentlichen Aufführung des Sextetts am 28. November 1890 in Petersburg. Nur zwei von ihnen spielten bei der Erstaufführung der revidierten Fassung des Werkes am 24. November 1892 mit, die ebenfalls in Petersburg stattfand, mit Leopold Auer als Primarius; kurz darauf, am 3. Dezember 1892, folgte die Moskauer Erstaufführung.]

Iljitsch sofort beschloss, Scherzo und Finale umzuarbeiten.[429] Mit Ausnahme dieses unangenehmen Eindrucks hat sich alles andere, die erfolgreichen Opernproben nicht ausgeschlossen, so gefügt, dass Peter Iljitschs Stimmung fortgesetzt eine gute war, obwohl die vielen Einladungen und ihm zu Ehren veranstalteten häuslichen Feiern ihn ermüdeten und jene seelische Unruhe in ihm erzeugten, welche ihn nicht nur am Arbeiten, sondern auch am Briefeschreiben hinderte. Im Archiv in Klin ist nicht ein einziger Brief Peter Iljitschs aus jener Zeit vorhanden.[430]

Am 6. Dezember fand am Tage eine Probe der Oper in Gegenwart der Majestäten und vieler Vertreter der höchsten Petersburger Gesellschaft statt. Diesmal war der Erfolg des Werkes Peter Iljitschs viel augenscheinlicher als damals in der Probe von „Dornröschen". Und doch kam es Peter Iljitsch so vor, als ob die neue Oper den Kaiser nicht befriedigt hätte. Wie wir später sehen werden, war diese Annahme durchaus irrig.

Die erste öffentliche Aufführung kam am 7. Dezember 1890 zustande, d. h. gerade ein Jahr (um ein Weniges mehr), nachdem Peter Iljitsch die Oper zu komponieren begonnen hatte. Die Leitung lag in den Händen Naprawniks. Die Rollenbesetzung war folgende:

Hermann – H. Fiegner. Tomsky – H. Melnikow. Fürst Jeletzky – H. Jakowlew. Tschekalinsky – H. Frei. Slatogor – H. Klimow II. Gräfin – Fr. Slawina. Lisa – Medea Fiegner. Pauline – Fr. Dolina. Priljepa – Fr. Olgina. Milowsor – Fr. Friede. Gouvernante – Fr. Pilz. Zofe – Fr. Junossow.

Keine Oper Peter Iljitschs ist bei ihrer Erstaufführung so ausgezeichnet dargestellt worden wie diese. Jeder der Hauptdarsteller hat sich durch irgendeine Seite seines Talents glänzend hervorgetan. Im Laufe der ganzen Vorstellung empfand der Zuhörer und Zuschauer einen so vollkommenen Genuss, wie er nur selten im Theater vorkommt. Das Schwerste gelang am besten: Naprawnik in der Leitung des Ganzen und Fiegner in der Rolle Hermanns übertrafen sich selbst und trugen am meisten zu dem gewaltigen Erfolg der Oper bei. Ausstattung, Dekorationen und Kostüme standen in ihrer Pracht und historischen Wahrheitstreue der musikalischen Leistung nicht nach.

Der Erfolg gab sich schon gleich im ersten Akt zu erkennen und ging gegen Schluss der Oper immer weiter crescendo. Der Autor und seine Interpreten wurden unzählige Male gerufen. – Und doch hätte man nach dem Erfolg jenes Abends nicht voraussagen können, dass sich die Oper so dauernd und so sicher auf dem Spielplan halten würde, wie es bisher der Fall gewesen ist, denn von einem regelrechten und echten „Furore" war damals keine Rede.

Die Herren Rezensenten haben nicht nur das Libretto einstimmig und gründlichst heruntergemacht, sondern sind auch mit der Musik unzufrieden geblieben. Einer sagte: „Herr Tschaikowsky ist in der Instrumentierung wohl ein grosser Poet, in der Musik selbst aber wiederholt er sich nicht nur selbst, sondern *scheut auch nicht vor Reminiszenzen an andere Komponisten zurück.*" Ein anderer fand: „Tschaikowskys Oper ist das Schwächste, was er bisher auf diesem Gebiet geleistet." Ein dritter nannte die Oper „eine Kartenfrage" und sagte in Bezug auf die Musik: „das Nebensächlichste behält die Oberhand über das Haupt-

---

[429 Die wichtigste inhaltliche Änderung ist die Neukomposition des Mittelteils im dritten Satz, also sozusagen des Trios im Scherzo. Dieser neue Mittelteil ersetzt ein kompliziertes und offenbar klanglich unbefriedigendes Fugato, das aber glücklicherweise erhalten blieb. Vgl. dazu ČSt 3, S. 172-183 mit dem Notentext des verworfenen Fugato.]

[430 Nun war, als Modest Čajkovskij seine Biographie schrieb, nur ein – wenn auch grosser – Teil von Čajkovskijs Korrespondenz bekannt. In der Briefausgabe von ČPSS sind in dem 1977 erschienenen Band XVb immerhin zwanzig (allerdings zum Teil sehr kurze Briefe Nr. 4252-4271 aus der Zeit vom 12. November bis zum 9. Dezember veröffentlicht.]

sächliche, die Effekte über das Sujet und *der äussere Glanz über den inneren Gehalt.*" Ein vierter behauptete, Peter Iljitsch hätte sich in der „Pique Dame" von der *praktischen* Seite gezeigt, denn er hätte – belehrt durch den Erfolg der Triquetschen Couplets in „Eugen Onegin" – auch in seine neue Oper viel Singsang in Coupletform eingeführt. Usw. usw.

Kapitel XXIII.

[Čajkovskij reist von Petersburg nach Kiev – zur dortigen Aufführung der „Pikovaja dama".
Hoffnung auf die Aufführung seiner Bühnenwerke in Deutschland und Österreich-Ungarn.
Setzt sich in Petersburg für jüngere Kollegen ein: für Arenskij und seine Oper „Der Traum an der Wolga"
sowie für Ippolitov-Ivanov und dessen Oper „Azra".
Erhält Ende 1890 den Auftrag der Direktion der Kaiserlichen Theater in Petersburg, eine einaktige Oper
(„Iolanta") und ein zweiaktiges Ballett („Ščelkunčik" – „Der Nußknacker") zu komponieren.]

Einige Tage nach der Petersburger Vorstellung der „Pique Dame" reiste Peter Iljitsch nach Kiew, um dort den Proben und der ersten Vorstellung derselben Oper beizuwohnen.

An M. Tschaikowsky: „Kiew, d. 13. Dezember 1890.
... Täglich finden Proben statt. Es ist schwer wiederzugeben, welch merkwürdige Empfindungen mich durchfluten, von neuem bei der Einstudierung der Oper zugegenzusein, dazu in einem kleinen und verhältnismässig armen Theater. Übrigens geben sich alle die erdenklichste Mühe, und die Vorstellung wird wahrscheinlich in ihrer Art glänzend verlaufen." [XVb, 4273.]

Der Referent des „Kiewljanin" berichtet in der Tat von einem „hervorragenden Erfolg", dem die persönliche Anwesenheit „des populärsten aller zeitgenössischen vaterländischen Komponisten einen besonderen Glanz verlieh ..."

An M. Tschaikowsky: „[Kiew, d.] 21. Dezember 1890.
Modja, mich beunruhigt das Ausbleiben von Briefen aus Petersburg und Moskau. Sollten gar keine angekommen sein? Mich interessieren namentlich die Briefe aus dem Ausland, welche zu entscheiden haben, ob ich nach Deutschland, Amerika usw. reisen werde oder nicht. Frage bitte im [Petersburger Hotel] „Rossija"[431] nach, ob Briefe für mich da wären und lasse sie nach Klin senden. Morgen fahre ich nach Kamenka, werde aber nicht lange dort bleiben.

Vorgestern fand die erste Vorstellung der „Pique Dame" [in Kiew] statt. Hinsichtlich der Begeisterung der Aufnahme ist Kiew nicht mit Petersburg zu vergleichen. Sie war einfach unbeschreiblich. Täglich werden mir hier bei jeder Gelegenheit Ovationen bereitet. Ich bin aber so erschöpft durch all das, dass ich kaum zu schreiben vermag. Die Wiedergabe war im ganzen eine sehr gute, obwohl sie mir nach der in Petersburg natürlich etwas farblos erschien. Ich bin furchtbar müde und leide im Grunde sehr. Die Unbestimmtheit der nahen Zukunft bedrückt und bekümmert mich ebenfalls sehr. Soll ich die Auslandstourneen aufgeben oder nicht? Ist es vernünftig, auf den Vorschlag der Direktion [der Kaiserlichen Theater in Petersburg][432] eingehen, da doch das Sextett bewiesen hat, dass es mit mir berg-

---

[[431] Dort hatte Čajkovskij während seines letzten Petersburger Aufenthalts gewohnt, bei dem „Pikovaja dama" uraufgeführt worden war.]
[432] Für die Saison 1891-1892 eine einaktige Oper [„Iolanta"] und ein Ballett [„Der Nussknacker", in zwei Akten] zu schreiben[, die an einem Abend aufgeführt werden sollten].

ab geht? Mein Kopf ist leer; nicht die geringste Lust zum Arbeiten. ‚Hamlet' bedrückt mich schrecklich ..."[433] [XVb, 4275.]

An P. Jurgenson: „Kamenka, d. 23. Dezember 1890.

Lieber Freund, verzeih, dass ich Dir nicht schon aus Kiew geschrieben habe ... Was meinen Vertrag mit Pollini[434] anbelangt, so glaubte ich, Du hättest bereits erfahren, dass ich ihn vor etwa einem Monat abgeschlossen habe. Ich habe Pollini das Aufführungsrecht an „Eugen Onegin", „Pique Dame" und „Dornröschen" für Deutschland und Österreich-Ungarn abgetreten.[435] Ossip Iwanowitsch[436] hatte meine Bedingungen sehr gebilligt. Es erscheint mir sehr wünschenswert, meine Opern auf die Spielpläne der deutschen Bühnen zu bringen, und ich hätte mit Vergnügen Pollini alle meine Tantiemen überlassen, um dieses Ziel zu erreichen.

Bitte bestimme vor meiner Ankunft nichts in Betreff der Änderungen in der Partitur der ‚Pique Dame'. Ich werde am 2. oder 3. [Januar] da sein. Heute bat ich Dich telegraphisch um 100 Rubel. Ich mache Dich darauf aufmerksam, dass ich bei meiner Ankunft in Moskau noch weitere 500 Rubel brauchen werde. Wieviel Geld ich in Petersburg und Kiew losgeworden bin – ist einfach unfassbar!! ..." [XVb, 4278.]

An M. Ippolitow-Iwanow: „Kamenka, d. 24. Dezember 1890.

... In Petersburg habe ich die Leiter des Theaters oft gesehen und versucht, eine Angel für Deine [Oper] ‚Asra' auszulegen. Ausführlicher werde ich die Herren im Januar zur Rede stellen, kann Dir aber schon jetzt sagen, dass für das nächste Jahr wenig Hoffnung besteht. ‚Mlada' von Rimsky-Korsakow ist in Aussicht genommen, ausserdem sind bei mir eine einaktige Oper und ein zweiaktiges Ballett bestellt worden. [Der Direktor der Kaiserlichen Theater] Wsewoloshsky ist mir sehr zugetan und lässt den Gedanken an eine Saison ohne eine Novität von mir überhaupt nicht aufkommen. Auf diese Weise bin ich unwillentlich zu einem Hindernis für die jüngeren Komponisten geworden, welche ihre Werke gern auf der Kaiserlichen Bühne aufgeführt sehen möchten. Das quält und beunruhigt mich, aber die Verführung ist gar zu gross, auch bin ich noch lange nicht überzeugt, dass es für mich Zeit wäre aufzuhören und der jüngeren Generation Platz zu machen. Wie dem auch sei: ich werde im Januar nach Petersburg reisen, um ausführliche Vereinbarungen in Betreff meiner beiden zukünftigen Werke zu treffen, und bei dieser Gelegenheit zusammen mit Naprawnik versuchen, ‚Asra' durchzubringen. Da ich aus innerer Überzeugung und auf Bitten Arenskys die Bemühungen Kondratjews[437] – welcher den Direktor[438] für eine Aufführung des ‚Traums an der Wolga' zu gewinnen sucht – zu unterstützen verpflichtet bin, muss ich Dich von vornherein darauf aufmerksam machen, dass Deine Sache auf grosse Schwierig-

---

[433] Die Komposition der Musik zur Tragödie „Hamlet" für das Benefiz des [mit Čajkovskij befreundeten Schauspielers am französischen Theater in Petersburg Lucien] Guitry[, dem er diese Schauspielmusik versprochen hatte].
[434] Der berühmte Intendant des Hamburger Opernhauses.
[[435] Das Verlagsrecht an diesen Werken für Deutschland und Österreich-Ungarn lag bei D. Rahter in Hamburg, und zwar mit Rahmen seiner generellen vertraglichen Vereinbarung mit Jurgenson über die Rechte an Čajkovskijs Werken. So hat Rahter deutschsprachige Klavierauszüge von „Eugen Onegin", „Pique Dame" und später auch „Jolanthe" herausgebracht und, in der Hoffnung, daß auch das Ballett in deutschsprachigen Ländern aufgeführt werde, einige lithographierte Exemplare der „Dornröschen"-Partitur herstellen lassen.]
[436] Der in Petersburg ansässige Bruder [und Kommissionär] P. Jurgensons.
[[437] 1872-1900 Hauptregisseur der Kaiserlichen Oper in Petersburg.]
[[438] Der Kaiserlichen Theater in Petersburg Ivan A. Vsevoložskij.]

keiten stossen dürfte.[439] Ich schreibe das alles, damit Du nicht glaubst, ich hätte Dich vergessen. Niemand weiss besser als ich, wie notwendig und wichtig es für einen jungen Komponisten ist, dass seine Opern auf grossen Bühnen gegeben werden, daher wäre ich gern sogar zu Opfern bereit, wenn ich die feste Überzeugung hätte, dass ein Opfer nützen könnte. Gesetzt den Fall, ich würde den Kompositionsauftrag für die Oper und das Ballett [‚Iolanta‘ und ‚Nussknacker‘] ablehnen. Was wäre die Folge davon? Man würde eher drei ausländische Opern geben als eine neue russische, die von einem jungen Autor stammt. Kann Amphitheatrow[440] nicht einen Artikel in einer hauptstädischen Zeitung über ‚Asra‘ schreiben? Besonders zweckmässig wäre es, einen solchen Artikel in ‚Nowoe Wremja‘ zu plazieren. Die Frühlingssaison wird nur drei Tage dauern, darum habe ich meine Absicht aufgegeben, unser ‚Zierpüppchen‘[441] zu einem Debüt in Petersburg zu überreden. Für diese drei Tage sind die Debütanten und Debütantinnen bereits ausgewählt." [XVb, 4279.]

An M. Tschaikowsky: „Kamenka, d. 1. Januar 1891.
... Vom 23. Dezember bis heute war ich hier. Am Abend reise ich ab, und zwar über Charkow nach Moskau und Frolowskoe. Mein Aufenthalt hier war sehr angenehm, aber die Versuche zu arbeiten sind nicht von Erfolg gekrönt worden.

In Moskau werde ich zwei Tage bleiben, hauptsächlich um Arenskys „Traum an der Wolga" zu hören.[442]

Denkst Du hin und wieder an „König Renés Tochter"?[443] Höchstwahrscheinlich wird es damit enden, dass ich zum Komponieren nach Italien reisen werde.[444] Demnach müsste ich das Libretto Ende Januar in Händen haben müssen. Und das Ballett? In Frolowskoe möchte ich vierzehn Tage bleiben." [XVIa, 4283.]

---

[439] Anton St. Arenskijs Oper „Son na Volge" (Der Traum an der Wolga) in vier Akten und sieben Bildern, Libretto vom Komponisten nach Aleksandr N. Ostrovskijs Komödie „Voevoda" war 1882-1890 entstanden; Uraufführung am 21. Dezember 1890 im Moskauer Bol'šoj teatr unter der Leitung Arenskijs; auf einer staatlichen Bühne in Petersburg wurde sie nicht aufgeführt. Michail Ippolitov-Ivanovs Oper „Azra" war 1889/90 komponiert worden.]
[440] Pseudonym: „Old Gentleman". [Der Schriftsteller und Feuilletonist Aleksandr V. Amfiteatrov (1862-1938).]
[441] M. M. Ippolitov-Ivanovs Frau, die Sängerin Varvara M. Zarudnaja.]
[442] Čajkovskij besuchte die Aufführung am 10. Januar 1891 im Bol'šoj teatr.]
[443] Ende 1890 hatte die Direktion der Kaiserlichen Theater in Petersburg Čajkovskij mit der Komposition zweier an einem Abend aufzuführender Werke für die Saison 1891/92 beauftragt: die einaktige Oper „König Renés Tochter" auf ein Libretto von Modest I. Čajkovskij nach dem lyischen Drama des Dänen Henrik Hertz (1798-1870) in der russischen Übersetzung von Vladimir R. Zotov (1821-1896) sowie das zweiaktige Ballett „Ščelkunčik" (Der Nußknacker) nach Alexandre Dumas' (d. Ä.) Fassung von E. T. A. Hoffmanns Märchen „Nußknacker und Mausekönig"), Szenarium und Tanzprogramm von Marius Petipa. Uraufgeführt wurden die Werke erst in der Saison 1892/93, und zwar am 6. Dezember 1892, weil sich ihre Komposition verzögerte. Die Oper entstand von Juli bis Mitte Dezember 1891; das Ballett von Februar 1891 bis März 1892.]
[444] Čajkovskij reiste nicht nach Italien. Mit der Komposition der Oper „Iolanta" begann er erst im Juli 1891.]

Kapitel XXIV.

[Komponiert lustlos die „Hamlet"-Bühnenmusik für Lucien Guitry.
Sagt bei H. Wolff in Berlin auch wegen nervöser Armschmerzen eine geplante Konzertreise ab.
Die jahrelange fruchtlose Diskussion mit den französischen Librettisten Détroyat und Gallet über eine französischsprachige Oper Čajkovskijs für Paris.
Antwortet auf Taneevs Frage, wie er Opern komponiere – etwaige Einflüsse.
Äußert sich sehr positiv über Arenskij und seine Oper „Der Traum an der Wolga".
Will wegen des Kompositionsauftrags „Iolanta" / „Ščelkunčik" zunächst auch die Amerikareise absagen, kann aber letztlich der Verlockung nicht widerstehen.
Erfolgreiche Uraufführung der Bühnenmusik zu „Hamlet"; entschließt sich, sie zu publizieren.
Fühlt sich gekränkt, daß „Pique Dame" trotz ihres großen Erfolgs und der vielen vorbestellten Billetts vom Spielplan genommen wurde und stellt der Theaterdirektion gegenüber den Auftrag für „Iolanta" und „Ščelkunčik" (Nußknacker) infrage – Vsevoložskijs versöhnliche Antwort und Versicherung des höchsten Wohlwollens des Kaisers und des Hofes.
Beginnt mit der Komposition des „Nußknacker"-Balletts. Abreise über Petersburg und Berlin nach Paris.]

Peter Iljitsch bedurfte des Alleinseins in Frolowskoe, um ein Versprechen einzulösen, welches er schon längst seinem Freund Lucien Guitry[445] gegeben hatte, nämlich eine Bühnenmusik zu Shakespeares Tragödie „Hamlet" zu schreiben, welche im Februar zum Benefiz des ausgezeichneten Künstlers am Michaeltheater[446] gegeben werden sollte.

Nicht ein einziges Werk hat Peter Iljitsch mit weniger Freude und Lust komponiert. Bestellte Arbeiten hatte er im allgemeinen zwar gern, an diese ging er aber mit grossem Widerwillen, schon allein deshalb, weil er sie mit der Umänderung der schon vorhandenen „Hamlet"-Ouvertüre beginnen musste, um sie den Mitteln des winzigen Orchesterleins des Michaeltheaters anzupassen. Auf seine Bitte um Vergrösserung des Orchesters wurde ihm versprochen, den vorhandenen 29 Mann noch sieben hinzuzufügen; für eine noch grössere Zahl fehlte einfach der Raum. Für die Verstümmelung des grossen Werkes lag auch noch ein anderer Grund vor: Für das Publikum eines dramatischen Theaters war die Ouvertüre in ihrer ursprünglichen Gestalt zu lang und zu kompliziert.

Ungeachtet der Unlust zu dieser Arbeit, welche meistenteils Entlehnungen aus seinen anderen Werken enthält, gelang es Peter Iljitsch dennoch, ein paar Nummern zu komponieren, welche dem Publikum gefielen und von denen eine (der Trauermarsch)[447] sogar populär wurde.

Peter Iljitsch kam am 6. Januar in Frolowskoe an und telegraphierte an demselben Tage dem Konzertdirektor Wolff,[448] dass er die Engagements, die ihm dieser (in Mainz, Budapest, Frankfurt am Main) verschafft hatte, nicht annehmen könne.

Dazu veranlasste ihn nicht nur die Komposition der „Hamlet"-Musik, sondern auch ein nervöser Schmerz der rechten Hand,[449] welcher sich seit einiger Zeit bei ihm eingestellt hatte und das Dirigieren sehr erschwerte.

---

[445] Der französische Schauspieler Lucien Guitry (1860-1925) wirkte 1882-1891 am französischen Theater in St. Petersburg und später an der Pariser Comédie-Française. Čajkovskijs Bühnenmusik war also für eine französischsprachige Inszenierung von Shakespeares „Hamlet" bestimmt. Sie greift nicht nur auf die Fantasie-Ouvertüre „Hamlet" zurück, sondern auch auf andere frühere Kompositionen Čajkovskijs; vgl. dazu Elisabeth Bender in: ČSt 11, S. 386-404.]
[446] Im 1833 erbauten Petersburger Michajlovskij teatr fanden die Aufführungen der französischen und deutschen Theatertruppen statt.]
[447] Gemeint ist offenbar Nr. 14, Marcia. Moderato assai, zum V. Akt.]
[448] Hermann Wolff hatte 1881 in Berlin eine später sehr erfolgreiche Konzertagentur eröffnet und wurde im Zusammenhang mit Čajkovskijs Auslandstourneen 1888 und 1891 tätig.]
[449] Bzw. des rechten Arms (russ. ruka hat beide Bedeutungen: Hand bzw. Arm).]

Ausser dieser schüttelte Peter Iljitsch auch noch andere Verpflichtungen ab, welche ihm schon seit fünf Jahren eine Last waren.

Als Peter Iljitsch im Jahre 1886 zum ersten Mal nach Paris gekommen war, um Bekanntschaften in der französischen Musikwelt anzuknüpfen, lernte er einen Schriftsteller X.[450] kennen, welcher ihm den Vorschlag machte, unter Mitarbeiterschaft des bekannten Librettisten Louis Gallet ein Opernlibretto für ihn zu machen. Da es für keinen Komponisten unangenehm sein konnte, eine Oper für Paris zu schreiben, war Peter Iljitsch dem nicht abgeneigt, aber nur unter der Voraussetzung, dass seine Oper auch bestimmt gegeben werden sollte. Diese Zusicherung konnte aber X. nicht geben, vielmehr hoffte er nur darauf, dass eine Oper mit seinem und Gallets Text, sofern sie in Petersburg gegeben und Erfolg erzielen würde, auch nach Paris kommen könnte. Unter diesen Umständen war die Mitarbeiterschaft der französischen Librettisten für Peter Iljitsch natürlich nicht verlockend, so dass er den Antrag höflich ablehnte, jedoch ohne ganz auf ihn zu verzichten, weil er Opernsujets gebrauchen konnte und sich die Hoffnung bewahren wollte, später einmal eine seiner Opern in Paris zu sehen. Seit der Zeit begann ein fünf Jahre währendes Briefbombardement Peter Iljitschs durch Herrn X., der ihm ein Szenarium nach dem anderen und eines unpassender als das andere anbot. Zum Unglück wollte er durchaus ein *russisches* Sujet haben und offerierte dieses mit echt französischer Ignoranz. Peter Iljitsch, der gewissenhafte Korrespondent, beantwortete alle Vorschläge ablehnend, aber der Franzose liess nicht nach und machte immer wieder neue. Seine Briefe waren der Schrecken Peter Iljitschs, schon allein der Anblick seiner Handschrift auf dem dicken, librettoschwangeren Paket konnte ihn rasend machen. Der Haupttrumpf in den Händen von X. war der Name Gallet. Dieser Name konnte allerdings sehr viel für das Erscheinen der Oper auf französischen Bühnen tun. Daher sprach X., um Peter Iljitsch anzuregen, in seinen Briefen immer nur von der Ungeduld Gallets, die Zusammenarbeit mit ihm zu beginnen. Im Sommer 1890 schrieb X. ausserdem von dem Versprechen des Direktors des Eden-Theaters, die zukünftige Oper zu geben. Das erweckte Peter Iljitschs Interesse, und er entschloss sich, Gallet und X. vorzuschlagen, die „Pique Dame" ins Französische zu übersetzen und ihnen seine und meine Urheberrechte dafür zu überlassen. Er wollte sogar zu diesem Zweck nach Paris reisen, gab es aber doch auf und teilte seinen Vorschlag Gallet brieflich mit. Gallets Antwort entband ihn endlich von jedem weiteren Verkehr mit X. Es stellte sich nämlich heraus, dass X. in seinem Durst nach Verwirklichung des interessanten Unternehmens folgende Taktik befolgt hatte: während er Gallet in den Augen Peter Iljitschs als überaus einflussreich hinstellte und von dessen Wunsch sprach, mit ihm (Peter Iljitsch) zu arbeiten, malte er Peter Iljitsch in den Augen Gallets als den allmächtigen Beherrscher der Opernbühnen Moskaus und Petersburgs aus und behauptete, dass er (Peter Iljitsch) nur davon träume, ein Libretto von ihm (Gallet) zu erlangen. Das kam durch den persönlichen Briefwechsel zwischen Peter Iljitsch und Gallet zum Vorschein. In seiner Antwort erklärte sich Gallet für „nicht abgeneigt", mit Peter Iljitsch zusammenzuarbeiten, und bat ihn, ihm den Klavierauszug der „Pique Dame" zu übersenden, was Peter Iljitsch auch tat.

Um zu dieser Angelegenheit später nicht wieder zurückzukehren, will ich dem Leser schon jetzt mitteilen, dass das geplante Unternehmen nie zustandegekommen ist. Warum – das entzieht sich meinem Wissen. Ich vermute, weil der Theaterdirektor, der das Verspre-

---

[450 Gemeint ist Léonce Détroyat. Zum Briefwechsel mit ihm und dem Librettisten Louis Gallet über Plan und mögliche Stoffe für eine französischsprachige Oper, die Čajkovskij für Paris schreiben könnte, vgl. ČSt 3, S. 234-258.]

chen einer Aufführung gegeben hatte, ebenfalls nur eine Ausgeburt der Phantasie von X. gewesen ist.

An S. I. Tanejew: „[Frolowskoe,] d. 14. Januar 1891.

Lieber Freund Sergei Iwanowitsch, ich antworte kurz,[451] denn ich fürchte, die Post nicht mehr zu erwischen, – sie kommt in einer halben Stunde.

Die Frage, wie man Opern schreiben soll, löste, löse und werde ich stets sehr einfach lösen. Man soll sie schreiben (übrigens wie alles andere auch), wie einem der Schnabel gewachsen ist. Ich war stets bestrebt, das, was im Text vorhanden war, möglichst getreu und möglichst aufrichtig in der Musik wiederzugeben. Wahrheitstreue und Aufrichtigkeit sind aber nicht das Resultat einer Verstandestätigkeit, sondern unmittelbare Produkte des inneren Gefühls. Damit dieses Gefühl ein lebendiges und warmes sei, habe ich stets solche Sujets zu wählen gesucht, in denen wirkliche lebendige Menschen handeln und dieselben Empfindungen haben wie ich. Daher sind mir die Wagnerschen Sujets, welche jeglicher Menschlichkeit entbehren, einfach zuwider; auch Dein Sujet mit seinen ungeheuren Missetaten, mit Eumeniden und Fatum als handelnden Personen[452] – würde ich nicht gewählt haben. Sobald ich mich zu einem Sujet entschlossen und die Komposition der Oper begonnen habe, liess ich meinem Gefühl freien Lauf, ohne mich an Wagners Rezept zu halten oder originell sein zu wollen. Dabei bemühte ich mich keineswegs, den Strömungen meiner Zeit zu entgehen. Hätte es Wagner nie gegeben, würde ich wahrscheinlich anders schreiben; ich gebe sogar zu, dass auch die „Schar"[453] nicht ohne Einfluss auf meine Opern geblieben ist, wahrscheinlich hat auch die italienische Musik, welche ich in meiner Kindheit so lieb hatte, sowie auch Glinka, den ich in meiner Jugend verehrte, stark auf mich eingewirkt, – von Mozart gar nicht zu reden. Doch habe ich nie einen dieser Abgötter herbeigerufen, sondern es ihnen anheimgestellt, nach Belieben über mein musikalisches Innere zu verfügen. Infolge eines solchen Verhaltens gibt es – glaube ich – in meinen Opern keine bestimmten Hinweise auf meine Zugehörigkeit zu dieser oder jener Schule; vielleicht hat oft eine dieser Kräfte die anderen aus dem Felde geschlagen, so dass ich in Nachahmungen verfiel; wie dem auch sei, jedenfalls geschah das alles von selbst, und ich bin überzeugt, dass ich in dem, was ich geschrieben habe, so erscheine, wie mich Gott geschaffen hat und was Erziehung, Verhältnisse, Zeit und Land, in denen ich lebe und arbeite, aus mir gemacht haben. Ich bin mir nie untreu geworden. Wie ich bin – ob gut oder schlecht –, das mögen andere beurteilen.

Die Angelegenheit, in welcher ich eine Zusammenkunft mit Dir wünsche, ist das ‚Akademische Lexikon',[454] welches neu herausgegeben werden soll und dessen musikalischen Teil der Grossfürst Konstantin Konstantinowitsch mir übertragen hat.[455] Da ich aber in Sachen der musikalischen Gelehrtheit durchaus unwissend bin, so kann ich Kaschkins, Laro-

---

[451] Auf den Brief S. I. Taneevs vom 11. Januar 1891, veröffentlicht in ČT (1916), S. 161 f., bzw. ČT (1951), S. 167 f.]

[452] Čajkovskij meint Taneevs Oper „Oresteja" (Die Orestie), komponiert 1887-1894.]

[453] Die in Band I des vorliegenden Werks erwähnte „Allmächtige Schar" Petersburger Komponisten. [Also die Komponisten des „Mächtigen Häufleins": Balakirev, Borodin, Kjui, Musorgskij und Rimskij-Korsakov.]

[454] „Slovar' russkogo jazyka" (Lexikon der russischen Sprache), hg. von der Kaiserlichen Akademie der Wissenschaften. Čajkovskij war zur Mitarbeit an diesem Lexikon aufgefordert worden und sollte die der Musik gewidmeten Artikel durchsehen.]

[455] Der kunstsinnige Grossfürst, Lyriker und dilettierender Komponist, war seit 1892 Vizepräsident der Russischen Musikgesellschaft und wurde 1899 Präsident der Akademie der Wissenschaften und Vorsitzender der Archäologischen Gesellschaft.]

ches und Deine Hilfe nicht entbehren. Übrigens ist die Sache nicht so eilig, wie ich zuerst annahm.

Arenskys Oper [‚Ein Traum an der Wolga'] hatte mir nicht besonders gefallen, als er mir nach seiner Krankheit in Petersburg Teile daraus vorspielte; etwas mehr gefiel sie mir, als er sie Dir in Gegenwart Altanis vorspielte; viel mehr – als ich sie im Sommer zum ersten Mal selbst spielte; noch viel mehr – als ich sie zum zweiten Mal spielte; jetzt endlich, nachdem ich sie in einer richtigen Aufführung gehört, halte ich sie für eine der besten, stellenweise sogar für eine ausgezeichnete russische Oper. Sie ist von Anfang bis Ende sehr elegant und gleichmässig schön, nur gegen Schluss nimmt die Inspiration etwas ab. Einen Fehler hat sie: eine gewisse Einseitigkeit der Mache, welche an [Rimsky-]Korsakow erinnert. Die Traumszene des Woiwoden liess mich viele süsse Tränen vergiessen. Und weisst Du, was ich noch sagen möchte: Arensky ist erstaunlich klug in seiner Musik: er überlegt alles sehr genau und richtig. Eine sehr interessante musikalische Persönlichkeit." [XVIa, 4302.]

An N. A. Rimsky-Korsakow: „Frolowskoe, d. 15. Januar 1891.

Lieber teurer Nikolai Andreewitsch, verzeihen Sie um Gottes willen. Ich kann mein Versprechen, das Konzert am 27. Januar betreffend, nicht halten. Noch keine Note der ‚Woiwoden'-Partitur habe ich geschrieben.[456] Die Verhältnisse haben sich so gefügt, dass es mir nicht möglich war. Verschieben wir es auf das nächste Jahr. Dazu hindert mich meine kranke Hand [kranker Arm] am Dirigieren. Bald werden wir uns sehen und miteinander plaudern. Verzeihen Sie mir und bitten Sie M. Belajew,[457] mir nicht böse zu sein." [XVIa, 4303.]

An M. Tschaikowsky: „Frolowskoe[, d. 11. Januar 1891].

... Gestern war ich in Moskau, um Arenskys ‚Traum an der Wolga' anzusehen. Eine wunderschöne Oper. Manche Szenen sind so schön, dass ich bis zu Tränen gerührt wurde. Einfach wundervoll ist die Traumszene. Soeben habe ich eine heisse Empfehlung dieser Oper für Petersburg an Wsewoloshsky geschrieben.[458]

... Das Dirigieren in Pest, Frankfurt und Mainz habe ich endgültig aufgegeben. Auch eine Absage für Amerika habe ich an Wolff geschrieben. Das alles sind Opfer für das Petersburger Theater.[459] Wie, wenn mir die Inspiration fehlen wird? Übrigens lässt mich meine gegenwärtige Stimmung vermuten, dass sie mir nicht fehlen wird.

Mit ‚Hamlet' geht es voran. Was ist das doch für eine ekelhafte Arbeit! Möchte furchtbar gern Hittemans[460] sehen!" [XVIa, 4300.]

An P. Jurgenson: „[Frolowskoe,] d. 15. Januar 1891.

Lieber Freund, Wolff hat mir den Brief jenes amerikanischen Herrn zugeschickt,[461] welcher mein Engagement arrangiert hat. Es ist so überaus vorteilhaft und leicht, dass es

---

[456 Am 26. (nicht 27.) Januar 1891 hatte Čajkovskij im 4. Russischen Symphoniekonzert seine Symphonische Ballade „Voevoda" uraufführen wollen.]

[457 Mitrofan P. Beljaev (1836-1904), vermögender Holzindustrieller und Mäzen, Gründer des Musikverlags M. P. Belaieff, Leipzig, der Russischen Symphoniekonzerte und der Russischen Kammermusikabende in Petersburg, Stifter des Glinka-Preises für neue Werke russischer Komponisten.]

[458 ČPSS XVIa, Nr. 4296.]

[459] Peter Iljitsch hatte versprochen, für die Saison 1891-92 ein Ballett [„Der Nußknacker"] und eine einaktige Oper [„Jolanthe"] zu schreiben. [Siehe oben die betreffende Anmerkung zum Brief an Modest Čajkovskij vom 1. Januar 1891 (ČPSS XVIa, Nr. 4283).]

[460] Der erste Komiker des Michaeltheaters in Petersburg. [Über den 1882-1892 der französischen Schauspieltruppe in Petersburg angehörenden Pierre Huttemans (russisch Ittemans) hatte Modest seinem Bruder am 19. Januar 1891 geschrieben.]

[461 Der Berliner Konzertagent Hermann Wolff hatte seinem Brief vom 11. / 23. Januar 1891 einen am 28. Dezember 1890 / 9. Januar 1891 in New York adressierten von Morris Reno, dem Direktor der Music Hall

unklug wäre, diese Gelegenheit einer Amerikareise, von welcher ich schon längst träume, ungenutzt vorübergehen zu lassen. Das ist die Erklärung für mein gestriges Telegramm. In Amerika war auf telegraphischem Wege bekanntgeworden, dass ich wegen meiner kranken Rechten nicht kommen könnte, was grosse Besorgnis erweckt zu haben scheint, da sie auf Antwort warten: ja oder nein." [XVIa, 4305.]

An P. Jurgenson: „[Frolowskoe,] d. 17. Januar 1891.

Liebe Seele, sende mir sofort meine ‚Legende' für Chor,[462] desgleichen auch die Liturgie [op. 41] und die anderen Kirchenstücke, mit Ausnahme der Vesper [Ganznächtlichen Vigil op. 52]. Ich muss für das amerikanische Festival[463] eine Auswahl treffen.[464] Hast Du vielleicht die Kinderlieder [op. 54] in Rahters Ausgabe? Für die Legende brauche ich den deutschen Text." [XVIa, 4309.]

An A. I. Tschaikowsky: „Klin, d. 22. Januar 1891.

... Endlich habe ich [die Schauspielmusik] „Hamlet" beendet und abgeliefert. Jetzt beschäftige ich mich mit der Durchsicht und Ausbesserung der Partitur von ‚Pique Dame'. Ende der Woche fahre ich nach Petersburg zwecks abschliessender Unterhandlungen über die Oper [‚Jolanthe'] und das Ballett [‚Der Nussknacker']. Hiernach habe ich beschlossen, vernünftig und sparsam zu sein und nicht ins Ausland zu reisen, sondern zwei Monate lang zu Hause zu bleiben und hübsch fleissig zu sein. Im April reise ich allerdings nach Amerika. Mir ist ausführlich berichtet worden, wie und was ich dort zu tun haben werde. Nicht viel Arbeit und ein gutes Honorar, so dass ich die günstige Gelegenheit, welche sich vielleicht nie wieder bieten würde, wahrnehmen möchte." [XVIa, 4312.]

Ende Januar reiste Peter Iljitsch nach Petersburg. Am 3. Februar musste er in einem Wohltätigkeitskonzert der Schulen des Petersburger Patriotischen Frauenvereins dirigieren. Diese Konzerte hatten von jeher keine ernsthafte musikalische Bedeutung und füllten alljährlich den Saal der Adelsversammlung mit dem elegantesten Publikum ausschliesslich dank der Lockspeise italienischer Sänger oder berühmter Virtuosen. Ausser einer Ouvertüre zu Beginn des Konzerts gab es in ihnen gewöhnlich keine symphonische Musik. Dieses Engagement Peter Iljitschs wies nur auf den Grad seiner Popularität und bestimmte gleichzeitig ihre Grenzen. Sie erwies sich als unfähig, die berühmten Virtuosen zu ersetzen. Peter Iljitschs Erscheinen auf dem Podium wurde von Publikum des Patriotischen Vereins nicht einmal mit Applaus begrüsst. Die Aufführung der 3. Suite schien nur die Geduld des Publi-

---

Company beigefügt; Čajkovskij war anlässlich der Eröffnung der Music Hall als Dirigent eingeladen worden. (Die Music Hall wurde später nach ihrem Stifter Carnegie Hall genannt.)]

[462 Die Legende, Nr. 5 der Sechzehn Kinderlieder op. 54 (1883), hatte Čajkovskij 1889 auf Bitten des Chorleiters des Petersburger Mariinskij teatr Fedor Bekker für ein Konzert von dessen Opernchor am 19. März 1889 für vierstimmigen gemischten Chor a cappella bearbeitet. Jurgenson gab diese Bearbeitung noch 1889 in Moskau heraus. Eine Ausgabe mit deutschem Text (von Hans Schmidt) erschien 1891 bei D. Rahter in Hamburg. Diese Fassung dirigierte Čajkovskij während seiner Amerikatournee am 26. April / 8. Mai 1891 in der Music Hall in New York.]

[463 Die Festkonzerte zur Eröffnung der Music Hall in New York.]

[464 Čajkovskij wirkte in vier der fünf Konzerte zur Eröffnung der Music Hall in New York (an fünf Tagen hintereinander: 23.-27. April / 5.-9. Mai 1891) mit: Im Eröffnungskonzert am 23. April / 5. Mai dirigierte er seinen Festlichen Krönungsmarsch D-Dur, im dritten Konzert am 25. April / 7. Mai seine 3. Orchestersuite op. 55, im vierten am 26. April / 8. Mai das „Vater unser" aus den Neun liturgischen Chören ohne op. und die oben genannte Legende, im fünften schließlich, am 27. April / 9. Mai das 1. Klavierkonzert op. 23 mit der Solistin Adele aus der Ohe. – Das Klavierkonzert führte er zusammen mit der genannten Pianistin auch bei seinen nächsten beiden Konzerten in Amerika auf: am 3. / 15. Mai im Lyceum Theatre von Baltimore (vorher dirigierte er die Serenade für Streichorchester op. 48) und am 6. / 18. Mai im Theater von Philadelphia.]

kums auf die Probe zu stellen, welches kaum erwarten konnte, Frau Melba[465] und die Brüder Reszke[466] zu erblicken, und Peter Iljitsch nur sehr mageren Beifall zollte.

Ebensowenig erntete Peter Iljitsch am 9. Februar Ovationen, dem Tage der „Hamlet"-Vorstellung im Michaeltheater. Übrigens hatte er sie hier auch nicht erwartet, da er seiner Musik zu dieser Tragödie keine ernsthafte Bedeutung beimass. Daher war er erstaunt, in den einzelnen Urteilen über sie lobende Aussprüche zu hören und änderte daher seine Meinung zum Besseren.

An P. Jurgenson: „[Frolowskoe, 15. Februar 1891.]
Ich wäre nicht abgeneigt, wenn Du die ‚Hamlet'-Musik herausgäbest, denn sie hat vielen gefallen, vom Marsch sind sogar alle begeistert. Nur muss ich Dich darauf aufmerksam machen, dass ich drei alte Stücke darin verwendet habe, und zwar 1.) die Zwischenaktmusik vor dem II. Akt (aus der 3. Symphonie),[467] 2.) Entr'acte und Zwischenspiel im III. Akt (‚Schneeflöckchen')[468] und 3.) Entr'acte vor dem IV. Akt (Elegie).[469] Diese drei Stücke müssen fortgelassen werden, die Ouvertüre muss eine Bemerkung erhalten, dass sie ein Arragement der grossen ‚Hamlet'-Ouvertüre [op. 67] für kleines Orchester sei. Überhaupt muss die Partitur mit allerlei Bemerkungen versehen werden."[470] [XVIa, 4332.]

In dieser Zeit wurde im Kabinett des Direktors der Kaiserlichen Theater [Iwan A. Wsewoloshsky] über die bei Peter Iljitsch in Auftrag gegebenen Werke, Oper und Ballett [für die Saison 1891/92] verhandelt. Als Sujets wurden endgültig gewählt: das Märchen vom Nussknacker („Casse-Noisette") und das einaktige Drama von Henrik Hertz „König Renés Tochter" in der russischen Bearbeitung von Swanzew [recte: Zotov].[471] Doch fehlte Peter Iljitsch diesmal jene Schaffensfreude, wie sie seinerzeit „Dornröschen" und „Pique Dame" in ihm erweckt hatten, und dafür gab es verschiedene Gründe. Erstens gefiel ihm das „Nussknacker"-Sujet nicht; „König Renés Tochter" hatte er selbst gewählt, er wusste aber noch nicht, in welchem Masse ihn das Libretto befriedigen würde. Zweitens schmollte Peter Iljitsch der Theaterdirektion, weil sie ausländische Sänger[472] engagierte und sie auf der russischen Opernbühne französisch und italienisch singen liess. Ausserdem fühlte er sich angesichts der beschlossenen Reise nach Amerika unfrei hinsichtlich seiner Zeiteinteilung und wusste absolut nicht, wie er es fertigbekommen sollte, bis Dezember 1891 so viel Musik zu komponieren. Viertens – und das war der Hauptgrund – fühlte er sich sehr gekränkt.

Es geschah nämlich, dass „Pique Dame" nach ihrer dreizehnten Vorstellung ganz unerwartet und ohne ersichtlichen Grund, nur infolge der merkwürdigen Laune eines unsichtbaren Jemand, bis zum Herbst vom Spielplan genommen wurde, obwohl an der Kasse

---

[465] Die australische Sängerin Nelly Melba (eigentlich Helen Mitchell, 1861-1931) gastierte in London, Petersburg (1891), Mailand, New York usw.]

[466] Die polnischen Brüder Jean de Reszke (Tenor, 1850-1925) und Edouard de Reszke (Bass, 1853-1917). Jean de Reszke trat u.a. in Italien, England und Rußland auf. Edourd de Reszke sang 1885-1898 an der Grand Opéra in Paris; bei dem genannten Petersburger Konzert sang er u.a. Čajkovskijs Romanze op. 38, Nr. 1.]

[467] 3. Symphonie op. 29 (1875), Kurzfassung des II. Satzes.]

[468] „Sneguročka" op. 12 (1873), II. Akt, Nr. 10.]

[469] Elegie für Streichorchester zum Gedenken an I. V. Samarin ohne op. (1884). Unverändert übernommen.]

[470] Die Partitur erschien im Juni 1892 bei P. Jurgenson in Moskau; der Klavierauszug (von Čajkovskij und Èduard de Langer) erst postum, 1896.]

[471] Vladimir R. Zotov (1821-1896), Schriftsteller, Journalist und Übersetzer. In Čajkovskijs Bibliothek ist eine deutsche Ausgabe des Dramas erhalten: „König Renés Tochter. Lyrisches Drama in einem Akte von Henrick Hertz. Nach der dänischen Originalausgabe deutsch von Edmund Labedauz. Berlin: Grote, 1876. – TchH 1, S. 88: „Some early sources attribute the translation to Karl Zvantsev" (Zvancev).]

[472] Die Brüder Reszke und Frau Nelly Melba. [Siehe oben, erster Absatz nach dem Brief vom 22. Januar 1892 (ČPSS XVIa, Nr. 4312) – mit Anmerkungen.]

Billetts für fast zehn Vorstellungen vorbestellt waren. Dem Argwohn Peter Iljitschs war dadurch freier Spielraum und Grund zu der Befürchtung gegeben, sein Lieblingswerk könnte für immer vom Spielplan verschwinden. Er vermutete, dass es auf Wunsch des Kaisers geschehen wäre, dem die Oper – wie er glaubte – nicht gefallen hätte. Jeder andere würde den wahren Grund durch Erkundigungen leicht in Erfahrung haben bringen können, Peter Iljitsch aber hinderten „Stolz und Furcht daran, in Petersburg darüber zu sprechen":

An P. Jurgenson: „Frolowskoe[, d. 12. Februar 1891.]
... weil man sich sonst einbilden könnte, ich beweine die [mir entgehenden] Tantiemen; und die Herren Theaterleiter selbst vermieden es, mit mir darüber zu sprechen. Dafür habe ich jetzt in einem Brief an Wsewoloshsky mein Herz ausgeschüttet[473] ... Unter anderem habe ich erklärt, dass ich nach diesem mich beleidigenden Vorfall Grund zur Annahme hätte, dass man auch mit meinen zukünftigen Kompositionen so umspringen könnte, und daher die bei mir für die nächste Spielzeit bestellten Stücke, Einakter [,Jolanthe'] und Ballett [,Der Nussknacker'], erst dann in Angriff nehmen werde, wenn man mir die offizielle Versicherung zukommen lässt, dass der Kaiser es wünsche. Ich muss Dir sagen, dass ,Pique Dame' den Kaiser sehr kühl gelassen hat. Er schwärmt jetzt von den Reszkes und geht nur dann ins Theater, wenn sie in russischen Opern französisch singen. Warum soll ich mich vordrängen, wenn derjenige, dem die Direktion es stets recht machen muss, weil er der Hausherr des Theaters ist,[474] mein letztes und liebstes Werk ungünstig beurteilt!?" [XVIa, 4330.]

Nach drei Tagen erhielt Peter Iljitsch von Wsewoloshsky folgende Antwort:

„Petersburg, d. 15. Februar 1891.
Sehr geehrter Peter Iljitsch, Ihr Brief liess mich staunen. Was haben Sie für merkwürdige Ideen? – Ich hatte schon die Feder zur Hand genommen, um Ihnen zu antworten, zog es aber doch vor, mit Graf Woronzow[475] zu sprechen, um Ihnen, mich auf grössere Autorität stützend, in beruhigendem Sinne schreiben zu können. ,Pique Dame' hat dem Kaiser sehr gefallen, ich habe sogar den Befehl erhalten, ein Album mit photographischen Aufnahmen der Personen und Szenen dieser Oper für Seine Majestät anfertigen zu lassen. Wenn Sie mit mir ein Gespräch darüber anfangen wollten, warum man ihre letzte Oper nicht mehr gebe, so würde ich Ihnen mitteilen, was mir der Kaiser gesagt hat: ,Schade, dass ich nicht gewusst habe, dass Medea [Fiegner][476] zum letzten Mal gesungen hat, ich wäre gekommen.' Dann wurde ich über die Vertreterin Medeas, Sionizkaja,[477] ausgefragt. Er äusserte auch sein Bedauern darüber, dass Mrawina[478] die Rolle nicht singen könne.

Ich bin ein wenig schuld daran, dass die Oper nicht mit Sionizkaja gegeben wird. Ich fürchtete, dass der gute Eindruck, den Medea hinterlassen, dem Erfolg der Oper mit Sionizkaja schaden könnte. Als die Brüder Reszke plötzlich abgereist waren,

---

[473] Dieser lange Brief, ebenfalls vom 12. Februar 1891, ist publiziert in ČPSS XVIa, Nr. 4324.]
[474] Also der Kaiser, Aleksandr III.]
[475] Graf Illarion I. Voroncov-Daškov (1837-1917) war 1881-1898 Minister des Kaiserlichen Hofes.]
[476] In der Rolle der Liza in „Pique Dame".]
[477] Die Sopranistin Marija A. Dejša-Sionickaja (1859-1932) gehörte 1883-1891 dem Opernensemble des Petersburger Mariinskij teatr und 1891-1908 dem des Moskauer Bol'šoj teatr an – auf der Bühne des letzteren war sie die erste Darstellerin der Liza in „Pikovaja dama" (Premiere: 4. November 1891).]
[478] Die Sopranistin Evgenija K. Mravina (Mravinskaja; 1864-1914) gehörte dem Opernensemble des Petersburger Mariinskij teatr 1886-1889 an.]

wollte ich die Oper um jeden Preis geben. Kondratjew[479] hat mich aber irregeleitet mit dem Einwand, dass die ‚Pique Dame' ausserhalb des Abonnements nirgends eingeschoben werden könnte. Was die Generalprobe der ‚Pique Dame' anbelangt, so erinnern Sie sich vielleicht, dass der Kaiser Sie gerade in dem Moment hat rufen lassen, als Sie sich im Korridor zu verbergen suchten. Nach Schluss der Oper versteckten Sie sich auch hinter dem Rücken des Grafen Woronzow und des Grossfürsten Wladimir Alexandrowitsch. Morale de tout ceci – il ne faut pas trop être modeste violette. Ihren Brief habe ich heute früh an Graf Woronzow geschickt. Er antwortete mir: ‚Dites lui qu'on l'apprécie énormément. Tous les dimanches on demande à l'orchestre des airs de son ballet [„La belle au bois dormant"] et on a souvent parlé de la „Dame de Pique" en en faisant un grand éloge.' Auf dem gestrigen Hofball sprach ich mit W. Obolensky über Ihren Brief. Er wundert sich sehr über Ihren Zweifel am Erfolg der ‚Pique Dame' und ist voll des Lobes betreffs Ihres schöpferischen Genies und Ihrer Bescheidenheit, erinnerte sich an Ihre Verwirrung, als Sie nach Gatschina reisten, sich dem Kaiser vorzustellen. Ich weiss nicht, wie ich Sie beruhigen und überzeugen soll, dass alles, was Sie für uns schreiben, die Kaiserliche Loge im höchsten Grade interessiert. – Auf ‚König Renés Tochter' und ‚Casse Noisette' habe ich alle meine Hoffnungen für die nächste Saison gesetzt. Ce sera le clou d'hiver prochain ...

Ich persönlich brauche Ihnen wohl nicht pots de réséda zu überreichen. Sie wissen doch, welch flammender Verehrer Ihres Talents ich bin; ich kann ihnen gewissenhaft sagen, dass sich in ‚Pique Dame' die stärkste Seite Ihres Schöpfertums geäussert hat. Ihre dramatische Kraft ist namentlich in zwei Bildern geradezu erschütternd zum Vorschein gekommen: im Tod der Gräfin und dem Wahnsinn Hermanns. Ich glaube daher, dass Sie sich an das intime Drama halten müssten und keine grandiosen Sujets wählen sollten. Jamais, au grand jamais, Vous ne m'avez impressionné comme dans ces deux tableaux d'un réalisme saisissant. Le drame de Votre ‚Tscharodeika'[480] m'a laissé froid. Instinctivement je Vous poussais à faire l'opéra de ‚Dame de Pique' et je crois que votre oeuvre vivra et nous survivra. Einen merkwürdigen und unglücklichen Charakter haben Sie, teurer Peter Iljitsch! Weshalb lassen Sie sich von leeren Hirngespinsten quälen und aufreiben!? Ihren Wert kennen alle. Sie sind ein echtes russisches Talent, – kein aufgeblasenes, daher besitzen Sie keine Selbstüberhebung, sondern zu viel Bescheidenheit.

Ich bitte um Verzeihung, dass ich so offen mit Ihnen spreche. Ihr Brief hat das herausgefordert. Ich drücke Ihre Hand!

Ihr herzlich ergebener I. Wsewoloshsky."

Durch diesen Brief beruhigt, begann Peter Iljitsch die Komposition des Balletts. „Ich arbeite mit aller Kraft", schrieb er mir am 25. Februar aus Frolowskoe, „und beginne, das Sujet versöhnlicher anzusehen. Ich hoffe, einen grossen Teil des ersten Akts noch vor der Abreise fertigzustellen." [XVIa, 4339.]

Anfang März verliess er Frolowskoe und begab sich über Petersburg nach Paris.

[[479] Gennadij P. Kondrat'ev (1834-1905), 1864-1872 Mitglied des Opernensembles der Petersburger Theater, 1872-1900 Hauptregisseur derselben.]
[480] ‚Die Bezaubernde'. [Komponiert 1885-1887, uraufgeführt unter der Leitung des Komponisten am 20. Oktober 1887 im Petersburger Mariinskij teatr.]

Kapitel XXV.

[Besucht in Berlin den Verleger Bock und hört ein Konzert (Ouvertüre „1812" und Andante aus dem 1. Quartett). Heimweh. Vermißt den Neffen Bob Davydov. Anstrengender Aufenthalt in Paris, macht Besuche, sieht Freunde, dirigiert am 24. März / 5. April 1891 ein Colonne-Konzert – mit großem Erfolg. Fährt nach Rouen, um an „Iolanta" und „Ščelkunčik" zu arbeiten. Tod der Schwester Aleksandra Davydova nach langer Krankheit – Modest wagt nicht, ihm dies mitzuteilen. Čajkovskij entschließt sich in Rouen, die Fertigstellung von Oper und Ballett erst für die Saison 1892-93 zuzusagen. Zurück in Paris, liest er zufällig in „Novoe vremja" vom Tode seiner Schwester, will zunächst die Amerikatournee absagen und nach Rußland zurückfahren, entschließt sich dann aber doch, nach Amerika zu reisen.]

An W. Dawidow: „Berlin, d. 8. [/ 20.] März 1891.

... Gegen diese Art Heimweh, welche Du kaum jemals erfahren hast und welche das Qualvollste ist, was es auf Erden gibt, gibt es nur ein Mittel – den Rausch. So habe ich denn zwischen Eydtkuhnen[481] und Berlin ein unglaubliches Quantum Wein und Cognac vertilgt; infolgedessen schlief ich, wenn auch schwer. Hier bin ich heute früh in ganz winterlichen Verhältnisse angekommen, d. h. es war alles mit tiefem Schnee bedeckt und kalt. Heute ist mein Heimweh weniger stark, obwohl immer noch so ein Blutegel an meinem Herzen saugt. Ich empfinde eine Schwere im Kopf und eine allgemeine Schwäche und will in Berlin übernachten. Ich habe [den Konzertagenten] Wolff gesprochen. Es ist alles erledigt und in Ordnung, ich habe auch Bock besucht (einen sehr netten Mann, der zum Teil mein Verleger ist).[482] Ich habe allen gesagt, dass ich heute abend reise, sitze jetzt zu Hause und schreibe Dir. Gleich will ich Mittag essen gehen, dann einen grossen Spaziergang durch die Stadt machen und auch ein Konzert besuchen, in welchem meine Ouvertüre ‚1812' und das Andante aus dem [1. Streich-]Quartett gespielt werden. Es ist sehr lustig, unerkannt inmitten eines fremden Publikums zu sitzen und seine eigenen Werke zu hören. Ich reise morgen und werde den nächsten Brief aus Paris schreiben. Bob, ich vergöttere Dich! Erinnerst Du Dich, wie ich Dir einst sagte, dass ich mich nicht so sehr an Deiner Gegenwart erfreue, als unter Deiner Abwesenheit leide. In der Fremde, noch dazu angesichts der unendlichen langen Tage, Wochen, Monate ohne Dich – empfinde ich so recht die ganze Bedeutsamkeit meiner Liebe zu Dir." [XVIa, 4342.]

Ich war bereits seit einem Monat in Paris, als Peter Iljitsch am 10. [/ 22.] März dort eintraf. Es war das erste Mal, dass ich ihn im Ausland in einer nicht intimen Umgebung sah, sondern in der Eigenschaft eines angereisten Künstlers. Eine unangenehme Erinnerung hat jene Zeit in mir hinterlassen. Er hatte mir die Stunde seiner Ankunft nicht mitgeteilt, und ich erfuhr sie erst, als ich abends in mein Hotel zurückkehrte. Er schlief bereits. Die Dienerschaft übermittelte mir seinen Wunsch, ihn nicht zu wecken. Dies allein war schon das Symptom einer unnormalen Stimmung. Gewöhnlich hatte er gerade die ersten Stunden des Wiedersehens sehr gern. Wir sahen uns erst am nächsten Morgen; er äusserte darüber nicht die geringste Freude und wunderte sich nur, dass ich – der ich nicht gebunden war – es so lange hier aushielte und nicht nach Russland zurückkreiste. Mit einem kühlen, finsteren Augenausdruck, rot vor Aufregung, ein bitteres Lächeln um den Mund, – so sehe ich Peter

---

[481 Auf dem Grenzbahnhof des ostpreußischen Städtchens Eydtkuhnen (heute russisch: Černyševskoe im Distrikt Kaliningrad) mussten die aus Petersburg auf den russischen Breitspurgleisen ankommenden Reisenden in einen preußischen Zug mit Normalspur umsteigen.]

[482 Bei Bote & Bock in Berlin sind z. B. die Erstausgabe der Fantasie-Ouvertüre „Roméo et Juliette" erschienen sowie Lizenzausgaben der betreffenden Jurgensonschen Originalausgaben der 3. Orchestersuite op. 55, der Romanzen op. 57, op. 60 und op. 73 und der Achtzehn Klavierstücke op. 72. Siehe im einzelnen: Mitteilungen 8 (2001), S. 110.]

Iljitsch vor mir, wie er damals in Paris war. Er war wenig mit mir zusammen; beständig war er in Anspruch genommen: entweder musste er zu Colonne oder Mackar oder – was weiss ich zu wem, oder er sass zu Hause in seinem Zimmer, von allerlei Besuchern überlaufen. Der gewöhnliche Peter Iljitsch lugte nur in den Momenten aus ihm hervor, wenn er sich des abends in Gesellschaft Sophie Menters,[483] W. Sapelnikows, Jules Conus' (eines jungen Geigers des Colonneschen Orchesters, eines früheren Schülers des Moskauer Konservatoriums) und Michel Delines, eines Russen und Mitarbeiters der Zeitung „Paris", mit dem er sich schon früher nah befreundet hatte, – von den Strapazen des Tages erholte.

An P. Jurgenson: „Paris, d. 12. [/ 24.] März 1891.
Ich bin bereits in der Brandung des Pariser Lebens untergetaucht und beginne müde zu werden. Das Konzert, welches ich dirigieren werde, ist das 23. Konzert von Colonne, welcher sich zur selben Zeit in Petersburg befinden wird. Er überlässt mir, besser gesagt Mackar, das Konzert unter folgenden Bedingungen: die Unkosten berechnet er mit 7000 Francs. Der Überschuss wird zwischen uns und Colonne geteilt, ein etwaiges *Defizit* jedoch fällt uns zur Last. Das Konzert, welches ich vor drei Jahren dirigiert habe, hat 15 000 Francs eingebracht. Wie es jetzt sein wird – weiss man nicht, doch ist kaum ein Verlust zu erwarten." [XVIa, 4345.]

Das kolossale Programm des Konzerts am 24. März [/ 5. April] 1891 bestand aus: 1.) Suite N° 3 [op. 55], 2.) Klavierkonzert N° 2 [op. 44] (Wassili Sapelnikow), 3.) „Sérénade mélancolique" [für Violine und Orchester op. 26] (Johann Wolf), 4.) Lieder [und Duett op. 46, Nr. 3] (Herr Engel und Frau Préghi),[484] 5.) Andante aus dem ersten Quartett [op. 11] (in der Ausführung des ganzen Streichorchesters), 6.) Symphonische Fantasie „Der Sturm" [op. 18] und 7.) Slavischer Marsch [op. 31].

Ich weiss nicht – und kann es jetzt auch nicht mehr erfahren –, ob das Konzert Gewinn oder Verlust gebracht hat, ich weiss nur, dass der Saal überfüllt und der Erfolg aller Werke ein grossartiger gewesen ist. Peter Iljitsch wurde vielmals gerufen und erhielt einen Lorbeerkranz. Die Zeitungsberichte waren durchweg anerkennend.

Doch nichts konnte das Heimweh lindern, welches Peter Iljitsch ergriffen hatte. Bis zur Abfahrt nach Amerika blieben noch zwölf Tage. Um Zeit für die Komposition des Balletts [‚Der Nussknacker'] und der Oper [‚Jolanthe'] zu gewinnen, hauptsächlich aber, um im Alleinsein Beruhigung zu finden, beschloss Peter Iljitsch, sich für zehn Tage nach Rouen zurückzuziehen. Er teilte seinen Entschluss P. Jurgenson mit und schrieb:

[*An P. Jurgenson:* „Paris, d. 17. / 29. März 1891.]
Wahrlich, es soll das letzte Mal in meinem Leben sein, dass ich derartige Dinge unternehme, d. h. hin und her fahre und mich dem ausländischen Publikum zeige. Es ist schwer wiederzugeben, welche Qualen ich im Grunde meiner Seele leide und wie tief unglücklich ich bin. Und wozu das alles?!" [XVIa, 4354.]

Peter Iljitsch hatte wohl den missglückten Versuch mit Hannover ([März] 1889) vergessen, als er nach Rouen reiste. Das Alleinsein konnte ihm nur unter gewissen Bedingungen gesund, angenehm und nützlich sein, und auch das nur, wenn ihm keine schweren Verpflichtungen bevorstanden und er sich für unbestimmte Zeit ganz frei fühlen konnte. Bei dem Vorhandensein jenes krankhaften Heimwehs dagegen, von dem ihn nicht einmal so nahe-

---

[483] Der Vorname der Pianistin wird in LebenTsch. und auch sonst oft mit ph geschrieben, schreibt sich aber richtig mit f: Sofie.]
[484] Recte, nach ČPSS XVIa, S. 42, mit Transliteration der Namen: Die französische Sopranistin „Marčella Preži" und die französische Mezzosopranistin „Èngel"‥]

stehende Menschen wie ich, Menter, Sapelnikow zu erlösen vermochten, war kaum zu erwarten, dass er in einer ganz fremden Stadt, allein, sogar ohne seinen Diener, Ruhe finden würde. Nichtsdestoweniger war er die ersten Tage in Rouen verhältnismässig ruhig; seine täglichen Briefe an mich atmeten allerdings auch keinen Frohsinn, enthielten aber auch keine Äusserungen grossen Kummers. Am 4. [/ 16.] April sollten wir, d. h. Sophie Menter, Sapelnikow und ich zu ihm nach Rouen kommen, dann mit ihm zusammen nach Le Havre reisen, dort einen Tag mit ihm verbringen und ihn am 6. [/ 18.] April in der Frühe auf das Schiff geleiten.

Dieser Plan sollte aber nicht zur Ausführung kommen. Am 29. März [/ 10. April] meldete mir ein Telegramm den Tod unserer Schwester Alexandra Iljinischna Dawidow.

Seit Mitte der achtziger Jahre war die Bedeutung Alexandra Iljinischnas infolge sehr schwerer Leiden, welche sie nach und nach ihrer Umgebung entrissen, für das Leben ihres Bruders Peter keine so grosse mehr gewesen. Beständig gegen Krankheiten ankämpfend, schwer geprüft durch das Dahinscheiden ihrer beiden ältesten Töchter,[485] konnte sie in das Leben ihres Bruders nicht mehr so viel hineintragen wie früher, blieb aber für ihn eine um nichts weniger teure, unendlich geliebte und für sein Glück unentbehrliche Schwester, sie, die ihm in früherer Zeit ein Hort und eine Zuflucht von allem Ungemach des Lebens gewesen, war ihm jetzt die heiligste Reliquie seiner Kindheit, Jugend und der Kamenkaer Periode seines Lebens, während welcher sie ihm zusammen mit Frau von Meck eine Hauptstütze war, indem sie ihm Obdach, Trost und ihre liebevolle Fürsorge gewährte.

Ich wusste, dass die Nachricht von ihrem Tode einen niederschmetternden Eindruck auf meinen Bruder machen würde, und hielt es nicht für möglich, sie ihm anders als persönlich zu übermitteln. Am selben Tag reiste ich nach Rouen. – Peter Iljitsch war so froh, mich zu sehen, als wenn wir lange Zeit getrennt gewesen wären. Es war nicht schwer, darin die ganze Gewalt des Heimwehs zu erkennen, welches er während seiner freiwilligen Verbannung empfunden haben musste. Abgesehen davon, dass es mich geschmerzt hätte, seine Freude zu zerstören, ergriff mich stärker als zuvor das Bedenken, ob es unter den gegebenen Umständen überhaupt ratsam wäre, ihn von dem Unglück, das uns getroffen hatte, in Kenntnis zu setzen. Die Reise nach Amerika konnte nicht mehr aufgegeben werden – das wusste ich. Das Billett nach New York war bereits genommen; der grosse Vorschuss, den Peter Iljitsch erhalten hatte, ausgegeben. Schon das Leben in Rouen war ihm schwer geworden, dazu erwartete ihn die lange Reise über den Ozean, welcher er auch allein sein musste und welche ihm ohnehin Furcht einflösste und ihn aufregte. Was würde dann aus ihm werden, dachte ich, wenn noch dieser Kummer hinzukäme? In Amerika würde ihn inmitten seiner Sorge um die Konzerte die schreckliche Nachricht gewiss weniger stark treffen. Hat doch auch im Jahre 1887 das Dirigieren seiner Oper „Tscherewitschki" seinen Schmerz über den Tod unserer Nichte Tatjana gemildert. So habe ich ihm denn auf die Frage, warum ich gekommen sei, nicht die Wahrheit gesagt, sondern erklärt, ich hätte Heimweh bekommen und wollte mich von ihm verabschieden, um am folgenden Tag nach Russland zu reisen. Er nahm diese Neuigkeit so auf, als wenn er mit mir zusammen nach Russland reisen sollte, d. h. sehr freudig. Ich erwähne hier dieses psychologische Kuriosum als ein Beispiel der ungewöhnlichen Kompliziertheit, Verschlungenheit und Verzwicktheit des Verhältnisses Peter Iljitschs zu seinen Mitmenschen. Ich brauche wohl nicht den Beweis zu führen, dass ich ihm sehr nahe stand; geradlinig gedacht, müsste man daher annehmen, die Nachricht von meiner baldigen Abreise und der Umstand, dass wir nun nicht in Le Havre zusammensein könnten, würde ihn betrüben, oder man müsste annehmen, er

---

[485] Tat'jana L. Davydova (1861-1887) und Vera L. Davydova (1863-1889).]

hätte Gründe gehabt, meine Abwesenheit zu wünschen. Solche gab es nicht und konnte es nicht geben. Und doch freute sich Peter Iljitsch über mein Vorhaben. Unbegreiflich für andere, war diese Freude für mich verständlich. Oft sagte Peter Iljitsch: „Modest liest gar zu gut in meiner Seele!" In Paris gefiel es ihm nicht, dass wir verschieden fühlten, dass ich keine Sehnsucht nach der Heimat hatte und nicht den Wunsch zurückzukehren äusserte. Während unseres ganzen Zusammenseins dort machte sich seine Unzufriedenheit darüber in unseren Beziehungen wohl bemerkbar. Jetzt, da er erfuhr, dass ich freiwillig meinen Aufenthalt im Ausland abkürzte und mich nach Hause sehnte, verzieh er mir gleichsam, und das verlieh unserem Wiedersehen eine besondere Herzlichkeit, als wenn wir uns nach einem scharfen Zank wieder vertragen hätten. Um so schwerer konnte ich mich entschliessen, ihm die Wahrheit zu sagen, und reiste nach einem rührenden Abschied tränenfeuchten Auges nach Paris – ohne sie gesagt zu haben. Die Pariser Freunde waren von mir unterrichtet worden, russische Zeitungen gab es in Rouen nicht. Alle Briefe aus Russland wurden in das Hotel Richepanse adressiert, wo ich die Verfügung hinterlassen hatte, sie direkt nach Amerika zu senden.

In der festen Überzeugung, dass Peter Iljitsch erst in New York von der traurigen Kunde ereilt würde, reiste ich nach Petersburg.

An M. Tschaikowsky: „[Rouen], d. 3. [/ 15.] April 1891.

Lieber Modja, nach Deiner Abreise begannen meine Qualen von neuem und gingen ständig crescendo bis zur gestrigen Krisis, welche damit endete, dass ich Wsewoloshsky einen langen Brief schrieb.[486] Wie ein Stein fiel es mir vom Herzen, und ich bin von einem dreitägigen Wahnsinn genesen. Die Hauptursache meiner Verzweiflung lag in der Vergeblichkeit meiner Anstrengungen zu arbeiten. Nichts gelang mir ausser Schund. Zugleich haben sich ‚Nussknacker' und ‚König Renés Tochter' zu einem entsetzlichen fieberhaften Albdruck ausgewachsen und sind mir jetzt so verhasst, dass ich es gar nicht ausdrücken kann. Mich quälte einfach das Bewusstsein der Unmöglichkeit, die übernommene Arbeit gut auszuführen. Und die Perspektive des beständigen Zwanges während der Reise nach Amerika und dort und nach der Rückkehr ist für mich zu einem drohenden Gespenst geworden. Es ist schwer wiederzugeben, was alles ich empfunden habe, ich weiss nur, dass ich noch nie so unglücklich gewesen bin. Zu meinen kompositorischen Leiden gesellte sich noch das Heimweh, welches ich vorausgesehen hatte und welches mich jetzt nie verschont, sobald ich aus Russland fort bin. Endlich habe ich heute nacht beschlossen, dass es so nicht weitergehen könne, und schrieb am Morgen den Brief an Wsewoloshsky, mit der Bitte, mir nicht böse zu sein, dass ich Oper und Ballett erst für die Saison 1892-93 fertigstellen werde. Nun habe ich mich dieser Last entledigt. In der Tat, wozu sollte ich mich quälen und vergewaltigen. Könnte dabei etwas Gutes herauskommen? Schon jetzt bin ich so weit, dass ich ‚König Renés Tochter' hasse. Von Rechts wegen müsste ich sie lieben. Mit einem Wort: ich muss nach Amerika reisen, ohne die Arbeit am Halse zu haben, da ich sonst einfach verrückt werden könnte. Schon jetzt bin ich so nervös, dass ich fieberhaft zittere, während ich Dir schreibe. Nein, zum Teufel mit der Vergewaltigung, Übereilung und moralischen Folter!! Ich fühle, dass ich aus ‚König Renés Tochter' ein Meisterwerk machen kann – jedoch nur unter anderen Umständen. Der Zweck dieses Briefes ist, Dich zu veranlassen, zu Wsewoloshsky zu geben und ihn zu bitten, mir nicht böse zu sein. Wenn er die Gründe meines Entschlusses nicht begriffen haben sollte (die Leute glauben ja alle, ich brauchte mich nur hinzusetzen, und die Oper wäre in fünf Minuten fertig), so erkläre ihm, dass es mir in der Tat unmöglich ist, das Versprechen zu halten, dass mich die Pariser Emotionen

[[486] Brief an Ivan A. Vsevoložskij ebenfalls vom 3. / 15. April 1891, ČPSS XVIa, Nr. 4363.]

sehr angegriffen hätten, dass mir ebensolche in Amerika bevorstünden usw. Heute will ich nach Paris fahren, um mich ein wenig zu zerstreuen." [XVIa, 4364.]

An M. Tschaikowsky: „Paris, d. 5. [recte: 4. / 16.] April 1891.
Modja, nachdem ich gestern die Briefe an Dich und Wsewoloshsky abgeschickt hatte, fuhr ich nach Paris. Dort kehrte ich in das mir bekannte Lesekabinett in der Passage de l'Opéra ein, nahm die [Zeitung] ‚Nowoe wremja' zur Hand und erfuhr auf der letzten Seite, dass Sascha[487] gestorben sei. Wie von einer Schlange gebissen, sprang ich auf. Menter und Sapelnikow fand ich erst später. Ein grosses Glück, dass sie hier waren! Ich übernachtete bei ihnen. Heute abend reise ich nach Rouen und Le Havre. Anfangs hielt ich es für meine Pflicht, Amerika aufzugeben und nach Petersburg zu reisen, später aber überlegte ich, dass es doch nutzlos wäre; auch hätte ich die bereits erhaltenen 5000 Francs zurückgeben müssen, auf den Rest verzichten und das Billett verlieren. Nein, ich werde nach Amerika reisen. Moralisch leide ich sehr. Ich fürchte sehr für Bob, obwohl ich aus Erfahrung weiss, dass derartige Schicksalsschläge in seinem Alter verhältnismässig leicht ertragen werden.

... Um Gottes willen, schreibe ausführlich nach New York. Stärker denn gestern und vorgestern empfinde ich die absolute Unmöglichkeit, den Confiturenberg[488] musikalisch darzustellen." [XVIa, 4365.]

Kapitel XXVI.

[Die Dampferfahrt Le Havre – New York.
Čajkovskijs Tagebuch der Atlantiküberquerung in Form von Briefen an den Bruder Modest.]

An M. Tschaikowsky: „Dampfschiff ‚La Bretagne', Atlantischer Ozean [– New York], d. 9. [recte: 6.-15. / 18.-27.] April 1891.
Auf der Überfahrt werde ich ein Tagebuch führen und Dir dasselbe nach der Ankunft in New York schicken. Du aber bewahre es bitte auf, denn ich beabsichtige, später einen Artikel zu schreiben, für den das Tagebuch als Material dienen soll.[489] Vorgestern abend habe ich Paris verlassen, begleitet von Sapelnikow, Menter und [Jules] Conus. Ich übernachtete im leidigen Rouen, packte am Morgen meine Koffer und reiste um 2 Uhr nach Le Havre. Vom Bahnhof fuhr ich direkt zum Hafen und nahm meine Kabine ein. Das Schiff ist eines der kolossalsten und prachtvollsten. Ich ass in der Stadt, promenierte ein wenig und machte mir es um 10 Uhr abends in meiner Kabine bequem. Bis dahin waren der Gedanke an die Reise, die mit der Überfahrt verbundene Aufregung sowie der Vorgeschmack auf den Ozean – einigermassen unterhaltend gewesen. In meiner Kabine angelangt, fühlte ich mich aber plötzlich so tief unglücklich wie noch nie. Auf mein Telegramm habe ich nämlich aus Petersburg keine Antwort bekommen und begreife nicht warum. Wahrscheinlich das übliche Telegraphistenmissverständnis; wie schwer ist es mir geworden, ohne Nachricht von dort abzufahren. Katy[490] habe ich auf dem Schiff nicht gefunden; ich wünschte *leidenschaftlich*, sie zu sehen. Ich legte mich schlafen und tröstete mich mit der Hoffnung, dass sie – wie die meisten Passagiere – mit dem Sonderzug direkt zur Stunde der Abfahrt des Schiffs kommen würde. Als ich heute ziemlich spät (um 8 Uhr) erwachte, war das Schiff schon in voller Fahrt. Ich trat aus der Kabine in der Überzeugung, sie unter den Passagieren

---

[487] Abkürzung für Alexandra.
[488] Das letzte Bild des Balletts „Der Nussknacker".
[489] Einen solchen Artikel hat Čajkovskij nicht geschrieben.]
[490] Katharina Laroche [Ekaterina I. Laroš], die [dritte] Gemahlin des Freundes Peter Iljitschs, welche ihm auf der Amerikafahrt Gesellschaft leisten wollte.

zu finden ... Doch ach, sie war nicht da! Ich hoffte noch immer, dass sie noch schlief und später auftauchen würde. O wie sehr, wie leidenschaftlich wünschte ich das!!! Nein, wahrlich, noch nie fühlte ich mich so einsam, so unglücklich. Der Gedanke daran, noch eine ganze Woche auf dem Wasser zu sein und erst in New York irgendwelche Nachrichten zu erhalten, ist mir schrecklich. Ich verwünsche diese Fahrt.

Das Schiff ist überaus prachtvoll. Es ist ein richtiger schwimmender Palast. Es gibt nicht viele Fahrgäste. In der 1. Klasse 80 Personen. Der Tagesablauf ist folgender: um 7 Uhr gibt es Tee oder Kaffee, was auf Wunsch auch in die Kabine gebracht wird. Von 9 bis 11 ist Frühstückszeit, d. h. jeder darf, auf seinem Platz sitzend, so viele Speisen verlangen, wie er Lust hat; es sind aber ca. zehn Gerichte auf der Karte verzeichnet. Man ist ganz frei, d. h. man frühstückt zu beliebiger Zeit, nur nicht vor 9 oder nach 11 Uhr. Um $^1/_2$ 6 Uhr findet das sehr reichliche und sehr schmackhafte Diner statt. Ich sitze an einem kleinen Tisch mit einer amerikanischen Familie. Sehr unbequem und langweilig.

Um 5 Uhr ereignete sich eine Tragödie, welche auf mich sowie auf alle Passagiere einen traurigen Eindruck machte. Ich war unten, als plötzlich ein Pfiff ertönte, das Schiff stehen blieb und sich aller eine grosse Aufregung bemächtigte. Ein Boot wurde herabgelassen. Ich stürzte nach oben und erfuhr folgendes: ein junger Mann aus der 2. Klasse riss plötzlich sein Portefeuille aus der Tasche, schrieb hastig einige Worte, schwang sich über Bord und verschwand in den Wellen. Man warf ihm einen Schwimmgürtel nach, sofort wurde eine Schaluppe hinuntergelassen und die Suche begann, während alle, stumm vor Entsetzen, das Boot mit den Augen verfolgten. Es liess sich an der Oberfläche nichts blicken, und nach einer halben Stunde setzten wir die Fahrt fort. Im Portefeuille fand man 35 Francs und einen Zettel mit sehr schwer zu entziffernder Aufschrift (den Anfang habe ich als erster herausbekommen, denn der Zettel war deutsch, und die Passagiere waren durchwegs Franzosen oder Amerikaner): „Ich bin unschuldig, der Bursche weint ..." Weiter folgten Krakelfüsse, die niemand deuten konnte. Aus den Gesprächen des Publikums erfuhr ich weiter, dass der junge Mann durch sein merkwürdiges Benehmen die Aufmerksamkeit aller auf sich gelenkt hätte und dass er vermutlich geisteskrank gewesen sei.

Nach dem Diner promenierte ich auf Deck. Der Durst nach Unterhaltung wurde so gross in mir, dass ich in die 2. Klasse ging und den Commis Voyageur aufsuchte, mit dem ich gestern aus Rouen abgereist bin. Er war sehr lustig und gesprächig. Ich fand ihn auch und plauderte mit ihm. Doch hat mich das nicht erleichtert. Das Wetter ist herrlich: das Meer ganz still; das Schiff geht so ruhig und glatt, dass man glauben könnte, man befände sich an Land und nicht auf dem Wasser. Soeben sahen wir den Leuchtturm der westlichsten Spitze Englands. Das war das letzte Stückchen Land vor New York ..." [XVIa, 4367.]

An M. Tschaikowsky: „d. 7. [/ 19.] April 1891.

Heute früh begann die Schaukelei und verstärkte sich nach und nach derart, dass ich zeitweise entsetzliche Angst ausstehe. Sehr beruhigend wirkt der Umstand, dass fast alle Passagiere schon Seereisen gemacht haben und absolut nicht das fürchten, was ich fürchte, d. h. den Untergang, sondern – die Seekrankheit. Letztere erschreckt mich nicht im geringsten, denn ich spüre nicht die leiseste Andeutung derselben. Die Garçons, mit denen ich darüber spreche, nenne die See ‚une mer un peu grosse'; wie sieht denn dann ‚une mer très grosse' aus?!! Der Anblick der See ist sehr schön, und in meinen angstfreien Stunden beobachte ich das herrliche Schauspiel mit Vergnügen. Mich interessieren drei grosse Möwen, welche uns beharrlich verfolgen. Man sagt, sie würden bis Newfoundland[491] mit uns fliegen. Wann ruhen sie denn und wie verbringen sie die Nacht? Ich lese den ganzen Tag,

---

[[491] Im Original: „Terre-Neuve".]

weil ich keine andere Beschäftigung finden kann. Das Komponieren ekelt mich an. Das Heimweh nagt fortwährend an mir. Mein Kamerad, der Commis Voyageur, sagte, als ich versuchte, ihm mein Herz auszuschütten: ‚Eh bien, à votre âge c'est assez naturel!!', was mich sehr beleidigte. Er ist übrigens ein netter und lustiger Kerl, und ich plauderte heute mehrere Male mit ihm und seinem Freund. Der Garçon aus dem Rauchzimmer machte mir das Angebot, an der Wette teilzunehmen, welche die Zahl der um 12 Uhr mittags zurückgelegten Meilen betraf. Ich gab ihm die erforderlichen 5 Francs, und um $^1/_2$ 1 brachte er mir 50 Francs zurück. Ich hatte gewonnen, aber wie – das vermag ich nicht zu begreifen. Bei Tisch musste ich mich in eine Unterhaltung mit der mir gegenüber sitzenden Französin einlassen. Noch eine Woche haben wir zu schwimmen. Was ich empfinde – darüber will ich lieber schweigen. Ich weiss nur, dass es das letzte Mal ist … Nein, in meinem Alter muss man zu Hause sitzen, den Seinen recht nahe. Der Gedanke, so weit weg von all meinen Lieben zu sein, ist einfach tödlich. Im übrigen bin ich gottlob ganz gesund.

Eine Miss sang gestern den ganzen Abend italienische Lieder, und zwar so frech, so miserabel, dass ich mich wunderte, warum niemand ihr eine Grobheit sagte." [Ebenfalls XVIa, 4367.]

An M. Tschaikowsky: „d. 8. [/ 20.] April 1891.

Die Nacht verbrachte ich sehr gut. Nachdem alle sich zur Ruhe begeben hatten, spazierte ich im Paletot (der mir den Schlafrock ersetzte) und Pantoffeln noch lange auf dem Deck. Der Wind beruhigte sich allmählich, und es war bereits recht still, als ich in meine Kabine hinunterstieg. Heute ist sonniges Wetter, aber mit Wind, welcher mittags einsetzte und nach und nach stärker wurde. Die Wellen kamen nun nicht mehr von der Seite, sondern von vorn, aber das Schiff ist so gross, dass nur wenige seekrank sind. Angst hatte ich heute gar nicht, spürte dafür aber etwas wie Seekrankheit. Die Freundschaft mit dem Commis Voyageur und seinem Kameraden wird immer inniger. Sie sind sehr lustig und schneidig und unterhalten mich besser als die würdevollen und vornehmen Passagiere der 1. Klasse … Diese sind meist recht banale Amerikaner, chic gekleidet, aber nicht im geringsten sympathisch. Interessanter als die anderen Mitreisenden ist ein Bischof aus Kanada mit seinem Sekretär. Er war in Europa, um den Segen des Papstes zu empfangen. Gestern früh zelebrierte er in einer besonderen Kabine eine Messe, der ich zufällig beiwohnte. In diesem Moment wird das Schaukeln stärker; aber ich verstehe jetzt, dass es auf dem Ozean nicht anders sein kann und gewöhne mich daran. Jetzt gehe ich zu Bett." [Ebenfalls XVIa, 4367.]

An M. Tschaikowsky: „d. 9. [/ 21.] April 1891.

In der Nacht schaukelte es so stark, dass ich aufwachte und von Entsetzen, Herzklopfen, ja fast Fieber gepackt wurde. Ein gutes Glas Cognac richtete mich aber bald wieder auf und wirkte beruhigend. Ich legte meinen Paletot an und stieg an Deck. Es war eine herrliche Mondnacht. Als ich mich vergewissert hatte, dass alles seinen gewöhnlichen Gang nahm, begriff ich, dass es keinen Anlass zu Befürchtungen gab. Drohte Gefahr, würde die Mannschaft gewiss unruhiger sein. Der Anblick des – wenn auch nicht tobenden, so doch bewegten Ozeans bei Mondschein ist unbeschreiblich schön. Danach schlief ich ausgezeichnet. Gegen Morgen wurde der Seegang immer schwächer. Wir waren in den Golfstrom gekommen; das merkte man daran, dass es plötzlich warm wurde wie im Sommer. Alle Passagiere amüsierten sich. Auf dem Schiff befinden sich nämlich einige hundert Auswanderer, meist Elsässer. Sobald das Wetter schön ist, veranstalten sie einen Ball, und es ist lustig anzuschauen, wie sie nach den Klängen einer Harmonika tanzen. Diese Auswanderer schauen gar nicht traurig drein. Unter ihnen befinden sich sechs Kokotten, welche von einem Herrn, der sich speziell damit beschäftigt und sie auch begleitet, vertraglich verpflichtet worden sind. Eine von ihnen ist gar nicht hässlich, und meine Freunde aus der 2. Klasse erfreuen sich abwechselnd an ihren Reizen. Sie sehen sehr abgerupft und hungrig aus. Mein grösster Freund, der Commis Voyageur, macht einer Dame der 2. Klasse erfolgreich den Hof. Wenn sie sich mit ihm in seine Kabine zurückzieht, nehmen seine Kameraden die Sorge um ihr Kindchen auf sich und hüten dasselbe. Soeben war ich von dieser lustigen Sippschaft in die 2. Klasse eingeladen gewesen, wo der Commis Voyageur mich und das ganze übrige Publikum durch den Vortrag frivoler Couplets und durch die parodistische Wiedergabe einer französischen Gerichtsverhandlung belustigte; dabei legte er eine so unnachahmliche Komik an den Tag, dass ich von ganzem Herzen lachte. Die unsympathische Dame, meine Tischgenossin, mit welcher ich mich unterhalten muss, ist die Frau eines Mitglieds des Bostoner Orchesters. Infolgedessen war die heutige Unterhaltung eine musikalische. Sie erzählte interessante Dinge über die Bostoner Konzerte und das dortige Musikleben.

Heute begegneten wir einigen Segelschiffen und einem mächtigen Walfisch, der eine grossartige Fontäne in die Höhe warf …" [Ebenfalls XVIa, 4367.]

An M. Tschaikowsky: „d. 10. [/ 22.] April 1891.

Ich bildete mir ein, der Seekrankheit trotzen zu können. Ich trotzte ihr aber nicht. In der Nacht wurde das Wetter immer schlechter. Als ich um 7 Uhr aufstand, war es bereits so schlecht und die See so stürmisch, dass ich ungeachtet der mächtigen Ozeanwellen grossen Genuss daran fand. Später wurde es immer und immer schlimmer. Um 2 Uhr war es so schrecklich, dass ich jeden Moment den Untergang erwartete. Natürlich war von Untergang keine Rede: es war das gewöhnlichste schlechte Wetter. Nicht nur der Kapitän, sondern auch die Mannschaft und alle Garçons betrachteten es wie etwas ganz Selbstverständliches. Mir aber, der ich den Ozean nach dem Mittelmeer beurteilt habe, kam es wie die Hölle selbst vor. Alles kracht, bald stürzen wir in die Tiefe, bald werden wir bis an die Wolken hochgehoben; auf Deck zu gehen, ist undenkbar, denn der Wind wirft einen sofort um; mit einem Wort – es war fürchterlich. Die meisten Passagiere sind krank, es gibt aber auch solche, die ganz vergnügt sind, sogar Klavier spielen, Kartenpartien arrangieren usw. Beim Frühstück hatte ich keinen Appetit; nach dem Frühstück wurde mir sehr *unbehaglich* zumute, und während des Mittagessens konnte ich die Speisen nicht ohne Widerwillen ansehen. Nach der Suppe ging ich weg … Man versicherte mir, es würde gegen Abend besser werden; es wurde aber schlechter … Etwas sehr Unangenehmes geschah. Aus meinem über dem Bett befindlichen Kasten sind 460 Francs gestohlen worden. Ich habe den Garçon in Verdacht. Ich habe den Fall Mr. Commissaire gemeldet. Eine Bekanntmachung wurde ausgehängt. Für mich ist der Diebstahl aber augenscheinlich. Gut, dass ich noch anderes Geld besitze. Erbrechen habe ich nicht, aber so ein unangenehmes Gefühl. Die Schaukelei wird immer stärker. An Schlaf wird wohl nicht zu denken sein. *Cognac und Kaffee* bilden heute meine einzige Nahrung." [Ebenfalls XVIa, 4367.]

An M. Tschaikowsky: „d. 11. [/ 23.] April 1891.

Die Nacht war abscheulich. Man wurde derart hin und her geworfen, dass an Schlaf fast gar nicht zu denken war. Jeden Augenblick schlief ich ein und wurde durch den ersten Stoss wieder geweckt. Gegen Morgen wurde es besser und blieb bis gegen 4 Uhr erträglich. Doch konnte ich beim Frühstück keinen Bissen herunter bekommen. Dann kam neues Ungemach: in der Nähe der B a n c s   d e   s a b l e bei Neufundland gerieten wir – wie es gewöhnlich der Fall sein soll – in eine Zone dichten Nebels. Das fürchtet man auf See am meisten, denn selbst die Kollision mit einem kleinen Segelschiff kann zum Untergang führen. Die Fahrgeschwindigkeit wurde vermindert, und jede halbe Minute die Sirene in Funktion gesetzt, ein Apparat, welcher ein furchtbares Brüllen ertönen lässt (wie ein kolossaler Tiger). Das geht furchtbar auf die Nerven. Übrigens scheint sich der Nebel jetzt verziehen zu wollen, und das Nebelhorn brüllt seltener. Auf dem Schiff ist bekannt geworden, wer ich bin, und jetzt treten fast ununterbrochen Leute an mich heran und fragen, ob ich der und der sei. Dann beginnen Liebenswürdigkeiten, Komplimente, Unterhaltungen. Ich habe eine Masse Bekanntschaften geschlossen und kann jetzt nirgends allein promenieren. Wohin ich gehen mag, treffe ich einen Bekannten, der sich mir sofort anschliesst und ein Gespräch beginnt. Ausserdem drängt man mich, etwas vorzuspielen. Ich verdrücke mich, werde aber wahrscheinlich doch etwas auf dem schlechten Pianino spielen müssen, um den Belästigungen ein Ende zu machen. Alle meine Gedanken sind darauf gerichtet, wann das alles enden wird, wann ich wieder zu Hause sein werde. Heute habe ich an nichts anderes gedacht. Ich rechne, überlege und träume von dem Glück der Rückkehr. Der Nebel vergeht, dafür beginnt aber die Schaukelei wieder ... Von dem verschwundenen Geldbeutel – keine Spur." [Ebenfalls XVIa, 4367.]

An M. Tschaikowsky: „d. 12. [/ 24.] April 1891.

Ich bin absolut nicht imstande zu schreiben. Seit dem gestrigen Abend bin ich ein Märtyrer. Es tobt ein schrecklicher Sturm. Man sagte, er wurde von dem meteorologischen Observatorium vorausgesagt. Das ist etwas Entsetzliches!!!! Namentlich für mich Neuling. Viele Passagiere sind trotzdem fidel. Man sagt, das würde bis New York so bleiben. Ich leide mehr moralisch als physisch: ich fürchte und ängstige mich einfach." [Ebenfalls XVIa, 4367.]

An M. Tschaikowsky: „d. 13. [/ 25.] April 1891.

Nachdem ich die letzten Zeilen geschrieben hatte, begab ich mich in den Rauchsalon, wo abends gewöhnlich viele Passagiere rauchen, trinken, Karten und Domino spielen. Jetzt waren nur wenige dort und sassen mit finsteren und sorgenvollen Mienen da. Ich trank einen Punsch und stieg wieder zu mir hinunter. Der Sturm wurde immer stärker. Es war gar nicht daran zu denken, sich hinzulegen. Ich setzte mich in die Sofaecke und versuchte, nicht daran zu denken, was vorging, – das war aber unmöglich: das Krachen, das krampfhafte Erzittern des ganzen Schiffes, das entsetzliche Heulen des Sturms konnte durch nichts übertönt werden. So blieb ich lange sitzen, und was in meiner Seele vorging – ist nicht wiederzugeben. Schlimme Sache. Dann machte ich die Beobachtung, dass der Sturm nachzulassen begann; diese schrecklichen Stösse, sooft die Schraube aus dem Wasser tauchte und das Schiff erbeben machte, kamen seltener, das Pfeifen des Windes war nicht mehr so schrecklich ... Dann schlief ich ein, immer noch zwischen Koffer und Wand der Kajüte sitzend. Ich erwachte um 5 Uhr früh; der Sturm hatte sich gelegt, und ich fiel von neuem in tiefen Schlaf. Am Morgen erfuhr ich, dass wir gerade in den Mittelpunkt eines ungewöhnlich starken Sturms – wie er selten vorkommt – geraten waren; besonders stark war er um 10 Uhr abends. Heute besserte sich das Wetter allmählich und wurde gegen 12 Uhr ganz schön. Um 2 Uhr begegneten wir ‚le pilote'.[492] Alle Passagiere waren herbeigeeilt, um ihn auf seinem winzigen Fahrzeug stehen zu sehen, uns erwartend. Das Schiff hielt an, und wir nahmen ihn an Bord. Es bleiben noch etwa 24 Stunden zu fahren. Infolge des Sturms werden wir einige Stunden Verspätung haben. Ich bin sehr froh, dass die Überfahrt endlich ihrem Ende naht: ein längerer Aufenthalt auf dem Schiff wäre mir einfach unerträglich ... Ich habe beschlossen, am 30. April [/ 12. Mai] auf einem deutschen Schiff von New York

---

[492 Dem Lotsen.]

abzufahren. Am 10. [/ 22.] Mai oder wenig später werde ich dann mit Gottes Hilfe in Petersburg eintreffen können." [Ebenfalls XVIa, 4367.]

Kapitel XXVII.

[Ankunft in New York. Empfang und Betreuung. Bekanntschaften. Einladungen. Diners.
Beeindruckendes. Kurioses. Fremdes.
Die Proben in der neuen Music Hall (Carnegie Hall). Die Festkonzerte. Empfänge. Eindrücke.
Niagara-Fälle. Erneut New York. Anschließend: Baltimore, Washington, Philadelphia.]

An M. Tschaikowsky: „New York, d. 15. [/ 27.] April 1891.
Der Rest der Reise ging glücklich vonstatten. Je mehr ich mich New York näherte, desto stärker wurden meine Aufregung, mein Heimweh, meine Furcht, und ich bereue sehr, diese wahnsinnige Reise unternommen zu haben. Wenn alles glücklich zuende ist, werde ich vielleicht mit Vergnügen daran zurückdenken, einstweilen aber – nichts ausser Qualen. Vor New York – unendliche Formalitäten mit Pass und Zoll. Tagelanges Verhör. Endlich landeten wir um fünf Uhr. Ich wurde von vier sehr liebenswürdigen Herren und einer Dame empfangen, welche mich sofort ins Hotel ‚Normandie' brachten. Hier habe ich Herrn Maurice Renault [recte: Morris Reno][493] erklärt, dass ich am 12. [/ 24. Mai] reisen würde. Er sagte mir aber, dass das nicht ginge, da am 18. Mai das Sonderkonzert angesetzt sei, von welchem mir Wolff gar nichts gesagt hatte. Nachdem alle diese Herrschaften fortgegangen waren, begann ich in meinen Zimmern (ich habe deren zwei) auf und ab zu spazieren und Tränen zu vergiessen. Ich habe darum gebeten, mich an diesem Abend zu entschuldigen, indem ich die Einladungen zu Diner und Souper ablehnte.

Nachdem ich ein Bad genommen (Bad, WC, Waschtoilette mit fliessendem warmen und kalten Wasser gibt es in jedem Zimmer des Hotels), mich umgekleidet und mit Widerwillen gegessen hatte, ging ich auf dem Broadway spazieren. Merkwürdige Strasse! Ein- und zweistöckige Häuschen wechseln mit neunstöckigen ab. Sehr originell. Ich war überrascht, so viele Negerphysiognomien zu sehen. Nach Hause zurückgekehrt, weinte ich wieder. Wie immer nach Tränenanfällen schlief ich wie ein Toter und wachte erfrischt und mit erneutem Vorrat an Tränen auf, welche mir beständig in die Augen stiegen." [Ebenfalls XVIa, 4367.]

Tagebuch: „[New York, d. 15. (/ 27.) April [1891].
Trank unten Tee. Schrieb oben bei mir zwei Briefe und erwartete Besuche. Als erster kam Mayer.[494] Die herzliche Freundlichkeit dieses netten Deutschen wundert und rührt mich sehr. Hat er doch als Vorsteher einer Klavierfirma kein Interesse daran, einem nicht Klavier spielenden Musiker den Hof zu machen. Dann erschien ein Reporter, mit dem ich mich nur dank der Anwesenheit Mayers unterhalten konnte. Manche seiner Fragen waren sehr kurios. Da kam Reno und mit ihm ein anderer netter und liebenswürdiger Herr. Reno teilte mir mit, dass ich zur Probe erwartet würde. Nachdem wir den Reporter losgeworden waren, begaben wir uns zu Fuss in die Music Hall.[495] Ein prachtvolles Gebäude. In der

---

[493] Der Präsident der „The Music Hall Company of New York", auf dessen Initiative Peter Iljitsch nach Amerika eingeladen worden war. [Der Konzertagent Morris Reno war Manager der Music Hall (später „Carnegie Hall"). Im folgenden wird der Name stillschweigend in der richtigen Orthographie wiedergegeben.]
[494] Der Vorsteher der Klavierfabrik Knabe [in Baltimore].
[495] Dieser Konzertsaal war hauptsächlich mit den Mitteln Carnegies gebaut worden. Peter Iljitsch war gerade zu der feierlichen Eröffnung desselben eingeladen worden.

Probe war man gerade am Schluss des Finales der Fünften von Beethoven. Damrosch[496] (welcher ohne Rock dirigierte) kam mir sehr sympathisch vor. Nach Schluss der Symphonie wollte ich an Damrosch herantreten, musste aber sofort stehenbleiben, um auf die jubelnde Begrüssung des Orchesters zu antworten. Damrosch hielt eine kleine Ansprache. Neue Ovationen. Ich habe nur den ersten und dritten Satz der Suite N° 1 probieren können. Das Orchester ist ausgezeichnet. Nach der Probe frühstückte ich mit Mayer, welcher mich nachher auf dem Broadway herumführte, mir beim Kauf eines Huts behilflich war, mir hundert Zigaretten schenkte, mir die sehr interessante Bar Hoffman zeigte, die mit wunderschönen Bildern, Statuen und Gobelins geschmückt ist, und mich endlich nach Hause brachte. Überaus erschöpft legte ich mich schlafen. Später kleidete ich mich an in Erwartung Renos, der auch bald erschien. Ich versuchte ihn zu überreden, mich von Philadelphia und Baltimore zu entbinden. Er scheint nicht abgeneigt, meine Bitte zu erfüllen. Dann geleitete er mich in seine Wohnung. Seine Frau und seine Tochter sind sehr nett und liebenswürdig. Nachher führte er mich auch zu Damrosch. Damrosch hat vor einem Jahr die Tochter eines sehr reichen und vornehmen Mannes geheiratet. Beide sind sehr sympathisch. Wir assen zu dritt. Darauf brachte mich Damrosch zu Carnegie,[497] dem Besitzer von 30 Millionen Dollar, welcher Ostrowsky[498] ähnlich sieht; der Alte gefiel mir, hauptsächlich weil er ein Verehrer von Moskau ist, das er vor zwei Jahren besucht hatte. Nicht weniger als Moskau verehrt er schottische Volkslieder, welche ihm Damrosch in grosser Zahl auf einem prachtvollen Steinway-Flügel vorspielte. Er hat eine junge und nette Frau. Nach diesen zwei Besuchen ging ich mit Hyde[499] und Damrosch in den Athletenklub und noch in einen anderen, ernsten, der vielleicht mit unserem Englischen Klub zu vergleichen wäre. Der Athletenklub setzte mich in Erstaunen; besonders das Bassin, in welchem die Mitglieder badeten, und die obere Galerie, wo man im Winter auf Schlittschuhen läuft. Im ernsten Klub liessen wir uns erfrischende Getränke geben. Um elf Uhr brachte man mich endlich nach Hause. Braucht noch gesagt zu werden, dass ich bis zur völligen Erschöpfung müde war?" [ČD, S. 263 f.; Tagebücher, S. 333 f.]

„16. [/ 28.] April.

Ich schlief sehr gut. Ein Bote von Mayer-Knabe war bei mir, nur um zu fragen, ob ich irgendwelche Wünsche hätte. Merkwürdige Menschen, diese Amerikaner, unter dem Eindruck von Paris, wo man in jeder Zuvorkommenheit, in jeder Liebenswürdigkeit eines fremden Menschen einen Ausbeutungsversuch wittert, berührt die hiesige Geradheit, Aufrichtigkeit, Freigebigkeit, Herzlichkeit ohne Hintergedanken sowie Bereitwilligkeit zu helfen sehr angenehm. Das und überhaupt die amerikanischen Sitten und Gepflogenheiten sind mir sehr sympathisch, – doch erfreue ich mich an ihnen gleichsam wie jemand, der an einem mit den schönsten Delikatessen vollgestellten Tisch sitzt und doch keinen Appetit hat. Meinen Appetit wecken kann nur die nahe Aussicht auf die Rückkehr nach Russland.

Um elf Uhr ging ich promenieren, frühstückte in einem recht hübschen Restaurant. War um ein Uhr wieder zu Hause und träumte ein wenig. Reinhard,[500] ein sympathischer

---

[496] Walter Damrosch, der Sohn des Begründers der Symphony Society in New York, einer der Direktoren der „The Music Hall Company of New York" und Dirigent der Symphoniekonzerte und der Oper in New York.
[497] A[ndrew] Carnegie, der bedeutendste Eisenfabrikant Amerikas, sogar der ganzen Welt, Redner, Schriftsteller, Politiker und überaus freigebiger Wohltäter, Gründer vieler Schulen, Bibliotheken, Museen usw.
[498] Dem russischen Dramatiker Aleksandr N. Ostrovskij (1823-1886), u. a. Autor von „Voevoda" und „Sneguročka".]
[499] Francis Hyde, Direktor der „Trust Company" und Präsident der Philharmonischen Gesellschaft zu New York.
[500] Ein Angestellter der Firma Knabe.

junger Mann, holte mich ab und brachte mich zu Mayer. Unterwegs kehrten wir in der Hoffman-Bar ein. Knabes Magazin. Mayer führte mich in ein photographisches Atelier.[501] Wir wurden in den neunten oder zehnten Stock gehoben, wo uns ein kleiner, alter Mann mit roter Zipfelmütze (der Inhaber des Ateliers) empfing. Einen drolligeren Kauz habe ich noch nie gesehen. Er ist eine Parodie auf Napoleon III. (sieht dem Original sehr ähnlich, aber im Sinne einer Karikatur). Er drehte mich lange hin und her, indem er die *gute* Gesichtsseite suchte. Dann entwickelte er eine ziemliche weitschweifige Theorie der *guten Gesichtsseite* und machte auch mit Mayer Experimente dieser Kunst. Dann wurde ich in allen möglichen Stellungen photographiert, zwischendurch belustigte mich der Alte mit allen Hampelmann-Witzen. Bei allen seinen Eigentümlichkeiten ist er doch sympathisch und herzlich, wie-derum auf amerikanische Art. Von dort begab ich mich mit Mayer zu Wagen in den Park. Der Park ist jung, aber wunderschön. Eine Menge eleganter Equipagen und Damen. Wir holten Mayers Frau und Tochter ab und setzten die Spazierfahrt auf dem hohen Ufer des Hudson fort. Es wurde allmählich kalt; die Unterhaltung mit den guten Deutsch-Amerika-nern ermüdete mich. Endlich fuhren wir bei dem berühmten Restaurant Delmonico vor. Hier lud mich Mayer zu einem üppigen Essen ein. Dann brachten er und seine Frau mich in mein Hotel. Ich warf mich in den Frack und erwartete Mr. Hyde. Mit ihm, seiner Frau, Damrosch und dem Ehepaar Reno hörte ich im grossen Opernteater ein überaus langweiliges Konzert. Es wurde das Oratorium ‚Captivity' des amerikanischen Komponisten Max Wagrich aufgeführt. Furchtbar langweilig. Nachher wollte ich nach Hause, aber die lieben Hydes verführten mich zu einem Abendessen bei Delmonico. Wir assen Austern, eine Sauce aus kleinen Schildkröten (!!!) und Käse. Champagner und eine Pfefferminzflüssigkeit mit Eis hielten meinen sinkenden Mut aufrecht. Um zwölf Uhr brachten sie mich nach Hause. Ein Telegramm von Botkin,[502] welches mich nach Washington rief." [ČD, S. 265 f.; Tagebücher, S. 334 f.]

„17. [/ 29.] April [1891].

Schlief die Nacht unruhig. Nach dem Tee schrieb ich Briefe. Dann schlenderte ich durch die 5. Avenue. Welche Paläste! Frühstückte allein zu Hause. Bei Mayer. Die Güte und Aufmerksamkeit dieses netten Mannes sind einfach bewundernswert. Nach Pariser Gewohnheit suche ich zu ergründen, was er wohl von mir nötig hätte. Doch nein, nichts. Früh morgens hat er wieder Reinhard zu mir geschickt, um nach meinen Wünschen zu fragen, und in der Tat musste ich seine Hilfe in Anspruch nehmen, da ich nicht wusste, was ich mit dem Telegramm aus Washington machen soll. Um drei Uhr war ich zu Hause und erwartete William de Sachs,[503] einen sehr liebenswürdigen und eleganten Gentleman, der die Musik liebt und über sie schreibt. Er war noch da, als meine französischen Schiffsfreunde kamen. Ich war froh sie zu sehen und ging mit ihnen Absinth trinken. Zurückgekehrt, ruhte ich ein wenig. Um sieben Uhr wurde ich von Hyde und Frau abgeholt. Wie schade, dass mir Worte und Farben fehlen, diese beiden Originale zu beschreiben, welche so überaus nett und freundlich zu mir sind! Namentlich ist die Sprache interessant, in welcher wir unsere Konversation führen: sie besteht aus der drolligsten Vermischung englischer, französischer und deutscher Wörter. Jedes Wort, welches Hyde bei der Unterhaltung mit mir ausspricht, ist das Resultat einer ausserordentlichen Verstandesanstrengung, manch-

---

[[501] Von N. Sarony. Dort wurden am 16. / 28. April 1891 drei Photographien gemacht. Abbildungen in: Album 2005, S. 135-137 (Abbildungen 96-98; Katalogteil S. 219 f.)]
[[502] Petr S. Botkin, Sekretär der Russischen Gesandtschaft in Washington, Sohn des berühmten Arztes S. P. Botkin.]
[[503] Musikkritiker. Wiener Korrespondent amerikanischer Zeitungen. Čajkovskij und Sachs korrespondierten in den Jahren 1891-1893 miteinander.]

mal vergeht buchstäblich eine ganze Minute, ehe aus einem unbestimmten Gebrumm irgendein unglaubliches Wort herausfliegt, von dem man nicht weiss, welcher der drei Sprachen es angehört. Dabei machen Hyde und seine Frau eine so ernste und zugleich gutmütige Miene! Sie brachten mich zu Reno, welcher mir zu Ehren ein grosses Diner gab. Die Damen alle in Balltoilette. Der Tisch war mit Blumen geschmückt. Neben dem Couvert einer jeden Dame lag ein Blumenstrauss, während die Herren Maiglöckchen erhielten, welche ein jeder, sobald man am Tisch sass, ins Knopfloch des Fracks steckte. Auch stand vor jedem Damen-Couvert ein kleines Bild von mir in einem hübschen Rahmen. Das Diner begann um sieben und endete um elf. Ich schreibe das, ohne zu übertreiben; das ist hier so Sitte. Alle Speisen aufzuzählen ist unmöglich. Mitten im Diner wurde Gefrorenes in kleinen Kästchen serviert und dazu kleine Schiefertäfelchen, auf denen mit schöner Schrift Bruchstücke aus meinen Werken geschrieben standen. Auf diesen Täfelchen musste ich sofort mein Autogramm schreiben. Die Unterhaltung war eine sehr lebhafte. Ich sass zwischen M-me Reno und M-me Damrosch, welch letztere eine sehr sympathische und graziöse Frau ist. Mir gegenüber hatte der kleine Alte, Carnegie, der Verehrer Moskaus und Inhaber von 40 Millionen Dollar, seinen Platz. Seine Ähnlichkeit mit Ostrowsky ist erstaunlich! Er sprach immer nur davon, dass man einen Chor russischer Kirchensänger nach New York bringen müsste. Gequält von dem Bedürfnis zu rauchen, und von dem vielen Essen fast bis zur Übelkeit gebracht, entschloss ich mich endlich um elf Uhr, Frau Reno um die Erlaubnis zu bitten, aufzustehen. Nach einer halben Stunde gingen alle auseinander." [ČD, S. 266 f.; Tagebücher, S. 335 f.]

An W. Dawidow: „New York, d. 18. [/ 30.] April 1891.

… Soeben habe ich Briefe erhalten. Es ist nicht wiederzugeben, wie teuer mir in meiner Lage Briefe sind. Ich war unendlich froh. Ich mache tagtäglich ausführliche Notizen im Tagebuch und werde es Euch allen nach meiner Rückkehr zu lesen geben, darum will ich jetzt nicht ausführlich schreiben. New York, die amerikanischen Sitten, die amerikanische Gastfreundschaft, die Bequemlichkeiten aller Einrichtungen – all das ist sehr nach meinem Sinn; wäre ich jünger, hätte ich vielleicht viel Freude an dem Aufenthalt in diesem interessanten neuen Lande. Jetzt aber erdulde ich das alles wie eine leichte und durch viele Annehmlichkeiten gemilderte Strafe. All meine Gedanken, all meine Bestrebungen sind: nach Hause, nach Hause!!! Ich hoffe, am 12. [/ 24. Mai] abreisen zu können. Ich werde hier in jeder Weise verwöhnt, geehrt und bewirtet. Es erweist sich, dass ich in Amerika zehnmal berühmter bin als in Europa. Als man mir am Anfang davon sprach, hielt ich das für eine übertriebene Liebenswürdigkeit. Aber jetzt sehe ich, dass es sich in der Tat so verhält. Verschiedene meiner Werke, die selbst in Moskau unbekannt sind, werden hier oft gespielt und in langen Zeitungsartikeln besprochen und kommentiert (z. B. ‚Hamlet'). Ich bin hier eine viel wichtigere Person als in Russland. Ist das nicht merkwürdig? Die Musiker empfingen mich in der Probe (bisher hat es nur eine gegeben) mit grosser Begeisterung. Ausführlich wirst Du alles aus dem Tagebuch erfahren …" [XVIa, 4369.]

Tagebuch: „[New York,] d. 18. [/ 30.] April [1891].

Es wird mir nachgerade sehr schwer zu schreiben: finde keine Zeit. Frühstückte mit meinen französischen Freunden. Zusammenkunft mit von Sachs. Wir sahen uns die Brooklyn-Brücke an. Von da begaben wir uns zu Schirmer, dem Inhaber der grössten Musikalienhandlung Amerikas; der Laden, besonders aber die Metallographie[504] stehen in manchem der Jurgensonschen nach. Schirmer bat mich um Kompositionen für seinen Verlag. Zu Hause empfing ich die Journalistin Ivy Ross, welche gekommen war, mich um einen Beitrag für ihre Zeitung zu bitten.[505] Nachdem sie sich entfernt hatte, sass ich auf dem Sofa wie ein Klotz und gab mich der Ruhe und Einsamkeit hin. Zu Mittag ass ich nicht. Um $^1\!/_2$ 9 Uhr war ich bereits in der Music Hall zur ersten Probe. Der Chor begrüsste mich mit einer Ovation. Er sang sehr schön. Als ich wieder fortgehen wollte, begegnete mir in der Tür der liebenswürdige Erbauer des Saals; er stellte mir einen sympathischen, ziemlich dicken Herrn vor, seinen Hauptgehilfen, dessen Talent und Geschick er nicht genug loben konnte. Dieser Herr war – wie es sich erwies – ein blutreiner Russe, welcher das amerikanische Bürgerrecht erworben hatte. Der Architekt erklärte mir, dass er Anarchist und Sozialist sei. Ich unterhielt mich russisch mit diesem Landsmann und versprach ihm, ihn zu besuchen. Den Rest des abends widmete ich einem leichten Abendessen und einem Spaziergang. Las unzählige Male die erhaltenen Briefe. Weinte natürlich auch." [ČD, S. 267; Tagebücher, S. 336 f.]

„19. April [/ 1. Mai 1891].

Erwachte spät, das Artikelchen für Miss Ross niederzuschreiben. Reno erschien mit der Nachricht, dass er mir eine Kabine auf der ‚Fürst Bismarck' besorgt hätte, die am 2. [/ 14.] Mai abfährt. O Gott, wie lange noch! Ich holte den guten Mayer ab und frühstückte mit ihm in einem ausgezeichneten italienischen Restaurant, dann gingen wir nach Down Town. Hier erst sah ich, welches Leben zu gewissen Stunden auf dem Broadway herrscht. Bisher hatte ich diese Strasse nur nach ihrem in der Nähe des Hotels liegenden Teil beurteilt. Das ist aber nur ein winziger Teil der sieben Werst langen Strasse. Die Häuser in Down Town sind kolossal bis zum Widersinn; ich wenigstens lehne es ab zu begreifen, wie man im dreizehnten Stock wohnen kann. Mayer und ich stiegen auf das Dach eines solchen Hauses. Die Aussicht von da war herrlich. Mich schwindelte aber, auf den Broadway hinunter zu schauen. Dann erwirkte mir Mayer die Erlaubnis, die Staatsschatzkammer mit ihren Kellern zu sehen, in denen hunderte von Millionen Gold- und Silbermünzen sowie das neue Papiergeld aufbewahrt werden. Überaus liebenswürdige, aber wichtigtuerische Beamte führten uns in diesen Kellern umher und öffneten die monumentalen Türen mit geheimnisvollen Schlüsseln und durch nicht minder geheimnisvolles Drehen verschiedener Knöpfe. Die Geldsäcke, welche den Mehlsäcken in Speichern ähnlich sehen, ruhen in hübschen, sauberen und elektrisch beleuchteten Kammern. Es wurde mir erlaubt, ein Paket neuer Scheine im Wert von zehn Millionen Dollar ein wenig in der Hand zu halten. Da habe ich begriffen, warum Gold und Silber so wenig im Umlauf sind. Die Amerikaner ziehen schmutzige, unangenehme Papierfetzen dem Metall vor, weil sie diese bequemer und praktischer finden. Dafür werden diese Papierfetzen – nicht wie bei uns – dank der ausserordentlichen Menge des in der Münze aufbewahrten Metalls höher bewertet als Gold und Silber. Aus der Schatzkammer begaben wir uns an den Ort der Tätigkeit des guten Mr. Hyde. Er ist Direktor irgendeines Bankunternehmens und führte mich auch in seinen Gewölben umher, in welchen ganze Berge von Wertpapieren aufbewahrt werden. Wir haben auch die Börse besucht, welche mir aber ruhiger als die Pariser Börse vorkam. Hyde bewir-

---

[[504] Hier ist nicht „Metallographie" als Lehre vom Gefügeaufbau der Metalle (als Sonderdisziplin der Metallkunde) gemeint, sondern der klassische Notenstich mit Metallstempeln, wie er nach dem Vorbild der berühmten Leipziger Musikverlage und Notenstecher auch im Verlag Jurgenson kultiviert wurde.]
[[505] Čajkovskijs Brief bzw. Artikel „Wagner and his music" für das New Yorker „Morning Journal" ist am (21. April /) 3. Mai 1891 in diesem Blatt erschienen. Erneut in: E. Yoffe, Tchaikovsky in America. The Composer's Visit in 1891, New York und Oxford 1986 (im folgenden: TchA), S. 71 f.]

tete uns in einem Café mit Limonade. Während des ganzen Spaziergangs fühlte ich eine eigentümliche und unangenehme Müdigkeit, vielleicht – Altersschwäche. Nach Hause zurückgekehrt, musste ich den Zeitungsartikel (über Wagner) für Miss Ross zuende schreiben und war um 5 Uhr bereits wieder auf den Beinen, um William von Sachs aufzusuchen. Er wohnt in einem sehr grossen Haus, in welchem Zimmer ausschliesslich an unverheiratete Männer vermietet werden. Frauen werden in diesem merkwürdigen amerikanischen Kloster nur als Gäste zugelassen. Das Haus selbst und die Wohnung von Sachs sind sehr elegant und vornehm. Ich fand bei ihm eine kleine Gesellschaft vor, die sich nach und nach erheblich vergrösserte. Das war ein ‚five o'clock tea'. Die Pianistin Wilson (die mich gestern besucht hatte und eine grosse Anhängerin der russischen Musik ist) spielte u. a. die hübsche Serenade von Borodin.[506] Nachdem ich verschiedene Einladungen ausgeschlagen hatte, verbrachte ich den Abend allein – o mein Gott, wie angenehm das war! Speiste im Restaurant Hoffman, wie gewöhnlich ohne jeden Genuss. Beim Spaziergang im entfernteren Teil des Broadway stiess ich auf ein Meeting von Sozialisten in roten Mützen. Es waren ihrer – wie ich am folgenden Morgen aus der Zeitung erfuhr – 5000 Mann versammelt, mit Fahnen und ungeheuren Laternen, welche Inschriften trugen: ‚Genossen! Wir sind Sklaven im freien Amerika. Wir wollen nicht mehr als acht Stunden arbeiten!' Diese ganze Demonstration kam mir wie eine Posse vor; ich glaube, dass sie auch von den Einwohnern als solche angesehen wird, da nur wenige Neugierige herumstanden und das Publikum wie gewöhnlich zirkulierte. Körperlich müde, aber geistig etwas erfrischt, legte ich mich zu Bett." [ČD, S. 267-269; Tagebücher, S. 337-339.]

„20. April [/ 2. Mai 1891].

Um ½ 11 Uhr war ich schon zur Probe in der Music Hall. Sie fand im grossen Saal statt, wo verschiedene Arbeiter hämmerten, lärmten und hin und her liefen. Das Orchester ist in der ganzen Breite des grossmächtigen Podiums plaziert, infolgedessen ist der Klang schlecht und ungleichmässig. Dies machte mich sehr nervös, und ich war in meiner Wut einige Male nahe daran, alles mit grossem Skandal im Stich zu lassen und zu entfliehen. Nachlässig spielte ich die [1. Orchester-]Suite und den [Festlichen Krönungs-]Marsch durch, während ich das [1.] Klavierkonzert wegen der Unordnung in den Noten und der Erschöpfung der Musiker mitten im ersten Satz abklopfte. Furchtbar müde kehrte ich heim, nahm ein Bad, kleidete mich um und ging zu Mayer. Frühstückte mit ihm wieder im italienischen Restaurant. Schlief zu Hause. Die Pianistin Adele aus der Ohe kam um 5 Uhr und spielte mir das in der Probe verunglückte Konzert vor. Schrieb an Napravnik (Antwort auf seinen lieben Brief).[507] Ass unten mit Widerwillen zu Mittag. Promenierte auf dem Broadway; legte mich früh zu Bett. Gott sei Dank verlässt mich der Schlaf nicht." [ČD, S. 269; Tagebücher, S. 339.]

„21. April [/ 3. Mai 1891].

Telegramm von Jurgenson: ‚Christos vosskresse!'[508]

Draussen Regen. Briefe von Modja und Jurgenson. ‚Nur wer die Sehnsucht kennt' – weiss, was das heisst, in der Fremde Briefe zu erhalten. Noch nie habe ich ähnliche Gefühle gehabt. Herr N.[509] mit Frau besuchten mich. Er – ein hoher, bärtiger Mann, mir halbwegs

---

[506 Gemeint ist offenbar die Serenade aus Borodins „Petite Suite" für Klavier (die Serenade ist das sechste der insgesamt sieben Stücke der Suite, die Ende der 1870er Jahre komponiert und 1885 veröffentlicht wurde).]
[507 Napravniks Brief vom 5. / 17. April 1891 (Nachweis in: ČPSS XVIa, S. 102, Anmerkung 1) und Čajkovskijs Antwort vom 20. April / 2. Mai 1891 (ČPSS XVIa, Nr. 4370).]
[508 Bedeutet: „Christus ist auferstanden"; russischer Ostergruss.]
[509 Vollständiger Name transliteriert nach ČD, S. 269: g. (= gospodin, Herr) Narrajnov; nach Tagebücher, S. 339: Mr. Narrainow; nach TchA, S. 74: Mr. Narrainov.]

grauen Haaren, sehr elegant gekleidet, beständig über seine Rückenmarkskrankheit klagend, gut russisch sprechend und über die Juden schimpfend (obwohl er selbst einem Juden ähnlich sieht), sie – eine hässliche Engländerin (nicht Amerikanerin), die nichts als Englisch sprechen kann. Sie hatte einen Stoss Zeitungen mitgebracht und zeigte ihre Artikel. Was diese Leute von mir wollen, weiss ich nicht. Er fragte mich, ob ich eine Fantasie über den ‚Roten Sarafan'[510] komponiert hätte. Meine verneinende Antwort wunderte ihn sehr, und er fügte hinzu: ‚Ich werde Ihnen die Fantasie von Thalberg zuschicken, machen Sie's bitte ganz in derselben Art.' Mit grosser Mühe habe ich diese merkwürdigen Gäste hinauskomplimentiert. Um 12 Uhr holte mich von Sachs ab … Wir gingen zu Fuss in den Park … Dann liessen wir uns mit dem Lift in die vierte Etage eines kolossalen Hauses hinaufbefördern, welche von Schirmer bewohnt wird … Ausser mir und Sachs waren zu Tisch: der berühmte hiesige Kapellmeister Seidl[511] (ein Wagnerianer) mit Frau, die Pianistin Adele aus der Ohe, welche mein Konzert spielen wird,[512] mit ihrer Schwester und die Familie Schirmer … Seidl sagte mir, dass in der nächsten Saison meine ‚Jungfrau von Orleans' gegeben werden soll.[513] Um vier Uhr musste ich in der Probe sein. Von Sachs begleitete mich in Schirmers Wagen zur Music Hall. Die Music Hall war heute zum ersten Mal beleuchtet und aufgeräumt. Solange das Oratorium ‚Sulamith' von Damrosch (Vater)[514] probiert wurde, sass ich in Carnegies Loge. Dann wurde eine langweilige Kantate von Schütz, ‚Die sieben [letzten] Worte [unseres Erlösers am Kreuz]' gesungen, ehe die Reihe an mich kam. Meine Chöre[515] gingen sehr gut. Sehr ungern ging ich nachher mit Sachs wieder zu Schirmer, der mir das Versprechen abgenommen hatte, zu ihm zurückzukehren. Bei ihm war eine grosse Gesellschaft versammelt, – nur um mich zu sehen. Schirmer führte uns auf das Dach seines Hauses. Das grosse neunstöckige Haus hat ein Dach, welches so eingerichtet ist, dass man einen entzückenden Spaziergang darauf machen kann, mit herrlicher Fernsicht nach allen vier Seiten. Der Sonnenuntergang bot einen unbeschreiblich schönen und grossartigen Anblick. Nach unten zurückgekehrt, fanden wir einen intimen Kreis vor, in dessen Mitte ich mich unerwarteterweise sehr wohl fühlte. Aus der Ohe spielte sehr hübsch einige Stücke vor, unter anderem auch mein [1. Klavier-]Konzert mit mir zusammen [am zweiten Klavier]. Gegen neun Uhr setzte man sich zu Tisch. Um $^1/_2$ 11 Uhr wurden wir, d. h. ich, Sachs, aus der Ohe und ihre Schwester, mit prachtvollen Rosen versehen, per Lift nach unten befördert und von Schirmers Wagen nach Hause gebracht. Man muss der amerikanischen Gastfreundschaft Gerechtigkeit widerfahren lassen; etwas Ähnliches findet man vielleicht nur noch bei uns." [ČD, S. 269-271; Tagebücher, S. 339-341.]

[510] „Krasnyj Sarafan" (Der rote Sarafan) ist ein populäres Lied von Aleksandr E. Varlamov (1801-1848) auf einen Text von Nikolaj G. Ciganov (1797-1831). („Sarafan": meist lange, ärmellose Frauentracht des 18. und 19. Jahrhunderts.)]
[511] Anton Seidl (1850-1898), namhafter ungarisch-deutscher Wagner-Dirigent, dirigierte nach seinen Erfolgen 1885 und 1886 mit „Lohengrin" und „Tristan und Isolde" an der Metropolitan Opera öfter in New York, und zwar an der Met (vor allem Wagner) sowie bei den Symphonikern und Philharmonikern.]
[512] Insgesamt hat Čajkovskij sein 1. Klavierkonzert viermal mit Adele aus der Ohe aufgeführt: dreimal während seiner Amerikatournee 1891 (und zwar in New York, Baltimore und Philadelphia) sowie in seinem letzten Konzert am 16. Oktober 1893 in Petersburg.]
[513] Über eine solche Aufführung ist offenbar nichts bekannt.]
[514] Der Komponist, Dirigent und Geiger Leopold Damrosch (1832-1885) war 1872 von Deutschland nach New York übergesiedelt, wo er den Gesangsverein Arion und die von ihm gegründete Oratorio Society und New York Symphony Society leitete. – Auch sein Sohn, der Dirigent und Komponist Walter Damrosch (1862-1950) spielte eine bedeutende Rolle im New Yorker Musikleben, u. a. (in der Nachfolge seines Vaters) als Leiter der New York Symphony Society.]
[515] „Legende" [Čajkovskijs eigene Bearbeitung seines Kinderliedes op. 54, Nr. 10] und „Vater unser" [aus den Neun Liturgischen Chören ohne op.].

„22. April [/ 4. Mai 1891].

Briefe erhalten. Der Besuch von Herrn Romeyko,[516] Besitzer des Bureaus für Zeitungsausschnitte. Wahrscheinlich ist er auch einer von unseren Anarchisten wie jene zwei geheimnisvollen Russen, die gestern in der Probe mit mir sprachen. Schrieb Briefe und Tagebuch. Holte Mayer ab und ging mit ihm zu Hyde, welcher uns zum Frühstücken in einen Down Town Club führte ... Nach dem ausgezeichneten Frühstück ging ich zu Fuß zum Broadway, doch ach – mit Mayer zusammen. Dieser Kerl kann, wie es scheint, nicht begreifen, dass seine Opfer für mich unnötig und sogar unangenehm sind. Welch ein Genuss wäre es gewesen, allein zu promenieren! ... Dann gingen wir in ein Konzert des berühmten englischen Sängers Santley.[517] Der berühmte Sänger war ein Alterchen, welcher ziemlich rhythmisch, aber ganz tonlos und mit einer echt englischen Gradlinigkeit Arien und Lieder sang. Ich wurde von verschiedenen Kritikern begrüsst, darunter auch von jenem Fink,[518] welcher mir im Winter so begeistert über ‚Hamlet' geschrieben hatte. Ohne das Ende des Konzerts abgewartet zu haben, begab ich mich nach Hause, wo ich mit Adele aus der Ohe mein [1.] Klavierkonzert durchnehmen sollte. Sie erschien mit ihrer Schwester, und ich zeigte ihr verschiedene Nuancen, Details und Feinheiten, welche ihrem kraftvollen, reinen und glänzenden, aber – nach der gestrigen Probe zu urteilen – etwas rohen Spiel Not taten. Reno hat mir interessante Tatsachen über die amerikanische Karriere aus der Ohes mitgeteilt. Vor vier Jahren verschaffte sie sich ein Engagement, in einem Symphoniekonzert ein Konzert von Liszt (dessen Schülerin sie war) zu spielen, und kam ohne einen Groschen Geldes hierher. Ihr Spiel gefiel, sie erhielt Engagements von allen Seiten und hatte überall Erfolg. Während der vier Jahre wanderte sie von Stadt zu Stadt durch ganz Amerika und besitzt jetzt ein Kapital von einer halben Million Mark!!! So ist Amerika! Nachdem sie weggegangen war, warf ich mich in meinen Frack und begab mich zum Mittagessen zu Reno. Ich ging zu Fuss und fand mich ohne Schwierigkeiten durch. Diesmal speisten sie im engen Familienkreis. Erst nach dem Essen erschien Damrosch. Ich spielte mit der lieben Alice Reno vierhändig. Der Abend verging sehr angenehm. Reno brachte mich zur Tramway. Es ist plötzlich sehr kalt geworden." [ČD, S. 271 f.; Tagebücher, S. 341 f.]

„23. April [/ 5. Mai 1891].

Der Kellner Max, der mir morgens den Tee bringt, hat seine ganze Kindheit in Nishny-Nowgorod verbracht und auch eine dortige Schule besucht. Seit seinem 15. Lebensjahr lebte er teils in Deutschland, teils in New York. Jetzt ist er 32 Jahre alt und hat die russische Sprache gründlich vergessen, so dass er nur radebrechen kann, die gewöhnlichsten Worte kennt er aber noch. Es ist mir manchmal sehr angenehm, ein wenig Russisch mit ihm zu sprechen. Um 11 Uhr erschien der Pianist [Franz] Rummel (ein alter Bekannter aus Berlin),[519] immer noch mit derselben Bitte, sein Konzert am 17. zu dirigieren, mit welcher Bitte er schon einmal bei mir gewesen war. Dann erschien ein sehr liebenswürdiger und freundlicher Journalist. Er fragte, wie meiner Frau New York gefalle. Diese Frage wurde mir schon oft vorgelegt. Einen Tag nach meiner Ankunft nämlich stand in einigen Zeitungen zu lesen, ich wäre mit einer jungen, hübschen Frau angekommen. Das kam so: Zwei Reporter haben mich am Dampfschiffquai mit Alice Reno in einen Wagen steigen sehen.

---

[516] Nach ČD, S. 271 (transliteriert): g. Romejko; nach: Tagebücher, S. 341 und Register S. 346: Mr. Henry Romeike; nach TchA, S. 76: Romeiko.]
[517] Nach ČD, S. 272 (transliteriert): Santlej; nach Tagebücher, S. 342, und TchA, S.79: Santley.]
[518] Kritiker der Zeitung „New York Evening Post". [Nach ČD, S. 272 (transliteriert): Fink; nach Tagebücher, S. 342: Henry T. Finck; nach TchA, S. 79 und 212: Henry Theophilus Fink (1854-1926).]
[519] Am 2. / 14. Januar 1893 wird Čajkovskij mit ihm sein 1. Klavierkonzert in Brüssel aufführen.]

Frühstückte unten im Hotel. Ging auf dem Broadway spazieren. Kehrte in ein mir empfohlenes Wiener Cafe ein und hatte das Unglück, dort Kapellmeister Seidl zu treffen. Musste mich in eine Unterhaltung mit ihm einlassen, obwohl mir gar nicht zum Unterhalten zumute war. Das bevorstehende Erscheinen vor einem 5000-köpfigen Publikum regte mich bereits auf. Nach meiner Rückkehr nach Hause widerfuhr mir die schreckliche Unannehmlichkeit, einen meiner französischen Schiffsfreunde zu empfangen. Er blieb unendlich lange und machte ein trauriges Gesicht in der Erwartung, ich würde ihn nach dem Grund desselben fragen. Als ich ihm endlich diese Frage vorlegte, erzählte er mir, man hätte ihm gestern sein ganzes Geld gestohlen, und er wäre mit der Bitte zu mir gekommen, ihm 200 Francs zu leihen. Und der reiche Vater? Und die Milliarden Pfropfen, welche er fabriziert und in die ganze Welt versendet?? All diese Geschichten waren also erlogen? Ich sagte, ich hätte im Augenblick kein Geld, würde ihm aber vielleicht Ende der Woche etwas geben können. Das ist sehr verdächtig, und ich möchte beinahe annehmen, dass er auf dem Schiff mein Portemonnaie gestohlen hat. Muss mich mit Reno beraten. Um $^1/_2$ 8 Uhr kam der Schwager Renos. In einem überfüllten Wagen fuhren wir zur Music Hall, welche bei abendlicher Beleuchtung und mit Publikum überaus effektvoll und grandios aussieht. Die Feier begann mit einer Ansprache Renos (welche den Ärmsten am Vortage viel Aufregung gekostet hatte). Danach wurde die Nationalhymne gesungen. Dann sprach ein Pastor[520] sehr lange und überaus langweilig und feierte die Gründer des Saals, besonders Carnegie. Dann wurde sehr hübsch die Leonoren-Ouvertüre [Nr. 3 von Beethoven] vorgetragen. Pause. Ich ging hinunter. Aufregung. Die Reihe war an mir. Wurde sehr laut begrüsst. Der Marsch ging sehr gut.[521] Grosser Erfolg. Während des übrigen Teils des Konzerts sass ich in Hydes Loge. Das Te Deum von Berlioz[522] ist etwas langweilig, erst gegen Schluss hatte ich einen grossen Genuss. Renos schleppten mich zu sich. Improvisiertes Souper. Schlief wie tot." [ČD, S. 272 f.; Tagebücher, S. 342 f.]

An J. Conus: „New York, d. 23. April [/ 5. Mai] 1891.

Mein lieber Freund, ich schreibe Ihnen geschäftlich und fürchte, der Brief könnte Sie nicht mehr in Paris antreffen. In einer Gesellschaft hiesiger musikalischer Grössen kam gestern das Gespräch darauf, dass das hiesige erste Symphonieorchester zwei Konzertmeisterstellen zu vergeben hätte. Um diese zu besetzen, reist Kapellmeister Damrosch nach Europa. Da schoss mir plötzlich der Gedanke durch den Kopf, dass es nicht übel für Sie wäre, hierher zu kommen, und ich sagte Damrosch sofort, dass er keinen Besseren finden könne als Sie. Sie brauchen Solisten. Damrosch war sehr an Ihnen interessiert, nur verwirrte ihn Ihre Jugend. Dieser letztere Umstand dürfte hinderlich für Sie sein, erster Konzertmeister zu werden, aber die Stelle des zweiten könnten Sie leicht erlangen. Ich würde Ihnen *sehr* raten, das Engagement anzunehmen. Sie glauben nicht, welch ein bewunderungswürdiges Land Amerika ist. Bei Ihrem Talent ist es hier gar nicht schwer, kolossale künstlerische und materielle Erfolge zu erzielen ..."[523] [XVIa, 4374.]

Tagebuch: „[New York,] d. 24. April [/ 6. Mai] 1891.

‚Tschaikowsky ist ein behäbiger Mann mit etwas grauem Haar, gut gebaut, von interessantem Äusseren und zählt gegen 60 Jahre (!!!). Er scheint sich etwas zu genieren und

---

[[520] Bishop Henry C. Potter.]
[[521] Der festliche Krönungsmarsch D-Dur (1883).]
[[522] Die Kompositionen von Beethoven und Berlioz dirigierte Walter Damrosch.]
[[523] Tatsächlich erhielt Julij É. Konjus (1869-1942), der sein Studium am Moskauer Konservatorium in der Klasse von Ivan V. Gržimali 1888 absolviert hatte, 1891 eine (die zweite) Konzertmeisterstelle beim New Yorker Symphonieorchester, die er bis 1893 innehatte.]

antwortet auf den Applaus mit einer Reihe eckiger, kurzer Verbeugungen. Sobald er aber den Taktstock in die Hand nimmt, kehrt seine Selbstbeherrschung wieder.' Das habe ich heute im ‚Herald'[524] gelesen. Es ärgert mich, dass sie nicht nur über die Musik, sondern auch über meine Person schreiben. Ich kann es nicht leiden, wenn meine Verwirrung bemerkt und meine ‚eckigen und kurzen Verbeugungen' bestaunt werden.

Um $^1/_2$ 11 Uhr ging ich zur Probe. Nur mithilfe eines Arbeiters habe ich den Eingang zum Saal finden können. Die Probe ging sehr gut. Nach der [3. Orchester-]Suite riefen die Musiker so etwas wie ‚hoch'. Ganz in Schweiss gebadet, musste ich mich mit M-me Reno, ihrer ältesten Tochter und noch zwei anderen Damen unterhalten. Bei Reno. Das Dampfschiff-Billett. Instruktionen betreffs der Reise nach Philadelphia und Boston. Dann eilte ich zu Mayer, wo mich Rummel schon seit anderthalb Stunden erwartete, um das zweite Konzert durchzuspielen. Wir spielten es aber nicht, stattdessen übte ich mich in Beredsamkeit, d. h. ich versuchte zu beweisen, dass ich gar keinen Grund hätte, auf seinen Vorschlag – am 17. sein Konzert unentgeltlich zu dirigieren – einzugehen. Frühstückte mit Mayer im italienischen Restaurant. Gegen sieben Uhr erschien ganz unerwartet der liebe P. Botkin[525] aus Washington. Er ist nur zum Konzert hergekommen. Um $^1/_2$ 8 Uhr holten mich Hyde und seine Frau ab. Das zweite Konzert. Es wurde das Oratorium ‚Elias' von Mendelssohn aufgeführt. Ein herrliches, aber etwas zu gedehntes Werk. In der Pause wurde ich in die Logen verschiedener hiesiger Grössen herumgeschleppt." [ČD, S. 273 f.; Tagebücher, S. 343 f.]

„25. April [/ 7. Mai 1891].

51 Jahre alt. Ich bin sehr aufgeregt. Um 2 Uhr beginnt das Konzert mit der [3. Orchester-]Suite. Etwas Wundersames, diese eigentümliche Furcht! Wievielmal habe ich die Suite nicht schon dirigiert, sie geht ausgezeichnet; woher also die Angst? Und doch leide ich unerträglich. Und es ging immer crescendo. Noch nie, scheint es, habe ich mich so geängstigt. Vielleicht kommt das daher, dass man hier meinem Äusseren Aufmerksamkeit schenkt, infolgedessen kommt meine Blödigkeit zum Vorschein. Wie dem auch sei, nachdem einige schwere Stunden überwunden waren (besonders schwer war die letzte, weil ich kurz vor dem Erscheinen mit verschiedenen fremden Leuten sprechen musste), betrat ich das Podium, wurde ausgezeichnet empfangen und machte – wie die heutigen Zeitungen behaupten – ‚Sensation'. Nach der Suite sass ich im Kabinett Renos und empfing verschiedene Reporter in Audienz (oh, diese Reporter!), u. a. den bekannten Jackson. Ich machte Frau Reno in ihrer Loge eine Aufwartung; sie hatte mir nämlich am Morgen eine Masse Blumen geschickt, als wenn sie geahnt hätte, dass heute mein Geburtstag ist. Ich empfand das Bedürfnis, allein zu sein, lehnte die Einladung Renos ab, drängte mich durch eine Menge Damen, welche im Korridor standen, mich anstarrten und in deren Augen ich mit unwillkürlicher Freude begeisterte Anteilnahme las, – und eilte nach Hause. Hier schrieb ich Botkin eine Karte, dass ich mein Versprechen, mit ihm zu speisen, nicht halten könne. Erleichtert und – so gut es ging – glücklich, ging ich flanieren, Mittag essen, ins Café, kurz: das Schweigen und Alleinsein geniessen. Ging früh zu Bett." [ČD, S. 274 f.; Tagebücher, S. 344 f.]

„26. April [/ 8. Mai 1891].

Ich kann kaum Zeit finden, Briefe und Tagebuch zu schreiben. Ich werde von Besuchern förmlich überlaufen: Reporter, Komponisten, Librettisten, von denen mich einer (er brachte mir das Textbuch einer Oper ‚Wlasta') durch die Erzählung vom Tode seines einzi-

---

[524] „New York Herald", 6. Mai 1891.
[525] [Petr S. Botkin,] Sohn des berühmten Gelehrten [Arztes] S. Botkin und Sekretär der russischen Gesandtschaft in Washington.

gen Sohnes sehr gerührt hat. Ausserdem erhalte ich von allen Enden Amerikas ganze Haufen von Briefen mit Bitten um Autogramme, – die ich sehr gewissenhaft beantworte. War in der Probe des Klavierkonzerts. Ärgerte mich über Damrosch, welcher die beste Zeit für sich in Anspruch nimmt und mir den Rest der Probe überlässt. Dennoch gelang die Probe gut. Kleidete mich zu Hause um und frühstückte allein. War dann bei Knabe und bedankte mich für das gestrige schöne Geschenk (Freiheitsstatue). Ob man das Ding in Russland durchlassen wird? Dann eilte ich nach Hause. Besucher ohne Ende, darunter zwei russische Damen. Die eine von ihnen, Frau MacKahan,[526] Witwe des berühmten Kriegskorrespondenten von 1877 und selbst Korrespondentin von ‚Russkie Wedomosti' und ‚Sew. West.'[527] Da es das erste Mal war, dass ich nach Herzenslust mit einer Russin plaudern durfte, – geschah ein Skandal: Plötzlich traten mir Tränen in die Augen, die Stimme begann zu zittern, und ich konnte das Schluchzen nicht unterdrücken. Ich floh ins Nebenzimmer und konnte mich lange nicht zeigen. Ich brenne vor Scham, wenn ich an jene unerwartete Episode denke ... Ruhte ein wenig vor dem Konzert. Die Chöre gingen gut, hätten aber besser gehen können, wenn ich nicht so aufgeregt gewesen wäre. Sass in der Loge bei Reno und Hyde während des schönen Oratoriums ‚Sulamith' von Damrosch (Vater). Zum Souper bei Damrosch ging ich mit Reno und Carnegie zu Fuss. Dieser kleine Erzmillionär ist mir sehr zugetan und spricht immer von einem Engagement für das nächste Jahr ... Es wurde viel Champagner getrunken. Ich sass zwischen dem Gastgeber und Kapellmeister Dannreuther. Indem ich mit ihm über seinen Bruder sprach, muss ich während zweier Stunden jedenfalls den Eindruck eines Verrückten oder frechen Lügners gemacht haben: er sperrte den Mund auf und schien ganz verwundert. Es erwies sich, dass ich in meinem Gedächtnis den Pianisten Dannreuther[528] mit dem Pianisten Hartvigson[529] verwechselt hatte. Meine Zerstreutheit wird nachgerade unerträglich und zeugt von Altersschwäche. Indessen waren alle sehr erstaunt zu erfahren, dass ich gestern 51 Jahre alt geworden bin. Namentlich Carnegie war sehr verwundert. Sie glaubten alle (ausser denen, die meine Biographie kennen), ich wäre viel älter. Wahrscheinlich bin ich in der letzten Zeit sehr gealtert? Ich fühle, dass in meinem Inneren etwas aus dem Leim gegangen ist. Carnegies Wagen brachte mich nach Hause. Unter dem Eindruck der Gespräche über mein Alter hatte ich schreckliche Träume: Auf einer gigantischen, abschüssigen Steinwand rutschte ich ins Meer und klammerte mich an einen kleinen Felsvorsprung. Wahrscheinlich ist das die Folge der gestrigen Gespräche.

Herr Romeyko[530] schickt mir täglich ganze Berge von mich betreffenden Zeitungsausschnitten. Sie sind alle ohne Ausnahme im höchsten Grade lobend. Die 3. Suite wird in den Himmel gehoben, aber noch weit mehr – mein Dirigieren. Bin ich denn in der Tat ein so guter Dirigent? Oder übertreiben die Amerikaner?" [ČD, S. 275 f.; Tagebücher, S. 345 f.]

„d. 27. April [/ 9. Mai 1891].

... Der Vorstand des ‚Composers' Club' hat mir einen Besuch gemacht und will einen Abend mit meinen Werken arrangieren. Die liebe Frau White[531] schickte mir eine solche

---

[526 Nach ČD, S. 275 und 278 (transliteriert): Mak-gachan, V. N. Mac-Gachan; nach Tagebücher, S. 345 und 349: Warwara Nikolajewna MacGahan; nach TchA, S. 98 und 110: V. N. Mac-Gahan.]
[527 „Severnyj vestnik" (Nördlicher Bote), von September 1885 bis Ende 1898 in Petersburg erscheinende Monatszeitschrift mit dem Untertitel „Zeitschrift für Literatur, Politik und Gesellschaft".]
[528 Der Pianist Edward George Dannreuther (1844-1905) wirkte seit 1863 in England.]
[529 Auch der dänische Pianist Frits Hartvigson (1841-1919) hielt sich seit 1864 in England auf (1872-1875 allerdings in Rußland), am 17. März 1877 spielte er in London Čajkovskijs 1. Klavierkonzert, und zwar zum esten Mal in der revidierten Fassung. Hartvigson und Čajkovskij korrespondierten miteinander.]
[530 Siehe oben, S. 502, Anmerkung 516.]
531 Die verheiratete Tochter Schirmers.

Menge der herrlichsten Blumen, dass ich einen Teil derselben wegen Mangels an Platz und Vasen Max schenkte, welcher hoch erfreut war, weil seine Frau sie furchtbar gern hat. Auch der Geiger Ritzel[532] hat mich besucht. Er wollte ein Bild von mir haben und erzählte, dass die Orchestermusiker mich sehr lieb gewonnen hätten. Das hat mich sehr gerührt. Ich kleidete mich um und brachte Mayer mein grosses Portrait.[533] Von da zu Schirmer und dann eiligst in die Music Hall, wo mir das letzte Erscheinen vor dem Publikum bevorstand. Diese Besuche vor dem Konzert beweisen, wie wenig aufgeregt ich diesmal war. Warum? – Das weiss ich wirklich nicht. Im Künstlerzimmer lernte ich eine Sängerin kennen, die gestern ein Lied von mir gesungen hatte. Eine ausgezeichnete Sängerin und nette Frau. Mein [1. Klavier-]Konzert ging in der brillanten Wiedergabe aus der Ohes prachtvoll. Der Enthusiasmus war so gross, wie er selbst in Russland nie gewesen ist. Ich wurde ohne Ende gerufen, Tücherschwenken und ‚Hoch'-Rufe, kurz, es war zu merken, dass ich den Amerikanern tatsächlich gefallen habe. Besonders wertvoll war für mich die Begeisterung des Orchesters. Infolge der Hitze und des Taktschlagens war ich ganz in Schweiss geraten und konnte leider die Szene aus [Wagners] ‚Parsifal' nicht mehr anhören. Zu Hause nahm ich ein Bad und kleidete mich um, frühstückte bei mir (oder ass zu Mittag) um 5 Uhr. Ruhte ein wenig. Im letzten Abendkonzert des Festivals sass ich abwechselnd in den Logen von Carnegie, Hyde und Reno. Es wurde das ganze Oratorium ‚Israel in Ägypten' von Händel aufgeführt. In der Mitte des abends Ovationen an den Erbauer des Saals. Nachher soupierte ich mit Damrosch bei Sachs …" [ČD, S. 276-278; Tagebücher, S. 347 f.]

„28. April [/ 10. Mai 1891].

Das war ein sehr schwerer Tag. Am Morgen wurde ich von Besuchern belagert … Um ein Uhr ging ich aus, um den Nihilisten Starck-Stoleschnikow[534] zu besuchen; er wohnt aber so weit weg, und die Hitze war so drückend, dass ich es aufschob. Ich eilte stattdessen zu Dr. N.[535] und kam noch rechtzeitig. Dr. N. ist Russe, wenigstens in Russland erzogen. Seine Frau ist, wie ich endlich erfuhr, die Comtesse G.[536] Sie leben schon seit 1860 in Amerika, reisen oft nach Europa, ohne Russland zu besuchen. Warum sie es meiden – mochte ich nicht fragen. Sie sind beide glühende Patrioten und lieben Russland mit echter Liebe … Von Russland sprach er in dem Sinne, dass Despotismus und Beamtenwirtschaft es daran hinderten, sich an die Spitze der Menschheit zu stellen … Es scheint mir, dass er ein Freidenker ist, früher einmal den Zorn der Regierung auf sich gelenkt hat und noch rechtzeitig geflohen ist; sein jetziger Liberalismus scheint aber nicht die entfernteste Ähnlichkeit mit Nihilismus und Anarchismus zu haben. Beide versicherten wiederholt, nichts mit den hiesigen Nihilisten zu tun zu haben. Ich frühstückte bei ihnen (gegen drei Uhr!!!) und lief dann (in Ermangelung von Droschken muss man überall zu Fuss rennen) zu B. MacKahan.

[532 Nach ČD, S. 277 (transliteriert): Ritcel'; nach Tagebücher, S. 347 und 386 (Register): J. Rietzel; nach TchA, S. 201: Rietzel.]
[533 Gemeint ist natürlich eine größerformatige Portraitphotographie.]
[534 Nach ČD, S. 278 (transliteriert): Štark-Stolešnikov; nach Tagebücher, S. 348: Stark-Stoleschnikow, mit Anmerkung 35, S. 369: Čajkovskij „versteht Nihilismus im Sinne Turgenjews, der in der Gestalt Basarows aus seinem Roman ‚Väter und Söhne' einen typischen ‚Nihilisten' dargestellt hat und darunter ein Synonym für das Wort ‚Revolutionär' verstanden (vgl. Turgenev, Polnoe sobranie sočinenij i pisem v 28 tomach, Moskau-Leningrad 1960-1968, Bd. 4, S. 380." – Nach TchA, S. 109: Stark-Stoleschnikov.]
[535 Der vollständige Name nach ČD, S. 278 (transliteriert): Dokt. Neftel'; Tagebücher, S. 348 und Register S. 380: Doktor William Basil Neftel; TchA, S. 109: Dr. Neftel.]
[536 Nach ČD, S. 278 (transliteriert): knjažna *Gruzinskaja*, dvojurodnaja Egora Ivanoviča (zu deutsch: eine Fürstin Gruzinskaja, eine Cousine von Egor Ivanovič); nach Tagebücher, S. 348 (fälschlich?): eine *georgische Fürstentochter*, die Cousine von Jegor Iwanowitsch; nach TchA, S. 109 (ebenfalls fälschlich?): a Georgian princess, a cousin of Egor Ivanovich.]

Während N.s ziemlich luxuriös eingerichtet sind, wohnt diese Korrespondentin russischer Zeitungen ganz auf studentischem Fuss ... Etwas später erschien bei ihr der bekannte Bildhauer Kamensky,[537] welcher – ich weiss nicht, warum – schon seit zwanzig Jahren in Amerika lebt. Er ist ein alter, etwas kränklich aussehender Mann mit einer tiefen Narbe auf der Stirn. Er setzte mich durch die Bitte in Verlegenheit, ihm *alles* zu erzählen, was ich über das gegenwärtige Russland weiss. Ich wusste nicht recht, wie ich diese gewaltige Aufgabe lösen sollte, da begann Barbara Nikolaewna ein Gespräch über meine musikalischen Angelegenheiten, und ich entfernte mich bald darauf, um mich zu Hause umzukleiden und zum Diner bei Carnegie zu gehen. Wegen des Sonntags sind alle Cafés geschlossen. Die Reste des englischen Puritanertums, welches in solchen unsinnigen Kleinigkeiten zum Vorschein kommt (wie z. B. auch darin, dass man sonntags nur durch Betrug zu einem Glas Whisky oder Bier kommen kann), empören mich sehr. Man sagt, dass die Gesetzgeber, welche dieses Gesetz im Staat New York in Kraft gesetzt haben, selbst grosse Trinker seien. Ich hatte kaum Zeit, mich anzukleiden und in einem Wagen (der weither geholt werden musste und sehr teuer war) zu Carnegie zu fahren. Dieser Erzmillionär wohnt im Grunde nicht luxuriöser als die anderen. Zum Mittagessen waren geladen Reno mit Frau, Damrosch mit Frau, ein unbekannter Herr und eine dicke Freundin von Frau Damrosch. Ich sass neben dieser sehr aristokratischen und augenscheinlich vornehmen Dame. Dieser Sonderling Carnegie, welcher im Laufe der Jahre von einem Telegraphenlehrling zu einem der reichsten amerikanischen Männer geworden war, dabei aber einfach geblieben ist, – flösst mir ungewöhnliches Vertrauen ein, vielleicht weil er mir so viel Anteilnahme entgegenbringt. Seine Liebe zu mir äusserte er während des abends in sehr merkwürdiger Weise. Er ergriff meine Hände, schrie, dass ich kein gekrönter, aber ein echter König der Musik sei, umarmte mich (ohne mich zu küssen: hier küssen sich die Männer nie), stellte sich auf die Zehenspitzen und streckte die Hand in die Höhe, damit meine Grösse andeutend, und brachte schliesslich die ganze Gesellschaft zum Lachen, indem er vorstellte, wie ich dirigiere. Das machte er so ernst, so gut, so ähnlich, dass ich selbst ganz entzückt war. Seine Frau ist ebenfalls eine überaus einfache und nette junge Dame und brachte in jeder Weise ihre Anteilnahme für mich zum Ausdruck. Das alles war mir sehr angenehm, genierte mich aber ein wenig. Ich war froh, um 11 Uhr wieder nach Hause gehen zu können. Reno begleitete mich. Packte meinen Koffer für die morgige Reise." [ČD, S. 278-280; Tagebücher, S. 348-350.]

„29. April [/ 11. Mai 1891].
Mayer holte mich ¼ nach 8 Uhr ab. Wie käme ich ohne Mayer zurecht? Wie würde ich mir gerade die Fahrkarte lösen, die ich brauche? Wie würde ich überhaupt zur Bahn kommen und erfahren, was ich um die und die Stunde zu tun habe? Ich bekam einen Platz im Salonwagen ... Um ½ 9 Uhr kamen wir in Buffalo an. Hier wurde ich von zwei Herren erwartet, welche Mayer instruiert hatte, mich zum Anschlusszug zu bringen, denn es ist sehr schwer, sich in dem Labyrinth dieses Knotenpunkts vieler Linien zurechtzufinden ... 50 Minuten nach der Abfahrt von Buffalo war ich bereits an den Niagara-Fällen. Ich stieg in dem Hotel ab, in welchem ein Zimmer für mich reserviert war – wieder dank Mayer. Das Hotel ist bescheiden, in der Art der kleinen schweizerischen Gasthöfe, – aber sehr reinlich und bequem, weil dort deutsch gesprochen wird ... Ich ging früh zu Bett. Das Brausen der Wasserfälle ist in der nächtlichen Stille sehr vernehmbar." [ČD, S. 280 f.; Tagebücher, S. 350 f.]

[537 Der in 1836 in Petersburg geborene und in Rußland berühmt gewordene Bildhauer Theodore Kamensky unterrichtete damals an der American Art School in New York.]

An M. Tschaikowsky: „Auf dem Wege zu den Niagara-Fällen, d. 29. April [/ 11. Mai 1891].

... Heute früh kam ich nicht dazu, Dir zu schreiben, dass Du die Briefe an Dich und Wsewoloshsky falsch verstanden hast. Mehr denn je bin ich in das ‚Jolanthe'-Sujet verliebt, und Dein Textbuch ist ausgezeichnet gemacht. Als ich in Rouen die Honigkuchen, Bleisoldaten, Puppen usw. [des ‚Nussknacker'-Balletts] musikalisch illustrierte, sah ich, dass ich noch viel am Ballett zu arbeiten hätte, ehe ich an die Oper gehen könnte; ferner sah ich voraus, dass ich weder auf der Hinreise, noch in Amerika selbst, noch auf der Rückfahrt zum Arbeiten kommen würde – das war es, was mich zur Verzweiflung gebracht hat: die Unmöglichkeit, die übernommene Arbeit auszuführen. Das machte meiner Liebe zu ‚Jolanthe' ein Ende, aber nur, um diese Liebe später von neuem leidenschaftlich anzufachen. Oh, ich werde eine Oper schreiben, dass alle weinen sollen, – aber erst für die Saison 1892-93.

Ich schreibe diesen Brief im Büffet-Wagen, dem einzigen, in dem man rauchen darf. Hier sind auch Tischchen zum Schreiben von Briefen und Telegrammen aufgestellt. Der Zug fährt mit unheimlicher Geschwindigkeit, so dass das Schreiben schwerfällt. Bequemlichkeit und Komfort der amerikanischen Bahnen sind erstaunlich, doch sind unsere in mancher Beziehung besser. Fast nirgends Aufenthalt. Man sitzt und wird müde vom Sitzen. Ausführliches darüber im Tagebuch." [XVIa, 4379.]

Tagebuch: „Niagara, d. 30. April [/ 12. Mai 1891].

Um neun Uhr stand der Wagen bereit. Führer gibt es hier nicht, – das ist sehr angenehm ... Ich will die Schönheit der Fälle nicht beschreiben, denn diese Dinge lassen sich schwer mit Worten wiedergeben ... Nachmittags spazierte ich wieder zu Fuss zum Wasserfall und überhaupt durch die Stadt. Während dieses Spaziergangs konnte ich – ebenso wie auch am Morgen – eine merkwürdige, wahrscheinlich nervöse Müdigkeit nicht loswerden, welche mich am vollen Genuss des Aufenthalts in dieser schönen Gegend hinderte. Als wenn etwas in meinem Inneren aus dem Leim gegangen wäre: die Maschine ging nicht mehr richtig. Um $^{1}/_{4}$ nach 6 Uhr reiste ich in einem besonderen Schlaf-Coupé wieder ab. Der bedienende Neger war nicht sehr liebenswürdig und schwer von Begriff. Seinetwegen konnte ich kein Essen bekommen und legte mich hungrig zu Bett. Allerlei Bequemlichkeiten: Waschtoilette, Seife, Handtuch, ein prachtvolles Bett. Aber ich schlief schlecht." [ČD, S. 281 f.; Tagebücher, S. 352 f.]

„New York, d. 1. [/ 13.] Mai [1891].

Ich erwachte um fünf Uhr mit dem qualvollen Gedanken an die bevorstehende schreckliche Woche. Um 8 Uhr war ich bei mir, nahm ein Bad und war froh, den guten Max wiederzusehen. Die Zeitungsnachricht über das Attentat auf den Kronprinzen stimmte mich traurig. Traurig ist auch, dass keine Briefe von zu Hause da sind, – und ich hatte gehofft, eine ganze Menge vorzufinden. Viele Besucher. Angesichts der grossen Entfernungen in New York, die ich heute zurückzulegen hatte, mietete ich einen Hotelwagen. Zuerst fuhr ich, mich von Damrosch – der nach Europa reist – zu verabschieden. Er bat mich, ihn als meinen [Kompositions-]Schüler aufzunehmen. Das lehnte ich natürlich ab, verriet aber unwillkürlich gar zu viel Entsetzen bei dem Gedanken an die Ankunft Damroschs zu Studienzwecken bei mir im Dorf ... Von da eilte ich zum Frühstück bei Reno. Der Kutscher war ganz betrunken und wollte nicht verstehen, wohin er mich zu fahren hatte. Gut, dass ich mich selbst orientieren konnte. Die Familie Reno behandelte mich wie gewöhnlich sehr herzlich. Von da zu Mayer. Dann brachte derselbe betrunkene Kutscher mich und Mayer zur gewaltigen Dampf-Fähre, welche Equipagen, Pferde und Menschen über den Eastriver setzt. Von da fuhren wir per Eisenbahn zu Mayers Sommerwohnung; ich fühlte mich so müde, so gereizt und unglücklich, dass ich kaum die Tränen zurückhalten konnte ... Seine Familie ist gut und nett, doch langweilte ich mich sehr und sehnte mich fort. Am Nachmittag promenierten wir am Strand des Ozeans, der etwas bewegt war. Die Luft ist hier frisch und rein, so dass mir der Spaziergang Genuss und Erleichterung brachte. Ich übernachtete bei Mayer. Schlief schlecht." [ČD, S. 282 f.; Tagebücher, S. 353 f.]

„2. [/ 14.] Mai [1891].

Ich stand gegen 6 Uhr auf. Ging ans Meer und war entzückt. Nach dem Frühstück fuhren wir in die Stadt. Ich wollte gern allein sein. Miss Ross erschien. Mein Brief über Wagner[538] war veröffentlicht worden und soll Sensation erregt haben. Anton Seidl, der berühmte Kapellmeister und Wagnerianer, hat eine ziemlich umfangreiche Erwiderung veröffentlicht, in welcher er mir gegenüber einen freundlichen Ton anschlug.[539] Sie war gekommen, mich zu bitten, meinerseits eine Antwort auf Seidls Erwiderung zu schreiben. Ich machte mich auch daran, wurde aber durch X.[540] unterbrochen, welcher sehr lange bei mir sass und mir allerlei uninteressante und bereits hundertmal gehörte musikalische Klatschereien wiedererzählte. Dann kam der Korrespondent einer Zeitung aus Philadelphia, einer meiner besonders eifrigen Verehrer. Ich musste englisch mit ihm sprechen: habe Fortschritte gemacht und sagte einiges recht gut. Briefe geschrieben. Frühstückte allein in meinem Hotel. Machte zu Fuss eine Wanderung durch den Central Park. Meinem Versprechen gemäss erschien ich bei Mayer, um ein Urteil über die Klaviere der Knabeschen Fabrik aufzuschreiben. Das war also der Endzweck der Mayerschen Liebenswürdigkeiten!!! All diese Geschenke, die Verschwendung von Zeit und Geld für mich, all seine unbegreiflichen Aufmerksamkeiten – sollten also das Honorar für die zukünftige Reklame bedeuten!!! Ich schlug Mayer vor, das Urteil selbst zu verfassen; er sass lange, konnte sich aber nichts ausdenken, und wir schoben es bis zu unserem nächsten Wiedersehen auf. Dann machte ich einen Besuch bei Tretbar,[541] dem Vertreter von Steinway, dem ich Briefe von Jurgenson zu überbringen hatte. Er wartete bis jetzt auf mich, weil er nicht als erster bei mir erscheinen wollte. Ich habe meinen Besuch absichtlich so lange aufgeschoben, um nicht näher mit ihm bekannt zu werden. Zu Hause packte ich meine Koffer. Bald brachte ein Bote Mayers das Zeugnis über die Knabe-Klaviere, welches ich unterschreiben sollte. Darin stand zu lesen, dass ich die Knabeschen Klaviere *unzweifelhaft für die besten unter den amerikanischen halte.* Da ich das in Wirklichkeit nicht finde, sondern die Steinway-Klaviere (ungeachtet der relativen Unliebenswürdigkeit des Vertreters Tretbar mir gegenüber) viel höher schätze, lehnte ich diese Fassung meines Urteils ab. Ich liess Mayer sagen, dass ich trotz meiner grossen Dankbarkeit – nicht lügen wolle. Der Reporter des ‚Herald' war bei mir, – ein sehr sympathischer Mann. Dann fuhr ich zu Hyde. – Sehr schade, dass ich nicht imstande bin, den ganzen Reiz und die Originalität dieses sympathischen Paars in Worte zu kleiden. Hyde begrüsste mich mit den Worten: ‚Kak uasche sdoroiue, sidite poschaljust'.[542] Dabei lachte er wie ein Verrückter, auch seine Frau lachte, und ich lachte auch. Er hatte nämlich einen russischen

---

[538 „Wagner and His Music by P. Tchaikovsky – the noted Russian composer", in: New York Morning Journal, 3. Mai 1891; englisch in: TchA, S. 71 f.; russisch in: ČPSS II, S. 329 f. (zuerst in SovM 7/1949, S. 62 ff.); deutsch in: Musikalische Essays, S. 379 f.]

[539] Es ist mir leider nicht gelungen, den Brief Peter Iljitschs und die Erwiderung Seidls zu erlangen. [Zu Čajkovskijs „Brief" siehe die vorangehende Anmerkung. Anton Seidels „Erwiderung", erschienen im Morning Journal vom 10. {/ 22.} Mai 1891, ist publiziert in: TchA, S. 125-127.]

[540 Nach ČD, S. 283 (transliteriert: g. (gospodin = Herr) Ditman; Tagebücher, S. 354: Herr Ditman; TchA, S. 127 ebenfalls: Mr. Ditman.]

[541 Charles F. Tretbar. (Nach: TchA, Register, S. 216.)]

[542] (Gebrochenes Russisch): „wie ist Ihr Befinden, sitzen Sie bitte".

Sprachführer gekauft und einige Phrasen daraus gelernt, um mich zu überraschen. Frau Hyde lud mich ein, unverzüglich eine Zigarette in ihrem Salon zu rauchen, – für eine Amerikanerin der Gipfel der Gastfreundschaft. Nach der Zigarette ging man zu Tisch. Der Tisch war reich mit Blumen geschmückt; jeder erhielt einen Blumenstrauss. Dann setzte Hyde ganz unvermutet eine ernste Miene auf, senkte die Augenlider und sprach das ‚Vaterunser'. Ich tat wie die anderen, d. h. senkte ebenfalls die Augen zu Boden. Hierauf begann das unendlich lange Diner … Um 10 Uhr entfernte ich mich. Zu Hause erwartete mich der Bote von Knabe. Wir tranken unten ein Glas Bier zusammen, nahmen meinen Koffer und begaben uns nach Down Town. Hier liessen wir uns von der Dampf-Fähre über den Hudson setzen und erreichten endlich den Bahnhof. Der Bote von Knabe (ohne dessen Hilfe ich verloren gewesen wäre) besorgte mir ein bequemes Coupé, der freundliche Neger machte das Bett, und ich warf mich in Kleidern auf dasselbe, weil ich nicht die Kraft hatte, mich auszuziehen, und sank sofort in tiefen Schlaf. Ich schlief fest, aber nicht lange. Der Neger weckte mich eine Stunde vor der Ankunft in Baltimore." [ČD, S. 283 f.; Tagebücher, S. 354-356.]

„Baltimore, d. 3. [/ 15.] Mai [1891].
Im Hotel wurde ich, wie üblich, mit kühler Verachtung empfangen. Allein in meinem Zimmer sitzend, fühlte ich mich plötzlich sehr unglücklich, namentlich weil alle um mich herum nur englisch sprachen. Schlief ein wenig. Dann ging ich in ein Restaurant frühstücken und ärgerte mich furchtbar über den Kellner (einen Neger), der durchaus nicht verstehen wollte, dass ich nur Tee, Brot und Butter wünschte. Ich musste mich ans Kontor wenden, wo ich aber ebenfalls nicht verstanden wurde. Endlich kam mir ein Herr zu Hilfe, der etwas Deutsch verstand. Kaum hatte ich mich hingesetzt, als Knabe erschien (ein dicker Kerl). Bald kamen auch Adele aus der Ohe und ihre Schwester. Ich war sehr froh, sie zu sehen, weil sie wenigstens in musikalischer Beziehung meine Angehörigen sind. Mit ihnen zusammen fuhr ich zur Probe. Diese ging auf der Bühne des Lyzeum-Theaters vor sich. Das Orchester war klein (nur vier erste Geigen), aber nicht übel. An die 3. Suite war gar nicht zu denken. Es wurde beschlossen, statt ihrer die Streicherserenade aufs Programm zu setzen, welche die Musiker nicht kannten: Der Kapellmeister hatte sie vorher nicht einmal durchgespielt, obwohl Reno mir das versprochen hatte. Das Konzert mit aus der Ohe ging glatt, an der Serenade aber musste viel probiert werden. Die Musiker waren ungeduldig. Der junge Konzertmeister benahm sich sogar etwas taktlos, indem er gar zu deutlich merken liess, dass es Zeit wäre, aufzuhören. Es ist wahr – dieses unglückliche, reisende Orchester ist durch die Fahrten sehr ermüdet. Nach der Probe ging ich mit aus der Ohe nach Hause, kleidete mich um und fuhr sofort wieder ins Konzert. Ich dirigierte im Rock. Alles ging glücklich vonstatten, aber eine besondere Begeisterung war im Publikum nicht zu merken, wenigstens im Vergleich zu New York. Nach dem Konzert fuhren wir wieder nach Hause, uns umzukleiden. Nach etwa einer halben Stunde wurden wir von dem (was die Figur betrifft) kolossalen Knabe abgeholt, dessen Gastfreundschaft nicht minder kolossal war. Dieser bartlose Riese hat mir zu Ehren ein Fest bei sich veranstaltet. Ich fand dort eine grosse Gesellschaft vor. Das Essen dauerte unendlich lange und war sehr schmackhaft, desgleichen auch die Weine, mit denen Knabe immer wieder von neuem die Gläser füllte. Während der zweiten Hälfte des Diners fühlte ich mich überaus müde. Ein furchtbarer Hass stieg in mir auf, namentlich gegen meine beiden Nachbarinnen. Nach dem Diner unterhielt ich mich ein wenig mit allen, rauchte und trank ohne Ende. Um halb 12 brachte Knabe mich und die Schwestern aus der Ohe nach Hause. Wie eine Garbe fiel ich aufs Bett und schlief sofort wie tot ein." [ČD, S. 284-286; Tagebücher, S. 356 f.]

„Washington, d. 4. [/ 16.] Mai [1891].

Ich wachte früh auf, frühstückte unten, schrieb Tagebuch und erwartete nicht ohne Entsetzen Knabe, der mir die Sehenswürdigkeiten der Stadt zeigen wollte. Knabe erschien, und wir fuhren zusammen mit den Schwestern aus der Ohe, uns Baltimore anzusehen. Wetter schlecht, regnerisch. Baltimore ist eine hübsche, saubere Stadt ... Dann half mir der gutmütige Riesenkerl meine Koffer packen, lud mich und aus der Ohe zu einem Frühstück mit Champagner ein und setzte mich in den Wagen, der mich zur Bahn bringen sollte. Er selbst wollte nach Philadelphia reisen, während ich nach Washington fuhr. Die Reise dauerte nur dreiviertel Stunden. Ich wurde von Botkin empfangen. Botkin brachte mich ins Hotel, wo ein ausgezeichnetes, unaussprechlich bequemes und überaus geschmackvoll einfach möbliertes Zimmer für mich reserviert war. Den Besuch der Rennen lehnte ich ab, bat Botkin, mich vor dem Diner abzuholen, nahm ein Bad und warf mich in den Frack. Das Diner fand im Metropolitan Club statt, wo Botkin und seine Kollegen Mitglieder sind. Das Diner war sehr lustig, und ich erfreute mich des Glücks, ausschliesslich russisch sprechen zu dürfen, obwohl dieses Glück durch die Beobachtung der traurigen Tatsache verdüstert wurde, dass meine ‚s, sch, tsch' bereits sehr altersmässig pfeifen und zischen. Während des Diners kam erst die telegraphische, dann die telephonische Nachricht, dass der Gesandte Struwe nur meinetwegen von einer Geschäftsreise nach New York zurückkehre. In der zehnten Stunde begaben wir uns alle in die Gesandtschaft, in deren Festsaal Botkin einen musikalischen Abend veranstaltete. Es waren etwa hundert Personen geladen. Auch der Gesandte erschien, ein alter, sehr herzlicher, überaus sympathischer und im Umgang einfacher Mann. Die Gesellschaft, welche sich in den Räumen der Gesandtschaft versammelt hatte, gehörte ausschliesslich der Diplomatie an. Es waren lauter Gesandte mit ihren Frauen und Töchtern sowie Persönlichkeiten aus der höchsten Administration. Fast alle Damen sprachen französisch, so dass ich es nicht besonders schwer hatte. Das Programm bestand aus meinem [Klavier-]Trio [op. 50] und einem Quartett von Brahms. Am Klavier sass der Sekretär unserer Gesandtschaft, Hansen,[543] welcher sich als ein ganz respektabler Pianist entpuppte. Mein Trio spielte er entschieden gut. Der Geiger war mässig. Ich habe mit allen Bekanntschaft gemacht. Nach der Musik gab es ein ausgezeichnetes kaltes Buffet. Nachdem sich die Mehrzahl der Gäste verabschiedet hatte, blieben wir, zehn Personen an der Zahl (ausser den Russen noch der belgische Gesandte und die Sekretäre der schwedischen und österreichischen Gesandtschaften), noch lange an einem grossen runden Tisch sitzen, einen herrlichen Cruchon schlürfend. Struwe scheint gern ein Gläschen Wein zu trinken. Er macht den Eindruck eines gebrochenen, unglücklichen Menschen, der im Wein Vergessen sucht. Erst gegen drei Uhr wurde ich von Botkin und Hansen nach Hause gebracht. Schlief gut." [ČD, S. 286-288; Tagebücher, S. 357-359.]

„5. [/ 17.] Mai [1891].

Erwachte unter dem angenehmen Eindruck des gestrigen Tages. In russischer Gesellschaft und ohne die Notwendigkeit, ein fremdes Idiom zu sprechen, fühlte ich mich überaus wohl ... Um 12 Uhr holte mich Botkin ab, und wir gingen zum Gesandten Struwe zum Frühstück ... Nach dem Frühstück fuhr ich mit Botkin und Hansen, Washington anzusehen ..." [ČD, S. 288; Tagebücher, S. 359 f.]

„Philadelphia, d. 6. [/ 18.] Mai [1891].

... In Philadelphia bin ich um 3 Uhr angekommen. Frühstückte unten. Ein sehr zudringlicher Jude aus Odessa war bei mir und hat mir etwas Geld entlockt. Spaziergang. Um 8 Uhr das Konzert. Das mächtige Theater war überfüllt. Nach dem Konzert bin ich, einem

---

[543 ČD, S. 287 (transliteriert): Gansen; Tagebücher, S. 359: T. Hansen; TchA, S. 137: Hansen.]

schon längst gegebenen Versprechen gemäss, in den Club gegangen. Die Rückkehr nach New York ist sehr langweilig und kompliziert. Im Schlafwagen war es sehr eng und dumpf. Es wird unmöglich, ausführlich zu schreiben." [ČD, S. 289; Tagebücher, S. 360 f.]

„7. [/ 19.] Mai [1891].

Schlief bis 9 Uhr, und das Kopfweh verging. Bin ganz stumpfsinnig geworden von Müdigkeit und dem Hin und Her. Ich vermochte nichts mehr zu verstehen und hielt meine Energie nur durch den Gedanken an die morgige Abreise aufrecht. Die Briefe mit Bitten um Autogramme wachsen mir über den Kopf. Um $^1/_2$ 1 Uhr ging ich zu Mayer. Schrieb den bewussten Reklamebrief unter der Vermeidung der Phrase vom Vorrang. Zu Hause erwartete ich den Komponisten Brummklein [Brumm-Klein?]. Er erschien und spielte einige recht hübsche Sachen vor ..." [ČD, S. 289; Tagebücher, S. 361 f.]

„8. [/ 20.] Mai [1891].

Der alte Mann (Librettist). Es tat mir leid ihm sagen zu müssen, dass ich keine Oper über seinen Text schreiben würde. Er war augenscheinlich sehr betrübt. Kaum war er fort, als auch schon Dannreuther erschien, um mich zur Probe des Quartetts und Trios abzuholen, welche gelegentlich des heutigen Festabends im Komponistenklub gespielt werden sollen. Der Weg war ziemlich lang. Das Quartett spielten sie nicht schön, und das Trio sogar ganz schlecht, denn der Pianist, ein bescheidener, ängstlicher Mann, taugt nichts: kann nicht einmal zählen. Zu Hause hatte ich keine Zeit, Reisevorbereitungen zu treffen. Begab mich im Wagen zu Renos. Mehr denn je brachten sie mir Begeisterung und Herzlichkeit entgegen, besonders M-me Reno und ihre drei Töchter. Die älteste (Anna – die verheiratete) schenkte mir ein prachtvolles Zigarettenetui. M. Reno – eine Menge Parfüm. Alice und ihre Schwester – Gebäck für die Reise. Dann eilte ich zu Hyde. Frau Hyde erwartete mich schon. Auch hier sehr viel mit eigenartigem Humor vorgebrachte und aufrichtige Begeisterung. Endlich konnte ich zu Hause meinen Koffer packen, – verhasste Beschäftigung. Dabei hatte ich furchtbare Rückenschmerzen. Müde ging ich zu Mayer. Ich lud ihn zum Diner bei Martinelli ein. Um 8 Uhr eilte ich nach Hause, um meine Toilette zu wechseln. Um $^1/_2$ 9 Uhr wurde ich abgeholt und in den Composers' Club geführt. Das ist kein Club von Komponisten, wie ich zuerst glaubte, sondern eine besondere musikalische Vereinigung mit dem Zweck, von Zeit zu Zeit Seancen aus den Werken eines Komponisten zu veranstalten. Der gestrige Abend war mir gewidmet und fand in dem herrlichen Metropolitan House statt. Ich sass in der ersten Reihe. Gespielt wurden: das [3.] Quartett (es-Moll), [Klavier-]Trio [a-Moll], einige Lieder wurden zum Teil ausgezeichnet gesungen usw. Das Programm war zu lang. In der Mitte des abends wurde mir eine Adresse vorgelesen; ich antwortete kurz, französisch; natürlich Ovationen. Eine Dame warf mir einen wunderschönen Rosenstrauss gerade ins Gesicht. Ich bin mit einer Unmenge von Leuten bekanntgeworden, darunter auch mit unserem Generalkonsul. Zum Schluss musste ich mit etwa hundert Menschen sprechen und hundert Autogramme verteilen. Todmüde und mit den fürchterlichsten Rückenschmerzen kam ich nach Hause. Da das Schiff um 5 Uhr früh ablegt, muss man schon am Vorabend an Bord gehen. In aller Eile kleidete ich mich um und packte meine Sachen in Gegenwart von Reno und Mayer ein. Unten tranken wir noch zwei Flaschen Champagner. Ich verabschiedete mich vom Personal des Hotels und fuhr zum Schiff. Das Schiff [die „Fürst Bismarck"] ist ebenso schön wie die „Bretagne", ich habe eine Offizierskabine; d. h. die Offiziere dieser Schiffe sind berechtigt, ihre Kabinette zu verkaufen, fordern aber unheimliche Preise. Ich habe für meine Kabine 300 Dollar (1500 Francs) bezahlen müssen ... Dafür ist sie aber wirklich schön und geräumig. Ich nahm Abschied von meinen lieben amerikanischen Freunden und ging darauf zu Bett. Ich schlief schlecht und hörte, wie sich das Schiff um 5 Uhr in Bewegung setzte. Ich trat aus meiner Kabine, als das Schiff die Freiheitsstatue passierte." [ČD, S. 289 f.; Tagebücher, S. 361 f.]

Im ganzen hat Peter Iljitsch in Amerika in sechs Konzerten mitgewirkt, von denen vier in New York, eines in Baltimore und eines in Philadelphia stattfanden. In ihnen sind zur Aufführung gekommen: 1.) der Krönungsmarsch [D-Dur], 2.) Suite № 3 [G-Dur op. 55], 3.) zwei A-cappela-Chöre: das Vaterunser [aus den Neun liturgischen Chören ohne op.] und die Legende [Bearbeitung des Kinderliedes op. 54, Nr. 5], 4.) Klavierkonzert № 1 [b-Moll op. 23] und 5.) Serenade für Streichorchester [C-Dur op. 48].

Mir liegen sechzehn amerikanische Pressestimmen über Peter Iljitsch vor.[544] Alle sind unbedingt lobend, der Unterschied liegt nur im Grad der Begeisterung. Nach manchen ist er „nach Wagner der erste aller gegenwärtigen Komponisten", nach anderen „einer der ersten". In gleichem Masse wird auch sein Dirigiertalent gefeiert. Überall wird ein „seltener Erfolg" konstatiert und viel von seinem sympathischen Äusseren gesprochen. Die Interviews (besonders im „New York Herald") sind erstaunlich wahrheitsgetreu wiedergegeben. Liest man sie, glaubt man in der Tat Peter Iljitschs Stimme zu hören.

Kapitel XXVIII.

[Auf der „Fürst Bismarck" von New York nach Cuxhaven. Über Hamburg und Berlin nach Petersburg.
Auf dem Atlantik: „Skizzen für die zukünftige Symphonie" (Tagebuch 11. / 23. Mai 1891.]

Tagebuch: „,Fürst Bismarck', d. 9. [/ 21.] Mai [1891].
Trotz der wahnsinnigen Rückenschmerzen kleidete ich mich mit grosser Mühe an, trank unten Tee und promenierte dann ein wenig auf dem Schiff, um mich mit der Lage seiner einzelnen Teile vertraut zu machen. Eine Masse Passagiere, – aber ganz anderen Charakters als diejenigen, welche mit der ‚Bretagne' reisten. Der augenfälligste Unterschied besteht darin, dass es keine Auswanderer gibt. Um 8 Uhr wurde zum Frühstück gerufen. Mein Platz ist mir schon vorher zugewiesen worden. Ich habe einen Herrn von mittleren Jahren zum Nachbarn, welcher sogleich ein Gespräch mit mir anfing. Den ganzen Morgen schlief ich. Der Anblick des Ozeans lässt mich kalt. An den Rest der Reise denke ich ohne Entsetzen, aber mit Sehnsucht: möchte es doch recht schnell gehen! Das Schiff fährt mit grosser Geschwindigkeit; es ist die neue, prachtvolle ‚Fürst Bismarck', welche ihre erste Fahrt macht. Sie ist in der vorigen Woche angekommen und war zwischen Hamburg und New York nur sechs Tage und vierzehn Stunden unterwegs gewesen ist. Gott gebe, dass wir die ungeheure Strecke jetzt ebenso schnell zurücklegen. Ihr Gang ist nicht so ruhig wie derjenige der ‚Bretagne'. Bis jetzt ist das Wetter herrlich. Beim Frühstück bin ich mit meinem vis-à-vis näher bekanntgeworden. Das ist ein Mann von schwer zu bestimmender Nationalität (vielleicht Jude, – und ich habe ihm ausgerechnet die Geschichte von dem zudringlichen Juden erzählt), der alle Sprachen ausgezeichnet spricht. Er lebt in Dresden und verkauft Tabak en gros. Er hat bereits herausbekommen, wer ich bin, oder – wenn er die Wahrheit spricht – hat mich in der Tat in New York dirigieren sehen; jedenfalls geht er in Liebenswürdigkeit auf und spricht ganz begeistert von meinem Ruhm und über mein Talent. In New York habe ich mich so ans Sprechen gewöhnt, dass ich trotz meiner Neigung zum Schweigen seine Gesellschaft, welche mir noch heute morgen lästig schien, jetzt ohne Mühe ertrage. Nach dem Frühstück wollte ich lesen, schlief aber ein und schief gute

---

[544 Vgl. dazu im einzelnen die umfangreiche Dokumentation zu Čajkovskijs Amerika-Tournee TchA sowie (nach TchA) ČSt 10, S. 148-164.]

drei Stunden. Überhaupt habe ich an diesem Tag erstaunlich viel geschlafen, und am Abend, bald nach Tisch, überfiel mich auch eine solche Schlafsucht, dass ich gegen zehn Uhr zu Bett ging und bis sieben Uhr früh durchschlief. Im Laufe des Tages ist nichts Besonderes passiert. Ein gewisser Herr Aronson (und seine junge Frau) stellte sich mir vor. Er ist der Besitzer des von Bülow bevorzugten Kasinotheaters, was aus dem Autogrammalbum hervorgeht, welches mir neulich zwecks Eintragung meines Namens und einer Notenzeile zugeschickt wurde. Schröder, der Mann, der in meiner Kabine bedient, ist ein gutmütiger junger Deutscher; bei Tisch bedienen auch zwei artige Deutsche, – und das ist für mich sehr wichtig. Überhaupt bin ich mit Schiff, Kabine und Essen zufrieden. Da es keine Auswanderer gibt, kann ich auf dem unteren Deck promenieren, was sehr angenehm ist, weil ich dort keinen Mitpassagieren der 1. Klasse begegne und stumm sein kann …" [ČD, S. 291 f.; Tagebücher, S. 363 f.]

„11. [recte: 10. / 22.] Mai [1891].

… Ich halte mich abseits und fühle mich, dank der herrlichen Kabine, in welcher man sogar leicht hin- und hergehen kann, viel freier als auf der ‚Bretagne'. Mit meinem Tischnachbarn unterhalte ich mich zwanglos. Mit den anderen Nachbarn, einer amerikanischen Familie, bin ich nur oberflächlich bekanntgeworden. Mit der Sängerin Antonie Mielke[545] unterhalte ich mich einmal am Tage über Opern, Sänger und über Petersburg, wo sie vor zwei Jahren in ‚Livadia'[546] gesungen hat. Aronson und seine Frau grüsse ich nur. Von den übrigen 300 Passagieren bin ich einstweilen noch mit keinem zusammengekommen. Bin oft im Rauchsalon und beobachte das Kartenspiel. Den Salon besuche ich nur des morgens, wenn niemand da ist. Dort steht ein hübscher Steinway-Flügel, dazu eine nicht üble Musikbibliothek. Darunter auch meine Erzeugnisse. Die Tageseinteilung ist folgende: des morgens kleide ich mich an und klingle; Schröder bringt mir eine Tasse Tee. Um acht Uhr das erste Frühstück. Hierauf promeniere ich auf dem unteren Deck, arbeite, lese. Mit Arbeit meine ich die Skizzen für die zukünftige Symphonie.[547] Um zwölf Uhr ertönt das ‚Tamtam' und ruft zum zweiten Frühstück … Ich lese jetzt das Buch ‚Alexandre et Napoléon' von Tatischtschew."[548] [ČD, S. 292; Tagebücher, S. 364 f.]

„11. [/ 23.] Mai [1891].

Man hat mir in New York so oft versichert, die See wäre zu dieser Jahreszeit so schön, dass ich es auch glaubte. Oh, welche Enttäuschung! Seit heute früh wurde das Wetter immer schlechter: Regen, Wind, und gegen Abend Sturm. Eine schreckliche Nacht. Schlief nicht. Sass auf dem Sofa. Gegen Morgen schlummerte ich ein.

12. [/ 24.] Mai [1891].

Abscheulicher Tag. Das Wetter ist fürchterlich. Seekrankheit. Habe nichts essen können ausser einer Orange." [ČD, S. 292; Tagebücher, S. 365.]

„13. [/ 25.] Mai [1891].

Ganz entnervt von Müdigkeit und Krankheit, schlief ich gestern abend in Kleidern auf meinem Sofa ein und schlief die ganze Nacht durch. Heute schaukelt es weniger, das Wet-

---

[545 Tagebücher, Anmerkung 32 auf S. 368: „Antonia Mielke, deutsche Sopranistin (1852-1907), trat zeitweilig auch in Petersburg auf." – TchA, Register, S. 214: Antonia Mielke; „soloist (soprano) of the Metropolitan Opera, New York."]

[546 ČD, S. 292: v Livadii; Tagebücher, S. 364: im (sic) Livadia; TchA, S. 155: at the Livadia. – Livadija ist also eine Ortsangabe (ein Theater?), im Tagebuch ausdrücklich mit Petersburg verbunden, meint also nicht die Sommerresidenz Livadija der Zaren in Jalta, auf der Krim-Halbinsel im Schwarzen Meer.]

[547 Vgl. hierzu den Kritischen Bericht zur 6. Symphonie in NČE 39c, und zwar zur Vorgeschichte der 6. Symphonie: Skizzen zu einer Symphonie „Das Leben".]

[548 S. S. (?) Tatischtschew (Tatiščev), „Alexandre I et Napoléon d'après leur correspondance", Paris 1891.]

ter ist aber immer noch abscheulich. Die Nerven sind unaussprechlich angespannt und gereizt – durch den nicht enden wollenden Lärm und das schreckliche Krachen. Sollte ich mich jemals wieder zu einer solchen Qual entschliessen?

Im Laufe des Tages wurde das Schaukeln immer schwächer und das Wetter – besser. Mich hat ein solcher Widerwille gegen die Gesellschaft der Passagiere erfasst, dass mich allein schon ihr Anblick ärgerlich und wütend machen kann. Sitze beständig in meiner Kabine. Bei Tisch unterhalte ich mich übrigens nicht nur mit meinem Nachbarn, dem Tabakhändler, sondern auch mit den an unserem Tisch sitzenden Amerikanern (und zwar englisch) …" [ČD, S. 293; Tagebücher, S. 365.]

„14. [/ 26.] Mai [1891].

Die Mondnacht war herrlich. Nachdem ich mich in meiner Kabine sattgelesen hatte, promenierte ich lange auf Deck. Das war überaus angenehm. Alle ohne Ausnahme schliefen, und ich war der einzige von den 300 Passagieren der 1. Klasse, welcher herausgekommen war, die schöne Nacht zu geniessen! Es war unbeschreiblich schön und ist mit Worten gar nicht wiederzugeben. Eigentümlich war es, an die schreckliche Nacht zum Sonntag zu denken, in welcher alle Gegenstände meiner Kabine, sogar der Koffer, aus einer Ecke in die andere geworfen wurden und furchtbare Stösse das Schiff erzittern machten, so dass es schien, als kämpfe es mit seiner ganzen Kraft gegen den Sturm an, – die Seele mit qualvoller Furcht erfüllt wurde und zu alledem die elektrische Lampe mit der Glocke hinunterfiel und in Stücke ging … In jener Nacht gelobte ich, nie wieder eine Seereise zu machen, aber mein Schröder sagt, er fasse bei jedem schlechten Wetter den Entschluss, den Schiffsdienst zu quittieren, sobald aber der Hafen erreicht sei, habe er wieder Sehnsucht nach der See. Vielleicht wird es mir ebenso gehen. Das Wetter ist heute endgültig schön geworden. Die Passagiere sprechen von einem Konzert im Salon und bitten mich zu spielen. Das Schlimme einer jeden Seereise ist: die Pflicht, mit allen Passagieren bekanntzuwerden." [ČD, S. 293; Tagebücher, S. 365 f.]

„15. [/ 27.] Mai [1891].

… Bei der Annäherung an den Kanal wurde es immer belebter: hunderte von kleinen Schiffen waren zu sehen. Gegen 2 Uhr erblickten wir die englische Küste, welche stellenweise felsig, malerisch, stellenweise aber eben und mit frischem Frühlingsgras bedeckt ist. Sonst hat sich nichts Erwähnenswertes ereignet, ausser dem Ball am Nachmittag, dem ich aber nur fünf Minuten lang beiwohnte. Mein Bekanntenkreis hat sich furchtbar erweitert. Zum Glück kann ich mich stundenlang in meiner ausgezeichneten Kabine verborgen halten. Um zwei Uhr nachts liefen wir in Southampton ein. Hier verliess ein Teil der Passagiere das Schiff, darunter Aronson und die nach Norwegen reisende amerikanische Familie …" [ČD, S. 293 f.; Tagebücher, S. 366.]

„16. [/ 28.] Mai [1891].

Nach Southampton und der Insel Wight schlief ich wieder und erwachte um sieben Uhr, leicht erkältet. Das Wetter ist immer noch gut. Den grössten Teil des morgens brachte ich in Gesellschaft der Brüder Tiedemann (meiner neuen Freunde) zu und erfreute mich am Anblick der englischen Küste und einer Masse von Dampf- und Segelschiffen, welche den Kanal belebten.Wir sahen Folkstone, Dover. Die Nordsee ist sehr belebt. In der Nacht war Helgoland zu sehen." [ČD, S. 294; Tagebücher, S. 366.]

„17. [/ 29.] Mai [1891].

Früh morgens liefen wir in Cuxhaven ein. Um sechs Uhr gab es Frühstück. Um acht Uhr stiegen wir an Bord eines kleinen Schiffes, welches uns unter Marschklängen und Hurrah-Rufen zum Zollamt brachte. Sehr lange Revision und Warten auf den Zug. Ich setzte mich mit meinen Schiffsbekannten ins Coupé. Um zwölf Uhr kamen wir in Hamburg an." [ČD, S. 294; Tagebücher, S. 366 f.]

Peter Iljitsch blieb je einen Tag in Hamburg und Berlin und reiste dann nach Petersburg.

Während der paar Tage seines Aufenthalts daselbst war er bei sehr fröhlicher Stimmung. Dazu trugen nicht nur das Wiedersehen mit den Seinen bei und das Bewusstsein, sich wieder in Russland zu wissen, sondern auch die herrlichen Eindrücke des Petersburger Frühlingsbeginns, welche stets einen sehr wohltuenden Einfluss auf ihn ausübten. Petersburg gefiel ihm diesmal so sehr, dass er Lust bekam, in seine Nähe überzusiedeln, und trug den Seinen auf, ein Haus oder einen Landsitz für ihn ausfindig zu machen.

Kapitel XXIX.

[Zieht nach seiner Rückkehr aus Amerika von Frolovskoe nach Majdanovo zurück.
Trifft seine Neffen Bob Davydov und Saša Litke sowie seinen Bruder Modest,
liest Korrekturen und nimmt seine Korrespondenz wieder auf. Komponiert den 2. Akt des „Nußknacker"-Balletts. Weitere Arbeitspläne: Komposition der Oper „Iolanta" („König Renés Tochter"), Instrumentierung der Symphonischen Ballade „Voevoda", Umarbeitung des Streichsextetts „Souvenir de Florence".
Bittet Jurgenson, insgeheim aus Paris eine Celesta kommen zu lassen, die er im „Voevoda" und im „Nußknacker" besetzen will, ohne daß ihm in Rußland jemand zuvorkommen kann.
Klagt dem Neffen Bob gegenüber über physische Altersbeschwerden, fürchtet aber auch das Nachlassen der kompositorischen Schöpferkraft; hält den „Nußknacker" musikalisch für „unendlich viel schlechter" als „Dornröschen"; will mit dem Komponieren aufhören, wenn ihm nur noch „Aufgewärmtes" gelingt.
Überlegungen, aus der ländlichen Einsamkeit nach Petersburg zu ziehen – auch um Bob näher zu sein.
„Iolanta" geht nur langsam voran – erneute Zweifel an seiner Schaffenskraft. Lobt Modests Libretto.
Liest die Neuausgabe der „Eugen Onegin"-Partitur korrektur.
Die wertvolle Pariser Jeanne-d'Arc-Uhr, Geschenk N. F. fon Mekks (1880), wird Čajkovskij gestohlen.]

Da Frolovskoe immer mehr vom Wald entblösst wurde und die Forderungen der Besitzer dessen ungeachtet grösser wurden, beschloss Peter Iljitsch, es zu verlassen. Nach vielen vergeblichen Bemühungen, einen anderen passenden Landsitz zu finden oder ein kleines Gut zu kaufen, entschied er sich wieder für Maidanowo. Während er im Ausland weilte, brachte Alexei Sofronow sein Hab und Gut in das Haus in Maidanowo und richtete es so ein, wie es im Jahre 1886 gewesen war. Obwohl Peter Iljitsch jenes Haus und jene Umgebung gern hatte und ihm die Aussicht, wieder unter den gewohnten Lebensbedingungen arbeiten zu können, angenehm war, erfüllten ihn bei seiner Rückkehr nach Hause melancholische Gefühle: „es widerstrebt mir, hier zu leben", schrieb er fünf Tage nach seiner Ankunft, „alles ist in Verfall. Das Haus steht schief. Überall Unordnung, Verwahrlosung, Niedergang; Wald gibt es nicht, Spaziergänge auch nicht und zu alledem kommen – die Sommergäste."

Bald nach dem Einzug Peter Iljitschs in Maidanowo kamen seine Neffen W. Dawidow, Graf A. Lütke[549] und ich ebenfalls dorthin. Ob infolge unserer Ankunft oder weil die ersten unangenehmen Eindrücke inmitten der geliebten Umgebung sehr bald vergessen waren, kurz – Peter Iljitsch sah ich selten so fröhlich und frisch. Wir reisten alle zusammen nach Moskau. Dort ergötzte er sich an der franko-russischen Ausstellung[550] und an den Pflichten eines Cicerone seiner Lieblingsneffen. „Stell Dir vor", schrieb er mir am 14. [recte: 11.]

[549 Vladimir („Bob") L. Davydov (1871-1906): zweitjüngster Sohn von Čajkovskijs Schwester Aleksandra. – Aleksandr („Sanja") N. Litke (1868-1918), Sohn von Nikolaj und Amalija Šobert, welch letztere eine Tochter von Elizaveta Šobert geb. Acier war, also einer Schwester von Čajkovskijs Mutter.]

[550 Diese Gewerbeausstellung (unter Einschluß z. B. auch der „Arts décoratifs") fand im politischen Kontext der französisch-russischen Allianz im Sommer 1891 in Moskau statt.]

Juni [1891 aus Maidanowo], „ich habe es fertiggebracht, in Moskau 500 Rubel auszugeben!! Das bedaure ich aber nicht, denn ich habe die Zeit angenehm und lustig verbracht." [XVIa, 4403.] Als Beweis für seine helle Stimmung in jenen Tagen kann das Interesse für Dinge dienen, welche fünfzigjährige Leute nicht zu beschäftigen pflegen: Lütke sollte, wenn er an Maidanowo vorbeifuhr, einen zusammengefalteten Zettel aus dem Fenster des Zuges werfen; und diesen Zettel wollte Peter Iljitsch am folgenden Tag suchen gehen. Das machte ihm furchtbaren Spass, aber leider blieb sein Suchen erfolglos.

Wie gewöhnlich begann er seine Arbeit mit dem Unangenehmsten, d. h. mit der in Verzug geratenen Korrespondenz und mit Korrekturen. Zum Komponieren kam er erst in der zweiten Hälfte des Juni.

An M. Ippolitow-Iwanow: „Maidanowo, d. 3. Juni 1891.

… Könntest Du es möglich machen, mich für die Leitung eines oder zweier Konzerte zu engagieren? Du weisst, dass ich sehr verarmt[551] und daher nicht abgeneigt bin, von Euch, d. h. von der Direktion der Tifliser Musikgesellschaft ein Honorar zu nehmen, natürlich kein grosses, sondern nur ein solches, welches meine Reisekosten wenigstens teilweise decken würde. Wäre eine solche Kombination möglich? Gibt es Grund zu der Hoffnung, dass Ihr nach der Auszahlung eines Honorars von drei oder vier Regenbogenfarbenen[552] auch einen kleinen Profit behalten werdet? Natürlich kannst Du mir jetzt noch keine positive Antwort geben, – behalte das aber im Auge, damit wir die Sache im Herbst entscheiden können. Wie würde ich mich freuen, im Herbst nach Tiflis zu kommen! …

Ich habe jetzt wieder zu arbeiten angefangen, d. h. ich schreibe den 2. Akt des Balletts [‚Der Nussknacker'] (der erste war schon vor meiner Abreise nach Amerika fertig), nach dessen Beendigung ich eine Oper in Angriff nehmen werde. Das Sujet (‚König Renés Tochter' von Henrik Hertz) ist göttlich schön, und es scheint mir, dass ich es gut bearbeiten kann. Im Sommer beabsichtige ich, die im vorigen Herbst in Tiflis komponierte Orchesterfantasie ‚Der Woiwode' zu instrumentieren.[553] Ausserdem ist eine radikale Umarbeitung des Streichsextetts dringend notwendig, welches sich als ein in jeder Beziehung schlechtes Stück herausgestellt hat.[554]

… Es gefällt mir gar nicht, dass Du aus der Violinsonate eine Symphonie machen willst. Beginne lieber eine ganz neue Arbeit. Wenn keine Symphonie, so komponiere eine Suite (in kaukasischem Stil) oder eine symphonische Fantasie. Die Sonate ist doch schon gedruckt, wenn ich nicht irre?[555] Wenn sie auch nicht ganz gelungen ist, schadet es nicht, – sieh darüber hinweg und beginne etwas Neues. Umarbeitungen spare Dir bis zum Alter auf, wenn es bergab gehen wird." [XVIa, 4394.]

---

[551] Offenbar selbstironisch im Hinblick auf seinen wenig sparsamen Umgang mit Geld – siehe die oben genannten Ausgaben (500 Rubel) für den Moskauaufenthalt mit Neffen und Bruder.]
[552] In Russland sind die 100-Rubel-Scheine regenbogenfarbig.
[553] Der Entwurf der Symphonischen Ballade „Voevoda" wurde um den 28. September 1890 begonnen und am 4. Oktober abgeschlossen. Die Instrumentierung verzögerte sich: etwa am 6. September 1891 begonnen, wurde sie am 22. September beendet.]
[554] Wie oft, übertreibt Čajkovskij seine Selbstkritik. Die beabsichtigte Revision des Werkes erfolgt erst im Winter 1891/92. Um den 14. Dezember arbeitet er es „im Groben" um, am 29. Januar 1892 ist die Partitur endgültig revidiert. Die Änderungen betreffen vor allem die Coda des I. Satzes, die Neukomposition des Mittelteils im III. Satz sowie zweites Thema und Fugato im Finale.]
[555] M. M. Ippolitov-Ivanovs Sonate für Violine und Klavier op. 8 ist (ohne Angabe des Jahres) bei D. Rahter in Hamburg erschienen.]

An P. Jurgenson: „Maidanowo, d. 3. Juni 1891.
... Seit dem vorigen Frühjahr liegt ein fertiges symphonisches Poem bei mir – ‚Der Woiwode', welches ich im Sommer instrumentieren werde. In Bezug auf die Orchesterbesetzung dieses Stückes habe ich eine Bitte an Dich. In Paris habe ich ein neues Orchesterinstrument entdeckt, ein Mittelding zwischen einem Klavier und einem Glockenspiel mit einem göttlich schönen Klang. Dieses Instrument will ich in dem symphonischen Poem ‚Der Woiwode' und im [‚Nussknacker'-]Ballett anwenden. Das Ballett wird es erst im Herbst 1892 benötigen, für den ‚Woiwoden' aber brauche ich es schon in dieser Saison, denn ich habe versprochen, dieses Stück in [einem Konzert] der Petersburger Musikgesellschaft zu dirigieren, aber auch in Moskau dürfte es mir gelingen, dasselbe aufzuführen.[556] Das Instrument heisst ‚Celesta Mustel' und kostet 1200 Francs. Man kann es nur beim Erfinder Mustel in Paris kaufen. Ich möchte Dich bitten, dieses Instrument kommen zu lassen. Du wirst keinen Verlust dadurch haben, denn Du kannst es leihweise bei allen Konzerten überlassen, in welchen mein ‚Woiwode' gespielt werden wird. Hierauf kannst Du es dann an die [Petersburger] Theaterdirektion weiterverkaufen, sobald man dessen für das Ballett [‚Der Nussknacker'] bedürfen wird. Da ich dieses Instrument in Petersburg eher brauchen werde als in Moskau,[557] wäre es wünschenswert, dasselbe aus Paris direkt dahin [nämlich nach Petersburg] senden zu lassen. Aber es darf dort niemandem gezeigt werden; ich fürchte nämlich, Rimsky-Korsakow und Glazunow könnten die Sache wittern und den ungewöhnlichen Effekt vor mir bringen. Ich erwarte eine kolossale Wirkung von diesem neuen Instrument." [XVI, 4397.]

An J. Conus: „[Maidanowo,] d. 15. Juni 1891.
Lieber, teurer Freund, soeben habe ich Ihren Brief erhalten und war ganz erstaunt, dass Sie schon nach New York geflogen sind.[558] Eine verblüffende Schnelligkeit. Ihre Entschlossenheit, Energie und Ihr Mut gefallen mir. Ich freue mich, dass Sie sich in Amerika eingerichtet haben und hoffe, dass mit der Zeit auch Ihr Vater[559] den Entschluss, hinüberzugehen, billigen wird. Die Nachricht, dass mit Ihnen zusammen auch Brodsky engagiert ist,[560]

---

[556] In Petersburg wurde die Symphonische Ballade „Voevoda" erst postum, im März 1897, aufgeführt. Die Uraufführung dirigierte Čajkovskij in einem Konzert Zilotis am 6. November 1891 in Moskau. Beeinflußt von der kritischen Reaktion seiner musikalischen Freunde, vernichtete Čajkovskij die autographe Partitur; der Erstausgabe des Werkes 1897 bei M. P. Belaieff in Leipzig, liegen die bei der Uraufführung verwendeten und von Ziloti „geretteten" und aufbewahrten abschriftlichen Orchesterstimmen zugrunde.]
[557] Wie der vorangehenden Anmerkung zu entnehmen, war es schließlich umgekehrt.]
[558] Vgl. oben Čajkovskijs Brief an Julij È. Konjus vom 23. April / 5. Mai 1891 aus New York, ČPSS XVIa, Nr. 4374.]
[559] Der Pianist Èduard K. Konjus (1827-1902), seit 1867 Klavierlehrer am Ekaterineninstitut für adlige Mädchen), Vater dreier musikalischer Söhne: des Komponisten Georgij (George) È. Konjus (1862-1933), ab 1891 Professor am Moskauer Konservatorium, dessen „Suite aus dem Kinderleben" für Orchester und Chor op. 1 Čajkovskij sehr schätzte und 1894 aufführen wollte; des Geigers Julij È. Konjus (1869-1942), studierte am Moskauer und Pariser Konservatorium, unterrichtete 1893-1901 am Moskauer Konservatorium, half Čajkovskij im August 1893 bei der spieltechnischen Einrichtung der Streicherstimmen seiner „Pathétique"-Partitur; und des Pianisten Lev È. Konjus (1871-1944), Absolvent des Moskauer Konservatoriums (Schüler von Pabst), 1912-1920 Lehrer daselbst, schrieb auf Wunsch Čajkovskijs 1893 den vierhändigen Klavierauszug der „Pathétique".]
[560] Der ebenfalls mit Čajkovskij befreundete Geiger Adol'f D. Brodskij (1851-1929), 1875-1878 Lehrer am Moskauer Konservatorium; auf seine eigene Initiative hat er am 22. November / 4. Dezember 1881 in Wien Čajkovskijs von Leopold Auer als undankbar und zu schwer abgelehntes Violinkonzert uraufgeführt (Leitung: Hans Richter); 1882-1891 Professor am Leipziger Konservatorium, wurde 1891 als 1. Konzertmeister des New Yorker Symphonieorchesters engagiert (und blieb dort bis 1894, bevor er 1895-1929 in England wirkte), während Konjus die Stelle des 2. Konzertmeisters erhielt. – Am 7. / 19. Juli 1891 bedankt sich Čajkovskij bei Walter Damrosch, einem der Direktoren der Music Hall Company, die Čajkovskij in die USA eingeladen

macht meine Freude nur noch grösser. Brodsky ist einer der angenehmsten Menschen, denen ich je begegnet bin. Ich ahne, dass Sie sich gut mit ihm befreunden werden; er ist ausserdem ein ausgezeichneter Künstler und der famoseste Quartettspieler von allen, die ich je gehört, sogar [Ferdinand] Laub nicht ausgeschlossen,[561] der im Quartett zu gross war."[562] [XVIa, 4410.]

An M. Ippolitow-Iwanow [und V. M. Zarudnaja]: „[Maidanowo, d.] 25. Juni 1891.
 … Von den musikalischen Dingen in Moskau weiss ich nichts und will ich auch nichts wissen. Ich weiss nur, dass Safonow nicht nach Petersburg kommen wird. Indem Du von der Moskauer Musik und vom Konservatorium sprichst, fragst Du: ‚wer kommt *zu Euch*, wenn Safonow nach Petersburg geht?' Dieses ‚*zu Euch*' gefällt mir gar nicht. Mit Moskau bin ich ein für allemal fertig und halte es für ein mir durchaus fremdes Feld musikalischer Tätigkeit …"[563] [XVIa, 4421.]

An W. Dawidow: „[Maidanowo,] d. 25. Juni 1891.
 … Meinem Versprechen gemäss teile ich Dir mit, dass ich die Skizzen [den Entwurf] des Balletts [‚Der Nussknacker'] gestern beendet habe. Du erinnerst Dich wohl, wie ich – als Du noch hier warst – damit prahlte, das Ballett in einigen fünf Tagen beenden zu können. Aber ich bin kaum in vierzehn Tagen damit fertig geworden. Nein, der Alte befindet sich im Verfall. Nicht nur seine Haare fallen aus und werden weiss wie Schnee, nicht nur die Zähne verliert er (welche ihren Dienst versagen), nicht nur die Augen werden schwächer und ermüden leicht, nicht nur die Füsse gehen schlecht (sie schleppen sich vielmehr dahin), – sondern er verliert nach und nach überhaupt die Fähigkeit etwas zu tun. Das Ballett [‚Der Nussknacker'] ist unendlich viel schlechter als ‚Dornröschen', – das steht fest. Mal sehen, was aus der Oper [‚Jolanthe'] wird. Wenn ich die Überzeugung gewinnen sollte, dass ich nur noch ‚Aufgewärmtes' auf meinen musikalischen Tisch setzen kann, werde ich mit dem Komponieren aufhören.

Das Ballett habe ich also beendet und will jetzt drei Tage lang den Korrekturen verschiedener Arrangements sowie alter und neu herauszugebender Partituren widmen, um am 28., am Vorabend meines Namenstages, nach Petersburg zu fliehen, wo ich drei Tage zu bleiben gedenke. Nach der Rückkehr werde ich mich an ‚König Renés Tochter' [‚Jolanthe'] setzen. Mal sehen, wie die Sache gehen wird.

Meine Lebensweise ist die gewohnte, seit langem eingeführte. Abends spiele ich manchmal eine Partie Wint bei Frau Nowikow oder bei Frau G[urko],[564] einer sehr netten, hier wohnenden Dame. Ich tue das, weil mich das abendliche Lesen sehr ermüdet und nicht

---

hatte, für das Engagement der beiden Konzertmeister, die er ihm empfohlen hatte: „Vous ne sauriez croire combien cela me réjouit et combien je Vous suis reconnaissant que Vous avez engagé le petit C o n u s. Quant à B r o d s k y qui est un de mes meilleurs amis et que je considère comme un excellent artiste, je suis tout à fait heureux d'avoir en vue de le revoir à New-Jork [sic]." (ČPSS XVIa, Nr. 4432.)]
[561 Der von Čajkovskij hoch geschätzte böhmische Geiger Ferdinand Laub (1832-1875) war 1866-1874 Professor am Moskauer Konservatorium und Primarius des Streichquartetts der Moskauer Musikgesellschaft, auch bei den Uraufführungen von Čajkovskijs ersten beiden Streichquartetten op. 11 (1871) und op. 22 (1874); zu seinem Andenken schrieb Čajkovskij 1876 sein 3. Streichquartett es-Moll op. 30.]
[562 Brodskij und Julij Konjus haben in der gemeinsamen New Yorker Zeit auch als Kammermusiker zusammengearbeitet.]
[563 Bei dieser harschen Aussage hat Čajkovskij sein – seit der Übernahme des Direktorenamtes am Moskauer Konservatorium durch den Pianisten und Dirigenten Vasilij I. Safonov – getrübtes Verhältnis zum Konservatorium und zur Moskauer Abteilung der Russischen Musikgesellschaft im Sinn, aus deren Direktorium er, vor allem aus Ärger über Safonov, den er im übrigen für einen tüchtigen Direktor des Konservatoriums hält, ausgeschieden ist. Vgl. die oben mitgeteilten einschlägigen Briefauszüge von Februar bis Mai 1890.]
[564 Einer Bekannten von Nadežda V. Novikova, der Eigentümerin von Majdanovo.]

selten starkes Kopfweh zur Folge hat. Und ohne zu lesen wüsste ich nicht, wie ich die Zeit bis zum Schlafengehen verbringen sollte. Dieser Umstand beginnt ein ernstliches Hindernis für das Leben auf dem Lande zu werden, so dass ich beschlossen habe, nicht in der Umgebung von Petersburg, sondern in Petersburg selbst eine Wohnung zu suchen. Überhaupt scheint es mir ratsam, mich ein für allemal in Petersburg niederzulassen. Schon allein aus dem wichtigen Grunde, um Dich oft sehen zu können." [XVIa, 4420.]

An N. Konradi: „Maidanowo, d. 26. Juni 1891.
... Heute will ich ein wenig faulenzen und finde Erholung und Vergnügen darin, mit Dir zu plaudern. Du lässt die Einladung an mich ergehen, im September einige Tage Dein Gast zu sein. Die Aussicht, im stillen und allem Getriebe entrückten Grankino zu wohnen, ist sehr verlockend, – doch kann ich im Augenblick keine positive Antwort geben. Alles hängt von den Fortschritten meiner Arbeit und von der Aufführung der ‚Pique Dame' in Hamburg ab.[565] Sie ist für Ende September in Aussicht genommen, so dass ich zu der Zeit meine Schritte nach Westen zu lenken haben werde. Ich weiss auch nicht, ob ich nach Kamenka werde kommen können. Sobald ich mich in Petersburg erholt haben werde (die Arbeit ermüdet mich jetzt immer sehr), will ich an die Komposition der Oper ‚König Renés Tochter' [‚Jolanthe'] gehen. Da mich dieses Sujet sehr anzieht, fühle ich, dass ich imstande bin – sofern nur meine musikalisch-schöpferischen Fähigkeiten noch nicht im Erlöschen begriffen sind – etwas Schönes zu schreiben, das Beste von allem, was ich je geschrieben. Einstweilen kann ich noch nicht sagen, wieviel Zeit ich für die ersten Skizzen brauchen werde.[566] Solange ich sie noch nicht ganz beendet habe, bin ich zum Verkehr mit Menschen unfähig und muss zu Hause sitzen, und zwar unbedingt allein. So sind alle meine Sommerpläne von meinen zwei Opern abhängig: einer fertigen [‚Pique Dame'] und einer, die geboren werden soll [‚Jolanthe']." [XVIa, 4426.]

An A. S. Arensky: „[Maidanowo,] d. 7. Juli 1891.
Teurer Anton Stepanowitsch, ich war eine ganze Woche in Petersburg, so dass Ihr Brief in meiner Abwesenheit ankam. Dieser Umstand erklärt meine späte Antwort auf die Sie interessierende Frage.

Tiflis ist eine in jeder Beziehung sympathische Stadt, und ich kann jedem, der sich dort niederlassen möchte, nur zureden. Ich denke, dass es für Ihre kompositorische Tätigkeit sogar nützlich wäre, Ihr Heim in einem Lande aufzuschlagen, welches so überaus reiche künstlerische Anregungen bietet. Zugleich aber sehe ich viele für die fernere Entwicklung Ihrer üppigen Begabung ungünstige Seiten in der Tätigkeit eines Direktors der Tifliser Abteilung der Musikgesellschaft. Erstens werden Sie, wenn ich nicht irre, ein kleineres Gehalt beziehen als in Moskau als Professor.[567] Ippolitow-Iwanow erhielt viel, weil er gleichzeitig

---

[565 In Hamburg entschied man sich, statt „Pikovaja dama" „Evgenij Onegin" zu inszenieren, wie damals üblich, in deutscher Sprache gesungen; die Premiere fand in Anwesenheit Čajkovskijs am 7. / 19. Januar 1892 unter Leitung von Gustav Mahler statt. (Čajkovskij, der zunächst selbst dirigieren sollte, fühlte sich durch die deutschen Rezitative derart verunsichert, daß er die Leitung dem als Dirigenten „genialen" (wie der Komponist konstatierte) Gustav Mahler überließ, der das Werk auch einstudiert hatte. – Im Originalbrief erwähnt Čajkovskij auch die am Prager Nationaltheater geplante Inszenierung von „Pikovaja dama"; ihre Premiere fand in Anwesenheit des Komponisten am 30. September / 12. Oktober 1892 unter der Leitung von Adolf Čech statt.]
[566 Also für die gesamte Konzeptschrift der einaktigen Oper.]
[567 Diese Professur hatte Arenskij 1889-1894 inne.]

Direktor und Kapellmeister an der jetzt eingegangenen Oper war.[568] Dieser Umstand wird sie zwingen, viele Stunden zu übernehmen, z. B. die Klassen der Elementartheorie, des Ensemblespiels usw., so dass ihre ganze Zeit für den Unterricht draufgehen wird. Zum Komponieren werden Sie weniger Zeit übrig behalten als in Moskau. Zweitens werden Sie auch mit den prosaischen Angelegenheiten der Administration zu tun haben, was Ihnen sehr unangenehm sein und Sie viel Zeit kosten wird. Drittens werden Sie sich als Musiker einsam fühlen, denn das Lehrerpersonal der Schule ist arm an ganz durchgebildeten Persönlichkeiten, welche Ihnen eine Stütze sein könnten. Das kann von schlechtem Einfluss auf Ihre Seelenverfassung werden. Indessen interessiert mich vor allem Ihr Komponieren: Sie müssen schreiben, schreiben und schreiben. Alles, was Ihnen auf diesem Feld ein Hindernis werden könnte – ist mir unsympathisch.

So weiss ich denn gar nicht, was ich Ihnen raten soll, teurer Anton Stepanowitsch. Ich rate Ihnen eher ab. Würden Sie nicht darauf angewiesen sein, würde ich mich nur freuen, Sie eine Zeitlang im Kaukasus wohnen zu wissen. Traurig wäre mir aber der Gedanke an Ihre Tätigkeit in der Provinz, Ihre Abgeschiedenheit von den musikalischen Zentren, an Ihre Überbürdung mit langweiliger Arbeit (noch langweiliger als in Moskau), an Ihre Einsamkeit und die Unmöglichkeit, gute Musik zu hören. Sie können sich nicht denken, lieber Anton Stepanowitsch, wie mich der Gedanke bedrückt, dass Männer wie Sie, Rimsky-Korsakow und Ljadow sich mit Stundengeben abquälen müssen. Aber wie ist dem abzuhelfen? Noch etwa zwei Jahre werden Sie schon ertragen und dabei recht viel arbeiten müssen; Gott weiss, vielleicht werden Sie nach und nach erreichen, nur vom Komponieren leben zu können. Dass das möglich ist – beweist mein Fall. Ich verdiene jetzt so viel, dass ich eine grosse Familie ernähren könnte.

Zum Schluss will ich dennoch sagen, dass Tiflis eine entzückende Stadt und das dortige Leben sehr angenehm ist." [XVIa, 4431.]

An A. Tschaikowsky: „Maidanowo, d. 8. Juli 1891.

Lieber Freund Tolja, denk Dir: bei meiner Rückkehr fand ich 27 Briefe vor, die ich jetzt beantworte. Wundere Dich nicht, dass ich heute nur wenige Worte schreibe. Sei nicht böse, dass ich so lange in Petersburg geblieben bin[569] und Dich nicht in Reval besucht habe.[570] Verschiedene Formalitäten mit der Pension haben mich aufgehalten. Eine ganze Prozedur war nötig, um sie zu erhalten. Sobald die Beantwortung aller Briefe, auch der geschäftlichen (bezüglich der geplanten Reise nach Amerika mit einem Kirchenchor),[571] erledigt ist – werde ich eifrig an die [Komposition der] Oper [‚Jolanthe'] gehen. Wenn die Arbeit glatt gehen wird, kann ich mit den Skizzen [= dem Entwurf] in einem Monat fertig werden und dann einen Ausflug nach Reval unternehmen. Aus Deinem Brief ersehe ich,[572] dass Du es in Reval guthaben wirst, obwohl es auch manche Schwierigkeiten gibt, die Du erwähnst. Ich glaube, man muss in diesen Dingen sehr politisch und taktvoll vorgehen, um der Schwierigkeiten Herr zu werden. Im Dienst muss man manchmal gute Miene zum bösen Spiel machen. Das ist nun einmal nicht anders! Ich denke, es würde nicht uninteres-

---

[568 In der Spielzeit 1891/92 geriet der Künstlerverein in Tiflis in ernsthafte finanzielle Schwierigkeiten; so wurde geplant, daß die Operntruppe in der Saison 1892/93 aus Debütanten, Studierenden der Musikschule und Liebhabern gebildet werden sollte.]
[569 Und zwar vom 29. Juni bis zum 6. Juli 1891.]
570 Anatol Iljitsch war damals Vizegouverneur in Estland.
[571 Vgl. dazu z. B. Čajkovskijs deutsch- und französischsprachigen Brief an Walter Damrosch vom 7. / 19. Juli 1891, ČPSS XVI, Nr. 4432. Eine zweite USA-Tournee ist nicht zustandegekommen.]
[572 Im Originalbrief heißt es: „Aus allem, was Du {in Deinen Briefen vom 19. und 21. Juni 1891} schreibst und was Sanja {= unser Neffe Aleksandr N. Litke} erzählt" etc.]

sant für Dich sein, das Tagebuch Walujews zu lesen, welches seit einiger Zeit in ‚Russkaja starina'[573] erscheint. Er war Gouverneur in einer Ostseeprovinz und erzählt viel Interessantes. Damals herrschte in jener Provinz der ausserordentlich liberale Suworow.[574] Der Geist Pobjedonoszews[575] ist am Ende doch noch sympathischer als der Geist Suworows." [XVIa, 4439.]

An W. Dawidow: „[Maidanowo,] d. 11. Juli 1891.
... Nicht um zu schauspielern oder Mitleid und Anteilnahme zu erregen, sage ich Dir, dass ich mich tatsächlich einem Wendepunkt in meiner schöpferischen Tätigkeit nähere. Die Oper geht sehr flau und schwer voran. Jeden Augenblick ertappe ich mich beim Wiederkäuen. ‚Aufgewärmtes!!' Wie dem auch sei, ich will das Angefangene zuende führen: gelingt es nicht so wie früher – weg damit. Arbeit wird sich auch ohne Komponieren finden.

Ich bin jetzt ernsthaft an das Studium Spinozas gegangen. Habe eine Menge Bücher gekauft, welche sich mit ihm beschäftigen, und seine eigenen Werke.[576] Je tiefer ich eindringe, desto mehr bewundere ich diese Persönlichkeit." [XVIa, 4440.]

An W. Dawidow: „Maidanowo, d. 22. Juli 1891.
... Ich werde bestimmt nach Kamenka kommen, denn zwischen den Zeilen Deines Briefes lese ich, dass *Du* nicht abgeneigt wärst, mich dort zu sehen, hauptsächlich aber habe ich selbst den sehnsüchtigen Wunsch, Dich zu sehen. Alles hängt von ‚Jolanthe' ab. Bisher ging sie sehr flau voran, weil ich gleichzeitig eine unerträgliche und ermüdende Arbeit zu erledigen hatte, – die Korrektur der Partitur des ‚Eugen Onegin', welche Jurgenson neu herausbringt.[577] Bei dieser Gelegenheit habe ich eine Masse meiner eigenen Fehler und eine noch grössere Masse Jurgensonscher [in der Erstausgabe] korrigiert. Diese Beschäftigung vergiftete mir das Leben. Nun habe ich sie endlich erledigt und nach Moskau gebracht; jetzt bin ich wieder hier [in Maidanowo] und widme meine ganze Zeit der Oper. A propos, sage Modest, dass ich die Qualitäten seines Librettos immer mehr zu würdigen lerne, je tiefer ich mich in die Komposition der Musik zu ‚Jolanthe' versenke. Er hat es ausgezeichnet gemacht, und die Verse sind stellenweise sehr, sehr schön. Sobald ich den Genuss des ungestörten Arbeitens bis zur Neige ausgekostet und das Werk so weit vorwärts gebracht haben oder dasselbe mit Gottes Hilfe in drei Wochen ganz fertig bekommen werde, – will ich mich leichten Herzens und ruhigen Gewissens nach Kamenka aufmachen, aber unterwegs auch bei Nikolai Iljitsch Einkehr halten, wo man mich mit Ungeduld erwartet."[578] [XVIa, 4442.]

---

[573] Monatlich 1870-1918 in Petersburg erscheinende historische Zeitschrift. P. A. Valuev, „Dnevnik za 1847-1860 gg." (Tagebuch 1847-1860) war im Jahrgang 1890 erschienen.]
[574] Aleksandr A. Suvorov (1804-1882), Mitglied des Staatsrats, 1848-1861 Generalgouverneur der baltischen Gouvernements.]
[575] Konstantin P. Pobedonoscev (1827-1907), Jurist und Staatsmann, Mitglied des Staatsrats, von 1880 an Oberprokuror des Sinod.]
[576] Ausführliche Nachweise in ČPSS XVIa, Anmerkung 2 zu diesem Brief (Nr. 4440), S. 178 f.]
[577] Sie erschien im Dezember 1891 (also elf Jahre nach der Erstausgabe) und enthält alle Änderungen, die Čajkovskij im Laufe der Jahre in dem Werk vorgenommen hat, einschließlich der Tempoänderungen, der im 6. Bild eingefügten Ecossaise sowie der Kürzung im Finale des 4. Bildes. Die Korrekturabzüge mit den zahlreichen Korrekturen und Änderungen von Čajkovskijs Hand sind erhalten: GCMMK, Signatur f. 89, Nr. 9.]
[578] Bei seinem ältesten Bruder Nikolaj, dessen Frau und dem adoptierten Georgij (George), Sohn der Nichte Tat'jana L. Davydova (1861-1887), in Ukolovo im Gouvernement Kursk hielt sich Čajkovskij vom 15. bis zum 18. August auf – und im ukrainischen Kamenka vom 20. bis 27. August 1891.]

An A. Tschaikowsky: „Maidanowo, d. 25. Juli 1891.

... Ich schreibe selten, weil ich 1.) durch die Komposition der Oper [‚Jolanthe'] in Anspruch genommen bin, welche übrigens sehr schlecht vorwärts kommt, und 2.) weil ich bis heute absolut nichts zu erzählen hatte. Heute aber habe ich etwas. Als ich mich gestern zu Bett legen und, wie gewohnt, meine Uhr aufziehen wollte (die ich nie bei mir trage, weil das in der Jacke unbequem ist), stellte sich heraus, dass die Uhr verschwunden ist. Wahrscheinlich ist sie gestern, während ich meinen Nachmittagsspaziergang machte und Alexei in seinem Zimmer ruhte, gestohlen worden. Es ist nicht schwer gewesen, durchs Fenster zu steigen und sie zu stehlen. Sehr schade. Ich habe an die Moskauer Polizei telegraphiert. Übrigens kann ich nicht behaupten, dass mir dieses traurige Ereignis sehr zu Herzen ginge. Zwei Stunden lang beklagte ich es, aber dann waren alle meine Gedanken wieder bei der Oper. Ich will mich nicht von hier weg rühren, ehe sie nicht fertig ist. Es ist aber doch sehr schade um die Uhr! Alexei ist nach Klin gefahren, um die Polizei zu alarmieren. Hoffentlich werden sie sie wiederfinden." [XVIa, 4447.]

Peter Iljitsch täuschte sich sehr, wenn er annahm, der Eindruck dieses Verlustes würde sich bald verflüchtigen. Er war seinem Eigentum gegenüber sehr gleichgültig, namentlich gegenüber den Wertsachen. Sie zu verlieren, machte ihm gar nichts aus. Als er im Jahre 1883 den ihm für die Kantate [„Moskau" – zu den Moskauer Feierlichkeiten anläßlich der Krönung Alexanders III.] Allerhöchst geschenkten Diamanten im Leihhaus auslöste und damit nach Hause fuhr, verlor er ihn unterwegs. Diesen Verlust verschmerzte er aber sehr bald. Ein wenig teurer waren ihm „Andenken", welche er mit Vorliebe sammelte. Aber auch das Abhandenkommen derartiger Andenken beklagte er gewöhnlich nur wenig. Er selbst und alle, die ihn kannten, wunderten sich daher sehr darüber, dass er später immer schmerzlicher empfand und bis zu seinem Tode nicht vergessen konnte.

Diese Uhr hatte ihm im Juli 1888 [recte: 1880] Frau von Meck geschenkt, sie hatte sie in Paris speziell für Peter Iljitsch bestellt und 10.000 Francs dafür bezahlt.

Auf der einen Seite der Uhr war in überaus kunstvoller Weise Jeanne d'Arc dargestellt und auf der anderen der Apollo der Grand Opéra auf einem Hintergrund von schwarzer Emaille. Von dieser Uhr trennte sich Peter Iljitsch nie, und er vermisste sie sehr, sooft sie sich zwecks Reparatur oder Reinigung bei einem Uhrmacher befand. Sie war ihm ein richtiger Fetisch. Liederlich im Umgang mit anderen Sachen, behandelte Peter Iljitsch nur diese eine aufmerksam. Sie war für ihn das rechte Andenken an seine Beziehungen zu Frau von Meck und unter seinen anderen Sachen ebenso ein Heiligtum wie jene Beziehungen selbst unter seinen Beziehungen zu anderen Menschen.

Indem ich dem Lauf der Ereignisse vorgreife, sage ich schon an dieser Stelle, dass die Uhr spurlos verschwunden blieb und Peter Iljitsch nie darüber hinwegkommen konnte.[579]

An M. Tschaikowsky: „[Maidanowo,] d. 25. Juli 1891.

Ich habe Dir lange nicht mehr geschrieben, Modja, und habe doch ununterbrochen mit Dir zu tun, indem ich ‚Jolanthe' komponiere. Das Libretto ist wunderschön. Es hat nur einen Fehler; aber Du bist schuldlos an ihm. Nach dem Duett vom Licht, finde ich, ist bis zum Schluss zu wenig Gelegenheit für Musik, sondern immer wird nur die Handlung erklärt. Ich fürchte, das wird langweilig sein. Übrigens irre ich mich möglicherweise. Ich habe mit der Szene Jolanthe – Vaudemont angefangen. Diese Szene hast Du ausgezeichnet

---

[[579] Sogar der Gouvernante seiner Kinderjahre, Fanny Durbach, schreibt Čajkovskij noch im Frühjahr 1893 von dem Diebstahl der Uhr, und zwar anlässlich eines Gerichtsverfahrens im März 1893 gegen einen des Diebstahls beschuldigten jungen Mann. Vgl. Fanny Durbachs Reaktion darauf vom 25. März / 6. April 1893, Mitteilungen 11 (2004), S. 128 f., mit Anmerkung 109.]

gemacht, und die Musik hätte wunderschön werden können, ist mir aber, glaube ich, nicht besonders gut gelungen. Niederträchtig ist, dass ich immer wieder in Wiederholungen falle, so dass vieles in dieser Szene der ‚Bezaubernden' ähnlich sieht. Doch abwarten! Immer öfter ergreifen mich Selbstzweifel. Vielleicht ist das aber noch kein allgemeiner Verfall, vielleicht muss ich nur für einige Zeit das Theater aufgeben und eine Symphonie oder Klavierstücke und dergleichen schreiben. Hoffentlich ist es so. Merkwürdig: solange ich das [‚Nussknacker'-]Ballett komponierte, hielt ich es für unbedeutend und vertröstete mich auf die Oper, in welcher ich zeigen wollte, was ich noch kann. Und jetzt will mir scheinen, dass das Ballett gut ist und die Oper – nicht besonders." [XVI, 4448.]

An W. Dawidow: „[Maidanowo,] d. 1. August 1891.
... Ich lese gerade Deinen Chevrillon über Ceylon[580] und denke an Dich. Deine Begeisterung teile ich nicht ganz. Die neueren Franzosen schreiben fürchterlich affektiert, d. h. sie affektieren Einfachheit, was mich ebenso abstösst wie das Geklingel der Phrasen, Epitheta und Antithesen Victor Hugos. Alles, was Dein Liebling sehr talentvoll und lebendig erzählt, könnte man in einfacherer, gewöhnlicherer Weise wiedergeben, anstatt durch seine kurzen, abgerissenen Phrasen oder die langen, verschnörkelten Perioden mit der unnatürlichen Stellung von Subjekt, Prädikat usw. Es ist sehr leicht, diese Herren zu parodieren, zum Beispiel:

Une serviette de table négligemment attaché à son cou, il dégustait ... Tout alentour des mouches, avides, grouillantes d'un noir inquiétant, volaient ... Nul bruit si non un claquement de machoirs énervant ... Une odeur moite, fétide, écoeurante, lourde, répandait un je ne sais quoi d'animal, de carnacier dans l'air ... Point de lumière ... Un rayon de soleil couchant pénétrant comme par hasard dans la chambre nue et basse, éclairait par-ci, par-là tantôt la figure blême du maître engurgitant sa soupe, tantôt celle du valet moustachu, à traits Kalmouks, stupide et rampant ... On devinait un idiot servi par un idiot.

9 heures ... Un morne silence régnait ... Les mouches fatiguées, somnolentes devenues moins agiles se dispersaient ... Et là-bas, dans le lointain, par la fenêtre on voyait une lune, grimaçante, énorme, rouge, surgir sur l'horizon embrasé ... Puis, l'estomac bourré, la face écarlate, l'oeil hagard, il se leva et sortit ... usw usw. Ich habe mein heutiges Abendessen geschildert. Diese Art zu schreiben hat, glaube ich, Zola erfunden.

Meine Arbeit geht jetzt plötzlich gut voran. Jetzt weiss ich, dass ‚Jolanthe' nicht mit dem Gesicht in den Schmutz fallen wird." [XVIa, 4450.]

An A. Alferaki:[581] „[Maidanowo,] d. 1. August 1891.
Sehr geehrter Achilles Nikolajewitsch, Brief und Lieder habe ich erhalten und letztere durchgespielt. Dem, was ich Ihnen schon früher über Ihre sehr bedeutenden schöpferischen Fähigkeiten sagte, habe ich nichts besonderes hinzuzufügen. Fruchtlos bedauern, dass Ihre Lebensverhältnisse Sie gehindert haben, eine strenge kontrapunktische Schule durchzumachen (welche Ihrem Talent offenbar sehr nottat), möchte ich auch nicht. Dieses versteht sich von selbst. Ihr Entschluss, sich auf das Feld des Liederkomponierens zu beschränken, ist mir nicht sympathisch. Ein echter Künstler, selbst wenn er in der Tat nur über ein beschränktes Kompositionstalent verfügt, welches ihm ein Hindernis für das Schaffen hervorragender Werke verschiedener Gattungen ist, – soll nichtsdestoweniger die höchsten Ziele zu erstreben und zu erringen suchen. Weder sein Alter noch sonst irgendwelche Hinder-

---

[580] A. Chevrillon, „Dans l'Inde", in: Revue des deux mondes, Paris 1891. In Čajkovskijs Bibliothek ist eine Reihe von Ausgaben des Jahrgangs 1891 dieser monatlich seit 1831 in Paris erscheinenden Zeitschrift erhalten.]
[581] Vgl. oben, S. 388, den Brief an Alferaki vom 20. Juli 1888, ČPSS XIV, Nr. 3623, mit Anmerkungen.]

nisse dürfen seinen Ehrgeiz unterdrücken. Warum glauben Sie, dass man, um ein Meisterwerk zu schaffen, auf dem Gebiet des Liedes nicht ebenfalls die umfassendste Kunsttechnik nötig hätte? Sie mögen sich angesichts der Unzulänglichkeit Ihrer Technik noch so zurückhalten, Sie mögen Ihre schöpferische Tätigkeit auf ein noch so kleines Feld beschränken, – Sie werden nie über einen guten Dilettantismus hinauskommen …

Das System, bei jedem Lied das *Jahr* seiner Entstehung anzugeben, gefällt mir nicht. Wozu denn? Was brauchen wir, d. h. das Publikum, zu wissen, wann dieses oder jenes Stück komponiert ist?" [XVIa, 4449.]

An M. Tschaikowsky: „Maidanowo, d. 7. August 1891.
… Die Zeit meiner Abreise zu unserem Bruder Nikolai und nach Kamenka nähert sich, – indessen ist ‚Jolanthe' noch lange nicht fertig. Wahrscheinlich werde ich den Abschluss der Arbeit bis zu meiner Rückkehr aufschieben müssen. Das ist auch besser: würde ich mir vornehmen, sie jetzt zu beenden, müsste ich sehr flüchtig arbeiten. Der Rest dürfte übrigens nur klein sein. Im Augenblick schreibe ich die Szene zwischen dem König und Ebn-Jahia. Dann bleibt nur noch die Szene, in der Robert und Vaudemont erscheinen und Jolanthe wecken. Das Duett und alles übrige ist schon fertig. Seit einigen Tagen bin ich ins rechte Gleis gekommen und schreibe ohne mich zu zwingen und mit Genuss. Hier und da habe ich den Text geändert – wegen des Rhythmus, der nicht zu Deinen Worten passte. Diese Änderungen werden aber nur in den Klavierauszug eingetragen; in den Textbüchern bleiben Deine Verse unverändert. Die Nummer, in welcher Laura und Brigitte von den Blumen singen, ist mir gut gelungen und gefällt mir sehr. Gelungen ist auch das Wiegenlied. Überhaupt bin ich mit mir zufrieden. Stell Dir vor, ich habe an sechs Stellen mein Kommen versprochen … wie ich das schaffen werde – ist mir unbegreiflich. Zwei Dinge werden aber unbedingt gemacht: der Besuch bei Nikolai und in Kamenka. Ungefähr am 20. werde ich in Kamenka sein." [XVIa, 4452.]

Tatsächlich hat Peter Iljitsch von allen gegebenen Versprechen nur die beiden zuletzt genannten gehalten.

In der Nachbarschaft Nikolai Iljitsch Tschaikowskys wohnte damals der berühmte Dichter A. Fet und war sehr mit ihm befreundet. Peter Iljitsch begegnete der Person seines Lieblingsdichters[582] zum ersten Mal in seinem Leben, der ihn ganz bezaubert und durch ein Gedicht „An Peter Iljitsch Tschaikowsky" sehr gerührt hatte.[583]

Sehr zufrieden kehrte er Ende August nach Maidanowo zurück.

In der Saison 1890-1891 hat Peter Iljitsch folgende Arbeiten beendet:
1) Opus 67[a]. Musik zu Shakespeares „Hamlet". Ouvertüre, Melodramen, Fanfaren, Märsche und Entr'actes für kleines Orchester. Insgesamt 17 Nummern, von denen jedoch einige Entlehnungen aus früheren Werken Peter Iljitschs sind.
Verlag P. Jurgenson.

---

[582] In folgenden Romanzen hat er Gedichte Afanasij A. Fets (1820-1892) vertont: Jugendromanze „Moj genij, moj angel, moj drug"; op. 16, Nr. 3; „Unosi moe serdce"; op. 27, Nr. 3; op. 60, Nr. 2.]
[583] Dieses Gedicht – „Petru Il'iču Čajkovskomu" – ist am 18. August 1891 datiert.]

2) Drei Chöre a cappella. Diese Chöre wurden in Frolowskoe komponiert und der „Un-entgeltlichen Chorklasse" I. A. Melnikows gewidmet. Sie sind in Melnikows „Sammlung russischer Chöre" veröffentlicht worden.

Ausserdem hat Peter Iljitsch die Skizzen [= die Konzeptschriften] des Balletts „Der Nußknacker" und der Oper „Jolanthe" fertiggestellt.

[Kapitel XXX–XXXV: September 1891 – August 1892.]
Kapitel XXX.

[Majdanowo.
Beendet die Komposition der Oper „Iolanta", instrumentiert sie und die Symphonische Ballade „Voevoda".
Der vermutliche Uhrendieb wird gefasst; der Fall bleibt aber ungeklärt und die Uhr verschwunden.
Lehnt eine erneute Einladung nach Amerika wegen der schlechten Bedingungen ab.
Schreibt sein Testament, vor allem, um über seine Urheberrechte zu verfügen.
Geldnot, Freigebigkeit und Hilfsbereitschaft.
Überlegt erneut, nach Petersburg zu ziehen – schreckt aber wegen der unvermeidbaren Masse „langweiligster und unerträglichster Beziehungen" davor zurück.]

Vom 2. September bis zum 20. Oktober 1891 wohnte Peter Iljitsch ununterbrochen in Maidanowo, arbeitete an der Vollendung und Instrumentierung der Oper „Jolanthe" und instrumentierte die symphonische Ballade „Der Woiwode". Die Arbeit ging erfolgreich voran, sein Befinden war gut. Die Abende, welche Peter Iljitsch in der letzten Zeit das Alleinsein vergifteten, verbrachte er in Gesellschaft des bei ihm weilenden Laroche beim vierhändigen Spiel oder lauten Lesen. Mit einem Wort, alles war dazu angetan, um jeder Unzufriedenheit mit dem Schicksal den Boden zu entziehen. Und doch stellte sich die frühere Zufriedenheit mit der geliebten Umgebung nicht ein.

Wenn ein Diebstahl im Hause vorkommt, so hüllt sich – unabhängig von der Trauer um den verschwundenen Gegenstand – die ganze Umgebung in tiefe Verstimmung, wie wenn sie mit etwas Schlechtem in Berührung gekommen wäre; die niedrige Handlung beschwört eine Atmosphäre der Unruhe und des Misstrauens herauf; Verdächtigungen steigen da auf, wo sie sonst nicht möglich wären, und alles rings umher erscheint wie beschmutzt. Es ist sehr wahrscheinlich, dass der unangenehme Eindruck des Uhrdiebstahls auf Peter Iljitsch bis zum September verschwunden wäre, hätte die Angelegenheit nicht eine Wendung genommen, welche ihn beständig daran erinnerte.

An M. Tschaikowsky: „[Maidanowo,] d. 5. September 1891.
Ich lebe jetzt in der Welt der Romane Gaboriaus.[584] Der Kriminalpolizei ist es gelungen, den Dieb ausfindig zu machen; er ist geständig. Man kann aber trotz aller Bemühungen nicht aus ihm herausbekommen, wo er die Uhr gelassen hat ... Heute führte man mich vor den Unglücklichen, in der Hoffnung, er würde sich von mir bewegen lassen, die Wahrheit zu sagen ... Er hat ein überaus sympathisches Gesicht, so dass man kaum glauben könnte, er sei ein Dieb und Bösewicht. Er lächelte. Als ich ihm Vorwürfe zu machen begann, dass er mir soviel Schmerz und Erbitterung verursacht hatte, und ich ihn bat, mir zu sagen, wo die Uhr wäre, – versicherte er mir, dass er sie versteckt hätte, nannte verschiedene Mitschuldige und erklärte sich endlich bereit, mir unter vier Augen die ganze Wahrheit zu sagen. Wir wurden in ein Nebenzimmer geführt. Dort warf er sich mir zu Füssen und flehte um Verzeihung. Natürlich verzieh ich ihm und bat ihn nur mir zu sagen, wo die Uhr wäre. Da wurde er plötzlich ruhig und fing an zu behaupten, er hätte die Uhr nie gestohlen!!! Es ist unfassbar! Soeben war der Aufseher bei mir und teilte mir mit, dass der Mann ihm eine Viertelstunde nach meiner Abfahrt erklärt habe, er glaube, die Sache sei nun erledigt und die von ihm beschuldigten Personen blieben unbehelligt, da ich ihm doch verziehen hätte. Als man ihm hierauf erklärte, ich hätte ihm nur im Sinne des Christentums verziehen, begann er von neuem verschiedene Personen zu nennen, denen er die Uhr wei-

---

[584 Emile Gaboriau (1832-1873), französischer Schriftsteller, u.a. von Kriminalromanen; sein erfolgreicher Erstling: „L'affaire Lerouge" (1866).]

tergegeben haben wollte und dergleichen. Du kannst Dir denken, wie mich das alles aufregt und wie gemein, wie ekelhaft mir Maidanowo vorkommt!" [XVIa, 4469.]

Ein anderer Grund für die Stimmung Peter Iljitschs in jener Zeit war die Kränkung seines Ehrgefühls. Bis dahin hatte er geglaubt, annehmen zu dürfen, er habe in Amerika tatsächlich einen grossen Erfolg gehabt, man erwarte dort sehnsüchtig seine Rückkehr, und seine Popularität sei stark angewachsen. Aber da erhielt er eines Tages einen Brief von demselben Maurice Renault [Morris Reno], der ihn auch das erste Mal engagiert hatte und Zeuge seiner Erfolge gewesen war. Der Brief enthielt die Aufforderung, für drei Monate und mit der Verpflichtung für zwanzig Konzerte nach Amerika zu kommen, und zwar für ein dreimal geringeres Honorar als damals im Mai.[585] Er schloss daraus, dass er die Bedeutung seines Amerika-Aufenthalts überschätzt hatte, – und das kränkte und erbitterte ihn sehr. Als Antwort telegraphierte er Reno nur zwei Worte: „Non. Tschaikowsky"; brieflich unterbreitete er im Anschluss daran seine Bedingungen, welche in demselben Masse übertrieben waren, in welchem ihm die vorgeschlagenen zu gering erschienen. Später hatte Peter Iljitsch Gelegenheit sich zu überzeugen, dass in jenem Angebot nichts Kränkendes lag und dass jene Bewertung seiner Bedeutung in Amerika durchaus nicht entsprach. Der unangenehme Eindruck blieb aber bestehen. Die Lust, wieder nach Amerika zu reisen, war jedenfalls schwächer geworden; nur ein grosser materieller Gewinn hätte ihn dazu verführen können. „Wenn man mir die verlangten 20.000 Rubel in Amerika bewilligen sollte," schrieb er am 8. Oktober P. Jurgenson, „dann werde ich hingehen; vorausgesetzt, dass ich die Hälfte dort ausgeben werde, so bleiben mir immer noch 10.000 Rubel. Die werden meinen Erben zugute kommen."[586] [XVIa, 4506.]

Ein weiterer Grund für die umflorte Seelenverfassung Peter Iljitschs war das Testament, welches er im Laufe jenes Monats gemacht hat und welches ihn unwillkürlich auf Gedanken an die „abscheuliche Stumpfnase" – wie er den Tod nannte – brachte. Erst jetzt hatte er erfahren, dass nach seinem Tode alle seine Urheberrechte an seine Erben übergehen würden, – und das hatte ihn veranlasst, ein Testament zu machen. Er hatte nämlich bis dahin diejenigen Bedingungen im Gedächtnis, unter welchen vor dem Regierungsantritt Alexanders III.[587] die Kaiserlichen Theater seine Opern annahmen und nach welchen die Urheberrechte den Komponisten nur auf Lebenszeit zustanden und nach dem Tode derselben an die Direktion [der kaiserlichen Theater] übergingen.[588] Das beweist, mit welcher Geschäftskenntnis und Aufmerksamkeit Peter Iljitsch die Kontrakte unterschrieb, welche „Eugen Onegin",[589] „Mazepa", „Tscherewitschki", „Die Bezaubernde" und „Pique Dame"[590] betref-

---

[585] Im Mai hatte Peter Iljitsch 2500 Dollar für vier Konzerte erhalten, während ihm jetzt 4000 Dollar für zwanzig Konzerte angeboten wurden.

[586 Am 13. Oktober 1891 bat Čajkovskij Jurgenson, Reno zu telegraphieren: „Ne puis accepter moins de 12000 dollars. Lettre suit. Tschaikovsky." Der dem Telegramm folgende Brief Čajkovskijs ist nicht bekannt. Eine zweite Amerikatournee kam nicht zustande.]

[587 Also vor 1881.]

[588] Aufgrund dieses Gesetzes werden die Opern von Glinka, Serow, Dargomyshsky sowie Peter Iljitschs Opern „Opritschnik" [Uraufführung: St. Petersburg, Mariinskij teatr, 12. April 1874] und „Jungfrau von Orleans" [Uraufführung: Petersburg, Mariinskij teatr, 13. Februar 1881] gegenwärtig ohne Tantiemen gegeben. Die Kontrakte mit den Autoren in ihrer jetzigen Gestalt, desgleichen auch die Erhöhung der Honorare waren die allerersten Reformen der Direktion I. Wsewoloshsky.

[589 Für die erste Inszenierung am Petersburger Mariinskij teatr, die am 19. Oktober 1884 Premiere hatte.]

[590 „Mazepa": Uraufführung im Moskauer Bol'šoj teatr am 3. Februar 1884, Petersburger Erstaufführung im Mariinskij teatr drei Tage später. – „Čerevički": Uraufführung im Moskauer Bol'šoj teatr am 19. Januar 1887. – „Čarodejka": Uraufführung im Petersburger Mariinskij teatr am 20. Oktober 1887. – „Pikovaja dama":

fen. Der Paragraph über die Vererbbarkeit der Rechte und Pflichten springt in diesen Kontrakten geradezu in die Augen. Als ich diesen Umstand einmal in seiner Gegenwart erwähnte, fing er einen Streit mit mir an. Er wollte mir nicht glauben, erkundigte sich darüber bei der Direktion [der kaiserlichen Theater] und war freudig überrascht, im Streit mit mir Unrecht zu behalten. Er war um das Schicksal einiger Personen schon bei Lebzeiten sehr besorgt und verteilte in freigebigster Weise Unterstützungen. Daher war ihm das Bewusstsein, auch nach dem Tode helfen zu können, eine grosse Beruhigung.

Wenig erfreute ihn diesmal auch die Anwesenheit Laroches. Dieser befand sich zu jener Zeit wieder in einer Periode der Apathie und des krankhaften Widerwillens gegen Arbeit, welche die russische Musikkritik so oft ihres glänzendsten Vertreters beraubten. Nachdem Laroche Mitte Oktober Maidanowo verlassen hatte, schrieb mir Peter Iljitsch: „Laroche machte auf mich durch seine Hypochondrie einen so niederdrückenden Eindruck, dass ich mich jetzt nicht nur nicht langweile, sondern froh bin, den tief unglücklichen Mann, dem nicht zu helfen ist, nicht mehr vor mir zu sehen." [Brief vom 20. Oktober 1891, XVIa, 4517.]

Dazu kam noch die Unruhe wegen Geldmangels. Während der Ferien der Kaiserlichen Theater waren seine Einnahmen zum Stillstand gekommen. Oper und Ballett [„Jolanthe" und „Nussknacker"] waren noch nicht fertig, so dass er auch von Jurgenson nichts zu bekommen hatte. An dieser vorübergehenden Armut war natürlich er allein schuld, denn die Vermehrung seiner Ausgaben hielt nicht Schritt mit der Vermehrung der Einnahmen und nahm einen kolossalen Umfang an. Die Zahl seiner Pensionäre (von denen ich ihn am meisten kostete, denn Peter Iljitsch gab mir etwa 2000 Rubel jährlich) und verschiedener Bitten, denen er stets entgegenkam, wuchs an; Peter Iljitsch begnügte sich aber nicht damit und verteilte ausserdem freiwillige Gaben an Menschen, die er in Not wusste.

„Lieber Freund," schrieb er an P. Jurgenson, „ich möchte X. gerne etwas helfen. Die Karten für sein Konzert werden bei Dir zum Verkauf ausliegen. Solltest Du sehen, dass der Verkauf schlecht geht, so nimm bitte für mich 15 bis 20 Billetts und verschenke sie an Dein Personal oder an wen Du sonst willst. Natürlich darf X. nichts davon erfahren."

„Wenn Ihnen die Geldfrage Bedenken einflösst," schreibt er an Y., „wenden Sie sich an Ihren aufrichtigen Freund (d. h. an mich), welcher in diesem Jahr durch seine Opern grosse Kapitalien erworben hat und froh sein wird, Ihnen zu helfen. Ich schwöre, dass niemals jemand etwas davon erfahren wird; mir selbst aber wird es ein grosser Genuss sein."

„Hinsichtlich des Geldes", schreibt er mir, „kannst Du aufrichtig zu mir sein und brauchst Dich nicht zu genieren. Du weisst ja, dass es für mich eher ein Vergnügen ist als Pflichterfüllung, die Not meiner Nächsten zu lindern."

„A propos, aus dem Brief M.s ersehe ich, dass Dir möglicherweise das Geld für die Rückreise nicht reichen wird. Telegraphiere mir, wenn Du welches brauchen solltest, ich werde es Dir sofort telegraphisch anweisen."

An P. Jurgenson: „bitte schreibe K. sofort, er solle Y. weiterhin 25 Rubel monatlich zahlen. Er mag ihm jetzt für drei Monate im voraus zahlen."[591]

Derartiger Zitate könnte man eine ganze Menge anführen, namentlich aus Briefen an P. Jurgenson. Nicht nur die Not, sondern sogar nur eine Laune seines Nächsten erweckten den

---

Uraufführung ebenda am 7. Dezember 1890. – Und „Iolanta" schließlich folgte dort am 6. Dezember 1892 – am selben Abend wie das „Nußknacker"-Ballett.]
[591 Brief vom 11. November 1891 aus Majdanovo, ČPSS XVIa, Nr. 4546. Im Originalbrief werden beide Personen namentlich genannt: K. ist Boleslav „Korejvo", Eigentümer einer Buch- und Musikalienhandlung in Kiev, ein Kommissionär Jurgensons. Und Y. ist der Student der Kiever Universität Vjačeslav I. Kotek, ein Bruder des mit Čajkovskij befreundeten Geigers Iosif I. Kotek (1855-1885).]

Wunsch in Peter Iljitsch, sie zu befriedigen, und hunderte von Rubeln wurden für Belustigungen ausgegeben. Wenn er in Gesellschaft war – selbst wenn sich reichere Leute als er in derselben befanden –, litt er es nicht, dass ein anderer auch nur eine Kopeke ausgab. Handeln konnte er nur zu seinem Nachteil, d. h. er wollte immer möglichst viel geben und möglichst wenig nehmen.

Die Folge davon war, dass selbst ein ganz kurzer Aufenthalt in Moskau ihn hunderte von Rubeln kostete. Die 500 Rubel, welche er damals in vier Tagen beim Besuch der franko-russischen Ausstellung [im Juni 1891 in Moskau] ausgegeben hat, indem er seine Neffen und mich freihielt, ist zu einer Art Normalsatz für ihn geworden. Es ist unter solchen Umständen nicht verwunderlich, dass Perioden kamen, in denen er – wie im September und Oktober 1891 – ohne eine Kopeke Geld dasass und sich unangenehm eingeschränkt fühlte, namentlich, weil er der Möglichkeit beraubt war, anderen zu Hilfe zu eilen.

Eine grosse Last war ihm in jener Zeit der Briefwechsel mit Unternehmern, Verlegern, allerhand Bittstellern, welcher einen ungeheuren Umfang angenommen hatte.

Alles zusammen rief jene melancholische Stimmung in ihm hervor, welche in folgendem Brief zum Ausdruck kommt.

An W. Naprawnik: „[Maidanowo,] d. 2. Oktober 1891.
... Im Januar beginnen meine Reisen.[592] Ach, Wolodja, diese Reisen fallen mir nicht leicht! Bin alt geworden! Ich bin etwas lebensmüde und erkenne, dass die einzige mir zuträgliche Lebensweise – diejenige auf dem Lande ist, welche allem Getriebe und der zwecklosen Vergeudung von Zeit, deren ich nicht mehr viel habe, fern steht. Andrerseits aber erheischt das Leben auf dem Lande eine dauernde Beschäftigung, und von dem beständigen Sitzen am Tisch ermüde ich sehr, und meine Augen werden schwächer. Deshalb habe ich, namentlich abends, das Bedürfnis nach Unterhaltung und Gesellschaft, welches aber nur in der Stadt befriedigt werden kann. So weiss ich denn nicht, wozu ich mich entschliessen soll: ganz nach Petersburg überzusiedeln oder auf dem Lande zu bleiben. Leider werde ich mich wahrscheinlich doch in unserem Nordischen Palmyra[593] niederlassen müssen. Wäre es mir möglich, mich in Petersburg auf den Verkehr mit den allernächsten Verwandten und Freunden zu beschränken, – so wäre mir das im Grunde überaus angenehm. Aber leider geht das nicht, denn ich verstehe es nicht, die Masse langweiligster und unerträglichster Beziehungen von mir abzuschütteln, welche mir lästig sind und den Aufenthalt in der Stadt verleiden, während mir viele Menschen das Leben in Petersburg angenehm machen könnten." [XVIa, 4494.]

[[592] Am 2. Januar 1892 dirigierte Čajkovskij ein Konzert in Warschau mit folgendem Programm: Elegie und Walzer aus der Serenade für Streichorchester op. 48, Capriccio italien op. 45, Sérénade mélancolique op. 26 und Violinkonzert op. 35 (Solist: St. K. Barcevič), Arie der Johanna aus „Orleanskaja deva" (Solistin: Nina Friede, welche auch einige Romanzen Čajkovskijs sang: op. 65, Nr. 5; op. 16, Nr. 1; „Zabyt' tak skoro" {So schnell vergessen} ohne op.; op. 38, Nr. 2), 3. Orchestersuite op. 55. – Anschließend fuhr er nach Hamburg, um im dortigen Stadttheater am 7. / 19. Januar „Evgenij Onegin" zu dirigieren – die Leitung übernahm aber, da Čajkovskij durch die aufgrund der deutschen Texteinrichtung nötigen Änderungen irritiert war, Gustav Mahler, der die Oper auch einstudiert hatte.]
[[593] Petersburg wurde oft auch „Venedig des Nordens" oder „Palmyra des Nordens" genannt.]

Kapitel XXXI.

[Ende Oktober bis Mitte Dezember 1891. Moskau, Maidanowo, Petersburg, Reval, Maidanowo.
Ist bei den Proben zur Moskauer Erstaufführung der „Pikovaja dama" anwesend.
Erzählt dem Großfürsten K. R. von seinem Besuch bei dem Dichter Afanasij A. Fet.
Denkt daran, sich nach „Iolanta" und „Nußknacker" wieder der symphonischen Musik zuzuwenden.
Gelungene Moskauer Aufführung von „Pikovaja dama". Presseberichte.
Nach der von ihm dirigierten Uraufführung der Symphonischen Ballade „Voevoda" vernichtet Čajkovskij die Partitur; doch kann sie postum nach den Orchesterstimmen rekonstruiert werden.
Findet Gefallen an dem von J. Block in Rußland eingeführten Phonographen.
Dirigiert in einem Wohltätigkeitskonzert in Petersburg. Besucht Anatolij in Reval.
Beendet in Majdanovo die Instrumentierung der Oper „Iolanta".
Plant ein Haus in Klin zu kaufen und für die Wintermonate eine Wohnung in Petersburg zu mieten.]

Ende Oktober 1891 – die Instrumentierung der Oper „Jolanthe" war noch nicht ganz fertig – fuhr Peter Iljitsch nach Moskau, um der Auffführung der „Pique Dame" beizuwohnen[594] und [am 6. November] in einem Konzert A. Silotis zu dirigieren, wo er seine soeben fertig gewordene Symphonische Fantasie „Der Woiwode" zum ersten Mal vor die Öffentlichkeit bringen wollte.

An S. I Tanejew: „[Moskau,] d. 25. Oktober 1891.

Mein lieber Sergei Iwanowitsch, ich muss heute unbedingt im Theater sein (wo ein neuer Tenor im ‚Onegin' debütiert).[595] Die Direktion überlässt mir die Entscheidung, ob er tauglich ist. Daher kann ich Dir die Partitur der ‚Jolanthe' nicht selbst bringen. Ich sende sie Dir und bitte Dich, mir den Empfang zu bestätigen, da ich sonst unruhig sein werde ... Ich wiederhole, dass ich es für das grösste Glück, ja – für eine Wohltat Deinerseits ansehe, dass Du die schwere und langweilige Arbeit des Klavierauszugs übernimmst. Andererseits möchte ich aber nicht, dass Du Dir aus Freundschaft für mich Gewalt antust. Handle nach Deinem Ermessen. Die Partitur ist soweit fertig (d. h. nicht die ganze Partitur, sondern der Teil, den ich Dir sende), nur Tempo- und Metronomangaben fehlen noch, desgleichen auch die Bezeichnung der Nummern. Das werde ich später selbst in die Partitur und in Deinen (o Glück!) Klavierauszug eintragen.

Sage mir bei unserem Wiedersehen gar nichts über ‚Jolanthe', weder Lob noch (was Gott verhüten wolle!) Tadel: erst wenn die Oper aufgeführt sein wird – darfst Du sie nach Herzenslust kritisieren." [XVIa, 4525.]

An A. Tschaikowsky: „Moskau, d. 31. [recte: 27.] Oktober 1891.

Lieber Tolja, es fällt mir sehr schwer, Briefe zu schreiben. Ich stecke mitten in der bei der Einstudierung einer Oper üblichen Aufregung, so dass ich nicht weiss, wo mir der Kopf steht. Die Proben gehen gut. Frau Sionitzkaja singt die Lisa nicht schlechter als Medea [Fiegner]; Hermann – Medwedjew steht [Nikolai] Fiegner nicht nach. Alles übrige bewegt sich auf gleicher Höhe. Die Ausstattung ist armselig, aber nicht gerade hässlich." [XVIa, 4527.]

An den Grossfürsten Konstantin Konstantinowitsch: „Moskau, d. 31. Oktober 1891.
Ew. Kaiserliche Hoheit!
Es ist schwer zu sagen, wie sehr mich Ihre teuren Zeilen erfreut und gerührt haben.[596] Natürlich habe ich in der Tiefe meiner Seele gefühlt, dass Sie mich nicht vergessen haben,

---

[594 Moskauer Erstaufführung am 4. November 1891 unter der Leitung von Ippolit Al'tani.]
[595 Nikolaj G. Vel'jašev in der Partie des Lenskij. Vel'jašev gehörte 1891-1896 zum Opernensemble des Moskauer Bol'šoj teatr.]
[596 K. K. Romanovs Brief an Čajkovskij vom 27. Oktober 1891.]

– doch ist es mir überaus angenehm, einen konkreten Beweis dafür zu haben, dass Sie bei Ihren komplizierten und vielseitigen Tätigkeiten, noch dazu unter dem Eindruck eines tief traurigen Familienereignisses,[597] Zeit fanden, meiner zu gedenken.

… Es war mir sehr angenehm, Fets persönliche Bekanntschaft zu machen.[598] Afanassy Afanassjewitsch hat mich durch seinen freundschaftlichen Empfang sehr gerührt. Nach seinen ‚Erinnerungen', welche derzeit im ‚Russki vestnik'[599] abgedruckt wurden, glaubte ich, dass eine Unterhaltung mit ihm nicht sehr interessant sein müsste. Es stellte sich aber das Gegenteil heraus: Er ist ein überaus angenehmer Gesellschafter, voller Originalität und Humor. Wenn Sie wüssten, Ew. Hoheit, wie entzückend der Ort seines Sommeraufenthalts ist. Dieses Haus, dieser Park – welch eine gemütliche Zuflucht für einen alternden Dichter! Leider geniesst unser Dichter das Leben in dieser poetischen Gegend gar nicht, wie mir Marie Petrowna[600] klagte. Er sitzt beständig zu Hause, diktiert die Übersetzung Martials oder Gedichte, zankt mit dem Fräulein, welche sein Diktat schreibt und verlässt nie das Haus. Er las mir viele neue Gedichte vor, und ich staunte über die Jugendfrische seiner Muse. Wir bedauerten beide, dass die Verhältnisse Ew. Hoheit hindern, sich ganz der Poesie zu widmen. Wenn Sie wenigstens im Sommer an irgendeinem einsamen Ort der Erholung pflegen könnten. Doch ach – auch das ist nicht möglich.

Nach der ersten Vorstellung der ‚Pique Dame' werde ich wieder zu mir aufs Land fahren und mich der Instrumentierung der Oper [‚Jolanthe'] widmen. Mitte Dezember werde ich in Petersburg sein, wohin ich engagiert worden bin, ein Konzert der Russischen Musikgesellschaft zu leiten.[601] Ich hoffe, dass es mir gelingen wird, Ew. Hoheit und die Grossfürstin zu sehen. Danach harrt meiner eine Reise nach Hamburg und Prag zur Aufführung meiner Opern.[602] Für April habe ich eine Einladung nach Amerika erhalten, ich glaube aber, dass ich den mit dieser Reise verbundenen materiellen Vorteilen den stillen Aufenthalt auf dem Lande und die Arbeit vorziehen werde. Nach Beendigung meiner gegenwärtigen Arbeiten[603] möchte ich einige Zeit keine Opern und Ballette schreiben, sondern auf dem Gebiet der Symphonie arbeiten.[604] Manchmal kommt mir der Gedanke, dass es Zeit für mich wäre, meine Bude ganz zuzumachen. Ein Autor, welcher Erfolge und Anerkennung seiner

---

[597] Im Originalbrief erwähnt Čajkovskij ausdrücklich den „Tod Ihrer Nichte", der Grossfürstin Aleksandra Georgievna (1870-1891), Tochter des griechischen Königs Georg I., erste Gattin des Grossfürsten Pavel Aleksandrovič.]

[598] Siehe oben, S. 525, Schluß des Kapitels XXIX mit Anmerkung. A. A. Fet spielt auch eine Rolle im Briefwechsel Čajkovskijs und des Großfürsten K. R.; siehe z. B. oben, S. 392, Čajkovskijs Brief vom 21. September 1888, ČPSS XIV, Nr. 3675.]

[599] Die monatlich erscheinende politische und literarische Zeitschrift „Russkij vestnik" (Russischer Bote) erschien 1856-1902 abwechselnd in Petersburg und Moskau.]

[600] Die Gemahlin A. Fets.

[601] Dieses zunächst für den 23. November geplante, dann auf den 14. Dezember 1891 verschobene Konzert fand schließlich erst am 7. März 1892 statt (als 9. Symphoniekonzert der Petersburger Musikgesellschaft, und zwar mit einem anderen als dem ursprünglich vorgesehenen Programm: Fantasie-Ouvertüre „Romeo und Julia" und „Nußknacker"-Suite (Uraufführung).]

[602] „Evgenij Onegin" in Hamburg, Premiere am 7. / 19. Januar 1892, und „Pikovaja dama" in Prag. Die Prager Aufführung konnte allerdings erst am 30. September / 12. Oktober 1892 stattfinden.]

[603] „Iolanta" und „Nußknacker".]

[604] Die Absicht, nach der 1888 entstandenen Fünften eine neue Symphonie zu schreiben, erwähnte Čajkovskij schon 1889, und zwar ebenfalls gegenüber dem Großfürsten Konstantin Konstantinovič; am 29. Oktober 1889 schrieb er ihm: „Ich möchte schrecklich gern eine grandiose Symphonie schreiben, die gleichsam die Krönung meiner ganzen Laufbahn als Komponist sein sollte, und sie dem Zaren widmen. Einen unbestimmten Plan einer solchen Symphonie trage ich schon lange in meinem Kopf mit mir herum – aber es bedarf des Zusammentreffens vieler günstiger Umstände, damit mein Plan ausgeführt werden kann. Ich hoffe, ich werde nicht sterben, ohne diese meine Absicht ausgeführt zu haben." (ČPSS XVa, Nr. 3966.)]

Verdienste errungen hat, ist nämlich ein Hindernis für die jungen Autoren, welche die Gelegenheit suchen, Ihre Werke zur Aufführung zu bringen. Es gab eine Zeit, in der man nichts von mir wissen wollte, und hätte ich nicht Schutz bei dem Grossfürsten, Ihrem Vater,[605] gefunden, wäre wohl nicht eine einzige meiner Opern auf die Bühne gekommen. Jetzt werde ich in jeder Weise belohnt und verhätschelt. Das ist zwar sehr angenehm, zugleich aber eine Schranke für die jungen Komponisten, und dieser Umstand beunruhigt und quält mich oft." [XVIa, 4531.]

Die erste Vorstellung der „Pique Dame" in Moskau fand am 4. November unter Leitung I. Altanis statt. Die Hauptdarsteller waren: Hermann – Hr. Medwedjew. Tomsky – Hr. Korsow. Fürst Jeletzky – Hr. Hochlow. Lisa – Fr. Sionitzkaja. Gräfin – Fr. Krutikowa. Pauline – Fr. Gnutschewa. Priljepa – Fr. Eichenwald. Milowsor – Fr. Pawlenkowa. Slatogor – Hr. Strishewsky. Gouvernante – Fr. Pawlowa.[606]

Ausführung und Ausstattung waren nichts mehr als eine gute Kopie der Petersburger Aufführung: etwas „Eigenes", Originelles boten weder Sänger, noch Orchester, noch die Dekorateure.

Der Erfolg der Oper war ein grosser, – ein aufrichtigerer und wärmerer als in Petersburg. Peter Iljitsch selbst äusserte sich darüber in einem Brief:

An A. Tschaikowsky: „[Moskau, d. 8. November 1891.]

... Die ‚Pique Dame' ist ausgezeichnet gegangen; das Ensemble war über jedes Lob erhaben; Altani war nicht wiederzuerkennen. Die Ausstattung prachtvoll und nur wenig ärmer als in Petersburg. Am besten gefiel mir Sionitzkaja [als Lisa]. Medwedjew [als Hermann] war sehr gut, aber die Erinnerung an Fiegner wird wohl jede andere Auffassung der Rolle weniger gut erscheinen lassen." [XVIa, 4539.]

Nichtsdestoweniger hat „Pique Dame" der Presse nicht sehr gefallen. Der Referent der „Moskowskie wedomosti" [„Moskauer Zeitung"] fand, dass in den früheren Werken Peter Iljitschs mehr musikalische Persönlichkeit vorhanden wäre als in „Pique Dame". „Tschaikowsky besitzt ein bemerkenswertes Talent für Nachahmungen", behauptet der Kritiker,

---

[605 Konstantin Nikolaevič (1827-1892; Sohn Zar Nikolajs I.), General-Admiral, 1865-1881 Präsident des Staatsrats, seit 1873 Präsident der Russischen Musikgesellschaft, deren Vizepräsident 1892 sein Sohn Konstantin Konstantinovič wurde.]

[606 Die Namen der Ausführenden in Transliteration: Michail E. Medvedev (1852-1925), Tenor, 1881 Absolvent des Moskauer Konservatoriums, 1881/82 und 1891/92 am Moskauer Bol'šoj teatr, 1892/93 am Petersburger Mariinskij teatr, sang auch bei privaten Opernunternehmen in Tiflis, Kiev und in anderen Städten, Gesangsprofessor an der Musikdramatischen Schule der Moskauer Philharmonischen Gesellschaft; 1879 erster Lenskij in Čajkovskijs „Evgenij Onegin". – Bogomir B. Korsov (1845-1920), Bariton, 1869-1881 Mitglied des Opernensembles der Petersburger Theater und 1882-1905 des Moskauer Bol'šoj teatr; erster Mazepa („Mazepa") und Teufel („Čereviěki"), bei der Moskauer Erstaufführung Vjaz'minskij („Opričnik"); Widmungsträger der Romanzen op. 28, Nr. 5 und op. 57, Nr. 2. – Pavel A. Chochlov (1854-1919), Bariton, 1879-1900 am Moskauer Bol'šoj teatr, dort erster Onegin („Evgenij Onegin") und Durchlauchtigster („Čerevički"). – Marija A. Dejša-Sionickaja (1859-1932), Sopran, 1883-1891 am Petersburger Mariinskij teatr und 1891-1908 am Moskauer Bol'šoj teatr. – Aleksandra P. Krutikova (1851-1919), Mezzosopran, 1872-1876 Mitglied des Opernensembles der Petersburger Theater und 1880-1901 am Moskauer Bol'šoj teatr, erste Morozova („Opričnik") und Ljubov' Kočubej („Mazepa") sowie erste Ol'ga („Evgenij Onegin") am Moskauer Bol'šoj teatr; Widmungsträgerin der Romanzen op. 25, Nr. 1 und op. 57, Nr. 6. – Vera N. Gnučeva, Alt, 1885-1887 an der privaten Russischen Oper in Moskau und 1888-1893 am Moskauer Bol'šoj teatr. – Margarita A. Èjchenval'd (1866 bis nach 1948), Koloratursopran, Absolventin des Moskauer Konservatoriums, 1889-1901 am Moskauer Bolšoj teatr. – Varvara V. Pavlenkova, Mezzosopran, ab 1889 am Moskauer Bol'šoj teatr. – Aleksandr I. Striževskij (1866-1911), Baß, 1891-1911 am Moskauer Bol'šoj teatr. – Olimpiada P. Pavlova, Mezzosopran, 1888-1897 am Moskauer Bol'šoj teatr.]

„diese Nachahmungen arten manchmal in direkte Entlehnungen aus älteren Werken aus wie z. B. in seiner Suite ‚Mozartiana'".[607]

„Moskowsky listok" [„Moskauer Blatt"] konstatiert, die „Pique Dame" lasse vieles zu wünschen übrig, dass sie mehr *schmeichelt* als *hinreisst*.

Nur die „Russkie vedomosti" [„Russische Zeitung"] beurteilen die Oper sachgemäss, was übrigens auch selbstverständlich erscheint, wenn man bedenkt, dass der Berichterstatter dieser Zeitung Nikolai Kaschkin war.

Am 6. November 1891 fand in Moskau ein Konzert von Alexander Siloti statt. Sein Kapellmeister war Peter Iljitsch. Ausser der Begleitung der Klavier- und Violoncellonummern, welche von Siloti und Brandukow gespielt wurden, dirigierte er die Tänze [der Landmädchen] aus der Oper „Der Wojewode", den Slavischen Marsch [op. 31] und zum ersten Mal die Symphonische Ballade „Der Woiwode".[608]

Das Konzert hatte einen glänzenden Erfolg. Dirigent und Solisten wurden unzählige Male gerufen und ersterer förmlich mit Blumen überschüttet. Am nächsten Tag erschienen fast in allen Moskauer Zeitungen lobende Urteile über das ganze Konzert und namentlich auch über das neue Werk.

Äusserlich war alles glücklich verlaufen, indessen durchlebte Peter Iljitsch schon während der Proben, hauptsächlich aber am Tage des Konzerts eine der qualvollsten Episoden seiner Künstlerkarriere.

Nikolai Kaschkin erzählt in seinen „Erinnerungen an P. Tschaikowsky", dass der Komponist sein neuestes Erzeugnis schon in den Proben misstrauisch behandelt hätte, was an der welken Gleichgültigkeit der dynamischen Schattierungen und an dem völligen Fehlen jeglichen Bestrebens, das Werk möglichst gut wiederzugeben, zu merken gewesen wäre.

Nach den Proben, aber vor dem Konzert, fragte Peter Iljitsch verschiedene Personen nach ihrer Meinung über das Stück, indem er selbst sehr verächtlich über dasselbe sprach. Diese Frage hat er auch Sergei Tanejew vorgelegt. Letzterer erinnert sich folgendermassen an seine damalige Meinung über den „Woiwoden":

„Ich fand, dass der Hauptteil des Stücks der mittlere, d. h. die Liebesepisode sei und dass der Anfang diesem gewissermassen nur als Vorbereitung diene. Indessen steht dieser mittlere Teil hinsichtlich seiner musikalischen Vorzüge unvergleichlich tiefer als ähnliche Episoden in den früheren Werken Peter Iljitschs: ‚Sturm', ‚Romeo' und ‚Francesca'. Mir schien, dass Tschaikowsky die Sache falsch angefasst habe und dass man zu dieser Melodie die Puschkinschen Worte *singen* könne,[609] so dass sie augenscheinlich nicht wie ein Orchesterstück, sondern wie ein Lied komponiert worden

---

[607] Bekanntlich hat Čajkovskij tatsächlich, und zwar bewußt und in höchst sublimer und dramatisch bedingter Weise, auf den Stil des späten 18. Jahrhunderts zurückgegriffen. Vgl. dazu die betreffenden Ausführungen zu „Pikovaja dama" von Lucinde Braun in ČSt 4. Vgl. außerdem: Tamara Z. Skvirskaja (aus dem Russischen übersetzt von Lucinde Braun), Zur Entstehungsgeschichte der Oper *Pikovaja dama* – librettistische und musikalische Quellen des 18. Jahrhunderts, sowie L. Braun, Čajkovskijs *Pikovaja dama* und der Historismus – Anmerkungen zu Tamara Skvirskajas Aufsatz, in: Mitteilungen 12 (2005), S. 163-185 und 186-190.]

[608] Das umfangreiche Programm umfaßte im einzelnen: P. I. Čajkovskij, Entr'acte und Tänze der Landmädchen aus der Oper „Voevoda" op. 3 sowie Symphonische Ballade „Voevoda"; Edvard Grieg, Klavierkonzert (Aleksandr I. Ziloti), J. S. Bach, Aria [Bearbeitung der Air aus der 3. Orchestersuite?] (Violoncello: Anatolij A. Brandukov); Aleksandr Glazunov, Spanische Serenade (Solist: Anatolij A. Brandukov); Éduard F. Napravnik, Russische Fantasie für Klavier und Orchester (Uraufführung; Solist: A. Ziloti); P. I. Čajkovskij, Nocturne op. 19, Nr. 4 und Andante cantabile aus dem 1. Streichquartett op. 11 in Čajkovskijs eigener Bearbeitung für Violoncello und kleines Orchester (Nocturne) bzw. Streichorchester (Andante) (Solist: A. A. Brandukov) sowie Slavischer Marsch op. 31.]

[609] Vgl. dazu Elisabeth Bender in ihrer Arbeit über Čajkovskijs Programmusik: ČSt 11, S. 430 ff.]

sei. Von Orchesterinstrumenten ausgeführt, macht dieses Lied einen etwas unbestimmten Eindruck und verliert sehr."

Im Konzert hat der „Woiwode" – trotz der begeisterten Stimmung des Publikums gegenüber dem Komponisten – nur wenig Eindruck gemacht, was durch die „nachlässige" Wiedergabe seitens des unzufriedenen Autors leicht erklärlich erscheint.

Nun erzählt Alexander I. Siloti, dass sich im Künstlerzimmer während der Pause folgendes zugetragen hätte:

> „Peter Iljitsch trat in das Künstlerzimmer und zerriss, ehe ich es verhindern konnte, seine Partitur in Stücke, indem er ausrief: ‚so einen Mist darf man nicht schreiben'. Er liess den Orchesterdiener rufen und befahl ihm, sofort alle Orchesterstimmen einzusammeln. Ich sah, dass den Stimmen dasselbe Schicksal wie der Partitur drohte, entschloss mich schnell zu einem verzweifelten Betragen gegenüber dem aufgeregten Peter Iljitsch und sagte: ‚Erlaube, Peter Iljitsch, hier im Konzert bin ich der Gastgeber, und nicht Du, und darum habe allein ich zu befehlen' – und befahl dem Diener, sofort alle Orchesterstimmen nach meiner Wohnung zu bringen. Das alles sagte ich so streng und so frech, dass Peter Iljitsch – wie man sagt – vor Staunen starr war. Er brummte nur vor sich hin: ‚Wie darfst Du so mit mir reden?' Ich antwortete ihm: ‚Das wollen wir ein anderes Mal erörtern.' In diesem Moment traten Leute ins Zimmer, und unser Rencontre nahm ein Ende."

Die Partitur während der Pause „in Stücke zu zerreissen", ist wohl nicht möglich gewesen: das Heft war zu dick dazu. Ich möchte den Ausdruck Silotis dahingehend berichten, dass Peter Iljitsch die Partitur zerreissen *wollte* und sie nur angerissen hat. Schreibt doch Peter Iljitsch selbst [am 11. November 1891] in einem Brief an W. Naprawnik: „Der Woiwode hat sich als furchtbarer Mist herausgestellt, so dass ich ihn am Tage *nach* dem Konzert in Stücke gerissen habe." [XVIa, 4545.]

Dieser Episode kann ich aus meiner eigenen Erinnerung noch folgendes hinzufügen. Am Morgen des 7. November sah ich Peter Iljitsch nur ganz flüchtig. Er kam mir ganz krank vor und bat mich, dafür zu sorgen, dass ihn niemand auf seinem Zimmer besuche. Im Laufe des Tages ging ich einigemal zu ihm, um mich nach seinem Befinden zu erkundigen, traf ihn aber jedesmal schlafend an. Am Abend dieses Tages waren wir zu J. Block[610] eingeladen, der uns versprochen hatte, uns die neuen Nummern des Phonographen[611] (welcher damals eine Novität war und Peter Iljitsch sehr viel Spass machte) hören zu lassen. Kurz vor dem Mittag sprach ich wieder bei ihm vor und traf ihn beim Teetrinken. Sein Gesicht war immer noch rot und verstört. Auf meine Frage, ob er zu Block mitkäme, antwortete er ausweichend. Dann fragte er plötzlich: „Dir gefällt der ‚Woiwode' wahrscheinlich auch nicht?" Ich würde gern gelogen haben, um ihn zu beruhigen, – ich wusste aber, dass er

---

[610] Direktor der Firma „J. Block", ein grosser Musikliebhaber, der neuerdings durch die Gründung der „Arthur-Nikisch-Stiftung" am Leipziger Konservatorium auch in Deutschland bekanntgeworden ist.
[611 Der russische Geschäftsmann Julius Block (Julij I. Blok) hatte von Thomas Edison (1847-1931) ein Exemplar des von ihm 1877 erfundenen und später weiterentwickelten Phonographen erhalten und nach Rußland mitgebracht; mit ihm hielt er auf Wachszylindern die Stimmen bedeutender Zeitgenossen fest und nahm Musik verschiedener Komponisten mit verschiedenen Interpreten auf. Vgl. dazu Ljudmila Z. Korabel'nikova, „Tschaikowskys Stimme auf dem Edinsonschen Phonographen?" (in: Das Orchester, 1994, Nr. 10, S. 20-23). – Dem Booklet zur CD 3-6489-2, S. 17, der 3-CD-Kassette mit Čajkovskijs sämtlichen Werken für Klavier und Orchester mit dem Pianisten Andrej Hoteev (Koch/Schwann 3-6490-2, 1998) ist zu entnehmen, Polina E. Vajdman und L. Z. Korabel'nikova hätten 1997 im Petersburger Puškin-Haus denjenigen Edison-Zylinder entdeckt, auf dem Block eine kuriose Gesprächsszene mit verschiedenen Musikern, unter ihnen Čajkovskij, aufgezeichnet habe. Vgl. dazu Mitteilungen 6 (1999), S. 76 f.]

mich in diesem Moment durchschauen würde, und gestand, dass mir das Stück in der Tat nicht gefallen hätte. Darauf sagte er mir mit einer Stimme, wie er sie immer in Momenten starker nervöser Aufregung hatte, – dass der „Woiwode" nicht mehr existiere, dass er ihn vernichtet habe. Dann bat er mich, ihn allein zu lassen und erst am Abend wieder zu ihm zu kommen. Ich erschien um 9 Uhr und fand ihn als ganz anderen Menschen. Ohne Mühe überredete ich ihn, mit zu Block zu kommen, und wir verbrachten mit Sergei Tanejew und einem alten Freund Peter Iljitschs, Maslow,[612] einen sehr gemütlichen Abend. Zuerst war Peter Iljitsch ein wenig finster, gewann aber nach und nach seine gute Laune wieder. Beim Abendessen brachte er ohne die geringste Aufregung das Gespräch auf den Misserfolg des „Woiwoden" und kam beruhigt und gesund nach Hause.

Die Orchesterstimmen des „Woiwoden" hob A. Siloti sorgfältig auf, so dass die Partitur nach dem Tode Peter Iljitschs wiederhergestellt und herausgegeben werden konnte. (Verlag M. Belajew [M. P. Belaieff] in Leipzig.) Als sie zum ersten Mal in Petersburg unter Leitung Nikischs aufgeführt wurde, machte sie auf S. Tanejew einen ganz anderen Eindruck als im Jahre 1891, und er bereute bitter sein damaliges, übereiltes Urteil.

Peter Iljitsch blieb noch zwei Tage in Moskau, um an dem Diner teilzunehmen, welches die Moskauer Interpreten der „Pique Dame" ihm zu Ehren veranstalteten, und kehrte dann, von den erlebten Aufregungen ganz erschöpft, nach Maidanowo zurück, um die Instrumentierung der „Jolanthe" zu beenden. Er durfte aber nicht lange da bleiben: am 1. Dezember musste er in Petersburg ein Konzert dirigieren,[613] welches Fiegner zum Besten der Hungerleidenden veranstaltete. Das Interesse dieses Konzerts konzentrierte sich auf die beim Publikum beliebtesten Sänger, so dass die Mitwirkung Peter Iljitschs nur von untergeordneter Bedeutung war. In diesem Konzert dirigierte Peter Iljitsch zum ersten und letzten Mal in seinem Leben ein Werk von Verdi, und zwar das berühmte Ensemble „O sommo Carlo" aus der Oper „Ernani".

Die ersten Dezembertage verbrachte Peter Iljitsch bei seinem Bruder Anatolij in Reval. Die Eindrücke dieser Stadt fasst Peter Iljitsch in folgendem lakonisch scherzhaften Bericht[614] zusammen: „Reval hat mir gefallen […] ich vertilge *Strömlinge*. Sah den Herzog *de Croix*."[615]

Am 8. Dezember war Peter Iljitsch wieder in Maidanowo und blieb dort bis zum 14. Dezember. In diesem Zeitraum ist die Instrumentierung der Oper „Jolanthe" fertiggeworden.

An [A. und] P. Tschaikowsky:[616]   „Maidanowo, d. 14. Dezember 1891.

… Ich habe sechs Tage in Maidanowo zugebracht und reise heute ab. Ich war die ganze Zeit sehr traurig, weil ich gar keine Lust hatte, Russland wieder zu verlassen. Kiew und

---

[612 Fedor I. Maslow (1840-1915), befreundeter Mitschüler Čajkovskijs an der Petersburger Rechtsschule und 1860-1861 einer seiner Kollegen im Justizministerium, Departementsvorsitzender am Moskauer Obergerichtshof.]

[613 Von seinen eigenen Werken dirigierte Čajkovskij die Ouvertüre zur Oper „Čerevički" sowie den Slavischen Marsch op. 31.]

[614 Brief an P. I. Jurgenson vom 9. Dezember 1891 aus Maidanovo, ČPSS XVI, Nr. 4572.]

615 Bekanntlich ist dieser Mann nach seinem Tode unverweslich geblieben. [Duc Charles Eugène de Croy (1651-1702), kaiserlich-österreichischer und ab 1697 unter Peter dem Großen kaiserlich-russischer Feldmarschall, Befehlshaber der russischen Armee in Livland, lebte nach der am 20. November 1700 verlorenen Schlacht bei Narva gegen die Schweden als deren Kriegsgefangener in Reval, wo er 1702 starb. Eine Abbildung von ca. 1800 gibt nach deren Legende eine „Ohngefaehre Vorstellung, wie der ehemalige Duc de Croix in einer Seitenkapelle der St. Nicolaikirche zu Reval, noch diese Stunde unbegraben {in einem Sarg} liegt und als lieflaendische Mummie anzusehen ist."]

[616 Bruder Anatolij und Schwägerin Praskov'ja in Reval.]

Warschau erschrecken mich nicht,[617] aber das Ausland stimmt mich melancholisch. Übrigens wird das alles nicht lange dauern: Anfang Februar hoffe ich wieder zu Hause zu sein. Was meint Ihr, welchen Entschluss ich gefasst habe? Ich will ein Haus in Klin kaufen. Was brauche ich? Ein Nest, wo es sich ungestört arbeiten lässt; das werde ich auch haben. Was die Natur anbelangt, so gibt es 1.) in Maidanowo – gar keine (den Park ausgenommen, den ich nie benutze); 2.) Klin ist auch nichts anderes als ein Dorf. Ausserdem möchte ich Alexei testamentarisch irgendein Heim vermachen. Falls er mich überleben wird – was sehr natürlich und wahrscheinlich ist – dürfte es ihm kaum möglich sein, bei einem anderen zu dienen: er ist zu verwöhnt, darum möchte ich ihn einigermassen versorgen. Dazu liegt das Haus sehr gut, und man kann ausserhalb der Stadt ebenso schön spazierengehen wie hier. Endlich muss ich hinzufügen, dass ich mich sehr an Klin gewöhnt habe (ich weiss nicht warum) und mich gar nicht an einem anderen Ort vorstellen kann. Ich schwärme davon, sofern mir Gott ein langes Leben schenken wird, die vier Wintermonate jeweils in einer möblierten Wohnung in Petersburg zu wohnen und die übrige Zeit in meinem Häuschen in Klin. Das ist alles, was ich zu erzählen habe. An den Aufenthalt [bei Euch] in Reval denke ich wie an einen angenehmen Traum." [XVIa, 4573.]

Kapitel XXXII.

[Mitte Dezember 1891 bis Ende Januar 1892. Konzerte in Kiev und Warschau.
Schon in Kiev nimmt er sich vor, derartige strapaziöse Reisen in Zukunft zu vermeiden. Heimweh.
Schätzt und unterstützt die von dem Sänger und Regisseur Prjanišnikov 1889 in Kiev initiierte
Operngenossenschaft.
Sieht in Warschau Mascagnis „Cavalleria rusticana" und wünscht sich ein ebenso attraktives Sujet.
„Onegin" in Hamburg; Rezensionen. Paris; trifft das Ehepaar Ziloti; Theaterbesuche, Langeweile,
Lektüre: Zolas „La bête humaine"; Umarbeitung des Streichsextetts „Souvenir de Florence op. 70.
Sagt die Konzerte in den Niederlanden ab und reist nach Rußland zurück.]

Am 17. Dezember verliess Peter Iljitsch Moskau. Diesmal umfasste seine Konzertreise nicht nur ausländische Städte, sondern auch russische. Er musste in Kiev und Warschau dirigieren, der ersten Vorstellung des „Eugen Onegin" in Hamburg beiwohnen, ferner im Haag und in Amsterdam dirigieren, wo er im Juli von der „Maatschappij tot bevordering van Toonkunst" zu einem korrespondierenden Mitglied gewählt worden war, und endlich der ersten Vorstellung von „Pique Dame" in Prag beiwohnen.[618]

Mit Prjanischnikow, dessen Verdienste um die Kunst er seit jeher hochschätzte, hatte sich Peter Iljitsch während der ersten Aufführung der „Pique Dame" in Kiew[619] ganz besonders intim befreundet. Damals hatte ihn nicht nur Prjanischnikow allein, sondern auch seine ganze Operngenossenschaft tief gerührt. Peter Iljitsch wusste, dass die Geschäfte dieser Genossenschaft – welche, wenn ich nicht irre, die erste ihrer Art in Russland war – nicht gerade glänzend gingen, und wollte dem neuen Unternehmen auch materiell seine Anteilnahme ausdrücken. Zu diesem Zweck machte er der Genossenschaft selbst den Vorschlag, die Erstaufführung der „Jolanthe" ihr und nicht Petersburg zu überlassen, sofern die Direktion der Kaiserlichen Theater es gestatten würde. Letztere gestatte es natürlich nicht,

---

[617 In beiden Städte hatte er Konzerte zu dirigieren: in Kiew am 21. und 22. Dezember 1891 (mit demselben Programm: 3. Orchestersuite op. 55, Entr'acte und Tänze der Landmädchen aus der Oper „Voevoda" op. 3, Festouvertüre „1812" op. 49), in Warschau am 2. Januar 1892 (siehe oben, S. 530, die betreffende Anmerkung 592 zum Brief an V. Napravnik vom 2. Oktober 1891, ČPSS XVIa, Nr. 4494).]
[618 Letztere wurde auf die nächste Saison vorschoben. Premiere im Nationaltheater: 30. September / 12. Oktober 1891.]
[619 Am 19. Dezember 1892 – siehe oben, S. 475.]

und Peter Iljitsch bot seinen Kiever Freunden, denen er gar zu gern helfen wollte, als Ersatz seine Dienste für die Leitung eines Konzerts an. Die Genossenschaft ging mit Freuden darauf ein. Die Ortsabteilung der Russischen Musikgesellschaft jedoch, welche sich schon seit langem um die Mitwirkung Peter Iljitschs in einem ihrer Konzerte bemühte, sah die Bevorzugung der Opernkünstler als Kränkung an und engagierte ihrerseits Peter Iljitsch für ein Konzert. Obwohl Peter Iljitsch seinerzeit aus der Direktion der Russischen Musikgesellschaft ausgeschieden war, interessierte er sich immer noch für das Wachsen und Gedeihen derselben, so dass er es nicht für möglich hielt, das Engagement abzulehnen. Auf diese Weise musste er zweimal in Kiew auftreten.

Diese erste Etappe der Reise erschreckte Peter Iljitsch nicht. Er liebte Kiew und wusste, dass man ihn dort gern sah. Die beiden Konzerte[620] verliefen mit kolossalem Erfolg, unendlichen Ovationen und wurden von Publikum und Presse mit grosser Begeisterung besprochen.

Trotzdem schrieb Peter Iljitsch:

An N. Konradi: „[Kiew, d. 23. Dezember 1891.]
Mein Körper ist zwar hier, aber Herz und Seele – sind im Norden. Immer mehr komme ich zu der Überzeugung, dass ich den Rest meines Lebens nicht diesen zeitraubenden, ermüdenden und soviel Aufregungen, Unruhe und Leiden mit sich bringenden Fahrten opfern sollte." [XVIa, 4582.]

Daher ist es erklärlich, dass ihn die Nachricht, die Prager Aufführung der „Pique Dame" sei auf die nächste Saison vorschoben worden, sehr erfreute, weil sie den Zeitpunkt seiner Rückkehr nach Hause bedeutend näherrückte.

Aus Kiew begab er sich für einige Tage nach Kamenka, wo ihn beim Anblick seiner früheren Wohnung und des Hauses der verewigten Schwester, wo einst Gesundheit und Glück herrschten, – ein trauriges Gefühl überkam.

... In Warschau, wo er am 29. Dezember ankam, erfasste ihn wieder jenes verzweifelte, schreckliche Heimweh, welches in den letzten Jahren sein beständiger, finsterer Begleiter geworden war, sooft er Russland verliess.

An W. Dawidow: „[Warschau, d. 29. Dezember 1891.]
Wieder zähle ich – wie im vorigen Jahr – die Tage, Stunden und Minuten bis zum Ende meiner Reisen. Dir gelten alle meine Gedanken, denn bei jedem Gefühl des Kummers, des Heimwehs, bei jeder Verfinsterung meines Verstandeshorizonts erscheint mir wie ein Sonnenstrahl der Gedanke daran, dass es Dich gibt und dass ich Dich in mehr oder weniger kurzer Zeit wiedersehen werde. Ich übertreibe nicht, auf Ehrenwort! Jeden Augenblick bricht dieser Sonnenstrahl in folgenden Formen herein: ‚Ja, es ist schlimm; aber schadet nichts, denn Bob existiert noch in der Welt', oder ‚weit weg in Piter [Petersburg] sitzt Bob und büffelt', oder ‚in einem Monat werde ich Bob sehen' usw. usw." [XVIa, 4584.]

An P. Jurgenson: „Warschau, d. 29. Dezember 1891.
... Gestern bin ich angekommen und schon mit allen bekanntgeworden. Morgen beginnen die Proben. Am 3. Januar reise ich nach Hamburg. In Kiev hatte ich grossen Erfolg und bin sehr zufrieden. Vielleicht werde ich hier, in Hamburg und in Holland auch zufrieden sein, – o Gott, wie langweilig ist das alles, wie sehne ich mich nach Hause! Das ist einstweilen alles." [XVIa, 4586.]

[620 Die beiden Konzerte fanden am 21. und 22. Dezember 1891 statt, und zwar mit demselben Programm: 3. Orchestersuite op. 55, Entr'acte und Tänze der Landmädchen aus der Oper „Voevoda" op. 3, Festouvertüre „1812" op. 49.]

An N. Konradi: „Warschau, d. 31. Dezember 1891.
... Schon den dritten Tag bin ich in Warschau. Ich finde diese Stadt nicht so sympathisch wie viele andere. Im Sommer ist sie übrigens schön. Die Proben sind im Gange; das Orchester ist hier schlechter als mittelmässig. Ich verbringe die Zeit mit einem meiner früheren Schüler, dem berühmten Geiger Barcewicz[621] und in der Familie [der Sängerin] Friede.[622] Diese Familie zeichnet sich durch ungewöhnliche Herzlichkeit und Gastfreundschaft aus; überhaupt sind alle ihre Mitglieder sehr sympathisch. Heute werde ich dort das neue Jahr erwarten. Am Abend bin ich gewöhnlich im Theater. Die Oper ist hier nicht schlecht. Gestern sah ich zum ersten Mal die unvermeidliche ‚Cavalleria Rusticana' [von Mascagni]. Diese Oper ist in der Tat bemerkenswert, namentlich wegen ihres gelungenen Sujets. Vielleicht kann Modja auch ein derartiges Sujet ausfindig machen. Oh, wann kommt endlich der glückliche Tag der Rückkehr!!" [XVIa, 4588.]

An M. Tschaikowsky: „Warschau, d. 3. Januar 1892.
... Ich habe kaum Zeit, Dir einige Worte über mich zu schreiben. Gestern fand mein Konzert im grossen Theater statt.[623] Es verlief in jeder Beziehung glänzend. Das Orchester, welches mich sehr liebgewonnen hat, spielte ausgezeichnet. Barcewicz trug mein [Violin-]Konzert mit ungewöhnlichem Glanz vor und [Nina] Friede[624] sang wunderschön. Bei Friedes war ich täglich: eine ungemein sympathische Familie. Vorgestern veranstaltete Grossmann[625] mir zu Ehren einen grossen Paradeabend. Die polnischen Gräfinnen waren mir gegenüber bezaubernd liebenswürdig. Überhaupt wurde ich in jeder Weise gefeiert. Nur Gurko[626] schenkte mir nicht die geringste Aufmerksamkeit. Im grossen und ganzen bin ich sehr zufrieden, und doch sehne ich mich nach Hause. In drei Stunden reise ich nach Hamburg ab. Ich werde den ‚Onegin' selbst dirigieren müssen: Pollini[627] bittet mich sehr darum.

Hier bin ich täglich im Theater gewesen. Zweimal sah ich [Mascagnis] ‚Cavalleria rusticana'. Sie macht einen tiefen Eindruck. Auch das dramatische Theater habe ich besucht. Es wird gut gespielt." [XVIb, 4590.]

Das Warschauer Konzert am 2. Januar 1892 fand nicht nur in der russischen Presse lebhaften Widerhall, sondern auch die polnischen Zeitungen begrüssten Peter Iljitsch einstimmig als einen der besten Komponisten der Gegenwart.

[[621] Stanislav Barcewicz (Barcevič; 1858-1929) hatte 1876 das Moskauer Konservatorium in der Geigenklasse von Ivan V. Gržimali absolviert und bei Čajkovskij Tonsatz studiert. Später wirkte er als Professor am Warschauer Konservatorium und war 1911-1919 dessen Direktor.]

[622] A. Friede, General der Infanterie. [Die Mezzosopranistin Nina Friede (Fride; 1865-1941) gehörte 1884-1891 und 1895-1907 dem Petersburger Opernensemble an und war 1890 die erste Darstellerin der Rolle des Milovzor in „Pikovaja dama".]

[[623] Programm: siehe oben, S. 530, Anmerkung 592 zum Brief an V. Napranik vom 2. Oktober 1891, ČPSS XVIa, Nr. 4494.]

[624] Die Tochter des Generals, eine der Primadonnen des Marientheaters in Petersburg.

[625] Der Vertreter der Firma C. Bechstein. [Nach dem Namenverzeichnis in ČPSS XVIb, S. 248: Ludwig Grossman (Grosman; 1835-1915), polnischer Komponist.]

[626] Der berühmte General [Iosif Vl. Gurko, General der Kavallerie, Kommandant der Truppen des Warschauer Bezirks].

[[627] Bernhard Pollini (eigentlich Baruch Pohl; 1838-1897), Sänger (Bariton), Impresario der Italienischen Oper in Petersburg und Moskau, ab 1874 Direktor des Hamburger Stadttheaters. Inszenierte als erster in Deutschland Čajkovskijs Opern „Eugen Onegin" (1892) und „Jolanthe" (1893) nach den bei D. Rahter, Hamburg, verlegten deutschen Fassungen.]

An A. Merkling: „Berlin, d. 4. [/ 16.] Januar 1892.

... Auf dem Paradeabend bei Grossmann habe ich die Beobachtung gemacht, dass die polnischen Damen (von denen sehr viele da waren – lauter Aristokratinnen) sehr liebenswürdig, gebildet, interessant und sympathisch sind. Der gestrige Abend auf dem Bahnhof gestaltete sich sehr grandios. Man spricht von der Aufführung einer meiner Opern in polnischer Sprache (in der nächsten Saison). Ich halte mich einen Tag in Berlin auf, um mich von dem stürmischen Warschauer Leben zu erholen. Morgen reise ich nach Hamburg und dirigiere übermorgen, d. h. am 7. [/ 19.] Januar, meinen ‚Onegin' im Hamburger Theater. Nur eine Probe werde ich haben. Ich weiss nicht, wie ich das fertigbringen soll. Was ich weiter beginnen werde, weiss ich noch nicht, d. h. ich weiss nicht, wo ich die Zeit zwischen dem 8. und 29. Januar bleiben soll. An diesem letzteren Tag findet mein Konzert in Amsterdam statt, am 30. im Haag, und nachher fliege ich mit Volldampf nach Hause. Ich kann nicht ohne Zittern der Begeisterung und ohne furchtbare Ungeduld an den herrlichen Tag der Rückkehr nach dem hundertfach verehrten Mütterchen Russland denken." [XVIb, 4591.]

An W. Dawidow: „Hamburg, d. 7. [/ 19.] Januar 1892.

... Vorgestern bin ich hier angekommen. Ich reiste mit einem starken Gefühl der Furcht, denn Pollini verlangte, ich sollte bei ihm wohnen, ich kann es aber nicht leiden, nicht in einem Hotel zu wohnen. Zum Glück geschah es, dass ein Gast bei ihm an der Influenza erkrankte, so dass ich nicht bei ihm wohnen kann. Den Abend verbrachte ich mit Pollini im Theater und ass später bei ihm. Gestern fand die einzige Probe statt, welche ich vor der heutigen Aufführung dirigierte. Die Oper ist ausgezeichnet einstudiert und nicht übel ausgestattet. Infolge der Änderungen in den Rezitativen, welche die deutsche Sprache erfordert hatte, machte ich unwillkürlich Fehler und gab das Dirigieren ungeachtet aller Bitten auf, denn ich fürchtete, die Sache zu verpfuschen.[628] Der hiesige Kapellmeister ist dazu nicht nur ‚leidlich', sondern einfach ‚genial' und vom Wunsch durchglüht, die erste Aufführung zu leiten. Gestern hörte ich unter seiner Leitung eine wunderbare Aufführung des ‚Tannhäuser' [von Wagner]. Die Sänger, das Orchester, Pollini, die Regisseure, der Kapellmeister (sein Name ist [Gustav] Mahler) sind alle verliebt in ‚Eugen Onegin'. Doch zweifle ich sehr, ob das Hamburger Publikum diese Begeisterung teilen wird. In der Ausstattung ist vieles lächerlich: Kostüme, Dekorationen usw.; die Sängerin, welche die Tatjana darstellt, ist sehr sympathisch. Der Bariton [in der Rolle des Onegin] – nicht besonders. Der Tenor [in der Rolle des Lensky] – so so. Das Orchester ist ausgezeichnet. Morgen abend um 11 Uhr fahre ich direkt nach Paris, um die Zeit bis Holland auf angenehme Weise totzuschlagen. Ich werde also ungefähr am 11. [/ 23. Januar] in Paris eintreffen – ich sage ‚ungefähr', weil ich noch nicht bestimmt weiss, ob ich schon morgen fahren werde – und will dort zwei Wochen bleiben. Ich will versuchen, mich dort incognito aufzuhalten und das [Streich-]Sextett umzuarbeiten. In Holland dirigiere ich am 29. und 30. nach unserem Stil und reise am 31. nach Hause ab. O Freude! O Glück!" [XVIb, 4593.]

Peter Iljitschs Zweifel hinsichtlich eines möglichen Erfolgs des „Eugen Onegin" beim Hamburger Publikum waren, wie sich herausstellte, nicht unbegründet gewesen. Die Oper hat nur wenig Beifall gefunden. Einer der Rezensenten spricht mit Unwillen von einem Zischen während der Premiere. Ich glaube aber nicht, dass es sehr laut gewesen, denn der

---

[628 Das Publikum wurde durch einen Aushang darauf aufmerksam gemacht, daß der Komponist die Aufführung nicht selbst dirigieren werde – und zwar angeblich, weil er gesundheitlich „etwas unpäßlich" sei. Vgl. die Abbildung des Aushangs in der Dokumentation „Tschaikowsky in Hamburg" von Peter Feddersen: ČSt 8, S. 270.]

Autor erwähnt es nicht in seinen Briefen. Auch die anderen Rezensenten sprechen nicht davon.[629] Die Darsteller der Hauptrollen waren: Onegin – Hr. [Rudolf] Eichhorn. Lensky Hr. Kronberger. Gremin – Herr [Heinrich] Wi[e]gand. Triquet – Hr. Weidmann. Larina – Fr. Thoma. Tatjana – Fr. [Kathi] Bettaque. Olga – Fr. Polna. Amme – Frau [Marie Kraus-]Weiner.

An N. Konradi: „Hamburg, d. 8. [/ 20.] Januar 1892.
Lieber Freund Nikolai, gestern kam [hier] die erste Vorstellung des ‚Onegin' zustande. Sie schien Erfolg gehabt zu haben, d. h. ich wurde nach jedem Bild gerufen, obwohl mir der Applaus etwas dünn vorkam. Das ist übrigens gar nicht verwunderlich: ‚Onegin' enthält nichts, was Effekt machen könnte. Die Wiedergabe war ausgezeichnet.
Namentlich machte sich Tatjana (Bettaque) gut: sie ist im höchsten Grade sympathisch, graziös und klug. In ihrem Spiel bekundete sie sehr viel Takt. Die Amme gefiel dem Publikum sehr, war aber von unserem Standpunkt aus sehr drollig in ihrem Kostüm und ihren Bewegungen. Onegin – nicht schlecht, Lensky – gut, die übrigen auch gut. Alles war ausgezeichnet und mit echt deutscher Akkuratesse einstudiert. In der Ausstattung war manches sehr spassig: z. B. zogen ‚Mushiks' mit merkwürdiger Haartracht während der Mazurka eine Art Fuhrwerk mit Blumen auf die Bühne; die Damen griffen nach den Blumen und dekorierten mit ihnen die Herren. Im grossen und ganzen war die Auffassung aber durchaus nicht falsch und entsprach einigermassen der russischen Wirklichkeit. Kostüme und Dekorationen waren einigermassen …" [XVIb, 4594.]

Die Pressestimmen lauteten folgendermassen.

Hamburger Correspondent No. 48, 1892.
Die gestern zum erste Male in Hamburg und in Deutschland überhaupt aufgeführte *Oper „Onegin" hatte einen freundlichen Erfolg.* Eine Oper im eigentlichen Sinne ist das Werk nicht, es sind vielmehr aneinander gereihte lyrische Intermezzi, die nur durch einen losen Faden miteinander verknüpft sind. Wir sagen Intermezzi, denn lyrische Szenen kann man die einzelnen Bilder kaum nennen, in die Dichter und Komponist das Ganze geteilt haben, eine lyrische Szene verlangt eine breitere Ausführung und grössere innerliche Durchdringung, soll sie dramatisch wirken; aber auch eine Steigerung des Ausdrucks, die nicht auf halbem Wege erlahmt oder sich in conventionelle, gefällige, verbindliche Redewendungen verflüchtigt. *Tschaikowsky ist eine lyrische Natur, aber für die Formen der Oper ist sie nicht stark genug ausgeprägt, nicht scharf genug umgrenzt; es fehlt die bestimmt Individualität …*
… Wir befinden uns überall auf dem musikalischen Parquetboden, der nur mit feinen Ballschuhen betreten und auf dem nichts Anstössiges geredet werden darf. Da mag nun wohl manches geistvolle Wort fallen, aber auch manche langweilige conventionelle Unterhaltung sich breit machen. *Durch das ganze Werk zieht sich ein melancholischer, pessimistischer Ton, ein Ton, der sich zudem manche musikalische Paradoxen* [sic] *erlaubt und zuweilen eine krankhafte, nervöse Reizbarkeit annimmt.*
… Im Orchester liegt der musikalische Schwerpunkt des Werkes, nicht im vocalen Theil, dem das eigentliche Gefüge und, bis auf wenige Ausnahmen, das eigentliche Melos fehlt. Zu den gelungensten Szenen gehören das hübsche Duett der Tatjana und Olga, der Schnitterchor, dem ein kurzes russisches Tanzlied zugrunde liegt, das der Komponist auch im letzten Satz seiner Serenade für Streichorchester

---

[629 Vgl. im einzelnen die Rezensionen im „Onegin"-Kapitel (1892) in ČSt 8, S. 106-127.]

angewandt hat,[630] *der reizende Chor der Mädchen im ersten*, die auf einem graziösen Walzer sich aufbauende Szene des zweiten und *die Schlussszene des 3. Aktes, die bedeutendste der Oper.* Sehr überflüssig scheint uns das französische Couplet Triquets im zweiten Akt …

Die Aufführung, die nicht unter der Leitung des Komponisten, sondern unter jener des Herrn Kapellmeister Mahler stattfand, war eine recht gute. Besonders war es das Orchester, das ungemein sorgfältig ausgearbeitet worden war …

Ist „Onegin" auch keine Oper im dramatischen Sinne, so enthält sie doch so viele spezifisch musikalische Schönheiten und Feinheiten, dass wir das Zischen, das sich nach einigen Szenen erhob, um so unpassender einem Künstler gegenüber fanden, der, wie Herr Tschaikowsky, eine so bedeutende Stellung unter den modernen Instrumentalkomponisten einnimmt. [usw.] J. Sittard.[631]

Hamburger Fremdenblatt, 20. Januar 1892.

… Wäre „Eugen Onegin" eine Oper, so müssten wir den Mangel jeglicher eingehenden Charakterisierung der Personen, das Fehlen einer sich spannend entwickelnden Handlung tadeln. Es sind einzelne Bilder aus dem Roman, die derjenige, der den Roman kennt, im Geiste miteinander verknüpfen mag, wie er auch imstande ist, die Handlungsweise der einzelnen Personen aus der Erinnerung an die Lektüre motiviert zu finden. Der fremd Hinzutretende bleibt den Leuten da oben auf der Bühne fremd gegenüber stehen und kann ihnen kein Interesse abgewinnen …

Die Musik zu diesen lose zusammengefügten Szenen ist sehr fein und schön, stellenweise von ganz besonderem Reiz, aber sie interessiert nur durch sich selbst und vermag den Personen, deren Empfindungen sie verdolmetschen soll, kein tieferes Interesse zuzuwenden … Alles in allem glauben wir, dass das musikalisch so schöne Werk den musikalisch Gebildeten in hohem Grade interessieren, auf das grössere Publikum indessen, welches sich für die Personen auf der Szene erwärmen will und den Wert der Musik weniger zu schätzen im Stande ist, kaum einen bedeutenderen Eindruck auszuüben vermögen wird [usw.] Carl Armbrust.[632]

Hamburger Nachrichten No. 17, 20. Januar 1892.

In Alexander Puschkins versifiziertem Roman in 8 Büchern „Eugen Onegin" verehrt das russische Volk seine Faustdichtung. Aus derselben Verehrung des übrigens weniger originalen, von Byrons „Don Juan" stark beeinflussten, in seiner nachlässig ausgesponnenen Fabel poetisch belanglosen, nur durch seine sittengeschichtlichen Stimmungsbilder aus den Zeiten des Zaren Nikolaus anziehenden Gedichtes ist auch das Tschaikowsky'sche Bühnenwerk gleichen Namens, das gestern seine erste deutsche Aufführung erfuhr, hervorgegangen … Ein dramatischer Held ist der blasierte, frühzeitig übersättigte, innerlich hohle, gefühllose, gedankenarme, elegante Müssiggänger nicht …

[[630] Tatsächlich handelt es sich um verschiedene „Tanzlieder".]
[[631] Čajkovskij und Joseph Sittard hatten sich 1888 während des Komponisten erster Europatournee kennengelernt. Sittard hatte damals das Konzert am 8. / 20. Januar 1888 rezensiert; vgl. ČSt 10, S. 105 f.; und 1889 hat er sich anlässlich der von Čajkovskij in Hamburg dirigierten 5. Symphonie geäußert und sie als eine der „bedeutendsten musikalischen Erscheinungen der letzten Zeit" bezeichnet – siehe oben, S. 412, und ČSt 8, S. 91-93.]
[[632] Auch den Organisten an der Hauptkirche St. Petri, Dirigenten der Hamburger Bachgesellschaft, Lehrer am Konservatorium und Musikrezensenten Carl Armbrust (1849-1896) hatte Čajkovskij 1888 kennengelernt.]

Dieser blasierte Lebemann ist jedes dramatischen, ist auch des menschlichen Interesses bar und daher als Hauptfigur einer Oper unmöglich; der Komponist bestätigt dies, indem er seine ganze Liebe der Tatjana zuwendet ... Er schuf eine ansprechende, sorgfältig gearbeitete und instrumentale Konzertmusik, in der das gebildete russische Publikum, das seinen Puschkin kennt, eine anheimelnde Stimmungsmalerei zu der Dichtung findet und schätzt ... Auf der Bühne bleibt die ganze dramatisch unbelebte Handlung farblos, auf der Bühne auch wieder werden einzelne Partien gänzlich ungeeignet zu musikdramatischer Verwendung entlarvt ...

... Die Musik zu „Eugen Onegin" ist bis auf vereinzelte Szenen nicht aus leidenschaftlicher Empfindung und tief ergriffenem Herzen geboren – dazu gab das Libretto keine Anregung – aber sie ist vornehm und oft warm und selbständig erfunden und von einem geschickten Musiker sorgfältig ausgeführt und instrumentiert ... Im Stil folgt das Werk in der Hauptsache der neuen Richtung, welche die Form der einzelnen Bilder nicht nach musikalischen Prinzipien abrundet, sondern den Anforderungen der Handlung und des Textes freigibt; die häufige Verwendung volkstümlicher Gesänge und Tänze gewährt auf der anderen Seite der Partitur wieder eine stattliche Anzahl selbständig in sich abgeschlossener Musikstücke. Auf die musikalische Ausstattung der beiden Hauptpersonen wurde oben schon hingewiesen. Onegin gewinnt erst im Schlussakt des Komponisten Interesse. Tatjana aber hat schon in der Briefszene des ersten Aktes eine, nur zu lang gedehnte, Gelegenheit, sich die musikalischen Sympathien der Hörer zu gewinnen, erhalten ... In Summa: ein dramatisch durchaus anspruchsloses, textlich wenig interessantes und nicht immer musikalisch dankbare Momente aufgreifendes Tonwerk, das aber in seinen musikalischen Beziehungen durchaus die ehrenvollen Sympathien bestätigt und bestärkt, deren sich der russische Tonkünstler seit langem auch schon in Deutschland und nicht zuletzt in dieser Stadt erfreut, die ihn als willkommenen Gast der Philharmonischen Konzerte erst vor wenigen Jahren [nämlich 1888 und 1889] begrüsste und auszeichnete [usw.]

Dr. P. Mirsch.[633]

An P. Jurgenson: „Paris, d. 10. [/ 22.] Januar 1892.

... Mir schien, dass der ‚Onegin' in Hamburg keinen rechten Erfolg hatte. Ich wurde fast nach jedem Bild gerufen, aber der Applaus war etwas mager. Übrigens kann der ‚Onegin' auch nie einen ‚durchschlagenden Erfolg'[634] haben; ich hoffe, er wird sich nach und nach einbürgern. Pollini will in der nächsten Spielzeit drei meiner Opern zur Aufführung bringen: ‚Jolanthe' (im September; sie lockt ihn merkwürdigerweise nicht besonders), dann ‚Mazepa' und ‚Pique Dame'. Man muss die Übersetzung von ‚Mazepa' und ‚Jolanthe' bestellen."[635] [XVIb, 4598.]

[[633] Dr. Paul Mirsch war „von 1886 bis zu seinem Tod 1892 (er fiel der in Hamburg wütenden Cholera-Epidemie zum Opfer)" Musikreferent der „Hamburger Nachrichten". Nach: ČSt 8, S. 188 f., Anmerkung 307.]
[[634] Diese beiden Worte im russischen Originalbrief in deutscher Sprache.]
[[635] Im Originalbrief heißt es, „Berngardt" solle die Übersetzungen machen. Avgust R. Berngard (Bernhard bzw. Bernhardt; 1852-1908) übersetzte die Libretti von Čajkovskijs „Evgenij Onegin", „Mazepa" und „Pikovaja dama" ins Deutsche. 1878 hatte der Musiktheoretiker, der bei Julij I. Iogansen und Nikolaj A. Rimskij-Korsakov studiert hatte, das Petersburger Konservatorium absolviert, an dem er ab 1878 unterrichtete, 1886-1905 als Professor; 1884-1889 war er Inspektor und 1897-1905 Direktor des Petersburger Konservatoriums. „Jolanthe" dagegen wurde bei Rahter in einer (von Eduard Hanslick verspotteten) „deutschen Umdichtung von Hans Schmidt" publiziert.]

An M. Tschaikowsky: „Paris, d. 10. [/ 22.] Januar 1892.
... Gestern bin ich in Paris angekommen. Ich will versuchen – wie vor neun Jahren[636] – ein absolutes Incognito zu wahren. Den Abend verbrachte ich mit Siloti und seiner Frau, welche ebenfalls in der Pension Richepanse wohnen." [XVIb, 4597.]

An W. Dawidow: „Paris, d. 12. [/ 24.] Januar 1892.
... Ich bin in eine sehr dumme Situation geraten. Vor mir liegen zwei Wochen, mit denen ich nichts anzufangen weiss. Ich glaubte, in Paris wären sie leichter totzuschlagen als anderswo, indessen habe ich mich nur am ersten Tage nicht gelangweilt. Seit gestern weiss ich nichts auszudenken, was mich vor dem Nichtstun und der Langweile retten könnte. Die Umarbeitung des [Streich-]Sextetts wird nur zwei oder drei Tage in Anspruch nehmen. Wenn Sapelnikow und Menter es mir nicht übelnehmen würden, wenn ich nicht nach Holland käme, – mit welcher Freude würde ich sofort nach Hause reisen! Zum Glück befindet sich das Ehepaar Siloti hier. Wären sie nicht hier, so hätte ich es, glaube ich, nicht aushalten können. Mein Incognito ist bis jetzt gewahrt geblieben. Ich hatte gehofft, recht viel Genuss in den hiesigen Theatern zu finden, aber schon die erste Vorstellung ([der Komödie] ‚M. l'Abbé' [von Henri Meilhac] im Palais Royal) versetzte mich, trotz des ausgezeichneten Spiels und des spassigen Sujets, in eine unglaubliche Langeweile, so dass ich kaum das Ende erwarten konnte. Gestern war ich in den Folies Bergère und langweilte mich wieder schrecklich. Der russische Clown Durow[637] führte 230 dressierte Ratten vor. Es ist zu kurios, in welcher Weise die Pariser ihre Russenfreundlichkeit zum Ausdruck bringen. Weder im Opernhaus noch in einem anderen ernsten Theater wird etwas Russisches gegeben und, während man bei uns ‚Esclarmonde'[638] aufführt, kommt die Russenfreundlichkeit im Reich der hiesigen Kunst in den 230 Ratten Durows zum Ausdruck!!! Wahrlich, das ärgert mich, und zwar, offen gesagt, wegen meiner persönlichen Interessen. Warum führt z. B. Colonne, der jetzt an der Spitze der Grossen Oper steht, nicht meine ‚Pique Dame' oder mein Ballett [‚Dornröschen'] auf? Er sprach zwar im Herbst mit mir darüber und hatte angeblich zu diesem Behufe bereits Petipa engagiert. Das war aber leeres Geschwätz. Petipa ist in der Tat engagiert, aber nicht für mein Ballett, sondern für ein neues französisches. Sage: ‚pfui, schäme dich, so neidisch und kleinlich zu sein.' Ich schäme mich wohl. Da ich nichts weiter zu tun habe, lese ich Zolas ‚La bête humaine' [1890], wozu ich mich früher nie entschliessen konnte. Ich begreife nicht, wie man Zola ernstlich für einen grossen Schriftsteller halten kann. Kann etwas lügenhafter und unmöglicher sein als der Grundgedanke dieses Romans? Natürlich gibt es Stellen, wo die Wirklichkeit wahr und lebendig geschildert wird. Aber die Hauptsache ist so lügenhaft, dass man keine Sekunde Anteilnahme an den Angelegenheiten und Verhältnissen der handelnden Personen empfindet. Es ist einfach ein Kriminalroman à la Gaboriau,[639] gespickt mit Zoten." [XVIb, 4599.]

Die immer finsterer werdende Stimmung und das qualvolle Heimweh brachten Peter Iljitsch endlich so weit, dass er die Konzerte in Holland absagte und gegen Ende Januar bereits wieder bei den Seinen in Petersburg war. Er verbrachte eine Woche mit ihnen und reiste am 28. Januar 1892 nach Maidanowo.

---

[636] Als sich Čajkovskij vom 2. / 14. Januar bis zum 10. / 22. Mai 1883 dort aufhielt.]
[637] Anatolij L. Durov (1865-1916).]
[638] Oper von Jules Massenet aus dem Jahre 1889. Uraufführung in der Pariser Opéra comique im Mai 1889; am 6. Januar 1892 zum ersten Mal im Petersburger Mariinskij teatr.]
[639] Siehe oben, S. 527, Brief vom 5. September 1891 (ČPSS XVIa, Nr. 4469) mit Anmerkung.]

Kapitel XXXIII.

[Ende Januar bis Ende April 1892. Majdanovo.
Instrumentierung des „Nußknacker"-Balletts – zunächst der Nummern der Suite.
Erneute Absicht, die frühe Oper „Opričnik" umzuarbeiten. Mietet ein Haus in Klin.
Erfährt, daß die Gouvernante und Lehrerin seiner Kindheit, Fanny Durbach, noch lebe –
sie treten wieder in Briefwechsel miteinander.
Dirigiert am 3. und 7. März in der Juristenschule und in einem Konzert der Musikgesellschaft in Petersburg.
Antwortet auf Jurgensons Kritik und begründet, warum er der Direktion der Kaiserlichen Theater
und der Musikgesellschaft Partiturautographe geschenkt hat.
In Petersburg und Moskau. In Moskau leitet er drei Opernaufführungen von Prjanišnikovs Genossenschaft.]

Da Peter Iljitsch die bereits ganz fertige Partitur des umgearbeiteten [Streich-]Sextetts aus Paris mitgebracht hatte, widmete er sich jetzt der Instrumentierung des Balletts ‚Der Nussknacker'. Dabei beeilte er sich vor allem, bis Anfang März diejenigen Nummern fertigzustellen, welche die am 7. März in Petersburg (anstatt der versprochenen [Symphonischen] Ballade ‚Der Woiwode') aufzuführende Suite bilden sollten.[640]

An P. Jurgenson: „[Maidanowo], d. 29. Januar 1892.

… Das Sextett kann ich Dir ohne Honorar oder nur für ein ganz unbedeutendes abtreten. Über das Honorar für ‚Jolanthe' wollen wir sprechen, sobald ich das Ballett [‚Der Nussknacker'] fertig habe. Ich glaube, diese zwei Stücke müssen – da sie zusammen ein abendfüllendes Ganze bilden – als eine einzige mehraktige Oper angesehen werden, doch würde ich mich gern auch mit weniger zufriedengeben, als Du mir für ‚Pique Dame' bewilligt hattest. Wollen wir also diese Frage offenlassen, bis ich die Partitur des Balletts an Dich abgeliefert haben werde. Jedenfalls muss von dem Honorar die Summe abgezogen werden, welche Du an Tanejew gezahlt hast,[641] der übrigens auch das Arrangement des Balletts machen wollte."[642] [XVIb, 4608.]

An P. Jurgenson: „[Maidanowo], d. 30. Januar 1892.

… Wie kommt Dein Rechtsanwalt zu der Behauptung, ich bestritte Bessels Eigentumsrechte am ‚Opritschnik'? Ich bestreite gar nichts und will auch nichts bestreiten. Ich habe vor, einst zwei Drittel des ‚Opritschnik' ganz neu zu komponieren und die Oper dann einem anderen [Verleger] zu geben, – aber wann das geschehen wird, weiss Gott allein!"[643] [XVIb, 4609.]

An A. Tschaikowsky: „Maidanowo, d. 9. Februar 1892.

… Ich lebe in Maidanowo sehr vergnügt und geniesse den schönsten Wintermonat des Jahres – diese hellen, etwas frostigen Tage, an denen die Sonne schon recht warm werden kann und den Frühling ahnen lässt. Meine Arbeit ist so gut vorangekommen, dass ich die Ballettsuite [‚Der Nussknacker'] bereits beendet habe. Modest, der eine Zeitlang bei mir gewohnt hat, wird sie heute nach Petersburg mitnehmen.[644] Jetzt wohnt Wolodja Naprawnik bei mir, der sich als ein sehr angenehmer Gesellschafter entpuppt hat. Er bereitet sich

---

[640 Im 9. Symphoniekonzert der Russischen Musikgesellschaft am 7. März 1892 in Petersburg dirigierte Čajkovskij außerdem seine Fantasie-Ouvertüre „Romeo und Julia".]
[641 Und zwar für die Anfertigung des „Jolanthe"-Klavierauszugs.]
[642 Tatsächlich hat Sergej I. Taneev einen Auszug des Balletts für Klavier zu zwei Händen angefertigt, den Jurgenson im September 1892 auch publizierte. Da sich diese Version als zu schwierig herausstellte, vereinfachte Čajkovskij sie im August; seine Fassung erschien im November 1892 bei Jurgenson.]
[643 Bis kurz vor seinem Tode äußerte Čajkovskij immer wieder die Absicht, seine frühe Oper „Opričnik", die er trotz ihrer Schwächen schätzte, gründlich umzuarbeiten; doch kam es nicht dazu.]
[644 Damit dort, rechtzeitig für die Uraufführung am 7. März 1892, nach der autographen Partitur die Orchesterstimmen ausgeschrieben würden.]

ernsthaft auf sein Examen[645] vor und arbeitet noch mehr Stunden am Tag als ich. Er ist sehr musikalisch, und das macht mir viel Freude, denn ich spiele abends gern vierhändig mit ihm oder lasse mir einfach meine Lieblingsstücke von ihm vorspielen. Ich habe ein Haus in Klin gemietet, welches in Zukunft mein Heim sein wird[646] ... Vielleicht werde ich es später kaufen. Meine finanzielle Lage ist, Gott sei Lob, eine ausgezeichnete. ‚Pique Dame' ist in Moskau 19 Mal bei ausverkauftem Hause gegeben worden, von den anderen Opern abgesehen. Auch in Petersburg habe ich viel zu bekommen." [XVIb, 4616.]

An A. Tschaikowsky: „Maidanowo, d. 22. Februar 1892.
... In dieser Saison habe ich sehr viel Geld verdient. Ich möchte versuchen, wenigstens einen Teil desselben zurückzulegen. Im April erwartet mich eine sehr unangenehme Sache. Um Prjanischnikow zu helfen (welcher mit seiner Truppe[647] nach Moskau übersiedelt), habe ich ihm versprochen, drei Opern bei ihm zu dirigieren ([Gounods] ‚Faust', [A. Rubinsteins] ‚Dämon' und ‚Onegin'),[648] zu welchem Zweck ich einen ganzen Monat in Moskau werde zubringen, die Arbeit ruhen und viel Geld ausgeben müssen. In dieser Woche (d. h. am Mittwoch der nächsten) fahre ich für zehn Tage nach Petersburg." [XVIb, 4627.]

Während seines diesmaligen Aufenthalts in Petersburg hat Peter Iljitsch eine überaus starke Aufregung erfahren. Er erhielt nämlich ganz zufällig Kunde von seiner ehemaligen Gouvernante und Lehrerin Fanny Durbach, welche er in der Kindheit so zärtlich geliebt hatte und welche er schon lange tot glaubte. Jetzt hörte er plötzlich, dass sie nicht nur am Leben sei, sondern seiner gedenke und ihm Grüsse sende. Der erste Eindruck dieser freudigen Nachricht war eher ein Erschrecken als alles andere, – ein Erschrecken wie vor einem Wunder. Nach seinen Worten war es ein Gefühl, wie es ihn zum Beispiel bei der Nachricht ergriffen hätte, dass seine Mutter von den Toten auferstanden sei, dass die 43 Jahre des Kampfes, der Freuden und Leiden – nichts als ein Traum gewesen seien und er sich in Wirklichkeit in der oberen Etage des Wotkinsker Hauses befinde. Dazu gesellte sich noch eine andere unangenehme Empfindung: die Furcht, in der ehemaligen geliebten Erzieherin nur noch den Schatten der Vergangenheit zu erblicken, nur ein schwaches und durch die Last des Alters gebeugtes Wesen zu sehen, dem man nur Erlösung durch den Tod wünschen konnte. Nichtsdestoweniger schrieb er ihr sofort einen herzlichen Brief, in welchem er ihr seine Dienste, welcher Art sie auch wären, anbot und ihr sein Bild schickte. Die mit sicherer Hand geschriebene Antwort Fanny Durbachs, in welcher er sofort den früheren klaren Stil erkannte, sowie das Fehlen jeglicher Klagen über das Schicksal beruhigten Peter Iljitsch sehr. Die Greisin flehte ihn um eine Zusammenkunft an, zählte mit erstaunlicher Klarheit alle Mitglieder der Familie Tschaikowsky auf, sandte Grüsse an die Lebenden und sprach von sich mit einer wirklich bewundernswerten Frische des Geistes und des Gedächtnisses. Peter Iljitsch schrieb ihr abermals und erhielt Antwort. So entstanden zwischen Lehrerin und Schüler von neuem die herzlichsten, die liebevollsten Beziehungen.[649]

Im 9. Symphoniekonzert der Russischen Musikgesellschaft (am 7. März 1892) dirigierte Peter Iljitsch die Ouvertüre „Romeo und Julia" und seine neue Suite aus dem „Nuss-

---

[645] An der Petersburger Rechtsschule – die früher Čajkovskij selbst und seine Brüder Anatolij und Modest besucht haben, und jetzt seine Neffen Vladimir Davydov und Aleksandr Litke.]
[646] In dem Haus in Klin – heute Čajkovskij-Haus-Museum – wohnte Čajkovskij vom 5. Mai 1892 bis zum 7. Oktober 1893; nach seinem Tode kaufte sein Diener Aleksej I. Sofronov das Haus, 1897 übernahmen es Modest und Bob Davydov, um es zu einem Museum zu machen.]
[647] Der von ihm in Kiev gegründeten Operngenossenschaft – siehe oben, Kapitel XXXII, zweiter Absatz.]
[648] Die Aufführungen fanden, in der genannten Reihenfolge, am 20., 22. und 26. April 1892 in Moskau statt.]
[635] Vgl. dazu: Fanny Durbachs Briefe an Čajkovskij von 1892/93 und sein Besuch bei ihr in Montbéliard, in: Mitteilungen 11 (2004), S. 93-142, und Nachtrag in: Mitteilungen 12 (2005), S. 213-218.]

knacker". Das neue Werk fand sehr grossen Beifall. Von den sechs Stücken der Suite mussten fünf auf Verlangen des Publikums wiederholt werden. Die Zeitungen teilten diesmal die Begeisterung des Publikums, aber nicht ohne Widersprüche in ihrem Lob. So nannte einer den [„Blumen"-]Walzer die schönste Nummer der Suite, während ein anderer ihn für den schwächsten Teil hielt.

Am 3. März wurde in der Juristenschule ein Konzert veranstaltet, an dem ausschliesslich Zöglinge des Instituts teilnahmen. Peter Iljitsch dirigierte das Dilettantenorchester.[650] Dieses Konzert wurde durch die Anwesenheit des damaligen Kronprinzen (jetzigen Kaisers) Nikolai beehrt, und Peter Iljitsch hatte das Glück, ihm vorgestellt zu werden.

Am 9. März kehrte Peter Iljitsch nach Maidanowo zurück, und zwar in Begleitung seiner zwei Neffen W. Dawidow und Graf A. Lütke, welche – dem Beispiel W. Naprawniks folgend – gekommen waren, sich in ländlicher Stille auf das Examen [an der Petersburger Rechtsschule] vorzubereiten.

An P. Jurgenson: „Maidanowo, d. 9. März 1892.
... Die Ballettsuite [aus dem ‚Nussknacker'] hat Erfolg gehabt. Ich glaube, man könnte sie in Druck geben. Ich habe in Petersburg die Erlaubnis gegeben, sie abzuschreiben. Lass auch für Dich (auf meine Rechnung) eine Kopie machen. Alle wollen sie im Sommer spielen; mögen sie!

Brüllow und Lenz[651] schwärmen von der Drucklegung des ‚Manfred' 8-händig. Ihr Arrangement ist ausgezeichnet."[652] [XVIb, 4641.]

An J. Conus: „[Maidanowo,] d. 9. März 1892.
... In Petersburg hörte ich einen sehr interessanten Geiger: Thomson.[653] Kennen Sie ihn? Er verfügt über eine stupende Technik. Er spielt zum Beispiel Oktavenpassagen im schnellsten Tempo, wie sie noch nie gehört worden sind. Ich schreibe Ihnen das mit der Voraussetzung, dass auch Sie das Kunststück probieren werden. Es macht einen kolossalen Effekt." [XVIb, 4638.]

An P. Jurgenson: „[Maidanowo,] d. 18. März 1892.
... Ich erinnere mich nicht, Dir jemals mein Wort gegeben zu haben, niemandem meine Manuskripte zu verschenken. Ein solches Versprechen würde ich auch nur ungern geben, denn es gibt Fälle, in denen ich meine Handschriften mit Vergnügen verschenke, z. B. der Theaterdirektion[654] oder im vorliegenden Fall.[655] Überhaupt ist es mir unangenehm, nicht das Recht der freien Verfügung über etwas zu besitzen, was mir unbedingt gehört. Wenn ich das Eigentumsrecht eines Werkes an einen Verleger veräussere, so möchte ich wenigstens mein Manuskript für mich behalten. Der Vorwurf, dass ich ‚nach rechts und links'

[[650] Mit dem Chant sans paroles (Bearbeitung des Klavierstücks op. 2 Nr. 3) und dem Walzer aus „Dornröschen").]
[651] Zwei Freunde Peter Iljitschs, ausgezeichnete Musikdilettanten.
[[652] Die Bearbeitung der „Manfred"-Symphonie von Vladimir A. Brjullov und Nikolaj K. Lenc erschien erst im Jahre 1895 bei Jurgenson.]
[[653] Der belgische Geiger César Thomson (1857-1931), Lehrer am Brüsseler Konservatorium, hatte beim 8. Symphoniekonzert der Petersburger Musikgesellschaft am 29. Februar 1892 unter der Leitung von Leopold Auer als Solist eines Violinkonzerts von Paganini mitgewirkt.]
[[654] Der Petersburger Theaterdirektion übergab Čajkovskij die Partiturautographe des „Dornröschen"-Balletts und der Oper „Pikovaja dama" – beides Auftragswerke der Direktion. Beide wichtigen Quellen sind sozusagen an ihrem ursprünglichen Ort geblieben und befinden sich heute in der „Zentralen Musikbibliothek des staatlichen akademischen Mariinskij teatr" in St. Petersburg.]
[655] An die Bibliothek der Kaiserlichen Russischen Musikgesellschaft. [Es ging um die autographe Partitur der „Nußknacker"-Suite.]

verschenke, ist unbegründet: Die Theaterdirektion, dank derer ich ein gedeihliches Fortkommen gefunden habe, ist es – dächte ich – wert, in ihrer wunderschönen Bibliothek ein Manuskript von mir zu besitzen; dessen ebenso wert ist auch die Russische Musikgesellschaft, die Begründerin des Konservatoriums, in welchem ich studiert habe und wo ich stets liebevoll und zärtlich behandelt wurde. Wenn Du nun zur Bedingung sine qua non machst, dass alle meine Manuskripte Dir gehören, dann müssen wir darüber reden. Bisher hatte ich geglaubt, Du ereifertest Dich einfach als Freund darüber, dass ich anderen meine Handschriften gebe, und nahm Dein Brummen über die *wenigen Fälle*, in denen meine Manuskripte nicht Dir in die Hände fielen, nicht ernst, weil ich mir nicht bewusst war, in Deine Rechte eingegriffen zu haben. Jetzt, da ich sehe, dass Du sogar die Schenkung an die Bibliothek der Musikgesellschaft als Kränkung ansiehst, möchte ich ernsthaft mit Dir reden und – sofern ich mich überzeugen sollte, dass Deine Interessen durch das Abhandenkommen meiner Handschriften in der Tat leiden – Dir versprechen, es hinfort nicht mehr zu tun. Ich habe Dich so selten des unbezahlbaren Glücks beraubt, meine eigenhändigen Krakelfüsse zu besitzen! Du hast doch so viel von dem Zeug! Ich begreife nicht, warum Du Dich so ereiferst.[656]

Tanejew weiss, dass ich das Honorar durch Deine Vermittlung zahle.[657] Ich finde nicht, dass es zu hoch bemessen ist. Tanejew ist der einzige Mensch, auf den ich mich verlassen kann.[658] Mit Klindworth war es etwas anderes; dieser hat con amore[659] für Wagner gearbeitet und hatte sonst nichts weiter zu tun. Tanejew ist aber selbst Komponist, und ich raube ihm seine Zeit.

Ich wünsche, dass Du das [Streich-]Sextett an H. Pachulski gibst,[660] welcher Arenskys Quartett sowie meinen ‚Hamlet' ausgezeichnet arrangiert hat …" [XVIb, 4645.]

An P. Jurgenson: „[Maidanowo,] d. 25. März 1892.
… Das Ballett [‚Der Nussknacker'] ist fertig. Es bleibt mir nur noch, alle [Tempo- und Vortrags-]Bezeichnungen in die Partitur einzutragen und das Ganze in Ordnung zu bringen." [XVIb, 4649.]

[656 Jurgenson geht es grundsätzlich um die autographen Partituren, also die Druckvorlagen für seine Ausgaben; und von denen hat Čajkovskij in der Tat nur wenige verschenkt. Verschenkt hat er auch einige seiner Konzeptschriften, viele hat er im übrigen nicht aufbewahrt. Zu den verschenkten Konzeptschriften gehören die Particelli der 4. und 5. Symphonie – erstere hat er der Widmungsträgerin, Nadežda F. fon Mekk zum Geschenk gemacht, letztere dem befreundeten Komponisten Michail M. Ippolitov-Ivanov. Beide Autographe, die für die Erforschung von Čajkovskijs Arbeitsweise von größter Bedeutung wären, sind offenbar verloren gegangen, jedenfalls nicht bekannt. Glücklicherweise ist aber die Konzeptschrift der 6. Symphonie erhalten geblieben (kommentiertes Faksimile in NČE 39a).]

657 In einem anderen Brief schreibt Peter Iljitsch: „Für das Arrangement des Balletts [‚Der Nussknacker', für Klavier zu zwei Händen] habe ich Tanejew 500 Rubel zugesagt, und für ‚Jolanthe' – 300 Rubel. Dieses Geld muss von meinen 5.000 [als Honorar für beide Werke zusammen] in Abzug gebracht werden."

[658 Taneev hatte schon früher Klavierauszüge von Werken Čajkovskijs angefertigt: und zwar von der 4. und 5. Symphonie, und zwar jeweils, wie bei großen symphonischen Werken üblich, für Klavier zu vier Händen.]

[659 Im russischsprachigen Originalbrief verwendet Čajkovskij statt dieser italienischen Wendung die deutsche Formulierung „aus Pietät". – Er spricht in diesem Zusammenhang von Klindworth, dem ehemaligen Kollegen am Moskauer Konservatorium, weil dieser Klavierauszüge von einigen seiner Werke angefertigt hatte, so zum Beispiel von „Romeo und Julia" und „Francesca da Rimini".]

660 Peter Iljitsch war stets sehr hoher Meinung von den Arrangements Heinrich Pachulskis. [Genrich A. Pachul'skij (1859-1921) hatte zunächst in Warschau, dann, ab 1880 bei N. G. Rubinštejn am Moskauer Konservatorium studiert, das er 1885 in der Klavierklasse von Pavel P. Pabst absolviert hat; 1885-1921 unterrichtete er am Moskauer Konservatorium. Er schrieb vierhändige Klavierauszüge von Werken Čajkovskijs, u.a. von der erwähnten Fantasie-Ouvertüre „Hamlet" op. 67.]

An P. Jurgenson: „[Maidanowo,] d. 27. März 1892.
... Jetzt will ich für acht Tage nach Petersburg reisen[661] ... Am Ostermontag komme ich für einen ganzen Monat nach Moskau.[662] Unterdessen wird Alexei meine Habseligkeiten in das neue Heim [in Klin] überführen."[663] [XVIb, 4653.]

Nachdem Peter Iljitsch im engen Kreise seiner Verwandten in Petersburg zugebracht hatte, reiste er direkt nach Moskau.

An E. Naprawnik: „Moskau, d. 13. April 1892.
... Soeben habe ich die Mitteilung erhalten, dass die ‚Faust'-Vorstellung, welche ich heute dirigieren sollte, wegen der plötzlichen Erkrankung zweier Sänger aufgeschoben worden sei.[664] Bis jetzt habe ich zwei Proben gehabt.[665] Das ist für mich sehr schwer und in jeder Beziehung unangenehm." [XVIb, 4663.]

An M. Tschaikowsky: „Moskau, d. 14. April 1892.
... Eine schwere Zeit mache ich durch, bin aber gesund." [XVIb, 4664.]

An A. Tschaikowsky: „Moskau, d. 23. April 1892.
... Moskau ist für mich eine ganz unerträgliche Stadt, denn es gibt hier kaum einen Menschen, der mich nicht durch Besuche oder Einladungen belästigte oder durch das Verlangen, eine selbstkomponierte Oper oder seinen Gesang anzuhören oder (das ist das Unangenehmste) mir durch irgendeinen Vorwand Geld zu entlocken. Mit einem Wort: ich werde an diesen in Moskau verlebten Monat wie an einen scheusslichen Traum zurückdenken. Bisher habe ich [Gounods] ‚Faust' und [Anton Rubinsteins] ‚Dämon' dirigiert – ‚Onegin' steht noch bevor. Aber, Herrgott!, was sind alle diese kleinen Unannehmlichkeiten und Leiden gegenüber den Dingen, mit denen Du zu tun hast![666] Deinen letzten Brief habe ich mit heissem Interesse gelesen und habe mich für Dich gefreut, dass es Dir vergönnt war, Deinen Mitmenschen in so rechter Weise zu helfen. Ich bin überzeugt, dass Du Deiner Entsendung zu den Hungerleidenden ein teures Andenken bewahren wirst." [XVIb, 4671.]

Kapitel XXXIV.

[Mai bis Anfang Juli 1892. Im neuen Heim in Klin.
Liest die Korrekturen von neuen Ausgaben: Klavierauszug des „Nußknacker" sowie Partituren der Ouvertüre zur Oper „Voevoda" op. 3 und der Neufassung der Dänischen Ouvertüre op. 15.
Sendet dem deutschen Musikkritiker Eugen Zabel auf dessen Wunsch seine Erinnerungen an A. Rubinštejn und spricht über das distanzierte Verhalten seines früheren, hochverehrten Lehrers.

---

[661] Dort hielt er sich vom 28. März bis zum 5. April auf.]
[662] Dort hielt er sich vom 6. bis zum 29. April auf, vor allem um die drei Opernaufführungen von Prjanišnikovs Operngenossenschaft vorzubereiten, deren Leitung er übernommen hatte; vgl. die Anmerkung 664 zum nächsten Brief.]
[663] Im nächsten Absatz des Originalbriefes bittet Čajkovskij seinen Verleger, Aleksej Sofronov für die nötigen Ausgaben 500 Silberrubel auszuhändigen.]
[664] Die von Čajkovskij dirigierte Aufführung von Gounods Oper „Faust" wurde auf den 20. April 1892 verschoben. Das war die erste der drei Aufführungen, die er für Prjanišnikovs Operngenossenschaft übernommen hatte. Siehe oben, Briefe an P. I. Jurgenson vom 2. September 1890 (ČPSS XVb, Nr. 4209) mit Anmerkung und an A. I. Čajkovskij vom 22. Februar 1892 (ČPSS XVIb, Nr. 4627) mit Anmerkung.]
[665] Vgl. Ippolit P. Prjanišnikovs Erinnerungen an Čajkovskijs Probenarbeit (1896), in: Tschaikowsky aus der Nähe, S. 148-152.]
[666] Unser Bruder Anatoly war damals einer der neun vom Grossfürsten Thronfolger [Nikolai] in die durch die Missernte betroffenen Gouvernements persönlich abkommandierten Vertrauensmänner.

> Im Mai 1892 konzipiert Čajkovskij zwei Sätze der Symphonie Es-Dur.
> Zusammen mit seinem Neffen Vladimir („Bob") Davydov reist er über Berlin nach Paris
> (Museen, Cafés chantants, Grand Opéra und Opéra comique); gemeinsame Kur in Vichy;
> Magenkatarrh und frühere Erkrankungen ähnlicher Art.
> Geldmangel – trotz höherer Einnahmen. Freut sich auf die Rückkehr nach Rußland;
> will die Symphonie Es-Dur beenden. Über Liszt; dieser habe kein Interesse an seiner Musik gehabt.
> Eine Ovation im Petersburger „Aquarium" nach einer Aufführung der „Nußknacker"-Suite.]

Nachdem Peter Iljitsch Prjanischnikow und dessen Künstlergesellschaft den Freundschaftsdienst [drei Opernaufführungen zu leiten] geleistet hatte, begab er sich wieder nach Petersburg, um im Kreise seiner Angehörigen der Erholung zu pflegen und seinem Diener Alexei Sofronow Zeit zu lassen, seine neue Behausung in Klin – welche seine letzte werden sollte – vollständig in Ordnung zu bringen. Das von ihm gemietete Haus steht am äussersten Ende von Klin und stösst unmittelbar an die Felder und Wälder seiner Umgebung. Zweistöckig und geräumig, gefiel es Peter Iljitsch ausserdem auch dadurch, dass es im oberen Stock sehr grosse Zimmer hatte – für ein armes Kreisstädtchen eine grosse Seltenheit. In diesen Räumen liessen sich ein ausgezeichnetes Kabinett-Fremdenzimmer und ein Schlafzimmer einrichten. Diese zwei Zimmer waren wohl die schönsten, die Peter Iljitsch je besessen hat. – Die Wahrheit zu sagen, waren sie aber auch die einzigen Vorzüge der neuen Wohnung gegenüber denen in Maidanowo und Frolowskoe. Ein kleiner Garten, der gewöhnlichste Blick in die Ferne, die unmittelbare Nähe der Gemüsegärten von Klin einerseits und der Moskauer Chaussee andererseits – verliehen ihm gar zu wenig Poesie, und nur die ausserordentliche Anspruchslosigkeit und Bescheidenheit Peter Iljitschs hinsichtlich des Komforts konnten sich damit zufriedengeben.

Nach dem Tode Peter Iljitschs kaufte Alexei Sofronow dieses Haus und verkaufte es im Jahre 1897 an mich und meinen Neffen W. Dawidow weiter. Gegenwärtig beherbergt es die ganze Einrichtung des Verewigten und ein Archiv seines Namens.[667]

An P. Jurgenson: „Klin, d. 10. Mai 1892.
... Verzeih mir bitte, dass sich die ‚Dänische Ouvertüre' verzögert hat. Zu meiner Entschuldigung kann ich anführen, dass ich nicht gewusst habe, dass Du sie stechen lassen wolltest. Im Winter hatte ich das Manuskript in Händen, sah aber, dass ich viel Zeit opfern müsste, um sie in Ordnung zu bringen, gab den Gedanken der Herausgabe auf und retournierte Dir die Partitur, ohne Dir ein Wort darüber zu sagen.

Dafür hoffe ich jetzt – nach einer weiteren Korrektur – ein Repertoirestück daraus zu machen, denn die Ouvertüre ist – soweit ich mich erinnere – sehr effektvoll und, was die Musik anbelangt, weit besser als [die Festouvertüre] ‚1812'."[668] [XVIb, 4686.]

[667 Und dies bis heute. Allerdings erhielt das Haus später einen Anbau, in dem Modest lebte und arbeitete, sowie das Čajkovskij-Haus-Museum in neuerer Zeit ein zusätzliches, separates Gebäude mit Archiv, Bibliothek und Konzertsaal etc. – Vgl. Vl. Cholodkovskij, Dom v Klinu (Das Haus in Klin), Moskau 1940 und viele spätere Ausgaben (z. B. 5/1975); Čajkovskij v Klinu. Al'bom fotografii, hg. von K. Paustovskij und G. I. Navtikov (Texte) und L. O. Smirnov (Photographien), Moskau 1958; Dom-Muzej P. I. Čajkovskogo v Klinu / P. I. Tchaikovsky House-Museum in Klin, zusammengestellt von Galina I. Belonovič, Moskau 1994.]
[668 Čajkovskijs Hoffnung, die Ouvertüre könnte ein Repertoirestück werden, hat sich nicht erfüllt, während die Ouvertüre „1812" ihre Popularität bewahrte. Mit der Komposition der Dänischen Ouvertüre op. 15 hatte im Jahre 1866 Nikolaj G. Rubinštejn Čajkovskijs beauftragt, und zwar im Zusammenhang mit dem geplanten Besuch des damaligen Thronfolgers und seiner dänischen Braut. Doch wurde sie damals nicht aufgeführt, angeblich, weil die Zarenhymne (die in dem Werk ebenso zitiert wird wie die dänische Nationalhymne) in der Ouvertüre nicht in Dur, sondern in Moll erklingt ... Zum ersten und zu Čajkovskijs Lebzeiten offenbar einzigen Mal wurde die Ouvertüre in einem Wohltätigkeitskonzert am 29. Januar 1867 aufgeführt (Dirigent: Nikolaj G. Rubinštejn). Zwar war 1878 ein vierhändiger Klavierauszug des Werks bei Jurgenson erschienen. Die von Čajkovskij 1892 revidierte Partitur erschien aber zum ersten Mal erst im September 1892. Die Erstauf-

An N. Konradi: „Klin, d. 20. Mai 1892.

... Ich persönlich bin sehr zufrieden mit meinen beiden grossen Zimmern, aber der arme Alexei hat es unten sehr feucht und kalt, so dass ich sehr besorgt bin um die Gesundheit seiner Frau und seines Kindes ... Ich war mit den Korrekturen verschiedener meiner Werke[669] beschäftigt und habe eine Symphonie zu komponieren begonnen.[670] Jetzt werde ich nicht mehr lange hier bleiben. In einer Woche fahre ich nach Petersburg und dann mit Bob nach Vichy." [XVIb, 4692.]

An M. Tschaikowsky: „Klin, d. 20. Mai 1892.

... In der letzten Zeit habe ich so viel Geld ausgegeben (freilich nicht nur für meine Zwecke), dass alle meine Hoffnungen zu sparen, um Georges[671] etwas zu hinterlassen, – zuschanden geworden sind." [XVIb, 4695.]

An Eugen Zabel:[672] „Klin, bei Moskau, d. 24. Mai / 5. Juni 1892.
Hochverehrter Herr Zabel!

Soeben habe ich Ihren werten Brief[673] erhalten und betrachte [es] als eine angenehme Pflicht, sogleich Ihnen meine Antwort zu schicken, aber leider, da ich so fürchterlich schlecht deutsch schreibe, muss ich französisch fortsetzen. Ich glaube kaum, dass Sie in meinen Zeilen etwas Interessantes, Neues oder Wichtiges für Ihre biographische Arbeit finden werden; verspreche Ihnen aber, dass ich Ihnen über Rubinstein alles, was ich weiss und fühle, ganz aufrichtig sagen werde.

C'est en 1858 que j'entendis pour la première fois le nom d'Antoine Rubinstein. J'avais alors 18 ans, je venais d'entrer dans la classe supérieure de l'Ecole Imp.[ériale] de Droit et ne m'occupais de musique qu'en qualité de dilettante. Depuis plusieurs années je prenais tous les Dimanches une leçon de piano chez un pianiste très distingué, M-r Rodolphe Kundinger. Alors, n'ayant en fait de virtuoses entendu que ce dernier, – je croyais très sincèrement qu'il n'y en avait de plus grand. Un jour, Kundinger arriva à la lesson très distrait, très peu attentif aux gammes et exercices que je jouais devant lui et quand je demandais à cet excellent homme et artiste quelle en était la raison, il me répondit que la veille

---

führung der revidierten Fassung fand wahrscheinlich erst postum im Ausland statt: am 3. / 15. Juni 1898 unter der Leitung von Henry Wood in der Londoner Queen's Hall (nach: TchH, S. 178).]

[[669] Korrekturen des Klavierauszugs (zu zwei Händen) zum Ballett „Der Nußknacker", zur Partitur der Ouvertüre des Opernerstlings „Voevoda" (nur der Entr'acte und die Tänze der Landmädchen sowie die Ouvertüre sind zu Čajkovskijs Lebzeiten publiziert worden) sowie zur Partitur der Dänischen Ouvertüre op. 15.]

[[670] Die Komposition einer neuen Symphonie „mit einem geheimen Programm" hatte Čajkovskij schon in seinem Brief an A. Ziloti vom 6. April 1892 erwähnt (ČPSS XVI, Nr. 4656). Von Mai bis November 1892 komponierte er die – später als Symphonie verworfene – Symphonie in Es-Dur, deren ersten, zweiten und vierten Satz er 1893 zum dritten Klavierkonzert (erster Satz) op. 75 und zum unvollendeten Andante und Finale für Klavier und Orchester op. post. 79 umarbeitete (vollendet und instrumentiert von S. I. Taneev. – Dieser Symphonie gehen ein Jahr früher, zur Zeit seiner Amerikareise Plan und Skizzen (mit programmatischen Hinweisen) einer Symphonie „Das Leben" voran. Vgl. dazu die „Vorgeschichte" der 6. Symphonie im Kritischen Bericht zu deren Neuausgabe in NČE 39c.]

[671] Georg [Georges, Georgij] Tschaikowsky, der [adoptierte] Sohn Nikolai Iljitschs [und uneheliche Sohn von Tschaikowskys Nichte Tatjana Dawidow], dem Peter Iljitsch testamentarisch sein ganzes unbewegliches Eigentum sowie eine lebenslängliche Rente von 1.200 Rubeln jährlich vermacht hat.

[[672] Der einleitende Briefteil ist auch im Original deutsch geschrieben, die folgenden Erinnerungen an A. Rubinštejn hat Čajkovskij in französischer Sprache verfaßt – also beides so, wie auch hier mitgeteilt, und zwar ausnahmsweise nach ČPSS und nicht nach LebenTsch.]

[673] Zabels Brief vom 18. / 30. Mai 1892 (publiziert in ČZM, S. 72 f.), in dem er Čajkovskij bittet, seine Erinnerungen an Anton G. Rubinštejn niederzuschreiben und ihm für seine Biographie zu schicken. Der deutsche Musikkritiker und Journalist Eugen Zabel schrieb u. a. für die „National-Zeitung". Sein Buch „Anton Rubinstein. Ein Künstlerleben" erschien 1892 in Leipzig; Neuausgabe als Taschenbuch bei Nabu Press 2010.]

P. I. Tschaikowskys Wohnhaus in Klin.

Das Gastzimmer [Wohnzimmer] P. I. Tschaikowskys in Klin.

Das Schlafzimmer P. I. Tschaikowskys in Klin.

il avait entendu le pianiste Rubinstein nouvellement arrivé de l'étranger, que cet homme de génie avait produit sur lui une impression tellement profonde qu'il n'en revenait pas et que tout, en fait de virtuosité sur le piano, lui paraissait maintenant tellement mesquin qu'il lui était aussi insupportable de m'entendre jouer les gammes que de se mettre au piano soi-même.

Je savais combien Kundinger était d'un caractère noble et sincère, j'avais une très haute opinion de son goût et de sa science – et cela fit que mon imagination fut montée ainsi que ma curiosité au plus haut degré. Dans le courant de cette dernière année scolaire, j'eu l'occasion d'entendre Rubinstein et non seulement de l'entendre mais de le voir jouer et conduire l'orchestre. J'appuis sur cette première impression du sens de la vue par la raison que, selon ma profonde persuasion, le prestige de R[ubinstein] est basé non seulement sur son talent incomparable, mais aussi sur un charme invincible qui se dégage de toute sa personalité, de sorte qu'il ne suffit pas de l'entendre pour la plénitude de l'impression – il faut aussi le voir. Donc, je l'entendis et je le vis. Comme tout le monde je tombais dans son charme. Cependent je terminais mes études,[674] j'entrais au service et continuai à faire dans mes loisirs un peu de musique. Mais peu à peu ma vraie vocation se fit sentir. Je vous épargnerai les détails parceque cela n'a aucun rapport avec mon sujet, mais seulement je vous dirai que vers l'époque de la fondation du Conservatoire de Pétersbourg en septembre 1862 je n'étais plus un employé au Ministère de Justice,[675] mais un jeune homme décidé à se vouer à la musique et prêt à subir toutes les difficultés que me présageaient mes proches, mécontents de ce que je brisais volontairement une carrière bien commencée. J'entrais au Conservatoire. Mes professeurs furent: M. Zaremba pour le contrepoint, la fugue etc., A. R[ubinstein] (directeur) pour les formes et l'instrumentation. Je suis resté trois ans et demi au Conservatoire. Pendant tout ce temps je voyais R[ubinstein] tous les jours et quelquefois plusieurs fois par jour, excepté les mois de canicules. Quand j'entrai au Conservatoire j'étais déjà, comme je Vous l'ai dit plus haut, un adorateur enthousiaste de R[ubinstein]. Mais quand je le connus de plus prêt, quand je devins son élève et nos rapports devinrent journaliers, – mon enthousiasme pour toute sa personne ne fit que s'accroître. J'adorais en lui non seulement un grand pianiste, un grand compositeur, – mais aussi un homme d'un rare noblesse, franc, loyal, généreux, incapable de sentiments vulgaires et mesquins, d'un esprit clair et droit, d'une bonté infinie, – enfin un homme planant de très haut sur le commun de mortels. Comme maître, il a été d'une valeur incomparable. Il s'y mettait simplement, sans grandes phrases [et] longues discutations, – mais toujours envisageant son devoir comme très sérieux. Il ne se facha contre moi qu'une seule fois. Je lui apportais, après les vacances, une ouverture intitulée ‚L'Orage‘,[676] dans laquelle j'avait fait des folies d'instrumentation et de forme. Il en fut blessé et prétendit que ce n'est pas pour former des imbéciles qu'il se donnait la peine d'enseigner l'art de la composition. Je sortis du Conservatoire le coeur tout plein de reconnaissance et d'admiration sans bornes pour mon professeur. Comme je Vous l'ai déjà dit, pendant trois ans et quelques mois je le voyais quotidiennement, mais quels étaient nos rapports? Il était un illustre et grand musi-

---

[[674] Čajkovskij absolvierte die Petersburger Rechtsschule im Mai 1859.]
[[675] Noch vor der Eröffnung des Petersburger Konservatoriums, vom Herbst 1861 an, besuchte Čajkovskij den Theorieunterricht von Nikolaj I. Zaremba in der Öffentlichen Musikschule. Aus seinem Dienst im Ministerium schied Čajkovskij im Mai 1863 aus.]
[[676] Čajkovskijs Ouvertüre „Groza" (Das Gewitter) nach Aleksandr N. Ostrovskijs gleichnamigem Drama, war im Sommer 1864 entstanden. Erstausgabe (Partitur und Klavierauszug zu vier Händen) 1896 bei M. P. Belaieff in Leipzig, Uraufführung am 24. Februar 1896 unter der Leitung von Aleksandr K. Glazunov in Petersburg.]

cien – moi, un modeste élève ne le voyant que dans l'exercice de ses fonctions et n'ayant presque aucune idée de sa vie intime. Un abîme nous séparait. En quittant le Conservatoire, j'espérais qu'en travaillant avec courage et en frayant peu à peu mon petit chemin – je pouvais aspirer au bonheur de voir un jour cet abîme comblé. J'osais ambitionner l'honneur de devenir un ami de Rubinstein.

Il n'en fut point. Presque 30 ans se sont écoulés depuis, mais l'abîme est resté plus grand que jamais. Je devins par mon professorat à Moscou[677] l'ami intime de Nicolas Rubinstein, j'avais le bonheur de voir de temps à temps Antoine, j'ai toujours continué à l'affectionner d'une manière très intense et de le considérer comme le plus grand des artistes et le plus noble des hommes, – mais je ne suis jamais devenu et ne deviendrai jamais son ami. Cette grande étoile fixe gravite toujours dans mon ciel – mais tout en apercevant sa lumière, je la sens très loin de moi.

Il me serait difficile d'en expliquer la raison. Je crois cependant que mon amour propre de compositeur y est pour beaucoup. Dans ma jeunesse j'étais très impatient, de faire mon chemin, de me créer un nom, une réputation de compositeur de talent et j'espérais que R[ubinstein], qui déjà alors avait une grande position dans le monde musical, m'aiderait dans ma course après lauriers. Mais j'ai la douleur de Vous confesser qu'A[ntoine] R[ubinstein] ne fit rien, mais rien du tout pour seconder mes plans et mes projets. Jamais, certainement, il me n'a nui – il est trop noble et trop généreux pour mettre des bâtons dans les roues d'un confrère, mais jamais il ne se départit à mon égard de son ton de réserve et de bienveillante indifférence. Cela m'a toujours profondément affligé. La supposition la plus vraisemblable pour expliquer cette tiédeur blessante, c'est que R[ubinstein] n'aime pas ma musique, que mon individualité musicale lui est antipatique. Maintenant de temps en temps je le vois, toujours avec plaisir, car cet homme extraordinaire n'a qu'á vous tendre la main et vous adresser un sourire pour qu'on se mette à ses pieds; j'ai eu le bonheur à son jubilé de passer par beaucoup de peines et fatigues,[678] il est pour moi toujours très correct, très bienveillant, – mais nous vivons très loin l'un de l'autre et je n'ai positivement rien à vous dire sur sa manière de vivre, sur ses vues et ses projets, enfin qui fut digne de l'intérêt des lecteurs futurs de votre livre.

Je n'ai jamais reçu de lettres de R[ubinstein][679] et je ne lui en ai écrit que deux pour le remercier d'avoir mis sur son programme entre autres morceaux russes, quelques uns des miens, dans ces dernières années.[680]

Vous voyez, cher et très respecté M-r Zabel, que ma lettre n'a pour votre livre aucune signification. Mais, tout en comprenant que tout ce que je Vous ai écrit n'a aucune valeur au point de vue biographique, j'ai tenu à remplir Votre désir et ai dit sur R[ubinstein] tout

---

[677 Nach dem Examen am Petersburger Konservatorium Ende 1865 zog Čajkovskij Anfang 1866 nach Moskau, um dort auf Einladung von Nikolaj G. Rubinštejn, Direktor des dort neu gegründeten Konservatoriums, Musiktheorie zu unterrichten. Als Professor wirkte Čajkovskij dort von September 1866 bis Oktober 1878, war aber praktisch seit Herbst 1877 beurlaubt – nach dem nervlichen und mentalen Zusammenbruch nach seiner unglückseligen Heirat hielt er sich zunächst in der Schweiz und in Italien auf.]

[678 Čajkovskij meint die Konzerte am 19. und 20. November 1889 in Petersburg mit Werken Anton G. Rubinštejns anläßlich von dessen 50-jährigem Künstlerjubiläum, die er (Čajkovskij) vorbereitet und geleitet hat – siehe oben, S. 430 f.]

[679 Einer der Briefe A. G. Rubinštejns stammt vom 28. März 1887 (publiziert in: ČJu 2, S. 286), der andere ist undatiert. Beide Briefe haben (nach ČPSS XVIb, S. 106, Anmerkung 8) den Charakter sachlicher Mitteilungen. Außerdem hat A. G. Rubinštejn Čajkovskij am 13. Januar 1887 telegraphiert, er könne leider seine Einladung (wahrscheinlich hatte Čajkovskij ihn zur Premiere seiner Oper „Čerevički" am 19. Januar 1887 eingeladen) wegen einer eigenen Verpflichtung nicht annehmen.]

[680 Die Briefe Čajkovskijs an Anton G. Rubinštejn datieren aus den Jahren 1887 (ČPSS XIV, Nr. 3213) und 1891 (ČPSS XVIa, Nr. 4392).]

ce que je pouvais dire. Si malheureusement j'ai dit trop peu, – ce n'est pas ma faute, ni celle d'Antoine, mais de la fatalité.

Um Gottes willen, ärgern Sie sich nicht, dass ich so viel geschmiert habe. Ich muss morgen abreisen und habe nicht mehr Zeit zum Abschreiben. Ihr ergebenster P. T." [XVIb, 4696.]

Der alleinige Zweck dieser Reise Peter Iljitschs ins Ausland war eine Kur in Vichy. Der katarrhale Zustand seines Magens quälte ihn schon seit Ende der sechziger Jahre. Einst wurde Peter Iljitsch bei Kondratjew in Nisy durch den dortigen Arzt mit der Anwendung des doppelkohlensauren Natrons bekanntgemacht. Dabei wurde ihm vorgeschrieben, einen „halben Teelöffel Natron auf ein halbes Glas Wasser" zu nehmen. Er verwechselte das aber und nahm „ein halbes Glas Natron auf einen halben Löffel Wasser", konnte diesen Brei natürlich nur mit Mühe hinunterwürgen und – musste seine Zerstreutheit teuer bezahlen. Diese unangenehme Erfahrung hinderte ihn aber nicht, einige Freundschaft mit dem neuen Mittel zu schliessen. Seit dieser Zeit konnte er ohne Natron nicht leben, vertilgte es in unheimlichen Mengen und gewöhnte sich so daran, dass er es sogar schmackhaft fand. Die Krankheit wurde dadurch nicht geheilt; sie wurde vielmehr immer schlimmer, so dass Peter Iljitsch im Jahre 1876 eine Mineralquellenkur unternehmen musste. Der Leser erinnert sich wohl noch an jene demi-cure Peter Iljitschs in Vichy. Seit jener Kur besserte sich sein Befinden, und er gedachte mit Dankbarkeit jener so heimwehreichen Tage in Vichy. Ganz verschwunden war der Katarrh nicht und machte sich jeden Augenblick, bald stärker, bald schwächer, bemerkbar, aber ohne jene Intensität zu erreichen wie im Jahre 1876. Im Jahre 1887 konnte Peter Iljitsch die in Borshom begonnene Kur nicht zuendeführen, weil er zu seinem sterbenden Freund [Kondratjew] nach Aachen eilte, so dass sie ohne wirksame Folgen blieb. Gegen Ende der achtziger Jahre verschlimmerte sich der Zustand seines Magens wieder: ausser dem beständigen Sodbrennen wiederholten sich die Magenverstimmungen immer öfter und beängstigten ihn oft sehr. Zur Zeit der Proben zu „Pique Dame", als er in Petersburg im Hotel „Rossija" wohnte, schickte er eines Morgens nach mir und sagte mir bei meinem Erscheinen, er glaube „die Nacht nicht überleben zu können". Das alles brachte ihn immer öfter auf den Gedanken an das „abscheuliche, aber wohltuende Vichy". Aber die Perioden der Erholung von den verschiedenen Reisen und des Arbeitens in seiner Kliner Einsiedelei waren ihm so teuer, dass er sich bis 1892 nicht zu einer Reise dorthin entschliessen konnte. In diesem Jahr unternahm er die Reise auch nur deshalb, weil die Gesundheit seines Lieblings W. Dawidow ebenfalls eine Kur in Vichy erforderte. Er hoffte, dass dessen angenehme Gesellschaft kein Heimweh aufkommen lassen und es ihm sogar eine Freude sein würde, dem Neffen das Ausland zu zeigen.

An M. Tschaikowsky: „Paris, d. 11. [/ 23.] Juni 1892.[681]
... Ich will Dir kurz erzählen, lieber Modja, wie es uns bisher ergangen ist. Wir sind sehr komfortabel gefahren. In Berlin blieben wir einen Tag. Berlin hat Bob[682] gefallen. In

---

[[681] Zwischen dem 5. / 17. und 11. / 23. Juni 1892 sind in dem Pariser Photoatelier van Bosch zwei Aufnahmen von Čajkovskij und seinem Neffen V. Davydov gemacht worden: der Komponist in einem Sessel sitzend, sein Neffe, mit Stock und Zylinder, neben ihm stehend. Reproduktionen in: Album 2005, Abbildungen 102 f. (S. 141 f.; Katalogteil S. 222 f.).]
[[682] „Bob" oder „Bobik": Čajkovskijs Lieblingsneffe Vladimir L. Davydov (1871-1906), Sohn seiner Schwester Aleksandra; Widmungsträger des Kinderalbums für Klavier op. 39 (1878) und der 6. Symphonie („Pathétique") op. 74 (1893) sowie Erbe seiner Autorenrechte; absolvierte 1893 die Petersburger Rechtsschule – wie zuvor seine Onkel Petr, Anatolij und Modest Čajkovskij; siedelte nach seinem obligatorischen Militärdienst 1898 nach Klin über, wo er zusammen mit Modest Čajkovskij das Čajkovskij-Haus-Museum eröffnete. 1906 nahm er sich das Leben.]

Paris sind wir bereits den sechsten Tag. Obwohl die Saison schon vorgerückt ist, herrscht hier ein betriebsames Leben, und viele Theater sind noch nicht geschlossen. Die Zeit bis gestern haben wir sehr angenehm verbracht. Wir besichtigten alles, was Bob interessieren konnte: wir sind in zwei Cafés chantants gewesen, in der Grossen Oper ([Wagners] ‚Lohengrin'), in der Komischen Oper ([Massenets] ‚Manon'), im Palais Royal und im Hippodrom.

... Ich habe Colonne in seinem Sommerhaus besucht." [XVIb, 4706.][683]

An W. [recte: Eduard] Naprawnik: „Vichy, d. 18. [/ 30.] Juni 1892.
... Alles was Du über Prag schreibst, habe ich mit dem lebhaftesten Interesse gelesen. In Betreff Deiner Gedanken an eine tschechische Oper in Petersburg[684] stimme ich Dir vollkommen bei. Da Schubert[685] die Sache wahrscheinlich nicht als Geschäft ansieht, sondern als einen Dienst zu patriotischen Zwecken, so glaube ich, dass das Unternehmen leicht ausführbar sein dürfte, sofern nur kein italienisches Geschäft als Hindernis in den Weg tritt ...

Nachdem Du Dich von mir verabschiedet hattest, war ich noch etwa einen Monat in Klin[686] und habe zwei Sätze einer Symphonie [in Es-Dur] entworfen. Hier [in Vichy] tue ich rein gar nichts: ich habe weder Zeit noch Lust. So eine Leere in Kopf und Herz, und die ganze Verstandestätigkeit ist auf den Gedanken konzentriert: recht bald nach Hause!" [XVIb, 4709.]

An M. Tschaikowsky: „Vichy, d. 18. [/ 30.] Juni 1892.
... Heute sind wir bereits eine Woche hier. Sie kommt mir wie sieben Monate vor, und mit Abscheu denke ich an die weiteren zwei Wochen. Vichy ist mir ebenso widerlich wie vor 16 Jahren, ich denke aber, dass mir das Wasser guttun wird. Jedenfalls bin ich überzeugt, dass es Bob nützen wird."[687] [XVI, 4710.]

An P. Jurgenson: „Vichy, d. 20. Juni [/ 2. Juli] 1892.
... Soeben habe ich ein Telegramm mit der Bitte um Geld an Dich aufgegeben. Weiss der Teufel! Ich hatte gehofft, dass ich mit der Vermehrung meiner Einnahmen einige tausend [Rubel] würde zurücklegen können ... Jetzt sehe ich, dass ich nach wie vor alles durchbringe, was ich habe. Ich kann zwar vieles zu meiner Entschuldigung anführen, – aber das ändert die Sache nicht ..." [XVIb, 4711.]

An M. Tschaikowsky: „Vichy, d. 29. Juni [/ 11. Juli] 1892.
Dir, Modja, schreibe ich den letzten Brief aus Vichy. In drei Tagen reisen wir ab. Je näher der Tag der Abreise heranrückt, um so erträglicher wird mir der Aufenthalt hier. Nach vielem Schwanken haben wir beschlossen, direkt nach Petersburg zu reisen.

---

[683] Im selben Brief äußert sich Čajkovskij befremdet und ärgerlich über das Verhalten seiner Schwägerin Praskov'ja (Frau seines Bruders Anatolij), die zusammen mit ihnen gereist ist und, wie Čajkovskij annimmt, in Bob verliebt ist und sich, nach seinen Worten, unerträglich benimmt.]

[684] E. Naprawnik wollte ein tschechisches Opernensemble mit seinem Repertoire zu Gastvorstellungen [im Frühjahr 1893] im Marientheater engagieren.

[685] Der Direktor der Nationaloper in Prag. [Der persönlich mit Čajkovskij bekannte tschechische Journalist und Schriftsteller František Šubert (1849-1915) war 1883-1900 Direktor des Prager Nationaltheaters. In seinen Erinnerungen, Prag 1902, widmet er ein Kapitel Čajkovskijs Pragaufenthalt und der Inszenierung des „Evgenij Onegin" (S. 105-116).]

[686] Nach dem Aufenthalt in Petersburg vom 30. April bis zum 4. Mai 1892 hielt sich Čajkovskij vom 5. bis zum 27. Mai in Klin auf.]

[687] Der Neffe hatte die Kur offenbar nötiger als der Onkel – siehe die betreffenden Bemerkungen in dem umfangreichen Originalbrief, der auch einige persönlichen Umstände, u. a. Bob und Panja (Praskov'ja Čajkovskaja) betreffend, enthält.]

... Von Vichy brauche ich Dir nichts zu erzählen: Du kennst es gar zu gut. Ewiges Einerlei, Langeweile, Heimweh. In Paris wollen wir höchstens einige Stunden, höchstens einen Tag zubringen. In Petersburg bleibe ich drei Tage und fahre dann nach Klin. In Klin will ich die Symphonie [Es-Dur][688] beenden und im August in Eure Gegend kommen." [XVIb, 4717.]

An P. Jurgenson: „Vichy, d. 1. [/ 13.] Juli 1892.
... Von Liszt besitze ich nur einen kleinen Brief,[689] der so unbedeutend ist, dass es sich nicht lohnt, ihn an La Mara zu schicken.[690] Liszt war ein guter Kerl und erwiderte gern die Schmeicheleien, mit denen er umworben wurde. Da ich aber weder ihn noch eine andere Berühmtheit je mit meinen Angelegenheiten belästigt habe, so bin ich nie in einen schriftlichen Verkehr mit ihm getreten. Ich glaube übrigens, dass er mir die Herren Cui usw., welche zu ihm nach Weimar pilgerten, vorzog, zumal ihre Musik ihm sympathischer war als meine. Soviel ich weiss, hatte Liszt kein besonderes Interesse an meiner Musik." [XVIb, 4720.]

An N. Konradi: „Piter [Petersburg], d. 9. Juli 1892.
... Wir[691] sind beide sehr zufrieden, nach Russland zurückgekehrt zu sein. Jetzt will ich mich in Klin erholen und mich im August wieder auf die Wanderschaft machen – zu Euch.
... Petersburg empfing uns mit Regen, doch gestern war das Wetter sehr schön. Im Aquarium wurde mir ganz unerwartet eine Ovation gemacht.[692] Das ist alles." [XVIb, 4722.]

Kapitel XXXV.

[Mitte Juli bis Ende August 1892. Klin und Moskau.
Arbeitsreiche Vorbereitung neuer Ausgaben: mehrfaches Korrekturlesen der Partituren und Klavierauszüge von „Iolanta" und „Nußknacker" sowie Anfertigen des vereinfachten Klavierauszug des Balletts.
Zunehmende Sorge um die Qualität der Ausgaben und zunehmende Sorgfalt bei den Korrekturgängen.
Nimmt sich den Tod Sergej M. Tret'jakovs zu Herzen. Liest Flauberts „Correspondance"
und Zolas „Débâcle". Quält sich weiter mit den Korrekturen.
Will die Einladung annehmen, im September 1892 ein Konzert im Rahmen der Internationalen Ausstellung für Musik- und Theaterwesen in Wien zu dirigieren.
Selbstzweifel – werden sich „Iolanta" und „Nußknacker" als „Mist" herausstellen?
Reagiert anerkennend und dankbar auf die Übersendung von Gedichten des Kiever Studenten Ratgauz (Rathaus) und verspricht ihm, einige der Gedichte zu vertonen (dies geschieht 1893: op. 73).]

Am Anfang seiner musikalischen Karriere war Peter Iljitsch ziemlich gleichgültig hinsichtlich der Herausgabe seiner Werke: die Qualität der Klavierarrangements seiner Orchesterkompositionen und Opern sowie stehengebliebene Druckfehler kümmerten ihn wenig. Ende der siebziger Jahre aber tritt in dieser Beziehung ein scharfer Umschwung ein, und

---

[688] Vgl. oben, S. 551, die betreffende Anmerkung 670 zum Brief vom 20. Mai 1892 an Nikolaj (Kolja) G. Konradi (ČPSS XVIb, Nr. 4692).]
[689] Von März 1886, publiziert in: ČZM, S. 41. Der „kleine Brief" begleitete die Portraitphotographie mit Widmung, die Liszt Čajkovskij geschickt hatte und die im GDMČ aufbewahrt wird.]
[690] Wie Jurgenson Čajkovskij in seinem Brief vom 26. Juni 1892 mitteilte (ČJu 2, S. 247), hatte die Schriftstellerin La Mara ihn gebeten, ihr Briefe Liszts (Originale oder Kopien) an Čajkovskij zur Publikation zu überlassen.]
[691] Vladimir („Bob") L. Davydov und Čajkovskij waren am 7. Juli in Petersburg eingetroffen.]
[692] In einem Konzert im Petersburger „Aquarium" war am 8. Juli 1892 u. a. Čajkovskijs „Nußknacker"-Suite aufgeführt worden. Dieses „Aquarium" war ein Garten mit einem Sommertheater, wo in jedem Sommer Symphoniekonzerte gegeben wurden und Operntruppen auftraten.]

Peter Iljitsch wird seit dieser Zeit immer sorgfältiger, immer pedantischer in seinen Forderungen hinsichtlich der Klavierauszüge und der Korrekturen. Seit den achtziger Jahren ist fast die Hälfte seiner Korrespondenz mit [seinem Verleger] Jurgenson mit Gesprächen darüber angefüllt, wem das Klavierarrangement dieses oder jenes Werks anzuvertrauen sei, mit Klagen über vorkommende Druckfehler, mit Bitten, das eine oder andere Stück neu herauszugeben oder ein neues Arrangement machen zu lassen. Seine Ansprüche wachsen stetig; niemand befriedigt ihn ganz; die besten Arrangeure wie Klindworth, Tanejew, Siloti geben seine Stücke zwar voll[693] wieder, machen es ihm aber hinsichtlich der leichten Spielbarkeit ihrer Arrangements nicht recht. Auch hinsichtlich der Schnelligkeit des Arbeitens ist Peter Iljitsch nur schwer zufriedenzustellen.

Jetzt, da wir wissen, dass Peter Iljitsch nach anderthalb Jahren aus dem Leben schied, ist es leicht, seinen einzelnen Handlungen (die sonst ganz unbemerkt geblieben wären) die Bedeutung von Vorahnungen unterzuschieben; seine besondere, ausschließliche Sorgfalt bei der Herausgabe seiner Schöpfungen, wie er sie im Jahre 1892 äusserte, könnte aber – nicht tatsächlich, sondern bildlich – mit den Vorbereitungen zu einer langen Reise verglichen werden, da man um das Bevorstehende nicht minder besorgt ist als um das, wovon man sich trennt; man ist bestrebt, das Unvollendete zu vollenden, das Mangelhafte zu verbessern und alles so zurückzulassen, dass man mit reinem Gewissen in das Neue, in das Unbekannte einzutreten vermag.

Die Worte, die Peter Iljitsch P. Jurgenson schreibt, und die sich auf die neue Ausgabe der 3. [Orchester-]Suite beziehen – „Wenn alle meine besseren Werke so schön herausgegeben sein werden wie dieses, dann werde ich ruhig sterben" – geben mir das Recht, auf meinem Gleichnis zu bestehen.

Als P. Jurgenson die Absicht äusserte, zum Herbst 1892 nicht nur die Klavierauszüge von „Jolanthe" und „Nussknacker" drucken zu lassen, sondern auch die Partituren dieser Werke, freute sich Peter Iljitsch sehr darüber und teilte seinem Freund und Verleger mit, dass er die Korrekturen der Partituren und Klavierauszüge selbst und ohne fremde Hilfe machen wolle, da er den Glauben an alle Herren Korrektoren verloren hätte. Ausserdem nahm er es auf sich, ein erleichtertes Klavierarrangement des Balletts „Der Nussknacker" zu machen, weil das in musikalischer Beziehung unanfechtbare Arrangement Tanejews für Dilettanten nahezu unspielbar war. Also genau aufgezählt, übernahm er:

1) alle drei Korrekturen der Orchesterpartituren von der Oper und dem Ballett;
2) die Vereinfachung und Korrektur des Klavierauszugs (zu zwei Händen) der Oper „Jolanthe";
3) die Korrekturen der Klavierauszüge von „Jolanthe" und „Nussknacker";
4) die eigenhändige Fertigstellung eines erleichterten Klavierarrangements des Balletts.

Peter Iljitsch hat in seinen Briefen so oft von seiner Abneigung gegen eine derartige Beschäftigung gesprochen, welche ungeheure Selbstbeherrschung er nötig hatte, um jene kolossale Arbeit freiwillig auf seine Schultern zu laden. Er musste einstweilen alle seine anderen Arbeiten beiseitelegen, die gewohnte Lebensweise ändern, die Erholungszeit auf ein Minimum beschränken, auf jede Gesellschaft verzichten, sogar auf diejenige eines so geliebten Freundes wie Kaschkin, ein neues Regime hinsichtlich seiner Nahrung einführen, – um in wenig mehr als einem Monat mit jener Riesenarbeit fertigzuwerden.

Wie bei den Seelen in Dantes Hölle [der „Divina comedia"] die Furcht vor den Qualen durch den Willen der göttlichen Gerechtigkeit „Si volge in disio",[694] so gewinnt auch bei

---

[[693] Gemeint ist: sie geben alle substantiellen musikalischen Einzelheiten der Partitur wieder.]
[694] „Sich in einen Wunsch verwandelt."

Peter Iljitsch die Energie, mit welcher er an die Arbeit ging, den Charakter einer krankhaft leidenschaftlichen Begeisterung: „Korrekturen! Korrekturen! Mehr! Mehr! Um Gottes willen, Korrekturen! Sende mir wenigstens die zweiten Abzüge, die ich schon durchgesehen habe!!" – ruft er fast in jedem seiner Briefe an Jurgenson aus, so dass ein unbeteiligter Leser derselben leicht in den Irrtum verfallen könnte, dasjenige für einen innigen Wunsch zu halten, was im Grunde nur eine Pein war.

An S. Tanejew: „Klin, d. 13. Juli 1892.

Lieber Freund Sergei Iwanowitsch, ich bin soeben von meiner Auslandsreise zurückgekehrt[695] und finde hier Deinen Brief vom 29. Juni.[696] Für das Verzeichnis der Druckfehler in ‚Jolanthe' bin ich Dir sehr dankbar. Sind es auch wirklich alle? Ich weiss, einige hattest Du mir noch in Moskau gezeigt, doch ist das betreffende Exemplar verschwunden. Sag es mir bitte noch einmal. Die Änderungen im Ballett [‚Der Nussknacker'] werde ich Deinem Wunsch entsprechend nicht nur in der leichten Ausgabe,[697] sondern auch in Deinem Arrangement[698] machen, denn die Korrektur werde ich selbst lesen. Überhaupt werde ich wohl an die zwei Monate ausschliesslich den Korrekturen, dem zweihändigen Arrangement des Balletts usw. opfern müssen. Augenblicklich bin ich mit der Durchsicht des zweihändigen Klavierauszugs von ‚Jolanthe' beschäftigt. Ich quäle und ärgere mich unbeschreiblich. Vor meiner Abreise ins Ausland, im Mai, habe ich die Skizzen [den Entwurf] des ersten Satzes und des Finales einer Symphonie gemacht.[699] Im Ausland ist sie um keinen Schritt weitergekommen, und jetzt habe ich keine Zeit dafür.

Ich würde gern einige Zeit bei den Maslows zubringen[700] und möchte genau wissen, wann Du dort sein wirst. Teile mir ausführlich Deine Pläne mit. Kommt Anton [Arensky] auch hin? Das wäre schön! Du sprichst nur sehr beiläufig von Deinen Arbeiten. Hat Dein ‚Orestes'[701] Fortschritte gemacht? Das interessiert mich sehr. Es gefällt mir gar nicht, dass Anton [Arensky] dem Honorar zuliebe seine ganze Zeit dem Lehrbuch widmet.[702] Aber was ist mit ‚Nal und Damajanti'?"[703] [XVIb, 4724.]

An M. Ippolitow-Iwanow: „Klin, d. 16. Juli 1892.

… Jetzt sitze ich zu Hause und lese die Korrekturen von Oper [‚Jolanthe'] und Ballett [‚Der Nussknacker'] in allen möglichen Formen, angefangen bei den Partituren. Das ist alles sehr eilig, so dass ich von der Symphonie [Es-Dur] absehen muss, welche auch in Vichy um keinen Strich weitergekommen ist. Du wirst sagen: überlass die Korrekturen doch

---

[695 Aus Vichy war Čajkovskij am 3. / 15. Juli in Paris, und von dort am 7. Juli in Petersburg eingetroffen, aus Petersburg schließlich am 11. Juli in Klin.]
[696 Publiziert in ČT 1916, S. 175 f., bzw. ČT 1951, S. 182-184.]
[697 Čajkovskijs eigenem, spieltechnisch leichteren Klavierauszug zu zwei Händen – siehe oben.]
[698 Taneevs früher geschriebener Klavierauszug, ebenfalls zu zwei Händen, der jedoch spieltechnisch für Dilettanten zu schwierig war – siehe oben.]
[699 Gemeint ist die Es-Dur-Symphonie, siehe oben, S. 551, betreffende Anmerkung 670 zum Brief an Nikolaj (Kolja) G. Konradi vom 20. Mai 1892, ČPSS XVIb, Nr. 4692.]
700 Maslows [Fedor I. Maslov und seine Schwestern – nahe Freunde Sergej I. Taneevs] wohnten auf ihrem Gut im Gouvernement Orel.
[701 Sergej I. Taneevs Oper „Oresteja" (Orestie; 1887-1894).]
702 A. S. Arenskys Lehrbuch der Harmonie. [Ein solches hatte Arenskij auch geschrieben: „Kratkoe rukovodstvo k praktičeskomu izučaniju garmonii" („Kurzes Handbuch zum praktischen Studium der Harmonie"; es war 1891 bei Jurgenson in Moskau erschienen. Hier ist aber die Arbeit an einem weiteres Lehrbuch gemeint: „Rukovodstvo k izučeniju form instrumental'noj i vokal'noj muzyki" („Handbuch zum Studium der Formen der Instrumental- und Vokalmusik", das 1893-1894 im selben Verlag erschienen ist.)]
703 [Die 1903 vollendete] Oper [„Nal' i Damajanti"] von A. S. Arenskij [auf ein Libretto von Modest Čajkovskij nach einem indischen Poem, übersetzt von Vasilij A. Žukovskij].

jemand anderem. Nein, mein Lieber! Die Erfahrung hat mich gelehrt, sich auf keinen Menschen verlassen zu können. Ich denke, ich werde wenigstens noch anderthalb Monate an dieser schrecklichen, unerträglichen Arbeit sitzen müssen. Und dann? Dann wiege ich mich in der Hoffnung, [zu Euch] nach Tiflis zu fahren. Du glaubst gar nicht, wie sehr ich mich dahin sehne. Es ist sehr, sehr gut möglich, dass ich im September oder Oktober an den Ufern der Kura[704] erscheine."[705] [XVIb, 4729.]

An A. Merkling: „Klin, d. 17. Juli 1892.

Liebste Anna, heute habe ich Deinen Brief[706] mit dem beigefügten Blättchen von der lieben Katja[707] erhalten. Ihr seid doch merkwürdige Leute. Wie könnt Ihr denn glauben, es wäre ein grosses Glück für Euch, wenn ich käme? Wäre ich ein lustiger und angenehmer Gesellschafter, dann liesse sich das noch hören. Ich verstehe mich aber nicht auf Unterhaltungen und bin bei weitem nicht immer bei lustiger Stimmung, besitze überhaupt keinerlei Ressourcen. Mich bedrückt jetzt sogar der Gedanke, Ihr könntet – wenn ich wirklich kommen sollte – Euch nachher selbst vorwerfen (aber natürlich nicht aussprechen): ‚Und den alten Narren haben wir so sehnsüchtig erwartet!? Er hat aber gar nichts Angenehmes an sich.' Anna, ich habe – bei Gott – durchaus Lust, zu Obuchows zu kommen, und hoffe auch, mir diesen Wunsch erfüllen zu können. Nur kann ich einstweilen noch nicht unbedingt ja sagen." [XVIb, 4733.]

An M. Tschaikowsky: „Klin, d. 17. Juli 1892.

... Es tut mir leid, dass Deine Komödie[708] nicht effektvoll und zugkräftig ist. Warum glaubst Du das? Übrigens haben Autoren niemals eine richtige Vorstellung von ihren Werken. Kurios sind in dieser Hinsicht die Briefe Flauberts, welche ich jetzt mit grossem Vergnügen lese. Eine sympathischere Persönlichkeit gab es in der Künstlerwelt, glaube ich, noch nie. Das ist ja ein Held und ein Märtyrer seiner Kunst. Und dabei so klug! Ich habe bei ihm die erstaunlichsten Antworten auf einige meiner Gedanken über Gott und Religion gefunden."[709] [XVIb, 4734.]

An P. Jurgenson: „[Klin,] d. 27. Juli 1892.

... Die Nachricht vom Tode Tretjakows[710] habe ich mir mehr zu Herzen genommen, als anzunehmen war, d. h. in dem Masse, dass ich mich heute wegen derselben unwohl fühle. Vor zweieinhalb Wochen sah ich ihn noch bei blühender Gesundheit." [XVIb, 4741.]

[704 Also im georgischen Tiflis. Der Fluß Kura (über 1.300 km lang) entspringt im Nordosten der Türkei und fließt durch Georgien und das heutige Aserbeidschan ins Kaspische Meer.]
[705 Zu der geplanten Reise nach Tiflis kam es nicht.]
[706 Vom 10. Juli 1892.]
[707] Katharina Obuchow [Ekaterina P. Obuchova, geb. Karcova (1866-1941)], eine entferntere Nichte Peter Iljitschs, welche ihn in der erwähnten Zuschrift einlud, zu ihr aufs Land zu kommen, wo sich auch Anna Merkling aufhielt.
[708 Modest Čajkovskijs Komödie „Predrassudki" („Vorurteile") aus dem Jahre 1892.]
[709 Ein Exemplar der Ausgabe Gustave Flaubert, Correspondance. Troisième série (1854-1869), Paris 1891, mit zahlreichen Eintragungen Čajkovskijs ist in seiner Bibliothek im GDMČ erhalten geblieben.]
[710] Des früheren Stadtoberhaupts von Moskau und Helfer Nikolai Rubinsteins bei der Gründung der [Moskauer Abteilung der] Russischen Musikgesellschaft. [Sergej M. Tret'jakov (geb. 1834), wie sein Bruder Pavel (1832-1898) Direktionsmitglied der Moskauer Abteilung der Russischen Musikgesellschaft, war am 25. Juli 1892 in Petersburg gestorben. Zusammen mit seinem Bruder hatte er eine Bildergalerie in Moskau eröffnet (die noch heute berühmte Tret'jakov-Galerie). Čajkovskij war gut bekannt mit den Familien Tret'jakov.]

An M. Tschaikowsky: „Moskau, d. 30. Juli 1892.
... Ich bin nach Moskau gekommen, um S. Tretjakow das letzte Geleit zu geben. Sein Tod hat mich sehr betrübt, mehr, als anzunehmen war. Es ist überhaupt eine traurige Zeit.
... Ich lese auch ‚La Débâcle'[711] – das Buch gefällt mir jetzt sehr gut." [XVIb, 4742.]

An S. Tanejew: „[Klin,] d. 3. August 1892.
Lieber Freund Sergei Iwanowitsch, besten Dank für den Hinweis auf den Fehler in ‚Jolanthe'. Ich habe deren noch eine ungeheure Menge gefunden. Weiss der Teufel! Weder ich selbst, noch der Korrektor, – absolut niemand kann mir in dieser Sache helfen. Auf keinen Menschen kann man sich verlassen! Jetzt bin ich in die Korrekturen von ‚Jolanthe' und ‚Nussknacker' vertieft. Welche Qual! Den ganzen heutigen Abend bin ich nicht über zwei Seiten hinaus gekommen ..." [XVI, 4746.]

An W. Dawidow: „[Klin,] d. 12. August 1892.
... Was soll ich tun? Die Sache wird immer komplizierter. Es kommt immer noch Arbeit dazu, – so etwas habe ich noch nie erlebt. Tagelang bin ich an den Schreibtisch gefesselt und muss alles selbst tun, denn ich traue keinem Menschen mehr. Ich korrigiere zugleich die Partituren beider grossen Werke [‚Jolanthe' und ‚Nussknacker'], alle Arrangements, darunter auch die deutschen Ausgaben,[712] und arbeite ausserdem an der ‚leichten' Ausgabe des Balletts für Klavier. Diese letztere Arbeit würde mich einfach vernichten, wenn ich mir nicht ständig vorstellte, dass Du sie spielen wirst, und mich deshalb nicht bemühte, sie wirklich recht leicht zu machen; bei Gott, das ist wahr. So wird das Publikum also Dir ein gutes und bequem spielbares Arrangement zu verdanken haben. Hin und wieder muss ich nach Moskau fahren, um Missverständnisse aufzuklären.[713] Dazu werde ich von allen Seiten zur Eile angespornt. Das Wichtigste aber ist, dass ich von der Wiener Ausstellung die dringende Aufforderung erhalten habe, dort ein Konzert zu dirigieren, und dieser Aufforderung werde ich Folge leisten.[714] Dieses wünschen meine Verleger und mein Impresario Pollini,[715] weil Wien sich mir gegenüber bis jetzt feindlich, oder besser gesagt, verachtungsvoll verhalten hat; sie (und ich auch) finden es vorteilhaft, die Gelegenheit zu nutzen. Ich schwärme jetzt davon, falls ich bis zum 24. mit meinen Arbeiten fertig werden sollte, über Werbowka nach Wien zu reisen und einige Tage bei Euch zu verweilen, doch bin ich wegen Emma unschlüssig.[716] Sie hat eine Stelle in Simbirks angenommen, welche sie Anfang September anzutreten hat, und bittet flehentlichst um ein Abschiedswiedersehen. Ihr Brief hat mich sehr gerührt, und ich möchte ihr die Bitte nicht abschlagen." [XVIb, 4752.]

[711 Roman von Emile Zola (Paris 1892; deutscher Titel „Der Zusammenbruch"), vorletzter Band des Zyklus der Rougon-Macquart, dessen Handlung vor dem Hintergrund des deutsch-französischen Krieges von 1870/71 und der niedergeschlagenen Pariser Commune spielt. – Čajkovskijs Exemplar ist in seiner Bibliothek im GDMČ erhalten geblieben.]
[712 Die deutsche Ausgabe des Klavierauszugs von „Jolanthe" erschien im Verlag D. Rahter, Leipzig, und zwar wie die russische Erstausgabe im Jahre 1892.]
713 Mit den Notenstechern Jurgensons.
[714 Vgl. dazu: Čajkovskij und die Internationale Ausstellung für Musik- und Theaterwesen Wien 1892 – samt Auszügen aus ihrem „Russland"-Katalog, in: Mitteilungen 14 (2007), S. 79-97. Die Reise nach Wien verbindet der Komponist mit einem Aufenthalt in Schloß Itter, als Gast Sophie Menters. Nach der Probe zu seinem geplanten Konzert reist Čajkovskij, enttäuscht von den unbefriedigenden Verhältnissen, noch vor der Aufführung ab. Siehe unten, Kapitel XXXVII, S. 571-575.]
[715 Der Direktor des Hamburger Stadttheaters, dem Čajkovskij die Rechte an seinen Opern für die deutschsprachigen Bühnen (in Deutschland und Österreich-Ungarn) abgetreten hatte.]
716 Emma Genton, die Erzieherin von N. Kondratjews Töchtern, eine gute Freundin Peter Iljitschs, welche lange Jahre in lebhaftem Briefwechsel mit ihm gestanden hat [und ihm sehr zugetan war].

An A. Tschaikowsky: „Moskau, d. 14. August 1892.

... Das [Wiener] Ausstellungskomitee bittet mich so überzeugend, ein Konzert zu dirigieren, – dass ich mich dazu entschließen werde. Es ist in dem Sinne vorteilhaft für mich, dass Wien mich bisher – wegen Hanslick[717] – feindselig und verachtend angesehen hat und meine Existenz vollständig ignoriert hat. Dieses Vorurteil zu besiegen, wäre sehr angenehm." [XVIb, 4754.]

An W. Dawidow: „Moskau, d. 14. August 1892.

... Plötzlich wird sich herausstellen, dass ‚Jolanthe' und ‚Der Nussknacker', denen zuliebe ich jetzt so viele Qualen zu erdulden haben, – der reinste Mist ist???" [XVIb, 4753.]

An W. Dawidow: „Klin (immer noch!), d. 28. August 1892.

... Bis jetzt hocke ich noch hier. Morgen, endlich, wird alles fertig werden, was zu machen war. Ich denke, es ist nur meiner äusserst regelmässigen, der Mässigkeit in allem, der Bewegung[718] und überhaupt den guten hygienischen Bedingungen zu verdanken, dass ich bei dieser Zwangsarbeit [des Korrekturlesens] nicht verrückt geworden bin. Übrigens bin ich nahezu verrückt: ich verstehe nichts, überlege nichts, und fühle nichts. Sogar im Traum erscheinen mir Korrekturen und allerlei Kreuze und b's,[719] die nicht das tun, was sie tun sollen, und dadurch etwas Entsetzliches, Qualvolles, Fatales heraufbeschwören. Als ich mit Dir in Vichy war, ahnte ich nicht, welche Marter mir bevorstand. Ich konnte es auch nicht ahnen, denn früher wurden die Partituren meiner Opern und Ballette nicht vor der Aufführung gedruckt. In Deinem letzten Epistelchen möchtest Du mich im Anschluss an Wien in Werbowka sehen. Mein Wunsch wäre das auch. Ich setze aber voraus, dass Sophie Menter, welche meinem Wiener Konzert beiwohnen will, mich dringend auf ihr Schloss [Itter, Tirol] einladen wird; schon dreimal habe ich das ihr gegebene Versprechen gebrochen. Ausserdem interessiert es mich sehr, dieses Wunder (so wird das Schloss allgemein genannt) zu sehen. Endlich muss noch in Erwägung gezogen werden, dass ich Dich in Werbowka fast nicht mehr antreffen werde, denn ich werde – wenn ich am 13. abfahre – erst kurz vor Deiner Abreise in Werbowka eintreffen. Doch wollen wir zunächst abwarten." [XVIb, 4761.]

An D. Rathaus:[720] „Moskau, d. 30. August 1892.

... Verzeihen Sie bitte die Kürze und Verspätung meiner Antwort. Ihren Brief erhielt ich in einer Zeit, als ich infolge einer sehr eiligen Arbeit und der mir morgen bevorstehenden Abreise keine Musse hatte.

Ich bin in der Literatur nicht kompetent genug, um in diesem oder jenen Sinn die Zweifel zu zerstreuen, welche Sie beunruhigen. Aber als Musiker, der Ihre Gedichte vom Standpunkt grösserer oder geringerer Tauglichkeit für eine musikalische Bearbeitung betrachtet, muss ich denselben volle Anerkennung zollen. Ich kann den Zeitpunkt noch nicht bestimmt angeben, wann es mir gelingen wird, alle oder einige Ihrer Gedichte in Musik zu setzen, – ich will Ihnen aber positiv versprechen, dass es in mehr oder weniger naher Zu-

---

[717] Eduard Hanslicks vernichtende Kritik von Čajkovskijs Ende 1881 in Wien uraufgeführten Violinkonzert hat der Komponist nie vergessen; vgl. diese und die weiteren Čajkovskij-Rezensionen Hanslicks in „Tschaikowsky aus der Nähe" oder in ČSt 10, Jahre 1876, 1881 (Violinkonzert), 1892, 1895, 1896, 1897 und 1899.]
[718] Čajkovskij meint sein regelmäßiges Spazierengehen.]
[719] Also ♯- und ♭-Vorzeichen.]
[720] D. Rathaus [Daniil M. Ratgauz (1868-1937)], Student der Universität Kiew, hatte Peter Iljitsch – obwohl er nicht persönlich bekannt war mit ihm – einige seiner Gedichte geschickt. [1893 hat Čajkovskij sechs Gedichte von Rathaus in seinen Sechs Romanzen op. 73 vertont.]

kunft geschehen soll. Eines derselben drängt sich der Musik geradezu auf, – ‚An dem schlummernden Strom'.[721]

Überhaupt muss ich Ihnen aufrichtig sagen, dass ich – der ich sehr oft dem Ihren ähnliche Briefe erhalte (d. h. Angebote von Liedertexten) – wohl zum ersten Mal Gelegenheit habe, mit dem Ausdruck der Anerkennung und Dankbarkeit zu antworten.

Es *scheint* mir, dass Sie über ein echtes Talent verfügen, und ich gebe mich der Hoffnung hin, dass mein Urteil von denen bestätigt werden wird, welche in Angelegenheiten der literarischen Kritik sachverständiger sind als ich." [XVIb, 4762.]

Es folgt das Verzeichnis der in der Saison 1891-1892 beendeten Arbeiten Peter Iljitschs:

1) Op. [post.] 78. „Der Woiwode", symphonische Ballade für grosses Orchester (nach [Mickiewicz, in der russischen Fassung von] Puschkin).

Erste Aufführung im Konzert von A. Siloti am 6. November 1891 unter der Leitung des Komponisten. Am Tage nach dem Konzert wurde die Partitur von Peter Iljitsch selbst vernichtet, während die Orchesterstimmen bei A. Siloti in Verwahrung blieben. Nach dem Tode Peter Iljitschs wurde die Partitur [nach den Stimmen] wiederhergestellt.

Verlag Belajew [M. P. Belaieff, Leipzig] (Oeuvre posthume).

2) Op. 69. „Jolanthe", lyrische Oper in einem Akt. Das Sujet stammt aus dem Drama „König Renés Tochter" des dänischen Dichters Henrik Hertz [in der russischen Fassung von Vladimir Zotov]. Libretto von Modest Tschaikowsky.

Die blinde Tochter des Königs René der Provence, Jolanthe, wohnt unter Aufsicht der Amme Martha und deren Gatten Bertrand einsam in den Vogesenbergen, nur von ihren Gespielinnen umgeben. Sie weiss nicht, was sie von den anderen Menschen unterscheidet, denn auf Befehl ihres Vaters darf niemand in ihrer Gegenwart von Licht und Gesicht sprechen.

Unter Musikklang hält Jolanthe mit ihren Freundinnen Fruchtlese in ihrem Garten; sie ahnt ihr Unglück. Sie spricht zu Martha von ihrer Verstimmung. Um sie zu erheitern, bringen ihr die Freundinnen Blumen. Nichts freut sie. Sie ist müde und wird von der Amme und ihren Freundinnen in Schlaf gesungen. Man trägt die Schlummernde ins Schloss. In der Ferne hört man zuerst Jagdhörner und dann ein Signalhorn. Almerik, der Waffenträger des Königs, erscheint und meldet, der König werde mit dem berühmten maurischen Arzt Ebn-Jahia sofort hier sein. Aus dem Gespräch zwischen Almerik, Martha und Bertrand geht hervor, der König halte seine Tochter aus dem Grunde hier gefangen, damit niemand – namentlich nicht der seit seiner Kindheit mit Jolanthe verlobte Herzog von Burgund, Robert – erfahre, dass sie blind ist. Aus demselben Grunde ist es unter Androhung der Todesstrafe jedem Fremden verboten, das Versteck Jolanthes zu betreten. König und Arzt erscheinen. Letzterer will Jolanthe, wenn auch nur im Schlaf, sehen, ehe er sagen kann, ob eine Heilung möglich ist, und geht in das Schloss. Der König wartet mit Furcht auf die Entscheidung des Arztes. Ebn-Jahia tritt wieder aus dem Schloss und erklärt, die Heilung sei nur möglich, wenn Jolanthe von ihrem Unglück erführe und selbst den sehnlichen Wunsch habe, sehend zu werden. Der König lehnt es ab, die Bedingung Ebn-Jahias zu erfüllen. Beide gehen ab.

Ihrem Gefolge vorausgeeilt, dringen Robert, Herzog von Burgund, und der Ritter Vaudemont, zufällig in die Gärten Jolanthes. Ersterer befindet sich auf dem Wege zu König

---

[721] [Tschaikowsky wird dieses Lied vertonen, und zwar als] Op. 73, N° 1. Verlag Jurgenson.

René, dessen Tochter er freien soll; er hat sie noch nie gesehen, liebt sie nicht und würde die Heirat gern vereiteln. Die jungen Männer erblicken die Tafel mit der Warnung, welche den Eindringlingen mit dem Tode droht, und wollen sich entfernen. Da wirft aber Vaudemont einen Blick über die Terrasse ins Haus, sieht die schlafende Jolanthe und ist wie gebannt. Robert sucht ihn zu bewegen, diesen verzauberten Ort zu verlassen. Vaudemont will aber nicht. Jolanthe erwacht von ihrem lauten Gespräch und bezaubert Vaudemont noch mehr. Robert, welcher fürchtet, dass sein Freund in die Netze einer Zauberin gefallen ist und ihm Gefahr droht, entfernt sich schnell, um seine Mannen zu holen und ihn mit Gewalt zu befreien. Grosses Duett zwischen Vaudemont und Jolanthe. Zuerst wird er ihrer Blindheit nicht gewahr. Erst als sie fragt, „was ist Licht?", bemerkt er sie. Mit grosser Begeisterung spricht er zu ihr vom Licht und verrät ihr als erster das Geheimnis, von dem sie umgeben war. Sie erkennt ihre Blindheit und wird von dem sehnsüchtigen Wunsch erfasst, das Augenlicht zu gewinnen.

Da erscheinen wieder der König, Ebn-Jahia und das ganze Gefolge. Der König ist voller Entsetzen, dass das Geheimnis aufgedeckt ist, aber Ebn-Jahia erinnert ihn daran, dass nun die Heilung vorgenommen werden könne, da ihre Voraussetzungen erfüllt seien. Um die Sehnsucht Jolanthes nach dem Augenlicht noch zu steigern, erklärt René, Vaudemont müsse gemäss der Inschrift der Warnungstafel sterben, aber Eines könne ihn retten könne: das Gelingen von Jolanthes Heilung. Um der Rettung Vaudemonts willen, den sie bereits liebgewonnen hat, entschliesst sich Jolanthe, jede Qual, jedes Opfer zu ertragen. Der Arzt führt sie fort. Alle erwarten furchtbefangen den Ausgang der Sache. Da kehrt Robert mit seinem Gefolge zurück. Er erkennt König René und bittet ihn, seine Verlobung mit Jolanthe aufzulösen. Der König willigt ein und verspricht seine Tochter dem Ritter Vaudemont. Jolanthes Freundinnen kommen herbeigeeilt und verkünden das Gelingen der Heilung. Darauf erscheint Jolanthe selbst mit verbundenen Augen. Der Arzt reisst das Tuch von ihren Augen und – Jolanthe „sieht". Dankes- und Lobeshymne.

Die Uraufführung der Oper fand am 5. Dezember 1892 im Marientheater in Petersburg statt [und zwar an einem Abend zusammen mit dem Ballet „Der Nussknacker"].

Verlag P. Jurgenson.

3) Op. 70. „Erinnerung an Florenz (Souvenir de Florence)", Sextett für 2 Violen, 2 Bratschen und 2 Violoncelli in vier Sätzen. Der Petersburger Kammermusikgesellschaft gewidmet. Erste Aufführung – in dieser Gesellschaft – am 25. November 1892.

Verlag Jurgenson.

4) Op. 71. „Der Nussknacker", Ballet-Féerie in zwei Akten und drei Bildern. Das Sujet ist A. Dumas' Bearbeitung („Casse-Noisette") von E. T. A. Hoffmanns Märchen [„Nussknacker und Mausekönig"] entlehnt.

Erster Akt.

Ein Weihnachtsbaum im Hause des Präsidenten Silberhaus. Die Gäste versammeln sich und die Kerzen werden angesteckt. Einzug der Kinder. Nachdem alle Kinder ihre Geschenke erhalten haben, kommt der Rat Drosselmeyer und bringt Puppen mit, die sich bewegen können, wie wenn sie lebten. Seinem Liebling Marie, der Tochter des Präsidenten, schenkt er ausserdem einen gewöhnlichen Nussknacker. Dieser Nussknacker gefällt dem Mädchen besser als alle anderen Geschenke. Ihr Bruder Fritz und die anderen Buben entreissen ihr das Lieblingsspielzeug und zerbrechen es. Marie bricht in Tränen aus, liebkost den armen Nussknacker, macht sich mit ihm zu schaffen, als wäre er ein Kranker, legt ihn zu Bett und wiegt ihn ein. Das Fest ist aus und alle gehen nach Haus'.

Die Kerzen am Baum verlöschen. Marie kann nicht einschlafen und denkt immer an den Nussknacker. Endlich erhebt sie sich von ihrem Bettchen und schleicht leise zum Nussknacker, um noch einen Blick auf ihn zu werfen. Es ist Mitternacht. Plötzlich hört sie, wie von allen Seiten Mäuse herbeigehuscht kommen. Da geschieht ein Wunder: der Tannenbaum wächst und wächst; alle Spielsachen, alle Honigkuchen werden lebendig. Auch der verunstaltete Nussknacker erwacht und wird lebendig. Der Krieg zwischen Spielsachen und Mäusen beginnt. Die Mäuse überwältigen unter der Führung ihres Königs leicht die Honigkuchensoldaten. Aber diesen zu Hilfe eilen die Bleisoldaten unter dem Kommando des Nussknackers. Eine heisse Schlacht entbrennt. Der Nussknacker kämpft mit dem Mäusekönig. Gerade in dem Moment, als der König die Oberhand zu gewinnen scheint, wirft Marie ihren Schuh nach ihm. Er stirbt, die Mäuse sind besiegt, der Nussknacker aber verwandelt sich in einen schönen Prinzen, dankt seiner Retterin und entführt sie in sein Zauberreich. Sie fliegen über einen Winterwald. Jedes Schneeflöckchen erscheint Marie wie ein lebendiges Wesen.

Zweiter Akt.

Der Konfitürenberg, das Reich der Leckerbissen und Süssigkeiten. Die Fée Dragée, die Beherrscherin des Konfitürenberges, und ihr ganzer Hofstaat erwarten die Ankunft Maries und des Nussknackers. Diese erscheinen. Alle verherrlichen die Heldentat Maries. Dann beginnen die Tänze der Süssigkeiten.

Wir haben des öfteren gesehen, dass Peter Iljitsch Aufträge, die dazu zu einem bestimmten Termin erledigt werden mussten, nicht nur nicht fürchtete, sondern dass er sich von ihnen in der Mehrzahl der Fälle sogar begeistern liess und stets schon vor dem festgesetzten Termin mit der Arbeit fertig wurde. Mehr noch: je strenger, je genauer die Bestimmungen dessen waren, was man von ihm verlangte, d. h. je fester man sozusagen seine Hände band, desto freier bewegte sich seine Inspiration. Interessante Beweise dafür sind die Tanzprogramme Petipas, welche Peter Iljitsch in Musik setzte, indem er sich bemühte, allen Vorgaben mit der strengsten Gewissenhaftigkeit gerecht zu werden. In dem Programm zu „Dornröschen" hatte Petipa verhältnismäßig wenig Wünsche geäußert, weil er die merkwürdige Eigenschaft von Peter Iljitschs Schaffen noch nicht kannte und ausserdem aus Erfahrung wusste, wie ungern sich die Komponisten derartige Einschränkungen und Beeinflussungen gefallen liessen. Als ihn aber Peter Iljitsch selbst um die genauesten Angaben bat, stellte er im „Nussknacker" die Dauer eines jeden Handlungsmoments, nach Minuten bemessen, fest.[722]

Hier eine Probe des interessanten Programms von Petipa:

„N° 1. Musique douce. 64 mesures.

N° 2. L'arbre s'éclaire. Musique pétillante de 8 m.

N° 3. L'entrée des enfants. Musique bruyante et joyeuse de 24 m.

N° 4. Le moment d'étonnement et d'admiration. Un trémolo de quelques mesures.

N° 5. Marche de 64 mesures.

N° 6. Entrée des Incroyables. 16 m. rococo (tempo menuet).

N° 7. Galop.

[[722] Einen solchen gravierenden Unterschied der genauen musikalischen Vorgaben Petipas in den detaillierten Tanzprogrammen zu „Dornröschen" und „Nußknacker", wie ihn Modest Čajkovskij darstellt, gibt es nicht. Im übrigen hat sich der Komponist selbstverständlich nicht sklavisch an die musikalischen Vorgaben des Choreographen gehalten, was Charakter und Länge, Taktart und Stimmung der musikalischen Nummern betrifft, sondern sie frei und phantasievoll ausgestaltet. Vgl. dazu im einzelnen WileyB – mit den vollständig mitgeteilten (und kommentierten) Tanzprogrammen zu den Balletten.]

№ 8. L'entrée de Drosselmeyer. Musique un peu effrayante et en même temps comique. Un mouvement large de 16 à 24 m.

La musique change peu à peu de caractère, 24 m. Elle devient moins triste, plus claire et enfin passe à la gaité.

Musique assez grave de 8 m. et temps d'arrêt.

La reprise des mêmes 8 m. et aussi temps d'arrêt.

4 mesures des accords d'étonnement.

№ 9. 8 m. d'un temps de mazourka. 8 autres m. de mazourka. Encore 16 m. de mazourka.

№ 10. Une valse piquée, saccadée et bien rhythmée 48 m." Usw.

Diese Vorschriften beeinträchtigten Peter Iljitschs Schaffen, wie gesagt, nicht im geringsten. Im Gegenteil: nichts komponierte er schneller und enthusiastischer als die Musik seiner beiden letzten Ballette.

„Der Nussknacker" ist zusammen mit „Jolanthe" am 6. Dezember 1892 zum ersten Mal [im Petersburger Marientheater] aufgeführt worden.

Verlag P. Jurgenson.

Im Jahre 1892 wurde Peter Iljitsch auf Anregung des Präsidenten der Akademie der Wissenschaften, des Grossfürsten Konstantin Konstantinowitsch, durch das Akademiemitglied J. Grot[723] zur Mitarbeit an dem neu herauszugebenden „Lexikon der Russischen Sprache" herangezogen.[724] Seine Pflichten bestanden im Durchsehen der Korrekturbögen und im Abfassen von Anmerkungen zu den Wörtern, welche sich auf die musikalische Kunst bezogen. Da nicht ein einziger der Korrekturbögen erhalten geblieben ist, ist es unmöglich, das Ausmass der Beteiligung Peter Iljitschs an diesem Werk genau anzugeben. Soviel ist aber gewiss, dass das erste gelieferte Heft des Lexikons erschienen war, bevor Peter Iljitsch zur Mitarbeit eingeladen wurde, und deshalb nicht von ihm redigiert worden war. Alles, was ich darüber sagen kann, ist – dass Peter Iljitsch sich sehr geschmeichelt fühlte, in direkten brieflichen Verkehr mit J. Grot trat und wahrscheinlich auch hierin, wie in allem, was er unternahm, seine Pflicht auf das Gewissenhafteste erfüllte.

[[723] Der Sprach- und Literaturwissenschaftler Jakov K. Grot (1812-1893), Vizepräsident der Akademie der Wissenschaften, war der Herausgeber des „Slovar' russkogo jazyka" (Lexikon der Russischen Sprache).]
[[724] Der Vorgang ist offenbar schon auf Anfang 1891 zu datieren; vgl. oben, S. 480 f., Čajkovskijs Brief an Sergej I. Taneev vom 14. Januar 1891 (ČPSS XVIa, Nr. 4302), zweiter Absatz mit Anmerkung 454.]

[Kapitel XXXVI–XLV: September 1892 – 25. Oktober / 6. November 1893.]

Kapitel XXXVI.

[Die Problematik der Konzertreisen seit den späten 1880er Jahren.
Ein geheimnisvolles *Etwas*, eine *unergründlich düstere, unruhige, hoffnungslose Stimmung*,
als stünde ein Umschwung bevor, als könne es nicht so weitergehen.]

Noch nie hatte Peter Iljitsch eine so grosse Anzahl von Reisen gemacht wie in der verflossenen Saison. Es ist wahr, auch früher war er sehr reiselustig. Er konnte nie lange an einem Fleck bleiben, aber nur aus dem Grunde, weil es ihm „dort besser zu sein schien, wo man nicht war". Dabei irrte er sich aber oft. Es gibt keine Phase seines Lebens, in welcher er nicht irgendwohin strebte, sich nach irgendeinem Ort sehnte. Paris, Kamenka, Ussowo, Werbowka, Clarens, Rom, Brailowo, Simaki, Tiflis usw. waren seine Lieblingsorte und wurden von ihm bei jeder Gelegenheit mit Vergnügen besucht, um bald darauf mit nicht geringerem Vergnügen wieder verlassen zu werden. Abgesehen vom Ziel, hatte aber auch das Reisen selbst für Peter Iljitsch nicht nur nichts Abschreckendes, sondern war ihm oft ein Genuss und nie ein Hindernis für die Erfüllung irgendeiner freundschaftlichen oder verwandtschaftlichen Pflicht oder sogar nur einer dringenden Bitte.

Seitdem er es sich zur Devise gemacht hatte, sich nicht mehr vor der Öffentlichkeit zu verstecken und vor ihren Augen zu wirken, „solange sie es haben wollte", d. h. seit 1885, wurden seine Reisen immer zahlreicher. Dabei überwogen die Fahrten zum Zwecke der Erfüllung irgendeiner freiwillig übernommenen Pflicht bei weitem die Reisen zum eigenen Vergnügen. Seit 1887, d. h. seit er als Dirigent aufzutreten begann, taucht ein neuer Typus von Reisen auf: Konzerttourneen zum Zwecke der Verbreitung seiner Werke. Mit dem Anwachsen seines Rufs wuchs auch die Zahl der Menschen, welche ihn als seinen eigenen Interpreten hören wollten. Sehr nachgiebig gegenüber Bitten, befriedigte er gern die immer grössere Zahl derselben. Das wäre normal und gäbe keinen Anlass zur Verwunderung, dass er im Jahre 1892 öfter allerlei Reisen machte als zu Beginn der achtziger Jahre, als er noch nicht dirigierte und seine Popularität bedeutend geringer war.

Wenn wir diese Tatsache aber näher betrachten, verfinstert sich ihre Klarheit recht erheblich. Aus einer geradlinigen und einfachen wird sie zu einer so verschlungenen und komplizierten, dass wir sie nicht übergehen können und sie, wenn auch nicht erklären, so doch in ihrer ganzen Unbegreiflichkeit zeigen wollen.

Als Peter Iljitsch seine erste Konzertreise antrat, vergewaltigte er unzweifelhaft sein „eigenes Ich" und hatte nicht nur keine Lust, sondern eher Furcht vor derselben. Gleichzeitig aber war er voller Erwartung ungeahnter freudiger Eindrücke und glänzender Resultate und hatte den festen Glauben an die Bedeutsamkeit seines Vorhabens für seinen eigenen Ruhm und denjenigen der russischen Kunst überhaupt. Die Ereignisse jener ersten Reise [Anfang 1888] hätten auch einen weniger bescheidenen Menschen als Peter Iljitsch nicht enttäuscht. Freudige Eindrücke gab es in Fülle, angefangen damit, dass es sich herausstellte, dass er im Ausland gar nicht so unbekannt war, wie er annahm. Der Empfang in Prag, der „Moment absoluten Glücks", die Sensation in Paris, die ehrfurchtsvolle Aufmerksamkeit und Hochachtung in Deutschland – das alles war bedeutend mehr, als er erwartet hatte. Nichtsdestoweniger war er enttäuscht zurückgekehrt; enttäuscht über das Mass des Glücks, welches er um den Preis so vieler Qualen erkauft hatte.

Kaum zurückgekehrt, vergass er aber jene Qualen auch schon und stellte mit Vergnügen seine zweite Auslandsreise zusammen.

Die unerklärliche Unzufriedenheit und Enttäuschung konnte das Resultat einer vorübergehenden Stimmung gewesen sein. Dabei hatte Peter Iljitsch das Schlimmste, die

Furcht vor der unbekannten Aufregung, vor einem ausländischen Publikum zu erscheinen, bereits überwunden; was ihm früher schrecklich schien, war ihm nun bekannt, so dass er nicht ohne Grund voraussetzen durfte, dass ihm ein abermaliges Erscheinen vor ausländischem Publikum nicht mehr so schwerfallen und mehr schöne Eindrücke mit sich bringen würde. Er hat sich geirrt: er fand deren weniger als auf der ersten Reise, und viel mehr Kummer und Qualen. Er hat nur die Erkenntnis der „Unnötigkeit" der Opfer erkannt, die er seiner Popularität brachte, und diese Erkenntnis in den Fragen formuliert: „Wozu tue ich das? Wer braucht meine freiwilligen Leiden? Wäre es nicht besser, zu Hause zu sitzen und zu arbeiten?" Der Glaube an die Bedeutung und Wichtigkeit der Sache war verschwunden und mit ihm der ganze Sinn der Vergewaltigung seiner selbst ...

Die zu erwartende Konsequenz einer derartigen Erkenntnis wäre die Rückkehr zur früheren arbeitsreichen Lebensweise gewesen. In der Tat widmet Peter Iljitsch die erste Hälfte des Jahres 1890 ausschliesslich der Komposition und lehnt alle Einladungen zu dirigieren ab. Als Bürgschaft für die Festigkeit seines Entschlusses – wenigstens hinsichtlich von Auslandsreisen – erscheint der Umstand, dass Peter Iljitsch während seines Aufenthalts in Florenz und Rom (den einst so geliebten Städten) ein merkwürdiges, bis dahin noch nie von ihm empfundenes krankhaftes Heimweh konstatiert.

Doch scheint Peter Iljitsch Ende 1890 die Erlebnisse seiner beiden Konzertreisen vergessen zu haben, denn er reist von neuem in Russland und im Ausland umher, bald hier, bald dort dirigierend oder Proben seiner Bühnenwerke beiwohnend. Bei jeder dieser Reisen verschärft sich sein Heimweh, namentlich wenn er in der Fremde weilt; jedesmal sagt er sich: „Zum letzten Mal unterwerfe ich mich freiwillig dieser Folter" – und jedesmal plant er, kaum nach Hause zurückgekehrt, eine neue Reise. Die Erholungsreisen werden immer kürzer, die Fahrten immer zahlreicher. Jetzt weiss er, was ihn erwartet; alle Illusionen, neue freudige Eindrücke zu finden, sind geschwunden; er erwartet nichts ausser Qualen, – und doch fährt er und gelobt sich dann immer wieder, „es nie wieder zu tun". Als wenn er aufgehört hätte, sich selbst zu gehören; als wenn er in die Gewalt eines gewissen *Etwas* geraten wäre, das ihm seinen Willen nahm und ihn willkürlich hin und her warf. Dieses *Etwas* ist nicht einfach Nachgiebigkeit gegenüber den Bitten und Wünschen anderer. Abgesehen davon, was uns aus dem Vorangegangenen bekannt ist, haben wir seinen Starrsinn (welcher sich vor keinem äusseren Einfluss beugte) in künstlerischen Fragen soeben gesehen; etwas abschlagen konnte er auch jetzt. Als er zwischen der Komposition der „Pique Dame" (1890) sowie später des „Nussknacker" (Anfang 1891) und den angenommenen Engagements zu wählen hatte, zögerte er nicht, die letzteren aufzugeben.

Dieses *Etwas* ist auch nicht die frühere Liebhaberei des Reisens, denn die geliebten Orte von früher sind teils unerreichbar geworden und haben teils ihre Anziehungskraft verloren: Kamenka und Werbowka sind nach dem Tode seiner Schwester Ruinen der Vergangenheit für ihn geworden. Italien hat seit seinem Aufenthalt daselbst seinen ganzen Reiz für ihn eingebüsst. Paris ohne Incognito schreckte ihn ab. Simaki, Brailow waren in fremden Händen. Nur Tiflis blieb übrig und lockte ihn immer noch. Aber gerade dahin kam er in diesen Jahren nicht. Neue Lieblingsstätten hatte er noch nicht erkoren. Nur Petersburg und das Wiedersehen mit seinen lieben Verwandten waren noch das Ziel seiner Wünsche.

Dieses *Etwas* ist auch nicht mehr „Pflichterfüllung den Menschen gegenüber", seit Peter Iljitsch seine Reisen als „Nichtstuerei" bezeichnet hatte.

Dieses *Etwas* ist auch nicht Ehrgeiz oder Jagd nach Ovationen. Als er nach ihnen strebte und sie in seiner Vorstellung liebte (wie wohl jeder Künstler), verwirrten sie ihn in Wirklichkeit, wie wir wissen, und das Vergnügen, den starken Erfolg eines seiner Werke mit eigenen Augen zu schauen, wurde ihm durch die Marter vergiftet, sich vor den Augen der Menge zu wissen.

Dass dieses *Etwas* auch nicht das Streben nach materiellen Vorteilen ist, braucht wohl nicht gesagt zu werden: ausser Unkosten brachte er von diesen Reisen nichts mit nach Hause.

Dieses geheimnisvolle *Etwas* ist die unergründlich düstere, unruhige, hoffnungslose Stimmung, welche in der Zerstreuung, welcher Art sie war, Beruhigung suchte. Ich erkläre sie nicht durch die Vorahnung des nahen Todes: dazu liegen nicht die geringsten Gründe vor. Überhaupt will ich die meine Kräfte übersteigende Aufgabe nicht auf mich nehmen, die letzte psychologische Evolution der Seele Peter Iljitschs zu enträtseln. Ich will nur auf sie hinweisen wie auf eine Parallele zu dem, was jedem scharfen Umschwung in seinem Leben voranging. Wie vor der Wahl der musikalischen Laufbahn zu Beginn der sechziger Jahre, wie vor dem grossen Entschluss des Jahres 1885, „vor aller Leute Augen zu treten", – so hat man auch jetzt die Empfindung, als wenn *„es nicht so weiter gehen könnte"*, als wenn ein neuer Umschwung bevorstünde, als wenn etwas zuendegehe und einem neuen, unbekannten Etwas Platz machen wolle.

Der Tod, welcher kam, die Situation zu lösen, hatte den Charakter der Zufälligkeit. Dass er aber in einem Moment kam, als *„es nicht so weiter gehen konnte"* – ist für mich unzweifelhaft, und ich kann mich nicht des Eindrucks erwehren, dass die Jahre 1892, 1893 im Leben Peter Iljitschs die düstern Vorboten einer neuen, leuchtenden Ära bedeuteten.

Kapitel XXXVII.

[September 1892. Wien, Internationale Ausstellung für Musik- und Theaterwesen; Čajkovskij, enttäuscht von den unzumutbaren Bedingungen seines geplanten Konzerts, reist schon nach den Proben ab. Genießt den Aufenthalt bei Sophie Menter auf deren Schloß Itter / Tirol. Reist über Salzburg nach Prag. Glänzender Erfolg der „Pique Dame" im dortigen Nationaltheater.]

An M. Tschaikowsky: „Wien, d. 7. [/ 19.] September [und Itter, d. 10. / 22. September] 1892.

... Wozu nehme ich nur, in drei Teufels Namen, diese ausländischen Engagements an? Nur Kummer und Qual. Diesmal habe ich, wie es scheint, eine grosse Dummheit begangen. Ich bin von einem Herrn gewarnt worden, dass der Saal, in welchem ich zu dirigieren hätte, im Grund ein grosses Restaurant sei, – ich habe ihm aber nicht geglaubt, denn in den Engagementsbriefen wurde das Etablissement mit dem klangvollen Namen ‚Musikhalle' bezeichnet. Als ich hier gestern abend ankam, wurde ich merkwürdigerweise von niemandem empfangen, was mich übrigens nicht nur nicht kränkte, sondern sogar freute. Ich kleidete mich um und ging sofort in die Ausstellung.[725] Es war ein herrlicher Sonntag und es gab eine grosse Menge Menschen. In der Ausstellung gibt es viel Interessantes. Dann wollte ich mir die Musikhalle ansehen. Da war gerade ein Konzert im Gange. Es stellte sich heraus, dass sie in der Tat nichts anderes als ein grossmächtiges Restaurant war, voll schlechten Buttergeruchs und Bratendunstes. Ich habe sofort beschlossen, entweder Wegräumung der Tische und die Verwandlung der Kneipe in einen Saal zu verlangen oder meine Zusage zurückzuziehen. Augenblicklich erwarte ich den Herrn, der die Ausstellungskonzerte veranstaltet und will mich mit ihm aussprechen." [XVIb, 4767.]

[[725] Internationale Ausstellung für Musik- und Theaterwesen. Vgl. oben, S. 563, Brief an V. Davydov vom 12. August 1892 (ČPSS XVIb, Nr. 4752) mit Anmerkung.]

An M. Tschaikowsky: „[Wien, d. 7. (/ 19.) September und] Itter, d. 10. [/ 22.] September] 1892.

... Mit dem Wegräumen der Tische war der Veranstalter einverstanden, obwohl er zunächst versucht hat, mich zu überzeugen, dass Wurst und Bier kein Hindernis seien. Am selben Tag kamen Sapelnikow und Menter[726] an, und ich bin seitdem unzertrennlich mit ihnen. Gestern waren zwei Proben;[727] von 9 bis 12 und von $^1\!/_2$ 5 bis 6 Uhr. Das Orchester ist nicht übel, aber lächerlich klein. Im Laufe des Tages kam mir nach und nach zu Bewusstsein, dass die ganze Geschichte eigentlich sehr miserabel und minderwertig sei, und ich fasste zum grossen Entzücken Menters den Entschluss zu fliehen. Meine wenige Freunde, Door und andere, sind empört über die Vorgänge. Zwei Stunden nach der Probe schrieb ich eine Absage und reiste mit Menter und Sapelnikow nach Schloss Itter.[728] Wir fuhren die ganze Nacht und kamen um 9 Uhr früh an. Hier ist es herrlich, göttlich schön, und ich bin froh, den Schritt getan zu haben." [Ebenfalls XVIb, 4767.]

Professor Door[729] beschreibt den verunglückten Aufenthalt Peter Iljitschs in Wien mit folgenden Worten:

> Gelegentlich der „Musik- und Theaterausstellung" in Wien im Jahre 1892 wurden die bedeutendsten der noch lebenden Komponisten aufgefordert, darunter auch Tschaikowsky, ihre Werke dem Wiener Publikum vorzuführen. Eine schöne Idee, die aber beim Publikum wenig Interesse erweckte. Die Leute promenierten in den Avenuen, besuchten gelegentlich das Ausstellungstheater und blieben den Konzerten, die meistens nur von Fachmusikern besucht waren, ferne. Wie freute ich mich aber dennoch, den geliebten Freund nach so langer Zeit wiederzusehen. Eines Tages meldete man mir, ein Herr wünsche mich zu sprechen, und herein trat der Langersehnte und schloss mich freudig bewegt in seine Arme. Doch wie erschrak ich bei seinem Anblicke. Er war so gealtert, dass ich ihn nur an seinen himmelblauen Augen erkennen konnte. Ein Greis von 50 Jahren! Ich gab mir alle Mühe, damit er es nicht merken sollte. Seine ohnehin zarte Konstitution hatte unter seiner starken Produktivität gelitten. Nur robuste Naturen können dem widerstehen. Wir sprachen viel von vergangenen Zeiten und ich fragte ihn, wie es ihm jetzt in Petersburg behage. Er sagte mir, er werde von allen Seiten so sehr mit Auszeichnungen aller Art überhäuft, dass er von einer Verlegenheit in die andere käme und nur den einen Schmerz hätte, dass er [Anton] Rubinstein, dem er von seiner Lehrzeit her in Verehrung und Liebe zugetan wäre, nie zu Gesichte bekomme. „Ich kann tun, was ich will", rief er aus, „ich kann ihm

---

[726] Die bedeutende Pianistin Sofie Menter (1846-1918), u. a. Schülerin von Tausig, Bülow und Liszt wirkte 1883-1887 als Professorin am Petersburger Konservatorium; sie hatte Čajkovskij auf den Pianisten Vasilij L. Sapel'nikow (1868-1941) aufmerksam gemacht, mit dem zusammen er insgesamt sechsmal sein 1. und 2. Klavierkonzert aufführte – siehe im einzelnen Mitteilungen 7, S. 85 f. Später, 1897-1899 war Sapel'nikov Professor am Moskauer Konservatorium. – Zu Menters Biographie siehe Mitteilungen 13 (2006), S. 57-61; und zum Themenkomplex „Liszt – Menter – Čajkovskij. Zur Geschichte des [von Čajkovskij instrumentierten] Konzertstückes ‚Ungarische Zigeunerweisen'", ebenda im Beitrag von Lev Vinocour, S. 37-130.]

[727] Offenbar probte Čajkovskij seine 1. und 2. Orchestersuite – siehe unten den Bericht von Anton Door.]

[728] Während Čajkovskijs Aufenthalt auf Schloß Itter sind zwei Photographien gemacht worden, die ihn zusammen mit dem Pianisten Sapel'nikov zeigen; Abbildungen u. a. in: Album 1990, S. 151, oder Album 2005, S. 143-145 (Abbildungen 104 f.; Katalogteil S. 223 f.).]

[729] Der österreichische Pianist Anton Door (1833-1919) hatte 1866-1869 am Moskauer Konservatorium gewirkt, seit 1869 wirkte er als Professor am Wiener Konservatorium. Door war einer der ersten Interpreten von Klavierwerken Čajkovskijs; dieser widmete ihm seine Valse-Caprice für Klavier op. 4.]

nicht beikommen, er entschlüpft mir wie ein Aal."[730] Ich lächelte darüber und sagte ihm: „Nehmen Sie es diesem Prachtmenschen nicht übel, er hat eben, wie jeder Mensch, seine Schwächen. Rubinstein, eine ausgesprochene lyrische Natur, hat wohl infolgedessen auf dramatischem Gebiet keine nachhaltigen Erfolge zu erringen gewusst. Und jedem, dem dies gegönnt war, weicht er aus. Trösten Sie sich, lieber Freund, er meidet auch Richard Wagner und so manchen anderen." – „Aber", fuhr er erregt empor, „wie können Sie mich nur mit Richard Wagner und noch manch anderem, die unsterbliche Werke geschaffen, in eine Parallele ziehen?" – „Nun, was die Unsterblichkeit betrifft", erwiderte ich ihm, „will ich Ihnen ein sehr treffendes Wort von Brahms mitteilen. ‚Ach, das ist 'ne schöne Sache um die Unsterblichkeit, wenn man nur immer wüsste, wie lang so was dauert.'" Über diese Äußerung brach er in herzliches Lachen aus, und seine fröhliche Laune war wiederhergestellt. Wir sprachen noch kurze Zeit vergnügt weiter, dann riet ich ihm aber, da er sehr ermüdet schien von der Reise (er war direkt nach seiner Ankunft im Hotel zu mir geeilt), nach Hause zu gehen und zu ruhen, da [am] nächsten Tag die Probe war. Als ich am Nachmittag des folgenden Tages in die Ausstellung zur Probe kam, traf ich bereits Tschaikowsky, Sophie Menter nebst ihrem Lieblingsschüler Sapelnikow (derzeit in Moskau), einem ausgezeichneten Pianisten, an. Die erste Orchester-Suite, die probiert wurde, enthält statt der Harfe ein Klavier,[731] an das sich Sapelnikow setzte. Das Instrument stand nicht wie bei einem Klavierkonzerte vorne, sondern war seitwärts hinter den Violinen aufgestellt. Es machte bei den Solostellen einen der Harfe ähnlichen, aber weit prägnanteren, ganz originellen Eindruck.[732] Nachdem die Suite mehrmals genau durchprobiert war, kam die zweite Orchester-Suite an die Reihe. Gleich im ersten Satz klopfte Tschaikowsky ab und fragte, wo denn das erste Horn wäre. Man gab ihm zur Antwort, dass der Hornist von den vielen Proben ermüdet wäre, aber ein ganz tüchtiger, verlässlicher Musiker, der bei der Aufführung bestimmt erscheinen werde. Daraufhin sagte Tschaikowsky ganz entsetzt: „Aber, mein Gott, das geht ja nicht, ich habe in jeder meiner Orchester-Suiten eine Art Solo-Instrument, und gerade in dieser ist dem ersten Horn diese Rolle zugeteilt, und der Part enthält so schwierige Passagen, dass auch der tüchtigste Hornist sie vom Blatt nicht bewältigen kann." Er schien sich in das Unvermeidliche zu fügen, dirigierte das Stück zuende und brach dann rasch ab. Die drei Stunden währende Probe hatte ihn sehr stark angegriffen. Er konnte nur mit Mühe die Estrade herabsteigen, und dicke Schweisstropfen standen ihm auf der Stirne, er verlangte heftig nach seinem Pelz, obwohl ein heisser Sommertag war. Er setzte sich an einen Tisch, ruhte eine Viertelstunde aus, trank dann ein Glas Bier und entfernte sich hierauf mit Sophie Menter und Sapelnikow. Ich begleitete sie bis zum Wagen; er drückte mir lang und heftig die Hand, sah mich durchdringend an und sagte mir Adieu. Ich konnte mir dies sonderbare Benehmen nicht recht erklären, aber als ich um 9 Uhr abends nach Hause kam, fand ich die Lösung des Rätsels auf meinem Schreibtisch. Kurz zuvor hatte ein Dienstmann ein Billett gebracht, worin mir Tschaikowsky in hastigen Lettern anzeigte, dass er bereits

---

[[730] Vgl. dazu oben, S. 511 ff., Čajkovskijs Brief an Eugen Zabel vom 24. Mai / 5. Juni 1892 (ČPSS XVI, Nr. 4696) mit seinen Erinnerungen an Anton Rubinštejn bzw. der Beschreibung des Verhältnisses zu seinem ehemaligen Lehrer.]
[[731] Tatsächlich ein Glockenspiel, und zwar in der „Marche miniature".]
[[732] Das Glockenspiel verdoppelt im Mittelteil der Marche miniature in 32 Takten die Melodiestimme von Violine I bzw. Flöten II/III und spielt mit ihnen in der dreigestrichenen Oktave, tritt also nur in dieser Klangmischung in Erscheinung.]

auf dem Wege nach Schloss Itter in Tirol, der Besitzung von Sophie Menter, sich befinde, um von den Strapazen und Aufregungen auszuruhen. Ich würde bald das Nähere erfahren. Nach zwei Tagen kam folgender Brief:[733]

[*An A. Door:*] „Itter, 22. [recte: 12. / 24.] September 1892.
Vielgeliebter Freund! Als ich Sie vorgestern bat, das Vergnügen unseres gemeinsamen Soupers auf den nächsten Abend zu verschieben, da wusste ich bereits, dass das Konzert nicht stattfinden werde. Denn ich hatte während der Probe in meinem Innern schon beschlossen, dass ich Wien vor dem Konzert verlassen werde. Ich hoffe, lieber Freund, dass Sie mich entschuldigen werden! Ich empfinde nicht die geringste Reue, dass ich es getan habe. Das Konzert konnte mir unter allen Umständen nur Enttäuschungen bringen. Es trug den Charakter solcher Armseligkeit, solcher Ungeniertheit, dass ich nicht anders konnte als mich verletzt zu fühlen. Ich glaubte nach den Briefen, die man mir geschrieben, dass ich zu einer musikalischen Festlichkeit berufen würde, wie sie in einer grossen Hauptstadt bei Gelegenheit einer Spezial-Ausstellung wohl veranstaltet werden sollte! Aber Sie konnten ja selbst sehen, ob die Dinge, die ich vorgefunden, dem Bilde entsprechen konnten, das ich mir ausgemalt hatte.
Hoffen wir, guter Freund, dass ich Sie bei einer anderen Gelegenheit wiedersehen werde. Ich umarme Sie von ganzem Herzen. P. Tschaikowsky." [XVIb, 4771.]

Während dieses kurzen Aufenthalts in Wien bewohnte Peter Iljitsch in seinem Hotel ein Zimmer, welches neben dem Zimmer des damals ebenfalls in Wien weilenden und auf der Höhe seines europäischen Ruhms stehenden Pietro Mascagni lag. Dieser war damals wohl der gefeierteste und populärste Mann in ganz Wien. Wie wir gesehen haben, gefiel Peter Iljitsch die Oper „Cavalleria rusticana",[734] es gefiel ihm zwar hauptsächlich das Libretto, doch sah er auch in der Musik ein vielversprechendes Talent. Die Schnelligkeit, mit welcher sich der arme junge Musiker in den Abgott von ganz Westeuropa verwandelt hatte, erregte nicht im geringsten seinen Neid; im Gegenteil – sie interessierte Peter Iljitsch eher und war ihm sympathisch. Da ihn der Zufall in die unmittelbare Nähe Mascagnis geführt hatte, kam ihm die Idee, seinen jungen Kollegen zu besuchen und kennenzulernen. Als er aber im Korridor eine ganze Reihe von Verehrern sah, welche auf eine Audienz beim jungen Maestro warteten, beschloss er, ihm einen Gefallen zu tun und ihn von einem überflüssigen Besucher zu befreien.

Schloss Itter liegt in Tirol, einige Stunden von München entfernt, und gehört Sophie Menter. Ausser seiner überaus malerischen Lage ist es noch dadurch bekannt, dass Franz Liszt oft darin geweilt und der Erholung gepflogen hat.

An M. Tschaikowsky: „Schloss Itter, d. 15. [/ 27.] September 1892.
… Obwohl meine Rückkehr nahe bevorsteht, will ich Euch dennoch eine Nachricht von mir zukommen lassen, denn in den Wiener Zeitungen ist eine Notiz erschienen, dass ich erkrankt sei, und ich fürchte, die russischen Zeitungen könnten dieses Gerücht übertreiben. Ich bin nämlich ganz gesund und geniesse das Leben in vollen Zügen. Itter verdient seinen Ruf. Es ist ein teuflisch schönes Nest. Über mein Leben hier werde ich Dir ausführlich bei unserem Wiedersehen erzählen. Meinetwegen wird eine sehr regelmässige Tagesordnung eingehalten. Meine Zimmer (ich bewohne eine ganze Etage) sind sehr schön,

---

[[733] Das Original ist nicht bekannt; in LebenTsch. offenbar nach der Veröffentlichung in: Neue Freie Presse, 18. / 30. März 1901; russisch zuerst in: Moskovskie vedomosti, Nr. 86, 28. März 1901 (mit falschem Datum 10. / 22. September 1892.]
[[734] Vgl. z. B. oben, S. 539, seinen Brief an N. Konradi vom 31. Dezember 1891, ČPSS XVIa, Nr. 4588.]

bieten aber ein Gemisch von Pracht und äusserster Geschmacklosigkeit: luxuriöse Möbel, ein wunderschönes Bett mit Intarsien – und daneben eine schlechte Oleographie.[735] Aber das schert mich nicht. Die Hauptsache ist der entzückend malerische Ort. Eine Stille, ein Frieden und nicht eine Spur von irgendwelchen Gästen. Meine beiden Mitbewohner, Wassja [Sapelnikow] und Menter, sind mir sehr sympathisch. Kurz, ich habe mich schon lange nicht mehr so wohl gefühlt wie hier. Ich bleibe noch fünf Tage. Dann fahre ich über Salzburg (wo ich das Mozarthaus ansehen will) und Prag (wo ich mich wegen der ‚Pique Dame' aufhalten werde)[736] nach Piter [Petersburg]. Am 25. hoffe ich an den Ufern der Fontanka[737] zu erscheinen. Unangenehm ist, dass ich hier weder Briefe noch Zeitungen erhalte und nichts von Russland und von Euch weiss." [XVIb, 4772.]

An M. Tschaikowsky: „Itter, d. 22. September [/ 4. Oktober] 1892.
… Gerade in dem Moment, als wir gestern in die Equipage steigen wollten, um nach Salzburg und später nach Prag zu reisen, kam ein Telegramm von dem Direktor der Prager Oper an mit der Meldung, dass die ‚Pique Dame', die am nächsten Sonnabend, den 8. Oktober in Szene gehen sollte, um drei Tage verschoben worden sei. Deshalb beschlossen wir, noch weitere drei Tage hier zu bleiben. Ich bin sehr verstimmt und erbittert; nicht dass es mir hier missfiele – im Gegenteil: Itter ist entzückend –, sondern weil ich infolge dummer Verfügungen nun schon zwei Wochen ohne jede Nachricht aus Russland bin und Sehnsucht nach ihnen zu spüren beginne. Überhaupt möchte ich recht bald wieder in Russland sein und Prag los sein, wo mich – wie ich ahne – viel Langeweile und Ermüdung erwarten." [XVIb, 4775.]

Nach den Worten der Augenzeugen war der Erfolg der Oper in Prag bei der ersten Vorstellung ein glänzender; Autor und Darsteller wurden unzählige Male gerufen.

In dem Zeitraum 1892-1902 ist „Pique Dame" im Nationaltheater zu Prag 41 mal gegeben worden. Wenn man in Betracht zieht, das in demselben Theater dreimal wöchentlich Schauspielaufführungen stattfinden und dass dieses Theater der tschechischen Kunst dienen soll, so erscheint jene Zahl sehr hoch und zeugt von der Aufrichtigkeit der Ovationen in der ersten Vorstellung, die nur zu oft äusserlich lärmend und freudig verläuft, aber nicht den Keim des andauernden Erfolges eines Werkes in sich trägt.

Die Prager Presse verhielt sich sehr teilnahmsvoll gegenüber der Oper, verband damit jedoch verschiedene „aber" – namentlich in Bezug auf das Libretto.

Die Zeitung „Dalibor" gibt zwar „Eugen Onegin" den Vorzug, sagt aber, Tschaikowsky habe „sein ganzes Geschick, seine ganze Kunst in die treffende Nutzung des ihm vorliegenden Materials hineingelegt". „Mit erstaunlichem Verständnis weiss er die effektvollsten Stellen herauszusuchen und sie mit hinreissendem Ausdruck wiederzugeben. Seine seltenen Kenntnisse erheben die Wirkungen zu erstaunlicher Höhe, und die berückende Heldenhaftigkeit seiner Erfindungskraft schafft dort neue und immer neue wunderbare Schönheiten, wo selbst das ausdrucksfähigste Talent erlahmen würde …"

[735 Farblithographie.]
[736 Bei der Prager Premiere der „Pique Dame", musikalische Leitung: Adolf Čech, am 30. September / 12. Oktober 1892 war Čajkovskij anwesend. Das war die fünfte Inszenierung der Oper nach den Produktionen in Petersburg (Uraufführung im Mariinskij teatr: 7. Dezember 1890), Kiev (Premiere: 19. Dezember 1890), Moskau (Bol'šoj teatr, Premiere: 4. November 1891) und Char'kov (Premiere: 16. Dezember 1891). Zu Čajkovskijs Lebzeiten folgten noch zwei weitere Inszenierungen: in Saratov (23. November 1892) und Odessa (19. Januar 1893).]
[737] Ein Flüsschen, das Petersburg durchfliesst.

Der sehr kluge und bekannte Musikreferent der Zeitungen „Politik" und „Narodn. Polit.",[738] Emanuel Chwala, heisst das Libretto der „Pique Dame" nicht gut, sagt aber, dass man dank der Inspiration, dem Temperament und Kunstreichtum der wunderschönen Musik gern über die Mängel des Textbuchs hinwegsehe. „Die charakteristische Eigentümlichkeit Tschaikowskys als Opernkomponist", sagt er, „besteht darin, dass die dramatische Gedrungenheit, die tadellose und streng folgerichtige Entwicklung der Tatsachen mit dem Anwachsen der Erregung und des Interesses an dem tragischen Konflikt nicht seine Sache ist, weil er nur Meister und Künstler in der Darstellung von Stimmungen ist – einerlei ob hellen oder tief erschütternden. Diese Eigenschaft, einzelne Momente und gegensätzliche Stimmungen so herrlich wiederzugeben, führt ihn auch zu solchen Sujets wie ‚Onegin' und ‚Pique Dame', welche des dramatischen Knotens entbehren und nichts anderes sind als eine Reihe lose miteinander verknüpfter Bilder."

Der Rezensent der „Hlas Naroda"[739] hebt das Libretto und namentlich die Musik bis in den Himmel und hält sie für eines der grössten Werke der modernen Kompositionskunst. Er beschliesst seinen Bericht mit den Worten: „Russland kann stolz sein."

Kapitel XXXVIII.

[Oktober bis Anfang Dezember 1892. Klin. Moskau. Petersburg.
Einladung, ein Symphoniekonzert der Musikgesellschaft in Char'kov zu dirigieren.
Schreibt eine Einlage-Arie in „Iolanta" für Nikolaj Figner. Arbeitet an der Es-Dur-Symphonie.
Lädt Taneev ein, mit ihm zusammen Mozarts „Don Giovanni", die „göttlichste aller Opern", zu hören.
Setzt sich in Petersburg für die Auffführung von Taneevs Oper „Oresteja" ein.
Uraufführung von „Iolanta" und „Nußknacker" am 6. Dezember 1892 im Petersburger Mariinskij teatr.
Probe am Vortage in Anwesenheit des Kaisers; dessen „teilnahmsvolle Worte".
Reaktionen der Presse und Kommentare des Komponisten; sein Zustand der Apathie und Leere.
Abscheu vor seiner nächsten Auslandsreise.]

An I. Slatin:[740] „Klin, d. 7. Oktober 1892.

Sehr geehrter Iwan Iljitsch, verzeihen Sie, dass ich Ihren Brief[741] so spät beantworte: ich bin erst unlängst von einer Auslandsreise zurückgekommen. Ich möchte Ihre liebenswürdige Einladung nicht abschlagen, obwohl mir die Wahl der Zeit schwerfällt. Den ganzen Monat November bleibe ich in Petersburg; den Dezember muss ich der Instrumentierung meiner neuen Symphonie [Es-Dur] widmen, welche Ende Januar in Petersburg aufgeführt werden soll. Am 9. und 16. Januar dirigiere ich in Odessa, so dass ich erst um die Fastenzeit die Möglichkeit haben werde, Ihren Wunsch zu erfüllen. Oder ich kann auf dem Wege nach Odessa bei Ihnen Halt machen, in diesem Falle müsste aber das Konzert spätestens eine Woche vor dem in Odessa stattfinden, d. h. am 2. Januar. Dieses würde mich aber zwingen, das neue Jahr nicht zu Hause, d. h. bei meinen Verwandten in Petersburg, zu erwarten, was mich einigermassen abschreckt, denn nach alter Gewohnheit verbringe ich den Silvesterabend gern im Kreise meiner nächsten Verwandten und Freunde. Doch bin ich gern bereit, um der Charkower Musik willen auch um diese Zeit zu Ihnen zu kommen, wenn Sie es wünschen.[742] Von einem Honorar ist keine Rede, denn es ist mir unmöglich, von irgendeiner Abteilung der Russischen Musikgesellschaft Geld anzunehmen. Programm und Auswahl der Mitwirkenden überlasse ich Ihrem Ermessen.

[738 Gemeint ist offenbar die konservative Tageszeitung „Národní politika" („Nationalpolitik"; 1883-1945).]
[739 „Hlas národa" („Stimme des Volkes").]
[740 Der Direktor der Abteilung der Russischen Musikgesellschaft in Charkow.
[741 Vom 25. September 1892.]
[742 Čajkovskijs Konzert in Char'kov fand erst am 14. März 1893 statt – siehe unten.]

Angesichts unseres zukünftigen Briefwechsels halte ich es nicht für überflüssig, Sie wissen zu lassen, dass ich noch etwa zwei Wochen hierzubleiben gedenke und dann für einen Monat nach Petersburg gehen werde.

Das Dirigieren von Opern habe ich ein für allemal an den Nagel gehängt." [XVIb, 4780.]

An M. Tschaikowsky: „Klin, d. 12. Oktober 1892.
... Ich arbeite sehr fleissig. Die Arie für Fiegner[743] ist bereits fertig und abgeschickt. Jetzt sitze ich zu Hause an der Symphonie [Es-Dur]. Diese wird auch bald fertig.[744] In meinem Haus ist es warm, gemütlich und hübsch. An den Abenden ist mir aber die Einsamkeit lästig, und ich sehne mich, offen gesagt, nach Petersburg, und zwar zu Euch. Übermorgen fahre ich nach Moskau." [XVIb, 4784.]

An S. I. Tanejew: „Moskau, d. 14. Oktober 1892.
Willst Du heute nicht mit mir in den ‚Don Juan' [von Mozart] gehen? Ich sitze in der Loge N° 7, unten links. Ich würde Dich gern sehen und mich mit Dir zusammen an der göttlichsten aller Opern erfreuen." [XVIb, 4785.]

An E. Naprawnik: „Klin, d. 18. Oktober 1892.
... Gestern kam ich aus Moskau zurück und fand hier die Depesche G. Kondratjews,[745] der mich und Eichenwald[746] zu den Proben der „Jolanthe" ruft. Ich bin erst gestern bei Eichenwald gewesen und habe mir die Partie der Jolanthe vorsingen lassen. Die erste Hälfte singt sie sehr nett. In der zweiten Hälfte fehlen ihr aber Kraft und Wärme. Das würde schliesslich nicht schaden, das Unglück will aber, dass sie an irgendeiner Nervenkrankheit laboriert und nicht eher als in zwei Wochen abreisen kann. Ausserdem gibt es noch viele andere Gründe, wegen derer ich nicht darauf bestehen möchte, sie die Jolanthe singen zu lassen. Namentlich fürchte ich, dass ihre ganze Karriere verpfuscht werden könnte, wenn sie mit ihrer Aufgabe nicht fertig werden sollte. Ptschelnikow, Altani und Barzal[747] sind gegen das Engagement Eichenwalds nach Petersburg und haben dabei ihre (Eichenwalds)

---

[743] Eine Einlagearie in „Jolanthe". Diese Arie ist [bisher] nie gesungen worden. [Nr. 6a, Romanze des Vaudemont, komponiert zwischen dem 7. und 12. Oktober; folgt auf Nr. 6, Szene und Arie Roberts.]

[[744] Zur Es-Dur-Symphonie siehe oben, S. 551: Anmerkung zum Brief an N. Konradi vom 20. Mai 1892 (ČPSS XVIb, 4692). Die Arbeit an der Konzeptschrift des Werkes begann Čajkovskij am 20. Mai 1892; unterbrochen wurde sie durch eine Konzertreise und das Korrekturlesen der Ausgaben von „Iolanta" und „Nußknacker". Am 12. Oktober 1892 spricht Čajkovskij davon, die Arbeit an der Symphonie wieder aufgenommen zu haben, um den 23. Oktober ist das Konzept abgeschlossen und die Instrumentierung begonnen; im Dezember hofft er die Partitur abgeschlossen zu haben. Doch in einem Brief an den Neffen Bob Davydov vom 16. Dezember 1892 heißt es, er habe die Symphonie verworfen. In Partitur gebracht hatte Čajkovskij zuvor nur Exposition und Durchführung des ersten Satzes. 1893 hat er die ersten zwei Sätze und das Finale der Symphonie in ein Klavierkonzert umgearbeitet; das Konzept ist abgeschlossen, instrumentiert hat er aber nur den ersten Satz und als 3. Klavierkonzert op. 75 in Druck gegeben. Andante und Finale hat Taneev nach Čajkovskijs Tod vollendet und instrumentiert; erschienen sind die beiden Sätze bei M. P. Belaieff in Leipzig als op. post. 79.]

[[745] Der Bariton Gennadij P. Kondrat'ev (1834-1905) war 1864-1872 Mitglied des Opernensembles der Petersburger Theater und 1872-1900 Hauptregisseur der Kaiserlichen Oper in Petersburg.]

[746] Eine der Primadonnen des Grossen Theaters zu Moskau. [Die Koloratursopranistin Margarita Eichenwald (Ėjchenval'd, verheiratete Trezvinskaja; 1866 bis nach 1948) war die erste Darstellerin von Prilepa (1891 in „Pique Dame") und Iolanta (1893 in „Iolanta" am Moskauer Bol'šoj teatr).]

[[747] Pavel M. Pčel'nikov (1851-1913), 1882-1898 Bürochef der Moskauer Theater; Ippolit K. Al'tani (1846-1919), 1882-1906 erster Opernkapellmeister am Moskauer Bol'šoj teatr; Anton I. Barcal (1847-1927), Sänger und Regisseur, 1870-1874 Mitglied der Kiever Operntruppe, ab 1882 erster Regisseur des Moskauer Bol'šoj teatr.]

Interessen im Auge, indem sie Anteilnahme und Furcht für sie haben. Wegen all dessen habe ich den Entschluss gefasst, die Rolle Jolanthes Medea [Fiegner] anzuvertrauen.[748]

Am Anfang der Oper wird sie zwar etwas plump und schwerfällig erscheinen, dafür aber am Schluss meinen Anforderungen mehr entsprechen als irgendjemand anderes. Jedenfalls können wir wegen Eichenwald nicht die Probe aufschieben, es ist aber undenkbar für sie, in der nächsten Woche in Petersburg zu sein." [XVIb, 4786.]

Am 28. Oktober 1892 kam Peter Iljitsch nach Petersburg, um den Proben zu „Jolanthe" und „Nussknacker" beizuwohnen. Diesmal war er im Grand Hôtel abgestiegen. Hier erhielt er zwei Nachrichten, welche sehr schmeichelhaft für seinen Autorenehrgeiz waren. Die Pariser „Akademie" [das „Institut de France"] ernannte ihn zum korrespondierenden Mitglied, und die Universität Cambridge fragte durch die Vermittlung ihres Vizekanzlers (des Rektors) an, ob er vom Senat der Universität Cambridge den Titel eines Doktors der Musik honoris causa annehmen würde. Dabei wurde ihm in Aussicht gestellt, dass eine Zustimmung seinerseits die Notwendigkeit seiner persönlichen Anwesenheit in Cambridge zwecks Empfangs der Doktorwürde aus den Händen des Vizekanzlers nach sich ziehen würde.

Peter Iljitsch dankte für die erstere Auszeichnung und gab seine Zustimmung für die zweite.

In derselben Zeit freute ihn der Erfolg seines [Streich-]Sextetts, „Souvenir de Florence", welches am 25. [recte: 24.] November in der Petersburger Kammermusikgesellschaft zum ersten Mal öffentlich gespielt wurde.[749] Die Ausführenden waren: E. Albrecht, O. Hille, F. Hildebrandt, B. Heine, A. Wierzbilowicz und A. Kusnezow.[750] Diesmal waren alle zufrieden: das Publikum, die Mitwirkenden und – hauptsächlich der Autor selbst. Peter Iljitsch wurde unter begeisterten Beifallskundgebungen des ganzen Auditoriums die Medaille des Vereins überreicht.[751]

In derselben Zeit posierte Peter Iljitsch dem Bildhauer Ginzburg[752] zu einer Statuette, welche in künstlerischer Beziehung ihre Vorzüge haben mag, hinsichtlich der Ähnlichkeit aber als misslungen bezeichnet werden muss.

An A. Tschaikowsky: „Petersburg, d. 11. November 1892.
Beehre mich, Ew. Exzellenz zu melden, dass ich deshalb lange nicht geschrieben habe, weil es schwer ist, die Zeit dafür zu finden. Schon zwei Wochen bin ich hier [in Petersburg]. Täglich finden Proben von Ballett und Oper [,Nussknacker' und ,Jolanthe'] statt, die Sache gedeiht aber nur schwer. Ich glaube, die Aufführung wird nicht vor dem 8. Dezember zustandekommen,[753] so dass ich wohl einen Monat hierbleiben werde." [XVIb, 4804.]

[[748] Tatsächlich übernahm Medeja Figner die Titelpartie der Oper in der Petersburger Inszenierung.]
[[749] Es war die erste Aufführung der revidierten Fassung. Die erste Fassung war zwei Jahre früher, am 28. November 1890, ebenfalls in einem Konzert der Petersburger Kammermusikgesellschaft, zum erstenmal gespielt worden.]
[[750] Die Namen der Musiker in Transliteration aus dem Kyrillischen: die Geiger Evgenij K. Al'brecht (1842-1894) und Oskar F. Gille, die Bratschisten Franc N. Gil'debrandt (1852-1893) und Bruno K. Gejne sowie die Cellisten Aleksandr V. Veržbilovič (1850-1911) und Aleksandr V. Kuznecov (1847-1818 oder 1919).]
[[751] Die Petersburger Kammermusikgesellschaft hatte Čajkovskij die Ehrenmitgliedschaft verliehen; sein Sextett war gleichsam der Dank dafür.]
[[752] Der mit Čajkovskij persönlich bekannte Bildhauer Il'ja Ja. Gincburg (1859-1939) schuf die einzige Portrait-Skulptur des Komponisten „nach der Natur". Sie befindet sich im GDMČ. Erhalten sind Photographien, die Čajkovskij an einem Pult modellstehend und den Bildhauer bei der Anfertigung der Skulptur in seinem Atelier zeigen. Zum Beispiel im Album 1990, S. 151, und im Album 2005, S. 147 f. (Abbildungen 107 f., Katalogteil S. 205).]
[[753] Die Aufführung fand am 6. Dezember statt.]

An A. Tschaikowsky: „Petersburg, d. 24. November 1892.
... Gestern wurde Modests Stück gegeben.[754] Es ist gründlich durchgefallen, was ich übrigens auch erwartet hatte, denn das Stück ist viel zu fein für das Publikum des Alexandertheaters. Das schadet aber gar nicht: mag das Modest eine Lehre sein. Die Jagd nach unerreichbaren Zielen hindert ihn, sich mit seiner eigentlichen Arbeit zu beschäftigen, d. h. mit dem Schreiben von Theaterstücken in gewöhnlicher Form. Die Proben zu ‚Jolanthe' und zum Ballett [‚Der Nussknacker'] zogen sich unendlich in die Länge. Am 5. [Dezember, einer nichtöffentlichen Aufführung] kommt der Kaiser, und am 6. ist die Vorstellung für das Publikum." [XVIb, 4812.]

An S. Tanejew: „Petersburg, d. 3. Dezember [recte: November] 1892.
Lieber Freund Sergei Iwanowitsch, soeben habe ich etwas erfahren, was mich sehr freut. Ich hatte schon mehrere Male mit Wsewoloshsky über Ihren ‚Orestes'[755] gesprochen und ihn dafür zu interessieren versucht, wusste aber nicht, welchen Eindruck meine Bemühungen auf ihn gemacht haben. Eben war ich bei ihm und erfuhr, dass er sehr, sehr, sehr interessiert ist, wahrscheinlich, weil er noch nie Gelegenheit hatte, eine Oper [mit einem Sujet] aus dem klassischen griechischen Altertum zu inszenieren, – am meisten interessiert er sich doch für die Inszenierung. In meiner Gegenwart führte er Naprawnik beiseite und beriet sich mit ihm, ob man dem Kaiser den ‚Orestes' für die nächste Saison vorschlagen soll. Naprawnik sprach natürlich mit grosser Hochachtung von Dir. In der Furcht, dass er nicht überzeugend genug zureden würde, sprang ich hinzu und begann zu beweisen, dass eine Aufführung des ‚Orestes' durchaus notwendig sei. Ich machte den Vorschlag, Dich zu rufen und die Oper vorspielen zu lassen. Wsewoloshsky aber warf die Befürchtung ein, Du könntest Dich – falls die Sache nicht zustandekäme – darüber beleidigt fühlen, dass man Dich unnötig bemüht hat, Dir auf irgendeine Weise den Klavierauszug und das Libretto zu entlocken und ohne Dein Wissen vorzuspielen. Ich nehme jedoch an, dass Du, als echter Philosoph, im Falle des Misslingens den Mut nicht sinken lassen wirst. Ferner nehme ich an, nur Du kannst die Oper so gut vorspielen, dass die Musik Eindruck macht. Du musst unbedingt nach Petersburg kommen, und zwar je eher desto besser. Wie denkst Du über dies alles? Antworte sofort und sage mir, was ich tun soll, d. h. ob ich den Klavierauszug ohne Dich versprechen soll. Du musst Dir die ungewöhnlich günstige Gelegenheit zunutzemachen: für die nächste Saison ist noch keine einzige russische Oper ausser der Deinigen in Aussicht genommen.

Von Anton [Arensky] sprach ich nicht weniger beredt, bisher aber ohne Erfolg. Wenigstens lehnt Wsewoloshsky es ab, ihn mit der Komposition einer Oper zu beauftragen.

Doch darüber ein anderes Mal; denn ich habe es jetzt sehr eilig: ich möchte, dass der Brief heute noch abgeht." [XVIb, 4794.]

Am 5. Dezember 1892 fand eine Probe zu „Jolanthe" und „Nußknacker" im Beisein des Kaiserlichen Hofes statt – und am 6. Dezember die erste öffentliche Vorstellung. Die Oper leitete E. Naprawnik. Die Rollen waren folgendermassen verteilt:

König René – Herr Serebrjakow; Robert – Hr. Jakowlew; Vaudemont – Hr. Fiegner; Ebn-Jahia – Hr. Tschernow; Bertrand – Hr. Frey; Jolanthe – Frau Medea Fiegner; Martha –

---

[754] „Ein Tag in Petersburg" [„Den' v Peterburge"].
[755] Sergej I. Tanejews Oper „Oresteja" („Orestie", 1887-1894).]

Fr. Kamenskaja; Brigitte – Fr. Michailowa; Laura – Fr. Dolina.[756]

Die Palme gebührt nach Naprawnik natürlich dem Ehepaar Fiegner, obwohl zu Beginn der Oper die schöne, aber etwas starke Figur der Darstellerin der Rolle des blinden Mädchens etwas unangenehm berührte. Doch ihre musikalisch feine Wiedergabe, die Kraft im Duett und Finale liessen das Publikum den ersten ungünstigen Eindruck vergessen.

Die Dekorationen und Kostüme waren überaus schön.

Der Erfolg der Oper war – wie die Franzosen sagen – ein Achtungserfolg. Da aber die Achtung Peter Iljitschs seinerzeit sehr hoch stand, so gab es einstimmige und lärmende Beifallskundgebungen. Das Hüsteln während der Handlung, welches stets ein Zeichen dafür ist, dass sich die Aufmerksamkeit der Zuhörer nicht ganz im Bann des Werks befindet, das Fehlen jener Bewegung in den Pausen, welche an den Tagen grosser Erfolge wahrnehmbar ist, und die hin und wieder laut werdenden Klagen über Längen bewiesen, dass die Oper keinen sehr tiefen Eindruck auf die Zuhörer ausübte. Dieses kann aber nicht der, wenn auch nicht tadellosen, so doch sehr guten Ausführung zugeschrieben werden. Unzweifelhaft vermochte die Oper selbst das Publikum nicht zu begeistern. Ich glaube, dass dies am Libretto lag, welches sehr lang gefasst war und bei all seiner Poesie des szenischen Interesses entbehrte.

Das Ballett [„Der Nussknacker"] dirigierte Drigo.[757] Er machte seine Sache sehr gut. Die Dekorationen und Kostüme glänzten durch Pracht und Schönheit. Komponist, Ballettmeister [Lew Iwanow][758] und Darsteller wurden in den Pausen vielfach gerufen, dennoch hatte man die Empfindung, dass das Werk nicht sehr gefiel. Daran war nicht nur das Sujet schuld, welches bedeutend von den Ballett-Traditionen abwich, indem es die ganze Handlung des ersten Akts statt Tänzerinnen – Kindern überliess, sondern auch der Ballettmeister. Während der Einstudierung des „Nussknackers" war nämlich Herr Petipa schwer krank und liess sich von Herrn Iwanow vertreten, dem es an Erfindungsreichtum und Phantasie fehlte.

Auch die schwerfällige und hässliche dell'Era als Fée Dragée verdarb trotz der Vollkommenheit ihrer Grazie und ihrer Technik den Eindruck des zweiten Akts. Die Feinheiten und Schönheiten der Musik konnten auch nicht gleich beim ersten Anhören nach ihrem

---

[[756] Die Namen der Sängerinnen und Sänger in transliterierter Form: Konstantin T. Serebrjakov (1852-1919), Baß, 1887-1911 am Petersburger Mariinskij teatr. – Leonid G. Jakovlev (1858-1919), Bariton, 1887-1906 Mitglied des Opernensembles der Petersburger Theater, erster Eleckij (in „Pikovaja dama"). – Das Ehepaar Nikolaj N. Figner (1857-1918), Tenor, und Medeja Figner (geb. Mej; 1859-1952), Sopran, ab 1887 Mitglieder des Opernensembles der Petersburger Theater (N. Figner bis 1907, M. Figner bis 1912); Medeja Figner war die erste Liza und Nikolaj Figner der erste Hermann in „Pikovaja dama"; letzterem widmete Čajkovskij 1893 seine Sechs Romanzen op. 73. – Arkadij Ja. Černov (1858-1902), Bariton, 1886-1900 Mitglied des Opernensembles der Petersburger Theater. – Jal'mar A. Frej, Bass, 1885-1905 Mitglied des Opernensembles der Petersburger Theater. – Marija D. Kamenskaja (1854-1925), Mezzosopran, 1884-1886 und 1891-1906 Mitglied des Opernensembles der Petersburger Theater, erste Johanna („Orleanskaja deva") und in Petersburg erste Ljubov' („Mazepa"). – M. A. Michajlova, Mitglied des Opernensembles der Petersburger Theater. – Marija I. Dolina (1868-1919), Alt, 1886-1904 Mitglied des Opernensembles der Petersburger Theater, erste Nenila („Čarodejka") und Polina („Pikovaja dama").]

[[757] Riccardo Drigo (1864-1930), Ballettkomponist und -dirigent des Petersburger Mariinskij teatr, der auch die Uraufführung von „Dornröschen" am 3. Januar 1890 am gleichen Ort dirigiert hatte und 1895 an der Petersburger Produktion von Čajkovskijs Ballett-Erstling „Der Schwanensee" beteiligt war, nicht nur als Dirigent, sondern auch als Arrangeur. Gegenüber der ursprünglichen Fassung wurden aus den vier Akten drei, eine ganze Reihe von Nummern wurde umgestellt, ein Teil der Nummern gekürzt – und drei Nummern wurden ergänzt. Das waren die – von Drigo instrumentierten – Klavierstücke op. 72, Nr. 11, 12 und 15.]

[[758] Zu den Anteilen von Marius Petipa und Lev Ivanov an Libretto, Tanzprogramm und Choreographie vgl. im einzelnen die Arbeiten von Roland John Wiley: WileyB und *The Life and Ballets of Lev Ivanov. Choreographer of „The Nutcracker" and „SwanLake"* (Clarendon Press 1997).]

Verdienst gewürdigt werden, und es verging viel Zeit, ehe der „Nussknacker" ein Repertoirestück wurde.

Die Berichte der Presse waren rührend einstimmig hinsichtlich der „Jolanthe" und sehr widerspruchsvoll hinsichtlich des „Nussknackers".

Alle fanden die Musik der Oper schwach und sagten, Tschaikowsky wiederhole sich selbst. Viele gebrauchten die Formulierung „Die Oper hat dem Kranz des Komponisten kein neues Lorbeerblatt hinzugefügt" und warfen dem Autor vor, sich im Duett Vaudemont – Jolanthe an Anton Rubinstein angelehnt zu haben.

Die Meinungsverschiedenheiten der Kritiker in Betreff des „Nussknackers" ersieht man aus der Gegenüberstellung folgender Zitate: „Die Musik des ‚Nussknackers' ist viel interessanter als diejenige von ‚Jolanthe', sein erster Akt ist schwerfällig und hölzern, und der zweite besteht aus Abschnitten, welche zwar schön klingen, aber keinen Eindruck hinterlassen." – „Die Partitur des Balletts enthält so viele glänzende Seiten, dass sie gar nicht alle aufgezählt werden können." – „Der ‚Nussknacker' bietet nichts als Langeweile." – „Die Musik des ‚Nussknackers' ist nicht nur schön, sie ist erstaunlich reich an Inspiration" usw. usw.

An A. Tschaikowsky: „Petersburg, d. 7. Dezember 1892.

Lieber Tolja, Oper [‚Jolanthe'] und Ballett [‚Der Nussknacker'] hatten gestern einen grossen Erfolg. Namentlich hat die Oper allen gefallen. Am Tage zuvor war die Probe in Anwesenheit des Kaisers. Er war entzückt, rief mich in seine Loge und sagte mir eine Menge teilnahmsvoller Worte. Die Ausstattung beider Werke war prachtvoll, im Ballett sogar allzu prachtvoll, – die Augen ermüdeten von diesem Glanz. Ausführlicher werde ich heute oder morgen schreiben." [XVIb, 4819.]

An A. Tschaikowsky: „Petersburg, d. 10. Dezember 1892.

… Heute ist es der vierte Tag, dass die ganze Petersburger Presse sich damit beschäftigt, über meine Jüngstgeborenen zu schimpfen. Doch bin ich dem gegenüber völlig ruhig, – es ist ja nicht das erste Mal. Ich weiss, dass ich mich mit der Zeit behaupten werde. Wie gesagt, die Schimpferei erbittert mich nicht im geringsten, – und doch befand ich mich dieser Tage, wie immer in solchen Fällen, in abscheulicher Stimmung. Wenn man sich lange Zeit hindurch ganz der Erwartung eines wichtigen Ereignisses hingibt, so empfindet man nach dem Eintritt dieses Ereignisses eine Apathie, einen Widerwillen gegen jede Arbeit, und die Leere und Vergeblichkeit aller unserer Bestrebungen tritt einem so recht vor Augen. Ganz besonders bitter ist mir die bevorstehende Auslandsreise. Ich hätte nach Hause zurückkehren sollen, muss indessen nach Hamburg und Schwerin zur Aufführung der ‚Jolanthe' reisen, von dort nach Brüssel, um in einem Konzert zu dirigieren, dann nach Odessa und endlich nach Petersburg, wo ich am 23. Januar bei der Musikgesellschaft dirigiere. Ausser meiner in der letzten Zeit üblichen Abscheu vor dem Ausland quält mich der Gedanke, dass ich wegen ‚Jolanthe' von neuem alle Aufregungen als Komponist werde durchmachen müssen. Diese Qualen haben mich bis zur Verzweiflung gebracht. Plötzlich fiel mir ein, dass ich im Grunde gar nicht verpflichtet bin, nach Hamburg und Schwerin zu reisen,[759] weil man mich dort entbehren kann. Das war mir eine grosse Beruhigung, und ich ändere jetzt meinen Plan folgendermassen: Übermorgen, d. h. am 12., reise ich nach Berlin. In Berlin werde ich entscheiden, wohin ich reisen soll, um mich zu erholen (höchst-

---

[[759] Die Erstaufführung der „Iolanta" in Hamburg (unter der Leitung Gustav Mahlers) kam erst am 27. August / 7. September 1893 zustande. Die geplante Produktion der Oper in Schwerin wurde nicht realisiert.]

wahrscheinlich nach Nizza).⁷⁶⁰ Am 29. Dezember (10. Januar) werde ich in Brüssel sein, am 3. von dort für drei Tage nach Paris und dann nach Montbéliard zu M-lle Fanny [Durbach] reisen⁷⁶¹ und ungefähr am 10. Januar in Odessa eintreffen, wo ich zwei Konzerte zu dirigieren habe. Ende Januar werde ich in Petersburg sein. Später werde ich mich für lange Zeit in Klin niederlassen,⁷⁶² jedoch in der Fastenzeit Euch in Nishny besuchen."⁷⁶³ [XVIb, 4820.]

Kapitel XXXIX.

[11. Dezember 1892 – Anfang Februar 1893. Auslandsreise:
Über Berlin (prüft und verwirft „unwiderruflich" die Es-Dur-Symphonie, zweifelt an seiner Schaffenskraft) und Basel nach Montbéliard: Besuch bei Fanny Durbach, der Gouvernante und Lehrerin seiner Kinderjahre in Votkinsk (siehe ČSt 13/I). Paris (Theaterbesuche). Glänzendes Konzert in Brüssel.

Stellt in einem Brief an die Pariser Zeitung „Paris" unzutreffende, vor allem die russische Wagner-Rezeption betreffende Informationen in einem Bericht des „Figaro" über die Konzertreise Lamoureux' nach Rußland richtig – und verteidigt Hans von Bülow gegen angebliche herabwürdigende Bemerkungen des Direktors des Moskauer Konservatoriums Safonov, von denen der „Figaro"-Artikel spricht; Lamoureux und Safonov weisen den Zeitungsbericht als unrichtig zurück.

Vom 12. bis zum 25. Januar in Odessa: Konzerte, Aufführungen der „Pique Dame", Enthusiasmus und Ovationen. Kuznecov portraitiert Čajkovskij (das berühmte Gemälde in der Moskauer Tret'jakov-Galerie). Rückreise über Kamenka (Aufenthalt bis zum 30. Januar) und Char'kov nach Klin (Ankunft am 3. Februar). Bittet seinen Bruder Modest, über ein Opernlibretto nachzudenken („etwas Originelles und Rührendes"). Will um des Honorars willen Klavierstücke und Lieder komponieren.
Plant noch eine Symphonie und eine Oper zu schreiben – und dann „möglicherweise Schluß zu machen".
Wiedersehen mit dem todkranken Freund Vladimir St. Šilovskij.]

Am 11. Dezember 1892 trat Peter Iljitsch von Petersburg aus eine neue Auslandsreise an.

An W. Dawidow: „Berlin, d. 14. [/ 26.] Dezember 1892.
... Es gibt nichts Schlimmeres als meine diesmalige Fahrt von Petersburg nach Eydtkuhnen.⁷⁶⁴ Ich sass in demselben scheusslichen Wagen, in welchem wir beide im Sommer gefahren waren.⁷⁶⁵ Unbequem, schmutzig, ununterbrochenes Klingeln, unverschliessbare Türen, dazu war der Ofen nicht in Ordnung, so dass wir bei einer Temperatur von 4 oder sogar 3 Grad schlafen mussten. Waschen konnte man sich auch nicht, weil das Wasser in den Rohren eingefroren war. Struwe⁷⁶⁶ führte auf jeder grösseren Station Klage über unsere schreckliche Lage. Ich mied ihn so geschickt, dass er mich nicht sah, obwohl ich sein Nachbar war. In Eydtkuhnen setzte ich mich in einen schönen warmen Wagen. Ich bin in einem ausgezeichneten Hotel abgestiegen. Meine Seelenverfassung war unterwegs und ist

---

[⁷⁶⁰ In Berlin hielt sich Čajkovskij vom 14. / 26. bis zum 17. / 29. Dezember auf. Nach Nizza reiste er nicht.]
[⁷⁶¹ Nach Brüssel, Paris und Montbéliard reiste Čajkovskij in umgekehrter Reihenfolge. Über Basel (18.-19. / 30.-31. Dezember 1892) fuhr er zu Fanny Durbach nach Montbéliard (20.-21. Dezember 1892 / 1.-2. Januar 1893); in Paris hielt er sich anschließend vom 22.-28. Dezember / 3.-9. Januar auf; in Brüssel vom 28. Dezember / 9. Januar bis zum 3. / 15. Januar (sein Konzert fand am 2. / 14. Januar 1893 statt); dann wieder in Paris, von wo er am 9. / 21. Januar nach Russland zurückreiste.]
[⁷⁶² In Klin trifft er am 3. Februar ein und komponiert dort in den nächsten Wochen seine 6. Symphonie.]
[⁷⁶³ Der Besuch bei Bruder Anatolij und Schwägerin Praskov'ja. Nachdem Anatolij Čajkovskij Vizegouverneur in Reval gewesen war, übernahm er dieses Amt in Nižnij Novgorod.]
[⁷⁶⁴ Auf dem Grenzbahnhof des ostpreußischen Städtchens Eydtkuhnen (heute russisch: Černyševskoe im Distrikt Kaliningrad) mussten die aus Petersburg auf den russischen Breitspurgleisen ankommenden Reisenden in einen preußischen Zug mit Normalspur umsteigen.]
[⁷⁶⁵ Im Juni 1892 war Čajkovskij mit seinem Neffen Bob Davydov über Berlin und Paris zur Kur nach Vichy gereist; vgl. oben, S. 557-559.]
⁷⁶⁶ [Karl Struwe (1835-1907).] Der russische Gesandte in Washington [1882-1892, vgl. S. 511].

auch jetzt eine ganz schreckliche, ich lobe mich dafür, dass ich nicht nach Hamburg gefahren bin und mache mir gleichzeitig Vorwürfe, Pollini und den Schweriner Intendanten betrogen und gekränkt zu haben. Ich nehme mir vor, morgen nach Basel abzureisen, dort ein oder zwei Tage zu bleiben und dann nach Montbéliard zu gehen, um endlich das Fanny [Durbach] gegebene Versprechen zu erfüllen. Dort will ich einen Tag bleiben, dann noch fünf bis sechs Tage nach Paris fahren, wo ich die Zeit des Brüsseler Konzerts abwarten werde." [XVIb, 4827.]

An W. Dawidow: „Berlin, d. 16. [/ 28.] Dezember 1892.

... Ich sitze immer noch in Berlin. Es fehlt mir der Mut mich aufzuschwingen, zumal ich keine Eile habe. In diesen Tagen gab ich mich wichtigen und folgenschweren Gedanken hin. Ich prüfte aufmerksam und sozusagen objektiv meine Symphonie [Es-Dur], welche ich zum Glück noch nicht instrumentiert[767] und in die Welt gesetzt habe. Der Eindruck war für sie nicht schmeichelhaft, d. h. die Symphonie ist nur um des Schreibens willen geschrieben und enthält nichts Interessantes und Sympathisches. Sie soll verworfen und vergessen werden. Dieser von mir gefasste Entschluss ist unwiderruflich und ausgezeichnet. Folgt nicht daraus, dass ich überhaupt verdunstet und versiegt bin? Das ist es, worüber ich drei Tage nachgedacht habe. Vielleicht ist noch ein [aussermusikalisches] Sujet imstande, Inspiration in mir zu wecken, jedoch reine Musik, d. h. symphonische und Kammermusik darf ich nicht mehr schreiben. Ohne Arbeit zu leben, die alle Zeit, Gedanken und Kräfte verschlänge – wäre langweilig. Was soll ich tun? Das Komponieren an den Nagel hängen und vergessen? Der Entschluss ist sehr schwer. Ich denke und denke und weiss nicht, wofür ich mich entscheiden soll. Jedenfalls waren es keine lustigen drei Tage – die letzten drei. Sonst bin ich ganz gesund. Morgen will ich endlich nach Basel reisen.

Du wirst mich fragen, wozu ich Dir das alles schreibe. Es drängt mich einfach, mit Dir zu plaudern. Wie schade, dass ich Dich und die anderen nicht gebeten habe, mir hierher zu schreiben, – ich hätte heute schon interessante Briefe haben und darüber unterrichtet sein können, was ihr alle tut.

Die Zeit verbringe ich sehr eigenartig: tagsüber sitze ich fast ununterbrochen in meinem recht komfortablen Zimmer und schlendere des abends durch die Strassen. Das Wetter ist ganz warm." [XVIb, 4829.]

An M. Tschaikowsky: „Basel, d. 19. [/ 31.] Dezember 1892.

... Nichts vermag ich zu schreiben ausser tränenfeuchter Ergüsse. Wahrhaftig, es ist erstaunlich, dass mich das tödliche, phänomenale, ungeheure Heimweh nicht verrückt macht. Da diese physische Erscheinung bei jeder Auslandsreise immer stärker auftritt, werde ich gewiss nie wieder allein fahren, auch nicht für kurze Zeit. Morgen wird dieses Gefühl durch ein anderes, weniger qualvolles verdrängt werden. Ich fahre morgen nach Montbéliard und – ich muss es gestehen – habe krankhafte *Furcht*, ja *Entsetzen* davor wie vor dem Reich des Todes und einer längst verschwundenen Menschenwelt. Hiernach werde ich in Paris meinen Mitakademikern[768] offizielle Visiten machen und mich wahrscheinlich ganz vom Taumel [der Metropole] erfassen lassen ... Basel ist ein schreckliches, abscheuliches Nest!" [XVIb, 4833.]

[767 Bis auf Exposition und Durchführung des ersten Satzes. Das Konzept dagegen ist abgeschlossen.]
[768 Čajkovskij war zum korrespondierenden Mitglied des Institut de France gewählt worden – siehe oben, S. 578.]

An N[ikolai] Tschaikowsky:[769]   „Paris, d. 22. Dezember 1892 [/ 3. Januar 1893].

Mein lieber Iljitsch, ich schreibe Dir unter dem Eindruck der Reise nach Montbéliard und denke, dass es Dich interessieren dürfte, wie meine Zusammenkunft mit M-lle Fanny verlaufen ist.[770] Ich hatte ihr aus Basel die Zeit meiner Ankunft mitgeteilt, um sie nicht durch mein unerwartetes Erscheinen gar zu sehr aufzuregen. Am 1. Januar hiesigen Stils, d. h. am 20. Dezember des unseren, traf ich Punkt 3 Uhr in Montbéliard ein und ging sofort zu Fanny. Sie wohnt in einer stillen Gasse des Städtchens, welches überhaupt so still ist, dass es sich dreist mit einer beliebigen unserer Kreisstädte messen kann. Das Haus hat im ganzen nur sechs Zimmer, welche in drei Etagen verteilt sind (in jeder zwei), und gehört ihr und ihrer Schwester, hier sind sie geboren worden, hier haben sie ihr ganzes Leben verbracht. Ich klopfte an, was mit ‚Entrez!' beantwortet wurde, und trat ein. M-lle Fanny kam mir entgegen, und ich erkannte sie sofort. Trotz ihrer 70 Jahre sieht sie viel jünger aus und hat sich im Grunde – merkwürdigerweise – *wenig verändert*. Dasselbe rote Gesicht, braune Augen, nur wenig graue Haare; nur stärker ist sie geworden. Ich hatte Tränen und rührende Auftritte befürchtet – doch geschah nichts Derartiges. Sie empfing mich, als hätten wir uns nur ein Jahr nicht gesehen, d. h. sehr freudig, zärtlich, aber einfach. Es wurde mir sofort klar, weshalb unsere Eltern und wir sie so gern gehabt haben. Sie ist ein ungewöhnlich sympathisches, gerades, kluges, Herzensgüte atmendes und ehrliches Wesen. Natürlich wurden sofort Erinnerungen aufgestöbert und eine ganze Reihe allerhand interessanter Vorgänge aus unserer Kindheit. Dann zeigte sie mir unsere Hefte, meine Aufsätze, Deine und meine Briefe, und – was am interessantesten war – einige überaus liebe Briefe unserer Mutter.

Ich kann Dir gar nicht sagen, welch ein wunderbares, zauberhaftes Gefühl mich umfangen hielt, während ich ihren Erzählungen lauschte und in jenen Heften und Briefen las. Die Vergangenheit erstand in allen Einzelheiten so lebendig in meinem Gedächtnis, dass ich die Luft von Wotkinsk zu atmen und die Stimme der Mutter zu hören vermeinte … Zeitweise versetzte mich meine Einbildung dermassen in jene weite Vergangenheit, dass es mich gruselte und wir beide die Tränen kaum zurückzuhalten vermochten. Auf ihre Frage, wen ich von meinen Brüdern am liebsten hätte, antwortete ich ausweichend und sagte, ich hätte all gleich lieb. Darüber war sie ein wenig erzürnt und meinte, dass ich Dich, als den Gespielen meiner Kindheit, mehr lieben sollte; und in der Tat empfand ich in jenem Moment eine starke Zuneigung zu Dir als dem Teilnehmer an all jenen Kinderfreuden. Ich blieb von 3 bis 8 Uhr bei ihr und merkte gar nicht, wie die Zeit verging. Den ganzen folgenden Tag verbrachte ich wieder mit ihr. Zum Essen schickte sie mich jedoch ins Hotel, indem sie offen sagte, dass ihre und ihrer Schwester Wirtschaft zu dürftig sei und es ihr unbehaglich wäre, mich als Gast zu Tisch zu haben. Ich musste mit ihr zwei Besuche bei ihren nächsten Verwandten und Freunden machen, welche sich schon längst dafür interessierten, mich zu sehen.

Sie hat mir einen sehr schönen Brief unserer Mutter geschenkt, in welchem die Mutter besonders zärtlich von Dir schreibt. Diesen Brief will ich Dir zeigen. Die beiden Schwestern wohnen nicht luxuriös, aber nett und gemütlich. Fannys Schwester hat ebenfalls lange in Russland gelebt und spricht gar nicht übel russisch. Beide geben noch bis heute Stunden. Die ganze Stadt kennt sie, denn sie haben die ganze dortige *Intelligenz* erzogen und genies-

---

[769] Čajkovskij berichtet dem ältesten der Geschwister von seinem Besuch bei Fanny Durbach, weil sie zunächst als seine Gouvernante und Lehrerin verpflichtet worden war.]
[770] Vgl. dazu den Beitrag: „Que Dieu soit béni de ce que je puis encore vous aimer comme autrefois." Fanny Durbachs Briefe an Čajkovskij von 1892 und 1893 und sein Besuch bei ihr in Montbéliard, in: Mitteilungen 11 (2004), S. 93–142, und Nachtrag in: Mitteilungen 12 (2005), S. 213–218.]

sen allgemeine Liebe und Achtung. Am Abend umarmte ich Fanny zum Abschied, gab ihr das Versprechen, eines Tages wiederzukommen, und reiste ab …" [XVIb, 4835.]

An M. Tschaikowsky: „Paris, d. 24. Dezember 1892 [/ 5. Januar 1893].
… Hier habe ich endlich aufgehört, mich dem Heimweh und der Verzweiflung hinzugeben. Ich bin schon den dritten Tag hier. Leide sehr unter der Kälte, bin etwas traurig und immer mit demselben Gedanken beschäftigt: recht bald nach Hause! Doch bieten mir Bélards,[771] das Flanieren, die Theater und Restaurants einige Zerstreuung. Am ersten Abend sah ich mir eine Posse an. Ich verstehe den Pariser Geschmack nicht. Denke Dir: das Stück[772] ist ganz entzückend; [Pierre] Hittemans[773] – unnachahmlich; das Publikum findet offenbar viel Genuss, lacht furchtbar, – und doch ist das Theater ziemlich leer und bringt keine Einnahmen!!! Die Ausstattung – einfach blendend. Hier scheint man doch mehr Geschmack und Ideen zu haben als in Petersburg. Der erste Akt spielt auf einem Ball. Um wieviel besser war aber dieser Ball als derjenige im ‚Tag in Petersburg'![774] Er endet ebenso wie bei Dir, d. h. in den Saal kommt die Kotillon-Figur ‚Troïka' hereingetobt, – doch wie entzückend alles arrangiert ist! Wie vornehm alle Gäste aussehen im Vergleich mit den Petersburger Statisten. Im ganzen war ich sehr zufrieden. Gestern habe ich mir ‚Lysistrate' angesehen.[775] Ein sehr talentvolles, geistreiches, aber furchtbar schlüpfriges und stellenweise langweiliges Stück. [Lucien] Guitry[776] kam mir *klobig* vor und hat mir *überhaupt nicht gefallen*. Dafür war [Gabrielle] Réjane[777] der Gipfel der Vollkommenheit." [XVIb, 4836.]

An M. Tschaikowsky: „Paris, d. 4. [/ 16.] Januar 1893.
Schönen Dank, lieber Modja, für all Deine Briefe, welche ich teils hier, teils in Brüssel erhielt. Nach meinem dortigen, sehr glänzenden Konzert [am 2. / 14. Januar] bin ich gestern hierher zurückgekehrt. Das Orchester war gut, sogar sehr gut, aber wenig diszipliniert. Ich wurde sehr herzlich und freundlich empfangen, doch brachte mir das keine Erleichterung, so dass ich in Brüssel doppelt zu leiden hatte; durch die Aufregung und durch das Heimweh. In der Pause drückte mir Gevaert[778] als Vorsitzender des Vereins für hilfsbedürftige Künstler in einer Ansprache vor dem versammelten Orchester den Dank des Vereins aus und behandelte mich überhaupt sehr nett. Angesichts des wohltätigen Zwecks des Konzerts verzichtete ich auf das Honorar, was grosse Rührung unter den Künstlern hervorrief. Wie dem auch sei, ich bin freudigen Herzens von Brüssel abgereist.

---

[771] Besitzer des Hotels Richepanse.
[772] [Von?] „M. Coulisset".
[773] Der Lieblingsschauspieler Peter Iljitschs.
[774] Am 23. November 1892 im Petersburger Aleksandrinskij teatr uraufgeführtes Stück von Modest Čajkovskij.]
[775] Der französische Dramatiker Maurice Donnay (1859-1945, seit 1907 Mitglied der Académie française) verfaßte vor allem Komödien, darunter „Lysistrate. Comédie en 4 actes" (1892).]
[776] Der mit Čajkovskij befreundete Schauspieler Lucien Guitry, damals Schauspieler und Regisseur an der Comédie-Française, war 1880-1891 Mitglied der französischen Theatertruppe in Petersburg gewesen; zu seinem Benefiz hatte Čajkovskij Anfang 1891 die Bühnenmusik zu Shakespeares „Hamlet" geschrieben hatte.]
[777] Französische Schauspielerin, 1856-1920.]
[778] F.-A. Gevaert, Komponist und Direktor des Brüsseler Konservatoriums. [1865 hatte Čajkovskij Gevaerts „Traité général d'instrumentation" ins Russische übersetzt; 1866 bei P. I. Jurgenson in Moskau erschienen, Neuausgabe in ČPSS IIIb.]

Trotz des Panama-Krachs[779] macht hier mein Brief Sensation, der sich auf den Artikel im ‚Figaro' bezüglich von Lamoureux' Erfolgen in Moskau bezieht und in der Zeitung ‚Paris' abgedruckt wurde. [Siehe unten.] In drei Tagen reise ich ab. Diese Tage werde ich allerlei Besuchen opfern müssen, was mein Herz erzittern macht. Bitte schreibe mir nach Odessa." [XVII, 4844.]

Das Programm des Brüsseler Konzerts enthielt: 1.) [Orchester-]Suite N° 3 [op. 55], 2.) [1.] Klavierkonzert op. 23 mit dem Solisten [Franz] Rummel, 3.) Gesang, 4.) Suite aus dem „Nussknacker", 5.) Ouvertüre „1812" [op. 49], 6.) Klavierstücke und 7.) Elegie und Walzer aus der Serenade für Streichorchester [op. 48].

Das Konzert verlief glänzend und fand bei Publikum und Presse einstimmige Anerkennung.

Der Brief Peter Iljitschs in der Zeitung „Paris" ist durch folgenden Artikel des „Figaro" (vom [27. Dezember 1892 /] 8. Januar 1893) hervorgerufen worden.

„Eine musikalische Reise nach Russland

Bald wird Herr Lamoureux von neuem den Taktstock ergreifen, um die Aufführung des entzückenden ‚Chant de cloche' von Vincent d'Indy, eines der wertvollsten Werke unserer jungmusikalischen Schule, zu leiten.

Unermüdlich, fast ohne sich erholt zu haben, wird er von neuem das Podium betreten. Während seine Vertreter Camille Chevillard und d'Indy die Proben leiteten, welche sechs Wochen dauerten, war Herr Lamoureux auf einem Triumphzug durch Russland begriffen. Es ist wohl der Mühe wert, von diesem Triumphzug zu erzählen, denn er bietet bis in die kleinsten Details hinein viele Analogien mit der Reise von Berlioz im Jahre 1847.

Zum ersten Mal wurde ein französischer Dirigent durch die solide und fast offizielle Kaiserlich Russische Musikgesellschaft, welche zwei Konservatorien unterhält, für die Leitung eines der zahlreichen in Petersburg und Moskau von ihr veranstalteten Konzerte engagiert.

Bis dahin lieferte allein Deutschland seine hervorragenden Kapellmeister. Der letzte von diesen, der, nebenbei gesagt, viel von seinen Absonderlichkeiten reden machte, war der arme Hans von Bülow, welcher, wie man sagt, jetzt seinen Verstand verloren hat.

Das musste ein scharfer Wettbewerb werden; konnte man aber an dem Resultat zweifeln? Man sagt, dass sogar die deutschen Zeitungen ihr Haupt geneigt hätten. Die Reise von Herrn Lamoureux war eine ununterbrochene Ovation, von der man sich nach dem etwas feurigen, aber aufrichtigen Trinkspruch des Direktors des Moskauer Konservatoriums, Safonow, einen Begriff machen kann: ‚Ich trinke', sagte er, ‚auf das Wohl des ersten französischen Kapellmeisters, welcher in diesem Lande in seiner ganzen Einfachheit erschienen ist und seinen Erfolg nicht mithilfe der drolligen Geste und Absonderlichkeiten einiger … errungen hat usw.'; hier entstand ein Pfeifen und Zischen an die Adresse Hans von Bülows! …

… Eine historische Bemerkung: solches geschah auf dem Diner bei Herrn Jakowlew, Kammerherrn des Kaiserlichen Hofes …

[779 Nach dem Zusammenbruch der Panama-Gesellschaft erschütterte 1892/93 der sogenannte Panama-Skandal Frankreich. 1892 wurden in einem Prozeß mehr als 500 Parlamentsabgeordnete der passiven Bestechung durch die Panamakanal-Gesellschaft beschuldigt.]

Natürlich nahm die französische Musik in Lamoureux' Programmen einen breiten Raum ein.

... Aber auch die grossen Meister Beethoven und Schumann wurden nicht vergessen. Auch Wagners gedachte man, welcher viele Anhänger und Apostel in Russland hat, dessen ‚Tristan'-Vorspiel und ‚Meistersinger'-Ouvertüre dem russischen Publikum bis dahin aber noch nicht bekannt gewesen waren.

Und darin liegt eine der schönsten Ursachen für den Stolz eines Musikers ... Der Ruhm des Bayreuther Meisters liess – und lässt vielleicht heute noch der finsteren und stolzen Seele des grossen russischen Pianisten Anton Rubinstein keine Ruhe.

Diesem unvergleichlichen Virtuosen war die Bedeutung des Reformators der modernen Musik unerträglich. Solange Rubinstein der Gastgeber der Musik seines Vaterlandes war, blieben für Wagner alle Türen geschlossen. Jetzt ist Rubinstein fort, und die Türen stehen offen ...   A. Maurel."

Diese gemeine Reklame versetzte Peter Iljitsch in jähe Entrüstung, und er richtete an die Zeitung „Paris" am [1. /] 13. Januar 1893 folgende Erwiderung.[780]

An Michel Delines, Mitarbeiter der Pariser Zeitung „Paris":   „Bruxelles, [29 décembre /] 10 janvier [18]93.

Mon cher ami,

Je viens de lire dans le ‚Figaro' de Dimanche 8 courant un article de M. André Maurel, intitulé ‚Un voyage musical en Russie'. Il s'agit dans cet article de l'excursion que M. Lamoureux vient de faire dans notre pays, où il a remporté de grands succès tant à Pétersbourg qu'à Moscou.[781] Je ne puis que me réjouir de ce que les grandes qualités de M. Lamoureux aient été justement appréciées chez nous, mais tout en y applaudissant, je ne puis m'empêcher de constater que M. Maurel n'a été que fort insuffisamment renseigné sur l'état des choses musicales en Russie, et il serait désirable de rectifier dans le ‚Figaro' même certaines erreurs qui se sont involontairement glissées dans son article.

1) La musique de Wagner n'est rien moins qu'ignorée en Russie. Non seulement Antoine Rubinstein n'a jamais empêché qu'elle se propageât chez nous, mais c'est justement lui, fondateur de la *Société Impériale musicale russe* en 1859, qui la fit connaître à notre public. Wagner lui-même vint à Russie en 1863 et y organisa dans les deux capitales de longues séries de concerts qui firent époque.[782] Depuis ce temps la musique du grand maître allemand prit racine dans notre pays. Ses opéras sont depuis bien longtemps sur le répertoire des Théâtres Impériaux et de tous ceux de la province. Sa Tetralogie y fut représentée dans les deux capitales quatre fois (en 1889) et produisit une grande sensation. Quant au répertoire symphonique en Russie, Wagner y tenait déjà une bien large part dans un temps où à Paris on n'en connaissait pas encore le nom.

2) M. Lamoureux n'est pas le premier chef d'orchestre français qui ait été convié par la Société Impériale musicale russe pour diriger un de ces concerts, car M. Colonne, lui a déjà fait cet honneur il y a trois ans.[783] Le succès éclatant qu'il y obtint nous a valu plusieurs autres visites de M. Colonne, toujours couronnées par le plus grand succès.

[780 Tatsächlich schrieb Čajkovskij den Brief an Michel Delines, einen ständig in Paris lebenden russischen Journalisten und Übersetzer, Mitarbeiter der Zeitung „Paris", am 29. Dezember 1892 / 10. Januar 1893, und zwar noch aus Brüssel. Erschienen ist er am 1. / 13. Januar in der Zeitung „Paris".]
[781 Lamoureux' Konzerte in Petersburg und Moskau hatten im Dezember 1892 stattgefunden.]
[782 Die von Wagner dirigierten Konzerte fanden im Februar und März 1862 statt; Čajkovskij hatte seine Petersburger Konzerte besucht.]
[783 Colonne war zum ersten Mal im März 1890 in Russland.]

Pour conclure, laissez moi vous confesser que j'ai été bien tristement affecté en apprenant par la voix du ‚Figaro' que mes compatriotes le chambellan Iacovleff et le directeur du Conservatoire de Moscou Safonoff, aient organisé un banquet où l'on a ‚conspué' Hans de Bülow. Ce chambellan et ce directeur ont donc oublié que M. Hans de Bülow malgré ‚ses gestes ridicules et ses façons extravagantes' est un chef d'orchestre de génie et qu'il a été reconnu comme tel chez nous ainsi que partout ailleurs. Ils ont oublié que si la musique russe est en ce moment reconnue en Allemagne, c'est à Bülow que nous le devons, car il y avait un temps où il s'était dévoué pour cette cause! Ils n'ont pas songé aussi, ce chambellan et ce directeur, que c'était une manière bien peu polie de rendre hommage á un représentant de la musique française, que de conspuer en sa présence un musicien allemand qui a toujours manifesté en paroles et en faits un enthousiasme sincère pour la musique française. Et ce qui surtout me navre, c'est que l'on ‚conspue' Hans de Bülow juste au moment où ce pauvre grand artiste se meurt.[784]

Voilà, mon cher ami, ce que je voudrais que vous auriez à dire aux lecteurs du ‚Figaro'.
      Bien à Vous P. Tchaikovsky."[785] [XVIb, 4837.]

Diesem Brief folgte eine öffentliche Erwiderung Lamoureux', welcher die Tatsache der Verhöhnung Bülows in Abrede stellte und den Schein von sich nahm, er sei derjenige gewesen, der Russland mit den Werken Wagners bekanntgemacht habe.

---

[784] Hans von Bülow war schwer krank, starb aber erst am 31. Januar / 12. Februar 1894.]
[785] [In deutscher Übersetzung:] „Eben habe ich André Maurels Artikel unter dem Titel ‚Eine musikalische Reise nach Russland' im ‚Figaro' gelesen. In ihm wird von der Tournee Herrn Lamoureux' durch unser Land erzählt, wo er in Petersburg und Moskau grosse Erfolge gefeiert hat.

Ich kann mich nur darüber freuen, dass die künstlerischen Qualitäten von Herrn Lamoureux nach Verdienst gewürdigt wurden, kann mich aber gleichzeitig nicht der Bemerkung enthalten, dass Herr Maurel über die Lage der Musik in Russland sehr schlecht orientiert ist, so dass es wünschenswert wäre, einige Irrtümer zu korrigieren, welche sich unbeabsichtigt in den Artikel eingeschlichen haben.

1. Wagners Musik ist in Russland durchaus nicht unbekannt. Anton Rubinstein hat ihrer Verbreitung bei uns nie Hindernisse in den Weg gelegt, vielmehr ist er es gewesen, Gründer der Kaiserlich Russischen Musikgesellschaft (1859), welcher unser Publikum mit ihr bekanntgemacht hat. Wagner selbst veranstaltete 1863 in den beiden russischen Metropolen eine Serie von epochemachenden Konzerten. Seit jener Zeit gedeiht die Musik des grossen Meisters in unserem Lande. Seine Opern haben sich auf den Spielplänen der Kaiserlichen und privaten Bühnen schon längst eingebürgert. Die Trilogie [Tetralogie ‚Der Ring des Nibelungen'] wurde in den beiden Hauptstädten viermal aufgeführt (1889) und erregte grosse Sensation. Was das symphonische Repertoire in Russland anbelangt, so spielte Wagner in ihm bereits eine grosse Rolle, als man in Paris noch nicht einmal seinen Namen kannte.

2. Herr Lamoureux ist nicht der erste französische Dirigent, welcher von der Kaiserlich Russischen Musikgesellschaft für die Leitung von Symphoniekonzerten engagiert worden ist, denn schon vor drei Jahren hatte Colonne der Gesellschaft diese Ehre erwiesen. Der glänzende Erfolg, den er gehabt, veranlasste ihn mehr als einmal und stets mit grossem Erfolg, als Gast nach Russland zurückzukehren.

Gestatten Sie mir zum Schluss, Ihnen zu bekennen, dass es mir sehr peinlich war, aus dem ‚Figaro' zu erfahren, dass meine Landsleute, der Kammerherr Jakowlew und der Direktor des Moskauer Konservatoriums Safonow ein Bankett veranstaltet haben, bei welcher Gelegenheit sie Hans von Bülow in den Schmutz traten.

Dieser Kammerherr und dieser Direktor scheinen demnach vergessen zu haben, dass Hans von Bülow trotz seiner ‚drolligen Gesten und Absonderlichkeiten' ein genialer Orchesterleiter ist und als solcher bei uns und überall anerkannt wird. Sie haben vergessen, dass die russische Musik es Hans von Bülow zu verdanken hat, wenn sie heutigen Tages in Deutschland anerkannt wird, denn es gab eine Zeit, in der Hans von Bülow sich dieser Sache gewidmet hat!

Dieser Kammerherr und dieser Direktor haben nicht daran gedacht, dass es unhöflich ist, einen Vertreter der französischen Musik durch Erniedrigung und Schmähung desjenigen deutschen Musikers zu feiern, welcher mit Wort und Tat seinen Enthusiasmus für die französische Musik bewiesen hat.

Was mich aber am meisten erbittert, ist, dass der Name Hans von Bülows in einer Zeit verunglimpft wird, da der arme grosse Künstler im Sterben liegt […]"

Auch W. Safonow dementierte in einem privaten Brief an Peter Iljitsch [vom 10. (/ 22.) Januar 1893][786] die Angaben Maurels bezüglich der Rolle, die er in der Sache gespielt haben soll, und schrieb:

> „Mit der grössten Verwunderung ersah ich aus den mir zugeschickten Pariser Zeitungen, dass mein und Jakowlews Namen Gegenstand einer Polemik geworden sind. Namentlich kränkte mich Dein Brief mit der strengen Verurteilung des ‚chambellan' und des ‚directeur'. Ich verstehe, dass der Durst nach Reklame Lamoureux veranlassen konnte, seine Erzählungen mit der den Eingeborenen von Bordeaux eigenen Lebhaftigkeit der Phantasie zu übertreiben und zu beschönigen, – es fand sich ein diensteifriger Zeitungsmann, welcher der Erzählung ein wenig Deutschenhass beifügte – und der Artikel auf dem Humus ‚Union franco-russe' war fertig. Das alles ist bei einem Franzosen begreiflich. Wie Du dem aber so leicht Glauben schenken und ‚ce chambellan et ce directeur' – welche den genialen, im Sterben liegenden Kapellmeister geschmäht haben sollen – so schnell verurteilen konntest, das ist mir unbegreiflich. Was für einen Zweck hätte eine derartige Demonstration? Wie konntest Du eine solche auch nur einen Moment für möglich halten? Schon allein der Anfang des Artikels, seine faktisch falschen Daten hinsichtlich der historischen Seite der Angelegenheit, konnten die Vermutung wachrufen, dass auch der zweite Teil nicht besser und glaubwürdiger sei. Ich bin sehr froh, dass Lamoureux selbst all die Lügen aufgedeckt hat. Ein Bankett bei Jakowlew hat es gar nicht gegeben, sondern nur ein ganz einfaches Familienessen. Auch wurde kein einziger musikalischer Toast ausgebracht, sondern lediglich das Wohl der Gastgeber und der anwesenden Damen. Ferner: als wir uns nach dem Konzert zum Abendessen versammelt hatten, hielt ich allerdings eine kleine Ansprache an Lamoureux. Ich sagte aber nur, dass Russland, und speziell Moskau, viele französische und deutsche Dirigenten als Gäste in seinen Mauern gesehen hätte (der Name Bülow ist gar nicht erwähnt worden), dass die Zahl dieser Gäste nunmehr um einen vermehrt worden wäre, welcher seine Aufgabe mit grosser Sachkenntnis, Einfachheit und Bescheidenheit gelöst und seinen Erfolg dadurch errungen habe, dass er uns die Werke der Französischen Schule überaus klar vor Augen führte, ohne seine Zuflucht zu äusserlichen Effekten zu nehmen.
>
> Ich verstehe sehr wohl das zarte Feingefühl Deiner sensiblen Seele, aber im vorliegenden Fall hätte Dir gerade dieses Feingefühl sagen müssen, dass gar kein Grund für mich vorlag, so zu handeln, wie der ‚Figaro' es wissen will. Jakowlew ist offenbar aus rein dekorativer Spekulation in die Beschreibung geraten, ist er doch ‚Chambellan de Sa Majesté l'Empereur de toutes les Russies!' Dixi et salvavi animam meam."

Im Anschluss an diese Episode möchte ich noch erwähnen, dass die Polemik zwischen ‚Figaro' und ‚Paris' auch in Deutschland bekanntgeworden ist und dass die deutschen Zeitungen Peter Iljitsch ihre Dankbarkeit und Anteilnahme für die energische Verteidigung des grossen deutschen Musikers zu Füssen legten.

Am 12. Januar 1893 kam Peter Iljitsch in Odessa an und wurde durch Mitglieder der [dortigen Abteilung der] Russischen Musikgesellschaft, durch einige Künstler (darunter Sofie Menter und Sapelnikow) und andere Bekannte am Bahnhof empfangen.

[[786] Nachweis in ČPSS XVII, S. 22: Anmerkung 1 zu Čajkovskijs Brief an Safonov vom 15. Januar 1893 aus Odessa, ČPSS XVII, Nr. 4847.]

Von diesem Tage an war er im Laufe von fast zwei Wochen der Gegenstand der grössten Begeisterung oder Odessiten, hinter der selbst die Prager Triumphe von 1888 völlig verschwinden. „Ich habe noch nie etwas Derartiges erlebt, was ich jetzt erlebe", schreibt er aus Odessa. Zehn Tage lang brachten die vier wichtigsten Zeitungen spaltenlange Berichte über jeden Schritt und Tritt Peter Iljitschs, erzählten seine Biographie, beschrieben seine Persönlichkeit, zählten alle Feierlichkeiten und Ehrungen auf, die ihm zuteil wurden, referierten über die Konzerte und sangen der „Pique Dame" Lobenshymnen, welche dort zum ersten Mal aufgeführt wurde.[787]

Die Ovationen nahmen am 13. Januar beim Erscheinen Peter Iljitschs in der Probe zu „Pique Dame" ihren Anfang. Er wurde durch den Unternehmer Grekow,[788] die Administration des Theaters und die ganze Truppe der Sänger und Sängerinnen begrüsst. Als er die Bühne betrat, ertönten Hurrarufe, das Orchester blies Tusch und Peter Iljitsch wurde von vielen Händen in die Höhe gehoben und „geschaukelt".[789] Diese Begeisterung bestach unseren Komponisten aber nicht, und er war bei der Einstudierung der Oper sehr streng, verbesserte viele Fehler und verlangte Wiederholungen. Am folgenden Tage (14. Januar) wurde er in der Probe des Symphoniekonzerts ebenso enthusiastisch begrüsst, jedoch zum Glück ohne „Schaukeln".[790] Am 15. Januar wohnte er wieder zwei Proben der Oper und des Konzerts bei. Am 16. dirigierte er das Symphoniekonzert der Russischen Musikgesellschaft im Saale des Stadttheaters. Das Programm war: 1.) [Orchester-Fantasie „Der] Sturm", 2.) Andante cantabile aus dem [Streich-]Quartett op. 11,[791] 3.) „Nussknacker"-Suite, 4.) Klaviersolo (Sofie Menter) und 5.) „Variationen über ein Rokokothema" für Violoncello [und Orchester op. 33] (W. Aloïs).[792] Mit dem Erscheinen Peter Iljitschs auf dem Podium nahmen die begeisterten Ovationen ihren Anfang. Die Odessaer Abteilung der Russischen Musikgesellschaft begrüsste ihn durch die Überreichung eines kostbaren Taktstocks,[793]

[[787] Angesichts dieses umfangreichen Zeitungsmaterials ist es um so erstaunlicher, wie viele Fehler im Hinblick auf Daten und Fakten die Čajkovskij-Literatur in ihren Darstellungen des Odessa-Aufenthalts bis heute aufweist. Lev Vinocour hat dieses Material gesichtet und die Daten und Fakten von Čajkovskijs Odessa-Aufenthalt 1893 korrigiert; vgl. das Kapitel „II. Čajkovskijs Aufenthalt in Odessa, 12./24.01. – 25.01./06.02.1893", S. 47-56 seines Beitrags „Liszt – Menter – Čajkovskij. Zur Geschichte des Konzertstücks ‚Ungarische Zigeunerweisen', in: Mitteilungen 13 (2006), S. 37-130.]
[788] Jetzt Schauspieler am Kleinen Theater zu Moskau. [Ivan N. Grekov (1849-1919), 1879-1891 Schauspieler am Kleinen Theater (Malyj teatr) in Moskau, 1892-1894 Opernunternehmer in Odessa.]
[789] In Russland herrscht die Unsitte, einen gefeierten Menschen zu ergreifen und mehrere Male in die Luft zu werfen und wieder aufzufangen, was man „schaukeln" nennt.
[[790] Abends war Čajkovskij erneut bei der „Pique Dame"-Probe anwesend – vgl. den oben genannten Beitrag von Lev Vinocour in: Mitteilungen 13 (2006), S. 48 oben, unter 15. / 27. Januar 1893.]
[[791] In Streichorchesterbesetzung und nicht (da der Solist der Rokoko-Variationen, Aloiz, in den Kritiken nicht auch bei diesem Stück genannt wird) in Čajkovskijs eigener Bearbeitung (1888) für Violoncello und Streichorchester.]
[[792] Der tschechisch-russische Violoncellist Vladislav F. Aloiz (1860-1917), Absolvent des Prager Konservatoriums (1879) wirkte in Kiev, Warschau und Odessa, bevor er 1894 Professor am Petersburger Konservatoriums wurde. – Die Reihenfolge wird in ČPSS XVII, S. 21, Anmerkung 5 wie folgt angegeben: „Sturm", Rokoko-Variationen, Andante cantabile, „Nußknacker"-Suite. Ebendort wird auch das „Solo" Sofie Menters genannt: ein Klavierkonzert von Liszt. Dazu zitiert Lev Vinocour a.a.O., S. 48 f., u. a. die Zeitung „Odesskij vestnik" 1893 Nr. 14: „Im heutigen 1. Symphoniekonzert kann Herr Sapel'nikov [!] aufgrund einer Handverletzung nicht teilnehmen. Stattdessen tritt die gestern [!] in Odessa eingetroffene Pianistin Frau Sofie Menter auf. Sie wird das Es-Dur-Klavierkonzert von Liszt spielen, das Orchester in diesem Stück wird von Herrn Sapel'nikov geleitet. Peter Il'ič wird die Aufführung eigener Werke dirigieren." Ursprünglich hatte Sapel'nikov das 2. Klavierkonzert von Čajkovskij spielen sollen (ebenda, S. 49).]
[[793] Dieser mit Gold und Brillanten verzierte Taktstock ist erhalten geblieben und wird im GDMČ aufbewahrt. Nach: Lev Vinocour, a.a.O., S. 48, Anmerkung 43.]

während er vom Orchester einen Lorbeerkranz erhielt. Alle Nummern ernteten frenetischen Beifall, manche mussten dreimal wiederholt werden.

Der „Odesskij listok" erzählt:

> „Sehr effektvoll war das Bild am Schluss des Konzerts. Alle Zuhörer erhoben sich von ihren Sitzen, von allen Seiten ertönten Dankrufe, die von Herzen kamen; die Damen schwenkten Tücher, die Herren ihre Hüte; gleichzeitig blies das Orchester auf dem Podium ununterbrochen Tusch; der Enthusiasmus ging so weit, dass Peter Iljitsch auf Händen getragen wurde. Das war aber den bezauberten Orchestermusikern noch nicht genug; in Anerkennung des grossen Talents, vor dem sie standen, küssten sie stürmisch seine Hände. Und das geschah nicht im Affekt, sondern bewusst und in Verehrung. Es war zu sehen, dass Peter Iljitsch sie sowohl durch sein grosses Talent als Komponist als auch durch seine ausserordentliche Liebenswürdigkeit als Mensch in der Tat ganz bezaubert hatte. Die Musiker küssten die Hände, von denen so viele hervorragende Werke herrührten. Und Peter Iljitsch verstand die ganze Aufrichtigkeit dieser Huldigung und dankte den Musikern, indem er die Mehrzahl derselben umarmte und küsste. Wie gesagt, das Bild war überaus rührend."

Am 17. Januar war Peter Iljitsch wieder in der Opernprobe.[794] Am 18. Januar fand die Generalprobe der „Pique Dame" statt und am 19. die erste Vorstellung, welche mit dem Benefiz des Kapellmeisters Emanuel[795] zusammenfiel.

Die Interpreten der Rollen Hermanns und Lisas[796] gefielen dem Komponisten sehr. Nur das erste Bild wurde vom Publikum nicht sehr warm aufgenommen, im weiteren Verlauf aber wuchsen die Ovationen bis zu demselben Umfang an wie im Konzert am 16. Januar. Das war nicht nur ein Erfolg, sondern ein ganz gewaltiger Furore. Alle Zeitungen konstatierten ihn enthusiastisch.[797]

Am 20. Januar wurde zu Ehren Peter Iljitschs ein feierliches Schülerkonzert in der Odessaer Abteilung der Russischen Musikgesellschaft veranstaltet und im Anschluss daran ein Paradesouper. Am 21. wurde unser Komponist durch den Englischen Klub gefeiert.[798] Am 22. trat er in einem Wohltätigkeitskonzert des Slavischen Vereins auf und dirigierte

---

[[794] Und abends war er zusammen mit Sofie Menter und Vasilij Sapel'nikov Ehrengast bei einem Konzert des geigespielenden Wunderkinds Konstantin („Kostja") M. Dumčev (1879-1948). Dieser spielte u. a. eine eigene Mazurka sowie Kompositionen von Schumann und Vieuxtemps. Nach ČPSS XVII, S. 21, Anmerkung 4.]

[[795] Nikolaj B. Émanuèl' (geb. 1848) hatte 1867 das Leipziger Konservatorium absolviert und in verschiedenen Ländern dirigiert, lebte seit 1879 in Russland, war 1881/82 Dirigent am Moskauer Bol'šoj teatr und danach bei privaten Unternehmen – wie in diesem Fall bei Grekov in Odessa.]

[[796] Iosif G. Suprunenko, Tenor (1861-1936; hatte 1885 das Petersburger Konservatorium absolviert) und P. M. Filonova.]

[[797] Bei der Premiere am 19. Januar wurden Čajkovskij ein Exemplar des Klavierauszugs der „Pique Dame" mit einem künstlerisch gestalteten Einband sowie ein Kranz überreicht, auf dessen Band folgende Inschrift eingraviert war: „Smertnye – bessmertnomu. 19 janvarja 1893 g." (Die Sterblichen – dem Unsterblichen. 19. Januar 1893). – Auf die Premiere am 19. folgten drei weitere Aufführungen am 20., 22. und 24. Januar 1893. Nach ČPSS XVII, S. 25, Anmerkung 4.]

[[798] Durch Reden in Prosa und Versen. Abends gab es eine Veranstaltung zugunsten bedürftiger Schüler des Duc-de-Richelieu-Gymnasiums, bei der Čajkovskij gebeten wurde, eine Nummer des Programms zu dirigieren: das Andante cantabile aus dem 1. Streichquartett op. 11 (in Streichorchesterbesetzung). Anschließend wurden Teile aus Verdis „Rigoletto" und, von Mitgliedern des Schauspielensembles, aus einem Vaudeville aufgeführt. Nach: ČPSS XVII, S. 21, Anmerkung 7.]

dort drei von ihm komponierte Stücke.[799] Nach dem Konzert fand wieder ein Souper statt, welches Presse und Künstler zu Ehren des Gastes gaben. Am 23. Januar kam das zweite Konzert der Odessaer Abteilung der Russischen Musikgesellschaft zustande, in welchem Peter Iljitsch von seinen eigenen Werken die Ouvertüre „1812" dirigierte und da capo spielen musste; ausserdem führte er u. a. die Es-Dur-Symphonie von Borodin auf.[800] Am 24. Januar wiederholte er in der Matinee der Russischen Musikgesellschaft alle Orchesternummern des ersten Konzerts (vom 16. Januar).[801] Am Abend desselben Tages wohnte er der vierten, ovationsreichen Vorstellung der „Pique Dame" bei. Am 25. Januar verliess Peter Iljitsch Odessa.

Wenn man bedenkt, dass Peter Iljitsch nicht nur alle hier aufgezählten Festlichkeiten mitmachen, sondern ausserdem eine ganze Menge Besuche machen und empfangen musste, welche seinen Rat oder seine Protektion suchten oder ihn einfach um Geldunterstützung baten, – dass er ferner die Partituren der von ihm am 23. Januar dirigierten neuen Werke studieren und zu alledem dem Maler Kusnezow für ein Portrait sitzen musste, so kann man wohl sagen, dass er die Ovationen der Odessiten sehr teuer bezahlt hat.

An A. Merkling: „Odessa, d. 23. [recte: 24.] Januar 1893.
... Ich werde hier geradezu in Stücke gerissen und habe keine Möglichkeit, mich zu erholen. Ich bin nahezu 14 Tage hier und habe in dieser Zeit schon fünf Konzerte dirigiert, unzählige Proben abgehalten und eine ganze Menge Diners und Soupers verschlungen, welche mir zu Ehren veranstaltet wurden. Das alles ermüdet mich sehr, doch wäre es lächerlich, sich darüber zu beklagen, denn die Erinnerung an all den Enthusiasmus und die Ovationen wird mir später angenehm sein. Bedenke: ausser den Konzerten habe ich die Proben der ‚Pique Dame' geleitet und drei Vorstellungen derselben beigewohnt. Ich muss

---

[799 In diesem Konzert mit dem Liebhaberorchester des „Volksauditoriums" in der Odessaer Börsenhalle dirigierte Čajkovskij drei Kompositionen für Streichorchester: die Elegie zum Gedächtnis an I. V. Samarin, das Andante cantabile aus dem 1. Streichquartett op. 11 sowie den Walzer aus der Serenade für Streichorchester op. 48. Das Präsidium des „Volksauditoriums" überreichte dem Komponisten einen silbernen Seidel, auf dem die folgenden Worte eingraviert waren: „Sejte razumnoe, dobroe, večnoe; Sejte, spasibo vam skažet serdečnoe russkij narod!" (Säet das Richtige, das Gute, das Ewige. Säet, das russische Volk wird euch von Herzen danken! – Zitiert aus dem Gedicht „Den Sämännern", 1876, von Nikolaj A. Nekrasov.) Der Seidel ist erhalten geblieben und wird im GDMČ aufbewahrt. Nach: ČPSS XVII, S. 21, Anmerkung 7.]
[800 Außerdem enthielt das Programm das Violinkonzert von Heinrich Wilhelm Ernst (Solist: Konstantin A. Gavrilov, Schüler von Auer am Petersburger Konservatorium, 1892/93 Lehrer an der Odessaer Musikschule), ein Scherzo von Porfirij Molčanov (offenbar ebenfalls ein Lehrer der Musikschule) sowie die „Fantasie" (bzw. die Ungarischen Zigeunerweisen) von Sofie Menter, instrumentiert von P. I. Čajkovskij (Solistin: S. Menter). Bisher war in der Čajkovskij-Literatur allgemein angenommen worden, Čajkovskij habe die Zigeunerweisen dirigiert; tatsächlich hat, wie die Rezensionen ausdrücklich konstatieren, Vasilij Sapel'nikov das Orchester geleitet. Vgl. wieder Lev Vinocours Beitrag in den Mitteilungen 13 (2006), S. 52-54.]
[801 Im „Odesskij vestnik" vom 20. Januar 1893 wurde dieses Konzert am Sonntag nachmittag, dem 24. Januar, wie folgt angekündigt: „P. I. Čajkovskij äusserte den Wunsch, das Opernorchester des Theaters für die hervorragend geleistete Arbeit im von ihm geleiteten Symphoniekonzert zu belohnen, indem er sich bereiterklärte, am Sonntag nachmittag, 24. Januar, ein drittes Konzert zu geben. Angesichts dessen, dass sehr viele Musikliebhaber keinen Zutritt zum ersten Konzert bekommen hatten, wird dasselbe Programm wiederholt. Am Konzert nehmen Frau Sofie Menter, die Herren Sapel'nikov, Antonovskij und Frau Klimžinskaja teil. Der Erlös des Konzerts kommt vollständig den Orchestermusikern zugute. Herr Intendant Grekov stellt das Theater kostenlos zur Verfügung." (Nach dem oben genannten Beitrag von Lev Vinocour, Mitteilungen 13 (2006), S. 51.) Zusätzlich sind also Sofie Menters „Ungarische Zigeunerweisen" ein zweites Mal aufgeführt worden (Solistin: S. Menter; Dirigent: V. Sapel'nikov). Der Bassist A. P. Antonovskij sang im Konzert am 24. Januar zwei Romanzen Čajkovskijs: op. 6, Nr. 2 und op. 38, Nr. 1; nach ČPSS XVII, S. 21, Anmerkung 7. Die Sängerin Klimženskaja hatte ihre Teilnahme an dem Konzert wegen ihrer Erkrankung abgesagt.]

Gott für die Gesundheit danken, dank welcher ich ein derartiges Leben zwei Wochen lang zu ertragen vermag.

Odessa ist eine sehr hübsche Stadt; aber der Winter ist hier in diesem Jahr ebenso streng wie im Norden, weshalb die Stadt einer nordischen Stadt im Winter ähnlich sieht. Das [Schwarze] Meer ist auf Dutzende von Werst hinaus eingefroren. Man sagt, so etwas hätte es noch nie gegeben.

Morgen werde ich endlich meine Schritte heimwärts richten, d. h. ich werde zuerst nach Kamenka, dann nach Moskau und dann zu mir [nach Klin] fahren; bei Euch werde ich nicht früher als in der ersten Fastenwoche erscheinen können. Dann werde ich noch in Moskau dirigieren und in Nishny[-Nowgorod] Tolja besuchen müssen. Später werde ich mich sehr lange in Klin festsetzen." [XVII, 4850.]

An M. Tschaikowsky: „Kamenka, d. 28. Januar 1893.

... Noch nie war ich so müde vom Dirigieren wie in Odessa, denn ich musste nicht weniger als fünf Konzerte leiten.[802] Man hat mich aber auch nie und nirgends so in den Himmel gehoben und gefeiert wie dort. Schade, dass Du die Odessaer Zeitungen nicht zur Hand hast, – Du würdest aus ihnen erfahren können, wie übertrieben mir Odessa gehuldigt hat. Viele unerträglich schwere Stunden habe ich durchgemacht (z. B. das Festessen im Englischen Klub), aber auch viele frohe. Wenn ich jemals in den Hauptstädten[803] etwas ähnliches erleben würde! Das ist aber unmöglich, übrigens auch nicht nötig. Ich muss den Glauben an mich selbst wiedergewinnen, denn er ist sehr erschüttert: es scheint mir, ich hätte meine Rolle ausgespielt ...

... Wird man auch in der Butterwoche nichts von mir aufführen?[804]

... Der Maler Kuznezow in Odessa hat ein wundervolles Portrait von mir gemalt. Ich hoffe, dass er es auf die ‚Wanderausstellung' schicken wird."[805] [XVII, 4852.]

Dieses Portrait befindet sich gegenwärtig in der Tretjakowschen Galerie zu Moskau. Obwohl der Künstler das innere Leben Peter Iljitschs nicht kannte, ist es ihm kraft des Instinkts der Inspiration gelungen, die ganze Tragik der damaligen Stimmung des Komponisten zu erraten und tief wahr wiederzugeben. Wer meinen Bruder so gut kannte wie ich, wird gewiss zugeben, dass es kein lebenswahreres Bild von ihm gibt. Einige Abweichungen von der Wirklichkeit gibt es allerdings in den Details des Gesichts. Sie verdunkeln aber nicht den Hauptinhalt, und ich würde sie nicht gern einer Korrektur preisgeben. Kein Mensch vermag die Vollkommenheit zu erreichen, und – weiss Gott – vielleicht ist der

---

[802 Nicht alle, wie die vorangehenden Anmerkungen zum Repertoire zeigen, mit großem Programm, und nicht alle Werke hat er selbst geleitet. So hat V. Sapel'nikov zwei Aufführungen der „Ungarischen Zigeunerweisen" von Sofie Menter (und mit ihr als Solistin) dirigiert; und auch der Dirigent der „Pique Dame"-Aufführungen, Nikolaj Ėmanuėl', war an den Konzerten beteiligt, wie aus einer Annonce für das von Čajkovskij dirigierte „Abschiedskonzert" am 24. Januar in der Zeitung „Odesskij vestnik" vom 21. Januar 1893 hervorgeht: „... Das Orchester begleitet unter der Leitung des Herrn Kapellmeisters N. B. Ėmanuėl." Allerdings ist fraglich, welches konzertante Werk des Konzerts er begleitet haben könnte; am ehesten wohl das Violinkonzert von Ernst im Programm des 23. Januar.]

[803 Petersburg und Moskau.]

[804 Nach den ersten sechs Aufführungen von „Jolanta" und „Nußknacker" im Petersburger Mariinskij teatr wurden bis zum Ende der Saison 1892/93 einmal „Evgenij Onegin" und weitere viermal „Jolanta" und „Nußknacker" gegeben. Im Moskauer Bol'šoj teatr wurden in dieser Zeit „Evgenij Onegin" (viermal) und „Pikovaja dama" (ebenfalls viermal) aufgeführt.]

[805 Vgl. Mitteilungen 13 (2006), S. 56 mit Anmerkung, sowie Lev Vinocours Beitrag „Nikolaj D. Kuznecov, der Maler des Čajkovskij-Portraits 1893, und seine Tochter, die Sängerin Marija Nikolaevna Kuznecova", in: Mitteilungen 14 (2007), S. 98-111.]

Odem des Lebens, der dem Bild innewohnt, gerade um den Preis kleiner Fehler in den einzelnen Gesichtszügen erreicht worden.

Kusnezow schenkte das Portrait Peter Iljitsch, doch nahm dieser es nicht an, weil er in seiner Behausung kein Bild von sich dulden wollte und sich auch nicht für berechtigt hielt, es weiterzuschenken, namentlich aber – weil er den Künstler nicht der Möglichkeit berauben mochte, materielle Vorteile durch das Bild zu gewinnen. Als Ersatz für das Portrait nahm Peter Iljitsch eine wunderschöne Frühlingsstudie von Kusnezow zum Geschenk an, welches bis heute der beste Schmuck des Hauses in Klin geblieben ist.

An M. Tschaikowsky: „Klin, d. 5. Februar 1893.

Schönen Dank, lieber Modja, für all Deine Briefe. Die Reise von Kamenka hierher[806] war nicht besonders glücklich. Im Eisenbahnwagen bin ich so krank geworden, dass ich zum Entsetzen der Mitreisenden Fieberphantasien bekam und in Charkow aussteigen musste. Nachdem ich die gewöhnlichen Massregeln getroffen und mich ausgeschlafen hatte, erwachte ich am nächsten Morgen als gesunder Mensch. Ich denke, es war ein scharfes Magenfieber. Da mir infolge des Aufenthalts das Geld nicht reichte, war ich genötigt, mich an Slatin, den Direktor der [Charkower Abteilung der Russischen] Musikgesellschaft[807] zu wenden, so dass ich dank diesem Umstand gegen Ende der Fastenzeit wahrscheinlich in Charkow werde dirigieren müssen.[808] Slatin und seine Frau haben mir so viele Aufmerksamkeiten und Liebenswürdigkeiten erwiesen, dass ich es nicht übers Herz bringen konnte, abzusagen. In Moskau hielt ich mich nicht auf und hatte nur Jurgenson telegraphisch von meiner Durchreise benachrichtigt; er brachte mir u. a. auch Deine Briefe. Es zieht mich mächtig nach Petersburg, und ich habe furchtbare Lust, in diesem Augenblick bei Euch zu erscheinen, – jedoch zwingt mich die Vernunft, die Reise um vierzehn Tage zu verschieben. Am 14. Februar dirigiere ich in Moskau[809] und muss bereits in acht Tagen zur ersten Probe dort sein. Bis dahin muss ich mich erholen und ein wenig zu mir kommen! Ausserdem habe ich jetzt gar kein Geld. In der ersten Woche wird Ossip Iwanowitsch[810] Geld für mich einziehen,[811] so dass ich Ende der zweiten Fastenwoche – ausgerüstet mit einer zwar nicht grossen, aber ansehnlichen Summe – bei Euch erscheinen und Eure finanziellen Angelegenheiten regeln werde. Schönen Dank für Deine aufmunternden Worte bezüglich der Komponiererei, – wir wollen sehen! Einstweilen denke einmal in Deiner freien Zeit über ein Libretto nach. Etwas Originelles und tief Rührendes. Inzwischen werde ich um des Geldes willen kleine Stücke und Lieder schreiben[812] und dann eine neue Symphonie komponieren und noch eine Oper,[813] und dann werde ich möglicherweise Schluss machen. Das

---

[806] Am 25. Januar war Čajkovskij von Odessa (Schwarzes Meer) nach Kamenka (Ukraine) gereist, wo er bis zum 30. Januar blieb. Die Rückreise nach Klin unterbrach er krankheitshalber am 1. / 2. Februar in Char'kov, so daß er erst am 3. Februar zu Hause ankam.]
[807] Der Pianist und Dirigent Il'ja I. Slatin (1845-1931) hatte sie 1871 samt einer Musikschule begründet und dirigierte die Konzerte der Musikgesellschaft; seit 1887 war er Ehrenmitglied der Petersburger Abteilung der Russischen Musikgesellschaft.]
[808] Das entsprechende Symphoniekonzert der Musikgesellschaft kam am 14. März 1893 zustande; siehe unten, Ende von Kapitel XL, S. 599.]
[809] Siehe ebenfalls unten, Kapitel XL, S. 599.]
[810] Der Musikalienhändler Iosif (Osip) I. Jurgenson (1820-1910) in Petersburg, älterer Bruder des Moskauer Verlegers Petr I. Jurgensons und dessen Kommissionär.]
[811] Gemeint sind offenbar Tantiemen der Aufführungen von Čajkovskijs „Evgenij Onegin", „Iolanta" und „Nußknacker" am Petersburger Mariinskij teatr.]
[812] Das werden die Achtzehn Stücke für Klavier op. 72 und die Sechs Romanzen op. 73.]
[813] Nach der verworfenen Es-Dur-Symphonie komponiert Čajkovskij seine 6. Symphonie op. 74, die „Pathétique"; eine neue Oper komponiert er nicht mehr. Das letzte Opus, das er selbst noch zum Druck gibt, ist der

Opernsujet muss mich aber unbedingt tief rühren. Zum ‚Kaufmann von Venedig' habe ich keine besondere Lust.[814]

... In der nächsten Woche werde ich Wolodja Schilowsky besuchen müssen. Das flösst mir Furcht und Aufregung ein. Sag, hat er sich sehr verändert? Wie äussert sich die Wassersucht? Ich fürchte Tränen und überhaupt dieses ganze Wiedersehen. Gibt es wirklich gar keine Hoffnung? Antworte auf diese Fragen, mein Lieber." [XVII, 4858.]

Wladimir Schilowsky, der Ende der sechziger und Anfang der siebziger Jahre eine so bedeutende Rolle im Leben Peter Iljitschs gespielt hatte, kam seit seiner Verheiratung mit der letzten Vertreterin des Geschlechts der Grafen Wassiljew nur selten mit seinem ehemaligen Lehrer zusammen. Das war aber nicht das Resultat eines Konflikts. Sie sind durch die Verschiedenheit ihrer Interessen und Bestrebungen ohne jeden sichtbaren Grund auseinander geraten. Im Januar 1893 erreichte mich die Kunde von einer schweren Erkrankung Wladimir Schilowskys. Ich besuchte ihn und fand ihn im langsamen Absterben. Er sagte mir selbst, sein Urteil sei gesprochen. Das teilte ich Peter Iljitsch mit, welcher seinen früheren Schüler Mitte Februar in Moskau besuchte und durch den Ausdruck der Freude des letzteren über das Wiedersehen tief gerührt war. Peter Iljitsch bewunderte die überlegene Ruhe, mit welcher der Kranke von der Hoffnungslosigkeit seiner Situation sprach, und die Freunde knüpften die früheren intimen Beziehungen wieder an, welche erst mit dem Tode des Grafen im Juni 1893 ein Ende nahmen.

Kapitel XL.

[10. Februar – 16. März 1893. Klin. Moskau. Char'kov.
Beginn der Arbeit an der 6. Symphonie – „das beste aller meiner Werke",
mit einem Programm, „das für alle ein Rätsel bleiben soll".
Dirigiert am 14. Februar ein Konzert in Moskau.
Rühmt die Suite „Aus dem Kinderleben" op. 1 des jungen Komponisten Georgij È. Konjus.
Empfiehlt dem kranken V. Šilovskij den jungen Cellisten Ju. Poplavskij als Musiker und Gesellschafter.
Dirigiert in Napravniks Moskauer Konzert am 7. März seine „Nußknacker"-Suite.
Wird anläßlich seines Besuchs in Char'kov und seines Konzerts am 14. März enthusiastisch gefeiert.]

Das Leben Peter Iljitschs verlief wie in Spiralen. Bei jeder seiner Wendungen führte sein Pfad durch gleiche Stimmungszonen, welche in jedem Kreis parallel zueinander lagen. Als ich oben von dem düsteren Kummer seiner letzten Lebensjahre sprach, betonte ich die Ähnlichkeit der Stimmungen vor jedem scharfen Umschwung in seinen Verhältnissen. Ähnlich dem Stillstand der moralischen Leiden im Laufe der Sommermonate 1862, welche dem plötzlichen Übergang vom Beamtentum in die Musikwelt vorangingen, ähnlich der klaren und ruhigen Geistesverfassung vor der Krisis 1877, – trat auch jetzt eine Periode der Beruhigung und der Zufriedenheit ein, deren Hauptursache die Schöpfung der sechsten, sogenannten „pathetischen" Symphonie war. Als wenn Peter Iljitsch den ganzen Kummer und den ganzen Gram der vorangegangenen Jahre in sie versenkt hätte und nun eine zeitweilige Erleichterung empfand, wie sie jeder empfindet, der einer teilnahmsvollen Seele gegenüber alles das ausspricht, was ihn lange Zeit hindurch gequält und bedrückt hat.

---

zum Klavierkonzert op. 75 umgearbeitete erste Satz der Es-Dur-Symphonie. Postum erscheinen die Opera 76-80.]
[[814] Das Sujet nach Shakespeare hatte ihm Nikolaj G. Konradi vorgeschlagen.]

An A. Tschaikowsky: „Klin, d. 10. Februar 1893.

... Ich bin jetzt ganz erfüllt von dem neuen Werk (einer Symphonie),[815] und es fällt mir schwer, mich von dieser Arbeit loszureissen. Ich glaube, es entsteht das beste aller meiner Werke. Ich muss die Symphonie möglichst bald beenden, weil ich eine ganze Menge anderer Arbeiten zu erledigen habe und ausserdem bald nach London und Cambridge reisen muss."[816] [XVII, 4864.]

An W. Dawidow: „Klin, d. 11. Februar 1893.

... Ich möchte Dir mitteilen, dass ich mich infolge meiner Arbeiten in sehr angenehmer Stimmung befinde. Du weisst, dass ich die Symphonie [Es-Dur], welche ich im Herbst komponiert und zum Teil instrumentiert hatte, vernichtet habe. Und das war gut, denn sie enthielt wenig Gutes, – nur leeres Tongeklingel ohne rechte Inspiration. Während der Reise fasste ich den Gedanken an eine neue Symphonie, diesmal eine Programmsymphonie, deren Programm aber für alle ein Rätsel bleiben soll, – mögen sie sich nur die Köpfe zerbrechen. Die Symphonie wird eben ‚Programmsymphonie' (N⁰ 6) heissen. Dieses Programm ist durch und durch subjektiv, und ich habe nicht selten während meiner Reisen, sie in Gedanken komponierend, bitterlich geweint. Jetzt, nach der Rückkehr, setze ich mich an die Skizzen [den Entwurf] und arbeite so feurig und so schnell, dass der erste Satz in weniger als vier Tagen ganz fertig war und die übrigen Sätze in meinen Gedanken schon eine scharf ausgeprägte Gestalt angenommen haben. Die Hälfte des dritten Satzes ist auch schon fertig.[817] Der Form nach wird diese Symphonie viel Neues bieten, unter anderem wird das Finale kein lärmendes Allegro, sondern – im Gegenteil – ein sehr lang gedehntes Adagio sein. Du glaubst gar nicht, welche Wonne für mich die Überzeugung ist, dass meine Zeit noch nicht abgelaufen ist und ich noch arbeitsfähig bin. Vielleicht irre ich mich, – doch glaube ich es nicht. Bitte sprich zu niemandem darüber ausser Modest." [XVII, 4865.]

Nach dreijähriger Pause dirigierte Peter Iljitsch wieder ein Symphoniekonzert der Moskauer Abteilung der Russischen Musikgesellschaft, und zwar am 14. Februar 1893. Er war infolge eines Briefes W. Safonows dahin zurückgekehrt, welcher ihn gebeten hatte, die zwischen ihnen vorgekommenen persönlichen Misshelligkeiten zu vergessen und dem Werk des unvergessenen Nikolai Rubinstein von neuem zu dienen.

In diesem [Sonder-]Konzert (zugunsten des Fonds [für die Witwen und Waisen von Künstlern]) führte Peter Iljitsch zum ersten Mal in Moskau seine Fantasie-Ouvertüre „Hamlet" und die Suite aus dem „Nussknacker" auf. Ausserdem dirigierte er [zwischen den beiden vorgenannten Werken] die [Konzert-]Fantasie für Klavier [und Orchester op. 56] in der Ausführung S. I. Tanejews. Peter Iljitsch wurde durch einen Tusch des Orchesters und begeisterten Applaus des ganzen Saals begrüsst. Alle drei Werke, namentlich aber die Suite (vier Nummern derselben mussten sogar wiederholt werden), hatten einen glänzenden Erfolg. Nach diesem Konzert kehrte Peter Iljitsch nach Klin zurück, aber nur für kurze Zeit. Gegen Ende Februar war er bereits wieder in Moskau, um die Suite „Aus dem Kin-

---

[815] Die Konzeptschrift begann Čajkovskij am 4. Februar 1893, und er schloß sie am 24. März ab; kommentierte Faksimile-Ausgabe dieses Particells in NČE 39a. „Vorgeschichte" (Symphonie „Das Leben" und Es-Dur-Symphonie) und Entstehungsgeschichte werden in NČE 39c, dem Kritischen Bericht zur Neuausgabe der Partitur in NČE 39b, dargestellt.]

[816] Im Herbst 1892 war Čajkovskij die Ehrendoktorwürde der Universität Cambridge angetragen worden (siehe oben, S. 578); Ende Mai 1893 fuhr er nach England, um sie entgegenzunehmen (siehe unten, S. 607 ff.).]

[817] Die Sätze wurden in dieser Reihenfolge komponiert: erster Satz, dritter Satz (Marsch-Scherzo), Finale, zweiter Satz (Walzer im ⁵/₄-Takt).]

derleben" [für Orchester und Chor op. 1] von Georg Conus[818] zu hören, welche ihm in ihrem Klavierarrangement überaus gefallen hatte und welche am 25. Februar ihre erste Aufführung unter Safonows Leitung erlebte. Vom Orchester ausgeführt, gefiel die Suite Peter Iljitsch noch mehr, und er schrieb am folgenden Tag einen Brief:

An die Zeitung „Russkie wedomosti": „Moskau, d. 26. Februar 1893.

Hochgeehrter Herr, gestatten Sie mir, Sie zu bitten, diese wenigen, unwillkürlich aus meiner Feder fliessenden Zeilen in die Spalten derjenigen Zeitung aufzunehmen, deren musikalischer Mitarbeiter ich einst gewesen bin. Gestern, am 25. Februar, trat in der Moskauer Musikwelt ein Ereignis ein, auf welches ich sehr nachdrücklich hinweisen möchte.

Im Konzert der Kaiserlichen Russischen Musikgesellschaft wurde zum ersten Mal die Suite ‚Aus dem Kinderleben' gespielt, deren jugendlicher Autor, Herr G. Konus, sich auch schon früher von seiner besten Seite gezeigt hatte, diesmal aber eine solche Kraft des Talents, eine so tief sympathische und eigenartige schöpferische Individualität und eine so seltene Vereinigung der reichsten Erfindungsgabe, Aufrichtigkeit und Wärme mit der ausgezeichnetsten Technik an den Tag gelegt hat, – dass man diesem jungen Mann eine glänzende Zukunft prophezeien kann. Mag Ihr spezieller Mitarbeiter das neue, herrliche Werk eines russischen und Moskauer Musikers ausführlich besprechen, – ich beschränke mich auf den Ausdruck feurigster Dankbarkeit gegenüber dem hochbegabten Autor für den Moment aufrichtiger Begeisterung, die mich und, wie ich hoffe, alle, die gestern im Konzert gewesen sind, beim Anhören der reizenden musikalischen Bilder, aus denen die Suite besteht, ergriffen hat.

Walte Gott, dass die grosse Begabung des Autors wachse und gedeihe und bei allen, denen die Sorge dafür obliegt, Aufmunterung, Unterstützung und Anteilnahme finde, welche auf dem oft nur zu dornenreichen Pfad eines Komponisten für eine erfolgreiche Tätigkeit unerlässlich sind!" [XVII, 4872.]

Dieser Brief hat seinen Adressaten nie erreicht, weil ihn Peter Iljitsch aus unbekannten Gründen nicht abgeschickt hat. Er wurde nach Peter Iljitschs Ableben unter anderen Papieren gefunden und dank den gütigen Bemühungen des Grossfürsten Konstantin Konstantinowitsch Kaiser Alexander III. zur Kenntnis gebracht. Dem in den letzten Zeilen ausgesprochenen Wunsch entgegenkommend, geruhte der Kaiser zum Gedächtnis Peter Iljitschs, dem Komponisten Georg Conus eine jährliche Unterstützung von 1200 Rubeln zu bewilligen.

An M. Tschaikowsky: „Klin, d. 28. Februar 1893.

Lieber Modja, bitte erledige für mich folgenden Auftrag: geh in das photographische Atelier der Kaiserlichen Theater[819] und bestelle für mich: 1.) ein grosses Bild für Siloti. Wenn ein fertiges da sein sollte, so nimm es sofort in Empfang, bezahle und sende es an Siloti nach Paris. 2.) *Zwölf* Dutzend Kabinettphotographien auf *hellem* Hintergrund. Diese

---

[[818] Die Brüder Georgij È. Konjus (1862-1933; Komponist), Julij Konjus (1869-1942; Geiger) und Lev Konjus (1871-1944; Pianist) waren Čajkovskij persönlich bekannt, und er schätzte sie als Musiker. Georgijs Suite „Aus dem Kinderleben" für Orchester und Chor op. 1 wollte er, als er Programmvorschläge für von ihm zu dirigierende Konzerte in Petersburg 1894 (!) machen sollte, auch selbst aufführen. Julij hatte er 1891 in New York erfolgreich als zweiten Konzertmeister des New Yorker Symphonieorchesters empfohlen – siehe oben; und im August 1893 bat er ihn, nach Klin zu kommen, um mit ihm die Streicherstimmen der Pathétique-Partitur spieltechnisch zu bezeichnen. Und Lev half ihm bei der Anfertigung des vierhändigen Klavierauszugs dieses Werkes.]

[[819] Dort waren z. B. 1891 die drei Portraitphotographien angefertigt worden, die u. a. im Album 2005 veröffentlicht sind: S. 138-140 (Abbildungen 99-101; Katalogteil S. 221 f.).]

müssen, sobald sie fertig sind, an Jurgenson geschickt werden, welcher sie bezahlen und an mich weitersenden wird. Bitte tu es sofort.[820] Der Kopf schmerzt mich noch immer, wie in Petersburg, aber erstens habe ich mich bereits daran gewöhnt und weiss, was ich zu tun habe, damit die Schmerzen nicht stärker werden, und zweitens bin ich nicht im geringsten beunruhigt, weil Schlaf und Appetit ausgezeichnet sind, und ich im voraus weiss, dass alles von selbst vergehen wird, und wenn nicht, werde ich mich an Bertenson[821] wenden müssen." [XVII, 4878.]

An Graf W. Wassiljew-Schilowsky: „Klin, d. 2. März 1893.

Mein lieber Wolodja, ich schreibe Dir sehr kurz, weil ich erstens schon den neunten Tag an einem nervösen Kopfweh leide, das ich absolut nicht loswerden kann und gegen welches ich kein anderes Mittel weiss, als jede Anstrengung zu vermeiden, zweitens aber – werde ich in diesen Tagen in Moskau sein und Dich besuchen. Ich bin unzufrieden, dass Du Dich nicht schnell genug erholst, zweifle aber nicht im mindesten daran, dass Du so oder anders wieder vollständig gesunden wirst. Eine Operation? Was für eine? Wozu? Übrigens sind Operationen unter Chloroform gar nicht schrecklich.

Poplawsky[822] ist ein herrlicher, sympathischer Jüngling, – wenn Dir aber sein Klavierspiel gar zu ungenügend erscheint, so geniere Dich bitte nicht, – ich werde Dir einen anderen empfehlen. Ich glaubte, dass es Dir angenehm sein würde, öfter nicht nur mit einem guten Musiker, sondern auch mit einem sympathischen Menschen zusammenzusein. Ach, Wolodja, wie wunderschön, wie reizend ist die Suite ‚Aus dem Kinderleben' von [Georg] Conus!!! Ich befinde mich bis jetzt unter dem Eindruck dieses originellen, herrlichen Werks …" [XVII, 4880.]

An A. Tschaikowsky: „Klin, d. 4. März 1893.

Lieber Tolja, verzeih, dass ich lange nichts von mir hören liess. Nach Nishny war ich in Moskau, dann in Klin vor Gericht (der Dieb der Uhr ist freigesprochen worden; das ist gut, denn es ist in der Tat zweifelhaft, ob er der Dieb war),[823] dann einige Tage in Petersburg, später wieder in Moskau; dann fünf Tage hier, und heute reise ich nach Moskau und Charkow. In der sechsten Fastenwoche kehre ich zurück; wann ich wieder zu Euch komme, weiss ich nicht. Während der Gerichtsverhandlung bekam ich infolge des Abscheus, der Hitze und des Mitgefühls für den armen Jungen nervöse Kopfschmerzen, welche ununterbrochen bis heute andauern. Erst seit dem gestrigen Abend geht es besser. Derartige Kopfschmerzen hatte ich auch schon früher, so dass ich gar nicht beunruhigt war und weiterarbeitete. Die jetzige Reise wird mich wieder ganz herstellen, denn in solchen Fällen sind Veränderung und Bewegung die besten Mittel." [XVII, 4883.]

---

[820] Solche Bestellungen wiederholte Peter Iljitsch mehrere mal im Jahr, weil der Vorrat gewöhnlich sehr schnell vergriffen war. Die Mehrzahl der Briefe, die er in jener Zeit bekam, enthielt die Bitte um sein Bild, die er nie abschlägig beschied.

[821] W. Bertenson [Vasilij B. Bertenson, 1853-1933, mit den Brüdern Čajkovskij befreundeter Petersburger Arzt] war der einzige Arzt, den Peter Iljitsch nicht fürchtete und hin und wieder um Rat anging.

[822] [Julian I. Poplavskij, 1871-1958.] Ein junger Cellist, Schüler des Moskauer Konservatoriums, welchen Peter Iljitsch sehr lieb hatte. [Zusammen mit dem mit Čajkovskij befreundeten Cellisten Anatolij A. Brandukov war er am 6. und 7. Oktober 1893 der letzte Gast Čajkovskij in Klin, bevor letzterer Klin für immer verließ.]

[823] Vgl. dazu Čajkovskijs Brief an seinen Bruder Anatolij vom 25. Juli 1891 (ČPSS XVIa, Nr. 4447) und den anschließenden Kommentar mit Beschreibung der Uhr, einem wertvollen Geschenk N. F. fon Mekks; siehe oben, S. 523.]

An M. Tschaikowsky: „Moskau, d. 8. März 1893.
... Denk Dir, gerade am 14. Tag nach Beginn des Kopfwehs – ich hatte schon den Glauben gewonnen, dass es ewig bleiben würde – *verschwand es plötzlich*. Ich war unbeschreiblich glücklich, denn es wurde nachgerade unerträglich. Es hat meinen Aufenthalt in Klin vollständig vergiftet.

Hier gebe ich mich mit Naprawnik ab, in dem Sinne, dass ich mit ihm und Olga Eduardowna auch die Zeit ausserhalb der Proben zusammen bin, – was ich aber nicht als Last empfinde. Sein Konzert gestern ist sehr gut verlaufen, nur die Einnahme war nicht hervorragend. Und beiden wurden Silberkränze gespendet ..." [XVII, 4888.]

Das Konzert, welches Peter Iljitsch erwähnt, fand am 7. März 1893 statt. E. Naprawnik dirigierte in demselben seine „Don Juan"-Musik (nach A. Tolstoi)[824] und Peter Iljitsch die „Nussknacker"-Suite.

Am 11. März kam Peter Iljitsch in Charkow an. Er wurde von den Mitgliedern des Direktoriums der [Charkower] Abteilung der Russischen Musikgesellschaft und vom Lehrerkollegium [ihrer Musikschule] mit seinem Direktor I. Slatin am Bahnhof empfangen. Um ein Uhr mittags war er bereits in der Probe für das Konzert. Das Orchester brachte ihm stehend einen musikalischen Gruss dar durch die Aufführung der „Slava" aus „Mazepa". Abends besuchte Peter Iljitsch das Opernttheater. Es wurde [Verdis] „Rigoletto" gegeben. Sobald er sich in der Loge zeigte, wurde er vom Publikum durch lauten Applaus und vom Orchester durch dreimaligen Tusch begrüsst. Am 12. fand die zweite Probe statt, am 13. die Generalprobe und am 14. das Konzert. Auf dem Programm standen: 1.) [Orchester-Fantasie] „Der Sturm" [op. 18], 2.) Violinkonzert op. [35],[825] 3.) Lisas Arioso aus „Pique Dame",[826] 4.) Symphonie N° 2 [op. 17],[827] 5.) Lieder[828] und 6.) Ouvertüre „1812" [op. 49].

Als Peter Iljitsch das Podium betrat, stimmten Chor und Orchester die „Slava" aus „Mazepa" an. Unter dem begeisterten Händeklatschen des Publikums wurden ihm ferner überreicht: eine Adresse von der Ortsabteilung der Russischen Musikgesellschaft nebst einem Kranz, von unbekannten Verehrern und von dem Charkower Opernensemble je ein silberner Kranz, von der Redaktion des „Jush. Kray"[829] sowie von Lehrern und Schülern der Musikschule Lorbeerkränze und Blumen. Während des Konzerts wollten die Ovationen gar nicht verstummen und erreichten nach der Ouvertüre „1812" ihren Höhepunkt. Der Komponist-Dirigent wurde unzählige Male gerufen, wobei ihn die Jugend unter ohrenbetäubenden Rufen des Publikums auf einem Sessel in den Saal trug. Nach dem Konzert fand ein Festessen mit vielen Toasten zu Ehren Peter Iljitschs statt. Am 15. März veranstaltete die Musikschule eine Matinee. Am 16. März verliess Peter Iljitsch Charkow.

[824 Éduard F. Napravnik hatte seine Musik zu Aleksej K. Tolstojs dramatischen Gedicht „Don Žuan" (1862) im Jahre 1891 komponiert.]
[825 Mit dem Solisten K. K. Gorskij.]
[826 Solistin: Frau Tamarova.]
[827 Das war das einige Mal, daß Čajkovskij dieses Werk dirigiert hat.]
[828 Op. 6, Nr. 2; op. 38, Nr. 3; op. 63, Nr. 6 – gesungen von R. F. Nuvel'-Nordi.]
[829 Der Zeitung „Južnyj kraj" („Südliches Land", also Südrußland, Kleinrußland, Ukraine).]

Kapitel XLI.

[19. März – 6. Mai 1893. Klin. Moskau. Petersburg.
Nach dem triumphalen Erfolg in Char'kov – Weiterarbeit am Konzept der Sechsten: Finale und Walzer.
Besucht in Petersburg den todkranken Freund Aleksej N. Apuchtin.
Empfiehlt die Suite „Aus dem Kinderleben" von Georgij Konjus Beljaev und Jurgenson zur Publikation.
Wünscht sich von seinem Bruder Modest ein Opernlibretto à la Mascagnis „Cavalleria rusticana".
Vor der Englandreise schreibt er auf Wunsch seines Verlegers Jurgenson nach beliebig vielen kleinen Stücken (und des Honorars wegen) vom 5. April bis zum 5. Mai die Achtzehn Klavierstücke op. 72 (er gebiert täglich „frühreife Kinder" bzw. backt „musikalische Pfannkuchen") und die Sechs Romanzen op. 73.
Lobt Modests „Undina"-Libretto und begründet, warum er es nicht vertonen möchte;
wünscht sich etwas in der Art von Bizets „Carmen" oder, erneut, Mascagnis „Cavalleria rusticana".
Ereignisreiche Tage in Moskau. Besucht den todkranken Freund Karl Al'brecht;
möchte ihm und seiner Familie auch materiell helfen. Diskutiert mit Jurgenson über höhere Honorare für „kleine Sachen" (z. B. Klavierstücke) und erwähnt lukrative Angebote ausländischer Verleger.]

An M. Tschaikowsky: „Klin, d. 19. März 1893.

... Gestern abend bin ich aus Charkow nach Hause zurückgekehrt. Die unendlichen Ehrungen in Charkow haben mich furchtbar ermüdet. Übrigens ging alles sehr gut, und der Erfolg war fast ebenso gross wie in Odessa. Auf der Rückreise habe ich mich in Moskau nur einige Stunden aufgehalten. Ich fand hier einen richtigen Winter vor: bei Euch ist es wohl auch nicht viel besser. Diese Tage werde ich der Beendigung der *Skizzen* von Finale und Scherzo[830] der neuen Symphonie widmen. Am Karfreitag früh werde ich bei Euch [in Petersburg] sein und freue mich sehr bei diesem Gedanken." [XVII, 4897.]

An M. Ippolitow-Iwanow: „Klin, d. 24. [recte: 25.] März 1893.

Lieber Freund Mischa,[831] Du entschuldigst Dich, während es mir gar nicht eingefallen war, Dein Schweigen übelzunehmen. Ich bin selbst kein Freund des Briefeschreibens und verlange von keinem meiner Freunde mehr Lust dazu, als ich selbst habe. Um so mehr Freude hat mir Dein Brief gemacht. In der Hauptfrage, die Du erwähnst, kann ich Dir sagen, dass vieles ‚für' Deine Versetzung nach Moskau spricht, einiges aber auch ‚dagegen'. Nachdem Du gewohnt bist, in Tiflis Trumpf zu sein, dürfte es Dir, fürchte ich, unangenehm sein, neben dem Trumpf Safonow die Rolle des Königs oder gar Buben zu spielen.

Überhaupt wäre es schade um Tiflis ohne Dich. Übrigens, nach den Worten Safonows zu urteilen, welcher von dem Wunsch entbrannt ist, Dich zu gewinnen, ist es bereits eine beschlossene Sache, und ich freue mich, Dich öfter sehen zu können.

In diesem Winter bin ich ungewöhnlich viel herumgereist, d. h. eigentlich bin ich seit Oktober noch nicht sesshaft gewesen und führe ein Nomadenleben. Ich bin nur momentweise zu Hause gewesen.

Ich weiss nicht, ob ich Dir geschrieben habe, dass ich eine Symphonie [in Es-Dur] fertig hatte, dass sie mir aber plötzlich missfiel und ich sie zerriss.[832] Jetzt habe ich, während jener Momente, eine neue Symphonie komponiert [die Sechste], *welche ich bestimmt nicht zerreissen werde*. Auch ein Klavierkonzert habe ich skizziert[833] und plane für die Zukunft verschiedene Klavierstücke.[834] Mitte Mai fahre ich nach London, um in der Philharmoni-

---

[830 Mit „Scherzo" ist hier offenbar der Walzer im 5/4-Takt gemeint, denn die Reihenfolge, in der Čajkovskij die Sätze in seiner Konzeptschrift niedergeschrieben hat ist: erster Satz, Marsch-Scherzo, Finale, Walzer.]
[831] Abkürzung von Michael.
[832 Čajkovskij hat sie nicht „zerrissen", sondern, wie schon erwähnt, als Symphonie verworfen und zum Klavierkonzert op. 75 und op. post. 79 umgearbeitet.]
[833 Das 3. Klavierkonzert Es-Dur op. 75: der umgearbeitete erste Satz der verworfenen Es-Dur-Symphonie.]
[834 Das werden die Achtzehn Stücke für Klavier op. 72 sein.]

schen Gesellschaft zu dirigieren.⁸³⁵ Später muss ich nach Cambridge, wo ich die Doktorwürde empfangen soll." [XVII, 4901.]

An A. Tschaikowsky: „Klin, d. 24. [recte: 25.] März 1893.
Herrgott, wie lange ich schon keine Nachrichten von Dir und Euch allen erhalten habe! Und so viele Ereignisse! Merkwürdig, dass Du mir keine Zeile geschrieben hast, während ich – wenn auch nur kurz – Dich stets über mich benachrichtige. Da ich am Tage nach dem Ereignis, welches Alexejew den Tod brachte,⁸³⁶ nach Charkow abreiste, weiss ich nicht einmal, ob Du mit Panja⁸³⁷ der Beerdigung beigewohnt hast. Auf mich hat der Vorfall einen niederschmetternden Eindruck gemacht. Wohl kaum jemand von den weniger Beteiligten hat soviel Tränen über den armen Nikolai Alexandrowitsch vergossen wie ich. Ich war zwar kein besonderer Freund seines Privatlebens, beugte mich aber vor seiner enormen Begabung." [XVII, 4902.]

Die Osterfeiertage verbrachte Peter Iljitsch in Petersburg, und diesmal grösstenteils im intimen Kreise seiner Verwandten und nächsten Freunde, so dass seine Stimmung gewiss eine ruhige und klare gewesen wäre, wenn nicht die tödliche Krankheit A. N. Apuchtins, welcher vergeblich gegen die Wassersucht ankämpfte, jene Tage verdüstert hätte. Peter Iljitsch besuchte ihn täglich und gab sich – eingedenk der schrecklichen Symptome dieser Krankheit bei N. Kondratjew – keinem Zweifel an dem traurigen Ausgang derselben auch bei dem ältesten seiner Freunde hin.

An G. Conus: „Petersburg [recte: Klin], d. 5. April 1893.
Teurer Georg Eduardowitsch, ich sprach mit M. Belajew über Ihre Suite [‚Aus dem Kinderleben' op. 1]. Er äusserte die vollkommene Bereitwilligkeit, sie herauszugeben, und zwar je eher, desto besser, damit sie in der nächsten Saison nach gedruckten Noten gespielt werden kann. Belajew gab mir in sehr delikater Weise zu verstehen, dass er meiner warmen Empfehlung zwar volles Vertrauen schenke, aber – seiner Gepflogenheit gemäss – die Gutachten Rimsky-Korsakows und Glazunows nicht umgehen könne. Mit diesen beiden habe ich ebenfalls über die Suite gesprochen und zweifle nicht, dass sie sie gutheissen werden. In Betreff der Bedingungen, d. h. des Honorars, ist kein Wort gefallen, – ich berühre diese Seite der Sache nur recht ungern, aber ich weiss, dass Belajew sehr freigebig ist. Nichtsdestoweniger rate ich Ihnen, im Anfang nicht zu anspruchsvoll zu sein. Später, nachdem sie überall Lärm geschlagen haben werden, können Sie ihre Honoraransprüche immer noch erhöhen. Man sagt, Sie hätten Ihre Suite nach Amerika geschickt? Hoffentlich eine Kopie, und nicht das Manuskript selbst?"⁸³⁸ [XVII, 4905.]

[⁸³⁵ Am 20. Mai / 1. Juni 1893 – siehe unten.]
⁸³⁶ N. A. Alexejew – Moskauer Bürgermeister, ist am 9. März Opfer eines Attentats geworden. Peter Iljitsch kannte ihn sehr gut und war sogar entfernt mit ihm verwandt: die Gemahlin unseres Bruders Anatolij ist die leibliche Schwester der Witwe Alexejews. [Nikolaj A. Alekseev (geb. 1852) war auch Direktionsmitglied der Moskauer Abteilung der Russischen Musikgesellschaft gewesen.]
[⁸³⁷ „Panja" oder „Panička" wurde Anatolij I. Čajkovskijs Frau Praskov'ja Vladimirovna genannt.]
[⁸³⁸ Georgij Konjus antwortete am 19. April 1893: nach Amerika habe er eine Kopie geschickt, die Suite würde dort aber nicht aufgeführt, sein Partiturautograph befinde sich bei Nikolaj D. Kaškin. – Auf Čajkovskijs Rat hin hat Konjus den Schluß seiner Suite so geändert, daß sie nun mit dem Chor schließt.
Am 10. Juli 1893 sandte G. Konjus die Partitur über Iosif (Ossip) Jurgenson an Beljaev. Dieser antwortete am 19. Juli, bevor nicht Rimskij-Korsakov und Glazunov das Werk durchgesehen hätten, könne er es nicht zur Publikation annehmen. Außerdem wies er darauf hin, daß in seinem Verlag nur Werke russischer Staatsbürger veröffentlicht würden. Da G. Konjus (Conus) französischer Staatsbürger war, nahm er die Partitur zurück und übergab sie P. I. Jurgenson in Moskau. Das Werk erschien denn auch in dessen Verlag.]

An W. Dawidow: „Klin, d. 11. April 1893.
... Offen gesagt, langweile ich mich die ganze Zeit und bin in Gedanken immer im Nordwesten, an den Ufern der Newa.[839] Meine Aufgabe[840] erledige ich bis jetzt sehr regelmässig: ich gebäre jeden Tag ein *Kind*.[841] Diese *Kinder* sind sehr frühreif und unbedeutend: ich habe gar keine Lust, sie hervorzubringen, und schaffe sie nur des Geldes wegen. Ich bemühe mich, sie nicht gar zu schlecht zu machen. Sag bitte Modja, es hätte mich sehr geärgert, dass der Brief verlorengegangen ist, in welchem ich ihm mein Lob für ‚Nal und Damajanti'[842] singe. Weiss der Teufel, warum Briefe verlorengehen! Vielleicht hat er ihn später doch noch erhalten. Ich finde, er hat das Libretto sehr kunstvoll gemacht, mir selbst ist das Sujet aber nicht besonders nach dem Herzen. Es ist zu weit vom Leben entfernt. Ich brauche ein Sujet in der Art von [Mascagnis] ‚[Sizilianischer] Bauernehre' [‚Cavalleria rusticana'].[843] Mehr denn je bin ich über das Wetter wütend und stehe mit der obersten Instanz des Himmels ‚en froid'." [XVII, 4913.]

An W. Dawidow: „Klin, d. 15. April 1893.
... Ich backe weiterhin musikalische Pfannkuchen.[844] Heute wird der zehnte gebacken. Merkwürdig: je mehr [ich schreibe], desto mehr Lust habe ich und desto leichter wird mir die Arbeit. Zuerst ging es schwer, so dass die ersten zwei Stücke das Produkt der Willensanstrengung sind; und jetzt habe ich kaum Zeit, die Gedanken festzuhalten, die den ganzen Tag einer nach dem anderen auf mich einstürmen. Wenn ich und mein Verleger imstande wären: ich – ein ganzes Jahr auf dem Dorfe zuzubringen, und er – diese Masse Noten zu verlegen und zu honorieren, so könnte ich, wenn ich à la Leikin[845] arbeiten wollte, in einem Jahr 36 $^{1}/_{2}$ tausend Rubel verdienen ... Das wäre nicht übel! Heute habe ich meine Charkower Bilder und allerlei Portraits erhalten.[846] Sie sind alle überaus gelungen, besonders das grosse. Ich werde es mitbringen, einstweilen empfange – wenn Du willst – eine Kabinettphotographie."[847] [XVII, 4916.]

[[839] Also in Petersburg, beim Adressaten.]
[[840] Klavierstücke für seinen Verleger P. I. Jurgenson zu schreiben – die Achtzehn Stücke op. 72.]
[[841] Das im Originalbrief verwendete und unterstrichene russische Wort „čado" (Kind) ersetzt Juon in diesem und im nächsten Satz durch „Musikstück" bzw. „Stück".]
[842] Das Libretto für Arenskys Oper [Nal' i Damajanti" op. 47 (vollendet 1913)].
[[843] Libretto von Giovanni Targioni-Tozzetti und Guido Menasci nach einem Bühnenstück von Giovanni Verga (das wiederum auf eine Kurzgeschichte des Autors zurückgeht). Čajkovskij hatte die (am 17. Mai 1890 in Rom uraufgeführte) Oper am 29. Dezember 1891 in Warschau (Teatr Wielki) gesehen.]
[844 [„Bliny": Plinsen, Fladen, flache Pfannkuchen. Gemeint sind die im vorangehenden Brief erwähnten „frühreifen und unbedeutenden Kinder": die Achtzehn Stücke für Klavier op. 72.] P. Jurgenson hatte bei Peter Iljitsch Klavierstücke und Lieder in beliebiger Anzahl bestellt, und Peter Iljitsch beschloss, während seines Aufenthalts in Klin bis zur Londoner Reise [und zum Aufenthalt in Cambridge] jeden Tag eine Nummer zu schreiben. [Op. 72 komponierte er vom 5. bis zum 22. April und die Sechs Romanzen op. 73 zwischen dem 22. April und 5. Mai 1893.]
[[845] Nikolaj A. Lejkin (1843-1906), Belletrist und Herausgeber der satirischen Zeitung „Oskolki" (Plural von „oskolok": „Splitter").]
[[846] Die Portrait- und Gruppenphotographien von Čajkovskijs Char'kov-Aufenthalt (März 1893) sind u. a. reproduziert in: Album 2005, S. 154-159 (Abbildungen 114-119; Katalogteil S. 228-230).]
[[847] Das für den Neffen Bob bestimmte Exemplar der Photographie trägt die Widmung „Bobu dlja pis'mennogo stola. P. Čajkovskij, 15 Aprelja [18]93", war also für seinen „Schreibtisch" bestimmt. Bob bereitete sich damals auf sein Examen in der Petersburger Rechtsschule vor.]

An M. Tschaikowsky: „Klin, d. 17. April 1893.

Armer Modja, es ist zwar sehr traurig, aber ich muss Dich enttäuschen. Das Libretto ist ausgezeichnet entworfen:[848] alles Hauptsächliche und alles gut zu Verwertende ist verwertet, die Poesie ist nach Möglichkeit bewahrt worden, es gibt nichts Überflüssiges, und das, was Du selbst, über Shukowsky hinaus, erfunden hast, ist auch sehr effektvoll ... Und doch kann ich ‚Undine' nicht komponieren. Ich habe mehrere Gründe dafür: Erstens hast Du, trotz Deiner geschickten Anordnung, vieles von dem, was mich in der Dichtung besonders reizt, nicht hineingenommen: z. B. die Fahrt in dem Fuhrwerk, das Vernageln des Brunnens (auch fehlt bei Dir der sympathische Pater). Und das, was Du wegen der Anforderungen der Bühne hineingenommen hast, ist nicht mehr in vollem Masse poetisch. Zum Beispiel ist für mich die Szene des *Beweinens* nicht anders denkbar als im Schlafgemach, allein, und am Bett. Der ganze Reiz verschwindet, wenn sie sich – wie bei Dir – in Gegenwart aller auf dem Platz abspielt. Vielleicht ist es effektvoll, – rührt mich aber nicht mehr. Wie wäre es, das hineinzubringen, was mich beim letztmaligen Lesen Tränen vergiessen liess? Ich meine die Stelle, wo Undine sich beim Begräbnis des Ritters in ein Bächlein verwandelt und um das Grab windet, um niemals von der teuren Asche zu scheiden. Mit einem Wort, ich will sagen, dass ‚Undine' – ich meine die, welche mich entzückt und rührt, – trotz Deiner ganzen Kunst nicht auf der Bühne möglich ist; was aber eine opernmässige, bedingte und mehr oder weniger prosaische ‚Undine' anbelangt, so habe ich bereits schon früher eine Oper über dieses Sujet geschrieben.[849] Und das ist der Hauptgrund, weshalb ich dieses Sujet nicht wieder für eine Oper verwenden möchte. In jener einst komponierten ‚Undine' war manches durchfühlt und gelungen; würde ich sie jetzt von neuem schreiben wollen, so fehlte die nötige Frische des Gefühls. Einiges war dagegen abstossend schlecht, z. B. ‚Es steht der Tempel schon bereit und wartet auf das bräutlich Paar'. So schlecht, dass es mir einigermassen ekelhaft ist, an die Szene des Schmauses zu denken. Vieles könnte ich noch sagen, werde es aber lieber mündlich tun und bemerke einstweilen nur, dass ich jenen Geistesaufschwung in mir *nicht verspüre*, welcher für eine neue grosse Arbeit nötig wäre. Um Gottes willen suche oder erfinde einmal *möglichst kein phantastisches* Sujet, sondern etwas in der Art von ‚Carmen' oder ‚Cavalleria rusticana'. Du kannst Dich vielleicht auf das Szenarium beschränken und keine Verse für Rachmaninow schreiben? Vielleicht findet er jemanden, der ihm Dein Szenarium in Verse bringt. Bitte sei mir nicht böse, mein Lieber!"
[XVII, 4919.]

An M. Tschaikowsky: „Moskau, d. 22. [und 23.] April 1893.

Ach, mein lieber Modja, ich glaube, ich werde die 30 Stücke nicht fertig bekommen! In 15 Tagen habe ich ihrer 18 geschrieben und heute nach Moskau gebracht.[850] Nun werde

---

[848] Ich hatte für den Komponisten S. Rachmaninow ein Libretto nach Shukowskys „Undine" entworfen. Da ich wusste, dass Peter Iljitsch das Sujet gefiel, sandte ich mein Szenarium zuerst an ihn, in der Hoffnung, dass er selbst die Oper würde schreiben wollen.
[849] Diese von Januar bis Juli 1869 komponierte Oper hatte Čajkovskij den Kaiserlichen Theatern in Petersburg zur Aufführung angeboten, doch wurde sie abgelehnt. So vernichtete der Komponist die Partitur, hatte zuvor aber einige Nummern in anderen Werken verwendet (siehe TchH 1, S. 17). In ihrer ursprünglichen Form erhalten geblieben sind nur diejenigen drei Nummern (Introduktion, Undinas Lied und Finale des ersten Akts), die am 16. März 1870 im Moskauer Bol'šoj teatr aufgeführt worden waren. Zweimal kam Čajkovskij später auf das „Undine"-Sujet zurück: 1878 erwog er, eine neue Oper „Undina" zu schreiben; und 1887 machte er Skizzen für ein Ballett über das Sujet; beide Pläne hat er nicht realisiert. Nach TchH 1, S. 16; vgl. dort die Werk-nummern (214) und (226).]
[850] Gemeint sind die Achtzehn Stücke für Klavier op. 72.]

ich aber vier Tage hier bleiben müssen (die Konservatoriums-Aufführung,[851] ein Morgen bei den Synodalsängern,[852] die Feier meines Geburtstags mit meinen hiesigen Freunden usw.), dann nach Nishny fahren, und am 29. wird hier zum ersten Mal Rachmaninows ‚Aleko' gegeben,[853] so dass ich nicht vor dem 30. April wieder zu Hause sein kann; und am 10. Mai muss ich ins Ausland reisen. Da ich nun furchtbare Lust habe, einige Tage mit Euch zu verbringen, werde ich schon am 3. Mai in Petersburg eintreffen; vielleicht wird es mir gelingen, ganz schnell noch einige Lieder zu machen.[854]

d. 23. April 1893.

... Gestern war ich in der Generalprobe der Konservatoriums-Aufführung. Es wurde der zweite Akt des ‚Orpheus' [von Chr. W. Gluck] und ‚Matrimonio segreto' gegeben. ‚Orpheus' gelang nicht sonderlich, Cimarosas Oper, welche unbedingt reizend ist, wurde dagegen ausgezeichnet wiedergegeben. Alle Ausführenden waren Schüler und Schülerinnen von Lawrowskaja, welche bewiesen hat, dass sie eine ausgezeichnete Lehrerin ist. Dann ass ich im [Restaurant] Ermitage zu Mittag und war abends mit Poplawsky und Kaschkin im Kleinen Theater, wo ‚Patrie' [von V. Sardou] gegeben wurde. Trotz der Effekte – ein echt französisches Stück; wäre Ermolowa[855] darin nicht göttlich schön, hätte ich mich ganz und gar gelangweilt. Später war ich wieder im Ermitage mit einer grossen Gesellschaft, ass, trank, spielte Karten und kam erst um 4 Uhr nach Hause. Ein solcher Tag kam mir nach dem regelmässigen und stillen Leben in Klin sehr eigentümlich vor. Die Hälfte eines der 18 Lieder ist bereits ausgegeben."[856] [XVII, 4921.]

An P. Jurgenson: „Klin [recte: Moskau], d. 2. Mai 1893.

... Ich hatte vor, es bei dem früheren Honorar zu belassen, d. h. 100 Rubel pro Nummer.[857] Eigentlich müsste ich angesichts der vielen bedeutend höheren Angebote [anderer Verleger] (mein Ehrenwort, das ist wahr!) den Preis etwas in die Höhe schrauben, – doch will ich nicht vergessen, dass Du auch meine grossen Werke herausgibst, welche Dir wohl noch lange keinen Vorteil bringen werden.[858] So lassen wir es denn beim früheren Honorar: es ist ja auch ganz schön. Schade nur, dass ich keine Zeit hatte, mehr zu komponieren.

[851 Für die Aufführung am 24. April – siehe den Briefteil vom folgenden Tag. Das war sozusagen eine Examensaufführung von Absolventen des Moskauer Konservatoriums, in diesem Falle übrigens im Bol'šoj teatr. Die musikalische Leitung hatte der Direktor des Konservatoriums und Dirigent der Symphoniekonzerte der Moskauer Abteilung der Russischen Musikgesellschaft Vasilij I. Safonov.]
[852 Am 24. April zu einem Konzert mit A-cappella-Werken der altklassischen Vokalpolyphonie in der Sinodalschule, wie er deren Direktor (und Leiter des Sinodalchors) Stepan V. Smolenskij (seit 1890 als Nachfolger des berühmten Dmitrij V. Razumovskij Professor für die Geschichte des Kirchengesangs am Moskauer Konservatorium) zugesagt hatte (vgl. ČPSS XVII, Nr. 4911).]
[853 Tatsächlich schon am 27. April 1893, und zwar im Bol'šoj teatr.]
[854 Das gelang tatsächlich zwischen dem 22. April und 5. Mai 1893; in diesem Zeitraum schrieb Čajkovskij seine Sechs Romanzen op. 73.]
855 [Marija N. Ermolova (verheiratete Šubina; 1853-1928), 1870-1921 am Moskauer Malyj teatr.] Berühmte russische Schauspielerin. [Sie hatte 1873 in Ostrovskijs / Čajkovskijs „Sneguročka" in der Rolle des Frühlings mitgewirkt.]
[856 Bei Juon: „herausgegeben"; die Romanzen op. 73 sind aber noch gar nicht geschrieben, und das von Čajkovskij verwendete Verb „istratit" heißt „ausgeben", nicht „herausgeben". – Die Zahl „18" fehlt bei Juon; sie verwirrt insofern, als es zwar 18 Klavierstücke (op. 72) sind, die Čajkovskij inzwischen zum Druck gegeben hat, aber nur sechs Romanzen (op. 73) sein werden. – Mit den Ausgaben für den langen Abend im Restaurant Ermitage meint er also wohl das halbe Honorar, das ihm Jurgenson für jedes Klavierstück zahlt. Vgl. den nächsten, an Jurgenson gerichteten Brief.]
[857 Im Fall von Klavierstücken und Romanzen.]
[858 Die Herstellungskosten für Partituren symphonischer Werke sowie für Klavierauszüge und Partituren von Bühnenwerken sind natürlich, verglichen mit denen für Klavierstücke und Romanzen, enorm viel höher;

Ich habe Karl besucht.[859] Ich glaube, er wird sterben. Im Falle der Katastrophe und überhaupt, wenn die Familie in Not sein sollte, so schlage ihr eine Unterstützung aus meinen gegenwärtigen und zukünftigen Einnahmen nicht ab. Solange ich abwesend bin, bist Du sein einziger guter Freund in Moskau, bitte vertritt also auch mich, mein Lieber; gewähre dem armen Kranken jede Unterstützung." [XVII, 4924.]

An P. Jurgenson: „Klin, d. 5. Mai 1893.
... Ich bin absichtlich einen Tag länger zu Hause geblieben, um noch ein neues Opus abschreiben zu können,[860] nämlich sechs Lieder. Alexei wird sie Dir in diesen Tagen bringen. Er wird mit einem Zettel erscheinen, laut welchem Du ihm eine ungeheure Summe auf einmal auszahlen wollest: 1000 Rubel. Ich bedaure sehr, Dich dieser enormen Summe berauben zu müssen, – es bleibt mir aber kein anderer Ausweg aus meinen Schwierigkeiten, und ich mag nicht lange Alexeis Schuldner bleiben. Für das Ausland[861] werde ich kein Geld von Dir brauchen.

Wenn in meiner Abwesenheit der Stich der Klavierstücke [op. 72] beendet werden sollte, so lass die erste und zweite Korrektor machen von wem Du willst, aber die dritte muss ich unbedingt selbst lesen. Dasselbe gilt für die Lieder [op. 73] ..." [XVII, 4929.]

An P. Jurgenson: „Petersburg, d. 6. Mai 1893.
Schönen Dank für die Nachricht über Albrecht.[862] Der arme Karl! In Betreff des Honorars will ich Dir Folgendes sagen: Gutheil[863] hat mir nie Vorschläge gemacht, denn alle russischen Verleger wissen, dass ich auf ihre höheren Angebote und Verführungskünste nicht anbeissen werde. Im Ausland sind meine Beziehungen zu Dir aber unbekannt, so dass ich nicht selten von dort Offerten erhielt und noch erhalte. Manche von ihnen (z. B. André in Offenbach) suchten mich direkt zu überreden, ein viel höheres Honorar anzusetzen, als ich es von Dir erhalte (natürlich ist nur von kleinen Stücken die Rede). Es wäre vielleicht wohl angebracht, das Honorar zu erhöhen, ich geniere mich aber wirklich, denn ich kann nicht ausser acht lassen, dass Dich viele meiner Symphonien und Opern mehr gekostet haben, als Du für sie erhältst. Natürlich werden sie später vielleicht ganz gut gehen, einstweilen ist es mir aber unangenehm, Dich zu schröpfen. Dazu bist Du zu meinem grossen Leidwesen lange nicht so reich wie ein Abraham [Verlag Peters], Schott oder Simrock.

Am Ende weiss ich nicht, was ich tun soll. Wenn Du (die Hand auf dem Herzen) es nicht für überflüssig halten solltest, ein halbes Hundert aufzuschlagen,[864] so schlage meinethalben auf. Vom materiellen Standpunkt aus werde ich natürlich froh sein, denn dieses Jahr ist für mich ein schweres.

---

außerdem werden nur geringere Mengen solcher Partituren verkauft. Kurz, Ausgaben von Klavierstücken und Romanzen sind für den Verleger einträglicher als Ausgaben von Orchester- und Bühnenwerken.]
[859] Karl Albrecht [1836-1893, Kollege Čajkovskijs am Moskauer Konservatorium seit 1866, 1866-1889 dessen Inspektor, naher Freund Čajkovskijs, dem er die Romanze op. 16, Nr. 6 und die Streicherserenade op. 48 gewidmet hat] war damals an Lungenentzündung krank und lag im Sterben.
[860 „Abschreiben" bzw. „umschreiben": aus dem Konzept in ein detailliert ausgearbeitetes neues Autograph, das dem Verlag als Druckvorlage dient.]
[861 Gemeint ist die bevorstehende Reise nach London und Cambridge.]
[862 Jurgenson teilte Peter Iljitsch mit, dass es Albrecht nicht besser ginge.
[863 Der Musikverlag Gutchejl' war 1859 durch Aleksandr B. Gutchejl' (1818-1882) gegründet worden. 1914 wurde er von S. und N. Kusevickij gekauft.]
[864 Das heißt, 150 statt wie bisher 100 Rubel pro Klavierstück oder Lied zu zahlen.]

Für Mozart[865] will ich nichts haben, denn ich habe nur sehr wenig Eigenes hineingelegt. [XVII, 4930.]

Kapitel XLII.

[Mitte Mai bis Mitte Juni 1893 – die letzte Auslandsreise. Berlin. Paris. London. Cambridge. Itter / Tirol. Tränen und Heimweh schon zu Beginn der Reise – und Reisepläne in Rußland für die Zeit danach. Das Konzert am 20. Mai / 1. Juni in London (4. Symphonie). – Die Verleihung der Ehrendoktorwürde der Universität Cambridge (an Boïto, Bruch, Čajkovskij, Grieg und Saint-Saëns) und das Konzert mit Werken der Geehrten am 31. Mai / 12. Juni; Čajkovskij dirigiert „Francesca da Rimini". Saint-Saëns' Äußerungen über „Francesca" und seine Erinnerungen an den Festakt der Ehrenpromotion. Der lateinische Text der Urkunde. – Über Paris nach Itter / Tirol (zu Sofie Menter) und nach Grankino.]

An W. Dawidow: „Berlin, d. 15. [/ 27.] Mai 1893.

... Diesmal litt und weinte ich mehr denn je, wahrscheinlich weil ich zuviel an unsere vorjährige Reise dachte.[866] Es ist die reine Psychopathie! Und wie verhasst sind mir Eisenbahn, Wagenluft und Mitreisende ... Der Gedanke, auf dem kürzesten Wege von London nach Russland zurückzukehren und mich für lange Zeit in Klin festzusetzen, wäre mir jetzt ein Trost. Die Fahrt nach Grankino lockt mich aber unbeschreiblich, d. h. nicht die Fahrt, sondern der Aufenthalt dort; ich kann nicht ohne Ekel an die unendliche Fahrerei denken. Indessen habe ich schon versprochen, nach Paris, [nach Itter,][867] nach Ukolowo[868] und zu Maslows[869] zu kommen!!! Wann werde ich denn zu Hause sein? Wenn Du übrigens Deinen Plan, zu Kolja [Konradi] zu fahren, nicht aufgeben wirst, komme ich doch nach Grankino,[870] denn ich glaube (si ce n'est pas trop de présomption), mein Erscheinen dürfte Dir und allen angenehm sein. Ich reise zu viel, darum ekelt mich das Reisen! Hier ist es ganz grün, überall Blumen, – das alles rührt mich aber gar nicht, und auf der Seele liegt ein kolossales, unsagbares Heimweh." [XVII, 4931.]

An M. Tschaikowsky: „Berlin, d. 15. [/ 27.] Mai 1893.

Vielgeliebter Modja, ich werde Dir nicht meine Reise beschreiben und werde auch über meine jetzige Seelenverfassung schweigen. Es war schlimm denn je; erst jetzt, nach einem zweistündigen Spaziergang durch den Tiergarten, ist es etwas besser geworden. Ich kann natürlich nur nach mir urteilen und irre mich möglicherweise, doch will es mir scheinen, dass auch Dir diese Qualen nicht erspart bleiben werden, wenn Du nicht meinen Rat befolgst. Träume nicht davon, es Dir in der Schweiz bequem machen und Dich dort see-

---

[865] Das [Vokal-]Quartett [mit Klavierbegleitung] „Die Nacht". [Čajkovskijs Bearbeitung des B-Dur-Teils aus Mozarts Klavier-Fantasie c-Moll KV 475, mit einem eigenen Text; März 1893. Zuerst aufgeführt am 9. Oktober 1893 im Moskauer Konservatorium von Studierenden der Gesangsklasse Elizaveta A. Lavrovskaja. Erste öffentliche Aufführung im zweiten Gedächtniskonzert nach Čajkovskijs Tod, am 6. November 1893 in Petersburg, und zwar in einer Orchesterfassung der Klavierbegleitung von Sergej I. Tanejew, unter der Leitung von Vasilij I. Safonov.]
[866] Gemeint ist die Reise nach Vichy; vgl. dazu ČPSS XVIb, Briefe Nr. 4707-4720.]
[867] Auf erneute Einladung von Sofie Menter, auf deren Schloss Itter / Tirol. (Von Modest Čajkovskij bzw. Juon weggelassen.) Nach den Festlichkeiten in Cambridge und einem Abschiedsdiner in London reiste Čajkovskij von Paris aus nach Itter / Tirol. Siehe unten.]
[868] Dem Gut des ältesten Bruders Nikolaj, im Gouvernement Kursk.]
[869] Familie des befreundeten Juristen und Departementsleiter der Moskauer Obergerichtsbehörde Fedor I. Maslov (1840-1915), einem ehemaligen Mitschüler Čajkovskijs und Kollegen im Justizministerium 1860/61.]
[870] Nikolaj („Kolja") G. Konradis Gut im Gouvernement Poltava.]

lisch wohl befinden zu können.[871] Du wirst sehen, was das Alleinsein für einen Menschen bedeutet, welcher an ein Leben im Kreise seiner nächsten Anverwandten und Freunde gewöhnt ist. Urteile nicht nach Klin. Vergiss nicht, dass Alexei dort war, – denn das genügte, um sich nicht von allen Nächsten und Lieben getrennt zu fühlen. Darum rate ich Dir sehr dringend, nach Itter zu fahren. Du glaubst gar nicht, wie schön und ruhig Du es dort haben wirst und wie angenehm die Gesellschaft Sapelnikows und Menters ist. Wenigstens versuche nicht, Dich für längere Zeit in der Schweiz einzurichten. Wenn es schon sein soll, halte Dich lieber in Paris auf. Paris ist entzückend im Sommer, und dank der Bélards[872] kann dort kein Heimweh aufkommen. Übrigens urteile ich, wie gesagt, nach mir und irre mich vielleicht. Ich fürchte mich vor dem Gedanken, von London und Cambridge zu einem geschäftlichen Treffen mit Siloti nach Paris reisen zu müssen, und auch nach Itter, wo ich ebenfalls über Geschäfte zu sprechen habe,[873] und nach Grankino, nach Ukolovo und zu den Maslows.[874] Das Reisen, d. h. die Eisenbahnfahrten sind mir so verhasst, dass ich mit Entsetzen an all diese Reisen denke. In meinem Inneren gibt es einen Kampf: soll ich das alles aufgeben und direkt nach Klin reisen? Grankino lockt mich sehr. Zieht man aber die Notwendigkeit in Betracht, im Laufe des Sommers die [6.] Symphonie zu instrumentieren, das 3. Klavier-]Konzert in Ordnung zu bringen und ebenfalls zu instrumentieren, – dann wäre es wohl besser, direkt nach Klin zu reisen. Das Herz sehnt sich indessen nach Grankino …" [XVII, 4934.]

An A. Tschaikowsky: „London, d. 17. [/ 29.] Mai 1893.

… Heute früh bin ich in London angekommen. Nur mit Mühe habe ich eine Unterkunft finden können – alle Hotels sind überfüllt. Am 20. Mai wird das Konzert stattfinden [siehe unten], danach werde ich mich etwa sieben Tage herumtreiben müssen, am 11. oder 12. [Juni] ist die Feier in Cambridge, und am 13., d. h. am 1. Juni unseres Stils, geht es auf die Heimreise. Ich denke beständig an Euch alle. Nur während der Trennung in der Ferne, unter dem Druck des Heimwehs und der Einsamkeit fühle ich so recht die ganze Liebe zu Euch." [XVII, 4937.]

An W. Dawidow: „[London], d. 17. [/ 29.] Mai 1893.

… Ist es nicht in der Tat kurios, dass ich mich freiwillig diesen Martern unterwerfe? Wozu, in Teufels Namen, brauche ich das alles? Gestern während der Reise, fasste ich mehrere mal den Entschluss, die ganze Geschichte aufzugeben und zu fliehen, – ich würde mich aber schämen, unverrichteter Dinge zurückzukehren. Gestern gingen meine Qualen so weit, dass ich Schlaf und Appetit verlor, was eine grosse Seltenheit bei mir ist. Ich leide nicht nur an Heimweh, welches mit Worten gar nicht zu beschreiben ist (in meiner neuen Symphonie [der Sechsten], gibt es eine Stelle, welche das, wie mir scheint, gut ausdrückt), sondern auch am Hass auf fremde Menschen, an einem unbestimmten Gefühl der Furcht und an, weiß der Teufel, was noch allem. Körperlich äussert sich dieser Zustand in einem

---

[871] Ich hatte damals eine eilige Arbeit vor und wollte mich für einen oder zwei Monate in der Schweiz niederlassen, um ungestört zu sein.

[[872] Das Ehepaar Bélard betrieb das Hôtel Richepanse, in dem Čajkovskij sich sehr wohl fühlte und mehrere Male gewohnt hat.]

[[873] Das russische Wort „delo" = Sache kann viele Bedeutungen haben; im gegebenen Kontext sind natürlich nicht „Geschäfte" gemeint, sondern musikalische Angelegenheiten wie z. B. gemeinsame Konzertauftritte. Vgl. etwa Čajkovskijs Brief vom 19. / 31. Juli 1893, in dem er der Pianistin vorschlägt, im Mai 1894 (!) mit ihm zusammen in London aufzutreten, wo er seine 6. Symphonie dirigieren will, und Sofie Menter fragt, ob sie unter seiner Leitung die „Zigeuner-Fantasie" (also ihre Ungarischen Zigeunerweisen) oder seine Konzert-Fantasie op. 56 oder beides spielen wolle. Siehe im einzelnen Mitteilungen 11 (2004), S. 50-54.]

[[874] Siehe dazu die Anmerkungen zum vorangehenden Brief.]

P. I. Tschaikowsky im Jahre 1893.
(Nach einer Londoner Photographie [vom 28. Mai / 9. Juni 1893].)
[Vgl. Album 2005, Nr. 122, S. 162 und 231.]

Schmerzgefühl im Unterleib und in einem nagenden Schmerz und einer Schwäche in den Beinen. Das ist gewiss: so etwas mache ich zum letzten Mal in meinem Leben durch. Anders als für viel Geld und nicht länger als für drei Tage werde ich nie wieder reisen. Noch volle zwei Wochen muss ich hier hocken! Sie erscheinen mir wie eine Ewigkeit!!! Heute früh bin ich angekommen. Ich hatte den kürzesten Weg über Köln, Ostende gewählt. Die Seefahrt dauerte drei Stunden; es hat nicht geschaukelt. Nur mit Mühe habe ich ein Zimmer gefunden: jetzt ist ‚season', und alle Hotels sind überfüllt. Auf der Treppe des Hotels begegnete ich dem jetzt hier lebenden Pianisten [Louis] Diémer und war darüber, zu meinem Erstaunen, sehr froh. Ist er doch ein alter Bekannter und mir sehr gewogen.[875] Infolgedessen musste ich sofort nach meiner Ankunft in sein ‚Recital', d. h. Tageskonzert, gehen.[876] In dem Konzert, in welchem ich dirigiere, wirkt auch Saint-Saëns mit ..."[877] [XVII, 4935.]

Die Gelegenheit der Anwesenheit der Komponisten-Rezipienden[878] ausnutzend, veranstaltete die Philharmonische Gesellschaft in London zwei Konzerte unter ihrer Mitwirkung. Im ersten derselben traten Peter Iljitsch und Saint-Saëns auf. Peter Iljitsch dirigierte seine vierte Symphonie mit kolossalem Erfolg. Nach den Zeitungsberichten soll nicht ein einziges [anderes] Werk unseres Komponisten so gut gefallen und in so hohem Masse das Wachstum seines Ruhms in England gefördert haben.

An M. Tschaikowsky: „London, d. 22. Mai [/ 3. Juni] 1893.
Hab Dank, lieber Modja, für die beiden Briefe. Briefe halten meine Energie aufrecht, welche jeden Augenblick zu sinken droht. Das Konzert war glänzend, d. h. ich hatte nach dem einstimmigen Urteil aller einen richtigen Triumph, so dass Saint-Saëns, der nach mir kam, unter dem Eindruck meines ungewöhnlichen Erfolges etwas zu leiden hatte. Das ist natürlich angenehm, aber welch eine Qual ist das hiesige Leben in der ‚season'! Sämtliche Frühstücke und sämtliche Mittagessen habe ich bereits vergeben, wie das aber alles ungewöhnlich lange bei ihnen dauert. Gestern veranstaltete die Direktion [der Philharmonischen Gesellschaft] mir und Saint-Saëns zu Ehren ein Diner im Westminster-Klub. Unglaublich, die Pracht und der Chic; man setzte sich um 7 Uhr zu Tisch und stand um $^1/_2$ 12 auf (ohne

---

[875] Čajkovskij hatte den Pianisten (und Professor am Pariser Konservatorium) verschiedene Male in Paris getroffen. Bei seinem Paris-Aufenthalt während seiner ersten Europatournee 1888 hatte Diémer bei der prachtvollen Soiree bei den Benardakis mitgewirkt; und in der Salle Erard hatte er in einer „Audition" von seinen Schülern ausschließlich Klavierkompositionen Čajkovskijs vortragen lassen. – Čajkovskij widmete Diémer 1893 sein letztes zu seinen Lebzeiten in Druck gegebenes Werk: das 3. Klavierkonzert (in einem Satz) Es-Dur op. 75.]
[876] In dem Recital in der St. James' Hall spielte Diémer die „Symphonischen Etuden" von R. Schumann, Stücke von F. Couperin, J.-Ph. Rameau und J. d'Aquin, Kompositionen von F. Mendelssohn Bartholdy (Scherzo), J. Brahms (Intermezzo op. 76), S. Stojowski (Mazurka), B. Godard (Valse chromatique), F. Chopin und Ch. Widor sowie eigene Stücke (Caprice pastoral, Pièce romantique und Valse de Concert).]
[877] Das umfangreiche Programm dieses Symphoniekonzertes der Neuen Philharmonischen Gesellschaft in London am 20. Mai / 1. Juni 1893 umfaßte in seinem ersten Teil: William Sterndale Bennet (1816-1875), Orchester-Ouvertüre „The Naiades" (Die Najaden) op. 15 (1836); Gioacchino Rossini, eine Arie aus der Oper „Semiramis" (Solistin: Marguerite MacIntyre); P. I. Čajkovskij, 4. Symphonie (von ihm selbst dirigiert) – und in seinem zweiten Teil: Camille Saint-Saëns, 2. Klavierkonzert g-Moll op. 22 (mit dem Komponisten als Solisten) und die Symphonische Dichtung „Le rouet d'Omphale" op. 31 (unter der Leitung des Komponisten); Richard Wagner, Isoldes Liebestod aus „Tristan und Isolde" (Marguerite MacIntyre). Die nicht von Čajkovskij und Saint-Saëns dirigierten Werke leitete Alexander Mackenzie. – Das Partiturexemplar, nach dem Čajkovskij seine 4. Symphonie dirigiert hat, ist wahrscheinlich erhalten geblieben: Etwa eine Woche nach dem Konzert, am 9. Juni 1893, hat Čajkovskij dem jungen polnischen Komponisten und Pianisten Sigismond Stojowski ein Exemplar der 4. Symphonie gewidmet (vgl. ČSt 3, S. 185), das Eintragungen von seiner (Čajkovskijs) Hand enthält.]
[878] Doktorkandidaten [der Universität Cambridge].

Übertreibung). Ausserdem muss ich täglich Konzerte besuchen, zu denen ich eingeladen werde und die ich nicht absagen mag. Heute z. B. musste ich bei Sarasate sein,[879] welcher überaus liebenswürdig zu mir ist. Die vorigen Male war ich im Winter hier, bei schlechtem Wetter und konnte keinen richtigen Begriff von der Stadt bekommen. Weiss der Teufel!! Paris ist ein richtiges Dorf im Vergleich zu London. Während der Promenade in der Regent Street und im Hyde Park sieht man so viele Equipagen, soviel Pracht und Schönheit der Gespanne, dass die Augen kaum alles zu fassen vermögen. Soeben bin ich auf einem Nachmittagstee bei der Frau des [russischen] Gesandten[880] gewesen. Der hiesige Gesandtschaftssekretär, Sasonow,[881] ist sehr nett. Welche Menge Leute ich hier sehe! Und wie das alles ermüdend ist. Des Morgens leide ich moralisch sehr stark, später befinde ich mich wie in einem Rausch, habe aber nur einen Gedanken: möge das alles nur recht bald zu Ende sein … In Cambridge will ich ausführlich Tagebuch schreiben. Das wird, scheint es, eine sehr drollige Geschichte werden. Grieg ist krank. Alle übrigen kommen." [XVII, 4940.]

An M. Tschaikowsky: „London, d. 29. Mai [/ 10. Juni] 1893.[882]
… Dieser Brief wird Dich am Ende gar nicht mehr in Piter [Petersburg] antreffen. Verzeih, mein Lieber, dass ich Deine Briefe so faul beantworte. Bei Gott, es fehlt mir jede Möglichkeit. Ein verteufeltes Leben ist das! Kein einziger angenehmer Moment: ewige Aufregung, Furcht, Heimweh, Müdigkeit usw. Aber es naht die Stunde der Erlösung. Übrigens muss ich gerechterweise sagen, dass es hier sehr viele gute Menschen gibt und dass mir viel Freundlichkeit erwiesen wird. Alle zukünftigen Doktoren haben sich hier versammelt mit Ausnahme des kranken Grieg. Sympathisch ist ausser Saint-Saëns – Boïto. Dafür ist Bruch eine unsympathische, aufgeblasene Figur. Übermorgen früh fahre ich nach Cambridge und werde nicht im Hotel wohnen, sondern privat, bei Dr. Maitland, der mir einen liebenswürdigen Einladungsbrief geschrieben hatte.[883] Ich werde dort nur eine Nacht zubringen. Am Tage der Ankunft finden ein Konzert und ein Bankett statt. Und am folgenden Tag – die Zeremonie. Um 4 Uhr wird alles zu Ende sein." [XVII, 4945.]

Gelegentlich des 50-jährigen Bestehens der „Cambridge University Musical Society" war im Jahre 1893 das Register der zu Doktoren „honoris causa" gewählten Personen besonders reich an Musikernamen; ausser Peter Iljitsch befanden sich in ihm die Namen: Camille Saint-Saëns, Arrigo Boïto, Max Bruch und Edvard Grieg.[884]

[[879] Das Programm dieses Nachmittagskonzerts Pablo Sarasates in der Londoner St. James' Hall: Wagner, Ouvertüre zu „Die Meistersinger von Nürnberg"; Mozart, Symphonie g-Moll; Werke für Violine und Orchester mit dem Solisten de Sarasate: Alexander Mackenzie, Suite „Pibroch" op. 42; Beethoven, Violinkonzert; Edouard Lalo, Fantaisie norvégienne (3. Violinkonzert, 1878) – englische Erstaufführung. Dirigent: William George Cusins.]
[[880] Stal'.]
[881] Später Sekretär der russischen Gesandtschaft beim Vatikan. [Transliteriert: Sazonov.]
[[882] Am Tage zuvor waren im Atelier des Photographen Philip Serge Joseph Barraud, London, fünf Portraitaufnahmen Čajkovskijs gemacht worden; siehe die Reproduktionen in: Album 2005, Abbildungen 120-124 (S. 160-164; Katalogteil S. 231 f.).]
[[883] Nachweis: ČPSS XVII, S. 104, Anmerkung 1. Čajkovskij dankt Frederick William Maitland (Jurist, Professor am Christ College der Universität Cambridge) für die Einladung mit einem französischen Brief und entschuldigt sich, dass er nicht Englisch spreche und schreibe; siehe ČPSS XVII, Nr. 4941.]
[[884]David Brown weist darauf hin, die fünf Komponisten seien sozusagen nur zweite Wahl gewesen, denn zunächst seien Johannes Brahms und Giuseppe Verdi vorgeschlagen worden. Doch beide seien nicht bereit gewesen, nach Cambridge zu kommen (Brown 4, S. 466).]

Am [31. Mai /] 12. Juni begannen in Cambridge die Jubiläumsfestlichkeiten mit einem Konzert, auf dessen Programm je ein Werk der fünf zu ernennenden Doktoren stand und ausserdem eines von dem Direktor der „Musical Society", [Charles Villiers] Stanford.[885]

Das Programm lautete:

1) Ein Teil aus „Odysseus" für Soli, Chor und Orchester von Max Bruch.

2) Fantasie für Klavier und Orchester „Afrika" von Camille Saint-Saëns (den Klavierpart spielte der Autor).

3) Prolog aus der Oper „Mefistofele" für Solo, Chor und Orchester von Arrigo Boïto.

4) Orchester-Fantasie „Francesca da Rimini" (op. 32) für Orchester von Peter Tschaikowsky.

5) Suite „Peer Gynt" für Orchester (op. 46) von Edvard Grieg.

6) Ode „East to West" für Chor und Orchester op. 52 von Charles Villiers Standford.

Alle Nummern wurden von den betreffenden Komponisten dirigiert, mit Ausnahme der Suite von Grieg und der Orchesterbegleitung der Fantasie „Afrika", welche unter Stanfords Leitung gespielt wurden.

Die Solisten waren: Saint-Saëns, das Ehepaar Henschel,[886] Frau Brema[887] und Herr Plunket-Green.

In Saint-Saëns' „Portraits et Souvenirs"[888] gibt es eine Beschreibung dieses Konzerts, und ich kann mich nicht enthalten, meine Erzählung unterbrechend, die Worte Saint-Saëns' über Peter Iljitschs „Francesca da Rimini" zu zitieren.

„Würzige Reize", schreibt er, „und blendendes Feuerwerk (les soleils d'artifice) gibt es in Tschaikowskys ‚Francesca da Rimini' in Hülle und Fülle, – in jenem Stück, welches mit Schwierigkeitsborsten (herrissée) ganz bedeckt ist und vor keinem Gewaltakt zurückschreckt: der zarteste, der freundlichste aller Menschen hat hier einem wütenden Sturm freien Lauf gelassen und ebensowenig Mitleid für seine Interpreten und Zuhörer an den Tag gelegt wie Satan für die Sünder. Aber das Talent und die erstaunliche Technik des Autors sind so gross, dass die Verurteilten nur Vergnügen empfinden. Eine lange melodische Phrase, das Liebeslied Francescas und Paolos, schwebt über diesem Sturm, über dieser ‚bufera infernale', welche vor Tschaikowsky schon Liszt verführt und seine Dante-Symphonie ins Leben gerufen hatte. Liszts Francesca ist rührender und von einem mehr italienischen Charakter als diejenige des grossen slavischen Komponisten, überhaupt ist das ganze Werk typischer, so dass man glaubt, das Profil Dantes darin zu erkennen. Die Kunst Tschaikowskys ist verfeinerter, die Zeichnung gedrängter, das Material angenehmer; vom rein musikalischen Standpunkt aus ist sein Werk besser; das Lisztsche entspricht vielleicht mehr dem Geschmack der Maler und Poeten. Im allgemeinen können beide friedlich nebeneinander bestehen; beide sind ihres Originals, Dante, wert, und was den Spektakel und Lärm anbelangt, sind sie beide gleich tadellos."

[[885] Stanford hatte im übrigen alle Werke des Programms einstudiert. – Zu dem Jubiläum der Cambridge University Musical Society siehe: Gerald Norris, „Stanford, the Cambridge Jubelee, and Tchaikovsky", Newton Abbot 1980.]

[[886] Georg Isidor Henschel (1850 bis nach 1929), deutschstämmiger englischer Sänger (Bariton), Komponist, Dirigent und Gesangslehrer – und seine Ehefrau, die Sängerin (Schülerin von Pauline Viardot) Lilian Henschel (1860-1901).]

[[887] Mary Brema, englische Sängerin (Mezzosopran).]

[[888] Camille Saint-Saëns, Portraits et souvenirs, Société d'édition artistique: Paris o. J. (1900).]

Nach dem Konzert fand ein Bankett in „The Hall of King's College" mit hundert Personen statt, an welchem von den zukünftigen Doktoren nur die Komponisten teilnahmen, weil das ein Fest der Musical Society war. Den Ehrenplatz rechts neben dem Präsidenten nahm der älteste von ihnen, Saint-Saëns, ein. Niemals freute sich Peter Iljitsch mehr über seine relative Jugend als bei dieser Gelegenheit, denn gleichzeitig mit der Ehre fiel dem armen Saint-Saëns die sehr schwere Aufgabe zu, im Namen seiner Kollegen die Toaste zu beantworten. Nach dem Diner fand zu Ehren der Komponisten in den Sälen des Museums eine glänzende Soiree statt.

Ausser den Musikern waren auch andere hervorragende Persönlichkeiten nach Cambridge gekommen, um das Ehrendoktordiplom zu empfangen. An ihrer Spitze stand Takhtsinhji Maharadscha von Bhonnaggor – für seine kulturbringende Tätigkeit in Indien, ferner die Lords: Baron Herschel, ein Nachkomme des berühmten Astronomen – für seine Verdienste um den Staat, und der später durch den Burenkrieg bekanntgewordene General Baron Roberts, der militärische Befehlshaber in Indien – für seine Kriegstaten. Die übrigen waren Gelehrte: Julius Stupitza, Professor der englischen Philologie an der Berliner Universität, und Standish O'Grady, Verfasser gelehrter Schriften über altirländische Idiome.

Am Morgen des [1. /] 13. Juni versammelten sich alle zukünftigen Doktoren in einem besonderen Raum (Arts' School) und legten in Anwesenheit der Universitätsprofessoren und anderer Personen prachtvolle, halb weisse und halb rote seidene Doktortalare mit breiten Ärmeln an und setzten goldumsäumte samtene Barette auf.[889] Danach wurden sie in einer bestimmten Reihenfolge aufgestellt, und die Prozession begann. Sie bewegte sich, sobald die Glocke auf dem Turm von St. Mary das Zeichen dazu gab, von der Arts' School durch die ganze Stadt zum Senate House:

1) Voran ging der sogenannte Esquire Bodell. – 2) Der Vizekanzler in einer hermelinverbrämten Toga, mit seinem Gefolge. – 3) Die zu ernennenden Doktoren in dieser Reihenfolge: a) Maharadscha von Bhonnaggor in einem diamantenübersäten Turban von unbeschreiblicher Schönheit und mit einem ebensolchen Collier um den Hals. Ihm folgten in prachtvollen Gewändern: b) Lord Herschel und Lord Roberts. – c) Julius Stupitza und Standish O'Grady. – c) Camille Saint-Saëns und Max Bruch. – d) Tschaikowsky und Arrigo Boïto. – 4) Die Häupter der Colleges. – 5) Doktoren der Theologie. – 6) Doktoren der Jurisprudenz. – 7) Doktoren der Medizin. – 8) Doktoren der Wissenschaften und der Literatur. – 9) Doktoren der Musik. – 10) Der öffentliche Redner. – 11) Der Bibliothekar. – 12) Die Professoren. – 13) Die Mitglieder des Senats. – 14) Die Protectoren.

Der Anblick dieser Prozession in der sonnenüberstrahlten, von Frühlingsfarben leuchtenden alten gotischen Stadt war nach der Beschreibung Saint-Saëns' ein herrlicher.

Das Volk stand zu beiden Seiten Spalier und begrüsste uns und namentlich Lord Roberts begeistert.

Unterdessen füllte sich der Saal des Senate House, in welcher die Verteilung der Doktordiplome vor sich gehen sollte, mit Studenten und anderem Publikum. Erstere waren nicht nur Zuschauer, sondern – wie wir sehen werden – ebenfalls Festteilnehmer. Nachdem der Vizekanzler und die anderen Mitglieder des Senats auf der Estrade Platz genommen hatten, begann die Zeremonie. Jeder der Rezipienten erhob sich der Reihe nach von seinem Sitz, worauf der öffentliche Redner in einer lateinischen Ansprache seine Verdienste aufzählte. Hier begann die Mitwirkung der Studenten: nach einer sehr alten Tradition hatten sie das Recht – und machten in weitgehendstem Masse Gebrauch von ihm – zu pfeifen, zu

---

[889 Es gibt zwei Photographien, die Čajkovskij in diesem Talar zeigen (allerdings ohne Barett), reproduziert in: Album 2005, Abbildungen 125 f. (S. 165 f.; Katalogteil S. 233).]

lärmen und allerlei Scherze in Bezug auf den neuen Doktor auszurufen; bei jedem dieser Scherze hielt der Redner inne, liess Gelächter und Lärm verklingen und setzte dann unverdrossen seine Rede fort. Nach Schluss derselben wurde der Rezipient vor den Vizekanzler geführt, welcher ihn „in nomine Patris, et Filii et Spiritus Sancti" als Doktor begrüsste. Bei der Begrüssung des Maharadscha wurde diese Formel natürlich fallengelassen. Die Ansprache des öffentlichen Redners zu Ehren Peter Iljitschs lautete:

> Russorum ex imperio immenso hodie ad nos delatus est viri illustris, Rubinsteinii, discipulus insignis, qui neque Italiam neque Helvetiam inexploratum reliquit, sed patriae carmina popularia ante omnia dilexit. Ingenii Slavonici et ardorem fervidum et languorem subtristem quam feliciter interpretatur! Musicorum modorum in argumentis animo concipiendis quam amplus est! in numeris modulandis quam distinctus! in flexionibus variandis quam subtilis! in orchestrae (ut aiunt) partibus inter se diversis una componendis quam splendidus! Talium virorum animo grato admiramur ingenium illud facile et promptum, quod, velut ipsa rerum natura, nulla necessitate coactum sed quasi sua sponte pulcherrimum quidque in luminis oras quotannis submittit. Audiamus Propertium:
>
> ‚aspice quot submittit humus formosa colores;
> et veniunt hederae sponte sua melius.'
>
> Duco ad vos Petrum Tschaikowsky.

Nach der Zeremonie gab es ein Frühstück beim Vizekanzler, wobei alle in ihren Talaren verblieben. Am Schluss des Frühstücks tranken alle gemäss einer hundertjährigen Tradition aus einem grossen alten Becher.

Dem Frühstück folgte in den prachtvollen Gärten der Universität ein Empfang (Garden Party) bei der Gemahlin des Vizekanzlers.

Gegen Abend war Peter Iljitsch bereits in London und gab einigen seiner neuen Londoner Freunde ein Diner. Von diesen Freunden möchte ich namentlich den Sänger Oudin[890] erwähnen, den ausgezeichneten Bariton, der fast ausschliesslich in Konzerten auftrat. Peter Iljitsch gewann ihn als Künstler und als Menschen sehr schnell lieb. Auf seine Initiative wurde Oudin zur Mitwirkung in den Moskauer und Petersburger Symphoniekonzerten herangezogen.

Am folgenden Tage [2. / 14. Juni 1893] reiste Peter Iljitsch nach Paris.[891]

An P. Jurgenson: „Paris, d. 3. [/ 15.] Juni 1893.

Cambridge hat mit seinen klosterähnlichen Colleges, mit seinen Besonderheiten in Sitten und Gebräuchen, welche noch sehr mittelalterlich sind, und mit seinen Gebäuden, welche an eine sehr ferne Vergangenheit erinnern, einen sehr sympathischen Eindruck auf mich gemacht …" [XVII, 4954.]

An N. Konradi: „Paris, d. 3. [/ 15.] Juni 1893.

… Die Zeremonie der Verleihung der Doktorwürde und die damit verbundenen Festlichkeiten werden Gegenstand meiner mündlichen Erzählungen sein, denn es würde zu lange dauern, sie [im Brief] zu beschreiben, und ich werde Euch alle ja bald wiedersehen. Ich will nur sagen, dass es überaus ermüdend und schwer gewesen ist. Da gab es viel Drol-

---

[890 Eugène Oudin (gest. 1894), Sänger und Pianist.]
[891 Und hielt sich dort bis zum 6. / 18. Juni auf. Am 7. / 19. oder 8. / 20. fuhr er nach Schloß Itter / Tirol weiter, wo er sieben Tage mit Sofie Menter und Vasilij L. Sapel'nikov verbrachte, bevor er nach Rußland zurückreiste. In Grankino war er vom 18. Juni bis zum 5. Juli. Nach Klin kehrte er am 18. Juli zurück.]

liges, Merkwürdiges und nur durch mittelalterliche Traditionen zu Erklärendes. In Cambridge gewohnt habe ich bei Professor Maitland. Das würde mich sehr geniert haben, wenn er und besonders seine Frau sich nicht als die allerbesten Menschen erwiesen hätten, denen ich je begegnet bin, dazu noch Russophile, was in England eine grosse Seltenheit ist. Jetzt, da alles zuende ist, wird es mir angenehm sein, an meinen Erfolg in England zurückzudenken ..." [XVII, 4948.]

Von Paris reiste Peter Iljitsch direkt zu Sofie Menter nach Schloss Itter und verbrachte dort in ihrer und Sapelnikows Gesellschaft eine Woche. Am 18. Juni traf er in Grankino ein.

Kapitel XLIII.

[Mitte Juni bis 9. Oktober 1893. Grankino. Ukolovo. Zurück in Klin. Letzter Aufenthalt in Moskau.
Todesnachrichten: Konstantin und Vladimir Šilovskij, Karl Al'brecht, Aleksej Apuchtin, Nikolaj Zverev.
Mehr als die Naturschönheiten Europas liebt er die russische Steppe.
Instrumentiert die 6. Symphonie op. 74 und das 3. Klavierkonzert (ein Satz) op. 75.
Plant weitere Konzerte für die nächste Saison, vier in St. Petersburg und eines in London (mit der
6. Symphonie und mit der Solistin Sofie Menter: Ungarische Zigeunerweisen und Konzertfantasie op. 56).
Konzentriert sich in Klin auf die Arbeit, aber hat Sehnsucht nach seiner „lieben 4. Suite".
Schließt die Partitur der 6. Symphonie ab, aus der so bald wie möglich die Stimmen für die Uraufführung
am 16. Oktober in Petersburg herausgeschrieben werden sollen.
Ist zufrieden, stolz und glücklich, „ein in der Tat gutes Stück geschrieben zu haben".
Die kurze Reise nach Hamburg zur Wiederaufnahme der „Jolanthe" am dortigen Stadttheater –
der einzig erhaltene Brief aus Hamburg ist ein Empfehlungsschreiben an den Berliner Verleger Bock
zugunsten des tschechischen Komponisten Joseph Bohuslav Foerster.
Hilft Modest und Bob bei der Einrichtung ihrer gemeinsamen Petersburger Wohnung.
Auf der Suche nach einem neuen Opernsujet. Begeistert von der Schriftstellerin George Eliot.
Besucht seinen Bruder im „unbeschreiblich schönen" Michajlovskoe (Gouv. Nižnij-Novogorod).
Antwortet dem Großfürsten Konstantin Konstantinovič zurückhaltend auf dessen Vorschlag,
A. N. Apuchtins Gedicht „Requiem" zu vertonen – mit dem Hinweis auf seine neue Symphonie,
deren Stimmung derjenigen von Apuchtins „Requiem" zu verwandt sei.
„In diese Symphonie habe ich meine ganze Seele gelegt."
Grundsätzlich zu einem „Requiem" – glaubt nicht an einen „Richter-Gott" –
schwärmt von der Vertonung von Christus-Worten.
Aufführung des Vokalensembles „Die Nacht" (nach Mozart) im Moskauer Konservatorium.
Taneevs Kritik am 3. Klavierkonzert. Kaškin über Čajkovskijs letzten Aufenthalt in Moskau.
Pollinis Plan einer großen Konzertreise in Rußland mit einem deutschen Orchester unter Leitung
Čajkovskijs und Safonovs.]

Kein freudiger Gruss war es, den die Heimat Peter Iljitsch entgegenbrachte. Der Hauch des Todes herrschte allenthalben. Nachdem er erst vor kurzem vom Tode Konstantin Schilowskys Kunde erhalten hatte, kam jetzt die Nachricht vom Ableben seines alten Freundes Karl Albrecht, und schon zehn Tage später schrieb ihm die Gräfin Wassiljew-Schilowsky, dass ihr Mann Wladimir Schilowsky gestorben wäre. Ausserdem lag in Petersburg Alexei Apuchtin im Sterben und in Moskau Nikolai Swerew.

Einige Jahre früher hätte nur eine derartige Nachricht stärker auf Peter Iljitsch gewirkt als jetzt alle zusammengenommen. Er vergoss einige Tränen um seinen lieben Karl, den intimsten seiner verstorbenen Freunde; als ich ihn aber bald darauf sah, war ich erstaunt, ihn verhältnismässig ruhig zu finden. Von Apuchtin sprach er auch ganz anders als früher in solchen Fällen; jetzt würde er keine weite Reise unternommen haben, um den Freund vor der ewigen Trennung noch einmal zu sehen, – wie er es bei Kotek und Kondratjew getan hatte. Als wenn der Tod jetzt weniger rätselhaft und schrecklich für ihn war. Ich weiss nicht, ob dies das Resultat der Abstumpfung des Gefühls war oder ob ihn die moralischen

Leiden der letzten Jahre daran gewöhnt hatten, manchmal den Tod als Retter anzusehen. Ich unterstreiche hier nur die positive Tatsache, dass Peter Iljitsch trotz der unheilvollen Nachrichten, die von allen Seiten auf ihn einstürmten, seit seiner Rückkehr aus England und bis zu seinem Tode klar, ja fast lebensfroh blieb, wie er es in den besten Epochen seines Lebens gewesen war.

An A. Tschaikowsky: „Grankino, d. 19. Juni 1893.
... Endlich bin ich, nach vier im Eisenbahnwagen verbrachten Tagen und Nächten, gestern abend in Grankino angekommen! Merkwürdig: die Schönheiten Tirols, inmitten derer ich eine ganze Woche bei Menter wohnte, haben mir auch nicht halb so viel Vergnügen gemacht wie der Anblick der unendlichen Steppe, welche ich gestern, von der Eisenbahnstation kommend, durchquerte. Nein, die russische Natur ist mir unendlich viel mehr nach Herz und Sinn als alle verhimmelten Schönheiten Europas. Anstatt der gewöhnlichen Dürre gab es hier in diesem Jahr sehr viel Regen: Getreide und Kräuter stehen ausgezeichnet. Ich traf hier das Kleeblatt Kolja [Konradi], Bob [Dawidow] und seinen Freund Baron Buxhövden[892] gesund und zufrieden an. Ich fühle mich überaus wohl in dieser herrlichen russischen Steppeneinöde!" [XVII, 4959.]

An A. Tschaikowsky: „Ukolowo,[893] d. 6. Juli 1893.
Lieber Freund Anatol, gestern bin ich nach einer recht anstrengenden Reise – denn ich musste bei der Hitze 80 Werst im Wagen zurücklegen – in Ukolowo angekommen. Da ich in Kursk sehr lange auf den Zug hätte warten müssen, der in Korennaja Pustynj[894] hält, zog ich es vor, einen Wagen zu mieten. Diese Wagenfahrt war aber sehr angenehm, denn die Gegend ist entzückend.
... Ukolowo ist, wie der ganze Süden Russlands, in diesem Sommer ganz wundervoll. Dank dem reichlichen Regen ist die Vegetation ausserordentlich üppig. Ich bleibe noch etwa fünf Tage hier und fahre dann nach Klin. Die Wahrheit zu sagen, habe ich grosse Lust, wieder daheim zu sein. Dazu möchte ich bald an die Instrumentierung der zwei neuen grossen Werke gehen, d. h. der [6.] Symphonie (mit der ich sehr zufrieden bin) und des Klavierkonzerts [Es-Dur]. Beide Stücke habe ich in freien Augenblicken im vorigen Winter und Frühling gearbeitet. In Grankino habe ich die Skizzen [Entwürfe] beendet[895] und muss mich jetzt beeilen, bis zum September alles fertig zu machen. Ich will Euch bestimmt besuchen, aber nicht vor Ende des Sommers, d. h. erst dann, wenn eine gute Hälfte der Instrumentierung erledigt sein wird." [XVII, 4968.]

An W. Dawidow: „[Klin,] d. 19. Juli 1893.
... In Moskau habe ich zwei sehr angenehme Tage verbracht. Sage Modja, dass ich den Tag nach seiner Abreise sehr krank gewesen (das kam, wie man sagt, vom Missbrauch kalten Wassers während des Mittag- und Abendessens) und einen Tag später abgereist bin, nachdem eine Portion Rizinusöl mich schnell geheilt hatte. Es ist sehr hübsch bei mir.

[892 Rudolf O. Buxhövden (Rudol'f O. Buksgevden; geb. 1870), hatte mit Bob zusammen die Petersburger Rechtsschule besucht und wurde Beamter im Justizministerium.]
[893] Das Gut Nikolai Tschaikowskys im Gouvernement Kursk.
[894] [Korennaja pustyn'.] Der Name der Eisenbahnstation, in deren Nähe das Gut unseres Bruders lag.
[895 Gemeint ist der Entwurf des aus der verworfenen Es-Dur-Symphonie umgearbeiteten 3. Klavierkonzerts Es-Dur, den Čajkovskij am 23. Juni 1893 begonnen und am 1. Juli beendet hat. – Die Konzeptschrift der 6. Symphonie war zwischen dem 4. Februar und 24. März entstanden; instrumentiert hat Čajkovskij das Werk vom 20. Juli bis zum 19. August.]

Übermorgen nehme ich die [Instrumentierung der 6.] Symphonie in Angriff. Zwei Tage lang werde ich Briefe schreiben müssen."[896] [XVII, 4972.]

An M. Tschaikowsky: „[Klin,] d. 22. Juli 1893.
Ich habe Dir noch gar nicht für Deinen Brief aus Werbowka gedankt, lieber Modja. Schon vor drei Tagen habe ich ihn erhalten und mit grossem Interesse gelesen. Das ist aber der Fluch Eurer Briefe: nach ihnen erscheint mir das Leben in Klin trostlos, und mitleidlos werde ich vom Wunsch gepackt, auch dort zu sein, wo Ihr seid. Indessen bin ich nur zu Hause imstande, so zu arbeiten, wie es sich gehört. Ich habe mich bis zum Hals in die Symphonie vertieft. Je älter ich werde, desto schwerer fällt mir das Instrumentieren. Vor zwanzig Jahren habe ich einfach drauflos geschrieben, ohne viel zu überlegen, und es gelang doch alles gut. Jetzt bin ich ängstlich und unsicher geworden. Heute sass ich den ganzen Tag an zwei Seiten, – das, was ich wollte, misslang mir immer wieder. Trotzdem macht die Arbeit Fortschritte, und ich würde an jedem anderen Ort lange nicht soviel zustandebringen wie bei mir zu Hause.

Mein Haus hat dank den Bemühungen Alexeis ein sehr gefälliges Aussehen erhalten. Alles ist ordentlich, im Garten gibt es eine Masse Blumen, gute Wege, einen neuen Zaun mit Türen. Man verpflegt mich gut. Und doch langweile ich mich, wenn ich nicht arbeite, namentlich aber lockt es mich mit Macht nach Werbowka, zu meiner lieben 4. Suite.[897] Übrigens habe ich auch schon früher die Beobachtung gemacht, dass ich mich nach langen Reisen oder nach dem Leben in der Gesellschaft die erste Zeit zu Hause langweile, wenigstens war es im letzten Jahr so. Das wird wahrscheinlich bald vergehen. Man ruft mich schon wieder ins Ausland, und ich werde möglicherweise für kurze Zeit hinfahren. Pollini[898] schreibt mir einen flehentlichen Brief und bittet mich, am 8. September der Wiederaufführung der ‚Jolanthe' beizuwohnen.[899] Ausserdem müssen er sowie der Regisseur und Kapellmeister in Betreff der ‚Pique Dame', welche in dieser Saison zur Aufführung kommen soll, Rücksprache mit mir nehmen." [XVII, 4984.]

[896 Um die Briefe zu beantworten, die sich nach seiner langen Abwesenheit von Klin dort angesammelt hatten. – Darunter war z. B. ein Brief vom 11. / 23. Juli 1893 des Pianisten und Komponisten Francesco Berger (1834-1919), der 24 Jahre lang Sekretär der Philharmonischen Gesellschaft in London war. (Der Brief ist in russischer Übersetzung publiziert in: ČZM, S. 22.) Auf Bergers Frage, ob Čajkovskij nicht im Mai 1894 seine 6. Symphonie in London dirigieren wolle, antwortete der Komponist (auf Deutsch): „Gewiß, meine neue Symphonie wird bald fertig sein und ich werde froh sein, dieselbe in der *Philharmonic Society* zu dirigieren. *Mai paßt mir* sehr gut. Ich werde auch sehr geschmeichelt [sein], wenn die Menter in diesem Concerte etwas von mir spielt, oder, wenn du willst, bin ich auch bereit, ihre Zigeuner-Fantasie zu dirigieren." ČPSS XVII, Nr. 4971. Wie Čajkovskij vorgeschlagen hatte, spielte Sofie Menter ihre (von Čajkovskij instrumentierten) „Ungarischen Zigeunerweisen" tatsächlich am 15. / 27. Mai 1894 in London, und zwar unter der Leitung von Alexander Mackenzie. Čajkovskijs Sechste dagegen war, ebenfalls unter Leitung von Mackenzie, schon am 16. / 28. Februar 1894 in London erstaufgeführt worden – das war die erste Aufführung des Werkes außerhalb Rußlands.]

[897 Im vergangenen Winter hatten sich die beständigen und unzertrennlichen Begleiter Peter Iljitschs in Petersburg, d. h. sein Lieblingsneffe Wladimir Dawidow, die Brüder Grafen Alexander und Konstantin Lütke, Nikolai Konradi, Wladimir Naprawnik, Baron Rudolf Buxhövden, Fürst Wladimir Argutinsky-Dolgorukow und ich, als Gruppe photographieren lassen. Diese Gruppe wurde von uns scherzweise die 4. Suite Peter Iljitschs genannt. [Offenbar ist das Gruppenphoto mit 16 Personen (C. in der Mitte der ersten Reihe) gemeint, das z. B. im Album 1990, S. 143, und im Album 2005, S. 146, abgebildet ist; auf ihm befinden sich allerdings mehr Personen als von Modest C. genannt, und N. Konradi sowie R. Buksgevden fehlen.]

[898 Der Direktor des Hamburger Stadttheaters.]

[899 Tatsächlich fand diese Aufführung einen Tag früher statt, am 27. August / 7. September 1893 (musikalische Leitung: Gustav Mahler); „Jolanthe" wurde in Hamburg zusammen mit einem anderen Einakter aufgeführt: Leoncavallos „Pagliacci". – „Pique Dame" wurde in Hamburg zu Čajkovskijs Lebzeiten nicht gegeben.]

An G. Conus: „[Klin,] d. 23. Juli 1893.

Teurer Georg Eduardowitsch, in der nächsten Saison werde ich in Petersburg vier Konzerte dirigieren.⁹⁰⁰ Im ersten oder zweiten von ihnen, also Ende Oktober oder Anfang November, möchte ich mit Ihrer gütigen Erlaubnis Ihre entzückende „Kindersuite" [Suite „Aus der Kinderzeit"] aufführen. Zu diesem Zweck muss ich unbedingt wissen:

1) Ob die von Ihnen geplanten Änderungen, Ergänzungen und Kürzungen fertig sind.

2) Wann ich die Partitur zum Studium erhalten könnte. – Könnte ich sie vielleicht schon im September haben?

3) Ob Sie selbst für die rechtzeitige Zustellung der Stimmen für den Kinderchor nach Petersburg Sorge tragen wollen, damit zeitig mit den Proben begonnen werden kann. Oder wollen Sie mir die Partitur und überhaupt die Sorge um all das und um das ganze Notenmaterial übertragen?

4) Was die Orchesterstimmen anbelangt, könnte ich vielleicht die Moskauer Abschriften benutzen?

Furchtbar gern möchte ich wissen, wie Sie das Finale umgearbeitet haben. Antworten Sie recht bald auf all diese Fragen (schieben Sie es nicht auf nach Ihrer Gewohnheit).

Ich freue mich sehr, Ihr reizendes Werk zu spielen." [XVII, 4986.]

An D. Rathaus: ⁹⁰¹ „Klin, d. 1. August 1893.

Lieber Freund, ich weiss nicht, ob Sie dieser Brief noch antreffen wird. In aller Eile möchte ich Ihnen einige beruhigende Worte sagen. Keine Sekunde habe ich an Ihrer Aufrichtigkeit gezweifelt. Die Gaben Fortunas und der Natur bedingen durchaus keine Lebensfreude. Mich interessierte einfach die Frage, warum Sie zur Melancholie neigen. Ist es infolge Ihres Temperaments oder irgendwelcher besonderen Gründe? Im Grunde habe ich mich, wie es scheint, unfein benommen. Ich kann es nicht leiden, wenn jemand einen Blick in meine Seele tut, indessen habe ich selbst einen groben und frechen Griff in Ihre Seele getan.

Darüber wollen wir aber mündlich sprechen.

Bleiben Sie gesund und seien Sie mir nicht böse: Sie können mir glauben, dass ich nicht an Ihrer Aufrichtigkeit zweifle. Ich denke, ich bin in meiner Musik auch aufrichtig, – indessen neige ich, gleich Ihnen, zu melancholischen Liedern und bin, gleich Ihnen, wenigstens in den letzten Jahren nicht von Not geplagt und kann mich überhaupt für einen glücklichen Menschen ansehen." [XVII, 4996.]

[⁹⁰⁰ In seinem Brief an Pavel L. Peterssen, Direktionsmitglied der Petersburger Abteilung der Russischen Musikgesellschaft, vom 2. August 1893 schlägt Čajkovskij nur ein eigenes Werk vor (die 6. Symphonie) und im übrigen – neben Kompositionen von Mozart, Smetana und Litolff – Werke befreundeter oder geschätzter und junger Komponisten: Georgij Konjus, Suite „Aus dem Kinderleben" op. 1; Sigismond Stojowski, Orchestersuite op. 9; German Laroš, Ouvertüre „Karmozina"; Aleksandr Glazunov, Orchesterfantasie „Les" (Der Wald) op. 19; Sergej Taneev, Ouvertüre zur Oper „Oresteja"; Sergej Rachmaninow, Tänze aus der Oper „Aleko" (1892); Nikolaj Rimskij-Korsakov, 3. Symphonie C-Dur (1886); W. A. Mozart, Tänze aus „Idomeneo"; Bedřich Smetana, Symphonische Dichtung „Vyšegrad" (aus dem Zyklus „Mein Vaterland"); Henry Litolff, Ouvertüre „Die Girondisten"; Antonij Arenskij, Teile aus der Oper „Nal' i Damajanti" (damals noch nicht vollendet). Als Solisten schlägt er Sofie Menter mit dem 4. Klavierkonzert c-Moll von Camille Saint-Saëns und Vasilij L. Sapel'nikov mit Franz Liszts 1. Klavierkonzert Es-Dur vor. (ČPSS XVII, Nr. 4999.)]

[⁹⁰¹ Daniil M. Ratgauz (Rathaus), 1868-1937, hatte Čajkovskij Gedichte geschickt, von denen der Komponist einige in seinem Opus 73 vertonte. Der Briefwechsel 1892/93 umfaßt acht Briefe des jungen Dichters und fünf des Komponisten.]

An W. Dawidow: „[Klin,] d. 3. [recte: 2.] August 1893.

... Die [6.] Symphonie, welche ich eigentlich Dir widmen wollte, doch werde ich mir die Sache noch überlegen,[902] macht Fortschritte. Ich bin mit ihrem Inhalt sehr zufrieden, mit ihrer Instrumentierung jedoch nicht ganz. Das, was ich beabsichtige, will mir nicht gelingen. Es wird mich nicht im geringsten überraschen, wenn die Symphonie beschimpft oder schlecht beurteilt werden sollte, – ist es doch nicht zum ersten Mal. Ich selbst halte sie für das beste, namentlich aber für das ‚aufrichtigste' aller meiner Werke. Ich liebe sie, wie ich keine andere meiner musikalischen Schöpfungen *je* geliebt habe. Mein Leben entbehrt des Reizes der Abwechslung: des abends langweile ich mich manchmal; doch will ich nicht klagen, denn die Hauptsache ist jetzt die Symphonie, und ich kann nirgends so gut arbeiten wie zu Hause. Eine Zierde meines Lebens ist mir mein Patenkind[903] – ein ungewöhnlich sympathischer Junge." [XVII, 4998.]

An W. Dawidow: „[Klin,] d. 4. August 1893.

... Nach Werbowka werde ich kommen, wenn Du im September dort sein wirst, d. h. ich kann Anfang September dort eintreffen. Jetzt kann ich absolut nicht fort, denn solange die Symphonie noch nicht fertig ist, bin ich zu nichts zu gebrauchen. Ende des Monats muss ich für zwei Tage nach Hamburg reisen. Bis dahin hoffe ich die [Instrumentierung der] Symphonie zu beenden." [XVII 5002.]

An P. Jurgenson: „Klin, d. 12. August 1893.

Lieber Freund, ich habe die Instrumentierung der neuen Symphonie beendet. Jetzt werde ich noch etwa acht Tage mit der Durchsicht und dem Eintragen der Bezeichnungen[904] beschäftigt sein. Das Arrangement zu vier Händen habe ich selbst gemacht und muss es nur noch durchspielen, was ich auch in diesen Tagen zu tun gedenke, zu diesem Zweck habe ich den jüngsten Conus[905] zu mir eingeladen. Sobald ich das Arrangement durchgespielt haben werde, kann ich es Dir sofort abliefern (vorausgesetzt, dass Du die Symphonie in Druck zu geben gedenkst). Was aber Partitur und Stimmen anbelangt, so kann ich sie vor der ersten Aufführung noch nicht als [für den Druck] in Ordnung ansehen. Die Aufführung wird am 16. Oktober stattfinden. Peterson[906] drängt, ihm recht bald die Partitur zur Abschrift der Stimmen zu schicken. Was soll ich tun? Vielleicht ist es Dir unangenehm, dass ich über Dinge verfüge, die eigentlich Dich angehen? Vielleicht willst Du selbst für die Abschrift sorgen; wozu aber Geld ausgeben, wenn es die Petersburger Musikgesellschaft auf eigene Rechnung machen lassen wird? Das alles teile ich Dir zur Kenntnisnahme mit und bitte Dich, mir Deine Wünsche zu sagen. Mein Ehrenwort, noch nie in meinem Leben

---

[902] Zur Strafe für das lange Schweigen [des Neffen – natürlich ist die Bemerkung letztlich nicht ernst gemeint].
[903] Der Sohn Alexei Sofronows [Georgij (Egor, Egorka, Egoruška), geboren 1892].
[[904] Gemeint sind offenbar Dynamik und Vortragsbezeichnungen, Phrasierung, Tempo- und Metronomangaben, spieltechnische Angaben wie Streicherstriche u. ä. Die spieltechnische Einrichtung der Streicherstimmen prüft und entscheidet Čajkovskij zusammen mit dem jungen Geiger Julij Konjus am 18./19. August; er hatte ihn zusammen mit seinem jüngeren Bruder, dem Pianisten Lev Konjus nach Klin eingeladen. Mit letzterem spielt und ändert er den vierhändigen Klavierauszug der 6. Symphonie, den er L. Konjus zur weiteren Durchsicht und Revision durch S. I. Taneev nach Moskau mitgibt. Am 19. August 1893 schließt Čajkovskij die Partitur (vorläufig) ab und datiert sie. – Vgl. den Kritischen Bericht zur Neuausgabe der 6. Symphonie, NČE 39c (russisch und englisch) bzw. ČSt 7 (deutsch).]
[905] Léon Conus, der Bruder des Komponisten Georg Conus und des Violinisten Jules Conus.
[906] P. Peterson [Pavel L. Peterssen], das Haupt der Firma „J. Becker" [Petersburger Klavierfabrik], einer der Direktoren der Petersburger [Abteilung der] Russischen Musikgesellschaft.

bin ich so zufrieden, so stolz und so glücklich in dem Bewusstsein gewesen, ein in der Tat gutes Stück geschrieben zu haben." [XVII, 5010.]

An P. Jurgenson: „Klin, d. 20. August 1893.
... Ich beantworte alle drei Briefe und die in ihnen enthaltenen Fragen auf einmal. Ich konnte das nicht eher tun, weil ich grosse Eile mit der Symphonie hatte.

1.) Ich fahre nach Hamburg. Pollini[907] bombardiert mich mit Briefen, und ich möchte nicht absagen, zumal ich ihn im vorigen Jahr betrogen hatte: ich hatte es versprochen, aber bin nicht gekommen. Dazu hat mich die [Arbeit an der] Symphonie so ermüdet, dass ich froh bin, eine kurze Reise zu machen. Du irrst, wenn Du annimmst, dass die Reise Tausende kosten wird, – ich werde höchstens 300 Rubel ausgeben. Am 1. oder 2. September werde ich ja schon wieder in Petersburg sein, wo in einer Sitzung der Direktion [der Musikgesellschaft] das Programm besprochen werden soll.

2.) ... meiner Konzerte. Ja! Ich werde dort vier Konzerte dirigieren.[908] Im ersten [am 16. Oktober] steht die [Uraufführung der 6.] Symphonie an. Im zweiten (2. November) die Suite [‚Aus dem Kinderleben' op. 1] von [Georges] Conus. Du solltest das Stück herausgeben.[909] Es hat eine grossartige Zukunft. Für ein Gartenorchester ist es ein richtiger Schatz.

3.) Mit einigen Änderungen Silotis[910] bin ich einverstanden, mit anderen leider nicht. In seinem Wunsch, das Konzert spielbarer und leichter zu machen, geht er zu weit und will es geradezu verstümmeln. Die Sprünge, die ich gemacht, und die anderen Kürzungen, die wir zusammen erdacht haben, genügen vollkommen. Für Deine Absicht, dieses Konzert neu herauszugeben, bin ich Dir sehr dankbar. Grosse Änderungen werden nicht vorgenommen, nur Kürzungen.[911]

4.) Schirmer[912] habe ich sehr gut gekannt, und ich habe von seiner grossen Gastfreundschaft Gebrauch gemacht.[913] Die Nachricht von seinem Tode hat mich um so mehr überrascht, als ich noch vor einigen Tagen einen Brief von ihm[914] erhielt mit der Bitte, eine Photographie von mir zu senden. Ich antwortete ihm sofort, doch wird ihn mein Brief mit der Photographie nicht mehr unter den Lebenden antreffen.[915] Die Fragen sind also erledigt.

[[907] Der Direktor des Hamburger Stadttheaters, dem Čajkovskij die Rechte an seinen Bühnenwerken für Deutschland und Österreich-Ungarn abgetreten hatte und der in Hamburg „Eugen Onegin" (Premiere: 7. / 19. Januar 1892), „Jolanthe" (Premiere: 27. August / 7. September 1893; musikalische Leitung wie bei „Eugen Onegin": Gustav Mahler) und „Pique Dame" (erst nach Čajkovskijs Tod) produzierte.]

[[908] Und zwar in der Saison 1893/94 – doch nur das erste am 16. Oktober mit der Uraufführung hat Čajkovskij leiten können. Die von Čajkovskij zur Aufführung vorgeschlagenen Werke siehe in Anmerkung 900 (S. 617) zum Brief an Georgij Konjus vom 23. Juli 1893 (ČPSS XVII, Nr. 4986).]

[[909] Das tat Jurgenson tatsächlich, nachdem die Publikation bei M. P. Belaieff aus formalen Gründen nicht möglich war; siehe oben, S. 601, Anmerkung 838 zum Brief an G. Konjus vom 5. April 1893 (ČPSS XVII, Nr. 4905).]

[910] Im 2. Klavierkonzert op. 44.

[[911] Die Erstausgabe des von Oktober 1879 bis April 1880 komponierten 2. Klavierkonzerts war im Februar 1881 erschienen. Als Čajkovskij es 1888 in Petersburg, Prag und Moskau mit dem Solisten Vasilij L. Sapel'nikov aufführte, hat er selbst es im ersten und zweiten Satz gekürzt (siehe TchH 1, S. 208). Schon zu dieser Zeit hat er offenbar auch den Pianisten Ziloti gebeten, das Werk durchzusehen. Doch war er mit den Kürzungsvorschlägen Zilotis, die 1891 und erneut 1893 zur Debatte standen, nicht einverstanden. So kam es erst 1897 zu einer Neuausgabe, in der Ziloti die von Čajkovskij früher ausdrücklich abgelehnten Kürzungen realisierte und als authentisch deklarierte.]

[912] Der bekannte Verleger und Musikalienhändler [seit 1861] in New York.

[[913] Siehe oben, Čajkovskijs Tagebucheintragungen während seiner Amerikareise, z. B. unter dem 18. / 30. April und 21. April / 2. Mai 1891, S. 498 f. und 501.]

[[914] Gustav Schirmers Brief ist am 20. Juli / 1. August 1893 datiert.]

[[915] Am 19. / 31. August 1893 bestätigte Schirmers Sohn Rudolph den Erhalt von Brief und Photographie.]

Die [autographe Partitur der 6.] Symphonie werde ich heute nach Petersburg mitnehmen. Ich verspreche Dir, die Partitur nicht zu verschenken.[916] Das Arrangement zu vier Händen ist missraten und erheischt eine gründliche Verbesserung. Diese Verbesserung habe ich dem jüngsten Conus, Léon, überlassen, welcher sie Dir Anfang September abliefern wird. Ich wollte, ich verlangte sogar, dass er für diese Arbeit ein Honorar von wenigstens 100 Rubeln annähme, er hat es aber entschieden abgelehnt. Bitte bemühe Dich, wenn er zu Dir kommen wird, ihm noch einmal meinen Wunsch ans Herz zu legen und das Geld anzunehmen. Vielleicht wird er sich vor Dir nicht genieren, mir gegenüber will er grossmütig sein und bringt mich in eine schiefe Lage.

... Während ich diesen Brief schreibe, wird in Petersburg mein Kamerad und alter Freund Apuchtin zu Grabe getragen. Wieviel Todesfälle im Kreise meiner alten Freunde!! Karl [Albrecht], Apuchtin, die beiden Schilowskys!!" [XVII, 5019.]

In Petersburg wohnte Peter Iljitsch diesmal bei Laroche und verbrachte zwei Tage mit ihm. Sogar die bevorstehende Reise ins Ausland vermochte seine fröhliche Stimmung nicht zu trüben.

Von seiner Reise nach Hamburg existieren keinerlei Briefe,[917] und das allein beweist negativ, dass er keinen Grund zur Klage hatte.

Nach der Rückkehr aus Hamburg traf er mit mir in Petersburg zusammen, stieg diesmal – wie früher – bei mir ab und blieb ein oder zwei Tage bei mir. Sehr, sehr lange hatte ich ihn nicht mehr so fröhlich gesehen. Die bevorstehende Saison der Petersburger Musikgesellschaft interessierte ihn sehr, und er bereitete mit Vergnügen die Programme der vier Symphoniekonzerte vor, deren Leitung er übernommen hatte.[918]

In meinem persönlichen Schicksal trat damals eine Änderung ein: Nachdem ich die Erziehung N. Konradis zum Abschluss gebracht hatte, beschloss ich, mit meinem Neffen W. Dawidow zusammenzubleiben, welcher unterdessen den Kursus der Juristenschule abgeschlossen hatte und ein selbständiger Mann geworden war. Die Einrichtung unseres Haushalts interessierte Peter Iljitsch natürlich sehr. Er half uns beim Suchen einer Wohnung, beriet mit uns alle Einzelheiten unseres zukünftigen Lebens, liess es sich nicht nehmen, in weitgehendstem Masse an unseren Ausgaben teilzunehmen.

Aus allen Gesprächen über die bevorstehende Aufführung der neuen Symphonie, namentlich aber der Suite „Aus dem Kinderleben" von [Georg] Conus, über das selbständige Leben seines Lieblings W. Dawidow, über unsere zukünftige Behausung, welche er, wenn er in Petersburg wäre, auch als die seinige ansah, über die Reise zu Anatol aufs Land, über

---

[916 Mit dieser seinen Verleger beruhigenden Bemerkung spielt Čajkovskij auf seine Diskussion mit ihm im Frühjahr 1892 an, als Jurgenson seine Rechte an Čajkovskijs autographen Druckvorlagen geltend machte. Čajkovskij hatte damals zwei Partituren Petersburger Institutionen geschenkt, die ihn darum gebeten hatten und denen er sich verpflichtet fühlte: „Dornröschen" der Bibliothek der Kaiserlichen Theater und „Nußknacker"-Suite der Musikgesellschaft. Vgl. oben, S. 547 f., Čajkovskijs Brief an Jurgenson vom 18. März 1892 (ČPSS XVIb, Nr. 4645) mit Anmerkungen.]

[917 ČPSS XVII enthält nur einen kurzen Brief Čajkovskijs (Nr. 5021), und zwar vom 28. August / 9. September 1893 an den Berliner Verleger Gustav Bock (Verlag Bote & Bock), mit dem er persönlich gut bekannt war. In diesem französischen Brief mit deutscher Nachschrift („Ich umarme dich, mein lieber Freund.") empfiehlt er Bock den böhmischen Komponisten Joseph Bohuslav Foerster (1859-1951), den er seit 1888 persönlich kannte und schätzte. Am Vortag, dem 27. August / 8. September 1893, hatte er Foerster bei der Wiederaufnahme der „Jolanthe" im Hamburger Stadttheater getroffen. Dort hat Foersters Ehefrau, Berta Foerster-Lauterer (1869-1936), als Nedda in Ruggiero Leoncavallos „Der Bajazzo" („I Pagliacci") debütiert; dieser Einakter wurde nach Čajkovskijs Einakter „Jolanthe" aufgeführt. – Aus den Jahren 1892/93 sind vier Briefe Čajkovskijs an Foerster und drei Briefe Foersters an Čajkovskij erhalten.]

[918 Siehe oben, S. 617, erste Anmerkung zum Brief vom 23. Juli 1893 an G. Konjus, ČPSS XVII, Nr. 4986.]

unser nächstes Wiedersehen in Moskau bei Gelegenheit der dortigen Aufführung meines Stücks,[919] welches ihm sehr gefiel, – aus allem, was er tat und sprach, lugte jene Stimmung hervor, welche stets einen Menschen beherrscht, der sich auf die Verwirklichung froher Hoffnungen und Erwartungen vorbereitet.

In jener Zeit sprachen wir sehr viel über ein Sujet für eine neue Oper. Der Lieblingsschriftsteller Peter Iljitschs war in den letzten Jahren G. Eliot.[920] Die Werke dieser bewundernswerten Frau hatte er auf einer seiner Auslandsreisen kennengelernt, als er gleich von vornherein auf das beste von ihnen stiess – „The Mill on the Floss" [1860]. Seitdem konnte in der Meinung Peter Iljitschs nur Leo Tolstoi mit ihr rivalisieren. „Adam Bede", „Silas Marner", „Middlemarch" versetzten ihn in Begeisterung, und er las sie immer und immer wieder. Weniger als die anderen gefiel ihm „Romula"; am meisten – „The Mill on the Floss" and „Scenes of clerical life". So kam er auf den Gedanken, eine dieser Novellen zu einem Opernlibretto zu verarbeiten, und zwar „The sad fortunes of the reverend Amos Barton".[921] Er verlangte, dass ich sie läse und meine Meinung sagte. Ich muss beichten: ohne die Novelle gelesen zu haben und mich nur auf die Erzählung Peter Iljitschs stützend, riet ich ihm ab, dieses Sujet für eine Oper zu verwenden.

Ich weiss nicht, ob meine Einwände ihn dahin gebracht haben oder ob er selbst die Lust verloren hatte, – jedenfalls kehrte er nie wieder zu diesem Gespräch zurück und sprach von anderen Sujets für ein Libretto.

Wir trennten uns in den ersten Tagen des September. Er fuhr nach Michailowskoe,[922] wo unser Bruder Anatolij mit seiner Familie den Sommer und Herbst verbrachte.

Der einzige Brief von dort[923] gibt Zeugnis davon, dass Peter Iljitschs gute Stimmung auch dort anhielt.

An M. Tschaikowsky: „Michailowskoe, d. 12. September 1893.

... Schönen Dank für die angenehme Nachricht in Betreff der Wohnung.[924] Ach Modja, Michailowskoe ist einfach reizend!! Es ist unbeschreiblich schön hier. Ich bin um so entzückter, als mir niemand in Briefen besonders begeistert darüber gesprochen hatte, so dass ich sehr überrascht war, ein wahres Paradies vorzufinden.

Alles ist überaus gelungen und angenehm. Dazu kommt dieses wunderbare Wetter. Tagelang streife ich durch die Wälder und bringe viele Pilze mit nach Hause. Freitag früh werde ich in Moskau eintreffen." [XVII, 5029.]

Am 17. September, dem Tage der ersten Vorstellung meines Lustspiels „Vorurteile" [„Predrassudki"] im Kleinen Theater, war Peter Iljitsch in Moskau und wurde durch verschiedene Geschäfte noch einige Tage dort aufgehalten. Das übliche grossstädtische Getriebe verschleierte ein wenig seine Stimmung, wie wir gleich sehen werden, aber dieser Anfall von Missmut ist im Moment seiner Ankunft in Klin spurlos verschwunden.

---

[919] Gemeint ist Modest I. Čajkovskijs 1893 geschriebene Komödie „Predrassudki" („Vorurteile"), die am 17. September 1893 am Moskauer Malyj teatr uraufgeführt wurde.]
[920] Die Schriftstellerin George Eliot (Mary Anne Evans, 1819-1880).]
[921] Die erste der drei „Scenes of Clerical Life" (1858).]
[922] Ein Kirchdorf im Gouvernement Nižnij-Novogorod.]
[923] ČPSS XVII enthält einen weiteren Brief, den Čajkovskij in Michajlovskoe geschrieben hat, und zwar, in französischer Sprache, an den jungen polnischen Komponisten Sigismond Stojowki; u. a. heißt es darin: „Mais arrivons au principal. Votre Suite [die Hans von Bülow gewidmete, 1893 erschienene Orchestersuite op. 9] sera exécutée sous ma direction *le 15 / 27 Janvier 1894*. J'espère que selon Votre promesse Vous viendrez avec Maman et je me réjouis de l'agréable perspective de Vous revoir." (ČPSS XVII, Nr. 5030.)]
[924] Ich hatte soeben die Wohnung in der Kleinen Morskaja-Strasse gemietet, welche für Peter Iljitsch verhängnisvoll werden sollte. [Der Komponist starb dort.]

An den Grossfürsten Konstantin Konstantinowitsch: „Moskau, d. 21. September 1893.
Ew. Kaiserliche Hoheit!

Ihr ungemein lieber Brief hat mich sehr erfreut. Sie sind gar zu gütig, mich bei all ihren komplizierten und vielseitigen Verpflichtungen und Beschäftigungen nicht zu vergessen. Eigentlich verdiene ich Ihre wertvolle Aufmerksamkeit gar nicht, denn ich bin unverzeihlich vergesslich in Fällen, in welchen ich rechtzeitig all dessen gedenken sollte, was diejenige Person anbelangt, für welche ich ein so warmes und lebendiges Gefühl der Liebe und Ergebenheit hege wie für Sie. Beim Herannahen des 21. Mai und des 10. August nehme ich mir jedesmal vor, nur ja nicht zu vergessen, Ihnen zu gratulieren, – und fast jedesmal erinnere ich mich infolge verschiedener Umstände zu spät an mein Vorhaben. Hinterher quält mich noch lange diese unwillentliche Schuld vor Ihnen, aber meine Zerstreutheit und Vergesslichkeit scheinen unverbesserlich zu sein.

Ich befinde mich auf der Durchreise in Moskau und habe die Gedichte des verewigten Apuchtin nicht zur Hand, weshalb ich Sie ganz ergebenst bitte, mir gestatten zu wollen, Ihnen in Betreff des Requiem[925] erst in einigen Tagen zu antworten, d. h. nachdem ich wieder in Klin angekommen, das Requiem – welches ich ein wenig vergessen habe – aufmerksam gelesen und ernsthaft darüber nachgedacht haben werde, ob ich imstande wäre, die von Ihnen vorgeschlagene Aufgabe zu lösen.

Mich verwirrt ein wenig der Umstand, dass meine letzte Symphonie [die Sechste], welche soeben fertig geworden ist und am 16. Oktober zur Aufführung kommt (ich wünschte sehr, dass Ew. Hoheit sie hörten), von einer Stimmung durchdrungen ist, welche derjenigen des Requiems nahekommt. Ich glaube, dass mir die Symphonie gut gelungen ist, und fürchte, mich selbst zu wiederholen, wenn ich sofort ein seinem Charakter und Wesen nach ähnliches Werk in Angriff nähme. Übrigens möchte ich, wie gesagt, Ew. Hoheit erst nach einiger Zeit eine entscheidende Antwort in Betreff einer Musik zum Requiem geben, nachdem ich in meiner Kliner Einsiedelei in Musse ordentlich über die Frage nachgedacht haben werde.

In den letzten Frühlings- und Sommermonaten musste ich sehr viel herumreisen und habe deshalb nicht sehr viel arbeiten können: eine Reihe von [achtzehn] Klavierstücken [op. 72], eine kleine Serie Lieder [op. 73] (über Texte des jungen, talentvollen Dichters Daniel Rathaus) und eine Symphonie [die Sechste]. In diese Symphonie habe ich, ohne Übertreibung, meine ganze Seele gelegt und hoffe, dass Ew. Hoheit Gefallen an ihr finden werden. Ich weiss nicht, ob sie in ihrem musikalischen Material originell erscheint, hinsichtlich der Form aber bietet sie die Eigenart, dass ihr Finale im Adagiotempo gehalten ist und nicht, wie üblich, im Allegro.

In Worobjewka[926] haben wir viel von Ew. Hoheit gesprochen. Marie Petrowna[927] hat von ihrem verstorbenen Gemahl eine besondere Verehrung für Sie geerbt.

Welch ein entzückendes Nest ist Worobjewka! Ein echtes Poetenheim.

Morgen reise ich für kurze Zeit zur Erholung nach Hause [nach Klin]. Ungefähr am 10. Oktober werde ich in Petersburg sein, wo am 16. Oktober das erste Konzert der Musikgesellschaft [in dieser Saison] stattfinden soll, in welchem ich meine neue Symphonie diri-

---

[925] Der Grossfürst hatte Peter Iljitsch [in seinem Brief vom 20. September 1893] angeregt, diesen Text in Musik zu setzen. [Eine deutsche Übersetzung dieses Gedichts „Requiem" (aus den späten 1860er Jahren) von Aleksej N. Apuchtin findet man in: Pjotr Iljitsch Tschaikowsky, Sinfonie Nr. 6 h-Moll, op. 74 ‹Pathétique›. Taschenpartitur. Einführung und Analyse von Thomas Kohlhase, Mainz – München 1983, S. 288-291.]
[926] Das Gut [des Dichters] A. Fet im Gouvernement Kursk.
[927] Marija Petrovna Šenšina (geb. Botkina; 1828-1894), Witwe des von Čajkovskij geschätzten Lyrikers Afanasij A. Fet (Šenšin).]

gieren werde. Vor dem Konzert werde ich bei Ew. Hoheit erscheinen, um Ihnen und der Grossfürstin die dringende Bitte vorzutragen, dieses Konzert besuchen zu wollen.

Ich habe die Ehre, Ew. Kaiserlichen Hoheit ergebenster Diener zu verbleiben.

P. Tschaikowsky." [XVII, 5038.]

An M. Tschaikowsky: „Moskau, d. 24. September 1893.

… Die letzten Tage langweilte ich mich furchtbar und verfiel – ich weiss nicht warum – in Misanthropie. Ich sitze in meinem Zimmer und sehe keinen Menschen, ausser den Kellner. Ich sehne mich nach Hause, nach Arbeit, nach einem normalen Leben.

In Klin erwarten mich wahrscheinlich Nachrichten von Dir. Die wichtigste Frage, welche mein Glück bedingt, ist jetzt – Eure Einrichtung.[928] Solange Euer Leben noch nicht vollständig geregelt ist, habe ich keine Ruhe." [XVII, 5042.]

Am 25. September kehrte Peter Iljitsch zum letzten Mal in seinem Leben nach Klin zurück.

An M. Tschaikowsky: „Klin, d. 25. September 1893.

… Du schreibst, dass Ihr zu wenig Zimmer habt; wegen eines besonderen Zimmers für mich seid bitte unbesorgt – übernachten kann ich in einem beliebigen Zimmer; mit Zimmer oder ohne Zimmer, jedenfalls möchte ich bei Euch wohnen." [XVII, 5045.]

An den Grossfürsten Konstantin Konstantinowitsch: „Klin, d. 26. September 1893.
Ew. Kaiserliche Hoheit!

Das ‚Requiem' von Apuchtin[929] habe ich mehrere mal durchgelesen, über seine grössere oder geringere Tauglichkeit für die Musik sehr umfassend nachgedacht und bin endlich zu einer negativen Antwort auf die Frage gekommen. Ich halte es nicht für nötig Ihnen zu sagen, wie überaus angenehm es mir gewesen wäre, Ihren Wunsch zu erfüllen. In ähnlichen Fällen darf man sich aber durch keine nebensächlichen Regungen beeinflussen lassen. Wenn die Musik der Dichtung, die Ihren Beifall gefunden hat, wert sein soll, so muss die betreffende Dichtung fähig sein, mein Gefühl zu erwärmen und zu rühren, mein Herz zu bewegen und meine Phantasie anzuregen. Die allgemeine Stimmung dieses Gedichts ist wohl für eine musikalische Illustration tauglich, und meine letzte Symphonie [die Sechste] (besonders das Finale) ist in hohem Masse von dieser Stimmung durchdrungen. Wenn man aber näher auf die Details eingeht, so überzeugt man sich, dass vieles in dieser Dichtung Apuchtins zwar in sehr schönen Versen ausgesprochen ist, aber keine Musik erfordert, ja – sogar ihrem Wesen widerspricht … Zum Beispiel drücken die Worte jener Tiraden, welche von einer pessimistischen Weltanschauung durchdrungen sind, die Machtlosigkeit des menschlichen Verstandes gegenüber den unlösbaren Fragen des Seins aus und sind nicht unmittelbare Äusserungen des Gefühls, sondern eher Resultate der Vernunfttätigkeit, welche in der Musik schwer wiederzugeben sind. Wenn schon ein Requiem in Musik gesetzt werden soll, so wäre eher ein echter, mittelalterlicher lateinischer Text zu wählen, welcher trotz der Grobheit seiner rhythmisierten Verse[930] viel besser jenen Gram und jene Angst wiedergibt, welche wir empfinden, wenn uns der Tod einen geliebten Menschen raubt. Es gibt auch noch einen anderen Grund, weshalb ich überhaupt wenig Neigung verspüre, ein Requiem zu komponieren, doch fürchte ich, Ihr religiöses Empfinden zu verletzen. Im Requiem wird viel von einem ‚Richter-Gott', ‚Vergelter-Gott', ‚Rächer-Gott' (?!!) gespro-

---

[928 Die Einrichtung der erst kürzlich angemieteten Wohnung in der Petersburger Straße Malaja Morskaja, die Modest und sein Neffe Bob (Vladimir Davydov) bewohnten – und in der Čajkovskij starb. Das günstig in der Nähe des Nevskij prospekt gelegene Haus ist abgebildet z. B. in: Poznansky 1991, drei Seiten vor S. 425.]
[929 Vgl. dazu oben den früheren Brief an den Großfürsten vom 21. September 1893 (ČPSS XVII, Nr. 5038).]
[930 Offenbar hat Čajkovskij hier die Sequenz „Dies irae, dies illa" der lateinischen Totenmesse im Sinn.]

chen. Verzeihen Sie Ew. Hoheit, – aber ich wage die Andeutung, dass ich an einen solchen Gott nicht glaube, wenigstens ist ein solcher Gott nicht imstande, jene Tränen, jene Begeisterung und jene Anbetung des Schöpfers und der Quelle alles Guten in mir hervorzurufen, welche meine Inspiration anfachen könnten. Ich würde mit der größten Begeisterung versuchen, einige Texte aus dem Evangelium in Musik zu setzen, – wenn es nur möglich wäre. Wie oft habe ich z. B. von einer musikalischen Illustration der Worte Christi geschwärmt: ‚Kommet her zu mir alle, die ihr mühselig und beladen seid', und dann: ‚denn mein Joch ist süss und meine Last ist leicht'. Wie unendlich viel Liebe und Mitleid mit der Menschheit liegt in diesen einfachen Worten! Wie unendlich viel Poesie liegt in diesem, wenn man so sagen darf: leidenschaftlichen Bestreben, die Tränen des Kummers zu trocknen und die Qualen der leidenden Menschheit zu lindern ...

Verzeihen Sie mir, Ew. Hoheit, bei Gott, ich wäre über die Massen glücklich, Ihren Wunsch zu erfüllen, – wenn das nicht meine Kräfte überstiege.

Ew. Kaiserlichen Hoheit ergebenster Diener   P. Tschaikowsky." [XVII, 5046.]

An A. Merkling: „[Klin,] d. 29. September 1893.
... Ich beschäftige mich jetzt mit der Instrumentierung des Klavierkonzerts [Es-Dur op. 75]. Bald werde ich an den Ufern der Newa erscheinen.[931] Ungefähr am 10. [Oktober] wirst Du mich sehen." [XVII, 5051.]

Am 30. September starb noch ein intimer Freund Peter Iljitschs: N. Swerew.[932] Diese Nachricht erreichte Klin, als es schon zu spät war, zur Beerdigung zu fahren. Peter Iljitsch begegnete diesem Verlust wie allen Verlusten der letzten Zeit, d. h. ungewöhnlich ruhig. Als am 6. Oktober A. Brandukow und J. Poplawsky aus Moskau zu ihm kamen, war er nicht nur nicht verstimmt, sondern sogar besonders lustig. Bei Tisch und während des Spaziergangs ergötzte er seine Gäste mit allerlei Spässen, welche nur sein Humor erfinden konnte. Am Abend des 6. Oktober nahm Peter Iljitsch mit den beiden Cellisten das Cellokonzert von Saint-Saëns durch, welches er demnächst in Petersburg zu dirigieren hatte.

Am 7. Oktober verliess Peter Iljitsch Klin für immer, um am Morgen des 8. Oktober der Totenfeier für Swerew beizuwohnen und dann nach Petersburg zu reisen. Als er im Eisenbahnwagen am Dorf Frolowskoe vorbeifuhr,[933] zeigte er seinen Mitreisenden den Turm der Kirche und sagte: „hier wird man mich beerdigen und später beim Vorbeifahren auf mein Grab weisen".

Den Wunsch, in Frolowskoe begraben zu werden, wiederholte Peter Iljitsch am 8. Oktober bei der Gedächtnisfeier für Swerew im Gespräch mit S. Tanejew.

Ausser diesen zwei Andeutungen in Betreff seines Todes, welche nur ganz vorübergehend durch die traurigen Zeremonien mit den irdischen Resten des verschiedenen Freundes hervorgerufen worden waren, sind nach dem Zeugnis derjenigen Personen, welche in jenen Tagen mit Peter Iljitsch zusammenkamen, weder in Worten noch im Betragen desselben Anzeichen einer gedrückten Stimmung zu merken gewesen. Im Gegenteil, alle wollen entgegengesetzte Eindrücke gewonnen haben.

Bis zu welchem Grade hoffnungs- und glaubensvoll Peter Iljitsch in jener Zeit war, geht auch schon daraus hervor, dass er mit ungewöhnlicher Festigkeit und Selbstbeherr-

---

[[931] Also in Petersburg.]
[[932] Der Pianist Nikolaj S. Zverev (geb. 1832) hatte seit 1870 am Moskauer Konservatorium unterrichtet (ab 1883 als Professor). Čajkovskij widmete ihm das Klavierstück „Passé lointain", Nr. 17 des im September 1893 erschienenen op. 72.]
[[933] In diesem Dorf in der Nähe von Klin hatte er von Ende April 1888 bis Ende Mai 1891 gewohnt und sich sehr wohl gefühlt.]

schung den neuen Schlag ertrug, welchen – wie beim „Woiwoden"[934] – S. Tanejew seinem künstlerischen Ehrgeiz versetzte. Peter Iljitsch hatte ihm nämlich am 7. oder 8. Oktober das soeben vollendete Klavierkonzert N° 3 gezeigt, welches aus dem ersten Satz der geplant gewesenen Symphonie [Es-Dur] entstanden war und dem Pianisten Louis Diémer gewidmet werden sollte. Das Stück gefiel Tanejew nicht; er fand es nicht virtuos und sprach, wie immer, offen seine Meinung aus. Diesmal zerriss Peter Iljitsch seine neue Komposition nicht – aber nicht, weil er dem Urteil Tanejews nicht glaubte, sondern weil er das Manuskript (welches er nicht in Druck zu geben beabsichtigte) Diémer zeigen wollte, als Beweis, dass er das vor langer Zeit gegebene Versprechen [ein Konzert für ihn zu komponieren] gehalten hatte.

N. Kaschkin beschreibt den letzten Aufenthalt Peter Iljitschs in Moskau wie folgt:

„Wir trafen uns beim Trauergottesdienst in der Kirche, von wo aus Peter Iljitsch sich zum Grabe Swerews begab. Am 9. Oktober früh sollte er seinem Versprechen gemäss im Konservatorium erscheinen, um das Vokalquartett [‚Die Nacht'] zu hören, welches er aus einer Stelle [der B-Dur-Episode] der Klavierfantasie [c-Moll KV 475] gemacht hatte. Die Musik Mozarts war ohne Änderungen geblieben, Tschaikowsky hatte nur den Text dazu geschrieben.[935] Dieses Quartett hatte er schon im März 1893 geschrieben, und Peter Iljitsch hatte schon damals den Wunsch geäussert, es zu hören. Frau Lawrowskaja[936] hatte ihm versprochen, das Quartett mit ihren Schülern einzustudieren, und teilte ihm nun mit, dass es fertig sei. Man versammelte sich am 9. Oktober im Saal des Konservatoriums. Ich nahm mit Tschaikowsky mitten im Saal Platz. Das Quartett wurde sehr schön vorgetragen, und Peter Iljitsch erbat sich eine Wiederholung desselben. Später sagte er mir, diese Musik übe einen unbeschreiblichen Reiz auf ihn aus, und er könne sich selber keine Rechenschaft darüber geben, warum ihm diese überaus einfache Melodie so gefalle. Er bedankte sich bei Frau Lawrowskaja und den Ausführenden, lud mich zum Abendessen bei sich im Hotel ein und verliess das Konservatorium.

In Moskau weilte damals der Direktor des Hamburger Theaters Pollini, der ein feuriger Verehrer von Tschaikowskys Talent war und dessen Opern bei sich in Hamburg aufführte.[937] Als ich im ‚Moskauer Gasthof' zum Abendessen erschien, traf ich dort Pollini, W. Safonow und zwei andere ausländische Gäste an. Das Abendessen trug einen halb geschäftlichen Charakter: man besprach den Vorschlag Pollinis, eine grosse Konzerttournee durch Russland mit einem deutschen Orchester unter Leitung von russischen Dirigenten zu arrangieren. Pollini beabsichtigte, in Deutschland ein ausgezeichnetes Orchester zusammenzustellen und mit diesem in der Sommersaison eine Reise durch Mittel- und Südrussland (Schwarzes Meer, Kaukasus, Wolga usw.) zu machen. Dirigieren sollten: Tschaikowsky seine eigenen Werke und Safonow das ganze übrige Programm ... Pollini, Safonow und einer der Ausländer entfernten sich hierauf ins Nebenzimmer, um die Details der Reise zu besprechen und einige provisorische Berechnungen hinsichtlich der Gemeinschaftlichkeit des Unternehmens auf-

---

[[934] Gemeint ist die Symphonische Ballade op. post. 78 von 1890/91.]
[[935] Und sie für vier Stimmen mit Klavierbegleitung gesetzt.]
[[936] Die Altistin Elizaveta A. Lavrovskaja (1845-1919), 1868-1872 und 1879/80 Mitglied des Opernensembles der Petersburger Theater und 1890/91 des Moskauer Bol'šoj teatr, wirkte 1888-1919 als bedeutende und erfolgreiche Gesangsprofessorin am Moskauer Konservatorium.]
[[937] Siehe oben, z. B. die letzte Anmerkung zum Brief an Modest Čajkovskij vom 3. Januar 1892 (ČPSS XVIb, Nr. 4590, oder S. 619, Anmerkung 907.]

zustellen. Die ausländische Sängerin, welche anwesend war, verabschiedete sich und fuhr in ihr Hotel, so dass ich und Peter Iljitsch allein zurückblieben.

Den ganzen Sommer hatten wir uns nicht gesehen und fanden daher viel Stoff zur Unterhaltung. Er erzählte mir von Cambridge, sprach mit sehr viel Wärme von dem Professor [Maitland] der dortigen Universität, welcher ihn bei sich aufgenommen hatte, und von einem seiner Mitdoktoren, Arrigo Boïto, der ihn durch Verstand und Bildung bezaubert hatte. Ich erzählte ihm von einer Reise, die ich durch Skandinavien und Dänemark gemacht hatte. Mit grossem Interesse fragte er mich über verschiedene Einzelheiten aus, denn er selbst hatte schon längst die Absicht, dahin zu fahren, was ihm aber bisher noch nicht gelungen war. Als er hörte, dass ich auch in der Nähe von Bergen gewesen war, machte er mir die grössten Vorwürfe, nicht den in der Nähe von Bergen lebenden Grieg besucht zu haben. Peter Iljitsch schätzte nicht nur dessen kompositorisches Talent, sondern liebte Grieg und seine Frau (den Schutzengel ihres stets kränkelnden Gemahls, wie er sagte) auch als Menschen.

Unmerklich kam das Gespräch auf unsere gemeinsamen Verluste: den Tod Albrechts und Swerews. Man gedachte der vielen Lücken, welche mit der Zeit in unserem früheren Kreis entstanden waren und zählte die wenigen Übriggebliebenen. Unwillkürlich legte man sich die Frage vor, wer ist wohl jetzt an der Reihe, auf Nimmerwiederkehr abzugehen? In voller Überzeugung sagte ich Peter Iljitsch, er würde uns alle gewiss überleben, er bestritt diese Wahrscheinlichkeit, sagte aber zum Schluss, er hätte sich noch nie so gesund und glücklich gefühlt wie gegenwärtig. Peter Iljitsch musste noch am selben Abend mit dem Kurierzug nach Petersburg reisen, und es war Zeit, zum Bahnhof zu fahren.

In Petersburg sollte er seine neue Symphonie, die Sechste, dirigieren, die mir noch unbekannt war; der Autor sagte mir, dass er hinsichtlich der ersten drei Sätze keinerlei Zweifel hege, dass aber der letzte noch ein grosses Fragezeichen wäre und er ihn nach der Petersburger Aufführung möglicherweise vernichten und durch einen anderen ersetzen würde. Das Konzert der Musikgesellschaft in Moskau war auf den 23. Oktober angesetzt; Tschaikowsky beabsichtige, einige Tage früher nach Klin zurückzukehren, um am Tage des Konzerts wieder in Moskau zu sein. Wir verabredeten – falls wir uns nicht im Konzert treffen sollten – ein Stelldichein im ‚Moskauer Gasthof', wohin er u. a. auch den Sänger E. Oudin[938] zum Abendessen mitbringen wollte, welcher auf seine Empfehlung von der Musikgesellschaft engagiert worden war.

Damit endete unser Gespräch. Wir verabschiedeten uns, und Tschaikowsky fuhr zum Bahnhof. Es fiel mir nicht ein, ihn zu begleiten, da wir beide Begleitungen nicht gern hatten, zumal wenn man sich nach vierzehn Tagen wiedersehen sollte. An die Möglichkeit der ewigen Trennung dachte natürlich keiner von uns."

[[938] Eugène Oudin, Sänger (Bariton) und Pianist, gest. 1894.]

Kapitel XLIV.

[Petersburg. 10.-20. Oktober 1893.
Die 6. Symphonie findet bei den Proben und bei der Uraufführung im Konzert am 16. Oktober weder bei den Musikern noch beim Publikum besonderes Interesse und Begeisterung. Presseberichte.
Modests Legende von seiner Erfindung des Untertitels „Pathétique".
Čajkovskijs Absicht, die Opern „Opričnik" und „Orleanskaja deva" (letztes Bild) umzuarbeiten.]

Am 10. Oktober 1893 kam Peter Iljitsch in Petersburg an. Wie gewöhnlich wurde er von mir und meinen Neffen [Bob Dawidow] empfangen und schien immer noch so froh und frisch zu sein wie bei unserem letzten Wiedersehen in Moskau. Unsere Einrichtung gefiel ihm sehr, und die gute Stimmung verliess ihn auch fernerhin nicht, – namentlich solange seine Anwesenheit in der Stadt noch nicht bekanntgeworden war und er ganz frei über seine Zeit verfügen konnte.

Nur eines verstimmte ihn: die 6. Symphonie machte auf die Orchestermusiker in den Proben keinen Eindruck. Die Meinung dieser Leute war ihm indessen stets teuer, überdies nagte die Furcht an ihm, dass die Gleichgültigkeit der Ausführenden die Wiedergabe des Stücks beeinträchtigen könnte. Peter Iljitsch pflegte nur diejenigen seiner Werke gut zu dirigieren, von denen er wusste, dass sie dem Orchester gefielen. Um Feinheit der Schattierungen und ein Gelingen des Ganzen zu erzielen, bedurfte er der Anteilnahme und Anerkennung seiner Umgebung. Ein kühler Gesichtsausdruck, ein gleichgültiger Blick, das Gähnen eines Orchestermusikers banden ihm die Hände; er verlor die Fassung, studierte das Stück nachlässig durch und bemühte sich, die Probe recht kurz zu machen, um die Musiker von einer langweiligen Arbeit zu befreien. Sooft er ein neues Werk von sich dirigierte, konnte man eine gewisse Unsicherheit, fast Nachlässigkeit in der Wiedergabe der Details beobachten, und auch dem Ganzen fehlten Kraft und Bestimmtheit des Ausdrucks. Die 5. Symphonie und „Hamlet" brachen sich ihre Bahn nur deshalb so mühevoll, weil sie durch den Autor von Anfang an schlecht empfohlen worden waren. Aus demselben Grunde war auch die symphonische Ballade „Der Woiwode" verunglückt.

Wir haben hier des öfteren gesehen, dass Peter Iljitsch sehr leicht von der Meinung anderer über seine Werke angesteckt werden konnte und sich seine Begeisterung unter fremdem Einfluss in Verachtung umkehrte, oder umgekehrt. Diesmal blieb er aber unerschütterlich und behauptete trotz der Abneigung der Musiker standhaft, er habe nie etwas Besseres geschrieben als diese Symphonie und werde auch nie wieder etwas Besseres schreiben. Es gelang ihm dennoch nicht, Ausführende und Publikum davon zu überzeugen. Im Konzert am 16. Oktober[939] fiel die Symphonie durch: es wurde zwar applaudiert, und der Autor wurde gerufen, aber nicht enthusiastischer als bei der Aufführung anderer seiner Werke. Jenen gewaltigen, erschütternden Eindruck, den die Symphonie bald darauf (am 6. November 1893) unter der Leitung Naprawniks und später so oft allerorts machte, konnte man bei der ersten Aufführung nicht konstatieren.

Ausser der 6. Symphonie [zu Beginn des Konzerts] enthielt das Programm dieses letzten Konzerts unter Leitung Peter Iljitschs die Ouvertüre zu einer unvollendet gebliebenen

---

[[939] Das war das erste Symphoniekonzert der Petersburger Abteilung der Russischen Musikgesellschaft in der Saison 1893/94 (und das erste der insgesamt vier, die Čajkovskij leiten sollte – siehe oben); es fand im Saal der Adelsgesellschaft statt, der späteren „Philharmonie". Abbildung der ersten Seite des Programms in: Album 1978, S. 149; dasselbe und Abbildung des Saals (in modernem Zustand) in: Album 1984, S. 175; erste Seite des Programms, Čajkovskijs Taktstock und Abbildung des Saals (in älterem Zustand) in: Album 1990, S. 164 f.]

Oper Laroches,[940] Tschaikowskys 1. Klavierkonzert b-Moll in der Wiedergabe Adele aus der Ohes,[941] die Tänze aus der Oper „Idomeneo" von Mozart[942] und die „Spanische Rhapsodie"[943] von Franz Liszt.

Die Presse sprach sich über die neue Symphonie zwar nicht so begeistert aus, wie Peter Iljitsch es erwartet und gewünscht hatte, äusserte im Großen und Ganzen aber viel Anerkennung. Die „Sanktpeterburgskie wedomosti"[944] fanden, dass das Werk in thematischer Beziehung nicht besonders originell und die Themen nicht neu und nicht prägnant seien. Für den besten Satz hielt diese Zeitung den letzten, das „Adagio lamentoso". Dcm „Syn Otetschestwa"[945] gefiel der dritte Satz, das Scherzo, am besten, weiter heisst es: „Wie in allen letzten Werken Tschaikowskys behält leider auch in diesem die äussere Eleganz die Oberhand über die Tiefe der Gedanken ... Die beiden kurzen Sätze (der erste und der letzte) entbehren nicht der Anlehnungen an fremde Gedanken: eine Phrase im I. Satz erinnert sehr stark an Gounods ‚Romeo und Julia', während über dem letzten Satz der Hauch Griegs waltet." Der „Grashdanin"[946] zieht den zweiten Satz den anderen vor, lobt aber auch die anderen und sagt: „Wie ein echtes Genie hat Tschaikowsky seine frühere Schwülstigkeit über Bord geworfen und sich *Einfachheit und Vornehmheit* zum Ziel gesteckt." „Nowoe vremja"[947] findet: „Die neue Symphonie ist offenbar unter dem Eindruck einer Reise durch fremde Länder entstanden; sie enthält viel Geistreiches und Findiges in der Behandlung der Orchesterfarben, auch Grazie (namentlich in den beiden Mittelsätzen) und Feinheit, *steht aber hinsichtlich der Inspiration hinter den anderen Symphonien Tschaikowskys zurück.*" Die „Peterburgskaja gazeta" sagt, die neue Symphonie liesse sich mit grossem Interesse anhören, besonders *graziös* seien der *erste* und *dritte* Satz. Von unbedingter Begeisterung für das Werk sind nur die „Birshewie vedomosti"[948] erfüllt, welche aber die Wiedergabe durch Peter Iljitsch ein wenig tadeln.[949]

Am folgenden Morgen fand ich, als ich zum Frühstück kam, Peter Iljitsch mit der Partitur der 6. Symphonie in der Hand am Teetisch sitzend. Laut Vereinbarung musste er sie noch am selben Tage an P. Jurgenson nach Moskau schicken und dachte darüber nach, wie er sie nennen sollte. Sie unbenannt lassen und nur mit einer Nummer versehen – wollte er

---

[[940] Es handelte sich nicht um die hier und zuweilen auch später in der Čajkovskij-Literatur genannte Ouvertüre zu Laroš's geplanter, aber nicht ausgeführter Oper „Karmozina" („Carmosine"), sondern um seine Fantasie-Ouvertüre D-Dur, die Čajkovskij zwischen dem 14. August und 9. September 1888 instrumentiert und zum ersten Mal am 5. November 1888 in einem Symphoniekonzert der Petersburger Abteilung der Russischen Musikgesellschaft aufgeführt hatte.]

[[941] Mit Adele aus der Ohe hatte Čajkovskij das Werk schon dreimal während seiner Amerikatournee 1891 aufgeführt: in New York, Baltimore und Philadelphia.]

[[942] Abbildung einer Partiturseite aus dem von Čajkovskij benutzten Exemplar des betreffenden Bandes der alten Mozart-Gesamtausgabe mit Čajkovskijs aufführungspraktischen Eintragungen in: Album 1990, S. 125.]

[[943] „Rhapsodie Espagnole (Folies d'Espagne et Jota Aragonesa)" für Klavier solo.]

[[944] „Sanktpeterburgskie vedomosti" (Sankt Petersburger Zeitung).]

[[945] 1862-1901 in Petersburg erscheinende Tageszeitung „Syn otečestva" (Sohn des Vaterlands) für Politik, Literatur und Wissenschaft.]

[[946] Die 1872-1914 in Petersburg erscheinende politische und literarische Zeitung „Graždanin" (Der Bürger).]

[[947] Die 1868-1917 in Petersburg erscheinende Tageszeitung „Novoe vremja" (Neue Zeit).]

[[948] „Birževye vedomosti" (Börsenzeitung).]

[[949] Auszüge aus einigen Rezensionen der Uraufführung und der zweiten Auffführung (nach Čajkovskijs Tod) sowie weitere Dokumente zur Rezeption des Werkes findet man in deutscher Übersetzung in: P. I. Tschaikowsky, Sinfonie Nr. 6. Taschenpartitur. Einführung und Analyse von Thomas Kohlhase, Mainz – München 1983, S. 293-299. – Ebenso wie ein Zitat aus Rimskij-Korsakovs Erinnerungen („Chronik meines musikalischen Lebens"), in dem er sich gegen die Ansicht wendet, das Publikum der Uraufführung habe auf das Werk deshalb so zurückhaltend reagiert, weil Čajkovskij angeblich kein guter Dirigent gewesen sei. Ebenda, S. 299 f.]

nicht, der Name „Programmsymphonie" gefiel ihm auch nicht mehr. „Was heisst Programmsymphonie, da ich kein Programm dazu geben will!" Ich machte den Vorschlag, sie „Tragische Symphonie" zu nennen. Das missfiel ihm ebenso. Ich verliess das Zimmer, bevor Peter Iljitsch zu einem Entschluss gekommen war. Plötzlich fiel mir die Benennung „Pathetische" ein. Ich kehrte ins Zimmer zurück – ich erinnere mich so deutlich daran, als wenn es erst gestern geschehen wäre – und sagte es Peter Iljitsch. „Ausgezeichnet, Modja, bravo, *Pathetische*!", und er schrieb in meiner Anwesenheit die für immer gebliebene Benennung."[950]

Diesen Vorfall zitiere ich nicht, um meinen Namen mit dem Werk zu verknüpfen. Indem ich dieses Buch zum Abschluss bringe, bin ich überzeugt, mich der allen Memoiralisten eigenen Schwäche gewissenhaft enthalten zu haben, den eigenen kleinen Namen ohne Notwendigkeit mit demjenigen, über den man schreibt, in Verbindung zu bringen. Gewiss würde ich auch diesen im Grunde unwichtigen Vorfall unerwähnt lassen, wenn er nicht aufs Anschaulichste die Tatsache begründete, dass die Vermutung der gelehrtesten Kritiker und Kommentatoren, selbst wenn sie noch so glaubwürdig erscheinen, oft nur zu weit von der Wahrheit entfernt sind.

Hugo Riemann, einer der glänzendsten und geachtetsten Musiktheoretiker, begründet in seiner thematischen Analyse des Inhalts der 6. Symphonie[951] die Benennung „Pathetische" durch die „in die Augen springende Verwandtschaft des Grundgedankens der Komposition mit dem Hauptthema der Sonate ‚Pathétique' von Beethoven", an welche Peter Iljitsch gar nicht gedacht hatte:*

[* In beiden Notenbeispielen finden sich rhythmische Fehler, die hier nicht verbessert werden.]

---

[950] Beweise und andere Zeugnisse dafür, dass der Name „Pathetische" von mir stammt, gibt es nicht. Dass dieser Name aber der Symphonie erst nach dem 16. Oktober [also dem Tag des Konzerts] gegeben worden ist, erhellt schon daraus, dass er in dem Programm des Konzerts nicht vorhanden ist, und ausserdem daraus, dass dieser Name auf dem Titelblatt des Originalmanuskripts [also der autographen Partitur als Druckvorlage für den Erstdruck] als *später hinzugeschrieben* zu erkennen ist.
[Es ist schade, dass Modest Čajkovskij mit diesem inzwischen als Legende nachgewiesenen „Bericht" seine Glaubwürdigkeit insgesamt infrage stellt. Absolut sicher ist, daß der Titel „Pathétique" vom Komponisten selbst stammt und daß er lange vor dem 17. Oktober, an dem Modest ihn erfunden haben will, existiert hat und auch dem Verleger schon bekannt war: Den Namen „Pathétique" erwähnt Čajkovskijs Verleger Jurgenson in einem Brief an den Komponisten vom 20. September (!). In diesem Brief vom 20. September heißt es: „Was soll mit ‚pathetique' und W. Davidoff oder Dawidow geschehen?" (GDMČ, a⁴, Nr. 6570). „Pathetique", ohne Akzent, und die beiden Namensformen im Titel der Ausgabe. V. Davydovs schreibt Jurgenson mit lateinischen Buchstaben – es geht ihm also um die Schreibweisen im Titel der Ausgabe, und zwar des im Druck befindlichen Klavierauszugs zu vier Händen. Man kann darüber spekulieren, warum der Titel nicht auf dem Programmzettel der Uraufführung stand (war sich der Komponist wieder unsicher wegen des Namens; war er ihm im Hinblick auf die Aufführung nicht wichtig; ist er versehentlich beim Druck des Programms weggelassen worden?). Jedenfalls setzte er ihn nach der Aufführung aufs Titelblatt. Dies teilte er Jurgenson am 18. Oktober mit (ČPSS XVII, Nr. 5062). – Es stimmt im übrigen auch nicht, daß Čajkovskij sein Partiturautograph noch „am selben Tage" (dem 17. Oktober) an den Verleger schicken musste und geschickt hat. Tatsächlich gelangte es erst im Dezember 1893 zu Jurgenson, nach der Unterzeichnung des Vertrags zwischen dem Verleger und Čajkovskijs Erben. – Vgl. dazu Th. Kohlhase in: ČSt 7, S. 207 f. („Titel und Widmung der Sinfonie") und S. 205 (deutsch); sowie die betreffenden Passagen im Kritischen Bericht zur 6. Symphonie in NČE 39c (russisch und englisch).]
[951] Nachweis und Zitate daraus in: P. I. Tschaikowsky. Sinfonie Nr. 6, Mainz – München 1983, S. 305-307.]

Nachdem Peter Iljitsch die Partitur mit der neuen Benennung nach Moskau geschickt hatte,[952] kam er noch davon ab, diese Benennung beizubehalten, was aus dem folgenden, letzten Brief an P. Jurgenson hervorgeht.[953]

An P. Jurgenson: „[Petersburg,] d. 18. Oktober 1893.
   Bitte sei so gut, mein Lieber, und setze Folgendes auf das Titelblatt der Symphonie:[954]
         An Wladimir Ljwowitsch
                Dawidow[955]
                  (N° 6)
         Komp. von P. Tsch…
Hoffentlich ist es nicht zu spät.
   Mit dieser Symphonie geht es ganz merkwürdig. Sie hat nicht gerade missfallen, aber einiges Befremden erweckt. Was mich selbst anbelangt, so bin ich stolzer auf sie als auf irgendein anderes Werk von mir. Darüber wollen wir aber bald mündlich sprechen, denn ich werde am Sonnabend in Moskau sein. Ich umarme Dich.
   [PS.] Sende um Gottes willen recht bald die Stimmen zum Finale der Suite [‚Aus dem Kinderleben' op. 1] von [Georges] Conus ins Petersburger Konservatorium.[956] Wenigstens die handschriftlichen, wenn sie noch nicht gedruckt sind." [XVII, 5062.]

An G. Conus: „[Petersburg,] d. 18. Oktober 1893.
   Freund Georgi, sorgen Sie dafür, dass die Chorstimmen zum Finale der Suite [‚Aus dem Kinderleben'] ungesäumt ins Konservatorium nach Petersburg geschickt werden. Der Direktor des Konservatoriums, Johannson,[957] interessiert sich sehr für diesen Kinderchor und wünscht, ihn recht bald studieren zu können. Ich umarme Sie." [XVII, 5060.]

In diesen Tagen sprach er viel mit mir über die Umarbeitung des „Opritschnik" und der „Jungfrau von Orleans", welche er für die nächste Zukunft ins Auge gefasst hatte. Zu diesem Zweck entnahm er der Bibliothek der Kaiserlichen Theater die Partitur des „Opritschnik" und kaufte die Werke Shukowskys.[958] Seine Absichten in Betreff der ersteren Oper[959]

---

[952] Čajkovskij hat die Partitur nicht nach Moskau geschickt – siehe oben.]
[953] Das Gegenteil geht aus dem Originalbrief hervor, von dem Modest Čajkovskij eine Zeile ausläßt – siehe die nächste Anmerkung.]
[954] Wieder geht es um das Titelblatt des in Herstellung befindlichen Klavierauszugs zu vier Händen, der im November 1893 herauskam. – Die autographe Partitur gelangte erst im Dezember 1893 an Jurgenson (siehe oben); die Erstausgabe der Partitur erschien im Februar 1894.]
[955] Auf die Widmung folgt in einer nächsten Zeile des Originalbriefs, unterstrichen und in lateinischen Buchstaben: „Symphonie Pathétique". Siehe ČPSS XVII, Nr. 5062:
         „Vladimiru L'voviču
                Davydovu
         Symphonie Pathétique
                  (N° 6)
                 op. ???
            soč. P. Čaj[kovskogo]"
(Die Opuszahlen neu herzustellender Werke Čajkovskijs setzte jeweils sein Verleger P. I. Jurgenson ein.)]
[956] Den Grund für diese Bitte nennt der nächste Brief.]
[957] Julij I. Iogansen (Iochansen; 1826-1904), Professor für Musiktheorie am Petersburger Konservatorium und 1891-1897 dessen Direktor.]
[958] Žukovskijs Übersetzung von Schillers „Jungfrau von Orleans" hatte Čajkovskij als hauptsächliche Quelle seinem Libretto der Oper zugrundegelegt. Vgl. dazu Alfonsina Janés, *Die Jungfrau von Orleans*: Čajkovskij und Schiller", in: Mitteilungen 13 (2006), S. 131-143.]
[959] An eine Umarbeitung des „Opričnik" hatte Čajkovskij auch schon früher, 1884 und 1886, gedacht; dazu kam es aber ebensowenig wie 1893.]

hat er mir nicht mitgeteilt. Hinsichtlich der „Jungfrau von Orleans" sprachen wir aber viel über die Änderung des letzten Bildes, wobei ich darauf bestand, dass er auch den Schluss, wie so vieles andere in dieser Oper, nach Schiller arrangieren sollte. Das schien ihn zu interessieren. Einen endgültigen Entschluss in dieser Sache zu fassen, war ihm aber leider nicht mehr beschieden.

Seine Seelenstimmung war in den letzten Tagen weder ausschliesslich fröhlich noch besonders gedrückt. Im Kreise seiner intimen Freunde war er munter und zufrieden, in Gesellschaft Fremder wie gewöhnlich nervös und erregt und später erschöpft und welk. Nichts gab Anlass, an das Herannahen des Todes zu denken.

Am Dienstag, den 19. Oktober, besuchte er auf Einladung eines privaten Opernunternehmers eine Vorstellung der „Makkabäer"[960] von A. Rubinstein.

Am Mittwoch, den 20., fühlte er sich noch ganz gesund und dinierte an diesem Tage bei seiner alten Freundin Wera Wassiljewna Butakow, geb. Dawidow.[961] Für den Abend hatte er eine Loge im Alexander-Theater, wo „Ein heisses Herz"[962] von Ostrowsky gegeben wurde. In der Pause begab er sich mit mir in die Garderobe K. Warlamows.[963] Die erstaunliche Begabung des letzteren hat er von jeher bewundert, in den neunziger Jahren hat er ihn persönlich kennen und lieben gelernt. Das Gespräch kam auf den Spiritismus. Warlamow äusserte mit dem ihm allein zu Gebote stehenden und auf dem Papier nicht wiederzugebenden Humor seine Antipathie gegen „all den Spuk" sowie gegen alles, was an den Tod erinnert. Darüber freute sich Peter Iljitsch sehr, stimmte ihm begeistert zu und lachte von Herzen über die drollige Art, mit welcher Warlamow seine Gedanken aussprach. „Es hat noch Zeit," sagte er, „mit dieser abscheulichen Stumpfnase Bekanntschaft zu schliessen; übrigens holt sie uns beide noch lange nicht! Ich weiss, dass ich lange leben werde."

Aus dem Theater fuhr Peter Iljitsch zusammen mit unserem Neffen Graf Lütke und Baron Buxhövden in das Restaurant Leiner. Ich kam etwa nach einer Stunde auch dorthin und fand die genannten Personen in Gesellschaft J. Gorbunows, A. Glazunows und Th. Mühlbachs.[964] Alle hatten schon gegessen, und ich erfuhr, dass Peter Iljitsch Makkaroni und – nach seiner Gewohnheit – Weisswein mit Mineralwasser genossen hatte. Gegen zwei Uhr Nachts gingen wir beide zu Fuss nach Hause. Peter Iljitsch war vollkommen gesund und ruhig.

Kapitel XLV.

[Petersburg. 21.-25. Oktober 1893.
Erkrankung und Tod Čajkovskijs.
Verzeichnis der Werke 1892/93 und Werke aus dem Nachlaß.]

Am Donnerstag, dem 21. Oktober, morgens fand ich Peter Iljitsch nicht wie gewöhnlich am Teetisch, sondern in seinem Zimmer. Er beklagte sich über eine infolge verdorbenen Magens schlecht verbrachte Nacht. Das beunruhigte mich nicht besonders, weil er oft derartige Magenverstimmungen bekam, welche immer sehr stark auftraten und sehr schnell vergingen. Gegen 11 Uhr kleidete er sich an und ging zu Naprawnik, kehrte aber schon nach einer

---

[960] Anton Rubinštejns (1878 komponierte) Oper „Makkavei" wurden von Künstlern der Russischen Operngesellschaft unter der Leitung von Dmitrij V. Dudyškin (1861-1912) aufgeführt.]
[961] Vera V. Davydova (1848-1923; 1882 verwitwete Butakova), Schwester seines Schwagers Lev Davydov.]
[962] Die 1868 geschriebene Komödie „Gorjačee serdce" von Aleksandr N. Ostrovskij (1823-1886).]
[963] Der Schauspieler Konstantin A. Varlamov (1851-1915) wirkte seit 1875 am Petersburger Aleksandrinskij teatr.]
[964] Der Vertreter der Klavierfabrik Th. Mühlbach [Fedor F. Mjul'bach] und Freund Peter Iljitschs.

halben Stunde zurück, ohne Naprawnik angetroffen zu haben, und beschloss, ausser dem Flanellumschlag weitere Massregeln zu ergreifen. Ich riet ihm, [Wassili] Bertenson, seinen Lieblingsarzt holen zu lassen, was er aber entschieden ablehnte. Ich bestand auch nicht weiter darauf, weil ich wusste, dass er gewöhnt war, derartiger Erkrankungen auch ohne fremde Hilfe Herr zu werden. Am besten half ihm in solchen Fällen Rizinusöl. Überzeugt, dass er auch diesmal seine Zuflucht zu demselben nehmen würde, ging ich beruhigt an meine Arbeit und sah ihn erst um ein Uhr wieder. Beim Frühstück hatte er eine geschäftliche Zusammenkunft mit Th. Mühlbach. Zwischen elf und ein Uhr war Peter Iljitschs Befinden so weit gut, dass er zwei Briefe und eine Karte schreiben konnte. Beim Frühstück spürte er keinen Widerwillen gegen Nahrung.

Er sass bei uns und ass nichts, aber nur, weil er annahm, das Essen könne ihm schaden. Er teilte uns mit, dass er statt des Rizinusöls Hunyadi[965] genommen habe. Ich glaube, dass gerade dieses Frühstück Peter Iljitsch verhängnisvoll geworden ist, weil er sich während des Gesprächs ein Glas Wasser eingoss und einige Schluck trank. Das Wasser war ungekocht. Wir erschraken alle sehr, nur er blieb gleichgültig und suchte uns zu beruhigen. Von allen Krankheiten fürchtete er am wenigstens die Cholera. Gleich darauf musste er sich entfernen, weil er von Übelkeit befallen wurde. Er kehrte nicht mehr in den Salon zurück, sondern legte sich nieder, um den Leib zu erwärmen. Nichtsdestoweniger befürchteten weder wir noch er selbst etwas Schlimmes. Die Krankheit wurde schlimmer, was wir der Wirkung des Bitterwassers zuschrieben. Ich riet abermals, Bertenson holen zu lassen, er lehnte das aber wiederum auf das entschiedenste ab. Er spürte auch wirklich bald eine kleine Besserung und bat, ihn ein wenig schlafen zu lassen. Nachdem ich mich überzeugt hatte, dass ihn niemand stören würde, ging ich aus und kehrte erst um fünf Uhr wieder. Unterdessen hatte sich die Krankheit so verschlimmert, dass ich trotz des Protestes Bertenson kommen liess. Doch waren bisher keinerlei Anzeichen einer tödlichen Krankheit vorhanden.

Gegen sechs Uhr verliess ich Peter Iljitsch von neuem, nachdem ich ihm eine Kompresse um den Leib gelegt hatte. Als ich um acht Uhr heimkehrte, pflegte ihn Nasar Litrow,[966] der ihn aus seinem kleinen Schlafzimmer in den geräumigen Salon gebracht hatte, weil in der Zeit zwischen sechs und acht Uhr Erbrechen und Diarrhöe plötzlich überaus stark geworden waren; auch hatte Nasar, ohne das Erscheinen Bertensons abzuwarten, den ersten besten Arzt holen lassen. Noch dachte niemand an Cholera.

Um $^1/_4$ nach 8 Uhr kam W. Bertenson. Diarrhöe und Erbrechen wurden immer heftiger, aber die Kräfte des Kranken gestatteten ihm noch, bei jeder Notwendigkeit aufzustehen. Der Arzt erkannte sofort den äusserst ernsten Charakter der Krankheit, machte seine Vorschriften und hielt es für nötig, seinen Bruder Leo Bertenson zu Rate zu ziehen. Die Lage wurde immer schrecklicher. Die Ausscheidungen traten öfter und stärker ein. Die Schwäche nahm zu, so dass der Kranke sich nicht mehr selbständig bewegen konnte. Am unerträglichsten war das Erbrechen: während und gleich nach demselben schrie er mit verzweifelter Stimme, klagte aber nicht über Schmerzen in der Magengegend, sondern über ein schreckliches Gefühl in der Brust, wobei er einmal – sich an mich wendend – sagte: „ich glaube, das ist der Tod, leb wohl, Modja!" Diese Worte wiederholte er später mehrere mal.

---

[965] Hunyadi-János-Bitterwasser aus einer der Salzquellen des ungarischen Buda (deutsch „Ofen" – gegenüber Pest), ein Mineralwasser, das „bei habitueller Verstopfung, Kongestionen nach dem Gehirn, der Lunge etc., bei Hämorrhodialleiden, Fettsucht, harnsaurer Diathese etc. angewendet" wurde. (Nach Meyers Großem Konversationslexikon, Band 9, Leipzig 1907, S. 663.)]

[966] Mein Diener, welcher im Jahre 1890 Peter Iljitsch nach Italien begleitet hatte.

Gegen 11 Uhr erschien Leo Bertenson mit seinem Bruder und konstatierte nach einer genauen Untersuchung des Kranken – Cholera. Unverzüglich wurde nach einem Heilgehilfen geschickt. Mit den Ärzten zusammen waren neun Personen am Krankenlager Peter Iljitschs versammelt: drei Grafen Lütke,[967] W. Dawidow, Nasar, der Heilgehilfe und ich. Gegen 12 Uhr begann Peter Iljitsch schreiend über Krämpfe zu klagen. Wir bemühten uns gemeinsam, ihn zu massieren. Die Krämpfe setzten bei vollem Bewusstsein des Kranken zugleich an verschiedenen Stellen des Körpers ein. Kopf und Extremitäten wurden nach und nach blau und kalt. Kurz vor dem ersten Erscheinen der Krämpfe fragte mich Peter Iljitsch: „das ist am Ende die Cholera?", ich verheimlichte ihm jedoch die Wahrheit. Als er aber hörte, wie die Ärzte Vorkehrungen gegen die Ansteckungsgefahr trafen und uns in weissen Schürzen sah, welche wir auf Anordnung der Ärzte angelegt hatten, rief er aus: „das ist sie also, die Cholera!" Bis fünf Uhr morgens war das ein ununterbrochener Kampf mit den Krämpfen, und mit der Abnahme der Körperwärme, welche immer weniger der energischen Massage und künstlichen Erwärmung nachgaben. Es gab einige Momente, da man den Tod erwartete, aber Moschuseinspritzungen und Klistiere aus Tannin erfrischten den Kranken immer wieder.

Gegen fünf Uhr schien die Krankheit nachlassen zu wollen, Peter Iljitsch wurde ein wenig ruhiger und klagte nur über seelische Niedergeschlagenheit. Er bekam Durst und sagte, dass ihm das Trinken in der Einbildung unendlich genussreicher vorkomme als in Wirklichkeit. Sooft man ihm zu trinken gab, stiess er das Glas mit Widerwillen von sich, um seine Bitte wenige Minuten später zu wiederholen.

Überhaupt war es ihm peinlich, dass die Krankheit soviel Aufregung in seiner Umgebung hervorrief. Während der stärksten Anfälle schien er sich wegen der Mühe, die er allen verursachte, entschuldigen zu wollen, fürchtete, dass einzelne Dinge Ekel erregen könnten und bewahrte das Bewusstsein so weit, dass er zeitweise sogar scherzte. So wandte er sich einmal zu seinem Lieblingsneffen [W. Dawidow] mit den Worten: „ich fürchte, du wirst wegen all dieser Scheusslichkeiten jede Achtung vor mir verlieren." Er redete die ganze Zeit auf uns ein, schlafen zu gehen, und dankte für jeden kleinsten Dienst.

Am Freitag, dem 22. Oktober, wurde W. Bertenson, welcher bis dahin ununterbrochen bei meinem Bruder geweilt hatte, von Doktor Mamonow abgelöst. Zu dieser Zeit waren auf Peter Iljitschs Gesicht nur noch einige schwarze Flecke geblieben, welche aber ebenfalls bald verschwanden. Es trat die erste Besserung ein, und wir atmeten alle erleichtert auf, obwohl noch hin und wieder Krämpfe erschienen. Jedenfalls fühlte er sich soweit besser, dass er sich für gerettet ansah. Als Leo Bertenson gegen elf Uhr erschien, begrüsste er ihn mit den Worten: „haben Sie Dank, Sie haben mich den Krallen des Todes entrissen. Ich fühle mich unvergleichlich besser als in der ersten Nacht." Diese Worte wiederholte er ziemlich oft an diesem und am folgenden Tage. Die Krämpfe verschwanden gegen Mittag vollständig. Um drei Uhr wurde Dr. Mamonow durch Dr. Sander abgelöst. Die Krankheit schien wirklich zu weichen, doch fürchteten die Ärzte die zweite Phase der Cholera – Nierenentzündung und Typhus, obwohl noch keine Anzeichen dieser Krankheiten zu bemerken waren. Bis zum Abend blieb die Lage unverändert. Zur Nacht besserte sie sich sogar noch um ein weiteres, so dass Dr. Mamonow, welcher zur Ablösung Dr. Sanders erschienen war, uns alle zur Ruhe schickte.

[[967] Die Söhne Aleksandr, Konstantin und Nikolaj N. Litke von Čajkovskijs Cousine mütterlicherseits Amalija E. Šobert, geb. Assier.]

Am Sonnabend früh, dem 23., war keine Besserung im moralischen Befinden des Kranken zu bemerken. Seine Stimmung schien sogar noch deprimierter zu sein als am Tag zuvor. Der Glaube an die Genesung war verschwunden. „Lassen Sie mich," sprach er zu den Ärzten, „Sie erreichen doch nichts, ich werde nicht gesunden." Im Umgang mit seiner Umgebung zeigte sich eine Gereiztheit. Gestern hatte er mit den Ärzten noch gescherzt und wegen des Trinkens mit ihnen verhandelt, heute aber unterwarf er sich willig ihren Vorschriften. Die Ärzte wandten alles an, um die Nieren wieder in Tätigkeit zu bringen, – aber vergebens. Wir setzten all unsere Hoffnung auf das warme Bad, welches Bertenson für den Abend in Aussicht genommen hatte. Es muss gesagt werden, dass unsere Mutter im Jahre 1854 an der Cholera gestorben war und dass sie der Tod gerade in dem Moment ereilt hatte, als man sie in die Wanne setzte. Mein ältester Bruder Nikolai sah daher, ebenso wie auch ich, mit abergläubischer Furcht auf diese Massregel. Diese Furcht steigerte sich noch, als wir erfuhren, dass Peter Iljitsch auf die Frage des Arztes, ob er ein Bad nehmen wolle, antwortete: „ich bin sehr froh, mich zu waschen, ich werde aber wahrscheinlich sterben, sobald Sie mich in die Wanne setzen, – wie meine Mutter." An diesem Abend konnte das Bad nicht verabfolgt werden, weil die Diarrhöe wieder stärker wurde und den Kranken sehr schwächte. Sehr unzufrieden mit der Lage der Dinge, entfernte sich L. Bertenson nach zwei Uhr nachts.

Gegen Morgen des 24. Oktober war die Situation des Kranken noch nicht hoffnungslos, obwohl die Unruhe der Ärzte wegen der Untätigkeit der Nieren wuchs. Das Selbstbefinden Peter Iljitschs war sehr schlecht. Auf alle diesbezüglichen Fragen antwortete er mehrere mal: „niederträchtig." Zu L. Bertenson sagte er: „wieviel Güte und Geduld verschwenden Sie unnütz. Ich kann nicht geheilt werden." Er schlief mehr, sein Schlaf war aber ein schwerer, unruhiger; er phantasierte ein wenig und wiederholte beständig zornig und vorwurfsvoll den Namen Nadeshda Filaretowna von Mecks. Dann wurde er still und schien auf etwas zu lauschen, bald zog er mühsam die Augenbrauen zusammen, bald lächelte er. Nach dem Schlafen kehrte das Bewusstsein schwerer wieder als bisher. Seinen Diener Sofronow, der an diesem Morgen aus Klin gekommen war, erkannte er nicht gleich, freute sich dann aber ihn zu sehen. Um ein Uhr kam L. Bertenson und hielt es sofort für dringend notwendig, dem Kranken ein Bad zu verabfolgen, um die Tätigkeit der Nieren hervorzurufen. Als er in der Wanne sass und gefragt wurde, ob ihm das warme Wasser nicht unangenehm sei, antwortete er: „im Gegenteil, sehr angenehm." Bald aber bat er, ihn herauszunehmen, weil er sich schwach fühle. Und in der Tat nahmen Schlaf und Bewusstlosigkeit nach dem Bad einen ganz besonderen Charakter an. Das Bad blieb ohne die erwartete Wirkung, obwohl es starke Transpiration hervorrief. Der bis dahin regelmässige Puls wurde aber schwächer, so dass man wieder zu Moschuseinspritzungen greifen musste, um die Kräfte zu heben. Das gelang auch. Bis acht Uhr schien sich sein Befinden wieder zu bessern. Aber bald nach acht Uhr bemerkte Dr. Sander ein neues starkes Abnehmen des Pulses und liess sofort L. Bertenson benachrichtigen. Auf Wunsch Nikolai Iljitschs wurde ein Priester der Isaaks-Kathedrale geholt. Der Priester kam mit dem Abendmahl, hielt es aber angesichts des bewusstlosen Zustands Peter Iljitschs nicht für möglich, ihm dasselbe zu geben, und beschränkte sich darauf, laut und deutlich Gebete zu sprechen, von denen der Kranke aber kein Wort zu verstehen schien.

Alle Hoffnung war geschwunden, obwohl die Ärzte kein Mittel unversucht liessen. Am Sterbebett Peter Iljitschs waren jetzt folgende Personen versammelt: drei Ärzte, zwei Brüder Lütke, Buxhövden,[968] N. Fiegner, Bsuhl,[969] W. Dawidow, Alexei Sofronow, Nasar

---

[[968] Rudol'f („Rudja") O. Buksgevden, Freund Bob Davydovs.]

Litrow und seine Frau, der Heilgehilfe, mein Bruder Nikolai und ich. L. Bertenson fand, dass zu viele Menschen im kleinen Zimmer versammelt seien. Man öffnete das Fenster, Fiegner und Bsuhl entfernten sich. Plötzlich öffnete Peter Iljitsch seine Augen. Ein unbeschreiblicher Ausdruck klaren Bewusstseins kam über ihn. Er liess seinen Blick der Reihe nach auf den drei ihm nächststehenden Personen ruhen und hob ihn dann zum Himmel empor. Einige Augenblicke leuchtete etwas in seinen Augen verlöschte bald zusammen mit dem letzten Atemzug. Es war etwas nach drei Uhr früh.[970]

Das Register der in der Saison 1892-1893 von Peter Iljitsch vollendeten und der nach seinem Tode unvollendet gebliebenen Werke ist folgendes:

1) Militärmarsch [B-Dur], dem [„Jurevskij"-]Infanterieregiment N<u>o</u> 98 gewidmet.

Der Peter Iljitschs Vetter Andrei Petrowitsch Tschaikowsky,[971] kommandierender Oberst dieses Regiments, hatte sich am 28. Februar 1893 mit der Bitte an Peter Iljitsch gewandt, diesen Marsch zu komponieren.[972]

[Verlag P. Jurgenson.]

2) Op. 72. Achtzehn Stücke für Klavier: N<u>o</u> 1, Impromptu [À Mademoiselle Barbe Masloff]. – N<u>o</u> 2, Berceuse [À Mr Pierre Moskaleff à Odessa]. – N<u>o</u> 3, Tendres reproches [À Mr Auguste Gerke]. – N<u>o</u> 4, Danse caractéristique [À Mr Anatole Galli]. – N<u>o</u> 5, Méditation [À Mr Basile Safonoff]. – N<u>o</u> 6, Mazurque pour danser [À M-lle Louise Jurgenson]. – N<u>o</u> 7, Polacca de Concert [À Mr Paul Pabst]. – N<u>o</u> 8, Dialogue [À Mme Catherine Laroche]. – N<u>o</u> 9, Un poco di Schumann [À M-lle Anna Masloff]. – N<u>o</u> 10, Scherzo-Fantaisie [À Mr Alexandre Ziloti]. – N<u>o</u> 11, Valse-Bluette [À M-lle Dina Kondratieff]. – N<u>o</u> 12, L'Espiègle [À Mme Alexandrine Swétoslavsky]. – N<u>o</u> 13, Echo rustique [À Mme Aline Brulow]. – N<u>o</u> 14, Chant élégiaque [À la mémoire de W. Skliffassovsky]. – N<u>o</u> 15, Un poco di Chopin [À Mr Serge Remisoff]. – N<u>o</u> 16, Valse à cinq temps [À Mr Nicolas Lenz]. –

---

[969] Ein junger Violoncellist, welcher ein Jahr darauf ebenfalls verstarb.

[[970] Um Čajkovskijs Tod kamen verschiedene Gerüchte und Legenden auf, welche die amtliche Todesursache (Folgen der Cholera) und Modest Čajkovskijs Darstellung infragestellten. Die auch im Westen am meisten verbreitete Legende von der – durch ein „Ehrengericht" erzwungenen – Selbsttötung des Komponisten wurde seit den frühen 1980er Jahren kontrovers diskutiert. Inzwischen herrscht allerdings die begründete Meinung vor, daß es für diese und andere Legenden keinerlei Evidenz gibt. – Vgl. neben dem kritischen Literaturbericht von Kadja Grönke in: ČSt 3, S. 379-403 (mit Chronologie und Literaturverzeichnis) insbesondere: Alexander Poznansky, Čajkovskijs Homosexualität und sein Tod – Legenden und Wirklichkeit (Aus dem Russischen von Irmgard Wille), in: ČSt 3, S. 9-135 (zuerst russisch in: Glagol' 17/1993, Moskau 1993); derselbe, Tchaikovsky's Last Days: A Documentary Study, Oxford 1996. – Komplex und klug spricht Roland John Wiley im Zusammenhang mit Čajkovskijs Tod von einer „totality of influences", und zwar im Kapitel „The Circumstances of Tchaikovsky's Death" seiner Monographie: Tchaikovsky, Oxford University Press, New York 2009, S. 440-448.]

[[971] Andrej P. Čajkovskij (1841-1920) war ein Sohn von Čajkovskijs Onkel Petr P. Čajkovskij.]

[[972] Čajkovskij komponierte den Marsch (im März und Mai 1893) in einem Klaviersatz, den der Kapellmeister des Regiments für die spezifische Besetzung seiner Militärkapelle instrumentieren sollte; je nach Besetzung des Orchesters könne sein Satz erweitert werden, nur dürften Melodik und Harmonik nicht geändert werden, schrieb er dem Vetter am 24. März 1893 (ČPSS XVII, Nr. 4903). Weil er im Brief des Vetters übersehen hatte, daß der Marsch dreiteilig sein solle, lieferte er am 5. Mai ein Trio nach (ebenda, Nr. 4928). Jurgenson publizierte den Marsch im Jahre 1894.]

N° 17, Passé lointain [À Mr Nicolas Zwereff]. – N° 18, Scène dansante. Invitation au Trépak [À Mr W. Sapellnikoff].[973]

Verlag P. Jurgenson.

3) Op. 73. Sechs Lieder für eine Singstimme mit Klavierbegleitung. Text von D. Rathaus. N. Fiegner gewidmet. N° 1, „An dem schlummernden Strom". N° 2, „Nachts". N° 3, „O du mondhelle Nacht". N° 4, „Sonne ging zur Ruhe". N° 5, „In trüber Stunde". N° 6, „Weil' ich wie einstmals".

Verlag P. Jurgenson.

4) „Nacht", Quartett für Sopran, Alt, Tenor und Bass mit Begleitung des Klaviers. Text von P. Tschaikowsky. Die Musik stammt aus der Klavierfantasie N° 4 [c-Moll KV 475, B-Dur-Episode] von Mozart.

Als Wladimir Naprawnik[974] im Jahre 1892 Peter Iljitschs Gast in Maidanowo war, spielte er viel Klavier. Das machte Peter Iljitsch grosses Vergnügen, und eines Tages begeisterte ihn die recht talentvolle Wiedergabe der Mozartschen Fantasie so sehr, dass er sofort beschloss, aus dem Mittelsatz derselben ein Soloquartett zu machen. Diesen Entschluss hat er Anfang Mai 1893 ausgeführt.[975]

Verlag P. Jurgenson.

5) Op. 74. Symphonie N° 6[976] in vier Sätzen für grosses Orchester. W. Dawidow gewidmet. Diese Symphonie ist zum ersten Mal am 16. Oktober 1893 unter Leitung des Komponisten [in Petersburg] aufgeführt worden.

Verlag P. Jurgenson.

6) Op. 75. Konzert N° 3 [in einem Satz] für Klavier und Orchester. Louis Diémer gewidmet. Dieses Konzert hat Peter Iljitsch aus [dem ersten Satz] der im Mai begonnenen

---

[[973] Ergänzt: Widmungen in der französischen Form der Erstausgabe. Die aus dem Kyrillischen transliterierten Namen der Widmungsträger: 1) Varvara I. Maslova (Schwester von Čajkovskijs früherem Kollegen Fedor Maslov); 2) Petr Moskalev (nicht identifizierte Person in Odessa, die Čajkovskij dort während seines Aufenthalts im Januar 1893 kennengelernt haben könnte); 3) Avgust A. Gerke (Jurist, ehemaliger Mitschüler an der Petersburger Rechtsschule); 4) Anatolij I. Galli (Pianist, Professor am Moskauer Konservatorium); 5) Vasilij I. Safonov (Pianist und Dirigent, Professor am Moskauer Konservatorium und dessen Direktor); 6) Luiza O. Jurgenson (Nichte des Verlegers Petr I. Jurgenson, Tochter seines Bruders und Petersburger Kommissionärs Iosif {Osip} I. Jurgenson); 7) Pavel A. Pabst (Pianist, Professor am Moskauer Konservatorium); 8) Ekaterina I. Laroš (dritte Ehefrau von German Laroš); 9) Anna I. Maslova (Schwester von Čajkovskijs früherem Kollegen Fedor Maslov?); 10) Aleksandr I. Ziloti (Pianist und Dirigent, Professor am Moskauer Konservatorium); 11) Nadežda N. Kondrat'eva (Tochter von Čajkovskijs Freund Nikolaj D. Kondrat'ev); 12) Aleksandra P. Svetlovskaja (Tochter von Čajkovskijs Verleger P. Jurgenson); 13) Alina I. Brjullova (Mutter von Modest Čajkovskijs früherem Zögling Nikolaj Konradi); 14) Vladimir N. Sklifosovskij (Anfang 1890 jung verstorbener Sohn des Chirurgen Nikolaj Sklifosovskij, den Čajkovskij im April 1889 auf einer Schiffsreise kennengelernt hatte); 15) Sergej M. Remezov (Pianist und Musiklehrer); 16) Nikolaj K. Lenc (Jurist und Komponist); 17) Nikolaj S. Zverev (Pianist, Professor am Moskauer Konservatorium); 18) Vasilij L. Sapel'nikov (Pianist).]
[[974] Sohn des Dirigenten Éduard F. Napravnik.]
[[975] Tatsächlich Anfang März 1893 – das Autograph ist am 3. März datiert.]
[976] Ich lasse mit Absicht die Benennung „Pathetische" fort, dem Wunsch des Verewigten entsprechend. – [Einen solchen Wunsch gibt es nicht. Der Untertitel „Pathétique" stammt nachweislich vom Komponisten und ist von ihm gegenüber dem Verleger P. Jurgenson spätestens seit September 1893 ausdrücklich für die Publikation des Werkes vorgesehen. Siehe oben die betreffenden Anmerkungen zu Modest Čajkovskijs Legende in Kapitel XLIV, S. 628-630.]

und auch nahezu vollendeten Symphonie [Es-Dur] gemacht. Die Symphonie hat Peter Iljitsch vernichtet.[977]

Das Klavierkonzert ist zum ersten Mal von S. I. Tanejew in Petersburg gespielt worden [und zwar im zweiten Symphoniekonzert der Russischen Musikgesellschaft am 7. Januar 1895 unter der Leitung von Eduard Naprawnik].

Verlag P. Jurgenson.

Ausserdem sind nach dem Tode Peter Iljitschs folgende nachgelassene Werke in Klin vorgefunden worden:[978]

1) Momento lirico, ein fast beendetes Klavierstück. S. Tanejew brachte nur die einzelnen Skizzen in Zusammenhang.[979]

Verlag P. Jurgenson [1894].

2) Duett Romeo und Julia. An diesem Stück hatte Tanejew mehr zu ergänzen, indem er die Begleitung zu den nachgelassenen Solostimmen herstellen musste. Er entlehnte sie der gleichnamigen Symphonischen Fantasie [Fantasie-Ouvertüre] Peter Iljitschs.[980]

[Verlag P. Jurgenson, 1895: Partitur und Klavierauszug von S. I. Tanejew.]

3) Andante und Finale für Klavier mit Orchester. Beide Sätze sind aus den Skizzen [aus dem Entwurf] der geplant gewesenen Symphonie [Es-Dur] von Peter Iljitsch selbst für Klavier und Orchester umgearbeitet worden.[981]

Instrumentiert hat sie S. Tanejew. Er war es auch, der sie im ersten Russischen Symphoniekonzert Belajews am 8. Februar 1896 [unter der Leitung von Felix Blumenfeld] zum ersten Mal öffentlich gespielt hat.

Damit brachte S. Tanejew seine Rolle als erster Interpret aller Werke Peter Iljitschs für Klavier und Orchester (mit Ausnahme des b-Moll-Konzerts (welches [in Russland] zum ersten Mal von Kross gespielt worden ist) zum Abschluss.

Verlag M. Belajew [M. P. Belaieff, Leipzig 1897: Partitur und Ausgabe für zwei Klaviere, op. post. 79].

[[977] Im Konzept war die Sinfonie Es-Dur vollendet; instrumentiert war nur ein Teil des ersten Satzes. Čajkovskij hat das Werk nicht vernichtet, sondern als Symphonie verworfen und zu einem Klavierkonzert in drei Sätzen umgearbeitet (Sätze I, II und IV der Symphonie); das Konzept ist fertig geworden, doch hat Čajkovskij, auch wegen des großen Umfangs des Kopfsatzes, nur diesen als einsätziges Klavierkonzert instrumentiert und herausgegeben. Zum langsamen Satz und Finale siehe unter 3) Andante und Finale. Über das Scherzo der Symphonie besteht Unklarheit in der Čajkovskij-Literatur. Hat Čajkovskij ihn seiner Scherzo-Fantasie es-Moll op. 72, Nr. 10 zugrundegelegt – oder vernichtet?]

[[978] Weitere, hier nicht genannte posthume Ausgaben: op. post. 76, Ouvertüre „Das Gewitter" (1864), M. P. Belaieff, Leipzig 1896; op. post. 77, Symphonische Fantasie „Fatum" (1868), M. P. Belaieff, Leipzig 1896; op. post. 78, Symphonische Ballade „Voevoda" (Der Woiwode, Der Wojewode; 1890/91), M. P. Belaieff, Leipzig 1897; op. post. 80, Klaviersonate cis-Moll (1865), herausgegeben von S. I. Taneev, P. Jurgenson, Moskau – Leipzig 1900.]

[[979] Das, was Taneev vorfand, war die Konzeptschrift des Stückes (faksimiliert in ČPSS 62); Taneev hat sie für die Erstausgabe bei Jurgenson 1894 aufbereitet; Taneevs Fassung wurde ebenfalls in ČPSS 62 publiziert. – Seine eigene „Umschrift" des Konzepts in einem neuen Autograph hatte Čajkovskij am 26. Oktober / 7. November 1892 an den tschechischen Verleger Mojmír Urbánek nach Prag geschickt, auf dessen Wunsch er das Stück geschrieben hatte. Erschienen ist der Moment lyrique 1894 bei Urbánek, und zwar in einem von Zdeněk Fibich herausgegebenen Album: Hudební album. Sborník skladeb skladatelouv českoslovanskkých, S. 19 f.; reproduziert in: ČSt 7, S. 153 f.]

[[980] Zu Čajkovskijs Plan 1878-1881, eine Oper „Romeo und Julia" zu schreiben siehe die Hinweise in TchH 1, S. 401 f.]

[[981] Siehe oben, Anmerkung zum 3. Klavierkonzert Es-Dur op. 75.]

[Nachwort des Autors]

Mein Werk ist vollbracht. Mit der Beschreibung des letzten Atemzuges Peter Iljitschs ist meine Aufgabe, einen Menschen zu schildern, gelöst.

Den Künstler in allen Entwicklungsstadien seines Talents zu charakterisieren und seine Bedeutung für die Geschichte der musikalischen Kunst abzuwägen – liegt nicht in meinen Kräften.

Wenn alles Zuverlässige, Dokumentarische, was mir in diesem Buch zusammenzufassen gelungen ist, denjenigen eine feste Grundlage bieten wird, welche es verstehen werden, diese Aufgabe auszuführen, – dann wird das herrlichste Ziel aller meiner Bestrebungen erreicht sein.

Modest Tschaikowsky.
Rom 1902.

Nachwort des Übersetzers

Der geneigte Leser wolle mir gestatten, ihn darauf aufmerksam zu machen, dass ich es als meine Hauptaufgabe angesehen habe, den *Ton* und die *Stimmung* der Briefe Peter Iljitsch Tschaikowskys, welche dieses Buch vornehmlich zum Inhalt hat, möglichst getreu wiederzugeben. Ob es mir gelungen ist, weiss ich nicht, da ich als Verfasser der Übersetzung kein unbefangenes Urteil haben kann, ich weiss nur, dass es mir infolge der Verschiedenheit der Spracheigenheiten manchmal sehr schwer geworden ist, einen für den gegebenen Fall passenden Ausdruck zu finden. Daher mag vieles für ein deutsches Ohr fremd klingen. Auch möchte ich bemerken, dass die vorkommenden stilistischen Fehler und Ungereimtheiten nicht immer auf meine Rechnung zu setzen sind. Briefe pflegt man nicht so zu schreiben wie Bücher. Man wägt nicht jedes Wort ab: mancher falsche Ausdruck, manche verkehrte Wendung schlüpft leicht in unsere Zeilen hinein, wenn wir an liebe Freunde oder Verwandte schreiben. Auch Peter Iljitsch passierte das oft, zumal er – was für ihn sogar sehr charakteristisch ist – stets viel mehr an den Adressaten seines Briefes dachte und an das, *was* er ihm schrieb, als daran, *wie* er es schrieb, überdies ahnte er nicht, dass alle seine Briefe jemals der Öffentlichkeit preisgegeben würden. Alle diese Stellen habe ich natürlich unbeschönigt und unverbessert gelassen und mich bemüht, sie so wiederzugeben, dass sie im Deutschen ähnlich *klingen* wie im Russischen.

Was endlich die Orthographie anbelangt, so sehe ich wohl ein, dass sie einheitlicher sein könnte und mancher Verbesserungen bedarf, welche ihr in der zweiten Auflage des Buches auch zuteilwerden sollen.

Ich hoffe, dass dies alles das Werk nicht hindern wird, in weitere Kreise zu dringen und in ihnen Interesse für P. Tschaikowsky und seine Werke zu wecken.

Paul Juon.
Berlin 1903.

VERZEICHNISSE UND REGISTER

Verzeichnis der Briefe
1. Briefe Čajkovskijs

Vorbemerkung:
Die Datierung der Briefe wurde in der vorliegenden Neuausgabe von *LebenTsch.* nach der russischen Briefausgabe ČPSS V-XVII korrigiert. Einige Briefe hat Modest Čajkovskij aus inhaltlichen Gründen zeitlich umgestellt oder auf verschiedene Orte seiner Biographie verteilt; am selben Tag datierte Briefe an verschiedene Absender, in ČPSS strikt alphabetisch nach deren Familiennamen gereiht, hat er ebenfalls nach inhaltlichen Kriterien oder beliebig angeordnet. Daher entspricht die ČPSS verpflichtete chronologische Folge der Briefe im folgenden Verzeichnis nicht immer der Folge der Briefe im fortlaufenden Text der Biographie. Die beiden letzten Rubriken des Verzeichnisses (Fundort in ČPSS V-XVII / Fundorte der Briefe in der Neuausgabe von *LebenTsch.*) verdeutlichen dies.

Folge der Angaben zu den einzelnen Briefen:
Datum und Ort, Adressat, Band und Nummer der russischen Briefausgabe ČPSS V-XVII sowie Teilband (I bzw. II) und Seite(n) der vorliegenden Neuausgabe von *LebenTsch.*

Erster Teilband: Briefe 1848-1878 (und 1879)

1848	30. Okt.	Moskau	an Fanny Durbach	V,3	I,47
1849	7. Juni	Alapaevsk	*an dieselbe*	V,4	I,49
1850	2. Mai	*ebenda*	*an dieselbe*	V,8	I,50f.
1851	11. Juni	auf dem Lande	an die Eltern	V,27	I,54
	7. Aug.	Petersburg	an die Mutter	V,32	I,54
1856	22. Aug.	*ebenda*	an Fanny Durbach	V,53	I,55
1861	10. März	*ebenda*	an die Schwester	V,54	I,79
1861	9. Juni	*ebenda*	*an dieselbe*	V,55	I,81
	9./21. Juli	Berlin	an den Vater	V,56	I,81
	23. Okt.	Petersburg	an die Schwester	V,60	I,83f.
	4. Dez.	*ebenda*	*an dieselbe*	V,61	I,85
1862	10. Sept.	*ebenda*	*an dieselbe*	V,63	I,81,86
1863	15. April	*ebenda*	*an dieselbe*	V,66	I,89f.
1864	28. Juli	Trostinec	*an dieselbe*	V,68	I,103
1865	22. Okt.	Petersburg	*an dieselbe*	V,75	I,106,107
1866	6. Jan.	Moskau	an die Brüder Anatolij und Modest	V,77	I,118
	10. Jan.	*ebenda*	*an dieselben*	V,78	I,118f.
	11. Jan.	*ebenda*	an den Bruder Anatolij	V,79	I,120
	15. Jan.	*ebenda*	an die Schwester	V,80	I,120
	23. Jan.	*ebenda*	an die Brüder Anatolij und Modest	V,83	I,121
	30. Jan.	*ebenda*	*an dieselben*	V,84	I,122
	6. Febr.	*ebenda*	an den Bruder Anatolij	V,85	I,122f.
	7. Febr.	*ebenda*	an die Schwester	V,86	I,123
	zw. 8. u. 20. Febr.	*ebenda*	an den Bruder Modest	V,87	I,123f.
	6. März	*ebenda*	an den Bruder Anatolij	V,88	I,124f.
	7. April	*ebenda*	an die Brüder Anatolij und Modest	V,89	I,125f.
	8. April	*ebenda*	an die Schwester	V,90	I,126
	25. April	*ebenda*	an den Bruder Anatolij	V,92	I,126f.
	14. Mai	*ebenda*	an die Schwester	V,94	I,127f.
	7. Juni	bei Peterhof	*an dieselbe*	V,95	I,128f.
	8. Nov.	Moskau	an den Bruder Anatolij	V,96	I,133f.
	1. Dez.	*ebenda*	*an denselben*	V,97	I,134

1867	2. Mai	*ebenda*	*an denselben*	V,98	I,136
	20. Juni	Hapsal	an die Schwester	V,100	I,138
	8. Aug.	*ebenda*	*an dieselbe*	V,101	I,138
	31. Aug.	Moskau	an den Bruder Anatolij	V,102	I,141
	28. Sept.	*ebenda*	*an denselben*	V,104	I,141f.
	zw. 31. Okt. u. 6.(?) Nov.	*ebenda*	an den Bruder Modest	V,109	I,142f.
	12. Dez.	*ebenda*	*an denselben*	V,110	I,143
1868	zw. 12. u. 17. Febr.	*ebenda*	an den Bruder Anatolij	V,113	I,146
	16. April	Moskau	an die Schwester	V,116	I,139f.
	20. Juli / 1. Aug.	Paris	*an dieselbe*	V,117	I,148
	10. Sept.	Moskau	an den Bruder Anatolij	V,118	I,151-153
	13. Sept.	*ebenda*	an den Bruder Modest	V,119	I,153
	25. Sept.	*ebenda*	an den Bruder Anatolij	V,121	I,153f.
	21. Okt.	*ebenda*	*an denselben*	V,122	I,154
	Nov.	*ebenda*	an den Bruder Modest	V,123	I,154
	Mitte Dez.	*ebenda*	*an denselben*	V,124	I,154
	26. Dez.	*ebenda*	an den Vater	V,125	I,156
1869	Mitte Jan.	*ebenda*	an den Bruder Anatolij	V,129	I,158f.
	3. Aug.	*ebenda*	*an denselben*	V,143	I,167f.
	11. Aug.	*ebenda*	*an denselben*	V,145	I,168
	19. Aug.	*ebenda*	*an denselben*	V,146	I,168
	10. Sept.	*ebenda*	*an denselben*	V,148	I,168
	25. Sept.	*ebenda*	*an denselben*	V,150	I,168
	7. Okt.	*ebenda*	*an denselben*	V,153	I,172
	12. Okt.	*ebenda*	an den Bruder Modest	V,155	I,172
	30. Okt.	*ebenda*	an den Bruder Anatolij	V,157	I,159,172
	15. Nov.	*ebenda*	an die Schwester	V,158	I,172
	18. Nov.	*ebenda*	an den Bruder Modest	V,161	I,172f.
	Anfang Dez.	*ebenda*	an den Bruder Anatolij	V,164	I,173
1870	13. Jan.	*ebenda*	an den Bruder Modest	V,178	I,173
	5. Febr.	*ebenda*	an die Schwester	V,179	I,174f.
	3. März	*ebenda*	an den Bruder Modest	V,183	I,175
	26. März	*ebenda*	*an denselben*	V,185	I,176
	23. April	*ebenda*	an den Bruder Anatolij	V,189	I,176
	1.-4. Mai	ebenda	an I. A. Klimenko	V,190	I,176-178
	1./13. Juni	Soden	an den Bruder Anatolij	V,195	I,178
	7./19. Juni	*ebenda*	an den Bruder Modest	V,198	I,178f.
	24. Juni / 6. Juli	*ebenda*	an die Schwester	V,199	I,179f.
	24. Juni / 6. Juli	*ebenda*	an den Bruder Anatolij	V,200	I,179
	12. / 24. Juli	Interlaken	an den Bruder Modest	V,202	I,180
	5.(?) Okt.	Moskau	an den Bruder Anatolij	V,210	I,184
	26. Okt.	*ebenda*	an I. A. Klimenko	V,213	I,183
	26. Okt.	*ebenda*	an den Vater	V,214	I,184
	29. Nov.	*ebenda*	an den Bruder Anatolij	V,217	I,184
	20. Dez.	*ebenda*	an die Schwester	V,219	I,184
1871	2. Febr.	*ebenda*	an den Bruder Anatolij	V,228	I,184
	14. Febr.	*ebenda*	an den Vater	V,231	I,185
	3. Sept.	*ebenda*	an den Bruder Anatolij	V,237	I,189
	28. Sept.	*ebenda*	an den Bruder Nikolaj	V,240	I,189
	2. Dez.	*ebenda*	an den Bruder Anatolij	V,243	I,189
1872	1./13. Jan.	Nizza	*an denselben*	V,249	I,189f.
	31. Jan.	Moskau	an den Vater	V,251	I,190
	4. Mai	*ebenda*	an Ė. F. Napravnik	V,255	I,191f.

(1872)	17.-18. Juli	Borožba	an den Bruder Modest	V,270	I,193
	8. Aug.	Usovo	an P. I. Jurgenson	V,271	I,206
	2. Sept.	Moskau	an den Bruder Anatolij	V,273	I,199
	4. Sept.	ebenda	*an denselben*	V,274	I,199f.
	2. Nov.	ebenda	an den Bruder Modest	V,275	I,200
	15. Nov.	ebenda	an I. A. Klimenko	V,276	I,200
	22. Nov.	ebenda	an den Vater	V,277	I,200f.
	9. Dez.	ebenda	*an denselben*	V,279	I,201
	10. Dez.	ebenda	an den Bruder Modest	V,280	I,201f.
1873	9. Jan.	Petersburg	an die Schwester	V,285	I,202
	27. Jan.	Moskau	an V. V. Stasov	V,287	I,204
	5. Febr.	Moskau	an den Vater	V,288	I,205
	13. Febr.	ebenda	an den Bruder Modest	V,289	I,205
	4. März	ebenda	an V. V. Bessel'	V,292	I,205
	7. März	ebenda	an Fürst D. A. Obolenskij	V,294	I,226f.
	7. April	ebenda	an den Vater	V,298	I,206
	27. April	ebenda	an die Schwester und den Bruder Modest	V,301	I,206
	24./25. Mai	ebenda	an den Vater	V,312	I,206
	23. Juli / 4. Aug.	Paris	*an denselben*	V,316	I,212
	3. Sept.	Moskau	an V. V. Bessel'	V,317	I,214,216
	9. Okt.	ebenda	an den Vater	V,320	I,216
	10. Okt.	ebenda	an V. V. Bessel'	V,322	I,216f.
	30. Okt.	ebenda	*an denselben*	V,323	I,217
	28. Nov.	ebenda	an den Bruder Modest	V,327	I,217
	18. Dez.	ebenda	an Ė. F. Napravnik	V,334	I,218
1874	24. Jan.	ebenda	an den Bruder Anatolij	V,336	I,218
	19. Febr.	ebenda	an Ė. F. Napravnik	V,340	I,218f.
	25. März	Petersburg	an K. K. Al'brecht	V,343	I,219
	25. März	ebenda	an S. I. Taneev	V,345	I,219f.
	17./29. April	Venedig	an den Bruder Modest	V,347	I,223f.
	19. April / 1. Mai	Rom	an den Bruder Anatolij	V,349	I,224
	27. April / 9. Mai	Florenz	an den Bruder Modest	V,351	I,224f.
	18. Juni	Nizy	*an denselben*	V,354	I,228
	27. Sept.	Moskau	an den Vater	V,364	I,232
	19. Okt.	ebenda	an Ė. F. Napravnik	V,367	I,232f.
	29. Okt.	ebenda	an den Bruder Modest	V,368	I,233f.
	21. Nov.	ebenda	an den Bruder Anatolij	V,372	I,235
	26. Nov.	ebenda	an den Bruder Modest	V,373	I,236
1875	6. Jan.	ebenda	*an denselben*	V,384	I,237
	9. Jan.	ebenda	an den Bruder Anatolij	V,385	I,237f.
	9. März	ebenda	*an denselben*	V,394	I,240
	12. März	ebenda	an den Bruder Modest	V,395	I,241
	12. Mai	ebenda	an den Bruder Anatolij	V,400	I,243
	10. Sept.	ebenda	an N. A. Rimskij-Korsakov	V,412	I,245f.
	14. Sept.	ebenda	an den Bruder Modest	V,413	I,246
	12. Nov.	ebenda	an N. A. Rimskij-Korsakov	V,417	I,246f.
	11. Dez.	ebenda	an den Bruder Anatolij	V,425	I,249f.
1876	11. / 23. Jan.	Berlin	an den Bruder Modest	VI,437	I,251
	20. Jan.	Petersburg	*an denselben*	VI,439	I,251
	28. Jan.	Moskau	*an denselben*	VI,442	I,252
	10. Febr.	ebenda	*an denselben*	VI,445	I,252
	3. März	ebenda	*an denselben*	VI,450	I,252f.
	17. März	ebenda	an den Bruder Anatolij	VI,453	I,253
	24. März	ebenda	an den Bruder Modest	VI,457	I,253

Verzeichnis der Briefe

(1876)	19. Mai	*ebenda*	an den Bruder Anatolij	VI,464	I,253
	7./19. Juli	Vichy	an den Bruder Modest	VI,486	I,254
	27. Juli / 8. Aug.	Paris	*an denselben*	VI,488	I,254f.
	2./14. Aug.	Bayreuth	*an denselben*	VI,490	I,255
	8./20. Aug.	Wien	*an denselben*	VI,491	I,257f.
	19. Aug.	Verbovka	*an denselben*	VI,492	I,258
	10. Sept.	Moskau	*an denselben*	VI,494	I,260f.
	17. Sept.	*ebenda*	*an denselben* und Kolja Konradi	VI,497	I,261
	20. Sept.	*ebenda*	an den Bruder Anatolij	VI,498	I,261
	29. Sept.	*ebenda*	an N. A. Rimskij-Korsakov	VI,502	I,261f.
	6. Okt.	*ebenda*	an die Schwester	VI,503	I,262
	14. Okt.	*ebenda*	an den Bruder Anatolij	VI,504	I,262f.
	14. Okt.	Moskau	an den Bruder Modest	VI,505	I,262
	18. Okt.	*ebenda*	an È. F. Napravnik	VI,507	I,263
	8. Nov.	*ebenda*	an die Schwester	VI,513	I,263
	2. Dez.	*ebenda*	an S. I. Taneev	VI,517	I,264,265f.
	5. Dez.	*ebenda*	*an denselben*	VI,518	I,267
	18. oder 19. Dez.	*ebenda*	an N. F. fon Mekk	VI,524	I,284
	23. Dez.	*ebenda*	an die Schwester	VI,526	I,269
	24. Dez.	*ebenda*	an Lev N. Tolstoj	VI,527	I,271
1877	2.-3.Jan.	*ebenda*	an den Bruder Modest	VI,533	I,273f.
	12. Jan.	*ebenda*	an den Bruder Anatolij	VI,536	I,268
	29. Jan.	*ebenda*	an S. I. Taneev	VI,539	I,268
	15. oder 16. Febr.	*ebenda*	an N. F. fon Mekk	VI,542	I,284
	22. Febr.	*ebenda*	an die Schwester	VI,543	I,274
	16. März	*ebenda*	an N. F. fon Mekk	VI,545	I,286f.
	25.-26. April	*ebenda*	an S. I. Taneev	VI,551	I,274f.
	1. Mai	*ebenda*	an N. F. fon Mekk	VI,554	I,287f.
	8.-9. Mai	*ebenda*	an I. A. Klimenko	VI,561	I,275
	18. Mai	*ebenda*	an den Bruder Modest	VI,565	I,275f.
	19. Mai	*ebenda*	an den Schwager Lev Davydov	VI,566	I,276f.
	23. Mai	*ebenda*	an den Bruder Modest	VI,568	I,277
	27. Mai	*ebenda*	an N. F. fon Mekk	VI,569	I,277
	9. Juni	Glebovo	an den Bruder Modest	VI,570	I,277
	15. Juni	*ebenda*	an den Bruder Anatolij	VI,571	I,278
	23. Juni	*ebenda*	an den Vater	VI,572	I,289
	23. Juni	*ebenda*	an den Bruder Anatolij	VI,573	I,289
	3. Juli	Moskau	an N. F. fon Mekk	VI,574	I,289-291
	15. Juli	*ebenda*	*an dieselbe*	VI,584	I,291f.
	26. Juli	*ebenda*	*an dieselbe*	VI,590	I,292
	2. Aug.	Kamenka	*an dieselbe*	VI,593	I,292
	11. Aug.	*ebenda*	*an dieselbe*	VI,594	I,292
	12. Aug.	*ebenda*	*an dieselbe*	VI,595	I,293
	27. Aug.	*ebenda*	an den Bruder Anatolij	VI,596	I,293
	30. Aug.	*ebenda*	an N. F. fon Mekk	VI,597	I,293f.
	9. Sept.	Kiev	an den Bruder Modest	VI,599	I,272
	12. Sept.	Moskau	an N. F. fon Mekk	VI,601	I,294
	12. Sept.	*ebenda*	an den Bruder Anatolij	VI,602	I,294
	20. Okt. / 1. Nov.	Clarens	an N. F. fon Mekk	VI,622	I,298
	20. Okt. / 1. Nov.	*ebenda*	an N. G. Rubinštejn	VI,623	I,296f.
	25. Okt. / 6. Nov.	*ebenda*	an N. F. fon Mekk	VI,625	I,298-300
	27. Okt. / 8. Nov.	*ebenda*	an N. G. Rubinštejn	VI,630	I,300
	29. Okt. / 10. Nov.	*ebenda*	an N. F. fon Mekk	VI,633	I,300
	1./13. Nov.	Paris	*an dieselbe*	VI,635	I,300f.
	6./18. Nov.	Florenz	*an dieselbe*	VI,638	I,301
	7./19. Nov.	Rom	*an dieselbe*	VI,639	I,302
	9./21. Nov.	*ebenda*	an N. G. Rubinštejn	VI,642	I,302f.
	9./21. Nov.	*ebenda*	an den Bruder Modest	VI,643	I,303

(1877)	11./23. Nov.	Venedig	an N. F. fon Mekk	VI,644	I,303f.
	16./28. Nov.	ebenda	*an dieselbe*	VI,648	I,304
	18./30. Nov.	ebenda	*an dieselbe*	VI,650	I,304-306
	21. Nov. / 3. Dez.	Wien	*an dieselbe*	VI,655	I,306f.
	23. Nov. / 5. Dez.	ebenda	*an dieselbe*	VI,659	I,307f.
	26. Nov. / 8. Dez.	ebenda	*an dieselbe*	VI,661	I,308-310
	27. Nov. / 9. Dez.	ebenda	*an dieselbe*	VI,664	I,310
	29. Nov./11. Dez.	ebenda	*an dieselbe*	VI,665	I,310
	4./16. Dez.	Venedig	an den Bruder Modest	VI,676	I,310f.
	6./18. Dez.	ebenda	an N. F. fon Mekk	VI,679	I,311f.
	9./21. Dez.	ebenda	*an dieselbe*	VI,684	I,312
	12./24. Dez.	ebenda	an den Bruder Anatolij	VI,688	I,313
	12./24. Dez.	ebenda	an N. F. fon Mekk	VI,689	I,313
	16./28. Dez.	Mailand	*an dieselbe*	VI,692	I,313f.
	20. Dez. / 1. Jan.	San Remo	*an dieselbe*	VI,696	I,314f.
	21. Dez. / 2. Jan.	ebenda	*an dieselbe*	VI,698	I,315f.
	23. Dez. / 4. Jan.	ebenda	an N. G. Rubinštejn	VI,702	I,317
	23. Dez. / 4. Jan.	ebenda	an den Bruder Anatolij	VI,703	I,316f.
	24. Dez. / 5. Jan.	ebenda	an N. F. fon Mekk	VI,705	I,317-319
	28. Dez. / 9. Jan.	Mailand	an den Bruder Anatolij	VI,710	I,319
1878	1./13. Jan.	San Remo	an N. F. fon Mekk	VII,712	I,319f.
	1./13. Jan.	ebenda	an N. G. Rubinštejn	VII,713	I,320f.
	2./14. Jan.	ebenda	an S. I. Taneev	VII,716	I,321-323
	6./18. Jan.	ebenda	an N. F. fon Mekk	VII,719	I,323
	8./20. Jan.	ebenda	an K. K. Al'brecht	VII,720	I,324-326
	12./24. Jan.	ebenda	an P. I. Jurgenson	VII,725	I,326f.
	14./26. Jan.	ebenda	an N. G. Rubinštejn	VII,727	I,329f.
	14./26. Jan.	ebenda	an N. F. fon Mekk	VII,728	I,327-329
	15./27. Jan.	ebenda	*an dieselbe*	VII,729	I,330
	15./27. Jan.	ebenda	an den Bruder Anatolij	VII,730	I,330
	21. Jan. / 2. Febr.	ebenda	an N. F. fon Mekk	VII,736	I,238f.
	24. Jan. / 5. Febr.	ebenda	an S. I. Taneev	VII,738	I,331
	25. Jan. / 6. Febr.	ebenda	an N. F. fon Mekk	VII,740	I,331
	26. Jan. / 7. Febr.	ebenda	an P. I. Jurgenson	VII,741	I,331f.
	28. Jan. / 9. Febr.	ebenda	an N. F. fon Mekk	VII,743	I,332
	30. Jan. / 11. Febr.	ebenda	an A. G. Rubinštejn	VII,745	I,332f.
	1./13. Febr.	ebenda	an N. F. fon Mekk	VII,746	I,333-335
	2./14. Febr.	ebenda	an den Bruder Anatolij	VII,747	I,335f.
	8./20. Febr.	Pisa	an N. F. fon Mekk	VII,754	I,336f.
	9./21. Febr.	Florenz	*an dieselbe*	VII,755	I,337-340
	12./24. Febr.	ebenda	*an dieselbe*	VII,758	I,340f.
	16./28. Febr.	ebenda	*an dieselbe*	VII,762	I,341f.
	17. Febr./1. März	ebenda	*an dieselbe*	VII,763	I,342-345
	20. Febr./4. März	ebenda	*an dieselbe*	VII,765	I,345-347
	25. Febr./5. März	Genf	an den Bruder Anatolij	VII,769	I,347
	3./15. März	Clarens	an N. F. fon Mekk	VII,777	I,347f.
	5./17. März	ebenda	*an dieselbe*	VII,778	I,348f.
	7./19. März	ebenda	*an dieselbe*	VII,780	I,349f.
	14./26. März	ebenda	*an dieselbe*	VII,787	I,350f.
	15./27. März	ebenda	an P. I. Jurgenson	VII,789	I,352
	16./28. März	ebenda	an N. F. fon Mekk	VII,790	I,57,352-354
	18./30. März	ebenda	*an dieselbe*	VII,793	I,354
	19./31. März	ebenda	*an dieselbe*	VII,794	I,354-356
	22. März/3. April	ebenda	*an dieselbe*	VII,796	I,356
	24. März/4. April	ebenda	*an dieselbe*	VII,798	I,357
	27. März/8. April	ebenda	an S. I. Taneev	VII,799	I,358f.
	1./13. April	ebenda	an N. F. fon Mekk	VII,805	I,360f.
	4./16. April	ebenda	*an dieselbe*	VII,806	I,361

(1878)	8./20. April	Wien	*an dieselbe*	VII,808	I,361f.
	12.-13. April	Kamenka	*an dieselbe*	VII,809	I,362f.
	22. April	*ebenda*	*an dieselbe*	VII,815	I,213
	23. April	*ebenda*	*an dieselbe*	VII,817	I,363
	27. April	*ebenda*	an den Bruder Anatolij	VII,819	I,363f.
	30. April	*ebenda*	an N. F. fon Mekk	VII,820	I,364
	14. Mai	Kiev	*an dieselbe*	VII,827	I,364f.
	17. Mai	Brailov	*an dieselbe*	VII,829	I,365
	17. Mai	*ebenda*	an den Bruder Modest	VII,830	I,364f.
	18.-19. Mai	*ebenda*	an N. F. fon Mekk	VII,832	I,365
	21. Mai	*ebenda*	*an dieselbe*	VII,834	I,366-368
	23. Mai	*ebenda*	*an dieselbe*	VII,840	I,368f.
	25. Mai	*ebenda*	an den Bruder Modest	VII,842	I,369
	27. Mai	*ebenda*	an N. F. fon Mekk	VII,843	I,369f.
	27. Mai	*ebenda*	an den Bruder Modest	VII,844	I,370
	29.-30. Mai	*ebenda*	an N. F. fon Mekk	VII,846	I,370f.
	6. Juni	Nizy	*an dieselbe*	VII,850	I,371f.
	10. Juni	*ebenda*	*an dieselbe*	VII,853	I,372
	12. Juni	Kiev	*an dieselbe*	VII,854	I,372
	24. Juni	Kamenka	*an dieselbe*	VII,862	I,372-376
	25. Juni	*ebenda*	*an dieselbe*	VII,863	I,376f.
	29. Juni	Verbovka	*an dieselbe*	VII,864	I,377
	4. Juli	*ebenda*	*an dieselbe*	VII,866	I,377
	13. Juli	*ebenda*	*an dieselbe*	VII,871	I,377
	18. Juli	*ebenda*	an P. I. Jurgenson	VII,872	I,377f.
	25. Juli	*ebenda*	an N. F. fon Mekk	VII,879	I,378
	19. Juli	*ebenda*	an P. I. Jurgenson	VII,883	I,378f.
	2.-5. Aug.	*ebenda*	an N. F. fon Mekk	VII,886	I,379f.
	12. Aug.	Brailov	*an dieselbe*	VII,892	I,380
	13. Aug.	*ebenda*	*an dieselbe*	VII,895	I,380f.
	14.-17. Aug.	*ebenda*	*an dieselbe*	VII,897	I,381f.
	25. Aug.	Verbovka	*an dieselbe*	VII,901	I,382
	28. Aug.	*ebenda*	*an dieselbe*	VII,903	I,383
	29. Aug.	Kiev	an den Bruder Modest	VII,904	I,383f.
	2./14. Dez.	Florenz	an N. F. fon Mekk	VII,997	I,132
1879	24.-25. Nov. / 6.-7. Dez.	Paris	*an dieselbe*	VIII,1352	I,71

Zweiter Teilband: Briefe 1878-1893

1878	24. Sept.	Moskau	an N. F. fon Mekk	VII,922	II,39f.
	10. Okt.	Petersburg	*an dieselbe*	VII,938	II,40
	30. Okt.	*ebenda*	*an dieselbe*	VII,956	II,41
	6. Nov.	Kamenka	an den Bruder Modest	VII,966	II,41
	18./30. Nov.	Wien	*an denselben*	VII,969	II,41
	21. Nov. / 3. Dez.	Florenz	an den Bruder Anatolij	VII,971	II,42
	21. Nov. / 3. Dez.	*ebenda*	an N. F. fon Mekk	VII,973	II,42
	22. Nov. / 4. Dez.	*ebenda*	*an dieselbe*	VII,974	II,43
	24. Nov. / 6. Dez.	*ebenda*	an P. I. Jurgenson	VII,978	II,43
	25. Nov. / 7. Dez.	*ebenda*	an N. F. fon Mekk	VII,980	II,43
	26.Nov. / 8. Dez.	*ebenda*	*an dieselbe*	VII,982 u. 985	II,43f.
	27.-28. Nov. / 9.-10. Dez.	*ebenda*	*an dieselbe*	VII,987	II,45-47
	28. Nov. / 10. Dez.	*ebenda*	*an dieselbe*	VII,988	II,47
	4./16. Dez.	*ebenda*	*an dieselbe*	VII,1003	II,47

(1878)	5./17. Dez.	*ebenda*	*an dieselbe*	VII,1005	II,47f.
	10./22. Dez.	*ebenda*	an den Bruder Modest	VII,1013	II,48
	13./25. Dez.	*ebenda*	an N. F. fon Mekk	VII,1020	II,48f.
	29. Dez. / 10. Jan.	Dijon	*an dieselbe*	VII,1041	II,49
	29. Dez. / 10. Jan.	*ebenda*	an den Bruder Modest	VII,1043	II,50
	30. Dez. / 11. Jan.	Clarens	an N. F. fon Mekk	VII,1045	II,50
	31. Dez. / 12. Jan.	*ebenda*	*an dieselbe*	VII,1049	II,50
1879	8./20. Jan.	*ebenda*	*an dieselbe*	VIII,1063	II,50f.
	11./23. Jan.	*ebenda*	an den Bruder Modest	VIII,1066	II,51
	14./26. Jan.	*ebenda*	an den Bruder Anatolij	VIII,1068	II,51
	14./26. Jan.	*ebenda*	an P. I. Jurgenson	VIII,1069	II,51f.
	18./30. Jan.	*ebenda*	an N. F. fon Mekk	VIII,1073	II,52
	20. Jan. / 1. Febr.	*ebenda*	*an dieselbe*	VIII,1076	II,52
	24. Jan. / 5. Febr.	*ebenda*	an den Bruder Modest	VIII,1081	II,53
	25. Jan. / 6. Febr.	*ebenda*	an N. F. fon Mekk	VIII,1082	II,53
	27. Jan. / 8. Febr.	*ebenda*	an den Bruder Modest	VIII,1085	II,53
	3./15. Febr.	*ebenda*	an N. F. fon Mekk	VIII,1092	II,53f.
	6./18. Febr.	Paris	an P. I. Jurgenson	VIII,1098	II,54
	10./22. Febr.	*ebenda*	an N. F. fon Mekk	VIII,1103	II,54
	10./22. Febr.	*ebenda*	an den Bruder Modest	VIII,1104	II,54
	13./25. Febr.	*ebenda*	an N. F. fon Mekk	VIII,1106	II,55
	13./25. Febr.	*ebenda*	an P. I. Jurgenson	VIII,1108	II,54f.
	17. Febr. / 1. März	*ebenda*	an den Bruder Modest	VIII,1112	II,55
	19. Febr. / 3. März	*ebenda*	an N. F. fon Mekk	VIII,1115	II,55f.
	22. Febr. / 6. März	*ebenda*	an den Bruder Modest	VIII,1118	II,56f.
	24. Febr. / 8. März	*ebenda*	an N. F. fon Mekk	VIII,1119	II,57
	25. Febr. / 9. März	*ebenda*	an Edouard Colonne	VIII,1122	II,58f.
	26. Febr. / 10. März	*ebenda*	an den Bruder Modest	VIII,1124	II,57f.
	26. Febr. / 10. März	*ebenda*	an P. I. Jurgenson	VIII,1125	II,59
	27. Febr. / 11. März	*ebenda*	an N. F. fon Mekk	VIII,1127	II,59
	13.-22. März	Petersburg	*an dieselbe*	VIII,1136	II,60f.
	12. April	Kamenka	*an dieselbe*	VIII,1152	II,62
	14. April	*ebenda*	*an dieselbe*	VIII,1154	II,62
	22. April	*ebenda*	an P. I. Jurgenson	VIII,1161	II,62f.
	5. Mai	Brailov	an N. F. fon Mekk	VIII,1171	II,63
	6.-13. Mai	*ebenda*	*an dieselbe*	VIII,1174	II,63f.
	22.-23. Mai	Kamenka	*an dieselbe*	VIII,1188	II,64
	29. Mai	*ebenda*	*an dieselbe*	VIII,1193	II,64
	12.-13. Juni	*ebenda*	*an dieselbe*	VIII,1204	II,64f.
	15. Juli	*ebenda*	an den Bruder Modest	VIII,1231	II,66
	17. Juli	*ebenda*	an N. F. fon Mekk	VIII,1232	II,66
	30.-31. Juli	*ebenda*	*an dieselbe*	VIII,1239	II,66f.
	8.-9. Aug.	Simaki	*an dieselbe*	VIII,1244	II,67
	9. Aug.	*ebenda*	an den Bruder Modest	VIII,1246	II,67
	9.-11. Aug.	*ebenda*	an N. F. fon Mekk	VIII,1248	II,68
	12. Aug.	*ebenda*	an P. I. Jurgenson	VIII,1252	II,68
	15. Aug.	*ebenda*	an den Bruder Anatolij	VIII,1255	II,68f.
	24. Aug.	*ebenda*	an P. I. Jurgenson	VIII,1264	II,69f.
	25. Aug.	*ebenda*	*an denselben*	VIII,1266	II,70
	27.-28. Aug.	*ebenda*	an N. F. fon Mekk	VIII,1273	II,70
	29.-31. Aug.	*ebenda*	*an dieselbe*	VIII,1276	II,70f.
	31. Aug.	*ebenda*	an den Bruder Modest	VIII,1281	II,71
	4. Sept.	Petersburg	an P. I. Jurgenson	VIII,1285	II,75
	13. Sept.	*ebenda*	an N. F. fon Mekk	VIII,1293	II,75f.
	17.-25. Sept.	Grankino	*an dieselbe*	VIII,1297	II,76f.

(1879)	20. Sept.	Moskau	an den Bruder Anatolij	VIII,1298	II,76
	30. Sept.	Kamenka	*an denselben*	VIII,1303	II,77
	5.-7.Okt.	*ebenda*	an N. F. fon Mekk	VIII,1307	II,77
	7. Okt.	*ebenda*	an den Bruder Anatolij	VIII,1308	II,77
	9. Okt.	*ebenda*	an N. F. fon Mekk	VIII,1309	II,77f.
	12. Okt.	*ebenda*	*an dieselbe*	VIII,1311	II,78f.
	15. Okt.	*ebenda*	*an dieselbe*	VIII,1313	II,79
	20. Okt.	*ebenda*	an P. I. Jurgenson	VIII,1318	II,79
	8. Nov.	Petersburg	an N. G. Rubinštejn	VIII,1329	II,79f.
	11./23. Nov.	Berlin	an den Bruder Anatolij	VIII,1332	II,80
	18./30. Nov.	Paris	an N. F. fon Mekk	VIII,1341	II,80f.
	19. Nov. / 1. Dez.	*ebenda*	an P. I. Jurgenson	VIII,1345	II,81
	19.-20. Nov. / 1.-2.Dez.	*ebenda*	an N. F. fon Mekk	VIII,1346	II,80f.,81
	21. Nov. / 3. Dez.	*ebenda*	an N. F. fon Mekk	VIII,1347	II,82
	22.-23. Nov. / 4.-5. Dez.	*ebenda*	*an dieselbe*	VIII,1351	II,82
	24.-25. Nov. / 6.-7. Dez	*ebenda*	*an dieselbe*	VIII,1352	I,71;II,82
	26. Nov. / 8. Dez.	*ebenda*	an A. Fürstner	VIII,1354	II,83f.
	26. Nov. / 8. Dez.	*ebenda*	an P. I. Jurgenson	VIII,1355	II,83
	26.-27. Nov. / 8.-9. Dez.	*ebenda*	*an dieselbe*	VIII,1356	II,82f.
	27.-28. Nov. / 9.-10. Dez	*ebenda*	an N. F. fon Mekk	VIII,1358	II,84f.
	30. Nov. / 12. Dez.	*ebenda*	an P. I. Jurgenson	VIII,1363	II,85
	2./14. Dez.	*ebenda*	an N. F. fon Mekk	VIII,1364	II,85
	3./15. Dez.	*ebenda*	*an dieselbe*	VIII,1366	II,86
	7./19. Dez.	Turin	an den Bruder Anatolij	VIII,1369	II,86
	9./21. Dez.	Rom	*an denselben*	VIII,1372	II,86
	12./24. Dez.	*ebenda*	an N. F. fon Mekk	VIII,1374	II,87
	13.-15. / 25.-27. Dez.	*ebenda*	*an dieselbe*	VIII,1377	II,87
	16./28. Dez.	*ebenda*	an P. I. Jurgenson	VIII,1380	II,87f.
	15.-18. / 27.-30. Dez.	*ebenda*	an N. F. fon Mekk	VIII,1381	II,88
	18.-19. / 30.-31. Dez.	*ebenda*	an den Bruder Anatolij	VIII,1382	II,88
	19./31. Dez.	*ebenda*	an S. I. Taneev	VIII,1383	II,90
	19./31. Dez.	*ebenda*	an P. I. Jurgenson	VIII,1384	II,88f.
	22.-24. Dez. / 3.-5. Jan.	*ebenda*	an N. F. fon Mekk	VIII,1387	II,88f.
	23. Dez. / 4. Jan.	*ebenda*	an den Bruder Anatolij	VIII,1389	II,89f.
	27.-29. Dez. / 8.-10. Jan.	*ebenda*	an N. F. fon Mekk	VIII,1392	II,90
	31. Dez. - 3. Jan. / 12.-15. Jan.	*ebenda*	*an dieselbe*	VIII,1394	II,94
1880	4./16. Jan.	*ebenda*	an S. I. Taneev	IX,1396	II,94
	4./16. Jan.	*ebenda*	an P. I. Jurgenson	IX,1397	II,94
	11./23. Jan.	*ebenda*	*an denselben*	IX,1404	II,94f.
	12.-13./24.-25. Jan.	*ebenda*	an N. F. fon Mekk	IX,1406	II,95
	16.-17./28.-29. Jan.	*ebenda*	*an dieselbe*	IX,1408	II,96,97
	24. Jan. / 5. Febr.	*ebenda*	*an dieselbe*	IX,1412	II/97
	25. Jan. / 6. Febr.	*ebenda*	an P. I. Jurgenson	IX,1415	II,97f.
	27. Jan. / 8. Febr.	*ebenda*	an N. F. fon Mekk	IX,1416	II,98f.
	4.-6. / 16.-18. Febr.	*ebenda*	*an dieselbe*	IX,1420	II,99,100
	5./17. Febr.	*ebenda*	an P. I. Jurgenson	IX,1422	II,99f.

(1880)	8.-10. / 22.-22. Febr.	ebenda	an N. F. fon Mekk	IX,1423	II,100
	16.-18. Febr. / 28. Febr.-1. März	ebenda	an dieselbe	IX,1427	II,100f.
	20. Febr. / 3. März	ebenda	an P. I. Jurgenson	IX,1430	II,102
	26. Febr. / 9. März	ebenda	an den Bruder Modest	IX,1433	II,102
	4./16. März	Berlin	an denselben	IX,1440	II,102
	5./17. März	ebenda	an denselben	IX,1441	II,103
	10. März	Petersburg	an N. F. fon Mekk	IX,1444	II,103
	16. März	ebenda	an dieselbe	IX,1451	II,103f.
	20.-24. März	ebenda	an dieselbe	IX,1456	II,104
	22. März	ebenda	an den Bruder Modest	IX,1457	II,104
	2. April	Moskau	an N. F. fon Mekk	IX,1465	II,105
	3. April	ebenda	an dieselbe	IX,1467	II,105f.
	18. April	Kamenka	an dieselbe	IX,1479	II,106
	19. April	ebenda	an P. I. Jurgenson	IX,1481	II,106
	28.-30. April	ebenda	an N. F. fon Mekk	IX,1485	II,107
	12.-14. Mai	ebenda	an dieselbe	IX,1493	II,107
	5. Juni	ebenda	an dieselbe	IX,1509	II,107
	14.-28. Juni	ebenda	an dieselbe	IX,1512	II,107
	17. Juni	ebenda	an P. I. Jurgenson	IX,1514	II,108
	23. Juni	ebenda	an denselben	IX,1517	II,108
	4. Juli	Brailov	an den Bruder Modest	IX,1526	II,109
	4.-7. Juli	ebenda	an N. F. fon Mekk	IX,1527	II,109-111
	8. Juli	ebenda	an dieselbe	IX,1529	II,111f.
	8.-10. Juli	Simaki	an den Bruder Modest	IX,1532	II,112
	9.-11. Juli	ebenda	an N. F. fon Mekk	IX,1533	II,112
	12.-15. Juli	ebenda	an dieselbe	IX,1534	II,113
	16.-19. Juli	ebenda	an dieselbe	IX,1539	II,113
	18.-19. Juli	ebenda	an den Bruder Modest	IX,1541	II,113f.
	21.-24. Juli	ebenda	an N. F. fon Mekk	IX,1546	II,114
	31. Juli - 2. Aug.	Kamenka	an den Bruder Modest	IX,1553	II,114f.
	3. Aug.	ebenda	an P. I. Jurgenson	IX,1556	II,115
	9.-18. Aug.	ebenda	an N. F. fon Mekk	IX,1561	II,116f.
	12. Aug.	ebenda	an P. I. Jurgenson	IX,1562	II,115f.
	zw. 17. u. 24. Aug.	ebenda	an denselben	IX,1566	II,116
	29. Aug.	ebenda	an denselben	IX,1573	II,117
	1. Sept.	ebenda	an denselben	IX,1577	II,119
	1.-6. Sept.	ebenda	an N. F. fon Mekk	IX,1578	II,119f.
	9.-12. Sept.	ebenda	an dieselbe	IX,1585	II,120f.
	19. Sept.	ebenda	an dieselbe	IX,1597	II,121
	27.-30. Sept.	ebenda	an dieselbe	IX,1603	II,121
	8.-10. Okt.	ebenda	an dieselbe	IX,1609	II,121f.
	14.-16. Okt.	ebenda	an dieselbe	IX,1613	II,122
	24.-27. Okt.	ebenda	an dieselbe	IX,1617	II,122f.
	27. Okt.	ebenda	an P. I. Jurgenson	IX,1619	II,123
	7. Nov.	ebenda	an N. F. fon Mekk	IX,1624	II,123
	27. Nov.	Petersburg	an dieselbe	IX,1632	II,124
	2.-5. Dez.	ebenda	an dieselbe	IX,1636	II,125
	9. Dez.	Moskau	an dieselbe	IX,1641	II,125f.
	14.-17. Dez.	ebenda	an dieselbe	IX,1648	II,126
	19. Dez.	ebenda	an den Bruder Modest	IX,1651	II,126f.
	21. Dez.	ebenda	an denselben	IX,1652	II,127
1881	12. Jan.	ebenda	an N. F. fon Mekk	X,1665	II,129f.
	19.-21. Jan.	ebenda	an dieselbe	X,1667	II,130
	26. Jan.	Petersburg	an dieselbe	X,1670	II,130f.
	27. Jan. - 1. Febr.	ebenda	an dieselbe	X,1671	II,131,132
	7. Febr.	ebenda	an dieselbe	X,1676	II,132

(1881)	16./28. Febr.	Wien	*an dieselbe*	X,1681	II,133
	19. Febr./3. März	Florenz	*an dieselbe*	X,1684	II,134
	20. Febr./4. März	Rom	an den Bruder Modest	X,1689	II,134
	21.-23. Febr. / 5.-7. März	*ebenda*	an N. F. fon Mekk	X,1692	II,134f.
	25. Febr./9. März	*ebenda*	an den Bruder Modest	X,1695	II,135
	26.-27. Febr. / 10.-11. März	*ebenda*	*an denselben*	X,1697	II,135
	3./15. März	Neapel	an N. F. fon Mekk	X,1700	II,136
	3./15. März	*ebenda*	an den Bruder Modest	X,1701	II,135f.
	10./22. März	*ebenda*	an N. F. fon Mekk	X,1704	II,136
	13./25. März	Paris	an den Bruder Modest	X,1709	II,136
	16./28. März	*ebenda*	an N. F. fon Mekk	X,1712	II,137f.
	17./29. März	*ebenda*	an den Bruder Modest	X,1716	II,138
	29. April	Kamenka	an N. F. fon Mekk	X,1732	II,138
	7. Mai	*ebenda*	an P. I. Jurgenson	X,1743	II,138f.
	8. Mai	*ebenda*	an N. F. fon Mekk	X,1744	II,139
	9. Mai	*ebenda*	an P. I. Jurgenson	X,1745	II,139
	17. Mai	*ebenda*	an N. F. fon Mekk	X,1754	II,139
	4. Juni	*ebenda*	an P. I. Jurgenson	X,1776	II,140
	17. Juni	*ebenda*	an È. F. Napravnik	X,1786	II,140
	21. Juni	*ebenda*	an den Bruder Modest	X,1790	II,140f.
	21. Juni	*ebenda*	an P. I. Jurgenson	X,1791	II,141
	22. Juni	*ebenda*	an den Bruder Modest	X,1792	II,141f.
	27. Juni	*ebenda*	an S. I. Taneev	X,1795	II,142
	3.-4. Juli	*ebenda*	an N. F. fon Mekk	X,1804	II,142
	31. Juli	*ebenda*	an P. I. Jugenson	X,1821	II,142f.
	23.-25. Aug.	*ebenda*	an S. I. Taneev	X,1839	II,143f.
	24. Aug.	*ebenda*	an N. F. fon Mekk	X,1840	II,143
	2.-3. Okt.	Kiev	an den Bruder Anatolij	X,1860	II,146
	8. Okt.	Kamenka	an P. I. Jurgenson	X,1863	II,146f.
	11. Okt.	*ebenda*	*an denselben*	X,1867	II,147
	27. Okt.	*ebenda*	*an denselben*	X,1880	II,147
	31. Okt.	Kiev	*an denselben*	X,1882	II,147f.
	8.-9. Nov.	*ebenda*	an N. F. fon Mekk	X,1889	II,148
	16./28. Nov.	Venedig	an P. I. Jurgenson	X,1894	II,149
	16./28. Nov.	*ebenda*	an den Bruder Anatolij	X,1895	II,148f.
	23. Nov. / 5. Dez.	Rom	an N. F. fon Mekk	X,1900	II,149
	26.-27. Nov. / 8.-9. Dez.	*ebenda*	*an dieselbe*	X,1902	II,149f.
	1. u. 4. / 13.u.16. Dez.	*ebenda*	*an dieselbe*	X,1906	II,150
	6.-9./18.-21. Dez.	*ebenda*	*an dieselbe*	X,1908	II,150f.
	14.-15./26.-27. Dez.	*ebenda*	*an dieselbe*	X,1912	II,152,155
	15./27. Dez.	*ebenda*	an P. I. Jurgenson	X,1914	II,154
	18.-19./30.-31. Dez.	*ebenda*	an den Bruder Anatolij	X,1915	II,154f.
	22.-23. Dez. / 3.-4. Jan.	*ebenda*	an N. F. fon Mekk	X,1916	II,155f.
	27. Dez. / 8. Jan.	*ebenda*	an A. P. Merkling	X,1920	II,156
	29. Dez. / 10. Jan.	*ebenda*	an P. I. Jurgenson	X,1923	II,151f.
1882	4./16. Jan.	*ebenda*	*an denselben*	XI,1926	II,156f.
	9./21. Jan.	*ebenda*	an den Bruder Anatolij	XI,1928	II,157
	10./22. Jan.	*ebenda*	an P. I. Jurgenson	XI,1930	II,157
	13./25. Jan.	*ebenda*	an N. F. fon Mekk	XI,1932	II,157f.
	14./26. Jan.	*ebenda*	an P. I. Jurgenson	XI,1934	II,158
	16.-20. Jan. / 28. Jan. - 1. Febr.	*ebenda*	an N. F. fon Mekk	XI,1936	II,158
	16./28. Jan.	*ebenda*	an den Bruder Anatolij	XI,1937	II,159

(1882)	19./31. Jan.	*ebenda*	an L. G. Tkačenko	XI,1940	II,159
	22. Jan. / 3. Febr.	*ebenda*	an den Bruder Anatolij	XI,1944	II,159f.
	22. Jan. / 3. Febr.	*ebenda*	an P. I. Jurgenson	XI,1945	II,160
	30. Jan. / 11. Febr.	*ebenda*	*an denselben*	XI,1952	II,160
	1.-3./13.-15. Febr.	*ebenda*	an N. F. fon Mekk	XI,1953	II,161
	1./13. Febr.	*ebenda*	an P. I. Jurgenson	XI,1954	II/160f.
	5./17. Febr.	*ebenda*	*an denselben*	XI,1955	II,161
	8./20. Febr.	*ebenda*	an den Bruder Anatolij	XI,1959	II,161f.
	10./22. Febr.	Neapel	an den Bruder Modest	XI,1960	II,162
	11./23. Febr.	*ebenda*	an N. F. fon Mekk	XI,1961	II,162
	11./23. Febr.	*ebenda*	an P. I. Jurgenson	XI,1965	II,162f.
	13.-14./25.-26. Febr.	*ebenda*	an N. F. fon Mekk	XI,1967	II,163
	23. Febr. / 7. März	*ebenda*	an P. I. Jurgenson	XI,1977	II,163
	23.-24. Febr. / 7.-8. März	*ebenda*	*an denselben*	XI,1978	II,163f.
	27.-28. Febr. / 11.-12- März	*ebenda*	an N. F. fon Mekk	XI,1981	II,164
	7./19. März	*ebenda*	*an dieselbe*	XI,1987	II,164-166
	17./29. März	Florenz	*an dieselbe*	XI,1990	II,166
	24. März	Warschau	an den Bruder Modest	XI,1995	II,166
	1. April	Moskau	*an denselben*	XI,2000	II,166
	15. April	*ebenda*	an A. D. Brodskij	XI,2008	II,167
	19.-21. Mai	Kamenka	an den Bruder Modest	XI,2026	II,167f.
	26. Mai	*ebenda*	an A. I. Šidlovskij	XI,2029	II,168
	29. Mai - 3. Juni	*ebenda*	an N. F. fon Mekk	XI,2034	II,168f.
	4. Juni	*ebenda*	an L. G. Tkačenko	XI,2040	II,169
	7.-9. Juni	Grankino	an N. F. fon Mekk	XI,2041	II,169
	12. Juni	*ebenda*	an P. I. Jurgenson	XI,2043	II,170f.
	30. Juni	*ebenda*	an N. F. fon Mekk	XI,2055	II,171
	5. Juli	*ebenda*	*an dieselbe*	XI,2057	II,171
	11. Juli	*ebenda*	an S. I. Taneev	XI,2059	II,169f.
	26. Juli	Kamenka	an L. G. Tkačenko	XI,2068	II,171
	26. Juli	*ebenda*	an P. I. Jurgenson	XI,2069	II,171
	15.-16. Aug.	Moskau	an den Bruder Modest	XI,2077	II,172f.
	20. Aug.	Kiev	an N. F. fon Mekk	XI,2079	II,173
	22. Aug.	Kamenka	an den Bruder Anatolij	XI,2083	II,173
	22.-25. Aug.	*ebenda*	an N. F. fon Mekk	XI,2084	II,173
	30. Aug.	*ebenda*	an den Bruder Modest	XI,2090	II,173
	14. Sept.	*ebenda*	an N. F. fon Mekk	XI,2107	II,175
	20. Sept.	*ebenda*	an den Bruder Modest	XI,2112	II,175
	21. Sept.	*ebenda*	an È. F. Napravnik	XI,2114	II,175f.
	1.-4. Okt.	*ebenda*	an den Bruder Modest	XI,2123	II,176
	3. Okt.	*ebenda*	an den Bruder Anatolij	XI,2124	II,176f.
	7. Okt.	*ebenda*	an È. F. Napravnik	XI,2126	II,74 (sic)
	18. Okt.	*ebenda*	an den Bruder Modest	XI,2137	II,177
	20. Okt.	*ebenda*	an P. I. Jurgenson	XI,2141	II,177
	29. Okt.	*ebenda*	an S. I. Taneev	XI,2148	II,178f.
	30. Okt. - 3. Nov.	*ebenda*	an N. F. fon Mekk	XI,2149	II,179
	8. Nov.	*ebenda*	an L. G. Tkačenko	XI,2155	II,179
	9.-10. Nov.	*ebenda*	an N. F. fon Mekk	XI,2157	II,179
	17. Nov.	Kiev	*an dieselbe*	XI,2162	II,179f.
	21. Nov.	Moskau	an den Bruder Modest	XI,2164	II,180
	22.-26. Nov.	*ebenda*	an N. F. fon Mekk	XI,2165	II,180
	5. Dez.	*ebenda*	*an dieselbe*	XI,2170	II,180f.
	25. Dez.	Petersburg	*an dieselbe*	XI,2178	II,181
	30. Dez. / 11. Jan.	Berlin	an den Bruder Modest	XI,2183	II,181
	31. Dez. / 12. Jan.	*ebenda*	an N. F. fon Mekk	XI,2184	II,181f.

1883	5./17. Jan.	Paris	an P. I. Jurgenson	XII,2190	II,182
	10./22. Jan.	*ebenda*	an A. P. Merkling	XII,2194	II,182f.
	11./23. Jan.	*ebenda*	an N. F. fon Mekk	XII,2195	II,183
	14./26. Jan.	*ebenda*	an È. F. Napravnik	XII,2197	II,183
	29. Jan. - 2. Febr. / 10.-14. Febr.	*ebenda*	an P. I. Jurgenson	XII,2213	II,184
	31. Jan. - 9. Febr. / 12.-21. Febr.	*ebenda*	an N. F. fon Mekk	XII,2215	II,185f.
	2./14. Febr.	*ebenda*	an S. I. Taneev	XII,2216	II,184f.
	4./16. Febr.	*ebenda*	an P. I. Jurgenson	XII,2218	II,185
	6./18. Febr.	*ebenda*	*an denselben*	XII,2219	II,186
	14./26.-16./28. Febr.	*ebenda*	an N. F. fon Mekk	XII,2224	II,186f.
	21.-24. Febr. / 5.-8. März	*ebenda*	*an dieselbe*	XII,2227	II,186
	25. Febr. / 9. März	*ebenda*	an den Bruder Anatolij	XII,2228	II,187
	7./19. März	*ebenda*	an P. I. Jurgenson	XII,2235	II,188
	9./21. März	*ebenda*	an N. F. fon Mekk	XII,2236	II,187f.
	12. / 24. März	*ebenda*	an P. I. Jurgenson	XII,2239	II,188f.
	20. März / 1. April	*ebenda*	*an denselben*	XII,2242	II,189
	1.-3./13.-15. April	Paris	an S. I. Taneev	XII,2253	II,189
	6./18. April	*ebenda*	an P. I. Jurgenson	XII,2254	II,190f.
	14./26. April	*ebenda*	an den Bruder Modest	XII,2262	II,192
	14./26. April	*ebenda*	an P. I. Jurgenson	XII,2263	II,191f.
	29. April / 11. Mai	*ebenda*	an N. F. fon Mekk	XII,2281	II,192
	3./15. Mai	*ebenda*	*an dieselbe*	XII,2285	II,192f.
	12./24. Mai	Berlin	*an dieselbe*	XII,2292	II,193
	24. Mai	Petersburg	*an dieselbe*	XII,2295	II,194
	15. Juni	Poduškino	*an dieselbe*	XII,2302	II,194
	27. Juni	*ebenda*	*an dieselbe*	XII,2305	II,194f.
	3. Juli	*ebenda*	an den Bruder Modest	XII,2308	II,195
	8. Juli	*ebenda*	an N. F. fon Mekk	XII,2309	II,195
	28. Juli	*ebenda*	an P. I. Jurgenson	XII,2318	II,195f.
	10. Aug.	*ebenda*	an N. F. fon Mekk	XII,2325	II,196f.
	4. Sept.	Kiev	an den Bruder Anatolij	XII,2337	II,200
	6. Sept.	Verbovka	an den Bruder Modest	XII,2341	II,200
	8.-10. Sept.	*ebenda*	an N. F. fon Mekk	XII,2342	II,200
	12. Sept.	*ebenda*	an den Bruder Modest	XII,2344	II,200f.
	19. Sept.	*ebenda*	*an denselben*	XII,2348	II,201
	25. Sept.	*ebenda*	an P. I. Jurgenson	XII,2352	II,201f.
	26. Sept.	*ebenda*	an den Bruder Modest	XII,2354	II,202
	28. Sept.	*ebenda*	an N. F. fon Mekk	XII,2356	II,202f.
	3. Okt.	*ebenda*	an den Bruder Modest	XII,2357	II,203
	11.-19. Okt.	Kamenka	an N. F. fon Mekk	XII,2364	II,203f.
	19. Okt.	*ebenda*	an A. Ja. Aleksandrova-Levenson	XII,2371	II,204
	25. Okt.	*ebenda*	an N. F. fon Mekk	XII,2377	II,204
	1. Nov.	*ebenda*	*an dieselbe*	XII,2380	II,204f.
	1. Nov.	*ebenda*	an P. I. Jurgenson	XII,2381	II,205
	13. Nov.	*ebenda*	*an denselben*	XII,2390	II,205
	15. Nov.	*ebenda*	an N. F. fon Mekk	XII,2392	II,205
	23. Nov.	Moskau	*an dieselbe*	XII,2394	II,206
	2. Dez.	Petersburg	*an dieselbe*	XII,2395	II,206
	11. Dez.	Moskau	*an dieselbe*	XII,2397	II,206f.
	21. Dez.	*ebenda*	*an dieselbe*	XII,2402	II,207f.
1884	14. Jan.	*ebenda*	*an dieselbe*	XII,2411	II,208
	16. Jan.	*ebenda*	an den Bruder Modest	XII,2412	II,208
	20. Jan.	*ebenda*	an N. F. fon Mekk	XII,2413	II,209
	22. Jan.	*ebenda*	an È. F. Napravnik	XII,2415	II,209

(1884)	3. Febr.	*ebenda*	an N. F. fon Mekk	XII,2419	II,209
	4. Febr.	*ebenda*	an È. K. Pavlovskaja	XII,2424	II,210
	7./19. Febr.	Berlin	an N. F. fon Mekk	XII,2426	II,211
	13./25. Febr.	Paris	an den Bruder Modest	XII,2436	II,211
	18. Febr. / 1. März	*ebenda*	an P. I. Jurgenson	XII,2439	II,212
	18.-19. Febr. / 1.-2. März	*ebenda*	an den Bruder Modest	XII,2440	II,212
	23. Febr. / 6. März	*ebenda*	*an denselben*	XII,2444	II,212
	26. Febr. / 9. März	*ebenda*	an P. I. Jurgenson	XII,2447	II,213
	27. Febr. / 10. März	*ebenda*	an N. F. fon Mekk	XII,2448	II,213
	29. Febr. / 12. März	*ebenda*	*an dieselbe*	XII,2449	II,213
	10. März	Petersburg	an den Bruder Anatolij	XII,2453	II,214
	13. März	*ebenda*	an N. F. fon Mekk	XII,2454	II,214f.
	24./25. März	Moskau	an den Bruder Modest	XII,2457	II,215
	26. März	*ebenda*	an È. F. Napravnik	XII,2458	II,215
	18. April	Kamenka	an den Bruder Modest	XII,2468	II,216f.
	20. April	*ebenda*	an P. V. Čajkovskaja	XII,2469	II,217
	27. April	*ebenda*	an A. P. Merkling	XII,2477	II,217f.
	9. Mai	*ebenda*	an N. F. fon Mekk	XII,2488	II,219
	21. Mai	*ebenda*	an P. I. Jurgenson	XII,2493	II,220
	31. Mai	*ebenda*	*an denselben*	XII,2498	II,220f.
	20. Juni	Grankino	*an denselben*	XII,2507	II,221f.
	30. Juni	*ebenda*	an S. I. Taneev	XII,2512	II,222
	14.-17. Juli	*ebenda*	an N. F. fon Mekk	XII,2518	II,222f.
	23. Juli	Skabeevka	*an dieselbe*	XII,2519	II,224
	23. Juli	*ebenda*	an den Bruder Modest	XII,2521	II,223
	26. Juli	*ebenda*	*an denselben*	XII,2523	II,223f.
	1. Aug.	*ebenda*	an N. F. fon Mekk	XII,2525	II,224f.
	6. Aug.	*ebenda*	an den Bruder Modest	XII,2527	II,225
	4. Sept.	Pleščeevo	*an denselben*	XII,2542	II,225f.
	7.-11. Sept.	*ebenda*	*an denselben*	XII,2544	II,226
	8.-10. Sept.	*ebenda*	an N. F. fon Mekk	XII,2545	II,226f.
	13.-18. Sept.	*ebenda*	*an dieselbe*	XII,2549	II,227
	28. Sept.	*ebenda*	an S. I. Taneev	XII,2560	II,227-229
	1.-3. Okt.	*ebenda*	an N. F. fon Mekk	XII,2562	II,229f.
	3. Okt.	*ebenda*	an P. I. Jurgenson	XII,2563	II,230
	12. Okt.	Petersburg	an N. F. fon Mekk	XII,2566	II,230
	22. Okt.	*ebenda*	*an dieselbe*	XII,2574	II,232
	26. Okt.	*ebenda*	an P. I. Jurgenson	XII,2577	II,233
	3./15. Nov.	Berlin	an P. V. Čajkovskaja	XII,2583	II,233
	3./15. Nov.	*ebenda*	an den Bruder Modest	XII,2584	II,233f.
	7./19. Nov.	München	*an denselben*	XII,2586	II,234f.
	12./24. Nov.	Davos	*an denselben*	XII,2592	II,235
	17./29. Nov.	*ebenda*	an P. I. Jurgenson	XII,2596	II,235f.
	18./30. Nov.	Zürich	an N. F. fon Mekk	XII,2597	II,236
	18./30. Nov.	*ebenda*	an den Bruder Modest	XII,2599	II,236
	18./30. Nov.	*ebenda*	an P. I. Jurgenson	XII,2600	II,236f.
	24. Nov. / 6. Dez.	Paris	an N. F. fon Mekk	XII,2605	II,237
	30. Nov. / 12. Dez.	*ebenda*	an den Bruder Modest	XII,2610	II,238
	3./15. Dez.	*ebenda*	*an denselben*	XII,2617	II,238
1885	1. Jan.	Moskau	an N. F. fon Mekk	XIII,2635	II,249
	5. Jan.	*ebenda*	*an dieselbe*	XIII,2638	II,249
	5. Jan.	*ebenda*	an È. F. Napravnik	XIII,2639	II,249f.
	18. Jan.	*ebenda*	an N. F. fon Mekk	XIII,2646	II,251
	3. Febr.	*ebenda*	*an dieselbe*	XIII,2652	II,253
	14. Febr.	Majdanovo	an den Bruder Modest	XIII,2655	II,254
	17.-19. Febr.	*ebenda*	*an denselben*	XIII,2658	II,254f.
	18. Febr.	*ebenda*	an P. I. Jurgenson	XIII,2659	II,255

(1885)	20. Febr.	*ebenda*	an Ė. K. Pavlovskaja	XIII,2661	II,255
	25. Febr.	*ebenda*	an den Bruder Modest	XIII,2662	II,256
	4. März	*ebenda*	*an denselben*	XIII,2666	II,256
	5. März	*ebenda*	an N. F. fon Mekk	XIII,2667	II,256f.
	8. März	*ebenda*	an P. I. Jurgenson	XIII,2669	II,258
	14. März	*ebenda*	an Ė. K. Pavlovskaja	XIII,2672	II,258
	3.-9. April	*ebenda*	an N. F. fon Mekk	XIII,2678	II,258f.
	6. April	*ebenda*	an N. A. Rimskij-Korsakov	XIII,2679	II,259f.
	12. April	*ebenda*	an Ė. K. Pavlovskaja	XIII,2685	II,260-262
	15. April	*ebenda*	an den Bruder Modest	XIII,2688	II,262
	26. April	*ebenda*	*an denselben*	XIII,2694	II,263
	26. April	*ebenda*	an P. I. Jurgenson	XIII,2695	II,263
	9. Mai	*ebenda*	an N. F. fon Mekk	XIII,2707	II,263f.
	18. Mai	*ebenda*	*an dieselbe*	XIII,2709	II,264
	26. Mai	*ebenda*	*an dieselbe*	XIII,2712	II,264
	13. Juni	*ebenda*	*an dieselbe*	XIII,2721	II,267
	13. Juni	*ebenda*	an S. I. Taneev	XIII,2722	II,264f.
	1. Juli	*ebenda*	an N. G. Konradi	XIII,2729	II,267
	20. Juli	*ebenda*	an Ė. K. Pavlovskaja	XIII,2741	II,267
	3.-10. Aug.	*ebenda*	an N. F. fon Mekk	XIII,2745	II,268
	21. Aug.	*ebenda*	an P. I. Jurgenson	XIII,2751	II,268
	31. Aug.	*ebenda*	an N. F. fon Mekk	XIII,2759	II,268
	11. Sept.	*ebenda*	*an dieselbe*	XIII,2764	II,274
	13. Sept.	*ebenda*	an A. P. Merkling	XIII,2766	II,275
	20. Sept.	*ebenda*	an den Bruder Modest	XIII,2771	II,275
	25. Sept.	*ebenda*	an A. S. Arenskij	XIII,2775	II,275f.
	27. Sept.	*ebenda*	an N. F. fon Mekk	XIII,2778	II,276f.
	6. Okt.	*ebenda*	an den Bruder Modest	XIII,2784	II,277
	9. Okt.	*ebenda*	an Ė. K. Pavlovskaja	XIII,2787	II,277
	9. Okt.	*ebenda*	an den Bruder Modest	XIII,2788	II,277
	9. Okt.	*ebenda*	an P. I. Jurgenson	XIII,2789	II,278
	11. Okt.	*ebenda*	an N. F. fon Mekk	XIII,2791	II,278
	19. Nov.	*ebenda*	*an dieselbe*	XIII,2812	II,279
	20. oder 21. Nov.	*ebenda*	an M. N. Ermolova	XIII,2815	II,279f.
	21. Nov.	*ebenda*	an den Bruder Modest	XIII,2818	II,279
	6. Dez.	*ebenda*	an M. M. Ippolitov-Ivanov	XIII,2828	II,280f.
	9. Dez.	*ebenda*	an den Bruder Modest	XIII,2832	II,281
	11. Dez.	*ebenda*	an N. F. fon Mekk	XIII,2833	II,281
	11. Dez.	*ebenda*	an S. I. Taneev	XIII,2834	II,281
	22. Dez.	*ebenda*	an M. M. Ippolitov-Ivanov	XIII,2838	II,281f.
	22. Dez.	*ebenda*	an P. I. Jurgenson	XIII,2842	II,282
1886	7. Jan.	Petersburg	*an denselben*	XIII,2849	II,283
	13. Jan.	Majdanovo	an N. F. fon Mekk	XIII,2852	II,283f.
	14. Jan.	*ebenda*	*an dieselbe*	XIII,2855	II,284
	28. Jan.	Moskau	an den Bruder Modest	XIII,2871	II,284f.
	30. Jan.	Majdanovo	*an denselben*	XIII,2874	II,285
	4. Febr.	Moskau	an N. F. fon Mekk	XIII,2877	II,285
	6. Febr.	Majdanovo	*an dieselbe*	XIII,2879	II,285
	14. Febr.	*ebenda*	*an dieselbe*	XIII,2888	II,286
	13. März	*ebenda*	*an dieselbe*	XIII,2913	II,287
	1. April	Tiflis	an den Bruder Modest	XIII,2921	II,288f.
	1.-12. April	*ebenda*	an N. F. fon Mekk	XIII,2922	II,289
	15. April	*ebenda*	an P. I. Jurgenson	XIII,2931	II,289f.
	23. April	*ebenda*	an den Bruder Modest	XIII,2938	II,290f.
	1.-3. Mai	bei Trapezunt	an den Bruder Anatolij u. Frau	XIII,2942	II,293
	6.-11. Mai	Archipelagus	an den Bruder Anatolij	XIII,2947	II,294,294f.
	6.-11. Mai	Dampfer Armenia	an den Bruder Modest	XIII,2948	II,294
	19./31. Mai	Paris	an N. F. fon Mekk	XIII,2955	II,295

(1886)	25. Mai / 6. Juni	ebenda	an den Bruder Modest	XIII,2957	II,295f.
	1./13. Juni	ebenda	an P. V. Čajkovskaja	XIII,2961	II,296
	11./23. Juni	ebenda	an den Bruder Modest	XIII,2971	II,296,298
	17.-18. Juni	Majdanovo	an N. F. fon Mekk	XIII,2975	II,299
	25.-26. Juni	ebenda	an den Bruder Modest	XIII,2985	II,299
	28. Juni	ebenda	an N. F. fon Mekk	XIII,2988	II,296,298
	11. Juli	ebenda	an S. I. Taneev	XIII,3001	II,299
	19. Juli	ebenda	an P. I. Jurgenson	XIII,3008	II,299f.
	25. Juli	ebenda	an È. K. Pavlovskaja	XIII,3013	II,300f.
	4. Aug.	ebenda	an N. F. fon Mekk	XIII,3023	II,301
	9. Sept.	ebenda	an Großfürst Konstantin Konstantinovič	XIII,3043	II,304
	9. Sept.	ebenda	an den Bruder Modest	XIII,3044	II,304f.
	18. Sept.	ebenda	an Großfürst Konstantin Konst.	XIII,3048	II,307f.
	18. Sept.	ebenda	an den Bruder Modest	XIII,3050	II,305
	23. Sept.	ebenda	an N. F. fon Mekk	XIII,3056	II,307
	5. Okt.	ebenda	*an dieselbe*	XIII,3067	II,308
	10. Okt.	ebenda	an den Bruder Modest	XIII,3073	II,308
	11. Okt.	ebenda	an N. A. Rimskij-Korsakov	XIII,3074	II,308f.
	10. Nov.	ebenda	an P. V. Čajkovskaja	XIII,3092	II,310
	14. Nov.	ebenda	an den Bruder Modest	XIII,3103	II,311
	14. Nov.	ebenda	an P. I. Jurgenson	XIII,3104	II,311
	19. Nov.	Moskau	an den Bruder Modest	XIII,3108	II,311f.
	24. Nov.	ebenda	an A. S. Arenskij	XIII,3110	II,312
	4. Dez.	ebenda	an den Bruder Modest	XIII,3115	II,314f.
	26. Dez.	ebenda	an N. F. fon Mekk	XIII,3131	II,315
1887	5. Jan.	ebenda	*an dieselbe*	XIV,3143	II,315
	14. Jan.	Moskau	*an dieselbe*	XIV,3146	II,315f.
	20. Jan.	ebenda	an È. K. Pavlovskaja	XIV,3150	II,317
	26. Jan.	ebenda	an den Bruder Modest	XIV,3162	II,318
	29. Jan.	Majdanovo	*an denselben*	XIV,3168	II,318
	2. Febr.	ebenda	an N. F. fon Mekk	XIV,3171	II,319
	9. Febr.	ebenda	*an dieselbe*	XIV,3175	II,319
	20. Febr.	Moskau	*an dieselbe*	XIV,3189	II,319
	12. März	Majdanovo	*an dieselbe*	XIV,3198	II,320
	15. März	ebenda	an den Bruder Modest	XIV,3201	II,321
	2. April	ebenda	an A. S. Arenskij	XIV,3215	II,312-314
	24. April	ebenda	an N. F. fon Mekk	XIV,3239	II,322
	5. Mai	ebenda	*an dieselbe*	XIV,3249	II,322
	28. Mai	Kaspisches Meer	*an dieselbe*	XIV,3264	II,323
	30. Mai	Tiflis	*an dieselbe*	XIV,3265	II,324
	24. Juni	Boržom	an P. I. Jurgenson	XIV,3275	II,324
	1. Juli	ebenda	*an denselben*	XIV,3281	II,325
	6. Juli	Batum	an P. V. Čajkovskaja	XIV,3284	II,325
	16./28. Juli	Aachen	an den Bruder Modest	XIV,3287	II,325f.
	29. Juli / 10. Aug.	ebenda	an P. I. Jurgenson	XIV,3305	II,326f.
	30. Juli / 11. Aug.	ebenda	an È. K. Pavlovskaja	XIV,3306	II,327
	3. Sept.	Majdanovo	an den Bruder Anatolij	XIV,3339	II,328f.
	3. Sept.	ebenda	an den Bruder Modest	XIV,3340	II,329
	21. Sept.	ebenda	an È. K. Pavlovskaja	XIV,3361	II,329f.
	25. Sept.	ebenda	an P. I. Jurgenson	XIV,3369	II,330
	1. Okt.	Petersburg	an N. F. fon Mekk	XIV,3374	II,330
	30. Okt.	ebenda	an N. A. Rimskij-Korsakov	XIV,3393	II,332
	13. Nov.	Moskau	an N. F. fon Mekk	XIV,3399	II,332f.
	15. Nov.	ebenda	an den Bruder Modest	XIV,3400	II,333
	19. Nov.	ebenda	*an denselben*	XIV,3413	II,333
	24. Nov.	ebenda	an P. I. Jurgenson	XIV,3416	II,334
	15. Dez.	Petersburg	an Großfürst Konstantin Konstant.	XIV,3435	II,334

(1887)	18./30. Dez.	Berlin	an den Bruder Modest	XIV,3438	II,342f.
	21. Dez. / 2. Jan.	Leipzig	*an denselben*	XIV,3440	II,343f.
	24.-25. Dez. / 5.-6. Jan.	*ebenda*	an P. I. Jurgenson	XIV,3442	II,345
	28. Dez. / 9. Jan.	Berlin	*an denselben*	XIV,3448	II,353f.
	30. Dez. - 6. Jan. / 11.-18. Jan.	Lübeck, Hamburg	an den Bruder Modest	XIV,3453	II,354,355
1888	10./22. Jan.	Hamburg	*an denselben*	XIV,3468	II,355f.
	12./24. Jan.	Magdeburg	an V. Ė. Napravnik	XIV,3471	II,360
	12./24. u. 15./27. Jan.	Magdeburg u. Leipzig	an den Bruder Modest	XIV,3472	II,359f.
	13./25. Jan.	Magdeburg	an P. I. Jurgenson	XIV,3473	II,360
	20. Jan. / 1. Febr.	Leipzig	an den Bruder Modest	XIV,3478	II,361
	20.-24. Jan. / 1.-5. Febr.	Berlin	an P. I. Jurgenson	XIV,3480	II,361f.
	23. Jan. / 4. Febr.	*ebenda*	an den Bruder Modest	XIV,3484	II,362
	30. Jan. / 11. Febr.	Leipzig	an N. F. fon Mekk	XIV,3487	II,362f.
	30. Jan. / 11. Febr.	*ebenda*	an P. V. Čajkovskaja	XIV,3488	II,366
	1./13. März	Paris	an P. I. Jurgenson	XIV,3512	II,375
	8./20. März	London	an N. A. Rimskij-Korsakov	XIV,3515	II,376
	11./23. März	*ebenda*	an N. F. fon Mekk	XIV,3519	II,375
	22. März	Taganrok	*an dieselbe*	XIV,3533	II,377
	28. März	Tiflis	an den Bruder Modest	XIV,3539	II,377f.
	28. März	*ebenda*	an P. I. Jurgenson	XIV,3540	II,378
	24. April	Frolovskoe	an N. F. fon Mekk	XIV,3553	II,379
	15. Mai	Klin	an den Bruder Modest	XIV,3568	II,379
	30. Mai	Frolovskoe	an Großfürst Konstantin Konstant.	XIV,3578	II,379,381
	1. Juni	*ebenda*	an N. F. fon Mekk	XIV,3582	II,382
	1. Juni	*ebenda*	an P. I. Jurgenson	XIV,3583	II,381
	10. Juni	*ebenda*	an N. F. fon Mekk	XIV,3588	II,382
	11. Juni	*ebenda*	an Großfürst Konstantin Konstant.	XIV,3589	II,382-384
	17. Juni	*ebenda*	an V. M. Zarudnaja und M. M. Ippolitov-Ivanov	XIV,3595	II,384
	22. Juni	*ebenda*	an N. F. fon Mekk	XIV,3600	II,384
	27. Juni	*ebenda*	an V. Ė. Napravnik	XIV,3604	II,384f.
	1. Juli	*ebenda*	an N. F. fon Mekk	XIV,3605	II,386f.
	20. Juli	*ebenda*	an A. N. Alferaki	XIV,3623	II,388
	25. Juli	*ebenda*	an N. F. fon Mekk	XIV,3624	II,389
	11. Aug.	*ebenda*	an P. I. Jurgenson	XIV,3641	II,389f.
	14. Aug.	*ebenda*	an N. F. fon Mekk	XIV,3644	II,390
	14. Aug.	*ebenda*	an P. I. Jurgenson	XIV,3646	II,390
	26. Aug.	*ebenda*	an Großfürst Konstantin Konstant.	XIV,3651	II,390f.
	14. Sept.	*ebenda*	an N. F. fon Mekk	XIV,3669	II,392
	21. Sept.	*ebenda*	an Großfürst Konstantin Konstant.	XIV,3675	II,392-394
	2. Okt.	*ebenda*	*an denselben*	XIV,3685	II,394f.
	27. Okt.	*ebenda*	an M. M. Ippolitov-Ivanov	XIV,3710	II,395f.
	27. Okt.	*ebenda*	an N. F. fon Mekk	XIV,3711	II,396
	13. Nov.	Petersburg	*an dieselbe*	XIV,3725	II,397f.
	26. Nov. / 8. Dez.	Prag	*an dieselbe*	XIV,3731	II,398
	2. Dez.	Frolovskoe	*an dieselbe*	XIV,3738	II,400
1889	4. Jan.	*ebenda*	an P. I. Jurgenson	XVa,3754	II,400
	30. Jan. / 11. Febr.	Köln	an den Bruder Modest	XVa,3778	II,401
	5./17. Febr.	Dresden	an P. I. Jurgenson	XVa,3787,3786	II,407f.
	8./20. Febr.	*ebenda*	an den Bruder Modest	XVa,3790	II,408
	11./23. Febr.	Berlin	an N. F. fon Mekk	XVa,3792	II,408f.
	15./27. Febr.	*ebenda*	an A. K. Glazunov	XVa,3794	II,401,403 410f.

(1889)	15./27. Febr.	ebenda	an den Bruder Modest	XVa,3795	II,409
	17. Febr. / 1. März	Leipzig	an P. I. Jurgenson	XVa,3804	II,411
	21. Febr. / 5. März	Genf	an N. F. fon Mekk	XVa,3807	II,411
	5./17. März	Hannover	an V. L. Davydov	XVa,3814	II,412f.
	5./17. März	ebenda	an den Bruder Modest	XVa,3818	II,413
	21. März / 2. April	Paris	an denselben	XVa,3825	II,414f.
	21. März / 2. April	ebenda	an P. I. Jurgenson	XVa,3826	II,414
	25. März / 6. April	ebenda	an den Bruder Modest	XVa,3829	II,415
	29. März / 10. April	London	an V. L. Davydov	XVa,3830	II,415f.
	8./20. April	Konstantinopel	an den Bruder Modest	XVa,3835	II,416
	20. April	Tiflis	an N. F. fon Mekk	XVa,3842	II,417
	12. Mai	Moskau	an den Bruder Anatolij	XVa,3855	II,417
	7. Juni	Frolovskoe	an P. I. Jurgenson	XVa,3873	II,418
	12. Juni	ebenda	M. M. Ippolitov-Ivanov	XVa,3875	II,418f.
	26. Juni	ebenda	an N. F. fon Mekk	XVa,3886	II,419
	9. Juli	ebenda	an È. F. Napravnik	XVa,3899	II,419f.
	12. Juli	ebenda	an N. F. fon Mekk	XVa,3903	II,420
	25. Juli	ebenda	an dieselbe	XVa,3909	II,420
	9. Aug.	ebenda	an M. M. Ippolitov-Ivanov	XVa,3919	II,421
	8. Sept.	ebenda	an V. M. Zarudnaja	XVa,3929	II,421
	2. Okt.	Moskau	an N. F. fon Mekk	XVa,3947	II,424
	12. Okt.	ebenda	an dieselbe	XVa,3957	II,424f.
	15. Okt.	ebenda	an Großfürst Konstantin Konstant.	XVa,3959	II,425f.
	16. Okt.	ebenda	an den Bruder Modest	XVa,3961	II,426
	29. Okt.	ebenda	an Großfürst Konstantin Konstant.	XVa,3966	II,426f.
	22. Nov.	ebenda	an N. F. fon Mekk	XVa,3975	II,431
	17.-26. Dez.	Petersburg	an dieselbe	XVa,3985	II,432-434
1890	16./28. Jan.	Berlin	an den Bruder Modest	XVb,4005	II,435
	18./30. Jan.	Florenz	an denselben	XVb,4009	II,435f.
	23. Jan. / 4. Febr.	ebenda	an denselben	XVb,4012	II,436f.
	25. Jan. / 6. Febr.	ebenda	an denselben	XVb,4013	II,437
	28. Jan. / 9. Febr.	ebenda	an P. I. Jurgenson	XVb,4017	II,436
	30. Jan. / 11. Febr.	ebenda	an A. K. Glazunov	XVb,4018	II,437f.
	30. Jan. / 11. Febr.	ebenda	an P. I. Jurgenson	XVb,4020	II,438f.
	2./14. Febr.	ebenda	an den Bruder Modest	XVb,4022	II,439
	6./18. Febr.	ebenda	an denselben	XVb,4027	II,439f.
	7./19. Febr.	ebenda	an A. P. Merkling	XVb,4028	II,440
	13./25. Febr.	ebenda	an den Bruder Modest	XVb,4034	II,440f.
	17. Febr. / 1. März	ebenda	an P. I. Jurgenson	XVb,4040	II,441
	19. Febr. / 3. März	ebenda	an denselben	XVb,4043	II,441f.
	20. Febr. / 4. März	ebenda	an den Bruder Modest	XVb,4044	II,442f.
	21. Febr. / 5. März	ebenda	an denselben	XVb,4045	II,443
	25. Febr. / 9. März	ebenda	an denselben	XVb,4051	II,444
	27. Febr./11. März	ebenda	an denselben	XVb,4053	II,444
	3./15. März	ebenda	an denselben	XVb,4058	II,445
	5./17. März	ebenda	an A. P. Merkling	XVb,4059	II,446
	5./17. März	ebenda	an den Bruder Modest	XVb,4060	II,445
	14./26. März	ebenda	an denselben	XVb,4070	II,446
	19./31. März	ebenda	an denselben	XVb,4072	II,446
	26. März / 7. April	ebenda	an denselben	XVb,4079	II,446f.
	27. März / 8. April	Rom	an denselben	XVb,4082	II,447f.
	28. März / 9. April	ebenda	an P. I. Jurgenson	XVb,4085	II,448
	3./15. April	ebenda	an den Bruder Modest	XVb,4089	II,448f.
	7./19. April	ebenda	an N. F. fon Mekk	XVb,4092	II,449
	7./19. April	ebenda	an den Bruder Modest	XVb,4095	II,449
	5. Mai	Frolovskoe	an M. M. Ippolitov-Ivanov	XVb,4107	II,450f.
	5. Mai	ebenda	an den Bruder Modest	XVb,4110	II,450

659

(1890)	14. Mai	*ebenda*	*an denselben*	XVb,4112	II,451
	18. Mai	*ebenda*	an Großfürst Konstantin Konstant.	XVb,4114	II,451f.
	4. Juni	*ebenda*	an M. M. Ippolitov-Ivanov	XVb,4135	II,453f.
	4. Juni	*ebenda*	an P. I. Jurgenson	XVb,4138	II,453
	5. Juni	*ebenda*	an V. L. Davydov	XVb,4139	II,454
	12. Juni	*ebenda*	an den Bruder Anatolij	XVb,4144	II,454f.
	15. Juni	*ebenda*	an den Bruder Modest	XVb,4149	II,455
	30. Juni	*ebenda*	an N. F. fon Mekk	XVb,4158	II,455
	30. Juni	*ebenda*	an den Bruder Modest	XVb,4159	II,456
	2. Juli	*ebenda*	an N. F. fon Mekk	XVb,4161	II,456
	2. Juli	*ebenda*	an P. I. Jurgenson	XVb,4163	II,456f.
	4. Juli	*ebenda*	an den Bruder Modest	XVb,4166	II,457
	10. Juli	*ebenda*	*an denselben*	XVb,4169	II,458
	10. Juli	*ebenda*	an P. I. Jurgenson	XVb,4170	II,457f.
	13. Juli	*ebenda*	an den Bruder Anatolij	XVb,4172	II,458f.
	5. Aug.	*ebenda*	an È. F. Napravnik	XVb,4194	II,459f.
	5. Aug.	*ebenda*	an Großfürst Konstantin Konstant.	XVb,4195	II,459
	25. Aug.	Kamenka	an È. F. Napravnik	XVb,4206	II,460
	2. Sept.	Kiev	an P. I. Jurgenson	XVb,4209	II,468
	14. Sept.	Tiflis	*an denselben*	XVb,4216	II,468
	20. Sept.	*ebenda*	an È. F. Napravnik	XVb,4220	II,468f.
	22. Sept.	*ebenda*	an N. F. fon Mekk	XVb,4221	II,464f.
	28. Sept.	*ebenda*	an P. I. Jurgenson	XVb,4224	II,465,466, 469
	3. Okt.	*ebenda*	*an denselben*	XVb,4226	II,469
	14. Okt.	*ebenso*	*an denselben*	XVb,4232	II,469f.
	15. Okt.	*ebenso*	*an denselben*	XVb,4234	II,470f.
	16. Okt.	*ebenso*	*an denselben*	XVb,4237	II,471
	19. Okt.	*ebenso*	an È. F. Napravnik	XVb,4238	II,471
	3. Nov.	Frolovskoe	an P. I. Jurgenson	XVb,4249	II,472f.
	5. Nov.	*ebenda*	*an denselben*	XVb,4251	II,473
	12. Nov.	Petersburg	*an denselben*	XVb,4252	II,473
	13. Dez.	Kiev	an den Bruder Modest	XVb,4273	II,475
	21. Dez.	*ebenda*	*an denselben*	XVb,4275	II,475f.
	23. Dez.	Kamenka	an P. I. Jurgenson	XVb,4278	II,476
	24. Dez.	*ebenda*	an M. M. Ippolitov-Ivanov	XVb,4279	II,476f.
1891	1. Jan.	*ebenda*	an den Bruder Modest	XVIa,4283	II,477
	11. Jan.	*ebenda*	an den Bruder Modest	XVIa,4300	II,481
	14. Jan.	Frolovskoe	an S. I. Taneev	XVIa,4302	II,480f.
	15. Jan.	*ebenda*	an N. A. Rimskij-Korsakov	XVIa,4303	II,481
	15. Jan.	*ebenda*	an P. I. Jurgenson	XVIa,4305	II,481f.
	17. Jan.	*ebenda*	*an denselben*	XVIa,4309	II,482
	22. Jan.	Klin	an den Bruder Anatolij	XVIa,4312	II,482
	12. Febr.	Frolovskoe	an P. I. Jurgenson	XVIa,4330	II,484
	15. Febr.	*ebenda*	*an denselben*	XVIa,4332	II,483
	25. Febr.	*ebenda*	an den Bruder Modest	XVIa,4339	II,485
	8./20. März	Berlin	an V. L. Davydov	XVIa,4342	II,486
	12./24. März	Paris	an P. I. Jurgenson	XVIa,4345	II,487
	17./29. März	*ebenda*	*an denselben*	XVIa,4354	II,487
	3./15. April	Rouen	an den Bruder Modest	XVIa,4364	II,489f.
	4./16. April	Paris	*an denselben*	XVIa,4365	II,490
	6.-15. / 18.-27. April	Atlantischer Ozean – New York	*an denselben*	XVIa,4367	II,490-495
	18./30. April	New York	an V. L. Davydov	XVIa,4369	II,498
	23. April / 5. Mai	*ebenda*	an Ju. È. Konjus	XVIa,4374	II,503
	29. April / 11. Mai	im Zug zu den Niagara-Fällen	an den Bruder Modest	XVIa,4379	II,508
	3. Juni	Majdanovo	an M. M. Ippolitov-Ivanov	XVIa,4394	II,517

(1891)	3. Juni	*ebenda*	an P. I. Jurgenson	XVIa,4397	II,518
	6. Juni	Moskau	an V. A. Pachul'skij	XVIa,4398	II,466f.
	14. Juni	Majdanovo	an den Bruder Modest	XVIa,4403	II,516f.
	15. Juni	*ebenda*	an Ju. È. Konjus	XVIa,4410	II,518f.
	25. Juni	*ebenda*	an V. L. Davydov	XVIa,4420	II,519f.
	25. Juni	*ebenda*	an M. M. Ippolitov-Ivanov und V. M. Zarudnaja	XVIa,4421	II,519
	26. Juni	*ebenda*	an N. G. Konradi	XVIa,4426	II,520
	7. Juli	*ebenda*	an A. S. Arenskij	XVIa,4431	II,520f.
	8. Juli	*ebenda*	an den Bruder Anatolij	XVIa,4439	II,521f.
	11. Juli	*ebenda*	an V. L. Davydov	XVIa,4440	II,522
	22. Juli	*ebenda*	*an denselben*	XVIa,4442	II,522
	25. Juli	*ebenda*	an den Bruder Anatolij	XVIa,4447	II,523
	25. Juli	*ebenda*	an den Bruder Modest	XVIa,4448	II,523f.
	1. Aug.	*ebenda*	an A. N. Alferaki	XVIa,4449	II,524f.
	1. Aug.	*ebenda*	an V. L. Davydov	XVIa,4450	II,524
	7. Aug.	*ebenda*	an den Bruder Modest	XVIa,4452	II,525
	5. Sept.	*ebenda*	*an denselben*	XVIa,4469	II,527f.
	2. Okt.	*ebenda*	an V. È. Napravnik	XVIa,4494	II,530
	8. Okt.	*ebenda*	an P. I. Jurgenson	XVIa,4506	II,528
	20. Okt.	Majdanovo	an den Bruder Modest	XVIa,4517	II,529
	25. Okt.	Moskau	an S. I. Taneev	XVIa,4525	II,531
	27. Okt.	*ebenda*	an den Bruder Anatolij	XVIa,4527	II,531
	31. Okt.	*ebenda*	an Großfürst Konstantin Konstant.	XVIa,4531	II,531-533
	8. Nov.	*ebenda*	an den Bruder Anatolij	XVIa,4539	II,533
	11. Nov.	Majdanovo	an V. È. Napravnik	XVIa,4545	II,535
	14. Dez.	*ebenda*	an den Bruder Anatolij und Frau	XVIa,4573	II,536f.
	23. Dez.	Kiev	an N. G. Konradi	XVIa,4582	II,538
	29. Dez.	Warschau	an V. L. Davydov	XVIa,4584	II,538
	29. Dez.	*ebenda*	an P. I. Jurgenson	XVIa,4586	II,538
	31. Dez.	*ebenda*	an N. G. Konradi	XVIa,4588	II,539
1892	3. Jan.	*ebenda*	an den Bruder Modest	XVIb,4590	II,539
	4./16. Jan.	Berlin	an A. P. Merkling	XVIb,4591	II,540
	7./19. Jan.	Hamburg	an V. L. Davydov	XVIb,4593	II,540
	8./20. Jan.	*ebenda*	an N. G. Konradi	XVIb,4594	II,541
	10./22. Jan.	Paris	an den Bruder Modest	XVIb,4597	II,544
	10./22. Jan.	*ebenda*	an P. I. Jurgenson	XVIb,4598	II,543
	12./24. Jan.	*ebenda*	an V. L. Davydov	XVIb,4599	II,544
	29. Jan.	Majdanovo	an P.I. Jurgenson	XVIb,4608	II,545
	30. Jan.	*ebenda*	*an denselben*	XVIb,4609	II,545
	9. Febr.	*ebenda*	an den Bruder Anatolij	XVIb,4616	II,545f.
	22. Febr.	*ebenda*	*an denselben*	XVIb,4627	II,546
	9. März	*ebenda*	an Ju. È. Konjus	XVIb,4638	II,547
	9. März	*ebenda*	an P. I. Jurgenson	XVIb,4641	II,547
	18. März	*ebenda*	*an denselben*	XVIb,4645	II,547f.
	25. März	*ebenda*	*an denselben*	XVIb,4649	II,548
	27. März	*ebenda*	*an denselben*	XVIb,4653	II,549
	13. April	Moskau	an È. F. Napravnik	XVIb,4663	II,549
	14. April	*ebenda*	an den Bruder Modest	XVIb,4664	II,549
	23. April	*ebenda*	an den Bruder Anatolij	XVIb,4671	II,549
	10. Mai	Klin	an P. I. Jurgenson	XVIb,4686	II,550
	20. Mai	*ebenda*	an N. G. Konradi	XVIb,4692	II,551
	20. Mai	*ebenda*	an den Bruder Modest	XVIb,4695	II,551
	24. Mai / 5. Juni	*ebenda*	E. Zabel	XVIb,4696	II,551, 555-557
	11./23. Juni	Paris	an den Bruder Modest	XVIb,4706	II,557f.
	18./30. Juni	Vichy	an È. F. Napravnik	XVIb,4709	II,558
	18./30. Juni	*ebenda*	an den Bruder Modest	XVIb,4710	II,558

(1892)	20. Juni / 2. Juli	*ebenda*	an P. I. Jurgenson	XVIb,4711	II,558
	29. Juni / 11. Juli	*ebenda*	an den Bruder Modest	XVIb,4717	II,558f.
	1./13. Juli	*ebenda*	an P. I. Jurgenson	XVIb,4720	II,559
	9. Juli	Petersburg	an N. G. Konradi	XVIb,4722	II,559
	13. Juli	Klin	an S. I. Taneev	XVIb,4724	II,561
	16. Juli	*ebenda*	an M. M. Ippolitov-Ivanov	XVIb,4729	II,561f.
	17. Juli	*ebenda*	an A. P. Merkling	XVIb,4733	II,562
	17. Juli	*ebenda*	an den Bruder Modest	XVIb,4734	II,562
	27. Juli	*ebenda*	an P. I. Jurgenson	XVIb,4741	II,562
	30. Juli	Moskau	an den Bruder Modest	XVIb,4742	II,563
	3. Aug.	Klin	an S. I. Taneev	XVIb,4746	II,563
	12. Aug.	*ebenda*	an V. L. Davydov	XVIb,4752	II,563
	14. Aug.	Moskau	*an denselben*	XVIb,4753	II,564
	14. Aug.	*ebenda*	an den Bruder Anatolij	XVIb,4754	II,564
	28. Aug.	Klin	an V. L. Davydov	XVIb,4761	II,564
	30. Aug.	Moskau	an D. M. Ratgauz	XVIb,4762	II,564f.
	7./19. Sept. u. 10./22. Sept.	Wien u. Itter	an den Bruder Modest	XVIb,4767	II,571f.
	12./24. Sept.	Itter	an A. Door	XVIb,4771	II,574
	15./27. Sept.	*ebenda*	an den Bruder Modest	XVIb,4772	II,574f.
	22. Sept. / 4. Okt.	*ebenda*	*an denselben*	XVIb,4775	II,575
	7. Okt.	Klin	an I. I. Slatin	XVIb,4780	II,576f.
	12. Okt.	*ebenda*	an den Bruder Modest	XVIb,4784	II,577
	14. Okt.	*ebenda*	an S. I. Taneev	XVIb,4785	II,577
	18. Okt.	*ebenda*	an È. F. Napravnik	XVIb,4786	II,577f.
	3. Nov.	Petersburg	an S. I. Taneev	XVIb,4794	II,579
	11. Nov.	*ebenda*	an den Bruder Anatolij	XVIb,4804	II,578
	24. Nov.	*ebenda*	*an denselben*	XVIb,4812	II,579
	7. Dez.	*ebenda*	*an denselben*	XVIb,4819	II,581
	10. Dez.	*ebenda*	*an denselben*	XVIb,4820	II,581f.
	14./26. Dez.	Berlin	an V. L. Davydov	XVIb,4827	II,582f.
	16./28. Dez.	*ebenda*	*an denselben*	XVIb,4829	II,583
	19./31. Dez.	Basel	an den Bruder Modest	XVIb,4833	II,583
	22. Dez. / 3. Jan.	Paris	an den Bruder Nikolaj	XVIb,4835	II,584f.
	24. Dez. / 5. Jan.	*ebenda*	an den Bruder Modest	XVIb,4836	II,585
	29. Dez. / 10. Jan.	Brüssel	an M. Delines	XVIb,4837	II,587f.
1893	4./16. Jan.	Paris	an den Bruder Modest	XVII,4844	II,585f.
	24. Jan.	Odessa	an A. P. Merkling	XVII,4850	II,592f.
	28. Jan.	Kamenka	an den Bruder Modest	XVII,4852	II,593
	5. Febr.	Klin	*an denselben*	XVII,4858	II,594f.
	10. Febr.	*ebenda*	an den Bruder Anatolij	XVII,4864	II,596
	11. Febr.	*ebenda*	an V. L. Davydov	XVII,4865	II,596
	26. Febr.	Moskau	an die Zeitung „Russkie vedomosti"	XVII,4872	II,597
	28. Febr.	Klin	an den Bruder Modest	XVII,4878	II,597f.
	2. März	*ebenda*	an V. S. Šilovskij	XVII,4880	II,598
	4. März	*ebenda*	an den Bruder Anatolij	XVII,4883	II,598
	8. März	Moskau	an den Bruder Modest	XVII,4888	II,599
	19. März	Klin	*an denselben*	XVII,4897	II,600
	25. März	*ebenda*	an M. M. Ippolitov-Ivanov	XVII,4901	II,600f.
	25. März	*ebenda*	an den Bruder Anatolij	XVII,4902	II,601
	5. April	*ebenda*	an G. È. Konjus	XVII,4905	II,601
	11. April	*ebenda*	an V. L. Davydov	XVII,4913	II,602
	15. April	*ebenda*	*an denselben*	XVII,4916	II,602
	17. April	*ebenda*	an den Bruder Modest	XVII,4919	II,603
	22.-23. April	Moskau	*an denselben*	XVII,4921	II,603f.
	2. Mai	*ebenda*	an P. I. Jurgenson	XVII,4924	II,604f.
	5. Mai	Klin	*an denselben*	XVII,4929	II,605
	6. Mai	Petersburg	*an denselben*	XVII,4930	II,605f.

(1893)	15./27. Mai	Berlin	an V. L. Davydov	XVII,4931	II,606
	15./27. Mai	*ebenda*	an den Bruder Modest	XVII,4934	II,606f.
	17./29. Mai	London	an V. L. Davydov	XVII,4935	II,607,609
	17./29. Mai	*ebenda*	an den Bruder Anatolij	XVII,4937	II,607
	22. Mai / 3. Juni	*ebenda*	an den Bruder Modest	XVII,4940	II,609f.
	29. Mai / 10. Juni	*ebenda*	*an denselben*	XVII,4945	II,610
	3./15. Juni	Paris	an N. G. Konradi	XVII,4948	II,613f.
	3./15. Juni	*ebenda*	an P. I. Jurgenson	XVII,4954	II,613
	19. Juni	Grankino	an den Bruder Anatolij	XVII,4959	II,615
	6. Juli	Ukolovo	*an denselben*	XVII,4968	II,615
	19. Juli	Klin	an V. L. Davydov	XVII,4972	II,615f.
	22. Juli	*ebenda*	an den Bruder Modest	XVII,4984	II,616
	23. Juli	*ebenda*	an G. È. Konjus	XVII,4986	II,617
	1. Aug.	*ebenda*	an D. M. Ratgauz	XVII,4996	II,617
	2. Aug.	*ebenda*	an V. L. Davydov	XVII,4998	II,618
	4. Aug.	*ebenda*	*an denselben*	XVII,5002	II,618
	12. Aug.	*ebenda*	an P. I. Jurgenson	XVII,5010	II,618f.
	20. Aug.	*ebenda*	*an denselben*	XVII,5019	II,619f.
	12. Sept.	Michajlovskoe	an den Bruder Modest	XVII,5029	II,621
	21. Sept.	Moskau	an Großfürst Konstantin Konstant.	XVII,5038	II,622f.
	24. Sept.	*ebenda*	an den Bruder Modest	XVII,5042	II,623
	25. Sept.	Klin	*an denselben*	XVII,5045	II,623
	26. Sept.	*ebenda*	an Großfürst Konstantin Konstant.	XVII,5046	II,623f.
	29. Sept.	*ebenda*	an A. P. Merkling	XVII,5051	II,624
	18. Okt.	Petersburg	an G. È. Konjus	XVII,5060	II,630
	18. Okt.	*ebenda*	an P. I. Jurgenson	XVII,5062	II,630

2. Briefe an Čajkovskij

Folge der Angaben:
Absender, Datum, Teilband (I bzw. II) und Seite(n) der vorliegenden Ausgabe.

Azančevskij, Michail P.
    1874, April   I,221

Balakirev, Milij A.
    1869, 13. März   I,163
    1869, 4. Okt.   I,169
    1869, 12. Nov.   I,170f.
    1871, 22. Jan.   I,171f.
    1871   I,174
    1882, 28. Okt.   II,266f.

Brodskij, Adol'f D.
    [1881, Dez.]   II,152f.

Bülow, Hans von
    1875, 1./13. Juni   I,239f.

Čajkovskij, Il'ja P.
    1868, 29. Dez.   I,157f.
    1877, 27. Juni   I,291

Davydov, Karl Ju.
    1880, Jan.   II,98

Dvořák, Antonín
    1889, 2./14. Jan   II,398f.

Konstantin Nikolaevič (Großfürst)
    1875, Okt.   I,249

Laroš, German A. (Laroche, Hermann)
    1866, 11. Jan.   I,109f.
    1872, 7. Jan.   I,191

Mekk, Nadežda F. fon
    1876, 18. Dez.   I,284
    1877, 15. Febr.   I,284
    1877, 7. März   I,284f.
    1877, 18. März   I,287
    1877, 29. Sept. / 11. Okt. I,288f.
    1877, 17. Okt.   I,297f.

Napravnik, Ėduard F.
    1873, 16. Dez.   I,217f.

Rimskij-Korsakov, Nikolaj A.
    1875, Okt.   I,248f.

Rubinštejn, Nikolaj G.
    1877, Mitte Okt.   I,295f.
    1877, vor dem 17. Okt. I,297

Safonov, Vasilij I.
    1893, 10./22. Jan.   II,589

Špažinskij, Ippolit V.
    1885, 21. Jan.   II,252f.

Stasov, Vladimir V.
    1872, 30. Dez.   I,202f.
    1873, 21. Jan.   I,203f.
    1874, 13. Nov.   I,234f.

Taneev, Sergej I.
    1876, 28. Nov. / 10. Dez. I,266f.
    1876, 16. / 28. Dez.   I,267f.
    1878, 18.-22. März   I,357f.
    1879, 28. Dez.   II,91f.
    1882, 24. Okt.   II,178

Tolstoj, Lev N.
    1876, 24. Dez.   I,270

Vsevoložskij, Ivan A.
    1891, 15. Febr.   II,484f.

Verzeichnis der Abbildungen

Band 1

Seite 28: Ilja Petrowitsch Tschaikowsky, Vater Peter Iljitsch Tschaikowskys, 1860
Seite 31: Alexandra Andreewna Tschaikowskaja, Mutter P. I. Tschaikowskys, 1848
Seite 32: Geburtshaus P. I. Tschaikowskys in Wotkinsk
Seite 40: P. I. Tschaikowskys Gedicht „Prière d'une petite fille …", Faksimile
Seite 46: Die Familie Tschaikowsky im Jahre 1848
Seite 58: Ilja P. Tschaikowsky mit den Söhnen Modest und Anatol, 1855
Seite 69: Peter Iljitsch Tschaikowsky, 1859
Seite 75: Romanze „Mein Genius …", Faksimile der ersten Seite
Seite 88: P. I. Tschaikowsky, 1859 (recte: Anfang 1863)
Seite 94: P. I. Tschaikowsky, 1863
Seite 145: P. I. Tschaikowsky, 1867
Seite 152: P. I. Tschaikowsky, 1868
Seite 215: P. I. Tschaikowsky, 1873
Seite 233: P. I. Tschaikowsky, 1874
Seite 260: P. I. Tschaikowsky, 1876
Seite 301: P. I. Tschaikowsky, 1877

Band 2

Seite 297: P. I. Tschaikowsky, 1888 (recte: am 9. Juni 1886)
Seite 380: Das Haus in Frolowskoe (bei Klin), 1890
Seite 552: P. I. Tschaikowskys Wohnhaus in Klin
Seite 553: Das Gastzimmer (Wohnzimmer) P. I. Tschaikowskys in Klin
Seite 554: Das Schlafzimmer P. I. Tschaikowskys in Klin
Seite 608: P. I. Tschaikowsky, 1893

Reiches Bildmaterial zu Tschaikowskys Leben und Schaffen findet man in: Album 1978, Album 1984 und Album 1990. – Reproduktionen samt Katalog aller erhaltenen Photographien Tschaikowskys enthält: Album 2005. – Einen Katalog der Photographien Tschaikowskys samt kleinformatigen Abbildungen bietet: TchH, Band 1, S. 477-520. – Siehe jeweils: Abkürzungen, Ausgaben, Literatur.

Sachregister

Vorbemerkungen:
Dies ist kein alphabetisch nach „Sachen" angelegtes Register im herkömmlichen Sinn, sondern ein nach drei „Sachgebieten" geordnetes Verzeichnis von Themenkomplexen und Stichworten zum Leben und Schaffen des Komponisten, die vor allem das umfangreiche Briefmaterial der Dokumentenbiographie Modest Čajkovskijs erschließen helfen können:
    1. Persönlichkeit, Biographie und Umfeld,
    2. Allgemeine musikalische Themen: Musikgeschichte, Nationalschulen, Gattungen, Volksmusik,
    3. Arbeitsweise und Kompositionsprozeß, Verlage, Dirigieren.

Dieses Sachregister kann und will nicht umfassend und erschöpfend sein, sondern muß sich auf wesentliche Stichworte konzentrieren. Was Čajkovskijs berufliches, fachliches und persönliches Umfeld betrifft, wird sich der Leser auch am Personenverzeichnis orientieren. Einen biographischen und werkgeschichtlichen Überblick findet er im übrigen in dem einleitenden Kapitel „Daten zum Leben und Werk Čajkovskijs" in ČSt 10, S. 19-38.

1. Persönlichkeit, Biographie, Umfeld

Ausbildung, Beamtenkarriere, Berufung zum Musiker

Kindheit:
    Band 1: 36-38 44-45 47-51

Petersburger Juristenschule:
    Band 1: 52-56 61-62 70-72 74 79

Justizministerium:
    Band 1: 67-68 79 81 84-86 88-89 187 273 – Band 2: 270

Theorieunterricht:
    Band 1: 79 84-85 – Band 2: 428

Studium am Petersburger Konservatorium:
    Band 1: 86-87 90-93 95-96 98 101-102 108 – Band 2: 270 428 555

Lehrtätigkeit am Moskauer Konservatorium
    Band 1: 89 92 107 120 122 131 151-152 168 176 184 187-189 199-200 206-207 214 225 249 275 277 281 294-296 330 333-334 351 383-384
    Band 2: 38-40 93 138 142-146 270 556

Beratung junger Komponisten und komponierender Dilettanten
    Band 1: 265-266 331 358-359
    Band 2: 168 227-229 249-250 275-276 289 388 456 476-477 524-525 601

Gesellschaftsleben, Einsamkeit, Misanthropie
    Band 1: 36-37 45-46 49-53 55-57 63-65 67 69 79 90 114 117-118 122 124 129 134-135 138-141 148 164 168 178-179 186-187 189 201 209-211 213-214 217-220 224-225 232 237 240-242 272 286 310-311 316-317 320-321 325-326 332-334 336 341 351 356 360-361 380
    Band 2: 40 54-56 59-60 66 75 77 104-107 109 115 117 127 134-135 152 159-161 163 172-173 181-182 207 211 230 234 237 239 245-246 251 267 271-273 285 290 295-296 301 320-321 325-326 342-344 354-355 371-372 375 384-385 409-410 413-414 424 439 444 449 487-488 500 504 513 520 530 549 607 623

Sorge um andere
> Band 1: 34 37 41 43 45 88 100 183 223-224 296
> Band 2: 71 75 106 120-121 126 129-131 135 142 147 159-160 162-163 168 179 186-187 190 192 201 225 236 279-280 284 326-328 414-415 529 546 551 597 605

Familiäre und freundschaftliche Bindungen

Eltern
> Band 1: 33 36 38 47 52-56 70 72 79 82-83 86 89 104 128 130 201-202 216 220-221 263 274 308
> Band 2: 60 65 94-95

Geschwister und deren Angehörige
> Band 1: 38 47 49-51 53-55 66 72 79-83 86 89 102-103 105 117-123 126-128 130-131 137-138 140 165 174 176 178-180 183-184 190 217 219 223-224 240-241 251 255 258 261 263 301 303 310 312 319 327 330 335 355 362-363 383-384
> Band 2: 41 60 71 114-115 138 146 190 192 200 205 212 216-217 239 317-318 325 377 399 486 488-490 520 538 575 604

Andere Verwandte
> Band 1: 27 36-37 47 50 54-55 57 66-67 70 72 185 – Band 2: 156 324

„Der beste Freund": N. F. fon Mekk
> Band 1: 281-289 292 295 297-298 300-301 306-307 311-312 315 327-328 331 333-335 340 346 352 355 368 381 383
> Band 2: 42-43 67-70 77 101 109 122 137-138 150 239 285 319 456 464-467 523

Freunde
> Band 1: 61 63-64 68 73-74 85 87-88 113-118 120-121 128 130-133 135-136 148 149 152 161 174-178 181 186-189 200 217 237-243 248 281 295-296 302 311-312 326 328-333 340 355
> Band 2: 38-40 60 70 80 136 138 145 149 212 233 235 245-248 299-300 322 324-328 332 361-362 392 448 562 595 600 605 614

Verliebtheit, Verlobung (mit D. Artôt) und Ehe (mit A. Miljukova)
> Band 1: 68 83 124 140 156-159 201 258 260-262 273 275 289-295 298 317

Homosexualität
> Band 1: 385 – Band 2: 58 635

Ämter, offizielle Funktionen, Ehrungen
> Band 1: 221 295-296 315-317 320 324-326 328-329 355
> Band 2: 37 107 213-214 259 282 290-292 310 353 356 366-368 370-372 387 389 397 407-408 417 423-325 430-431 441 468 472 539-540 572 578 583 590-591 596 599-601 607 609-613 626

Ruhm, Erfolg, Kritik, Anerkennung
> Band 1: 42 68 74 84 86 90 107-109 110 116 124-125 133-135 141 143 145-163 167 175-178 181-182 185-186 200 202 204-208 217-223 228-229 234-235 237-240 242-243 246-249 251-253 257 263-268 270-271 273-274 285 287 293 325-326 335 340 354-356 370
> Band 2: 37-38 44-45 53 56-63 78-80 88-93 95-96 101-102 105 116-117 121-122 124 126-134 149 153-154 159 166 171-172 177-178 180 192-194 204 206 209-212 214 230-233 236 245 250-252 256 259-260 273-274 281 287 289 291-292 315-318 320 331-334 341-342 345-353 355-370 372-375 379 382 392 397-414 416 429-430 432 434-435 442 449 451 471-472 474-475 478 482-485 498 503-504 510 512-513 528 533-535 538-543 547 570-571 573 575-576 578 580-581 586 590-593 596 599 609 611 627-628 630

Finanzielle Verhältnisse und Umgang mit Geld
    Band 1: 34 45 68 72 81 83 85-86 89-90 106-107 120 127-128 130 136-137 141 143 149 151 156 173 176 184 188 190 193 199 201 205 208 212 217 221 223-224 234 236-237 243 245 249 268 281-282 284 287-288 295-298 300 304- 320-321 324-327 331-334 354 378-379 383
    Band 2: 39 79 86 97-98 115 138 141 147 158 160-161 164 177 187-188 195-196 205 230 238 263 270 273-274 282 285 310 328 341 355 361-362 376 378 386-387 390 396 398 413 437 441 454-456 458-459 464-466 469-470 473 476 482 487 490 492-493 511-512 517 521 523 528-530 545-546 548 551 558 571 576 585 594 604-606 609

Gesundheit und Krankheit. Lebensmüdigkeit und Tod
    Band 1: 27 38 48 51 53 63 106-107 118 120 126-127 129 139-141 151 164 168 172 176 178 183 192 200-201 209-210 216 228 235-236 238 240-242 250-251 253-255 268 277 292 294-296 301-305 310-311 315-317 324-325 328-331 334-335 352 361-364 377 379-380
    Band 2: 39 51 57 61 66 76 89 93-95 99-100 107 120 123-126 130 139 151 159 173 177 179-180 197 209 214 216 235 239-240 251 255 263 274 283-285 287 301 308-309 311 333 341-342 382 390 398 420 446-447 478 481-482 486 492 498 508 510 512-514 519 549 557 593-594 598-599 607 609 615 624 626 631-635

Philosophie, Religion, Glaube
    Band 1: 41-42 105 272-273 277 300 306-308 311-312 333 338-339 342 372
    Band 2: 63 78 81 85 137-139 192 194 271 286 330 522 562 623-624

Nationalstolz, politische Einstellung
    Band 1: 27 37 41-43 102 105 328 337-338 349-350 354 360 362-363
    Band 2: 81-82 100 135-136 155-156 158 166 171 192-193 257 384 508

Verhältnis zur Natur
    Band 1: 51 53 68 175 177.180 190 207 212-213 314 330 336-338 346 360 366-368 371
    Band 2: 53-54 62 64 66-67 75 77 79 99 111-112 134 163 200 223 254 272 293 301 382 389 417 454-455 513

Leben in den Metropolen Moskau und Petersburg – Leben auf dem Lande; Heimatgefühl und Heimweh; Sehnsucht nach dem eigenen Heim
    Band 1: 38 48-49 53-54 82-83 105-106 113 117-118 120 123 125-131 135-136 138-139 141-142 145 151 153 168 184 186-190 199-201 205 212-214 225 232 237 241-243 249 253-255 258 261 273 277 290 294-296 302-303 314 316 320 325 330 333-334 338 346 352 362 365-372 380-382
    Band 2: 38-43 60 62 66-67 70-71 75-76 79-81 88-89 126 128 144-146 161 169 172-173 175-176 180 195 206-207 213 216 219 224-226 230 233 238 240 249 253-258 263 267-268 270 274-275 299 315 318 321-322 325 328 330 341-342 344 355 378-379 386 392 396 401 408 414 417-418 420 423-424 426 432 445 447 449-450 454-455 458-459 469 478 486-489 495 498 505 516 520 527-528 530 532 536-540 544-546 549-550 558 570 577 583 585 606 610 615-616 623

Reisen (außer Konzertreisen: siehe unter 3.)
    Band 1: 81-83 137 148-150 176 178 180 189-190 208-212 223-2224 246 249-250 253-258 273 298-302 304-306 313 316 324 354
    Band 2: 49-50 77 81 86 88 124 130 135 173 175 210 232-233 235 245-246 281 288 293-295 323-324 377 569-570 581-583 594 606 616 619

Verhältnis zu Bildender Kunst und Literatur
    Band 1: 38 51 62 64 122 136 200 211 224 261 271-272 290 303 312 322 328 330 334 339 341-342 350 369 381-382

669

Band 2: 59 84 89-90 97 99-100 102-103 113-114 162 167 214-215 217 223-224 226 229-230 254-255 277 286 301 305-307 321 342 372 379 381 383-384 390-391 408 426-427 447 516 519-521 524 544 562-563 564-565 621

Konzert- und Opernbesuche. Liebe zum Theater und Ballett
Band 1: 38 48 68 81 86 122 149 152 178 248 300-301 313 342 345 377
Band 2: 50 54-57 60 75 81 83 101 163 182-183 187 189 206-208 211 233-235 237-238 249-251 256 259 279 284-285 287 289 296 318 342-344 354-355 359 361 366-367 414-415 417 436-437 468 473 475 477 481 486 497 504-505 511-512 531 539-540 544 577 585 591-592 597 599 604 610-611 625

Briefe- und Tagebuchschreiben. Gedichte
Band 1: 39-43 45 51 125 184-185 200-201 206 208 216 224-225 228 242 249 297 312 316 328
Band 2: 173 195 206 216 245-247 251 262-263 300 332 355 385 425 431 474 490 498 521 523 530 546 556 597 600 610 616

2. Allgemeine musikalische Themen: Musikgeschichte, Nationalschulen, Gattungen, Volksmusik

(NB. Äußerungen zu einzelnen Komponisten und deren Werken werden nicht hier, sondern im Namenregister nachgewiesen.)

Musikgeschichte
Band 1: 147 350 – Band 2: 119-120 140

Russische Musik
Band 1: 73 271 314 316 318-319 348-349 – Band 2: 53 113 122 385-386

Volksmusik
Band 1: 105 314 346 348-349 – Band 2: 87 89

Deutsche Musik
Band 1: 72 248 309 318 348 352 – Band 2: 44 53 185-186

Französische Musik
Band 1: 72 248 309 319 347-348 – Band 2: 44 47 114 122 185-186

Italienische Musik
Band 1: 44 72-73 199 314 346-347 354 – Band 2: 87

Oper
Band 1: 44 63 72-74 149 226-227 313 321-323 354
Band 2: 63 84 113 140 179 181 192 202 206-207 226 276 278 480

Orchestermusik
Band 1: 72-73 95 144 340 – Band 2: 63 84 157-158 179 192 206-207 278 583

Orgelmusik
Band 1: 96

Programmusik
    Band 1: 97 343 345 358-359 – Band 2: 47-48 265 583 596

Konzerte
    Band 1: 98

Kammermusik
    Band 1: 98 – Band 2: 84 122-123 155 157-158 184 192 206 278 455 583

Vokalmusik
    Band 1: 98

Kirchenmusik
    Band 1: 70-71 – Band 2: 64 87 110-111 139-141 148 150 623-624

3. Arbeitsweise und Kompositionsprozeß, Verlage, Dirigieren

Inspiration. Anstrengung und Leichtigkeit beim Komponieren. Arbeit als Lebensinhalt
    Band 1: 129 140-142 156-157 177 187 200-201 216 228 230 234-237 242 244 275 293 301 305-306 312 315 325 327 333 341 343 347-348 352 364 366 368 373-374 376-378 381-383
    Band 2: 39 41 48 51 53-54 78 93 100-101 108 119-122 134 138-139 143 145 157 164-165 168-169 173 175 177-178 185 195 202 204 213 217-222 256-268 277 279 299 301 303 308-309 312 319 322 378 382 389 392 400 419-421 430 433 452 455 478 480 483 489-490 519-520 522-523 532 558 583 596 602 616 619 623

Arbeitsphasen, Tagesablauf und Tageseinteilung, Arbeitstempo, Ruhephasen („Faulheit", Dolce far niente)
    Band 1: 95 118 126 129 135-136 140-142 149 153 155 159 164 168 172-177 179 184 189 191 200-201 206-207 213 216 227-228 234-237 243 245-246 252-253 261 273-274 277 288 292-294 296-298 300 304 323 328-329 334 341-342 347-349 352 354 357 363 366-370 374
    Band 2: 41-42 48 51-53 56-57 62 64 81 87-88 119-120 138-140 143 145-146 151 155 157 159 163-165 169 171 173 178-179 182 188-189 195 197 202 204 215-220 222 225 267-268 271-273 299 301 303 309-311 315 321-322 324 417-418 431-432 436-437 439 445-447 450 483 485 508 514 517 519-520 522-523 527 532 545 551 558 560-561 563 570 577 581 596 603-604 623

Kompositionsprozeß: Konzipieren, „Umschreiben", Instrumentieren
    Band 1: 150 180 213 277 293 296 312 321 329 348 356-357 372-378
    Band 2: 42 50 56 64 201 216-217 219 420 444-445 518 521 525 545 618

Umarbeiten. Wiederverwenden früheren Materials
    Band 1: 119 124 134 142-196-197 217-218 228-229 234
    Band 2: 81 125 176-177 215 237 258 269 281 310 329 459-460 470 472 517 544 548

Bearbeiten eigener Werke. Klavierauszüge
    Band 1: 124 202 204-206 218-219 233 281 285-287 296 327
    Band 2: 62 74 107 213 444 446 448 454

Bearbeiten fremder Werke
    Band 1: 377-378
    Band 2: 184-185 220-221 324 336-337 391-392 396-397 606 636

Librettodichtung und -bearbeitung
  Band 1: 151 197-198 384-385 – Band 2: 42 50-52 71-72

Auftrags- bzw. Gelegenheitskompositionen
  Band 1: 95-96 133 190-192 281 284-287 372-373
  Band 2: 98-99 108 121 160 173 184-188 213 227 235-236 268 286 310 430 454 478 567 602

Zusammenarbeit mit Verlagen. Ausgaben (Herstellung und Korrekturen)
  Band 1: 171 205-206 217 219 247 252-253 361-263 321 326-327 332 378-379
  Band 2: 43 62 68-70 75 77 83-88 94 97-100 103 108-109 115-117 119 123 141-142 147 156-158 160-161 163-164 170-171 177 189-192 195-197 205 220-221 230 237 249 267 273-274 278 281-282 289-290 295 299-300 309 319 326-327 334 354 376 381 453-454 459-460 470-473 483 522 545 547-548 550 559-564 605 618-619 630

Čajkovskij als Dirigent. Konzertreisen
  Band 1: 71 98 146 267-268 274 324 329
  Band 2: 281 308 314-320 330-333 390 395-397 423 427 432-433 441 470-471 482-483 487-488 517 530-532 534-540 546-547 549-565 569-574 576-577 585 593-594 596 599 617 619 622-623 625 627-628

Erste Europatournee Ende 1887 – März 1888:
  Band 2: 333-334 342-376 378 569-570

Prag Nov. / Dez. 1888:
  Band 2: 398-399

Zweite Europa-Tournee Jan. – März 1889:
  Band 2: 401-416 569-570

Anton-Rubinštejn-Jubiläum Nov. 1889:
  Band 2: 424 431

USA-Tournee April / Mai 1891:
  Band 2: 377 386 389 481-483 488-516

Odessa Jan. 1893:
  Band 2: 581-582 589-593

London und Cambridge (Ehrenpromotion) Mai / Juni 1893:
  Band 2: 600-601 607 609 611

Register der Werke Tschaikowskys

Vorbemerkungen:

Verzeichnet werden – auch wenn nicht alle Kompositionen Čajkovskijs in der Publikation genannt werden – sämtliche seiner Werke, und zwar in der Reihenfolge des systematischen, thematischen und bibliographischen Werkverzeichnisses ČS (2003, russisch, bzw. 2006, russisch und englisch). Zusätzlich wird bei den einzelnen Werken auch auf die entsprechenden Werknummern des englischsprachigen thematisch-systematischen Werkverzeichnisses verwiesen, das in TchH 1 (Bloomington & Indianapolis 2002) erschienen ist.

Auf den folgenden Seiten vorangestellt wird eine Synopse, welche die Werke mit Opuszahlen den entsprechenden ČS-Nummern zuordnet. Im Hauptteil des Werkregisters wird auf den betreffenden Band (I bzw. II) und die einschlägigen Seiten der vorliegenden Publikation verwiesen, auf denen die betreffenden Werke erwähnt oder abgehandelt werden.

Die Werktitel werden entweder in originaler Form (aus dem Russischen transliteriert) oder in normierter deutscher Fassung wiedergegeben.

1. Synopse: Die Werke mit Opuszahlen und ihre ČS-Nummern

op. 1	ČS 98-99	Zwei Stücke für Klavier (Nr. 1: 1867 und Nr. 2: 1863/64)
op. 2	ČS 100-102	Drei Stücke für Klavier (*Souvenir de Hapsal*, 1867)
op. 3	ČS 1	Oper *Voevoda* (1867/68)
op. 4	ČS 103	*Valse-Caprice* für Klavier D-Dur (1868)
op. 5	ČS 104	*Romance* für Klavier f-Moll (1868)
op. 6	ČS 211-216	Sechs Romanzen (1869)
op. 7	ČS 105	*Valse-Scherzo* für Klavier A-Dur (1870)
op. 8	ČS 106	*Capriccio* für Klavier Ges-Dur (1870)
op. 9	ČS 107-109	Drei Stücke für Klavier (1870)
op. 10	ČS 110-111	Zwei Stücke für Klavier (1871/72)
op. 11	ČS 90	1. Streichquartett D-Dur (1871)
op. 12	ČS 15	Musik zu A.N. Ostrovskijs „Schneeflöckchen" (1873)
op. 13	ČS 21	1. Sinfonie g-Moll „Winterträume" (1866; 2. Fassung: 1874)
op. 14	ČS 4	Oper *Kuznec Vakula* (1874; 2. Fassung: *Čerevički*, 1885)
op. 15	ČS 37	Ouvertüre auf die dänische Hymne (1866)
op. 16	ČS 218-223	Sechs Romanzen (1872)
op. 17	ČS 22	2. Sinfonie c-Moll (1872; 2. Fassung: 1879)
op. 18	ČS 41	Orchesterfantasie „Der Sturm" (1873)
op. 19	ČS 112-117	Sechs Stücke für Klavier (1873)
op. 20	ČS 12	Ballett „Der Schwanensee" (1875/76)
op. 21	ČS 118-123	Sechs Stücke für Klavier über ein Thema (1873)
op. 22	ČS 91	2. Streichquartett F-Dur (1874)
op. 23	ČS 53	1. Klavierkonzert b-Moll / B-Dur (1874/75)
op. 24	ČS 5	Lyrische Szenen *Evgenij Onegin* (1877/78)
op. 25	ČS 226-231	Sechs Romanzen (1875)
op. 26	ČS 58	Sérénade mélancolique für Violine und Orchester b-Moll (1875)
op. 27	ČS 232-237b	Sechs Romanzen (1875)
op. 28	ČS 238-243	Sechs Romanzen (1875)
op. 29	ČS 23	3. Sinfonie D-Dur (1875)
op. 30	ČS 92	3. Streichquartett es-Moll (1876)
op. 31	ČS 42	Slavischer Marsch (1876)
op. 32	ČS 43	Orchesterfantasie *Francesca da Rimini* (1876)
op. 33	ČS 59	Variationen über ein Rokoko-Thema für Violoncello und Orchester A-Dur (1876/77)
op. 34	ČS 60	Valse-Scherzo für Violine und Orchester C-Dur (1877)
op. 35	ČS 54	Violinkonzert D-Dur (1878)

op. 36	ČS 24	4. Sinfonie f-Moll (1876/77)
op. 37	ČS 148	Grande Sonate G-Dur für Klavier (1878)
op. 37a	ČS 124-135	Die Jahreszeiten. Zwölf Charakterstücke für Klavier (1875/76)
op. 38	ČS 246-251	Sechs Romanzen (1878)
op. 39	ČS 150-173	‚Kinderalbum. 24 leichte Stücke für Klavier à la Schumann' (1878)
op. 40	ČS 136-147	Zwölf Stücke mittlerer Schwierigkeit für Klavier (1878)
op. 41	ČS 77	Liturgie des hl. Johannes Chrysostomus (1878)
op. 42	ČS 205-207	Drei Stücke für Violine und Klavier (*Souvenir d'un lieu cher*, 1878)
op. 43	ČS 28	1. Orchestersuite d-Moll (1878/79)
op. 44	ČS 55	2. Klavierkonzert G-Dur (1879/80, 1890)
op. 45	ČS 44	Capriccio italien (1880)
op. 46	ČS 312-317b	Sechs Duette (1880)
op. 47	ČS 252-258b	Sieben Romanzen (1880)
op. 48	ČS 45	Serenade für Streichorchester C-Dur (1880)
op. 49	ČS 46	Festouvertüre „1812" (1880)
op. 50	ČS 93	Klaviertrio a-Moll („A la mémoire d'un grand artiste", 1881/82)
op. 51	ČS 175-180	Sechs Stücke für Klavier (1882)
op. 52	ČS 78	Ganznächtliche Vigil (1881/82)
op. 53	ČS 29	2. Orchestersuite C-Dur („Suite caractéristique"; 1883)
op. 54	ČS 259-274	Sechzehn Kinderlieder (1883; Nr. 16: 1880)
op. 55	ČS 30	3. Orchestersuite G-Dur (1884)
op. 56	ČS 56	Konzertfantasie für Klavier und Orchester G-Dur (1884)
op. 57	ČS 275-280	Sechs Romanzen (1884)
op. 58	ČS 25	*Manfred*-Sinfonie in vier Bildern h-Moll (1885)
op. 59	ČS 182	Dumka. Russische ländliche Szene für Klavier (1886)
op. 60	ČS 281-292	Zwölf Romanzen (1886)
op. 61	ČS 31	*Mozartiana* (4. Orchestersuite) G-Dur (1887)
op. 62	ČS 61	Pezzo capriccioso für Violoncello und Orchester h-Moll (1887)
op. 63	ČS 293-298	Sechs Romanzen (1887)
op. 64	ČS 26	5. Sinfonie e-Moll (1888)
op. 65	ČS 299-304	*Six Mélodies* (1888)
op. 66	ČS 13	Ballett „Dornröschen" (1888/89)
op. 67	ČS 50	Fantasieouvertüre *Hamlet* f-Moll (1888)
op. 67a	ČS 16	Bühnenmusik *Hamlet* (1891)
op. 68	ČS 10	Oper *Pikovaja dama* (1890)
op. 69	ČS 11	Oper *Iolanta* (1891)
op. 70	ČS 94	Streichsextett d-Moll (*Souvenir de Florence*; 1890, 1891/92)
op. 71	ČS 13	Ballett „Der Nußknacker" (1891/92)
op. 71a	ČS 32	Orchestersuite aus dem Ballett „Der Nußknacker" (1892)
op. 72	ČS 187-204	Achtzehn Stücke für Klavier (1893)
op. 73	ČS 305-310	Sechs Romanzen (1893)
op. 74	ČS 27	6. Sinfonie h-Moll (*Pathétique*; 1893)
op. 75	ČS 57	3. Klavierkonzert (ein Satz) Es-Dur (1893; nach dem I. Satz er verworfenen Es-Dur-Sinfonie von 1892)
op. post. 76	ČS 33	Ouvertüre *Groza* (‚Das Gewitter') (1864)
op. post. 77	ČS 38	Fantasie *Fatum* (1868)
op. post. 78	ČS 51	Sinfonische Ballade *Voevoda* (1890/91)
op. post. 79	ČS 444	Andante B-Dur und Finale Es-Dur für Klavier und Orchester (1893), vollendet und instrumentiert von Sergej I. Taneev (nach den betreffenden Sätzen der Es-Dur-Sinfonie von 1892)
op. post. 80	ČS 97	Klaviersonate cis-Moll (1865)

2. Werke nach Gattungen und ČS-Nummern

BÜHNENWERKE: ČS 1-20

Opern: ČS 1-11

Band 1: 84 140 274 313
Band 2: 370

ČS 1 – TchH (1)
Voevoda op. 3 (1867/68).
Oper in 3 Akten (4 Bildern). Libretto von A. N. Ostrovskij und P. I. Čajkovskij nach Ostrovskijs Komödie *Son va Volge* (,Der Traum an der Volga'). (Entr'acte und Tänze der Landmädchen: siehe auch Orchesterwerke, ČS 428.)
Band 1: 104 133 136 138-139 141-142 150-151 153 157-161 164 166 185 197-198 221
Band 2: 47 75 82 84 178-179 388 534 537 538 551

ČS 2 – TchH (2)
Undina (1869).
Oper in 3 Akten. Libretto von V. A. Sollogub nach der Erzählung *Undine* von de la Motte-Fouqué, russisch von V. A. Žukovskij. Nur einzelne Nummern erhalten.
Band 1: 164-165 168 174-178 198 200 213 364 382
Band 2: 47 75 82 84 603

ČS 3 – TchH (3)
Opričnik (1870-72). Oper in 4 Akten (5 Bildern). Libretto von P. I. Čajkovskij nach dem gleichnamigen Roman von I. I. Lažečnikov.
Band 1: 174 176-177 182-185 187 189 191 194 197-199 201-202 206 212 214 216-223 225 227-228 232 235-237 240 243 246 263-264 267-268 285 370
Band 2: 75 76 84 100 109 125 126 128 176 179 202 221 231 240 247 281-282 287 310 311 316 330 331 374 384 399 408 438-439 441 442 453 533 545 630-631

ČS 4 – TchH (4)
Kuznec Vakula (,Schmied Vakula') op. 14 (1874). Oper in 3 Akten (8 Bildern). Libretto von Ja. P. Polonskij nach der Erzählung *Noč' pered Roždestvom* (,Die Nacht vor Weihnachten') von N. V. Gogol'. Zweitfassung siehe ČS 8.
Band 1: 74 225-230 232 235-236 242-243 245-246 248 250-253 261-265 268 313 358-359 366
Band 2: 41 75 76 78-79 84 125 186 201 202 231 237 238 240 255 256 258 259 269 282 316 330 331 374 453 456 457

ČS 5 – TchH (5)
Evgenij Onegin op. 24 (1877/78). „Lyrische Szenen" in 3 Akten (7 Bildern). Libretto von P. I. Čajkovskij unter Mitwirkung von K. S. Šilovskij nach dem Versroman von A. S. Puškin.
Band 1: 276-279 290 293-294 296-298 300 302 304 313 320-323 326-327 329 331-335 341 370 376-379 384-385
Band 2: 41 53 59 60-61 69 79 99-100 105 109 113 124 128-129 130 149 156 157 193-194 203 213 230-233 236 245 251 263 268 269 271 272 283 291 292 300 314 316 318 319 331 347 352 353 371 374 398-399 400 423 430 434 439 445 453 468 470 471 476 520 522 528 531 532 537 539 540-543 546 549 558 575 593 594 619

ČS 6 – TchH (6)
Orleanskaja deva (,Die Jungfrau von Orleans') (1878/79). Oper in 4 Akten (6 Bildern). Libretto von P. I. Čajkovskij nach F. Schiller / V. A. Žukovskij und Motiven von J. Barbier und A. Mermet.
Band 1: 96 381-382
Band 2: 42 48 49 50-52 53 54 55 56 58 62 64 66 67 69-70 71-74 75-76 85 100 103-104 107 108 113 117 121 122 125 126 130 131 132-134 140 146 150 157 161 171 175-177 179 181 191-192 195 200 201 202 211 230 231 263 282 331 390 453 530 580 630-631

ČS 7 – TchH (7)
Mazepa (1881-83). Oper in 3 Akten (6 Bildern). Libretto von V. P. Burenin (überarbeitet von P. I. Čajkovskij) nach A. S. Puškins Poem *Poltava*.
    Band 2: 109 128 140 143 144 146 148 150 151 168-169 171 173 174 175 176 177 178 179 180 181 182 183 184 185 187 188 193 194-197 198-199 200-201 202 204 205 206 207 208 209 210-211 212 213 214 215 220 221 240 247 255 263 280 281 283 284 289 290 291 292 316 323 331 396 442 453 528 533 543 580 599

ČS 8 – TchH (8)
ČereviČki ('Die Pantöffelchen'; Zweitfassung von *Kuznec Vakula*) (1885). Oper in 4 Akten (8 Bildern); vgl. *Kuznec Vakula*. Text der eingeschobenen Arie des Vakula von N. A. Čaev.
    Band 1: 229
    Band 2: 128 237 240 247 254 255 256 258 263 269 277 279 281 282 300-301 307 311 312 314-315 316 317 318 442 456 457 488 528 533 536

ČS 9 – TchH (9)
Čarodejka ('Die Bezaubernde') (1885-87). Oper in 4 Akten. Libretto von I. V. Špažinskij nach seiner gleichnamigen Tragödie.
    Band 2: 201 231 247 252-253 255 258 260-262 267 276 277 281 284 299 300-301 302 304 305 307 308 310 311 312 315 319 320 321 322 327 329 330-332 333 334 335-336 378 382 419 442 445 447 453 458 485 528 580

ČS 10 – TchH (10)
Pikovaja dama ('Pique Dame') op. 68 (1890). Oper in 3 Akten (7 Bildern). Libretto von M. I. Čajkovskij (unter Mitwirkung von P. I. Čajkovskij) nach der Erzählung von A. S. Puškin.
    Band 2: 76 197 231 240 247 316 330 331 377-378 421 433-434 435 436 437 439-441 442-446 447 448 449 450 451-452 453 454 455 456 457 458 459-460 460-463 466 468 471 473 474-475 476 477 479 482 483-485 520 528 531 532 533-534 536 537 538 543 544 545 546 547 570 575-576 577 580 590 591 592 593 594 599 616 619

ČS 11 – TchH (11)
Iolanta op. 69 (1891). Lyrische Oper in einem Akt. M. I. Čajkovskij nach der russischen Fassung (V. Zotov) des dänischen Schauspiels „König Renés Tochter" von H. Hertz.
    Band 2: 76 197 247 331 421 453 475 476 477 481 482 483 484 485 487 489 508 517 519 520 521 522 523 524 525 526 527 529 530 531 532 536 537 539 543 545 548 560 561 563 564 565-566 577 578 579-581 593 616 619 620

Ballette: ČS 12-14

    Band 1: 140

ČS 12 – TchH (12)
Lebedinoe ozero ('**Der Schwanensee**') op. 20 (1875/76). Ballett in 4 Akten. Libretto und Szenarium von V. P. Begičev und V. F. Gel'cer.
    Band 1: 167 243 245-247 249 252-253 259 274 309
    Band 2: 368 580

ČS 13 – TchH (13)
Spjaščaja krasavica ('**Dornröschen**' / '**Cinderella**') op. 66 (1888/89). Ballett in einem Prolog und 3 Akten (4 Bildern). Libretto von I. A Vsevoložskij, bearbeitet von M. I. Petipa, nach dem gleichnamigen Märchen von Charles Perrault.
    Band 1: 184
    Band 2: 197 399-400 408 413 418 419 420 421 422 425-426 433-435 436 445 453 454 470-471 474 476 483 485 519 544 547 567 580 620

ČS 14 – TchH (14)
Ščelkunčik ('**Der Nußknacker**') op. 71 (1891/92). Ballett in 2 Akten (3 Bildern). Libretto von I. A. Vsevoložskij, bearbeitet von M. I. Petipa, nach A. Dumas' französischer Fassung von E. T. A. Hoffmanns Erzählung „Nußknacker und Mausekönig". (NB. „Nußknacker-Suite" siehe unter Orchestersuiten.)
    Band 2: 197 453 475 481 482 483 484 485 487 489 490 508 517 518 519 524 526 529 545 548 551 560 561 563 564 566-568 570 578 579-581 593 594

Schauspielmusiken (vollständige): ČS 15-16

ČS 15 – TchH (19)
Sneguročka (‚**Schneeflöckchen**') op. 12 (1873). Musik zum dramatischen Frühlingsmärchen in 4 Akten von A. N. Ostrovskij.
    Band 1: 167 206-208 214
    Band 2: 157 164 172 174 279 483

ČS 16 – TchH (23)
Hamlet op. 67bis (1891). Bühnenmusik zur französischen Fassung von Shakespeares Drama.
    Band 2: 476 478 481 483 498 525

Schauspielmusiken (einzelne Nummern): ČS 17-20

ČS 17 – TchH (16)
Dmitrij Samozvanec i Vasilij Šujskij (‚Der falsche Dmitrij und Vasilij Šujskij'), Introduktion und Mazurka zur historischen Chronik von A. N. Ostrovskij (1867).

ČS 18 – TchH (175)
Introduktion zum Chor und Rezitative zur Oper „**Le domino noir**" von D. F. E. Auber (1868).
    Band 1: 155 159 165

ČS 19 – TchH (18)
Sevil'skij cirjul'nik (‚Der Barbier von Sevilla'; P. de Beaumarchais). Couplets des Grafen Almaviva (1872).

ČS 20 – TchH (22)
Voevoda, Musik zum Melodrama (Monolog des Domovoj) zu A. N. Ostrovskijs Komödie (1886).
    Band 2: 302

ORCHESTERWERKE: ČS 21-61
    Band 1: 222 355

Sinfonien: ČS 21-27

ČS 21 – TchH (24)
1. Sinfonie g-Moll „Winterträume" op. 13 (1866, 2. Fassung: 1874).
    Band 1: 126-127 129-130 133-135 139 145 157 175 221 228 237
    Band 2: 205 206 273 289-290 308-309

ČS 22 – TchH (25)
2. Sinfonie c-Moll op. 17 (1872, 2. Fassung: 1879).
    Band 1: 167 192 194 198 200-202 204-205 207 213 217 219 221 228 267-268
    Band 2: 81 82 86 88 89 94 97-98 118 119 131-132 149 408 599

ČS 23 – TchH (26)
3. Sinfonie D-Dur op. 29 (1875).
    Band 1: 243-247 251-252 355
    Band 2: 52 483

ČS 24 – TchH (27)
4. Sinfonie f-Moll op. 36 (1876/77).
    Band 1: 274-275 277-279 288 292-294 296-297 300 302-303 305 310 312 314 319-321 323 326 329 332-335 340-345 348-349 357-359 371 377 384-385
    Band 2: 43 44-45 61 77-78 79 81 95-96 101 115 360 375 392 400 405-407 411 419 548 609

ČS 25 – TchH (28)
Manfred-**Sinfonie** in vier Bildern h-Moll op. 58 nach Lord Byron (1885).
    Band 1: 96
    Band 2: 265 266 267 268 269 271 276 277 278 281 282 283-284 285 287 310 394 547

ČS 26 – TchH (29)
5. Sinfonie e-Moll op. 64 (1888).
    Band 2: 378 379 382 385 387 389 390 391 392 396 397 398 399 400 411 412 413 430 445 532 542 548 627

(NB. Zur geplanten **Symphonie „Das Leben"** und zur verworfenen **Es-Dur-Sympnonie** siehe ČS 443.)

ČS 27 – TchH (30)
6. Sinfonie h-Moll „**Pathétique**" op. 74 (1893).
    Band 1: 386
    Band 2: 248 375 429 532 548 557 582 594 595 596 597 600 607 615 616 617 618 619 620 622-623 626 627-630 636

Suiten: ČS 28-32

ČS 28 – TchH (31)
1. Orchestersuite d-Moll op. 43 (1878/79).
    Band 1: 381-382 386
    Band 2: 40 41 42 53 54 56 58 61 62-63 68 69 70 71 77 79-80 88-89 90-93 94 97 100-101 104 105 115 180 181 205 344 345 346-347 361 362 363 364 365 375 410 411 415 416 470 471 500 572 573

ČS 29 – TchH (32)
2. Orchestersuite („Suite caractéristique") C-Dur op. 53 (1883).
    Band 2: 195 197 199 201 202 203 204 205 206 207 209 210 220 240 287 320 347 350 572

ČS 30 – TchH (33)
3. Orchestersuite G-Dur op. 55 (1884).
    Band 2: 216-217 218 219 220 221-222 230 233 237 238 240 249 250 251-252 281 347 350 355 356 358 359 360 367 368 373 374 375 401-404 414 432 482-483 486 487 504 505 510 513 530 537 538 560 586

ČS 31 – TchH (34)
4. Orchestersuite G-Dur *Mozartiana* op. 61 (1887).
    Band 2: 220 299 324 326-327 333 334 336-337 534

ČS 32 – TchH (35)
Suite aus dem Ballett *Ščelkunčik* (‚**Der Nußknacker**') op. 71a bzw. 71bis (1892).
    Band 2: 532 545 546-547 559 586 590 596 599 620

Ouvertüren, Fantasien und andere Orchesterwerke: ČS 33-52

ČS 33 – TchH (36)
Ouvertüre *Groza* (‚**Das Gewitter**') e-Moll op. post. 76 (1864) nach A. N. Ostrovskij.
    Band 1: 95-96 103-104 109-110 119
    Band 2: 555 637

ČS 34 und 35 – TchH (39)
Ouvertüre F-Dur (zwei Fassungen 1865, 1866).
    Band 1: 108 124 126-127 130 221

ČS 36 – TchH (38)
Ouvertüre (Konzertouvertüre) **c-Moll** (1865/66).
    Band 1: 105 118-119 130

ČS 37 – TchH (40)
Festouvertüre auf die dänische Nationalhymne D-Dur op. 15 (1866).
  Band 1: 133 139
  Band 2: 47 550-551

ČS 38 – TchH (41)
Sinfonische Fantasie „Fatum" c-Moll op. post. 77 (1868).
  Band 1: 132 148 154-155 159 161-165 171 198 221
  Band 2: 47 637

ČS 39 – TchH (42)
Fantasie-Ouvertüre „Romeo und Julia" h-Moll (drei Fassungen 1869, 1870, 1880) nach Shakespeare.
  Band 1: 97 148 169-173 175-177 180-184 203 206 221 229 235 246 253 266-267 310 355 382
  Band 2: 38 52 105 116 117 118 237 291 332 361 362 363 364 365 367 411 486 532 545 546 548

ČS 40 – TchH (43)
Serenade für Nikolaj Rubinštejns Namenstag (1872).

ČS 41 – TchH (44)
Fantasie *Burja* („Der Sturm') f-Moll op. 18 (1873) nach Shakespeare.
  Band 1: 148 203-204 213-214 216-217 221 229 233-236 267 285 375 377
  Band 2: 37 56 57-59 65 115 164 172 237 310 399 487 590 599

ČS 42 – TchH (45)
Slavischer Marsch (Serbo-russischer Marsch) b-Moll op. 31 (1876).
  Band 1: 274 278
  Band 2: 69 487 534 536

ČS 43 – TchH (46)
Fantasie *Francesca da Rimini* e-Moll op. 32 (1876) nach Dante, *Divina comedia*, Inferno, Canto V.
  Band 1: 255 262-263 266 274-275 278 285 359 375 377
  Band 2: 37 38 53 70 115 237 266 310 320 333 360 374 409-410 548 611

ČS 44 – TchH (47)
Capriccio italien A-Dur op. 45 (1880).
  Band 2: 87 93 97 98 107 115 116 118 124 125-126 127 130 164 172 411 530

ČS 45 – TchH (48)
Serenade für Streichorchester C-Dur op. 48 (1880).
  Band 2: 119 121-122 123 140 143 144 159 289 320 355 356 357 358-359 368 370 371 373 374 375 409-410 411 413 470 471 482 510 513 530 541-542 586 592 605

ČS 46 – TchH (49)
Festouvertüre „1812" Es-Dur op. 49 (1880).
  Band 1: 133
  Band 2: 108 121 123 140 144 163-164 172 247 320 333 360 361 364 365 367 368 403 470 471 486 537 538 550 586 592 599

ČS 47 – TchH (50)
Festlicher Krönungsmarsch D-Dur (1883) zu den Feierlichkeiten anläßlich der Krönung von Zar Aleksandr III.
  Band 1: 187 188 189 197 482 500 503 513

ČS 48 – TchH (51)
Elegie zum Gedenken an Ivan Samarin für Streichorchester (Ein Dankesgruß) G-Dur (1884).
  Band 2: 234 240 247 483 592

ČS 49 – TchH (52)
Juristenmarsch (Rechtsschulmarsch) D-Dur (1885).
    Band 2: 302

ČS 50 – TchH (53)
Fantasie-Ouvertüre *Hamlet* f-Moll op. 67 (1888) nach Shakespeare.
    Band 2: 385 387 391 392 396 397 400 422 424 433 458 483 502 548 596 627

ČS 51 – TchH (54)
Sinfonische Ballade *Voevoda* a-Moll op. post. 78 (1890/91) nach der Ballade „Die Lauer" von Mickiewicz in der Übersetzung von A. S. Puškin.
    Band 2: 517 518 527 531 534-536 545 565 625 627 637

ČS 52 – TchH (150)
Militärmarsch B-Dur (1893); siehe auch Klavierwerke.

Werke für Soloinstrument und Orchester: ČS 53-61

Konzerte: ČS 53-57

    Band 1: 98

ČS 53 – TchH (55)
1. Klavierkonzert b-Moll / B-Dur op. 23 (1874/75).
    Band 1: 101 234-236 238-240 242 244 246-247 252 267 321 352 377
    Band 2: 37 64 66 97 102 170 355 356 357-358 361 362 363 364 365 367 375 405-407
    415 416 424 482 500 501 502 505 506 513 586

ČS 54 – TchH (59)
Violinkonzert D-Dur op. 35 (1878).
    Band 1: 279 349 352 354 356-358 366 370-371 378 385-386
    Band 2: 152-155 157 164 167 172 234 235 247 298 367 374 424 518 530 539 564
    599 628

ČS 55 – TchH (60)
2. Klavierkonzert G-Dur op. 44 (1879/80, 2. Fassung: 1890).
    Band 2: 76 78 79 81 82 86 98 100 102 105 116 118 121 157 169-170 355 396 397

ČS 56 – TchH (61)
Konzertfantasie für Klavier und Orchester G-Dur op. 56 (1884).
    Band 2: 216-217 219 222 223 225 230 233 238 240 255-256 333 373 390 424
    433 596 607

ČS 57 – TchH (65)
3. Klavierkonzert (ein Satz) Es-Dur op. 75 (1893), umgearbeiteter I. Satz der Symphonie Es-Dur (siehe unten, ČS 443).
    Band 2: 76 577 594-595 600 607 615 624 625 636-637

Konzertstücke: ČS 58-61

ČS 58 – TchH (56)
Sérénade mélancolique b-Moll für Violine und Orchester (bzw. Klavier) op. 26 (1875).
    Band 1: 244
    Band 2: 37 69 85 96 291 319 487 530

ČS 59 – TchH (57)
Variationen über ein Rokoko-Thema A-Dur für Violoncello und Orchester op. 33 (1876/77).
    Band 1: 268 271 278 332
    Band 2: 43 65-66 424 590

ČS 60 – TchH (58)
Valse-Scherzo C-Dur für Violine und Orchester (bzw. Klavier) op. 34 (1877).
    Band 1: 278 332
    Band 2: 37 234 235

ČS 61 – TchH (62)
Pezzo capriccioso h-Moll für Violoncello und Orchester op. 62 (1887).
    Band 2: 337 371 432

CHORWERKE: ČS 62-88

Kantaten: ČS 62-64

ČS 62 – TchH (66)
Kantate ‚An die Freude' (1865) auf Schillers Ode (russisch von K. Aksakov), Examensarbeit Ende 1865.
    Band 1: 100 108 119 162
    Band 2: 456

ČS 63 – TchH (67)
Kantate zur Polytechnischen Ausstellung in Moskau 1872 (Kantate **zum Gedächtnis des 200. Geburtstags Peters des Großen**), auf Worte von Ja. P. Polonskij.
    Band 1: 190-192 194

ČS 64 – TchH (69)
Kantate *Moskva* (‚Moskau') (1883) auf Worte von A. N. Majkov, zu den Moskauer Feiern anläßlich der Krönung von Zar Aleksandr III.
    Band 2: 76 186 188 194 196 198 201-202

Chöre: ČS 65-76 und ČS 430

    Band 2: 207-208

ČS 65 – TchH (70)
Na son grjaduščij (‚Auf den kommenden Schlaf' bzw. ‚Vor dem Schlafengehen'), Worte von N. P. Ogarev. Erste Fassung: für Chor a cappella (1863/64). Zweite Fassung mit Orchester siehe ČS 66.

ČS 66 – TchH (70)
Na son grjaduščij (‚Auf den kommenden Schlaf' bzw. ‚Vor dem Schlafengehen'), Worte von N. P. Ogarev. Zweite Fassung: für Chor und Orchester (1863/64).

ČS 67 – TchH (68)
Kantate (Hymne) zum Jubiläum von Osip A. Petrov (1875), auf Worte von N. A. Nekrasov.

ČS 68a – TchH (74)
Večer (‚**Der Abend**'), für dreistimmigen Männerchor, Worte von N. N. [P. I. Čajkovskij] (1881, zuerst für drei gleiche [Kinder-] Stimmen, gedruckt Moskau 1876 in der Ziffernnotation von Galin / Paris / Chevé).

ČS 68b – TchH (73)
Vesna (‚**Der Frühling**'), für drei gleiche Stimmen, Worte von N. N. [P. I. Čajkovskij] (gedruckt Moskau 1876 in der Ziffernnotation von Galin / Paris / Chevé).

ČS 69 – TchH (79)
Hymne zu Ehren der Heiligen Cyrill und Methodius (Kirill und Mefodij) für gemischten Chor, Worte von P. I. Čajkovskij (März 1885).
Band 2: 255 258 269

(ČS 430: Chorlied zum 50-jährigen Bestehen der Rechtsschule, September 1885, in ČS unter den „nicht erhaltenen Werken" verzeichnet, tatsächlich aber erhalten; siehe ČS 430.)

ČS 70 – TchH (82)
Nočevala tučka zolotaja („**Die goldene Wolke schlief**") für gemischten Chor, Worte von M. Ja. Lermontov (1887).

ČS 71 – TchH (83)
Blažen, kto ulybaetsja („**Glückselig ist, wer lächelt**") für Männerchor, Worte von „K. R." (Großfürst Konstantin Konstantinovič Romanov) (1887).
Band 2: 337

ČS 72 – TchH (86)
Privet A. G. Rubinštejnu („Gruß an Anton G. Rubinštejn'; zu dessen 50jährigem Künstlerjubiläum 1889), Worte von Ja. P. Polonskij.
Band 2: 186 423 430 460

ČS 73 – TchH (84)
Solovuško („**Die Nachtigall**") für gemischten Chor, Worte von P. I. Čajkovskij (1889).
Band 2: 391

ČS 74-76 – TchH (87)
Drei Chöre a cappella (1891): 1. *Ne kukušečka* („Nicht der Kuckuck') für gemischten Chor, Worte von N. G. Cyganov. – 2. *Čto smolknul veselija glas* („Warum der Freuden Stimme wehren?'). Bacchantisches Lied für Männerchor, Worte von A. S. Puškin. – 3. *Bez pory, da bez vremeni* („Ohne Zeit'). Mädchens Klagelied für Frauenchor, Worte von N. G. Cyganov.
Band 2: 526

Liturgische Chormusik: ČS 77-88

ČS 77 – TchH (75)
Liturgie des hl. Johannes Chrysostomus op. 41 (1878).
Band 1: 279 364 369-370 377-378 386
Band 2: 64-65 124 127-128 148 482

ČS 78 – TchH (77)
Vsenoščnoe bdenie („**Ganznächtliche Vigil**') op. 52 (Untertitel: ‚Versuch der Harmonisierung liturgischer Melodien'; 1881/82).
Band 2: 139-140 140-141 143 144 151 161 164 174 189 482

ČS 79-87 – TchH (78)
Neun liturgische Chöre (1884/85): 1) - 3) *Heruvimskaja* Nr. 1, Nr. 2, Nr. 3, 4) *Tebe poem*, 5) *Dostojno est'*, 6) *Otče naš*, 7) *Blaženni, jaže izbral*, 8) *Da ispravitsja*, 9) *Nyne sily nebesnye*.
Band 2: 234 235-236 238 262 263 269 482 501 505 513

ČS 88 – TchH (81)
Chor *Angel vopijaše* („Der Engel rief'; 1887).

INSTRUMENTALE KAMMERMUSIK: ČS 89-207

Musik für Kammerensembles: ČS 89-94
    Band 1: 98
    Band 2: 348 350 352

ČS 89 – TchH (110)
Streichquartettsatz B-Dur (1865).
    Band 1: 106-108 139 267

ČS 90 – TchH (111)
1. Streichquartett D-Dur op. 11 (1871).
NB. Den 2. Satz, *Andante cantabile*, hat Čajkovskij in den von ihm dirigierten Konzerten gern in Streichorchesterbesetzung aufgeführt. Außerdem hat er ihn 1888 für Violoncello und Streichorchester bearbeitet; siehe unten: Bearbeitungen eigener Werke, ČS 348.
    Band 1: 162 185-187 200 221 228-229 234 267 270 273
    Band 2: 37 125 126-127 192 234 319 346 347 348-349 352 353 361 362 364 365 373 449 486 487 519 590 591 592

ČS 91 – TchH (112)
2. Streichquartett F-Dur op. 22 (1874).
    Band 1: 218 229 234-235 246
    Band 2: 79 125 519

ČS 92 – TchH (113)
3. Streichquartett es-Moll op. 30 (1876).
NB. Den langsamen Satz hat Čajkovskij für Violine und Klavier bearbeitet; siehe unten: Bearbeitungen eigener Werke, ČS 347.
    Band 1: 252-253 259 262-263 353
    Band 2: 85 96 237 512 519

ČS 93 – TchH (117)
Klaviertrio a-Moll („A la mémoire d'un grand artiste") op. 50 (1881/82).
    Band 1: 208
    Band 2: 122-123 151 155 157-158 159 160 161 164 166 171 174 177-178 346 347 348-349 351 352 353 405 511 512

ČS 94 – TchH (118)
Streichsextett d-Moll („Souvenir de Florence") op. 70 (1890, 2. Fassung: 1891/92).
    Band 2: 310 451 454 455 457 463 473-474 475-476 517 540 544 545 548 566 578

Klavierkompositionen: ČS 95-204
    Band 1: 98 228 267 355
    Band 2: 37-38 83 170 221 319 320 346 348 363-364 368 372-373 374 390 586

ČS 95 – TchH (119)
Anastasie-Valse F-Dur (1854).

ČS 96 – TchH (121)
Thema und Variationen a-Moll (1863-65).

ČS 97 – TchH (123)
Sonate cis-Moll op. post. 80 (1865).
    Band 1: 134
    Band 2: 637

ČS 98-99 – TchH (124) und (122)
Zwei Stücke op. 1: 1) *Scherzo à la russe* (1863/64), 2) *Impromptu* (1867).
   Band 1: 106 139
   Band 2: 221 284 356 371

ČS 100-102 – TchH (125)
Drei Stücke op. 2 *Souvenir de Hapsal* (1867): 1) *Ruines d'un château*, 2) *Scherzo*, 3) *Chant sans paroles*.
   Band 1: 138-139 142-143
   Band 2: 37 221 284 374 547

ČS 103 – TchH (126)
Valse-Caprice D-Dur op. 4 (1868).
   Band 1: 155 165
   Band 2: 221

ČS 104 – TchH (127)
Romance f-Moll op. 5 (1868).
   Band 1: 155 165
   Band 2: 221 284 356 470

ČS 105 – TchH (129)
Valse-Scherzo A-Dur op. 7 (1870).
   Band 1: 175 182
   Band 2: 221 284

ČS 106 – TchH (130)
Capriccio Ges-Dur op. 8 (1870).
   Band 1: 182

ČS 107-109 – TchH (131)
Drei Stücke op. 9 (1870): 1) *Rêverie*, 2) *Polka de Salon*, 3) *Mazurka de Salon*.
   Band 1: 183 186-187
   Band 2: 221

ČS 110-111 – TchH (132)
Zwei Stücke op. 10 (1871/72): 1) *Nocturne*, 2) *Humoresque*.
   NB. Nr. 2 hat Čajkovskij für Violine und Klavier bearbeitet; siehe unten:
   Bearbeitungen eigener Werke, ČS 349.
   Band 1: 194
   Band 2: 221 291 371 374

ČS 112-117 – TchH (133)
Sechs Stücke op. 19 (1873): 1) *Rêverie du soir*, 2) *Scherzo humoristique*, 3) *Feuillet d'Album*, 4) *Nocturne*, 5) *Capriccioso*, 6) *Thème original et Variations*.
   Band 1: 244 268
   Band 2: 221 356

ČS 118-123 – TchH (134)
Sechs Stücke über ein Thema op. 21 (1873): 1) *Prélude*, 2) *Fugue à quatre voix*, 3) *Impromptu*, 4) *Marche funèbre*, 5) *Mazurque*, 6) *Scherzo*.
   Band 1: 216-217 229
   Band 2: 191 408

ČS 124-135 – TchH (135)
Die Jahreszeiten. Zwölf Charakterstücke op. 37bis (1875/76): 1) Januar – ‚Am Kamin', 2) Februar – ‚Karneval', 3) März – ‚Lied der Lerche', 4) April – ‚Schneeglöckchen', 5) Mai – ‚Helle Nächte', 6) Juni – ‚Barcarolle', 7) Juli – ‚Lied des Schnitters', 8) August – ‚Erntelied' [Scherzo], 9) September – ‚Die Jagd', 10) Oktober – ‚Herbstlied', 11) November – ‚Troïka', 12) Dezember – ‚Weihnachten' [Walzer].
   Band 1: 259
   Band 2: 196 291 347 352 353

ČS 136-147 – TchH (138)
Zwölf Stücke mittlerer Schwierigkeit op. 40 (1878): 1) *Etude*, 2) *Chanson triste*, 3) *Marche funèbre*, 4) *Mazurka*, 5) *Mazurka*, 6) *Chant sans paroles*, 7) *Au village*, 8) *Valse*, 9) *Valse*, 10) *Danse russe*, 11) *Scherzo*, 12) *Rêverie interrompue*.
    NB. Vom Walzer Nr. 9 gibt es eine frühere Fassung (1877) im Album von S. I. Taneev – TchH (136); und vom Russischen Tanz Nr. 10 eine leicht abweichende Fassung in einem weiteren Autograph für ein Album zum Gedenken an Bellini.
    Band 1: 279 305 341-342 349 352 364 370 378 385
    Band 2: 221 374

ČS 148 – TchH (139)
Grande Sonate G-Dur op. 37 (1878).
    Band 1: 279 349 352 363 377-378 385
    Band 2: 79 81 170 470 471

ČS 149 – TchH (140)
Marsch ‚Freiwillige Flotte' C-Dur (‚Skobelev-Marsch') (1878).
    Band 1: 386

ČS 150-173 – TchH (141)
‚Kinderalbum. 24 leichte Stücke à la Schumann' op. 39 (1878). In der Reihenfolge des Autographs (die Reihenfolge der Originaldrucke weicht ab): 1) ‚Morgengebet', 2) ‚Wintermorgen', 3) ‚Mama', 4) ‚Pferdchenspiel', 5) ‚Marsch der Holzsoldaten', 6) ‚Die neue Puppe', 7) ‚Die Krankheit der Puppe', 8) ‚Das Begräbnis der Puppe', 9) ‚Walzer', 10) ‚Polka', 11) ‚Mazurka', 12) ‚Russisches Lied', 13) ‚Der Bauer spielt auf der Harmonika', 14) ‚Kamarinskaja', 15) ‚Italienisches Liedchen', 16) ‚Altes französisches Liedchen', 17) ‚Deutsches Liedchen', 18) ‚Neapolitanisches Liedchen', 19) ‚Ammenmärchen', 20) ‚Baba-Jaga', 21) ‚Süße Träumerei', 22) ‚Lied der Lerche', 23) ‚In der Kirche', 24) ‚Der Leierkastenmann singt'.
    Band 1: 279 346 363-364 370 377-378 386
    Band 2: 43 248 557

ČS 174 – TchH (142)
Nathalie-Valse G-Dur (1878). Erstfassung der *Natha-Valse*, Nr. 4 der Sechs Stücke op. 51, siehe unten, ČS 178.

ČS 175-180 – TchH (143)
Sechs Stücke op. 51 (1882): 1) *Valse de Salon*, 2) *Polka peu dansante*, 3) *Menuetto scherzoso*, 4) *Natha-Valse*, 5) *Romance*, 6) *Valse sentimentale*.
    Band 2: 160 173 175 197 221

ČS 181 – TchH (144)
Impromptu-Caprice G-Dur (1884).
    Band 2: 227 241

ČS 182 – TchH 145
Doumka. *Scène rustique russe* c-Moll op. 59 (1886).
    Band 2: 286 302

ČS 183 – TchH (146)
Valse-Scherzo A-Dur (1889).
    Band 2: 422

ČS 184 – TchH (147)
Impromptu As-Dur (1889) für ein A. G. Rubinštejn gewidmetes Album.
    Band 2: 423 430 460

ČS 185 – TchH (148)
Aveu passionné e-Moll (1891?; in Anlehnung an den Mittelteil der Sinfonischen Ballade *Voevoda*, siehe oben, ČS 51).

ČS 186 – TchH (149)
Impromptu. **Moment lyrique** (Momento lirico) As-Dur (1892).
    Band 2: 637

ČS (vgl. ČS 52) – TchH (150)
Militärmarsch (Marsch des 98. Jur'evskij-Regiments) B-Dur ČS 52 (1893).
    Band 2: 635

ČS 187-204 – TchH (151)
Achtzehn Stücke op. 72 (1893): 1) *Impromptu*, 2) *Berceuse*, 3) *Tendres reproches*, 4) *Danse caractéristique*, 5) *Méditation*, 6) *Mazurka pour danser*, 7) *Polacca de concert*, 8) *Dialogue*, 9) *Un poco di Schumann*, 10) *Scherzo-Fantaisie* (nach dem III. Satz der Sinfonie Es-Dur?, siehe unten, ČS 443), 11) *Valse-Bluette*, 12) *L'espiègle*, 13) *Echo rustique*, 14) *Chant élégiaque*, 15) *Un poco di Chopin*, 16) *Valse à cinq temps*, 17) *Passé lointain*, 18) *Scène dansante. Invitation au trépak*.
    Band 2: 248 416 486 594 600 602 603 604 605 622 624 635-636

Stücke für Violine und Klavier: ČS 205-207

ČS 205-207 – TchH (116)
Souvenir d'un lieu cher. **Drei Stücke** für Violine und Klavier **op. 42** (1878): 1) *Méditation*, 2) *Scherzo*, 3) *Mélodie*.
    Band 1: 98 279 357 367 370-371 378 386

VOKALE KAMMERMUSIK: ČS 208-321

Romanzen und Lieder: ČS 208-310

(In ČPSS 44 und 45 und bei Sylvester von 1 bis 103 durchgezählt; diese Nummern werden im vorliegenden Verzeichnis nach den ČS- und TchH-Nummern in runden Klammern ergänzt.)
    Band 1: 98 221 267-268 350 355
    Band 2: 37 172 319 348 362 363 374 469 471 472-473 487 512 586

ČS 208 – TchH (89) – (1)
Moj genij, moj angel, moj drug (‚Mein Genius, mein Engel, mein Freund') ČS 208 (vor 1860; ČS 208: „nach 1856"), Worte von A. A. Fet.
    Band 1: 74-75
    Band 2: 525

ČS 209 – TchH (91) – (3)
Mezza notte (Ende der 1850er Jahre / Anfang der 1860er Jahre), italienischer Text eines unbekannten Autors.

ČS 210 – TchH (90) – (2)
Pesn' Zemfiry (‚Zemfiras Lied') (Anfang der 1860er Jahre; ČS 210: „nach 1865?"), Worte von A. S. Puškin.

ČS 211-216 – TchH (93) – (4)-(9)
Sechs Romanzen op. 6 (1869): 1) *Ne ver', moj drug* (‚Glaub nicht, mein Freund'; A. K. Tolstoj), 2) *Ni slova, o drug moj* (‚Kein Wort, o mein Freund'; A. N. Pleščeev nach M. Hartmann), 3) *I bol'no, i sladko* (‚So schmerzlich, so süß"; E. P. Rostopčina), 4) *Sleza drožit* (‚Die Träne bebt'; A. K. Tolstoj), 5) *Otčego?* (‚Warum?'; L. A. Mej nach H. Heine), 6) *Net, tol'ko tot, kto znal* (‚Nur wer die Sehnsucht kennt'; L. A. Mej nach J. W. Goethe).
    Band 1: 173 176-177 182 185-186 308
    Band 2: 291 361 364 365 371 372 374 470 592 599

ČS 217 – TchH (94) – (10)
Zabyt' tak skoro (‚So schnell vergessen'; A. N. Apuhtin) (1870).
    Band 1: 183 186-187
    Band 2: 530

ČS 218-223 – TchH (95) – (11)-(16)
Sechs Romanzen op. 16 (1872): 1) *Kolybel'naja pesnja* („Wiegenlied'; A. N. Majkov), 2) *Pogodi!* („Warte noch!'; N. P. Grekov), 3) *Pojmi hot' raz tosklivoe priznan'e* („Erfaß nur einmal mein Geständnis'; A. A. Fet), 4) *O, spoj že tu pesnju* („O sing mir jenes Lied'; A. N. Pleščeev nach F. Gimens), 5) *Tak čto že* („Und wenn auch'; N. N. [P. I. Čajkovskij]), 6) *Neogrečeskaja pesnja* („Neugriechisches Lied'; A. N. Majkov).
    Band 1: 214 339
    Band 2: 164 186 221 333 371 408 525 530 605

ČS 224 – TchH (96) – (17)
Unosi moe serdce („Hinweg trage mein Herz'; A. A. Fet) (1873).

ČS 225 – TchH (96) – (18)
Glazki vesny golubye („Die blauen Frühlingsaugen'; M. L. Mihajlov) (1873).

ČS 226-231 – TchH (97) – (19)-(24)
Sechs Romanzen op. 25 (1875): 1) *Primiren'e* („Aussöhnung'; N. F. Ščerbina), 2) *Kak nad gorjačeju zoloj* („Wie auf heißer Aschenglut'; F. I. Tjutčev), 3) *Pesn' Min'ony* („Mignons Lied'; F. I. Tjutčev nach J. W. Goethe), 4) *Kanarejka* („Der Kanarienvogel'; L. A. Mej), 5) *Ja s neju nikogda ne govoril* („Ich habe nie mit ihr gesprochen'; L. A. Mej), 6) *Kak naladili: durak* („Laß das Trinken sein, du Narr').
    Band 1: 244
    Band 2: 109 125 128 202 291 316 330 408 533

ČS 232-237a,b – TchH (98) – (25)-(30)
Sechs Romanzen op. 27 (1875): 1) *Na son grjaduščij* („Auf den kommenden Schlaf'; N. P. Ogarev), 2) *Smotri: Von oblako* („Die silberhelle Wolke, sieh'; N. P. Grekov), 3) *Ne othodi ot menja* („Gehe nicht von mir'; A. A. Fet), 4) *Večer* („Abend'; L. A. Mej nach T. G. Ševčenko), 5) *Ali mat' menja rožala* („Hat die Mutter mich geboren'; L. A. Mej nach A. Mickiewicz) 6) *Moja balovica* („Mein kleiner Schelm'; L. A. Mej nach A. Mickiewicz).
    NB. Von Nr. 6 gibt es zwei verschiedene Fassungen, die erste 1875, die zweite 1890 erschienen.
    Band 1: 244 308 339
    Band 2: 356

ČS 238-243 – TchH (99) – (31)-(36)
Sechs Romanzen op. 28 (1875): 1) *Net, nikogda ne nazovu* („Nie werde ich den Namen nennen'; N. P. Grekov nach A. de Musset), 2) *Korol'ki* („Die Korallen'; L. A. Mej nach W. Syrokomla), 3) *Začem?* („Warum?'; L. A. Mej), 4) *On tak menja ljubil* („Er hat mich so geliebt'; A. N. Apuhtin), 5) *Ni otzyva, ni slova, ni priveta* („Kein Widerhall, kein Wort, kein Gruß'; A. N. Apuhtin), 6) *Strašnaja minuta* („Schrecklicher Augenblick'; N. N. [P. I. Čajkovskij]).
    Band 1: 244 308
    Band 2: 291 356 371 533

ČS 244 – TchH (100) – (37)
Hotel by v edinoe slovo („Ich wollt, meine Schmerzen ergössen sich'; L. A. Mej nach H. Heine) (1875).

ČS 245 – TchH (100) – (38)
Ne dolgo nam guljat' („Nicht lange mehr wandeln wir'; N. P. Grekov) (1875).

ČS 246-251 – TchH (101) – (39)-(44)
Sechs Romanzen op. 38 (1878): 1) *Serenada Don-Žuana* („Serenade des Don Juan'; A. K. Tolstoj), 2) *To bylo ranneju vesnoj* („Es war zur ersten Frühlingszeit'; A. K. Tolstoj), 3) *Sred' šumnogo bala* („Inmitten des Balles'; A. K. Tolstoj), 4) *O, esli i by mogda* („O wenn du nur für einen Augenblick'; A. K. Tolstoj), 5) *Ljubov' mertveca* („Die Liebe eines Toten'; M. Ja. Lermontov), 6) *Pimpinella*. „Florentinisches Lied' (N. N., italienisch, russisch von P. I. Čajkovskij).
    Band 1: 279 341-342 346 352 363 370 377-378 385
    Band 2: 43 361 364 365 371 374 411 483 530 592 599

ČS 252-258a – TchH (103) – (45)-(51)
Sieben Romanzen op. 47 (1880): 1) *Kaby znala ja* ('Wenn ich das gewußt'; A. K. Tolstoj), 2) *Gornimi tiho letela duša nebesami* ('Leise schwebte eine Seele'; A. K. Tolstoj), 3) *Na zemlju sumrak pal* ('Zur Erde Dämmrung sank'; N. V. Berg nach A. Mickiewicz), 4) *Usni, pečal'nyj drug* ('Schlaf ein, betrübter Freund'; A. K. Tolstoj), 5) *Blagoslovljaju vas, lesa* ('Ich segne euch, Wälder'; A. K. Tolstoj), 6) *Den' li carit* ('Herrschet der Tag'), 7) *Ja li v pole ne travuška byla* ('War ich nicht ein Gräslein im Felde'; I. S. Surikov).
    Band 2: 105 114 116 117 118 142 164 213 356 470

ČS 258b – TchH unter (103)
Romanze ***Ja li v pole da ne travuška byla*** op. 47 Nr. 7 (1880) ČS 258a, **instrumentiert für Singstimme und Orchester** (1884).

ČS unter 258b – TchH unter (103)
Romanze ***Den' li carit*** op. 47 Nr. 6 (1880) ČS 257, **instrumentiert für Singstimme und Orchester** (1888), nicht erhalten.
    Band 2: 371

ČS 259-263a, 264-274 – TchH (104) – (52)-(67)
Sechzehn Kinderlieder op. 54 (1883; Nr. 16: 1880): 1) *Babuška i vnuček* ('Großmutter und Enkel'; A. N. Pleščeev), 2) *Ptička* ('Das Vöglein'; A. N. Pleščeev nach W. Syrokomla), 3) *Vesna* ('Frühling'; A. N. Pleščeev aus dem Polnischen), 4) *Moj sadik* ('Mein Gärtchen'; A. N. Pleščeev), 5) *Legenda* ('Legende'; A. N. Pleščeev aus dem Englischen), 6) *Na beregu* ('Am Ufer'; A. N. Pleščeev), 7) *Zimnij večer* ('Winterabend'; A. N. Pleščeev), 8) *Kukuška* ('Der Kuckuck'; A. N. Pleščeev nach Chr. F. Gellert), 9) *Vesna* ('Frühling'; A. N. Pleščeev), 10) *Kolybel'naja pesn' v burju* ('Wiegenlied im Sturm'; A. N. Pleščeev), 11) *Cvetok* ('Die Blume'; A. N. Pleščeev nach L. Ratisbonn), 12) *Zima* ('Winter'; A. N. Pleščeev), 13) *Vesennjaja pesnja* ('Frühlingslied'; A. N. Pleščeev), 14) *Osen'* ('Herbst'; A. N. Pleščeev), 15) *Lastočka* ('Die Schwalbe'; I. S. Surikov nach T. Lenartovič), 16) *Detskaja pesenka* ('Kinderliedchen'; K. S. Aksakov).
    Band 2: 140 204 205 213 222 240 482

ČS 263b – TchH (vacat)
Bearbeitung des Kinderliedes ***Legenda*** op. 54 Nr. 5 (1883) ČS 263a **für Singstimme und Orchester** (1884).

ČS 275-280 – TchH (105) – (68)-(73)
Sechs Romanzen op. 57 (1884): 1) *Skaži, o čem v teni vetvej* ('Sag mir, wovon im dunklen Grün'; V. A. Sollogub), 2) *Na nivy želtye* ('Auf gelbe Felder weit'; A. K. Tolstoj), 3) *Ne sprašivaj* ('Frage nicht'; A. N. Strugovščikov nach J. W. Goethe, „Heiß mich nicht reden", Mignon), 4) *Usni!* ('Schlaf ein!'; D. S. Merežkovskij), 5) *Smert'* ('Der Tod'; D. S. Merežkovskij), 6) *Liš' ty odin* ('Nur du allein'; A. N. Pleščeev nach A. Christen).
    Band 2: 128 238 240 316 331 486 533

ČS 281-292 – TchH (106) – (74)-(85)
Zwölf Romanzen op. 60 (1886): 1)*Včerašnjaja noč'* ('Die gestrige Nacht'; A. S. Homjakov), 2) *Ja tebe ničego ne skažu* ('Nie werde ich dir sagen'; A. A. Fet), 3) *O, esli b znali vy* ('O wenn ihr wüßtet'; A. N. Pleščeev), 4) *Solovej* ('Die Nachtigall'; A. S. Oušksin nach V. Karadžić), 5) *Prostye slova* ('Einfache Worte'; [P. I. Čajkovskij]), 6) *Noči bezumnye* ('Trunkene Nächte'; A. N. Apuhtin), 7) *Pesn' cyganki* ('Lied der Zigeunerin'; Ja. P. Polonskij), 8) *Prosti!* ('Lebewohl'; N. A. Nekrasov), 9) *Noč'* ('Nacht'; Ja. P. Polonskij), 10) *Za oknom v teni mel'kaet* ('Hinterm Fenster im Schatten'; Ja. P. Polonskij), 11) *Podvig* ('Heldentat'; A. S. Homjakov), 12) *Nam zvezdy krotkie sijali* ('Uns leuchteten milde Sterne'; A. N. Pleščeev).
    Band 1: 339
    Band 2: 303-304 305 307 320 335 361 364 486

ČS 293-298 – TchH (107) – (86)-(91)
Sechs Romanzen op. 63 (1887), Worte von „K. R." [= Großfürst Konstantin K. Romanov]:
1) *Ja snačala tebja ne lubila* ('Anfangs liebt' ich dich nicht'), 2) *Rastvoril ja okno* ('Ich öffnete das Fenster'), 3) *Ja vam ne nravljus'* ('Ich gefalle Ihnen nicht'), 4) *Pervoe svidanie* ('Erstes Wiedersehen'), 5) *Už gasli v komnatah ogni* ('Schon erloschen die Lichter'), 6) *Serenada „O ditja"* ('Serenade «O Kind, ich singe dir»').
    Band 2: 186 304 307-308 334 337 382 599

ČS 299-304 – TchH (108) – (92)-(97)
Six Mélodies **op. 65** auf französische Texte (1888): 1) *Sérénade. Où vas-tu, souffle d'aurore* (E. Turquéty), 2) *Déception. Le soleil rayonnait encore* (P. Collin), 3) *Sérénade. J'aime dans le rayon* (P. Collin), 4) *u'importe que l'hiver* (P. Collin), 5) *Les larmes. Si vous donnez le calme* (A. M. Blanchecotte), 6) *Rondel. Il se cache dans ta grâce* (P. Collin).
    Band 2: 391 530

ČS 305-310 – TchH (109) – (98)-(103)
Sechs Romanzen op. 73 (1893), Worte von D. M. Ratgauz (Rathaus): 1) *My sideli s toboj zasnuvšej reki* („Wir saßen vereint am schlummernden Strom'), 2) *Noč'. Merknet slabyj svet sveči* („Nacht. Der schwache Schein der Kerze erlischt'), 3) *V ètu lunnuju noč'* („In dieser Mondnacht'), 4) *Zakatilos' solnce* („Die Sonne ging unter'), 5) *Sred' mračnyh dnej* („In trüben Tagen'), 6) *Snova, kak prežde, odin* („Wieder, wie einstmals, allein').
    Band 2: 421 469 486 564-565 580 594 602 604 605 617 622 636

Vokalensembles: ČS 311-318

ČS 311 – TchH (72)
Priroda i ljubov' („**Natur und Liebe**'). Vokalensemble mit Klavier (1870). Text von P. I. Čajkovskij.
    Band 1: 186-187

ČS 312-317a – TchH (102)
Sechs Duette op. 46 (1880): 1) *Večer* („Abend'; I. S. Surikov), 2) *Šotlandskaja ballada* („Schottische Ballade'; A. K. Tolstoj), 3) *Slezy* („Tränen'; F. I. Tjutčev), 4) *V ogorod, vozl' brodu* („In dem Garten, neben der Furt'; I. S. Surikov nach T. G. Ševčenko), 5) *Minula strast'* („Die Leidenschaft floh'; A. K. Tolstoj), 6) *Rassvet* („Morgendämmerung'; I. S. Surikov).
    Band 2: 107 116 117 118 142 487

ČS 317b – TchH unter (102)
Instrumentierung (1889) **des Duetts** *Rassvet* („Morgendämmerung") op. 46 Nr. 6 ČS 317a (Dezember 1889).

ČS 318 – TchH (88)
Noč' („**Die Nacht**'), Vokalensemble mit Klavier nach Mozart KV 475, Worte von P. I. Čajkovskij (1893).
    Band 2: 606 625 636

Albumblätter und musikalische Briefe: ČS 319a-321

ČS 319a – TchH (195)
Scherzhaftes Albumblatt *Sobaka nizkaja* („Gemeiner Hund'), Album von M. A. Golovina, Worte von P. I. Čajkovskij, Besetzung: Singstimme (Baß) und Klavier (Oktober 1876).

ČS 319b – TchH (196)
Čižik, pyžik („Zeisig, kleiner Dickbauch'), Album von M. A. Golovina, Worte von P. I. Čajkovskij, Besetzung: Singstimme (hoch) und Klavier (1876).

ČS 320 – TchH (198)
Ne znaju! („Ich weiß nicht! Erlaubt uns, Briefe von Bobik zu empfangen'), Brief an A. N. Litke vom 22. Juni 1891, Text von P. I. Čajkovskij, Besetzung: Singstimme (hoch) (Juni 1891).

ČS 321 – TchH (200)
Ot milogo netu vesti („Vom Lieben keine Nachricht'), Brief an V. L. Davydov [1893], Text von P. I. Čajkovskij, Besetzung: Singstimme (mittlere Lage) und Klavier (1893).

ČS S. 675 f. – TchH (217)
Nessun maggior dolor che ricordarsi del tempo felice nella misera. Diese von Čajkovskij auf sein eigenes Schicksal bezogenen und verschiedene Male in seinen Briefen zitierten Zeilen aus Dantes *Divina comedia* (Inferno, Canto V, V. 121-123) hat er in verschiedenen Fassungen vertont, eine Fassung findet sich z.B. in

seinem Brief vom 6. Juni 1881 an Nadežda F. fon Mekk. Klaviersatz bzw. Particell mit textierter Oberstimme.

ČS S. 676 – TchH (199)
Polka de Salon für den Großneffen Georges (April 1893).

STUDENTISCHE KOMPOSITIONEN UND INSTRUMENTATIONEN: ČS 322-339

Kompositionen für verschiedene Besetzungen: ČS 322-336

ČS 322 – TchH (155)
Andante molto G-Dur für Streichquartett.

ČS 323 – TchH (152)
Allegretto moderato D-Dur für [Streich-] Trio.

ČS 324 – TchH (162)
Largo [Introduktion] – **Allegro** für zwei Flöten und Streicher D-Dur.

ČS 325 – TchH (154)
Allegretto vivace B-Dur für Streichquartett.

ČS 326 – TchH (158)
Adagio molto Es-Dur für Streichquartett und Harfe.

ČS 327 – TchH (159)
Allegro c-Moll für Klavier und Streichquintett bzw. Streichorchester.

ČS 328 – TchH (156)
Adagio C-Dur für 4 Waldhörner in verschiedenen Stimmungen.

ČS 329 – TchH (164)
Andante ma non troppo – **[Allegro moderato]** A-Dur für Orchester.

ČS 330 – TchH (160)
Adagio F-Dur für acht Holzbläser (2 Fl., 2 Ob., Corno inglese, 2 Clar., Clar. basso).

ČS 331 – TchH (163)
Agitato – **Allegro** e-Moll für Orchester.

ČS 332 – TchH (165)
Allegro vivo c-Moll für Orchester.

ČS 333 – TchH (153)
Allegretto E-Dur für Streichquartett.

ČS 334 – TchH (161)
Allegro ma non tanto G-Dur für Streichorchester.

ČS 335 – TchH (157)
Andante ma non troppo e-Moll für Streichquintett.

ČS 336 – TchH (203)
Allegro f-Moll für Klavier (1863/64), unvollendet.

Instrumentierungen von Stücken anderer Komponisten: ČS 337-339

ČS 337 – TchH (167)
C. M. von **Weber**, Menuetto capriccioso (3. Satz) der Klaviersonate Nr. 2 op. 39.

ČS 338 – TchH (168)
L. van **Beethoven**, Exposition des 1. Satzes der Sonate op. 47 für Violine und Klavier.

ČS 339 – TchH (169)
R. **Schumann**, Variationen 11 und 12 der Symphonischen Etuden op. 13 für Klavier.

Arrangement von Beethovens d-Moll-Klaviersonate auf vier verschiedene Arten für Orchester (nicht erhalten).
Band 1: 93

TRANSKRIPTIONEN, BEARBEITUNGEN, EDITIONEN: ČS 340a-422
Band 1: 281

Bearbeitungen eigener Kompositionen: ČS 340a-350
Band 1: 281

ČS 340a und b – TchH unter (1)
Entr'acte und Tänze der Landmädchen aus der Oper *Voevoda* op. 3, für Klavier zweihändig (Juni 1867) und vierhändig (1868).
Band 1: 151

ČS 341 – TchH unter (16)
Mazurka (Nr. 2) aus der Bühnenmusik ***Dmitrij Samozvanec*** ČS 17 für Klavier zweihändig (Juni 1867).

ČS 342 – TchH (128)
Potpourri aus der Oper *Voevoda* op. 3 ČS 1 für Klavier zweihändig (unter dem Pseudonym „Kramer") (1868?).

ČS 343a und b, 344a, 345 – TchH unter (95)
Transkription dreier Romanzen aus op. 16 Nr. 1, 4 und 5 für Klavier zweihändig (1873?): Nr. 1 *Berceuse*; Nr. 4 *Oh! chante encore* ČS 344a; Nr. 5 *Qu'importe* ČS 345.

ČS 343a und b – TchH unter (95)
Transkription der Romanze *Berceuse* op. 16 Nr. 1 für Klavier zweihändig: as-Moll (ČS 343a), a-Moll (ČS 343b) (1873?).

ČS 344a – TchH unter (95)
Transkription der Romanze *Oh! chante encore* op. 16 Nr. 4 für Klavier zweihändig (1873?).

ČS 344b – TchH unter (95)
Transkription der Romanze *Oh! chante encore* op. 16 Nr. 4 für Violine und Klavier (1873?), nicht erhalten.

ČS 345 – TchH unter (95)
Transkription der Romanze *Qu'importe* op. 16 Nr. 5 für Klavier zweihändig (1873?).

ČS 346 – TchH 115
Humoresque op. 10 Nr. 2 (Klavier), bearbeitet für Violine und Klavier (vor April 1877?).

ČS 347 – TchH (114)
Andante funèbre (3. Satz) aus dem 3. Streichquartett op. 30, bearbeitet für Violine und Klavier (vor April 1877?).

ČS 348 – TchH (63)
Andante cantabile (2. Satz) aus dem 1. Streichquartett op. 11, bearbeitet für Violoncello solo und Streichorchester (Februar 1888?) nach der Bearbeitung für Violoncello solo und Klavier von Wilhelm Fitzenhagen.
    Band 2: 319 371 373 374 534

ČS 349 – TchH (64)
Nocturne op. 19 Nr. 4 (Klavier), bearbeitet für Violoncello und Orchester (Februar 1888?).
    Band 2: 371 373 374 534

ČS 350 – TchH (85)
Kinderlied ***Legenda*** op. 54 Nr. 5 für gemischten Chor (vor März 1889).
    Band 2: 482 501 505 513

ČS S. 703 f. – TchH (vacat)
Klavierauszüge von etlichen Bühnen-, Vokal- und Orchesterwerken (zwei- oder vierhändig) sowie von Konzert(stück)en: ČS 1-10 (Opern), 14-15 (Ballett „Der Nußknacker" und Musik zu *Sneguročka*), 22 (2. Sinfonie), 25 (*Manfred*-Sinfonie), 27 (6. Sinfonie), 28-30 (Orchestersuiten Nr. 1-3), 32 (Suite aus dem Ballett „Der Nußknacker"), 37, 42 44-47 (verschiedene Orchesterwerke), 53-61 (Konzerte und Konzertstücke), 64 (Kantate *Moskva*), 69, 78-87 (geistliche Chorwerke), 441 („Chor der Blumen und Insekten" zur geplanten Oper *Mandragora*).
    Band 1: 182 (*Mandragora*) 203 207 (2. Sinfonie) 204-205 218-219 285 (*Opritschnik*) 233 253 263 (*Vakula*) 293 296 376 379 (*Onegin*) 357 363 (Violinkonzert)
    Band 2: 69 74 75 (*Jungfrau von Orleans*); 107 (Capriccio italien); 143 (Serenade für Streichorchester); 148 (Bortnjanskij-Ausgabe); 196 (*Mazepa*); 222 (3. Orchestersuite); 230 (Konzertfantasie op. 56); 278 (*Manfred*-Symphonie); 310 (*Die Bezaubernde*); 434 444 445 446 448 451-452 459 460 (*Pikovaja dama*); 470 (Bühnenmusik *Hamlet*); 560 561 (*Iolanta*, *Nußknacker*); 597 618 (6. Symphonie)

Bearbeitungen und Editionen von Volksliedern: ČS 351-403

ČS 351-400 – TchH (176)
50 russische Volkslieder für Klavier zu vier Händen (Ende 1868 - September 1869).
    Band 1: 155 165 168 172 182

ČS 401 – TchH (183)
Russische Volkslieder für Singstimme und Klavier, bearbeitet von V. Prokunin, herausgegeben von P. Čajkovskij (vor Mai 1872).

ČS 402 – TchH (182)
Kinderlieder auf russische und kleinrussische Weisen, bearbeitet von M. A. Mamontova, herausgegeben von P. Čajkovskij. 1. Heft (vor April 1872) und 2. Heft (Mai 1877).
    Band 1: 378

ČS 403 – TchH (194)
To ne veter vetku klonit („Nicht der Wind die Zweige rüttelt'), Klaviersatz zum Volkslied (Juni 1893).

Instrumentierungen, Bearbeitungen und Editionen von Werken anderer Komponisten: ČS 404-422

ČS 404 – TchH (170)
Instrumentierung: Johann **Gungl**, Walzer *Le Retour* für Klavier (vor 1866).

ČS 405 – TchH (171)
Instrumentierung: A. **Dubuque**, Polka *Marija Dagmara* für Klavier (Herbst 1866).

ČS 406 – TchH (172)
Bearbeitung für Klavier vierhändig: E. P. **Tarnovskaja**, Romanze *Ja pomnju vse* op. 281 (vor 1868).

ČS 407 – TchH (174)
Klavierauszug zweihändig: A. **Dargomyžskij**, Orchesterfantasie *Malorossijskij Kazačok* (Kleinrussischer [= ukrainischer] Kosakentanz) (vor 1868).

ČS 408 – TchH (177)
Klavierauszug vierhändig: A. G. **Rubinštejn**, Musikalisches Charakterbild *Ivan Groznyj* („Ivan der Schreckliche') nach L. Mej für Orchester op. 79 (Oktober 1869).
    Band 1: 172 182

ČS 409 – TchH (178; Arie von „Chr. W. von Gluck")
Bearbeitung (Singstimme und Orchester): A. **Stradella**, Arie *O del mio dolce ardor* (*O, moja nežnaja strast'*) (1870).

ČS 410 – TchH (179; „?1871")
Neuinstrumentierung: D. **Cimarosa**, Terzett aus *Il matrimonio segreto* (I/4) (vor Januar 1871).

ČS 411 – TchH (181)
C. M. von **Weber**, Perpetuum mobile (Rondo-Finale) der Klaviersonate op. 24, virtuose Partie der rechten Hand in die linke gelegt (vor März 1871).
    Band 1: 214

ČS 412 – TchH (180)
Klavierauszug vierhändig: A. G. **Rubinštejn**s Musikalisch-humoristisches Bild *Don Quixote* für Orchester op. 87 (nach Januar 1871).

ČS 413 – TchH (187)
Studentenlied *Gaudeamus igitur* für vierstimmigen Männerchor und Klavier gesetzt (nicht später als 1874), unter dem Pseudonym „B. L."

ČS 414 – TchH (185)
Österreichische Hymne *Gott erhalte Franz den Kaiser* für Orchester gesetzt (1874).

ČS 415 – TchH (184)
Deklamation und Orchester: R. **Schumann**, *Ballade vom Haideknaben* (G. F. Hebbel) für Deklamation und Klavier op. 122 Nr. 1 (1874).

ČS 416 – TchH (186)
Singstimme und Orchester: F. **Liszt**, Ballade *Der König von Thule* (J. W. Goethe) für Singstimme und Klavier (Oktober 1874).

ČS 417 – TchH (188)
Russische Übersetzung und entsprechende Einrichtung der Rezitative von W. A. **Mozart**s „Figaro" (1875).
    Band 1: 259
    Band 2: 220-221

ČS 418 – TchH (189)
Vokalterzett und Orchester: A. **Dargomyžskij**, Vokalterzett mit Klavier *Nočevala tučka zolotaja* („Die goldene Wolke') (1876?).

ČS 419 – TchH (190)
Geistliche Werke von D. **Bortnjanskij**, Ausgabe in zehn Heften (Juni-Oktober 1881).
    Band 2: 141 142 146-147 157 161 174

ČS 420 – TchH (192)
Instrumentierung der Fantasie-Ouvertüre D-Dur von G. A. **Laroš** (August-September 1888).
    Band 2: 390 391 392 396-397 422 627-628

ČS 421 – TchH (vacat)
Aufführungspraktische Einrichtung der Tänze aus W. A. **Mozarts** Oper *Idomeneo* (vor Oktober 1889) für eine Aufführung in einem von Čajkovskij geleiteten Konzert.
    Band 2: 220-221 628

ČS 422 – TchH (193)
Instrumentierung (Klavier und Orchester): Sophie **Menter** (F. **Liszt**?), Ungarische Zigeunerweisen für Klavier (September-Oktober 1892, Itter / Tirol).
    Band 2: 240 592 593 607 616

NICHT ODER NUR TEILWEISE ERHALTENE KOMPOSITIONEN: ČS 423-440

ČS 423 – TchH (15)
Boris Godunov. Musik zur Szene ‚Nacht. Garten. Fontäne' von A. S. Puškins Drama (1863/64), nicht erhalten.
    Band 1: 110

ČS 424 – TchH (17)
Putanica (‚Eine verwickelte Geschichte'), Rezitative und Musik zu Couplets des Vaudevilles von P. S. Fedorov (1867), nicht erhalten.
    Band 1: 145

ČS 425 – TchH (20)
Wiegenlied und Walzer zu O. Feuillets „La fée" (1879/80), nur teilweise erhalten.

ČS 426 – TchH (21)
Černogorija (Montenegro). Musik zu einem lebenden Bild (1880), nicht erhalten.
    Band 2: 98-99 118

ČS 427 – TchH (166)
Rimljane v Kolizee (‚Die Römer im Kolosseum') (1863-64?), nicht erhalten.
    Band 1: 109

ČS 428 – TchH (37)
„**Charaktertänze**" (1865) ČS 428, in dieser ersten Fassung nicht erhalten; in der zweiten Fassung als „Tänze der Landmädchen" bzw. „Introduktion und Tänze der Landmädchen" in der Oper*Voevoda* op. 3 ČS 1 (1868).
    Band 1: 98 104 107 109-110 135 142-143 146 155
    Band 2: 534 537 538 551

ČS 429 – TchH (76)
Kantate für das Patriotische Institut (August-September 1880), nicht erhalten. Besetzung: Frauenchor.

ČS 430 – TchH (80)
Chorlied [zum 50jährigen Bestehen] **der Rechtsschule** für gemischten Chor, Worte von P. I. Čajkovskij (September 1885); in ČS unter den nicht erhaltenen Werken verzeichnet, tatsächlich aber erhalten.
    Band 2: 277 302

ČS 431 – TchH (120)
Scherzhaftes Klavierstück über das Lied *Vozle rečki, vozle mosta* (‚An dem Flüßchen, bei der Brücke') (1862), nicht erhalten.

ČS 432 – TchH (137)
Trauermarsch auf Motive aus der Oper *Opričnik* (vierhändig; 1877), auf Bitten von Nadežda F. fon Mekk, nicht erhalten.
    Band 1: 285-287

ČS 433 – TchH (254)
Klavierstück a-Moll (zu zwei Händen), nur teilweise erhalten.

ČS 434 – TchH (vacat)
Romanze *On idet* („Er geht"), Worte von A. N. Apuhtin (vor 1866), nicht erhalten.

ČS 435 – TchH (92) unter dem Titel *Nočnoj parad*
Romanze *Nočnoj smort* („Nächtliche Heerschau"), Worte von V. A. Žukovskij (vor 1866), nicht erhalten.

ČS 436 – TchH (197)
Spaßkanon *Streloček* über eine Volksliedmelodie, nicht erhalten (1882).

ČS 437 – TchH (173)
Instrumentierung: K. I. **Kral', Festmarsch** für Klavier, nicht erhalten (vor Mai 1867).

Instrumentierung zweier Romanzen für eine Aufführung von Rossinis *Barbiere di Siviglia* (Benefiz von Désirée Artôt) (April 1868), nicht erhalten:

    ČS 438 – TchH (vacat)
    M. **Glinka**, Romanze *Žavoronok* („Die Lerche").

    ČS 439 – TchH (vacat)
    A. **Dargomyžskij**, (unbekannte) Romanze (1868).

ČS 440 – TchH (191)
Chor und Orchester: M. **Glinka**, Schlußchor (***Slav'sja***) aus der Oper *Žizn' za Carja* („Ein Leben für den Zaren") (1883), nicht erhalten.
    Band 2: 183-184 185 197

UNVOLLENDETE KOMPOSITIONEN: ČS 441-445

ČS 441 – TchH (71: Chor) und (207: geplante Oper)
***Mandragora*: Chor der Blumen und Insekten** zu einer geplanten, aber nicht ausgeführten Oper (vor Januar 1870). Libretto von S. A. Račinskij.
    Band 1: 173-174 182 221

ČS 442 – TchH (215)
Romeo i Julija (1878-81; nach Shakespeare). **Duett Romeo und Julia** (Entwurf; vervollständigt und orchestriert von S. I. Taneev). Vgl. die Hinweise auf eine geplante Oper *Romeo und Julia* nach CS 457.
    Band 2: 637

ČS 443 – TchH (238)
Geplante Sinfonie *Žizn'* („Das Leben"; vgl. NČE 39c) und
Sinfonie Es-Dur (Mai 1891 – Dezember 1892) (im Konzept vollendet, aber nur teilweise instrumentiert [Teil des I. Satzes], 1951-1957 rekonstruiert und zu Ende instrumentiert von S. S. Bogatyrev).
    Band 2: 514 551 558 559 561 576 577 583 594 595 596 600 607 625 636-637

ČS 444 – TchH (241)
Andante B-Dur und Allegro Es-Dur für Klavier und Orchester (1893, umgearbeiteter II. Satz und Finale der Sinfonie Es-Dur, siehe oben; vollendet und orchestriert von S. I. Taneev) op. post. 79.
    Band 2: 577 600 615 637

ČS 445 – TchH (vacat)
Bearbeitung für Klavier zweihändig: A. **Dubuque, Romanze** *Ljubi, poka ljubit' ty možeš* („Liebe, solange du lieben kannst"), Entwurf.

GEPLANTE KOMPOSITIONEN: ČS 446-512

Opern: ČS 446-464

Opernplan 1866 nach Dickens-Lektüre
    Band 1: 117 122

ČS 446 – TchH (201)
Giperbola (Herbst 1854; Libretto von V. I. Ol'hovskij).

ČS 447 – TchH (204)
Groza („Das Gewitter'; 1864-1867; nach A. N. Ostrovskij).

ČS 448 – TchH (205; unter dem Titel *Pal'ma*)
Ohne Titel; Fragment eines Szenariums aus dem russischen Leben (ČS: vor 1867; TchH: 1867/68?).

ČS 449 – TchH (206; unter dem Titel *Aleksandr Makedonskij*)
Aleksandr v Vavilone (Herbst 1868; nach A. N. Ostrovskij).
    Band 1: 164

ČS 450 – TchH (208)
Rajmund Ljullij (Januar 1870; Szenarium von S. A. Račinskij).
    Band 1: 167

ČS 451 – TchH (211)
Efraim (1874-1876; Libretto von K. S. Šilovskij) bzw.
Carica ponevole (1875; Libretto von K. S. Šilovskij).

ČS 452 – TchH (212)
Francesca da Rimini (1876; auf ein Libretto von K. I. Zvancev).
    Band 1: 247 252

ČS 453 – TchH (vacat)
Dobrynja Nikitič (Dezember 1876; Libretto von V. P. Avenarius).

ČS 454 – TchH (213)
Otello (November? 1876 - vor April 1877; Szenarium von V. V. Stasov).
    Band 1: 268-269

ČS S. 779 – TchH (vacat)
Kardinal (1877; Opernsujet, vorgeschlagen von V. V. Stasov).

ČS S. 779 – TchH (vacat)
Ines de Las-Sierra (1877; Opernsujet, vorgeschlagen von M. I. Čajkovskij).

ČS 455 – TchH (214)
Undina (1878-1893; nach V. A. Žukovskij, auf ein Libretto von M. I. Čajkovskij).
    Band 2: 603

ČS 456 – TchH (216)
Les caprices de Marianne (August 1878; nach dem gleichnamigen Schauspiel von A. de Musset).

ČS 457 – TchH (vacat)
Taras Bul'ba (Oktober 1878; nach Gogol', Libretto von I. V. Al'fer'ev.

ČS vgl. 442 (Duett Romeo und Julia) – TchH (215)
Romeo und Julia (1878-1881).
    Band 1: 369
    Band 2: 146

ČS 458 – TchH (218)
Van'ka-ključnik (Oktober 1881 - Januar 1882; nach dem gleichnamigen Stück von L. N. Antropov, das auf der Erzählung *Hmelevaja noč'* von D. V. Averkiev basiert).
Band 2: 147-148 149 151

ČS S. 779 – TchH (vacat)
Dolja-gore (1882; nach einem Stück von A. N. Potehin).

ČS S. 779 – TchH (vacat)
Koromyslova bašnja (1882; nach einer Nižnij-Novgoroder Legende).

ČS S. 779 – TchH (vacat)
Sadko (1882; nach der altrussischen Byline [Sage] *Sadko – bogatom goste*).

ČS 459 – TchH (vacat)
Cygane (Dezember 1884 - Januar 1885; Szenarium von V. A. Kandaurov).

ČS S. 779 – TchH (vacat)
Nakanune (1885; Vorschlag des Sujets durch P. A. Pereleckij, nach dem gleichnamigen Roman von I. S. Turgenev).

ČS 460 – TchH (223)
Kapitanskaja dočka („Die Hauptmannstochter'; Januar 1885 - Mai 1888; nach der gleichnamigen Erzählung von A. S. Puškin, Libretto von I. V. Špažinskij).
Band 2: 258 379

ČS 461 – TchH (230)
Vljublennaja bajaderka bzw. *Bajadera* (Mai - August 1888; nach der Ballade „Der Gott und die Bajadere" von J. W. Goethe, Libretto *Bajadera* von I. V. Špažinskij).

ČS 462 – TchH (231)
La Courtisane oder *Sadia* (Oktober 1888 - Januar 1891; nach der Ballade „Der Gott und die Bajadere" von J. W. Goethe, auf ein Libretto von Louis Gallet nach einem Szenarium von Léonce Détroyat).
Band 2: 415

ČS 463 – TchH (233)
Bëla (Januar 1890 - 1893; auf ein geplantes Libretto von A. P. Čehov nach der gleichnamigen Erzählung aus *Geroja našego vremeni* von M. Ju. Lermontov).

ČS S. 779 – TchH (vacat)
Šil'onskij zamok (1892; Vorschlag des Sujets durch A. F. Fedotov, nach seinem gleichnamigen Stück nach Byrons Poem).

ČS (vacat) – TchH (244)
Pečal'naja sud'ba prepodobnogo Bartona (1893; nach der Erzählung *The Sad Fortunes of the Reverend Amos barton* von George Eliot (= Mary Ann Evans).

ČS 464 – TchH (245)
Ljubov' mistera Gil'filja (1893?; nach der Erzählung *Mister Gilfil's Love-Story* von George Eliot [= Mary Ann Evans], Szenarium von M. I. Čajkovskij).

ČS (vacat) – TchH (246)
Adam Bede (1893; nach der Erzählung *Adam Bede* von George Eliot (= Mary Ann Evans).
Band 2: 621

ČS S. 847 (Nr. 7) – TchH (251)
Skizzen in einem Druckexemplar von T. L. Ščepkina-Kuperniks Drama *Vechnost' v mgnoven'i*, Datierung und Zuordnung ungewiß.

Ballette: ČS 465-466

ČS 465 – TchH (209)
Volšebnyj bašmačok, ili Sandril'ona („Cendrillon"; Herbst 1870; Libretto von K. F. Val'c).

ČS (vacat) – TchH (226)
Undina (1886/87; Libretto von M. I. Čajkovskij nach der Erzählung *Undine* von de la Motte Fouqué, russisch von V. A. Žukovskij).
    Band 2: 310 311 379 399

ČS 466 – TchH (vacat)
Vatanabe (1891; auf das Sujet eines japanischen Märchens nach einem von K. F. Val'c angebotenen Szenarium).

Über verschiedene Skizzen und weitere Hinweise: ČS S. 780 f.

Orchesterwerke: ČS 467-470

ČS 467 – TchH (210)
Geplante Sinfonie in B-Dur (Skizzen Juni/Juli 1873).
    Band 1: 209-210

ČS 468 – TchH (vacat)
Geplante Sinfonie (?) e-Moll / E-Dur (Herbst 1887 - April 1888?) und entsprechende Skizzen.

ČS 469 – TchH (232)
Geplante Suite (Januar - Mai 1889) und Skizze mit Anmerkung „And[ante] (dlja sjuity)".
(232), ČS ?

ČS 470 – TchH (vacat)
Geplanter Marsch für Orchester (September 1893).

Weitere Pläne für Orchesterwerke siehe ČS S. 782 f. und unten.

ČS (vacat) – TchH (vacat)
Gamlet (,Hamlet'), Sujet für ein sinfonisches Werk, Vorschlag von M. I. Čajkovskij (1876); vgl. ČPSS VI, S. 59 f.

ČS S. 783 – TchH (vacat)
Tamara, Sujet für ein sinfonisches Bild, Vorschlag von M. I. Čajkovskij (1876);
Ivanuška-duračok, Sujet für eine sinfonische Dichtung, Vorschlag von V. V. Stasov (1876); vgl. ČPSS VI, S. 93.

Geplante Suiten aus Balletten:
    „Der Schwanensee" ČS 12:
        TchH (219)
    „Dornröschen" ČS 13:
        TchH (234)

Konzerte und Konzertstücke: ČS 471-473

ČS 471 – TchH (235)
Konzert für zwei Klaviere und Orchester (1891-1892).

ČS 472 – TchH (247)
Concertstück für Flöte und Orchester (Oktober 1893).

ČS 473 – TchH (249)
Konzert bzw. Konzertstück für Violoncello und Orchester (Ende 1892 - Februar 1893).

Kantate: ČS 474

ČS 474 – TchH (vacat)
Noč' (‚Die Nacht'), geplante Kantate (1871).

Klavierkompositionen: ČS 475-479

ČS 475 – TchH (224)
Etude (?) a-Moll (Fragment, 1885).

ČS 476 – TchH (228)
Walzer E-Dur (August 1887) im Notizbuch Nr. 4.

ČS 477 und 478 – TchH (239) und (240)
Nocturne H-Dur (Winter 1891/92) und Etude Es-Dur (Februar-März 1893), Skizzen, die erste wahrscheinlich im Zusammenhang mit den Achtzehn Stücken op. 72 (dort nicht verwendet), siehe oben; die zweite im Particell der 6. Sinfonie.

ČS 479 – TchH (242)
Momento lirico G-Dur (Skizze Juni-Juli 1893).

ČS (vacat) – TchH (243)
Geplanter Marsch über weißrussische und ukrainische Volkslieder (1893).

Kompositionen für Violine bzw. Violoncello und Klavier: ČS 480-482

ČS 480 – TchH (vacat)
Uprek („Le Reproche", ‚Der Vorwurf'), für Violine und Klavier (1877).

ČS 481 – TchH (236)
Sonate für Violoncello und Klavier G-Dur, Einzelskizze (November 1891) im Notizbuch Nr. 13 (1889-91).

ČS 482 – TchH (vacat)
Walzer für Violine und Klavier E-Dur (vor 1893), Skizzen.

ČS S. 787 – TchH (248)
Stücke für Violine und Klavier (1893).

ČS (vacat) – TchH (252)
Walzer für Violoncello und Klavier (oder Orchester? – im Zusammenhang mit dem geplanten Konzert[stück]?, siehe oben ČS 473), Fragment.

ČS (vacat) – TchH (253)
Weitere, nicht zuzuordnende Skizzen auf der Rückseite der vorgenannten Walzer-Skizze.

Romanzen: ČS 483-510

ČS 483-499 – TchH (221)
Nach Gedichten von A. N. Pleščeev (nach Februar 1881), im Zusammenhang mit den Kinderliedern op. 54, Skizzen und Notizen.

ČS 500 – TchH (vacat)
Vudralak nach A. S. Puškin (Oktober 1883), Skizze.

ČS 501 und 502 – TchH (229)
Nach Gedichten von „K. R." (Großfürst Konstantin K. Romanov) (nach September 1886), Notizen, im Zusammenhang mit den Sechs Romanzen op. 63 ČS 293-298.

ČS 503-508 – TchH (229)
Nach Gedichten von P. Collin (nach Februar und vor Oktober 1888), offenbar im Zusammenhang mit den *Mélodies* op. 65, siehe oben.

ČS 509 – TchH (229, Nr. 3)
Elle est malade (aus dem *Album lyrique* Eugène Borel) (nach Februar bis vor 10. Oktober 1888), ebenfalls im Zusammenhang mit den *Mélodies* op. 65.

ČS 510 – TchH (250)
Mudrenyj slučaj, Skizze (nach 1880).

Andere Pläne siehe ČS S. 793.

Vokalensembles: ČS 511-512

ČS 511 – TchH (vacat)
Duett (?) *Nas ne presledovala zloba* (A. K. Tolstoj).

ČS 512 – TchH (237)
Vokalquartett? a-Moll (1890?), Skizze.

Weitere Hinweise: ČS S. 793.

SKIZZEN, NOTIZEN, ENTWÜRFE: ČS Anhang I und II

ČS Anhang I (S. 846-848)
Einzelne Skizzen und Entwürfe [1863-1864] – 1890
Nr. 1-17

ČS Anhang II (S. 848-852)
Notizbücher [1876?, 1886?] – [vor Oktober 1892], Nr. 1-18, TchH (392) - (409)

    Nr. 5 – TchH (220)
    Themenskizzen unter Verwendung von Volksliedern (aus: Notizbuch 1883; 3. Juli 1883).

    Nr. 8 – TchH (222)
    Skizzen „Nachahmungen russischer Volkslieder" (1884?).

    Nr. 12 – TchH (403) und (227)
    Skizzen zu einem Vokalwerk *Pesn' toržestvujuščej ljubvi* („Lied der triumphierenden Liebe", nach Turgenevs gleichnamiger Dichtung?) im Notizbuch 1887.

Skizzenhefte [1876] - [1892-1893], Nr. 19-26

LEHRBÜCHER, SCHRIFTSTELLERISCHE ARBEITEN UND AUTOBIOGRAPHISCHES: ČS 513-601
    Band 1: 140
    Band 2: 259-260 455 457

ČS 513 – TchH (255)
Rukovodstvo k praktičeskomu izučeniju garmonii („Leitfaden zum praktischen Erlernen der Harmonie')
(Juli-August 1871).
    Band 1: 187

ČS 514 – TchH (255)
Kratkij učebnik garmonii, *prisposoblennyj k čteniju duhovno-muzykal'nyh sočinenij v Rossii*
(,**Kurzes Lehrbuch der Harmonie**, eingerichtet für das Studium der russischen Kirchenmusik')
(nach Mai 1874 - 1875).

ČS 515-518 – TchH (vacat)
Programme für den Harmonielehre-Unterricht (1869-1872).

ČS 519-601 – TchH (257) - (329)
Musikalische Feuilletons, Artikel, Notizen, Leserzuschriften, Interviews, Autobiographische Beschreibung einer Auslandsreise im Jahre 1888, kurze Autobiographie von 1889.
 Band 1: 147 199 205 214 231 245 249 252 255 259
 Band 2: 499 500 509

ČS (vacat), TchH (410) - (421)
Tagebücher (1873, 1881, 1884, 1885?, 1886, 1886-88, 1886-87, 1887, 1887-88, 1889, 1890, 1891).

JUVENILIA, GEDICHTE, ÜBERSETZUNGEN, TEXTE ZU EIGENEN WERKEN: ČS 602-676

Gedichte und Juvenilia: ČS 602-627, 669
 Band 1: 37 39 41-43

Übersetzungen: ČS 628-668
 Band 1: 140

 Übersetzung aus dem frz. Lehrbuch *L'éducation maternelle*, 1847.
  Band 1: 41

ČS 628 – TchH (329)
F.-A. Gevaert, *Traité général d'instrumentation*, Übersetzung aus dem Französischen ins Russische (Sommer 1865).
 Band 1: 105 128
 Band 2: 455

ČS 631 – TchH (330)
Cavatina des Urbain aus G. Meyerbeers Oper *Les Huguenots* (vor dem 5. Juni 1868).

ČS 629 – TchH (331)
R. Schumann, *Musikalische Haus- und Lebensregeln für junge Musiker*, Leipzig 1849
(vor dem 20. Juli 1868).

ČS 632 – TchH (332)
R. Schumann, Vorwort zu seinen Studien über die Capricen von Paganini op. 3 (vor dem 8. Februar 1869).

ČS 630, TchH (333)
J. Lobe, *Katechismus der Musik*, Übersetzung aus dem Deutschen ins Russische (vor dem 8. November 1869).

ČS 633-644 – TchH (334)
A. G. Rubinštejn, Persische Lieder op. 34, Übersetzung der Liedtexte aus dem Deutschen ins Russische (vor dem 21. Dezember 1869).

ČS 645-663 – TchH (335) - (339)
A. G. Rubinštejn, Romanzen op. 32, 33, 72, 76 und 83, Übersetzung der Liedtexte aus dem Deutschen ins Russische (1869-1872).

ČS 664-668 – TchH (340) - (341)
M. I. Glinka, Romanzen, Übersetzung der Liedtexte aus dem Italienischen; Textierung eines Vokalquartetts (1877).
    Band 1: 386

Nicht erhaltene sowie unvollendete und geplante Schriften: ČS 670-672 sowie 673-676, darunter:

ČS 674 – TchH (316)
Autobiographischer Bericht über die Auslandsreise 1887/88 (als Dirigent eigener Werke); unvollendet.
    Band 2: 342 344 356 360 412

Kurze Autobiographie (1889)
    Band 2: 170-171 405

Erinnerungen an A. G. Rubinštejn (1892)
    Band 2: 550 und 555-557

3. Alphabetisches Register der musikalischen Werke

Vorbemerkungen:

Verzeichnet wird das erhaltene Hauptkorpus der Kompositionen (ČS 1-318); außerdem werden ein Teil der nicht oder nur teilweise erhaltenen Kompositionen (ČS 423-440) und die unvollendeten Kompositionen aufgenommen (ČS 441-445).

Nicht verzeichnet werden Čajkovskijs Albumblätter und musikalische Briefe (ČS 319a-321), seine studentischen Kompositionen und Instrumentationen (ČS 322-339), seine Transkriptionen, Bearbeitungen und Editionen (ČS 340a-422) sowie die geplanten Kompositionen (ČS 446-512).

Werkgruppen sind g e s p e r r t hervorgehoben. Titel (originale und übersetzte) von Bühnen- und Vokalwerken erscheinen *kursiv*, Titel von Instrumentalwerken in geradem Druck.

Abend, Romanze, Duett, siehe *Večer*
(Der) Abend, Chor, siehe: *Večer*
Achtzehn Stücke für Klavier op. 72: ČS 187-204
Album pour enfants, siehe: Kinderalbum
Albumblatt, siehe: Feuillet d'Album
A l b u m b l ä t t e r u n d m u s i k a l i s c h e B r i e f e : ČS 319a-321
Ali mat' menja rožala (*Hat die Mutter mich geboren*), Romanze op. 27 Nr. 5: ČS 236
Am Ufer, Kinderlied, siehe: *Na beregu*
An die Freude, siehe: Kantate *An die Freude*
Anastasie-Valse F-Dur, Klavier: ČS 95
Anfangs liebt' ich dich nicht, Romanze, siehe: *Ja snačala tebja ne lubila*
Angel vopijaše (*Der Engel rief*), liturgischer Chor, a cappella: ČS 88
April – Schneeglöckchen, siehe: (Die) Jahreszeiten (Nr. 4)
Auf den kommenden Schlaf, Chor, Lied, siehe: *Na son grjaduščij*
Auf gelbe Felder weit, Romanze, siehe: *Na nivy želtye*
August – Erntelied [Scherzo], siehe: (Die) Jahreszeiten (Nr. 8)
Aussöhnung, Romanze, siehe: *Primiren'e*
Autobiographie (1889): nach ČS 676
Autobiographischer Bericht über die Auslandsreise 1888: ČS 674
Au village a-Moll op. 40 Nr. 7, Klavier: ČS 142
Aveu passionné e-Moll, Klavier: ČS 185

Babuška i vnuček (*Großmutter und Enkel*), Kinderlied op. 54 Nr. 1: ČS 259
Bacchantisches Lied, Chor, siehe: *Čto smolknul veselija glas*
Ballade, siehe: Voevoda
B a l l e t t e : ČS 12-14
(Der) Barbier von Sevilla (Beaumarchais; Schauspielmusik), siehe: *Sevil'skij cirjul'nik*
B e a r b e i t u n g e n e i g e n e r K o m p o s i t i o n e n : ČS 340a-350
B e a r b e i t u n g e n u n d E d i t i o n e n v o n V o l k s l i e d e r n : ČS 351-403
B e a r b e i t u n g e n v o n W e r k e n a n d e r e r K o m p o n i s t e n : ČS 404-422
Berceuse As-Dur op. 72 Nr. 2, Klavier: ČS 188
Bez pory, da bez vremeni (*Ohne Zeit*). *Mädchens Klagelied*, Frauenchor: ČS 76
(Die) Bezaubernde (Oper), siehe: *Čarodejka*
Blagoslovljaju vas, lesa (*Ich segne euch, Wälder*), Romanze op. 47 Nr. 5: ČS 256
(Die) blauen Frühlingsaugen, Romanze, siehe: *Glazki vesny golubye*
Blažen, kto ulybaetsja (*Glückselig ist, wer lächelt*), Chor: ČS 71
Blažennі, jaže izbral (*Neun liturgische Chöre*, Nr. 7): ČS 85
(Die) Blume, Kinderlied, siehe *Cvetok*
Bortnjanskij-Ausgabe: ČS 419
B ü h n e n w e r k e : ČS 1-20
Burja (Der Sturm), Fantasie (für Orchester) op. 18: ČS 41

Capriccio Ges-Dur op. 8, Klavier: ČS 106
Capriccio italien op. 45 für Orchester: ČS 44
Capriccioso B-Dur op. 19 Nr. 5, Klavier: ČS 116
Čarodejka (*Die Bezaubernde, Die Zauberin*, Oper): ČS 9
Čereviĉki (*Die Pantöffelchen, Die Pantöffelchen der Zarin, Oxanas Launen*, Oper): ČS 8
Chanson triste g-Moll op. 40 Nr. 2, Klavier: ČS 137
Chant élégiaque Des-Dur op. 72 Nr. 14, Klavier: ČS 200
Chant sans paroles F-Dur op. 2 Nr. 3, Klavier: ČS 102
Chant sans paroles a-Moll op. 40 Nr. 6, Klavier: ČS 141
Charaktertänze für Orchester, später als „Tänze der Landmädchen" in der Oper *Voevoda*: ČS 428
Chor der Blumen und Insekten (zur nicht ausgeführten Oper *Mandragora*): ČS 441
Chöre: ČS 65-76, 430
Chorlied zum 50-jährigen Bestehen der Petersburger Rechtsschule: ČS 430
Chorwerke: ČS 62-88
Chrysostomus-Liturgie, siehe: Liturgie ...
Čto smolknul veselija glas (*Warum der Freuden Stimme wehren?*). Bacchantisches Lied, Männerchor: ČS 75
Cvetok (*Die Blume*), Kinderlied op. 54 Nr. 11: ČS 269

Da ispravitsja (*Neun liturgische Chöre*, Nr. 8): ČS 86
Dankesgruß, siehe: Elegie
Danse caractéristique D-Dur op. 72 Nr. 4, Klavier: ČS 190
Danse russe a-Moll op. 40 Nr. 10, Klavier: ČS 145
Déception. Le soleil rayonnait encore, Nr. 2 der *Six Mélodies* op. 65: ČS 300
Den' li carit (*Herrschet der Tag*), Romanze op. 47 Nr. 6: ČS 257
Der Engel rief, liturgischer Chor, siehe: *Angel vopijaše*
Detskaja pesenka (*Kinderliedchen*), Kinderlied op. 54 Nr. 16: ČS 274
Dezember – Weihnachten [Walzer], siehe: (Die) Jahreszeiten (Nr. 12)
Dialogue H-Dur op. 72 Nr. 8, Klavier: ČS 194
Dmitrij Samozvanec i Vasilij Šujskij (*Der falsche Dmitrij und Vasilij Šujskij*, Schauspielmusik): ČS 17
(*Le) domino noir* (Auber), siehe: Introduktion ...
Dornröschen (Ballett) op. 66, siehe: *Spjaščaja krasavica*
Dostojno est' (*Neun liturgische Chöre*, Nr. 5): ČS 83
Doumka. Scène rustique russe c-Moll op. 59, Klavier: ČS 182
Drei Chöre a cappella: ČS 74-76
Drei Stücke für Klavier op. 2 „Souvenir de Hapsal": ČS 100-102
Drei Stücke für Klavier op. 9: ČS 107-109
Drei Stücke für Violine und Klavier (Souvenir d'un lieu cher) op. 42: ČS 205-207
Duett (unvollendet) zu einer geplanten Oper *Romeo und Julia*: ČS 442
Duette, siehe: Vokalensembles
Dumka, siehe: Doumka

Echo rustique Es-Dur op. 72 Nr. 13, Klavier: ČS 199
Ein Dankesgruß, siehe: Elegie
Einfache Worte, Romanze, siehe: *Prostye slova*
Elegie zum Gedenken an Ivan Samarin für Streichorchester (Ein Dankesgruß): ČS 48
(*Der) Engel rief*, liturgischer Chor, siehe: *Angel vopijaše*
Er hat mich so geliebt, Romanze, siehe: *On tak menja ljubil*
Erfaß nur einmal mein Geständnis, Romanze, siehe: *Pojmi hot' raz tosklivoe priznan'e*
Erinnerungen an A. G. Rubinštejn (1892): nach ČS 676
Erstes Wiedersehen, Romanze, siehe: *Pervoe svidanie*
Es grünt das Gras, Kinderlied, siehe: *Vesna*
Es war zur ersten Frühlingszeit, Romanze, siehe: *To bylo ranneju vesnoj*
Etude G-Dur op. 40 Nr. 1, Klavier: ČS 136
Evgenij Onegin (*Eugen Onegin*, Lyrische Szenen) op. 24: ČS 5

(Der) falsche Dmitrij ... (Schauspielmusik), siehe: *Dmitrij Samozvanec ...*
Fantasie, siehe: *Burja, Francesca da Rimini,*
Fantasie-Ouvertüre, siehe: Romeo und Julia, Hamlet
Fatum, Sinfonische Fantasie op. post. 77: ČS 38
Februar – Karneval, siehe: (Die) Jahreszeiten (Nr. 2)
Festlicher Krönungsmarsch für Orchester: ČS 47
Festouvertüre auf die dänische Nationalhymne [und die Zarenhymne] op. 15: ČS 37
Festouvertüre „1812" op. 49: ČS 46
Feuillet d'Album D-Dur op. 19 Nr. 3, Klavier: ČS 114
Florentinisches Lied, Romanze, siehe: *Pimpinella*
Frage nicht (Heiß mich nicht reden), Romanze, siehe: *Ne sprašivaj*
Francesca da Rimini, Fantasie für Orchester op. 32: ČS 43
Freiwillige Flotte, siehe: Marsch Freiwillige Flotte
(Der) Frühling, Chor, siehe: *Vesna*
Frühling, zwei Kinderlieder, siehe: *Vesna*
Frühlingslied, Kinderlied, siehe: *Vesennjaja pesnja*
Fugue à quatre voix gis-Moll op. 21 (Sechs Stücke über ein Thema) Nr. 2, Klavier: ČS 119

Gamlet, siehe: *Hamlet*
Ganznächtliche Vigil, siehe *Vsenoščnoe bdenie*
Gehe nicht von mir, Romanze, siehe: *Ne othodi ot menja*
Geplante Kompositionen: ČS 446-512
    Opern: ČS 446-464
    Ballette: ČS 465-466
    Orchesterwerke: ČS 467-470
    Konzerte und Konzertstücke: ČS 471-473
    Kantate: ČS 474
    Klavierkompositionen: ČS 475-479
    Kompositionen für Violine, Violoncello und Klavier: ČS 480-482
    Romanzen: ČS 483-510
    Vokalensembles: ČS 511-512
(Die) gestrige Nacht, Romanze, siehe: *Včerašnjaja noč'*
(Das) Gewitter, Ouvertüre, siehe: Groza
Glaub nicht, mein Freund, Romanze, siehe: *Ne ver', moj drug*
Glazki vesny golubye (Die blauen Frühlingsaugen), Romanze: ČS 225
Glückselig ist, wer lächelt, Chor, siehe: *Blažen, kto ulybaetsja*
(Die) goldene Wolke schlief, Chor, siehe: *Nočevala tučka zolotaja*
Gornimi tiho letela duša nebesami (Leise schwebte eine Seele), Romanze op. 47 Nr. 2: ČS 253
Grande Sonate G-Dur op. 37, Klavier: ČS 148
Großmutter und Enkel, Kinderlied, siehe: *Babuška i vnuček*
Groza (Das Gewitter), Ouvertüre op. post. 76: ČS 33
Gruß an Anton G. Rubinštejn, Chor, siehe: *Privet A. G. Rubinštejnu*

Hamlet (*Gamlet*, Schauspielmusik) op. 67a: ČS 16
Hamlet (Gamlet), Fantasie-Ouvertüre op. 67: ČS 50
Hat die Mutter mich geboren, Romanze, siehe: *Ali mat' menja rožala*
(Der) Heerführer, Oper, siehe: *Voevoda*
Heiß mich nicht reden (Frage nicht), Romanze, siehe: *Ne sprašivaj*
Heldentat, Romanze, siehe: *Podvig*
Herbst, Kinderlied, siehe: *Osen'*
Herrschet der Tag, Romanze, siehe: *Den' li carit*
Heruvimskaja Nr. 1-3 (Neun liturgische Chöre, Nr. 1-3): ČS 79-81
Hinterm Fenster im Schatten, Romanze, siehe: *Za oknom v teni mel'kaet*
Hinweg trage mein Herz, Romanze, siehe: *Unosi moe serdce*
Hotel by v edinoe slovo (Ich wollt, meine Schmerzen ergössen sich), Romanze: ČS 244
Humoresque G-Dur op. 10 Nr. 2, Klavier: ČS 111

Humoresque G-Dur op. 10 Nr. 2, bearbeitet für Violine und Klavier: ČS 346
Hymne zu Ehren der Heiligen Cyrill und Methodius, Chor: ČS 69
Hymne zum Jubiläum von O. A. Petrov, siehe: *Kantate zum Jubiläum* ...

I bol'no, i sladko (*So schmerzlich, so süß*), Romanze op. 6 Nr. 3: ČS 213
Ich gefalle Ihnen nicht, Romanze, siehe: *Ja vam ne nravljus'*
Ich habe nie mit ihr gesprochen, Romanze, siehe: *Ja s neju nikogda ne govoril*
Ich öffnete das Fenster, Romanze, siehe: *Rastvoril ja okno*
Ich segne euch, Wälder, Romanze, siehe: *Blagoslovljaju vas, lesa*
Ich wollt, meine Schmerzen ergössen sich, Romanze, siehe: *Hotel by v edinoe slovo*
Il se cache dans ta grâce, Romanze („Mélodie"), siehe: *Rondel*
Impromptu es-Moll op. 1 Nr. 2, Klavier: ČS 99
Impromptu cis-Moll op. 21 (Sechs Stücke über ein Thema) Nr. 3, Klavier: ČS 120
Impromptu As-Dur, Klavier: ČS 184
Impromptu f-Moll op. 72 Nr. 1, Klavier: ČS 187
Impromptu-Caprice G-Dur, Klavier: ČS 181
Impromptu. Moment lyrique / Momento lirico As-Dur, Klavier: ČS 186
In dem Garten, neben der Furt, Duett, siehe: *V ogorod, vozl' brodu*
In dieser Mondnacht, Romanze, siehe: *V ètu lunnuju noč'*
In trüben Tagen, Romanze, siehe: *Sred' mračnyh dnej*
Inmitten des Balles, Romanze, siehe: *Sred' šumnogo bala*
Instrumentierungen von Stücken anderer Komponisten (studentische Arbeiten): ČS 337-339
Instrumentierungen, Bearbeitungen und Editionen von Werken anderer Komponisten: ČS 404-422
Introduktion zum Chor und Rezitative zur Oper „Le domino noir" von D. F. E. Auber: ČS 18
Invitation au trépak, siehe: Scène dansante
Iolanta (*Jolanthe*, Oper) op. 69: ČS 11

J'aime dans le rayon, Romanze („Mélodie"), siehe: *Sérénade*
Ja li v pole ne travuška byla (*War ich nicht ein Gräslein im Felde*), Romanze op. 47 Nr. 7: ČS 258
Ja snačala tebja ne lubila (*Anfangs liebt' ich dich nicht*), Romanze op. 63 Nr. 1: ČS 293
Ja tebe ničego ne skažu (*Nie werde ich dir sagen*), Romanze op. 60 Nr. 2: ČS 282
Ja vam ne nravljus' (*Ich gefalle Ihnen nicht*), Romanze op. 63 Nr. 3: ČS 295
Januar – Am Kamin, siehe: (Die) Jahreszeiten (Nr. 1)
(Die) Jahreszeiten. Zwölf Charakterstücke für Klavier op. 37bis: ČS 124-135
Ja s neju nikogda ne govoril (*Ich habe nie mit ihr gesprochen*), Romanze op. 25 Nr. 5: ČS 230
Jolanthe (Oper), siehe: *Iolanta*
(Die) Jungfrau von Orleans (Oper), siehe: Orleanskaja deva
Juni – Barcarolle, siehe: (Die) Jahreszeiten (Nr. 6)
Juli – Lied des Schnitters, siehe: (Die) Jahreszeiten (Nr. 7)
Juristenmarsch: ČS 49

Kaby znala ja (*Wenn ich das gewußt*), Romanze op. 47 Nr. 1: ČS 252
Kak nad gorjačeju zoloj (*Wie auf heißer Aschenglut*), Romanze op. 25 Nr. 2: ČS 227
Kak naladili: durak (*Laß das Trinken sein, du Narr*), Romanze op. 25 Nr. 6: ČS 231
Kammermusik: ČS 89-94
Kanarejka (*Der Kanarienvogel*), Romanze op. 25 Nr. 4: ČS 229
(Der) Kanarienvogel, Romanze, siehe: Kanarejka
Kantate *An die Freude*: ČS 62
Kantate *Moskva* (Krönungskantate): ČS 64
Kantate zum Gedächtnis ..., siehe: *Kantate zur Polytechnischen Ausstellung* ...
Kantate (Hymne) zum Jubiläum von O. A. Petrov, Chor und Orchester: ČS 67
Kantate zur Polytechnischen Ausstellung in Moskau 1872 (Kantate zum Gedächtnis des 200. Geburtstags Peters des Großen) : ČS 63

Kantaten: ČS 62-64
Kein Widerhall, kein Wort, kein Gruß, Romanze, siehe: *Ni otzyva, ni slova, ni priveta*
Kein Wort, o mein Freund, Romanze, siehe: *Ni slova, o drug moj*
Kinderalbum. 24 leichte Stücke für Klavier à la Schumann: ČS 150-173
Kinderliedchen, Kinderlied, siehe: *Detskaja pesenka*
Kirchenmusik: ČS 77-88
Klavierkompositionen: ČS 95-204
Klaviersonaten: ČS 97 und ČS 148 (siehe: Sonate …)
Klavierkonzerte
    Nr. 1 b-Moll / B-Dur op. 23: ČS 53
    Nr. 2 G-Dur op. 44: ČS 55
    Nr. 3 Es-Dur op. 75: ČS 57
    Andante und Finale für Klavier und Orchester (unvollendet) op. post. 79: ČS 444
Klaviertrio „A la mémoire d'un grand artiste" op. 50: ČS 93
Kolybel'naja pesnja (*Wiegenlied*), Romanze op. 16 Nr. 1: ČS 218
Kolybel'naja pesn' v burju (*Wiegenlied im Sturm*), Kinderlied op. 54 Nr. 10: ČS 268
Konzerte, siehe: Klavierkonzerte, Konzertfantasie, Violinkonzert
Konzerte und Konzertstücke: ČS 53-61
Konzertfantasie für Klavier und Orchester op. 56: ČS 56
Konzertstücke, siehe: Sérénade mélancolique, Variationen über ein Rokoko-Thema,
    Valse-Scherzo, Pezzo capriccioso
(Die) Korallen, Romanze, siehe: *Korol'ki*
Korol'ki (*Die Korallen*), Romanze op. 28 Nr. 2: ČS 239
Krönungskantate, siehe: Kantate *Moskva*
Krönungsmarsch, siehe: Festlicher Krönungsmarsch
(Der) Kuckuck, Kinderlied, siehe: *Kukuška*
Kukuška (*Der Kuckuck*), Kinderlied op. 54 Nr. 8: ČS 266
Kuznec Vakula (*Schmied Vakula*, Oper) op. 14: ČS 4

Laß das Trinken sein, du Narr, Romanze, siehe: *Kak naladili: durak*
Lastočka (*Die Schwalbe*), Kinderlied op. 54 Nr. 15: ČS 273
Le soleil rayonnait encore, Romanze („Mélodie"), siehe: *Déception*
Lebedinoe ozero (*Der Schwanensee*, Ballett) op. 20: ČS 12
Lebewohl, Romanze, siehe: *Prosti!*
Legenda (*Legende*),   Kinderlied op. 54 Nr. 5: ČS 263a
        Bearbeitung des Kinderlieds für Singstimme und Orchester: ČS 263b
        Bearbeitung des Kinderlieds für Chor: ČS 350
Legende, Kinderlied und Bearbeitungen desselben, siehe: *Legenda*
(Der) Leibwächter, Oper, siehe: *Opričnik*
(Die) Leidenschaft floh, Duett, siehe: *Minula strast'*
Leise schwebte eine Seele, Romanze, siehe: *Gornimi tiho letela duša nebesami*
(Die) Liebe eines Toten, Romanze, siehe: *Ljubov' mertveca*
Les larmes. Si vous donnez le calme, Nr. 5 der *Six Mélodies* op. 65: ČS 303
L'espiègle E-Dur op. 72 Nr. 12, Klavier: ČS 198
Lied der Zigeunerin, Romanze, siehe: *Pesn' cyganki*
Lieder, siehe: Romanzen
Liturgie des hl. Johannes Chrysostomus op. 41, Chor a cappella: ČS 77
Liturgische Chöre, siehe: *Neun liturgische Chöre*
Liturgische Chormusik: ČS 77-88
Ljubov' mertveca (*Die Liebe eines Toten*), Romanze op. 38 Nr. 5: ČS 250
Lyš' ty odin (*Nur du allein*), Romanze op. 57 Nr. 6: ČS 280

Mädchens Klagelied, Chor, siehe: *Bez pory, da bez vremeni*
Mai – Schneeglöckchen, siehe: (Die) Jahreszeiten (Nr. 5)
Mandragora (geplante Oper), siehe: *Chor der Blumen und Insekten*
Manfred-Sinfonie op. 58: ČS 25

Marche funèbre as-Moll op. 21 (Sechs Stücke über ein Thema) Nr. 4, Klavier: ČS 121
Marche funèbre c-Moll op. 40 Nr. 3, Klavier: ČS 138
Marche solennelle, siehe: Festlicher Krönungsmarsch
Marsch Freiwillige Flotte (Skobolev-Marsch) C-Dur, Klavier: ČS 149
Marsch des 98. Jur'evskij-Regiments, siehe: Militärmarsch
Märsche für Orchester: ČS 42, 47, 49, 52
März – Lied der Lerche, siehe: (Die) Jahreszeiten (Nr. 3)
Maseppa, Oper, siehe: *Mazepa*
Mazepa (*Maseppa*, Oper): ČS 7
Mazurque as-Moll op. 21 (Sechs Stücke über ein Therma) Nr. 5, Klavier: ČS 122
Mazurka C-Dur op. 40 Nr. 4, Klavier: ČS 139
Mazurka D-Dur op. 40 Nr. 5, Klavier: ČS 140
Mazurka de Salon d-Moll op. 9 Nr. 3, Klavier: ČS 109
Mazurka pour danser B-Dur op. 72 Nr. 6, Klavier: ČS 192
Méditation d-Moll op. 42 (Drei Stücke für Violine und Klavier) Nr. 1: ČS 205
Méditation D-Dur op. 72 Nr. 5, Klavier: ČS 191
Mein Gärtchen, Kinderlied, siehe: *Moj sadik*
Mein Genius, mein Engel, mein Freund, Romanze, siehe: *Moj genij ...*
Mein kleiner Schelm, Romanze, siehe: *Moja balovica*
Mélodie Es-Dur op. 42 (Drei Stücke für Violine und Klavier) Nr. 3: ČS 207
Mélodies, siehe: Romanzen
Menuetto scherzoso Es-Dur op. 51 Nr. 3, Klavier: ČS 177
Merknet slabyj svet sveči, Romanze, siehe: *Noč'. Merknet ...*
Mezza notte, Romanze: ČS 209
Mignons Lied, Romanze, siehe: *Pesn' Min'ony*
Militärmarsch (Marsch des 98. Jur'evskij-Regiments) B-Dur: ČS 52
Minula strast' (*Die Leidenschaft floh*), Duett op. 46 Nr. 5: ČS 316
Moj genij, moj angel, moj drug (*Mein Genius, mein Engel, mein Freund*), Romanze: ČS 208
Moj sadik (*Mein Gärtchen*), Kinderlied op. 54 Nr. 4: ČS 262
Moja balovica (*Mein kleiner Schelm*), Romanze op. 27 Nr. 6: ČS 237a,b
Moment lyrique / Momento lirico, Klavier, siehe: Impromptu. Moment lyrique
Morgendämmerung, Duett, siehe: *Rassvet*
Mozartiana-Suite für Orchester (4. Orchestersuite) op. 61: ČS 31
My sideli s toboj zasnuvšej reki (*Wir saßen vereint am schlummernden Strom*),
    Romanze op. 73 Nr. 1: ČS 305

Na beregu (*Am Ufer*), Kinderlied op. 54 Nr. 6: ČS 264
Na nivy želtye (*Auf gelbe Felder weit*), Romanze op. 57 Nr. 2: ČS 276
Na son grjaduščij (*Auf den kommenden Schlaf* bzw. *Vor dem Schlafengehen*),
    Chor a cappella, Chor mit Orchesterbegleitung: ČS 65, ČS 66
Na son grjaduščij (*Auf den kommenden Schlaf* bzw. *Vor dem Schlafengehen*),
    Romanze op. 27 Nr. 1: ČS 232
Na zemlju sumrak pal (*Zur Erde Dämmrung sank*), Romanze op. 47 Nr. 3: ČS 254
Nacht, Romanze, siehe: *Noč'*
(Die) *Nacht*, Vokalensemble, siehe: *Noč'*
Nacht. Der schwache Schein der Kerze erlischt, Romanze, siehe: *Noč'. Merknet slabyj svet sveči*
(Die) *Nachtigall*, Chor, siehe: *Solovuško*
(Die) *Nachtigall*, Romanze, siehe: *Solovej*
Nam zvezdy krotkie sijali (*Uns leuchteten milde Sterne*), Romanze op. 60 Nr. 12: ČS 292
Natha-Valse A-Dur op. 51 Nr. 4, Klavier: ČS 178
Nathalie-Valse G-Dur, Klavier: ČS 174 (Erstfassung der vorgenannten Valse)
Natur und Liebe, Vokalensemble, siehe: *Priroda i ljubov'*
Ne dolgo nam guljat' (*Nicht lange mehr wandeln wir*), Romanze ČS 245
Ne kukušečka (*Nicht der Kuckuck*), Chor: ČS 74
Ne othodi ot menja (*Gehe nicht von mir*), Romanze op. 27 Nr. 3: ČS 234
Ne sprašivaj (*Frage nicht / Heiß mich nicht reden*), Romanze op. 57 Nr. 3: ČS 277
Ne ver', moj drug (*Glaub nicht, mein Freund*), Romanze op. 6 Nr. 1: ČS 211

Neogrečeskaja pesnja (*Neugriechisches Lied*), Romanze op. 16 Nr. 6: ČS 223
Net, nikogda ne nazovu (*Nie werde ich den Namen nennen*), Romanze op. 28 Nr. 1: ČS 238
Net, tol'ko tot, kto znal (*Nur wer die Sehnsucht kennt*), Romanze op. 6 Nr. 6: ČS 216
Neugriechisches Lied, Romanze, siehe: *Neogrečeskaja pesnja*
Neun liturgische Chöre ohne op.: ČS 79-87
Ni otzyva, ni slova, ni priveta (*Kein Widerhall, kein Wort, kein Gruß*), Romanze
    op. 28 Nr. 5: ČS 242
Nicht der Kuckuck, Chor, siehe: *Ne kukušečka*
Nicht lange mehr wandeln wir, Romanze, siehe: *Ne dolgo nam guljat'*
Nicht oder nur teilweise erhaltene Kompositionen: ČS 423-440
Ni slova, o drug moj (*Kein Wort, o mein Freund*), Romanze op. 6 Nr. 2: ČS 212
Nie werde ich den Namen nennen, Romanze, siehe: *Net, nikogda ne nazovu*
Nie werde ich dir sagen, Romanze, siehe: *Ja tebe ničego ne skažu*
Noč' (*Nacht*), Romanze op. 60 Nr. 9: ČS 289
Noč' (*Die Nacht*), Vokalensemble mit Klavier (nach Mozart): ČS 318
Noč'. Merknet slabyj svet sveči (*Nacht. Der schwache Schein der Kerze erlischt*),
    Romanze op. 73 Nr. 2: ČS 306
Nočevala tučka zolotaja (*Die goldene Wolke schlief*), Chor: ČS 70
Noči bezumnye (*Trunkene Nächte*), Romanze op. 60 Nr. 6: ČS 286
Nocturne F-Dur op. 10 Nr. 1, Klavier: ČS 110
Nocturne cis-Moll op. 19 Nr. 4, Klavier: ČS 115
November – Troïka, siehe: (Die) Jahreszeiten (Nr. 11)
Nur du allein, Romanze, siehe: *Liš' ty odin*
Nur wer die Sehnsucht kennt, Romanze, siehe: *Net, tol'ko tot, kto znal*
(Der) Nußknacker (Ballett) op. 71, siehe: *Ščelkunčik*
Nußknacker-Suite op. 71a: ČS 32
Nyne sily nebesnye (*Neun liturgische Chöre*, Nr. 9): ČS 87

O, esli b ty mogda (*O wenn du nur für einen Augenblick*), Romanze op. 38 Nr. 4: ČS 249
O, esli b znali vy (*O wenn ihr wüßtet*), Romanze op. 60 Nr. 3: ČS 283
O wenn du nur für einen Augenblick, Romanze, siehe: *O, esli b ty mogda*
O wenn ihr wüßtet, Romanze, siehe: *O, esli b znali vy*
Ohne Zeit, Chor, siehe: *Bez pory, da bez vremeni*
Oktober – Herbstlied, siehe: (Die) Jahreszeiten (Nr. 10)
On tak menja ljubil (*Er hat mich so geliebt*), Romanze op. 28 Nr. 4: ČS 241
Opern: ČS 1-11
Opričnik (*Opritschnik, Der Leibwächter*, Oper): ČS 3
Orchestersuiten: ČS 28-32
    Nr. 1 d-Moll op. 43: ČS 28
    Nr. 2 C-Dur op. 53 (Suite caractéristique): ČS 29
    Nr. 3 G-Dur op. 55: ČS 30
    Nr. 4 G-Dur op. 61 (Mozartiana): ČS 31
Orchesterwerke: ČS 21-61
Orleanskaja deva (*Die Jungfrau von Orleans*, Oper): ČS 6
O sing mir jenes Lied, Romanze, siehe: *O, spoj že tu pesnju*
O, spoj že tu pesnju (*O sing mir jenes Lied*), Romanze op. 16 Nr. 4: ČS 221
Osen' (*Herbst*), Kinderlied op. 54 Nr. 14: ČS 272
Otčego? (*Warum?*), Romanze op. 6 Nr. 5: ČS 215
Otče naš (*Vater unser*) (*Neun liturgische Chöre*, Nr. 6): ČS 84
Où vas-tu, souffle d'aurore, Romanze („Mélodie"), siehe: *Sérénade. Où vas-tu ...*
Ouvertüren: ČS 33-37, 39, 46, 50
Ouvertüre c-Moll: ČS 36
Ouvertüre F-Dur (2 Fassungen): ČS 34, 35
Ouverture solennelle, siehe: Festouvertüre
Ouvertüre „1812", siehe: Festouvertüre „1812"
Oxanas Launen (Oper), siehe: *Čerevički*

(Die) Pantöffelchen (Oper), siehe: *Čerevički*
Passé lointain Es-Dur op. 72 Nr. 17, Klavier: ČS 203
Pathétique (Symphonie pathétique), siehe: Sinfonie Nr. 6
Pervoe svidanie (*Erstes Wiedersehen*), Romanze op. 63 Nr. 4: ČS 296
Pesn' cyganki (*Lied der Zigeunerin*), Romanze op. 60 Nr. 7: ČS 287
Pesn' Min'ony (*Mignons Lied*), Romanze op. 25 Nr. 3: ČS 228
Pesn' Zemfiry (*Zemfiras Lied*), Romanze: ČS 210
Pezzo capriccioso für Violoncello und Orchester op. 62: ČS 61
Pikovaja dama (*Pique Dame*, Oper) op. 68: ČS 10
Pimpinella. Florentinisches Lied, Romanze op. 38 Nr. 6: ČS 251
Pique Dame (Oper), siehe: *Pikovaja dama*
Podvig (*Heldentat*), Romanze op. 60 Nr. 11: ČS 291
Pogodi! (*Warte noch!*), Romanze op. 16 Nr. 2: ČS 219
Pojmi hot' raz tosklivoe priznan'e (*Erfaß nur einmal mein Geständnis*),
    Romanze op. 16 Nr. 3: ČS 220
Polacca de concert Es-Dur op. 72 Nr. 7, Klavier: ČS 193
Polka de Salon B-Dur op. 9 Nr. 2, Klavier: ČS 108
Polka peu dansante h-Moll op. 51 Nr. 2, Klavier: ČS 176
Prélude gis-Moll op. 21 (Sechs Stücke über ein Thema) Nr. 1, Klavier: ČS 118
Primiren'e (*Aussöhnung*), Romanze op. 25 Nr. 1: ČS 226
Priroda i ljubov' (*Natur und Liebe*), Vokalensemble: ČS 311
Privet A. G. Rubinštejnu (*Gruß an Anton G. Rubinštejn*, zu dessen 50-jährigen Künstler-
    jubiläum), Chor: ČS 72
Prosti! (*Lebewohl*), Romanze op. 60 Nr. 8: ČS 288
Prostye slova (*Einfache Worte*), Romanze op. 60 Nr. 5: ČS 285
Ptička (*Das Vöglein*), Kinderlied op. 54 Nr. 2: ČS 260

Qu'importe que l'hiver, Nr. 4 der *Six Mélodies* op. 65: ČS 302

Rassvet (*Morgendämmerung*), Duett op. 46 Nr. 6: ČS 317
Rastvoril ja okno (*Ich öffnete das Fenster*), Romanze op. 63 Nr. 2: ČS 294
Rechtsschullied: ČS 430
Rechtsschulmarsch: ČS 49
Rêverie D-Dur op. 9 Nr. 1, Klavier: ČS 107
Rêverie du soir g-Moll op. 19 Nr. 1, Klavier: ČS 112
Rêverie interrompue As-Dur op. 40 Nr. 12, Klavier: ČS 147
Romanzen, Lieder, Mélodies: ČS 208-310
    ohne Opuszahl: ČS 208, 209, 217, 224, 225, 244, 245
    op. 6: Sechs Romanzen ČS 211-216
    op. 16: Sechs Romanzen ČS 218-223
    op. 25: Sechs Romanzen ČS 226-231
    op. 27: Sechs Romanzen ČS 232-237a,b
    op. 28: Sechs Romanzen ČS 238-243
    op. 38: Sechs Romanzen ČS 246-251
    op. 47: Sieben Romanzen ČS 252-258a,b
    op. 54: Sechzehn Kinderlieder ČS 259-274
    op. 57: Sechs Romanzen ČS 275-280
    op. 60: Zwölf Romanzen ČS 281-292
    op. 63: Sechs Romanzen ČS 293-298
    op. 65: Six Mélodies (auf französische Texte) ČS 299-304
    op. 73: Sechs Romanzen ČS 305-310
Romance f-Moll op. 5, Klavier: ČS 104
Romance F-Dur op. 51 Nr. 5, Klavier: ČS 179
Romeo und Julia, Fantasie-Ouvertüre: ČS 39
Romeo und Julia, unvollendetes Duett zu einer geplanten Oper: ČS 442
Rondel. Il se cache dans ta grâce, Nr. 6 der *Six Mélodies* op. 65: ČS 304
Ruines d'un château e-Moll op. 2 Nr. 1, Klavier: ČS 100

Sag mir, wovon im dunklen Grün, Romanze, siehe: *Skaži, o čem v teni vetvej*
Ščelkunčik (*Der Nußknacker*, Ballett) op. 71: ČS 14
Scène dansante. Invitation au trépak C-Dur op. 72 Nr. 18, Klavier: ČS 204
Schauspielmusiken: ČS 15-20
Scherzo F-Dur op. 2 Nr. 2, Klavier: ČS 101
Scherzo As-Dur op. 21 (Sechs Stücke über ein Thema) Nr. 6, Klavier: ČS 123
Scherzo d-Moll op. 40 Nr. 11, Klavier: ČS 146
Scherzo c-Moll op. 42 (Drei Stücke für Violine und Klavier) Nr. 2: ČS 206
Scherzo à la russe B-Dur op. 1 Nr. 1, Klavier: ČS 98
Scherzo-Fantaisie es-Moll op. 72 Nr. 10, Klavier: ČS 196
Scherzo humoristique D-Dur op. 19 Nr. 2: ČS 113
Schlaf ein!, Romanze, siehe: *Usni!*
Schlaf ein, betrübter Freund, Romanze, siehe: *Usni, pečal'nyj drug*
Schmied Vakula, Oper, siehe: *Kuznec Vakula*
Schneeflöckchen (Schauspielmusik), siehe: *Sneguročka*
Schneewittchen: in der älteren Čajkovskij-Literatur falsch übersetzter Titel von *Sneguročka*
Schon erloschen die Lichter, Romanze, siehe: *Už gasli v komnatah ogni*
Schottische Ballade, Duett, siehe: *Šotlandskaja ballada*
Schrecklicher Augenblick, Romanze, siehe: *Strašnaja minuta*
(Der) schwache Schein der Kerze erlischt, Romanze, siehe: *Nacht*
(Die) Schwalbe, Kinderlied, siehe: *Lastočka*
(Der) Schwanensee (Ballett), siehe: *Lebedinoe ozero*
Sechs Stücke für Klavier op. 19: ČS 112-117
Sechs Stücke über ein Thema op. 21, für Klavier: ČS 118-123
 (Prélude, Fugue à quatre voix, Impromptu, Marche funèbre, Mazurque, Scherzo)
Sechs Stücke für Klavier op. 51: ČS 175-180
September – Die Jagd, siehe: (Die) Jahreszeiten (Nr. 9)
Serbo-russischer Marsch (Slavischer Marsch) für Orchester op. 31: ČS 42
Serenada (O ditja) (*Serenade. O Kind, ich singe dir*), Romanze op. 63 Nr. 6: ČS 298
Serenada Don-Žuana (*Serenade des Don Juan*), Romanze op. 38 Nr. 1: ČS 246
Sérénade. J'aime dans le rayon, Nr. 3 der *Six Mélodies* op. 65: ČS 301
Sérénade. Où vas-tu, souffle d'aurore, Nr. 1 der *Six Mélodies* op. 65: ČS 299
Serenade des Don Juan, Romanze, siehe: *Serenada Don-Žuana*
Serenade (O Kind, ich singe dir), Romanze, siehe: *Serenada (O ditja)*
Serenade für Nikolaj Rubinštejns Namenstag: ČS 40
Serenade für Streichorchester op. 48: ČS 45
Sérénade mélancolique für Violine und Orchester op. 26: ČS 58
Sevil'skij cirjul'nik (*Der Barbier von Sevilla*; P. de Beaumarchais), Couplets: ČS 19
Sextett, siehe: Streichsextett
Si vous donnez le calme, Romanze („Mélodie"), siehe: *Les larmes*
(Die) silberhelle Wolke, sieh, siehe: *Smotri: Von oblako*
Sinfonien: ČS 21-27
 Nr. 1 g-Moll op. 13 (Winterträume): ČS 21
 Nr. 2 c-Moll op. 17: ČS 22 (der Untertitel „Kleinrussische" ist nicht authentisch)
 Nr. 3 D-Dur op. 29: ČS 23 (der Untertitel „Polnische" ist nicht authentisch)
 Nr. 4 f-Moll op. 36: ČS 24
 Manfred-Sinfonie h-Moll op. 58: ČS 25
 Nr. 5 e-Moll op. 64: ČS 26
 Geplante Sinfonie „Žizn'" („Das Leben") und unvollenete Sinfonie Es-Dur: ČS 443
 Nr. 6 h-Moll („Pathétique") op. 74: ČS 27
Sinfonische Ballade Voevoda op. post. 78: ČS 51
Sinfonische Fantasie Fatum op.post. 77: ČS 38
Six morceaux composés sur un seul thème, siehe: Sechs Stücke über ein Thema
Skaži, o čem v teni vetvej (*Sag mir, wovon im dunklen Grün*), Romanze op. 57 Nr. 1: ČS 275
Skizzen, Notizen, Entwürfe: ČS Anhang I und II
Skobolev-Marsch, siehe: Marsch Freiwillige Flotte
Slavischer Marsch (Serbo-russischer Marsch) für Orchester op. 31: ČS 42
Sleza drožit (*Die Träne bebt*), Romanze op. 6 Nr. 4: ČS 214

Slezy (*Tränen*), Duett op. 46 Nr. 3: ČS 314
Smert' (*Der Tod*), Romanze op. 57 Nr. 5: ČS 279
Smotri: Von oblako (*Die silberhelle Wolke, sieh*), Romanze op. 27 Nr. 2: ČS 233
Sneguročka (*Schneeflöckchen*, Schauspielmusik) op. 12: ČS 15
Snova, kak prežde, odin (*Wieder, wie einstmals, allein*), Romanze op. 73 Nr. 6: ČS 310
So schmerzlich, so süß, Romanze, siehe: *I bol'no, i sladko*
So schnell vergessen, Romanze, siehe: *Zabyt' tak skoro*
Solovej (*Die Nachtigall*), Romanze op. 60 Nr. 4: ČS 284
Solovuško (*Die Nachtigall*), Chor: ČS 73
Sonate cis-Moll op. post. 80, Klavier: ČS 97
Sonate G-Dur (Grande Sonate) op. 37: ČS 148
(Die) Sonne ging unter, Romanze, siehe: *Zakatilos' solnce*
Šotlandskaja ballada (*Schottische Ballade*), Duett op. 46 Nr. 2: ČS 313
„Souvenir de Florence", siehe: Streichsextett
„Souvenir de Hapsal", siehe: Drei Stücke für Klavier op. 2
„Souvenir d'un lieu cher", siehe: Drei Stücke für Violine und Klavier op. 42
Spjaščaja krasavica (*Dornröschen*, Ballett) op. 66: ČS 13
Sred' mračnyh dnej (*In trüben Tagen*), Romanze op. 73 Nr. 5: ČS 309
Sred' šumnogo bala (*Inmitten des Balles*), Romanze op. 38 Nr. 3: ČS 248
Strašnaja minuta (*Schrecklicher Augenblick*), Romanze op. 28 Nr. 6: ČS 243
Streicherelegie, siehe: Elegie
Streicherserenade, siehe: Serenade für Streichorchester
Streichquartette
    Nr. 1 D-Dur op. 11: ČS 90
    Nr. 2 F-Dur op. 22: ČS 91
    Nr. 3 es-Moll op. 30: ČS 92
Streichquartettsatz B-Dur: ČS 89
Streichsextett „Souvenir de Florence" op. 70: ČS 94
Studentische Kompositionen und Instrumentationen: ČS 322-339
(Der) Sturm, siehe: Burja
Suite aus dem Ballett *Der Nußknacker* op. 71a: ČS 32
Suite caractéristique (2. Orchestersuite) op. 53: ČS 29
Suiten, siehe: Orchestersuiten

Tak čto že (*Und wenn auch*), Romanze op. 16 Nr. 5: ČS 222
Tänze der Landmädchen, siehe: Charaktertänze
Tebe poem (*Neun liturgische Chöre*, Nr. 4): ČS 82
Tendres reproches cis-Moll op. 72 Nr. 3, Klavier: ČS 189
Thema und Variationen a-Moll, Klavier: ČS 96
Thème original et Variations F-Dur op. 19 Nr. 6, Klavier: ČS 117
To bylo ranneju vesnoj (*Es war zur ersten Frühlingszeit*), Romanze op. 38 Nr. 2: ČS 247
(Der) Tod, Romanze, siehe: *Smert'*
(Die) Träne bebt, Romanze, siehe: *Sleza drožit*
Tränen, Duett, siehe: *Slezy*
Transkriptionen, Bearbeitungen, Editionen: ČS 340a-422
Travka zeleneet (*Es grünt das Gras*), Kinderlied op. 54 Nr. 3, siehe: *Vesna*
Trio, siehe: Klaviertrio
Trunkene Nächte, Romanze, siehe: *Noči bezumnye*

Und wenn auch, Romanze, siehe: *Tak čto že*
Unosi moe serdce (*Hinweg trage mein Herz*), Romanze: ČS 224
Un poco di Chopin cis-Moll op. 72 Nr. 15, Klavier: ČS 201
Un poco di Schumann Des-Dur op. 72 Nr. 9, Klavier: ČS 195
Undina (Oper): ČS 2
Uns leuchteten milde Sterne, Romanze, siehe: *Nam zvezdy krotkie sijali*
Unvollendete Kompositionen: ČS 441-445

Usni! (*Schlaf ein!*), Romanze op. 57 Nr. 4: ČS 278
Usni, pečal'nyj drug (*Schlaf ein, betrübter Freund*), Romanze op. 47 Nr. 4: ČS 255
Už gasli v komnatah ogni (*Schon erloschen die Lichter*), Romanze op. 63 Nr. 5: ČS 297
Už taet sneg, begut ruč'i (*Schon schmilzt der Schnee*), Kinderlied op. 54 Nr. 9: siehe *Vesna*

V ètu lunnuju noč' (*In dieser Mondnacht*), Romanze op. 73 Nr. 3: ČS 307
V ogorod, vozl' brodu (*In dem Garten, neben der Furt*), Duett op. 46 Nr. 4: ČS 315
Vakula, der Schmied (Oper) op. 14: ČS 4
Valse As-Dur op. 40 Nr. 8, Klavier: ČS 143
Valse fis-Moll op. 40 Nr. 9, Klavier: ČS 144
Valse à cinq temps D-Dur op. 72 Nr. 16, Klavier: ČS 202
Valse-Bluette Es-Dur op. 72 Nr. 11, Klavier: ČS 197
Valse-Caprice D-Dur op. 4, Klavier: ČS 103
Valse de Salon As-Dur op. 51 Nr. 1, Klavier: ČS 175
Valse-Scherzo A-Dur op. 7, Klavier: ČS 105
Valse-Scherzo C-Dur für Violine und Orchester op. 34: ČS 60
Valse-Scherzo A-Dur, Klavier: ČS 183
Valse sentimentale f-Moll op. 51 Nr. 6, Klavier: ČS 180
Variationen a-Moll, siehe: Thema und Variationen
Variationen F-Dur, siehe: Théme original et Variations
Variationen über ein Rokoko-Thema für Violoncello und Orchester op. 33: ČS 59
Vater unser, liturgischer Chor, siehe: *Otče naš*
Včerašnjaja noč' (*Die gestrige Nacht*), Romanze op. 60 Nr. 1: ČS 281
Večer (*Der Abend*), Chor: ČS 68a
Večer (*Abend*), Romanze op. 27 Nr. 4: ČS 235
Večer (*Abend*), Duett op. 46 Nr. 1: ČS 312
Vesennjaja pesnja (*Frühlingslied*), Kinderlied op. 54 Nr. 13: ČS 271
Vesna (*Der Frühling*), Chor: ČS 68b
Vesna (Frühling), Kinderlieder op. 54 Nr. 3 und Nr. 9: ČS 261 und 9
Violinkonzert D-Dur op. 35: ČS 54
Voevoda (*Der Heerführer*, Oper) op. 3: ČS 1
Voevoda, Musik zu einem Monolog in Ostrovskijs Komödie *Voevoda*: ČS 20
Voevoda, Sinfonische Ballade op. post. 78: ČS 51
(Das) Vöglein, Kinderlied, siehe: *Ptička*
Vokalensembles: ČS 311-318
Volksliedbearbeitungen und -editionen: ČS 351-403
Vor dem Schlafengehen, Chor, Romanze, siehe: *Na son grjaduščij*
Vsenoščnaja, siehe: *Vsenoščnoe bdenie*
Vsenoščnoe bdenie (*Ganznächtliche Vigil. Versuch der Harmonisierung liturgischer
        Melodien*) op. 52, Chor a cappella: ČS 78

Wakula, der Schmied, Oper, siehe: *Kuznec Vakula*
War ich nicht ein Gräslein im Felde, Romanze, siehe: *Ja li v pole ne travuška byla*
Warte noch!, Romanze, siehe: *Pogodi!*
Warum?, Romanzen, siehe: *Otčego?* und *Začem?*
Warum der Freuden Stimme wehren?, Chor, siehe: *Čto smolknul veselija glas*
Wenn ich das gewußt, Romanze, siehe: *Kaby znala ja*
Wie auf heißer Aschenglut, Romanze, siehe: *Kak nad gorjačeju zoloj*
Wieder, wie einstmals, allein, Romanze, siehe: *Snova, kak prežde, odin*
Wiegenlied, Romanze, siehe: *Kolybel'naja pesnja*
Wiegenlied im Sturm, Kinderlied, siehe: *Kolybel'naja pesn' v burju*
Winter, Kinderlied, siehe: *Zima*
Winterabend, Kinderlied, siehe: *Zimnij večer*
Winterträume, siehe: Sinfonie Nr. 1
Wir saßen vereint am schlummernden Strom, Romanze, siehe: *My sideli s toboj zasnuvšej reki*

Za oknom v teni mel'kaet (*Hinterm Fenster im Schatten*), Romanze op. 60 Nr. 10: ČS 290
Zabyt' tak skoro (*So schnell vergessen*), Romanze: ČS 217
Zakatilos' solnce (*Die Sonne ging unter*), Romanze op. 73 Nr. 4: ČS 308
(Die) Zauberin (Oper), siehe: *Čarodejka*
Začem? (*Warum*), Romanze op. 28 Nr. 3: ČS 240
Zemfiras Lied, Romanze, siehe: *Pesn' Zemfiry*
Zima (*Winter*), Kinderlied op. 54 Nr. 12: ČS 270
Zimnij večer (*Winterabend*), Kinderlied op. 54 Nr. 7: ČS 265
Zur Erde Dämmrung sank, Romanze, siehe: *Na zemlju sumrak pal*
Zwei Stücke für Klavier op. 1: ČS 98-99
Zwei Stücke für Klavier op. 10: ČS 110-111
Zwölf Stücke mittlerer Schwierigkeit für Klavier op. 40: ČS 136-147

Namenregister

Vorbemerkungen:
Bei den Nachweisen der Namen und den Angaben zu den Personen haben wir, ohne dies im einzelnen anzugeben, auf neuere allgemeine und fachspezifische Enzyklopädien und Lexika und auf die Register der einschlägigen älteren und neueren Čajkovskij-Literatur (siehe das Verzeichnis *Abkürzungen, Ausgaben, Literatur* am Schluß des vorliegenden Bandes) zurückgeriffen, insbesondere auf die akribischen umfangreichen Register der Briefbände V-XVII der Moskauer Čajkovskij-Gesamtausgabe (ČPSS), außerdem auf die bekannten Suchmaschinen und Hilfsmittel im Internet.

Russische Namen werden sowohl in der transkribierten Form des Originaldrucks wiedergegeben als auch, wie heute üblich und für die eindeutige Identifizierung auch in der neueren Čajkovskij-Literatur notwendig, transliteriert. (Zur Transliteration siehe die Einführung in Teilband I der vorliegenden Publikation.) Bei der alphabetischen Einordnung der russischen Namen wird in der Regel von der transkribierten Schreibweise auf die transliterierte verwiesen (seltener auch umgekehrt).

Den transliterierten Namen in Klammern nachgestellt werden die transkribierten Namensformen der vorliegenden Neuausgabe (bzw. in seltenen Fällen in Rußland gastierender ausländischer Künstler die transliterierten Formen nichtrussischer Namen) sowie etwaige Pseudonyme, Namenskürzel oder im jeweiligen Familien- und Freundeskreis übliche Umgangs- bzw. Kosenamen. Namensformen der letzteren Art werden im übrigen auch alphabetisch eingeordnet und mit einer Verweisung auf den eigentlichen Vor- und Familiennamen ergänzt. Sonderzeichen der Transliteration wie Č, Ė, Š, Šč, Ž werden in das lateinische Alphabet wie ihre Grundformen (C, E, S, Sc, Z) eingeordnet; das Symbol ' für das Weichheitszeichen bleibt bei der Einordnung unberücksichtigt.

Abkürzungen:

Č.	Čajkovskij
Dir.	Dirigent
Komp.	Komponist
Kons.	Konservatorium
MBTh	Moskauer Bol'šoj teatr (Opern- und Ballett-Theater)
MMTh	Moskauer Malyj teatr (Schauspielhaus)
Mosk. Kons.	Moskauer Konservatorium
Petersb. Kons.	Petersburger Konservatorium
PMTh	Petersburger Mariinskij teatr
PRSch	Petersburger Rechtsschule
RMG	Kaiserliche Russische Musikgesellschaft
RMG-M	Kaiserliche Russische Musikgesellschaft, Moskauer Abteilung
RMG-P	Kaiserliche Russische Musikgesellschaft, Petersburger Abteilung
Schriftst.	Schriftsteller

A

A. (zeitweise Erzieher der Zwillingsbrüder A. I. Č. und M. I. Č.): Band 1: 80
Abaza (Abasa), Julija Fed. (geb. Štubbe, 1830-1915, Salonsängerin, Gattin von A. A. Abaza):
    Band 2: 304
Abraham, Max (1831-1900, seit 1880 Besitzer des Verlages C. F. Peters): Band 2: 458 605
Abramov, Abrum (Sänger, ab 1877 am MBTh): Band 2: 128
Abramova, siehe: Avramova
Acier (französische Schreibweise), siehe: Assier (aus dem Kyrillischen transliterierte Schreibweise des Namens)
Adamov (Adamow), Vladimir St. (Miša, 1838-1877, Mitschüler Č.s an der PRSch und Kollege am
    Justizdepartement): Band 1: 63-64 85 123 168
Aertel (russ. Ėrtel): Band 1: 62
Agafon (Agathon; Diener N. G. Rubinštejns): Band 1: 121 177
Agrenev-Slavjanskij, Dmitrij A. (1834-1908, Sänger und Chorleiter, veranstaltete populäre Konzerte
    mit seinem Russischen Chor, Volksliedsammler): Band 1: 249 – Band 2: 408
Agrippina: Band 2: 89
Aksakov (Aksakow), Konstantin S. (1817-1860, slavophiler Schriftst.):
    Semejnaja chronika (Familienchronik): Band 2: 307

Al'brecht, Familie:
　Al'brecht, Anna L. (geb. Langer, Gattin von K. K. Al'brecht): Band 1: 114
　Al'brecht, Evgenij K. (1842-1894, Geiger, Mitgl. des Streichquartetts der RMG-P,
　　Musikinspektor der Petersb. kaiserl. Theater, Präsident der Petersb. Philharm.
　　Gesellschaft, Bruder von Karl K. Al'brecht): Band 2: 473 578
　Al'brecht, Evgenij Maksimilian K. (geb. 1866; Sohn K. K. Al'brechts): Band 1: 134
　Al'brecht, Karl F. (Dir., Vater von K. K. Al'brecht): Band 1: 114
　Al'brecht, Karl Êduard K. (geb. 1863; Sohn K. K. Al'brechts): Band 1: 134
　Al'brecht, Karl bzw. Konstantin Karlovič (1836-1893, mit Č. befreundeter Cellist und
　　Komp., Lehrer und Inspektor am Mosk. Kons.):
　　　Band 1: 114-115 117 121 130-131 133 136 141 153 170 181 214 219 238 302 320 324 329
　　　Band 2: 59 131 144 159-160 245 260 273 290 386 417 605 614 620 626
　　　Rukovodstvo k chorovomu peniju (Anleitung zum Chorgesang): Band 1: 115
　　　Lieder: Band 1: 115 – Männerchöre: Band 1: 115 – Cello-Etuden: Band 1: 115
　Al'brecht, Ljudvig K. (Cellist, Bruder von K. K. Al'brecht): Band 1: 108
Aleksandr (Alexander) I. Pavlovič, Zar (1777-1825, Kaiser: 1801-1825): Band 1: 102 104 – Band 2: 65 263
Aleksandr (Alexander) II. Nikolaevič, Zar (1818-1881, Kaiser: 1856-1881):
　Band 1: 125-126 263 – Band 2: 82 85 98 100 116 121 158
Aleksandr (Alexander) III. Aleksandrovič, Zar (1845-1894, Kaiser: 1881-1894):
　Band 1: 133 – Band 2: 136 188 193-194 197-198 211 213-214 232-235 251 257 263-264 300 304
　342 387 395 427 434 474 484-485 523 532 550 579 581 597
Aleksandra, siehe: A. V. Davydova (Schwester Lev V. Davydovs)
Aleksandra, siehe: A. I. Davydova (Schwester P. I. Č.s)
Aleksandra Georgievna, Großfürstin (1870-1891, Tochter des griech. Königs Georg I., erste Gattin des
　Großfürsten Pavel Aleksandrovič): Band 2: 426
Aleksandrova, Elizaveta M., siehe: Čajkovskaja, E. M.
Aleksandrova-Kočetova (Alexandrowa), Aleksandra D. (1833-1903, Sängerin am MBTh, Prof. am
　Mosk. Kons.): Band 1: 185
Aleksandrova-Levenson, Anna Ja. (1856-1930, Pianistin, Mutter des Komp. An. N. Aleksandrov):
　Band 2: 454
Alekseev, Venedikt (Venička, Kamerad Č.s in Votkinsk): Band 2: 204 277
Alekseev (Alexejew), Nikolaj A. (1852-1893, Direktionsmitglied der RMG-M, 1885-1893 Bürger-
　meister von Moskau): Band 1: 297 – Band 2: 124 172 183-184 265 601
Alekseeva (Alexejewa), Ekaterina A. (geb. Assier, 1805-1882, ältere Schwester von Č.s Mutter,
　Amateursängerin): Band 1: 27 57
Aleksej, siehe: Davydov, A. V.
Aleksej, siehe: Sofronov, A. I. (Diener Č.s)
Aleksej, siehe: Kiselev, A.
Alëša (Aljoscha), siehe: Sofronov, A. I.
Alexander, siehe: Aleksandr
Alexander III. (der Große) von Mazedonien: Band 1: 153 164
Alexandrowa, siehe: Aleksandrova-Kočetova; siehe auch: Čajkovskaja, Elizaveta M.
Alexandrowa II (Ballerina): Band 1: 160
Alexei, siehe: Sofronov, Aleksej I.
Alexejew, siehe: Alekseev
Alexejewa, siehe: Alekseeva
Alferaki (Alpheraki), Achilles N. (1846-1919, dilett. Geiger, Komp. und Maler, Beamter im Innen-
　ministerium): Band 2: 105 388 524-525 – Kantate: Band 2: 388 – Lieder: Band 2: 524-525
Alichanov, K. M. (Direktionsmitglied der RMG-Tiflis): Band 2: 291
Aljoscha, siehe: Sofronov, Aleksej I.
Allmächtige Schar, siehe: Kučkisten
Aloiz (Aloïs), Vladislav (Ladislav) F. (1860-1918, tschech.-russ. Cellist, 1879 Absolvent des Prager
　Kons., wirkte in Kiev, Warschau und Odessa, ab 1894 Prof. am Petersb. Kons.): Band 2: 590
Alpheraki, siehe: Alferaki
Al'tani, Ippolit K. (1846-1919, Dir., 1867-1881 an der Oper in Kiev, 1882-1906 erster Opernkapell-
　meister des MBTh in Moskau): Band 1: 236 – Band 2: 144 164 167 172 210 247 277 281 308
　317 425 451 453 468 481 533 577
Ambrosius, siehe: Amvrosij
Amfiteatrov, Aleksandr V. (1862-1938, Schriftst., Dramatiker, Kritiker): Band 2: 477
Amici (röm. Bekannter Č.s): Band 2: 89
Ampère, Jean-Jacques (1800-1864, frz. Historiker und Schriftst.):
　L'histoire romaine à Rome (Paris 1856): Band 2: 87

Amphiteatrow, siehe: Amfiteatrov
Amvrosij (Erzbischof bzw. Bischof bzw. Vikar von Moskau): Band 2: 128
André (1774 von Johann André gegründeter Musikverlag in Offenbach): Band 2: 605
Anetta, Anja, Anna, Anna Petrovna, Annette (Cousine Č.s), siehe: Merkling, A. P.
Annenskaja, Anna R. (gest. 1908, Sängerin): Band 1: 160
Antonovskij, A. P. (Sänger): Band 2: 592
Antropov (Antropow), Luka N. (1843-1884, Publizist und Dramatiker: Band 2: 147-148
    Van'ka-ključnik (Wanka, der Hauswart): Band 2: 147-149 151
Apuchtin, Familie: Band 1: 64
    Apuchtin, Aleksej N. (Lelja, 1840-1893, mit Č. seit der Petersb. Rechtsschulzeit befreundeter
        Dichter): Band 1: 62 64 72 85 90 106 152 168 186 205 244 – Band 2: 40 303 601 620
        Requiem: Band 2: 622-623
    Apuchtin, Nikolaj (Vater A. N. Apuchtins): Band 1: 64 – Band 2: 40
    Apuchtina, Marija A. (1821-1859, Mutter A. N. Apuchtins): Band 1: 64
Arenskij (Arensky), Anton St. (1861-1906):
    Band 2: 178 275 312-314 332 425 433 456 476 520-521 579
    Nal' i Damajanti (Oper): Band 2: 561 602 617 – *Voevoda. Son na Volge* (Der Traum an der
    Wolga), Oper: Band 2: 454 456 476-477 481 – 1. Symphonie h-Moll op. 4: Band 2: 312 –
    Orchestersuite op. 7: Band 2: 284 312 332 – Orchesterfantasie *Marguerite Gautier* op. 9 (nach
    A. Dumas' fils *La dame aux camélias*): Band 2: 312-314 –
    Streichquartett: Band 2: 548 – 1. Suite für 2 Klaviere zu 4 Händen op. 15: Band 2: 275
    Harmonielehre, Formenlehre: Band 2: 561 – Übungsaufgaben zu Č.s Harmonielehre: Band 2: 457
Argutinskij-Dolgorukov, Vladimir N., Fürst (Volodja, 1874-1941; Kunstkenner und Sammler): Bd. 2: 616
Ark, siehe: fan Ark
Armbrust, Carl (1849-1896, Hamburger Organist, Musiklehrer und -kritiker): Band 2: 542
Armée de salut (Salvation army, Heilsarmee): Band 2: 185
Arnim: Harry Graf von Arnim-Suckow (1824-1881, preußischer Diplomat, Bismarck-Gegner)
    Pro Nihilo. Vorgeschichte des Arnimschen Prozesses (Zürich 1876): Band 2: 350
Arnol'd, Jurij K. (Yuri Arnold, 1811-1898, 1863-1870 in Leipzig, Komp. und Musikwissenschaftler,
    Übersetzer von russ. Opern- und Liedtexten ins Deutsche): *Harmonielehre*: Band 1: 87
Arnol'd, Maksimilian Ju. (mit Č. bekannter Architekt): Band 1: 168
Aronson (Besitzer des Casino-Theaters in New York) und seine Frau Alma (Bekanntschaft Č.s auf der
    Rückreise von New York): Band 2: 514-515
Artôt (Vater von D. Artôt, Hornist; Onkel des Geigers D. Artôt): Band 1: 154
Artôt, Désirée (1835-1907, Sängerin, Verlobte Č.s, später Gattin des Sängers M. Padilla y Ramos):
    Band 1: 154-159 165 172 202 250 – Band 2: 246 343 361-362 391 409 411 444
Asantschewsky, siehe: Azančevskij
Assier (frz. Acier), Familie: Band 1: 27
    Assier, Aleksandra A., siehe: Čajkovskaja, Aleksandra A.
    Assier, Andrej M. (Großvater Č.s): Band 1: 27
    Assier, Michail A. (Onkel Č.s, geb. 1802): Band 1: 27
Auber, Daniel François Esprit (1782-1871): *Le Domino noir*: Band 1: 264
Auclair (frz. Pflegefamilie von Georges-Léon bzw. G. N. Čajkovskij, Sohn T. L. Davydovas):
    Band 2: 184 293
Auer, Leopold (1845-1930, Geiger und Dir., Prof. am Petersb. Kons.):
    Band 1: 200 244 385 – Band 2: 152 154 157 473 518 547
Augier, Emile (Schauspieldichter): *Les Fourchambault*: Band 2: 55 –
    Le gendre de M. Poirier (Co-Autor: Jules Sandeau): Band 2: 55
aus der Ohe, Adele (1864-1937, dt. Pianistin) und Schwester: Band 2: 482 500-502 506 510 628
Avé-Lallemant, Theodor (1805-1890, Präsidiumsmitgl. der Philharm. Gesellsch. in Hamburg,
    Widmungsträger von Č.s 5. Symphonie): Band 2: 360 391 412
Averkiev (Awerkiew), Dmitrij V. (1836-1905, Schriftst., Dramatiker, Librettist):
    Band 1: 99 – Band 2: 147-148 – *Eine Nacht im Rausch* (Novelle): Band 2: 148-149
Avramova (Abramowa), Anna K. (1848-1918, Pianistin): Band 1: 244 246
Awerkiew, siehe: Averkiev
Azančevskaja, Anna I. (Gattin von M. P. Azančevskij): Band 1: 335
Azančevskij, Michail P. (1839-1881, Komp., 1871-1876 Direktor des Petersb. Kons. und 1870-1876
    Direktionsmitgl. der RMG-P): Band 1: 190 221 248 332 335-336

B

B., C. (Musikkritiker, Dresden): Band 2: 407
Babkov (Babkow, Dir.): Band 1: 202
Babuška, Karl O. (Bratschist): Band 2: 125
Bach, Johann Sebastian (1685-1750): Band 1: 73 87 96 352 – Band 2: 87 306 313 350
    Messen: Band 1: 73 – Orchestersuite Nr. 3 D-Dur BWV 1068, *Aria* (Bearbeitung des *Air* daraus?): Band 2: 534 – Gavotte (erste Publikation von P. I. Jurgenson): Band 1: 115
Bachmetev (Bachmetjew), Nikolaj I. (1807-1891, Komp. und Geiger, 1861-1883 Direktor der Hofsängerkapelle in Petersb.): Band 1: 108 – Band 2: 64-65
Bajkova (Baikowa), Varvara V. (Sängerin): Band 1: 185
Balakirev (Balakirew), Milij A. (1837-1910):
    Band 1: 109 135 144 147-148 161 162-165 167-174 177 182 190 227 318
    Band 2: 65 143 236 262 265-267 269 352 389 410 480
    Ouvertüre *König Lear*: Band 1: 169 – Symphonische Dichtung *Tamara*: Band 1: 170
    Beteiligung am Klavierauszug der 2. Fassung von Č.s *Roméo et Juliette*: Band 1: 206
Balakirev- / Balakirew-Kreis, siehe: Kučkisten
Barbara Nikolajewna, siehe: MacGahan, Varvara N.
Barbier, Jules (1825-1901, Dramatiker und Librettist): Band 2: 50
    Jeanne d'Arc (Versdrama, 1873): Band 2: 50 71
Barcal, Anton I. (1847-1927, tschech. Sänger in Kiev und Moskau, ab 1883 Chefregisseur des MBTh): Band 2: 109 128-129 186 577
Barcevič (Barcewicz, Barzewitsch), Stanislav K. (1858-1952, Geiger): Band 2: 37 234 530 539
Barnay, Ludwig (eigentl. Ludwig Weiß, 1842-1924, Schauspieler und Theaterleiter): Band 2: 354
Barraud, Philip Serge Joseph (Besitzer eines Photoateliers in London): Band 2: 610
Barzal, siehe: Barcal
Barzewitsch / Barzewicz, siehe: Barcevič
Batalina, siehe Gubert, A. I.
Batjuškov (Batjuschkow), Konstantin N. (1787-1855, Dichter): Band 1: 161
    Verse, die nachträglich Č.s *Fatum* als Epigraph vorangestellt wurden: Band 1: 161-162
Bauer (Café in Berlin, Unter den Linden / Ecke Friedrichstraße): Band 2: 362
Becker-Quartett (Franz Becker, Geiger, Lehrer am Leipziger Kons.): Band 2: 52
Beethoven, Ludwig van (1770-1827):
    Band 1: 72-73 85 91-92 115 179 265 270 319 342 352 358-359 361 366 375-376 –
    Band 2: 45 47 97 113 119 123 183 229 306 313 385 393-340 452 456 587
    Fidelio: Band 2: 105 276 – *Missa solemnis*: Band 1: 179 – Symphonien: Band 1: 73 85 358 –
    1. Symphonie: Band 2: 281 – 3. Symphonie (*Eroica*): Band 2: 47 97 289 354 393
    5. Symphonie: Band 1: 85 359 – Band 2: 45 341 496 – 6. Symphonie (*Pastorale*): Band 2: 47
    7. Symphonie: Band 1: 376 – Band 2: 419 421 – 8. Symphonie: Band 1: 99
    9. Symphonie: Band 1: 97 – Band 2: 394 403 410 432
    Leonoren-Ouvertüre: Band 2: 151 – Leonoren-Ouvertüre Nr. 3: Band 2: 433 503
    2. Klavierkonzert B-Dur op. 19: Band 2: 393 – 5. Klavierkonzert Es-Dur op. 73: Band 2: 419
    Violinkonzert D-Dur op. 61: Band 2: 610
    Streichquartette: Band 2: 53 – Späte Streichquartette: Band 2: 393
    Streichquartett Es-Dur op. 127: Band 2: 88 – Streichquartett cis-Moll op. 131: Band 2: 393
    Streichquartett a-Moll op. 132: Band 1: 234 –
    Klaviertrio: Band 1: 131 – Sonate für Violoncello und Klavier: Band 1: 131 –
    Klaviersonaten: Band 2: 48 68 – Klaviersonate c-Moll op. 13 (*Sonate pathétique*): Band 2: 629 –
    Klaviersonate A-Dur op. 101: Band 1: 331
Begičev (Begitschew, mit Č. befreundete Familie): Band 1: 147
Begičev, Vladimir P. (1828-1891, Dramatiker, Repertoiredirektor und Intendant der kaiserl. Theater in Moskau, Stiefvater von K. S. und V. S. Šilovskij): Band 1: 132 148 168 188 207
Begičeva, Marija V. (1830-1879, geb. Verderevskaja, nach ihrem ersten Mann Šilovskaja; 1830-1879; Mutter von K. S. und V. S. Šilovskij; Gattin von V. P. Begičev; Salonsängerin): Band 1: 132
Begičeva, Marija, siehe: Kiseleva, M. V.
Begitschew, siehe: Begičev
Bekker (Becker), Fëdor (Fjodor) F. (1850er Jahre - 1901, Chorleiter am PMTh): Band 2: 482
Bekker (Becker), Petersburger Klavierfabrik (bis 1871 von Jakov Dav. Bekker geleitet, siehe unten, dann in den Besitz von Pavel L. Peterssen übergegangen, siehe unten: Peterssen)
Bekker (Becker), Jakov bzw. Franc (Franz) D. (Musiklehrer Č.s auf der PRSch): Band 1: 70
Belaieff, siehe: Beljaev
Bélard (Berte und Gatte, Besitzer des Pariser Hotels Richepanse): Band 2: 238 585 607

Belikova (Belikowa) (Ballerina, Koryphäe): Band 1: 160
Beljaev (Beljajew, Belaieff), Mitrofan P. (1836-1904, begüterter Holzhändler, Mäzen der russ. Musik, Stifter von Kompositionspreisen, gründete einen Musikverlag in Leipzig und Konzertreihen in Petersb.): Band 2: 310 399 481 518 536 555 565 577 601 619 637
Bellermann, Heinrich (1832-1903, Musikforscher und Komp.): *Der Contrapunkt*: Band 1: 91
Bellini, Vincenzo (1801-1835): Band 1: 44 73 305 369 – Band 2: 165 313 – *I Puritani*: Band 2: 444
Belosel'skie-Belozerskie (Fürsten, Besitzer eines Schlosses am Petersb. Nevskij prospekt): Band 2: 428
Benardaki, Marija P. (Benardacky, geb. Lejbrok, Leibrock, gest. 1913, Sängerin, Gattin von N. D. Bernadaki): Band 2: 370-371 373-374 415 609
Benardaki (Benardacky), Nikolaj D. (gest. 1910, Kammerherr, Mäzen und Musikliebhaber, lebte längere Zeit in Paris, wo er einen musikalischen Salon führte): Band 2: 370-371 373 415
Benckendorff, siehe: Benkendorf
Benkendorf, Dmitrij A. (dem Kreis von Großfürst Vladimir Aleksandrovič nahestehender Maler): Band 2: 454
Bennet, William Sterndale (1816-1875, engl. Komp.): Ouvertüre *The Naiades* op. 15: Band 2: 609
Berens, Elizaveta P., siehe: Čajkovskaja, E. P.
Berezovskij (Beresowsky), Maksim S. (1745-1777, Komp.): Band 1: 364
Berg, Fëdor N. (1840-1909, Dichter und Belletrist): Band 1: 234
Berger, Francesco (1834-1919, Pianist und Komp., Sekretär der Londoner Philharm. Gesellschaft, Musikrezensent): Band 2: 375 616
Berggrov (Berggrow), Fëdor I. (Pianist und Klavierlehrer am Petersb. Kons.): Band 1: 91
Berlioz, Hector (1803-1869): Band 1: 92 95 102 143-144 174 203 235-236 270 319 322 361 – Band 2: 47-48 55 81-82 266 403 – *La prise de Troie*: Band 2: 81 – *La damnation de Faust*: Band 1: 144 – Band 2: 55 83 183 213 415 – *Lélio*: Band 1: 203 235 – Ouvertüre: Band 2: 374 – Ouvertüre *Carnaval Romain*: Band 2: 151 – Requiem: Band 2: 342-343 503 – Instrumentierung von C. M. von Webers *Aufforderung zum Tanz*: Band 2: 54 228
Bernard, Nikolaj M. (1844-1905, Hrsg. der Zeitschrift *Nouvelliste* und Besitzer des Petersb. Verlags Matvej I. Bernard): Band 1: 259 – Band 2: 158 160 170 196 305
Berngard, Avgust R. (1852-1908, Musiktheoretiker, Prof. am Petersb. Kons., Übersetzer der Libretti einiger Opern Č.s ins Deutsche): Band 2: 543
Bernhard(t), siehe: Berngard
Bernhardt, Sarah (1844-1923, frz. Schauspielerin): Band 2: 182 421
Bernini, Giovanni Lorenzo (1598-1680, ital. Architekt und Bildhauer). Band 2: 100 393
Bernsdorf, Eduard (gest. 1901, Pianist, Rezensent der *Signale für die musikalische Welt*): Band 2: 345
Bernuth, Julius von (1830-1902, Dir., ab 1867 Leiter der Philharm. Konzerte und der Singakademie in Hamburg, 1873 Gründer des dortigen Konservatoriums): Band 2: 356
Bertenson, Lev B. (Leo, 1850-1929, Arzt): Band 2: 283-284 632-634
Bertenson Vasilij B. (Bazja, 1853-1933, Arzt): Band 2: 598 632-633
Bertenson-Voronec, Pavla Genrietta B. (geb. 1862, Pianistin, Schülerin von N. G. Rubinštejn): Band 2: 256 424
Bessel', Vasilij V. (1843-1907, Bratschist und Verleger): Band 1: 108 172 205-206 214 216-219 222 – Band 2: 86 94 97-98 116-119 123 170 191 221 226 281 295 309 314 384 408 419 429 438-439 545
Bettaque, Kathi (Sängerin am Hamburger Stadttheater): Band 2: 541
Betz, Franz (Sänger): Band 1: 257 – Band 2: 103
Betz, Eduard (Dir. am dt. Theater in Petersbg.): Band 1: 202
Bevignani, Enrico Modesto (1841-1903, Dir. und Komp.): Band 1: 202 – Band 2: 126
Bial, Karl (schrieb Klavierauszüge für den Verlag Bote & Bock, Berlin): Band 2: 117
Bianchi, Valentina L. (Sängerin, 1862-1865 in Petersb.): Band 2: 66
Bičurina, Anna A. (1852-1888, Sängerin): Band 2: 231
Biesterfeld, siehe: Bisterfel'd
Bighon (Pariser Restaurant?): Band 2: 238
Bilse, Benjamin (1816-1902, Dir. der mehr als 3000 *Bilse-Konzerte* im Berliner *Concerthaus* und Komp.): Band 1: 251 – Band 2: 37-38 53 102 115-116 192 234 343 409-410
Bisterfel'd, Flegont K. (Hauslehrer der Söhne L. V. Davydovs in Kamenka): Band 2: 216
Bitner (Bjutner, Büttner), A. (Petersb. Musikverleger): Band 2: 196
Bizet, Georges (1838-1875): Band 1: 251 319 347 – Band 2: 44 113-114 262 348
    Carmen: Band 1: 250 252 310 319 322 – Band 2: 55 113 202 234 351 603
    L'Arlésienne (Orchestersuite): Band 2: 43 – *Patrie*: Band 1: 319
Bjutner, siehe: Bitner
Blinov (Blinow, Lehrer Č.s): Band 1: 35
Blok (Block), Julij (Julius) I. (Geschäftsmann, führte den Edinsonschen Phonographen in Russland ein): Band 2: 535-536

Blumenfel'd, Feliks M. (Pianist): Band 2: 637
Blumenfel'd, Stanislav M. (1850-1897, Pianist, Leiter einer Musikschule in Kiev, Vater von Tat'jana L. Davydovas Sohn Georges-Léon): Band 2: 184
Blüthner, Julius (1822-1910, Gründer der Leipziger Klavierfabrik Blüther): Band 2: 361
Bob, Bobik, siehe: Davydov, V. L.
Bobrinskij, Graf Lev A. (1831-1915, Offizier): Band 2: 135 142
Bočarov, Michail I. (1832-1895, Landschaftsmaler, ab 1864 Dekorationsmaler der Kaiserl. Theater): Band 2: 196-197
Bock, Hugo (1848-1932, Berliner Musikverleger: Bote & Bock):
  Band 2: 83 117 343 354 360-362 411 486
Bogomelec (Bohomeletz, Gastgeberin eines Pariser Salons): Band 2: 296
Boïto, Arrigo (1842-1918): Band 2: 187 610-612 626
Bok, Aleksandr R. (1829-1898, Bildhauer): Glinka-Denkmal in Smolensk: Band 2: 262
Bolland (Geiger, Mitgl. des Petri-Quartetts): Band 2: 347 349 352-353
Bonne (Bonné; Schülerin des Petersb. Kons., Malerin), Marija: Band 1: 100 188
Borodin, Aleksandr P. (1833-1887): Band 1: 135 147 168 174 318-319 324 – Band 2: 98 352 374 389 410 480 – 1. Symphonie Es-Dur: Band 2: 410 592 – 2. Symphonie h-Moll: Band 2: 127 –
  V Srednej Azii (Steppenskizze aus Mittelasien): Band 2: 172 289
  Serenade (Nr. 6 der *Petite Suite* für Klavier?): Band 2: 500
  siehe auch: Rimskij-Korsakov, *Paraphrases sur un thème obligé*
Borovka (Borowka), Iosif A. (1853-1920, Pianist, 1878-1887 Prof. am Petersb. Kons.): Band 2: 265
Bortnjanskij (Bortnjansky), Dmitrij S. (1751-1825, Komp., ab 1796 Direktor des Petersb. Hofsängerkapelle): Band 1: 364 – Band 2: 65 111 128
  Kirchenwerke (Neuausgabe Č.s): Band 2: 141-142 146-147 157 174
Bosch, siehe: van Bosch
Bos(c)hanowsky, siehe: Božanovskij
Bote & Bock, Musikverlag in Berlin, siehe: Bock, Hugo
Botkin, Petr S. (Sekretär der russ. Botschaft in Washington, Sohn von S. P. Botkin):
  Band 2: 497 504 511
Botkin, Sergej Petr (bekannter Arzt): Band 2: 497 504
Botscharow, siehe: Bočarov
Božanovskij (Boschanowsky; Sänger): Band 1: 160
Brahms, Johannes (1833-1897): Band 1: 256 355 – Band 2: 38 278 308 343-346 359-360 393 395 401 411-412 425 430 573 610 – *Ein deutsches Requiem*: Band 2: 395 412 –
  1. Symphonie c-Moll: Band 1: 309 – 2. Symphonie D-Dur: Band 2: 37-38 –
  [1.] Klavierkonzert: Band 1: 247 – Violinkonzert D-Dur: Band 2: 101 –
  Streichsextett B-Dur op. 18: Band 2: 395 – Streichquartett: Band 2: 511
  4. Klaviertrio c-Moll op. 101: Band 2: 343-344 – Intermezzo für Klavier op. 76: Band 2: 609
Brandukov (Brandukow), Anatolij A. (1859-1930; Cellist):
  Band 2: 296 298 319 337 371 373 414-415 432 436 441 534 598 624
Brandus & Cie. (Musikverlag in Paris): Band 2: 190
Brashnikow, siehe: Bražnikov
Bražnikov (Brashnikow), P.: Band 1: 221
Breitner (Pianist): Band 2: 97
Brema, Mary (Sängerin): Band 2: 611
Brianza, Carlotta (1867-1930, ital. Ballerina, 1889-1891 am PMTh): Band 2: 434
Brjullov, Vladimir A. (1846-1918, Direktor des Russ. Museums in Petersb., Sohn von A. P. Brjullov, schrieb zusammen mit N. K. Lenc – siehe dort – Klavierauszüge von Werken Č.s): Band 2: 547
Brjullova, Anna I. (geb. Mejer, 1849-1932, Mutter N. G. Konradis): Band 1: 250 310 – Band 2: 635-636
Brodovskij (Brodowsky), Mark M. (1861-1919, Literat): *Rukovodstvo k stichosloženiju* (Handbuch zum Versbau, 1887): Band 2: 383
Brodskaja, Anna L. (geb. Skadovskaja, 1855-1929, Frau von A. D. Brodskij): Band 2: 354 361 409
Brodskij (Brodsky), Adol'f D. (1851-1929, Geiger, 1875-1878 Lehrer am Mosk. Kons., 1882-1891 Prof. am Leipziger Kons., 1891-1894 Konzertmeister des New Yorker Symphonieorch., 1895-1929 Konzertmeister des Hallé-Orchesters und des Music College in Manchester, 1881 erster Interpret von Č.s Violinkonzert):
  Band 1: 385-386 – Band 2: 152-154 167 247 343-344 354 361 409 424 518-519
Bruch, Max (1838-1920): Band 2: 38 187 610-612 – Konzerte: Band 1: 352
Brummklein (Komponist, New York): Band 2: 512
Bsuhl, siehe: Bzul'
Buksgevden (Buxhövden), Rudol'f O. (Rudi, Rud'ka, Jurist, mit V. L. Davydov befreundet):
  Band 2: 615-616 631 634

Bülow, Hans von (1830-1894): Band 1: 181 228-229 239 244 247 252 256 356 – Band 2: 37-38 53 66
   97 102 115 233 240 249-251 256 278 354 356 359-360 362 395 514 572 586 588 621
Burenin, Viktor P. (1841-1926): Libretto nach Puškins *Poltava* (*Mazepa*): Band 2: 140 146 198
Burgaev (Burgajew, Mathematiker): Band 1: 136
Busoni, Ferruccio (1866-1924): 1. Streichquartett C-Dur op. 19 (1880/81): Band 2: 361
Butakov, Ivan I. (1822-1882, Gatte von V. V. Butakova, Vizeadmiral, Generaladjutant): Band 2: 104
Butakova, Vera V. (1843-1923, jüngere Schwester von Lev V. Davydov):
   Band 1: 102-103 129 138-139 142 – Band 2: 104 241 631
Büttner, siehe: Bitner
Buxhövden, siehe: Buksgevden
Byron, George Gordon Noel, Lord (1788-1824): Band 2: 112 119
   Don Juan: Band 2: 542 – *Manfred*: Band 2: 266-267 269
Bzul', Dmitrij St. (1867-1894, Cellist, Prof. am Petersb. Kons.): Band 2: 441 634

C

Čaev, Nikolaj A. (1824-1914, Schriftst. und Dramatiker, ab 1886 Leiter der Repertoireabteilung
   der Mosk. Kaiser. Theater): Band 2: 317 – *Gusljar* (Der Guslispieler), Gedicht: Band 2: 317
Čajkovskij (Tschaikowsky), Familie von Il'ja P. und Petr I. Čajkovskij:
   Band 1: 25 27 30 33 35-39 44-50 53-56 65-67 70 72 79-81 86 104 164 220 274 289 291 –
   Band 2: 546 584
      Čajkovskij (Tschaikowsky, Vorfahre Č.s): Band 1: 27
Čajkovskaja, Aleksandra A. (geb. Assier / Acier, 1813-1854, Č.s Mutter): Band 1: 27 29-31 33-39
   44 46-56 65 158 308 – Band 2: 634
Čajkovskaja, Aleksandra I., siehe: Davydova, Aleksandra I. (Č.s Schwester)
Čajkovskaja, Antonina I. (geb. Miljukova, 1848-1917, P. I. Č.s Gattin):
   Band 1: 260 278-279 289-294 298 320 379 – Band 2: 76
Čajkovskaja, Ekaterina I. (1836-1837, Schwester Č.s): Band 1: 33
Čajkovskaja, Elizaveta M. (Lili, geb. Lipport, in erster Ehe Aleksandrova, 1829-1910,
   seit Ende 1865 dritte Gattin von Č.s Vater): Band 1: 104 107 – Band 2: 95
Čajkovskaja, Marija K. (geb. Kejzer, gest. 1831, seit 1827 erste Gattin von Č.s Vater): Band 1: 30
Čajkovskaja, Ol'ga S. (geb. Denis'eva, Gattin N. I. Č.s)
Čajkovskaja, Praskov'ja V. (Panja, Pani, Panička, Panjuša, Paraša; geb. Konšina, 1864-1940,
   Schwägerin Č.s, Gattin seines Bruders Anatolij):
   Band 2: 200 217 233 240 280 291 325 328 454 558 582 601 621
Čajkovskaja, Sofija P. (geb. Nikonova, Schwägerin Č.s, Gattin seines Bruders Ippolit):
   Band 1: 164 – Band 2: 377
Čajkovskaja, Zinaida I., siehe: Ol'chovskaja, Zinaida I.
Čajkovskij, Anatolij I. (Tolja, Anatoša; Bruder Č.s, Zwilling von Modest, Jurist, Geheimrat,
   Senator):
   Band 1: 50-51 53 56-57 66 73 80-81 83 86 90 106 118-128 130 133-138 141-143 146 149
   151 153 155 157-160 164 167 172-173 176 178-179 183-184 186 189-190 199 201 205-206
   218 223-224 235 237 240-241 243-244 249 253-254 261-263 274 278 291-296 299 301-305
   308 310 312-314 316 319-320 323 327-328 330-331 335 341 346-347 355 363 377 379 382-
   383 385
   Band 2: 40-41 60 71 75 78 102 107 116-117 126-127 136 146 161 172 180 194 200 217 233
   263-264 280-281 284 324 328 378 423-424 428 445 454 521 536 546 548 557 582 593 601
   620 621
Čajkovskij, Georgij (Georges-Léon, Georges 1883-1940, unehelicher Sohn von Tat'jana L.
   Davydova und S. M. Blumenfel'd, adoptiert von Nikolaj I. Č.): Band 2: 184 293 295 522
Čajkovskij, Il'ja P. (1795-1880, Č.s Vater): Band 1: 28-30 33 35-39 44-49 51-57 63 65-66 70-72
   79-83 86 88-90 104 128-131 137 140 156-158 184-185 190 200-202 205-206 212 216
   218-221 225 232 244 263 274 289 291 382 – Band 2: 60 94-95
Čajkovskij, Ippolit I. (1843-1827, Bruder Č.s, Seeoffizier, Herausgeber von Č.s Tagebüchern):
   Band 1: 33 46 49 56 86 164 205 – Band 2: 288 377
Čajkovskij, Modest I. (Modja, 1850-1916, Bruder Č.s, Zwilling von Anatolij, Schriftst., Dramatiker,
   Librettist):
   Band 1: 34 50-51 53 56-57 66 73 80-81 83-86 90 106 118-119 121-128 130 135 137-138 142
   146 149 153 155 160 164 172-173 175-176 178 180 183-184 186 192-193 200-201 205-206

209 217 220 222-224 232-237 240-241 243-246 251-255 257 260-263 268 272-273 275 277 291-293 296 303 308 310 312-314 316-317 319-320 327-328 330-331 335 341 355 361 364-365 368-370 383-385
Band 2: 41 44 60 85-86 89-90 113 122 142 148 160 180 184 186 189 203 209 211-212 272-273 279 288 311 315 377 414-415 420 428 445-446 448 459 481 488 500 530 535-536 539 545-546 550 557 567 594 596-597 600 602 604 627-633 635
Theaterstücke:
 Blagodetel' (Der Wohltäter; Komödie): Band 2: 130 135
 Den' v Peterburge (Ein Tag in Petersburg): Band 2: 579 585
 Lizaveta Nikolaeva (Schauspiel): Band 2: 225 238 279
 Predrassudki (Vorurteile; Komödie): Band 2: 562 621
 U steny (An der Wand; Komödie): Band 2: 299 315 321
Szenarien / Libretti:
 Inès de las Sierras (Scenario nach Charles Nodier): Band 1: 275
 Iolanta (Libretto zu Č.s Oper nach dem lyr. Drama von Henrik Hertz, russ. von Vl. R. Zotov): Band 2: 477 483 508 522-525 565
 Nal' i Damajanti (Libretto zu A. Arenskijs Oper nach V. Žukovskij): Band 2: 561 602
 Pikovaja dama (Libretto zu Č.s Oper nach A. S. Puškin):
  Band 2: 377-378 433 437 439-440 442-444 456 460
 Undina (Libretto zu einer Oper): Band 2: 603
 Undina (Libretto bzw. Tanzprogramm zu einem Ballett): Band 2: 310-311
Übersetzung der frz. Mozart-Biographie von A. D. Ulybyšev (siehe auch: Ulybyšev): Band 2: 381 457
Tagebücher: Band 2: 268
Čajkovskij, Nikolaj I. (1838-1911, ältester Bruder Č.s, Bergbauingenieur):
 Band 1: 33-37 46-52 55 74 86 164 186 189 205 – Band 2: 184 293 522 525 584 606 634-635

Čajkovskij (Tschaikowsky), Familie von Č.s Onkel Petr P. Čajkovskij:
 Band 1: 56 65-66
Čajkovskaja, Aleksandra P., siehe: Karcova, A. P.
Čajkovskaja, Anna P., siehe: Merkling, A. P.
Čajkovskaja, Elizaveta P. (geb. fon Berens, gest. 1880, Gattin P. P. Č.s, Tante Č.s): Band 1: 34 66
Čajkovskaja, Lidija P., siehe: Genke, Lidija P.
Čajkovskij, Andrej P. (Andrjuša, Offizier, 1841-1920, Sohn von P. P. Č., Cousin P. I. Č.s): Band 2: 635
Čajkovskij, Petr P. (1789-1871, Onkel Č.s): Band 1: 56 65-66 185
Čajkovskij, Il'ja P. (1837-1891, Sohn P. P. Č.s, Cousin P. I. Č.s): Band 1: 55
Čajkovskij, Mitrofan P. (Fanja, 1840-1903, Sohn P. P. Č.s, Cousin P. I. Č.s)

Čajkovskij (Tschaikowsky), Familie von Č.s Onkel Vladimir P. Čajkovskij (1793-1850):
Čajkovskaja, Marija Petrovna (geb. Kamenskaja, Tante Č.s): Band 1: 34
Čajkovskaja, Lidija V., siehe: Ol'chovskaja, Lidija V.

Čajkovskij (Tschaikowsky), Familie (nicht verwandt mit den vorgenannten Familien Č.): Band 1: 121
Čajkovskij (Tschaikowsky; Stationsvorsteher; nicht verwandt mit den anderen Familien Č.): Band 1: 194
Čajkovskij, Michail I. (Pseudonym: Sadyk-Paša), siehe: Czajkowski, Michał
Canova, Antonio (1757-1822, ital. Bildhauer): Band 1: 224
Capoul, Victor (Joseph Victor Amédée Capoul, 1839-1923, frz. Sänger und Librettist): Band 2: 444
Carnegie, Andrew (1835-1822, amerikan. Mäzen, stiftete die *Music Hall* bzw. *Carnegie-Hall* in New York) und Gattin: Band 2: 496 498 503 505-507
Catoire, siehe: Katuar
Cecchetti, Enrico (1850-1928, ital. Tänzer in Petersb.): Band 2: 434
Čech, Adolf (1841-1903, tschech. Dir., 1874-1900 1. Kapellmeister am Prager Nationaltheater, dirigierte in Prag Č.s *Orleanskaja deva* 1882, *Evgenij Onegin* 1888 und *Pikovaja dama* 1892): Band 2: 468 520 575
Čechov (Tschechow), Anton P. (1860-1904): Band 2: 426 – Erzählungen: Band 2: 426
Čemodanov, Ivan I., Fürst (1656 Leiter der russ. diplomat. Gesandtschaft in Venedig), Gemälde (Portrait) in der Galerie des Palazzo Pitti, Florenz: Band 2: 447
Černov, Arkadij Ja. (eigentl. Ėjngorn, N. F., 1858-1902, Sänger, 1886-1900 in Petersb.): Band 2: 579-580
Černyšova-Kruglikova (Tschernyschow-Kruglikow), Gräfin: Band 1: 103
Certelev, Petr N., Fürst (X, Beamter für besondere Aufgaben im Innenministerium, Gatte von E. A. Lavrovskaja): Band 1: 276
Cet, Julij I. (Pianist, Konzertagent): Band 2: 386 389-390

Chaminade, Cécile (1857-1944, Komponistin und Pianistin): Band 2: 415
Cherubini, Luigi (1760-1842): Band 2: 273 – *Les deux journées* (Der Wasserträger): Band 2: 259 –
    Traité de contrepoint et de fugue: Band 1: 87
Chevillard, Camille (1859-1923, Dir. und Komp.): Band 2: 586
Chevrillon, André (geb. 1864, frz. Schriftst. und Literaturhistoriker): *Dans l'Inde*: Band 2: 524
Chochlov, Pavel A. (1854-1919, Sänger, 1879-1919 am MBTh): Band 2: 128-129 316 533
Chomjakov, Aleksej St. (1804-1860, Dichter): Band 2: 303-304
Chopin, Fryderyk (Frédéric) (1810-1849): Band 1: 321 361 – Band 2: 119 363-364 430 609
    Fantasie f-Moll: Band 1: 44 – *Mazurken*: Band 1: 45 – *Polonaise*: Band 2: 415
Choudens, Antoine (gest. 1888, Gründer 1845 und Besitzer eines Musikverlages in Paris) und
Choudens, Paul (gest. 1925, Sohn von A. Choudens, ab 1888 Besitzer des Musikverlags Choudens):
    Band 2: 190-191
Christianovič (Christianowitsch), Nikolaj F. (1828-1890, Musikschriftst., Pianist, Komp.): Band 1: 109
Christus (Christus-Worte): Band 2: 425 427 624
Chvostoja, Anastasija A., siehe: Miljukova, A. A.
Chvostova, Chwostowa, siehe: Poljakova-Chvostoja
Chwala, Emanuel (Musikkritiker, Prag): Band 2: 576
Čičerin, Boris N. (1828-1904, Philosoph): *Nauka i religija* (Wissenschaft und Religion): Band 2: 78
Ciganov, Nikolaj G. (1797-1831, Dichter): Band 2: 501
Cimarosa, Domenico (1749-1801, ital. Komp., 1789-1792 in Petersb.): Band 2: 111 –
    Il matrimonio secreto: Band 2: 604
Clairville (Librettist), siehe: Lecocq
Clementi, Muzio (1752-1832): Band 2: 285
Colonne, Edouard (1838-1910, frz. Dir.): Band 1: 267-268 – Band 2: 56 58 65 77-78 81 83 93 95-96
    101 115 153 187 247 298 337 359 370-371 374 376 414-415 425 470 487 544 587-588
commis voyageur (ein frz. Passagier und sein Freund auf Č.s Schiffsreise nach New York):
    Band 2: 491-493 497
Conius, siehe: Konjus
Conneau, Juliette (frz. Sängerin): Band 2: 319 373
Conus, siehe: Konjus
Coquelin, Benoit Constant (1841-1909, frz. Schauspieler, Paris: Comédie française): Band 2: 211
Corneille, Pierre (1606-1684): *Polyeucte*: Band 2: 102
Correggio (eigentl. Antonio Allegri, 1494-1534, ital. Maler): Band 2: 103
    Danaë: Band 2: 99 103 – *Christus* (Vatikan): Band 2: 103
Cossmann, Bernhard (1822-1910, Cellist, 1866-1870 Prof. am Mosk. Kons., ab 1878 am Hoch'schen
    Kons. in Frankfurt a.M.): Band 1: 131 136 142 – Band 2: 403
Couperin, François ("le grand", 1668-1733): Band 2: 609
Cowen, Frederic Hymen (1852-1935, Dir. und Komp., 1888-1892 und 1900-1907 Leiter der Philh.
    Society London): Band 2: 375
Cui, siehe: Kjui
Cusins, William George (1833-1893, engl. Komp. und Dir.): Band 2: 610
Czerny, Carl (1791-1857, Pianist, Komp. Klavierpädagoge): *40 tägliche Studien* op. 337: Band 1: 93

D

D., siehe: Dufour
D., A. (Rezensent): Artikel *Die Symphonie von Tschaikowsky*: Band 1: 134
Dagmar von Dänemark (Prinzessin), siehe: Marija Fëdorovna
d'Albert, Eugen (1864-1932, dt. Pianist und Komp.): Band 2: 223 318 414 470
Damala, Jacques (Attaché der griech. Botschaft in Paris, Gatte von Sarah Bernhardt): Band 2: 421
Damrosch, Leopold (1832-1885, Dir., Geiger, Komp., ab 1872 in New York):
    Oratorium *Sulamith*: Band 2: 97 152 501 505
Damrosch, Walter (1862-1950, Sohn von L. Damrosch, Dir. und Komp., Leiter der Symph. Society in
    New York): Band 2: 496 501-503 505-508 518-519 521
Damrosch (Gattin von W. Damrosch): Band 2: 498 507
Dannreuther, Edward (1844-1905, engl. Pianist): Band 2: 505
Dannreuther, Gustav (1853-1923, Geiger und Dir. in den USA): Band 2: Band 505 512
Dante Alighieri (1265-1321): Band 2: 312 – *Divina Comedia* (Göttliche Komödie):
    Band 1: 252 255 275 – Band 2: 410
d'Acquin (Daquin), Louis-Claude (1694-1772, frz. Organist und Komp.): Band 2: 609
d'Arc, Jeanne (Johanna): Band 1: 42 – Band 2: 523

Darcours, Charles (Musikkritiker der Pariser Zeitung *Le Figaro*): Band 2: 415
Dargomyžskij (Dargomyshsky), Aleksandr S. (1813-1869): Band 1: 109 135 144 147 324 – Band 2: 120 300 370 387-389 528 – *Esmeralda* (nach Victor Hugo; 1836-1840): Band 2: 388 –
    Rusalka (nach A. S. Puškin; 1845-1855): Band 1: 115 – *Kamennyj gost'* (Der steinerne Gast; nach A. S. Puškin, ab 1866): Band 1: 147 223 – Band 2: 315 388 – Orchesterkompositionen *Baba-jaga, Kazačok, Čuchonskaja fantazija* (Finnische Fantasie): Band 2: 388 – Frauenchor (D-Dur): Band 1: 174
Daubray, Michel (1837-1892, frz. Schauspieler, Paris: Palais Royal): Band 2: 211 223-224
Daudet, Alphonse (1840-1897): *L'Evangéliste. Roman Parisien*: Band 2: 185 – *Sapho* (Roman): Band 2: 223 – *Trente ans à Paris* (Autobiogr. Aufzeichnungen, 1887): Band 2: 342
Dauphine (Sänger in Genf): Band 2: 411
Davydov (Dawidow), Familie von Č.s Schwester und Schwager: Band 1: 81 102-103 105 117 121 128-129 137-138 140 149 174 180 209 244 250 258 263 277 292 294 362-363 377 – Band 2: 40 138 146 248 538
    Davydov, Lev V. (Č.s Schwager) und Davydova, Aleksandra I. (Č.s Schwester) sowie ihre Kinder:
        Davydov, Lev V. (1837-1896): Band 1: 70 104 121 125 128 180 212 243 276-277 283 383 386 – Band 2: 150 216 239 318
        Davydova, Aleksandra Il. (geb. Čajkovskaja, Saša, 1842-1891): Band 1: 33 46 49-50 52 56 66-67 70 79-81 83-86 89-90 103-107 120-121 123 125-128 137-139 149 172 174 178-179 182 184 189 202 206 208-209 211-212 225 243 250 262-263 269 274 277 283 289 291-292 357 362-364 368 386 – Band 2: 94 146 171 318 451 459 466 488 490 557 570

    Davydov, Dmitrij L. (Mitja, Mitjuk, 1870-1929/30): Band 2: 248
    Davydov, Jurij L. (Uka, Jurka, 1876-1965): Band 2: 248
    Davydov, Vladimir L. (Bob, Bobik, 1871-1906, Lieblingsneffe Č.s): Band 1: 386 – Band 2: 218 248 324 377 486 490 516 519-520 530 538 546-547 550 551 557-559 564 577 582 594 596 600 602 604 606 615-616 620 623 627 629-630 632-634
    Davydova, Anna L. (1864-1942, verh. mit Nikolaj fon Mekk, siehe Mekk, Anna L.
    Davydova, Natal'ja L. (1868-1956), nach 1889 verh. mit Veras Witwer N. A. Rimskij-Korsakov, siehe: Rimskaja-Korsakova, N. L.
    Davydova, Tat'jana L. (1862-1886): Band 2: 118 184 189-190 192 293 295 317-318 488 522
    Davydova, Vera L. (1863-1889), verh. mit N. A. Rimskij-Korsakov, siehe: Rimskaja-Korsakova, V. L.
Davydov, andere Verwandte von L. V. Davydov:
    Davydov, Aleksej V. (1846-1909, jüngerer Bruder Lev V. Davydovs): Band 1: 102
        Davydov, Nikolaj V. (1826-1916, älterer Bruder Lev V. Davydovs): Band 1: 104-105 164
    Davydov, Vasilij L. (1792-1855, Vater Lev V. Davydovs, Dekabrist): Band 1: 102 104
    Davydova, Aleksandra Ivanovna (geb. Potapova, 1802-1895, Mutter Lev V. Davydovs): Band 1: 102-103 128 – Band 2: 216
    Davydova, Ekaterina V., siehe: Peresleni, E. V.
    Davydova, Elizaveta V. (1823-1904, Schwester Lev V. Davydovs): Band 1: 102-103
    Davydova, Vera V., siehe: Butakova, Vera V.

Davydov (Dawidow, Ch.), Karl Ju. (1838-1889, Cellist und Komp., Direktor des Petersb. Kons.): Band 1: 190-192 194 200 248 295-296 324 326 329 – Band 2: 118 140 151 168 411 432
    1. Violoncellokonzert h-Moll op. 5: Band 2: 432 – Romanzen (Lieder): Band 1: 380 – Band 2: 419
de Croy, Herzog Charles Eugène (1651-1702), Aufbahrung seiner "Mumie" in Reval: Band 2: 536
de Lazari, Konstantin N. (Pseudonym: Konstantinov, 1838-1903, Sänger und Schauspieler): Band 1: 148
de la Motte-Fouqué, Friedrich (1777-1843), siehe Žukovskij
de Maupassant, Guy de (1850-1893): Romane: Band 2: 224
de Musset, Alfred (1810-1857): Band 1: 138 244 381-382
    André del Sarto: Band 1: 381 – *Le Chandelier*: Band 1: 381 –
    Les caprices de Marianne: Band 1: 381-382 – *Lorenzaccio*: Band 1: 381 –
    On ne badine pas avec l'amour: Band 2: 183 – *Proverbes dramatiques*: Band 1: 381
de Reszke, Edouard und Jean (poln. Brüder, Sänger): Band 2: 371 373 483-484
    de Reszke, Edouard (1855-1917, Baß, 1885-1893 an der Pariser Grand Opéra
        de Reszke, Jean (1850-1925, Tenor, trat u.a. in Italien, Frankreich, England und Rußland auf): Band 2: 371 373
de Sarasate, Pablo (1844-1908, span. Geigenvirtuose und Komp.): Band 1: 347 – Band 2: 69 155 610
    Stücke für Violine: Band 2: 424
Dejša-Sionickaja, Marija A. (1859-1932, Sängerin, 1883-1891 am PMTh und 1891-1908 am MBTh): Band 2: 202 484 531 533
Delibes, Léo (1836-1891): Band 1: 319 347 – Band 2: 44 185-186 298
    Oper *Jeanne de Nivel*: Band 2: 106 – Ballett: *Sylvia*: Band 1: 257 309-310 358
Deline, Michel (eigentl. Aškenazi; russ. Journalist und Übersetzer in Paris, Mitarbeiter der Zeitung *Paris*): Band 2: 487 587

Delpit, Albert (1849-1893, frz. Roman- und Bühnenautor):
   Les Maucroix (Comédie en prose; 1885): Band 2: 212
Dement'ev, Nikolaj I. (1854-1908, Sänger in Petersb. und Kiev): Band 2: 231
Demidov (Demidow), Stepan V. (Sänger): Band 1: 160
Denza, Luigi (1846-1922, ital. Komp.): Band 2: 294
Deržavin, Gavriil R. (1743-1816, Dichter): Band 2: 440
Détroyat, Pierre-Léonce (Pariser Journalist und Librettist): Band 2: 296 298 415 457 479-480
Dickens, Charles (1812-1870): Band 1: 122 – Band 2: 204 305 427 – *Bleakhouse*: Band 2: 167
Diémer, Louis (1843-1919, Pianist und Komp., ab 1888 als Nachfolger Marmontels Prof. am Pariser Kons.):
   Band 2: 247 256 274 319 371-374 609 625
   Klavierstücke *Caprice pastoral*, *Pièce romantique*, *Valse de Concert*: Band 2: 609
d'Indy, Vincent (1851-1831, frz. Komp.): Dramatische Legende *Le chant de la cloche* (nach Schillers Ballade
   Die Glocke) op. 8 (1885): Band 2: 415 586
Ditman (ein Besucher Č.s in New York 1891): Band 2: 509
Djubjuk (Dubuque), Aleksandr I. (Pianist, Prof. am Mosk. Konserv.): Band 1: 87 116 131-133 141 186 –
   Band 2: 259 435
Djutš, Georgij O. (Dütsch, 1857-1891, Dir., 1889-1890 Leiter der Orchesterklasse am Petersb. Kons.):
   Band 2: 308-309
Djutš, Otton I. (Dütsch, in Rußland lebender dän. Komp. und Dir.): Band 1: 90 –
   Kroatka (Die Kroatin): Band 1: 173
Dmitriev, Aleksandr D. (1832-1899, Theaterregisseur): Band 2: 156
Dodonov (Dodonow), Aleksandr M. (Sänger): Band 1: 192 – Band 2: 316
Dolci, Carlo (ital. Maler): Band 2: 50
Dolgorukij (Dolgoruky), Fürst (Mosk. Generalgouverneur): Band 2: 65
Dolina, Marija I. (1868-1919, Sängerin, 1886-1904 am PMTh): Band 2: 330-331 474 580
Domenichino (Domenico Zamperi, 1581-1641, ital. Maler):
   Der Tod des heiligen Hieronymus: Band 1: 303
Donizetti, Gaetano (1797-1848): Band 1: 44 73 – Band 2: 313
Donnay, Maurice (1859-1945, frz. Dramatiker): *Lysistrate* (Komödie): Band 2: 585
Door, Anton A. (1833-1919, österr. Pianist, 1866-1869 Prof. am Mosk. Kons., 1869-1901 am Kons. der
   Gesellschaft der Musikfreunde in Wien): Band 1: 132 165 572-573
Doré, Gustave (1832-1883, Illustrator): *Francesca da Rimini*: Band 1: 262
Dostoevskij (Dostojewsky), Fëdor M. (1821-1881): Band 1: 99-100 – Band 2: 295
Dragomirov (General): Band 2: 247
Drejšok (Dreyschock), Aleksandr (Klaviervirtuose): Band 1: 93
Dressel (Restaurant in Berlin): Band 2: 362
Drigo, Riccardo E. (1846-1930, ab 1879 Dir. der ital. Oper in Petersb., 1886-1920 erster Ballett-
   Kapellmeister am PMTh, Ballettkomp.): Band 2: 434 580
Drozdov, Filaret (Metropolit von Moskau): Band 1: 142
Dubuque, siehe: Djubjuk
Dudyškin, Dmitrij V. (1861-1912, Dir.): Band 2: 631
Dufour (Repräsentant des Pariser Musikverlags Brandus, Dufour et Cie., Korrespondent Jurgensons):
   Band 1: 268
Dumas (père), Alexandre (1802-1870): frz. Fassung von E.T.A. Hoffmanns Märchen *Nußknacker und
   Mausekönig*: Band 2: 477 566
Dumas (fils), Alexandre (1824-1895): *La dame aux camélias* (Roman bzw. Drama): Band 2: 312 –
   Le fils naturel (Schauspiel): Band 2: 55
Dumčev, Konstantin M. (1879-1948, Geiger, "Wunderkind"): Mazurka (Odessa 1893): Band 2: 591
Durand, Émile (Musiktheoretiker und Komp.): *Comme à vingt ans*: Band 1: 185
Durbach, Fanny (1822-1895, Gouvernante Č.s in Votkinsk):
   Band 1: 30 34-37 39 41 43-45 47 49-51 55 – Band 2: 523 546 582-585
Durbach, Frederike (Fanny Durbachs Schwester): Band 1: 34 – Band 2: 584
Durov, Anatolij L. (1865-1916, Clown): Band 2: 370 544
Dütsch, siehe: Djutš
Dvořák, Antonín (1841-1901): Band 2: 367 398 408 411 419 425
Dvořákova, Anna (geb. Čermakova, 1854-1931, Sängerin, A. Dvořáks Gattin): Band 2: 411

E

E., O. (Musikkritiker, Berlin): Band 2: 364-365
Eastwood, Martha bzw. Mary (gest. nach 1909, engl. Gouvernante der Davydov-Kinder in Kamenka): Band 2: 167 173
Edison, Thomas Alva (1847-1931, amerikan. Erfinder – u.a. des Phonographen – und Unternehmer), siehe: Blok (Block), Ju. I.
Eichenwald, siehe: Ėjchenval'd
Eichhorn, Rudolf (Sänger, Bariton, 1892/93 am Hamburger Stadttheater): Band 2: 541
Ėjchenval'd (Eichenwald), Margarita A. (verh. Trczvinskaja, 1866 - nach 1948, Koloratursopran, am MBTh): Band 2: 533 577-578
Ekaterina I.: Band 2: 263 – Gemälde (Portrait) in der Galerie des Palazzo Pitti in Florenz: Band 2: 447
Ekaterina II. (Katharina "die Große", 1729-1796, Zarin 1762-1796): Band 1: 102 – Band 2: 214 263 395
Ekaterina Michajlovna, Großherzogin, Mutter Georg Alexanders und Helenes von Mecklenburg-Strelitz): Band 1: 252
Ekaterina Michajlovna, Großfürstin (Tochter des Großfürsten Michail Pavlovič): Band 2: 201-202
Elena Pavlovna, Großfürstin (Großfürstin Helene, geb. Prinzessin Friederike Charlotte Marie von Württemberg, 1806-1873 erste Präsidentin der RMG): Band 1: 90 148 226 229 249
Eliot, George (eigentl. Mary Anne Evans, 1819-1880, engl. Schriftstellerin): Band 2: 621
    Adam Bede, Middlemarch, Scenes of clerical life, Silas Marner, The sad fortunes of the reverend Amos Barton: Band 2: 621
Elizaveta Fëdorovna, Großfürstin (geb. Prinzessin von Hessen, 1864-1918, Schwester der Kaiserin Aleksandra Fëdorovna, Gattin des Großfürsten Sergej Aleksandrovič): Band 2: 238
Elizaveta Mavrikievna, Großfürstin (geb. Prinzessin von Sachsen-Altenburg, 1865-1927, Gattin des Großfürsten Konstantin Konstantinovič): Band 2: 426 623
Ėlpedin, Michail K. (1835-1908, emigrierte 1863 ins Ausland, gründete in Genf die Verlagsbuchhandlung *Librairie russe M. Elpedine*): Band 2: 214-215
Ėmanuėl', Nikolaj B. (geb. 1848, Dir.): Band 2: 591 593
Engaličeva (Jengalitschewa), Fürstin (Bühnennamen: Elvira Angeli, Ėngalli, Sängerin): Band 1: 267-268
Engel (frz. Sängerin): Band 2: 487
Ėngel', Rejngol'd F. (Geiger im Opern- und Ballettorch. der Petersb. Theater, Dir. der Sommerkonzerte im Petersb. Park *Akvarium*): Band 2: 470
Erard (Klavierfabrik, Paris): Band 2: 415
Erdmannsdörfer, Max (1848-1905, Dir. und Komp., 1882-1889 Dir. der Symph.konzerte der RMG-M): Band 2: 123 144 159 180 205 209-210 220 222 233 240 251 256 269 278 281 283 287 290 312 408
Erler, Hermann (1844-1918, gründete 1872 einen Musikverlag in Berlin): Band 2: 85
Ermolova (Ermolow), Marija N. (1853-1928, Schauspielerin, 1870-1921 am MMTh): Band 2: 279-280 604
Eršova, Sof'ja A. (Fräulein Sophie; Gouvernante N. G. Konradis): Band 1: 254
Esipova, Anna N. (1851-1914, Pianistin, Prof. am Petersb. Kons.): Band 2: 240
Essaulowa *I* (Ballerina): Band 1: 160
Essipow, siehe: Esipova
Evans, Mary Ann, siehe: Eliot, George

F

Famincyn (Faminzyn) bzw. Faminicyn, Aleksandr S. (1841-1896, Musikkritiker, Komp., 1867-1872 Prof. für Musikgesch. am Petersb. Kons., Herausgeber der Zeitschrift *Muzykal'nyj sezon* 1869-1871, 1863-1880 Sekretär der Hauptdirektion der RMG): Band 1: 200 234 246 257 –
    Sardanapal, Oper: Band 1: 200
fan Ark (van-Ark), Karl K. (Pianist): Band 1: 101
Fanja, siehe: M. P. Čajkovskij
Fanny, siehe: F. Durbach
Fauré, Gabriel (1845-1924): Band 2: 111 298
Fedotova (Fedotow), Glikerija N. (1846-1926, Schauspielerin, 1862-1926 am MMTh): Band 2: 279
Feoktistova (Ballerina, Koryphäe): Band 1: 160
Ferraris, Amalia (1830-1904, Ballerina): Band 1: 68
Ferrier, Paul, und Carré, Fabrice (Librettisten): Band 2: 296
Fet, Afanasij A. (eigentl. Šenšin, 1820-1892, Dichter): Band 1: 64 74 244 339 – Band 2: 303 391-392 525 532 – Gedicht *Petru Il'iču Čajkovskomu* (An P. I. Č.): Band 2: 525
Fet, Marija P. (geb. Botkina, 1828-1894, Gattin A. A. Fets): Band 2: 532

Fétis, François-Joseph (Komp. und Musikschriftst.): Band 1: 319 – Band 2: 97
Fibich, Zdeněk (1850-1900, tschech. Komp.): Band 2: 637
Figner (Fiegner) (geb. Mej, Mey), Medeja I. (1859-1952, Sängerin, 1887-1912 am PMTh, Gattin von
   N. N. Figner): Band 2: 421 439 457-458 474 484 531 578-580
Figner (Fiegner), Nikolaj N. (1857-1918, Sänger, ab 1887 am PMTh, Gatte von M. I. Figner):
   Band 2: 421 439-440 444 457-458 460 471 474 531 533 536 577 579-580 634
Field, John (1782-1837): Band 2: 285 – *Nocturnes*: Band 1: 131
Filippov (Philipow; Pianist, Petersburger Musiklehrer Č.s). Band 1: 48 51
Filonova, P. M. (Sängerin, 1892-1893 im Opernunternehmen von I. N. Grekov in Odessa): Band 2: 591
Fink (Finck), Henry T. (1854-1926, amerikan. Musikkritiker und Essayist): Band 2: 502
Finocchi, Ludovico (Finokki, Ludvig B., ital. Sänger, 1855-1881 am MBTh): Band 1: 160
Fišer, Sofija N. (gest. 1913, Gründerin und Besitzerin eines priv. Mädchengymnasiums in Moskau):
   Band 2: 207-208
Fitingof-Šel' (Schel), Boris A., Baron (1829-1901, Komp.): Band 1: 221 –
   Tamara (*Demon*, Der Dämon), Oper (1871): Band 2:305
Fitzenhagen, Wilhelm (1840-1890, dt. Cellist, 1870-1890 Professor am Mosk. Kons., Widmungsträger
   und Bearbeiter von Č.s Rokoko-Variationen op. 33): Band 1: 185 218 271 278 – Band 2: 65 125
   160 174 177 424 436 441 – Romanze: Band 1: 185
Fjurer, Otto R. (1839-1906, Sänger, 1876-1889 am MBTh): Band 2: 128
Fjurstner, siehe: Fürstner
Flaubert, Gustave (1821-1888): Band 2: 273 305 – Briefe: Band 2: 562
Flegont Konstantinovič, siehe: Bisterfel'd
Flerov, Sergej V. (Ignotus, Sergej Vasil'ev, 1841-1901, Lehrer und Journalist, Theater- und Musikrezensent,
   Mitarbeiter der Zeitung *Moskovskie vedomosti*): Band 2: 130 161
Florimo, Francesco: *Bellini. Memorie e lettere* (1882): Band 2: 165
Flörow, siehe: Flerov
Flotow, Friedrich Freiherr von (1812-1883): Band 2: 187 – *Alessandro Stradella*, Oper: Band 2: 187 –
   Martha oder Der Markt zu Richmond, Oper (Wien 1847): Band 1: 241 – Band 2: 187 189
Foerster, Josef (Joseph) Bohuslav (1858-1951, tschech. Komp., Musiklehrer und -kritiker): Band 2: 620
Foerster-Lauterer, Bertha (1869-1936, Sängerin, 1887-1892 am Prager Nationaltheater, ab 1891-1901 in
   Hamburg, 1903-1918 in Wien, ab 1888 verheiratet mit dem Komp. Josef Bohuslav Foerster):
   Band 2: 396 398 620
Fol'kman, siehe: Volkmann
fon Mekk, siehe Mekk
Förster, siehe: Foerster
Frej, Jal'mar A. (Sänger, 1885-1905 in Petersb.): Band 2: 474 579-580
Fride (Friede), Familie in Warschau, Sängerin in Petersburg: Band 2: 539
   Fride (Friede), Aleksandr Ja. (Infanteriegeneral, Vater von Nina Fride) und Gattin: Band 2: 539
   Fride (Friede), Nina A. (1859-1942 oder 1864-1941?, Sängerin, 1884-1891 und 1895-1907 in Petersb.):
      Band 2: 474 530 539
Fridrich (Friedrich), Dmitrij A. (Konzertagent in Berlin): Band 2: 342-343 360 362
Friede, Aline bzw. Alina (Sängerin): Band 2: 361-365
Friedenthal (Pianist): Band 2: 97
Friedrich, siehe: Fridrich
Friedrich III. (deutscher Kaiser): Band 2: 384
Fritzsch, Ernst Wilhelm (1840-1902, Geiger und Musikkritiker). Band 2: 361
Frolovskij (Frolowski), Familie
   Frolovskaja, Nadežda F., siehe: Mekk, Nadežda F. fon
   Frolovskaja (Schwester N. F. fon Mckks): Band 1: 282
   Frolovskij (bzw. Fralovskij), Filaret V. (Vater N. F. fon Mekks): Band 1: 282
   Frolovskij, Vladimir F. (gest. 1890, Bruder N. F. fon Mekks): Band 1: 283
Fuller, Loïe (Fuller, Marie Luise, 1862-1928, amerikan. Show-Tänzerin): Band 2: 372
Fouqué, Friedrich de la Motte, Freiherr (1777-1843, Schriftst.), siehe: Žukovskij
Fürstner, Adolph (1833-1908, seit 1868 Musikverleger in Berlin): Band 2: 83-85 170-171

G

Gaboriau, Emile (1832-1873, frz. Schriftst., u.a. von Kriminalromanen): Band 2: 527 544
Galirž, siehe: Halíř
Galler (Kritiker): Band 1: 253 – Band 2: 331
Gallet, Louis (1835-1898, Literat, Dramatiker, Librettist): Band 2: 55 114 415 457 479-480

Galli, Anatolij I. (1845-1918, Pianist, Lehrer am Mosk. Kons.): Band 2: 635-636
Galli-Marié, Célestine (Sängerin): Band 1: 250
Galuppi, Baldassare (1706-1785, ital. Komp., 1765-1768 Hofkomp. und -kapellmeister in Petersb.):
    Band 2: 111
Gansen, siehe: Hansen
Gedeonov (Gedeonow), Stepan A. (1867-1875 Direktor der Kaiserl. Theater): Band 1: 153 164 172 216
Gejne, Bruno K. (Bratschist, Mitgl. des Orch. der kaiserl. Theater in Petersb.): Band 2: 473 578
Genton, Emma (frz. Gouvernante der Töchter N. D. Kondrat'evs): Band 2: 563
Georg Alexander von Mecklenburg-Strelitz (Großherzog, Sohn von Ekaterina Michajlovna): Band 1: 252
Georges-Léon, siehe: Čajkovskij, Georgij N.
Gerard, Vladimir N. (1839-1903, naher Freund Č.s auf der PRSch, Jurist): Band 1: 61
Gerber (Gerbert), Julij G. (1831-1883, Geiger im Orch. des MBTh, ab 1860 Dir. daselbst, zeitweise
    Musikinspektor der Mosk. Kaiserl. Theater): Band 1: 218, 358
Gerc, Genrik, siehe: Hertz, Henrik
Gerdt, Pavel A. (1844-1917, Tänzer, 1864-1916 in Petersb.): Band 2: 434
Gerke, Avgust A. (1841-1902, Jurist, Mitgl. der Hauptdirektion der RMG): Band 2: 246 437 635-636
Gerke (Herke), Anton bzw. Otton A. (1812-1870, Pianist, Prof. am Petersb. Kons., Klavierlehrer Č.s):
    Band 1: 87 93 221
Germanovič (Hermanowitsch, Student der Mosk. Univ., Reisegefährte V. N. Sklifosovskijs): Band 2: 416
Gevaert, François Auguste (1828-1908, belg. Komp. und Musikforscher, Direktor des Brüsseler Kons.):
    Band 2: Band 585 – *Traité général d'instrumetation*: Band 2: 455 585
Gil'debrand, Franc N. (Franz Hildebrandt, 1852-1893, Geiger im Orch. der Petersb. Theater, Mitbegründer
    der Petersb. Kammermusikgesellschaft): Band 2: 473 578
Gil'f, Arno A. (1858-1909, Geiger, 1878-1883 und 1884-1886 Lehrer am Mosk. Kons.): Band 2: 125
Gille, Oskar F. (Geiger bzw. Bratschist, ab 1879 Mitgl. des Opernorch. der kaiserl. Theater in Petersb.):
    Band 2: 473 578
Gille, Philippe, siehe: Meilhac, Henri
Giraudet, Alfred (Sänger): Band 2: 374
Giulio (Maler, röm. Bekannter Č.s): Band 2: 89
Glasunow, siehe: Glazunov
Glavač, Vojčech (Dir.): Band 2: 278
Glazunov (Glazunow), Aleksandr K. (1865-1936): Band 2: 246 437 473 518 555 601 631
    1. Symphonie E-Dur op. 5: Band 2: 410 – 1. Orchesterserenade op. 7: Band 2: 283 –
    Symphonische Dichtung *Sten'ka Razin* op. 13 (1885): Band 2: 283 410 – Orchesterfantasie *Les*
    (Der Wald) op. 19: Band 2: 617 – *Vostočnaja rapsodija* (Orientalische Rhapsodie) op. 29:
    Band 2: 438 – Spanische Serenade (mit Cello solo): Band 2: 534 – Andante sostenuto Des-Dur für
    Orchester für Orchester (1883): Band 2: 283 – 1. Streichquartett D-Dur op. 1: Band 2: 201 –
    Orchestrierung von Č.s *Chor der Blumen und Insekten*: Band 1: 174 182
Glehn, siehe: Glen
Gleich, Ferdinand (1816-1893, Schriftst., Komp., Musiklehrer und -kritiker in Dresden): Band 2: 405-406
Glen (Glehn), Al'fred (Konstantin) Ė. fon (1858-1927, Cellist): Band 2: 441
Glinka, Michail I. (1804-1857):
    Band 1: 74 92 95 98-99 102 110 131 142 144 163 181-182 228-229 235-236 321 324 373-374 376 380 –
    Band 2: 49 109-110 120 202 207 300 313 370 385-389 433 452 480 528
    Knjaz' Cholmskij (Fürst Cholmskij), Bühnenmusik: Band 2: 98 – *Ruslan i Ljudmila* (Ruslan und
    Ludmila; Oper): Band 1: 98 125 131 171 374 – Band 2: 202 386 452 – *Žizn' za carja* (*Ivan Susanin*,
    Das Leben für den Zaren; Oper): Band 1: 56 73 98-99 125 129 223 225 228 313 374 –
    Band 2: 55 190 202 232 275 321 385 452 – daraus: *Slavsja*: Band 2: 110 184 197 385-386 –
    Orchestermusik: *Jota aragonesa*: Band 1: 376 – Band 2: 424 452 – *Kamarinskaja*: Band 1: 179 –
    Band 2: 96 110 386 452 – *Souvenir d'une nuit d'été à Madrid (Recuerdos de Castilla)*: Band 1: 163
    – Band 2: 452
    Kammermusik (Sextett, Quartett): Band 2: 385 – Lieder: Band 1: 98 – Band 2: 385 – Tänze,
    Quadrillen, Fantasien: Band 2: 109 385 – Polonaise zur Krönung Aleksandrs II.: Band 2: 110 –
    Zapiski (Memoiren): Band 1: 374 380 – Band 2: 110 385 387
Glück, August Musikdirektor, Musikkritiker in Frankfurt a.M.): Band 2: 404
Gluck, Christoph Willibald (1714-1787): Band 1: 361 – Band 2: 307 386
    Armide: Band 2: 234 – *Orpheus*: Band 2: 604
Gnedič, Nikolaj I. (1784-1833, Dichter und Übersetzer): Übersetzung von Homers *Ilias*: Band 2: 379
Gnučeva (Gnutschewa), Vera N. (Sängerin, 1888-1893 am MBTh): Band 2: 533
Godard, Benjamin (1849-1895, frz. Komp.): Band 2: 185-186 – *Concerto romantique* für Violine und
    Orchester: Band 2: 47 – *Valse chromatique* für Klavier: Band 2: 609

728

Goethe, Johann Wolfgang von (1749-1832): Band 1: 182 244 – Band 2: 49 261 –
    Faust: Band 1: 384 – Band 2: 383 – *Wilhelm Meister*: Band 2: 226 229 – Lyrik: Band 2: 381
Gogol', Nikolaj V. (1809-1852): Band 1: 103 122 225 – Band 2: 273 305 312 370 –
    Nevskij prospekt: Band 1: 170 – *Noč' pered Roždestvom* (Die Nacht vor Weihnachten):
    Band 1: 227 229-230 – Band 2: 256 – *Ženit'ba* (Die Heirat): Band 1: 377
Goldmark, Karl (1830-1915): Band 1: 352
    Die Königin von Saba: Band 2: 52 – Ouvertüre *Sakuntala*: Band 1: 352
    Konzert: Band 1: 352 – Quartett: Band 1: 352
Golicyn (Golizin, Golyzin), Aleksej V., Fürst (1832-1901, Diplomat, Staatsrat und Kammerjunker, Besitzer
    des Gutes Trostinec im Kreis Achtyrka, Gouvernement Char'kov): Band 1: 103 180 – Band 2: 89
Gončarevskaja, siehe: Konča
Gorbunov, Ivan F. (1831-1895, Schauspieler und Schriftst.): Band 2: 631
Gorčakov (Gortschakow), Aleksandr M. (Außenminister): Band 1: 328
Gorochowa *I* (Ballerina, Koryphäe): Band 1: 160
Gorskij, Konstantin K. (1859-1924, poln.-russ. Geiger, Lehrer an Musikschulen, u.a. in Tiflis und Char'kov):
    Band 2: 291-292 599
Gortschakow, siehe: Gorčakov
Got, François Jules Edmond (1822-1901, frz. Schauspieler, Paris: Comédie française): Band 2: 212
Goudeau, Emile (1849-1906, frz. Schriftst.): Band 2: 372 – Roman *Le Froc*: Band 2: 372
Gounod, Charles (1818-1893): Band 1: 256 319 369 382 – Band 2: 50 187 189 372 – Opern: *Cinq Mars*:
    Band 1: 319 – *Faust*: Band 1: 99 155 – Band 2: 133 190-191 214 421 468 546 548 – *Roméo et Juliette*:
    Band 1: 382 – Band 2: 189 628 – Bühnenmusik: *Jeanne d'Arc* (zu Jules Barbiers Versdrama): Band 2: 50
Granier (frz. Sänger): Band 2: 373
Grekov, Ivan N. (1849-1919, Schauspieler am MMTh, Opernimpresario in Odessa):
    Band 1: 214 – Band 2: 590-592
Grekov (Grekow), Nikolaj P. (1810-1866, Dichter): Band 1: 244
Griboedov (Gribojedow, 1795-1829, Komödiendichter): Band 2: 289
Grieg, Edvard (1843-1907): Band 2: 187 247 344-345 354 361-362 422 458 610-611 626 628
    Klavierkonzert: Band 2: 534 – Klavierstücke: Band 2: 52 –
    Sonate für Violine und Klavier c-Moll op. 45 (1886/87): Band 2: 361
Grieg, Nina (geb. Hagerup, 1845-1935, Sängerin, Gattin Edvard Griegs): Band 2: 345 354 361-362 626
Grosdow, siehe: Grozdov
Großfürst(in) …, siehe unter den jeweiligen Eigennamen
Grossman (Grossmann, Repräsentant der Klavierbaufirma C. Bechstein in Warschau): Band 2: 539
Grot, Jakov K. (1812-1893, Vizepräsident der Akademie der Wissenschaften in Petersb.): Band 2: 568
Groupe des Cinq, siehe: Kučkisten
Grozdov, Flegont V. (1809-1881, Eigentümer einer priv. Pensionsschule für Kinder in Petersb., die
    1849-1850 Č.s älterer Bruder Nikolaj besuchte): Band 1: 48
Gruppe der Fünf, siehe: Kučkisten
Gruzinskaja, siehe: Neftel (Neftel')
Gržimali, Ivan V., siehe Hřímalý, Jan
Gubert (Hubert), Aleksandra I. (geb. Batalina, 1850-1937, Pianistin, 1874-1883 Lehrerin am Mosk. Kons.,
    1889-1914 dessen Inspektorin, Gattin von N. A. Gubert):
    Band 2: 160 204-205 247 264 278 284-285 417-418 470
Gubert (Hubert), Nikolaj A. (1840-1888, Prof. für Musiktheorie am Mosk. Kons.): Band 1: 101 117 188
    214 217 237-239 – Band 2: 40 149 160 178 204 221 245 247 260 264 273 278 284-285 392 433
Guercino (ital. Maler): Band 2: 90
Guerini (Geiger): Band 1: 332
Guiraux, Ernest (1837-1892, frz. Komp.): Band 2: 185-186
Guitry, Lucien (1860-1925, mit Č. befreundeter Schauspieler in Petersb. und Paris): Band 2: 247 476 478 585
Gurko (eine Bekannte von N. V. Novikova): Band 2: 519
Gurko, Iosif V. (General, Militärkommandant des Warschauer Bezirks): Band 2: 539
Gutchejl' (Gutheil, 1858 von Aleksandr B. Gutchejl', 1818-1882, gegründeter Musikverlag): Band 2: 605

H

H., siehe: Lenin, N. S.
Halévy, Jacques Fromental Elie (1799-1862): *La juive*: Band 1: 210
Halévy, Ludovic (1834-1908, Librettist), siehe: Meilhac, Henri
Halíř, Karel (Carl) (1859-1909, tschech. Geiger, Mitglied des Joachim-Quartetts):
    Band 2: 344 347 349 351 353 367

Händel, Georg Friedrich (1685-1759): Band 1: 135 366 – Band 2: 306-307 – *Israel in Egypt*: Band 2: 506
Hansen (Gansen), T. (Sekretär der russ. Botschaft in Washington): Band 2: 511
Hanslick, Eduard (1825-1904, Musikforscher und -kritiker, Autor der Schrift *Vom Musikalisch-Schönen*):
    Band 1: 135 266 – Band 2: 153-154 543 564
Hartmann, Ludwig (Dresden, schrieb über Čajkovskijs 4. Symphonie): Band 2: 411
Hartvigson, Frits (1841-1919, dän. Pianist in England): Band 2: 505
Hausmann, Robert (1852-1909, Cellist, Mitglied des Joachim-Quartetts): Band 2: 344
Haydn, Joseph (1732-1809): Band 1: 72 87 91 120 135 170 270 353 – Band 2: 229 307
    Symphonie Nr. 92 G-Dur (*Oxford*): Band 2: 356 – Kammermusik: Band 2: 455
Heilbron, Marie (1849-1886, frz. Sängerin, Paris: Opéra Comique): Band 2: 211
Heilsarmee, siehe: Armée de Salut
Heine, Bruno, siehe: Gejne, Bruno
Heine, Heinrich (1797-1856): Band 2: 252 – Gedicht aus dem *Buch der Lieder*: Band 2: 383
Helene (Großfürstin), siehe: Elena Pavlovna
Helene von Mecklenburg-Strelitz (Großherzogin, Tochter von Ekaterina Michajlovna): Band 1: 252
Hellmesberger, Joseph (1828-1893, Geiger, Prof. am Wiener Kons., Soloviolinist der Hofkapelle):
    Band 2: 152
Helm, Theodor (1843-1920, österr. Musikschriftst. und -kritiker): Band 2: 154
Hempel, Ferdinand (Pseudonym: Peregrinus Syntax): *Allgemeines deutsches Reimlexikon*: Band 2: 51
Henschel, Georg Isidor (1850 - nach 1929) und Lilian (1860-1901), Sänger: Band 2: 611
Henselt, Adolf (1814-1889, Klaviervirtuose und Komp.): Band 1: 101 – Band 2: 285
Herke, siehe: Gerke
Hermann (Konzertveranstalter): Band 2: 387
Hermanowitsch, siehe: Germanovič
Herschel, Lord (einer der Ehrendoktoren Cambridge 1893): Band 2: 612
Hertz, Henrik (1798-1870, dänischer Schriftst.): *Die Tochter König Renés* (*Iolanta*, Jolanthe), russ. von
    Vladimir R. Zotov, deutsch von Edmund Labedauz: Band 2: 477 483 517 565
Hildebrandt, siehe: Gil'debrandt
Hittemans, siehe: Huttemans
Hoffmann, E. T. A. (1776-1822): *Nußknacker und Mausekönig*: Band 2: 477 566
Holbein, Hans (der Jüngere): *Madonna* (Kopie der Dresdner Gemäldegalerie): Band 1: 211
Homer: Band 2: 312 – *Ilias* und *Odyssee*: Band 2: 379
Hopekirk, Helen (Helen Wilson, amerik. Pianistin): Band 2: 500
Hřimalý, Jan (1844-1915, Geiger, Prof. am Mosk. Kons.):
    Band 1: 185 218 253 259 – Band 2: 125 160 174 177 184 503 539
Hubert, siehe: Gubert
Hugo, Victor (1802-1885): Band 2: 113 – Band 2: 524 – *Les travailleurs de la mer*: Band 2: 113-114 –
    L'homme qui rit: Band 2: 113 – *Ruy Blas*: Band 1: 313
Hummel, Johann Nepomuk (1778-1837): Band 1: 353 – Band 2: 285
Huttemans (Hittemans, Ittemans), Pierre (frz. Schauspieler in Petersb. und Paris): Band 2: 481 585
Hyde, Francis (Präs. der Philharm. Gesellsch. in New York) und seine Frau:
    Band 2: 496-499 502 504 506 509-510 512
Hyppolit, siehe: Čajkovskij, Ippolit I.

I

I., siehe: Jazyrov, A. P.
Iacovleff, siehe: Jakovlev
Ignotus, siehe: Flerov
Il'ina (Iljina, Dondukova-Korsakova), Marija I. (Sängerin, in Petersb. bis Mai 1871, später in Kiev):
    Band 1: 244
Indy, siehe: d'Indy
Iogansen (Iohansen), Julij I. (1826-1904, Prof. für Musiktheorie am Petersb. Kons., 1891-1897 dessen
    Direktor): Band 2: 630
Ippolitov-Ivanov (Ippolitow-Iwanow), Michail M. (1859-1935): Band 2: 246 280 282 289 290-292 320-321
    418-419 425 433 450-451 453 476-477 520-521 548 562 600
    Azra (Oper): Band 2: 384 419 421 451 453 476-477 – *Ruf'* (Ruth; Oper): Band 2: 321 419 –
    Sonate für Violine und Klavier op. 8: Band 2: 517
Isakov (Issakov), Nikolaj V. (1821-1891, Generaladjutant, Oberbefehlshaber der Militärschulen):
    Band 2: 104
Isakov (Issakow), Vasilij N. (gest. 1912, Amateursänger, Sohn N. V. Isakovs): Band 2: 104-105

Ittemans, siehe: Huttemans
Ivan IV., der Schreckliche (Zar Joann der Grausame, 1530-1584): Band 1: 175
Ivanov (Iwanow), Lev I. (1834-1901, Choreograph und Ballettmeister): Band 2: 580
Ivanov, Michail M. (1849-1927, Musikkritiker und Komp.): Band 2: 259 435
Ivanova (Iwanowa), Anna P. (Sängerin am MBTh): Band 1: 160-161

J

Jackson, John P. (amerik. Musikkritiker): Band 2: 504
Jahn, Otto (1813-1869): *W. A. Mozart*: Band 1: 352-353 – Band 2: 216 271
Jahrow (Leiter "Jahrowschen Kapelle", Leipzig): Band 2: 350
Jakovlev (Iacovleff, kaiserl. Kammerherr): Band 2: 586 588-589
Jakovlev, Leonid G. (1858-1919, Sänger, 1887-1906 in Petersb.): Band 2: 474
Jakovlev (Jakowlew), Sergej S. (1763-1818, Besitzer u.a. des Hüttenwerks in Alapaevsk / Ural): Band 1: 48
Jazykov (Jazykow, Schwesternpaar): Band 1: 277
Jazyrov, Aleksandr P. (1802-1878, Genralleutnant, 1849-1877 Direktor der PRSch): Band 1: 123
Jeanne d'Arc, siehe: d'Arc, Jeanne
Jengalitschewa, siehe: Engalyčeva
Jeshowa (Ballerina, Koryphäe): Band 1: 160
Joachim, Amalie (geb. Schneeweiss, 1839-1899, Sängerin, Künstlername: Amalie Weiss, Gattin von
    J. Joachim): Band 2: 421
Joachim, Joseph (1831-1907, Geiger, Dir. und Komp.): Band 1: 256 309 – Band 2: 38 235 344 421 470
Joann (Johann) der Grausame, siehe: Ivan IV., der Schreckliche
Johansen, siehe: Iogansen
Joly (Joli, Monsieur Joly, Besitzer einer Pension in San Remo): Band 1: 335-336
Judic, Anna (1850-1911, Sängerin): Band 2: 373
Juferov (Juferow), Vladimir N. (geb. 1839, Schulkamerad Č.s und Kollege im Justizministerium,
    Bekannter
    A. N. Apuchtins), Band 1: 82-83
Jukovskij (Jukowsky), Band 1: 369
Julius Caesar: Band 2: 89
Junevič, Marija P. (verh. Alekseeva, Sängerin, 1878-1886 am MBTh, 1886/87 in Kiev, ab 1887
    Gesangslehrerin daselbst): Band 2: 128
Jungrussische Schule, siehe: Kučkisten
Junosova (Junossow, Sängerin am PMTh): Band 2: 474
Jurgenson, Familie von Č.s Verleger Petr I. Jurgenson:
    Eltern von P. I. Jurgenson: Band 1: 115
    Jurgenson, Aleksandra P., siehe: Svetlovskaja
    Jurgenson, Aleksej P. (1877-1882, Sohn P. I. Jurgensons): Band 2: 157
    Jurgenson, Iosif (Osip) I. (1829-1910, Bruder und Petersb. Kommissionär P. I. Jurgensons):
        Band 1: 97 – Band 2: 160 197 390 414 476 594 601
    Jurgenson, Luiza O. (Tochter Iosif bzw. Osip I. Jurgensons): Band 2: 636
    Jurgenson, Petr I. (1836-1903, Verleger Č.s):
        Band 1: 97 105 115-117 133 139 143 168 171 182 206 211-212 229 246 261-262 321 326 331 352
            363-364 377-379 386
        Band 2: 52-53 60 62 64-65 69 74 76-77 79 83 90-91 97-98 108 116 122-123 126 136 141 143 147
            157-160 170 173-174 178 190-191 197 208 212 220 222 236 240-241 245 249 255 258-259
            262-263 267 269 273 278 282 285 290 302 309 319 334-335 337 381 386 389-391 400 408 418
            420 422 438 441 446 450 453-454 456-458 460 463 469-471 482 499-500 509 522 525 528-529
            545 550 560-561 565 568 594 598 601-602 620 628-629 635-657
    Jurgenson, Sof'ja I. (geb. Soc, 1840-1911, Gattin von P. I. Jurgenson): Band 1: 211 – Band 2: 241
Jurij, siehe: Davydov, Ju. L.

K

Kadmina, Evlalija P. (1853-1881, Sängerin und Schauspielerin): Band 1: 207 214 244
Kaiser und Kaiserin in Band 2, S.136 ff., siehe: Aleksandr III. und Marija Fëdorovna
Kaiser Nikolaus, siehe: Nikolaj I.
Kalašnikov, Petr I. (1828-1897): Libretto zu È. F. Napravniks Oper *Nižegorodcy*: Band 2: 249

731

Kamenskaja, Marija D. (1854-1925, Sängerin, 1874-1886 und 1894-1906 in Petersb.):
    Band 1: 244 – Band 2: 74 125 132-133 146 175-176 181
Kamensky, Theodore (geb. 1836, Bildhauer): Band 2: 507
Kantemir, Antioch D., Fürst (1708-1744, Dichter): Band 2: 391
Kapnist, Ėmilija A., Gräfin (Gattin von Graf Pavel A. Kapnist, Schwägerin von Nikolaj P. Trubeckoj):
    Band 1: 142 145
Kapoul', siehe: Capoul
Karabanov, Petr M. (1764-1829, Dichter und Übersetzer): Band 2: 440
Karakozov, Dmitrij V. (Revolutionär und Attentäter): Band 1: 125
Karcov, Georgij P. (Georges, 1862-1930, Sohn von Č.s Cousine Aleksandra P. Čajkovskaja, verh. Karcova,
    Gatte der Sängerin Panaeva-Karcova): Band 2: 251
Karel' (Karel), Karl Ja. (Musiklehrer Č.s an der PRSch): Band 1: 70 116
Karganov bzw. E. Karganov, siehe: Korganov, G.
Karjakin, siehe: Korjakin
Karl, siehe: Al'brecht, Karl
Karl XII. (1682-1718, schwed. König): Band 2: 169
Kasakewitsch, siehe: Kazakevič
Kaschkin, siehe: Kaškin
Kašinskij (Kas[c]hinsky, Kapellmeister): Band 1: 108
Kaškin, Nikolaj D. (1839-1920, Musikkritiker, -historiker und -theoretiker, 1863-1894 Prof. am Mosk.
    Kons.): Band 1: 23 116-118 120-122 124 126 130-131 133 136 143-144 146 159-160 167-168
    173-175 177 182 185 188 206 213 242 259 274 324 326 329 379 – Band 2: 54 119 245 262 273
    290 418 432 442 456-457 470 480 534 560 604 625-626
    Erinnerungen an P. I. Č.: Band 1: 218 – Band 2: 534
Kaškin (Vater von N. D. Kaškin): Band 1: 116
Kaškina, Elizaveta K. (geb. Kul'neva, 1846-1910, Gattin N. D. Kaškins): Band 1: 116
Katharina, siehe: Ekaterina
Katkov, Michail N. (1818-1887, Publizist, Herausgeber der Zeitung *Moskovskie vedomosti* (Moskauer
    Nachrichten): Band 1: 141 188 – Band 2: 136-137 155-156 207
Katuar (Catoire), Egor (Georgij) L. (1861-1926, Komp.): Band 2: 309
Kazakevič, Petr V. (1814-1887, Vizeadmiral): Band 2: 334
Keil (Kejl') (Restaurantbesitzer in Leipzig): Band 2: 361
Kireev (Kirejew), Sergej A. (1845-1888, Schulfreund Č.s, Jurist): Band 1: 74 248
Kjui (Cui), Cezar' A. (1835-1918):
    Band 1: 109 134-135 147 162 177 219 221-222 234 238 246 251 255 257 264-265 318 324 359
    Band 2: 82-83 98 127 130-133 154 201 211 231-232 251 259 278 287 320 331
    Opern: *Angelo*: Band 1: 223 246 252 – *Kavkazkij plennik* (Der Gefangene im Kaukasus): Band 2: 201 –
    William Ratcliff: Band 1: 223 246 318 – Band 2: 82-83 – Tarantella für Orchester: Band 2: 172 –
    Lieder: Band 2: 82
    siehe auch: Rimskij-Korsakov, *Paraphrases sur un thème obligé*
Kjundinger, Rufol'f V., siehe: Kündinger
Klimenko (Angestellter bei P. I. Jurgenson): Band 2: 147 160 162-163
Klimenko, Ivan A. (1841-1914, mit Č. befreundeter Amateurmusiker und Architekt):
    Band 1: 142-143 168 176 178 183-184 200 275
Klimentova-Muromcova, Marija N. (1856-1946, Sängerin, 1880-1888 am MBTh): Band 2: 156 277 316
Klimov, Dmitrij D. (1850 - ca. 1917, Pianist, Direktor der Musikschule in Odessa): Band 2: 320
Klimov, Nikolaj St. (Sänger, ab 1887 in Petersb.): Band 2: 330 331
Klindworth, Karl (Wotan; 1830-1916, Pianist, Komp. und Dir.): Band 1: 180 182 239 254-255 257 321
    323 326 385 – Band 2: 70 83 117 170-171 234 277
    Klavierauszug von Wagners *Ring des Nibelungen*: Band 1: 257
    Klavierauszug von Č.s *Francesca da Rimini*: Band 1: 285
Knabe, Ernest (Besitzer der Klavierfabrik Knabe in Baltimore, USA; vgl. auch Mayer):
    ČSt 13/II: 495-497 505 509-511
Knjaževič, Antonin (Anton) D. (Mitgl. des statistischen Rats im Innenministerium, Bekannter Č.s):
    Band 1: 67
Knjažin, P.: *Po puti k škol'skim podmostkam sceny* (Schlüsselroman über das Mosk. Kons.): Band 2: 263
Knashewitsch, siehe: Knaževič
Kočetova (Kotschetowa), Aleksandra D.: Band 1: 182
Koko, siehe: Peresleni, Nikolaj V.
Kolja, siehe: Čajkovskij, Nikolaj I.
Kolja, siehe: Konradi, Nikolaj G.
Kolja, siehe: Mekk, N. K. fon

Kolja, siehe: Vakar, N. M.
Kologrivov (Kologriwow), Vasilij A. (Inspektor des Petersb. Kons.): Band 1: 87 127
Komissarov (Komissarow), Osip I. (1838-1892, Mützenmacher, verhinderte am 4. April 1866 ein Attentat
    auf Aleksandr II.): Band 1: 126
Komissarževskij, Fëdor P. (1838-1905, Sänger, 1863-1878 in Petersb., 1883-1888 Prof. am Mosk. Kons.):
    Band 2: 241
Konča (eigentl. Gončarevskaja), Ekaterina O. (Sängerin, Mitgl. des Petersb. Opernensembles): Band 2: 231
Kondrat'ev, Nikolaj D. (1832-1887, Besitzer des Guts Nizy im Gouvernemment Char'kov):
    Band 1: 187 192 194 200 227 228 232 237 241 243-244 253 311-312 372
    Band 2: 152 172 247 254 303 322 325-326 328 413 418 445 557 601 614
Kondrat'ev (Kondratjew), Gennadij P. (1834-1905, 1864-1872 Sänger und ab 1872 Hauptregisseur an
    den Petersb. Theatern): Band 1: 216 – Band 2: 476 485 577
Kondrat'ev (Kondratjew), Michail S. (gest. 1872, Stabskapitän, hatte der RMG in seinem Testament
    Geld zur Förderung russischer Komponisten gestiftet): Band 1: 221
Kondrat'eva, Nadežda D. (Tochter N. D. Kondrat'evs): Band 2: 635-636
Kondratjew, siehe: Kondrat'ev
Koning, Victor (Librettist), siehe: Lecocq
Konjus (Conius, Conus), Musikerfamilie, Vater Éduard und drei Söhne:
    Konjus, Éduard K. (1827-1902, Pianist): Band 2: 518
    Konjus, Georgij (Georges) É. (1862-1933, Komp.): Band 2: 247 432 518 – *Iz detskoj žizni* (Aus
        dem Kinderleben), Suite für Orch. und Chor op. 1: Band 2: 596-598 601 617 619 620 630
    Konjus, Lev (Léon) É. (1871-1944, Pianist): Band 2: 247 518 597 618 620
    Konjus, Julij (Jules) É. (Žulik, 1869-1942, Geiger): Band 2: 246-247 487 490 503 518 597 618
Konradi, Familie:
    Konradi, German K. (1833-1882, Agronom, Vater von Kolja Konradi):
        Band 1: 250 303 310 313 – Band 2: 141 169 221
    Konradi, Alina I. (geb. Mejer; Mutter von Kolja), siehe: Brjullova, A. I.
    Konradi, Nikolaj G. (Kolja, Količka, Nikoluška, 1868-1922, taubstummer Zögling Modest I.
        Čajkovskijs): Band 1: 250 254-255 261 273 303 310 313 316 319-320 330 335-336 361 384 –
        Band 2: 76 86 89 247 288 311 315 377 440 448 460 595 606 615-616 620
Konšina, siehe: Čajkovskaja, Praskov'ja V.
Konstantin Nikolaevič und Konstantin Konstantinovič, großfürstliche Familie:
    Aleksandra Iosifovna, Großfürstin (geb. Herzogin Friedrike Henriette von Sachsen-Altenburg,
        1830-1911, Gattin des Großfürsten Konstantin Nikolaevič): Band 2: 426
    Elizaveta Mavrikievna, Großfürstin (geb. Prinzessin von Sachsen-Altenburg, 1865-1927, Gattin
        des Großfürsten Konstantin Konstantinovič): Band 2: 426 623
    Konstantin Konstantinovič, Großfürst (als Dichter: K. R., 1858-1915, Sohn von Großfürst
        Konstantin Nikolaevič, korrespondierte mit Č.): Band 2: 104 134-135 218 246 305 307-308 334
        379 382-384 390-391 425 451-452 459 480 531-533 568 597 622-624 –
        Gedichtbände: Band 2: 104 304 307-308 334 337 382 425
        Gedicht *O ljudi, vy často menja jazvili tak bol'no*: Band 2: 426-427 –
        Der heilige Sebastian: Band 2: 384
    Konstantin Nikolaevič, Großfürst (1827-1892, Sohn Zar Nikolajs I., Präsident der RMG als Nachfolger
        von Großfürstin Elena Pavlovna): Band 1: 192 194 206 216 229 232-233 240 248-249 253 –
        Band 2: 76 104-106 182 214 258-259 286-287
Konstantinov, siehe: de Lazari, K. N.
Korejvo, Boleslav (ab 1873 Buch- und Musikalienhändler in Kiev). Band 2: 529
Korganov, Gennarij O. (1858-1890, armen. Komp. und Pianist): Band 2: 186 247 289 291-292 451
Korin (Sänger, MBTh): Band 1: 160
Korjakin, Michail M. (1850-1897, Sänger, 1878-1897 in Petersb.) Band 2: 133 231 330-331
Korovina, Marija P. (Sängerin): Band 2: 442
Korsov (Korsow), Bogomir B. (eigentl. Gotfrid G. Genrich, 1845-1920, Sänger, 1869-1881 in Petersb.,
    1882-1905 am MBTh): Band 1: 244 – Band 2: 241 247 316 442 533
Košic (eigentl. Poraj-Košic), Pavel A. (Sänger): Band 2: 469
Kossmann, siehe: Cossmann
Kotek, Iosif I. (1855-1885, mit Č. befreundeter Geiger): Band 1: 278 281-283 287 289 309-310 347 354 –
    Band 2: 37-38 42 69-70 74 80 85 115 154-155 195 233 235-236 240 249
Kotek, Vjačeslav I. (Kiever Student, Bruder des Geigers I. I. Kotek): Band 2: 529
Kotschetowa, siehe: Kočetova
Kraus-Weiner, Marie (Sängerin am Hamburger Stadttheater): Band 2: 541
Krause, Emil (1840-1916, ab 1860 Klavier- und Theorielehrer in Hamburg, ab 1864 Musikreferent des
    Fremdenblatts, ab 1885 Lehrer am Kons., Komp.): Band 2: 357-358 412

Krause, Martin (1853-1918, Pianist, Korrespondent des *Leipziger Tageblatts*): Band 2: 361
Kronberger (Sänger bei der *Onegin*-Aufführung im Hamburger Stadttheater 1892): Band 2: 541
Kronenberg, Zinaida D. (1849-1884, Sängerin an Petersb. und Mosk. Theatern): Band 1: 160
Kross, Gustav G. (1831-1885, Pianist, 1871-1884 Prof. am Petersb. Kons.): Band 1: 101 108 134 246 – Band 2: 308 637
Kruglikov (Kruglikow), Semen N. (1851-1910, Musikkritiker): Band 2: 172 177-178 210 316
Krutikova (Krutikowa), Aleksandra P. (1851-1919, Sängerin, 1872-1876 in Petersb., 1880-1901 am MBTh): Band 1: 220 244 – Band 2: 128-129 241 533
Kučera, Karl A. (1849-1915, Dir., 1879-1894 zweiter Kapellmeister der Kaiserl. Theater in Petersb.): Band 2: 305
Kučkisten (Allmächtige Schar, Balakirev- / Balakirew-Kreis, Groupe des Cinq, Gruppe der Fünf, Jungrussische Schule, Kutschkisten, Mächtiges Häuflein, Mogučaja kučka, Mogutschaja kutschka, Neuerer, Neue russische Schule, Neurussische Schule, Novatoren, Petersburger Komponisten, Schar): Band 1: 130 135 147-148 163 202 219 235 317-318 348 – Band 2: 306
Kuhlau, Friedrich: Flötenquartett: Band 1: 96
Kukol'nik, Nestor V. (1809-1868, Schriftst.): Band 2: 110
Kul'neva, Elizaveta K., siehe: Kaškina, Elizaveta K.
Kündinger (Kundinger), Rudolf (1832-1913, Pianist, Klavierlehrer Č.s in Petersb.): Band 1: 71-72
Kutschkisten, siehe: Kučkisten
Kuznecov, Aleksandr V. (1847-1918 oder 1919, Cellist, Kommilitone Č.s am Petersb. Kons., ab 1865 Orchestermitgl. der Petersb. Theater, Mitgl. des "Russischen Streichquaretts"): Band 2: 473 578
Kuznecov, Nikolaj D. (1850-1929, Maler): Band 2: 180 593 – Č.-Portrait: Band 2: 180 593
Kuznecova, Marija N. (1880-1966, Sängerin, Tochter des Malers N. D. Kuznecov): Band 2: 593

L

L., B. (also: B. L., Pseudonym von Č.): Band 2: 51
L., B. (also B. L., Musikkritiker, Berlin): Band 2: 364
Labedauz, Edmund, siehe: Hertz, Henrik
Lachner, Franz (1803-1890, Komp.): Band 1: 179 382 – Orchestersuiten: Band 2: 364
Lagrua, Emma (1831 - nach 1865, ital. Sängerin): Band 1: 68
Lajetschnikow, siehe: Lažečnikov
Lalo, Edouard (1823-1892): Band 1: 347 – Band 2: 45 47 185-186 298 – Oper *Le roi d'Ys*: Band 2: 415 – *Symphonie espagnole* op. 21: Band 1: 347 – Band 2: 43 45 – 1. Violinkonzert F-Dur op. 20: Band 2: 43 45-47 – *Fantaisie norvégienne* (3. Violinkonzert): Band 2: 610
La Mara (eigentl. Maria Lipsius, 1837-1927, dt. Musikschriftst.in): Band 2: 300
Musikerbriefe aus fünf Jahrhunderten, *Musikalische Studienköpfe*: Band 2: 300
Lamoureux, Charles (1834-1899, frz. Dir.): Band 2: 187 298 586-589
Landraschen, Emilie (Freundin Fanny Durbachs): Band 1: 36 49
Langer, Éduard L. (1835-1908, Pianist, ab 1860 Klavierlehrer an der Mosk. Musikschule und 1866-1908 am Mosk. Kons., schrieb etliche Klavierauszüge von Werken Č.s): Band 1: 114 233 244 – Band 2: 119 290 420
Langer, Anna L. (Tochter È. L. Langers), siehe: Al'brecht, Anna L.
Laroš (Laroche), Familie:
 Laroš (Eltern von G. A. Laroš): Band 1: 87 – Band 2: 155
 Laroš, Anastasija P. (geb. Suškina, 1847-1875, erste Gattin von G. A. Laroš): Band 1: 177
 Laroš, Ekaterina (Katharina) I. (geb. Sinel'nikova, dritte Gattin von G. A. Laroš): Band 2: 386 490-491 636
 Laroš, German A. (Manja, 1845-1904, Musik- und Literaturkritiker, 1867-1870 und 1883-1886 Prof. für Musikgeschichte am Mosk. Kons., 1872-1879 am Petersb. Kons.): Band 1: 23 87-88 90 96-97 99-101 109 114 116-119 122 124 135-136 140-143 146 154 155 160-163 167-168 174 177 180-182 188 190-191 204-205 214 222 232 234-237 244 246 248 251-252 255 257-258 265 – Band 2: 44 47 61 152 175 181 207 223-225 236 245 251-252 262 273 276 300 315 381 386 396 418-419 424 439-440 445 473 480-481 527 529
 Marsch und Ouvertüre (komponiert in der Kindheit): Band 1: 87 – Symphonie (I. Satz, 1870): Band 1: 177 – *Karmozina* (geplante Oper, Ouvertüre): Band 2: 617 (offenbar ist aber die Fantasie-Ouvertüre D-Dur gemeint) – Fantasie-Ouvertüre D-Dur (instrumentiert und aufgeführt von Č.): Band 2: 390-392 396-397 422 617 627-628
Lashetschnikow, siehe: Lažečnikov
Lassalle (Lasalle), Jean-Louis (1847-1909, Sänger): Band 2: 371 472
Laterner, A. B. (Petersb. Sängerin): Band 2: 202 211

Laub, Ferdinand (1832-1875, Geiger und Komp., Prof. am Mosk. Kons., Primarius des Streichquartetts
    der RMG-M): Band 1: 131 134 136 142 185 188 218 240 259 353 – Band 2: 519
Laube, Julius (1841-1891, Dir. in Hamburg, Gast-Dir. in Pavlovsk): Band 2: 413
Lavrov, Nikolaj S. (Pianist, Prof. am Petersb. Kons.): Band 2: 172
Lavrovskaja (Lawrowskaja), Elizaveta A. (verh. Certeleva, 1845-1919, Sängerin):
    Band 1: 176 185 244 276 377 384 – Band 2: 201-202 213 423 604 606 625
Lazari, siehe: de Lazari
Lažečnikov (Lashetschnikow), Ivan I. (1792-1869, Schriftst.): *Opričnik* (Tragödie): Band 1: 174 194 197
Lecoq, Charles (1832-1918, frz. Komp. zahlreicher Opern, Operetten und Vaudevilles):
    Duett aus der Opéra comique *La fille de Madame Angot* (1872, Libretto von Clairville, Paul Siraudin,
    Victor Koning): Band 2: 373
Lefèbre, Georges (Rezensent in Paris): Band 2: 58
Lefebvre, Charles Edouard (1843-1917, frz. Komp., Prof. am Pariser Kons.): Band 2: 298 301 –
    Judith (Drame lyrique): Band 2: 301
Legošin (Legoschin), Aleksandr A. (Saša, Diener N. D. Kondrat'evs): Band 2: 247 299 326 418
Legošina, Kleopatra A. (Kleročka, Klera, geb. 1884?, Tochter A. A. Legošins): Band 2: 418
Leibrock, siehe: Lejbrok
Leikin, siehe: Lejkin
Leisinger (Sängerin an der Berliner Hofoper): Band 2: 405
Lejbrok (Leibrock), Ol'ga P., verh. Skrydlova (Salonsängerin, Schwester von Marija P. Benardaki):
    Band 2: 370 374
Lejkin, Nikolaj A. (1843-1906, Belletrist, Herausgeber der satirischen Zeitschrift *Oskolki*): Band 2: 602
Lelja, siehe: Apuchtin, A. N.
Lenc, Nikolaj K. (geb. 1858, Jurist, Amateurkomp., Schüler von N. A. Rimskij-Korsakov, schrieb
    zusammen mit V. A. Brjullov Auszüge für 2 Klaviere zu 8 Händen von Č.s *Manfred-Symphonie*
    und *Francesca da Rimini*): Band 2: 547 635-636
Lenja, siehe: Sofronov, A. I.
Lenin, Nikolaj S. (H., Mitschüler von A. und M. I. Čajkovskij auf der PRSch): Band 1: 119
Lentovskij, Michail V. (1843-1906, Schauspieler, Regisseur, Autor von Vaudevilles, 1871-1883 am
    MMTh, eröffnete 1882 in Moskau ein Opern- und Operettentheater): Band 2: 166
Lenz, siehe: Lenc
Leo XIII. (Papst 1878-1903): Band 1: 337 – Band 2: 150
Leon, Leontij (Diener N. F. fon Mekks in Brailov): Band 2: 67
Leonardo da Vinci (1452-1519): Band 1: 341
Leoncavallo, Ruggiero (1857-1919): Oper *Pagliacci* (Der Bajazzo): Band 2: 616 620
Lermontov (Lermontow), Michail Ju. (1814-1841, Dichter): Band 1: 163 337-338 385 – Band 2: 49 312 –
    Demon: Band 2: 305
Leszetycki (Leschetitzky), Teodor (Klavierprof. am Petersb. Kons.): Band 1: 91 93 190 – Band 2: 265
Lev, Leva, Levuška, siehe: Davydov, Lev V.
Levenson (Loewenson), Osip Ja. (gest. 1892, Musikkritiker, Bruder von A. Ja. Aleksandrova-Levenson):
    Band 2: 192-193
Levenson-Aleksandrova, siehe: Aleksandrova-Levenson, A. Ja.
Liadow, siehe: Ljadov
Lidija, Lydia (Cousine Č.s), siehe: Ol'chovskaja, L. V.
Liebig, Carl (Gründer des Orchesters *Liebigsche Kapelle*): Band 1: 210
Limnander de Nieuwenhove, Armand (1814-1892, belgischer Komp.): Band 2: 187
    Opern: *Les Monténégrins*, *Le château de la Barbe-Bleue*, *Yvonne*: Band 2: 187
Lipport, E. M., siehe: Čajkovskaja, E. M.
Lipsius, Maria, siehe: La Mara
Liszt, Franz (1811-1886): Band 1: 95 97 115 181 255-256 310 355 – Band 2: 65-66 80-81 149-150 152
    185 285 313 343 410 559 572
    Liszt-Gesellschaft / Liszt-Verein, Leipzig: Band 2: 343 345 347-348 351-353 366
    Die heilige Elisabeth: Band 1: 170 – Symphonische Dichtungen: Band 1: 97 – *Der nächtliche Zug*,
    Hunnenschlacht: Band 1: 170 – *Les Préludes*: Band 1: 163 – *Orpheus*: Band 1: 97 – Dante-Symphonie:
    Band 2: 611 – Faust-Symphonie: Band 1: 97 – Klavierkonzert: Band 2: 502 – 1. Klavierkonzert Es-Dur:
    Band 2: 590 617 – Rhapsodie: Band 1: 252 – *Rhapsodie espagnole (Folies d'Espagne et Jota Aragonesa)*
    für Klavier: Band 2: 628 – *À la Chapelle Sixtine* (u.a. mit der Transkription von Mozarts *Ave verum
    corpus*): Band 2: 327 – Transkription der Polonaise aus Č.s *Evgenij Onegin*: Band 2: 319 –
    Ungarische Zigeunerweisen für Klavier (Sofie Menter oder F. Liszt?, instr. von Č.), siehe unter: Menter
Litke (Lütke), Grafen, Familie von Č.s Cousine mütterlicherseits Amalija Šobert-Litke:
    Litke, Aleksandr N. (Sanja, 1868-1918, Sohn von N. F. und A. V. Litke):
        Band 2: 516-517 521 530 546-547 616 631 633-634

Litke, Amalija V. (geb. Šobert, 1841-1912, Cousine Č.s, Tochter seiner Tante Elizaveta A. Šobert, geb. Assier): Band 1: 50 – Band 2: 324
Litke, Konstantin N. (Koka, Sohn von N. F. und A. V. Litke): Band 2: 616 633-634
Litke, Nikolaj F. (1839-1887, Sohn des Seefahrers F. P. Litke, Gatte von A. V. Litke): Band 2: 324
Litke, Nikolaj N. (Sohn von N. F. und A. V. Litke): Band 2: 633
Litolff, Henry (1818-1891, frz. Pianist und Komp.): Band 1: 235-236 – Ouvertüre *Die Girondisten*: Band 1: 97 – Band 2: 617 – Ouvertüre *Robespierre*: Band 1: 97 – 4. Klavierkonzert d-Moll: Band 1: 71
Litrov, Nazar (gest. 1900, Diener M. I. Č.s, im Frühjahr 1890 P. I. Č.s Diener in Florenz): Band 2: 305 321 435-436 445-446 448 632-635
Litrova, Nara (Gattin von N. Litrov, Dienstmädchen bei M. I. Č. und N. G. Konradi): Band 2: 321 635
Lizaveta Michajlovna, siehe: Čajkovskaja, E. M.
Lizaveta Vasil'evna, siehe: Davydova, E. V.
Ljadov (Ljadow), Anatolij K. (1855-1944, Komp.): Band 2: 247 374 473 521
    siehe auch: Rimskij-Korsakov, *Paraphrases sur un thème obligé*
Ljadov (Ljadow), Konstantin N. (Dir.; Vater von A. K. Ljadov): Band 1: 108 119 178
Lodij (Lody), Petr A. (1855-1920, Sänger, 1876-1879 und 1882-1884 in Petersb., 1885 in Tiflis): Band 2: 291-292 323
Loewenson, siehe: Levenson
Lödscher, Joseph (Kommilitone Č.s am Petersb. Kons.): Band 1: 101
Lomakin, Gavriil A. (1812-1885, Chorleiter, Gesangslehrer Č.s): Band 1: 70-72 90
Longinova / Longinow, siehe: Pal'čikova
Lortzing, Albert (1801-1851): *Der Waffenschmied*: Band 2: 417
Loti, Pierre (eigentl. Louis Marie Julien Viaud, 1850-1923, frz. Schriftst.):
    Pêcheur d'Islande (Roman): Band 2: 301
Louis (Louise) (Pariser Bekannter Č.s): Band 2: 58
Löwenson-Alexandrow, siehe: Aleksandrova-Levenson
Lucca, Pauline (Sängerin): Band 1: 158
Ludwig XIV.: Band 1: 43
Ludwig XVI. (1754-1793, König: 1774-1792): Band 2: 158
Ludwig XVII. (Louis-Charles Capet, 1785-1795, Sohn Ludwig XVI. und Marie-Antoinettes): Band 1: 37 43 188
Ludwig XVIII.: Band 1: 43
Lukaševič, Nikolaj A. (1821 - nach 1894, 1879-1881 Repertoirechef der kaiserl. Theater): Band 2: 104 132
Lütke, siehe: Litke
Luzin, Matvej I., siehe: Michail (Bischof)
L'varov (Lwarow, Sänger): Band 1: 160
L'vov, Aleksej F. (1798 oder 1799 - 1870, 1833 Komp. der russ. Zarenhymne, 1836-1861 Direktor der Hofsängerkapelle als Nachfolger seines Vaters Fëdor P. L'vov, Geiger und Komp.): Band 2: 65 128
L'vov, Fëdor P. (Direktor der Hofsängerkapelle in Petersb. 1825-1836): Band 2: 65
L'vova (Ballerina): Band 1: 160
Lwarow, siehe: L'varov
Lwow, Lwowa, siehe: L'vov, L'vova

M

M., W. (Musikrezensent in Dresden): Band 2: 405
MacGahan / MacKahan, Varvara Nikolaevna (Barbara Nikolajewa, Journalistin, New Yorker Korrespondentin der Moskauer Zeitung *Russkie vedomosti*): Band 2: 505-507
Mächtiges Häuflein, siehe: Kučkisten
MacIntyre, Marguerite (ca. 1865 - 1943, Sängerin): Band 2: 609
Mackar, Félix (1837-1903, Č.s frz. Verleger in Paris): Band 2: 273-274 282 286 293 295 302 319 376 487
Mackenzie, Alexander (1847-1935, Komp. und Dir.): Band 2: 240 256 609 616
    Suite *Pibroch* op. 42: Band 2: 610
Mahler, Gustav (1860-1911): Band 2: 361 468 520 530 540 542 581 616 619
Maikow, siehe: Majkov
Maitland, Florence (Gattin von F. Maitland): Band 2: 614
Maitland, Frederick William (1850-1906, Jurist, Prof. am Christ College der Univ. Cambridge): Band 2: 610 614 626
Majboroda, Vladimir Ja. (1854-1917, Sänger in Petersburg): Band 2: 133
Majkov, Apollon A. (1826-1902, ab 1886 Direktor der Kaiserl. Theater in Moskau): Band 2: 307

Majkov (Maikow), Apollon N. (1821-1897, Dichter): Band 1: 99 214 – Band 2: 186 188
Makarova (Makarow), Marija A. (1851 - nach 1900, Sängerin in Kiev, Petersb. und Moskau):
    Band 2: 125 146
Makovskij, Aleksandr V. (1869-1924, Maler, Sohn von V. E. Makovskij): Band 2: 180 –
    Č.-Portrait (nicht erhalten): Band 2: 103
Mallinger, Mathilde (1847-1920, österr. Sängerin): Band 1: 251 – Band 2: 103
Malozemova (Malosjomowa), Sof'ja A. (1846-1908, Pianistin, Kommilitonin Č.s am Petersb. Kons.,
    1887-1908 Prof. daselbst): Band 1: 234-236
Mamonov, Nikolaj N. (geb. 1869, Arzt): Band 2: 633
Mamontova (Mamontow), Marija A. (geb. Ljalina, gest. 1904, wirkte auf dem Gebiet der Musikerziehung
    für Kinder): Band 1: 377 – Kinderlieder: Band 1: 377-378
Manfredini, Vincenzo (1737-1799, ital. Komp., Hofkapellmeister in Petersb.): Band 2: 111
Mangen, Silvain bzw. Sylvain (einer der Dirigenten der kaiserl. Theater in Petersb., Leiter der Bühnenmusik
    in frz. Schauspielen): Band 1: 202
Manja, siehe: Laroš, G. A.
Manochin (Kostümbildner): Band 1: 160
Marc Aurel: Band 2: 89
Marcel, siehe: Marsel'
Marchetti, Filippo (1831-1902, ital. Komp.): *Ruy Blas* (Oper, Mailand 1869): Band 1: 313
Marchisio, Barbara und Carlotta (Sängerinnen an der ital. Oper in Petersburg): Band 1: 172
Marija Fëdorovna (geb. Prinzessin Dagmar von Dänemark, 1847-1928, Gattin des Thronfolgers und, ab 1881,
    späteren Kaisers Aleksandr III.):
    Band 1: 133 – Band 2: 105 213-214 251 303-305 307 320 335 444 474 550
Markisio, siehe: Marchisio
Markov (Markow), Familie: Band 1: 53 65
Markova, Marija P., siehe: Vakar, Marija P.
Markovskaja, Elena P. (Sängerin, 1887-1894 in Petersb.): Band 2: 330-331
Markow, siehe: Markov
Marmontel, Antoine François (1816-1898, frz. Pianist und Komp., Klavierprof. am Pariser Kons.):
    Band 2: 298 302
Marsel' (Marcel) Karlovič (Familienname unbek., Bediensteter N. F. fon Mekks auf Brailov):
    Band 1: 365 367 371 – Band 2: 63 112
Marsick, Martin Pierre Joseph (1848-1924, belg. Geiger und Komp., ab 1873 in Paris, Prof. am dortigen
    Kons.): Band 2: 274 279 296 298 319 373-374
Martynov (Martinow), Aleksej A. (1820-1895, Altertumsforscher): *Moskva* (Moskau): Band 2: 112
Marx, Adolf Bernhard (1795-1866, Musikforscher und Komp., Prof. und Musikdirektor an der Berliner
    Universität, Kompositionslehrer am Sternschen Kons., publ. u.a. *Die Lehre von der musikalischen
    Komposition*): Band 1: 91-92 – *Allgemeine Musiklehre*: Band 1: 87
Masalitinov, Nikolaj V. (gest. 1884, Bekannter Č.s): Band 2: 89 448
Mascagni, Pietro (1863-1945): Band 2: 574 – Oper *Cavalleria rusticana* (Libretto: Giovanni Targioni-Toz-
    zetti und Guido Menasci nach einem Bühnenstück von Giovanni Verga): Band 2: 539 574 602-603
Maševskij (Maschewsky, poln. Offizier, Bekannter der Familie Č. in Votkinsk): Band 1: 45
Maslov (Maslow), Fëdor I. (Maslow, 1840-1915, Absolvent der PRSch, Vorsitzender der Mosk.
        Obergerichtsbehörde): Band 1: 62 123 – Band 2: 536 561 606 – und Familie:
    Maslova, Anna I. (Mlle Anna Massloff, Schwester F. I. Maslovs): Band 2: 561 635-636
    Maslova, Sof'ja I. (gest. 1902, Schwester F. I. Maslovs): Band 2: 561
    Maslova, Varvara I. (gest. 1905, Schwester F. I. Maslovs): Band 2: 561
Massalitinow, siehe: Masalitinov
Massé, Victor (1812-1884, frz. Komp. v.a. von Opern): *Paul et Virginie*: Band 1: 301
Massenet, Jules (1842-1912): Band 2: 44 47 185-186 313 372 408 411 414 425 433
    Esclarmonde: Band 2: 408 544 – *Hériode*: Band 2: 216 – *Le Cid*: Band 2: 309 –
    Le roi de Lahore: Band 1: 300 – Band 2: 43 52-53 – *Manon Lescaut*: Band 2: 211 301 558 –
    Marie Maddeleine (Drame sacré): Band 2: 114
Masset, siehe: Massé
Massini, Ekaterina A. (Sängerin in Kiev, 1876-1880 am MBTh): Band 1: 244
Masson, Michel: *Les enfants célèbres*: Band 1: 42
Matčinskij, Ivan V. (geb. 1847, 1876-1880 Sänger in Petersb., 1885-1901 am MBTh): Band 2: 316
Matkovskij, Isaak M. (1862-1940, Pianist, Lehrer an der Musikschule in Tiflis): Band 2: 470-471
Maurel, André (Journalist, Mitarbeiter der Pariser Zeitung *Le Figaro*): Band 2: 586-588
Maupassant, siehe: de Maupassant
Max (dt. Hotelangestellter in New York): Band 2: 502 506 508

Mayer (Repräsentant der Klavierfabrik Knabe in Baltimore, Geschäft in New York):
    Band 2: 495-497 499 500 502 504 506-509 512 – Gattin und Tochter: Band 2: 497
Meck, siehe: Mekk
Mecklenburg-Strelitz, siehe: Meklenburg-Strelickij
Meder, Ėduard K. (Oboist im Orch. der RMG-M und Oboenlehrer am Mosk. Kons.): Band 2: 81 83
Medvedev (Medwedjew, eigentl. Bernštejn), Michail E. (1852-1925, Sänger in Moskau und Petersb. sowie bei priv. Opernunternehmen in Tiflis, Kiev usw.): Band 2: 531 533
Méhul, Etienne Nicolas (1763-1817, frz. Opernkomp.): Band 2: 345
Mei, siehe: Mej
Meilhac, Henri (1831-1897, frz. Dramatiker): *Le petit hôtel* (Schauspiel, Co-Autor: Ludovic Halévy): Band 2: 55 – *Ma Camarade* (Schauspiel, Co-Autor: Philippe Gille): Band 2: 211 – *Mr l'Abbé* (Komödie): Band 2: 544
Meissonnier, Ernest (1815-1891, frz. Genremaler): Band 2: 84
Mej (Mei), Lev A. (1822-1862, Dichter): Band 1: 182 244
Mej, Medeja, siehe: Figner
Mekk, fon (von Meck), Familie: Band 1: 281-283:
    Mekk, Anna L. fon (geb. Davydova, 1864-1942, Nichte Č., seit Ende 1883 Gattin Nikolaj K. fon Mekks): Band 1: 282 – Band 2: 211
    Mekk, Julija K. fon (1853-1915, Tochter N. F. fon Mekks, ab 1889 verh. mit V. A. Pachul'skij): Band 2: 42 464 466
    Mekk, Karl F. fon (Otto Georg Karl fon Mekk, 1819-1876, Ingenieur, Gatte N. F. fon Mekks): Band 1: 282-283
    Mekk, Ljudmila K. fon (Miločka, 1872-1946, jüngste Tochter N. F. fon Mekks, verh. Fürstin Širinskaja-Šachmatova): Band 2: 68-69
    Mekk, Nadežda F. fon (geb. Frolovskaja, 1831-1894):
        Band 1: 71 178 213 238 244 277 279 281-283 284 286-287 289-295 297-298 300-304 306-308 310-317 319 323 327 330-334 336-337 340-342 345-350 352 354-357 360-364 366 368-372 376-384
        Band 2: 39 41-42 48 67-69 77 81 95 109 112 116 134 138 169 225-226 239 247 300 307 315 319 390 464-467 469 488 523 548 598 634
    Mekk, Nikolaj K. fon (1863-1929, Sohn N. F. fon Mekks, verh. mit Č.s Nichte Anna L. Davydova): Band 1: 283 – Band 2: 211
    Mekk, Vladimir K. fon (1852-1892, ältester Sohn N. F. fon Mekks): Band 1: 283 365
Meklenburg-Strelickij, Georgij G., Herzog (1859-1920, Musikliebhaber und Mäzen, Vors. des Komitees zum 50. Künstlerjubiläum von A. G. Rubinštejn): Band 2: 430
Melba, Nelly (eigentl. Helen Mitchell, verh. Armstrong 1861-1931, austral. Sängerin): Band 2: 483
Mel'jak, siehe: Meilhac
Mel'nikov (Melnikow), Ivan A. (1832-1906, Sänger in Petersb.): Band 1: 220 244 – Band 2: 330 474 525 – Sammlung russ. Chöre: Band 2: 525
Mel'nikov (Melnikow), Pavel I. (Pseudonym: Andrej Pečerskij, 1819-1885):
    Na gorach (Auf den Bergen), Roman: Band 2: 165
Menasci, Guido, siehe: Mascagni, *Cavalleria rusticana*
Mendelssohn Bartholdy, Felix (1809-1847): Band 1: 73 92 95 361 375 – Band 2: 49 123 185 313 452
    Mendelssohn-Denkmal: Band 2: 361 – Oratorium *Elias*: Band 2: 504
    4. Symphonie A-Dur op. 90 (Italienische): Band 1: 129 – Band 2: 151 345 –
    5. Symphonie d-Moll (Reformationsymphonie): Band 2: 57 –
    Ouvertüren: *Die Hebriden* op. 26: Band 1: 120 – *Die schöne Melusine* op. 32: Band 1: 120 –
    Violinkonzert: Band 2: 375 – Variationen: Band 1: 183 –
    Klavierwerke: Band 1: 116 – Band 2: 609 (Scherzo)
Men'šikova (Menschikowa), Aleksandra G. (1840-1902, Sängerin, 1860-1871 am MBTh):
    Band 1: 153 159-160 – Band 2:178
Menter, Sofie (bzw. Sophie, 1846-1918, Pianistin, 1883-1887 Prof. am Petersb. Kons.):
    Band 2: 240 247 256 386 487-488 490 544 563-564 572-575 589-593 606-607 613-617
    Ungarische Zigeunerweisen (Zigeuner-Fantasie) für Klavier (von F. Liszt?; instr. von Č.):
        Band 2: 240 572 593 607 616
Mercuri, A. (ital. Komp.): *I falsi monetari*: Band 1: 345 (ist die gleichnamige Oper von Saverio Mercadante, 1795-1870, gemeint?)
Merelli, Eugène (Impresario und Hauptregisseur der ital. Oper in Moskau und Petersb. 1871-1873 und 1879-1881): Band 1: 154-155
Merkling, Anna P. (geb. Čajkovskaja, 1830-1911, Cousine Č.s): Band 1: 54-55 57 66 – Band 2: 247 275
Mermet, Auguste (1815-1889, frz. Komp.): *Jeanne d'Arc* (Oper, 1876): Band 2: 42 71
Merten, Ėrnest N. (1814-1876, ab 1865 Dir. der russ. Opern im MBTh): Band 1: 161 175

Meščerskaja (Meschtschersky), Fürstin (Davian) (Mosk. Bekannte Č.s): Band 1: 133
Messer, Jurij (Klavierlehrer am Mosk. Kons., Korrektor beim Verlag P. I. Jurgenson): Band 2: 69 74 195
Métra, Jules Louis Olivier (1830-1889, frz. Dir. und Komp.): *Yedda* (Ballett): Band 2: 54
Metropolit (Name ungenannt): Band 1: 71
Metzdorf, Hermann (Hornist): Band 1: 101
Metzdorf, Richard (Komp. und Kapellmeister): Band 1: 101
Meyer von Waldeck, Friedrich: *Russland*: Band 2: 183
Meyerbeer, Giacomo (1791-1864): Band 1: 73 95 350 – Band 2: 49 50 183
    L'Africaine: Band 1: 322 – Band 2: 351 355 – *Le Prophète*: Band 2: 133 –
    Les Huguenots (Die Hugenotten): Band 1: 198 250 – Band 2: 133 – *Struensee*: Band 1: 97
Michail, siehe: Sofronov, M. I.
Michail, Michael, Bischof (welt.: Luzin, Matvej I., 1830-1887; Rektor der Kiever Akademie): Band 2: 176
Michajlov, Michail I. (eigentl. Zil'berštejn, Moisej I., 1860-1929, Sänger in Kiev, Tiflis und Petersb.):
    Band 2: 231 442
Michajlova, M. A. (Sängerin in Petersb.): Band 2: 580
Michelangelo Buonarotti (1475-1564): Band 1: 342 – Band 2: 47 90 100 305 393
    Moses: Band 2: 89 97 100 – Fresken in der Sixtinischen Kapelle: Band 2: 90 102
Michelet (bzw. Michel, Mišel'; Bevollmächtigter der frz. Komponisten und Verleger in Rußland): Band 2: 190
Michnevič, Vladimir O. (1841-1899, Journalist und Schriftst.): Band 2: 236
Mickiewicz, Adam (1798-1855, poln. Dichter): Band 1: 244 – Band 2: 142 565
Mielke, Antonia (1852-1907, Sängerin): Band 2: 514
Miljukova (Miljukowa), Antonina I. (1848-1917, Č.s Gattin), siehe: Čajkovskaja, A. I.
Miljukova (Miljukowa, geb. Jaminskaja), Ol'ga N. (1821-1881, Antonina I. Čajkovskajas Mutter):
    Band 1: 290-292
Mil'ke, siehe: Mielke
Miller, Konstantin (dilett. Komp., dessen Töchter Viktorija und Sof'ja am Mosk. Kons. Klavier studierten):
    Band 2: 168
Miločka, Milotschka, siehe: Mekk, Ljudmila K. fon
Minkus, Ludwig bzw. Léon (1827-1890, Ballettkomp. und Dir.): Band 1: 185 358
Mirsch, Paul (gest. 1892, ab 1886 Musikreferent der *Hamburger Nachrichten*): Band 2: 542-543
Miša, siehe: Adamov, V. S.
Mitja, Mitjuk, siehe: Davydov, Dmitrij L.
Mjul'bach, Fëdor F. (Besitzer der gleichnam. Klavierfabrik): Band 2: 631-632
Modja, siehe: Čajkovskij, Modest I.
Mogučaja kučka, Mogutschaja kutschka, siehe: Kučkisten
Molière, Jean Baptiste (1622-1673): *Eturdi ou La Contre-temps*: Band 2: 211 – *L'école des femmes*:
    Band 2: 212 – *Le malade imaginaire*: Band 2: 211 – *Le mariage forcé*: Band 2: 55 –
    Le Misanthrope: Band 1: 377 – *Tartuffe*: Band 1: 141
Moniuszko, Stanisław (1819-1872, poln. Komp.): Oper *Halka* (1848): Band 1: 173
Mordvinov (Mordwinow), Vladimir R.: Band 1: 23
Morel, siehe: Maurel
Moscheles, Ignaz (1794-1870, Pianist, Komp. und Dir.): Band 2: 285
Moskalev, P. (Bekannter Č.s in Odessa?): Band 2: 635-636
Moszkowski, Moritz (oder Maurycy, 1854-1925, Pianist und Komp.): Band 2: 38
Mozart, Wolfgang Amadeus (1856-1891):
    Band 1: 44 57 72-73 87 92 95 120 135 262 270 342 352-354 361 366 384 – Band 2: 90 110 113 119-120
    143 165 182-183 189 220 223 225 229 281 296 306-307 313 369 385-386 393 400 440 452 480 –
    Gesamtausgabe (Jurgensons Geschenk): Band 2: 400 –
    Requiem: Band 1: 352 – Band 2: 394 –
    Opern: Band 1: 352 – *Idomeneo* KV 366, Tänze daraus: Band 2: 424 617 628 – *Le nozze di Figaro*
    KV 492: Band 2: 182-183 189 202 220-221 432 – *Don Giovanni* (Don Juan) KV 527: Band 1: 44 57 73
    99 129 352-354 – Band 2: 55 202-203 281 296 (Autograph), 299 306 313 577 – *Die Zauberflöte*
    KV 620: Band 1: 211 – Band 2: 119 –
    Symphonien: Band 1: 352 – Symphonie D-Dur (KV?): Band 2: 424 – Symphonie g-Moll (KV 550):
    Band 2: 610 – Divertimento: Band 2: 153 –
    Kammermusik: Band 1: 353 – Streichquartette: Band 2: 53 – Sechs "Haydn-Quartette" KV 387, 421,
    428, 458, 464, 465: Band 1: 352 – Streichquintett d-Moll [ist g-Moll KV 516 gemeint?]: Band 1: 352-
    354 – Klaviersonaten: Band 2: 306 – Klavierfantasie KV 475 (vgl. Č.s Vokalensemble *Noč'*/ Die
    Nacht): Band 2: 606 625 – Klavierstücke (im Kontext der Suite *Mozartiana*): Band 2: 324 326-327
Mravina, Evgenija K. (eigentl. Mravinskaja, 1864-1914, 1886-1898 Sängerin in Petersb.): Band 2: 484
Mufka, siehe: Dmitrieva, E. M.
Mühlbach, siehe: Mjul'bach

Müller, W. (Sänger, Berlin): Band 2: 103
Muratov, A. E. (Petersb. Sänger): Band 2: 231
Musorgskij (Mussorgsky), Modest P. (1839-1881): Band 1: 135 147 177 234 318-319 – Band 2: 46 82 133 480 – *Boris Godunov*: Band 1: 216 222-223 234 – *Chovanščina*: Band 2: 226
Musset, siehe: de Musset
Mussorgsky, siehe: Musorgskij
Mustel, Victor (1815-1890) und Sohn Auguste (1842-1919; bauten Harmoniums und Stahlplattenklaviere, 1886 wurde ihre *Celesta* patentiert): Band 2: 518

N

N.: Band 1: 336
N. (Band 2), siehe: Fridrich, D. A.
-n. (Musikkritiker in Berlin): Band 2: 363
N., Dr., siehe: Neftel (Neftel')
N. N. (P. I. Čajkovskij): Band 2: 50-51
Nadeshda Filaretowna / Nadežda Filaretovna, siehe: Mekk, N. F. fon
Nadežda Timofeevna, siehe: Val'ceva, N. T.
Napoléon Bonaparte (1769-1821): Band 1: 43
Napoléon III. (1808-1873): Band 2: 497
Napravnik (Nápravník, Naprawnik), Familie des Dirigenten und Komponisten È. F. Napravnik:
    Napravnik, Èduard F. (1839-1916, Dir. und Komp., ab 1863 Kapellmeister und 1869-1916 1. Kapellmeister der Petersb. Operntheater, 1869-1881 auch Dir. der Symphoniekonzerte der RMG-P. Briefwechsel Č. – È. F. Napravnik in: Napravnik):
    Band 1: 191 202 217-219 223 232 234 236 247-248 251 263
    Band 2: 44 71 74 76 88 95 98 104-106 108 121 123-127 131-132 140 144 151 163-164 176 179 183 188 200-202 210 213 215 267 277 308 314 329-330 342 360 419-420 425 436 445 460 468 474 476 500 579-580 599 627 632 637
    Garol'd (Harold; Oper): Band 2: 250 267 310 – *Nižegorodcy* (Oper): Band 2: 249-250 – Musik zu A. K. Tolstois dramatischem Gedicht *Don Juan*: Band 2: 599 – Symphonische Tänze: *Narodnye tancy* (Volkstänze) op. 20 und 23: Band 2: 250 – Russische Fantasie für Klavier und Orchester: Band 2: 534 – Streichquartett E-Dur op. 16: Band 2: 250 – Klaviertrio g-Moll op. 24: Band 1: 366 – Band 2: 106 250 – Lieder: Band 1: 380
    Napravnik, Ol'ga È. (geb. Šreder, 1844-1902, Sängerin, Gattin von È. F. Napravnik): Band 2: 599
    Napravnik, Vladimir È. (Volodja, 1869-1916, Jurist, Sekretär der Hauptdirektion der RMG, Sohn È. F. Napravniks; Briefe Č.s an V. È. Napravnik in: Napravnik): Band 2: 246 360 384-385 468 545-547 616
Narrainov (und Gattin): Band 2: 500-501
Nataša (Nichte Č.s), siehe: Rimskaja-Korsakova, N. L.
Nathan, Johanna (Sängerin): Band 2: 356
Navrockij (Nawrotzky, Postkutschenunternehmer): Band 1: 193
Navtikov, G. I.: Band 2: 550
Nawrotzky, siehe: Navrockij
Neftel (Neftel'), William Basil (Arzt) und Gattin (Fürstin Gruzinskaja): Band 2: 506-507
Neitzel, Otto (1852-1920, Komp., Pianist und Musikschriftst., ab 1887 Musikreferent der *Kölnischen Zeitung*): Band 2: 170-171 402 405
Nekrasov (Nekrassow), Nikolaj A. (1821-1878, Dichter): Band 2: 162 303
Neratov (Neratow, Gutsbesitzer): Band 1: 39
Nero (röm. Kaiser): Band 2: 89
Neue russische Schule, Neuerer, siehe: Kučkisten
Neumann, Angelo (1838-1910, Sänger und Operndirektor, gründete 1882 ein "wanderndes Wagner-Theater", mit dem er 1889 auch in Petersb. gastierte): Band 2: 387
Neurussische Schule, siehe: Kučkisten
Nicolini, Ernesto (1834-1898, Sänger, zweiter Gatte von Adelina Patti): Band 2: 421
Niemann, Albert (1831-1917, Sänger, 1866-1887 an der Berliner Hofoper): Band 1: 251
Nikiforowa *II* (Ballerina): Band 1: 160
Nikisch, Arthur (1855-1922, Dir.): Band 2: 366
Nikolaev (Nikolajew), Anton N.: Band 1: 244
Nikolai, siehe: Nikolaj
Nikolai Gregorjewitsch / Nikolaj Grigor'evič, siehe: Rubinštejn, N. G.

Nikolaj (Nikolai / Nikolaus) I., Pavlovič (1796-1855, Kaiser: 1825-1855): Band 1: 37 53 103 106 – Band 2: 542
Nikolaj II., Aleksandrovič (1868-1918, Kaiser: 1894-1917): Band 2: 547 549
Nikolaj Nikolaevič, Großfürst (d. Ä., 1831-1891, Sohn Kaiser Nikolajs I.): Band 2: 82
Nikolajew, siehe: Nikolaev
Nikolaus, siehe: Nikolaj
Nikonova, Sofija P., siehe: Čajkovskaja, Sofija P.
Nikulina, Ljubov' P. (Schauspielerin): Band 1: 207
Nilsson, Christine (geb. Kristina Jonasdotter, 1843-1921, schwedische Sängerin, gastierte verschiedene Male in Russland): Band 1: 202
Nissen-Soloman (bzw. -Saloman), Henrietta (1819-1879, Opern- und Konzertsängerin schwed. Herkunft, ab 1860 in Russland, 1862-1872 und 1878-1879 Professorin am Petersb. Kons.): Band 1: 90
Nodier, Charles: Band 1: *Inès de Las Sierras*: Band 1: 275
Novatoren, siehe: Kučkisten
Novikova (Nowikow, Nowikowa), Nadežda V. (Gattin des Gutsbesitzers Novikov, Majdanovo): Band 2: 254 256 286 328 519
Nuvel'-Nordi, R. F. (Sänger[in?], Char'kov 1893): Band 2: 599

O

Obolenskij (Obolensky), Dmitrij A., Fürst (1822-1881, Vizepräsident der RMG, Mitglied des Staatsrats): Band 1: 226
Obolenskij, Jurij A., Fürst (1825-1890, Leiter der Mosk. Hofbehörde): Band 2: 234
Obolenskij (Obolensky, W.), Vladimir S., Fürst (1847-1891, Hofmarschall des kaiserl. Hofes): Band 2: 214 485
Ochocki (Ochotsky), Jan Duklan (Schriftst.): *Memoiren*: Band 1: 369
Odoevskij (Odoewsky), Vladimir F., Fürst (1804-1869, Schriftst. und Komp.): Band 1: 121 132-133 144 161
  Zeitungsartikel über Č.: Band 1: 144
Offenbach, Jacques (1819-1880): Band 2: 50 54 373 – *Orpheus in der Unterwelt*: Band 1: 82
Ogarev (Ogarjow), Nikolaj P. (1813-1877, Dichter): Band 1: 244
O'Grady, Standish James (1846-1928, irischer Schriftst., Journalist und Historiker, einer der Ehrendoktoren in Cambridge 1893): Band 2: 612
Ohe, siehe: aus der Ohe
Ol'chovskij (Olchowsky), Familie von Č.s Cousine Lidija:
  Ol'chovskaja, Lidija V. (geb. Čajkovskaja, 1830-1892, Tochter von Vladimir P. Č., eines Onkels von P. I. Č., verheiratet mit Nikolaj I. Ol'chovskij, dem Bruder des Gattes ihrer Cousine Zinaida): Band 1: 34-35 39 49 51 54-56 82
  Ol'chovskij, Nikolaj I. (Gatte von Lidija V.): Band 1: 82
    Allegri, ili Vzjavšis' za guž, čto ne djuž (Komödie): Band 1: 122
  Ol'chovskaja, Zinaida I. (Sinaida, geb. Čajkovskaja, 1829-1878, Halbschwester Č.s aus I. P. Čajkovskijs erster Ehe, verh. mit Evgenij I. Ol'chovskij, 1824-1876): Band 1: 30 34 38 43 46-47 49 52 54-55 104
Ol'denburgskij, Petr G., Prinz von Oldenburg (1812-1881, Gründer der PRSch 1835): Band 1: 64 71
Ol'ga, siehe: Čajkovskaja, O. S.
Oppel, A.: Band 1: 221
Ordonneau, Maurice (Theater- und Musikkritiker der Pariser Zeitung *Le Gaulois*): Band 2: 193
Orlov, Dmitrij A. (1842-1919, Sänger, ab 1867 am MBTh, 1869-1890 in Petersb.): Band 1: 244 – Band 2: 209
Orlov, Grigorij G., Graf (Günstling Ekaterinas II.): Band 2: 214
Orlov, N. (Sänger): Band 1: 220
Osberg, Adol'f R. (gest. 1869, Gesangslehrer in Moskau): Band 1: 121
Ostrovskij (Ostrowsky), Aleksandr N. (1823-1886, Dramatiker): Band 1: 95 121 132-133 136 141-142 151-153 155 162 164 207-208 – Band 2: 178-179 370 496 498 – *Gorjačee serdce* (Ein heißes Herz), Komödie: Band 2: 631 – *Groza* (Das Gewitter): Band 1: 95 104 109 141 – *Sneguročka* (Schneewittchen / recte: Schneeflöckchen): Band 1: 95 207 – *Voevoda* (Der Woiwode / Der Traum an der Wolga): Band 1: 132 150 160 197-198 – Band 2: 302 454 – *Volki i ovcy* (Wölfe und Schafe): Band 1: 95
Oudin, Eugène (gest. 1894, Sänger und Pianist): Band 2: 613 626

P

Pabst, Pavel A. (1854-1897, Pianist und Komp., 1878-1897 Prof. am Mosk. Kons.): Band 2: 170 221 518 548 636 – Fantasie über Themen aus Č.s *Evgenij Onegin*: Band 2: 346 349 352-353 470-471

Pachul'skaja, Julija K., siehe: Mekk, Julija K. fon
Pachul'skij, Genrich A. (1852-1921, Pianist und Komp.): Band 2: 548
Pachul'skij, Vladislav A. (1855-1919, Geiger und Amateurkomp., ab 1878 Sekretär N. F. fon Mekks, heiratete 1889 deren Tochter Julija): Band 2: 42 48-49 67 219 225 247 464-467
Paderewski (Paderewsky), Ignacy Jan (1860-1941, poln. Pianist und Komp.): Band 2: 372 414
Padilla y Ramos, Mariano (1842-1906, Sänger, Gatte von D. Artôt): Band 1: 151 159 – Band 2: 362
Paganini, Niccolò (1782-1840): Violinkonzert: Band 2: 547
Pal'čikova (Paltschikow), Marija M. (verh. Longinova, aus dem leibeigenen Bauernstand, autodidakt. Pianistin, erste Klavierlehrerin Č.s): Band 1: 44-45 – Band 2: 246
Palestrina, Giovanni Pierluigi da (um 1525 - 1594): Band 2: 150
Paltschikow, siehe: Pal'čikova
Panaeva-Karcova (Panajewa), Aleksandra V. (1853-1942, Sängerin, verh. mit Č.s Neffen G. P. Karcov): Band 1: 267 – Band 2: 105 118 251 320
Panajewa, siehe: Panaeva-Karcova
Pani, siehe: Čajkovskaja, Praskov'ja V.
Pasdeloup, Jules (1819-1887, frz. Dir.): Band 1: 266-267 – Band 2: 81 83 153 187 192
Patti, Adelina (1843-1919, Sängerin): Band 1: 82 158 – Band 2: 421 469
Paustovskij, K.: Band 2: 550
Pavel Aleksandrovič, Großfürst (1860-1919, Sohn Kaiser Aleksandrs II.): Band 2: 134-135 532
Pavlenkova, Varvara V. (Sängerin, ab 1889 am MMTh): Band 2: 533
Pavlova, Olimpiada P. (Sängerin, 1888-1897 am MBTh): Band 2: 533
Pavlovskaja, Ėmilija K. (geb. Berman, 1853-1935, Sängerin trat 1873-1874 im Ausland auf, 1876-1883 in Kiev, Odessa, Tiflis und Char'kov, 1883-1884 und 1888-1889 am MBTh, 1884-1888 in Petersb.): Band 2: 231-232 241 246 255 258 277 300-301 329-331
Pavlovskij, Sergej E. (1846-1915, Sänger und Regisseur, ab 1885 am MBTh, Gatte von Ė. K. Pavlovskaja): Band 2: 330-331
Pčel'nikov, Pavel M. (1851-1913, 1882-1898 Büroleiter der Mosk. Theater): Band 2: 577
Peel (Inhaberin einer Pension in Vevey): Band 1: 211
"Peredvižniki" (antiakademische Künstlerbewegung, "Wanderer" und ihre "Gesellschaft der künstlerischen Wanderausstellungen"): Band 2: 180 593
Peresleni, Nikolaj V. (Koko, Kokodec, Kolja, gest. 1914, Sohn von Ekaterina K. Peresleni, geb. Davydova, Schwester von Č.s Schwager Lev V. Davydov): Band 1: 212
Perrault, Charles (1628-1703, frz. Schriftst.): *La belle au bois dormant* (aus der Märchensammlung *Histoires et contes du temps passé [...] Contes de ma mère l'oye*, 1697): Band 2: 399 422
Peter der Große, siehe: Petr I.
Peter Georgiewitsch von Oldenburg, Prinz, siehe: Ol'denburgskij, P. G.
Peters, Verlag C. F. Peters, siehe: Abraham, Max
Petersburger Komponisten, siehe: Kučkisten
Peterssen, Pavel L. (1831-1895, Pianist, 1862-1895 Klavierlehrer am Petersb. Kons., ab 1871 zusammen mit M. A. Bitepaž Besitzer der Petersburger Klavierfabrik Bekker, Direktionsmitgl. der RMG-P): Band 2: 617-618
Petipa, Marija (Marie, 1857-1930, Ballerina in Petersb. 1875-1907, Tochter von Marius Petipa): Band 2: 434
Petipa, Marius I. (1818-1910, frz. Ballettmeister und Choreograph, ab 1847 Tänzer, 1862-1904 erster Ballettmeister der kaiserl. Petersb. Theater): Band 2: 399-400 544 567-568 580
 Tanzprogramm zu Č.s Ballett *Dornröschen*: Band 2: 434
Petr I., Zar (Peter der Große, 1672-1725, Kaiser: 1721-1725): Band 1: 43 116 190
Petri, Henri W. (Geiger, Primarius des Petri-Quartetts): Band 2: 347 349 352-353
Petrova (Petrowa), Anastasija (bzw. Nastas'ja) P. (1824-1893, Gouvernante der Familie Č. in Petersb.): Band 1: 50
Pfohl, Ferdinand (1862-1949, Musikschriftst. und Komp., Musikrezensent des *Leipziger Tageblatts*): Band 2: 352-353
Pheoktistowa, siehe: Feoktistova
Philipow, siehe: Filippov
Piccioli, Luigi (1812-1862, ital. Musiker, Sänger, 1862-1863 Lehrer am Petersb. Kons.): Band 1: 73
Piccioli (Gattin von L. Piccioli, gute Bekannte von E. A. Šobert): Band 1: 73
Pikar, Ol'ga L. (geb. Skadovskaja, Schwester A. L. Brodskajas): Band 2: 361
Pikkel', Ivan N. (1829-1902, 1855-1885 Geiger im Petersb. Opernorch., 1868-1889 Mitgl. des Streichquartetts der RMG-P): Band 1: 200
Pil'c (Pilz), Marija V. V. (verh. Izergina, geb. 1856, Sängerin, 1884-1895 in Petersb.): Band 2: 474
Pisarev (Pisarew), Vasilij V. (Ingenieur, Bekannter von Č.s Vater): Band 1: 81-83
Pisemskij (Pisemsky), Aleksej N. (1820-1881, Schriftst.): *Samoupravcy* (Die Eigenmächtigen), Tragödie: Band 1: 122

Pius IX. (1792-1878, Papst 1846-1878): Band 1: 337
Platonova (Platonowa), Julija, F. (1841-1892, Sängerin, 1863-1876 in Petersburg): Band 1: 216
Pleščeev (Pleschtschejew), Aleksej N. (1825-1893, Dichter): Band 1: 122 168 182 – Band 2: 303
Plunket-Green (Solist beim Konzert im Mai/Juni in Cambridge): Band 2: 611
Pobedonoscev (Pobjedonosszew), Konstantin P. (1827-1907, Rechtsgelehrter und Politiker, Mitgl. des Staatsrats, ab 1880 Oberprokuror des hl. Sinod): Band 1: 138 214 – Band 2: 522
Pogožev, Vladimir P. (1851-1935, 1882-1907 Bürochef der kaiserl. Petersb. Theater): Band 2: 342 453
Poljakova-Chvostova (Chwostowa), Anna (eigentl. Alina) A. (1846-1904, geb. Chvostova, verh. Poljakova; Sängerin, ab 1883 Gesangslehrerin am Petersb. Kons.): Band 1: 176-177 182
Pollini, Bernhard (eigentl. Baruch Pohl, 1838-1897, Sänger und Impresario der ital. Oper in Petersb. und Moskau, ab 1874 Intendant des Hamburger Stadttheaters): Band 2: 476 540 543 616 619 625
Polna, Olga (Sängerin, 1891/92 in Hannover, als Gast in Hamburg, 1893-1898 in Hamburg): Band 2: 541
Polonskij (Polonsky), Jakov P. (1819-1898, Dichter): Band 1: 191 226 – Band 2: 186 303
    Text zu Č.s Kantate zur Polytechnischen Ausstellung: Band 1: 191-192 194
    Libretto zu *Kuznec Vakula*: Band 1: 226-227 229-230 232 – Band 2: 237 258
    Text zu Č.s Chor *Gruß an A. N. Rubinštejn* (zu dessen 50. Künstlerjubiläum): Band 2: 423 430
Ponchielli, Amilcare (1834-1886, ital. Opernkomp.): *Gioconda*: Band 2: 122
Ponomarev, S. I.: *Moskva v rodnoj poėzii* (Mokau in der heimischen Dichtung): Band 2: 119
Poplavskij, Julian I. (1871-1958, Cellist, Vater des Dichters B. Ju. Poplavskij): Band 2: 598 604 624
Popova (Popow), Anastasija V. (1807-1894, Tochter von Evdokija P. Popova, der ältesten Schwester Il'ja P. Č.s): Band 1: 34 36-38 47 49
Popper, David (1843-1913, österr. Cellist und Komp., 1872-1886 verh. mit Sofie Menter):
    Mazurka für Violoncello: Band 1: 185
Potter, Henry C. (Bischof, New York): Band 2: 503
Pouchkine, siehe: Puškin
Préghi, Pregi (Preži), Marcella (1866-1958, Sängerin): Band 2: 487
Pribik, Iosif V. (1855-1937, Dir. und Komp., ab 1879 bei Opernunternehmen in Char'kov, Kiev und Tiflis, 1889-1893 bei der von I. P.Prjanišnikov organisierten Operngenossenschaft, 1894-1937 in Odessa): Band 2: 468
Prjanišnikov (Prjanischnikow), Ippolit P. (1847-1921, Sänger und Regisseur, 1878-1886 beim PMTh, Initiator und Leiter der ersten russ. Operngenossenschaft, 1889-1892 Gesangslehrer): Band 2: 133 202 211 231-232 246 468 471 537 546 548-549 – Erinnerungen an Č.s Probenarbeit: Band 2: 549
Prokof'eva (Prokowjewa, Ballerina, Koryphäe): Band 1: 160
Prosco, Jean (Reisebekanntschaft Č.s im Sommer 1873): Band 1: 209-210
Pugni, Cesare (1802-1870, ital. Komp., schrieb 1853-1870 Ballettmusiken für die kaiserl. Theater in Petersb.): Band 1: 358 – *Faust*: Band 1: 99
Purgol'd, N. N., siehe: Rimskaja-Korsakova, N. N.
Puschkin, siehe: Puškin
Puškin (Pouchekine, Puschkin), Aleksandr S. (1799-1837): Band 1: 45 64 102-103 276 290 – Band 2: 49 303 312 370 – *Boris Godunov*: Band 1: 110 – *Evgenij Onegin*: Band 1: 276-277 294 313 321 323 384-385 – Band 2: 542-543 – *Kapitanskaja dočka* (Die Hauptmannstochter): Band 2: 258 379 – *Poltava* (Poltawa, Mazepa): Band 2: 140 150 198 433 – *Pikovaja dama* (Pique Dame): Band 2: 377-378 460 – *Skazka o rybake i rybke* (Das Märchen vom Fischer und dem Fischlein): Band 1: 315 – Russ. Fassung der Ballade *Auf der Lauer* (Voevoda) von A. Mickiewicz: Band 2: 565

R

R., siehe: Raevskij
Raab, Vil'gel'mina (Wilhelmine, 1848-1917, Sängerin, ab 1872 in Petersb., 1884-1917 Prof. am Mosk. Kons.): Band 1: 220 244 – Band 2: 125 133 202
Rachmaninov (Rachmaninow, Rachmaninof, Rachmaninoff), Sergej V. (1873-1943): Band 2: 420 603
    Oper *Aleko*: Band 2: 604 (Tänze): 617
Racine, Jean (1639-1699): Band 1: 322 – Monologe: Band 1: 68 – *Andromache*: Band 1: 322
Račinskij (Ratschinsky), Sergej A. (1833-1902, Botaniker und Musikliebhaber): Band 1: 161-162 173 186 – *Mandragora* (Szenarium): Band 1: 173-174 – *Raimond Lully*: Band 1: 173
Radeckij (Radetzky), Fëdor F. (General): Band 1: 319
Radonežskij (Radoneshsky), Platon A. (1820-1879, Sänger, 1865-1879 am Mosk. Bol'šoj teatr): Bd. 1: 160
Raevskij ("R."), N. D. (Bekannter Č.s): Band 1: 177
Raff, Joachim (1822-1882, Komp.): Band 1: 256 – Band 2: 308 354 – Raff-Denkmal: Band 2: 311
    1. Symphonie (*An das Vaterland*): Band 1: 119

Raffael (Raffaello Santi, 1483-1520): Band 1: 303 341-342 – Band 2: 47 90 305
  Verklärung (Rom): Band 2: 90 – *Sixtinische Madonna* (Dresden): Band 2: 408
Rahter, Daniel (1828-1891, Musikverlager, 1869-1890 Besitzer des Verlages A. Bitner bzw. Büttner in Petersb., gründete 1879 den Verlag D. Rahter in Hamburg und erwarb 1888 die Rechte an Č.s Werken für Deutschland und Österreich-Ungarn): Band 2: 274 325 420 470 482 539 543 563
Rapport, Aleksandr S. (geb. 1843, Sänger, ab 1864 am MBTh, 1871-1874 in Petersb., später Opernimpresario in Char'kov): Band 1: 160
Rasmadse, siehe: Razmadze
Rasumowsky, siehe: Razumovskij: *Geschichte der Kirchenmusik*, siehe: *Kirchengesang in Rußland*
Ratgauz (Rathaus), Daniil M. (1869-1937, Dichter): Band 2: 564 617 – Gedichte: Band 2: 564 617 622
Ratschinsky, siehe: Račinskij
Raymond, Hippolyte (geb. 1844, frz. Dramatiker und Schauspieler): Band 2: 211
Razmadze, Aleksandr S. (1845-1896, Musikhistoriker und -kritiker, Komp., 1869-1875 Prof. am Mosk. Kons.): Band 1: 233
Razumovskij, Dmitrij V. (1818-1889, Geistlicher, Musikforscher, Prof. für Kirchenmusik am Mosk. Kons.): Band 2: 139 – *Cerkovnoe penie v Rossii* (Kirchengesang in Rußland): Band 2: 139
Reclus, Jean-Jacques Élisée (1830-1905): *La nouvelle géographie universelle*: Band 2: 201
Reinecke, Carl Heinrich Carsten (1824-1910, 1860-1895 Dir. des Leipziger Gewandhausorchesters und bis 1902 Klavier- und Kompositionslehrer am Leipziger Kons.): Band 2: 344-345 366
Reinhard (Angestellter der Firma Knabe, Klavierfabrik in Baltimore): Band 2: 496-497
Reinhard, Alexander (Pianist): Band 1: 108
Reinthaler, Carl (Karl) Martin (1822-1896, Dir. und Komp., 1858-1887 Städt. Musikdirektor, Domorganist und Leiter des Domchors in Bremen): Band 1: 109
Réjane, Gabrielle (1856-1920, frz. Schauspielerin, Paris: Palais Royal): Band 2: 211 585
Remezov, Sergej M. (geb. 1854, Pianist, 1881-1903 Lehrer am Mosk. Kons.): Band 2: 635-636
Renans, Ernest: *La vie de Jésus* (1863): Band 2: 114
Renault, siehe: Reno
Reni, Guido (1575-1642, ital. Maler): Band 2: 50
Reno (Renault), Familie des Präsidenten der New Yorker *Musik Hall* (*Carnegie Hall*):
  Reno, Alice (Tochter von Mary und Morris Reno): Band 2: 496 502
  Reno, Anna (älteste, verh. Tochter von Mary und Morris Reno): Band 2: 504 512
  Reno, Mary (Gattin von Morris Reno): Band 2: 496-498 504 507
  Reno, Morris (Präsident der New Yorker *Music Hall*, später: *Carnegie Hall*):
    Band 2: 481 495-498 502-508 510 528
Reszke, siehe: de Reszke
Reutlinger, Charles (Besitzer eines Pariser Photoateliers): Band 2: 297
Reyer, Ernest (1823-1909, frz. Komp. und Musikkritiker): Opern *Sigurd* (1883/84) und *Salambô* (1889/90): Band 2: 372
Ribasov, siehe: Rybasov
Ricci (Kapellmeister): Band 1: 108
Richter, Hans (1842-1916, 1878-1892 Dir. der Wiener Hofkapelle): Band 1: 266 355 386 – Band 2: 52 153 167 343 518
Ricordi (Musikverlag in Mailand, Musikalienhandlung in Rom): Band 2: 87
Rieger, František Ladislav (1818-1903, tschech. Publizist und Politiker): Band 2: 366
Riemann, Hugo (1849-1919, Musikforscher und -theoretiker): Band 2: 629
Ries, Franz (1846-1932, Geiger, Komp. und Verleger):
  1. und 2. Suite für Violine und Klavier op. 26 und op. 27: Band 2: 43
Rietzel (Ritzel), J. (Geiger): Band 2: 506
Rimskij-Korsakov, der Offizier und Gatte von Č.s Nichten V. und N. Davydova:
  Rimskaja-Korsakova, Natal'ja L. (Tasja, geb. Davydova, 1868-1956, Nichte Č.s): Band 2: 399
  Rimskaja-Korsakova, Vera L. (geb. Davydova, 1863-1889 Nichte Č.s): Band 2: 392 399 488
  Rimskij-Korsakov, Nikolaj Aleksandrovič (Kolja, 1852-1908, Marineoffizier, Adjutant des Großfürsten Konstantin Nikolaevič, verheiratet mit Č.s Nichten Vera L. Davydova, ab 1881, und Natal'ja L. Davydova, nach 1888): Band 2: 399
Rimskij-Korsakov (Rimsky-Korsakow), der Komp., und seine Gattin:
  Rimskaja-Korsakova (geb. Purgol'd), Nadežda N. (Pianistin und Komponistin, Gattin von N. A. Rimskij-Korsakov): Band 1: 171 202 205 214 246 – Band 2: 260
    Klavierauszug der 2. Fassung von Č.s *Roméo et Juliette*: Band 1: 206 – Band 2: 117
  Rimskij-Korsakov, Nikolaj Andreevič (1844-1908): Band 1: 109 127 135 146-148 171 173 190 202 208 214 227 234-235 238 246 248 261 317-318 324 – Band 2: 98 172 201 226 264 308 310 313 332 352 374 388-389 425-426 480-481 518 521 601

Opern:
    Majskaja noč' (Mainacht): Band 2: 202 – *Mlada*: Band 2: 476 – *Sadko*: Band 1: 245 –
    Sneguročka (Schneeflöckchen): Band 1: 208 – Band 2: 321
Orchesterwerke und Konzerte:
    2. Symphonie *Antar*, Symphonische Suite op. 9: Band 1: 246 – Band 2: 172
    3. Symphonie C-Dur op. 32 (1886): Band 1: 318 – Band 2: 617
    Serbskaja fantazija (Serbische Fantasie) op. 6: Band 1: 146 – Band 2: 283
    Sinfonietta über russische Themen op. 31: Band 2: 283
    Capriccio espagnol (Spanisches Capriccio) op. 34: Band 2: 332 410
Kammermusik, Lieder, Lehrbücher, Kompositionsstudien:
    Streichquartett F-Dur op. 12: Band 1: 246 261-262 318
    Romanzen: Band 2: 419 – Romanze (Č. gewidmet): Band 1: 173
    Harmonielehre (Učebnik garmonii): Band 2: 259-260
    Kontrapunktübungen und Fugen: Band 1: 245 317
    zusammen mit Borodin, Kjui und Ljadov: *Paraphrases sur un thème obligé*: Band 2: 80
Rinaldi, Antonio (ital. klassizist. Architekt): Band 2: 395
Ristori, Adelaida (1822-1906, ital. Schauspielerin, die in Petersb. gastierte): Band 1: 68 – Band 2: 44
Ritzel (Ritcel'), siehe: Rietzel
Rjabov, Stepan Ja. (1831-1919, Geiger im Orch. des MBTh, 1875-1900 dessen Ballett-Dir.): Band 1: 274
Rjumin, Konstantin I. (gest. in den 1880er Jahren, mit Č. bekannter Vormund V. S. Šilovskijs): Bd. 1: 176
Roberts, Frederick Sleigh (hochdekorierter und geadelter brit. Feldmarschall): Band 2: 612
Roger, Victor (1853-1903, Operettenkomp.): *Joséphine, vendue par ses soeurs* (Opéra bouffe): Band 2: 296
Roman Efimovič (Kartenspielpartner Č.s in Kamenka): Band 2: 216
Romanov, Konstantin K. und Konstantin N. (Großfürsten), siehe: Konstantin …
Romeike (Romejko, Romeyko), Henry (Inhaber eines Zeitungsbüros in New York): Band 2: 502 505
Rosanowa, siehe: Rozanova
Ross, Ivy (Musikkorrespondentin des New Yorker *Morning Journal*): Band 2: 499-500 509
Rossi, Ernesto (Schauspieler): Band 1: 369
Rossini, Gioacchino (1792-1868): Band 1: 44 73 – Band 2: 313 – *Guillaume Tell*: Band 2: 133 –
    Il barbiere di Siviglia: Band 1: 264 – *Otello* (Othello): Band 1: 152 – *Semiramis*: Band 1: 57 172 –
    Band 2: 609
Rostislav, Pseudonym von F. M. Tolstoj
Rostopčina (Rostoptschin), Evdokija P., Gräfin (geb. Suškova, 1811-1858, Dichterin): Band 1: 182
Rousseau, Jan-Jacques (1712-1778): *Confessions*: Band 2: 59
Rozanova (Rosanowa), E. (Sängerin, ab 1858 am MBTh): Band 1: 160-161
Rubens, Peter Paul (1577-1649): Band 2: 103
Rubinštejn (Rubinstein), Anton G. (1829-1894, Pianist, Komp., Dir., Initiator des Petersb. Kons., 1862-1867
    und 1887-1891 dessen Direktor und Prof., Bruder N. G. Rubinštejns):
    Band 1: 37 87 90-93 95-97 99-100 104-105 107-109 113 118-120 127 130-131 134-136 155-156
    182-183 188 218 227 256 265-266 356 –
    Band 2: 49 60-61 80-81 98 102 108 116 120 140 167 169 188 191-193 202 234 265 278 284-287 290
    308 343 363-364 388-389 406 423-425 427-431 433 441 456 459 551 555-557 572-573 587 613
    Bühnenwerke und Oratorien: *Demon* (Der Dämon): Band 1: 234 – Band 2: 305 429 468 546 548 –
        Der Turm von Babel (Der Turmbau zu Babel): Band 2: 423 430-432 – *Die Makkabäer*:
        Band 2: 631 – *Dmitri Donskoj*: Band 2: 423 430 – *Feramors*: Band 2: 429-430 – *Kalašnikov*:
        Band 2: 106 – *Nero*: Band 2: 286-287 308
    Orchestermusik: 2. Symphonie (*Okean*, Der Ozean): Band 1: 97 375 – Band 2: 429-430 –
        5. Symphonie: Band 2: 423 430 – *Die Wassernymphe* (Die Nixe): Band 2: 423 –
        Don Quixote (Musikalisch-humoristisches Bild) op. 87: Band 1: 183 – Band 2: 429 –
        Ivan Groznyj (Ivan der Schreckliche. Musikalisches Charakterbild) op. 79: Band 2: 419 429 –
        Rossija (Rußland, Russische Symphonie. Musikalisches Bild): Band 2: 423 430
    Konzerte und Konzertstücke:
        4. Klavierkonzert d-Moll op. 70: Band 2: 172 429 – 5. Klavierkonzert Es-Dur op. 94:
        Band 2: 429 – Konzertstück für Klavier und Orchester As-Dur op. 113: Band 2: 423 430 433 –
        Violinkonzert: Band 1: 183
    Vokal-, Kammer- und Klaviermusik:
        Rusalka: Band 2: 430 – Trio: Band 1: 183 – 2. Sonate für Violoncello und Klavier G-Dur
        op. 39: Band 2: 429 – kleine Kompositionen: Band 1: 183 – Lieder: Band 2: 51
Rubinštejn (Rubinstein), Nikolaj G. (1835-1881, Pianist, Dir., Initiator der Mosk. Musikschule
    1860-1865 und 1866 des Mosk. Kons., Prof. und Direktor desselben bis zu seinem Tode, Dir.
    der Symphoniekonzerte der RMG-M, Bruder A. G. Rubinštejns, Mentor Č.s):

Band 1: 95 107 113-119 121-122 123-127 130-131 133-134 136 139 141-143 151 153 155-156 162 165 168 171 175-177 179-183 185 187-190 201-202 204 207-208 213-214 218-220 227 187-190 201-202 204 207-208 213-214 218-220 227 229 232-233 235 237 239-242 245-248 250 252 255 257 259 264 270 274 278 281 283 295-297 300 302 317 320-321 324 326 328-332 334 340 351-352 357 377 383-385 Band 2: 37 39 43-44 50 59-60 62 71 76 79-81 88 90-95 102 105-106 116 118 121 124-127 131 136 138 140 143-145 148-149 160 166 169 174 177 180 220-221 223 234 245 260 263-264 285 287 289-290 343 347-348 351 353 388 448 550 556 562 596

Rubinštejn (Rubinstein), Vera A. (geb. Fürstin Čekuanova, 1841-1909, Gattin A. G. Rubinštejns): Bd. 2: 61 429

Rudja bzw. Rud'ka, siehe: Buksgevden, R. O.

Ruisdael, siehe: van Ruisdael

Rukavišnikov, Konstantin V. (1843-1915, Mosk. Industrieller, ab 1888 Mitglied der RMG-M, ab 1893 Mosk. Oberbürgermeister): Band 2: 468-469

Rummel, Franz (1853-1901, Pianist und Komp., Lehrer am Sternschen Kons. in Berlin): Band 2: 97 502 504 586

Rybasov (Ribasov), Ivan I. bzw. O. (1841-1875, Kommilitone Č.s am Petersb. Kons., Pianist, 1862-1871 Lehrer am Petersb. Kons., 1870-1875 Dir. am Petersb. Aleksandrinskij teatr): Band 1: 108 202

Ryndina, Anna M. (Sängerin, 1882-1885 am MBTh): Band 2: 164

S

S., B.: Band 1: 101

Sacharov, Petr I. (1848-1895, Chorleiter, Dir. des Mosk. Čudovskij-Chors): Band 2: 124

Šachovskoj-Glebov-Strešnev, Aleksandr V., Fürst (Mosk. Gutsbesitzer, Bekannter Č.s): Band 1: 152

Sachs, William von (Musikkritiker und Journalist, in New York lebender Österreicher, den Č. während seiner USA-Tournee kennenlernte): Band 2: 497 500-501 506

Sadovskij (Sadowsky), Prov M. (1818-1872, Schauspieler, 1839-1872 am MMTh, naher Bekannter Č.s): Band 1: 132 149 155

Šadurskij, Lev V. (Schulkamerad Č.s, Jurist): Band 1: 61

Sadyk-Pasza, Sadyk-Paša, Sadyk-Pascha, siehe: Czajkowski, Michał

Safonov (Safonoff), Vasilij I. (1852-1918, Pianist und Dir., 1885-1905 Prof. am Mosk. Kons., 1889-1905 dessen Direktor): Band 2: 260 265 282 419 436 441-442 448 451 454 519 588-589 596-597 600 604 606 625 636

Saint-Saëns, Camille (1835-1921): Band 1: 248-249 253 267-268 325 – Band 2: 44 50 56 96 185-187 322 354 609-612
  Opern: *Ascanio*: Band 2: 457 – *Etienne Marcel*: Band 2: 55 187 – *Henri VIII*: Band 2: 187 189 296 457 – *La Princesse jaune*: Band 2: 187 – *Samson et Dalila*: Band 2: 187
  Orchestermusik und Konzerte:
    Le rouet d'Omphale op. 31 (Symphonische Dichtung): Band 2: 609 – 2. Klavierkonzert g-Moll op. 22: Band 2: 609 – 4. Klavierkonzert c-Moll op. 44: Band 2: 617 – Violinkonzert a-Moll op. 33: Band 2: 281 – 1. Violoncellokonzert a-Moll op. 33: Band 2: 281 624
  Erinnerungen: *Portraits et souvenirs*: Band 2: 611 (über Č. und *Francesca da Rimini*)

Salvation Army, siehe: Armée de Salut

Samarin, Ivan V. (1817-1885, Schauspieler, 1837-1885 am MMTh, und ab 1872 Prof. am Mosk. Kons. inszenierte 1879 *Evgenij Onegin*, Č. schrieb einen 'Dankesgruß' für Streichorch. zu seinem 50-jähr. Künstlerjubiläum): Band 1: 141-142 207 – Band 2: 234 241 483

Samojlov (Samoilow), Vasilij V. (1812-1887, Schauspieler, 1834-1875 am Petersb. Aleksandrinskij teatr): Band 1: 149

Sand, George (= Amandine Dupain, Schriftstellerin): Band 2: 305 – *Histoire de ma vie*: Band 1: 381

Sand, Karl Ludwig (1859-1947, Münchner Bildhauer): Raff-Denkmal in Frankfurt am Main: Band 2: 311

Sandeau, Jules, siehe: Augier, Emile

Sander (Arzt), siehe: Zander

Sanja, siehe: A. N. Litke

Sanja oder Saša, siehe: A. I. Davydova (geb. Čajkovskaja)

Santagano-Gorčakova (Santagano-Gortschakowa), Aleksandra A. (1842-1913, Sängerin, 1867-1871 an der Oper in Kiev, später Gesangslehrerin in Kiev und Moskau, übersetzte ausl. Operntexte ins Russ. und russ. Operntexte ins Ital.): Übersetzung von Glinkas *Leben für den Zaren*: Band 1: 223

Santley, Charles (engl. Sänger): Band 2: 502

Sapel'nikov (Sapelnikow), Vasilij L. (1868-1941, 1887 Absolvent des Petersb. Kons. in der Klavierklasse von Sofie Menter, Pianist und Dir., spielte unter Č.s Leitung 1888 und 1889 dessen 1. und 2. Klavierkonzert): Band 2: 246 355-356 360-362 364 390 396 398-399 408 414-416 487-488 490 544 572-573 575 589-592 607 613-614 617 619 636

Sarasate, siehe: de Sarasate
Sardou, Victorien (1831-1908, frz. Dramatiker): Band 2: 182 – *Fédora* (Drama): Band 2: 182 –
    Patrie (russ. *Rodina, ili Graf de Rizoor*): Band 2: 604
Sarony, N. (Photograph und Photoatelier in New York): Band 2: 497
Sarti, Giuseppe (1729-1802, ital. Komp., ab 1884 Hofkomp. und -kapellmeister in Petersb.): Band 2: 111
Sarudnaja, siehe: Zarudnaja
Saša, siehe: Davydova, Aleksandra I.
Saša, siehe: A. A. Legošin
Sascha, siehe: Davydova, Aleksandra I.
Sasonof, siehe: Sazonov
Sassoferrato (Maler): *Madonna*: Band 1: 212
Sassulitsch, siehe: Zasulič
Sauer, Emil (1862-1942, Pianist): Band 2: 247 407
Sauret, Emile (1852-1920, frz. Geiger): Band 2: 154
Savina, Marija G. (1854-1916, Schauspielerin, 1874-1916 am Petersb. Aleksandrinskij teatr): Band 2: 130 261
Sazonov (Sekretär der russ. Botschaft in London): Band 2: 610
Ščebal'skaja, Vera P. (geb.1852, Pianistin, Schülerin von N. G. Rubinštejn am Mosk. Kons.): Band 1: 175
Ščerbatov, Fürst (Marineoffizier): Band 2: 135
Ščerbina (Schtscherbina), Nikolaj F. (Dichter): Band 1: 244
Sch., siehe: Šnejder, V. V.
Schachowskoi, siehe: Šachovskoj-Glebov-Strešnev
Schadursky, siehe: Šadurskij
Schar, siehe Kučisten
Scharwenka, (Theophil Franz) Xaver (1850-1924, Komp. und Pianist): Band 2: 343
Schebalsky, siehe: Ščebals'skaja
Schestoperow, siehe: Šestopërov
Schewtschenko, siehe: Ševčenko
Schidlowsky, siehe: Šidlovskij
Schildbach, Gebrüder (Musikalienhändler): Band 1: 115
Schiller, Friedrich (1759-1805): Band 1: 313 – Ode *An die Freude*: Band 1: 100 108 – Band 2: 456 –
    Die Jungfrau von Orleans: Band 2: 48 50-51 71 73 630
Schiller, Madeleine (Pianistin): Band 2: 102
Schilowsky, siehe: Šilovskij
Schirmer, Gustav (1829-1893, Musikverlag und Musikalienhandel in New York): Band 2: 498-499 501
    506 619 – Söhne: Gustave (1864-1907) und Rudolph (1859-1919): Band 2: 619
Schlemüller, G. (Musikrezensent des *Leipziger Tageblatts*): Band 2: 349
Schmidt, Hans (Übersetzer u.a. von Romanzen Č.s und dem Libretto von *Iolanta*): Band 2: 482 543
Schneider, Otto (1851-1890, Trompeter, Mitgl. der Bilseschen Kapelle in Berlin, Mitbegründer und
    Direktor des Philharm. Orchesters): Band 2: 343 345
Schobert, siehe: Šobert
Schofield, siehe: Westwood
Schopenhauer, Arthur (1788-1860): Band 1: 338-339 341-342 – Band 2: 271
    Die Welt als Wille und Vorstellung: Band 1: 333 342
Schott (Musikverlag B. Schott's Söhne, Mainz): Band 2: 605
Schpashinsky, siehe: Špažinskij bzw. Špažinskaja
Schramek, siehe: Šramek
Schröder (Schiffsstewart der *Fürst Bismarck* auf Č.s Rückkreise von New York): Band 2: 514
Schröder, Alwin (Cellist): Band 2: 351-352
Schröder (Sängerin), siehe: Šreder, O. É.
Schröder, Karl (1848-1935, Cellist und Dir., Lehrer am Leipz. Kons., Mitgl. des Petri-Quartetts):
    Band 2: 347 349
Schtscherbina, siehe: Ščerbina
Schtschurowsky, siehe: Ščurovskij
Schubert, F. A., siehe: Šubert, F. A.
Schubert, Franz: Band 1: 73 95 – Band 2: 113 229 268 394 452 – Lieder: Band 1: 98 116 – Symphonie
    C-Dur ("große"): Band 1: 99 – Band 2: 394 – Zwischenaktmusiken zu *Rosamunde*: Band 2: 281
Schuberth (Cellist, Prof. am Petersb. Kons.): Band 1: 91
Schumann, Clara (1819-1896): Band 1: 96
Schumann, Robert (1810-1856): Band 1: 92 95 102 115 134 235-236 270 321 364 375 – Band 2: 113 119 123
    150 185 285 403 430 452 – Oper: *Genoveva* op. 81: Band 2: 102 276 345 587 591 –
    Oratorium: *Das Paradies und die Peri* op. 50: Band 1: 97 129 – Band 2: 329 395 –

Orchestermusik: 1. Symphonie B-Dur op. 38 (Frühlingssymphonie): Band 1: 129 – 2. Symphonie C-Dur op. 61: Band 2: 433 – 3. Symphonie Es-Dur op. 97 (Rheinische): Band 1: 97 310 – 4. Symphonie d-Moll op. 120: Band 1: 129 – Ouvertüre *Die Braut von Messina* op. 100: Band 1: 171– Klavierkonzert a-Moll op. 54: Band 1: 183
    Klaviermusik: *Carnaval* op. 9: Band 2: 285 – Erste Klaviersonate op. 11: Band 2: 285 – *Fantasiestücke* op. 12: Band 2: 285 – *Symphonische Etuden* op. 13: Band 2: 285 609 – *Kreisleriana* op. 16: Band 2: 285 – Fantasie C-Dur op. 17: Band 2: 285 – Romanze op. 32, Nr. 3: Band 2: 285 – *Waldszenen* op. 82: Nr. 7: Band 2: 285 – Etuden: Band 1: 183 –
    Lieder: Band 1: 98
Schumsky, siehe: Šumskij
Schütz, Heinrich (1585-1672): *Die sieben letzen Worte des Erlösers am Kreuze*: Band 2: 501
Schweinfurth, siehe: Švejnfurt
Ščurovskij (Schtschurowsky), Petr A. (1850-1908, Dir. und Komp., Musikrezensent der Zeitung *Moskovskie vedomosti*, in den 1880er Jahren Dir. der kaiserl. Mosk. Theater, später in der Provinz): Band 1: 225 – *Kuznec Vakula* (Oper): Band 2: 258
Seidl, Anton (1850-1898, Dirigent) und Gattin: Band 2: 501 503 509
Senfft von Pilsach, Baronin: Band 2: 311
Šenšin, Dmitrij S. (1828-1897, Generalmajor a.D., Gläubiger Č.s) und Gattin: Band 1 360-361
Šenšina, Marija P. (geb. Botkina, 1828-1894, Gattin des Dichters A. A. Fet): Band 2: 622
Serebrjakov, Konstantin T. (1852-1919, Sänger, 1887-1911 am PMTh): Band 2: 579-580
Serëža, siehe: Taneev, Sergej I.
Sergej Aleksandrovič, Großfürst (1857-1905, Sohn von Kaiser Aleksandr II.): Band 2: 134-135
Serjosha, siehe: Taneev, Sergej I.
Serov (Serow), Aleksandr N. (1820-1871, Musikkritiker und Komp.):
    Band 1: 97 99-100 107 109 143 225 324 349 350 – Band 2: 120 300 370 389 528
    Opern: *Judif'* (Judith): Band 1: 98-100 107 109 349 – Band 2: 66 202 322 – *Rogneda*: Band 1: 99 107 109 350 – Band 2: 322 – *Vražja sila* (Des Feindes Macht): Band 1: 225 350 – Band 2: 322
    Anderes: Romanzen: Band 1: 99 – Artikel: Band 1: 99
Šestakova, Ljudmila I. (1816-1906, Schwester Michail I. Glinkas): Band 2: 110 262
Šestopërov (Schestoperow), Jakov (Direktor der Zuckerfabrik des Grafen Bobrinskij in Smela, einem kleinen Ort im Čerkaskijschen Kreis, Gouvernement Kiev): Band 2: 142
Šestopërov, Vladimir Ja. (geb. 1872, Sohn des Vorgenannten, später Jurist): Band 2: 142
Setov (Sjetow, Musikkritiker): Band 1: 175
Setov (eigentl. Setgofer), Iosif Ja. (1826-1894, Sänger und Regisseur, 1855-1864 in Petersb., 1864-1868 am MBTh, 1866-1868 Gesangslehrer am Mosk. Kons., 1874-1883 und 1892-1894 Opernimpresario in Kiev): Band 2: 109
Ševčenko, Taras G. (Dichter): Band 1: 244
Sévigné, Marie, Marquise de: Band 1: 234
Sgambati, Giovanni (1841-1914, ital. Pianist, Dir. und Komp.): Band 2: 150 152 449
Shakespeare, William (1564-1616): Band 1: 203 369 382 – Band 2: 305 312
    King Lear: Band 1: 169 – *Othello*: Band 1: 269 – *Romeo and Juliet*: Band 1: 182 368-369 – *The Merchant of Venice* (Der Kaufmann von Venedig): Band 2: 595 – *The Tempest*: Band 1: 203-204 229 – Band 2: 58
Shedrinsky, siehe: Žedrinskij
Shiwokini, siehe: Živokini
Shukowsky, siehe: Žukovskij
Šidlovskij, Aleksandr I. (geb. 1852, Ende der 1870er Jahre Nachhilfelehrer der Daydov-Kinder): Band 2: 168
Siecke / Sike, siehe: Zike
Siloti, siehe: Ziloti
Šilovskij (Schilowsky), Familie: Band 1: 152:
    Šilovskaja-Vasil'eva, Anna A., Gräfin (1841-1910, Gattin von V. S. Šilovskij):
        Band 1: 213 276-277 – Band 2: 595 614
    Šilovskij, Konstantin S. (1849-1893, vielseitiger Amateurkünstler, Bruder von V. S. Šilovskij):
        Band 1: 132 252-253 275-277 – Band 2: 620 – *Efraim* (Libretto): Band 1: 252 – *Evgenij Onegin* (Mitarbeit an Č.s Libretto): Band 1: 276-277 385
    Šilovskij, Stepan S. (Vater von V. S. Šilovskij): Band 1: 132-133
    Šilovskij (Vasil'ev-Šilovskij), Vladimir S. (Wolodja, 1852-1893, Schüler Č.s): Band 1: 132-133 148-149 167-168 178-180 186 189 192 194 200 212 243 250 – Band 2: 595 614 620 –
        Vorspiel zum 2. Akt von Č.s *Opričnik*: Band 1: 198
Silvestre, Armand (Librettist): Band 2: 296
Simon, Antoine (1736-1794, Schuhmacher; bewachte Ludwig XVII. im Temple): Band 1: 188

Simon, Anton Ju. (1850-1916, Komp. und Maler, ab 1891 Prof. an der musikdramat. Schule der Mosk. Philharmonie): Band 2: 247
Simoné (Kostümbildner): Band 1: 160
Simrock, Musikverlag 1793 von Nikolaus Simrock in Bonn gegründet, von seinem Enkel Fritz Simrock 1870 nach Berlin verlegt): Band 2: 605
Sinel'nikova, E. I., siehe: Laroš, E. I.
Singer (Sängerin einer Operntruppe in Florenz 1890): Band 2: 436-437
Sionickaja / Sionitzky, Sionitzkaja, siehe: Dejša-Sionickaja
Siraudin, Paul (Librettist), siehe: Lecocq
Širinskaja-Šachmatova, Ljudmila K., Fürstin, siehe: fon Mekk, L. K.
Sittard, Josef (1846-1903, Musikschriftst., ab 1885 Musikreferent des *Correspondent*, Hamburg): Band 2: 356-357 412 541-542
Siutajew, siehe: Sjutaev
Sjetow, siehe: Setov
Sjutaev, Vasilij K. (1819-1892, Philosoph aus dem Bauernstande im Umkreis Lev Tolstois): Band 2: 306
Sklifassowsky, siehe: Sklifosovskij
Sklifosovskij, Nikolaj V. (1836-1904, bekannter Chirurg): Band 2: 247
Sklifosovskij, Vladimir N. (gest. 1890, Sohn von N. V. Sklifosovskij): Band 2: 247-248 416-417 635-636
Skobelev (Skobolew, 1843-1882, General, Held des russ.-türk. Kriegs 1877/78): Band 2: 171
Skompskaja, Adelaida Ju. (Julianovna, Bühnenname: Bol'ska, 1864-1930, Sängerin, 1889-1893 am MBTh): Band 2: 333 432
Skrydlova, siehe: Lejbrok, O.
Skvirskaja, Tamara Z. (Musikwissenschaftlerin): Band 2: 636
Slatin, Ivan I. (1845-1931, Pianist und Dir., Kommilitone Č.s am Petersb. Kons., führte in den von ihm geleiteten Konzerten in Char'kov Werke Č.s auf, ab 1887 Ehrenmitgl. der RMG-P): Band 2: 247 425 594 599
Slatina, Serafima V. (I. I. Slatins Gattin): Band 2: 474
Slavina, Marija A. (1858-1951, Sängerin, 1879-1917 in Petersb.): Band 2: 231 330-331 474
Slavinskij (Slawinsky), Mitrofan E. (Kommilitone Č.s am Petersb. Kons.): Band 1: 99 101
Slavjanskij, siehe: Agrenev-Slavjanskij
Slawinsky, siehe: Slavinskij
Slawjansky, siehe: Argenev-Slavjanskij
Smetana, Bedřich (1824-1884, aus dem Zyklus *Má Vlast* (Mein Vaterland):
    Vltava (Die Moldau): Band 2: 419 – *Vyšegrad*: Band 2: 617
Smolenskij, Stepan V. (1848-1909, Leiter des Sinodalchors und Prof. für die Geschichte des russ. Kirchengesangs am Mosk. Kons.): Band 2: 604
Šnejder, Vasilij V. (Sch., Lehrer für röm. Recht sowie lat. Literatur und Sprache an der PRSch): Band 1: 123
Šobert (Schobert), Familie: Band 1: 50 67 70 128:
    Šobert, Amalija V., siehe: Litke, Amalija V.
    Šobert, Elizaveta A. (geb. Assier, geb. 1823, Tante Č.s): Band 1: 50 67 70 73 86 106
Sobolev (Sobolew), Vladimir F. (1837-1900, Sänger, 1863-1894 in Petersb.):
    Band 1: 220 – Band 2: 231 330-331
Sof'ja Aleksandrovna, siehe: S. A. Eršova
Sofronov (Sofronow), Familie: Band 1: 188:
    Sofronov, Aleksej I. (Aljoscha bzw. Alëša oder Lenja; 1859-1925 Diener Č.s): Band 1: 188 259 297-298 302 308 310 319 – Band 2: 42 49 82 89 127 146 254 263 270-271 275 294 333 377 400 423 432 435 437 443-445 450 469 516 523 536 546 548-549 551 605 607 616 618 634
    Sofronov, Georgij A. (Egor, Egorka, geb. 1892, Sohn A. I. Sofronovs): Band 2: 551 618
    Sofronov, Michail I. (1848-1932, Diener Č.s, Bruder von A. I. Sofronov): Band 1: 188
    Sofronova, Ekaterina Ja. (1873-1904, zweite Gattin A. I. Sofronovs): Band 2: 551
    Sofronova, Fekla G. (Fekluša, gest. 1890, erste Gattin A. I. Sofronovs): Band 2: 432 437 443-444
Sograf, siehe Zograf
Sokal'skij (Sokalsky), Petr P. (Komp.): Band 1: 109
Sokolov: Band 2: 109
Sokolov, Aleksandr A.: *Teatral'nye bolota* (Theatersumpf; Roman): Band 2: 255
Sokolov, Fëdor F. (geb. 1849, Sänger, 1880-1883 in Petersb., später in Moskau): Band 2: 133
Sokolov, Il'ja Ja. (1857-1924, Sänger): Band 2: 470-471
Sokrates: Band 2: 305
Sollogub, Fëdor L., Graf (1848-1890, Beamter der kaiserl. Hofverwaltung in Moskau, Bekannter Č.s): Band 2: 135
Sollogub, Natalija M., Gräfin (geb. Baronesse Bode-Kolyčeva, 1851-1916): Band 2: 135
Sollogub, Vladimir A., Graf (1814-1882, Schriftst. und Dramatiker): Libretto *Undina* (Undine):
    Band 1: 164-166 176

Solov'ev (Solowjew), Nikolaj F. (1846-1916, Komp. und Musikkritiker, 1874-1906 Prof. am Petersb. Kons.):
  Band 2: 98 193 281 305 – *Kordelija* (Cordelia; Oper): Band 2: 281 305 –
  Kuznec Vakula (Schmied Vakula; Oper): Band 2: 258
Solov'ev (Solowjew), Sergej M. (Historiker, Prof. an der Mosk. Universität):
  Imperator Aleksandr Pervyj (Kaiser Alexander I.): Band 1: 328
Solov'ev, Vladimir S. (1853-1900, Philosoph, Sohn von Sergej M. Solov'ev): Band 2: 78
  Kritika otvlečennych načal (Kritik der abstrakten Prinzipien): Band 2: 78
Solowiew, Solowjew, siehe: Solov'ev
Sophie, siehe: Eršova, Sof'ja A.
Šostakovskij, Petr A. (1851-1917, Pianist, Dir., gründete 1883 in Moskau eine Musikschule, später:
  Musikdramat. Schule der Mosk. Philharmonie, deren Direktor er bis 1898 war): Band 2: 469
Špažinskaja, Julija P. (Schpashinsky, Julie; gest. 1919, Gattin von I. V. Špažinskij): Band 2: 246
Špažinskij (Schpashinsky), Ippolit V. (1845-1917, Dramatiker): Band 2: 299 305 – *Čarodejka* (Die
  Bezaubernde; Drama und Libretto): Band 2: 252-253 258 260-262 267 276-277 299-301 305
Speidel, Ludwig (1830-1906, Feuilletonist und Theaterkritiker in Wien, Mitarbeiter der *Neuen Freien
  Presse*): Band 2: 154
Spinoza, Baruch (1632-1677): Band 1: 311 – Band 2: 271 426 522
Spohr, Louis (1784-1859): Stücke für Violine: Band 2: 424
Šramek (Schramek, Šrámek), Ivan O. (Johann Josef) (1815-1874, 1863-1874 Operndir. des MBTh):
  Band 1: 161
Šreder, Ol'ga Ė. (1844-1902, Sängerin, 1862-1884 an den Petersb. kaiserl. Theatern, Gattin von
  Ė. F. Napravnik): Band 1: 220 – siehe auch: Napravnik, Ol'ga Ė.
Stal' (Gattin des russ. Botschafters in London): Band 2: 610
Standish, siehe: O'Grady
Stanford, Charles Villiers (1852-1924, engl. Komp. und Dir., ab 1876 Leiter der Universitätsmusik-
  gesellschaft in Cambridge und ab 1884 der Philharmon. Gesellschaft): Band 2: 611
Stagno, Roberto (1840-1897, ital. Sänger): Band 1: 152
Starcke, Hermann (Musikrezensent der *Dresdner Nachrichten*): Band 2: 405-406
Štark-Stolešnikov ("Nihilist" in New York): Band 2: 506
Stasov (Stassow), Vladimir V. (1824-1906, Kunsthistoriker, Förderer des *Mächtigen Häufleins*):
  Band 1: 135 147-148 169 202-204 216 229 232 234-235 238 268-269 – Band 2: 236-237 310 –
  Programm zu Č.s *Burja*: Band 1: 202-204 209 216 229 – Entwurf für Č. zu einer Oper *Othello*:
  Band 1: 268-269
Steinway (Klavierfabrik), siehe: Tretbar
Stellovskij (Stellowsky, Petersburger Verleger): Band 1: 350
Stiehl, Heinrich (Genrich Štil', 1829-1886, Organist in Petersb., Orgellehrer Č.s am Kons.): Band 1: 96
Stojowski (Stojovskij), Zigmund (Sigizmund, 1869-1946, poln. Pianist und Komp., studierte ab 1890 in
  Paris, u.a. bei Diémer am Kons.): Band 2: 609 621
  Suite für Orchester op. 9: Band 2: 617 – Mazurka für Klavier: Band 2:609
Strachov (Strachow) Nikolaj N. (1828-1896, Literat und Philosoph): Band 1: 99
Strakaty, Karel (Vorsitzender des Prager Künstlervereins *Umělecká Beseda*): Band 2: 366
Strauss, Richard (1864-1949): Band 2: 251 359 – Symphonie d-Moll (1881): Band 2: 404 –
  Symphonische Fantasie *Aus Italien* op. 16 (1887): Band 2: 359
Strauß (Strauss), Johann (Sohn, 1825-1899, dirigierte 1865 in Pavlovsk Č.s *Charakteristische Tänze*):
  Band 1: 104 107
Stravinskij (Stravinsky, Fëdor I. (1843-1902, Opensänger, 1874 in Kiev, 1876-1902 in Petersb., Vater
  des Komp. Igor F. Stravinskij): Band 2: 133 201 330-331
Stravinsky, Igor' F. (1882-1971, Sohn des Sängers F. I. Stravinskij): Band 2: 133
Streleckij, Vladimir S. (1844-1898, Sänger, ab 1883 am MBTh): Band 2: 316
Stroganov, Grigorij S., Graf (1823-1910, Stallmeister, Großgrundbesitzer, Bekannter N. D. Kondrat'evs):
  Band 2: 152
Strozzi (Fürst; Senator): Band 1: 341
Struve (Struwe), Karl V. (1835-1907, Hofmeister, 1882-1892 russ. Botschafter in den USA): Band 2: 511 582
Stupitza, Julius (Prof. für engl. Philologie in Berlin, Dr. hc. in Cambridge 1893): Band 2: 612
Šubert (Schubert), František Adolf (1849-1915, tschech. Journalist und Schriftst., 1883-1900 Direktor des
  Prager Nationaltheaters): Band 2: 558
Suchozanet, Nikolaj O. (Kriegsminister): Band 1: 191
Šumskij (Schumsky), Sergej V. (1821-1878, Schauspieler, 1841-1878 am MMTh, 1868-1872 Lehrer für
  Deklamation am Mosk. Kons.): Band 1: 141-142 149
Suprunenko, Iosif G. (1861-1936, Sänger, auf kaiserl. Bühnen und bei versch. priv. Opernunternehmen,
  in den 1890er Jahren Leiter einer eigenen Operngenossenschaft): Band 2: 591
Surikov, Ivan Z. (1842-1880, Dichter, Č. vertonte einige seiner Gedichte): Band 2: 107

Suvorov (Suworow), Aleksandr A. (1804-1882, Mitgl. des Staatsrats, 1848-1861 Generalgouverneur der Ostsee-Gouvernements): Band 2: 522
Švejnfurt, Baron (röm. Gelegenheitsbekannter Č.s): Band 2: 159-160
Svetlovskaja, Aleksandra P. (Tochter von Č.s Verleger P. I. Jurgenson): Band 2: 635-636
Svjatlovskaja, Aleksandra V. (verh. Miller, geb. 1860, Sängerin, 1876-1887 am MBTh): Band 2: 316
Swerew, siehe: Zverev
Sybina I (Ballerina, Koryphäe): Band 1: 160
Syrokomla, Władysław (Dichter): Band 1: 244

T

Tacitus: Band 2: 100
Taffanel, Paul Claude (1844-1908, frz. Flötist, Dir. und Komp., 1890-1903 Prof. und Dir. der Konzertgesellschaft des Pariser Kons.): Band 2: 371 373
Taine, Hippolyte (1828-1893, frz. Philosoph und Historiker): *Les origines de la France contemporaine*: Band 2: 158
Takhsinhji, Maharadscha von Bhonnagor (Dr. hc. der Universität Cambrdige 1893): Band 2: 612
Tal' (Thal), Ėmilija fon (Emilie von): Band 2: 246
Tamarova, S. V. (Sängerin): Band 2: 599
Taneev, Sergej I. (Serjosha / Serëža, 1856-1915, Komp. und Pianist; Schüler Č.s): Band 1: 219 239 242 246-247 252 264-268 274 278 321 323 331-332 357-358 – Band 2: 40 60 62 70 88 94 102 116 118 157 159-160 169-170 174 177-178 184 222-223 233 238 240 245 255-256 260 264 273 276 279 287 312-313 333 392 417 419 436 448 454 534-536 545 548 551 560-561 577 606 624-625 637
  Oresteja (Orestie; Oper): Band 2: 480 561 579 – Ouvertüre: Band 2: 424 617
  2. Symphonie: Band 1: 331 358 – 3. Symphonie d-Moll (1884): Band 2: 227-229
  Klavierkonzert Es-Dur (1876; unvollendet, Erstausgabe 1957): Band 1: 265-266
  Romanze (Lied; nicht erhalten) *Zapad gasnet v dali blednorozovoj* (A. K. Tolstoi): Band 1: 275
  Klavierauszüge von Werken Č.s: 4. Symphonie (4-hdg.): Band 1: 321 326-327 332 –
    Oper *Iolanta*: Band 2: 531
Tanja, siehe: T. L. Davydova
Targioni-Tozzetti, Giovanni, siehe: Mascagni, *Cavalleria rusticana*
Tarn'e, siehe: Tarnier
Tarnovskij (Tarnowsky), Familie, mit Nichte Mufka (E. M. Dmitrievna): Band 1: 118 122 124-127 134:
  Tarnovskaja, Elizaveta P. (Komp. populärer Romanzen, Gattin von K. A. Tarnovskij) und
  Tarnovskij, Konstantin A. (Dramatiker, Autor und Übersetzer von Vaudevilles, Musikfeuilletonist): Band 1: 122
Tasja, siehe: N. L. Rimskaja-Korsakova (geb. Davydova)
Tatischtschew, S. S. (?): *Alexandre I et Napoléon d'après leur correspondance* (Paris 1891): Band 2: 514
Tausig, Karol (Pianist): Band 1: 177 – Band 2: 572
Tekkerej, siehe: Thackeray
Teniers, David (1610-1689, Maler): Band 2: 103
Terentjewa (Ballerina, Koryphäe): Band 1: 160
Terminskaja (Terminsky), Monika V. (gab. 1850, Pianistin und Komponistin): Band 1: 244
Thackeray, William Makepeace (1811-1863, engl. Schriftst.): *Pendennis*: Band 1: 312
Thal, siehe: Tal'
Thalberg, Sigismund (1812-1871, Pianist und Komp.): Band 2: 285
Thoma (Sängerin am Hamburger Stadttheater): Band 2: 541
Thomas, Ambroise (1811-1896): Band 1: 256 – Band 2: 50 296 302 –*Mignon*: Band 2: 102
Thomas, Theodore (1835-1905, Dir.): Band 2: 102 278
Thomé, siehe: Thomas, Ambroise
Thomson, César (1857-1931, belg. Geiger): Band 2: 547
Tiedemann (zwei Brüder, Reisebekanntschaft Č.s 1892): Band 2: 515
Tintoretto, Jacopo (1518-1594, ital. Maler): Band 1: 224
Timanova (Timanow), Vera V. (1855-1942, Pianistin): Band 1: 244
Tizian (um 1477 - 1576, ital. Maler): Band 1: 224
Tjučev (Tjutschew), Fëdor I. (1803-1873, Dichter, Č. vertonte zwei seiner Gedichte): Band 1: 244
Tkačenko, Leontij G. (1857-1921, Bekannter Č.s): Band 2 126 129-131 147 159 169 201
  Schriftstellerische Versuche (Komödie, Novelle): Band 2: 169
Tolja, siehe: Čajkovskij, Anatolij I.
Tolstoj (Tolstoi), Aleksej K., Graf (Dichter): Band 1: 182 244 350 385 – Band 2: 107 114
  Don Juan: Band 1: 350 – *Die Sünderin*: Band 2: 286 – *Ioann Damaskin* (Poem): Band 2: 142 286

751

Tolstoj (Tolstoi), Feofil (Th.) M. (1809-1881, Pseudonym: Rostislav, Komp. und Kritiker): Band 1: 248
Tolstoj (Tolstoi), Lev N., Graf (1828-1910): Band 1: 269-273 294 – Band 2: 202 229 295 305 307 312 426-427 – *Anna Karenina*: Band 1: 271-272 – Band 2: 162 – *Kazaki* (Die Kosaken): Band 1: 271 – *Ispoved'* (Beichte, Bekenntnisse): Band 2: 214-215 – *Vlast' t'my* (Die Macht der Finsternis; Drama, 1886): Band 2: 373 – *Vojna i mir* (Krieg und Frieden): Band 1: 269 – Band 2: 202
Torleckij (Torlezky), Aleksandr A. (Direktionsmitgl. der RMG-M): Band 1: 121
Tosti, Francesco Paolo (1846-1916, ital. Sänger und Komp.): Band 2: 294
Trepov (Trepow), Fëdor F. (Petersb. Generaladjutant): Band 1: 362
Tresderne, Baronesse (führte einen musikalischen Salon in Paris): Band 2: 372 374
Tretbar, Charles F. (Repräsentant der Firma Steinway, Bekannter von P. I. Jurgenson): Band 2: 509
Tret'jakov (Tretjakoff), Brüder Pavel M. (1832-1898) und Sergej M. (1834-1892; begüterte Kaufleute, Kunstmäzene und -sammler, Begründer der Mosk. Tret'jakov-Galerie, Direktionsmitglieder der RMG-M): Band 2: 180 265
    Pavel M. Tret'jakov: Band 2: 180 562
    Sergej M. Tret'jakov: Band 2: 136 265 562-563
Tret'jakova, Elena A. (geb. Matveeva, Gattin von S. M. Tret'jakov): Band 2: 136
Trofimov (Trofimow), V.: Band 1: 221
Trubeckoj (Trubezkoi, Nikolaj P., Fürst (Direktionsmitgl. der RMG-M) und Gattin: Band 1: 142
Tschaikowsky, siehe: Čajkovskij
Tschechow, siehe: Čechov
Tschernyschow-Kruglikow: siehe: Černyšov-Kruglikov
Tschitschérin, siehe: Čičerin
Tsjaikofski, siehe: Čajkovskij
Turčaninov (Turtschaninew), Ivan N. (Schulfreund Č.s, Jurist): Band 1: 62 74
Turgenev (Turgenjew), Ivan S. (1818-1883): Band 1: 64 185-186 – Band 2: 56 105 229 305 313 391 506 *Dym* (Rauch), Roman: Band 1: 136 – *Das Lied von der triumphierenden Liebe* (zus. mit Pauline Viardot): Band 2: 296 – *Väter und Söhne*, Roman: Band 2: 506
    Libretto zu P. Viardots Operette *Le dernier sorcier*: Band 2: 415
Turtschaninew, siehe: Turčaninov

U

Udèn, siehe: Oudin
Ugrinovič, Georgij P. (geb. 1857, Sänger, 1885-1924 am PMTh): Band 2: 330-331
Uka, siehe: Jurij L. Davydov
Ulybyšev, Aleksandr D. (1794-1858, Musikkritiker und Literat, Publizist, Autor einer frz.-sprachigen Mozart-Biographie, 1843, die Č. übersetzen wollte, dann aber von M. I. Č. übersetzt wurde): Band 2: 381 451 455
Unkenstein (Bratschist, Mitgl. des Petri-Quartetts): Band 2: 347 349 352-353
Urbánek, Mojmír (1873-1919, gründete einen eigenen Musikverlag (1873), eine Konzertagentur und den Konzertsaal *Mozarteum*; für seine Zeitschrift *Pianoforte* schrieb Č. den *Moment lyrique* für Klavier): Band 2: 637
Usatov, Dmitrij A. (1847-1913, Sänger, 1880-1889 am MBTh): Band 2: 128 164 241 277 316

V

V., B. (Rezensent): Band 1: 222
Vakar, Familie: Band 1: 54 65
    Vakar, Marija P. (geb. Markova, Gattin von P. A. Vakar): Band 1: 53
    Vakar, Modest A. (Freund von Č.s Vater) Band 1: 52-53
    Vakar, Platon A. (1826-1899, Bruder M. A. Vakars): Band 1: 52-53
    Vakar, Nikolaj P. (Kolja, ältester Sohn von M. und P. Vakar, der 1850 an Scharlach starb): Band 1: 53
Val'c, Karl F. (1846-1929, Bühnenbildner am MBTh): Band 2: 263
Val'ceva, Nadežda T. (gest. 1851, entfernte Verwandte und Taufpatin Č.s): Band 1: 33-34 36-37 47 49
Valeček, Valečka (Waleczek), Èduard (Eduard) G. (1841-1905, tschech. Publizist und Schriftst., Verleger und Buchhändler in Prag): Band 2: 367
Valuev, Petr A., Graf (1815-1890, Politiker): *Dnevnik za 1847-1860 gg.* (Tagebuch 1847-1869): Band 2: 522
Val'zek, Berta O. (gest. nach 1903, Sängerin und 1862-1878 Prof. am Mosk. Kons.): Band 1: 126 181 185-186 211 257

van-Ark, siehe: fan Ark
van Bosch (Besitzer eines Photoateliers in Paris): Band 2: 557
van Ruisdael, Jacob (um 1628/29 - 1682, Maler): Band 2: 103
Vargunin (Wargunin, J.): Band 1: 221
Varlamov (Warlamow), Aleksandr E. (1801-1848, populärer Liederkomp.): Band 2: 501
    Lied *Krasnyj Sarafan* (Roter Sarafan), Text von Nikolaj G. Ciganov: Band 2: 501
Varlamov, Konstantin A. (1848-1915, Schauspieler am Petersb. Aleksandrinskij teatr): Band 2: 631
Vasil'ev, Michail D. (1850-1897, Sänger, 1880-1897 in Petersb.): Band 2: 330-331
Vasil'ev, Vasilij *I* (Sänger): Band 1: 219-220
Vasil'ev, Vasilij *II* M. (Sänger): Band 1: 220 – Band 2: 133 330-331
Vasil'ev-Šilovskij, Graf, siehe: Šilovskij, V. S.
Vejkman, Ieronim A. (1825-1895, Bratschist, ab 1863 im Orch. der Petersb. Oper, 1863-1895 Prof. am
    Petersb. Kons., Mitgl. der Streichquartetts der RMG-P): Band 1: 200
Vejnberg, Petr I. (1831-1908): Libretto zu È. F. Napravniks Oper *Garol'd* nach dem Drama *Harold* von
    Ernst von Wildenbruch (1845-1909): Band 2: 250
Vel'jašev, Nikolaj G. (Sänger, 1891-1896 am MBTh): Band 2: 531
Venička , siehe: Alekseev, V.
Venjavskij, Iosif, siehe: Wieniawski, Józef
Verdi, Giuseppe (1813-1901): Band 1: 73 256 313 355 375 – Band 2: 122 313 610
    Aida: Band 1: 321-322 – Band 2: 133 436 – *Ernani*: Band 2: 536 – *Giovanna d'Arco*: Band 2: 42 –
    Il trovatore: Band 1: 342 – Band 2: 163 – *La forza del destino*: Band 1: 337 –
    La traviata: Band 1: 342 – Band 2: 262 313 – *Otello*: Band 2: 366 – *Rigoletto*: Band 2: 591 599
Verga, Giovanni, siehe: Mascagni, *Cavalleria rusticana*
Verni, Elena (Avgusta) K. (Sängerin, 1879-1887 am MBTh): Band 2: 128-130
Verstovskij (Werstowsky), Aleksej N. (1799-1862, Komp.): Band 1: 99
    Askol'dova mogila (Askolds Grab): Band 1: 99
Veržbilovič, Aleksandr V. (1850-1911, Cellist, 1887-1911 Prof. am Petersb. Kons.): Band 2: 473 578
Viardot-García, Pauline (1821-1910, Sängerin und Komponistin): Band 1: 154 267-268 – Band 2: 105
    296 313 372 415 611 – Operette *Le dernier sorcier*: Band 2: 415
Vietinghoff-Scheel, siehe: Fitingof-Šel'
Vieuxtemps, Henri (1820-1881, belg. Geiger und Komp.): Band 2: 103 591
Vigny, siehe: de Vigny
Vinči, Matil'da (Matilda Vinci; Sängerin, 1879-1881 am MBTh): Band 2: 128
Vischer, Friedrich Theodor (1807-1887, Ästhetik-Prof. in Tübingen und Zürich): Band 2: 154
Vittorio (Florentinischer Junge: Straßensänger): Band 1: 346
Vladimir Aleksandrovič, Großfürst: Band 2: 454 485
Vladimirova *I* (Ballerina, Koryphäe): Band 1: 160
Vogel, Bernhard (Musikrezensent, *Neue Zeitschrift für Musik*): Band 2: 348-352
Volkmann, Robert (1815-1883, dt. Komp.): Band 1: 109 368 – Streicherserenaden: Band 1: 365 368
Volkoff, Vladimir, siehe Volkov
Volkov, Efim E. (Wolkow, 1844-1920, Landschaftsmaler): Band 1: 67
Volkov (W., Wolkow, Mosk. Bekannter Č.s): Band 1: 177
Volodja, siehe: Šilovskij, V. S.
Voltaire (eigentl. François-Marie Arouet): Band 1: 372
von der Palen, Konstantin I., Graf (Mitgl. des Staatsrats) und Tochter Marija (Hofdame der Kaiserin):
    Band 2: 444
von Meck, siehe: Mekk
Voroncov-Daškov, Illarion I., Graf (1837-1916, Staatsmann): Band 2: 484-485
Vrangel', Vasilij V., Baron (gest. 1906, Jurist): Band 2: 325
Vsevoložskij (Wsewoloshsky), Ivan A. (1835-1909, 1881-1886 Direktor der kaiserl. Theater in Moskau und
    Petersb., 1886-1899 in Petersbg.): Band 1: 385 – Band 2: 197 208 246 263 268 307 310 355 399 433 436
    439-440 453 476 481 483-485 489-490 508 528 579
    Szenarium bzw. Libretto zu Č.s Ballett *Dornröschen*: Band 2: 399 422 434

W

W., siehe: Volkov
W., B., siehe: V., B.
Wagner, Richard (1813-1883): Band 1: 95 97 101 115 181 255-258 308-309 321 350 359 375 – Band 2: 63
    80-81 181-183 185 187 192 213 226 250 267 348 412-413 415 480 501 513 548 573 587-588

Der fliegende Holländer: Band 2: 102-103 213 281 – *Der Ring des Nibelungen*: Band 1: 95 181 254-255 257-258 308-309 375 – Band 2: 70 372 587-588 – *Die Meistersinger von Nürnberg*: Band 2: 234-235 366 587 610 – *Lohengrin*: Band 1: 97 251 – Band 2: 63 193 213 501 558 – *Parsifal*: Band 2: 226-227 506 – *Tannhäuser*: Band 2: 213 351 359 539 – *Tristan und Isolde*: Band 2: 181-182 213 501 587 609 – *Eine Faustouvertüre*: Band 2: 418 – *Das Kunstwerk der Zukunft*: Band 1: 100

Wagrich, Max (amerik. Komp.), Oratorium *Captivity*: Band 2: 497
Wakar, siehe: Vakar
Waleczek, siehe: Valeček
Wallon, Henri Alexandre (1812-1904, frz. Historiker und Staatsmann): *Jeanne d'Arc*: Band 2: 48 71
Walz, siehe: Val'c
Walzeck, siehe: Val'zek
"Wanderer", "Wanderausstellungen", siehe: "Peredvižniki"
Warlamow, siehe: Varlamov
Wassiljewa-Schilowsky, siehe: Šilovskaja-Vasil'evna
Wassiljew, siehe: Vasil'ev
Weber, Carl Maria von (1786-1826): Band 1: 375 – *Der Freischütz* (auch: Ouvertüre allein): Band 1: 56 73 129 250 – Band 2: 54 250 – *Die drei Pintos* (vollendet von Gustav Mahler): Band 2: 361 – *Oberon*: Band 2: 233-234 – *Aufforderung zum Tanz* (instr. von H. Berlioz): Band 2: 54 228
Weidmann (Sänger am Hamburger Stadttheater): Band 2: 541
Weingartner, Felix von (1863-1942, österr. Dir. und Komp.): Band 2: 350 541
Weiss, I. (Bekannter I. P. Č.s, der N. und P. I. Č. in Petersb. betreute): Band 1: 53
Werstowsky, siehe: Verstovskij
White (geb. Schirmer, Tochter des New Yorker Verlegers G. Schirmer): Band 2: 505-506
Widor, Charles Marie (1844-1937, frz. Komp., Organist, Dir. und Musikkritiker, Prof. am Pariser Kons.): Band 2: 609
Wiegand, Heinrich (Sänger am Hamburger Stadttheater): Band 2: 541
Wieniawski, Henryk (1835-1888, poln. Geiger und Komp., 1862-1868 Violinprof. am Petersb. Kons., 1875-1878 am Brüsseler Kons.): Band 1: 91 96 – Band 2: 85 103-104 – *Legende* für Violine und Orchester op. 17 (1859): Band 2: 103 – 3. Violinkonzert a-Moll op. 22 (1878): Band 2: 103
Wieniawski, Józef (Joseph Wieniawsky, 1837-1912, poln. Pianist, 1865-1912 Prof. am Mosk. Kons.; Bruder von H. Wieniawski): Band 1: 121 131 – Band 2: 81
Wilhelm I. (dt. Kaiser 1871-1887): Band 1: 255-256 – Band 2: 82
Wilhelm II. (dt. Kaiser): Band 2: 384
Wilson (Pianistin), siehe: Hopekirk, Helen
Wirth, Emanuel (Bratschist, Mitgl. des Joachim-Quartetts): Band 2: 344
Wladimir, siehe: Vladimir
Wladimirowa, siehe: Vladimirova
Wolff (Wolf, Vol'f), Hermann (1845-1902, ab 1881 Konzertagent in Berlin, Journalist, Impresario): Band 2: 360 362 478 481 486 495
Wolkow, siehe: Volkov
Wolodja, siehe: Šilovskij, V. S.
Wood, Henry J. (1869-1944, engl. Dir.): Band 2: 551
Wotan, siehe: Klindworth, Karl
Wouwerman, Philips (1617-1668, Maler): Band 2: 103
Wrangel, siehe: Vrangel'
Wsewoloshsky, siehe: Vsevoložskij
Wuest, Richard (Musikkritiker in Berlin): Band 2: 37
Wüllner, Franz (1832-1902, Dir. und Komp.): Band 2: 401
Wurm (Prof. am Petersb. Kons.): Band 1: 190

X

X., siehe: Certelev, Petr N. (Fürst)
X., siehe: Ditman
X., siehe: Korejvo

Y

Y., siehe: Kotek, V. I.
Yakovlev, siehe: Jakovlev

Z

Z., siehe: Meder
Zabel, Eugen (geb. 1851, dt. Musikschriftst. und -kritiker, A.-Rubinštejn-Biograph, schrieb auch über Turgenev, L. Tolstoj): Band 2: 429 551 573
    Anton Rubinstein. Ein Künstlerleben (Leipzig 1892): Band 2: 429
Zander, Aleksandr L. (geb. 1874, Arzt): Band 2: 633
Zaremba, Nikolaj I. (1821-1879, Musiktheorie- und Tonsatzlehrer Č.s): Band 1: 84-85 91-93 101 130 134 143 163 237 – Band 2: 290 428 555 – Streichquartett: Band 1: 91
Zarudnaja, Varvara M. (1857-1939, Sängerin, Gattin von M. M. Ippolitov-Ivanov):
    Band 2: 246 280 282 291-292 320-321 419 450-451 477 562
Zasulič, Vera I. (Revolutionärin und Attentäterin): Band 1: 362-363
Žedrinskij, Aleksandr A. (1859-1919): Band 2: 238
Ženton, Emma, siehe: Genton, Emma
Zet, siehe: Cet
Zike (Sike, Sieke), Karl K. (1850-1890, Musiktheoretiker und Dir., 1881-1882 Prof. am Mosk. Kons., 1882-1889 am Petersb. Kons., 1889-1890 dessen Inspektor): Band 2: 131 149 193
Ziloti (Siloti), Aleksandr I. (1863-1945, mit Č. befreundeter Pianist): Bd. 2: 246 279 343-344 347 350-353 361-368 386 392 418 420 424-425 448 450 470 518 531 534-536 544 560 565 579 607 635-636
    Klavierauszug von Č.s Ballett *Dornröschen*: Band 2: 420
    Zusammenstellung einer Suite aus *Spjaščaja krasavica* (Dornröschen): Band 2: 420 470
    Teilweise nichtautorisierte Änderungen in Č.s 2. Klavierkonzert (in der posth. Neuausgabe):
    Band 2: 619
Ziloti, Vera P. (geb. Tret'jakova, 1866-1942, Gattin A. I. Zilotis): Band 2: 544
Zina, Zinaida Il'inična, siehe: Ol'chovskaja, Zinaida I.
Zinger, siehe: Singer
Živokini, Vasilij I. (Shiwokini, Schauspieler): Band 1: 155
Zograf (Sograf, Zograph), Aleksandra Ju. (1850-1919, Pianistin): Band 1: 186 214
Zola, Emile (1840-1902): Band 2: 114 277 – Band 2: 524
    Germinal: Band 2: 277 – *La bête humaine*: Band 2: 544 – *La débâcle*: Band 2: 563 –
    La joie de vivre: Band 2: 212 – *L'Assommoir* (Roman, auch als Drama durch William Busnach und Gustave Gastineau, unter Mitarbeit von Zola): Band 2: 57 – *Pot-Bouille* (Roman): Band 2: 224
Zotov, Vladimir R. (1821-1896, Schriftst., Journalist, Übersetzer von Henrik Hertz' lyr. Drama *König Renés Tochter*, Vorlage zu Č.s Oper *Iolanta*): Band 2: 477 483 565
Žukovskij (Shukowsky), Vasilij A. (1783-1852, Dichter und Übersetzer): Band 2: 42 72 – *Odyssee* (Übersetzung von Homers Epos): Band 2: 379 – *Orleanskaja deva* (Übersetzung von Schillers *Die Jungfrau von Orleans*): Band 2: 42 50-51 71-72 630 – *Undina* (Übersetzung von de la Motte-Fouqués *Undine*): Band 1: 164 364 – Band 2: 310 603 – Übersetzung eines indischen Poems (Vorlage zu Arenskijs Oper *Nal' i Damajanti*): Band 2: 561
Zumprecht, Otto (Musikkritiker in Berlin): Band 2: 38
Zvancev (Zwanzew), Konstantin I. (Dichter): Band 1: 252 – Band 2: 483 – *Francesca da Rimini*: Band 1: 252
Zverev, Nikolaj S. (1832-1893, Pianist, ab 1870 Lehrer und ab 1883 Prof. am Mosk. Kons.):
    Band 2: 470 614 624 626 636
Zwanzew, siehe: Zvancev

Abkürzungen, Ausgaben, Literatur

Album 1978, 1984, 1990, 2005: Bildbände. (1) *Petr Il'ič Čajkovskij / Pjotr Iljitsch Tschaikowski*, zusammengestellt von Ksenija Ju. DAVYDOVA, Irina G. SOKOLINSKAJA und Polina E. VAJDMAN, hg. von Elena M. ORLOVA, Moskau und Leipzig 1978 (russisch / deutsch). – (2) *P. I. Čajkovskij*, hg. von Galina A. PRIBEGINA, Moskau 1984 (russisch). – (3) *Čajkovskij / Tchaikovsky*, zusammengestellt von Galina I. BELONOVIČ und Svetlana S. KOTOMINA, hg. von Leonid S. SIDEL'NIKOV, Moskau 1990 (russisch / englisch). – (4) G. I. BELONOVIČ, *Épisody dlja večnosti. Fotografii P. I. Čajkovskogo* (Photographien P. I. Čajkovskijs; zwei Teile: Abbildungen, Katalog), Moskau 2005.

Al'švang 1950: Arnol'd A. AL'ŠVANG, *Opyt analiza tvorčestva P. I. Čajkovskogo* (Versuch einer Analyse von Čajkovskijs Schaffen), Moskau und Leningrad 1950.

Al'švang 1970: Arnol'd A. AL'ŠVANG, *P. I. Čajkovskij*, Moskau 1970.

Asaf'ev: Boris V. ASAF'EV („Igor' GLEBOV"), *O muzyke Čajkovskogo. Izbrannoe* (Über Čajkovskijs Musik. Auswahl), Leningrad 1972.

BČ: *Perepiska M. A. Balakireva s P. I. Čajkovskim* (Briefwechsel Balakirevs mit Čajkovskij), hg. von Sergej M. LJAPUNOV, St. Petersburg, Moskau usw. o. J. (zwischen 1912 und 1914).

Berberova: Nina BERBEROVA, *Tschaikowsky. Geschichte eines einsamen Lebens*, aus dem Russischen von Leo BORCHARD, Berlin 1938. – Von der Autorin neubearbeitete französische Originalausgabe: *Tchaïkovski*, Arles 1987; deutsch von Anna KAMP: *Tschaikowsky. Biographie*, Düsseldorf 1989.

Blinov / Sokolov: Nikolaj O. BLINOV, *Poslednjaja bolezn' i smert' P. I. Čajkovskogo* (Letzte Krankheit und Tod Čajkovskijs), hg. von Valerij S. SOKOLOV, und Valerij S. SOKOLOV, *Do i posle tragedii* (Vor und nach der Tragödie), Moskau 1994.

Brown 1-4: David BROWN, *Tchaikovsky. A Biographical and Critical Study*, 4 Bände, London 1978-1991.

Č.: P. I. Čajkovskij.

ČA (als Abkürzung in NČE): siehe **TAČ**.

ČA: *P. I. Čajkovskij. Zabytoe i novoe. Al'manah* (Vergessenes und Neues. Almanach), Moskau 1995 ff. (Arbeiten des GDMČ, bisher zwei Bände, 1995 und 2003, zusammengestellt und hg. von Polina E. VAJDMAN und Galina I. BELONOVIČ).

Cat. thém.: *Catalogue thématique des oeuvres de P. Tschaïkowsky*, rédigé par B[oris P.] JURGENSON, Moskau 1897. – Reprint: London 1965.

ČB: *P. I. Čajkovskij. Pis'ma k blizkim. Izbrannoe* ([681] Briefe an Verwandte [1861-1893]. Auswahl), hg. und kommentiert von Vladimir A. ŽDANOV, Moskau 1955. – Englische Ausgabe: *P. I. Tchaikovsky. Letters to His Family. An Autobiography*, übersetzt von Galina von MECK, hg. von Percy M. YOUNG, London 1981.

ČD: *Čajkovskij. Dnevniki* (Die Tagebücher), hg. von Ippolit I. ČAJKOVSKIJ, Vorwort von Sergej ČEMODANOV, Anmerkungen von Nikolaj T. ŽEGIN, Moskau und Petrograd 1923, Nachdruck St. Petersburg 1993. – Englische Ausgabe: *P. Tchaikovsky. The Diaries*, übersetzt und mit Anmerkungen hg. von Vladimir LAKOND, New York 1945. – Deutsche Ausgabe siehe: **Tagebücher**.

CGALI: siehe **RGALI**.

ČJu 1, 2: *P. I. Čajkovskij. Perepiska s P. I. Jurgensonom* (Briefwechsel mit P. I. Jurgenson), hg. von Vladimir A. ŽDANOV und Nikolaj T. ŽEGIN, 2 Bände, Moskau 1938-1952.

ČM 1-3: *P. I. Čajkovskij. Perepiska s N. F. fon-Mekk* (Briefwechsel mit N. F. fon-Mekk), hg. von Vladimir A. ŽDANOV und Nikolaj T. ŽEGIN, 3 Bände, Moskau 1934-1936. – Englische Auswahlausgabe: *‚To my best friend'. Correspondence between Tchaikovsky and Nadezhda von Meck 1876-1878*, übersetzt von Galina von MECK, hg. von Edward GARDEN und Nigel GOTTERI, Oxford 1993. – Deutsche Auswahlausgabe siehe: **Teure Freundin**. – Neue russische Gesamtausgabe siehe: **ČMP**.

Abkürzungen, Ausgaben, Literatur

ČMN: *Muzykal'noe nasledie Čajkovskogo. Iz istorii ego proizvedenij* (Das musikalische Erbe Čajkovskijs. Aus der Geschichte seines Schaffens), hg. von Ksenija Ju. DAVYDOVA, Vladimir V. PROTOPOPOV und Nadežda V. TUMANINA, Moskau 1958.

ČMP: *P. I. Čajkovskij – N. F. fon Mekk. Perepiska* (Briefwechsel), hg. von Polina E. VAJDMAN, 4-5 Bände, Čeljabinsk 2007 ff., Bisher erschienen: Band 1-3.

ČMT: Nadežda V. TUMANINA, *Čajkovskij i muzykal'nyj teatr* (Čajkovskij und das Musiktheater), Moskau 1961.

ČMuz (siehe auch: **GDMČ**): (Čajkovskij-Museum.) *Gosudarstvennyj Dom-muzej P. I. Čajkovskogo v Klinu* (Staatliches Čajkovskij-Haus-Museum in Klin, Bezirk Moskau).

ČNP: *P. I. Čajkovskij i narodnaja pesnja. Izbrannye otryvki iz pisem i statej* (Čajkovskij und das Volkslied. Ausgewählte Auszüge aus seinen Briefen und Schriften; mit einem Verzeichnis der Werke, in denen Čajkovskij Volkslieder verwendet), hg. von Boleslav I. RABINOVIČ, Moskau 1963. – Deutsche Ausgabe in: Mitteilungen 8 (2001), S. 123-190.

ČPSS 1-63: *P. Čajkovskij. Polnoe sobranie sočinenij* (Sämtliche Werke), Band 1-62, Moskau (und Leningrad) 1940-1971, und Band 63 (Kirchenmusik u. a.), Moskau 1990. – Neue Gesamtausgabe siehe: **NČE**.

ČPSS I-XVII: *P. Čajkovskij. Polnoe sobranie sočinenij. Literaturnye proizvedenija i perepiska* (Sämtliche Werke. Schriften und Briefe), Band I-XVII, Moskau 1953-1981 (Band I und IV mit den Tage- und Notizbüchern sind noch nicht erschienen). – Auswahl aus den Briefbänden V-XVII (sie enthalten 5.136 Briefe und weitere Dokumente): *P. I. Čajkovskij. Izbrannye pis'ma* (Ausgewählte Briefe), zusammengestellt und kommentiert von Natal'ja N. SIN'KOVSKAJA, Moskau 2002 (409 Briefe aus den Jahren 1848-1893).

ČR: *P. I. Čajkovskij. Pis'ma k rodnym* (Briefe an die Familie), Band 1 (Briefe 1850-1879), hg. von Vladimir A. ŽDANOV, Moskau 1940 (Band 2 ist nicht erschienen; Korrekturfahnen im Archiv des GDMČ).

ČRL: *P. I. Čajkovskij i russkaja literatura* (Čajkovskij und die russische Literatur), hg. von Boris Ja. ANŠAKOV und Polina E. VAJDMAN, Iževsk 1980.

ČS (2003): *Tematiko-bibliografičeskij ukazatel' sočinenij P. I. Čajkovskogo / Thematic and Bibliographical Catalogue of P. I. Čajkovskij's Works.* [First Edition.] Hg. von Polina E. VAJDMAN, Ljudmila Z. KORABEL'NIKOVA, Valentina V. RUBCOVA, Moskau: Muzyka, 2003. (Russisch, Titel und Werktitel sowie einige Verzeichnisse zusätzlich in Englisch, Notenincipits zu Opern und Vokalwerken mit kyrillischen Textincipits und deren Transliteration. Zweite Ausgabe, revidiert und mit zusätzlichen englischen Textteilen:

ČS (2006): *P. I. Tchaikovsky · Works / P. I. Čajkovskij · Sočinenija. Thematic and Bibliographical Catalogue of P. I. Tchaikovsky's (P. I. Čajkovskij's) Works / Tematiko-bibliografičeskij ukazatel' sočinenij P. I. Čajkovskogo.* [Second Edition.] Edited by / Redaktory-sostaviteli: Polina VAJDMAN, Ljudmila KORABEL'NIKOVA, Valentina RUBCOVA. Moskau: P. Jurgenson, 2006.

ČSt: *Čajkovskij-Studien*, hg. von Thomas KOHLHASE, Mainz 1993 ff. (bisher 11 Bände).
  1: Thomas Kohlhase (Hg.), *Internationales Čajkovskij-Symposium Tübingen 1993*, 1995.
  2: Thomas Kohlhase, *Einführungen in ausgewählte Werke P. I. Čajkovskijs*, 1996.
  3: Alexander Poznansky, *Čajkovskijs Homosexualität und sein Tod – Legenden und Wirklichkeit*, sowie weitere Beiträge anderer Autoren, 1998.
  4: Lucinde Braun, *Studien zur russischen Oper im späten 19. Jahrhundert*, 1999.
  5: Kadja Grönke, *Frauenschicksale in Čajkovskijs Puškin-Opern – Aspekte einer Werke-Einheit*, 2002.
  6: *Čajkovskijs Harmonielehre von 1871/72 in deutscher Übersetzung von Paul Juon*, 2002.
  7: Polina Vajdman, Thomas Kohlhase: *Zwei quellenkritische Arbeiten*, hg. von Kadja Grönke, 2005.
  8: Peter Feddersen, *Tschaikowsky in Hamburg*, 2006.
  9: Thomas Kohlhase (Hg.), *Existenzkrise und Tragikomödie: Čajkovskijs Ehe*, 2006.
  10: Thomas Kohlhase (Hg.), *„An Tschaikowsky scheiden sich die Geister". Textzeugnisse der Čajkovskij-Rezeption 1866-2004*, 2006.
  11: Elisabeth Bender, *Čajkovskijs Programmusik*, 2009.
  12: Friedrich Meyer von Waldeck, *Russland. Einrichtungen, Sitten und Gebräuche*, hg. von Thomas Kohlhase, 2010.

ČT (1916): *Pis'ma P. I. Čajkovskogo i S. I. Taneeva* (Der Briefwechsel Čajkovskijs und Taneevs), hg. von Modest I. ČAJKOVSKIJ, Moskau o.J. (1916).

ČT (1951): *P. I. Čajkovskij – S. I. Taneev. Pis'ma* (Briefe), hg. von Vladimir A. ŽDANOV, Moskau 1951.

ČW: siehe **ČS**.

ČZM: *Čajkovskij i zarubežnye muzykanty. Izbrannye pis'ma inostrannych korrespondentov* (Čajkovskij und ausländische Musiker. Ausgewählte Briefe ausländischer Briefpartner), unter Mitarbeit von Ksenija Ju. DAVYDOVA und Irina G. SOKOLINSKAJA hg. von Nikolaj A. ALEKSEEV, mit einer Einführung von Ksenija Ju. DAVYDOVA, Leningrad 1970.

Dammann: Susanne DAMMANN, *Gattung und Einzelwerk im symphonischen Frühwerk Čajkovskijs*, Stuttgart 1996.

DiG: *Dni i gody P. I. Čajkovskogo. Letopis' žizni i tvorčestva* (Tage und Jahre Čajkovskijs. Chronik des Lebens und Schaffens), zusammengestellt von Évelina ZAJDENŠNUR, Vasilij A. KISELEV, Aleksandra A. ORLOVA und Nikolaj ŠEMANIN, hg. von Vasilij V. JAKOVLEV, Moskau und Leningrad 1940.

Dolžanskij: Aleksandr N. DOLŽANSKIJ, *Simfoničeskaja muzyka Čajkovskogo. Izbrannye proizvedenija* (Die sinfonische Musik Čajkovskijs. Ausgewählte Werke), Leningrad 1981.

Dombaev 1: Grigorij S. DOMBAEV, *Tvorčestvo Petra Il'iča Čajkovskogo v materialah i dokumentah* (Čajkovskijs Schaffen in Materialien und Dokumenten), Moskau 1958.

Dombaev 2: Grigorij S. DOMBAEV, *Muzykal'noe nasledie P. I. Čajkovskogo. Spravočnik* (Das musikalische Erbe Čajkovskijs. Ein Nachschlageheft), Moskau 1958. – Deutsche Ausgabe siehe: **TschWV**.

Erinnerungen und Musikkritiken: Peter I. Tschaikowski, *Erinnerungen und Musikkritiken* (Auswahl), hg. von Richard PETZOLDT und Lothar FAHLBUSCH, Leipzig 1974. – Neue deutsche Gesamtausgabe siehe: **Musikalische Essays**.

Erinnerungen an Čajkovskij: siehe **VČ**, **TchTOE**.

Evseev: Sergej V. EVSEEV, *Narodnye pesni v obrabotke Čajkovskogo* (Volkslieder in Čajkovskijs Bearbeitung), Moskau 1973.

GCMMK: *Gosudarstvennyj Central'nyj muzej muzykal'noj kul'tury imeni M. I. Glinki* (Staatliches Zentrales Museum für Musikkultur – „Glinka"-Museum), Moskau.

Geliebte Freundin: Catherine DRINKER BOWEN und Barbara von MECK, *Geliebte Freundin. Tschaikowskys Leben und sein Briefwechsel mit Nadeshda von Meck* (aus dem Amerikanischen von Wolfgang E. GROEGER), Leipzig 1938, Leipzig und München 1946, Stuttgart, Zürich und Salzburg o. J. – Zuerst als: *„Beloved Friend". The Story of Tchaikowsky and Nadejda von Meck*, New York 1937.

GDMČ (siehe auch: **ČMuz**): *Gosudarstvennyj Dom-muzej P. I. Čajkovskogo v Klinu* (Staatliches Čajkovskij-Haus-Museum in Klin, Bezirk Moskau).

GMuz: siehe **GCMMK**.

GRSM: Dorothea REDEPENNING, *Geschichte der russischen und der sowjetischen Musik*, Band 1: Das 19. Jahrhundert, Laaber 1994.

IRM: *Istorija russkoj muzyki v issledovanijach i materialach* (Geschichte der russischen Musik in Untersuchungen und Materialien), Band 1, hg. von Konstantin A. KUZNECOV, Moskau 1924.

IRM 8: *Istorija russkoj muzyki v desjati tomach* (Geschichte der russischen Musik in zehn Bänden), Tom 8: 70-80-e gody XIX veka. Čast' vtoraja (Band 8: 1870er-1880er Jahre. Teil 2), Moskau 1994. Darin: Jurij (alias Georgij) V. KELDYŠ, *P. I. Čajkovskij*, S. 89-245.

Jarustovskij: Boris M. JARUSTOVSKIJ, *Opernaja dramaturgija Čajkovskogo* (Čajkovskijs Operndramaturgie), Moskau und Leningrad 1947.

KaschkinE: Nikolai KASCHKIN, *Meine Erinnerungen an Peter Tschaikowski*, hg. von Ernst KUHN, Berlin 1992 (= musik konkret 1).

Kaškin: Nikolaj D. KAŠKIN, *Izbrannye stat'i o P. I. Čajkovskom* (Ausgewählte Aufsätze über Čajkovskij), Moskau 1954.

KaškinV: Nikolaj D. KAŠKIN, *Vospominanija o P. I. Čajkovskom* (Erinnerungen an Čajkovskij), Moskau 1896.

Klin 1940, 1958, 1994: (1) Vl. CHOLODKOVSKIJ, *Dom v Klinu* (Das Haus in Klin), Moskau 1940, ²1960, ⁴1971, ⁵1975. – (2) *Čajkovskij v Klinu. Al'bom fotografii* (Čajkovskij in Klin. Album mit Photographien), hg. von Konstantin PAUSTOVSKIJ und G. I. NAVTIKOV (Texte) sowie L. O. SMIRNOV (Photographien), Moskau 1958. – (3) *Dom-Muzej P. I. Čajkovskogo v Klinu / P. I. Tchaikovsky House-Museum in Klin*, zusammengestellt von Galina Ivanovna BELONOVIČ, Moskau 1994.

Knorr: Iwan KNORR, *Peter Iljitsch Tschaikowsky*, Berlin 1900 (= Berühmte Musiker 9).

Kremlev: Julij A. KREMLEV, *Simfonii P. I. Čajkovskogo* (Čajkovskijs Sinfonien), Moskau 1955.

Laroche: Hermann LAROCHE, *Peter Tschaikowsky. Aufsätze und Erinnerungen*, hg. von Ernst KUHN, Berlin 1993 (= musik konkret 5).

Laroš: German A. LAROŠ, *Izbrannye stat'i v pjat'i vypuskach* (Ausgewählte Aufsätze in fünf Bänden). Band 2: *P. I. Čajkovskij*, Leningrad 1975.

LebenTsch.: Modest TSCHAIKOWSKY, *Das Leben Peter Iljitsch Tschaikowsky's*, deutsch von Paul JUON, 2 Bände, Moskau und Leipzig 1900-1903. (Gekürzte Fassung der russischen Ausgabe **Žizn'Č**.) Revidierte Neuausgabe von Alexander ERHARD und Thomas KOHLHASE: ČSt 13/I und 13/II.

Lischke: André LISCHKE, *Piotr Ilyitch Tchaikovski*, Paris 1993.

Lit. Arch.: siehe **RGALI**.

Mitteilungen: *Tschaikowsky-Gesellschaft. Mitteilungen*, Tübingen 1994 ff. (jährlich ein Heft mit Aufsätzen und Mitteilungen). Redaktion 1994-2011: Thomas KOHLHASE; 2006-2008 zusammen mit Kadja GRÖNKE; 2012 ff.: Lucinde BRAUN und Ronald DE VET.

Musikalische Essays: *Peter Tschaikowsky. Musikalische Essays und Erinnerungen*. Mit Hermann LAROCHES Vorwort zur ersten russischen Ausgabe von 1898 und einem Originalbeitrag von Andreas WEHRMEYER. Unter Verwendung einer Teilübersetzung von Heinrich STÜMCKE aus dem Russischen übertragen und hg. von Ernst KUHN, Berlin 2000 (= musik konkret 10).

Napravnik: *Ė. F. Napravnik. Avtobiografičeskie, tvorčeskie materialy, dokumenty, pis'ma* (Autobiographische Materialien und solche zu seinem Schaffen sowie Dokumente und Briefe), Zusammenstellung, Einführung und Anmerkungen von L. M. Kutateladze, hg. von Ju. V. Keldyš, Leningrad 1959. Darin, S. 94-232: Briefwechsel Napravnik-Čajkovskij (122 Briefe), Čajkovskijs Briefe an Vladimir Ė. Napravnik und Modest I. Čajkovskijs Briefe an Ėduard F. Napravnik.

NČE: [New Čajkovskij Edition.] *Petr Il'ič Čajkovskij. New Edition of the Complete Works / Novoe polnoe sobranie sočinenij*, Moskau und Mainz 1993 ff. – Bisher erschienen: Band 39 a, b und c (6. Sinfonie: kommentiertes Faksimile der Konzeptschrift; Partitur; Kritischer Bericht), 1993-2003; Band 69 a und b (Klavierwerke 1875-1878, op. 37, op. 37bis, op. 39, op. 40, Marsch), 2001-2008.

Nikitin: Boris S. NIKITIN, *Čajkovskij. Staroe i novoe* (Altes und Neues), Moskau 1990.

Nikolaev: Aleksandr A. NIKOLAEV, *Fortepiannoe nasledie Čajkovskogo* (Čajkovskijs Klavierwerk), Moskau 1958.

Nikolaeva: Nadežda S. NIKOLAEVA, *Simfonii P. I. Čajkovskogo. Ot „Zimnich grez" k „Patetičeskoj"* (Čajkovskijs Sinfonien. Von den „Winterträumen" zur „Pathétique"), Moskau 1958.

Orlova: Elena M. ORLOVA, *Romansy Čajkovskogo* (Čajkovskijs Romanzen), Moskau und Leningrad 1948.

Pals: Nikolai [VAN GILSE] VAN DER PALS, *Peter Tschaikowsky*, Potsdam 1940.

PMA: *Peterburgskij muzykal'nyj archiv. Sbornik statej i materialov / Saint-Petersburg Music Archives. Essays and materials*, Sankt-Peterburgskaja gosudarstvennaja konservatorija imeni N. A. Rimskogo-Korsakova. Naučnaja muzykal'naja biblioteka. Otdel rukopisej / St. Petersburg N. A. Rimsky-Korsakov State

Conservatory. The Scientic Music Library. The Manuscript Department, hg. von Tamara Z. SKVIRSKAJA, St. Petersburg. Band 3: *Sbornik statej i materialov* (Sammlung von Aufsätzen und Materialien), 1999; Band 4: *Čajkovskij. Novye dokumenty i materialy* (Neue Dokumente und Materialien), 2003.

Poznansky 1991, 1993, 2007, 2009: Alexander POZNANSKY, *Tchaikovsky. The Quest for the Inner Man*, New York 1991, ²London 1993. – *Smert' Čajkovskogo. Legendy i fakty* (Čajkovskijs Tod. Legenden und Fakten), St. Petersburg 2007. – *Petr Čajkovskij: Biografija*, 2 Bände, St. Petersburg 2009.

PRM: *Prošloe russkoj muzyki. Materiali i issledovanija* (Die Vergangenheit der russischen Musik. Materialien und Untersuchungen). Band 1: *P. I. Čajkovskij*, hg. von Igor' GLEBOV (d.i. Boris V. ASAF'EV) u.a., Petrograd 1918 (Außentitel) bzw. Peterburg 1920 (Innentitel). (Nur dieser erste Band der geplanten Reihe ist erschienen.)

Protopopov / Tumanina: Vladimir V. PROTOPOPOV und Nadežda V. TUMANINA, *Opernoe tvorčestvo Čajkovskogo* (Čajkovskijs Opernschaffen), Moskau 1957.

RGALI (früher: CGALI): *Rossijskij* [früher: *Central'nyj*] *gosudarstvennyj archiv literatury i iskusstva* (Russisches [früher: Zentrales] Staatliches Literatur- und Kunstarchiv), Moskau.

Rozanova: Julija A. ROZANOVA, *Simfoničeskie principy baletov Čajkovskogo* (Sinfonische Verfahren in Čajkovskijs Balletten), Moskau 1976.

Slonimskij: Jurij I. SLONIMSKIJ, *Čajkovskij i baletnyj teatr ego vremeni* (Čajkovskij und das Ballett-Theater seiner Zeit), Moskau 1956.

Sokolov: Valerij S. SOKOLOV, *Antonina Čajkovskaja. Istorija zabytoj žizni* (Antonina Čajkovskaja. Geschichte eines vergessenen Lebens), Moskau 1994.

SovM: Zeitschrift *Sovetskaja muzyka*, Moskau.

StČ: *V. V. Stasov i P. I. Čajkovskij. Neizdannye pis'ma* (Stasov und Čajkovskij. Unveröffentlichte Briefe). Mit einem Vorwort und Anmerkungen von V. KARENIN, Zeitschrift *Russkaja mysl'*, Band 3.

Stein: Richard H. STEIN, *Tschaikowskij*, Berlin und Leipzig 1927.

Sylvester: Richard D. SYLVESTER, *Tchaikovsky's Complete Songs. A Compendium with Texts and Translations*, Bloomington und Indianapolis 2002, 2004 (Paperback).

TAČ: Polina E. VAJDMAN, *Tvorčeskij archiv P. I. Čajkovskogo* (Čajkovskijs Schaffensarchiv), Moskau 1988. – Deutsche Ausgabe: *Čajkovskijs Arbeitsweise. Eine Untersuchung seiner Autographe*, hg. von Kadja GRÖNKE, in: ČSt 7.

Tagebücher: *Peter Tschaikowski. Die Tagebücher*, hg. von Ernst KUHN, Berlin 1992.

Taruskin: Richard TARUSKIN, *Defining Russia Musically. Historical and Hermeneutical Essays*, Princeton, New Jersey 1997 (darin: *P. I. Chaikovsky and the Ghetto* und *Chaikovsky and the Human. A Centennial Essay*).

TchA: Elkhonon YOFFE, *Tchaikovsky in America. The Composer's Visit in 1891*, New York und Oxford 1986.

TchAHC: *Tchaikovsky And His Contemporaries. A Centennial Symposium*, edited by Alexandar MIHAILOVIC, prepared under the auspices of Hofstra University. Westport, Connecticut und London 1999 (= Contributions to the Study of Music and Dance 49).

TchAHW: *Tchaikovsky And His World*, edited by Leslie KEARNEY, Princeton, New Jersey 1998.

TchH: *The Tchaikovsky Handbook. A Guide to the Man and His Music*. Compiled by Alexander POZNANSKY and Brett LANGSTON. Vol. 1: [Chronology,] Thematic Catalogue of Works, Catalogue of Photographs, Autobiography. Vol. 2: Catalogue of Letters, Genealogy, Bibliography. Bloomington und Indianapolis 2002 (= Russian Music Studies).

TchLD: Alexander POZNANSKY, *Tchaikovsky's Last Days. A Documentary Study*, Oxford 1996.

TchMSt: Henry ZAJACZKOWSKI, *Tchaikovsky's Musical Style*, Ann Arbor und London 1987.

TchRem: *Tchaikovsky Remembered*, hg. von David BROWN, London 1993. – Deutsche Ausgabe: *Peter I. Tschaikowsky im Spiegel seiner Zeit*, Mainz 1996.

TchS: *Tchaikovsky. A Symposium*, hg. von Gerald ABRAHAM, London 1945 (= Music of the Masters).

TchSP 1975: Vladimir VOLKOFF, *Tchaikovsky. A Self-Portrait*, Boston und London 1975.

TchSP 1990: Alexandra A. ORLOVA, *Tchaikovsky. A Self-Portrait*, translated by R. M. DAVISON, with a Foreword by David BROWN, Oxford und New York 1990.

TchTOE: *Tchaikovsky Through Others' Eyes*, zusammengestellt, hg. und mit einer Einführung von Alexander POZNANSKY, aus dem Russischen übersetzt von Ralph C. BURR jr. und Robert BIRD, Bloomington und Indianapolis 1999.

Teure Freundin: *Teure Freundin. Peter Tschaikowskis Briefwechsel mit Nadeshda von Meck* (Auswahl), übersetzt von Ena von BAER, hg. von Ena von BAER und Hans PEZOLD, Leipzig 1964, ²Leipzig und Weimar 1988.

Tjulin: Jurij N. TJULIN, *Proizvedenija Čajkovskogo. Strukturnyj analiz* (Čajkovskijs Werke. Strukturanalyse), Moskau 1973.

Tschaikowsky aus der Nähe: *Tschaikowsky aus der Nähe. Kritische Würdigungen und Erinnerungen von Zeitgenossen*, ausgewählt, übersetzt und hg. von Ernst KUHN, Berlin 1994 (= musik konkret 7).

TschWV: *Systematisches Verzeichnis der Werke von Pjotr Iljitsch Tschaikowsky. Ein Handbuch für die Musikpraxis*, hg. vom Tschaikowsky Studio – Institut International, Hamburg 1973 (= deutsche Fassung von: **Dombaev 2**).

Tumanina 1, 2: Nadežda V. TUMANINA, *Čajkovskij*, 2 Bände, Moskau 1962-1968. Band 1: *Put' k masterstvu. 1840-1877* (Der Weg zur Meisterschaft. 1840-1877); Band 2: *Velikij master. 1878-1893* (Der große Meister. 1878-1893).

VČ: *Vospominanija o P. I. Čajkovskom* (Erinnerungen an Čajkovskij), zusammengestellt von Evgenija E. BORTNIKOVA, Ksenija Ju. DAVYDOVA und Galina A. PRIBEGINA, hg. von Vladimir V. PROTOPOPOV, Moskau 1962, ⁴Leningrad 1980.

Vosp.: siehe **VČ**.

Weinstock 1946, 1948, 1993: Herbert WEINSTOCK, *Tchaikovsky*, New York 1946. – *Tschaikowsky*, deutsch von Reinhold SCHARNKE, München 1948. – *Peter Iljitsch Tschaikowsky*, deutsch von Kurt MICHAELIS, mit revidiertem Werkverzeichnis, Adliswil / Lottstetten 1993.

WileyB: Roland John WILEY, *Tchaikovsky's Ballets Swan Lake, Sleeping Beauty, Nutcracker*, Oxford 1985.

WileyTch: Roland John WILEY, *Tchaikovsky*, Oxford University Press, New York 2009.

Zagiba: Franz ZAGIBA, *Tschaikovskij. Leben und Werk*, Zürich, Leipzig und Wien 1953.

ZajaczkowskiMSt: Henry ZAJACZKOWSKI, *Tchaikovsky's Musical Style*, Ann Arbor und London 1987 (= Russian Music Studies 19).

ZajaczkowskiO: Henry ZAJACZKOWSKI, *An Introduction to Tchaikovsky's Operas*, Westport, Conecticut und London 2005.

Žitomirskij: Daniel' V. ŽITOMIRSKIJ, *Balety P. Čajkovskogo. Lebedinoe ozero. Spjaščaja krasavica. Ščelkunčik* (Čajkovskijs Ballette. Der Schwanensee, Dornröschen, Der Nußknacker), Moskau und Leningrad 1950.

Žizn'Č: Modest I. ČAJKOVSKIJ, *Žizn' Petra Il'iča Čajkovskogo. Po dokumentam, chranjaščimsja v arhive imeni pokojnogo kompozitora v Klinu* (Das Leben Čajkovskijs. Nach Dokumenten, die im Archiv des verstorbenen Komponisten aufbewahrt werden), 3 Bände, Moskau 1900-1902; Neuausgabe: Moskau 1997. – Gekürzte deutsche Fassung in zwei Bänden siehe: **LebenTsch**.